本书系 国家社会科学基金重大招标项目"大运河与中国古代社会"（17ZDA
国家社会科学基金重点研究项目"近代中国社会环境历史变迁研究"（16AZ

◎ 马俊亚 著

江南苏北地域
文化变迁

南京大学出版社

图书在版编目(CIP)数据

江南苏北地域文化变迁 / 马俊亚著. — 南京：南京大学出版社，2020.12
　ISBN 978-7-305-23412-5

Ⅰ.①江… Ⅱ.①马… Ⅲ.①文化史－研究－华东地区 Ⅳ.①K295

中国版本图书馆CIP数据核字(2020)第097956号

出版发行	南京大学出版社
社　　址	南京市汉口路22号　　邮　编　210093
出 版 人	金鑫荣
书　　名	江南苏北地域文化变迁
著　　者	马俊亚
责任编辑	束　悦
照　　排	南京南琳图文制作有限公司
印　　刷	南京玉河印刷厂
开　　本	787×1092　1/16　印张 36　字数 854 千
版　　次	2020 年 12 月第 1 版　2020 年 12 月第 1 次印刷
ISBN	978-7-305-23412-5
定　　价	158.00 元

网址：http://www.njupco.com
官方微博：http://weibo.com/njupco
官方微信号：njupress
销售咨询热线：(025) 83594756

* 版权所有，侵权必究
* 凡购买南大版图书，如有印装质量问题，请与所购图书销售部门联系调换

目 录

导 言 1
    一、研究区域和时段 1
    二、理论体系 5
    三、研究现状 7

第一章　考古学视野下的江南苏北史前文明 16
第一节　江苏境内的猿人与直立人 16
    一、中华曙猿 16
    二、双沟醉猿 16
    三、南京直立人 17
第二节　江南苏北旧石器时代文化概述 18
    一、江南旧石器遗址的文化内涵 18
    二、苏北旧石器文化遗址及其地域特色 20
第三节　江南苏北新石器时代文化 21
    一、江南新石器文化序列 21
    二、江南新石器文化遗址 25
    三、苏北新石器文化序列 30
    四、苏北文化遗址内涵 33

第二章　先秦时代江南苏北的地域文化 41
第一节　夏商时代文化环境的考古学观察 41
    一、马桥文化 42
    二、丘湾文化 42
第二节　先秦时期江南的地域文化 43
    一、吴文化 43
    二、越文化 47
第三节　先秦时期苏北的地域文化 49
    一、徐文化 49
    二、宋、鲁文化的南移 52
    三、越文化的北移 55
    小　结 57

第三章 秦汉以后江南苏北历史地理环境的改变 ... 58
第一节 江南苏北的生态 ... 58
一、江南生态环境 ... 59
二、苏北生态环境 ... 62
第二节 人类活动与生态影响 ... 65
一、苏北的水害工程 ... 66
二、人类生产的影响——伐蛟减灾 ... 68
三、生态变迁之因 ... 70
小 结 ... 77

第四章 农业生态变迁与文化环境逆转 ... 78
第一节 苏北优越的农桑环境 ... 79
一、天然的沃土 ... 79
二、桑土既蚕 ... 86
第二节 苏北的人文素质以及对江苏的政治影响 ... 88
一、弦歌之乡 ... 89
二、刘向、刘歆的经学成就 ... 92
三、华佗的医术 ... 93
第三节 江南的农业生产 ... 95
一、农田水利 ... 95
二、水耨农业 ... 98
第四节 江南文化的勃兴 ... 100
一、江南的苏北精英 ... 100
二、江南本土文化精英的崛起 ... 104
三、顾野王学术成就 ... 106
三、曹弗兴、顾恺之的绘画艺术 ... 107

第五章 隋唐时江南苏北文化的平行发展 ... 110
第一节 隋代的政治变革与文化发展 ... 110
一、隋统一后的政治变革 ... 110
二、武烈帝文化溯源 ... 112
三、苏北的经济与文化发展 ... 113
第二节 唐代江南苏北的文化 ... 114
一、江南的史学与文学 ... 115
二、苏州张旭的狂草艺术 ... 117
三、彭城刘知幾的史学成就 ... 118
四、彭城刘禹锡的诗歌及思想 ... 121

小结 ……………………………………………………………………… 123

第六章 宋元明清江南苏北的经济与文化 …………………………… 124
第一节 宋代江南农耕环境与文化环境 ………………………………… 124
一、宋代江南水利建设 ……………………………………………… 124
二、"苏湖熟,天下足" ……………………………………………… 129
三、范仲淹与苏南文教之兴 ………………………………………… 130
四、江南义庄的兴建 ………………………………………………… 132
五、泗州佛教圣地 …………………………………………………… 139

第二节 苏南的水利治理与环境维持 …………………………………… 140
一、元明清水利 ……………………………………………………… 141
二、强势群体对水利的破坏 ………………………………………… 143
三、区域水患的协调 ………………………………………………… 147

第三节 江南地区农家织布主业化 ……………………………………… 156
一、织布主业化 ……………………………………………………… 156
二、过密化的讨论 …………………………………………………… 161

第四节 工业主业化 ……………………………………………………… 164
一、工业对乡村劳动力的吸引 ……………………………………… 164
二、织布主业的再进化 ……………………………………………… 169

第五节 苏南的学术与艺术 ……………………………………………… 176
一、吴中四杰 ………………………………………………………… 177
二、吴门四才子 ……………………………………………………… 178
三、冯梦龙的文学成就 ……………………………………………… 180
四、常州经学与文学 ………………………………………………… 181
五、娄东画派 ………………………………………………………… 182

小结 ……………………………………………………………………… 184

第七章 苏北的治水成害与环境影响 …………………………………… 185
第一节 水利、地利与人害 ……………………………………………… 185
一、太行堤的生态之厄 ……………………………………………… 185
二、治河新思维与高家堰的修筑 …………………………………… 188
三、平地起巨泽的生态后果 ………………………………………… 193
四、祖陵风水 ………………………………………………………… 197
五、清代治水方略 …………………………………………………… 201
六、保运与淹民 ……………………………………………………… 204

第二节 漕运方略:被剥夺的江南与被牺牲的淮北 …………………… 208
一、海洋强国 ………………………………………………………… 208

二、元、明海运 210
　　三、清代河运利益集团 217
　　四、被剥夺的江南 222
　　五、被牺牲的淮北 227
第三节　治水与农业生态的破坏 237
　　一、水文环境的改变 237
　　二、水利的缺失 243
　　三、墟里沧桑 247
　　四、人为的瘠壤 251
　　五、不蚕之域 260
　　六、织业的复兴 264
小　结 269

第八章　社会衰败与社会发展 274
第一节　社会变迁与社会冲突 274
　　一、民性的畸化 274
　　二、民变与士变 296
　　三、毛人水怪 303
　　四、财富的原罪 309
第二节　区域性生活差异 326
　　一、饥饿的淮北 326
　　二、温饱的江南 345
　　三、苏北：非人的妇孺 358
　　四、江南：农村社会的全面发展 367
第三节　工业生活中的劳动者 379
　　一、江南人的保护与依附 379
　　二、明清以后淮北人"下江南" 383
　　三、地缘矛盾与社会分层 391
小　结 398

第九章　社会结构与社会分层 400
第一节　农村社会的滞力和推力 400
　　一、淮北："官之害甚于水" 400
　　二、江南："人各奋于自见" 411
第二节　社会结构与社会形态 420
　　一、苏北：权力统治财产 420
　　二、江南：混合型社会结构 438

小　结 …………………………………………………………… 447

第十章　精英的动机人格与国家认同 …………………………… 448
第一节　精英的人格与动机 …………………………………… 448
　　一、初夜权:淮北精英的作为 ………………………………… 448
　　二、修身齐家:江南精英的精神境界 ………………………… 459
第二节　精英的劣化与被劣化 ………………………………… 474
　　一、苏北乡村精英的领主化 …………………………………… 474
　　二、江南基层社会中的"刁生劣监" …………………………… 489
第三节　精英的国家认同差异 ………………………………… 501
　　一、苏北士绅的君王梦 ………………………………………… 501
　　二、苏南的耕读文化 …………………………………………… 508
　　小　结 …………………………………………………………… 511

结　语 ……………………………………………………………… 512

征引文献 …………………………………………………………… 518

后　记 ……………………………………………………………… 566

导 言

一、研究区域和时段

江苏省名,始于康熙六年(1667)的江南分省,以前各代的行政区域皆有不同名称。

本书的"苏南",地理范围大致相当于清代雍正、乾隆年间行政区划中的苏州、松江、常州、镇江四府和太仓直隶州。在康熙六年以前,这个区域泛称为"江南"。"苏北"大致以清代雍正、乾隆年间行政区划中的江苏淮安府、徐州府、海州直隶州以及1955年后大部归于江苏的清代泗州直隶州(不包括天长县)为其核心地区。

按《尚书·禹贡》划分的九州,江南地区属扬州,苏北的主体部分属徐州。春秋战国时,苏北先属郯国、鲁国、宋国,后属吴国、越国、楚国等;江南先属吴国,公元前475年越灭吴,江南归越;公元前306年,楚破越,江南归楚。秦代江南主要属会稽郡、鄣郡,苏北主要属泗水郡和东海郡。汉高祖时,以彭城为中心设立楚国,改泗水郡为沛郡;汉武帝改鄣郡为丹阳郡,又置临淮等郡。东汉明帝时,改临淮郡为下邳郡。汉章帝改楚国为彭城郡;汉顺帝时分会稽郡浙江以西部分为吴郡。三国时,苏北主要属魏国,江南属吴国。西晋时,苏北主要属徐州临淮郡、彭城国、下邳国,江南主要属扬州吴郡、丹阳郡、晋陵郡。东晋及南北朝时,州郡名称屡易,又有"侨""实"之别,比较混乱。隋朝大部分时间施行州县制,后隋炀帝改州为郡,苏北主要属彭城、东海、下邳,江南主要属吴郡、丹阳、毗陵(常州)。唐朝时,苏北属河南道的徐州、泗州、楚州,江南属江南东道的常州、苏州、润州。北宋时,苏北主要属京东西路的徐州,淮南东路的楚州、泗州、海州;江南属两浙路的苏州、常州、润州。南宋时,江南属两浙西路的平江府、镇江府、常州和江阴军;苏北属淮南东路的楚州、海州、泗州、安东州、淮安军、清河军。元代,苏北属河南江北行省的淮安路海宁、泗州、安东三州;江南属江浙行省的平江路、常州路、镇江路。明代,苏北、苏南均属直隶(后改为南直隶)省,江南属苏州府、松江府、常州府和镇江府,苏北属淮安府、徐州。

清代,苏州府在顺治初领7县。雍正二年(1724),升太仓为直隶州,割崇明、嘉定属之。又析长洲置元和县、昆山置新阳县、常熟置昭文县、吴江置震泽县。乾隆元年(1736),设太湖厅。光绪三十年(1904),设靖湖厅,隶属苏州府。至此,苏州府领太湖、靖湖2厅及吴县、长洲、元和、昆山、新阳、常熟、昭文、吴江、震泽9县。[①]

松江府在顺治初领3县,十二年(1655),析华亭置娄县。雍正二年,再析华亭置奉贤,析上海置南汇,析青浦置福泉,改金山卫为县。乾隆八年(1743),废福泉。嘉庆十年(1805),析上海南汇地设川沙厅,隶府。至此,领川沙1厅及华亭、娄县、奉贤、金山、上海、

---

① 赵尔巽等撰:《清史稿》卷五十八,北京:中华书局,2003年,第8册第1992—1994页。

南汇、青浦7县。①

常州府在顺治初领5县。雍正二年，析武进置阳湖县、无锡置金匮县、宜兴置荆溪县。至此共领上述8县。②

镇江府在顺治初领3县。雍正八年（1730），以江宁府溧阳县来属，光绪三十年，设太平厅。至此，镇江府领太平1厅及丹徒、丹阳、溧阳、金坛4县。③

太仓直隶州，顺治初属苏州府。雍正二年升直隶州，析州置镇洋县，又割苏州府嘉定属之，析其地置宝山，同属州。共领4县，即镇洋、崇明、嘉定、宝山。④

淮安府初辖2州9县，雍正二年，海州、邳州两州从淮安析出升为直隶州，海州辖赣榆、沭阳两县，邳州辖宿迁、睢宁两县，淮安辖山阳、阜宁、盐城、清河、安东、桃源6县。⑤

徐州在顺治初为直隶州，领萧县、砀山、丰县、沛县4县。雍正十一年（1733），徐州升为府，降邳州来属，这样，徐州领1州7县，即邳州、铜山、萧县、砀山、丰县、沛县、宿迁、睢宁。⑥

中华民国成立后，属金陵道的有丹徒、丹阳、金坛、溧阳、扬中（1912年改太平厅为县，1914年改为扬中县）。属沪海道的有上海、松江（1912年以华亭、娄县合并为华亭县，1914年改为松江县）、南汇、青浦、奉贤、金山、川沙（1912年改川沙厅为县）、太仓（1912年改太仓直隶州为县，并入镇洋县）、嘉定、宝山、崇明。属苏常道的有吴县（清苏州府附郭首县，1912年裁府留县，并入长洲、元和2县和太湖、靖湖2厅）、常熟（1912年并入昭文）、昆山（1912年并入新阳）、吴江（1912年并入震泽）、武进（1912年并入阳湖）、无锡（1912年并入金匮）、宜兴（1912年并入荆溪）。

淮扬道有淮阴（原清河县）、淮安（清淮安府附郭山阳县，1912年裁府留县，1914年改现名）、泗阳（清桃源县）、涟水县（清安东县）、阜宁、盐城6县，以及徐海道所属的铜山县（清徐州府附郭首县，1912年1月裁府留县）、丰县、沛县、萧县、砀山、邳县（清邳州，1912年1月改县）、宿迁、睢宁、东海（1912年1月改海州为县）、灌云（1912年4月析东海板浦一带设置）、沭阳、赣榆12县。⑦

民国年间，江南苏北各县面积及人口数见下表：

表0-1 民国前期江南苏北各县总面积及人口数

	县名	面积/平方千米	人口数/人
江南	吴县	2 528.75	907 590
	武进	2 459.25	842 769

---

① 赵尔巽等撰：《清史稿》卷五十八，北京：中华书局，2003年，第8册第1994—1996页。
② 赵尔巽等撰：《清史稿》卷五十八，北京：中华书局，2003年，第8册第1998页。
③ 赵尔巽等撰：《清史稿》卷五十八，北京：中华书局，2003年，第8册第1999—2000页。
④ 赵尔巽等撰：《清史稿》卷五十八，北京：中华书局，2003年，第8册第1996—1998页。
⑤ 赵尔巽等撰：《清史稿》卷五十八，北京：中华书局，2003年，第8册第1985—1987页。
⑥ 赵尔巽等撰：《清史稿》卷五十八，北京：中华书局，2003年，第8册第1989—1990页。
⑦ 张宪文等主编：《中华民国史大辞典》，南京：江苏古籍出版社，2001年，第1941页。

(续表)

	县名	面积/平方千米	人口数/人
	常熟	1 998.75	859 238
	宜兴	1 877.50	496 431
	溧阳	1 511.75	321 941
	崇明	1 440.00	406 366
	无锡	1 309.25	899 291
	吴江	1 155.00	432 372
	镇江	1 046.50	523 300
	丹阳	1 039.50	460 002
	金坛	1 031.50	243 840
	南汇	1 000.25	482 107
	奉贤	586.50	200 371
	川沙	104.25	130 272
	上海	538.25	114 750
	嘉定	461.00	244 551
	金山	377.72	154 425
	扬中	287.75	154 516
	青浦	699.00	249 304
	太仓	892.50	289 897
	松江	868.75	389 719
	宝山	800.80	162 006
	昆山	795.00	235 387
合计		24 809.52	9 200 445
苏北	阜宁	5 766.75	1 001 909
	盐城	4 844.75	1 038 853
	铜山	3 669.17	986 536
	灌云	2 780.75	581 835
	涟水	2 737.00	547 375
	东海	2 686.00	372 739
	泗阳	2 379.75	523 602
	邳县	2 378.75	584 904
	宿迁	2 368.58	670 941

(续表)

	县名	面积/平方千米	人口数/人
	萧县	2 366.50	509 644
	沭阳	2 347.75	550 760
	淮安	2 310.25	730 734
	淮阴	2 218.25	426 765
	睢宁	1 804.00	547 848
	赣榆	1 775.25	399 326
	沛县	1 382.75	346 593
	砀山	1 271.00	292 354
	丰县	1 238.50	304 480
合计		46 325.75	10 417 198
总计		71 135.27	19 617 643

资料来源:实业部国际贸易局编:《中国实业志(江苏省)》第1编,上海:民光印刷公司,1933年,第7—11页、14—16页。

此外,本书把浙江的宁、绍、杭、嘉、湖等地作为江南的边缘地区,把沿微山湖周边的山东滕县、峄县、金乡、嘉祥、鱼台、曹县、单县共7县以及皖北部分府州县作为苏北的边缘地区,泛称为"淮北"。[①]

江南和浙西本不分省,明代以后始分隶二省。有人认为,江浙分省,如同对人行腰斩之刑,近代两地人民就曾发起太湖流域的建省运动。[②]

清以来,江苏省内淮北江南,地理景况迥然不同,地质、物产、交通、民俗等,均分属两种类型。[③]

长江以南的江南大平原,以茅山山脉、宁镇山脉与西南丘陵为界,包括清代镇江府下属三县(除镇江、扬中二县)及常州(除靖江)、苏州、太仓、松江属地。这里大部分为平原,西南部有少量山岭,水道四通八达,具备航行、灌溉之利,人口密集。农产品主要有米、棉、蚕丝等。人民生活富裕,风俗奢华,操江南方言。主要城市有上海、苏州、无锡、常州、镇江。有些市镇,"亦过于北部各省之府县治"。[④]

淮河以北的苏北平原主要包括徐州、淮安两府及海州,大部分为黄土平原,有少量山岭分布,最高峰超过400米。农产品以杂粮为主,人民生活水平较低,风俗勇悍耐苦,经济文化均比江南落后。[⑤] 徐、淮、海与鲁南、豫东、皖北同属一个自然区域,清末,张謇在《徐

---

① 张宪文等主编:《中华民国史大辞典》,南京:江苏古籍出版社,2001年,第1951页。
② 张其昀:《本国地理》(上册),南京:钟山书局,1935年,第76页。
③ 李长傅:《分省地志·江苏》,上海:中华书局,1936年,序言第2页。
④ 李长傅:《分省地志·江苏》,上海:中华书局,1936年,第12—13页。
⑤ 李长傅:《分省地志·江苏》,上海:中华书局,1936年,第13页。

州应建行省议》中提议,把徐州的铜山、萧县、砀山、丰县、沛县、邳州、宿迁、睢宁,海州的沭阳、赣榆,淮安的安东、桃源,凤阳的宿州、灵璧,颍州的蒙城、涡阳、亳州,泗州的五河、盱眙、天长,沂州的兰山、郯城、费县、莒县、沂水、蒙阴、日照,兖州的滕县、峄县,济宁的鱼台、金乡,曹州的曹县、单县、城武,归德的商丘、虞城、宁陵、鹿邑、永城、睢县、考城、柘城等45州县设为一省,置省会于徐州,定名"江淮省"。① 民国时期,陈庆麟建议设立的淮北省包括徐州14县、曹州16县及泗州和宋州各10县。②

苏北地区的土地由黄河及淮河冲积而成,其中常杂黄土;南部为长江冲积层,有砂岩、石灰岩、圆砾岩所组成的山丘。东方滨海之地,冲积日益发达。③ 海特生据沉积率计算,认为江苏海岸线每6年向外延伸1英里;而据丁文江考证,则为60年伸长1英里。④

江阴北岸的靖江县,三国以前为江心沙洲,孙权的部队曾在此育马。后与北岸淤为平陆,因此江阴、靖江之间的江面比较狭窄。⑤

上古时期,淮河流域支流密集,水域众多,水面平缓宽广。"河湖泽薮水草丰美,平原地带草莽丛生,低山台地茂林遍布,水泽之中鱼跃鳖浮,林莽地带鸟翔兽集。"⑥

明中期至1855年,中国古代四渎(江、淮、河、济)中有三渎(江、淮、河)从江苏入海。1855年以后,黄河始改从现在的河道入海。

淮河在明中期以前独流入海,后分归江海。但若江面水盛增高,则淮水入江会受到极大的限制。近代以来,淮阴清口河槽高垫,势如关门堰,致淮水出路不畅,为祸下游。洪泽水下泄至高邮、宝应,邵伯诸湖不能容纳,每年高邮、宝应、兴化等县积水不退,往往至数月之久。加以归海坝之启闭,对里运河东西两岸居民利害悬殊,几若零和博弈,因此每每相争而不能决。⑦

二、理论体系

地域文化是马克思主义者非常关注的现实问题与学术问题。

在马克思看来,哲学所关心的是一切人的真理,而不是个别人的真理;"哲学的形而上学真理不知道政治地理的界限;至于'界限'从哪里开始,哲学的政治真理知道得非常清楚,而不会把特殊的世界观和民族观的虚幻视野和人的精神的真实视野混淆起来"⑧。马克思认为,任何人类历史的第一个前提,无疑是有生命的个人的存在。因此,第一个需要确定的具体事实,就是这些个人的肉体组织,以及受肉体组织制约的他们与自然界的关系。"任何历史记载都应当从这些自然基础以及它们在历史进程中由于人们的活动而发

---

① 张孝若:《南通张季直(謇)先生传记》,上海:中华书局,1930年,第118—119页。
② 张文范主编:《中国省制》,北京:中国大百科全书出版社,1995年,第185页。
③ 实业部国际贸易局编:《中国实业志(江苏省)》第1编,上海:民光印刷公司,1933年,第20页。
④ 李长傅:《分省地志:江苏》,上海:中华书局,1936年,第24页。
⑤ 李长傅:《分省地志:江苏》,上海:中华书局,1936年,第23页。
⑥ 李修松主编:《淮河流域历史文化研究》,合肥:黄山书社,2001年,前言第1页。
⑦ 李长傅:《分省地志:江苏》,上海:中华书局,1936年,第26页。
⑧ 《马克思恩格斯全集》第一卷,北京:人民出版社,1995年,第215页。

生的变更出发。"①

承认地域差异,就是承认人类的基本利益。相反,正是欧洲当时所谓的"特殊利益"者抹杀了人类的自然差别和精神差别。马克思指出:"特殊利益既没有祖国意识,也没有省的观念,既没有一般精神,也没有乡土观念。有一些异想天开的作家喜欢把代表特殊利益看作是理想的浪漫主义、深邃的感情以及道德的个人形式和特殊形式的最丰富源泉。然而,与这些作家的论断完全相反,代表特殊利益会消灭一切自然差别和精神差别,因为这样做会把特定的物质和特定的奴隶般地屈从于物质的意识的不道德、不理智和无感情的抽象物抬上王位,用以代替这些差别。"②

历史并不是作为"产生于精神的精神"消融在"自我意识"中,历史的每一阶段都遇到一定的物质结果、一定数量的生产力总和,人和自然以及人与人之间在历史上形成的关系,都遇到前一代传给后一代的大量生产力、资金和环境,尽管一方面,这些生产力、资金和环境为新的一代所改变,但另一方面,它们也预先规定新的一代的生活条件,使它得到一定的发展和具有特殊的性质。由此可见,这种观点表明:"人创造环境,同样环境也创造人。"③

马克思认为,我们视为社会历史的决定性基础的经济关系,是就一定社会的人们用生产生活资料和彼此交换产品(在有分工的条件下)的方式说的。因此,这里面也包括生产和运输的全部技术装备。这种技术装备,照我们的观点看来,同时决定着产品的交换方式以及分配方式,从而在氏族社会解体后,也决定着阶级的划分,决定着统治和从属的关系,决定着国家、政治、法律等等。"包括在经济关系中的还有这些关系赖以发展的地理基础和事实上由过去沿袭下来的先前各经济发展阶段的残余(这些残余往往只是由于传统或惰力才继续保存下来),当然还有围绕着这一社会形式的外部环境。"④

随着商业往来集中在特殊阶级的手里,随着商人所促成的同近郊以外地区的通商的扩大,生产和商业之间也立即产生了相互作用。"城市彼此建立了联系,新的劳动工具从一个城市运往另一个城市,生产和交往间的分工随即引起了各城市之间在生产上的新的分工,不久每一个城市都设立一个占优势的工业部门。最初的地域局限性开始逐渐消失。"⑤

每一个单独的个人的解放程度是与历史完全转变为世界历史的程度一致的,至于个人真正的精神财富则完全取决于他的现实关系的财富。仅仅因为这个缘故,"单个人才能摆脱种种民族局限和地域局限而同整个世界的生产(也同精神的生产)发生实际联系,才

---

① 马克思:《德意志意识形态》,《马克思恩格斯文集》第一卷,北京:人民出版社,2009年,第519页。
② 《马克思恩格斯全集》第一卷,北京:人民出版社,1995年,第289页。
③ 马克思:《德意志意识形态》,《马克思恩格斯文集》第一卷,北京:人民出版社,2009年,第545页。
④ 恩格斯:《致瓦·博尔吉乌斯》,《马克思恩格斯全集》第三十九卷(上),北京:人民出版社,1979年,第198页。
⑤ 马克思:《德意志意识形态》,《马克思恩格斯文集》第一卷,北京:人民出版社,2009年,第559页。

能获得利用全球的这种全面的生产(人们的能力)"①。

地域文化的差异,绝不能成为民族优越论的源泉,20世纪前期德国纳粹的兴起很值得人们反思。对于这种苗头,恩格斯早在19世纪后期就予以批判过。某些德国人简单地高呼:"我们属于我们的祖国,因此,合理的、合法的、自主的意志鼓励我们这样做;这种意志是由我们的地理环境、我们的语言和习俗、我们的人数(!)、我们的财产,首先是由我们的德国的思想方法和对祖国的热爱决定的。"②恩格斯斥责道:"他们如何蹂躏历史权利……"③

衡量地域文化发展水平的高低,同样按照历史唯物主义的观点,依据生产力与生产关系的水平。地域文化的"演进"和"发展"指人类社会生产力和经济水平提高的过程,以及文化、政治,特别是制度、法律等一系列社会存在总和的演进,同时包括人类生存环境的演化过程、以个人为载体的社会关系的公平程度。按照《共产党宣言》的描述,人类社会演化的最高目标"将是这样一个联合体,在那里,每个人的自由发展是一切人的自由发展的条件"。因此,本书把"每个人的自由发展"视为地域文化发展的终极目标和最基本的衡定标准。

三、研究现状

近代学者多批评中国史学为帝王史学。梁启超批评中国传统著史原则说:"盖从来作史者,皆为朝廷上之君若臣而作,曾无有一书为国民而作者也。其大弊在不知朝廷与国家之分别。"他甚至一言以蔽之:"二十四史非史也,二十四姓之家谱而已。"④其实,《尚书·禹贡》就已关注基于地理条件差异而形成的不同地域的物质文化差异。如冀州"厥赋惟上上错,厥田惟中中";兖州"厥田惟中下,厥赋贞";青州"厥田惟上下,厥赋中上";扬州"厥田惟下下,厥赋下上,上错";荆州"厥田惟下中,厥赋上下";豫州"厥田惟中上,厥赋错上中";梁州"厥田惟下上,厥赋下中,三错";雍州"厥田惟上上,厥赋中下"。《史记·货殖列传》更是详尽地叙述了远古至西汉前期不同地区的物质文化差异。

中国历史上浩如烟海的各类地理著述、地方志、笔记等,均记录了许多地域性的差异,这些也是本课题所利用的重要资料之一。

周欣的《江苏地域文化源流探析》从时间、空间、行业三个方面,梳理江苏地域文化的发展脉络及特色,把江苏地域文化分为建省前和建省后两大阶段,然后把建省前分六个时期、建省后分三个时期。其分期的依据主要是各历史时期江苏境内强势地域文化的影响。对江苏地域文化的分区,作者依据现存历史文化资源的差异和所处地理环境及周边省、市

---

① 马克思:《德意志意识形态》,《马克思恩格斯文集》第一卷,北京:人民出版社,2009年,第541—545页。
② 恩格斯:《法兰克福关于波兰问题的辩论》,《马克思恩格斯全集》第五卷,北京:人民出版社,1960年,第397页。
③ 恩格斯:《法兰克福关于波兰问题的辩论》,《马克思恩格斯全集》第五卷,北京:人民出版社,1960年,第396页。
④ 梁启超:《梁启超文集》,北京:线装书局,2009年,第107页。

地域文化的影响,把江苏地域文化划分为吴文化、金陵文化、淮扬文化、楚汉文化四个文化主区和江海文化、京口文化、海盐文化、淮安文化四个亚区。作者认为,江苏地域文化实际上是汉族文化的地区类型,具有汉族文化的共性。[1]

张森材、马砾指出,在生产、生活、语言、风俗习惯等方面,江苏大体以长江分界,呈现出两种不同的文化风貌。历史上,江南、江北先后各出现过一个强大的国家。江北地区最有影响力的是徐国,江南地区最有影响力的是吴国。秦统一中国前,江南、江北在绝大部分时间里都分属不同的诸侯国。秦统一中国废封建、置郡县后,迄至清康熙六年江苏建省,近2 000年间,江南、江北地区在大部分时间里也属于不同的行政区域,有时甚至分属不同的政权。即使是在清代江苏建省后的200余年里,始则江南、江北分属左、右两个布政使司,继则江南大部属于江苏布政使司,江北全部属于江宁布政使司,行政上基本属于两个不同的序列。这和长江分割江苏为江南、江北的状况也是对应的。吴文化所在的江南地区,由于地理区位的关系,受南方毗邻的越文化影响,并在彼此的激烈冲撞、交流中较早地趋于融合。徐汉文化所在的苏北地区因为和山东及中原地区相邻,则受齐鲁文化、中原文化的影响较大。楚国的腹地在长江中游地区,其辐射力较强的区域主要在长江沿线及江南。楚文化在东渐的进程中,先后对吴文化和徐汉文化产生过较大的影响。但无论是地理区位上相互之间的紧密度,还是不同文化的碰撞、交流的频繁与激烈程度,楚文化对吴文化的影响都要远远超过对徐汉文化的影响。这也表明,对吴文化影响较大的区域文化主要分布在长江以南,对徐汉文化影响较大的区域文化主要分布在长江以北。这种情况和江苏境域在长江南北空间上的分布也完全吻合。[2]

需要指出的是,中央文史研究馆曾组织各省文史研究馆编写了34卷《中国地域文化通览》,其中周勋初主编的《中国地域文化通览(江苏卷)》对江苏地域文化作了非常系统的综述和研究。该书指出,在江苏长江以南地区,明显存在着以苏州和南京为核心的次区域文化。在先秦时期,先后由吴国、越国和楚国统治,吴、越、楚文化相互交流,最终奠定了江南文化的基础。在江苏长江以北地区,则存在着以徐州和扬州为核心的次区域文化。在淮河以北,形成了以徐州为中心的楚汉文化。吴文化区聪颖灵慧、细腻柔和而又视野开阔、富于创新;楚汉文化气势恢弘、尚武崇文、以英雄主义为主流。[3]

1980年出版的《江苏地理》运用现代技术对江苏省的土地面积等进行了精确测量。按当时的行政区划,江苏省南起北纬30°46′(吴江南端),北抵北纬35°07′(赣榆县北端),最大直线距离为460多公里,全部居于中纬度位置,属亚热带和暖温带范围,冬季轻寒,夏季暖热,热量资源丰富。江苏省东西间的距离较小,最西点在东经116°22′(丰县西端),最东点在东经121°55′(属启东境,过去称"海门角",是黄海和东海的分界处),东西间经度差为5°33′,最大直线距离,也是江苏省西部内陆与黄海、东海间的最大距离,都不超过320

---

[1] 周欣:《江苏地域文化源流探析》,南京:东南大学出版社,2010年。
[2] 张森材、马砾:《江苏区域文化研究》,南京:江苏古籍出版社,2002年,第9—13页。
[3] 周勋初主编:《中国地域文化通览(江苏卷)》,北京:中华书局,2013年,第15页。

公里,海洋的调节作用可以遍及全省,各地降水量丰富,为发展农、林、牧业提供了有利条件。①

近年来,江苏地域文化已开始走进高校课堂,并有相关的教材出版。如《江苏地域文化导论》是旅游、中文、文秘、经管等专业的基础课教材。其目的是使学生全面而具体地认识江苏文化形成的过程,了解江苏文化的发展特征,并提高学生搜集、分析和研究专业信息的能力,培养热爱江苏大地的乡土感情。这部教材的总论对江苏地域文化和相关的概念进行了详细的归纳和研究性描述,分论则首次将吴文化、金陵文化、维扬文化、徐淮文化和苏东海洋文化分而论之,在宏观认识的基础上,突出地方特色认识的完整性和深入性。②

陈书禄、纪玲妹、沙先一主持编撰的《江苏地域文化通论》在对"江苏地域文化"进行准确、客观界定的基础上,系统地梳理、探讨了江苏地域文化的历史渊源、发展历程、多元构成、文化艺术、文化精神、文化交流等,进而总结了江苏地域文化的特征。③

李白凤指出:"我国古代——尤其是散居在黄河流域、淮河流域和长江流域以及西北高原的若干氏族,就是汉族最基本的组成部分。"④他认为,古代所谓的"东夷",大半是把徐夷包括在内的,这也不够科学,因为从居住区域来看,它是居住在淮水以北、黄河故道以南一带的地方;从文化传统来说,它也是我国古老文化传统之一,它的文化发展脉络分明,和北邻的东夷各族以及西邻的殷民族(商)也有显著的不同。不仅这样,古代历史典籍对于它和中原各族之间长年累月的纠纷虽然记载得很粗略,但仍可以看出,它不仅有大致不变的居住范围、文化传统,而且在春秋以前虽经多次战败,却没有像蒲姑那样灭国迁社,也没有遭遇奄族那样迁君灭国的惨祸。⑤

何光岳认为,新石器时代的红山文化、大汶口文化、青莲岗文化无疑是东夷族团的代表类型。从其丰富多彩和精美实用的用具上便可看到东夷族至少在七八千年前就已是很文明的上古族团,也是世界上上古文化文明之一,可与古埃及、古巴比伦媲美。尤其是红山文化遗存中的神庙祭坛和女像、丰富的石器等物,更是世界古代文化文明遗迹中所罕见的。东夷族曾在中国大陆上建立过数百个部落小方国和侯国,还曾建立过强大的商王朝。其支裔建立过秦朝、唐朝帝国,以及新朝、西凉、南齐、梁、西梁、南梁、南唐、成汉、赵、田齐、陈朝、吴、南越、夫余、渤海、高句丽、百济、大月氏、康居、花拉子模、宋朝、金朝、清朝、安南李朝、朝鲜李朝等,甚至有些学者还认为,日本神武天皇即系东夷的一支——徐族的后裔徐福东渡日本后的族裔。⑥徐族本为嬴姓,系东夷少皞氏之支裔。它的发源地,历史学家都认为在山东,这只是指商朝后期的徐族。这个非常古老的部族,夏商时期发源于嬴姓始祖所在的燕山一带,是由燕族最早分出来的一支部族,在2 000多年的南下迁徙和发展过

---

① 单树模、王维屏、王庭槐编著:《江苏地理》,南京:江苏人民出版社,1980年,第1页。
② 汪小洋、周欣主编:《江苏地域文化导论》,南京:东南大学出版社,2008年。
③ 陈书禄、纪玲妹、沙先一主编:《江苏地域文化通论》,南京:江苏凤凰教育出版社,2014年。
④ 李白凤:《东夷杂考》,开封:河南大学出版社,2008年,第3页。
⑤ 李白凤:《东夷杂考》,开封:河南大学出版社,2008年,第76—77页。
⑥ 何光岳:《东夷源流史》,南昌:江西教育出版社,1990年,前言第4页。

程中,留下了不少遗迹。① 淮夷是东夷集团鸟夷的一支,起初曾建为伯爵之国,或为商周之交时期的伯主,是一个强盛的东方方国,所以有些甲骨文和金文中也往往单称淮夷作"夷",又称"东"或"东夷"。②

栾丰实著《东夷考古》,对包括海岱地区在内的淮夷考古作了综合性的叙述。对此,刘敦愿指出,关于海岱地区东夷、淮夷历史的研究,相对说来,文献记载不能说是最贫乏的,然而史前时期原始群落的种种活动,终究暧昧与神秘。龙山文化的发现虽然为研究带来了一片曙光,但限于资料,所知毕竟有限。近年山东境内与周边各省,尤其是黄淮、江淮地区考古事业的全面展开,使研究从时代顺序与文化关系上逐渐清晰起来。相关的考古发现与研究,不仅填补了旧石器与细石器时代的空白,将史前文化推向了更为古老的时代,也把从原始社会向文明时期的过渡逐渐衔接了起来。同时,中华古文明之所以灿烂辉煌,各种文化因素的荟萃与融合,也获得了科学与合理的解释。大量资料证明,黄淮与江汉两地区之间早有交往,对于研究原始公社晚期阶段社会经济的发展、部族间的迁徙往来与文化交流都有很大的帮助。总之,过去种种零星发现给人们的是模糊而破碎的影像,如今已经为比较完整的情景所代替。③

对江南早期地域文化的记载,《吴越春秋》(据传原本12卷,现传世10卷)无疑具有重要的价值。明人钱福指出:"《吴越春秋》乃作于东汉赵晔,后世补亡之书耳,大抵本《国语》《史记》,而附以所传闻者。"④此书主要记述春秋末期吴国、越国和楚国的政治、军事史实。前5卷主要集中在吴国,起于泰伯奔吴,迄于夫差被迫自杀而国灭;后5卷为越事,记载自无余至勾践的越国史事。该书广猎古史,采编年体例,事实上,内容较《左传》《国语》《史记》更为丰富,对伍子胥率吴兵破楚、孙武为吴将、伯嚭祸吴等记载较详。但有学者认为,其史料价值却不如《越绝书》,书中有不少传闻附会。清人朱彝尊在指出《吴越春秋》的缺点外,也认为:"若胥之忠,蠡之智,种之谋,包胥之论战,孙武之论兵,越女之论剑,陈音之论弩,勾践之畏天自苦,臣吴之别辞,伐吴之戒语,五大夫之自效,世亦胡可少哉?"⑤

《越绝书》主要记载古代吴、越两国的政治、军事、外交、天文、地理、历法等方面的内容。传说为子贡所撰,《四库全书总目提要》确定作者为汉代的袁康和吴平。该书记事始于夏禹,迄于两汉,被誉为"地方志鼻祖"。

吴越史研究方面,卫聚贤于20世纪30年代在南京发掘六朝墓时发现新石器时期遗址,并从杭州古荡地区的墓葬中发现陶片等物。其间,他还在余杭良渚、金山卫戚家墩等处进行考古发掘,认为"古代吴越自有其本位文化"。1937年出版的《吴越文化论丛》⑥,具有极高的史学价值。

张荷的《吴越文化》比较注重文献资料与考古成果的融合。作者认为,稻作文化是越

---

① 何光岳:《东夷源流史》,南昌:江西教育出版社,1990年,第60页。
② 何光岳:《东夷源流史》,南昌:江西教育出版社,1990年,第72页。
③ 栾丰实:《东夷考古》,济南:山东大学出版社,1996年,序第1—2页。
④ 赵晔撰,徐天祜音注:《吴越春秋》,南京:江苏古籍出版社,1999年,《重刊吴越春秋序》第1页。
⑤ 赵晔撰,徐天祜音注:《吴越春秋》,南京:江苏古籍出版社,1999年,《重刊吴越春秋序》第3页。
⑥ 吴越史地研究会编:《吴越文化论丛》,镇江:江苏研究社,1937年。

文化的一个标志。河姆渡遗址中发现了大量的稻作遗存，进一步证明，越人悠久的稻作文化已经达到一定水平。"河姆渡的稻谷遗物是迄今为止我国发现的最早的人工栽培稻，也是亚洲最古老的水稻实物遗存。"该稻属籼亚种晚稻型水稻，证明我国是世界上稻作物的一个重要发源地。作者认为："以往，人们认为黄河是中华民族的母亲河，是中华民族的发祥地。河姆渡文化的出现说明中华文明起源的多源性。河姆渡文化在年代上早于黄河流域的仰韶文化、半坡文化，而且与黄河流域的文化面貌各异，代表着中华文明中长江流域以南的文化特色，因而它也是中华文明的发源地。"该书指出，继河姆渡文化之后，在杭州湾以北、太湖周围地区先后发现了罗家角文化遗存、马家浜文化遗存、良渚文化遗存，它们之间有着相互的继承关系，都具有原始稻作文化的特点。越的先民们正是在这片土地上一点点地开垦，一步步地迈进，创造出独具特色的越文化。①

王迅的《东夷文化与淮夷文化研究》收集和整理了大量的考古资料，分夏、商、周三个阶段对东夷文化和淮夷文化进行了论述，进而结合传说与文献，对东夷和淮夷各分支族系的源流进行了考证，最后对商周时期的夷人礼俗作了深入的探索。②

毛颖、张敏著《长江下游的徐舒与吴越》指出："在长江下游，青铜文化的发展演进与中原地区基本上是同步的，然而由于长江下游毕竟偏居东南，从目前的考古发现来看，在夏商时期这一地区的青铜文化明显较中原落后，青铜器也明显偏少。从西周开始，长江下游的青铜文化有了长足的发展，与中原地区相比，已难分伯仲，并逐渐形成了自身的风格，不仅青铜器的数量、种类与中原相似，同时还出现了带有浓郁地方风格的青铜器，较长篇的铭文也时有发现。至春秋时期，长江下游的青铜文化在许多方面都处于领先地位，尤其是徐国的青铜乐器、吴越的青铜兵器，在当时已是名闻遐迩。徐的乐器有编钟、编镈、钲、编磬，至今还可以用徐国编钟演奏出袅袅动听的乐曲；而吴越的兵器有矛、戈、戟、剑、铍等，至今还可以一睹吴王光剑与越王勾践剑寒光熠熠的风采，此外还出现了用于征战的青铜军乐器，如成套的錞于、丁宁等。长江下游的徐、吴、越三国都曾经在历史舞台叱咤风云，都曾有所僭越而称王，尤其是吴越，还先后成为春秋霸主，称雄于东南。"③

蔡丰明主编的《吴越文化的越海东传与流布》认为，在中国社会历史的发展进程中，吴越地区不仅以其自身的许多先进性特点展现了一种地域文化的重要价值，而且又以其独特的地理优势与人文优势，开拓了许多文化对外传播与对外辐射方面的重要渠道。从地域特点上看，吴越地区属于中国东南海岸地带，濒临大海，依托大海的地理特点，致使该地区逐渐成为中国经济和文化东向传播与扩展的重要窗口，也使该地区的文化因子中融入了较多的创造性与开拓性精神，表现出了较多的对外发展、对外辐射的需求欲，这一点与内陆文化有着显著的不同。尤其值得注意的是，吴越地区在东亚内海交通网络中的文化传播作用。在长达数千年的历史发展进程中，吴越地区经常通过东亚内海的交通网络，向隔海相望的东亚邻国输送了大量的文化财富，并与这些国家的本土文化进行了多方位的

---

① 张荷：《吴越文化》，沈阳：辽宁教育出版社，1998年，第9—10页。
② 王迅：《东夷文化与淮夷文化研究》，北京：北京大学出版社，1994年。
③ 毛颖、张敏：《长江下游的徐舒与吴越》，武汉：湖北教育出版社，2005年，导论第7页。

碰撞、融会与交合,为促成东亚环海文化圈的建立作出了重要的贡献。①

吴恩培主编的《吴文化概论》对吴文化的两大源头作了细致梳理,并且对吴文化与长三角主体文化的关系作了剖析,对吴文化与南京、镇江、常州、无锡、苏州诸城市的关系也进行了讨论。②

徐国保著《吴文化的根基与文脉》把历史学、民俗学、地质学、语言学、文献学等知识与田野考古发掘和近代最新科技考古的成果相结合,在前人研究的基础上,对吴文化的根基与文脉进行了探讨,尤其对吴文化的根基研究采用二重证据法,作了跨时空的考证与考辨;对吴文化的文脉在其内涵与表现特征上作了广泛的比较与分析,并对吴文化与现代社会、吴文化的当代价值、吴文化与和谐社会建设等诸多论题进行了深入研究。③

王遂今的《吴越文化史话》运用大量史料和新的考古发现,认为吴越文化的两个源头为河姆渡和良渚文化,并研究了后世的流向。④

20世纪30年代以来,冀朝鼎研究了中国政治需要与核心经济区形成的关系,对江南等作为经济区的发展变迁作了细致研究。⑤ 天野元之助把中国分为东北、华北、华中和华南四个传统大区,分别研究其在民国前期不同的经济形态及发展历程。安东篱的研究注意到了苏北水灾与贫穷之间的关系及其引发的社会矛盾。⑥ 田尻利探讨了江南地区的社会发展,尤其是商业发展与政府、乡绅等的角色的关系。⑦ 饭塚靖研究了江、浙两省的农村金融和合作事业与化解社会冲突的功能。⑧

江南和苏北的社会矛盾与社会冲突同样得到了关注。费孝通认为,江南现代工业兴起后,挤垮了农民的家庭工业,造成了农民与资本家的冲突。⑨ 美国学者韩起澜《姐妹与陌生人:上海纱厂的女工》一书细致研究了上海纱厂中江南女工与苏北女工的地缘矛盾,并考察了她们之间的社会冲突。⑩ 她在《创造中国种族:苏北人在上海》一书中,重点研究了由"苏北人"的身份引发的社会冲突。⑪ 裴宜理的著作则是专门研究淮北社会结构和社

---

① 蔡丰明主编:《吴越文化的越海东传与流布》,上海:学林出版社,2006年,第7—8页。
② 吴恩培主编:《吴文化概论》,南京:东南大学出版社,2006年。
③ 徐国保:《吴文化的根基与文脉》,南京:东南大学出版社,2008年。
④ 王遂今:《吴越文化史话》,杭州:浙江大学出版社,2005年。
⑤ Chi, Ch'ao-ting. *Key Economic Areas in Chinese History: As Revealed in the Development of Public Works for Water-Control*. New York: Paragon Book Reprint Corp., 1963.
⑥ Finnane, Antonia. "The Origins of Prejudice: The Malintegration of Subei in Late Imperial China," *Comparative Studies in Society and History*, vol. 35, no. 2(April, 1993), pp. 211-238.
⑦ 田尻利:《清代农业商业化の研究》,东京:汲古书院,1999年。
⑧ 饭塚靖:《中国国民政府と农村社会》,东京:汲古书院,2005年。
⑨ Fei Hsiao-tung. *Peasant Life in China: A Field Study of Country Life in the Yangtze Valley*. London: Routledge & Kegan Paul Ltd, 1962.
⑩ Emily Honig, *Sisters and Strangers: Women in the Shanghai Cotton Mills, 1919—1949*. Stanford: Stanford University Press, 1986.
⑪ Emily Honig, *Creating Chinese Ethnicity: Subei People in Shanghai, 1850—1980*. New Haven and London: Yale University Press, 1992.

会冲突的力作。①

黄丽生的《淮河流域的水利事业：从公共工程看民初社会变迁之个案研究(1912—1937)》内容涉及人文与自然、政府与社会、人力与物力等多重关系，作者把水利作为人文力量改善人地关系的典型，以此探讨历史长期发展的意义。② 郑学檬《中国古代经济重心南移和唐宋江南经济研究》考察了中国区域社会经济发展的不同命途。③

中国历史地理学界的研究多涉及生态环境的变迁，对本书有启发意义的著作有史念海的《河山集》④《中国历史人口地理和历史经济地理》⑤。翁俊雄《唐代人口与区域经济》一书，利用《通典》、新旧《唐书》地志中的户口数字，探讨唐代人口的规模和影响，揭示包括中原地区在内的经济发展过程。⑥

蔡泰彬《晚明黄河水患与潘季驯之治河》既关注水患形成的自然与人为因素，也探讨了潘季驯治水的社会影响。⑦ 对大运河地理、经济、运输等情况的系统调查，以《东亚同文书院大运河调查报告书》最为全面。这部日本学者在大正五至十一年(1916—1922)的调查报告，内容包括江苏、山东、安徽、河南、直隶等省沿运市县的地理、水利、船运、金融等社会生活的各个方面。⑧ 对大运河与漕粮运输，学界多予以积极的评价。全汉昇认为："运河是在隋唐大一统帝国的新的客观形势下产生出来的。它的开凿，实是适应时代的需要。"⑨ 有的学者甚至认为，漕运史"又是一部大运河开凿拓展史和我国古代劳动人民征服自然的伟大斗争史，是中华民族文明发达的象征和杰作，是人类史上的奇迹"⑩。对明清的漕运，日本学者星斌夫较多地强调了河运的具体实施情况，并对中国元、明、清三代正史中的食货志，河渠志中的海运、漕运等内容作了收集并翻译成日文。⑪ 他对元代的海运也有专门研究，⑫ 他在研究明代漕运的著作中，曾专辟一章，研究与河运同时进行的地方性海运。⑬ 星斌夫晚年出版的《明清社会经济史研究》中，对大运河社会经济史作了进一步的研究，对运河上的水运劳动者、水运劳动者的生态等均有深入研究。⑭ 美国 Harold

---

① Elizabeth J. Perry, *Rebels and Revolutionaries in North China*, 1845—1945. Stanford: Stanford University Press, 1980.
② 黄丽生：《淮河流域的水利事业：从公共工程看民初社会变迁之个案研究(1912—1937)》"自序"，台北：台湾师范大学历史研究所，1986年。
③ 郑学檬：《中国古代经济重心南移和唐宋江南经济研究》，长沙：岳麓书社，2003年。
④ 史念海：《河山集》，北京：三联书店，1978年。
⑤ 史念海：《中国历史人口地理和历史经济地理》，台北：台湾学生书局，1991年。
⑥ 翁俊雄：《唐代人口与区域经济》，台北：新文丰出版股份有限公司，1995年。
⑦ 蔡泰彬：《晚明黄河水患与潘季驯之治河》，台北：乐学书局有限公司，1998年。
⑧ 谷光隆编：《东亚同文书院大运河调查报告书》，爱知县：爱知大学刊，1992年。
⑨ 全汉昇：《唐宋帝国与运河》，上海：商务印书馆，1946年，第12页。
⑩ 彭云鹤：《明清漕运史》，北京：首都师范大学出版社，1995年，第208页。
⑪ 星斌夫：《大運河—中国の漕運》，東京：近藤出版社，1971年。星斌夫：《明代漕運の研究》，東京：日本学術振興会，1963年。星斌夫：《大運河発展史：長江から黄河へ》，東京：平凡社，1982年。
⑫ 星斌夫：《元代海運経営の実態》，《歴史の研究》1980年第7期。
⑬ 星斌夫：《明代漕運の研究》，東京：日本学術振興会，1963年，第七章。
⑭ 星斌夫：《明清時代社会経済史の研究》，東京：国書刊行会，1989年4月，第18—28、55—65页。

Hinton 的《大运河的粮食运输》①、Jane Kate Leonard 的《大运河的粮运管理》②等论著探讨了漕运与交通环境,并进而探讨了与国家政策的关系。

吴缉华的著作全面探讨了明代海运的运作,并研究了嘉靖(1522—1566)、隆庆(1567—1572)时代开胶莱海通海运的争议。③ 张哲郎《清代的漕运》把清代漕运分为河运、海运和河海并用三个阶段,对各阶段的漕运情况作了简略的叙述。④ 李治亭《中国漕运史》对清代漕运的成就评价尤高,认为其"制度之全面、规定之细密、法令之严整,是清以前各代所不及的!"⑤ 李文治、江太新则是从"漕运的实行是具有一定的历史意义"角度来研究清代漕运的。⑥ 还有许多学者细致地研究了漕运的管理。⑦ 西方学者多认为明清朝廷行河运、弃海运是其孤立主义政策的表现。⑧ 朱偰选编的运河史料,较多地关注运河溃决给民间所造成的疾苦。⑨ 倪玉平《清代漕粮海运与社会变迁》全面考察了清代漕粮海运的变化及背景,对各阶段的海运利弊剖析颇详。⑩ 松浦章的《清代上海沙船航运业史研究》一书,内容包括清代沙船船运业的萌芽、航海道路、沙船船运的开展等方面,对于比较沙船海运与运河河运的优劣,极具参考价值。⑪

关于对地方社会与地方士绅的研究,以张仲礼《中国绅士》《中国绅士的收入》及费孝通的《中国绅士》⑫为代表,对绅士在地方社会的作用论述尤详。周锡瑞等编的《中国地方绅士与统治模式》⑬收录了许多运用社会学、人类学等研究社会控制与社会结构的论文。

---

① Harold Hinton, *Grain Transport via the Grand Canal, 1845—1901*. Harvard Papers on China, no. 4. Cambridge, Mass.: Harvard University Press, 1950.

② Jane Kate Leonard, "Controlling from Afar: Open Communications and the Tao-Kuang Emperor's Control of Grand Canal-Grain Transport Management, 1824—26", *Modern Asian Studies*, vol. 22, no. 4 (1988).

③ 吴缉华:《明代海运及运河的研究》,台北:"中研院"历史语言研究所,1961年。

④ 张哲郎:《清代的漕运》,台北:台湾大学历史研究所,1969年。

⑤ 李治亭:《中国漕运史》,台北:文津出版社,1997年,第289页。

⑥ 李文治、江太新:《清代漕运》,北京:中华书局,1995年,前言第2页。

⑦ Harold Hinton, *Grain Transport via the Grand Canal, 1845—1901*. Cambridge, Mass.: Harvard University Press, 1950; Jane Kate Leonard, "Controlling from Afar: Open Communications and the Tao-Kuang Emperor's Control of Grand Canal-Grain Transport Management, 1824—26", *Modern Asian Studies*, vol. 22, no. 4 (1988).

⑧ 黄仁宇:《明代的漕运》,张皓等译,北京:新星出版社,2005年,第228页。

⑨ 朱偰:《中国运河史料选辑》,北京:中华书局,1962年。

⑩ 倪玉平:《清代漕粮海运与社会变迁》,上海:上海书店出版社,2005年。

⑪ 松浦章:《清代上海沙船航運業史の研究》,吹田市:関西大学東西学術研究所,平成16年(2004)。

⑫ 张仲礼:《中国绅士》,上海:上海社会科学院出版社,1991年;张仲礼:《中国绅士的收入》,上海:上海社会科学院出版社,2001年;Hsiao-Tung Fei, *China's Gentry*. Chicago: The University of Chicago Press, 1953.

⑬ Joseph W. Esherick and Mary Backus Rankin, *Chinese Local Elites and Patterns of Dominance*. Berkeley/Los Angeles/Oxford: University of California Press, 1990.

邓尔麟(Jerry Dennerline)的《钱穆与七房桥世界》①通过对无锡荡口等的个案研究,揭示了地方绅士在社会服务方面的功能。何秉棣的《中华帝国的成功之梯》②主要研究了商人阶层对国家政策的影响与对地方社会的作用,不足之处在于,对淮北士绅的研究几乎是空白。

关于对江南、苏北地区性产业结构演变的研究,马俊亚《工业化与土布业:江苏近代农家经济结构的地区性演变》③认为,在前近代社会,江苏省自南向北形成了极不相同的农家经济形态,江南地区从男耕女织的自然经济过渡到了织布主业化、农业副业化的商品经济时代;通海地区则形成了典型的耕织结合的自然经济;淮北地区演化成了残缺型的商品经济——只有"男耕",没有"女织"。现代工业兴起后,江南地区率先进入工业主业化的时代,农家手织业与农业均呈萎缩状态,并转向以自给性为主的生产,商品市场并未大规模地被工业品所夺占;通海地区过渡到了织布主业化、农业副业化的时代,家庭手织业与商品市场获得了共同发展;淮北地区的农家经济中则较普遍地出现了家庭织布副业,形成了较完整的自给型经济,棉纱市场的扩大造成了对棉布需求的减少。农家经济的区域性转型,体现了工业与农业的和谐发展及地区性资源的优化配置。这种发展模式不但对传统的自然经济解构理论构成了挑战,而且挑战了施坚雅等学者的农家经济理论与区域发展模式。但这一研究仅局限于土布业的演变,对于更为广泛的经济、社会生活的演变,只能作挂一漏万式的叙述,无法完整地反映整个社会经济的演变。

最后,以谭其骧的论述作为总结。大约从五四运动前夕起,中国思想界掀起了一场持续十多年之久的关于中西文化(或作"东西文化")比较的论争,比较两种文化的差异,阐述其特点,并评议其高下优劣。这场论争名为中西或东西文化的比较,实质上并没有比较中西文化发展的全过程,只是比较了中国封建社会的文化和西方资本主义的文化。也就是说,主要不是中西或东西的对比,而是封建社会文化与资本主义社会文化对比,比的主要是不同社会发展阶段的文化,而不是不同地域、民族的文化。④ 若姑以"中国文化"专指汉族文化,汉族文化几千年来是在不断演变中的,各个不同时代各有其不同体貌,也不能认为古往今来或整个封建时代一成不变。中国文化各有其具体的时代性,不能不问时代笼统地谈论中国文化。姑以"中国文化"专指历代中原王朝境内的文化,任何王朝也都存在着好几个不同的文化区,各区文化不仅有差别,有时甚至完全不同。因此,不能把整个王朝疆域看成一个相同的文化区。也就是说,中国文化有地区性,不能不问地区笼统地谈论中国文化。⑤

---

① Jerry Dennerline, *Qian Mu and the World of seven Mansions*. New Haven and London: Yale University Press, 1988.
② P'ing-ti Ho, *The Ladder of Success in Imperial China: Aspects of Social Mobility, 1368—1911*. Massachusetts: Harvard University Press, 1959.
③ 马俊亚:《工业化与土布业:江苏近代农家经济结构的地区性演变》,《历史研究》2006 年第 3 期,第 98—117 页。
④ 谭其骧:《中国文化的时代差异和地区差异》,《复旦学报(社会科学版)》1986 年第 2 期,第 4 页。
⑤ 谭其骧:《中国文化的时代差异和地区差异》,《复旦学报(社会科学版)》1986 年第 2 期,第 5 页。

第一章　考古学视野下的江南苏北史前文明

在远古时代,江苏境内生态环境优越,适合多种动植物的生长繁息,直到六七千年前。这里气候温和,犀牛、大象、老虎等大型野生动物随处可见,以多种野生动物构成的生物链极为完整。江苏南北地区均是人类祖先的起源地之一。

第一节　江苏境内的猿人与直立人

根据已发现的化石推断,江苏境内具有猿活动的重要证据,主要有苏南的中华曙猿、苏北的双沟醉猿和南京直立人。

一、中华曙猿

早年在江苏溧阳上黄水母山裂隙堆积中发现的一个中始新世(距今约4 500万年)哺乳动物群,共12目。据中国科学院古脊椎动物与古人类研究所和美国匹兹堡卡内基自然历史博物馆的联合研究,在其中发现了中华曙猿,表明高级灵长类起源于亚洲而不是非洲的可能性更大;其他的众多发现表明,亚洲的东南部是早第三纪哺乳动物主要类群演化的重要舞台。中国至少在中始新世时就曾经有有袋类动物生活。[①]

二、双沟醉猿

江苏泗洪发现的中新世早期双沟醉猿,为亚洲有明确层位和形态特色的新第三纪小型猿类的首次记录。无论从地理分布还是化石的形态上,这一发现对研究小型猿类的进化都具有重要的意义。

化石产自下草湾组泥岩之上,为一层灰白色泥质团块状的砾岩层,与它共生的哺乳动物群约47种,根据化石和区域性地层对比,时代为中新世早期。中国新第三纪中小型猿类主要有早中新世江苏泗洪的双沟醉猿和江淮宽齿猿。这些种属可与非洲、欧洲同时期的种属相比较,而亚洲其他地区,如巴基斯坦、泰国和印度中新世时期零星牙齿的发现,提供了狭鼻猴类向东亚迁移的例证,并且与早—中中新世期间全球性海平面下降有关。中国小型猿类在中新世早期呈现出与东非原康修尔猿类的系统关系,到了中新世中期则呈现出与欧洲上猿类(上新猿类)的系统关系,并在晚中新世在云南地区进一步演化,使之成

[①] 齐陶、K.克里斯托弗·毕尔德、王伴月、玛莉·R.道森、郭建崴、李传夔:《江苏溧阳上黄中始新世哺乳动物群的发现与意义》,《古脊椎动物学报》第34卷第3期,1996年7月,第202—214页。

为探讨长臂猿起源与进化的重要证据。①

三、南京直立人

南京直立人化石提供了江苏境内从猿向人进化的证据链。南京直立人又称南京猿人,化石于1993年发现于南京市江宁区汤山街道西南的雷公山上的葫芦洞(奥陶纪灰岩溶洞)中,是中国古人类学研究的一项重要发现。

由铀系法测定的5组化石年代数据表明,南京直立人年代为距今43万年—28万年,以剑齿象、李氏野猪、肿骨鹿、葛氏斑鹿、三门马等为主的古动物群化石,证实了南京直立人生活在中更新世中期偏晚,距今35万年左右。鉴定的孢粉主要为喜暖湿、暖干的落叶阔叶与针叶及蕨类混交林以及偏干凉的(松)针叶林,既未发现反映寒冷的云杉、冷杉,也未发现反映干旱的黄连木,表明南京直立人生存时,并未经历中更新世冰期时的冰川环境和明显的干旱环境,其生存环境比周口店猿人的生存环境要温和湿润得多。南京直立人一直生活在介于北京周口店猿人和安徽和县猿人之间的较优越的自然环境中。当时山麓地带呈现草地与湖沼错落分布的景观,山丘和岗地则为针阔叶混交林;草地区多有食草动物牛、三门马和鼠类的活动;湖沼处多为犀牛和剑齿象等大型食草类和食肉类动物占据;山丘和岗地的树林中则多有熊、豺、鬣狗等野兽出没。当时的猿人主要靠捕猎动物和采摘植物果实为生,为了抵御野兽和不同群落敌人的袭击,他们已学会了制造石器和用火。尽管古气候有过多次波动,但只是幅度不大的凉暖与干湿交替而已,并未出现迫使猿人大规模南迁的气候环境。②

南京直立人洞出土了一对男女头盖骨,相隔仅5米,同一化石点发现两个人种,全世界只有南京一处。这不仅让"南京猿人洞"成了全球唯一的同一化石点发现两个人种的地方,也为人类多地起源论提供了有力依据,中国人并非起源于非洲。南京汤山葫芦洞内的地层可以分为4段;洞内的哺乳动物群可以分为时代不同的大洞动物群和小洞动物群;南京葫芦洞内发现的直立人1号头骨与2号头骨层位不同,特征也不一;铀系测年证明,小洞的地层年代在距今60万—50万年,大洞的地层年代在距今24万—10万年,大洞被堆石堆砾石层封闭的时间应在距今13万—10万年。③ 1号头骨发现于小洞剖面下部,保存相当完好,包括3块骨片,代表一个21—35岁的壮年女性,其生前可能患有骨膜炎,具有北京直立人的许多形态特征,而不同于大荔早期智人,与北京直立人具有相同的分类位置,属于直立人。南京1号头骨还具有不同于北京直立人的形态特征,表明直立人在体质形态上有相当程度的地区差异,这为中国古人类网状进化模式提供了新的材料。1号头骨的一些特征可见于中国不同时代的古人类化石中,表明它们之间有某种遗传上的联系。

---

① 潘悦容:《中国新第三纪中-小型猿类化石及其意义》,《人类学学报》第17卷第4期,1998年11月,第283—291页。

② 朱诚、张建新、俞锦标:《南京汤山猿人生存古环境重建探讨》,《地理科学》第18卷第5期,1998年10月,第433—440页。

③ 许汉奎:《南京直立人研究的新进展》,《江苏地质》第25卷第2期(2001年),第82—86页。

1号头骨鼻梁高耸及上颌骨颧突的丘状膨隆在中国其他人类化石中很少出现,而在欧洲人类化石中出现的频率高得多,表明中国古人类在进化过程中可能曾经少量附带地接受过外来基因,即有与外地区古人类的杂交现象。对1号头骨的研究为中国人类的连续进化附带杂交的假说提供了新的化石证据。南京2号头骨代表一个壮年男性个体,既有很多与直立人接近的特征,也有一些早期智人的特征。从总体上看,它更主要的性状倾向于直立人;在形态上比北京直立人和南京1号头骨直立人更进步。南京2号头骨显示出直立人与智人的形态镶嵌,可能处于直立人到智人的过渡阶段,它支持中国人类连续进化的假说。与1号头骨相似,2号头骨额骨上的正中矢状隆起低而宽,不同于中国直立人,而与欧洲和非洲直立人及早期智人相近,这可能是基因交流的结果,但也不排除是继承最初迁来东亚的人群不占优势基因的结果。①

第二节 江南苏北旧石器时代文化概述

江南苏北旧石器时代考古的内容非常丰富,江南旧石器地点群和苏北旧石器等的一系列新发现,使江苏旧石器时代获得了确切的地层和时代,揭示了江苏古人类和旧石器文化的基本面貌,建立了区域性古人类和旧石器文化的发展序列。②

一、江南旧石器遗址的文化内涵

截至2010年,江南23处旧石器地点分为东部茅山—宜溧山地和西部沿江(长江—水阳江)两个旧石器地点群亚区。茅山—宜溧山地旧石器地点群分布在金坛、句容、溧阳等市县,包括12处地点,是江苏已发现的具有比较确切年代、时代最早的旧石器文化,也是长江下游地区继安徽水阳江旧石器地点群发现以后找到的另一处区域性旧石器文化,代表性遗址为和尚墩和放牛山两处。和尚墩遗址位于金坛市西约20千米。2002年、2005年由南京博物院等单位经两次发掘,综合黄土地层和古地磁法、电子自旋共振法、热释光法等测年结果,遗址形成的地质时代为中更新世,含旧石器文化层的绝对年龄为距今60万—13万年。和尚墩遗址属于露天原地埋藏类型。丰富的旧石器材料和石器制造场等遗迹显示了它在茅山—宜溧山地旧石器地点群乃至在江南旧石器遗址中的重要位置。和尚墩遗址周围还存在多处同时期的旧石器地点,特别是在位于东南方向2 000米的曙光地点,发育厚度20余米的黄土堆积中,已采集石制品160余件。和尚墩遗址与曙光地点共同构成了茅山—宜溧山地旧石器地点群的中心,揭示了茅山东南麓可能是旧石器时代早期古人类在苏南地区活动的重要地域。放牛山遗址位于句容市东南约14千米的春城第二窑厂内。1999年发掘,面积300平方米,发掘和采集共获石制品54件。放牛山旧器的地质时代相当于中更新世中晚期。放牛山遗址的第四纪堆积属下蜀黄土,埋藏其中

---

① 《李星学文集》编辑组编:《李星学文集》,合肥:中国科学技术大学出版社,2007年,第577页。
② 房迎三、沈冠军:《江苏旧石器时代考古20年回顾》,《东南文化》2010年第6期,第48页。

的绝大多数石制品保持了锐利的棱角或锋利的刃缘,石制品的分布和埋藏状况说明该遗址属于原生堆积,应该是远古人类的一处临时停留地。①

1985年,在太湖三山岛发现了旧石器时期人类文化遗址,发掘出石片、刮削器、尖状器等石器一万余件,以及猕猴、豪猪、貉、棕熊、鬣狗、虎、鹿等1万—2万年前的哺乳动物化石。三山岛遗址集中反映了太湖地区人类最早的活动遗迹。该遗址位于吴县三山岛的西北端。该岛在太湖之中,面积为2平方公里。学者认为,原始居民生活在这样一个孤零零的小岛之上,似乎不可思议。根据地质学研究推定,古代太湖地区的地理环境和气候与今天有极大的差别。古代太湖底部为洼地地形,由于第四纪冲积物的覆盖,在晚更新世早期形成了一片广阔的平原地貌。晚更新世中期,发生了一次海侵,海水进入太湖地区,形成了一片宽浅的海湾。晚更新世后期,第四纪最后一个亚冰期——大理冰期达到了全盛阶段,海平面大幅度下降,比现在要低100—200米。即使在距今1万年的大理冰期的末期,气温已经回升,海平面仍低于现今40米左右。到距今8500—7500年,当时海平面仍低于现今约10米。现在太湖湖底高程为-0.25米。因此,距今1万年的三山并不是岛,而是一片陆地,人类在此活动也就不足为怪了。在三山岛晚更新世中后期的地层中,还发现了5个目18种哺乳动物的化石,其中不少是大型的食肉和食草动物,如虎、鬣狗、熊、牛、鹿等。从化石群体来看,它反映了一种河湖密布的森林草原环境以及气温较今天偏凉的气候特点,这与晚更新世后期的太湖发育史是适应的。这种独特的地理生态环境,不可避免地会影响三山岛古人类的经济和生活方式,形成与我国华北地区同时代文化面貌迥异的文化特征。从在三山岛遗址发现的石器来看,个体小为其主要特点之一。石器中的砍砸器不但数量少,而且重量轻。石器中的绝大部分为各种类型的刮削器,其中尤以多用途的复刃刮削器占多数。刮削器中的凹刃刮削器极有特色,很适于加工木质和骨角质的小型工具,个别标本的刃部半径(深度)达8毫米,是加工鱼叉和鱼钩的理想工具。石器中亦有少量制作精致、体积较小的尖状器,其用途是对刮削器功能的一种补充。石器中还发现有锥钻,表明当时可能已用兽皮制作衣服和制作穿孔的装饰品。此外,石片的大量存在,表明这也是当时古人类常用的一类工具。综上所述,三山岛的远古居民是以渔猎经济为主,狩猎为辅。三山岛遗址的发现,不但填补了我国旧石器文化分布上的空白,把长江三角洲地区,特别是太湖地区的人类历史,从新石器时代推前至旧石器时代,并为这一地区的史前考古学和第四纪地质学的研究提供了极其珍贵的材料,也进一步证明了太湖地区是中华文明的重要起源地之一。②

莲花洞位于镇江市西南约6000米的润州区蒋乔镇。1981年,南京博物院、中国科学院古脊椎动物与古人类研究所等单位先后对遗址进行了两次发掘,出土人类牙齿1枚和15种哺乳动物化石。主要依据哺乳动物群,发掘者推测莲花洞人生活的时代为晚更新世或晚更新世早期,距今1万—2万年。莲花洞发现的人类牙齿很可能属于右下第二白齿。根据测量比较,莲花洞人牙与丁村、宝积岩、落笔洞、咁前洞等遗址人类同位牙齿的数据一

---

① 房迎三、沈冠军:《江苏旧石器时代考古20年回顾》,《东南文化》2010年第6期,第51页。
② 耿曙生:《太湖地区的原始文明》,《苏州大学学报》1992年4期,第108页。

致,属于人类发展阶段中的智人阶段。莲花洞石制品的特点主要有:① 主要用石英和火成岩类砾石制作,劣质的原料造成工具器型不稳定。② 打制石片多用砸击法,石片疤碎小。修理石器用锤击法。③ 石制品器型简单,制作粗糙。工具仅刮削器一种,缺少南方砾石石器中常见的砍砸器和镐等重型工具。①

另外,莲花洞遗址还出土了鬣狗、豪猪、棕熊、水牛、獾、猪、貉、梅花鹿、西藏黑熊、猕猴、中国犀牛等20多种哺乳动物化石,对研究我国古人类的分布与苏南地区古动物群的生存、迁徙、演变及当时的地貌、气候都有一定意义。② 2001年,南京博物院、中国科学院古脊椎动物与古人类研究所等单位对莲花洞遗址进行了第二次考古发掘,出土600多件动物标本及几件人工石器(5件石核和2件刮削器),经科学鉴定,出土物距今应有10万—30万年,属早期智人(古人)的旧石器时代中期。③

二、苏北旧石器文化遗址及其地域特色

下草湾人遗址位于江苏省泗洪县双沟镇东南8公里处。南临淮河,东滨洪泽湖,是河湖间的岗岭地带,海拔44.4米。由于地处滨湖湾,且有广泛的水草资源,故称"下草湾"。1956年6月,在江苏省泗洪县发现人骨化石一件,采自下草湾附近的河边阶地。标本为人类的左侧股骨,残长152.7毫米。从侧面观察,骨干比较平直,不像现代人股骨那样向前弯曲。在转子下方的位置测量,横径为22.8毫米,矢径为30.0毫米,周径为86.0毫米;计算径指数为76.0。介于北京猿人(平均为67.8毫米)和现代人(平均为80.2毫米)之间。相比较而言,与山顶洞人的指数比较接近。对下草湾人骨进行含氟量分析,股骨的含氟量为0.3%。同一地点发现的巨河狸化石的含氟量为2.38%,人骨的含氟量明显低许多,推测下草湾人可能处于更新世晚期。④ 苏秉琦等指出,包括下草湾人在内的晚期智人的共同特点是脑量增加,在现代人脑量的变异范围之内。脑内动脉支也同现代人接近,说明其智力发达程度已与现代人接近了。这一变化使颅骨变高,厚度减薄,头骨最大宽度上移,额部丰满,眉弓变矮,吻部后缩,牙齿变小,颏部突出。总之,下草湾人同现代人已经十分接近。⑤

将军崖遗址位于连云港锦屏山。20世纪70年代末至80年代初,连云港市博物馆在锦屏山南麓的桃花涧旁发现2件细石器,随后进行了小面积的试掘,同时在附近的酒店、孔望山、哑巴山等处采集到几件细石器。这一发现,包括邻近地区新石器时代遗址的考古结果表明,至少在全新世早期,锦屏山周围已经普遍存在古人类活动,保存了比较丰富的远古文化遗存。大约在此稍早或同时,在江苏北部和山东南部地区的沂沭河流域,也发现十数处可能属于旧石器时代晚期或稍晚的打制石器地点,其中具有代表性的有江苏东海

---

① 房迎三、沈冠军:《江苏旧石器时代考古20年回顾》,《东南文化》2010年第6期,第51页。
② 唐云俊主编:《江苏文物古迹通览》,上海:上海古籍出版社,2000年,第4页。
③ 严其林:《镇江史要》,苏州:苏州大学出版社,2007年,第4页.
④ 李天元:《古人类研究》,武汉:武汉大学出版社,1990年,第385页。
⑤ 苏秉琦、张忠培、严文明:《中国远古时代》,上海:上海人民出版社,2014年,第25页。

大贤庄、山东郯城黑龙潭、临沂青峰岭等。但这些打制石器,包括采自锦屏山周围的标本多数出自地表,脱离原生地层。石制品给人一种混合了不同风格或分属不同时代的石器的印象,即既有属于中国南方旧石器工业传统的砾石石器——砍砸器,又包含了原先主要出现于北方的典型细石器(如柱状石核和船底形石核)。将军崖遗址经过3年发掘,主要收获有:发掘出土1处石铺生活面和2处很可能属于灶坑的人类遗迹,为探索古人类的生活方式提供了宝贵资料,还发掘石制品1500余件。制作石器的原料主要为石英,其次有燧石、水晶等共10余种。石制品的打片和加工使用锤击法和砸击法,间接锤击者占一定比例。工具素材以片状毛坯为主,砾石石器极少。工具类型以刮削器为多,尤以小型为主,石片石器和细石器各占有一定比例。上、中、下层石制品显示出某些发展和继承关系,早期文化使用石英较多,石器的体型较大,包括少量砍砸器,细石器比例较小。随着人类对石料认识的增加和活动范围的扩大,中、晚期文化中,石英制品明显减少,燧石制品显著增加,石器的体量变小,仅使用刮削器类的小型工具,细石器因素增加。除顶部次生堆积外,早期文化大约处于晚更新世晚期偏早阶段,晚期文化应该为晚更新世末期,或晚更新世与全新世之交。将军崖遗址是江苏北部和山东南部地区目前发现的最好的一处旧石器时代晚期遗址。该地自晚更新世以来,多处于地壳上升阶段,更新世堆积多被剥蚀。以往发现的旧石器地点一直缺少地层和时代的有力证据,将军崖遗址具有较厚的原生层位,多数石制品出自地层,为解决这一难题提供了地层证据,有助于解决苏北、鲁南多年存疑的打制石器时代问题。将军崖遗址地处我国华北地区南缘,属于暖温带与北亚热带的过渡地带。遗址的发掘将对研究中国北方旧石器文化和南方旧石器文化的关系,石片石器工业向细石器文化演变,细石器文化的起源、分布,黄淮地区旧石器/细石器文化与朝鲜半岛、日本列岛细石器工业的关系,以及晚更新世以来我国东部沿海海平面变化和海岸变迁,提供重要资料。[①] 据专家初步推测,连云港历史由此前推到距今2万余年。

第三节　江南苏北新石器时代文化

新石器时代,亦即人类还处于野蛮时代,这个时代特有的标志是动物的驯养、繁殖和植物的种植。

一、江南新石器文化序列

马家浜时代,在距今大约7000年的太湖新石器时代。耿曙生认为,过去,学界多把河姆渡文化作为江南新石器文化的源头。实际上,江南新石器文化更应把马家浜文化作为起源。马家浜文化是太湖地区新石器时代早期的文化,当时的原始居民过着定居的农业生活,形成了较大规模的村落遗址。吴江梅堰村落遗址和吴县草鞋山村落遗址中,都发

---

① 房迎三、惠强、项剑云等:《江苏连云港将军崖旧石器晚期遗址的考古发掘与收获》,《东南文化》2008年第1期,第14—19页。

现了人们居住的房屋的遗迹,房屋为榫卯技术的木构建筑,并普遍采取防潮、排水措施,以适应太湖地区多水潮湿的自然环境。当时人们从事农业的生产工具,以石器为主,种类、形制和制作仍比较简单。此外,农具还有部分蚌器和骨角器。种植的农作物主要是水稻。青浦崧泽和吴县草鞋山等遗址中都发现了炭化的稻谷,梅堰和草鞋山等遗址中还发现了谷物的加工工具陶杵。[①]

马家浜文化的渔猎经济也比较发达,草鞋山和梅堰等遗址中都发现了大量的石镞、骨镞、骨鱼标、骨鱼叉、石网坠、陶网坠等渔猎工具,以及大量的动物骨骼。梅堰、崧泽、草鞋山等遗址中出土了杏、梅、桃等果核和菱角,说明采集仍是人们获得生活资料的一种补充手段。马家浜文化时期,家畜饲养业也开始出现。草鞋山和梅堰遗址中都发现了狗和猪的遗骨,梅堰遗址中发现7具完整的水牛头骨,这说明人们已驯养了狗、猪、牛等家畜。马家浜文化的原始手工业也相应地有所发展。玉器、石器的制造,说明人们已掌握了磨光和钻孔技术。竹木器的制作,说明人们已能编织均匀、整齐的竹席,运用较为复杂的榫卯结构搭建房屋木架。纺织技术更为进步,许多遗址中都发现了相当数量的陶和石质的纺轮,并在草鞋山遗址中发现了三块已炭化的葛布残片,其中一块为罗纹织物,织造技术相当高超,可能已发明原始织机。陶器的制造虽仍处在早期阶段,绝大部分为手制和素面,且火候较低,质地粗松,但桐乡罗家角遗址中发现的少量烧制温度在950—1 000摄氏度、质地坚硬的白陶,代表了这个时期制陶的最高水平。马家浜文化的嘉兴马家浜、常州圩墩、草鞋山等遗址中,都发现了相当规模的公共墓地。这些墓葬按照一定的规则进行埋葬,一般都没有墓圹,不用葬具,堆土掩埋,头向北,盛行俯身葬,存在把死者的头部扣在陶钵和大陶器里的埋葬习俗。这些墓葬一般都没有随葬品,或只用一两件日常使用的陶器随葬,极少用生产工具随葬。草鞋山墓地中还发现5座合葬墓,3座为女性合葬,2座为男性合葬,年龄大致相当,反映了当时对偶婚的盛行。这种按照一定规则埋葬的氏族公共墓地和同性合葬墓的存在以及随葬品无差别的情况,表明了马家浜文化时期正处在母系氏族公社的繁荣阶段。[②]

与马家浜文化同时代的河姆渡文化,一直被视为中国长江流域下游地区新石器时代文化的代表。该文化遗址于1973年6月罗江乡农民建排涝站取土时被发现。遗址总面积共4万平方米,其年代为公元前5000年至公元前3300年,是新石器时代母系氏族公社时期的氏族村落遗址,反映了约7 000年前长江下游流域氏族的情况。1973年11月4日至1974年1月10日和1977年10月8日至1978年1月28日进行的两次发掘,发掘面积仅2 800平方米。遗址中发现动物遗骨47种。大多动物都是狩猎和捕捞的对象,如梅花鹿、赤鹿、獐、獭、貛、豪猪、野猫、田鼠、鹰、雁、野鸭、鹤、鸬鹚和其他鸟类、鲤、鲫、龟、鳖、扬子鳄、无齿蚌等。还有黑熊、虎、四不像、猕猴、红面猴、犀、象等亚热带动物。四不像数量极多,遗骨遍地皆是,是骨耜的主要材料。还发掘出人工饲养的猪、狗和水牛的遗骨,其中以猪的数量为最多,有75个个体,其牙齿的形状和前后腿长的比例说明,这些猪是人工养

---

① 耿曙生:《太湖地区的原始文明》,《苏州大学学报(社会科学版)》1992年4期,第108页。
② 耿曙生:《太湖地区的原始文明》,《苏州大学学报(社会科学版)》1992年4期,第108—109页。

肥后宰杀食肉的。狗的遗骸12具,其颌骨和齿的形态已接近于现代家狗,与狼有明显的区别。狗已成为河姆渡人狩猎的助手。驯养动物是新石器文化的特征之一,特别是对猪的驯养,说明河姆渡人早已进入定居生活。遗址山上多产常青林,如栎、橡、松、青枫、山毛榉等,有的已被山民用作建筑材料。林下豆科和禾本科植物很多。木构建筑内发现有许多橡子、菱角、芡实、酸枣等富含淀粉的果实,说明采集仍是河姆渡人取得食物的重要手段。另外,还发现荷花的花粉化石。遗址第四文化层中发现堆积的稻谷粒、谷壳、秕谷、稻根、稻秆和稻叶,堆积厚度为20厘米至50厘米,数量之多,是以往中国发现的新石器时代遗址所没有见过的。经考证,稻谷是人工栽植的。遗址出土的生产工具很多,有石质或骨质的斧、锛、凿、镞、镰、耜、鱼标等。耜的广泛使用,说明河姆渡人已脱离更原始的"刀耕火种"时代,进入了"耜耕阶段",属于母系氏族公社时期。此外还发现形制多样的骨箭头(镞)2 000余件,以及匕、锥、针、梭形器、凿、匙等生产、生活用具。木器种类和数量较多,制作精良,为全国所有新石器时代遗址中所罕见。出土完整的和能复原的陶器近千件,陶片50万件,其中有釜、罐、钵、盆、盘、灶等用具。还发现有一个陶片,上刻的植物有5个叶片,下刻一方形框,图形如盆栽的万年青。说明河姆渡人已有余力从事艺术创造,把我国盆景的初创时间上推到距今7 000年前。遗址中发现木桨6枝,其中一枝经鉴定为公元前4860年前后制。桨的柄和翼分界明显,类似近代的船桨。建筑构架的交接方法有两种:一是利用Y形木材做桩柱,其上架梁,然后用藤葛类植物捆绑;二是交接点采用榫卯结构。榫卯的发明及其应用是河姆渡人的杰出贡献,这在我国现已发现的古代木构建筑中是最早的。墓葬27处,早期仅有尸骨,未发现陪葬品。①

学者认为,河姆渡文化和马家浜文化的区别是十分明显的,但植根于宁绍平原的河姆渡文化和孕育于浙北杭嘉湖平原的马家浜文化很早就有了交往,并日益频繁。在河姆渡文化的第一、二期,成熟发达的耜耕农业给早期马家浜文化以较大的影响。到河姆渡文化的第三、四期,原来给予马家浜文化较大影响的河姆渡文化的发展出现了变异,偏离了原来的方向,第一、二期已经很先进发达的雕刻艺术未能得到继续发展,对马家浜文化的影响也日渐减弱。相反,在河姆渡文化三期,出现了很多属于马家浜文化因素的器物和受马家浜文化影响而产生的变异器。② 在葬式上,河姆渡遗址的居民以侧身屈肢葬为主,马家浜文化则以俯身葬为主,两者在葬俗上有明显的区别。河姆渡文化与马家浜文化在日常使用的陶器上、主要农业生产工具骨耜上和葬俗等方面都有明显的差异,两者不可能同属一个考古学文化,也不可能是同一个考古学文化的两个类型。③

崧泽文化距今6 000—5 300年,属新石器时代母系社会向父系社会过渡的阶段。崧泽文化上承马家浜文化,下接良渚文化,是长江下游太湖流域的重要文化阶段。太湖地区新石器时代的考古学文化序列为马家浜文化—崧泽文化—良渚文化。目前发掘的崧泽文化遗址主要在上海青浦崧泽、福泉山,松江汤庙村、姚家圈,青浦寺前;浙江桐乡普安桥,嘉

---

① 裘克安:《河姆渡文化》,《宁波大学学报(人文科学版)》1988年第1期,第10—13页。
② 王海明:《河姆渡文化与马家浜文化关系简论》,《东南文化》1991年第6期,第19页。
③ 吴汝祚:《试论河姆渡文化与马家浜文化的关系》,《南方文物》1996年第3期,第38页。

兴南河浜、大坟,余杭吴家埠,湖州邱山,海宁达泽庙;江苏苏州草鞋山、越城、张陵山、武进乌墩,吴江龙南、同里,江阴南楼,常州新岗,张家港徐家湾、东山村,昆山赵陵山,无锡邱承墩等。① 崧泽文化的早期特征可以总结为:陶器组合以鼎、豆、罐、壶为主;鼎大都为釜形,太湖北部、东部地区以宽扁足为主,而杭嘉湖地区则以鱼鳍足为主,显示了区域性的差异;豆以敛口、弧腹为主,腹部常常见有折痕,喇叭形柄上常以弦纹带分割,弦纹间饰竖向长方形或圆形的镂孔;罐类器物器形变化较大,一般最大腹径偏下,部分器物腹部有鋬;壶一般为直口、长颈、腹部下垂、平底。另外,带把陶鬶、缸也是具有特征性的器物;鬶在东山村遗址出土数量最多,一般器形为喇叭口、溜肩、腹部下垂、浅圜底、凿形足;缸发现于东山村、新岗遗址中,都为敞口、直腹、小底。② 崧泽文化经历700余年的发展,到了晚期,农业进入了犁耕,制陶使用了快速轮制方法。对祖神使用了燎祭,并且有了祭坛,还可能有了专职的巫师。这一时期在制陶方面,特别注意造型与纹饰的优美,因此产生了一批艺术陶器。③

从长期的历史发展来看,崧泽文化的形成过程非常复杂,除了原有的来自马家浜文化的传统外,更多的是来自皖江流域甚至皖江流域以西更远的地域文化的影响,这与马家浜文化自西向东发展的文化态势相同。但是,崧泽文化在形成过程中成功吸收并转化了外来文化的影响,独立创造出新的文化因素,在中期阶段成为长江下游地区最重要的一支考古学文化,直接影响扩展到宁镇地区、江淮东部地区等,并反向影响到皖江流域甚至以西的区域,从而奠定了以后良渚文化作为强势文化的基础。④

良渚文化是一支分布在中国东南地区太湖流域的新石器文化类型,代表遗址为良渚遗址,距今5 000—4 200年。良渚文化是长江下游太湖地区的一种新石器时代晚期文化,因1936年首先发现在浙江省杭县良渚镇而得名。此后,上海、浙江、江苏的考古工作人员经过半个多世纪的考古调查,共发现良渚文化遗址一百数十处,先后发掘了30多处,其中,重要的有江苏吴县草鞋山、张陵山,武进寺墩,上海市马桥,青浦福泉山,杭州市水田畈、钱山漾。⑤

从良渚文化遗址内出土的重要遗物可以看出,农业生产和手工业生产都已相当发达。从农业生产来看,太湖地区土地肥沃,江河密布,气候温和,很适宜栽培水稻,距今四五千年前的良渚文化时期,水稻种植已相当进步,无锡仙蠡墩、澄湖古井、吴兴钱山漾和杭州水田畈等遗址都有稻谷出土,在若干遗址中,发现大量农业生产工具,特别是石犁、耘田器和千篰等。从纺织技术上看,钱山漾遗址出土了残麻布、绢片、丝带等纺织品。经浙江省纺织科学研究所鉴定,麻布的质料为苎麻,织物密度为每吋40至60根。绢片由家蚕丝组成,织物密度为每吋120根,丝带为10股组成,每股单纱3根,共计单纱30根编织而成。

---

① 张敏:《崧泽文化三题》,《东南文化》2015年第1期,第49—55页。
② 陈杰:《崧泽文化的形成》,《东南文化》2015年第1期,第59页。
③ 黄宣佩:《崧泽文化对中国远古文明历史的贡献》,《上海博物馆集刊》2002年刊,第548—557页。
④ 陈杰:《崧泽文化的形成》,《东南文化》2015年第1期,第64页。
⑤ 李文明:《关于良渚文化的两个问题》,《考古》1986年第11期,第1005页。

这说明良渚文化时期的人们已具有相当高的纺织技术和丰富的养蚕缫丝的经验。这时期的石器多数为通体磨光,制作精致,厚薄比较匀称,棱角分明,造型规整,抛光技术极高。制陶工艺主要为轮制,以夹砂红褐陶、泥质灰陶和泥质黑皮陶为主,黑皮陶胎薄。器物盛行阔流、贯耳、横鼻、宽把和圈足。玉器制造是良渚文化的一个显著特点,这时候的玉器品种多样,造型精致。墓葬中的玉器有璧、琮、璜、玉镯、玉管、玉珠等。①

良渚文化的墓葬反映出该文化的社会性质。已发掘的近百座墓葬中,比较重要的有草鞋山3座、张陵山5座、寺墩3座、福泉山7座等。葬式一般以仰身直肢葬为主,也有少数为二次葬,头向大致朝南。葬地一般比周围地势高些,多数墓葬就地掩土而埋,少数浅坑埋葬,个别有葬具,墓与墓之间有一定的距离,墓地较分散,一般仅几座在一起,随葬品多寡不一,多的上百件,一般仅几件,个别没有随葬品。有的人还被杀掉当陪葬。因此贫富差别很大。②

有学者根据聚落级差的考察,认为环太湖地区的聚落级差始自崧泽文化晚期,其扩大化过程在良渚文化中期达到顶点,聚落级差作为一种现象一直持续至良渚文化晚期。良渚遗址群反映出良渚文化中期聚落级差的极端化,已经超越了一般聚落遗存的范畴,是处于萌芽状态的城市。③

马桥文化因为最早发现于上海马桥遗址而得名,1982年定名为马桥文化。从年代上来讲,马桥文化紧接着良渚文化,但整类良渚文化因素在马桥文化中不占主导地位。

马家浜文化(公元前5000—公元前3800年)—崧泽文化(公元前3800—公元前3000年)—良渚文化(公元前2900—公元前2200年)序列的确立,表明太湖地区的新石器文化的完整性和系统性,以及鲜明的地域文化特色。

二、江南新石器文化遗址

江南地区的新石器时代文化遗址基本上都可归入"马家浜文化—崧泽文化—良渚文化"。

草鞋山遗址位于阳澄湖南岸650米处,总面积约4.5万平方米,分为草鞋山和夷陵山两个土墩,相传为春秋时期吴国国王的坟墓所在地。遗址于1956年在江苏省文物普查中发现。经1972年和1973年两次发掘,发现这里的古文化堆积厚达11米,共分为10个文化地层,从上到下依次的叠压分别为吴越文化、良渚文化、崧泽文化、马家浜文化等。这里记录了远古先民从距今约7 000年至距今约4 000年的生活历史。这是除三山岛外,目前已知的最早的苏州人生活过的地方。不仅如此,他们在这里生活的时间长达3 000多年,远远超过了苏州城的年龄。草鞋山遗址的发现,完整地展示了远古时期不同阶段长三角地区人类的生存和生活状态,以实证的方式,展示了苏州地区的远古先民跨越文明门槛的历史过程,从而以雄辩的事实证明,长江流域也是中华民族产生的摇篮,证明中国文明起

---

① 李文明:《关于良渚文化的两个问题》,《考古》1986年第11期,第1005—1007页。
② 李文明:《关于良渚文化的两个问题》,《考古》1986年第11期,第1007页。
③ 刘恒武、王力军:《良渚文化的聚落级差及城市萌芽》,《东南文化》2007年第3期,第12—16页。

源的多元性。①

　　草鞋山遗址马家浜文化时期的水田结构形态已具有我国历史时期水田结构的雏形，从原始状态发展到规模经营，说明稻作农业生产已日趋成熟，与草鞋山发现的炭化米粒类型已演进成原始栽培稻的进程完全相符。② 由于草鞋山遗址从马家浜文化、崧泽文化、良渚文化到春秋吴越文化，整个序列几乎跨越太湖地区乃至长江下游一带新石器时代到先秦历史的全部编年，堆积厚、内涵多，因此也被中国考古界称为"江南史前文化标尺"。石兴邦称之为"江南地区从原始母系氏族社会到奴隶制末期的一部通史"。苏秉琦称草鞋山遗址是研究古吴越地区文化的"典型突破口"。③

　　绰墩遗址位于昆山正仪镇北绰墩村，南距正仪镇约2公里，东距昆山市区10.5公里，处于阳澄湖与傀儡湖之间的狭长地带。出土少量陶片，陶系以夹砂红陶和泥质红胎红衣陶为主，部分夹陶表面也施红衣，均为手制，少量经慢轮修整。纹饰很少，有少量捺窝、戳印纹、弦纹。主要器形有腰沿釜、牛鼻耳（或鸡冠耳）罐、盆、豆等，均残。墓葬共27座，分南、中、北三排东西分列，排列密集，墓坑方向以南北向为主，少量为东西向，南北向墓分布于中心，东西向墓沿外围分布。人骨保存较好，葬式多为仰身直肢。墓葬随葬品多寡不一，多数小墓无随葬器物，中型墓在6件以下，大墓在6—13件，随葬品多放置于人骨架两端，少数墓穴内分布于人骨两侧或压在骨架上。器物有陶、石、玉、骨四类，以陶器为主，陶器大多为明器，制作粗糙，火候低，器形小，但也存在一部分实用器。通过发掘和整理，可确定绰墩遗址新石器时代文化堆积延续时间长，包含了马家浜文化、崧泽文化和良渚文化三个阶段的遗存。我们根据对人骨的鉴定，如男女性别及比例、一些个体的拔牙习俗、骨骼细部特征等，对当时人口比例、社会结构、饮食生活状况等问题会有一个较全面的了解。④

　　对太湖及周边地区全新世钻孔的孢粉资料及古植被进行演变分析，我们发现由于古代先民活动对遗址周围森林的破坏，遗址地层中的木本植物花粉含量与同期临近地区的自然地层相比偏低。因此可以认为，太湖平原地区不论是文化层，还是自然沉积地层的孢粉资料，都证实了在新石器时期区域性植被是常绿阔叶林。自马家浜至良渚马桥期，稻作是绰墩遗址及周边地区古代先民极其重要的生存资源。⑤ 特别是由水沟、蓄水坑等组成的农田灌溉系统，代表了整个江南的原始文化，在研究原始社会的自然环境、人口比例、社会结构及人类生产生活诸方面，具有重要价值。绰墩遗址的稻田群是迄今发现的地球上

---

　　① 吴恩培：《草鞋山遗址的文化意义及其现状调查》，《苏州市职业大学学报》第17卷第1期，2006年2月，第11—16页。
　　② 谷建祥、汤陵华、邹厚本、丁金龙、李民昌、姚勤德：《对草鞋山遗址马家浜文化时期稻作农业的初步认识》，《东南文化》1998年第3期，第15—24页。
　　③ 南京博物院编：《赵青芳文集（考古卷）》，北京：文物出版社2012年，第195页。
　　④ 苏州博物馆、昆山市文物管理所：《江苏昆山市绰墩遗址发掘报告》，《东南文化》2000年第1期，第40—55页。
　　⑤ 萧家仪等：《太湖平原全新世中晚期古植被、古环境与古文化》，《南京师大学报（自然科学版）》第27卷第2期（2004年），第91—97页。

最早的灌溉稻田群。①

圩墩遗址位于江苏省常州市戚墅堰区,距今有6 000余年,是太湖流域的马家浜文化圩墩遗存,属于长江文明,是太湖流域西北部一处重要的马家浜文化史前遗址。自1960年发现以来,迄今共经历了5次考古发掘,出土了一批具有鲜明地域特色的文化遗物,极大地丰富了马家浜文化的内涵。圩墩遗址以马家浜文化氏族墓地为主要特色,5次发掘共清理墓葬191座,其中马家浜时期墓葬181座。圩墩遗址盛行俯身葬,根据统计数据,圩墩墓葬早期阶段俯身葬41例,仰身葬4例;晚期阶段俯身葬89例,仰身葬10例。可以看出,晚期阶段圩墩墓葬中仰身葬式的数量在缓慢地增长。圩墩墓葬的价值还在于出土的人骨骨架保存得非常好。当年提取的十余具圩墩人骨骨架,历经40年后,长骨骨质仍保持坚硬,颅骨圆整光滑,牙床整齐,这在土壤酸化程度高、地下水位高的江南地区实属罕见。在所有已发掘的马家浜文化遗址中,也只有金坛三星村遗址墓葬出土的骨架可与之相比。圩墩墓葬另外一个显著的特点是,许多先民个体存在生前拔牙的现象。据上海铁道医学院口腔系和上海自然博物馆人类组对圩墩遗址的第1—3次发掘中115例标本的观察研究,圩墩遗址的拔齿行为只发生在成人间,总拔齿率为39.2%;其中以上颌中切牙与侧切牙组合缺失情况为最多(81.6%);女性均为右侧中切牙与侧切牙缺失,而男性则两侧皆有。这充分说明,圩墩人的拔牙完全是一种有意识、有目的的风俗行为。科学家通过对齿部的X线摄片分析,进一步指出,圩墩先民的拔牙方法,可能是先用石锛适度连续敲击,使要拔除的牙齿脱臼松动,然后以骨镞或骨铤拔去,与现代拔牙方法基本相似。常州所处的地理位置,正是宁镇丘陵向太湖平原过渡的中间地带,同时也是古长江下游航道最狭窄地段之一,这种特殊的区位环境决定了此地的文化因素必然同时受到来自宁镇地区、太湖流域、江淮地区,甚至是沿江而下的长江中游诸文化的强烈影响。古往今来,此地的文化面貌也一直呈现多元并立、犬牙交错的局面。崧泽文化的西部、良渚文化的西部、吴越争霸的边界,乃至现代吴语区与江淮官话区的分野,都是以常州为界的。而这样一种地缘文化特征,实际上可以追溯到6 000年前的马家浜文化时期。太湖流域的史前考古工作揭示,在马家浜时期,太湖东西两岸存在着两支具有各自发展脉络的文化类型,以陶釜的形态为主要区别,两支文化分处太湖西北、西南部,包括常州圩墩、三星村,长兴狮子山和江家山。在这几处遗址里面,两种文化呈现此消彼长、平分秋色的态势,符合文化边缘区相互竞争、对立融合的特征。具体到圩墩遗址而言,如果将圩墩遗址的地层断面作为时间分割点来看,圩墩遗址早期阶段出土陶釜完全是圜底釜的特征,换言之,圩墩遗址的早期阶段完全处于太湖东部圜底釜文化区的控制之下;而圩墩遗址从三层开始出现并逐渐增多的平底器,则是太湖西部平底釜文化区开始影响、控制此地的标志。②

骆驼墩遗址位于江苏省宜兴市新街镇塘南村,东距宜兴市10公里,西距溧阳市25公

---

① 曹志洪:《中国史前灌溉稻田和古水稻土研究进展》,《土壤学报》第45卷第5期,2008年9月,第784—791页。

② 陈丽华、彭辉:《圩墩遗址发掘四十周年的回顾与思索》,《东南文化》2012年第5期,第31—35页。

里,为一处重要的新石器时代遗址。遗址总面积约25万平方米,分南北两区,南区在名为骆驼墩的自然岗地,北区在塘南村北。2001年11月至2002年7月,南京博物院考古研究所与宜兴市文物管理委员会组成考古队,对该遗址进行了较大规模的发掘,取得了重大收获。发现了马家浜文化时期的大型聚落遗址,包括墓葬52座、瓮棺39座、灰坑5座、房址3座、大型贝类及螺壳堆积1处、祭祀遗迹4处,其中瓮棺葬在长江下游是首次发现。另外,还发现了崧泽文化时期的墓葬1座、灰坑2座,良渚文化时期的墓葬3座、灰坑3座。遗址内共出土了陶器、石器、骨器、玉器等约400件,以及各类动物骨骼标本约2 000件。另外,地层中出土了大量的动物骨骸,其中大型动物居多,有牛、麋鹿、梅花鹿、猪、狗等,水生动物有鼋、鲤鱼以及大量的贝类,为复原当时的古环境以及研究先民的饮食结构提供了丰富的实物资料。遗址北区的地层、墓葬以及瓮棺葬中出土了一批具有代表性的、形制丰富的、全为平底的陶釜。而在整个遗址内,未曾发现一件马家浜文化所流行的圜底釜,甚至不见任何圜底器。学者指出:"以纯粹平底釜为特色和代表的骆驼墩文化遗存,像一颗亮丽的明珠璀璨于太湖的西部,为我们呈现了一束史前文明耀眼的光芒,给我们重新认识和构建环太湖流域新石器时代考古学文化的谱系照明了道路。"骆驼墩遗址文化遗存第一阶段的相对年代约在距今7 000年,骆驼墩遗址早期文化遗存的年代在距今7 000—6 500年。[①]

  从釜、盉、罐、豆等陶器风格看,骆驼墩遗址早期文化遗存的陶器群具有明显的自身特点。从生活习俗方面看,平底釜的使用必然伴随着相应的饮食习惯,这里多见陶灶而少支座。从埋葬习俗看,一般马家浜文化遗址流行的俯身葬较少,而多见仰身直肢葬;头向也与马家浜文化常见的北向不同,基本上朝东;也不见用红陶钵盖顶的习俗。而此遗址发现的瓮棺葬极为独特,不见于马家浜文化时期的其他遗址。骆驼墩遗址文化晚期遗存的陶器已发生很大变化,炊器中以鼎为主,各类平底釜骤减,各种类型的鼎足非常丰富,与早期阶段相比,其文化面貌发生了显著的变化,同太湖东部、北部的马家浜文化晚期的文化面貌逐渐趋同,但有些文化传统根深蒂固,如夹蚌陶长期存在等。与同时期同样以平底陶釜为主要特征的其他遗址相比,骆驼墩遗址早期文化遗存的时代较早,文化面貌单纯。它位于太湖的西部地区,地理环境属山地向平原的过渡地带,因而代表了太湖西部地区马家浜文化时期的一个新的考古学文化。结合历年来江浙地区的考古材料,可以大致看出该文化遗存的空间部分具有以山区为依托、面向平原的特点。在浙江除吴家埠、邱城遗址外,长兴狮子山、余杭荀山东坡、德清瓦窑等遗址也均处于山区与平原交界地带。以骆驼墩遗址为代表的文化遗存主要分布在太湖西部地区,处于天目山及其余脉宜溧山地的东缘。如果以太湖正西部为中心,这类文化遗存向东北可达江阴,向东南到余杭,围绕太湖西部大致呈半月形分布。这种分布规律显示出该文化遗存与同时期太湖东部的草鞋山、罗家

[①] 南京博物院、宜兴市文物管理委员会:《江苏宜兴骆驼墩遗址发掘报告》,《东南文化》2009年第5期,第26—42页。

角遗址等马家浜文化系统不可避免地会产生频繁的交流和碰撞。①

东山村遗址位于苏州张家港市金港镇南沙东山村香山东侧的斜坡上,西枕香山,北依长江,遗址总面积约 20 万平方米。遗址发掘取得了重要收获,除了揭示马家浜文化时期的一批墓葬,以及在马家浜文化层堆积中漂洗出较多的炭化稻米、瓜子、果核、兽骨等动植物遗存外,还揭示出一处崧泽文化时期的聚落,包括房址和墓地。尤其是首次揭露了一批崧泽文化早中期高等级大墓。东山村 M91 的年代大体在崧泽文化中期,具体年代在距今 5 500 年左右,或者可以稍早。自崧泽文化发现以来,已经揭示的崧泽文化时期的墓葬多是中小型墓葬,规模较大的墓葬难得一见。而作为崧泽文化的继承者良渚文化中,高台和高等级墓葬频频出现,随葬器物尤其是玉器数量极其丰富,制作非常精美,显示出了高度发达的文明。②

东山村遗址的发掘,首次在长江下游地区揭示了一批崧泽文化早中期的高等级大墓。东山村遗址崧泽文化早期高等级大墓内随葬了较多的大型石钺和石锛,这些发现将以石钺和石锛为代表的军权或王权的出现时间从崧泽文化中期提前到了早期。此外,东山村遗址高等级大墓和小墓实施了分区埋葬,说明已经出现了明显的社会分层。这一重大发现,将学术界普遍认为的史前社会重大转型时间从距今 5 500 年向前推进了至少 300 年。东山村遗址 M101 的发现,不仅在年代上早于这些崧泽文化高等级大墓,在目前发现的马家浜文化墓葬中也是属于最高等级者。虽然目前仅发现一例,但是已经为本遗址的崧泽文化高等级墓葬找到了源头,对我们重新认识长江下游地区的社会文明化进程,重新审视环太湖流域马家浜—崧泽文化时期的社会发展程度提供了全新的考古学资料。③

学者指出:"东山村大墓填补了长江下游地区崧泽文化时期没有高等级大墓的空白,为良渚文化高度发达的文明找到了源头,为重新认识环太湖流域崧泽文化整体面貌和社会生产力发展水平提供了新资料。"以东山村为代表的长江下游最早出现社会分层现象,说明长江下游地区地理环境优越,适合人类繁衍生存和文明发展,七八千年以来,文化相续继承和发展。这一区域早在距今 6 300—5 300 年就有了一种文化整合趋同的趋势,有学者称之为"崧泽文化圈"的形成,逐渐发展到良渚文化阶段,长江下游的文明水平已经登峰造极,领先于全国其他区域。但是良渚文化最终没有进入国家,而是在中原文明的挤压下无可挽救地衰落了。从东山村大墓出土的玉器不见神秘造型或装饰,以及大墓中随葬石钺的情况看来,东山村社会是一个务实性的社会,是一个王权至上的社会权力系统。但是这种务实性的王权社会在后来的良渚文化时期蜕变为神权至上的神权社会。④ 全新世

---

① 南京博物院、宜兴市文物管理委员会:《江苏宜兴骆驼墩遗址发掘报告》,《东南文化》2009 年第 5 期,第 42—44 页。
② 南京博物院、张家港博物馆:《江苏张家港东山村遗址 M91 发掘报告》,《东南文化》2010 年第 6 期,第 56—61 页。
③ 南京博物院、张家港博物馆:《江苏张家港东山村遗址 M101 发掘报告》,《东南文化》2013 年第 3 期,第 33 页。
④ 林留根:《从东山村遗址看长江下游社会复杂化进程》,《东南文化》2010 年第 6 期,第 82—86 页。

早中期,遗址所在区域不仅植被状态优越,动植物资源丰富,而且有相对较为稳定的湖沼相水体存在,利于先民的生产生活,同时附近坡地地形又可以抵御后期湖沼相水体不稳定带来的各种水患灾害,这种依山傍水的自然地理条件使崧泽文化因子在该区域迅速繁荣与发展。①

三、苏北新石器文化序列

苏北新石器文化序列大致为北辛文化(约公元前5300—公元前4100年)—大汶口文化(公元前4100—公元前2600年)—龙山文化(公元前2600—公元前1900年)。

1959年、1960年,江苏省文物工作队两次发掘连云港市二涧村遗址。在龙山文化地层之下,发现早期新石器文化堆积,并清理同时期墓葬7座,出土了一部分典型的北辛文化遗物。这是北辛文化遗址的第一次发掘。1962—1964年,中国科学院考古研究所山东队在山东济宁地区的调查中,发现有北辛文化的遗物。其中以兖州西桑园和滕州北辛两处遗址较为丰富,故又有"西桑园类型"或"北辛类型"的提法。1978年、1979年,考古所山东队对北辛遗址的大面积挖掘,比较全面地揭示了这一文化的内涵与特征,从而正式提出"北辛文化"的命名。20世纪70年代后半期到80年代,在山东和苏北地区陆续发掘了一批含有北辛文化遗存的遗址,如泰安大汶口、兖州王因和西桑园、汶上东贾柏、邹平苑城、章丘王官、临淄后李、青州桃园、烟台白石村、福山邱家庄、荣城河口、灌云大伊山、沭阳万北等,进一步丰富了北辛文化的文化内涵。②

北辛文化距今已有7000余年,它处于我国母系氏族公社的渐趋繁盛期,相当于考古学上的新石器时代早期。北辛遗址的先民,是妇女在生产、生活中起主导作用,因血缘亲族是维系民族的纽带,民族成员按母亲的血统确定亲属关系,所以当时的妇女在氏族中的地位是很高的。在当时,他们已开始了以部落为主体的定居生活,原始农业生产力比以前又有了很大的提高,从遗址出土的石铲、石刀、蚌镰、鹿角镐和石磨盘等配套完整的耕耘、播种、收割、脱粒工具以及在一些窖穴底部发现的粟类颗粒可以看出,原始农业已经初具规模。其石器制造技术,普遍采用了磨制方法。遗址中还出土了制作规整、十分锋利的石、骨箭簇,鱼标,骨梭,陶网堕以及在生活灰坑中出土的动物骨骼、河螺壳、鱼翅等实物,反映了北辛的先民从事狩猎、捕捞等生产活动,在当时仍然是不可缺少的生存手段。制陶工艺尚处在原始的手工阶段,出土的陶器类型比较简单,烧制火候一般不高,泥条盘筑手制痕迹比较明显。在遗址出土的陶器底部发现有清晰规整的席纹,磨制精细的骨针及纺线用的陶纺轮,说明7000年前的北辛先民在编织、缝纫和制骨等手工业方面已有了初步发展,并由身披兽皮、腰围树叶的时代进入了穿衣阶段。北辛遗址发现的瓮棺葬,是将夭折的婴儿置于陶葬具内,掩埋在居住地附近,以表示对死者的爱抚和惋惜。③

---

① 李兰、朱诚、周润垦、朱寒冰、刘文娟:《江苏张家港东山村遗址地层揭示的全新世环境变迁》,《考古与文物》2015年第6期,第88—94页。
② 栾丰实:《北辛文化研究》,《考古学报》1998年第3期,第265—266页。
③ 李朝英:《北辛文化概述》,《山东档案》2004年第1期,第41页。

目前发现的北辛文化遗址,主要集中在以下4个小的区域之内,即鲁中南地区、鲁北地区、胶东半岛地区和苏北地区。其中苏北地区系指江苏省淮河以北区域。这一区域工作开展较早,发现的遗址较多。经过发掘的有二涧、大村、大伊山和万北。大墩子遗址地处苏鲁边界,位置偏在此区西北,居鲁南、苏北两区的临界处,这里也归为苏北区。学者把北辛文化划分为4个地方类型,即鲁中南区的北辛类型、鲁北区的苑城类型、胶东区的白石类型和苏北区的大伊山类型。①

苏北的新石器文化发现较早,由于长时期与内涵、外延均不确定的"青莲岗文化"交织在一起,学界对其认识经历了一个相当复杂的过程,至今尚未形成一致的看法。综合分析这一地区的早期新石器文化,大致包含三类有所区别的文化因素。第一类为与其他地区北辛文化相同或相近的因素。这一类因素包括:墓葬头向以东为主,有用猪牙随葬的习俗。石器以磨制为主,器形除了斧、铲、锛、凿等之外,别具特色的是穿孔搓板形砥石。与其相同或相似的器形也见于北辛和白石村遗址,并共同为后来的大汶口文化所继承。陶器纹饰以刻划纹、附加堆纹、乳丁纹、指甲纹、锥刺纹较为常见。器物群中以鼎、釜、钵和小口双耳罐为基本组合。第二类为具有本地区特色的因素。这一类主要包括本地区较多而其他地区较少的因素,或者将外地因素加以消化改造,使其成为自身内容者。第三类为来自外地的因素。从文化特征和地理位置分析,除了极少量来自中原地区之外,这一部分因素主要来自淮河以南乃至长江下游地区。②

大汶口文化因1959年首先发现在泰安大汶口遗址而得名。分布范围主要在黄河下游地区,东自胶东半岛,西到河南中部,北到辽东半岛南端,南达江苏北部和安徽北部地区。年代跨度距今6100—4600年,前后延续1500多年,分为早、中、晚三个发展阶段,早期距今6100—5500年,中期距今5500—5000年,晚期距今5000—4600年。据不完全统计,山东境内已发现大汶口文化遗址547处,经过正式发掘的遗址有60余处,主要有泰安大汶口、邹县野店、滕州西公桥、枣庄建新、兖州王因、曲阜西夏侯、临沂大范庄、日照东海峪、长岛北庄、胶县三里河、诸城呈子、莒县陵阳河、大朱家村、五莲丹土、潍坊前埠下、栖霞杨家圈、广饶五村、傅家等遗址,江苏境内有邳县刘林、大墩子和新沂花厅遗址,安徽主要是蒙城尉迟寺遗址。③

有些学者提出,大汶口文化可以分为三个类型:一是泰安、济宁等地的鲁中南地区的大汶口文化,以大汶口遗址为代表,称为大汶口类型;二是淮河以北的苏北地区的大汶口文化,称为大墩子类型;三是山东东部的潍坊地区和日照等地的大汶口文化,以胶县三里河遗址为代表,称为三里河类型。④ 大汶口文化早期阶段尚处在氏族公有制的末期,贫富分化不明显,多人合葬墓反映了氏族成员间的血缘纽带还相当牢固,因此,大汶口文化还处于母系氏族社会向父系氏族社会过渡阶段。大汶口文化中、晚期阶段,一些手工业部门

---

① 栾丰实:《北辛文化研究》,《考古学报》1998年第3期,第274—275页。
② 栾丰实:《北辛文化研究》,《考古学报》1998年第3期,第279—281页。
③ 何德亮:《大汶口文化考古五十年历史回顾》,《南方文物》2009年第4期,第137页。
④ 何德亮:《大汶口文化考古五十年历史回顾》,《南方文物》2009年第4期,第139页。

已经脱离农业而独立发展,并出现了贫富分化,私有制正逐渐形成,男女合葬墓则表明父权制已经确立,当时已进入父系氏族社会阶段。家族私有制进一步发展,促使其社会形态进入初级文明时代。农业是大汶口文化居民的主要经济部门,这一时期的农业已进入早期粗耕阶段。人们过着定居生活,农作物以粟类为主,同时还兼种黍和水稻。①

水井在大汶口文化时期已经普遍使用。水井的发明和使用,是生产力发展的一种标志。水井极大地方便了人们的生产和生活,减少了人们对江河湖泊的依赖,可以开发土地、灌溉农田,大大增加农作物的产量。酿酒业非常盛行,墓葬中大量陶鬶、壶、高柄杯、盉等专用酒器的发现,是酿酒业盛行的重要标志。纺织业相当发达,许多遗址均发现陶、石纺以及骨针、骨锥、骨梭形器等纺织缝纫工具以及印在陶器底部的布纹。如大汶口遗址出土的骨针长的18.2厘米,粗者7毫米,最细者只有1毫米,针顶端有鼻,孔径细的只能穿过一根细线,可见纺织缝纫技术的进步。布纹痕迹的发现,也证明纺织业的存在。大汶口文化时期的纺织业已经从农业中分离出来,成为专门从事纺织手工业生产的部门。图像文字主要发现在莒县陵阳河、大朱家村、杭头、诸城前寨以及尉迟寺遗址的陶尊或陶瓮上面,故而也称为陶尊文字。目前,陶尊文字或符号共发现20多例。其形状有的像自然物体的日、月、山,有的则像工具和兵器,如斤、斧、锛、戌、戉、旦、封、皇、凡、南、享等等。这些图像文字,曾被誉为"远古文明的火花"。文字的发明和使用,是大汶口文化时期的重要成果,也是人类社会进入文明时代的重要标志之一,因此,具有重要的里程碑意义。②

江苏邳县花厅遗址10座大墓有8座使用殉人。殉人以少儿和幼儿为主,亦有成年女性和成年男性,殉人的位置一般在墓主人的两侧墓边和脚后。这些殉人,除墓主外,其余均为非正常死亡,应属殉葬无疑,大部分是墓主身边比较亲近的人。③

山东龙山文化,是1928年我国考古学家吴金鼎在山东历城县(今属章丘市)龙山镇城子崖发现的。从出土遗物看,以磨光黑陶为特色,而不同于以彩陶和红陶为特征的仰韶文化。尹焕章将龙山文化分为山东沿海、山东西部、豫东苏北、江淮、杭州湾和闽江六个区域。④ 龙山文化时代的人祭遗存大致可分为两类:第一类是用作奠基的人牲,在黄河流域龙山文化诸遗址中比较常见,大多发现于房基下或居住面下。第二类是用于祭祀的人牲。祭牲的情况要比奠基牲的情况复杂。⑤

两城类型因首先发现在日照市两城镇遗址而得名。苏北一带主要发掘的龙山文化遗址,以徐州高皇庙为代表。高皇庙遗址的遗物中,如轮制的黑陶豆、杯、盆、鼎、器盖、器足以及石斧、锛、镞、蚌刀等,都是典型的两城类型的遗物。又如邳县黄楼村、新沂三里墩等遗址,大致都属于这一类型。龙山文化早期的堡头类型与苏北一带青莲岗文化之间存在着密切的关系。两者所在地区毗连,又穿插着大量的两城类型遗址。青莲岗文化的新沂

---

① 何德亮:《大汶口文化考古五十年历史回顾》,《南方文物》2009年第4期,第141页。
② 何德亮:《大汶口文化考古五十年历史回顾》,《南方文物》2009年第4期,第142—143页。
③ 何德亮:《大汶口文化考古五十年历史回顾》,《南方文物》2009年第4期,第143页。
④ 何德亮:《山东龙山文化的类型与分期》,《考古》1996年第4期,第63页。
⑤ 王磊:《试论龙山文化时代的人殉和人祭》,《东南文化》1999年第4期,第22—27页。

花厅村等遗址的遗物中,如罐、鼎等与龙山文化堡头类型的遗物非常近似。①

四、苏北文化遗址内涵

青莲岗遗址是治淮文物工作队于1951年年底和1952年年初在淮安青莲岗调查时发现的。青莲岗文化遗址在淮阴,北有宿迁县黄泥墩,西有泗阳县朱墩(下层)、泗洪县菱角张(下层),东有淮阴市(今淮安市)山头、淮安县(今楚州市)颜家码头、菱陵集、西韩庄、青莲岗,涟水县笪巷(乙)等9处。面积最大的是150 000平方米,最小的250平方米,一般在2 000—7 000平方米。②

青莲岗文化的分布大约以江苏为中心,北至山东中、南部,南至太湖沿岸,西至苏皖接壤地区,东至阜宁,东南达淀山湖以东,分布面积约为10万平方公里。在江苏省范围内发现的青莲岗文化遗址有65处。经过发掘或探掘的遗址有连云港二涧村,新沂花厅村,邳县刘林、大墩子,南京北阴阳营、太岗寺,苏州越城,吴江梅堰,吴县草鞋山、华山,常州坪墩村等处。③青莲岗文化的命名打破了中国史前考古学仰韶—龙山的一元论体系。青莲岗文化江北类型的刘林、花厅两期的绝对年代,介于距今5 800到4 275年。④

由于遗址遭到破坏,已经无从揭示全貌。1958年2月,南京博物院发掘了青莲岗遗址。这次共发掘和采集到陶片600余片。其中比较完整或可复原的陶器,只有43件。大部分是红陶,灰陶和黑陶极少。石器只有两片砺石和两段残石凿。⑤

此后,通过历次调查,在青莲岗获得的陶器以夹砂红陶为主,次为泥质红陶,少见灰、黑陶。器物基本手制,纹饰不甚发达。此外有少量的彩陶,彩陶装饰于钵内壁,其特点是在内壁绘宽带纹、水波纹、鱼网纹、八卦纹等简单的几何形图案。典型器有宽檐釜、圆锥足鼎、带把钵、三足钵、双耳壶、高圈足豆等。遗址中陶制的生产工具比较发达,计有陶纺轮、网坠、陶拍、陶杵等;石制的生产工具有斧、锛、凿、砺石等。在青莲岗遗址还发现过成堆的草拌泥烧土块,一面平整,一面有芦苇秆的印痕,应为木骨泥墙的残迹。⑥

有的学者认为,从文化内涵上比较,青莲岗文化与北辛文化的差异是主要的,而且大汶口文化是直接继承北辛文化而发展起来的,与青莲岗文化的渊源关系并不明确。⑦ 也有的学者认为,青莲岗文化和北辛—大汶口文化之间,存在着若干相类似的文化因素,它们可能在大范围里是同属于一个大文化系统的,比如属于"古东夷部落集团",或称"海岱历史文化区"。但它们的差别又是很明显的。北辛—大汶口文化的连续性和系统性,说明它们是一个文化系统内的两个发展阶段,是前源后流的关系,而青莲岗文化独具特色,当另有源流。青莲岗文化是淮海地区唯一有特征的原始文化,创造这个文化的部族,非古淮

---

① 杨子范、王思礼:《试谈龙山文化》,《考古》1963年第7期,第378页。
② 尹焕章、赵青芳:《淮阴地区考古调查》,《考古》1963年第1期,第3页。
③ 吴山菁:《略论青莲岗文化》,《文物》1973年第6期,第45页。
④ 吴山菁:《略论青莲岗文化》,《文物》1973年第6期,第57页。
⑤ 朱江:《关于"青莲岗遗址"和"青莲岗文化"问题》,《考古》1977年第3期,第190页。
⑥ 邹厚本、谷建祥:《青莲岗文化再研究》,《东南文化》1992年第1期,第62页。
⑦ 邹厚本、谷建祥:《青莲岗文化再研究》,《东南文化》1992年第1期,第59页。

夷莫属。①

大伊山新石器时代石棺墓遗址,位于灌云县城北1公里处的大伊山东部山麓台地的青风岭上,于1981年11月被发现。1985年2月,连云港市博物馆和灌云县博物馆第一次组织发掘。次年2月,南京博物院又组织第二次发掘,两次揭露总面积700平方米,清理出新石器时代石棺墓葬62座,随葬文物150余件。该遗址是我国目前同时期文化遗存中一处具有特殊葬俗的氏族墓葬群。在发掘的24座石棺墓中,石棺墓平面均为长方形,构筑时先挖长方形浅土坑,底部略修整,再用数块厚8—15厘米薄石板嵌入泥土中,成为石棺四壁。一般两侧各嵌2—3块,两端各嵌1块,棺底不铺石板。尸体和随葬品放入后,上面平铺数块石板作棺盖。石棺一般口大底小,头宽脚窄。成人石棺长1.85—2.2米、宽0.38—0.8米、高0.28—0.45米;儿童石棺长1.07—1.61米、宽0.38—0.47米、高0.31—0.36米。经鉴定,所有石材为花岗片麻岩质,系大伊山所出。制作不规整,大部分未经加工。石棺墓同向排列,分布密集,各墓之间有一定距离。均为单棺,墓向朝东,在66度至88度。石棺内人骨架大多已腐朽,有8座墓葬人骨架保存较好,人骨架直接放于石棺的地面上。葬式均为单人仰身直肢。尸体直接放置于石棺内,有1座用红陶钵覆盖在死者头部。墓葬石棺盖板距地表深0.15—0.68米不等。埋葬较浅的15座墓葬的石棺遭到不同程度的破坏。在24座墓中,有叠压关系的3组,打破关系的2组。24座墓葬中,有随葬品的仅11座。共出随葬品20件,均放置于石棺内。石、骨器生产工具置于腹侧和脚部,装饰品多置于头部,陶制生活器皿多置于头部和脚部。②

大伊山两次发掘的62座墓所出器物,具有鲜明的文化特征。石器均为磨制,少数留有打制痕迹,器种有斧、锛、杵、研磨器等。陶器以夹砂红褐陶、泥质红陶为主,均为手制。常见器种有釜、鼎、钵、盆、罐、支座、锉等。纹饰主要有附加堆纹、窄堆纹、乳丁纹、刻划纹。墓葬中随葬陶器以釜、钵、罐或鼎、钵、盆为基本组合。陶釜敞口,腹部饰附加堆纹、乳丁纹等,与山东滕县北辛遗址、江苏连云港二涧村下层出土同类器有相似之处。陶鼎腹部饰附加堆纹,鼎足呈柱状或乳丁状。陶钵多为平底,部分为"红顶钵"。有的钵、盆附羊角状把手。另有圆柱状陶支座等遗物。这些都与北辛、二涧村下层、大村、淮安青莲岗、大墩子下层等遗址出土的同类器物相近似。带腰檐喇叭形圈足器、腰檐鼎与江苏淮安青莲岗遗址、浙江嘉兴马家浜遗址、江苏吴县草鞋山遗址出土的腰檐釜相似。石斧、石锛、石杵与大墩子下层出土的同类器相同,石斧又与淮安青莲岗、二涧村下层、南京北阴阳营遗址出土物有相同之处。根据以上比较,大伊山遗址属于海岱历史文化区的早期新石器时代文化,是早于大汶口的一个文化类型。墓中有随葬品的一般为一两件,最多的1墓4件,没有质的差别。石棺用料不讲究,厚薄不一。这说明当时生产力水平比较低下,氏族成员之间没有

---

① 徐基:《试说青莲岗文化与北辛—大汶口文化的关系》,《山东大学学报(哲学社会科学版)》1991年第1期,第95—96页。
② 《大伊山石棺墓遗址发掘报告》,灌云县政协文史委员会:《灌云文史资料》第11辑,2004年11月,第2—6页。

明显的贫富尊卑的差别。①

将军崖岩画位于江苏连云港市海州区锦屏镇桃花村锦屏山南麓的后小山西端,岩画刻于海拔20米处。在长22米、宽15米的平整光亮的黑色岩石上,分布为三组,内容有人面、农作物、鸟兽、星云等图案以及各种符号。将军崖的西、北两面,近临冲沟宽阔的蚂蟥涧。这一带多次发现过网坠、骨针等新石器时代的遗物。自此向东150米处,在1979年发现了桃花涧旧石器晚期遗址。再向东2公里便是著名的二涧村新石器时代遗址。在二涧村东南1公里是酒店化石产地。1975年曾在这里发掘了不少亚洲象、水牛、鹿、马等动物化石。②将军崖岩画于1979年11月底首次被发现。1980年7月,北京大学俞伟超在连云港指出:"这是一处重要的历史遗存,这是一次重要的发现。它不仅是目前发现的我国最早的一处岩画,而且是一处反映3000年前我国东夷部落生产和生活的画面。"次日,俞伟超在连云港所作的《连云港将军崖东夷社祀遗迹的推定》学术报告,将岩画推定为3000年前殷商之际东夷部落的社祀场所。③后来,学者在第一组岩画中发现了"勾芒"人面像的岩刻,将海州的上古文明史推到6000年前,证明将军崖岩画是上古时期勾芒部落观天测象的记录。其中第二组星象图,大石上的圆窝以及子午线、太阳刻划是迄今为止我国发现的最早的天文学的成就。因而可以推断将军崖是有着明确氏族标志、成文连续实录并与图腾徽铭相间的天文观测灵台、敬天法祖的祭坛,是6000年前东夷先民的朝圣中心。④

万北遗址位于古代硕项湖(现已淤没)西北的高台地上,属淮、沂、沭河的冲积平原区,由于其周围地区后期黄泛堆积的不断增高,该遗址现仅高出四周地表2米左右。1987年春,南京博物院在田野调查时发现该遗址,遗址面积约10万平方米,原属淮阴市(现应为宿迁市——引者注)沭阳县万匹乡万北村,南距沭阳县城15公里,老沭河(应为分水沙河——引者注)和古泊河分别在遗址东、北约2公里处流过。⑤

万北遗址的第一期文化遗存是迄今苏北地区发现的新石器时代文化的最早遗存,C14(碳14)年代测定距今6540±90年(树轮校正)。该期文化的主要特征是以釜、罐为主要炊器,陶系单纯,陶器皆手制,陶器除釜、钵外,一般器形偏小,器体厚重且不规整,生产工具以骨器为主,目前尚未发现石器工具。从其部分陶器的规整化、骨器工具的精致程度等方面考察,当时的生产力已有相当程度的发展,代表了手制陶器发达阶段人类生活的水平。该期文化的地层中有大量的丽蚌壳堆积,并残留有莲子、芡实等植物种子,说明当时动植物资源丰富,人类的经济生活中渔业、采集占有突出的地位,农业可能只占很小的比重。万北一期的陶器中的釜、鼎、罐等均与淮河中游安徽定远侯家寨的一期文化同类器物

---

① 《大伊山石棺墓遗址发掘报告》,灌云县政协文史委员会:《灌云文史资料》第11辑,2004年11月,第15—16页。
② 连云港市博物馆:《连云港将军崖岩画遗迹调查》,《文物》1981年第7期,第21—24页。
③ 魏琪主编:《连云港特色文化》,苏州:苏州大学出版社,2006年,第31页。
④ 魏琪主编:《连云港特色文化》,苏州:苏州大学出版社,2006年,第33页。
⑤ 南京博物院:《江苏沭阳万北遗址新石器时代遗存发掘简报》,《东南文化》1992年第1期,第124页。

相似。①

万北遗址第二期文化下部地层的C14年代距今6 435±195年(树轮校正),比第一期文化略晚。该期文化的主要特征为炊器以釜为主,鼎的数量很少。陶器以夹砂红褐陶为主,泥质红陶器中彩陶占有相当比例,器表多附加堆纹和划刺纹。陶器除极少部分的鼎、小口双耳壶等同山东沿海的北辛文化相同,而内壁彩陶钵与北辛文化中的口沿饰带状黑彩的钵迥然不同,而与以往江淮地区青莲岗遗址的内彩陶钵如出一辙。其他陶器如造型为I字形、圆柱束腰形的支座亦与北辛文化的猪嘴形支座风格相异。该期遗存中有两座儿童墓葬,均用红陶钵盖头,这与江苏近海地区新石器时代墓葬中死者头部覆盖红陶钵的习俗相同。由于该遗址地处近海湖滨,生态环境优越,丰富的自然资源抑制了当地农业的发展速度,生产工具仍以骨器为主,比较缺乏石制工具。其地层中动物残骸丰富,经鉴定主要为麋鹿和猪,而且相当数量的猪骨经鉴定属家养猪,说明此时除狩猎外,家畜饲养已成为人类的重要肉食来源。因此,万北遗址的第二期文化面貌从总体上看,应属青莲岗文化范畴。②

万北遗址的第三期文化遗存,就陶器的组合、造型,石器的制作、种类,墓葬的形制、葬式等几方面看,均与大汶口文化中期偏早阶段相同。不过出土的瓦楞纹壶在大汶口文化中较少见,而与江淮之间青墩遗址中崧泽文化的同类器相似。这说明万北遗址第三期文化或多或少仍然保持着与江淮之间的交往。③

万北遗址的第四期文化遗存比较单薄,其文化要特征为,陶器以夹砂灰陶为主,尊形器比较流行,其中圈足和假圈足的杯状尊形器为胶东地区岳石文化所常见,其他如浅盘粗高把的豆、三角锥形足鼎等亦是胶东地区岳石文化中的盛行器。而万北遗址出土的碗形豆、刻划线纹的鬲等则少见于以往胶东地区,而与鲁西南地区的岳石文化同类器物相似。此外,万北遗址出土的细绳纹带流钵、折腹平底圈足的簋等器形则稍具自身特点。诚如上述万北遗址第四期文化虽然有一些受鲁西南地区的影响,亦有少许自身特点,但从总体看仍应归属胶东岳石文化体系。④

万北遗址是一处非常重要的新石器时代文化遗址,其地处淮河支流沂河、沭河以东平原,属古代海岱区和江淮文化区的中介地带。对其一至四期文化的了解使我们认识到,沂沭河下游地区由于其地理环境的优越、自然资源的丰富曾是我国新石器时代人类较早的生息地之一,其在第一期文化时期与淮河中游的面貌基本一致,而与黄河下游流域的北辛文化的瓜葛甚微。以后随着锄耕农业的兴起,万北二期文化,在总体上仍属于淮河流域的

---

① 南京博物院:《江苏沭阳万北遗址新石器时代遗存发掘简报》,《东南文化》1992年第1期,第131—132页。
② 南京博物院:《江苏沭阳万北遗址新石器时代遗存发掘简报》,《东南文化》1992年第1期,第132页。
③ 南京博物院:《江苏沭阳万北遗址新石器时代遗存发掘简报》,《东南文化》1992年第1期,第132页。
④ 南京博物院:《江苏沭阳万北遗址新石器时代遗存发掘简报》,《东南文化》1992年第1期,第133页。

青莲岗文化范畴,但已受到山东沿海北辛文化的部分影响。至第三期文化时期,该地区虽仍与江淮之间有所交往,但已基本被大汶口文化所包容。至第四期文化时期,该地区已完全被纳入海岱文化区的范畴。[1]

大墩子遗址位于苏鲁边境,属江苏邳县,在县北40余公里,南距邳县四户镇3.5公里,北距山东苍山县小湖子约3公里,于1962年12月发现,面积5万平方米左右。大墩子遗址的碳14测定年代为距今6 445±200年。文化层内共出土石器62件。除两件石环为装饰物外,其余均为生产工具。计有斧、锛、铲、凿、磨棒和砺石等种。共出土23件骨、角、牙器,有锥、针、端刃器、簪、枘等。陶片主要为泥质红陶和夹砂红陶两种。在大墩子遗址共发现墓葬44座,墓葬人架的头向都一律向东,除一座为仰卧屈肢葬外,其余都是仰卧伸肢葬。在埋葬习俗上,都有以狗殉葬,均发现有带骨柄(或不带骨柄)的獐牙勾形器。[2]

大墩子遗址属典型的大汶口文化类型,大墩子人则属于接近蒙古人种的东亚类型,同黄河流域的仰韶文化居民同属一系。这里的人身材高大,并且喜欢用各种玉饰、骨饰、牙饰等来装饰自己,这些装饰品中有猪獠牙做成的束发器,有骨梳,有骨制雕花串珠。其中雕花串珠制作精美,显示出相当高的工艺制作水平。遗址中人头骨的枕骨部分大都经过了人工变形,其成年人头骨中的门齿普遍被拔掉,由此可见当时这里盛行这两种习俗。单就拔牙而言,大墩子算是我国新石器时代最早盛行此种习俗的部落。从出土的陶屋模型可以看出,大墩子人已经脱离了穴居巢宿的阶段。陶屋形制中,立面为长方形的房屋,屋顶呈四角攒尖式,三面开窗,一面设门,门口及周围的墙上还刻有狗的形象;另外还有立面为三角形的房屋,同样设有门窗;断面为圆形的房屋更是显得别具一格,短檐,攒尖式顶,且有五道饯脊。这些都表明了大墩子人已摆脱了单一的居住形式,掌握了多种营造技术,创造出不同形式的地面住宅。大墩子人的生活已处于相对稳定的阶段,他们不仅可以有效地抵御自然灾害的侵袭,还可以选择适于农业生产和渔猎活动的地区定居下来。[3]

大墩子遗址地理环境优越,非常有利于先民们在此进行农业生产和渔猎活动。遗址中出土了大量的农业生产工具,有常见的穿孔石斧、石铲、大型石锛、蚌镰等,石器制作光滑细腻。还有鹿角镰和石镐,这两种工具的发现均属罕见。特别是石镐与当今劳动工具"洋镐"已无二致,为我国新石器时代遗址中的首次发现。大墩子人作为东夷部落的一个氏族,其农业经济已有了相当程度的发展,出土的碳化粟粒说明大墩子人与黄河流域的其他先民一样,都是以粟为主要农作物。大墩子部落的畜牧业也相当发达,饲养的家畜有猪、狗、牛、羊。这里盛行殉狗、殉猪的风俗,殉葬的猪中有的猪龄达两年以上。葬猪之风可以说是某种原始信仰的体现,同时也可以说是财富的象征,只有家畜饲养有了相当的发展,才能使殉猪成为可能。渔猎工具中有投叉大鱼用的鱼镖,有捕捞用的网坠,还有垂钓

---

[1] 南京博物院:《江苏沭阳万北遗址新石器时代遗存发掘简报》,《东南文化》1992年第1期,第133页。
[2] 南京博物院:《江苏邳县四户镇大墩子遗址探掘报告》,《考古学报》1964年第2期,第9—54页。
[3] 孙厚兴、吴敢主编,于道钦等撰稿:《徐州文化博览》,北京:文化艺术出版社,2003年,第19页。

用的鱼钩,有用以捕捉猎杀动物用的匕首、矛等。这些工具除网坠以外大都是石质或骨质的,反映出渔猎在当时的社会经济中占有一定的地位。

大墩子文化中有风格独特的彩陶器。这些彩陶器的色彩以红、白、紫、褐、黑等几种颜色为主;器型以日常生活用具罐、盆、钵等为主。彩陶钵的肩、腹施以白衣,用红褐彩画线条、圆点、弧边、三角等纹样,构成一幅周连的花纹图案。三足钵的造型为敛口、斜腹、圆底,长方凿形足外撇,口沿和腹部涂上紫色,再绘以白色栅纹,其间绘一道白色弦纹。紫白相间,相映成趣。彩陶盆口沿施白色,绘褐彩三角纹和红黑相间的竖线纹,腹涂红衣,绘白色八角星纹。星纹周边以黑彩勾勒轮廓,图案富于层次变化,构图新颖别致,显示出独特的艺术风格。大墩子的彩陶花纹以植物花纹为主,明显地有别于以鱼形、蛙形等动物图案为主的仰韶文化彩陶。植物花纹经过变形处理,线条舒展流畅,构图灵活统一。另外,大墩子人还把动物的形象融入了陶器的造型,其中一件蜗形壶,外形为螺旋形,造型十分生动。大墩子遗址的氏族墓地,可分为早晚两期。早期以单人仰身直肢葬为主,墓葬简单,随葬品少。晚期墓葬除随葬品出现了多寡不均的现象外,还出现了成年男女合葬墓,这应该是夫妻合葬。大墩子遗址墓葬的方向一律向东,这种葬式的确定,是古人根据太阳升起的规律,从中得到启示,以此来寓托原始人对生命延续的渴求和对太阳的崇拜。从墓葬形制和随葬品的多少变化分析,大墩子墓地的早期尚处于母系氏族社会阶段,晚期则已进入父系氏族社会阶段。[1]

刘林遗址位于江苏省邳州市戴庄镇刘庄村西南,为新石器时期的遗址,处于大汶口文化的早期。1960年3—6月,南京博物院进行第一次发掘。有大批的动物骨骼出土,如鹿角、鹿骨、猪骨、猪牙、鱼骨、龟壳、麻龟版等,而且许多骨骼上都有火烧的痕迹。把狗随葬在人的足边,说明当时猎取野兽时已使用猎犬。而骨镖和大量网坠的出土,可以看出当时人们的经济生活中渔猎还占一定的比重。许多石斧、石锛和钩割谷物的牙质勾形器的发现,反映当时农业经济已具有一定程度的发展。[2]

1964年春季进行第二次发掘。在墓葬中出土4件彩陶器。各墓的随葬品一般都比较贫乏,但也有一部分相当丰富。随葬品多寡不均的现象,晚期比早期更为显著。随葬品在19件以上的早期墓只有1座,而晚期墓却有7座。这些墓葬都葬在同一公共葬地,说明他们之间的社会地位是平等的。随葬器物的多寡说明当时虽仍处于氏族公社阶段,但已开始贫富分化,不过还未达到像山东大汶口墓葬分化得那么悬殊。墓葬绝大多数都为仰身直肢葬,但也发现少数比较特殊的葬式。如迁葬,仰身或侧身屈肢葬,盘臂盘腿葬,折头葬等。特别是后二者在其他同时代的遗址中是极为罕见的。对死者采用这些异常的葬式,在一定程度上反映了当时的原始宗教迷信思想。可能这些都是对凶死或难产致死者

---

[1] 孙厚兴、吴敢主编,于道钦等撰稿:《徐州文化博览》,北京:文化艺术出版社,2003年,第20页。
[2] 江苏省文物工作队:《江苏邳县刘林新石器时代遗址第一次发掘》,《考古学报》1962年第1期,第81—102页。

所采用的一些特殊葬式。①

刘林文化遗存具有一定特征,它晚于青莲岗文化,但早于新沂花厅墓地文化遗存,过去曾把其列入青莲岗文化系统,现在有人将其列入大汶口文化系统,也有人根据它本身特征明显,称之为"刘林文化"。②

花厅遗址在江苏省新沂县城西南18公里,位于马陵山丘陵地南端海拔69米的高地上,范围南至花厅村,北至徐庄北,东至北沟圈子,西至吴山头。花厅墓葬的年代,大体与仰韶文化、青莲岗文化相当,距今有5 000多年,为新石器时代的大汶口文化遗址。1952—1989年先后4次发掘,已清理墓葬78座。该遗址是唯一同时存在南北两种不同文化类型的国内史前文化遗址。③

花厅墓地是继大汶口墓群之后,近年来发现的大汶口文化最典型、最丰富的遗存之一。随葬品中的部分陶器和玉器具有浓厚的良渚风格,尤其有些玉器上装饰良渚文化特征的神人兽面"神徽",反映出海岱和太湖两大文化区间不仅有物质文化的交流,而且已出现共同的原始宗教信仰等精神文化因素。花厅中、晚期墓葬内出现了人殉现象。花厅发掘所获的资料一定程度上反映了当时的经济生活和社会现象。穿孔石斧、有段石锛、石刀等的发现,表明了原始农业的发展。墓葬内随葬数量较多的猪下颌、完整猪头、猪蹄、完整狗骨架等,是为了显示财富,同时也揭示了农业的发展带来了饲养业的兴旺,以养猪为主的家畜饲养业已相当发达。墓葬内出土大量的精美玉器和陶器,反映了当时手工业的发达。形象生动的猪形陶罐等,表明当时对造型艺术的掌握已经相当熟练。在花厅几乎所有的大小墓葬内,都出土了绿松石耳坠和玉质的镯、环、佩、串饰、瑗、锥等装饰品,反映了精神文化生活的日益丰富。④

藤花落遗址位于江苏省连云港市中云办事处西诸朝村南部,南云台山和北云台山的谷地冲积平原上,海拔高度6—7米。1989年开发区修路时发现该遗址,1996年春在南京博物院主持下,由南京博物院、连云港市文物管理委员会和连云港市博物馆组成的藤花落遗址考古队,对该遗址进行了试掘,确定为一处保存较好的龙山至岳石时期的聚落遗址。1998—2000年进行了三次总面积达4 000平方米的发掘。发现龙山文化的城址、台基、房址、灰坑、灰沟、水沟、水稻田及岳石文化的环濠、灰坑等遗迹200多处,出土玉器、石器、陶器2 000多件,发现炭化水稻数百粒。⑤

生产工具中,石器特别发达,斧、锛、刀、镞、凿等各类石器形式多样,且大部分磨制极为精致;玉器仅发现小件玉锛、玉坠、玉锥形饰和六棱形水晶柱状体等;陶器有鼎、罐、甗、

---

① 南京博物院:《江苏邳县刘林新石器时代遗址第二次发掘》,《考古学报》1965年第2期,第9—47页。
② 江苏省地方志编纂委员会编:《江苏省志》(文物志),南京:江苏古籍出版社,1998年,第22页。
③ 钱锋:《新沂花厅墓地的发现及其意义》,《中国考古学会第八次年会论文集》,北京:文物出版社,1991年,第69—83页。
④ 南京博物院:《1987年江苏新沂花厅遗址的发掘》,《文物》1990年第2期,第25页。
⑤ 南京博物院、连云港市文物管理委员会、连云港市博物馆:《江苏连云港藤花落遗址考古发掘纪要》,《东南文化》2001年第1期,第35—36页。

盆、盘、豆、杯、器盖等。动物遗骸有猪、牛、梅花鹿等,而不见贝类等海洋生物遗骸,也很少见有鱼骨,与日照两城和山东半岛如胶县三里河等龙山文化遗址中多见此类遗物有着明显的区别。从另一侧面证明藤花落遗址农业经济,特别是稻作农业经济的发达。藤花落龙山文化遗存有着明显的地方特色,在城子崖类型中,有非常发达的蚌器和骨角器作为生产工具,两城类型中也有少量蚌器和骨角器,而藤花落的生产工具中不见蚌器和骨角器。从陶系的情况看,有夹砂陶和泥质陶,陶色有黑、红、褐、灰、白、黄等。磨光黑陶没有两城类型发达,灰陶没有城子崖类型的比例高。遗址丰富的龙山文化和岳石文化遗存的发现对研究苏北以及海岱地区的古代文化具有重要意义。藤花落古城的发现是目前我国聚落考古和史前城址考古的重大收获之一,从已经发现的城圈情况看,在中国已经发现的50余座史前城址中,它不仅具有一般性,还具有特殊性,特别是城内道路、台基和大房址的发现为最终揭示城址的总体平面布局提供了非常重要的信息,对整个龙山时代城址的研究以及国家、文明和城市起源等重大学术课题的研究提供了具有典型意义的实物资料。[1]

综上所述,至少从旧石器时代开始,江南与苏北均具有非常完整及系统的文明证据,两个地区的文明发现既有相融合的地方,也保持了各自独特的发展路径,形成各自的体系。因此,江南苏北的文化差异可谓源远流长。

---

[1] 南京博物院、连云港市文物管理委员会、连云港市博物馆:《江苏连云港藤花落遗址考古发掘纪要》,《东南文化》2001年第1期,第38页。

第二章　先秦时代江南苏北的地域文化

江南苏北地域文化的差异，若追溯其源头，为南方作为吴国、北方作为徐国所在地，即受吴、徐文化根深蒂固的潜移默化影响。而楚文化对江苏南北均产生较大的影响，江南还被越文化所融合。另外，长期被学界忽略的是，宋（商）、鲁文化对苏北同样产生过举足轻重的影响。

春秋以前，江苏南北主要为吴、徐两国。在江南，由于公元前473年越灭吴，公元前306年楚攻破越都，吞并吴地，这里的吴文化体现出与越文化、楚文化等较多的融合。在苏北，春秋前在今泗洪周边地区有徐国，东北地区属于郯国，西北部分地区属于宋国，北部有较小的祝其国。公元前512年徐国灭亡后，这里受吴、宋、鲁、楚等文化影响较多。

《史记·货殖列传》详尽地叙述了远古至西汉前期不同地区的物质文化差异。与江苏相关的地域有："夫自淮北沛、陈、汝南、南郡，此西楚也。其俗剽轻，易发怒，地薄，寡于积聚。……徐、僮、取虑，则清刻，矜己诺。彭城以东，东海、吴、广陵，此东楚也。其俗类徐、僮。朐、缯以北，俗则齐。浙江南则越。夫吴自阖庐、春申、王濞三人招致天下之喜游子弟，东有海盐之饶，章山之铜，三江、五湖之利，亦江东一都会也。……总之，楚越之地，地广人希，饭稻羹鱼，或火耕而水耨，果隋蠃蛤，不待贾而足，地埶饶食，无饥馑之患，以故呰窳偷生，无积聚而多贫。是故江淮以南，无冻饿之人，亦无千金之家。沂、泗水以北，宜五谷桑麻六畜，地小人众，数被水旱之害，民好畜藏，故秦、夏、梁、鲁好农而重民。"可以说，江苏南北地域文化的差异很早就被人们所公认。

第一节　夏商时代文化环境的考古学观察

良渚文化是太湖流域新石器时代马家浜—崧泽—良渚文化序列上的最后一个阶段，江南太湖流域在早期古文化发展过程中经历了良渚、马桥和土墩墓文化，之后江南地区突然进入一个文化衰退阶段。马桥文化大致吸收了良渚、肩头弄及夏商、岳石等文化，成为当地古文化发展中的一个特殊环节。马桥文化之后的土墩墓就是吴越文化的遗存，此时太湖流域出现了成熟的吴、越国家文明。[①]

夏王朝（夏启至夏桀）的地望一般认为是中原地区（豫西、晋南），但先夏的一系列国家大事却发生在东南地区，学者用古文化迁移的思路分析认为，良渚文化于距今4000年左右消失了，而后学者却又在中原地区夏文化中发现了它的踪迹，两者结合起来看，良渚文

---

① 曹峻：《试论马桥文化与中原夏商文化的关系》，《中原文物》2006年第2期，第44页。

化向北迁徙了,并在中原地区和当地文化一起形成了夏文化。①

一、马桥文化

马桥文化是继良渚文化之后,处于东南太湖地区的一支土著文化,年代为公元前3900—公元前3200年。在马桥文化阶段,太湖流域同中原夏商文化的关系,改变了此前良渚文化时期的封闭状态而产生了文化上的交流,但这种交流并不包括思想、政治上的影响。太湖流域尽管向中原文化输出了一些因素,但此时总体上处于受动者的地位,处于夏商王朝政治文化的辐射之下。太湖流域发展至商周则进入吴、越文化阶段,此时东南地区同中原的联系更加频繁,接受中原地区的辐射更加明显。墓葬中成组青铜礼器的出现说明中原商周王朝等级思想、"礼"制观念的深度传入。吴、越社会在中原国家文明的带动下进入了国家社会,并且在整个长江下游地区,中原商周文化通过吴、越文化向浙、闽、粤、赣等"百越"地区传播,吴、越所在的太湖流域成为整个东南地区土著文化开始接受中原影响而发展的中介和龙头地带。因此,土墩墓时期,太湖流域同中原地区的交往是全面而深入的,地区间的交流涉及日常生活、生产技术、社会秩序、政治统治等各个方面,相对于马桥文化时期,太湖流域同中原地区的关系则又迈进了一大步。②

二、丘湾文化

丘湾古遗址位于徐州市北17公里,在铜山县茅村公社檀山集的东南。1959年冬发现,并进行过探掘;1960年春,进行过小范围的发掘。通过两次发掘,了解到丘湾遗址的主要内涵是商代文化遗存。1965年冬,再次对遗址进行了较大范围的发掘。丘湾遗址的文化内涵,包括三个不同时期,即新石器时代晚期的山东龙山文化、商代文化和西周文化。但龙山文化仅是部分的、少量的遗存,西周文化又保存得极不完整,因此构成遗址的主要部分是商代文化遗存。这里的商代遗迹,反映了当时人们的居住情况:规模狭小,建筑简陋。出土遗物以陶器、骨器、石器、蚌器为大宗,青铜器极为少见。商代晚期,青铜器的铸造已经盛行,但遗址内出土的青铜生产工具,仅仅是小刀、箭头和鱼钩等寥寥数件,石制和蚌制的生产工具仍然被广泛使用。丘湾商代葬地共发现人骨20具,狗骨12具,分批集中地葬在同一个地点,葬法极为简单潦草,既无墓圹,又不用葬具和随葬品,只用黄土加以掩埋。葬式全部都是俯身屈膝,其中有一半以上是双手被反绑的姿势,可以认为这些人当时都是被迫死亡的。因葬地有大量的狗骨同葬,骨骸经初步鉴定有女性,所以死者的身份应该是奴隶。江苏考古学者从殷墟卜辞中,发现也常有用奴隶和牲畜,其中包括用犬作祭祀牺牲品的记载,因而推断:在商代晚期,奴隶主阶级曾经在这里举行过祭祀,每次祭祀都用了不少奴隶作为人牲,另外还杀死许多条狗。祭祀的场面相当大,中间用石头砌成祭坛,把被绑的奴隶和狗布置在祭坛的四周,祭祀仪式举行过之后,这些奴隶和狗均被处死,然

---

① 程鹏、朱诚:《试论良渚文化中断的成因及其去向》,《东南文化》1999年第4期,第19页。
② 曹峻:《试论马桥文化与中原夏商文化的关系》,《中原文物》2006年第2期,第44页。

后就地加以掩埋。①

第二节 先秦时期江南的地域文化

春秋时代,"江南曰扬州"。②《尚书·禹贡》:"淮、海惟扬州:彭蠡既猪,阳鸟攸居。三江既入,震泽底定。筿簜既敷,厥草惟夭,厥木惟乔。厥土惟涂泥。厥田惟下下,厥赋下上,上错。厥贡惟金三品,瑶、琨、筿、簜、齿、革、羽、毛惟木。岛夷卉服。厥篚织贝,厥包橘、柚,锡贡。沿于江、海,达于淮、泗。"《公羊》疏引李巡云:"江南其气惨劲,厥性轻扬。"③

苏秉琦等指出,良渚文化所在的区域在古扬州境内。《吕氏春秋·有始览》:"东南曰扬州,越也。"明指扬州为越地。史传太伯奔吴,《史记·吴太伯世家》称奔荆蛮,司马贞《史记正义》解释说,荆蛮是"南夷之地,蛮亦称越"。《吴越春秋》以为越王勾践是夏少康庶子无余的后裔,而无余曾封于越。看来越曾是地名,又是族名。后来推而广之,把我国东南沿海的非华夏族系的人民统称为越,以至有闽越、瓯越、南越、骆越、扬越等许多名称。古越人和越地的情况,古文献中记载甚少。《职方氏》称:"东南曰扬州,其山镇曰会稽,其泽薮曰具区,其川三江,其浸五湖,其利金锡竹箭,其民二男五女,其畜宜鸟兽,其谷宜稻。"这种江湖甚多、物产富饶的自然地理条件,正是产生以稻作农业为基础的发达的史前文化的基础,良渚文化则是这一发展的高峰和最后阶段。④

一、吴文化

有文字记载的以吴地为中心的江南的历史,始于商中后期,传说古公亶父的两个儿子太伯、仲雍奔吴,成为吴人的始祖。至太伯曾孙周章时,周朝建立,吴被封为子国,并封周章弟中于河北,是为北吴,即虞国。《汉书·地理志八(下)》载:"后二世而荆蛮之吴子寿梦盛大称王。其少子则季札,有贤材。兄弟欲传国,札让而不受。自(太伯)寿梦称王六世,阖庐举伍子胥、孙武为将,战胜攻取,兴伯名于诸侯。至子夫差,诛子胥,用宰嚭,为粤王句践所灭。"

吴文化的源头是周代分封的吴国。据《史记·吴太伯世家》:"吴太伯,太伯弟仲雍,皆周太王之子,而王季历之兄也。季历贤,而有圣子昌,太王欲立季历以及昌,于是太伯、仲雍二人乃奔荆蛮,文身断发,示不可用,以避季历。季历果立,是为王季,而昌为文王。太伯之奔荆蛮,自号句吴。荆蛮义之,从而归之千余家,立为吴太伯。太伯卒,无子,弟仲雍立,是为吴仲雍。仲雍卒,子季简立。季简卒,子叔达立。叔达卒,子周章立。是时周武王克殷,求太伯、仲雍之后,得周章。周章已君吴,因而封之。乃封周章弟虞仲于周之北故夏

---

① 南京博物院:《江苏铜山丘湾古遗址的发掘》,《考古》1973年第2期,第78页。
② 孙星衍著:《尚书今古文注疏》卷三,陈抗、盛冬铃点校,北京:中华书局,1986年,第158页。
③ 孙星衍著:《尚书今古文注疏》卷三,陈抗、盛冬铃点校,北京:中华书局,1986年,第158页。
④ 苏秉琦主编,张忠培、严文明撰:《中国远古时代》,上海:上海人民出版社,2014年,第197页。

墟,是为虞仲,列为诸侯。"由于这一记载尚未发现有力的考古学证据,不少细节仍受学者的质疑。

20世纪30年代,山西学者卫聚贤提出:太伯之封在陕西陇县吴山之"西吴",而非江苏吴县一带的东吴。① 太伯实有其人,但太伯不能东向沿陇海路穿过殷人的势力范围而至江苏。渑池西南是强大的羌人部落,西周时河南南阳的申、吕、许为羌姓。太伯、仲雍二人不能绕道汉中东行穿过羌人的势力范围而至江苏。由汉中往四川,道路多险,而且在秦末灭巴蜀以前,巴蜀少与中国通,太伯、仲雍也不能绕道四川顺江而下到达江苏。且殷人四周皆为氏族社会,"氏族社会的道德观,凡遇见非本部落的人,非杀不可。……太伯、仲雍之举动,实非当时社会所能有,而为后人所虚构"。②

后来,中国北方学者根据新发现的史料,重新论证了卫聚贤的观点,认为商代末年周族太伯所奔之"吴",并非在今江苏无锡,而是逃到距岐周不远的位于今陕西陇县、千阳西境的"吴山"。地处吴山脚下的弸(通"渔")、矢两国,就是太伯、仲雍奔吴后建立的两个方国。弸、矢两国不论是名号、地望、姓氏还是立国和迁徙的时间,都与吴、虞两国相合。因此,北方学者认为,弸、矢两国就是太伯奔吴后太伯、仲雍建立的吴和虞。③

山西学者认为:"太伯未到江南,仍然活动在北方,成为与周互相配合共同灭商的力量。"④

苏州学者陆振岳依据《史记》的记载,列举本证、他证十余条史料,证实《史记》所载,"是持之有故的,是可信的"。⑤

扬州学者王冰认为太伯奔吴为信史:"当代考古学研究成果表明,那些对古代先民的迁徙能力的怀疑论者,低估了先民们在古代艰苦条件下为生存之地所拥有的忍受力和毅力。"⑥白寿彝总编的《中国通史》也有类似的看法:"古人迁徙的能力确是惊人的。依人类学者所说,他们甚至远渡重洋,爬过海拔八千米的高山,今人所认为不可能的,古人反而可以做到。而且夏商周三代既然已进入文明时代,就更没有理由可以完全加以否定。"⑦

江西学者认为,太伯奔吴事件的真相,是太伯、仲雍受太王的委派,率领自己的宗族,不远千里,来到长江中下游地区,联络虎方,共图灭商大业,太伯所奔之吴在江西樟树吴城。⑧

---

① 吴越史地研究会:《吴越文化论丛》,上海:上海文艺出版社,1990年,第14页。
② 吴越史地研究会:《吴越文化论丛》,上海:上海文艺出版社,1990年,第27—28页。
③ 梁晓景、马三鸿:《论弸、矢两国的族属与太伯奔吴》,《中原文物》1998年第3期,第42—47页。
④ 崔凡芝、张莉:《〈史记〉"太伯奔吴"说质疑》,《山西大学学报(哲学社会科学版)》2002年第5期,第72—76页。
⑤ 陆振岳:《先秦吴国建立相关问题辨证》,《苏州大学学报(哲学社会科学版)》2010年第5期,第153—158页。
⑥ 王冰:《试论宜侯矢非吴君世系——兼及太伯奔吴为信史》,《东南文化》2008年第3期,第54页。
⑦ 白寿彝总主编,徐喜辰、斯维至、杨钊主编:《中国通史(上古时代)》第3卷下册,上海:上海人民出版社,2013年,第835—836页。
⑧ 彭明瀚:《太伯奔吴新考》,《殷都学刊》1999年第3期,第25—28页。

南京学者则认为,湖熟文化遗址自然是一个部族的遗产,而这一部族肯定是当地的土著人。当日太伯、仲雍所奔地,在今苏南地区,而住在当地的土著人,实为荆蛮族。① 苏州学者叶文宪从考古学方面肯定了太伯奔宁镇说。他认为,湖熟文化是宁镇地区土生土长的文化,它的青铜技术水平一直很低。但是大约在商末周初宁镇地区的土墩墓中突然出现了工艺成熟的青铜容器和乐器。其间缺少一个类似二里头文化和二里冈文化那样的早期青铜器阶段。"因此我们有充分的理由认为宁镇地区青铜铸造技术在西周初所发生的这一突变是中原文化传入即太伯仲雍奔吴的结果。"②"太伯仲雍奔吴首先到达皖南宁镇,其后人渐次向东迁徙扩张,最后吴国定都于今苏州。今之苏州古亦称吴,然非太伯仲雍所奔之吴。这种地名迁徙现象如商都数迁仍称亳、楚都屡徙皆名郢一样,在先秦时代是习见不鲜的。"③

更有南京学者明确提出,苏州、无锡一带的商周时期文化遗存并没有非常明显的商周文化因素,因此肯定太伯、仲雍带领周人于商周之际建立的吴国最早不会立国于太湖地区。具有吴文化特点的青铜器则是到了春秋晚期才大量出现。青铜器为贵族阶层的特有标志,这既说明吴国统治势力此时已入主该地,也说明太湖地区最早要到春秋中晚期才成为吴国的统治中心。太伯奔吴最先到达并立足的应是宁镇地区。1954 年丹徒烟墩山墓出土的《宜侯夨簋》,记述周康王改封虞侯夨于宜地为宜侯,同时赏赐祭祀用的香酒,代表征伐权力的弓矢及宅邑、土地和奴隶之事。虞便是吴,虞侯夨是仲雍的曾孙周章,他所受封的"宜"在江苏丹徒附近。从而证实了文献记载中关于"太伯奔吴"的记述并非传说,其所至之地应在宁镇一带。具体而言,今南京江宁横山一带很可能就是太伯奔吴最初所至之地。④

白寿彝总编的《中国通史》认为,商文化对吴文化的影响在金文中有迹可循。经学者研究,"吴"在金文里写作"工敔""句吴"。"工""句"是发语词,以 k 或 g 发音。吴、虞古音相同。因此,吴和古代汾河流域之间的"虞"有一定的联系,有人认为太伯、仲雍最初所到的"荆蛮"就在那里,以后他们又迁到汉水流域。楚国强大以后,虞又东迁到了江南,并且改写为"吴"。"俎侯夨簋"是武王、成王征伐殷商和东国时的器物。这个俎侯就是虞公夨。虞、吴同音。虞公,就是吴国的开创者。时间虽然不是古公亶父时,但也只相差五六代。⑤

有学者对吴文化作出了定义,认为吴的建国大概自吴寿梦之时。在古代,太湖一带农业经济并不太落后,但是吴越国家的建立却要晚于华夏诸侯。因此,晋楚争霸尽管非常剧烈,吴或越却不参加会盟和斗争。当时舒称群舒、众舒,原来与徐同族,分布于今安徽合肥、庐江等地,在沿长江的边上。吴国从商末周初太伯立国到公元前 473 年被越国所灭,前后延续了 700 多年。在这一时期内吴国人所创造的物质和精神文化,就是通常所指的

---

① 曾昭燏、尹焕章:《试论湖熟文化》,《考古》1959 年第 4 期,第 53 页。
② 叶文宪:《从太伯奔吴到越徙琅玡的考古学考察》,《铁道师院学报》1987 年第 3 期,第 37 页。
③ 叶文宪:《从太伯奔吴到越徙琅玡的考古学考察》,《铁道师院学报》1987 年第 3 期,第 39 页。
④ 赵建中:《吴文化的源头辨析》,《江海学刊》2006 年第 6 期,第 146—148 页。
⑤ 白寿彝总主编,徐喜辰、斯维至、杨钊主编:《中国通史(上古时代)》第 3 卷下册,上海:上海人民出版社,2013 年,第 836 页。

吴文化。夏商时期，在中原地区，汉族的前身——华夏族逐渐形成。以华夏民族为中心，呈现出"南蛮北狄，东夷西戎"的民族分布格局。夏商中央王朝的建立，华夏与周边民族的交流日益频繁，特别是到西周、春秋—战国之际，各诸侯国之间的兼并更趋激烈，进一步促进了周边民族融入华夏族的进程，吴文化就是伴随着这一过程而逐步形成的。吴文化自身独特的内涵以及所处相对特殊的地理位置，使它在这场民族融合的历史进程中，起到不可替代的传承作用，为以后夷、越等少数民族进一步融入汉民族奠定了坚实的基础。①

综观先秦时代，吴地先民除了具有华夏、东夷各民族共有的民族秉性和文化属性外，比较突出的特点主要为对其他民族的包容性。前文如卫聚贤言，氏族社会里遇见其他族落的人要杀掉，但处于氏族社会的吴地先民并没有杀掉外来者，至少在考古学方面表现出了极大的包容性。叶文宪指出，考古学方面，"吴墓无定制"，"吴器无定型"。吴人的主体是江南的荆蛮，太伯仲雍奔吴后，当地土著"义而从之"，他们应该并不排斥太伯、仲雍带来的中原文化，在商末周初吴人的文化出现第一次融合，不过这次融合应是以土著文化改造中原文化的融合。吴国紧邻越国，吴人与越人本来就是"同气共俗""声音通语言同"的近邻，所以吴文化与越文化在很多方面是相近、相通的甚至是相同的。寿梦"始通中原"以后，吴人走上了重新华夏化的道路，这是第二次文化融合。吴国崛起以后，吴人与晋国结盟，与宋、蔡、齐等国联姻，西征强楚、南伐越国、北上争霸，与周边各国发生了频繁的交流，这对于吴文化的发展与演变产生了极大的影响。正因为这些原因，吴文化就表现出了这种不定型和变动性，这正是吴人本身的兼收并包和多元杂糅所造成的结果。② 后来仕吴的申公巫臣、屈狐庸、伍子胥、孙武、伯嚭，直到秦代项梁和项羽叔侄，在吴地的这些外来者均能得到尊重并施展才华。孔子对太伯极为崇敬，称其"三以天下让，民无得而称焉"。后来的吴地圣贤季札，同样是礼让天下的道德楷模。

大约在夏代，在包括江南在内的南方地区，作为商周礼乐主要构成部分的诗乐，曾发展到极高的水平。夏商周三代诗礼乐舞的顶峰是《箫韶》（或称箾、韶、韶箾）。孔子曰："箫韶者，舜之遗音也。温润以和，似南风之至。其为音如寒暑风雨之动物，如物之动人，雷动兽含[禽]，风雨动鱼龙，仁义动君子，财色动小人。"③周人代商，农耕文明占据话语霸权，特别是《周礼》的制定，使周鲁之地成为礼乐文明的核心区，江南顺理成章地沦为化外之地。

鲁襄公二十九年（公元前544年），季札在鲁观乐，表现出惊人的鉴赏水平。

> 吴公子札来聘。……见舞《韶箾》者，曰："德至矣哉，大矣！如天之无不帱也，如地之无不载也！虽甚盛德，其蔑以加于此矣。观止矣！若有他乐，吾不敢

---

① 黄建康：《吴文化与古代民族融合》，《东南文化》2004年第1期，第52—55页。
② 叶文宪：《论吴墓与吴器——兼论吴文化的兼收并包和多元杂糅性》，《苏州科技学院学报（社会科学版）》2007年第1期，第93—100页。
③ 李昉等奉敕撰：《太平御览》卷八十一，北京：中华书局，1995年，第377页上。

请已!"①

季札在鲁宫观乐时的评论,成为后人评定《诗经》的标准。如季札对《周南》《召南》的评论:"美哉! 始基之矣,犹未也,然勤而不怨矣。"《毛诗疏注》引《正义》:"作《江有汜》诗者,言美媵也,美其勤而不怨。"②季札评《豳》:"美哉,荡乎! 乐而不淫,其周公之东乎?"《论语·八佾》:"子曰:《关雎》乐而不淫,哀而不伤。"

在周朝,乐舞作为礼仪的一部分,包含严格的法律制度,具有严格的等级和政治象征意义,"八佾舞于庭"被孔子视为最不可容忍之事,从而导致礼乐中心地区鲁地的士人对三代最高水准的礼乐已不甚了了。在这种情况下,不难理解,在对周等级政治制度执行得并不十分严格的"荆蛮"吴地,士人反而有较多接触高水平乐舞的机会。季札就是其中的代表。

季札之后,吴地文化的代表人物以言偃(字子游)最为著名。言偃在孔门以文学称。言子生于吴王僚时代,③就学孔门前,当对吴地的政治文学有所涉猎。言子曾为鲁国的武城宰。据《论语·阳货》:"子之武城,闻弦歌之声,夫子莞尔而笑曰:割鸡焉用牛刀?子游对曰:昔者,偃也闻诸夫子曰:君子学道则爱人,小人学道则易使也。子曰:二三子,偃之言是也,前言戏之耳!"说明言子具有良好的仁爱思想。方志称:"先贤言子所游之地也,吾道其南,实开三吴文学之盛,亦非附会而不可书也。"④

由于吴王夫差以武力争霸,终至败亡,以季札为代表的礼乐成就长期湮没无踪。

春秋时代,吴地具有先进的冶炼技术,干将铸剑,史迹班班可考。据《汉书·地理志八(下)》:"吴粤之君皆好勇,故其民至今好用剑,轻死易发。粤既并吴,后六世为楚所灭。后秦又击楚,徙寿春,至子为秦所灭。"

二、越文化

越文化的源头可追溯到河姆渡文化。

河姆渡遗址位于杭州湾南岸,四明山和慈溪南部山地之间的一条狭长的河谷平原上。遗址往西25公里是余姚县城,往东25公里是宁波市,所在地为余姚县罗江镇。⑤河姆渡遗址证明,从很早的时候起,中华民族的祖先不仅在黄河流域,而且也在长江流域乃至更广阔的地区同时创造了灿烂的原始文化。大量骨耜和栽培稻谷的出土,说明河姆渡遗址第四层处于耜耕阶段,农业已成为主要经济部门,出现了猪、狗的驯养,以及可能对水牛的饲养。河姆渡遗址第四层揭露的大片木构建筑,是迄今已知的最早的"干栏式"木构建筑。这是巢居的直接继承和发展,到河姆渡时期,可能已成为长江流域水网地区的主要建筑形

---

① 杨伯峻编著:《春秋左传注》(3),北京:中华书局,2009年,第1161—1165页。
② 郑玄笺、孔颖达疏、阮元撰:《毛诗注疏》卷一之五,清代阮刻本,第4页下。
③ 铸久:《言子琐考》,《苏州大学学报》1991年第4期,第113—114页。
④ 韩佩金修:《重修奉贤县志》卷五,光绪四年刻本,第5页下。
⑤ 浙江省文物管理委员会、浙江省博物馆:《河姆渡遗址第一期发掘报告》,《考古学报》1978年第1期,第39页。

式。它不同于黄河流域穴居→半穴居→地面建筑这一发展过程,它是由巢居→半巢居(干栏式建筑)→地面建筑。河姆渡文化的"干栏式"建筑,其木构件已有成熟的榫卯,反映了木结构技术已经有了相当悠久的历史。①

陈桥驿指出,全然不同于中原文化的河姆渡新石器遗址被发现,且在年代上早于仰韶遗址,证明中华民族的起源是多源的。越人就是越人,吴人(假使吴越不同族)就是吴人。② 有学者认为,太湖地区的吴国本与周人无涉,他们的祖先就是越族。③

董楚平认为,7 000 年间,吴越文化经历几次沧桑巨变。从新石器时代到战国中期,长江下游的基本居民与中原的华夏人不同,商周时期,太湖、钱塘江流域的基本居民都是古越人。在相当于中原夏商时期的皖南、宁镇地区的居民,很可能是淮夷。在马桥文化时期,太湖平原东部来了不少东夷人。吴灭徐后,徐故地居民变成吴国臣民,并有大量徐夷流寓越国。总之,从新石器时代到战国,长江下游的基本居民都不是中原的华夏人。④

越人文化落后,又没有文字,所以有关越史和越文化的早期记载,都出于今豫、晋、陕一带古称"中国"的汉人文献。从这些文献中获悉,早期越人是南蛮与中国最早沟通的族类,显然也是南蛮中的最大族类。⑤

叶岗认为,从远古到约公元前 21 世纪越国成立之前的越族文化阶段,以于越民族为主体的越地土著,在主要以中国东南沿海地区为疆域的空间范围内,创造出本民族的文化,这是史前时期的文化。越族文化时期的越族活动范围,由于时期悠久和地理环境变化剧烈,是相当广泛的,远超过今人的想象。越族繁衍生息的主要地区,是宁绍平原,尤其是宁绍平原中的会稽山地。

越国初建时期的疆域估计是以治所山阴为中心地的周围区域;越王允常时期的疆域在北界已突破就李、御儿之地,推进至今江苏昆山至上海嘉定一线;勾践因吴归越时的疆域大约是钱塘江及其上游浦阳江南岸,包括今萧山市、诸暨市的一部分和山阴、会稽两县的境域范围;勾践统治全盛时期的疆域大概是吴、越古地,东至东海,北至齐、鲁的一部分,西到淮河流域与长江中游的部分地区,南到江西、福建的北部,两浙和江苏大部是其基地,山东、安徽、湖北、湖南、江西、福建都是其势力范围,为东方诸侯大国;为楚所败后的疆域被分割成两部分,北方局促于琅琊一带,南方则退缩于钱塘江以南。越国最终消亡之前的疆域自琅琊彻底退回到越族和越国的传统生息之地浙东宁绍平原。⑥

勾践灭吴后,越文化扩张到以太湖为中心的吴地,取代了吴文化。据叶文宪研究,越国灭吴后,吴人四散逃离,勾践"徙都琅琊",故吴之地已经成为人烟不多的越国后方。从

---

① 浙江省文物管理委员会、浙江省博物馆:《河姆渡遗址第一期发掘报告》,《考古学报》1978 年第 1 期,第 92—93 页。
② 陈桥驿:《论吴越文化研究》,《杭州师范学院学报》1997 年第 1 期,第 38—43 页。
③ 刘建国:《吴越文化二论》,《浙江学刊》1990 年第 6 期,第 17 页。
④ 董楚平:《吴越文化概述》,《杭州师范学院学报》2000 年第 2 期,第 11 页。
⑤ 陈桥驿:《越文化研究的回顾和展望》,《杭州师范学院学报(社会科学版)》2004 年第 2 期,第 44—45 页。
⑥ 叶岗:《论越文化中心地之疆域和政区》,《社会科学战线》2009 年第 1 期,第 154—159 页。

吴越地区发现的越国大墓来看,迁都琅琊的越国贵族死后还是归葬故里的。①

显然,越文化的影响是随着越国区域的变动而变动的。无论如何,苏南吴地与越文化有着很深的渊源。

从考古学角度来看,吴、越文化有许多相似之处,甚至很难分开。西周以降,最晚不过西周中晚期,东南地区青铜文化大一统之局面,首先在江、浙、皖、赣即已逐渐形成,而后逐步浸润扩展至边远地区。虽然"吴越文化"在特定的时间、地点是"族"文化的概念,在江苏称之为"吴文化",在浙江称之为"越文化",在江西当亦称之为"越文化",只是近些年才笼统地谓之为"吴越文化",但二者的文化特点、本质方面大同而小异。②

第三节　先秦时期苏北的地域文化

战国以前,江苏北部属于徐州,《尚书·禹贡》载:"海、岱及淮惟徐州。淮、沂其乂,蒙、羽其艺。大野既猪,东原底平。厥土赤埴坟,草木渐包。厥田惟上中,厥赋中中。厥贡惟土五色,羽畎夏翟,峄阳孤桐,泗滨浮磬,淮夷蠙珠暨鱼。厥篚玄纤、缟。浮于淮、泗,达于河。"

夏代时,淮河流域居住着淮、徐夷,属于淮、徐夷的古国许、六、英和南巢等。③ 在商代,淮北的淮泗、睢水一带是商人兴起之地,李修松认为:"商汤之所以能灭夏,与分布于今安徽、苏北、山东一带夷人的联合是分不开的,而这一带正好属于淮河流域。"④商代淮河流域的国族或重要地名有林方、孟方、田、商、亳、雀、攸、徐、杞、鲁、汝、栎、宋、戈、任、彭等,周代淮域的古国族有祭、管、郑、邻、蔡、项、宋、陈、杞、沈、许、不羹、赖、应、葛、顿、房、息、白等。⑤

东夷部落为礼义之邦,《后汉书·东夷传》载:"东夷率皆土著,憙饮酒歌舞,或冠弁衣锦,器用俎豆。所谓中国失礼,求之四夷者也。"

一、徐文化

苏秉琦指出:"徐夷、淮夷在我国古代历史上起过重要作用。如果把山东的西南一角、河南的东北一块、安徽的淮北一块与江苏的北部连在一起,这个地区出土的新石器时代遗存确有特色,这可能与徐夷、淮夷有关。古人说'江淮河济,谓之四渎'。不能把黄河流域、

---

① 叶文宪:《论战国时期吴越地区的越文化与楚文化》,《苏州科技学院学报(社会科学版)》2006年第2期,第91页。
② 李文、李宇:《东南地区吴越墓葬浅析——二谈吴越文化》,《南方文物》2003年第2期,第87页。
③ 李修松主编:《淮河流域历史文化研究》,合肥:黄山书社,2001年,第29页。
④ 李修松主编:《淮河流域历史文化研究》,合肥:黄山书社,2001年,第32—33页。
⑤ 李修松主编:《淮河流域历史文化研究》,合肥:黄山书社,2001年,第34—57页。

长江流域的范围扩大到淮河流域来,很可能在这个地区存在着一个或多个重要的原始文化。"①

《后汉书·东夷传》较为详细地叙述了东夷和徐夷在苏北的发展过程:"武乙衰敝,东夷浸盛,遂分迁淮、岱,渐居中土。"并与后来建立的周王朝经常发生冲突,是以"周公征之,遂定东夷。康王之时,肃慎复至。后徐夷僭号,乃率九夷以伐宗周,西至河上。穆王畏其方炽,乃分东方诸侯,命徐偃王主之。偃王处潢池东,地方五百里,行仁义,陆地而朝者三十有六国。穆王后得骥騄之乘,乃使造父御以告楚,令伐徐,一日而至。于是楚文王大举兵而灭之。偃王仁而无权,不忍斗其人,故致于败。乃北走彭城武原县东山下,百姓随之者以万数,因名其山为徐山。厉王无道,淮夷入寇,王命虢仲征之,不克,宣王复命召公伐而平之。及幽王淫乱,四夷交侵,至齐桓修霸,攘而却焉。及楚灵会申,亦来豫盟。后越迁琅邪[琊],与共征战,遂陵暴诸夏,侵灭小邦。秦并六国,其淮、泗夷皆散为民户"。

徐偃王的故事在汉代非常流行。东方朔《七谏》:"偃王行其仁义兮,荆文寤而徐亡。"注者引《博物志》:"偃王既治其国,仁义著闻,江淮诸侯服从者三十六国。穆王闻之,遣使乘驷,一日至楚,使伐之。偃王仁,不忍斗其民,为楚所败。引《元和姓纂》云:伯益之子,夏时受封于徐,至偃王为楚所灭。"②

凤阳府志载徐偃王条:"夏皋陶,嬴姓,子爵。皋陶生伯益,伯益生若木,夏后氏封于徐。历商、周皆为徐国,传三十二世至偃王,陆地而朝者三十六国,遂僭称王。偃王子宗复封于徐,传十一世至章羽,为吴王阖庐所灭。"③

《徐孝穆集笺注》引《帝王世纪》:"帝颛顼高阳氏世有才子八人,谓之八凯。按颛顼之裔,嬴姓伯益之后封于徐,为楚所灭,子孙因氏。"④

据当代学者分析,徐属于嬴姓,与淮夷、奄、群舒等均属于东夷族系,至迟在西周初年开始强大并活跃。周初居住在山东半岛的西部,曲阜的东面。自从与殷、奄等国一起兴兵反周,即为周公所讨伐。但当时周公重点讨伐对象并不是徐和淮夷,而是奄和薄姑,奄的原地封为鲁,薄姑的原地封为齐。鲁国建立以后,徐和淮夷成为鲁的心腹之患,受到鲁伯禽的打击,因而逃向南,迁徙至鲁南、安徽和江苏省的北部地区。周穆王时期,徐王曾反周,周穆王用三年时间加以平定。《左传》把徐国列为周王朝之首恶。徐国被周穆王打败以后,南逃到江淮之间的西部,被分成许多同姓小国,分布在今安徽省自北到南的大片区域,这削弱了徐国的势力,使徐国安定了很长时间。直到周宣王时期,徐国联合起了众多同姓小国,又对周王朝构成严重威胁。周宣王也用了三年时间去平定,这次讨伐成功之后,周王朝除继续分散它的力量以外,又采取了降其地位,并迁其到蛮荒之地,处于各强国的缓冲地带。不管是徐国自己沿淮河东迁下游,还是周王朝分封其于此,都客观上改变了

---

① 苏秉琦:《略谈我国东南沿海地区的新石器时代考古——在长江下游新石器时代文化考古学术讨论会上的一次发言提纲》,《文物》1978年第3期,第41页。
② 朱熹、王逸注:《楚辞章句》,长沙:岳麓书社,1989年,第234页。
③ 陈梦雷:《古今图书集成·职方典》第831卷,雍正年间刊本,第1页下。
④ 徐陵撰、吴兆宜笺注、徐文炳撰备考:《徐孝穆集笺注》卷二,吴江吴氏清代刊本,第22页上—下。

徐国的力量和影响。虽然在春秋早期徐国在其他强国的帮助下还有过少许的征伐和会盟活动,并取得了短暂的利益,但在春秋中期就完全沦为楚和吴的附庸了。鲁昭公三十年(公元前512年),吴国用水攻将其灭亡,徐国终于退出了历史舞台。徐族、徐国无论在经济上、文化上都为后人留下了宝贵的财产。①

作为江苏南北两大诸侯国,吴、徐两国有着良好的文化交流。《史记·吴太伯世家》载:"季札之初使,北过徐君。徐君好季札剑,口弗敢言。季札心知之,为使上国,未献。还至徐,徐君已死,于是乃解其宝剑,系之徐君冢树而去。从者曰:'徐君已死,尚谁予乎?'季子曰:'不然。始吾心已许之,岂以死倍吾心哉!'"刘向《新序》曰:"延陵季子将聘晋,带宝剑以过徐君。徐君观剑,不言而色欲之。季子未献也,然其心许之矣。使反而徐君已死,季子于是以剑带徐君墓树而去。徐人乃为之歌:延陵季子兮不忘故,脱千金之剑兮带丘墓。"②挂剑台长期存在于古临淮县,即汉临淮郡城,亦即汉徐县、唐初徐城县城。在今临淮东十余里,今沉没于洪泽湖。③ 学者认为,从出土的文物看,唯徐王义楚剑最多,可见义楚好剑。从徐国世系推断,徐王义楚正是公元前544年的徐君,挂剑台的墓主即徐王义楚。④

徐偃王虽败死,但数千年里赢得了民众的普遍敬仰。徐偃王在江、浙地区具有重要的影响。唐代韩愈撰写的《衢州徐偃王庙碑》指出:"偃王虽走死失国,民戴其嗣,为君如初。驹王章禹,祖孙相望。自秦至今,名公巨人,继迹史书。徐氏十望,其九皆本于偃王,而秦后迄兹无闻家。天于柏翳之绪,非偏有厚薄,施仁与暴之报,自然异也。"⑤

韩愈称:"衢州,故会稽太末也。民多姓徐氏,支县龙丘有偃王遗庙。或曰:偃王之逃战,不之彭城,之越城之隅,弃玉几研于会稽之水。或曰:徐子章禹既执于吴,徐之公族子弟散之徐扬二州间,即其居立先王庙云。"⑥

因徐国最终被吴所灭,徐君之后裔和徐国精英大量逃到吴的敌国越地是顺理成章之事。其中有的成为灭吴的主要功臣,如辅助越王勾践的名臣范蠡,史载:"范蠡者,徐人也。"⑦这也可以理解范蠡明知勾践为寡恩之人,仍不计名利助其打败夫差的缘由。没有灭国之仇,是很难做出这样的举动的。

徐偃王既是徐姓的先祖,也作为神灵被祭拜。由于徐偃王被打败是出于仁义,当他向

---

① 赵东升:《徐国史迹钩沉》,《东南文化》2006年第1期,第47—54页。
② 郭茂倩编:《乐府诗集》,上海:上海古籍出版社,1998年,第887页。
③ 陈恩典、徐辉国、陈泽润、陈恩科、祖兆林、张文奎:《徐文化遗迹辑考》,《江苏地方志》2010年第3期,第62页。
④ 陈恩典、徐辉国、陈泽润、陈恩科、祖兆林、张文奎:《徐文化遗迹辑考》,《江苏地方志》2010年第3期,第61页。
⑤ 郭预衡、郭英德主编:《唐宋八大家散文总集(韩愈柳宗元)》卷一,石家庄:河北人民出版社,2013年,第303页。
⑥ 郭预衡、郭英德主编:《唐宋八大家散文总集(韩愈柳宗元)》卷一,石家庄:河北人民出版社,2013年,第303页。
⑦ 李昉奉敕撰:《太平御览》卷五〇九,北京:中华书局,1995年,第2320页上;严可均辑:《全上古三代秦汉三国六朝文(三国)》第3册,石家庄:河北教育出版社,1997年,第511页。

北逃至武原县东山下时,民众自发追随,并把他居住的山命名为徐山,后来又在山上建立"石室"以纪念他的仁义恩德。这座"石室"至西晋时还见存。学者认为这可能是见于记载的最早的徐偃王庙。北魏时期,武原县有徐偃王墓,可能也是当地民众对徐偃王恩德的一种纪念。徐国被灭,宗族子孙在向南、向西迁徙的过程中,为了祭祀祖先徐偃王以示不忘故国,又陆续修建了许多带有明显徐氏宗庙色彩的徐偃王庙,后来这些徐偃王庙逐渐演变成重要的地方祠庙。唐代开元之前,徐偃王庙基本上处于一种自生自灭的状态,民众是修建维护庙宇和祷祀活动的主体。开元之后,衢州地区的徐偃王庙开始受到官方的默许和认可,地方官员参与主持庙宇的修缮祭拜活动,使其具有了半官方的性质。北宋政和五年之后,徐偃王庙不断受到朝廷的赐额、封号,成为国家正祠,其在国家祭祀体系中的地位发生了质的变化。到明代,徐偃王在部分地区也被列入先贤祭祀中。[①] 从汉代至当代,一直受福建沿海居民崇拜的都天大帝,也被认为是徐偃王之音转。[②]

二、宋、鲁文化的南移

大汶口文化晚期,以海岱地区为代表的东夷文化已陆续进入文明社会的初期,后经不断发展,逐渐形成了一种相对先进的区域文化。在与夏、商文化的碰撞、交融中,东夷文化逐渐为华夏文化所同化。西周时期,东夷文化的土著色彩日渐减弱。至春秋后期,东夷文化已基本上融入了华夏文化之中,失去了自己独立的特色。[③]

在西周至春秋时,苏北的西北部曾长期属于宋境,东北部则属于鲁境。

史载:"东海淮泗之间属鲁,沛楚山阳属宋。"[④]宿迁县志详细列出了该地的归属:"宿邑古徐州境,周为厹犹、钟吾。厹犹先亡,地入于鲁。鲁亡,属宋。敬王八年、鲁昭公之三十年,吴子执钟吾子,钟吾地入于吴。元王四年、鲁哀公之二十二年越灭吴,不能正淮北。楚东侵广地至泗上。而钟吾亦属于楚。"[⑤]海州地区的归属尽管复杂,但总的说来属于鲁境:"海州属鲁。又赣榆有纪城,属莒。沭阳有中城,属鲁。"[⑥]

钱穆在《战国时宋都彭城考》一文中详细考证了宋曾定都彭城,[⑦]其观点为杨宽、吕思勉等接受。杨宽考证,至战国时,各小国的疆域,以宋、鲁为最大。宋国占有今河南省东南部和今山东省、江苏省、安徽省之间一部分。宋国都原在睢阳(今河南商丘西南),在战国

---

① 韩冠群:《亦祖亦神:古代江浙地区的徐偃王信仰》,《史林》2015年第2期,第86—96页。
② 刘蕙孙:《太伯奔吴与先吴史事试探——从福建华安仙字潭摩崖石刻图象文字推论周代吴国前期情况》,《人文杂志》1992年第5期,第76页。
③ 刘英波:《东夷文化与齐、鲁文化及孔子之关系述略》,《齐鲁师范学院学报》2012年第6期,第13页。
④ 黄之隽等纂修:《江南通志》卷十九,乾隆四十四年抄本,第1页上。
⑤ 严型总修:《宿迁县志》卷二,民国二十四年刻本,第1页下。
⑥ 唐仲冕总修:《海州直隶州志》卷四,嘉庆十六年刻本,第1页下。
⑦ 钱穆:《战国时宋都彭城考》,《禹贡》第3卷第3期,1935年,第7—13页。

初期宋昭公、宋悼公时可能迁都彭城（今江苏徐州）。① 吕思勉也认为："战国时宋实都彭城。"②

宋国作为商人后裔，是最能体现殷商文化的国度。胡适指出：从周初到春秋时代，都是殷文化与周文化对峙而没有完全同化的时代。最初是殷民族仇视新平定殷朝的西来民族，所以有武庚反叛，其时，东部的薄姑与商奄都加入进来。③ 武庚四国叛乱之后，周王室决心用武力东征，灭殷四国，建立了齐国和鲁国。同时又在殷墟建立了卫国，在洛建立了新洛邑。"然而周室终不能不保留一个宋国，大概还是承认那个殷民问题的严重性，所以不能不在周室宗亲（卫与鲁）、外戚（齐）的包围监视之下保存一个殷民族文化的故国。"胡适引傅斯年的话："鲁之统治者是周人，而鲁之国民是殷人。"认为这种形势颇像后世东胡民族征服了中国，也颇像北欧的民族征服了罗马帝国。"以文化论，那新起的周民族自然比不上那东方文化久远的殷民族，所以周室的领袖在那开国的时候也不能不尊重那殷商文化。"④

周朝创立，统治者虽对殷礼"有所损益"，大体上也还是因袭了殷商的制度文物。"殪戎殷"之后几百年之中，殷商民族文化逐渐征服了人数较少的西土周民族。⑤

对中国影响最大的"儒"，实际上是殷民族的礼教的教士，"他们在很困难的政治状态之下，继续保存着殷人的宗教典礼，继续穿戴着殷人的衣冠。他们是殷人的教士，在六七百年中渐渐变成了绝大多数人民的教师"。他们的职业包括治丧、相礼、教学；但他们的礼教已渐渐推行到统治阶级中，他们的来学弟子，已有周鲁公族的子弟（如孟孙何忌、南宫适）；向他们问礼的，不但有各国的权臣，还有齐鲁卫的国君。⑥ 孔子是儒的中兴领袖，而不是儒教的创始者。儒教的绵延是殷亡以后五六百年的一个伟大的历史趋势，孔子只是这个历史趋势的最伟大的代表者。"这个历史运动是殷遗民的民族运动。殷商亡国之后，在那几百年中，人数是众多的，潜势力是很广大的，文化是继续存在的。但政治的势力都全在战胜的民族的手里，殷民族的政治中心只有一个包围在'诸姬'的重围里的宋国。宋国的处境是很困难的；宋国所以能久存，也许是靠这种祖传的柔道。"周室东迁以后，东方多事，宋国渐渐强大。到了公元前7世纪中叶，齐桓公殁后，齐国大乱，宋襄公邀集诸侯军队伐齐，纳齐孝公。此后，宋襄公政治欲望膨胀，企图继承齐桓公做诸侯盟主。⑦

---

① 杨宽：《战国史》，上海：上海人民出版社，2003年，第280页。
② 吕思勉：《先秦史》，北京：中国友谊出版社公司，2009年，第177页。
③ 欧阳哲生编：《胡适文集》(5)《胡适文存四集·人权论集·南游杂忆》，北京：北京大学出版社，2013年，第11页。
④ 欧阳哲生编：《胡适文集》(5)《胡适文存四集·人权论集·南游杂忆》，北京：北京大学出版社，2013年，第12页。
⑤ 欧阳哲生编：《胡适文集》(5)《胡适文存四集·人权论集·南游杂忆》，北京：北京大学出版社，2013年，第13页。
⑥ 欧阳哲生编：《胡适文集》(5)《胡适文存四集·人权论集·南游杂忆》，北京：北京大学出版社，2013年，第29页。
⑦ 欧阳哲生编：《胡适文集》(5)《胡适文存四集·人权论集·南游杂忆》，北京：北京大学出版社，2013年，第30页。

胡适推论："但在那殷商民族亡国后的几百年中，他们好像始终保存着民族复兴的梦想，渐渐养成了一个'救世圣人'的预言，这种预言是亡国民族里常有的，最有名的一个例子就是希伯来（犹太）民族的'弥赛亚'（Messiah）降生救世的悬记，后来引起了耶稣领导的大运动。这种悬记（佛书中所谓'悬记'，即预言）本来只是悬想一个未来的民族英雄起来领导那久受亡国苦痛的民众，做到那复兴民族的大事业。"[1]

按照中国的政治传统，每一新王朝建立，均要对前朝大肆进行政治丑化和道德抹黑。作为前朝的后裔和标本，宋虽为公国，但在周诸侯国中所处的地位显然极为尴尬。可以理解，宋君不得不经常表现出高于其他诸侯的道德水平。

宋国第 20 位国君宋襄公为太子时，即有辞国之义。史载："宋公疾，太子兹父固请曰：目夷长且仁，君其立之。公命子鱼，子鱼辞曰：能以国让，仁孰大焉，臣不及也，且又不顺。遂走而退。"[2]宋襄公即位后，对仁义的痴迷，颇受后人的讥刺。他在与楚军泓之战后云："君子不重伤，不禽二毛。古之为军也，不以阻隘也。寡人虽亡国之余，不鼓不成列。"[3]事实上这是古代战争的最高道德标准，也说明宋人更注重仁义之礼。而这种战争道德，绝不是荒唐可笑的虚伪愚蠢。在战争中禁止二次杀伤，不俘获有白发之人，不在险隘处设伏，必将减少大量的杀戮，具有重要的人道意识。后来宋人叔梁纥之子孔子成为春秋时仁政的大力宣传和推行者，应该与宋地的仁义传统有关。不了解宋的礼义传统，也就无法准确地把握对宋襄公的评论。司马迁评论道："襄公之时，修行仁义，欲为盟主。其大夫正考父美之，故追道契、汤、高宗，殷所以兴，作《商颂》。襄公既败于泓，而君子或以为多，伤中国阙礼义，褒之也，宋襄之有礼让也。"[4]这一评论最为公允。

不论出于何种目的，宋君对旧礼的固守和信仰，在春秋动荡的岁月里成为一座仁义的灯塔。齐桓公托姜昭于宋襄公，宋襄公终以弱国之力扶持姜昭即位，宋人两次主持弭兵会盟，并取得很大的成功，可见当时诸侯对宋人信义的认同。

宋、鲁文化中有一个重要特色，就是尊尚德义，民风淳朴。宋、鲁之地皆无山川林泽之饶，但皆有"先王""周公"之遗风，厚重多君子，虽地薄人众，但能"俭啬"，"恶衣食"，在艰苦的环境中生活，保持着尊德尚义的古代风尚。宋、鲁两国集中地反映了殷、周二代王朝的礼义，所以鲁、宋地区分别是儒家和道家、墨家文化的故乡。春秋时期，宋国处在晋、楚两大霸主国的中间地带，备受战争蹂躏。宋国人民不仅对霸主国承担沉重的贡纳义务，而且大批人民被驱使、被杀害。大国的扩疆启土是在互相攻伐、吞灭小国的基础上进行的，这样在齐、楚、晋等霸主国产生的理论自然是加强国君的权力、富国强兵的理论，故春秋改革多在大国进行。然而宋、陈等小国所产生的反侵略、反争霸的道家学说、墨家学说则是容易令人理解的。[5]

---

[1] 欧阳哲生编：《胡适文集》(5)《胡适文存四集·人权论集·南游杂忆》，北京：北京大学出版社，2013 年，第 31 页。
[2] 孔颖达、阮元撰：《左传注疏》卷十三，道光年间刻本，第 4 页上—下。
[3] 孔颖达、阮元撰：《左传注疏》卷十五，道光年间刻本，第 2 页上—下。
[4] 司马迁：《史记》卷三十八，北京：中华书局，1963 年，第 1633 页。
[5] 李玉洁：《宋、鲁文化比较研究》，《河南大学学报（社会科学版）》1995 年第 5 期，第 21—22 页。

欧阳修写道："由三代而上,治出于一,而礼乐达于天下;由三代而下,治出于二,而礼乐为虚名。"①应该说,后世视为迂腐教条的礼义之守,正是春秋以前社会公认的通则。春秋战国时代,诸侯争战,重诡诈机谋而弃仁义礼法,至暴秦称伯,嬴政统合,暴力谎言,遂成开业立国之两大根本。

春秋时代,宋国是思想家如老子、管子、孔子、墨子、惠子、庄子的重要活动地域。孔子之学,早年被称为"洙泗之学",《盐铁论》云:"然孔子修道鲁卫之间,教化洙泗之上。"②《史记·货殖列传》记载,地处鲁南的邹鲁之地,"滨洙泗,犹有周公遗风,俗好儒,备于礼,故其民龊龊,颇有桑麻之业"。自鸿沟以东,芒砀以北,属梁宋之地,"重厚多君子,好稼穑,虽无山川之饶,能恶衣食,致其畜藏"。淮泗之间,"惠、庄隐士昔所游处,淮南宾客集而著书,风流所被,文辞并兴"。③

这一繁盛的区域文化核心是宋、鲁文化。

三、越文化的北移

苏北连云港迤北至山东鲁南地区,在春秋后期曾作为越国都城,这里对越文化有着重要贡献与影响。

《越绝书》称:"句践大霸称王,徙琅琊,都也。"④"独山大冢者,句践自治以为冢,徙琅琊,冢不成。去县九里。"⑤"木客大冢者,句践父允常冢也。初徙琅琊,使楼船卒二千八百人伐松柏以为桴,故曰木客。"⑥

《吴越春秋》载:勾践二十五年,"越王既已诛忠臣,霸于关东,从[徙]都琅邪[琊]起观台,周七里,以望东海,死士八千人,戈船三百艘"⑦。

《竹书纪年》载:"周贞定王元年癸酉,于越徙都琅琊。"⑧

《水经注》:"琅邪[琊],山名也,越王句践之故国也。句践并吴,欲霸中国,徙都琅邪[琊]。"⑨

《山海经》:"琅邪[琊]台在渤海间,琅邪[琊]之东。"郭璞注曰:"今琅邪[琊]在海边,有山嶕峣特起,状如高台,此即琅邪[琊]台也。琅邪[琊]者,越王句践入霸中国之所都。"⑩

《汉书·地理志》"琅邪[琊]郡"条:"琅邪[琊],越王勾践尝治此,起馆台,有四时祠。"

---

① 欧阳修、宋祁撰:《新唐书》卷十一,北京:中华书局,1975年,第307页。
② 桓宽:《盐铁论》卷二,明代复本,第13页下。
③ 方瑞兰监修:《安徽泗虹合志》卷一,光绪十三年刻本,第30页上。
④ 《越绝书》卷八,北京:中华书局,1985年,第40页。
⑤ 《越绝书》卷八,北京:中华书局,1985年,第42页。
⑥ 《越绝书》卷八,北京:中华书局,1985年,第43页。
⑦ 赵晔:《吴越春秋》卷十,南京:江苏古籍出版社,1999年,第175—176页。
⑧ 张宗泰校补:《竹书纪年校补》卷下,嘉庆八年刻本,第24页下。
⑨ 郦道元著,王国维校;袁英光,刘寅生整理:《水经注校》卷二十六,上海:上海人民出版社,1984年,第865页。
⑩ 张耘点校:《山海经·穆天子传》,长沙:岳麓书社,2006年,第146页。

东汉郦炎信越迁琅琊说。他的《对事》称："以季子之才,君国子民,行化四方,与夫勾践相去几何?若令向时见国危乱,慕周公急时之义,思先君致国之意,摄政持统,迈其威德,奚翅迁都琅琊?"①

对越徙琅琊一事,钱穆作过《越徙琅琊考》,初证此事为信史。

蒙文通指出,勾践徙都琅琊为越史之一大事,《越绝书》之《记吴地传》《记地传》,《吴越春秋·勾践灭吴外传》,《水经·潍水注》皆明载其事,然为《越世家》所不载,清人顾栋高以下多疑之。或以琅琊僻处东海一隅,不足以当大国之都。然越人"以舟为车,以楫为马",历皆从事水上活动;且吴、越所统之族,并亦及于海外,以全越之地观之,琅琊固非一隅也。且琅琊为联系山东半岛与三江五湖之重要港口,故"勾践并吴,欲霸中原",遂"徙都琅琊"也。又自诸书所载勾践及其以后越事论之,亦必都于琅琊于理乃合。《墨子·非攻中》言:"东方有莒之国,不敬事于大,东则越人来则削其壤,西则齐人兼而有之。"莒,小国,在今山东莒县,越与莒为邻,则越亦必居于山东,是当都于琅琊也。② 鲁哀公曾辗转如越,又自越返鲁,前后不过四五月,亦证哀公之所往者是琅琊之越而非会稽之越也。《孟子·离娄》言越尝伐鲁,《世本》《说苑·立节》皆言越尝侵齐。《越世家·索隐》引《竹书纪年》言:朱句三十四年(公元前415年)灭滕,三十五年灭郯。《战国策·魏策四》云:"缯恃齐以悍(捍)越,齐和子之乱而越人亡缯。"皆明越人之活动多在北方。越徙都琅琊后攻滕、灭郯、亡缯、削莒,遂与齐、楚、晋相提并论。③

叶文宪运用考古资料为越徙琅琊说提供了新证据:从勾践灭吴(公元前473年)徙都琅琊至王翳三十三年(公元前379年)南还于吴,越人侵鲁、伐齐、灭滕、绝郯、亡缯、削莒,横行淮泗将近百年,他们必然会在当地留下自己活动的踪迹。先秦琅琊的地望正在今连云港迤北山东胶南县境,而连云港发现的石室墓又与苏南浙北的完全一致,是典型的越文化,证明越迁琅琊为信史。④

琅琊原为郯、鲁之地,尚文重礼。越徙琅琊,将越地的刚硬尚武之风推行到这里,改变了这里的文化发展方向。这从勾践对孔子的不屑中可见一斑。勾践迁都后,"居无几,射求贤士。孔子闻之,从弟子奉先王雅琴礼乐奏于越。越王乃被唐夷之甲,带步光之剑,杖屈卢之矛。出死士以三百人为阵关下。孔子有顷到,越王曰:'唯唯,夫子何以教之?'孔子曰:'丘能述五帝三王之道,故奏雅琴以献之大王。'越王喟然叹曰:'越性脆而愚,水行山处,以船为车,以楫为马,往若飘然,去则难从,悦兵敢死,越之常也。夫子何说而欲教之?'孔子不答,因辞而去"⑤。

对于崇尚霸业的越王,摒弃仁让的儒说,实为情理之事。《淮南子》称:"越王勾践剪发文身,无皮弁搢笏之服、拘罢拒折之容,然而胜夫差于五湖,南面而霸天下,泗上十二诸侯

---

① 《古文苑》卷十一,常熟瞿氏刊本,第8页下。
② 蒙文通:《越史丛考》,北京:人民出版社,1983年,第121页。
③ 蒙文通:《越史丛考》,北京:人民出版社,1983年,第122页。
④ 叶文宪:《从太伯奔吴到越徙琅玡的考古学考察》,《铁道师院学报》1987年第3期,第38页。
⑤ 赵晔:《吴越春秋》卷十,南京:江苏古籍出版社,1999年,第176页。

皆率九夷以朝。"①杨宽认为:"所谓泗上十二诸侯,当指宋、卫、鲁、邹、滕、薛、郳、莒、费、郯、任、邳等十二国。"②

因此,越徙都琅琊,对于苏北原来的徐、宋、鲁文化而言,越文化显然是"性脆而愚",崇尚武力、暴力,增加了苏北文化中的剽轻粗鄙之风。

小　结

1978年发现的战国中期淮阴的高庄墓,反映了苏北地区各种文化的融合。此墓可能是淮阴属楚后的一座墓葬,某些出土物与战国楚器相似,但某些器物又明显具有越、徐器的特征。高庄墓另一个突出特点是墓中有大量殉人并有腰坑。高庄墓中发现的人骨有14个个体,至少其中大部分是殉人骨骼。这种现象为同期楚墓所少见。学者推断,在历史上,苏北和鲁南地区都曾是东夷人的活动地域。高庄墓大量殉人并设腰坑,至少说明该墓墓主同东夷人有密切的关系,或反映出东夷人在埋葬制度上殉人之风盛行的特点,同时为探讨战国时期鲁南苏北的联系提供了重要线索。③

2004年7月7日,在京杭运河两淮段航道整治工程建设中,发现一座大型土坑木椁墓。此墓时间为战国中晚期,是继高庄墓之后再次发掘的一座大型东周墓葬,是当时江苏地区发现的规模最大、结构最为奇特的先秦贵族墓葬,墓主品阶不低于下大夫。此墓共殉葬11个人,头骨与主要肢骨保存基本完整,多为仰身直肢。除一青年男子外,其余皆为青壮年女性。根据殉人的安葬位置及有无葬具,大致可以分辨出各自的地位与身份。这类殉人现象说明在进入战国时代后,奴隶制依然残存。同时也说明越、楚大国在占据东夷部族后直到战国中晚期,仍沿袭东夷人在埋葬制度上的殉人风俗。此外,殉狗也是东夷人的葬俗之一,因此,墓主可能就是楚国属下的徐夷贵族后裔或地方首领。④

总的说来,先秦朝代,江苏南北的文化交流极为频繁。吴、徐、鲁、越、宋、楚相互征服、相互影响,在不同的时代各领风骚。公元前333年,楚国打败越国后,占领了淮河领域,彭城逐渐成为三楚的中心,楚文化对苏南、苏北有着更大的影响,以至于秦以后,楚人成为中国政治舞台的最重要集团。

---

① 高诱注:《淮南子》卷十一,北京:中华书局,1954年,第174—175页。
② 杨宽:《战国史》,上海:上海人民出版社,1998年,第282页。
③ 淮阴市博物馆:《淮阴高庄战国墓》,《考古学报》1988年第2期,第231页。
④ 淮安市博物馆:《江苏淮安市运河村一号战国墓》,《考古》2009年第10期,第19页。

第三章　秦汉以后江南苏北历史地理环境的改变

历史上,中国是生物多样性的典型地区之一,象、虎、熊、河马、鳄鱼等大型动物的分布非常普遍。在历史上,江南苏北均具有非常优越的生态环境,雨量充沛,土壤肥沃,河道密布,温度适宜,各种大型动物屡见不鲜,动植物的生态链条非常完整。在战国以前,这里的人与自然相处尚属和谐。

汉代,一方面,淮河流域地区的士人已形成比较系统的保护自然的观念。以《淮南子》为例。《时则训》强调:孟春之月,"牺牲用牡。禁伐木,毋覆巢杀胎夭,毋麛毋卵,毋聚众置城郭,掩骼薶骴。孟春行夏令,则风雨不时,草木早落,国乃有恐;行秋令,则其民大疫,飘风暴雨总至,黎莠蓬蒿并兴;行冬令,则水潦为败,雨霜大雹,首稼不入"①。仲春之月,"毋竭川泽,毋漉陂池,毋焚山林,毋作大事以妨农功"②。季春之月,"田猎毕弋、罝罘罗网、喂毒之药,毋出九门。乃禁野虞,毋伐桑柘。鸣鸠奋其羽,戴鵀降于桑。具扑曲筥筐"③。仲夏之月,"禁民无刈蓝以染,毋烧灰,毋暴布,门闾无闭。……游牧别其群,执腾驹,班马政"④。《主术训》:"故先王之法,畋不掩群,不取麛夭。不涸泽而渔,不焚林而猎。豺未祭兽,罝罦不得布于野;獭未祭鱼,网罟不得入于水;鹰隼未挚,罗网不得张于溪谷;草木未落,斤斧不得入山林;昆虫未蛰,不得以火烧田。孕育不得杀,鷇卵不得探,鱼不长尺不得取,彘不期年不得食。是故草木之发若蒸气,禽兽之归若流泉,飞鸟之归若烟云,有所以致之也。"⑤这些人与自然相处的观念、方法和具体要求,反映了汉代淮河流域人们的生态观念和环境保护意识。

另一方面,随着人口的增加、山林的缩小,人们对威胁人类生命或农业生产的大型猛兽仍然采取消灭的方法,这显然破坏了生态环境。

第一节　江南苏北的生态

鉴于学界对大象的分布变迁已作出了系统的研究,⑥本节主要考察淮北与江南虎的

---

① 高诱注:《淮南子》卷五,北京:中华书局,1954年,第70页。
② 高诱注:《淮南子》卷五,北京:中华书局,1954年,第71页。
③ 高诱注:《淮南子》卷五,北京:中华书局,1954年,第72页。
④ 高诱注:《淮南子》卷五,北京:中华书局,1954年,第74页。
⑤ 高诱注:《淮南子》卷五,北京:中华书局,1954年,第147页。
⑥ Mark Elvin, *The Retreat of the Elephants: An Environmental History of China*. New Haven: Yale University Press, 2004.

分布变迁及其对生态环境的影响。

虎的普遍存在,反映了当时生态环境的优越。中国史籍中不乏人虎和谐相处的记载。但出于生存需要,且受智识局限,人类长期视虎为害敌。南宋以后,由于火器的应用,人类终于灭绝了绝大多数虎类。

近年来,学者对明清时期区域性生态环境变迁与"虎患"的关系作了较多的研究。刘正刚认为明末清初的西部虎患,与人类过分开垦山地导致自然生态恶化有关,也与战乱动荡导致社会破败有关。[①] 曹志红等研究了明清时期陕南地区移民开发活动对虎栖息领地的破坏以及造成的人虎冲突。[②] 龚志强等认为明清时期的庐山地区,曾因战争造成人口大量减少,生态环境恢复,引发虎患。但整体而言,该地区的虎患反映了当时生态环境渐趋退化的事实。[③] 袁轶峰认为明代中后期的皇木采办及清前期的王朝开拓和山地垦殖,严重地破坏了贵州老虎的生存环境。[④]

苏北的开发远早于江南,汉唐时均有大量的虎事记载,明清时虎迹已极为罕见。江南虎事主要出现于六朝以后,明清时仍不绝于书。不论淮北,还是江南,人类在灭绝虎类的同时,也摧毁了自然界的生物多样性,破坏了自身的生存环境。

中国是世界上唯一拥有4个虎亚种(东北虎、华南虎、印支虎和孟加拉虎)自然分布的国家。[⑤]

总之,从历史上看,虎随着自然生态的破坏而呈减少趋势。就地区而言,苏北的生态破坏要早于江南,破坏的程度也较江南严重得多,这从虎迹的时空范围就可明显看出。

一、江南生态环境

动物学家多认为,虎于200万年前发源于长江下游地区。[⑥] 是以,古代江南为多虎之区。且江南的开发要晚于苏北,加上江南相对多山,是以,江南虎迹更为普遍。

三国时,孙权爱好田猎,常骑马射虎,"虎常突前攀持马鞍",于是制作更为安全的射虎车猎虎。[⑦] 东晋南北朝时,江南得到了开发,原始山林被毁占,此时出现了人虎冲突。陈郡谢玉为琅琊(郡治在今句容西北)内史,在金城(县治在今南京秦淮区)赤山湖等地,"其年多虎暴"。[⑧] 丹阳常有"虎患被害之家"。[⑨] 咸和元年(326),丹阳句容人葛洪于所居处

---

① 刘正刚:《明末清初西部虎患考述》,《中国历史地理论丛》第16卷第4辑,2001年,第98—104页。
② 曹志红等:《明清陕南移民开发状态下的人虎冲突》,《史林》2005年第5期,第50—57页。
③ 龚志强等:《明清时期庐山虎患及其生态环境问题》,《农业考古》2008年第6期,第215—218页。
④ 袁轶峰:《明清时期贵州生态环境的变化与虎患》,《农业考古》2009年第6期,第333—337页。
⑤ 罗述金等:《中国及其他分面区域野生虎的系统地理学和遗传起源研究进展》,《动物学研究》第27卷第4期,2006年,第443页。
⑥ 张亚平等:《虎年谈虎"色"犹变》,《大自然》2010年第1期,刊首页。
⑦ 陈寿撰:《三国志》卷五十二,北京:中华书局,1964年,第1220页。
⑧ 尚兆山撰:《赤山湖志》卷三,第4页上,见《丛书集成续编》第228册,台北:新文丰出版公司,1988年,第697页。
⑨ 艺文印书馆编:《岁时习俗资料汇编》,台北:艺文印书馆印行,1970年,第261页。

养牸牛近20头。"县多虎灾,不可防遏。虎来侵,损群牛,前后百日已六七头矣。"①

南北朝至五代,江南寺院众多,相当程度上保护了原始森林。加上佛教不杀生的教义,是以许多寺庙能与虎和谐相处。开元年间(713—741),稠锡禅师卓锡义兴(今宜兴)南岳,留妇生子。众僧欲将其逐走,"一日偕一虎至,僧众怖走"。稠锡说:"勿怖,今欲与汝辈决去留耳。吾果不能住此,虎当噉我;如可再居此,虎即绕身三匝。"虎果然听从稠锡所命,稠锡得以留寺中。② 后梁贞明六年(920),僧智道兴建福善寺(在现上海青浦),时多虎患。智道到来后,"虎即遁去"。③

据唐宋小说,唐开元中,韦知微为萧山令,阖门皆遭虎害。④ 赵不易为江阴军金判,传说乃妻为虎所化,并杀食三婢。⑤ 咸平年间(998—1003),江阴人陈思道为母守墓,"昼则白兔驯狎,夜则虎豹环庐而卧"⑥。南宋年间,赵南仲居溧阳私第,作圈养四虎,虎圈靠近火药库,药焙遗火,发生爆炸,四虎皆被炸死。⑦ 宝庆二年(1226),赵与悊任宜兴知县,"时境内多虎患,赵至,悉歼之"⑧。

明代小说亦常涉虎事。上海人俞文荣晚年任乐清县令,有猎人称在王十朋墓猎获一虎,并将虎皮送入堂下。⑨ 何仔游松江干山,夜宿李升郎中宅,"近山有虎唊一人"⑩。宁波有陈十三老人化虎的传说。⑪ 太湖滨李叟,以蚕桑为业,曾有饿虎入其室,而不伤其幼孙。⑫ 萧山木匠邱大本因重病被同伴弃于荒山,得一牝虎救护。邱为报恩,遂以虎为妻。⑬

古代宜兴由于山林较多,是以人称"义兴多虎"⑭。南北朝时,周处年少,为乡里所患,人们将其与山中虎、水下蛟并称为"三横"⑮。传说义兴陈氏妇,遭邻居木客构诬。陈氏祷于神灵,不久,木客进山伐木时,被黑虎噬杀。⑯ 义兴山区有对母女拥炉夜坐,母先上床入睡,女儿在炉侧睡着。"虎突入,蹲其旁,眈视其女而不搏。已而,女謦腾欲仆,虎辄以头触止之,若为掖持者。……女亦不觉,相守达明。"后受邻媪惊吓,虎方衔女而去。⑰ 义兴力

---

① 张宇初、邵以正、张国祥编纂:《正统道藏》第19册,第83页下。
② 陈继儒:《虎荟》卷五,明末刻本,第1页下。
③ 杜浩祥主编:《中国佛寺史志汇刊》第2辑第3册《江南梵刹志》,台北:明文书局,1980年,第128页。
④ 谷神子、薛用弱撰:《集异记》卷二,北京:中华书局,1980年,第14页。
⑤ 洪迈撰:《夷坚志》乙卷第五,北京:中华书局,1981年,第833页。
⑥ 刘广生修:《常州府志》卷十三,万历四十六年刻本,第34页上。
⑦ 陈继儒:《虎荟》卷六,第11页下—12页上。
⑧ 刘广生修:《常州府志》卷一,万历四十六年刻本,第63页上。
⑨ 陈继儒:《虎荟》卷四,第2页上。
⑩ 陈继儒:《虎荟》卷四,第4页上。
⑪ 陈继儒:《虎荟》卷五,第26页上—下。
⑫ 陈继儒:《虎荟》卷六,第2页上。
⑬ 陈继儒:《虎荟》卷六,第7页下—9页上。
⑭ 陈继儒:《虎荟》卷六,第3页上。
⑮ 刘义庆:《世说新语校注》"自新第十五",长沙:岳麓书社,2007年,第341页。
⑯ 陈继儒:《虎荟》卷五,第25页下—26页上。
⑰ 陈继儒:《虎荟》卷六,第2页下—3页上。

士王昌六,能拔树。见人持枪逐虎,王取枪屈折,笑曰:"枪柔若此,虎乌能死哉?"王拔道旁巨竹,刺中虎喉,"更持两足,掷林中,则已僵矣"。① 义兴山中陈家,夜闻虎当门大虓。开门察看,竟发现虎衔一少女,遂与其第四子约为婚姻,人称"虎媒"。②

江南大规模的人虎冲突多在明以后。洪武初年,周志新任浙江按察使,"境中有虎害,为文告于城隍神,须臾得虎,格杀之"③。吴兴有人到山中月夜玩虎,把羊高悬树顶。虎闻羊叫,辄来跳吼。因求羊不得,虎愤而啃啮树根,直至折断牙齿。④ 正统五年(1440),浙江宁海县民王三苟采薪归家至门前,竟被虎衔走。"陈妻持门柱追虎至山前,奋击之,虎逸去。"⑤ 成化年间(1465—1487),绍兴温泉乡"多虎患"。⑥ 邵某于义兴设机关于路,射中一虎。⑦ 成化乙未(1475),进士文贵任吴县令,修复西华石塘等处田5 000余亩。县旧有虎患,文到任后,"虎自胥自浮太湖而去"。⑧ 弘治(1488—1505)初,钱塘安溪山多虎患。县官令猎人捕猎,仅一日就猎获三虎。⑨ 弘治己未(1499),姚某渡淞江遇虎,以虎足陷淖幸免。正德丁卯(1507),农人胡山死于虎。⑩ 弘治年间,仁和猎者获一虎。⑪ 正德年间(1506—1521),仁和县七都葛墩有一败落土神庙,有人"见虎入庙叩首于神前,若拜跪然,久之而去"。⑫ 嘉靖戊戌(1538),松江虎迹遍三四里。清代尚盛传虞山出虎。龚炜写道:"有谓我昆从无虎患者,则否。"⑬嘉靖丙午(1546),杭州所属各县山区,"虎成群,白日入民家伤人,道路独不敢行。虽附城之市井亦至也。死者不可计。且不可猎,余杭尤盛"⑭。据陈继儒记述,湖州金山某村,自嘉靖至陈写作《虎荟》,村中被虎所害者有50余人。⑮ 定海有小儿山中拾薪,遇一虎,后机智地将虎缚到树上。⑯ 崇祯元年(1628),进士汪伟任慈溪知县,"邑有虎,数为患",汪使人猎一虎,"剖其腹,有胎虎五,患遂息"⑰。

明时,无锡人卫邦与弟卫国,在五浪山中伐樵遇虎。⑱ 明代昆曲中称:"你不知建德人

---

① 陈继儒:《虎荟》卷六,第4页上—下。
② 陈继儒:《虎荟》卷六,第11页下。
③ 焦竑编:《国朝献征录》卷十八,台北:明文书局,1991年,第(113)137页下。
④ 陈继儒:《虎荟》卷六,第7页下。
⑤ 《大明孝宗皇帝实录》卷一百六十二,弘治十三年五月,第2913页。
⑥ 张元忭纂修:《绍兴府志》卷十九"祠祀志一",万历丙戌年刊本,第9页下。
⑦ 陈继儒:《虎荟》卷六,第3页上。
⑧ 金毓绂主编:《辽海丛书·全辽志》卷四,沈阳:辽沈书社,1985年,第622页上。
⑨ 郎瑛:《七修类稿》,北京:中华书局,1959年,第495页。
⑩ 龚炜:《巢林笔谈》卷四,北京:中华书局,1981年,第111页。
⑪ 陈继儒:《虎荟》卷六,第5页下。
⑫ 陈继儒:《虎荟》卷六,第21页上。
⑬ 龚炜:《巢林笔谈》卷四,第111页。
⑭ 陈继儒:《虎荟》卷六,第20页上。
⑮ 陈继儒:《虎荟》卷六,第16页下—17页上。
⑯ 陈继儒:《虎荟》卷六,第12页下。
⑰ 徐秉义:《明末忠烈纪实》卷十一,杭州:浙江古籍出版社,1987年,第163页。
⑱ 于琨修:《常州府志》卷二十五,康熙三十四年刻本,第28页下。

家,都住荒村隈?""闻此中,多虎灾。我一抬头,一惊骇。"①

清初,杭州西溪多虎患。②顺治十年(1653),浙江杭州府余杭诸乡常患虎灾。③康熙年间(1662—1722),无锡扬名、开化两乡发生过两次人虎相搏事件。康熙己巳(1689),虎进入董坞民居,咬伤一路人。居民朱伯卿持鸟枪追逐,被虎伤面额。朱以枪捅入虎口,两手相持,枪被扭曲,最后,虎负痛而逃。④同年春正月,常州芳茂山有虎伤人。⑤康熙癸酉(1693)三月,人们发现一虎卧于草中。柴贩沈二用木杆击虎头,虎啮其左臂。沈以右手托虎腮,以膝踢虎咽喉。后有猎人赶来,用鸟枪将虎打死。乾隆年间,"桐有虎灾,旬月中伤七十余人"。⑥咸丰、光绪年间,句容与南京相邻的赤山湖地区,"虎、狼、山猪伤人畜、禾稼"⑦。

总之,在宋以前,人类对虎尚存有较多的神化,纯粹杀虎谋利的事件相对较少。明清以来,由于民间使用火器捕猎,人对虎已不再敬畏。加上人类觊觎虎毛皮肉骨的价值,是以对虎普遍予以杀戮,以之谋利。

二、苏北生态环境

原始社会末期至周初,中国大陆除冰川、荒漠、草原外,绝大部分地区被原始森林覆盖。约5 000年以前,即使现在极为干燥的甘肃、陕西、山西,其森林覆盖率也分别为77%、45%和63%。⑧约3 000年前,森林和草原十分广阔,占国土总面积的70%—80%,其中森林约占全国总面积的50%。⑨

陈嵘认为,混沌之世,草昧未辟,中国土地大多为森林覆盖。自有巢氏构木为巢,森林才逐渐开发。⑩恩格斯指出,这是人类的低级阶段。"这是人类的童年。人还住在自己最初居住的地方,即住在热带或亚热带的森林中。他们至少是部分地住在树上,只有这样才可以说明,为什么他们在大猛兽中间还能生存。他们以果实、坚果、根作为食物。"⑪这一状态大概延续了好几千年。

---

① 刘强民、吴炜主编:《沈璟与昆曲吴江派·博笑记》第19出,上海:上海文艺出版社,2005年,第314页。
② 吴庆坻撰:《蕉廊脞录》,北京:中华书局,1990年,第87页。
③ 《清朝文献通考》卷二百六十八,上海:商务印书馆,1936年,第7257页上。
④ 钱泳撰、张伟点校:《履园丛话》"丛话14",北京:中华书局,1979年,第360页。
⑤ 于琨修:《常州府志》卷三,康熙三十四年刻本,第14页下。
⑥ 陈兆仑:《紫竹山房文集》卷十三,嘉庆刻本,第25页上。
⑦ 尚兆山撰:《赤山湖志》卷三,第4页上,见《丛书集成续编》第228册,台北:新文丰出版公司,1988年,第697页。
⑧ 凌大燮:《我国森林资源的变迁》,《中国农史》1983年第2期。王玉德、张全明等著:《中华五千年生态文化》(下),武汉:华中师范大学出版社,1999年,第745页。
⑨ 本书编委会:《中国自然地理·历史自然地理》,北京:科学出版社,1982年,第24—25页。王玉德、张全明等著:《中华五千年生态文化》(上),第744页。
⑩ 陈嵘:《中国森林史料》,北京:中国林业出版社,1983年,第3页。
⑪ 《马克思恩格斯文集》第四卷,北京:人民出版社,2009年,第33页。

《庄子》借盗跖之口称:"古者禽兽多而人少,于是民皆巢居以避之。昼拾橡栗,暮栖木上,故命之曰'有巢氏之民'。古者民不知衣服,夏多积薪,冬则炀之。"①尧、舜之时,草木茂盛,五谷不登,禽兽逼人,故欲驱除禽兽,保全人类,必须伐木焚林,是人力摧毁森林的开始。②《商君书》云:"昔者昊英之世,以伐木杀兽,人民少而木兽多。"③巢居生活,条件艰苦,人类只能转向更为稳定舒适的种植业。《淮南子》称:"古者民茹草饮水,采树木之实,食蠃蛖之肉,时多疾病毒伤之害。于是,神农乃始教民播种五谷。"④

尽管很早就开始了农耕,但由于人口增长较缓,在汉以前,人对自然的破坏也相对较慢。史念海指出:"历史时期的早期,黄土高原到处是青山绿水,山清水秀,和现在完全不同,至少离现在2 000年左右,还没有多大改变。"⑤淮河流域的生态要远远好于黄土高原。到唐时,李嘉祐登楚州城,望驿路十余里,"山村竹林相次交映",遂赋诗:"十里山村道,千峰栎树林。霜浓竹枝亚,岁晚荻花深。草市多樵客,渔家足水禽。幽居虽可羡,无那子牟心。"⑥

良好的森林等原始生态系统的广泛分布,是象、虎等大型动物生活的必要条件。史载:"应龙攻蚩尤战,虎、豹、熊、罴四兽之力。"⑦此处的四兽,可能是以虎、豹、熊、罴为图腾的四个部落。《尚书》中有朱虎、熊罴二臣。远古时代,黄河中下游、淮河流域地区,野象分布极广。⑧野象的生活区,显然以广袤的森林居多。殷商时期,人工驯养野象。殷墟中不但有大量的大象骨头,且甲骨文常见到"获象""来象"的记载。罗振玉指出:"象为南越大兽,此后世事。古代则黄河南北亦有之。"学者公认《吕氏春秋·古乐篇》所载"商人服象,为虐于东夷,周公以帅逐之,至于江南","此殷代有象之确证矣"。⑨河南省的简称"豫",意为"象之大者"。⑩徐中舒指出:"《禹贡》豫州、徐州二地,字均从邑。其命名之义,徐为国名,豫当以产象得名,与秦时之象郡以产象得名者相同。此又为古代河南产象之一证。"⑪"为"字即为人"牵象之形"。舜为妫姓,"嬀"字从"为",显为服象之民族,传说中多

---

① 沙少海注:《庄子集注》,贵阳:贵州人民出版社,1987年,第313页。
② 陈嵘:《中国森林史料》,北京:中国林业出版社,1983年,第4页。
③ 山东大学《商君书》注释组:《商君书新注》,济南:山东人民出版社,1976年,第132页。
④ 高诱注:《淮南子》,北京:中华书局,1954年,第331页。
⑤ 史念海:《论历史时期黄土高原生态平衡的失调及其影响》,《黄土高原历史地理研究》,郑州:黄河水利出版社,2002年,第297页。
⑥ 《全唐诗》第3册,卷二百零六,北京:中华书局,1960年,第2156页。
⑦ 沈约注:《竹书纪年》卷上,上海涵芬楼藏明刊本,第1页上。
⑧ Mark Elvin, *The Retreat of the Elephants: An Environmental History of China*. New Haven: Yale University Press, 2004.
⑨ 转引自徐中舒:《殷人服象及象之南迁》,南京《中央研究院历史语言研究所集刊》第2本第1分,1930年5月,第62页。
⑩ 汉语大字典编辑委员会:《汉语大字典》(缩印本),成都:四川辞书出版社,武汉:湖北辞书出版社,1993年,第1506页。
⑪ 徐中舒:《殷人服象及象之南迁》,南京《中央研究院历史语言研究所集刊》第2本第1分,1930年5月,第64页。

有象为舜耕之事。殷人文字仍把"為"写成牵象形,青铜器及石鼓文中均予以继承。① 周代淮夷所献象齿,说明这里仍然盛产大象。而淮北人李耳所著的《老子》还记载了犀牛。② 楚昭王十年(公元前506年),吴王阖闾和伍子胥等率军伐楚,大败楚军于柏举,攻至楚都郢,楚昭王逃离郢都到达睢水。"针尹固与王同舟,王使执燧象以奔吴师。"③在战争中使用了象战。至战国时,野象数量急剧下降,平时已难得为人所见。韩非子曾云:"人希见生象也,而得死象之骨,案其图以想其生也,故诸人之所以意想者皆谓之象也。"④

商代苏北地区曾是东夷飞虎部族的活动地域。今天的邳州城标就是虎形辟邪。《易》曰:"云从龙,风从虎。"⑤《山海经·大荒东经》大量描写了地理生态,称靖人(小人国)"人面兽身";蒍国和白民之国,均"黍食,使四鸟,虎、豹、熊、罴"。据郭璞注,君子国"亦使虎豹";高诱称:"国人衣冠带剑食兽,使二文虎也。"⑥《诗经·韩奕》:"有熊有罴,有猫有虎。"⑦

春秋时,与苏北相关的宋、鲁、楚等国在战争中,经常以虎皮蒙战马,以收意外之效果。鲁庄公十年(公元前684年)夏六月,齐、宋联军与鲁开战。鲁大夫公子偃"蒙皋比而先犯之",大败宋师于乘丘(今山东兖州西北)。⑧ 鲁僖公二十八年(公元前632年),城濮之战中,"胥臣蒙马以虎皮,先犯陈、蔡。陈、蔡奔,楚右师溃"⑨。秦末,"有白虎见于东海"⑩。

东汉以后,淮河流域的农田水利事业得到了极大的发展,这里成了全国最重要的粮产地。农业的发展,肇因于对原始生态的大规模开发,造成了与虎争林、与虎争地的局面,是以史籍中大量记载了虎与人类的冲突。

东汉明帝永平年间(58—75),宗均为九江太守(治寿春),"常募设槛阱,而犹多伤害"。时人认为:"夫江、淮之有猛兽,犹北土之有鸡豚也。"⑪由此可见当时淮河流域虎的普遍存在。汉章帝元和三年(86),"白虎见彭城"⑫。魏明帝曾于宣武场上断虎爪,纵百姓观看。⑬ 南朝宋初,彭城驾山下老虎多次肇灾,"村人遇害日有一两"。河北僧人释昙称自愿

---

① 徐中舒:《殷人服象及象之南迁》,南京《中央研究院历史语言研究所集刊》第2本第1分,1930年5月,第65—66页。
② 徐中舒:《殷人服象及象之南迁》,南京《中央研究院历史语言研究所集刊》第2本第1分,1930年5月,第70—71页。
③ 杨伯峻编著:《春秋左传注》(4),北京:中华书局,2009年,第1545页。
④ 陈奇猷校注:《韩非子集释》卷六,上海:上海人民出版社,1974年,第368页。
⑤ 王弼等注:《周易》卷一,上海涵芬楼影印本,第3页下。
⑥ 郭璞注、毕沅校:《山海经》卷十四,上海:上海古籍出版社,1990年,第105页。
⑦ 毛亨传:《毛诗》卷十八,常熟瞿氏铁琴铜剑楼影印本,第21页下。
⑧ 杨伯峻编著:《春秋左传注》(1),北京:中华书局,2009年,第184页。
⑨ 杨伯峻编著:《春秋左传注》(1),北京:中华书局,2009年,第461页。
⑩ 葛洪撰、周天游校注:《西京杂记》卷三,西安:三秦出版社,2005年,第120页。
⑪ 司马光编著:《资治通鉴》卷四十五,北京:中华书局,1976年,第1446页。
⑫ 梅守德修:《徐州志》卷三,嘉靖年间刻本,第5页上。
⑬ 陈继儒《虎荟》卷四,明宝颜堂新刻本,第3页下。

舍身饲虎,"尔后,虎灾遂息"。① 南朝宋后废帝元徽三年(475)二月,"白虎见郁州"。②

由于宋金对峙造成土地荒芜,黄淮之间多有虎迹。海州地区,"宋有农往耕,夜宿于野,虎至,欲噉农者。牛在侧,护之。虎扑,牛触,如是者数,虎始退。农觉,反鞭牛之骇跃为惊。又睡,虎复至,牛护农如初。及明视之,虎败走,牛已死矣"③。金末元初,北至洛阳,南至淮河一带,常现虎迹。元好问 31 岁时(1221),洛阳玉华谷发生虎灾。④ 至元(1264—1294)中,"盐城丁溪场有二虎为害"。⑤

洪武年间(1368—1398),据天长县群牧监奏:民人戴某妻在野外牧牛,其犬被虎所食。虎见戴妻,转而攻人。戴家所饲之牛,舍命护主,与虎相搏。"不逾时,而虎负牛胜,人难消矣。"⑥

徐州有义虎桥的传说:

> 相传有商夜归,迷失故道,误堕虎穴,自分必死。虎熟视不加噬,昼则出取物食之,夜归若为之护者。月余,其人稍谙虎性,乃嘱之曰:"吾因失道至此,幸君惠我,不及于难,吾有父母妻子,久客于外,思欲一见,仗君力能置我于大道中,幸甚。"虎作许诺,状伏地摇尾招之。商喻其意,上虎背,跃而出,置诸道旁,顾而悲。跳分去后,历数载,商偶经此地,见诸猎缚一生虎归,将献之官。熟视,乃前虎也。虎见之回睨,其人感泣,遂与众具道所以,亟出重赀赎之。众亦义其所为,相与释缚,纵深山之曲。⑦

这类传说说明在某种情况下,人类可以与虎和谐相处。

明代两位苏北籍作家施耐庵、吴承恩各自所著的《水浒传》和《西游记》均详细描述打虎的场面。实际上,由于生态的破坏,明以后,淮河流域已甚少有虎事记载,仅在一些山区尚有虎迹。如史载:"东海旧患虎。"⑧

第二节 人类活动与生态影响

苏北地域原处于淮河两岸,南北对峙时期,这个地区战灾频仍,以水代兵类的战争破

---

① 大藏经刊行会编:《大正新修大藏经·高僧传》卷十二,台北:新文丰出版公司,1983 年,第 404 页上。
② 王豫熙修:《赣榆县志》卷十七,光绪十四年刊本,第 1 页上。
③ 张峰纂修:《海州志》卷八,隆庆年间刻本,第 12 页上。
④ 姚奠中主编:《元好问全集》卷五十五,太原:山西人民出版社,1990 年,第 528 页。
⑤ 郭大纶修:《淮安府志》卷八,万历年间刻本,第 5 页上。
⑥ 朱元璋:《明太祖集》卷十五,合肥:黄山书社,1991 年,第 328 页。
⑦ 余家谟修:《铜山县志》卷七十二,民国十五年刊本,第 28 页上一下。
⑧ 许绍蘧:《连云一瞥》,无锡:协成印务局,1936 年,第 116 页。

坏更大。在承平时期,人类的生产生活对自然环境影响更大,尤其对大型野生动物更是进行了灭绝式的杀戮。

一、苏北的水害工程

苏北有大量用水为害的历史。春秋时代,淮地就曾兴建过大型工程,以作军事用途。鲁昭公三十年(公元前512年)十二月,吴军进攻徐国,"防山以水之",灭掉徐国。杨伯峻认为:"此盖利用堤防以山水攻城最早纪载。"①顾炎武认为,明代泗州城即当年的徐国都城。② 东汉建安三年十月,曹操军队围攻下邳吕布军队,"用荀攸、郭嘉计,遂决泗、沂水以灌城。月余,布将宋宪、魏续等执陈宫,举城降,生禽布、宫,皆杀之"③。

当国家分裂,尤其是南北对峙时,各方尽管多隔江而治,但南方多贯彻守江先守淮的战略,北方也希望拒敌于淮河一带,把淮河流域作为军事前线而肆意毁损。

南朝梁武帝(502—549)时,北魏降人王足向梁献计,建议在淮河下游筑堰,以水代兵,淹灌当时魏军据守的军事重镇寿阳。王足引用北方的童谣称:"荆山为上格,浮山为下格,潼沱为激沟,并灌巨野泽。"④

如不考虑百姓性命与生态等因素,从地形与地势来看,筑堰淹寿阳的方案是可以考虑的。浮山在寿阳下游约220公里处,地势相差8—10米。⑤ 因而梁武帝接受了这个方案,派水利专家陈承伯、材官将军祖暅察看地形。两位专家均认为浮山一带沙土漂轻,虚松不实,大堰很难建成。但梁武帝不听,下令在徐州、扬州地区按每20户征5名丁男的比例征发百姓筑堰,并任命康居人后裔康绚都督淮上军事,保护大堰,康率领的役夫及士卒达20万人。他们在钟离南起浮山,北抵巉石山,依岸筑土,合脊于淮河中流。⑥

516年春,大堰终于建成。堰长9里,下宽140丈,上宽45丈,高20丈,堰西水深19.5丈。大堰修有夹堤,堰身遍植杞柳,上面有军人布守。有人向康绚建议:"四渎,天所以节宣其气,不可久塞。若凿湫东注,则游波宽缓,堰得不坏。"康绚采纳了这个建议,开湫东注泄水。⑦ 这个泄洪道在20世纪50年代尚可见到遗迹,宽达七八十米,深十几米。1952年濛潼河的峰山切岭段即利用了这个溢洪道。⑧ 康绚又派间谍到北魏行反间计,称:"梁人所惧开湫,不畏野战。"魏人信以为真,凿山5丈,开湫北注泄水。⑨

修建此堰,可谓举淮地全域之精壮民力,倾南朝全境之物质精华。天监十四年(515),大堰将合龙时,淮水来量极大,大堰多次被冲溃。有人认为江、淮蛟龙较多,"能乘风雨决

---

① 杨伯峻编著:《春秋左传注》(4),北京:中华书局,2009年,第1508页。
② 顾炎武:《天下郡国利病书》(二),黄坤等校,上海:上海古籍出版社,2012年,第966页。
③ 陈寿撰:《三国志》卷一,北京:中华书局,1964年,第16页。
④ 姚思廉:《梁书》卷十八,北京:中华书局,1973年,第291页。
⑤ 张卫东:《浮山堰》,《中国水利》1985年第11期,第36页。
⑥ 姚思廉:《梁书》卷十八,北京:中华书局,1973年,第291页。
⑦ 姚思廉:《梁书》卷十八,北京:中华书局,1973年,第292页。
⑧ 张卫东:《浮山堰》,《中国水利》1985年第11期,第36页。
⑨ 姚思廉:《梁书》卷十八,北京:中华书局,1973年,第292页。

坏崖岸",但蛟龙畏铁,康绚随即把东冶、西冶的铁器数千万斤,"大则釜鬵,小则铧锄",沉入堰下,仍无法合龙。又大肆砍伐淮水两岸树木作为井干,填以巨石,再在上面加上泥土以填缺口。① 20世纪50年代修苏北大堤时,曾在此处取土,挖出过铁块、砖头等物,当地人还挖出过许多古代箭头等。在距浮山20公里的下草湾还发现与正史记载类似的木笼。② 这种筑堤方法,"缘淮数百里内,冈陵木石,无巨细必尽"。役夫们备尝辛苦,许多人肩被磨穿。"夏日疾疫,死者相枕,蝇虫昼夜声相合。"那年冬天又特别寒冷,淮水、泗水皆结坚冰,"士卒死者十七八"。③

据初步估算,浮山堰形成的水域面积为6 700多平方公里,积水覆盖了今五河、泗县、凤阳、蚌埠、灵璧、固镇、凤台、寿县以及颍上、霍丘等县市的大部分或一部分,总蓄水量在100亿立方米以上。浮山堰主副坝填方达1 300多万立方米。④

浮山堰对苏北生灵的影响是灾难性的。大堰直接造成"夹淮数百里皆水之所淹"⑤。《水经注》称该堰"逆天地之心,乖民神之望,自然水溃坏矣"⑥。这包含了非常朴素的生态观。516年秋,淮水暴长,仅存在了4个月的大堰溃决。⑦ "淮堰坏,死者十余万口。"⑧

浮山堰还加剧了兵燹。北魏知道梁的意图后,遣将杨大眼来破坏大堰,康绚命令各军队撤营露次以待敌,并派其子康悦向魏军挑战,斩魏咸阳王府司马徐方兴,魏军稍退。不久,魏遣尚书仆射李昙定督大军来攻,康绚与徐州刺史刘思祖等迎战。梁武帝加派右卫将军昌义之,太仆卿鱼弘文,直阁曹世宗、徐元和相次据守。⑨ 这些大大小小的战争,使淮域百姓雪上加霜。

像浮山堰这样的工程,无任何"水利"可言,于敌、于己、于民皆是不折不扣的水害工程。浮山堰的失败,十余万百姓性命的丧失,并没有使梁武帝对淮域产生怜悯之情。北宋词人秦观曾作《浮山堰赋》,对此堰进行了反省,并对梁武帝进行了批判:"展源深而支永兮,虽暂否而必通。倏鲸吼以奔溃兮,与苍苍而俱东。若燃犀之照渚兮,旅百怪而争遁。骍马怒而嘘踬兮,虎蛟冤而相纠。哀死者之数万兮,孤魂逝其焉游。背自然以司凿兮,固神禹之所恶。世苟近而昧远兮,或不改其此度。螳螂怒臂以当车兮,精卫衔石而填海。惜梁人之不思兮,卒取非于异代。"⑩

---

① 姚思廉:《梁书》卷十八,北京:中华书局,1973年,第291页。
② 张卫东:《浮山堰》,《中国水利》1985年第11期,第36页。
③ 姚思廉:《梁书》卷十八,北京:中华书局,1973年,第291—292页。
④ 张卫东:《浮山堰》,《中国水利》1985年第11期,第37页。
⑤ 李昉等奉敕撰:《太平御览》卷七十三,北京:中华书局,1995年,第344页下。
⑥ 郦道元著,王国维校;袁英光、刘寅生整理:《水经注校》卷三十,上海:上海人民出版社,1984年,第974页。
⑦ 姚思廉:《梁书》卷十八,北京:中华书局,1973年,第292页。
⑧ 郦道元著,王国维校;袁英光、刘寅生整理:《水经注校》卷三十,上海:上海人民出版社,1984年,第974页。
⑨ 姚思廉:《梁书》卷十八,北京:中华书局,1973年,第292页。
⑩ 周义敢、程自信、周雷编注:《秦观集编年校注》(上)卷一,北京:人民文学出版社,2001年,第2页。

普通六年(525),梁武帝在侨置的济阴郡修宿预堰,又修曹公堰。① 这些处于苏北地区的巨堰均用于军事目的,无一不是水害工程。

太清元年(547),梁大举北伐,以羊侃为持节、冠军,监作韩山堰(即寒山堰)事务,经两旬将堰建成。② 后以萧明(即萧渊明)代为都督水陆诸军直逼彭城,大图进取。梁武帝敕曰:"汝等众军可止于寒山筑堰,引清水以灌彭城。大水一泛,孤城自殄,慎勿妄动。"萧明在寒山堰建成后,以水淹灌彭城,水漫至城堞。此役终因萧明的无能而溃败。③ 似此经常性地以水代兵,对区域生态、社会经济往往是毁灭性的破坏。

所幸的是,梁朝所凿的大堰,存在时间均不长。在隋唐甚至延至北宋,苏北是国家核心地区,社会生态得以恢复,这里仍为富庶的鱼米之乡。

二、人类生产的影响——伐蛟减灾

在大肆捕虎的同时,江南苏北地区还不遗余力地伐蛟。古人认为蛟能带来水灾,因此,伐蛟被视为与捕蝗等同样重要的防灾手段。《吕氏春秋·季夏纪》载,季夏之月,"令渔师伐蛟取鼍,升龟取鼋"。渔师即"取鱼之官",鼍"是鱼之类属也"。《书传》注云:"鼍如蜥蜴,长六七尺。"陆机疏云:"鼍形似水蜥蜴,四足,长丈余,生卵大如鹅卵。甲如铠甲,今合乐鼍鱼甲是也。"④

唐代传奇文学中有东海勇士杀蛟的传说:"东海之上有勇士,诏邱欣过神泉,令饮马。其仆曰:饮马于此者,马必毙。邱欣曰:以邱欣之言饮之。其马果毙。邱欣乃去,夜拔剑而入,三日三夜,杀二蛟一龙而出。"⑤盱眙县西南三十里都梁乡内有龙爬坡,"相传此山曾出蛟龙"。⑥ 至元十六年(1279),五河县有一深潭,潭涸后,人们发现潭角有一窍,里面有一黑犬状物体,"相率以锹铲禾乂击之,犬含水一喷,云气上腾,乘之向西南去。一老人云:此蛟也,得水仅能一跃,可十数里,水尽则止。众奔索之,约二十里许,果蜿蜒陆地,长丈余,遂屠之"。⑦

无锡县东南二十里有洞山,一名穿石山,"晋时有大蛟孕子,嵌空成穴,其壳可容三斗,故又名蛟山"⑧。县东十二里有余皮,"旧传子隐(即周处——引者注)断蛟,曝余皮于此"⑨。唐时,吴江有怪,"土人谓蛟为害,贾宣伯以神药投潭中,明旦老蛟死,浮于水,而水虫莫知数,皆为药死"⑩。唐时建立的宁波佽飞灵翼庙,被人附会为镇蛟之用,"旁有蛟池,

---

① 李延寿:《南史》卷七,北京:中华书局,1975年,第204页。
② 姚思廉:《梁书》卷三十九,北京:中华书局,1973年,第599页。
③ 李延寿:《南史》卷五十一,北京:中华书局,1975年,第1271—1272页。
④ 《重刊宋本十三经注疏(附校勘记)》,台北:艺文印书馆,1965年,第581页上。
⑤ 唐仲冕总修:《海州直隶州志》卷三十一,嘉庆十六年刊本,第10页下。
⑥ 郭起元修:《盱眙县志》卷四,乾隆十二年刊本,第8页上。
⑦ 郑廌修:《五河县志》卷一,康熙二十五年刊本,第12页下。
⑧ 阮升基修:《宜兴县志》卷九,嘉庆二年刊本,第35页下—36页上。
⑨ 阮升基修:《宜兴县志》卷九,嘉庆二年刊本,第4页下。
⑩ 冯桂芬纂:《苏州府志》卷一百四十四,光绪九年刊本,第34页上。

第三章 秦汉以后江南苏北历史地理环境的改变

蛟自江来窟于此。人患之,故镇以庙"①。无锡县有蛟河,绍兴年间(1131—1162),"蛟起其中,坏民居"②。成化十年(1474)五月,无锡东山产蛟,"水暴涨法海寺,金刚漂出谷口"③。顺治年间,昆山陈溪雷雨,"一蛟上腾,池水尽涸"④。顺治八年大水,夏四月,"马迹山发蛟,共十一穴,穴四围土石皆红"⑤。从时人对蛟的记载中可以看出,人们对蛟往往有神化或魔化的色彩,视之为能量巨大的有害动物。

乾隆二年(1737),上谕中称:"东南地方,每有蛟患。考之于古,季夏伐蛟,载在月令。今土人留心者,尚能豫知有蛟之处,掘地得卵,去之则不为害。且蛟行资水,遇溪涧而其势始大。田畴虽不可移,而庐舍茔厝,尚可迁就高阜之地以避之。是亦未尝不可先事豫防,惟在实心体察耳。该督抚有司务体朕痌瘝乃身之意,刻刻以民生利赖为先图。一切水旱事宜,悉心体究。应行修举者,即行修举。或劝导百姓,自为经理。如工程重大,应动用帑项者,即行奏闻,妥协办理,兴利去害,俾旱涝不侵,仓箱有庆。以副朕惠爱黎元至意。"⑥

乾隆十一年(1746),江西按察使翁藻奏:"江、浙、四川所属及江西之德兴、宜黄等县,屡被水患,多系蛟发所致。臣考《月令·季夏》有伐蛟之文。其法虽不传,然询之野老,皆言生蛟之地,冬雪不存,夏苗不长,鸟雀不集,其土色赤,其气朝黄而暮黑,夜视之气冲于霄,候雷雨而兴。其时在夏末秋初,若于未起之前,察气观色,掘地得之,其害可绝。请通行各省,令地方官晓谕居民,留心察看,如法搜捕。"⑦这些言论体现了中国官员动辄以道听途说的无稽之谈奉迎上意的风习。

嘉庆十四年(1809),谕军机大臣等,"因思上年洪湖盛涨,系安徽潜山地方起蛟,上游水势陡涨,湖身骤难容纳,以致启坝宣泄,民舍田庐多被淹浸,为害不浅。伐蛟见于《月令》,昔人有行之者。若地方官仿照成法,先事豫防,何至仓猝患生?但此事一经胥吏办理,转恐有名无实。着董教增转饬各府厅州县劝谕居民,务须于深山穷谷,随时留心察看刨挖。在百姓等各卫身家,自无不实力奉行。较之官为经理,更有裨益也。将此谕令知之"⑧。

光绪八年(1882),御史光熙奏称:"本年五月初旬,安徽英山、潜山、太湖等县,蛟水骤发。田庐人民,漂没淹毙,不可数计。怀宁、望江等县圩堤,冲决数十处。"并另片奏请饬仿行伐蛟古法。光绪下令:"着各直省督抚加意讲求,防患未然,用副轸念民生至意。"⑨

光绪十年(1884),御史程鼎芬奏:"东南水患,多起于蛟。请查照古法,先事掘除,并钞录陈宏谋《伐蛟说》呈览一折。据称江西此次水灾,由于安徽祁门之出蛟,故大学士陈宏谋

---

① 周希哲修:《嘉靖宁波府志》卷十五,嘉靖年间刻本,第15页下。
② 裴大中修:《无锡金匮县志》卷三,光绪七年刊本,第2页下。
③ 金玉相纂述:《太湖备考》卷十四,乾隆十五年刊,第15页下。
④ 金吴澜等:《昆新两县续修合志》卷十五,光绪七年刻本,第9页下。
⑤ 金玉相纂述:《太湖备考》卷十四,乾隆十五年刊,第18页上。
⑥ 《大清高宗纯皇帝实录》卷四十七,乾隆二年七月下,页807页下。
⑦ 《大清高宗纯皇帝实录》卷二百五十七,乾隆十一年正月下,页330页上。
⑧ 《大清仁宗睿皇帝实录》卷二百零七,嘉庆十四年二月,第777页上。
⑨ 《大清德宗景皇帝实录》卷一百四十七,光绪八年六月上,第82页上一下。

抚江西时,创办掘除蛟种之法,弭患无形,民称其便,请饬查照办理等语。蛟水冲决田庐,为害甚重,亟宜先事豫防,实力掺除。着潘霨按照所奏各节,严饬州县,认真讲求,为防患未然之计,毋得视为具文。"①

人类大肆伐蛟,既是因为迷信的传统,也是因为人与鳄类争夺湿地、沼泽。官府不遗余力地渲染蛟害,把水灾的罪责推给鳄类,谕令百姓灭蛟,故意模糊水灾的真正成因,逃避自身的责任。

三、生态变迁之因

江南古代森林面积广袤,自古覆盖着亚热带森林,森林覆盖率达90%以上。② 浙江北部以天目山为主干的丘陵、山地中,原始森林非常茂密。由于人口较少,整个先秦时代,浙北的森林破坏十分轻微。直到10世纪中叶,浙地仍有象群出没。至南宋,森林破坏速度才显著加快。③ 明以后,玉米和番薯的传入,加剧了山林的破坏。④

虎处于自然界食物链的顶端,人与虎的关系是当地自然生态环境变化的晴雨表。虎一般在自己的领地内活动,只有其领地被压缩,或领域中食物减少,或人类侵入其领地时,才会主动攻击人和家畜。

从虎的活动轨迹来看,江南地区生态环境的破坏时间要晚于苏北地区。

至清代,江南不少山区仍有大量的原始森林,而苏北已成为中国森林最少的地区之一。据尹会一疏云:"夫三代而后,筹划足民,田时难制,惟有树畜可以讲求。今之州县,非不奉行,但种树百难,成树为难。"成树难的原因主要是盗伐。"取用者既不待其滋长,而盗窃又复公行,剪伐无时,必至尽耗其利而后已。"⑤中国历代政府多重视植树,但官员多阳奉阴违。雍正七年(1729),两淮盐运使高淳赴任,自湖北武昌府起程,"所经之地留心看视,八分种柳、二分种枣,未曾长大,兼有断续。然以时补插培植,可望成林。出武胜关至河南地界以迄黄河,见植柳成荫,时闻黄童白叟欢欣鼓舞"。但"由山东抵江南(此处系指江苏——引者注),沿途遍阅,虽有栽插者,犹是枝条且稀疏零落,或断或续,岂是奉行之道? 非人力之不齐,咸由有司佐杂各员怠忽所致"。⑥

由于树木短缺,苏北地区的木料价格远高于其他地区。即使官府在这里采购木料,价值也超过苏南甚多。下表是乾隆年间官府所定的江苏各地木料价格。

---

① 《大清德宗景皇帝实录》卷一百九十,光绪十年七月下,第682页下—683页上。
② 凌大燮:《我国森林资源的变迁》,《中国农史》1983年第2期,第27页。
③ 陈桥驿:《历史上浙江省的山地垦殖与山林破坏》,《中国社会科学》1983年第4期,第208—210、212页。
④ 陈桥驿:《历史上浙江省的山地垦殖与山林破坏》,《中国社会科学》1983年第4期,第213—214页。
⑤ 尹会一:《敬抒草野见闻疏》,张受长编:《尹少宰奏议》卷五,未署刊刻时间,第2页下。
⑥ 台北故宫博物院清代宫中档与军机处折件,《江南两淮盐运使高淳奏折》(雍正七年五月初二日),箱号:76,文献编号:402002967,统一编号:故宫005989。

表 3-1 乾隆年间官府所定江苏各府州木料价值表（1761—1765 年）

（价值单位：库平银两）

各府州平均		每根杉木（长 2 丈）				每根柏木（长 2 丈）		
		径 1.6 尺	径 1.4 尺	径 1.2 尺	径 1 尺	径 1.6 尺	径 1.4 尺	径 1.2 尺
江宁府		3.820	2.970	2.155	14.458	3.399	2.756	1.979
苏州府		3.770	3.420	2.542	1.766	6.120	5.200	4.900
太仓州		3.068	2.349	1.726	1.198	6.120	5.200	4.900
松江府		2.488	1.905	1.400	1.970	—	—	—
常州府		3.770	3.420	2.880	2.060	6.120	5.200	4.445
镇江府		3.731	3.228	2.545	1.797	5.960	5.390	4.460
扬州府		3.850	3.010	2.200	1.481	—	—	—
通州		3.460	2.700	1.980	1.730	2.180	1.904	1.633
淮安府		5.741	4.395	3.229	2.242	—	—	—
海州		6.959	5.438	3.976	2.597	5.405	4.729	4.053
徐州府		7.400	5.500	4.262	2.960	4.941	4.326	3.708
平均	苏北	6.7	5.111	3.822	2.600	5.173	4.538	3.881
	非苏北	3.495	2.875	2.179	1.683	4.983	4.275	3.720
苏北高出非苏北地区%		192	178	175	154	104	106	104

资料来源：盛俊：《清乾隆朝江苏省物价工资统计》，《生命与生存》（学林第二辑），上海：开明书店 1930 年版，第 125—127 页。

从表 3-1 可以看出，越是大的木料，苏北地区的价格越高，较高的价格只能说明这类资源在苏北比其他地区更稀缺。

即使政府大力保护的黄河河堤上的柳树，在北洋政府时期，"大多任其天然生长，从未加以修理。枝叶横生及病老枯朽者触目皆是"[1]。而烧制石灰、砖瓦、陶器，以及作为锅灶和取暖的燃料，均会导致对森林进行无情的砍伐。[2] 苏北也是叛乱多发地区，据林业专家研究，叛乱往往对森林造成毁灭性的打击。[3] 同治四年（1865），大股捻军在郓城菏泽、巨野及濮范沿河一带周围数百里范围内活动，"盘踞勾结，时图窜渡。又探有砍伐树株，搬运檩木，排造船筏之事"[4]。

---

[1] 河南省政府：《整理豫河方案》，1931 年刻本，第 18 页上。

[2] W. C. Lowdermilk, "Forestry in Denuded China," *Annals of the American Academy of Political and Social Science*, Vol. 152, China (Nov., 1930), p. 130.

[3] W. C. Lowdermilk, "Forestry in Denuded China," *Annals of the American Academy of Political and Social Science*, Vol. 152, China (Nov., 1930), p. 128.

[4] 《大清穆宗毅皇帝实录》卷一百三十八，同治四年五月上，第 268 页下。

江南苏北地域文化变迁

　　民国年间,植树成绩最为突出,但国民政府植树造林的重点地区在江南。1932年,仅位于首都南京城外老山的江苏省教育林即植树18万多亩、694万多株;1916—1932年6月,该林场支出48万余元,1932年后每年常规经费3.2万元。①

　　相反,苏北地区的造林成绩却乏善可陈。1935年是江苏省造林成绩较好的一年。苏北东海、灌云、萧县、铜山、砀山、赣榆6县,山地及淤黄河宜林土地达3 453 465亩,但"已植林地,面积甚少"②。徐州一带,林地荒废极多,林相极劣,像马尾松等树木,已无孑遗。"其旧有林相,非可以常道恢复矣。"③砀山县,"惟是限于经费,本年除植树式奉令核定预算一百元外,其余各项费用分文无着"④。泗阳与之相同,预算与实支造林经费均为100元。⑤阜宁当年实支造林经费220元,"栽植苗木二万三千八百株",这一数字更像是虚报。"与以往造林株数比较,实超出十倍,但在此栽植未久,能否全数成活,尚未可断定。"⑥萧县当年造林使用经费229.4元⑦,淮安500元⑧,丰县为1 220元⑨。而省政府所在地镇江一县的造林经费达2 770.12元。⑩

　　在苏北,由于开发较早,人类对自然的改变和破坏远较江南大。大型工程的兴修,于民生十分重要,但也彻底改变了原始生态。

　　明以后,政治工程对苏北影响更大。不断治河对木材的需求,使苏北几无原始森林。在治水过程中,"各584646乡,无论坟内门前,榆柳槐杨,任意砍伐。即桃杏果木,凭其摧折,毫无顾忌"⑪。这样恶劣的生态环境,自然使许多野生动物无处藏身,人类赶杀大量野生动物的结果,就是毁掉自己赖以生存的环境。

　　河务工程,对树木的损害非常之大。1935年7月19日至8月20日,仅沭阳北六塘

---

① 陈嵘:《中国森林史料》,北京:中国林业出版社,1983年,170—171页。
② 《淮河流域保安林造林计划》,《江苏建设》第2卷第4期,1935年4月1日出版,"计划"第7页。
③ 陈植:《改进江苏林业之商榷》,《江苏建设》第2卷第4期,1935年4月1日出版,"专著"第17页。
④ 《砀山县二十四年度劳动服务报告书》,《江苏建设》第3卷第9期,1936年9月1日出版,"报告"第191页。
⑤ 《泗阳县二十四年度劳动服务报告书》,《江苏建设》第3卷第9期,1936年9月1日出版,"报告"第132页。
⑥ 《阜宁县二十四年度劳动服务报告书》,《江苏建设》第3卷第9期,1936年9月1日出版,"报告"第114页。
⑦ 《萧县二十四年度劳动服务报告书》,《江苏建设》第3卷第9期,1936年9月1日出版,"报告"第158页。
⑧ 《淮安县二十四年度劳动服务报告书》,《江苏建设》第3卷第9期,1936年9月1日出版,"报告"第167页。
⑨ 《丰县二十四年度劳动服务报告书》,《江苏建设》第3卷第9期,1936年9月1日出版,"报告"第185页。
⑩ 《镇江县二十四年度劳动服务报告书》,《江苏建设》第3卷第9期,1936年9月1日出版,"报告"第15页。
⑪ 贾汉复:《严厘河工积弊檄》,贺长龄编:《皇朝经世文编》卷一百零三,上海:广百宋斋丁亥(1887)仲春校印,第28页下。

河工程施工,修堵码头路口时"铲除柴柳二十三万四千七百二十四平方公尺"。① 10月1日,柴米河钱集处加固工程,征用柳椿3万多根,秫秸麦穰20万斤。李恒庄处工程,征用柳椿2万多根,秫秸20多万斤。② 10月11日,沭阳军屯河漫决,为了修堤,铲除树木5 000余株。③ 民国年间,"淮水两岸,近年水患时闻。……加以频年淤积,河身日益减缩,数百里之长堤,不见一木"④。

另外,人为的放火对林业破坏极重,"星星之火,未及留意,转瞬之间,即兆燎原。一经燎原,即无法施救。其损失,诚不堪问矣!积年经营,废[毁]于一旦"⑤。民国年间,江南地区沿有烧山肥田之俗。农民"泥于烧山后,来春山草可以繁茂之说。故放火之举,不期而成为恶习"。而在苏北地区,因小怨致报复放火者,也并不鲜见。"以闯入林中,樵采枯枝落叶,以遭禁止斥责,而生怨恨,遂不惜昧良以快其所欲,诚所谓损人而不利己也。"⑥

尽管长期以来,政府对恢复生态制定了大量的政策,但时至今日,人类尚没有成功恢复被破坏的原始生态的记载。

即使在农作地区,树木多寡也与居民贫富有着极大关系,"大抵村落之中,一望平芜,率多穷困,林木葱翳,定多富饶,此固显而易见者"⑦。毁林的结果,是土地越来越不堪重负,人们对环境的利用越来越体现出掠夺性。江南人所不曾有过的燃料危机,在苏北不断加剧。清代中期,一名沭阳作者的诗中写道:"撤屋作薪,雪霰纷纷。三间老屋昏无灯,朝撤暮撤屋尽破,灶下湿烟寒不温。大儿袒,小儿羸,余草布地与包裹。明日思量无一可,尚有门扉堪取火。"⑧民国前期,人们在苏北观察到,这里的农田很少见到麦根芦梗之类,说明这里的燃料处于极度短缺之中。⑨

20世纪20年代,据记者在火车上观察,徐州附近,"间有小山,亦童山濯濯,森林之利,可谓绝无"⑩。华洋义赈会干事马罗立(Walter H. Mallory)写道:"贫瘠的被侵蚀的山岗和一望无际的平原,其千篇一律的景象偶尔被村庄用来遮阴或作为死者墓地标记的几

---

① 《整理沂沭尾闾工程总报告》,《江苏建设月刊》第4卷第7期,1937年7月1日出版,"报告"第179页。

② 《整理沂沭尾闾工程总报告》,《江苏建设月刊》第4卷第7期,1937年7月1日出版,"报告"第180页。

③ 《整理沂沭尾闾工程总报告》,《江苏建设月刊》第4卷第7期,1937年7月1日出版,"报告"第181页。

④ 省立林业试验场:《江苏淮系九县造林地带状况调查报告》,《江苏建设》第2卷第4期,1935年4月1日出版,"报告"第59页。

⑤ 陈植:《改进江苏林业之商榷》,《江苏建设》第2卷第4期,1935年4月1日出版,"专著"第19页。

⑥ 陈植:《改进江苏林业之商榷》,《江苏建设》第2卷第4期,1935年4月1日出版,"专著"第20页。

⑦ 尹会一:《敬抒草野见闻疏》,张受长编:《尹少宰奏议》卷五,未署刊刻时间,第2页下。

⑧ 钱崇威总纂:《重修沭阳县志》卷十四,民国年间抄本,第116页下。

⑨ 君左:《徐州通讯:火车中之一瞥》,《申报》1927年7月9日,第9版。

⑩ 君左:《徐州通讯:火车中之一瞥》,《申报》1927年7月9日,第9版。

丛树木分割开来,倾诉着一个肝肠寸断的人类短视无知的故事。"①

外国学者很早就认识到,由于生活在许多世纪都没有森林的国度,人们可能全都缺乏对森林的认知。那些真正了解树木的价值并植树的人,大多会非常沮丧。树木总是会被邻居盗走或是被士兵作为木柴烧掉;主人经济上的困境必然会使其在树木长到一定的规模、带来经济上最大的收益前将其牺牲掉。②

明末,有人回忆,其束发时"而勤瘁之家犹留未尽之蓄,婚尚有奁,葬尚有木,岁时伏腊,尚有斗酒慰劳征逐。岂至于今,自一二富室外,婚多野合,葬多土培"③。由于缺乏树林,清至民国时期,与江南地区厚葬亲属不同的是,苏北许多地区多行槁葬,且有弃而不葬者,"即此足以召水旱疠疫之灾"④,从而使生态环境进一步恶化。

清末,西方人就已发现,中国的中产家庭几乎毫无例外地在活得尚好时就开始准备棺材,而在较贫穷的人家,一口好棺材被视为孝顺和尽职的儿子送给父母的最好礼物。⑤1950年以前的沭阳、东海、灌云等地,一具厚板松木棺材的价钱与一头水牛的价钱相当,足够一个五口之家全年的开支。20世纪80年代,苏北地区基层政府强行平坟造田,挖开的坟茔显示,清代中后期的坟墓,甚少使用棺材下葬,而极普遍地使用芦席裹尸掩埋。征诸史籍,这种情况在前代则大不一样。淮阴地区,20世纪30年代,"曾见土人掘得前代朱棺,尸身完好,见风乃灰灭。棺木制为板扉,辇以入市,叩之咚咚然"⑥。

由于木材极为珍贵,不但公地上的树木成为众人偷伐的对象,就连苏北河工上的木材也经常被盗。洪泽湖高良涧等处大堤上的木桩,经常被湖内小船及水淹灾民乘夜盗锯,直到靳辅查看时,许多椿木锯痕犹在。⑦

清末,海州云台山树艺公司奉两江总督等令,在云台山种植茶茗、桐、油茶、油柏、油杨、槐、榆、柳、松、杉各种树木,并于各要道建立石墙、圃门,雇派武弁、工勇、巡警防卫,"惟山上地方辽阔,山下居民众多。近有无赖之徒,三五成群,混迹山林。或借樵采,戕伤树木;或纵牛马牲畜践踏生芽。甚至放火烧山,蔓延滋害"⑧。

在镇江,每年来此偷树的人,成了严重的社会问题。据报道:"每届冬令,有一种海州难民,络绎而来,偷锯树木。东乡尤甚。每于黑夜,乘人不觉,一肆其技。锯下之木,运往他处求售,借以糊口。现在乡民虽黑夜看守,无如难民大半少年强悍,依然偷锯,乡民知若

---

① Walter H. Mallory, *China: Land of Famine*. New York: American Geographical Society, 1926, p. 28.
② Walter H. Mallory, *China: Land of Famine*. New York: American Geographical Society, 1926, pp. 28–29.
③ 沈国元撰:《两朝从信录》卷二十二,崇祯年间刻本,第16页下。
④ 《乾隆灵璧县志》卷四,中国地方志集成(30),南京:江苏古籍出版社,1998年,第75页。
⑤ Alexis Krausse, *China in Decay: The Story of a Disappearing Empire*. London: George Bell & Sons, 1900, p. 38.
⑥ 张煦侯:《淮阴风土记》上册,1936年,第174—175页。
⑦ 靳辅:《经理河工第八疏》,《治河方略》卷六,南京:中国工程学会,1937年,第243页。
⑧ 《护持树艺》,《申报》光绪二十八年九月初八日(1902年10月9日),第3版。

辈人多,寡不能敌,不敢相阻。由是受其害者,不可胜数。"①

令人震撼的是,苏北的盗墓贼与其他地区不同,他们盗墓通常只是为了偷盗坟茔中那些半腐的棺木。道光年间,山阳岁贡汪桂的《伐冢行》中写道:"长淮之滨古山阳,墓田大半城东乡。可怜棺椁已掘去,空坟累累犹低昂。往岁曾经告官府,不理徒烦呼吁苦。遂使奸氓无忌惮,守坟户户凶如虎。荒原月黑风飕飕,啾啾唧唧鬼语愁。松柏萧骚狐兔窜,穿林绕圹磷火幽。是时相约荷锹镢,旧垄新茔任剖括。先揭棺盖次棺腔,拆开块块肩可扛。金椎控尔颐,铁斧触尔肉。岂有玉敛与珠含?但利尔棺六寸七寸之厚木!掩骸填坎留坟形,事已竣矣东方明。东方既明匿茅舍,村径人闻锯凿声。造水车,作犁箭,木屑恒于爨下见。……贫儿棺换富儿棺,富鬼宅为贫鬼宅。"②

台湾学者的《中国林业史》,列举森林破坏的原因有农垦、营建宫室、狩猎和战争。③早在1941年,日本学者就指出黄河中上游地区,因经济生活而造成对森林的滥伐。④但在苏北地区,森林被破坏的主要原因则是水灾、燃料危机和民生日用。

苏北的燃料如同彭慕兰所研究的黄运地区一样,非常紧缺。在彭著中,我们看到,20世纪的中国,有的地区得到了发展,有的地区已经退步了。在发生退步的地区,下层劳动者的生活资料严重短缺,已经根本无法"将就"下去。在黄运,燃料短缺不但使负责拾柴和烧饭的妇女儿童花费了不计其数的额外劳动,并且引发了无数的社会冲突。为了节约燃料,人们在寒冷的日子里也舍不得生火,经常不离开炕,少吃熟食。⑤燃料危机造成的损害并非直接的痛苦,人们长期绝望的反应使环境问题恶化了。由于农民们不但很快就用完了木材,而且很快用完了谷皮、树枝、树根及周围土地上的杂草,他们被迫燃烧畜粪(这原是作为肥料使用的,被用作燃料后,严重地影响了土地的肥力)。因为农民们极度缺乏秸秆,甚至那些不烧粪便的人也越来越多地失去粪便的某些利益。华北与施肥和混合肥有关的最大问题是缺乏有机质,无法吸收堆积肥料释放的氮。作为屋顶材料的麦秸和稻草变得极其珍贵,农民们舍不得用在混合肥中。黄运已经衰竭的土壤在整个20世纪早期逐步恶化下去。⑥

在国家不能重新增加服务的情况下,这种恶性循环只能一直持续下去。尽管苏北苇荡众多,但这些苇荡通常为官有或大户人家占有,普通百姓不能随便割用。20世纪二三十年代,中国大部分地区的居民都在艰难地寻找燃料。凡是能够取火的东西多拾回家,以作为灶下烧火之用。除了在山区,在中国是没有私人的木材堆的,这是由于没有人拥有足够的木材,并且木材是一种非常宝贵的物品,是不能堆在外面的,如果那样,一些木棒就会

---

① 《金焦寒黛》,《申报》光绪二十一年十月二十七日(1895年12月13日),第2版。
② 段朝端等:《山阳艺文志》卷八,民国十年刻本,第18页上—下。
③ 焦国标:《中国林业史》,台北编译馆,1999年,第39—126页。
④ 伊藤武夫:《黄河治水の経済の重要性》,東京:東亜研究所,1941年,第9—10頁。
⑤ Kenneth Pomeranz, *The Making of a Hinterland*: *State, Society, and Economy in Inland North China*, 1853—1937. Los Angeles: California University Press, 1993, p. 125.
⑥ Kenneth Pomeranz, *The Making of a Hinterland*: *State, Society, and Economy in Inland North China*, 1853—1937. Los Angeles: California University Press, p. 136.

遭窃。①

据卜凯等调查,在北方,拾禾的人,或农夫自己,常将作物根株铲起,以充燃料。有些地方收割,不是用刀,而用手拔。②

淮阴地区的滩草,割后会留些根荄。"此际滩人无远无近,亦群往刈取,谓之'做草'。"由于枯草可以作薪,青草可以饲畜,"故湖滩小农,几无不倚此为岁入之重要成分。每届割草之际,斜日未落,暝色将起,但见大车小车或推或挽,攘攘满道,各归其家。其做草之具不一,有砍柴刀,大于通常镰刀约一倍,其凡五六尺。有竹制大耙,广可四尺许,密排长齿二十余,用以敛砍得之草,有大犂拖,于泥水中运青草用之,以木为框,宽长各四五尺,高尺许。尤有一物,乃草地中特置之济胜具,是为棉蒲鞋"③。

秸秆是非常宝贵的。"其细弱者,或编为帚,或连为盖。帚以除地,盖以覆釜,可谓无一物不得其用。若国家大兴防河之役,则秸料又埽工之要物也。"④

森林稀缺的最严重后果是加剧了水灾。黄河长期泛滥带来的黄土,极不耐风蚀雨淋,更不耐水流冲激。没有林草覆盖的河堤即使年年疏浚也会很快坍陷到河床中,而整个流域的水土流失,更使河床的高度与日俱增。20世纪20年代,关注中国水灾的人把毁林作为水灾发生的主要原因。⑤

许多野生动物与人类长期相伴。野生动物曾伤害过人类,但与人类自相残杀的恶果相比,动物的危害非常小。从生物多样性的角度看,野生动物是人类最好的伙伴。事实证明,有虎迹之处,狼、熊、野猪等动物的数量均会受到一定程度的抑制,维持生态意义上的平衡,并在客观上保护了人类的生产和生活。恩格斯指出:"在自然界中任何事物都不是孤立发生的。每个事物都作用于别的事物,反之亦然,而且在大多数场合下,正是忘记这种多方面的运动和相互作用,才妨碍我们的自然科学家看清最简单的事物。"⑥

遗憾的是,人类,特别是中国人,曾长期视一些野生动物为害敌,予以无情的灭绝。1949年以后的30年里,仅有记载的中国虎(华南虎)就被戮杀了3 000余只!恩格斯早就指出:"我们不要过分陶醉于我们人类对自然界的胜利。对于每一次这样的胜利,自然界都对我们进行报复。每一次胜利,起初确实取得了我们预期的结果,但是往后和再往后却发生完全不同的、出乎预料的影响,常常把最初的结果又消除了。"⑦虎的基本灭绝、森林的大面积消失,已经让我们饱尝了大自然的报复。

从史籍中的虎事记载,我们可以看出苏北和江南生态环境的演变轨迹。生物界中并

---

① Carl Crow, *My Friends, the Chinese*. London: Hamish Hamilton, 1938, pp. 40 - 41.
② 卜凯著,张履鸾译:《中国农家经济》下册,上海:商务印书馆,1936年,第319页。
③ 张煦侯:《淮阴风土记》上册,1936年,第159页。
④ 张煦侯:《淮阴风土记》下册,1936年,第183页。
⑤ Hon. M. T. Liang, "Combatting the Famine Dragon," *News Bulletin* (Institute of Pacific Relations), April 1928, p. 8.
⑥ 恩格斯:《自然辩证法》,《马克思恩格斯文集》第四卷,北京:人民出版社,2009年,第558页。
⑦ 恩格斯:《自然辩证法》,《马克思恩格斯文集》第四卷,北京:人民出版社,2009年,第559—600页。

没有人类的多少天敌,人类的最大敌人是自己的无知。对未知的自然领域多一些敬畏,少几分狂妄无知,是未来人类为了生存而必须谨记的箴言。

小　结

苏北和江南地区都曾是生态极为优越的地区,各种大型动物集聚。作为万物之灵的人类,长期没有视其他动物为自己的伙伴,而是采取大肆捕杀甚至灭绝的手段。人类基本消灭了其他大型动物,也较为彻底地破坏了自己的生存环境。

苏北的开发早于江南,人与其他动物的冲突也比江南更早,对生态环境的破坏比江南更彻底。

在战国以前,苏北地区的自然生态和生存条件远优于江南地区。六朝以后,人类对这两个地区均进行了较大的改造。至唐时,苏北的农业和手工业生产领先于江南地区;南宋以后,由于人为的破坏,苏北彻底衰落了。

第四章　农业生态变迁与文化环境逆转

两汉时期,苏北地区具有适宜农耕的生态环境,良好的物质生活是文化发展的基础。徐州、宿迁、淮阴一带发展为汉文化的中心区,亦即全国的文化中心,并明显地向四周辐射。徐汉文化向南辐射,直到进抵长江。有的学者甚至将扬州归入徐汉文化的范围中。①

汉政府对文化事业非常推重。张苍编订了新的律历,陆贾撰成《新语》一书。在曹参的荐举下,盖竣传授黄老之道。汉惠帝废除了秦始皇颁行的《挟书律》,"儒者始以其业行于民间"。但由于秦的破坏,到汉时,已"去圣既远,经籍散逸,简札错乱,传说纰缪",不得不使"《书》分为二,《诗》分为三,《论语》有齐、鲁之殊,《春秋》有数家之传。其余互有踳驳,不可胜言"。汉武帝设置太史公,命天下计书,先上太史,副上丞相,开献书之路,置写书之官,"外有太常、太史、博士之藏,内有延阁、广内、秘室之府"。正是因为有这些条件,司马迁才撰成《史记》130篇。汉孝成帝时,秘藏之书开始散佚,又令陈农求遗书于天下,并命光禄大夫刘向校经传诸子诗赋,步兵校尉任宏校兵书,太史令尹咸校数术,太医监李柱国校方技。"每一书就,向辄撰为一录,论其指归,辨其讹谬,叙而奏之。"刘向卒后,汉哀帝使其子刘歆嗣父之业,刘歆总括群篇,撮其指要,著为《七略》,即《集略》《六艺略》《诸子略》《诗赋略》《兵书略》《术数略》《方技略》,共计33 090卷。惜王莽末年被焚。

东汉"光武中兴,笃好文雅;明、章继轨,尤重经术"。石室、兰台等处帛简充积,又于东观及仁寿阁集藏新书。由校书郎班固、傅毅等负责,并依《七略》编排,后成为《汉书·艺文志》。"董卓之乱,献帝西迁,图书缣帛,军人皆取为帷囊。所收而西,犹七十余载。两京大乱,扫地皆尽。"

曹魏设秘中、外三阁以藏书。秘书郎郑默撰制《中经》,秘书监荀勖则根据《中经》撰著《新簿》,分为四部,总括群书29 945卷。

东晋之初,著作郎李充校核荀勖旧簿,仅存3 014卷。南朝宋元嘉八年(431),秘书监谢灵运编成《四部目录》,计64 582卷。元徽元年(473),秘书丞王俭编成《目录》,计15 704卷,并撰《七志》,即《经典志》《诸子志》《文翰志》《军书志》《阴阳志》《术艺志》《图谱志》。齐永明(483—493)中,秘书丞王亮、秘书监谢朏编造《四部书目》,计18 010卷。齐末兵火,延烧秘阁,经籍遗散。梁初,秘书监任昉躬加部集,又于文德殿内列藏众书,华林园中总集释典,计23 106卷。梁有秘书监任昉、殷钧《四部目录》,又《文德殿目录》,另有术数之书一部,故梁有《五部目录》。普通中,处士阮孝绪纂成《七录》,即《经典录》《记传录》《子兵录》《文集录》《技术录》《佛录》《道录》。梁元帝克平侯景,收文德之书及公私经籍

---

① 张森材、马砾:《江苏区域文化研究》,南京:江苏古籍出版社,2002年,第14页。

第四章　农业生态变迁与文化环境逆转

于江陵,达 7 万余卷。周军入郢,全部焚毁。①

第一节　苏北优越的农桑环境

三代至唐,苏北基本上是鱼米之乡,拥有良好的农业生态和蚕桑传统。尽管南北朝对峙给淮河流域造成了无数战灾人祸,但经过隋及唐的恢复,苏北社会生产水平仍然处于全国领先地位。

一、天然的沃土

史念海指出:"古代的黄河中下游各地湖泊罗列,不仅见于文字的记载,有的遗迹还可约略探溯出来。这种现象的存在当非一朝一夕的事情。石器时期可能就是如此。当地气[候]温和湿润,适于农作物的生长,对于农业还是有利的。"②自远古至唐朝,鲁南、豫南、皖北、苏北均为中国经济相对发达的地区。③ 这里土地肥沃,极适于农耕,有利于稻、桑、麻的种植,是比较富饶的地区。民谚中有"走千走万,比不上淮河两岸"之说,宋人有"千里秋风淮浦"之语,是当时经济生活的真实写照。

有人指出,黄河下游地区的发展史,就是随着人工修筑黄河堤坝而开始的。春秋以前,这个地区尚没有什么城镇和文化遗迹;到战国时,这个地区出现了许多城镇和文化遗迹,这恰恰与堤坝的建筑相吻合。④

《尚书》云:"导淮自桐柏、东会于泗沂,东入于海。"⑤说明淮河在远古时代是畅通入海的。淮河流域有着良好的生态环境,尤其适宜于人类的农耕活动。⑥ 史载舜即在淮河流

---

① 魏徵等撰:《隋书》卷三十二,北京:中华书局,1982 年,第 905—907 页。
② 史念海:《中国历史人口地理和历史经济地理》,台北:台湾学生书局,1991 年 11 月,第 108 页。
③ 根据丁文江的研究,中国早期文明最重要的发祥地在北纬 31—40 度、东经 113—118 度,这个区域包括了山西省、河南省,以及冀南、鲁西、苏北和皖北的部分地区。见 V. K. Ting, "Prof. Granet's 'La Civilization Chinoise,'" *The Chinese Social and Political Science Review*, vol. xv, no. 2, July 1931, pp. 268 - 269. 这个区域包含了本书所研究的整个"淮北"地区。冀朝鼎认为,在汉代,淮北地区灌溉发达,已取代关中成为中国核心经济区。Ch'ao-ting Chi, *Key Economic Areas in Chinese History: As Revealed in the Development of Public Works for Water-Control*. New York: Paragon Book Reprint Corp. 1963 (First Published by George Allen & Unwin Ltd., 1936, London), pp. 86 - 87, 94 - 95. 郑学檬认为,南朝时期,江南经济仍属于开发阶段,至唐时,其发展水平仍不及北方(郑学檬:《中国古代经济重心南移和唐宋江南经济研究》,长沙:岳麓书社,2003 年,第 11、14 页)。
④ Jiongxin Xu, "A Study of Long Term Environmental Effects of River Regulation on the Yellow River of China in Historical Perspective," *Geografiska Annaler. Series A, Physical Geography*, vol. 75, no. 3 (1993), p. 63.
⑤ 曾运乾:《尚书正读》,北京:中华书局,1964 年,第 81 页。
⑥ 据史念海研究,历史时期,黄土高原的东南部属森林地带(史念海:《历史时期黄河中游的森林》,载《河山集》2 集,北京:三联书店,1981 年,第 232 页)。

域的历山(今淮南)从事农耕活动。① 是以《尚书》称苏北的中心"徐州"地域:"蒙、羽其艺。"②一般认为蒙山和羽山在鲁南和苏北地区,在远古时代,这一地区也是中国开发较早的地区。"鲁南古邹鲁诸邦,素饶井田之利。"③据《禹贡锥指》,蒙山即龟山,"其北有沃壤"④。《史记·货殖列传》称:"洛阳东贾齐鲁,南贾梁楚。故泰山之阳则鲁,其阴则齐。齐带山海,膏壤千里,宜桑麻,人民多文采、布帛、鱼盐。"《汉书·地理志》:"正东曰青州:其山曰沂,薮曰孟诸,川曰淮、泗,浸曰沂、沭;其利蒲、鱼;民二男三女;其畜宜鸡、狗,谷宜稻、麦。"除雍州以外,这里是九州中最肥沃的地区。⑤ 苏北大部分地区是富饶的。

战国时,苏北与江南属楚国的北境与东境,"江南洪饶等州春秋时为楚东境也;泗上,徐州,春秋(应为战国——引者注)时楚北境也"⑥。主要毗邻或包括苏北地区的宋国,乐毅《答燕惠王书》:"且又淮北宋地,楚魏之所欲也。"⑦这里乃"中国膏腴之地,邻民之所处也",其土地比燕国富裕10倍。据楚国春申君黄歇云,留(今江苏沛县东南)、方舆(今山东鱼台西)、铚(今安徽宿县西南)、胡陵(今山东鱼台县东南)、砀(今河南夏邑县东南)、萧(今安徽萧县北)、相(今安徽濉溪县西北)以及泗水以北等地区,"皆平原四达膏腴之地也"。⑧(按,春申君最早的封邑在淮北,对淮北也最为了解。)据《史记·春申君传》:"歇至楚三月,楚顷襄王卒,太子完立,是为考烈王。考烈王元年,以黄歇为相,封为春申君,赐淮北地十二县。后十五岁,黄歇言之楚王曰:'淮北地边齐,其事急,请以为郡便。'因并献淮北十二县。请封于江东。考烈王许之。春申君因城故吴墟,以自为都邑。"

齐国因"以泗为境,东负海,北依河,……天下之国莫强于齐"。⑨

史念海总结认为,齐国的富庶是可以和关中等量齐观的:"泰山以南,则是鲁国(治鲁,今山东曲阜县)的地方。鲁国的情形并不弱于齐国,沂河和泗河流域同样是一个宜于五谷、桑麻、六畜的富庶地区。据说这个地方是地小人众,可见当地的富饶了。由鲁国往西,是现在的山东西南部,它和现在河南东北部在汉朝初年是同属于梁国(治睢阳,今河南商丘县)的。梁国也是相当的富庶,据说为天下之膏腴地。"⑩具体地说,西起济水、鸿沟和黄

---

① 参见应岳林、巴兆祥:《江淮地区开发探源》,南昌:江西教育出版社,1997年,第69页。
② 曾运乾:《尚书正读》,北京:中华书局,1964年,第57—58页。
③ 宗受于:《淮河地理与导淮问题》,南京:钟山书局,1933年,第135页。
④ 胡渭:《禹贡锥指》卷五,钦定四库全书"经部",第10页上
⑤ 据《尚书·禹贡》:冀州"厥赋惟上上错,厥田惟中中";兖州"厥田惟中下,厥赋贞";青州"厥田惟上下,厥赋中上";扬州"厥田惟下下,厥赋下上,上错";荆州"厥田惟下中,厥赋上下";豫州"厥田惟中上,厥赋错上中";梁州"厥田惟下上,厥赋下中,三错";雍州"厥田惟上上,厥赋中下"。由此看来,古徐州应属于肥沃之地。
⑥ 司马迁:《史记》卷四十一,北京:中华书局,1963年,第1750页。
⑦ 鲍彪校注、吴师道重校:《战国策校注》卷六,元代至正刊本,第44页下。
⑧ 程夔初集注,程朱昌、程育全编:《战国策集注》卷二,上海:上海世纪出版社股份有限公司,上海古籍出版社,2013年,第40页。
⑨ 程夔初集注,程朱昌、程育全编:《战国策集注》卷二,上海:上海世纪出版社股份有限公司,上海古籍出版社,2013年,第40页。
⑩ 史念海:《中国历史人口地理和历史经济地理》,台北:台湾学生书局,1991年,第128页。

河分流之处,而东至东海之滨。北边达到现在的山东北部,西南至于现在的河南东部,就是原来鸿沟系统中汳水、睢水以及浪荡渠流经的区域,是极为富庶的地区,"平原沃野,膏壤千里"。这一区域比泾渭平原更广阔。①

从西汉武帝(公元前140—公元前87)时,豫南和皖西地区修建了大量的陂塘用于农田灌溉。② 我们今天可以见到的大量淮北汉画像石,牛耕总是其表现的重要内容。如淮北市白渎山出土的"田畴与耕牛",其场面是柏树上拴着一头犍牛,牛的远处是一望无际的田畴。③ 在同样地点出土的"耕牛"图中,耕牛被拴在桑树上。④ 在睢宁双沟发现的东汉《牛耕图》,内容为双牛牵一犁,一农夫扶犁呵牛。与汉代流行的"用耦犁,二牛三人"耕作制度相比,《牛耕图》中的耕作方式是一大进步。⑤

东汉初平癸酉(193),"京雒遭董卓之乱,民流移东出,多依徐土"⑥。当时徐境应是相对安宁和富饶的地区。南北朝(420—589)时,泰山以南,南至下邳,"左沭右沂,田良野沃,西阻兰陵,北厄大岘,四塞之内,其号险固。民性重迁,暗于图始"⑦。富饶的土地养育了富饶的人民,仅从耕牛的拥有量来说,"计千家之资,不下五伯耦牛,为车五伯辆"⑧。这样看来,当时每户人家平均至少拥有1头耕牛,即使在今天的农村也是比较殷实的。隋文帝(581—604)时,沂、泗合流泛滥,兖州刺史薛胄建石堰,使水流西注,"陂泽尽为良田,又通转运,利尽淮海,百姓赖之"⑨。

有人根据文字训诂,认为水稻为秦之先人大费约在7 800年前于鲁南、苏北和山东、河南、河北三省的交界地区首先培育而成。⑩ 李江浙写道:"大费族人居住的鲁西南、苏北及其附近地区,由于自然条件比其他地区优越,所以这里很早就有大量的野生稻繁殖生长,成为我国野生稻的故乡。……大费生活在野生稻遍地生长的环境中,由于频繁地接触与经常地观察,不但首先把野生稻从许多难以名状的其他植物区分出来,而且最早地把它驯化为人工稻,是理所当然的。"⑪

近年来,学者们根据淮河流域贾湖遗址与湖南彭头山遗址出土的古稻谷(米)及其生

---

① 史念海:《中国历史人口地理和历史经济地理》,台北:台湾学生书局,1991年,第128页。
② Ch'ao-ting Chi, *Key Economic Areas in Chinese History: As Revealed in the Development of Public Works for Water-Control*. New York: Paragon Book Reprint Corp. 1963 (First Published by George Allen & Unwin Ltd., 1936, London), pp. 89 - 90.
③ 高书林:《淮北汉画像石》,天津:天津人民美术出版社,2002年,第77页。
④ 高书林:《淮北汉画像石》,天津:天津人民美术出版社,2002年,第78页。
⑤ 田忠恩等:《睢宁汉画像石》,济南:山东美术出版社,1998年,第62—63、101—102页。
⑥ 方瑞兰监修:《安徽泗虹合志》卷七,光绪十三年刻本,第6页下。
⑦ 沈约:《宋书》卷六十四,北京:中华书局,1974年,第1708页。
⑧ 沈约:《宋书》卷六十四,北京:中华书局,1974年,第1708页。
⑨ 武同举:《淮系年表》卷三"两晋南北朝及隋",1926年春刊印,第22页。
⑩ 李江浙:《大费育稻考》,《农业考古》1986年第2期,第232页。
⑪ 李江浙:《大费育稻考》,《农业考古》1986年第2期,第244页。

产与生活用具的比较研究,提出了长江—淮河上游最有可能是中国稻作发祥地的观点。①贾湖遗址距今 7 000—8 000 年,在远古时代,这里具备满足水稻产生与繁衍的条件。② 对该遗址出土的约 500 粒及其中 197 粒较完善的炭化稻米所作的形态学分析表明,80%以上的炭化米已与野生稻相较发生了显著变化,而与现代栽培稻非常相似。可以肯定,贾湖稻已被驯化为栽培稻。而贾湖遗址出土的新石器时代的生产工具,既有翻地播种、中耕及收获的,也有稻谷加工成米的磨盘、磨棒,这也是栽培稻的重要佐证。③

近年来,江苏赣榆盐仓城龙山文化遗址等地也发现了栽培稻的遗迹。④ 学者指出,豫东、苏北、皖北、山东等地都是东夷部族的传统聚居区,文化传统的一致非常便于栽培稻技术的学习与传播。⑤ 总之,在距今 7 000 年之后,淮河流域已普遍掌握了稻作栽培技术。⑥

良好的水利设施是稻米生产的最重要保障。菲律宾农学家柯拔兰(Edwin Bingham Copland)指出:"在理论上和大部分在实践上,米之水的供给是由生产者本人施行和调节的。灌溉是种稻的技术……而灌溉不仅是应用于气候和米的种类,并且它的应用对于米还有这样的作用,就是它可以改变气候本身。"⑦

有的学者根据考古和甲骨文推断,商代时河南安阳等地也大量种植稻米。⑧ 而有的学者则认为,公元前 1000—公元前 500 年时(周代),以淮河为界,淮河以北为稻麦夹种区,淮河以南为纯稻区。在公元前 300 年—公元 300 年(秦汉时期),徐淮地区的稻作水平要高于苏南地区。⑨

汉以后的文献中,述及野生稻的地点,包括徐州等处。⑩ 汉字中的"稬""秫"皆来自沛地方言。《说文解字》:"沛国谓稻曰稬。"⑪《尔雅》:"秫,稻。今沛国呼秫。"⑫

东汉(25—220)时,汝南地区的陂塘灌溉事业有着长足的发展,众多的陂塘散布在汝、

---

① 王象坤:《中国栽培稻的起源与演化研究取得的最新进展》,王象坤、孙传清主编:《中国栽培稻起源与演化研究专集》,北京:中国农业大学出版社,1996 年,第 1 页。

② 王象坤:《中国栽培稻的起源与演化研究取得的最新进展》,王象坤、孙传清主编:《中国栽培稻起源与演化研究专集》,北京:中国农业大学出版社,1996 年,第 3 页。

③ 王象坤、张居中、陈报章、周海鹰:《中国稻作起源研究上的新发现》,王象坤、孙传清主编:《中国栽培稻起源与演化研究专集》,北京:中国农业大学出版社,1996 年,第 11 页。

④ 李洪甫:《连云港地区农业考古概述》,《农业考古》1985 年第 2 期。

⑤ 王象坤、张居中、陈报章、周海鹰:《中国稻作起源研究上的新发现》,王象坤、孙传清主编:《中国栽培稻起源与演化研究专集》,北京:中国农业大学出版社,1996 年,第 18 页。

⑥ 王象坤、张居中、陈报章、周海鹰:《中国稻作起源研究上的新发现》,王象坤、孙传清主编:《中国栽培稻起源与演化研究专集》,北京:中国农业大学出版社,1996 年,第 19 页。

⑦ Edwin Bingham Copland, *Rice*. London: Macmillan, 1924, p. 17. 转引自马扎亚尔著《中国农村经济研究》,陈代青、彭桂秋合译,上海:神州国光社,1934 年 8 月,第 53 页。

⑧ 天野元之助:《中國農業史研究》(增補版),東京:御茶の水書房,1989 年,第 128—138 頁。

⑨ 闵宗殿:《江苏稻史》,《农业考古》1986 年第 1 期,第 254—255 页。

⑩ 张德慈:《早期稻作历史》,载沈宗瀚、赵雅书等编《中华农业史——论集》,台北:商务印书馆,1979 年,第 54 页。

⑪ 徐铉等奉敕校定:《说文解字》卷七上,宋刊本复本,第 7 页下。

⑫ 郭璞注:《尔雅》卷下,宋刊本复本,第 2 页下。

淮之间,浸润着沃土良田。① 东汉建武十八年(42),汝南太守邓晨兴修鸿郤陂数千顷田,"汝土以殷,鱼稻之饶,流衍它郡"②。张衡的《南都赋》描述南阳的情形云:"其水则开窦洒流,浸彼稻田,沟浍脉连,堤塍相辅。朝云不兴,而横潦独臻,决渫则暵,为溉为陆,冬稌夏穱,随时代熟。"学者指出,这俨然一派江南水乡的绚丽景色,说明南阳地区在东汉时期存在着"冬稌夏穱"的稻麦轮作的两熟制。③ 张禹为下邳相时,"徐县北有蒲阳坂,傍多良田,而埭废莫修。禹为开水门,通引灌溉,遂成熟田数百顷"④。

建安(196—220)初,陈登为徐州典农校尉,"尽凿溉之利,秔稻丰饶,遂成沃土"⑤。与此同时,夏侯惇领陈留(今河南陈留)、济阴(今山东定陶)太守,"断太寿水作陂,身自负土,率将士劝种稻,民赖其利"⑥。郑浑为下蔡长、邵陵令时,"课使耕桑,又兼开稻田"⑦。魏文帝(220—226)时,郑浑为阳平、沛郡太守,在萧、相(今安徽宿县西北)两地边界,"兴陂遏,开稻田,……比年大收,顷亩岁增,租入倍常,民赖其利,刻石颂之,号曰郑陂"⑧。郑调任山阳(今山东金乡县西北)、魏郡(今河南临漳)太守后,"其治仿此"⑨。曹操与袁绍相争时,沛国相人刘馥任扬州刺史,兴治芍陂、茄陂、七门、吴塘诸遏,"以溉稻田,官民有畜"⑩。后曹操任命朱光为庐江太守,在皖地"大开稻田"⑪。《水经注》引《地理志》云:汝南郡有富陂县。再引《十三州志》曰:这里"多陂塘以溉稻,故曰富陂县也"⑫。在汝南、颍川长大的魏将邓艾,成年后做过稻田守丛草吏,指出:"陈、蔡之间,土下田良,可省许昌左右诸稻田,并水东下。令淮北屯二万人,淮南三万人,十二分休,常有四万人,且田且守。水丰常收三倍于西,计除众费,岁完五百万斛以为军资。六七年间,可积三千万斛于淮上,此则十万之众五年食也。"⑬

晋惠帝(290—307)时,石崇镇下邳,开崇河,"运盐米,溉农田"⑭。山阳郡太守"其治仿此"⑮。南朝宋文帝元嘉二十一年(444)的诏中有"徐豫土多稻田"之语。⑯ 齐建元四年

---

① 参见汪家伦、张芳编著:《中国农田水利史》,北京:农业出版社,1990年,第111页。
② 范晔:《后汉书》卷十五,北京:中华书局,1973年,第584页。
③ 参见汪家伦、张芳编著:《中国农田水利史》,北京:农业出版社,1990年,第111页。
④ 吴世熊等总修:《同治徐州府志》卷二十二,同治甲戌年刻本,第3页上。
⑤ 武同举:《淮系年表》卷二,1926年春刊印,第11页。
⑥ 陈寿:《三国志》卷九,北京:中华书局,1964年,第266页。
⑦ 陈寿:《三国志》卷十六,北京:中华书局,1964年,第509页。
⑧ 陈寿:《三国志》卷十六,北京:中华书局,1964年,第511页。
⑨ 陈寿:《三国志》卷十六,北京:中华书局,1964年,第511页。
⑩ 陈寿:《三国志》卷十五,北京:中华书局,1964年,第463页。
⑪ 陈寿:《三国志》卷五十四,北京:中华书局,1964年,第1276页。
⑫ 郦道元著,王国维校;袁英光,刘寅生整理:《水经注校》卷三十,上海:上海人民出版社,1984年,第963页。
⑬ 陈寿:《三国志》卷二十八,北京:中华书局,1964年,第775—776页。
⑭ 武同举:《淮系年表》卷三"两晋南北朝及隋",1926年春刊印,第3页。
⑮ 武同举:《淮系年表》卷二"汉魏",1926年春刊印,第13页。
⑯ 沈约:《宋书》卷五"本纪第五·文帝",北京:中华书局,1974年,第92页。

(482),"兖州北对清泗,临淮守险,田稻丰饶"①。北齐天保元年(550),东徐州刺史辛术,率诸军度淮袭击侯景军队,"烧其稻数百万石"。② 梁天监二年(503),潼阳(今沭阳)张高等500余人,开凿沭水,引水溉田200余顷,俗名"红花水"。

梁将陈伯之,"济阴睢陵(现睢宁、泗洪一带)人也。年十三四,好着獭皮冠,带刺刀,候邻里稻熟,辄偷刈之。尝为田主所见,呵之曰:'楚子莫动!'伯之曰:'君稻幸多,取一担何苦。'田主将执之。因拔刀而进,曰:'楚子定何如!'田主皆反走,徐担稻而归"③。

魏太和四年(480),薛虎子任徐州刺史,上言"徐州沃壤,清汴通流,足盈灌溉。其中良田十余万顷,若市牛分卒,兴力公田,必当大获粟稻"。这个建议被孝文帝所采纳。④ 楚州白水塘(今洪泽湖)的石鳖城,"田稻丰饶"。⑤

大体说来,有陂塘的地方就可以种稻。南北朝时,淮北地区汝水之右有广成陂、黄陂、湛陂、叶陂、叶西陂、马仁陂、慎阳南北二陂、鲖陂、窖陂、土壁陂、太陂、燋陂、上慎陂、中慎陂、下慎陂、鸿郤陂、马城陂、绸陂、墙陂、壁陂、青陂、申陂,其左有鲁公陂、龙陂(即广陵陂)、黄陵陂、蔡陂、葛陂、鲖陂(俗名三丈陵)、横塘陂、清陂、富陂、高塘陂、塘陂、鲖陂、焦陵陂、汝阴陂。颍水之右有钓台陂、糜陂、青陵陂、狼陂、汾陂、平乡诸陂,其左有罡台北陂、陶枢陂、次塘细陂、大漴陂、江陂。溵水有玉女陂、皇陂、狐成陂、狼陂、宣梁陂、陶陂。洧水有儁陵陂、鸭子陂、涝陂。渠水(即浪荡渠)之右有逢陂(即百尺陵)、野兔陂、白雁陂、染工陂、蔡泽陂、庞官陂、阳都陂、高陂,其左则有圣女陂。西肥水之东、沙汭之西有高陂、天淙陂、鸡陂、黄陂、茅陂。涡水下游有瑕陂。涣睢间有白汀陂、解塘潼陂、徐陂。睢汴间有奸梁陂、白羊陂、逢洪陂、砀水陂、郑陂、梧桐陂、安陂、澤陂。泗水之右有黄沟之大齐陂,左有武原水之注陂。沂沭间有温泉陂、葛陂。⑥ 这些陂塘,大的可灌田数十万亩,如白水陂、芍陂、大业陂、阳泉陂,在当时非常著名。⑦

农学家认为:"在有良好的灌溉存在时,米便是世界上主要食用植物中的最可靠的农田植物。"⑧他们还认为,如果有了充足的可调控的水资源,水稻可以在多种土壤和许多气候下生长,这比单纯的水稻土壤更重要。⑨

隋唐以前,黄淮之间的许多水利区富有粳稻之利。唐代河南道农田灌溉工程的全面修治,为稻作农业的恢复带来美好的前景。开元年间(713—741),张九龄任河南开稻田

---

① 胡裕燕修:《清河县志》卷一,光绪二年刊本,第1页下。
② 张相文纂:《泗阳县志》卷二,民国十五年刊本,第2页下。
③ 李延寿:《南史》卷六十一,北京:中华书局,1975年,第1493页。
④ 武同举:《江苏淮北水道变迁史》,《两轩賸语》,1927年印本,本文第3页;武同举:《淮系年表》卷三"两晋南北朝及隋",1926年春刊印,第13页。
⑤ 武同举:《淮系年表》卷三"两晋南北朝及隋",1926年春刊印,第14页。
⑥ 武同举:《淮系年表》卷三"两晋南北朝及隋",1926年春刊印,第18—19页。
⑦ 宗受于:《淮河地理与导淮问题》,南京:钟山书局,1933年,第48页。
⑧ Edwin Bingham Copland, *Rice*. London: Macmillan, 1924, p.17. 转引自马扎亚尔著《中国农村经济研究》,陈代青、彭桂秋合译,上海:神州国光社,1934年,第54页。
⑨ D. H. Grist, *Rice*. London: Longmans, Green and Co. LTD, 1965, p.32.

第四章　农业生态变迁与文化环境逆转

使,"于许、豫、陈、亳等州置水屯",广开稻田,便是当时河南稻作农业发展的具体反映。①淮北忠武节度使赵翙根据邓艾故迹,决翟王渠,"溉稻利农"。②

唐人涉及淮地的诗中,稻是其经常描写的风物之一。朱庆馀《送淮阴丁明府》:"鸟声淮浪静,雨色稻苗深。"③刘禹锡《送李中丞赴楚州》:"万顷水田连郭秀,四时烟月映淮清。"④白居易《早发楚城驿》:"荷塘翻露气,稻垄泻泉声。"⑤李嘉祐《白田西忆楚州使君弟》:"鱼网平铺荷叶,鹭鸶闲步稻苗。"⑥许浑《淮阴阻风寄呈楚州韦中丞》:"刘伶台下稻花晚,韩信庙前枫叶秋。"⑦

直到宋时,苏轼在《再过泗上二首》其一中称泗地:"黄柑紫蟹见江海,红稻白鱼饱儿女。"⑧张耒《自海至楚途次寄马全玉五首》:"人家稻熟丰年满"⑨,《将至海州明山有作》"水阔人闲熟稻天"⑩。

据《禹贡锥指》载:"沂州东南芙蓉山下,有湖溉田数千顷,香粳亩钟,古称琅邪[琊]之稻。"⑪"承县界(汉时属东海郡)有陂十三所,今沂峄二州,仰泇承二水溉田。青徐水利,莫与为匹,皆十三陂之遗迹。则蒙羽为沃壤可知。"⑫"泗水以北,宜五谷、桑麻、六畜,地小人众。"⑬灵璧县志称,该县"于《禹贡》属徐州,于职方属青州。《禹贡》言厥土赤埴坟,厥田惟上中。职方言谷宜稻麦,然则三代盛时,此地称沃土矣"⑭。《太平寰宇记》称凤阳府"其食秔稻,其衣絁布"。⑮《管子》曰:"黑埴宜稻。"海沭地区,"晓市多鱼蟹,村庄足稻粱"。⑯

而今日的鱼米之乡江南地区在唐以前,无法与淮北相比。河道总督靳辅指出:"江南之苏、松、常、镇,浙江之杭、嘉、湖等府,在唐汉以前,不过一泽国耳。"⑰

明代,淮北的粳米演变为旱米。《本草纲目》称:"粳米,即今人常食之米,但有白、赤、小、大异族四五种,犹同一类也。可作廪米。[诜曰]淮、泗之间最多。襄、洛土粳米,亦坚实而香。南方多收火稻,最补益人。诸处虽多粳米,但充饥耳。[时珍曰]粳有水、旱二稻。

---

① 参见汪家伦、张芳编著《中国农田水利史》,北京:农业出版社,1990年,第222页。
② 武同举:《淮系年表》卷四"唐及五季",1926年春刊印,第22页。
③ 《全唐诗》第8册,卷五百一十四,北京:中华书局,1960年,第5867页。
④ 《全唐诗》第6册,卷三百五十九,北京:中华书局,1960年,第4047页。
⑤ 白居易著:《白居易集》卷十六,"早发楚城驿",长沙:岳麓书社,1992年,第264页。
⑥ 《全唐诗》第3册,卷二百零七,北京:中华书局,1960年,第2167页。
⑦ 《全唐诗》第8册,卷五百三十四,北京:中华书局,1960年,第6095页。
⑧ 毛德富等主编:《苏东坡全集》卷二十六,北京:燕山出版社,1998年,第1431页。
⑨ 唐仲冕总修:《海州直隶州志》卷十三,嘉庆十六年刻本,第9页上。
⑩ 唐仲冕总修:《海州直隶州志》卷十一,嘉庆十六年刻本,第30页下。
⑪ 胡渭:《禹贡锥指》卷五,钦定四库全书"经部",第14页下。
⑫ 胡渭:《禹贡锥指》卷五,钦定四库全书"经部",第14页下—15页上。
⑬ 司马迁:《史记》卷一百二十九"货殖列传",上海:中华书局,1936年,第1171页。
⑭ 《乾隆灵璧县志》卷四,中国地方志集成(30),南京:江苏古籍出版社,1998年,第21页。
⑮ 于万培纂修:《凤阳县续志》卷四"风俗",光绪十三年刻本,第1页上。
⑯ 钱崇威总纂:《重修沭阳县志》卷十四,民国年间抄本,第121页下—122页上。
⑰ 靳辅:《生财裕饷第一疏(开水田)》,《文襄奏疏》卷七,钦定四库全书"史部",第40页下—41页上。

南方土下涂泥,多宜水稻。北方地平,惟泽土宜旱稻。"①

淮北成为旱作物生产区是在明代以后,有学者很难明白这一点。林语堂写道:"历代创业帝王,几从无出自大江以南者。相传食米之南人,无福拱登龙座,只有让那啖馍的北方人来享受,……这个开业帝王的产生地带,倘以陇海铁路为中心点,它的幅径距离不难测知。汉高祖起于沛县,即现在之徐州,……明太祖朱洪武出生于安徽之凤阳。"②这显然把民国时代不产米的淮北与宋以前堪称鱼米之乡的淮北混为了一谈,没有看到两者翻天覆地式的变化。

淮北稻米业发达的地区,与当时的蚕桑业地区基本重叠。一般来说,凡是稻米、蚕桑业发达的地区,多为中国古代富庶的地区,农家耕织结合,使劳动力资源与自然资源达到优化配置,百姓在和平年代至少可以维持不饥不寒的生活水平。

二、桑土既蚕

有学者认为,商周以前,我国丝织业最发达的地区是济水与黄河之间的兖州,即现在的山东部分地区。《尚书·禹贡》记载:兖州"桑土既蚕,是降丘宅土"。③ 有的学者还把《禹贡》的记载与《诗经》中的诗篇进行对比,发现属于兖州的"墉""卫"国的诗篇中,言桑事最多。④ 我国古代传说云:"神农之世,男耕而食,妇织而衣。"⑤这是淮北地区农家经济结构的典型形式。《史记》也记载:"邹鲁滨洙泗,……颇有桑麻之业。"⑥春秋末年,"吴之边邑卑梁与楚边邑钟离小童争桑,两家交怒相攻,灭卑梁人"⑦,并最终导致吴楚两国交兵。(按:钟离国在凤阳东北临淮关,而卑梁则在天长县西北,两地俱属凤泗地区,说明在春秋时代,蚕桑业在这个地区的农家经济结构中具有重要的地位。)

《史记·韩安国传》载:"强弩之极,矢不能穿鲁缟。"许慎注曰:"鲁之缟尤薄。"⑧赤壁之战前,诸葛亮在吴主孙权面前同样引用了这句话,而东吴属境基本包括了后来中国丝织业最为发达的苏州、杭州以及太湖沿岸地区,说明鲁地的丝织品是那时包括东吴人在内的中国人所共认的顶级丝织物。李白《五月东鲁行答汶上翁》一诗称:"鲁人重织作,机杼鸣帘栊。"⑨

从明朝人辑录的农书中可知,一些纺织器械多是北方的工具或以北方的为先进,如:"络车,方言。曰河济之间络谓之绐。……此北方络丝车也。南人但习掉篗取丝,不若络

---

① 张志斌等:《本草纲目校注》,李时珍原注,沈阳:辽海出版社,2001年,第892页。
② 林语堂:《吾国吾民》,长沙:岳麓书社,2000年,第17—18页。
③ 曾运乾:《尚书正读》,北京:中华书局,1964年,第54页。
④ 史念海:《春秋战国时代农工业的发展及其地区的分布》,载《河山集》,北京:三联书店,1978年,第103页。
⑤ 商鞅等:《商君书》卷四"画策篇"第十八,上海:上海人民出版社,1974年,第57页。
⑥ 司马迁:《史记》卷一百二十九"货殖列传",上海:中华书局,1936年,第1170页。
⑦ 司马迁:《史记》卷四十"楚世家第十",上海:中华书局,1936年,第587页。
⑧ 司马迁:《史记》卷一百零八"韩长孺列传第四十八",上海:中华书局,1936年,第1020页。
⑨ 李白:《李太白集》卷十九,上海:上海书店影印本,1988年,第423页。

车安且速也。"①"纬车,方言。曰赵魏之间谓之历鹿车,东齐海岱之间谓之道执。"②

黄淮地区的大汶口文化中晚期的男子,不仅是渔猎业中的主要劳动者,而且也是农业、家畜饲养业以及许多手工业生产中的主人,他们制造、使用并拥有这些生产工具和产品,而妇女则转为男子的辅助劳力,主要在家中从事纺织、缝纫等工作。邳县刘林墓地男性墓中普遍随葬石斧、石锛、石凿等生产工具,女性墓中一般随葬纺轮,很少随葬石斧。③这表明,男耕女织经济要远远早于封建经济。

其实,淮河流域的土著淮夷可能是先秦至汉代纺织水平最高的民族。这一带在数千年以前就以产优质丝织品著称。西周王朝把淮水南北的淮夷视为周人的"布帛之臣",当时周王室在淮夷设有专门管理丝麻纺织生产的工官。④秦末,其先人由河南荥阳迁入沛地的周勃,"以织薄曲为生"⑤,说明这里的男子很早就参与了纺织业的辅助活动。在汉代的官营作坊中,男女纺织工匠均有,男子纺织的现象非常普遍。

汉代淮北地区的画像石反映了当时的纺织情景。铜山县洪楼汉墓出土的画像石表现了一个家庭中的纺织情景,"有的纺纱,有的络纱,有的摇纬,有的织布"⑥;青山泉出土的一块汉画像石中,共刻4位妇女,"有的在纺线,有的在织布"⑦;沛县出土的一块画像石,则是一幅完整的纺织图,"画面左方刻一织机,有一织女坐机上,中立一人抱一婴儿递给织女;右方刻一纺车,车前坐一妇女,画面上方刻一亭,旁边挂有一篗(络丝的用具)等"⑧;邳县出土的一块画像石,刻有一幅纺织图,有织机、纺车等⑨。曹庄的纺织图上,织工面前有一突起的横木,可能是幅撑装置或卷布帛轴;图上的空心梭子与满管纡子并存,另外还有竹筘打纬。⑩ 据统计,我国目前已经发现的带有纺织内容的汉画像石15块,全部在江苏、山东境内,而苏北徐州和鲁南滕州地区占11块。⑪

连云港等地的一些汉墓中发现了随葬的衣物卷,载明当时随葬衣物的质料有绮、绢、

---

① 永瑢、纪昀等:《文渊阁四库全书》"子部"三十七"农家类",台北:商务印书馆1986年影印,第731册,第493页。
② 永瑢、纪昀等:《文渊阁四库全书》"子部"三十七"农家类",台北:商务印书馆1986年影印,第731册,第495页。
③ 江苏省社会科学院《江苏史纲》课题组:《江苏史纲(古代卷)》,南京:江苏古籍出版社,1993年,第9—10页。
④ 江苏省社会科学院《江苏史纲》课题组:《江苏史纲(古代卷)》,第47页。
⑤ 司马迁:《史记》卷五十七"绛侯周勃家",北京:中华书局,1936年,第719页。
⑥ 徐州市博物馆编:《徐州汉画象石》,南京:江苏美术出版社,1985年,图77和"图版说明"第5页。
⑦ 徐州市博物馆编:《徐州汉画象石》,南京:江苏美术出版社,1985年,图168和"图版说明"第9页。
⑧ 徐州市博物馆编:《徐州汉画象石》,南京:江苏美术出版社,1985年,图226和"图版说明"第11页。
⑨ 徐州市博物馆编:《徐州汉画象石》,南京:江苏美术出版社,1985年,图270和"图版说明"第12页。
⑩ 《泗洪县曹庄发现一批汉画像石》,《文物》1975年第3期。
⑪ 李国华:《汉代纺织图像的神祇意义》,徐州市两汉文化研究会编:《两汉文化研究——徐州首届两汉文化学术讨论会论文集》,北京:文化艺术出版社,1996年,第193页。

绫、锦、缣等丝织品,花色有白、皂、黄、绿、青、红等色。①

在唐代,河南道"厥赋:绢、絁、绵、布。厥贡:丝布、葛、席、埏埴盎缶"。② 妇女纺织既要维持家庭的需要,更要满足官府的索求。唐诗中多有记载,杜甫《牵牛织女》云:"嗟汝未嫁女,秉心郁忡忡。防身动如律,竭力机杼中。虽无姑舅事,敢昧织作功。"③ 孟郊《织妇辞》:"夫是田中郎,妾是田中女。当年嫁得君,为君秉机杼。……官家榜村路,更索栽桑树。"④ 元稹《织妇词》:"织妇何太忙,蚕经三卧行欲老。蚕神女圣早成丝,今年丝税抽征早。早征非是官人恶,去岁官家事戎索。……东家头白双女儿,为解挑纹嫁不得。"⑤ 柳宗元《田家三首》诗称:"蚕丝尽输税,机杼空倚壁。"⑥ 白居易的《朱陈村》一诗,描绘了徐州附近的纺织盛况:"徐州古丰县,有村曰朱陈。去县百余里,桑麻青氛氲。机梭声札札,牛驴走纷纷。"⑦ 清人胡裕世在《阴平旧邑》一诗中称海州沭阳"曾闻名邑遍桑麻"⑧。

唐代徐州彭城郡贡双丝绫、绢、绵绅、布等;泗州临淮郡,贡锦、资布;濠州锺离郡,贡絁、绵、丝布等;海州东海郡,贡绫、楚布等。⑨ 据载:"淮安自唐以来,即以棉存布、苎布入土产。"⑩ 邳县在中古时期,其物产有丝、绫、绢、绸、布等。⑪《元和郡县图志》云:"海州开元贡楚布,赋绢、绵。"⑫

史念海指出,在唐代,全国所产的绢共分八等,一等、二等绢皆出自河南道,其余各等则分布在河南、河北两道。⑬ 翁俊雄认为,唐代的丝绸之路,就源起于今河南、河北、山东和苏北徐州一带。⑭

第二节　苏北的人文素质以及对江苏的政治影响

苏北发达的社会生产造就了繁荣的文化氛围,三代至隋唐,苏北可称弦歌诗礼之乡,

---

① 江苏省社会科学院《江苏史纲》课题组著:《江苏史纲(古代卷)》,南京:江苏古籍出版社,1993年,第185页。
② 欧阳修、宋祁撰:《新唐书》卷三十八,北京:中华书局,1975年,第645页。
③ 杜甫:《杜甫全集》卷六,上海:上海古籍出版社,1997年,第76页。
④ 孙建军等主编:《全唐诗选注》第10册,北京:线装书局,2002年,第2888页。
⑤ 孙建军等主编:《全唐诗选注》第10册,北京:线装书局,2002年,第3143页。
⑥ 《全唐诗》第6册,卷三百五十三,北京:中华书局,1960年,第3954页。
⑦ 白居易:《白居易集》卷十,"感伤二",长沙:岳麓书社,1992年,第138页。
⑧ 唐仲冕总修:《海州直隶州志》卷十三,嘉庆十六年刻本,第30页上。
⑨ 欧阳修、宋祁撰:《新唐书》卷三十八,北京:中华书局,1975年,第990页。
⑩ 吴昆田等总纂:《淮安府志》卷二"疆域",光绪十年(1884)甲申刻本,第5页下。
⑪ 庄思缄订、冯煦鉴定:《邳志补》卷二十四"物产",民国癸亥年(1923)刻本,第17页下。
⑫ 唐仲冕总修:《海州直隶州志》卷十六,嘉庆十六年刻本,第1页上。
⑬ 史念海:《黄河流域蚕桑事业盛衰的变迁》,载《河山集》,北京:三联书店,1978年,第268页。
⑭ 翁俊雄:《丝绸之路的源头在河南、河北、山东》,翁俊雄:《唐代人口与区域经济》,台北:新文丰出版股份有限公司,1995年,第406页。

且区域文化与人的身体素质均为全国之冠。那时的淮域士子，下马为文，上马击敌。张良、萧何、韩信之流，定国安邦，驾轻就熟。项羽、樊哙、典韦之徒一以当十乃至一以当百，竟极为寻常。

东晋至南北朝时期，淮阴的萧氏，彭城的刘氏、张氏，东海的王氏、徐氏、何氏等占据了中国半个政治舞台。

一、弦歌之乡

徐州府西部，萧、砀、丰、沛，"皆宋分也，微子封之，其民犹有先王遗风，重厚多君子"；其东部的睢、邳、宿，为古下相、睢、陵、取、虑，"皆鲁分也，周公封之，其民有圣人之教化，上礼义，重廉耻。故沛楚之民朴直，舒徐鲜诈伪"。① 宿迁，"桃李春华日正红，弦歌声中人未散"。②

以连云港（古代海州地区）而论，在汉至南北朝时期，这里的文化也居全国之前列。海州府"密迩邹鲁，号称多材"③。史称："海州古称名郡者，以人重也。周汉而降，光耀史策而风闻百世者，后先相望。"④旧志称海州沭阳县："治居淮朔，壤接东省，有洙泗之遗风。家诗书而户礼乐，弦歌之声不绝于闾巷。"⑤"土地沃衍，民乐耕桑，士习弦歌，俗无浮惰。"⑥方志称："东海十八村，村村出贤人。"⑦

春秋时，海州地区即有人负笈北上，师从孔子。孔门弟子郑国，旧名邦，又姓国，海州人，《史记》作国子徒。⑧

西汉经学家孟卿，东海人，师事萧奋，以其业传授汉东海后仓，后仓传授《周礼》于戴德、戴圣、沛人庆普。戴德号大戴，为信都太傅。戴圣号小戴。由是礼有大戴、小戴之学。庆普则为今文《礼》学"庆氏学"的开创者。

后苍，字近君，从东海受高堂生《士礼》十七篇，说《礼》数万言，号后氏曲台记，以授沛闻人通汉。孟喜卿之子，举孝廉，为郎曲台署长，以经学世家著称。又事夏侯始昌，兼通齐诗，授萧望之。宣帝朝为博士，官至少府。⑨

徐州自汉初楚元王好书，于是邃学之士田王孙、严彭祖之徒相继蔚起，而刘向、刘歆父子则以经术文章集其大成。自是之后，代有著述。⑩

《前汉纪·孝成皇帝纪》载，汉兴，最先授《易》者为田何，梁人丁宽受《易》于田何。丁

---

① 吴世熊等总修：《徐州府志》卷十，同治甲戌年刻本，第10页上—下。
② 喻文伟修：《宿迁县志》卷七，万历年间刻本，第89页上。
③ 唐仲冕总修：《海州直隶州志》卷十，嘉庆十六年刻本，第25页上。
④ 张峰纂修：《海州志》卷七，隆庆年间刻本，第1页上。
⑤ 钱崇威总纂：《重修沭阳县志》卷一，民国年间抄本，第8页下。
⑥ 郭大纶修：《淮安府志》卷六，万历年间刻本，第40页上。
⑦ 许绍蘧：《连云一瞥》，无锡：协成印务局，1936年，第7页。
⑧ 张峰纂修：《海州志》卷七，隆庆年间刻本，第1页上。
⑨ 郭大纶修：《淮安府志》卷十三，万历年间刻本，第2页上—下。
⑩ 吴世熊等总修：《同治徐州府志》卷十九，同治甲戌年刻本。

宽授《易》于槐里田王孙，田王孙传《易》于沛人施雠、东海孟喜、琅琊梁丘贺。由是有施、孟、梁丘之学。"此三家者，宣帝之时立之。"沛人高相也善《易》学。

严彭祖，字公子，东海下邳人，师事眭孟。精通《公羊春秋》。宣帝时为博士，历河南东郡太守，入为左冯翊，拜太子太傅。①

东海人疏广，字仲翁。疏受，字公子。疏广年少好学，精通《春秋》，被征为博士，拜太子少傅，后徙太傅。疏受亦以贤良举为太子家令，汉宣帝幸太子宫，疏受迎谒应对及置酒奉觞上寿，辞理闲雅，深受宣帝赏识，拜为少傅。"太子每朝因进，见太傅在前，少傅在后，朝廷以为荣。"疏氏深谙进退之道，不贪荣恋贵，在位五年，疏广对疏受说："吾闻知足不辱，知止不殆。今宦成名立，不去惧有后悔。"于是上疏乞归。公卿大夫设祖道供张东都门外，送者车数百辆，道路观者皆称其为贤。② 后疏氏子孙在王莽末年避难沙鹿山南，去"疎"字"足"旁，改姓"束"。晋代束皙、束璆兄弟，即疏氏之后。③

东海郡的匡衡，字稚圭，好学治诗，年少时以"凿壁偷光"而闻名，射策甲科，以不应令除为太常掌故，调补平原文学。④

翼奉，字少君，下邳人，治《诗》。与萧望之、匡衡同师，皆明经术，并爱好律历阴阳之学。汉元帝时，诸儒荐之征待诏，上封事，陈雅正六情十二律之要。⑤

马宫，东海人，治《春秋严氏》，官至汝南九江太守。⑥

卫宏，字敬仲，与河南郑兴俱爱好经学。跟从九江谢曼卿学《毛诗》，作《毛诗序》，"得风雅之旨"；又从司徒杜林受《尚书》，"亦以儒显"，成为一代硕儒。⑦ 汉光武帝以为议郎。卫宏作《汉旧仪》四篇，以载《西京杂事》，著《赋颂》七篇，皆传于世。⑧

王朗，字景兴，东海郯人。汉末为会稽太守，孙策渡江略地，王朗被孙策击败。但"策以其儒雅，诘让而不害，留置曲阿，虽流移穷困，朝不谋夕，而收恤亲旧，行谊甚著"。归曹操后仕魏，"屡上书劝育民、省刑、谏射猎、兴造。官至御史大夫、司空"。⑨ 著有《易》《春秋》《孝经》《周官传》《奏议论记》，"咸传于世"。⑩

陈琳，字孔璋，射阳人，博学善属文，长于书檄。初从袁绍，作檄曹操文。袁绍败后归曹操，曹操爱其才不加罪，拜军咨祭酒。⑪

西晋名儒陈邵，字节良，东海襄贲（今江苏涟水）人。以儒学征为陈留内史，累迁燕王

---

① 郭大纶修：《淮安府志》卷十三，万历年间刻本，第3页上。
② 张峰纂修：《海州志》卷七，隆庆年间刻本，第1页下。
③ 张峰纂修：《海州志》卷七，隆庆年间刻本，第2页上。
④ 张峰纂修：《海州志》卷七，隆庆年间刻本，第4页上。
⑤ 郭大纶修：《淮安府志》卷十三，万历年间刻本，第5页下。
⑥ 郭大纶修：《淮安府志》卷十三，万历年间刻本，第6页上。
⑦ 张峰纂修：《海州志》卷七，隆庆年间刻本，第5页上。
⑧ 张峰纂修：《海州志》卷七，隆庆年间刻本，第5页下。
⑨ 张峰纂修：《海州志》卷七，隆庆年间刻本，第6页下。
⑩ 张峰纂修：《海州志》卷七，隆庆年间刻本，第7页上。
⑪ 郭大纶修：《淮安府志》卷十三，万历年间刻本，第8页下。

师。撰有《周礼评》,甚有条贯,行于世。泰始(265—274)中,晋武帝诏曰:"燕王师陈邵清贞洁静,行著邦族,笃志好古,博通六籍,耽悦典诰,老而不倦,宜在左右以笃儒教。可为给事中。"①

南北朝分治,苏北大部分时间属于北朝,在少数民族的统治下。正如陈寅恪指出的那样,"在文化方面,胡族上层的文化都很高"。如匈奴刘渊(元海):"刘氏虽分居五部,然皆家居晋阳汾涧之滨。(元海)幼好学,师事上党崔游,习《毛诗》《京氏易》《马氏尚书》,尤好《春秋左氏传》《孙吴兵法》,略皆诵之。《史》《汉》、诸子无不综览。咸熙中为侍子,在洛阳。"②刘和"好学夙成,习《毛诗》《左氏春秋》《郑氏易》"。刘宣"好学修絜,师事乐安孙炎,沉精积思,不舍昼夜。好《毛诗》《左氏传》"。③ 鲜卑慕容氏三代人都能博览群书,有很高的汉文化水平。他们建立的国家,比匈奴、羯人所建国家,汉化色彩更浓。④ 氐人不仅学儒,而且学玄,有的有经济大志,有的风流迈于一时,汉文化水准之高,在五胡中,鲜能与比。前秦政策较之前燕又有发展。这与氐人汉文化水平之高有密切的关系。⑤

正史中,淮北人的著述极一时之盛。如韩信《图项羽并三秦对》《上皇帝尊号疏》,陆贾《使南粤王佗对并新语》,陈咸《窦太后配飨议》,枚乘《枚叔集》二卷、《谏吴王书》《重谏吴王书》《七发》《菟园赋》《忘忧赋》《馆柳赋》,枚皋《撰皇太子生赋》,又撰《枚皋赋》百篇,疏广《对太子语》,疏受《对老人语》,⑥薛广德《谏射猎疏》,母将隆《收还武库兵疏》,翼奉《论知人邪正疏》《地震为后舅疏》《白鹤馆灾乞迁都成周疏》,萧望之《论谏官补郡疏》《论灭匈奴疏》《雨雹对》《入粟赎罪议》《待单于议》《赎死罪议》《乌孙持两端议》,匡衡《论日食地震疏》《守法正内疏》《戒妃匹观经学威仪之则疏》,薛宣《谏部刺史疏》《论阴阳不和疏》,⑦王良《育民省刑》《节省》《谏游猎》《谏征吴》《谏营修宫室》《广胤嗣》,桓谭《论国是疏》《论信谶祀咎爵赏疏》,臧旻《救第五种疏》,臧决《答陈琳书》《举义诛除董卓盟辞》,王肃《谏征蜀疏》《政本疏》《论汉主称皇疏》《时政疏》,刘弘《叙功铨德表》《专辄讨奕请罪表》《下婿夏侯陟教》,刘靖《陈儒训疏》,⑧步骘《奖劝用贤疏》《论中书吕壹典校纠举四疏》,陈琳撰《陈孔璋集》十卷,鲍照《鲍参军集》,何承天《射鸟伤人弃市议》《母偿子偿坐不孝议》《子不宜随母补兵议》《久丧不葬议定性论》《安边论》《乐府篇》《朱鹭篇》,何逊《何水部集》,孔道《辞建安王笺》《为衡山侯与妇书》《门有车马客诗》,王僧孺《集十八州谱》七百一十卷、《百家谱集抄》十五卷⑨、《东南谱集抄》十卷、《文集》三十卷、《两台弹事》五卷及《东宫新记》,徐陵《使东魏与北齐尚书求还书》《代武帝作相时与岭南酋豪书》《与王僧辩书》《答诸求宫人书》《玉台

---

① 房玄龄等撰:《晋书》卷九十一,北京:中华书局,1974年,第2348页。
② 万绳楠整理:《陈寅恪魏晋南北朝史讲演录》,合肥:黄山书社,1987年,第100页。
③ 万绳楠整理:《陈寅恪魏晋南北朝史讲演录》,合肥:黄山书社,1987年,第101页。
④ 万绳楠整理:《陈寅恪魏晋南北朝史讲演录》,合肥:黄山书社,1987年,第103页。
⑤ 万绳楠整理:《陈寅恪魏晋南北朝史讲演录》,合肥:黄山书社,1987年,第104—105页。
⑥ 郭大纶修:《淮安府志》卷九,万历年间刻本,第1页下。
⑦ 郭大纶修:《淮安府志》卷九,万历年间刻本,第2页上。
⑧ 郭大纶修:《淮安府志》卷九,万历年间刻本,第2页下。
⑨ 郭大纶修:《淮安府志》卷九,万历年间刻本,第3页上。

新咏集序》《司徒章昭达墓志铭》《乐府篇》《乌栖曲》。

梁昭明太子萧统,撰《文集》二十卷、《文选》三十卷、《正序》十卷、《英华集》二十卷、《开漕渠疏》《文选序》《渊明文集序》《乐府曲》《江南曲》。①

谭其骧指出,《隋书》的《志》本为《五代史志》,以南北朝后期梁、陈、齐、周和隋五代为论述对象。其《地理志》将隋炀帝时全国一百九十个郡按《禹贡》九州编次,各于州末略叙其风俗。九州之中,兖徐青三州十五郡(今山东和河南河北与山东接境的一小部分,江苏淮北部分,安徽淮北的东部)被肯定为教化最良好的地区。徐州四郡,"贱商贾,务稼穑,尊儒慕学,得洙泗之俗"。②《通典·州郡典》载天宝年间的三百多府郡,徐州(鲁南苏皖淮北)"自五胡乱华,数百年中,无复讲诵,况今去圣久远,人情迁荡"。而"江东"因永嘉之后"衣冠避难,多所萃止,艺文儒术,斯之为盛"。③

二、刘向、刘歆的经学成就

刘向(约公元前 77—公元前 6),原名更生,字子政,西汉楚国彭城人,经学家、目录学家、文学家。祖籍秦泗水郡丰县,汉朝宗室,先祖为丰县刘邦异母弟刘交。年十二以父德任为辇郎,成年后以行修饬擢谏大夫。宣帝时招选名儒俊材置左右,刘向献赋颂数十篇。汉设《谷梁春秋》科,征刘向受《谷梁》,讲论《五经》于石渠。④ 徐复观指出,刘向因校书中秘的关系,能读西汉一般士人所无法读到的书。因为他的家世及其遭际,他对政治真相的了解与对政治的责任感,亦非并时士大夫所易企及。⑤ 刘向著有《列女传》8 篇,"以戒天子及采传记行事";著《新序》《说苑》50 篇。⑥ 另有《战国策》、《五经通义》(清人马国翰辑本)、《山海经》(与其子刘歆编订)。徐复观指出:"刘向的政治思想,有由其及身遭遇而来的针对现实的一方面;有由其学识恢宏,行志纯洁,因而突破现实限制,所提出的理想性的一面。"⑦我们可以通过《新序》《说苑》来了解刘向的思想,"是在平实的基础、开明的态度上,由诸子百家而归结到儒家,归结到孔子;这是在他对当时现实政治社会所具有的深切笃至的责任感的背景下,所作的理性、良心的抉择,而不关于风气、利禄乃至见闻的限制。在西汉思想上,应占一坚实的地位"。⑧

有汉一代,刘向的音乐学识也极高。自秦代焚书,《乐经》残亡。汉武帝时,河间献王与毛生等,共采《周官》及诸子言乐事内容,掇成《乐记》,经内史丞王定,传授给常山王禹。刘向通过校书,得《乐记》23 篇,不同于王禹所持的《乐记》。刘向的《别录》中有《乐歌诗》

---

① 郭大纶修:《淮安府志》卷九,万历年间刻本,第 3 页下。
② 谭其骧:《中国文化的时代差异和地区差异》,《复旦学报(社会科学版)》1986 年第 2 期,第 8 页。
③ 谭其骧:《中国文化的时代差异和地区差异》,《复旦学报(社会科学版)》1986 年第 2 期,第 9 页。
④ 梅守德修:《徐州志》卷十二,嘉靖年间刻本,第 5 页上。
⑤ 徐复观:《两汉思想史》(三),台北:学生书局,1984 年,第 111 页。
⑥ 梅守德修:《徐州志》卷十二,嘉靖年间刻本,第 5 页下—6 页下。
⑦ 徐复观:《两汉思想史》(三),台北:学生书局,1984 年,第 90—91 页。
⑧ 徐复观:《两汉思想史》(三),台北:学生书局,1984 年,第 111 页。

4篇、《赵氏雅琴》7篇、《师氏雅琴》8篇、《龙氏雅琴》106篇。[①] 刘向所辑的《乐记》等,为汉至隋代中国古典音乐的主要成果。

刘向子刘歆,字子骏,年少时即通《诗》《书》,能属文。受诏与父领校秘书,讲六艺传记,诸子、诗赋、数术、方技,无所不究。刘向死后,刘歆复为中垒校尉。哀帝初即位,大司马王莽举刘歆为侍中太中大夫,迁骑都尉、奉车光禄大夫。并继承其父前业,复领"五经"。刘歆集六艺群书,种别为《七略》;考定律历,著《三统历谱》。有学者指出,刘歆在整理、保存中国古代文献方面的功绩,是今天学术界所公认的。他参与、继承刘向的事业,总领了成帝至平帝时代的校书工作,并撰写了第一部目录学著作《七略》。在刘氏父子校书之前,即使同一部古籍,官府、民间所藏的各种本子,篇幅往往有很大参差,又有错简、讹误。把它们整理成定本,使之可缮写普及,这是民族文化延续和发展的一个重要条件。此外,《左传》《周官》能得到保存,并未像《古文尚书》《逸礼》那样散失,也有赖于刘歆的抗争和传授。东汉初年治《左传》和《周官》的著名学者贾徽、郑兴、杜子春,都是刘歆的弟子。"在回归年长度、冬至点位置方面的研究成果,以及《三统历》的撰写,使刘歆完全有资格被列为中国古代最伟大的科学家之一。"[②]

三、华佗的医术

据统计,古代文献共载华佗医案31则,其中《三国志》16则(《后汉书》所载8则内容与《三国志》同)、《后汉书》注侯康补艺文志引《华佗别传》5则、《针灸甲乙经》1则、《晋书》1则、《太平广记》4则、《独异志》2则、《志怪》1则、《襄阳府志》1则。[③]

华佗字元化,一名旉,沛国谯人。游学徐土,兼通数经。沛相陈珪举其为孝廉,太尉黄琬也曾征辟他,华佗均没有答应。当时人认为他有上百岁,但容貌像壮年人。

华佗精于方药,为人治病用药非常简单,通常仅用汤药数种,用心惦估分剂,不用称量,煮熟便饮,基本药到病除。为人针灸,通常只下针一两处,每处不过七八壮,疗效极佳。下针时告诉病人:"当引某许,若至,语人。"病者喊"已到",便拔针,病也就差不多好了。若病结积在内,针药达不到,就施以外科开刀术,让病人饮用麻沸散,患者很快就如醉死一般。开刀后缝好,再涂上药膏,伤口四五日就好了,患者没有痛苦,个把月病即痊愈。

甘陵相夫人怀孕6月,腹痛不安,华佗视脉后说:"胎已死矣。"让旁人手摸孕妇的腹部以探知胎儿所在,在左则是男胎,在右则为女胎。别人探出在左,用汤药打下后果然是男形,孕妇也被治愈。[④]

县吏尹世口干,不能听人说话,小便不利。华佗说:"试作热食,得汗则愈,不汗,后三日死。"尹世吃了热食但不出汗。华佗说:"藏气已绝于内,当啼泣而绝。"结果也如华佗所言。府吏儿寻、李延患同样的病,均头痛发热。华佗说:"寻当下之,延当发汗。"有人责疑

---

① 魏徵等撰:《隋书》卷十三,北京:中华书局,1982年,第288页。
② 王铁:《重评刘歆》,《华东师范大学学报(哲学社会科学版)》1994年第2期,第56—57页。
③ 王鹏、谢欢欢、王键:《华佗医事补考》,《安徽中医药大学学报》2014年第6期,第6页。
④ 陈寿:《三国志》卷二十九,北京:中华书局,1964年,第799页。

他的不同疗法,华佗称:"寻外实,延内实,故治之宜殊。"按华佗的方法治疗后,次日两人均痊愈。华佗见到盐渎严昕,问他:"君身中佳否?"严昕答:"自如常。"华佗告之:"君有急病见于面,莫多饮酒。"严昕后行不过数里即头眩堕车,归家后即病故。督邮顿子献得病已愈,请华佗诊视,华佗说:"尚虚,未得复,勿为劳事,御内即死。临死,当吐舌数寸。"顿子献的妻子听说丈夫病愈,从百余里外来看望他。夜里夫妇交欢,三日后顿子献发病,一如华佗所言。督邮徐毅得病,华佗诊视,徐毅对华佗说:"昨使医曹吏刘租针胃管讫,便苦咳嗽,欲卧不安。"华佗认为:"刺不得胃管,误中肝也,食当日减,五日不救。"也被华佗言中。东阳陈叔山的男孩二岁得病,每日羸困啼哭。华佗诊断:"其母怀躯,阳气内养,乳中虚冷,儿得母寒,故令不时愈。"华佗给他服用了四物女宛丸,十日病除。彭城夫人夜里被毒虿螫手,痛苦不堪,华佗让她把手放在温汤中,痛苦得到了缓解,经一夜汤疗,天明就已痊愈。[①]

军吏梅平得病回家,遇到华佗,华佗说:"君早见我,可不至此。今疾已结,促去可得与家相见,五日卒。"病情果如华佗所说。

华佗在路上见一人咽塞,嗜食但食物却咽不下。华佗诊断后告之:"向来道边有卖饼家蒜齑大酢,从取三升饮之,病自当去。"患者吃完后当即吐出一条蛇。

有一郡守生病,华佗诊断后认为患者盛怒就可痊愈,就多受财物而不予治疗,后干脆扬长而去,还留信痛骂郡守。郡守果然大怒,吐黑血数升而痊愈。

广陵太守陈登得病,胸中烦懑,面红厌食。华佗诊断后说:"府君胃中有虫数升,欲成内疽,食腥物所为也。"给他服用了二升汤药,陈登吐出三升左右的寄生虫。[②]

曹操患头风,召华佗治疗,病每发作,华佗施针即好。

有人两脚躄不能行走,华佗告之:"已饱针灸服药矣,不复须看脉。"后亦如华佗所说。

李将军的妻子病重,华佗认为:"伤娠而胎不去。"李将军不太相信,认为:"闻实伤娠,胎已去矣。"华佗坚持认为:"案脉,胎未去也。"李将军以为不然。华佗只得离去。百多天后再请华佗诊视。华佗说:"此脉故事有胎。前当生两儿,一儿先出,血出甚多,后儿不及生。母不自觉,旁人亦不寤,不复迎,遂不得生。胎死,血脉不复归,必燥著母脊。故使多脊痛。今当与汤,并针一处,此死胎必出。"用药施针后,妇人极为痛苦。华佗说:"此死胎久枯,不能自出,宜使人探之。"果然取出一已死的男胎。[③]

军吏李成咳嗽,经常吐脓血,华佗言:"君病肠臃,咳之所吐,非从肺来也。与君散两钱,当吐二升余脓血讫,快自养,一月可小起,好自将爱,一年便健。十八岁当一小发,服此散,亦行复差。若不得此药,故当死。"又给了他两钱散。后李成把药给了别人,18年后再得病,因无药可用而殁。[④]

广陵吴普、彭城樊阿皆跟从华佗学医。吴普按照华佗所传,救治了许多人。华佗对吴普说:"人体欲得劳动,但不当使极尔。动摇则谷气得消,血脉流通,病不得生,譬犹户枢不

---

① 陈寿:《三国志》卷二十九,北京:中华书局,1964年,第800页。
② 陈寿:《三国志》卷二十九,北京:中华书局,1964年,第801页。
③ 陈寿:《三国志》卷二十九,北京:中华书局,1964年,第802页。
④ 陈寿:《三国志》卷二十九,北京:中华书局,1964年,第803页。

朽是也。是以古之仙者为导引之事，熊颈鸱顾，引挽腰体，动诸关节，以求难老。吾有一术，名五禽之戏，一曰虎，二曰鹿，三曰熊，四曰猿，五曰鸟，亦以除疾，并利蹄足，以当导引。体中不快，起作一禽之戏，沾濡汗出，因上著粉，身体轻便，腹中欲食。"吴普经常练五禽戏，年九十余，耳目聪明，齿牙完坚。樊阿善于针灸。医生都说背及胸藏之间下针不能超过四分，但樊阿往往下针一二寸，巨阙胸藏针下五六寸，患者皆被治愈。华佗还把漆叶青黏散传给樊阿，久服可以去三虫，利五脏，轻体，使人头不白。樊阿用此散，活了百余岁。①

华佗学术思想自然来源于《内经》，然而就其学术成就来看，华佗医术能如此全面精深，远非独出于《内经》，其实和他通晓精研《易经》是分不开的。《易经》是儒家"五经"之一，是中华传统文化的源头之一。而《易经》中的"天人合一"三才思想是华佗颇为推崇并一直秉承的学术理念。在华佗看来，人只有顺乎自然界四时规律的变化，才能健康地生存。违背这个规律或者自然界本身规律的失常，就会导致疾病的发生。这一思想是形成华佗学术体系和临证实践的理论轴心，对其在医学上的深入探索起到了主导作用。华佗的医学思想"贵阳论""养生理念""病理观"都与《易经》的阴阳、五行、八卦等思想一致，华佗是中华传统文化的传承者。②

第三节　江南的农业生产

江南属亚热带气候，年降水量通常在 800 毫米以上，具有适合农业生产的优越条件。诚然，汉唐以前，江南的农业开发远不如黄淮之间的平原地区，但保持着较为原始和更加优越的生态环境。尤为重要的是，江南地区的生态承载力远较中原地区强，这也是宋以后，江南具有强大的发展后劲的原因。

一、农田水利

在中国农业文明的早期，江南地区的农业经济难以与关中地区比拟，是以《尚书·禹贡》称江南（扬州）为泥涂之地，位居九州之末。③ 这种划分显然是因为当时中原地区掌握着政治、文化等话语霸权，以农业生产力和农业文明为单一的衡量标准。

江南区域的核心是太湖流域。太湖古称大湖、洞庭、震泽、具区等。武同举划定的太湖流域长约 100 里、宽约 200 里，"太湖水利甲于全国"。④ 据国民政府实业部统计，太湖东西宽 120 里，南北长 90 里，面积约 2 000 平方公里。⑤ 20 世纪 80 年代，郑肇经认为，太湖面积约 2 300 平方公里。接纳苕溪、荆溪来水，归入大海，构成长江三角洲上的一个独

---

① 陈寿：《三国志》卷二十九，北京：中华书局，1964 年，第 804 页。
② 沈斌等：《华佗——中华传统文化的表征》，《中医学报》2011 年第 2 期，第 138 页。
③ 孙星衍：《尚书今古文注疏》卷三，陈抗、盛冬铃点校，北京：中华书局，1986 年，第 158 页。
④ 武同举：《江苏省水利全书》第 5 编第 31 卷，南京：南京水利实验处，1950 年，第 1 页。
⑤ 实业部国际贸易局编：《中国实业志（江苏省）》第 1 编，上海：民光印刷公司，1933 年，第 24 页。

立水系——太湖水系。太湖流域东南临大海,东北枕长江,西北以茅山为界,西南屏天目山脉,全流域面积约36 500平方公里,耕地2 665万亩。①

据考古资料,五六千年以前,江阴至漕泾一线的冈身已形成,此时太湖已经脱离潟湖状态而葑淤成陆。② 三代以后,太湖水系中的三江,即松江、东江和娄江,后二江已久堙,唯有松江水利工程最盛。"然三江水系,千条万缕,支渠密布。曰浦、曰塘、曰沥、曰泾、曰浜之类。官修民修之工不辍。太湖一勺,流衍平江,此江南水利之特色也。"③

至唐初,东部海岸线已达浦东的北蔡、周浦、下沙、航头一线。到宋代,东部又涨出一大片土地,海岸移到高桥东、惠南镇一线。④

清代御史李鹏奏:"江浙各郡,苏、松最居下游。诸水汇入太湖,由三江东流入海。其东北由刘[浏]河入海者为娄江,东南由黄浦入海者为东江。吴淞一江,独当太湖下注之冲,尤关紧要。"⑤

历史记载的江南水利的开发始于商代,周人古公亶父伯仲二子太伯、仲雍奔吴,在无锡开凿了泰伯渎,指导当地居民采用周原地区先进的农业生产技术。春秋时,吴王阖庐伐楚,接受伍子胥的建议,在太湖边开河渠运送军粮,此渠即胥溪。相传伍子胥开凿的还有胥浦塘。⑥ 另外,范蠡伐吴时,曾开凿蠡渎(后名漕湖)。吴越时代先后开凿的水利设施,除上述工程外,还有渔浦、棠浦、百尺渎及北出长江的人工运道。公元前248年,楚春申君黄歇治水,开凿新浦以导松江入海,后称为"黄浦","是为松江水道有水利工程之始"。⑦ 这些水利设施改善了水运条件,促进了低湿洼地的垦殖和围田的开拓,一方面推动了农业和整个地区经济的发展,另一方面对原始生态具有一定的改变作用,但与黄土高原地区农业生产的发展和生态环境的演进显然不可同日而语。

从汉以前的农业生产方式来看,江南地区应该形成了良好的灌溉体系。《史记·货殖列传》:"楚越之地,地广人希,饭稻羹鱼,或火耕而水耨。"《汉书》:"江南地广,或火耕水耨。民食鱼稻,以渔猎山伐为业。"⑧但此时江南的生产力显然不如江淮地区,遇到饥荒,政府"令饥民得流就食江淮间,欲留,留处",并"遣使冠盖相属于道,护之"。⑨

三国吴赤乌(238—251)中,在句容西南30里筑赤山塘,以灌溉农田,后废。⑩ 晋时,旧晋陵地广人稀,水利设施极少,"多恶秽"。大兴四年(321),内史张闿在丹徒东南35里

---

① 郑肇经主编:《太湖水利技术史》,北京:农业出版社,1987年,第1—2页。
② 郑肇经主编:《太湖水利技术史》,北京:农业出版社,1987年,第4页。
③ 武同举:《江苏省水利全书》第5编第31卷,南京:南京水利实验处,1950年,第1页。
④ 郑肇经主编:《太湖水利技术史》,北京:农业出版社,1987年,第5页。
⑤ 《大清宣宗成皇帝实录》卷一百二十二,道光七年七月下,第1052页上。
⑥ 顾清等修:《松江府志》卷二,明正德年间刻本(上海:上海书店1990年影印),第16页下。
⑦ 武同举:《江苏省水利全书》第5编第31卷,南京:南京水利实验处,1950年,第1页。
⑧ 班固撰:《汉书》卷二十八下,北京:中华书局,1964年,第1666页。
⑨ 司马迁:《史记》卷三十,北京:中华书局,1963年,第1437页。
⑩ 黄之隽等纂修:《江南通志》卷六十二,乾隆四十四年抄本,第1页下。

处修筑新丰湖,"创成灌溉之利"。① 西晋末,开丹阳练湖,幅员40里。时陈敏叛乱,占据江东,"务修耕绩",令其弟陈谐阻截马林溪以灌溉云阳数百顷田地,这是早期的练塘(即练湖),②极大地改善了当地农业生态环境。"菰蒲菱芡之多,龟鱼鳖蜃之生,厌饫江淮,膏润数州。"③

金坛县东南30里的南谢塘、北谢塘于梁武帝普通(520—527)中,由庐陵王记室参军谢德威修造,隋废。唐武德(618—626)中,谢元超重修二塘,各灌田千余顷。麟德二年(665),在句容西南30里赤山塘旧域(即绛岩湖),县令杨延嘉按照梁代故堤修置,后废;大历十二年(777)县令王昕重新修置。周回百里,设立两个斗门以节旱暵,开垦良田万顷。④又在县西南35里设百堽堰,与斗门同置,湖水由此入秦淮河。南唐修筑不废,宋时湖禁尤严,湖心有盘石,作为湖水疏闭的节阀。庆历(1041—1048)中,立石柱作为水志,⑤直到明代仍发挥巨大的灌溉效益。圣历初(698),在安吉县令钳耳知命的主持下,于县北30里修邸阁池,在县北17里筑石鼓堰,引天目山水灌田百顷。⑥

隋浚深、拓宽了江南运河。唐代建成了从盐官(海宁)至吴淞江南岸的海塘系统,为大规模围垦海涂创造了条件。广德年间(763—764),在苏嘉地区开展了大规模的屯田垦殖,进行有计划的浚治塘浦、修筑堤岸,初步形成圩田棋布的塘浦圩田系统。⑦

永泰元年(765),前常州刺史韦损被任命为润州刺史,韦把练湖湖面拓为幅员80里,"所润者远,原隰皆春。耕者饱,忧者泰",并设立斗门等设施。"沃堉均品,河渠通流,商悦奠价,人勇输赋,遐迩受利,岂惟此州?每岁萌阴乘阳,二气相薄,大雨时行,群潦奔流,水势所入,盈而无伤。龙见方雱,稼蒙其渥。"⑧成为完备的灌溉工程。唐人许浑《鹭鸶》诗:"西风淡淡水悠悠,雪点丝飘带雨愁。何限归心倚前阁?绿蒲红蓼练塘秋。"⑨

有规则的纵浦横塘的开凿和棋盘式圩田格局的形成,则是在中唐以后。开元元年(713),重筑东南沿海海塘214里,形成横亘一线的防海屏障,初步解决了太湖下游海潮肆虐的祸害。元和二年(807),开凿了常熟塘(即元和塘)。⑩ 常熟塘"旁引湖水,下通江潮,支连脉分,近委遐输"⑪,"颇称灌溉之利"⑫。据武同举考证:"其塘南纳运河胥江旁漾之

---

① 脱因修:《至顺镇江志》卷七,道光二十二年丹徒包氏刻本,第10页下。
② 李吉甫:《元和郡县志》卷二十六,乾隆四十六年刊本,第5页下—6页上。
③ 脱因修:《至顺镇江志》卷七,道光二十二年丹徒包氏刻本,第13页下。
④ 欧阳修、宋祁撰:《新唐书》卷四十一,北京:中华书局,1975年,第1057页。
⑤ 黄之隽等纂修:《江南通志》卷六十二,乾隆四十四年抄本,第2页上。
⑥ 汪家伦、张芳编:《中国农田水利史》,北京:农业出版社,1990年,第232页。
⑦ 郑肇经主编:《太湖水利技术史》,北京:农业出版社,1987年,第11—15页。
⑧ 脱因修:《至顺镇江志》卷七,道光二十二年丹徒包氏刻本,第14页上。
⑨ 《全唐诗》卷五百三十八,北京:中华书局,1960年,第6141页。
⑩ 汪家伦、张芳编著:《中国农田水利史》,北京:农业出版社,1990年,第253页。
⑪ 《大唐苏州新开常熟塘碑铭并序》,孙应时等修:《重修琴川志》卷十二,嘉庆十年抄本,第11页下。
⑫ 朱长文:《吴郡图经续记》卷下,中华书局编辑部编:《宋元方志丛刊》第1册,北京:中华书局,1990年,第667页上。

水,西纳运河沙墩港分注蠡河之水,东与阳城湖交络,下通白茆、许浦、福山诸口入江。"常熟塘自苏州齐门,北至常熟县100余里,东西两岸各有泾21和12条,但到郏亶时已变得非常窄浅,主要因为百姓侵占及擅开私浜相杂于其间。①

元和五年(810),苏州刺史王仲舒主持修筑松陵堤,通苏州驿路,即今吴中、吴江的运河塘。又建宝带桥,通泄太湖,太湖与堤东沼泽隔开。"自是震泽巨浸,东西界隔。其西即今太湖也。"②以上一系列骨干工程的修建,基本实现了高低分开,控制了海潮泛溢和湖水弥漫的状况,为大规模开发利用太湖下游水土资源创造了条件,并为初级形式的分散围垦向高级形式的塘浦圩田的发展,奠定了基础。但大范围建设塘浦圩田,涉及水土矛盾的综合治理,绝非一家一户甚至一县一乡所能进行。唐中叶以后,太湖地区广兴屯田,自太湖之滨到东南沿海,绵亘千余里。屯区有完整的组织机构,基本实现了水旱无忧,旱涝有收。③

元和八年(813),孟简开太伯渎,并导蠡湖,故以渎为孟渎,湖为孟湖,这实际上是古代的蠡湖。东有蠡口,西贯无锡太伯乡,有蠡尖口。④ 大和(827—835)中期,疏浚了西起杨舍镇(今张家港市)、东南至黄渡的190里盐铁塘,将东北碟缘高地和腹里洼地分隔开来,通过岗门、斗门控制,既可堰水于岗身之东灌溉高地,又可阻退岗身之水西泻洼地,免致塘西洼地洪潦弥漫。⑤

唐以前,江南水利以排泄灌溉为主,即"以塘行水,以泾均水,以塍御水,以埭储水。遇淫潦可泄以去,逢旱岁可引以灌"⑥。

二、水耨农业

据考古学家范毓周研究,在距今1万至7 000年的新石器时代早期,由于进入全新世以后气候逐渐回暖,环境好转,人类开始在平原地区进行最初的动植物驯化和培植活动,江南地区的史前人类逐渐将多年生野生稻转化为一年生的野生稻培植为原始粳稻,同时接受了可能由岭南传播而来的原始籼稻,从而萌发出江南地区以稻作为特色的史前农业。

在距今7 000至6 000年新石器时代中期较早阶段,江南地区进入了河姆渡—罗家角早期文化阶段,当时的稻作农业跨越了原始的火耕—生荒耕作阶段,进入比较成熟的耜耕—熟地耕作阶段,在稻谷种类培育方面开始出现籼型、粳型两种亚种的分化,并有一定的田块整治制度和灌溉、排水系统。在距今6 000至5 200年新石器时代中期较晚阶段,江南地区进入马家浜文化时期,正处于长江下游地区高温期内的较早时期,江南地区的史前农业进一步发展,籼、粳稻两个水稻品种已经完全形成,石铲普遍代替骨耜,并有一定的

---

① 武同举:《江苏省水利全书》第5编第31卷,南京:南京水利实验处,1950年,第1页。
② 武同举:《江苏省水利全书》第5编第31卷,南京:南京水利实验处,1950年,第1页。
③ 汪家伦、张芳编著:《中国农田水利史》,北京:农业出版社,1990年,第253—254页。
④ 王鏊等撰:《姑苏志》卷十,明正德年间刻本,第20页下—下。
⑤ 汪家伦、张芳编著:《中国农田水利史》,北京:农业出版社,1990年,第253页。
⑥ 朱长文:《吴郡图经续记》卷下,中华书局编辑部编:《宋元方志丛刊》第1册,北京:中华书局,1990年,第667页上。

稻谷加工工具，在其末期开始出现犁形农具，为此后江南地区史前农业的迅速发展奠定了重要基础。

在距今5 200至4 100年的新石器时代晚期，江南地区进入良渚文化时期，石制农具种类增多，开始复杂化和专门化，出现可能用于破土的三角形犁状器和双翼耘田农具及各类收割农具，并有专门用于戽水和捻河泥的"千篰"农具。与此同时，江南地区还出现了多种农副产品的生产和蚕桑的养殖。①

汉以后的江南农业在《史记·货殖列传》中有明确的记载："楚越之地，地广人希，饭稻羹鱼，或火耕而水耨，果蓏蠃蛤，不待贾而足，地势饶食，无饥馑之患，以故呰窳偷生，无积聚而多贫。是故江淮以南，无冻饿之人，亦无千金之家。"②

有的学者认为，"火耕水耨"是两汉六朝南方水稻生产过程中的两项具体农活。"火耕"有效地抑制了水稻病虫害的发生，又兼有开发荒地的作用；"水耨"是水稻中耕除草的基本方法，不仅实行于两汉六朝，而且为后世沿用。"火耕水耨"与牛耕、插秧法、破塘灌溉技术相结合，在两汉六朝形成南方新的水田耕作方式。其灌溉、整地、插秧、田间管理配套成龙，取代了粗放落后的"刀耕火种"，南方稻作基本上摆脱了原始状态，开始走上精耕细作道路。③《隋书》记载："扬州于《禹贡》为淮海之地，……吴越得其分野，江南之俗，火耕水耨，食鱼与稻，以渔猎为业，虽无积蓄之资，然而亦无饥馁。"④这似乎不太像农业发达之区。

另有学者认为，火耕水耨的自然、社会环境，首先是"地广人稀"，没有条件在稻作生产上投入大量劳动力。又因有"川泽山林之饶"，特别是"江湖之利"，"地势饶食"尤其是"果蓏蠃蛤"等水产品丰富，故"食物常足"，从而也没有必要在稻作生产上投入大量劳动力。火耕水耨最适宜的地区是濒海傍湖的水泽之地和冲积扇状的河谷盆地，这里水源丰富却有季节性涨落，并非长年积水。火耕水耨的稻作农业经营粗放，投入有限，故自然产出低下，这就有必要同时又有条件兼营"渔猎"（以捕鱼为主的水产品采集），以弥补稻作收入之不足，从而形成稻渔并重的产业结构和"民食稻鱼"的食物构成。在这种意义上，"饭稻羹鱼"就不仅仅是一种食物构成，更不是主食和副食的关系，而是一种农渔并重的生产结构所决定的饮食结构。⑤

李根蟠指出，以前人们往往把火耕水耨视为最原始的水田耕作方式，甚至与原始刀耕火种等同起来，当作南方经济落后的主要标志。后来，随着考古发现的增多，人们发现南方上古经济比原来估计的发达得多，于是又有人认为火耕水耨很先进，属精耕细作范畴。这两种看法都失之偏颇。火耕是指播种前用火烧掉田中草莱，水耨是指水稻生长过程中借助水的力量薅除杂草，并使之腐烂。这既不同于适用于旱地的原始刀耕火种，也不是最

---

① 范毓周：《江南地区的史前农业》，《中国农史》1995年第2期，第7页。
② 司马迁：《史记》卷一百二十九，北京：中华书局，1963年，第3270页。
③ 刘磐修：《两汉六朝"火耕水耨"的再认识》，《农业考古》1993年第4期，第121页。
④ 卢熊辑：《苏州府志》卷十六，洪武十二年刻本，第1页上。
⑤ 牟发松：《江南"火耕水耨"再思考》，《中国农史》2013年第6期，第43页。

原始的水田耕作方式。①

火耕水耨不等于精耕细作。精耕细作农业的特点是运用精湛的农艺和投入大量的劳动,在有限的土地上争取尽可能多的收获。火耕水耨恰好相反,以利用以至依赖自然力为特点,土地利用率低、技术简单、劳力投入少,是一种粗放经营的农业,其形成与南方高温多雨、河湖密布、水源比较丰富的自然条件有关,更重要的是与当时南方地广人稀的社会经济条件相适应。一俟人口增多,火耕水耨就会被精耕细作所取代。②

第四节　江南文化的勃兴

孙吴割据江东,一方面从江北带来了大量精英人士,成了这个政权早期的中坚力量;另一方面,孙吴政权培育了大批的江南本地人物,影响达数百年之久。

一、江南的苏北精英

战国时,淮北大部分地区与江南地区先后同属越国、楚国,淮北人向江南移动较为便捷。秦末,在江南地区具有领袖地位的项籍与其叔父项梁是下相(今江苏宿迁)人,项氏叔侄避仇吴中时,"吴中贤士大夫皆出梁下。每有大徭役及丧,梁常主办"③。

名显于江南的淮北人不胜枚举。

东吴政权的鼻祖孙坚,东汉末年担任过盐渎丞、盱眙丞和下邳令。而下邳实为孙坚的发迹之地,黄巾起义时,孙坚集结下邳"乡里少年","又募诸商旅及淮、泗精兵,合千许人",这些人中后来有不少成为东吴政权的骨干。④ 吴主孙权即出生在下邳,其步夫人,本临淮淮阴人,与步骘同族,"宠冠后庭"。⑤ 王夫人,乃琅琊人,其孙孙皓即位后,被追尊为"大懿皇后"。⑥

刘备早年在经济上的靠山麋竺,东海朐人,"祖世货殖,僮客万人,资产巨亿"。先任徐州牧陶谦别驾从事,陶谦卒后,"迎先主于小沛",建安元年(196),吕布袭下邳,虏刘备妻儿。刘备转军广陵海西,麋竺把亲妹嫁给了刘备,并以"奴客二千,金银货币以助军;[先主]于时困匮,赖此复振"⑦。麋竺后来也成了后主刘禅的舅舅。与诸葛亮、法正等共制《蜀科》的伊籍,原为山阳人,先是在荆州依附刘表,后被刘备任命为左将军从事中郎。⑧

东吴早期与武将周瑜齐名的文臣张昭,为彭城人,张"少好学,善隶书,从白侯子安受

---

① 李根蟠:《中国古代农业》,北京:中国国际广播出版社,2010年,第171页。
② 李根蟠:《中国古代农业》,北京:中国国际广播出版社,2010年,第172页。
③ 班固撰:《汉书》卷三十一"陈胜项籍列传第一",北京:中华书局,1964年,第1796页。
④ 陈寿:《三国志》卷四十六"孙破虏讨逆传第一",北京:中华书局,1964年,第1094页。
⑤ 陈寿:《三国志》卷五十"妃嫔传第五",北京:中华书局,1964年,第1198页。
⑥ 陈寿:《三国志》卷五十"妃嫔传第五",北京:中华书局,1964年,第1199页。
⑦ 陈寿:《三国志》卷三十八"许麋孙简伊秦传第八",北京:中华书局,1964年,第969页。
⑧ 陈寿:《三国志》卷三十八"许麋孙简伊秦传第八",北京:中华书局,1964年,第971页。

《左氏春秋》，博览众书。与琅琊赵昱、东海王朗俱发名友善"①。张在汉末来到江南，被孙策任命为长史、抚军中郎将，待以师友礼，"文武之事，一以委昭"。② 张昭长子张承，"少以才学名，与诸葛瑾、步骘、严畯相友善"。后为长沙西部都尉、濡须都督、奋威将军。张承之弟张休，"弱冠与诸葛恪、顾谭等俱为太子登僚友，以《汉书》授登"。③ 步骘，临淮淮阴人，后在东吴任鄱阳太守、交州刺史、立武中郎将、征南中郎将、加拜平戎将军，封广信侯。孙权称帝后，步任骠骑将军，领冀州牧，赤乌年间代理丞相一职。④

严畯，彭城人，"少耽学，善《诗》、《书》、三《礼》，又好《说文》。避乱江东，与诸葛瑾、步骘齐名友善"。他本是鲁肃的最好继承人，但"世嘉其能而以实让"。出使蜀国，"蜀相诸葛亮深善之"。⑤

裴玄，下邳人，"有学行"，官至太中大夫。⑥ 薛综，沛郡竹邑人，黄龙三年（231），任长史，外掌众事，内授书籍，后迁尚书仆射，"所著诗赋难论数万言，名曰《私载》，又定《五宗图述》《二京解》，皆传于世"。⑦ 蔡款，彭城人，"为张承所拔，历位内外，以清名显于当世。后以卫尉领中书令，封留侯"。⑧ 张奋，彭城人，乃张昭弟子，20岁时就发明了一种攻城大车，后封乐乡亭侯。吴展，下邳人，任广州刺史，史称"忠足矫非，清能厉俗，信可结神，才堪干事"。⑨

刘芳，字伯友，彭城丛亭里人。魏文帝时为中书侍郎，授太子经，才思深敏精博。汉代造三字石经于大学，⑩供学者查对。刘芳善音义明辩，释疑解惑，故时人号为"石经"，甚至朝廷有吉凶大事皆向其咨询。尝集《礼记义证》十卷。卒赠镇东将军、徐州刺史。⑪

永嘉年间，北人南来避难。在避难的人群中，其社会阶级亦各互异。南来的上层阶级为晋的皇室及洛阳的公卿士大夫，而在流向东北与西北的人群中，鲜能看到这个阶级中的人物。⑫

刘禹锡诗中所说的"旧时王谢堂前燕"，"王谢"即东晋名臣王导和谢安，前者为琅琊人，后者为陈郡阳夏（今河南太康）人。王导早年参与东海王越军事，被名士们称为"王东

---

① 陈寿：《三国志》卷五十二"张顾诸葛步传第七"，北京：中华书局，1964年，第1219页。
② 陈寿：《三国志》卷五十二"张顾诸葛步传第七"，北京：中华书局，1964年，第1219页。
③ 陈寿：《三国志》卷五十二"张顾诸葛步传第七"，北京：中华书局，1964年，第1224—1225页。
④ 陈寿：《三国志》卷五十二"张顾诸葛步传第七"，北京：中华书局，1964年，第1240页。
⑤ 陈寿：《三国志》卷五十三"张严程阚薛传第八"，北京：中华书局，1964年，第1247页。
⑥ 陈寿：《三国志》卷五十三"张严程阚薛传第八"，北京：中华书局，1964年，第1248页。
⑦ 陈寿：《三国志》卷五十三"张严程阚薛传第八"，北京：中华书局，1964年，第1254页。
⑧ 缪荃孙、冯煦、庄蕴宽、吴廷燮等纂修：《江苏省通志稿》第9册"人物志"（上），南京：江苏古籍出版社，2002年，第834页。
⑨ 缪荃孙、冯煦、庄蕴宽、吴廷燮等纂修：《江苏省通志稿》第9册"人物志"（上），南京：江苏古籍出版社，2002年，第949页。
⑩ 梅守德修：《徐州志》卷十二，嘉靖年间刻本，第28页上。
⑪ 梅守德修：《徐州志》卷十二，嘉靖年间刻本，第28页下。
⑫ 万绳楠整理：《陈寅恪魏晋南北朝史讲演录》，合肥：黄山书社，1987年，第117页。

海",谢安乃诗人李白最为推崇的文人。① 晋惠帝时任荆州刺史的刘弘,原为沛国相人,曾"专督江汉,威行南服"。② 刘惔,沛国相人。其祖父刘宏,字终嘏,光禄勋;刘宏之兄刘粹,字纯嘏,侍中;刘宏弟刘潢,字冲嘏,吏部尚书,三人被时人誉为"洛中雅雅有三嘏"。刘惔曾为丹阳尹,"与王羲之雅相友善"。③

刘锺,彭城人,隆安四年(400),伐孙恩,刘锺从余姚浹口攻句章,"皆摧坚陷阵,每有战功"。④

侨寓常州的刘牢之,彭城人,"沉毅多计划,以破苻坚功累加辅国将军,领晋陵太守。后代王恭都督兖青冀幽并徐扬州之晋陵军事,走海贼孙恩于郁州"。⑤ 镇江王雅,东海郯人,魏卫将军王肃之曾孙,累迁至尚书散骑常侍左仆射,卒赠光禄大夫,仪同三司。⑥ 朱腾,沛人吴国内史。⑦ 刘怀敬,彭城人,以恩授会稽太守。⑧

刘隗,字大连,彭城人,楚元王刘交之后。刘隗少有文翰,起家秘书郎、彭城内史。避乱渡江,与尚书刁协同为晋元帝所宠。拜镇北将军,都督青徐幽平泗州,假节加散骑常侍,率万人镇泗口。⑨

南朝宋高祖武皇帝刘裕,原为彭城绥舆里人。其曾祖刘混迁居江南丹徒县京口里,官至武原令。刘混之子刘靖,官至东安太守,靖子刘翘,即刘裕之父。⑩ 南朝齐太祖萧道成,世居沛地,乃萧何之后,因中土战乱,举家迁居武进县东城里。⑪

南朝宋时,在杭州出任过最高官职的有彭城人刘道真、刘延孙。⑫ 刘延孙,祖籍彭城,世居京口,累官至金紫光禄大夫,领太子詹事,南徐州刺史,尚书左仆射护军将军。卒赠司徒,给班剑20人,谥文穆。⑬

南朝齐时,出任过杭州地方最高官职的有东海人王沉、王僧孺。⑭

宋文帝时,丹阳尹何尚之雅好文义,立学聚生徒。海州人徐秀与庐江何昙黄等六人慕道来游,谓之"南学"。⑮ 王谌,字仲和。宋明帝时为司徒参军,兼中书舍人,"有学义甚见

---

① 缪荃孙、冯煦、庄蕴宽、吴廷燮等纂修:《江苏省通志稿》第9册"人物志"(上),南京:江苏古籍出版社,2002年,第834页。
② 房玄龄等撰:《晋书》卷六十六"列传第三十六",北京:中华书局,1974年,第1766页。
③ 房玄龄等撰:《晋书》卷七十五"列传第四十五",北京:中华书局,1974年,第1990页。
④ 杨泰亨:《光绪慈溪县志》卷五十五,光绪五年刊本,第3页上。
⑤ 于琨修:《常州府志》卷二十一,康熙三十四年刻本,第2页下。
⑥ 脱因修:《至顺镇江志》卷十八,道光二十二年丹徒包氏刻本,第19页下—20页上。
⑦ 郑澐修:《乾隆杭州府志》卷六十二,乾隆四十九年刻本,第9页上。
⑧ 施宿撰:《嘉泰会稽志》卷二,嘉庆十三年刊本,第16页下。
⑨ 梅守德修:《徐州志》卷十二,嘉靖年间刻本,第14页下。
⑩ 沈约撰:《宋书》卷一"本纪第一·武帝上",北京:中华书局,1974年,第1页。
⑪ 萧子显撰:《南齐书》卷一"本纪第一·高帝上",北京:中华书局,1974年,第1页。
⑫ 郑澐修:《乾隆杭州府志》卷六十三,乾隆四十九年刻本,第9页上,第2页上。
⑬ 脱因修:《至顺镇江志》卷十八,道光二十二年丹徒包氏刻本,第20页上。
⑭ 郑澐修:《乾隆杭州府志》卷六十三,乾隆四十九年刻本,第9页上,第2页下。
⑮ 张峰纂修:《海州志》卷七,隆庆年间刻本,第9页下。

亲",并屡对宋明帝进谏。① 徐湛之,字孝源。永初三年封枝江县侯。② 及长,颇涉文义,善尺牍。居官,政令俱肃,威惠并行。出为兖州刺史,后官至尚书仆射。③

东海人何长瑜,与谢灵运、族弟何惠连、颍川荀雍、太山羊璿之常以文章赏会,共为山泽之游,时人谓之"四友"。④

东海人何承天,以博学闻名。宋文帝时,张永掘挖南京玄武湖,遇古冢,得铜斗,柄上有文字。文帝以访朝士。何承天答:"此亡新威斗,三公亡,皆赐之。一在冢外,一在冢内。时三台居江左者,唯甄邯为大司徒,必邯之墓。"⑤不久,张永又从墓中再得一斗,检视铭文,果如何承天所说。宋文帝访群臣捍御之策,何承天上《安边论》。著有《礼论》300卷,改定嘉元历,改漏刻,皆传于世。⑥

何逊,何承天曾孙。八岁能赋诗,弱冠举州秀才。南郡范云见其对策,大相称赏,称:"顷观文人质,则过懦丽,则伤俗。其能含清浊中,古今见之,何生矣。"沈约亦爱其才华。⑦ 何朗,早有才思,周舍每与谈论,服其精理。尝为败冢赋,拟庄周马棰,其文甚工。⑧ 何思澄,字符静,少勤学,工文。为《游庐山诗》,沈约见之,大相称赏。与宗人何逊及子何朗,俱擅文名。时人语称:"东海三何,子朗最多。"⑨

南齐垣崇祖,下邳人,齐明帝时为辅国将军,北琅琊、兰陵二郡太守。⑩ 彭城人刘俊,元徽间,"除黄门侍郎,行吴郡事"。⑪ 徐勉,东海郯人,孝嗣之族,射策举高第,补西阳王国侍郎,迁太学博士。仕至特进右光禄大夫,卒赠开府,仪同三司。⑫

王僧孺,好坟籍,聚书至万卷。为文逸丽,多用新事,世重其富博。⑬

南朝梁武帝萧衍,与萧道成同宗同籍。⑭ 南梁刘孺,彭城人,少聪敏,叔父瑱为义兴郡携之官,每谓客曰:"吾家明珠也。"大同中守吏部尚书,为晋陵太守。⑮ 何远,东海人,释褐江夏王国侍郎,仕梁为步兵校尉,历武昌、宣城、东阳三郡太守。"所至皆生为立祠,其清公

---

① 张峰纂修:《海州志》卷七,隆庆年间刻本,第9页上。
② 张峰纂修:《海州志》卷七,隆庆年间刻本,第9页下。
③ 张峰纂修:《海州志》卷七,隆庆年间刻本,第10页上。
④ 张峰纂修:《海州志》卷七,隆庆年间刻本,第10页下。
⑤ 张峰纂修:《海州志》卷七,隆庆年间刻本,第10页下。
⑥ 张峰纂修:《海州志》卷七,隆庆年间刻本,第11页上。
⑦ 张峰纂修:《海州志》卷七,隆庆年间刻本,第11页上。
⑧ 张峰纂修:《海州志》卷七,隆庆年间刻本,第11页下。
⑨ 张峰纂修:《海州志》卷七,隆庆年间刻本,第11页下。
⑩ 缪荃孙、冯煦、庄蕴宽、吴廷燮等纂修:《江苏省通志稿》第9册"人物志"(上),南京:江苏古籍出版社,2002年,第835页。
⑪ 冯桂芬纂:《苏州府志》卷五十二,光绪九年刊本,第6页下。
⑫ 脱因修:《至顺镇江志》卷十八,道光二十二年丹徒包氏刻本,第21页上。
⑬ 张峰纂修:《海州志》卷七,隆庆年间刻本,第12页上。
⑭ 姚思廉撰:《梁书》卷一"本纪第一·武帝上",北京:中华书局,1973年,第1页。
⑮ 刘广生修:《常州府志》卷十,万历四十六年刻本,第9页上。

为天下第一。"①王琳,累官至明威将军、东阳太守,召为司徒左长史。② 徐伯阳,东海人,试策高第梁侯官,令陈新安王府咨议,参军事。徐陵,东海郯人,梁大通二年稍迁尚书度支郎,出为上虞令。

刘孝绰,彭城人,七岁能属文,舅王融称为神童。起家著作郎,尝侍梁武帝宴,作诗七首,帝篇篇叹赏,授秘书丞。谓周拾曰:第一官当知用第一人,故以孝绰居此职,迁散骑常侍,坐免复起,为秘书监。刘孝绰辞藻为时所宗,流闻河朔。弟刘潜,字孝仪,幼孤,兄弟相勖以学。梁天监五年举秀才,累迁尚书左丞,兼御史中丞。在职多所弹纠,无或顾望。③

刘毅,字仲宝,彭城人。儒雅博洽,善辞翰,随湘东王在藩十余年,宠寄甚深。当时文檄,皆其所为。位至吏部尚书,国子祭酒。④

苏州历史名人中的苏北人有东海人麋豹,为吴郡太守,永兴二年(305)建吴泰伯庙于阊门外,曾按行属城问功曹唐景风俗所尚,景答:"处家无不孝之子,立朝无不忠之臣。文为儒宗,武为将帅。时人以为善言。"⑤下邳良成人徐参,曾任吴郡太守。⑥ 下邳人吴展,"忠足矫非,清足厉俗,信可结神,才堪干世仕"。⑦

在绍兴担任过最高行政官的有汉代淮浦人陈瑀,⑧南朝宋琅琊人颜峻,⑨彭城庐陵王义真,东海郯人徐羡之,彭城人彭城王刘义康,彭城人始兴王刘浚,彭城人江夏王刘义恭,彭城人庐陵王刘绍⑩。

二、江南本土文化精英的崛起

白孔六帖曰:"士人以氏族相尚,虽从古有之,然未尝著盛。自魏氏取前世仕籍,定以博陵崔、范阳卢、陇西李、荥阳郑为四族。唐高宗时又增太原王、清河崔、赵郡李,通谓七姓。然地势相倾,更相非诋,各自著书,盈编连简,殆数十家。至于朝廷为之,置官撰定,而流俗所徇,煽以成俗,虽国势不能排夺。陇西李氏乃皇族,亦且列在第二,其重族望如此。"⑪

东晋时,北方士族王、谢两族具有无与伦比的地位,但江南本地豪族顾、陆、朱、张也具备分享皇权的势力。《王弇州集》曰:"江左门高,故称王谢,其次则顾朱张。淮北则推崔、卢、李、郑。崔浩宗虽灭,而贵不衰。陇西之李居次,唐文皇以人主之势发愤,而望不盖江

---

① 脱因修:《至顺镇江志》卷十八,道光二十二年丹徒包氏刻本,第21页上。
② 脱因修:《至顺镇江志》卷十八,道光二十二年丹徒包氏刻本,第21页上。
③ 梅守德修:《徐州志》卷十二,嘉靖年间刻本,第24页下。
④ 梅守德修:《徐州志》卷十二,嘉靖年间刻本,第31页上—下。
⑤ 卢熊辑:《苏州府志》卷二十一,洪武十二年刊本,第3页下。
⑥ 卢熊辑:《苏州府志》卷二十一,洪武十二年刊本,第3页下。
⑦ 卢熊辑:《苏州府志》卷二十一,洪武十二年刊本,第5页下。
⑧ 李亨特总裁:《乾隆绍兴府志》卷二十五,乾隆五十七年刊本,第9页上。
⑨ 李亨特总裁:《乾隆绍兴府志》卷二十五,乾隆五十七年刊本,第11页上。
⑩ 李亨特总裁:《乾隆绍兴府志》卷二十五,乾隆五十七年刊本,第11页下。
⑪ 王圻纂辑:《续文献通考》卷二百零七,万历三十一年刻本,第14页下—15页上。

左,见并于隋。故王谢少减,琅琊之王初,在太原上,而隋唐之际,太原渐贵,至宋益贵,是亦乘除之数也。虽然谢安得比王,王自琅琊、太原,为周灵王太子后。"①

屠隆写道:"先王之世,最重宗盟,则以敦睦,展亲义之所出也。古者如姬水大岳、神尧、李耳,必推其自袭神明之器,婴天人之宝,弹压神州,光起荣烈,恒必由之。魏晋以来,益重门伐矣。崔、卢、王、谢、顾、陆、朱、张,其在江左,代号巨宗,门寒地贱者,即身都将相,朱紫赫煜,而退而不敢与齿,必也求之芝草醴泉之云,无乃固哉。然而乌衣之胤,世有门风文藻器具,亦在所染也。则宗盟之关乎人不鲜小矣。"②

《吴录·士林》曰:"吴郡有顾、陆、朱、张,三国之间,四姓盛焉。"③《世说新语》称:"吴四姓旧目云:张文、朱武、陆忠、顾厚。"④《御定渊鉴类函》:"郭樊阴马,顾陆朱张。"⑤《浙江按察使陆君墓志铭》:"吴中以顾、陆、朱、张为四大姓,而陆氏人才尤盛,盖自汉、三国、六朝迄唐、宋,见于史传者,多至数百人。"⑥后人《送友》:"吴闻自昔称繁盛,顾陆朱张夸大姓。连云甲第富笙歌,酒香花气交相映。"⑦

张氏张翰,字季鹰,吴郡吴人也。父张俨,做过孙吴大鸿胪。张翰"有清才,善属文",时人号为"江东步兵"。会稽贺循赴洛阳途经苏州阊门,于船中弹琴。张翰"初不相识,乃就循言谭,便大相钦悦"。于此可见张翰精通音乐。齐王司马冏辟张翰为大司马东曹掾。张翰因见秋风起,乃思吴中菰菜、莼羹、鲈鱼脍,称:"人生贵得适志,何能羁宦数千里以要名爵乎!"遂回归故里。著《首丘赋》,"其文笔数十篇行于世"。⑧

晋泰始五年(吴建衡元年),陆逊族子陆凯在上吴主孙皓的疏中,公然指责:"先帝外仗顾、陆、朱、张,内近胡综、薛综,是以庶绩雍熙,邦内清肃。今者外非其任,内非其人,陈声、曹辅,斗筲小吏,先帝之所弃,而陛下幸之,是不遵先帝八也。"⑨由此可见陆氏等在朝廷中的实力。

陈寅恪指出,孙吴政权是由汉末江东地区的强宗大族拥戴江东地区具有战斗力之豪族,即当时不以文化见称的次等士族孙氏,借其武力,以求保全,从而组织起来的政权。故孙吴政治社会的势力完全操在地方豪族之手,孙吴与西晋施政之道又有类似之处。⑩江东有文化的名家顾、陆、朱、张等姓和不以文化见称的次等士族孙氏的结合,便形成孙吴政权。⑪北来上层社会阶级多在首都建业从事政治活动,然而殖产兴利,进行经济的开发,

---

① 王圻纂辑:《续文献通考》卷二百零七,万历三十一年刻本,第15页上。
② 屠隆撰:《白榆集》卷二,万历年间龚尧惠刻本,第18页上—下。
③ 章宗源撰:《隋经籍志考证》卷一,湖北崇文书局光绪元年刻本,第12页下。
④ 王义庆撰:《世说新语》卷中之下,袁氏嘉趣堂明代刊本,第17页下。
⑤ 张英撰:《御定渊鉴类函》卷二百八十五,四库全书本,第26页上。
⑥ 王昶撰:《春融堂集》卷五十六,塾南书舍嘉庆十二年刻本,第16页下。
⑦ 释晓青:《高云堂诗集》卷三,康熙年间释道立刻本,第7页上。
⑧ 房玄龄等撰:《晋书》卷九十二,北京:中华书局,1974年,第2384页。
⑨ 司马光编,严衍补:《资治通鉴补》卷七十九,光绪二年活字印本,第14页下。
⑩ 万绳楠整理:《陈寅恪魏晋南北朝史讲演录》,合肥:黄山书社,1987年,第26页。
⑪ 万绳楠整理:《陈寅恪魏晋南北朝史讲演录》,合肥:黄山书社,1987年,第29页。

则在会稽、临海之间的地域。这一带区域也是北来上层社会阶级居住之地。上层阶级的领袖王、谢诸家,之所以需要到会稽、临海之间来求田问舍,是因为新都近旁既无空虚之地,京口晋陵一带又为北来次等士族所占有,至若吴郡、义兴、吴兴等郡,都是吴人势力强盛的地方,不可插入。故唯有渡过钱塘江,至吴人士族力量较弱的会稽郡,转而东进,求经济之发展。①

苏南本地士人也多研读经书。像东汉皋弘,与桓荣俱习《欧阳尚书》;陆琏在梁天监四年诏开五馆,建立国学,总以五经教授置五经博士各一人,以陆琏及平原明山宾、吴兴沈峻,建平严植之、会稽贺玚补博士各主持一馆。② 陆庆,"少好学,遍通五经,尤明《春秋左氏传》,节操甚高"③。

三、顾野王学术成就

顾野王乃三国时吴国顾融之后,顾融有顾向、顾淑两子。长子顾向(字尊道)是一个饱学之士,精通卜筮,声名遍布江南,曾经出任过孙权的四任县令,政绩较好,被任命为前将军和尚书、屯田郎。顾向有二子,大儿子是三国东吴名相顾雍,小儿子顾徽。顾向的弟弟顾淑(字以平)曾任孙吴的西曹掾,有一子,名顾悌,字子通。顾雍生三子,长子顾邵,早卒,次子顾裕有笃疾,少子顾济,无后。顾裕的儿子顾苏,字彦先,仕吴,官黄门侍郎,在晋历显位。顾徽的四世孙顾和,顾悌之孙顾众(顾祕之子),官至尚书仆射。顾融十二世孙顾子乔,曾任梁东中郎武陵王府参军事。十三世孙顾烜,曾任临贺王记室,兼本郡五官掾,以儒术知名于世,曾任建安知府,多善政。顾野王便是顾烜的儿子,陈朝时官至黄门侍郎。顾野王是顾氏的第三十世孙、顾融的十四世孙,以才华闻名于世,被誉为顾氏家族的"中兴之祖"。④

顾野王幼好学,七岁读《五经》,九岁能属文。曾创《日赋》,领军朱异对此非常欣赏。十二岁,随父到建安,撰《建安地记》两篇。成年后遍观经史,精记默识,天文地理,蓍龟占候,虫篆奇字,无所不通。宣城王为扬州刺史,顾野王与琅琊王褒同为宾客。顾野王还善画,宣城王令顾野王画古贤,命王褒书赞,时人称为"二绝"。

陈天嘉(560—566)中,顾野王敕补撰史学士。太建(569—582)中,为太子率更令,寻领大著作,掌国史,知梁史事。后为黄门侍郎,光禄卿,知五礼事。卒后赠秘书监、右卫将军。

顾野王的撰述有《玉篇》30卷,《舆地志》30卷,《符瑞图》10卷,《顾氏谱传》10卷,《分野枢要》1卷,《续洞冥记》1卷,《玄象表》1卷,当时皆得刊行。另拟撰《通史要略》100卷,《国史纪传》200卷,未成而卒。有《文集》20卷。⑤

---

① 万绳楠整理:《陈寅恪魏晋南北朝史讲演录》,合肥:黄山书社,1987年,第118—119页。
② 卢熊辑:《苏州府志》卷第三十七,洪武十二年刻本,第1页上。
③ 卢熊辑:《苏州府志》卷第三十七,洪武十二年刻本,第2页上。
④ 李嘉球:《江南顾氏与光福》,《江苏地方志》2011年第3期,第51页。
⑤ 李延寿撰:《南史》卷六十九,北京:中华书局,1975年,第1688—1689页。

顾氏对《说文》有相当精深的研究，尤其是他时处6世纪中叶，比起《说文》名家南唐徐铉、徐锴兄弟，早了400多年，比段玉裁更早了1200多年，其研究成果可说是今存最早的《说文》研究，在中国文字学史、中国辞书学史尤其是《说文》学史上应给予很高的评价，使之占有重要的一席之地。①

顾野王针对南北朝时期汉字字数增加、隶变之后"今古殊形"所导致的文字使用讹误或不规范的现象，运用统筹规划、全面观照的编辑思想，创立了字典"异部同文"的参见法，利用缜密、独到的编辑眼光，首创工具书编纂中最早的"编者按语"——野王案，使用精巧的编辑技艺，开创了我国辞书设立附录的先河，从而，既造就了字典编纂史上承前启后的《玉篇》，也成就了一位名垂千古的智慧编者。②

三、曹弗兴、顾恺之的绘画艺术

孙吴时期，除胸怀韬略的政治人物、精通武艺的军人剑客，还有大量的诗人、艺术家等。

三国时，寓居金陵的吴郡吴兴人曹弗兴以善画著称，"作人物，衣纹皱绉"。有画家谓："曹衣出水，吴带当风。"③曹弗兴曾为孙权画屏风，"误落笔点素，因就成蝇状。权疑其真，以手弹之"。曹画被时人称为吴国"八绝"之一。传说赤乌(238—251)中，曹不兴游清溪，看见赤龙出水，遂画下献给孙皓，孙皓命送秘府。至南朝宋朝，吴人陆探微见画仍然为之叹服，前往清溪，仍能看见那条龙。宋时干旱，"乃取不兴龙置水上，应时蓄水成雾，累月滂霈"。④

谢赫评价："不兴之迹，代不复见，秘阁内一龙头而已。观其风骨，擅名不虚，在第一品。"⑤

东晋时南渡规模变大，北方士人纷纷南迁。战争的频繁、远离故土的情怀，使两汉以来汉人在北方形成的价值观发生了改变。崇尚自然、追求自由、乐山爱水成为士人的时尚，诗文书画方面也体现了更多的自然情趣。在绘画方面，最受推崇的是无锡人顾恺之。顾恺之在东晋即享誉画坛。东晋以后，更见盛隆。20世纪初，学者更对其进行了大量的学术研究。于其灼、傅抱石、马采、金维诺、温肇桐、朱狄、陈兆复、郑为、黄纯尧、王泷、吴焯、伍蠡甫、黄维中、杨新、方闻、巫鸿、尹吉男、石守谦、陈葆真，以及日本学者秋山光夫、堂谷宪勇、泷精一、伊势专一郎、金原省吾、古原宏伸等相继对顾恺之的生平、画迹、画论等做过探究。⑥

顾恺之，字长康。父亲顾悦之，为尚书左丞。顾恺之博学有才气，曾作《筝赋》，自称：

---

① 姚永铭：《顾野王之〈说文〉研究索隐》，《古汉语研究》2002年第1期，第27页。
② 李慧贤、李慧玲：《试论顾野王〈玉篇〉的编纂思想与贡献》，《编辑之友》2013年第5期，第112页。
③ 陈梦雷：《古今图书集成·艺术典》七百五十九卷"画部汇考十一"，雍正年间刊本，第28页下。
④ 张彦远撰：《历代名画记》卷四，明代汲古阁刻本，第5页下。
⑤ 张彦远撰：《历代名画记》卷四，明代汲古阁刻本，第5页下。
⑥ 邹清泉：《顾恺之研究述论》，《美术学报》2011年第2期，第15—22页。

"吾赋之比嵇康琴,不赏者必以后出相遗,深识者亦当以高奇见贵。"顾恺之曾为桓温大司马参军,深受桓温喜爱。桓温去世后,顾恺之拜其墓,赋诗:"山崩溟海竭,鱼鸟将何依!"①

顾恺之生性幽默,故即使是惜墨如金的正史也为之留下许多轶事。顾为殷仲堪参军,向殷仲堪借布帆,至破冢被风刮坏。顾恺之写信给殷仲堪:"地名破冢,真破冢而出。行人安稳,布帆无恙。"有人请他描绘会稽山川景况,顾恺之脱口而出:"千岩竞秀,万壑争流。草木蒙笼,若云兴霞蔚。"顾恺之曾与桓玄、殷仲堪共作了语。顾恺之先说:"火烧平原无遗燎。"桓玄对:"白布缠根树旒旐。"殷仲堪出:"投鱼深泉放飞鸟。"又作危语。桓玄曰:"矛头淅米剑头炊。"殷仲堪曰:"百岁老翁攀枯枝。"有一参军插言:"盲人骑瞎马临深池。"殷仲堪眇目,认为此语有侮人之意,故言:"此太逼人!"顾恺之食甘蔗,每次从尾部吃起,有人以之为怪,他则认为是"渐入佳境"。②

义熙(405—418)初,顾恺之为散骑常侍,与谢瞻连省,作月夜长咏,谢瞻每予夸赞,顾恺之就会极为兴奋。谢瞻前去睡眠,令人代己,顾恺之竟不觉有异。且顾尤信小术。桓玄曾捉弄他,送一片柳叶给他,称:"此蝉所翳叶也,取以自蔽,人不见己。"顾恺之竟大喜,信以为真,以为别人已看不见他,当作珍宝收藏。顾曾喜欢一邻家女郎,"挑之弗从,乃图其形于壁,以棘针钉其心,女遂患心痛。恺之因致其情,女从之,遂密去针而愈"。③ 此事恐怕又系顾恺之自作聪明,反为邻女所捉弄。

顾恺之曾把自己珍藏的画置椟中寄给桓玄,桓玄从椟后开洞窃取画,再缄闭如原状归还他,并声称没有打开过。顾恺之"见封题如初,但失其画,直云妙画通灵,变化而去,亦犹人之登仙,了无怪色"。④

顾恺之喜欢嵇康的四言诗,并为之作画,常云:"手挥五弦易,目送归鸿难。"史称,顾恺之"尤善丹青,图写特妙,谢安深重之,以为有苍生以来未之有也。恺之每画人成,或数年不点目精。人问其故,答曰:'四体妍蚩,本无阙少于妙处,传神写照,正在阿堵中。'"顾犹擅长画人,妙绝于时,并善于设置不同的背景。曾为裴楷画像,颊上加三根毛,"观者觉神明殊胜"。又把谢鲲像画在石岩里,云:"此子宜置丘壑中。"曾主动为殷仲堪画像,殷仲堪因有目病固辞。顾恺之说:"明府正为眼耳,若明点瞳子,飞白拂上,使如轻云之蔽月,岂不美乎!"殷仲堪听从了他的话。⑤

顾恺之曾于金陵瓦官寺北殿画维摩诘,画毕,"光耀月余日"。《京师寺记》载:"兴宁中,瓦官寺初置,僧众设会,请朝贤鸣刹注钱。其时士大夫莫有过十万者。既至长康,长康直打刹注百万。长康素贫,众以为大言。后寺众请勾疏,长康曰:'宜备一壁。'遂闭户往来一月余日,所画维摩诘一躯。工毕,将欲点眸子,乃谓寺僧曰:'第一日见,请施十万;第二日可五万,第三日可任例责施。'及开户,光照一寺,施者填咽,俄而得百万钱。"⑥

---

① 房玄龄等撰:《晋书》卷九十二,北京:中华书局,1974年,第2404页。
② 房玄龄等撰:《晋书》卷九十二,北京:中华书局,1974年,第2404—2405页。
③ 房玄龄等撰:《晋书》卷九十二,北京:中华书局,1974年,第2405页。
④ 房玄龄等撰:《晋书》卷九十二,北京:中华书局,1974年,第2405页。
⑤ 房玄龄等撰:《晋书》卷九十二,北京:中华书局,1974年,第2405页。
⑥ 李昉等奉敕撰:《太平御览》卷七百五十一,北京:中华书局,1995年,第3333页上。

李德裕镇浙西时,创立甘露寺,"取管内诸寺画壁,置于寺内。大约有顾恺之画《维摩诘》,在大殿外西壁"。①

俗传顾恺之有三绝:才绝,画绝,痴绝。所著文集及《启蒙记》行于世。② 现传为顾恺之的作品有《洛神赋图》《列女仁智图》《女史箴图》③《司马宣王像》《谢安像》《刘牢之像》《桓元像》《列仙图》《唐僧会像》《沅湘像》《三天女像》《八国分舍利图》《木鴈图》《水府图》《庐山图》《樗蒲会图》《行龙图》《虎啸图》《虎豹杂鹜图》《凫鴈水洋图》。④

谢赫《画品》论江左画家:"吴曹弗兴、晋顾长康、宋陆探微等上品,余皆中下品。恺之能连五十匹绢,画一像,使心运手,须臾成,头面手足、胸臆肩背无遗失尺度,此其难也。"⑤

唐张彦远《画工揭写》:"江南地润无尘,人多精艺。三吴之迹,八绝之名,逸少右军、长康散骑,书画之能,其来尚矣。"⑥"遍观众画,惟顾生画古贤得其妙理。对之令人终日不倦,凝神遐想,妙悟自然,物我两忘,离形去智,不亦臻于妙理哉!"⑦

顾恺之曾经总结:"画人物最难,次山水,次狗马。台阁,一定器耳,差为易也。"⑧此论深为后人推重。《宣和论画》称:"画人物最为难工,虽得其形似,往往乏韵。故自吴晋以来,号为名手者,才得三十三人。其卓然可传者,则吴之曹弗兴,晋之卫协,隋之郑法士,唐吴道元、郑虔、周昉,五代赵才、王商,宋李公麟,彼虽笔端无口,而尚论古之人,至于品流之高下,一见而可以得之者也。"⑨传神论是顾恺之绘画思想的核心,这是魏晋玄学流行尤其是人物识鉴影响的结果。他的《魏晋胜流画赞》以"神"为首的创作思想贯穿其中。他提出的"以形写神"说,首要是强调眼睛的重要,还要写出"骨相",要营造环境。顾氏又倡"迁想妙得论",其创作思想与魏晋以来的学术思想密不可分。⑩

---

① 陈梦雷:《古今图书集成·艺术典》第七百五十一卷"画部彙考三",雍正年间刊本,第 57 页下—58 页上。
② 房玄龄等撰:《晋书》卷九十二,北京:中华书局,1974 年,第 2406 页。
③ 陈池瑜:《顾恺之〈论画〉〈魏晋胜流画赞〉的史学价值及文题辨析》,《美术研究》2011 年第 3 期,第 48 页。
④ 陈梦雷:《古今图书集成·艺术典》第七百五十卷"画部汇考二",雍正年间刊本,第 21 页下—22 页上。
⑤ 许嵩撰:《建康实录》卷八,清代抄本,第 39 页下。
⑥ 秦祖永评辑:《画学心印》卷一,光绪四年刻朱墨套印本,第 23 页上。
⑦ 秦祖永评辑:《画学心印》卷一,光绪四年刻朱墨套印本,第 23 页下。
⑧ 李昉等奉敕撰:《太平御览》卷七百五十一,北京:中华书局,1995 年,第 3333 页上。
⑨ 郑绩:《梦幻居画学简明》卷二,梦幻居同治三年刻本,第 2 页上—下。
⑩ 邓乔彬:《论顾恺之的绘画思想》,《华东师范大学学报(哲学社会科学版)》2001 年第 2 期,第 117—124 页。

第五章　隋唐时江南苏北文化的平行发展

隋灭陈,统一全国后,一方面,江南作为南朝旧地,隋统治者对之采取了一定的打压政策;另一方面,六朝以后,江南的社会生产已经发展起来,统治者对这里的财赋极为倚重,需要采取一定的羁縻手段。因此,江南的社会经济在隋唐时仍获得了重大发展。国家的统一,使原来处于战争中心地区的苏北获得了和平发展的契机,"走千走万,比不上淮河两岸",是隋唐时淮河地方经济的真实写照。江南、苏北均成为鱼米之乡。

隋开皇三年,秘书监牛弘表请分别派遣专人搜访异本。每书一卷,赏绢一匹,校写完毕,即归还原主。但这些书纸墨不精,拙恶不堪。为此,朝廷专门组织编目,补续残缺,缮为正副二本,藏于宫中,其余则充实秘书内、外之阁,达3万余卷。隋炀帝即位,秘阁之书,限写50个副本,分为上、中、下三品,上品红琉璃轴,中品绀琉璃轴,下品漆轴,在洛阳观文殿东西厢建屋贮藏。又汇聚曹魏以来的古迹名画,在观文殿后建筑二台:东侧的妙楷台,用来收藏古迹;西侧的宝迹台,用来收藏古画。又在内道场集道经和佛经,分别编撰目录。[①] 这对于文化的恢复具有一定的推动作用。

第一节　隋代的政治变革与文化发展

作为关陇集团的隋朝统治者,在统一全国后,一方面采取了许多政治经济措施,发展社会生产;另一方面,对江南的社会精英采取打压政策,增加了大量的治理成本。

一、隋统一后的政治变革

隋文皇帝杨坚,小字那罗延,弘农华阴人,其先祖据说是汉太尉杨震。杨震八世孙杨铉做过燕国北平太守,生子杨元寿,后魏时为武川镇司马。杨元寿玄孙杨忠仕魏及周,封隋公。杨忠即杨坚的父亲,杨坚嗣父爵为隋公。[②]

隋文帝本人属于关陇豪族,但生母吕氏为山东平民。隋朝建立之后,在政治体制上进行了划时代的改革,废除九品中正制,开创三省六部制、科举制,在中国历史上影响卓著。

隋建立之初,在思想文化领域面临着严峻的挑战。体现汉族儒家思想文化传统与核心的纲常伦理思想,由于长期以来受到各少数民族思想文化和风俗习惯的冲击而削弱。南朝世族既有垄断思想文化的特殊地位,又以其衣冠礼乐鄙视北朝,形成了思想文化上的

---

① 魏徵等撰:《隋书》卷三十二,北京:中华书局,1982年,第908页。
② 叶澐撰:《纲鉴会编》卷四十六,康熙年间刻本,第1页下。

优越感。①

杨坚称帝伊始，便标榜汉儒的思想、价值观念、礼仪习俗等，展开了一系列文化攻势，以树立自己的正统形象和正统地位。南北朝时期，儒、佛、道三教斗争激烈，统治者或灭佛兴道，或舍道崇佛，或同时抑制佛道，宗教政策波动不定。到隋唐时期，终于形成三教鼎立的局面。统治集团为适应政治上的大一统局面，及时调整了思想文化上的政策，改变了以往独尊一教的格局，实行三教并用的政策。以儒学为正宗、三教并用的政策始于隋文帝。隋王朝建立以后，隋文帝杨坚从巩固中央集权和统一大业的着眼点出发，恢复了传统的以"儒学为本"的宗旨，巩固儒家思想在文化领域内的主导地位。②

隋文帝即位后，同时大力实行扶植和提倡佛教的政策，即位的当年，下令听任天下百姓出家，在各地营建寺庙，修塑佛像，缮写佛经。开皇二十年（600）下令：凡有和尚、道士毁坏释迦牟尼或元始天尊像者，一般百姓破坏道、佛及其他各种神像者，一律处死。仁寿年间（601—604）又在全国范围内大搞送舍利、建佛塔活动。开皇五年（585），杨坚在大兴殿举行受戒仪式，成为"皇帝大檀越""法轮王"。他既是皇帝，又是佛界领袖，政教集于一身。杨坚对道教思想中追求一体的理念很欣赏，因为这与佛教一不可分的思想和儒家大一统的观念相吻合，特别适合重新建立全国统一大业，巩固封建专制统治的需要。为了表示对道教的关心和重视，杨坚下令保护元始天尊像，在安徽老子的"出生地"树碑纪念，并令政府官员在现场调查历史遗迹，建造新祠。对学有专长的道士，杨坚也加以提拔，让他们发挥才干，为新政权服务。第一部隋历就是由道士张宾制定的。③

杨坚代周后，开始阶段，主要依恃鲜卑武川军事集团和关陇汉族豪强，对江南士人则极为轻视。苏威称："江南人有学业者，多不习世务；习世务者，又无学业。能兼之者，不过柳庄。"④因而对江南士族实行打压政策。

隋文帝统一了全国，却没有有效地巩固这种统一，关键是未能根据江南数百年发展之后的新情况，采取相应的措施，而急于将中央政权的政策法令施行于刚刚统一起来的每一个地区，这些政策法令在很大程度上又是基于关陇地区的政治历史情况形成的。全国统一后，西魏、北周官爵仍可庇荫后代，而江南人士却无缘参与隋朝大政。从收缴兵器的地域看，也表现出明显的居关中以临四方的"关中本位政策"，在江南实行的武力控制，在获得对江南政治上的占有时，却增加了江南豪族势力的离心倾向。⑤

据《北史》："寻令持节巡抚江南，得以便宜从事。过会稽，逾五岭而还。江表自晋已来，刑法疏缓，代族贵贱，不相陵越。平陈之后，牧人者尽改变之，无长幼悉使诵五教。［苏］威加以烦鄙之辞，百姓嗟怨。使还，奏言江表依内州责户籍。上以江表初平，召户部

---

① 王大建：《隋代文化政策的调整与改革》，《文史哲》1995 年第 3 期，第 32—35 页。
② 郑师渠主编，王永平分册主编：《中国文化通史》（隋唐五代卷），北京：北京师范大学出版社，2009 年，第 13 页。
③ 王大建：《隋代文化政策的调整与改革》，《文史哲》1995 年第 3 期，第 32—35 页。
④ 李延寿撰：《北史》卷七十，北京：中华书局，1974 年，第 2444 页。
⑤ 何德章：《隋文帝对江南的控制及其失策》，《西南师范大学学报（哲学社会科学版）》1993 年第 2 期，第 78 页。

尚书张婴,责以政急。时江南州县又讹言欲徙之入关,远近惊骇。饶州吴世华起兵为乱,生脔县令,啖其肉。于是旧陈率土皆反,执长吏,抽其肠而杀之,曰:'更使侬诵五教邪!'寻诏内史令杨素讨平之。"①

据佛教典籍记载:"开皇十一年(591),江南叛反,王师临吊,乃拒官军。羽檄竞驰,兵声逾盛。时元帅杨素整阵南驰,寻便瓦散,俘虏诛剪三十余万。"②此事若非夸张,大概是历史上北人对南人第一次规模较大的屠杀了。由于江南崇信佛教,僧侣自然在打击之列,吴郡僧人释真观"名声昌盛,光扬江表",隋军"谓其造檄,不问将诛,既被严系,无由申雪"。③

作为一代奋发有为的开国君主,隋文帝从南方的反抗运动中深刻认识到南北社会的巨大差异,开始承认江南社会的特点,在维护国家统一和政治服从的前提下,适当作出让步,允许南方地区在一定程度上保持其原有的生产生活方式,甚至组织形式,容忍多样性社会的存在。炀帝时代,文帝的怀柔政策得到继承并有所发展,江南的地位大有提高。在怀柔政策下,江南社会的特质在相当程度上得到保存,隋朝在北方实行的政策制度,例如与江南社会生产方式相去甚远的均田制等,看不到有在南方实施的迹象与证据。隋朝江南政策转变,是隋朝对异质社会的宽容。这种结果,是文帝在平陈后威望隆重以及由此而来的政治自信。他表现出令人意外的耐心,务实地把南北两种社会的磨合作为长期任务,逐步加以解决。④

二、武烈帝文化溯源

隋时,有常州陈仁杲,后被祀封为武烈帝。

据唐天宝中龙兴寺沙门德宣所撰《隋司徒陈公舍宅造寺碑》:陈杲仁,字世威。先祖为豫州颍川人。六世祖即陈武帝,祖父陈昺,字元皎,为陈羽林郎将,别敕授洪州建昌县令。⑤父亲陈季明,字元焕,为陈江州司马兼岭南道采访使,寻拜给事中。陈仁杲"器局宏伟,风神洒肃"。八岁能撰写文章,随乃父任在都宅,与吏部侍郎阴铿为邻。阴铿家中置学,学习《孝经》《尚书》。十八岁被举为秀才,在玉阶对策。举朝称之:"使孙宏之文,李广之武,与子同时,则并驱连衡矣!"陈文帝说:"朕与儿俱太邱之后,家风不坠,复见于兹。"特授监察御史,寻迁江南道巡察大使。大业五年(609)三月,长白山大洞内有狂寇数万。陈仁杲奉诏平灭,授秉义尉,寻授朝请大夫。大业九年(613)正月,奉诏平江宁乐伯通叛军十万,授银青光禄大夫。大业十三年(617)奉诏平东阳娄世幹贼徒20万人,拜大司徒,获得赐丽姝20人、细马五匹、粟千斛、彩500段。⑥据说陈杲仁身有八绝,即忠、孝、文、武、信、

---

① 李延寿撰:《北史》卷六十三,北京:中华书局,1974年,第2245页。
② 释道宣撰:《续高僧传》卷三十,见《碛砂大藏经》第100册,北京:线装书局,2005年,第22页下。
③ 释道宣撰:《续高僧传》卷三十,见《碛砂大藏经》第100册,北京:线装书局,2005年,第22页下。
④ 韩昇:《南方复起与隋文帝江南政策的转变》,《厦门大学学报(哲社版)》1998年第2期,第32—33页。
⑤ 董浩编:《全唐文》卷九百一十五,北京:中华书局,1983年,第9531页上。
⑥ 董浩编:《全唐文》卷九百一十五,北京:中华书局,1983年,第9531页下。

义、谋、辨。奉诏作《大使西巡序》及《北征赋》,"思逸怀蛟,才高倚马"。[1] 隋炀帝称:"陈王怀八斗之才,论功摈德,莫之加也。"隋末,沈法兴在湖州起兵,欲割据常州,畏惧陈仁杲,设诈将陈仁杲毒杀。[2]

据清人俞正燮考证,江西陈武烈帝祠极显灵。《江西通志》载:"武烈庙祀陈江西巡察大使陈果仁(或作杲仁,或作仁杲,或作仁果,皆依其文书之)。有赈荒之惠。唐封忠烈公。南唐时以神兵助战,册加武烈帝。"又沙河庙悬榜云:"神字世威,江南常州府晋陵县人也。仕陈江西观察使,主镇江南。隋时为司马,天下大乱,集兵以保境。大业五年,授朝议大夫。十三年(617),隋改号义宁,拜大司徒。唐武德二年(619)薨,封忠烈公,进福顺武烈王。后周加帝。宋乾德二年(964),神见于士步门,以船粟赈饥。宣和四年(1122),封福顺武烈显灵昭德大帝。"俞认为其言不可信。即言六世祖陈武帝,亦是与武帝分派之脱略。碑言武德二年,亦是三年之脱略。唯碑又言大唐诏询晋陵耆老,对以果仁梁大同中奉太守命,断晋陵义兴太湖争田,据碑自言武德二年五月十八日卒,年七十二,则以梁太清二年三月五日生,大同中尚未生,何得太守命断湖田?"是唐时僧徒文字全无足信。"

俞正燮认为,法兴据常州,事实上得到了陈仁杲的助力,陈仁杲杀隋主将以追随沈法兴。后人言沈法兴欲叛隋据常,故毒杀陈仁杲。后人作《实录》,作《忠佑实录》,为撰仕陈、仕隋之事,致薛应旂、王锡爵等委曲其事陈而颂赞其仕隋者,俱非陈仁杲本意。宋陈彭年《江南别录》:"玄宗时,周师逼寿州钱塘,乘虚围我常州,命将军柴克宏往救。常州有故将陈仁杲祠,克宏将战,夜梦仁杲曰:'吾遣阴兵助尔。'及战,有黑牛二头冲钱塘阵,我师继之,乃大破之,斩首万余,遂解常州之围。以克宏为江州节度使,册仁杲帝号,谥武烈。"北宋政和时,以常州庙入礼典,改八字王号。南宋咸淳时,仁和行祠以雨雪征应入祀典,亦改王号。[3]

五月十五日,据说是陈烈帝诞辰日。每届此时,云车毕集,成为常州一道独特的风景。"云车之制,以铁为之,缭绕如云。强有力者负之而趋,上承二小儿,金冠戎服左右立。或更置一儿于顶,以成三,如帝者形,盖以像神也。"[4]

陈仁杲被封祀,绝非偶然,反映了隋唐后江南文化的转型。即向陈仁杲所拥有的八绝(忠、孝、文、武、信、义、谋、辨)转向。不论陈是人是神,这些内涵恰恰体现了隋以后1 300多年里江南传统文化的核心价值观。

三、苏北的经济与文化发展

隋代,苏北主要有彭城、鲁郡、琅琊、东海、下邳,"考其旧俗,人颇劲悍轻剽,其士子则挟任节气,好尚宾游,此盖楚之风焉。大抵徐、兖同俗,故其余诸郡,皆得齐、鲁之所尚。莫

---

[1] 董浩编:《全唐文》卷九百一十五,北京:中华书局,1983年,第9532页上。
[2] 董浩编:《全唐文》卷九百一十五,北京:中华书局,1983年,第9532页下。
[3] 俞正燮撰:《癸巳存稿》,沈阳:辽宁教育出版社,2003年,第404—406页。
[4] 于琨修:《常州府志》卷九,康熙三十四年刻本,第9页下。

不贱商贾,务稼穑,尊儒慕学,得洙泗之俗焉"①。

隋代张孝征为东海令,筑西海堰捍海潮,使百姓免于水患。元暧为东海令,于东海县境西南接苍梧山东北,至巨平山筑两堰,外捍海潮,内贮山水,使百姓获得灌溉之利。房恭懿任新丰令时,施政常受隋皇称赞,"每朝谒,隋主呼至榻前,访以治民之术,谓诸州朝集,使曰:房恭懿存心体国,爱养我卿等,宜师之。因擢为海州刺史,由是吏多称职,百姓富庶"②。

唐代以前,苏北地区无论是政治上还是经济上,均是中国的"核心"地区。③ 唐代辖境包括苏北、皖北、鲁南、河南省的河南道,是当时全国最重要的产粮区域,这个区域内的荥阳、梁郡、谯郡、济阴、襄城、颍川、淮阳、汝阴等地区(即现在的郑州、商丘、临汝、许昌、汝南、淮阳、菏泽、阜阳)以及徐、兖一带,甚至连现在的江苏涟水一带都有大量的剩余粮食。④ 开元、天宝年间(713—756),全国各道正仓中,以河南道储粮最多,达580余万石,储粮居第二位的河东道仅有350余万石;义仓所储,超过千万石的仅河北、河南两道。⑤

唐以前,有"江淮熟,天下足"之谚,淮河流域实际上比长江流域更富裕。祖咏《泗上冯使君南楼作》称:"井邑连淮泗。"⑥张籍《泗水行》称:"泗水流急石纂纂,鲤鱼上下红尾短。……城边鱼市人早行,水烟漠漠多棹声。"⑦刘长卿《泛曲阿后湖简同游诸公》称:"春风万顷绿,映带至徐州。"⑧卢纶《送吉中孚校书归楚州旧山》云:"渔村绕水田,澹澹隔晴烟。"⑨宋刘子寰《醉蓬莱》甚至称:"淮海维扬,物华天产,未觉输京洛。"⑩

第二节　唐代江南苏北的文化

唐代继承了隋朝的许多政制,社会长期稳定,江苏南北经济得到了较大的发展。

---

① 魏徵等撰:《隋书》卷三十一,北京:中华书局,1982年,第872—873页。
② 张峰纂修:《海州志》卷六,隆庆年间刻本,第3页上。
③ "核心"与"边缘"地区及下文的"大区"(macroregion)概念,参考了施坚雅教授的定义。详见 G. William. Skinner, "Cities and the Hierarchy of Local Systems," in G. William Skinner (ed.), *City in Late Imperial China*. Stanford: Stanford University Press 1977, pp. 275‐351. 淮河流域在唐代的政治地位,参见中砂明德《后期唐朝の江淮支配》,京都大学文学部:《東洋史研究》第47卷第1号,昭和63年(1988)6月发行,第30—53页。
④ 史念海:《开皇天宝之间黄河流域及其附近地区农业的发展》,载《河山集》,北京:三联书店,1978年,第214页。
⑤ 史念海:《开皇天宝之间黄河流域及其附近地区农业的发展》,载《河山集》,北京:三联书店,1978年,第217页。
⑥ 孙建军等主编:《全唐诗选注》第4册,北京:线装书局,2002年,第971页。
⑦ 孙建军等主编:《全唐诗选注》第10册,北京:线装书局,2002年,第2945页。
⑧ 《全唐诗》第3册,卷一百四十九,北京:中华书局,1960年,第1535页。
⑨ 《全唐诗》第5册,卷二百七十六,北京:中华书局,1960年,第2125页。
⑩ 唐圭璋编纂:《全宋词》第4册,北京:中华书局,1999年,第3441页。

在农业社会,经济发展的基础是水利工程的兴修。

在润州丹杨郡,开元二十二年(734),刺史齐浣因州北隔江,舟行绕瓜步,回远60里,风涛较多,在丹徒县京口埭下直趋渡江20里,开伊娄河25里,"渡扬子,立埭,岁利百亿,舟不漂溺"。永泰(765—766)中,刺史韦损因丹杨县练塘荒废,进行重修,以灌溉丹杨、金坛、延陵农田。①

在常州晋陵郡,武进县西40里有孟渎。元和八年(813),刺史孟简因故渠开设,引江水南注通漕,溉田4 000顷。在无锡县南5里有泰伯渎,东连蠡湖,亦是元和八年孟简所开。② 在苏州吴郡,常熟有古泾301处,长庆中令李谔开,以御水旱。又西北60里有汉塘,大和七年(833)开。③

徐州彭城郡,唐时盛产双丝绫、绢、绵䌷、布、刀错、紫石。彭城秋丘冶有铁。④ 泗州临淮郡,土贡锦、货布。⑤ 楚州有新漕渠,南通淮河,垂拱四年(688)开,以通海、沂、密等州。盱眙有直河,太极元年(712),敕使魏景清引淮水至黄土冈,以通扬州。⑥ 海州东海郡土贡绫、楚布、紫菜。朐山县东20里有永安堤,开元十四年(726),刺史杜令昭筑,北接山,环城长7里,以捍海潮。⑦

这些水利工程规模不太大,表明这些工程均是地方性的民生工程,而非全国性的政治工程。唐代江南、苏北均具有良好的生态环境,无须进行大规模的治水。中唐时期,江苏各地经济水平均已超过前代。杜甫诗称:"忆昔开元全盛日,小邑犹藏万家室。稻米流脂粟米白,公私仓廪俱丰实。九州道路无豺虎,远行不劳吉日出。齐纨鲁缟车班班,男耕女桑不相失。宫中圣人奏云门,天下朋友皆胶漆。百余年间未灾变,叔孙礼乐萧何律。"

稳定的社会环境,使江南与苏北文化均获得了较大的发展。可称道者为史学成就,其中,苏南义兴蒋氏一门三代撰修国史;苏北彭城刘氏文风盛劲,《史通》一书历千年而弥香;彭城"诗豪"刘禹锡既开唐诗豪迈之风,更吸收巴山楚水民歌于创作中,创出竹枝词新调。

一、江南的史学与文学

近千年以来,诗礼之乡从淮北转移到了江南。

六朝时,大量北方士民南迁,江南仍"多斗将战士。按诸说,吴俗盖古如此"。⑧ 有唐一代,白居易、韦应物、刘禹锡均担任过苏州刺史,为吴地文化的发展作出过重要贡献。尤其是白居易,"自杭徙苏,首尾五年,自云'两地江山游得遍,五年风月咏将残'"。⑨

---

① 欧阳修、宋祁撰:《新唐书》四十一,北京:中华书局,1975年,第1057页。
② 欧阳修、宋祁撰:《新唐书》四十一,北京:中华书局,1975年,第1058页。
③ 欧阳修、宋祁撰:《新唐书》四十一,北京:中华书局,1975年,第1058页。
④ 欧阳修、宋祁撰:《新唐书》三十八,北京:中华书局,1975年,第990页。
⑤ 欧阳修、宋祁撰:《新唐书》三十八,北京:中华书局,1975年,第990页。
⑥ 欧阳修、宋祁撰:《新唐书》三十八,北京:中华书局,1975年,第991页。
⑦ 欧阳修、宋祁撰:《新唐书》三十八,北京:中华书局,1975年,第996页。
⑧ 卢熊辑:《苏州府志》卷十六,洪武十二年刊本,第1页下。
⑨ 郑虎臣:《吴都文粹》卷十,乾隆年间抄本,第50页上—下。

苏南的经学、史学、艺术均有显著成就，而归崇敬所论五经之学，非一般儒生所能及。归崇敬，字正礼，苏州吴郡人，少年时代勤于学业，以经业擢第，授四门助教。天宝（742—756）末，对策高第，授左拾遗，改秘书郎，迁起居郎、赞善大夫，兼史馆修撰，又加集贤殿校理。① 曾授国子监司业，兼集贤学士，与其他儒官同修《通志》。② 检校户部尚书，迁工部尚书，以兵部尚书致仕。③ 著有文集20卷。

晚唐时期的义兴蒋氏是德、才、学、识兼具的史学世家，治学有"儒史"之风，父子、祖孙代为史臣，三世相继修国史、实录。其修撰国史、实录的贡献，谙于典故的学术风格，经世致用的史学思想，以及论议风生的历史评论等，在晚唐史学上写下了重要篇章。④

蒋氏史学发轫于蒋环，为开元（713—741）中宏文学士。其子蒋将明为集贤殿学士。但成就最著者为蒋将明子蒋乂，字德源。蒋将明曾因集贤殿图籍殽舛，奏请引其子蒋乂帮助整理，数年间，使蒋乂得阅珍本书2万卷。⑤ 贞元十八年（802），蒋乂迁起居舍人，转司勋员外郎，皆兼史职。唐德宗尝登凌烟阁，见左壁颓剥，题文残缺，每行仅有数字，命记录下来去问宰相，却无人知晓；命人召来蒋乂，蒋乂对曰："此圣历中侍臣图赞。"蒋乂在德宗面前当场背出，以补缺字，没有一处差错。德宗赞叹："虽虞世南默写《列女传》，不是过。"唐德宗诏问神策军建置始末。相府茫然不知，诸学士均不能对。蒋乂则引经据典，所述极为详细。宰臣高郢、郑珣瑜叹曰："集贤有人哉！"⑥元和二年（807），迁兵部郎中。与许孟容、韦贯之等受诏删定制敕，制成30卷，为《开元格后敕》。⑦ 所著《大唐宰辅录》70卷，《凌烟阁功臣》《秦府十八学士》《史臣》等传40卷。⑧

沈既济（约750—约797），吴（今江苏苏州）人，一说吴兴德清（今属浙江）人，博通群籍，尤精于撰史，深受杨炎赏识。杨炎为宰相时举荐沈既济，沈既济被授为左拾遗、史馆修撰。曾上奏反对吴兢所著《国史》把武则天事列为本纪。⑨《全唐文》卷476录其文章《论增待制官疏》《上选举议》《选举杂议》《选举论》等6篇。所著《建中实录》10卷、《选举志》10卷均失传。所作传奇小说《枕中记》和《任氏传》具有划时代意义，影响广泛而深远。⑩

沈传师（769—827），字子言，吴人，沈既济之子，进士，授太子校书郎、直史馆、转左拾遗、左补阙，并兼史职。迁司门员外郎、知制诰，召充翰林学士。历司勋、兵部郎中，迁中书舍人。后入为尚书右丞、吏部侍郎。⑪ 工正、行、草，皆有楷法。传世作品有《游道林岳麓

---

① 刘昫等撰：《旧唐书》卷一百四十九，北京：中华书局，1975年，第4014页。
② 刘昫等撰：《旧唐书》卷一百四十九，北京：中华书局，1975年，第4015页。
③ 刘昫等撰：《旧唐书》卷一百四十九，北京：中华书局，1975年，第4019页。
④ 朱露川：《略论晚唐蒋氏史学世家》，《人文杂志》2015年第6期，第78页。
⑤ 欧阳修、宋祁撰：《新唐书》卷一百三十二，北京：中华书局，1975年，第4531页。
⑥ 欧阳修、宋祁撰：《新唐书》卷一百三十二，北京：中华书局，1975年，第4532页。
⑦ 欧阳修、宋祁撰：《新唐书》卷一百三十二，北京：中华书局，1975年，第4534页。
⑧ 刘昫等撰：《旧唐书》卷一百四十九，北京：中华书局，1975年，第4028页。
⑨ 刘昫等撰：《旧唐书》卷一百四十九，北京：中华书局，1975年，第4034页。
⑩ 廖大国：《沈既济和他的传奇小说》，《苏州大学学报（哲学社会科学版）》2002年第4期，第70页。
⑪ 刘昫等撰：《旧唐书》卷一百四十九，北京：中华书局，1975年，第4037页。

寺诗》《罗池庙碑》《柳州石井铭》等。

沈传师并非唐代一流名家，但他的声名足以与著名书法家相埒。朱长文《续书断》以欧阳询、褚遂良、柳公权与沈传师并列为妙品，①可知宋代对沈传师已是十分重视。米芾一向眼高，指颜真卿为俗品，指李邕乏纤浓，指徐浩恶札，指欧、虞、褚、柳、颜为"安排费工，岂能垂世"，几至一无是处，但就是对沈传师情有独钟。相传米芾游湘西道林岳麓寺，向主持僧借观沈传师《游道林岳麓寺诗》，爱不释手，竟"一夕张帆，携之遁去"。寺僧急告官，才得追回。这种浪漫不羁的行为，正是米癫的特色。关于米芾对沈传师的钦服，除众所周知的他论沈书"如龙游天表，虎踞溪旁，精神自若，骨法清虚"之外，《海岳名言》还有一评："沈传师变格，自有超世真趣。"以米芾超世之人论沈传师超世之书，其意义自非同一般。沈传师的书法在李邕、颜真卿、苏灵芝、唐玄宗、史惟则、韩择木等人的崇尚丰肥之后，重新将书风拉回到初唐的尚瘦劲爽健中。因此，这是对颜氏书风的一个历史性反拨。在这个反拨中，沈传师与柳公权是主要的功臣。据后世所论，柳公权虽有瘦劲之貌，也有"骨存肉削"之病；沈传师却是既矫肥厚之弊，又有骨肉停匀之妙，最能上攀初唐虞、欧、褚、薛诸家，成为中晚唐楷书方面屈指可数的大家。②

二、苏州张旭的狂草艺术

唐文宗曾下诏以李白歌诗、裴旻剑舞、张旭草书为"三绝"，③充分说明在唐代，草书艺术发展到了一种新的境界。

李白在《猛虎行》中赞张旭："楚人每道张旭奇，心藏风云世莫知。三吴邦伯皆顾盼，四海雄侠两追随。"④杜甫诗："张旭三杯草圣传，脱帽露顶王公前，挥毫落纸如云烟。"⑤

张旭，字伯高，苏州吴人。⑥史称："嗜酒，每大醉，呼叫狂走，乃下笔，或以头濡墨而书，既醒自视，以为神，不可复得也，世呼'张颠'。"张旭自称："始见公主担夫争道，又闻鼓吹，而得笔法意，观倡公孙舞《剑器》，得其神。"后人论书法，"欧、虞、褚、陆皆有异论，至旭，无非短者"。书法家崔邈、颜真卿曾得张旭真传。⑦

但多年后，颜真卿仍意犹未尽，后悔未尽张旭全部绝学："吴郡张旭长史，虽姿性颠逸，超绝古今，而楷法精详，特为真正。真卿早岁尝接游居，屡蒙激劝，告以笔法。资质劣弱，又婴物务，不能悉习，迄用无成。追思一言，何可复得。"⑧

对张旭比较了解的韩愈，在《送高闲上人序》中评价："往时张旭善草书，不治他技，喜

---

① 刘昫等撰：《旧唐书》卷一百四十九，北京：中华书局，1975年，第4038页。
② 陈振濂：《品味经典——陈振濂谈中国书法史（魏晋—中唐）》，杭州：浙江古籍出版社，2006年，第198页。
③ 欧阳修、宋祁撰：《新唐书》卷二百零二，北京：中华书局，1975年，第5764页。
④ 王琦（琢崖）辑注：《李太白文集》卷六，乾隆二十四年刻本，第18页上。
⑤ 杜甫：《杜工部集》卷一，沈阳：辽宁教育出版社，1997年，第11页。
⑥ 王澍撰：《淳化秘阁法帖考正》卷五，清刊本，第19页下。
⑦ 欧阳修、宋祁撰：《新唐书》卷二百零二，北京：中华书局，1975年，第5764页。
⑧ 颜真卿、留元刚撰：《颜鲁公年谱》"天宝二年癸未三十五岁"条，三长物斋丛书，第4页下。

怒、窘穷、忧悲、愉佚、怨恨、思慕、酣醉、无聊、不平,有动于心,必于草书焉发之。观于物,见山水崖谷,鸟兽鱼虫,草木之花实,日月列星,风雨水火,雷霆霹雳,歌舞战斗,天地事物之变,可喜可愕,一寓于书。故旭之书,变动犹鬼神,不可端倪,以此终其身而名后世。"①

学者称:"诗人以语词创造世界,而书家则横跨语词与笔墨(造型)两个世界。可以毫不夸张地说,张旭把唐人对世界性帝国的骄傲感受和博大胸襟投射到了笔墨飞扬川流的动程之中。"②狂草以一种新的笔墨运动方式超越了草书的一般范型。淋漓飞动、富于浪漫精神的狂草艺术,映射了唐人开放、热情、积极、进取的浪漫情怀。狂草是中国书法美的集中体现和典型,也是书法从文字符号走向艺术高峰的标志,这高峰的奠基者便是张旭。③

张旭殁后,杜甫见其笔迹,仍极为怀念,赋《殿中杨监见示张旭草书图》以纪念张旭:"斯人已云亡,草圣秘难得。及兹烦见示,满目一凄恻。悲风生微绡,万里起古色。锵锵鸣玉动,落落群松直。连山蟠其间,溟涨与笔力。有练实先书,临池真尽墨。俊拔为之主,暮年思转极。未知张王后,谁并百代则。呜呼东吴精,逸气感清识。杨公拂箧笥,舒卷忘寝食。念昔挥毫端,不独观酒德。"④

正因为有了张旭的狂草,中国书法的"感情容量"才得以深邃地扩展。事实上,张旭既是笔意飞动、连绵不绝的狂草名家,又是端正谨严的写楷圣手,只不过其草名太盛,其弟子颜真卿又以楷书冠世,两相掩蔽,再加上张旭楷书存世不多,所以对其书法面目考察有所偏颇,对其在唐代书法史的地位乃至整个中国古代书法史的影响的评价,都还不甚完整。⑤

三、彭城刘知幾的史学成就

唐人刘长卿《归沛县道中晚泊留侯城》称沛地"伊昔楚汉时,颇闻经济才。运筹风尘下,能使天地开"⑥。唐诗中还有"水风潇洒是彭城"⑦之语。元《大成殿记》称:"砀山之学,弦歌方盛。"⑧唐诗称淮地"清琴绿竹萧萧"⑨。唐人张继《送顾况泗上觐叔父》称:"别业更临洙泗上,拟将书卷对残春。"⑩

在这种情况下,苏北文化得到进一步发展,实为顺理成章之事。

刘知幾(661—721),字子玄,彭城人,为玄宗讳,故以名行。通览群史。与兄刘知柔俱

---

① 韩愈撰,朱熹考异,王伯大音释:《朱文公校昌黎先生集》卷二十一,元刊本复本,第2页下。
② 方玲波:《张旭对狂草美学的贡献》,《艺术百家》2014年第5期,第231页。
③ 方玲波:《张旭对狂草美学的贡献》,《艺术百家》2014年第5期,第231页。
④ 杜甫撰:《杜工部集》卷六,沈阳:辽宁教育出版社,1997年,第105—106页。
⑤ 张翀:《张旭书法成就被低估?》,《艺术市场》2010年第1期,第45页。
⑥ 《全唐诗》第3册,卷一百四十九,北京:中华书局,1960年,第1542页。
⑦ 《全唐诗》第9册,卷五百五十九,北京:中华书局,1960年,第6485页。
⑧ 刘王瑷纂修:《砀山县志》卷一,乾隆三十二年刻本,第26页上。
⑨ 《全唐诗》第3册,卷二百零七,北京:中华书局,1960年,第2167页。
⑩ 《全唐诗》第4册,卷二百四十二,北京:中华书局,1960年,第2722页。

以善文词知名。擢进士第,调获嘉主簿。①

武则天证圣初(695),诏九品以上奏陈朝廷得失。刘知幾上书,讥谏朝廷"每岁一赦,或一岁再赦,小人之幸,君子之不幸"。又言:"君不虚授,臣不虚受。妄受不为忠,妄施不为惠。今群臣无功,遭遇辄迁,至都下有'车载斗量,杷椎椀脱'之谚。"又谓:"刺史非三载以上不可徙,宜课功殿,明赏罚。"武则天嘉其直,但不能用。②

时酷吏横行,公卿被诛死者屡见不鲜。刘知幾作《思慎赋》以刺时。苏味道、李峤称叹:"陆机《豪士》之流乎,周身之道尽矣!"刘知幾与徐坚、元行冲、吴兢等相友好,曾说:"海内知我者数子耳。"

刘知幾累迁凤阁舍人,兼修国史。唐中宗时,被人告发身为史臣而私著述,被召至京师承担史事,迁秘书少监。宰相韦巨源、纪处讷、杨再思、宗楚客、萧至忠皆领监修,刘知幾苦于长官多,意见不一,尤其被萧至忠数次责罚。刘知幾奏请求罢去,并陈"五不可":"古之国史,皆出一家,未闻藉功于众。唯汉东观集群儒,纂述无主,条章不建。今史司取士滋多,人自为荀、袁,家自为政、骏。每记一事,载一言,阁笔相视,含毫不断,头白可期,汗青无日:一不可。汉郡国计书上太史,副上丞相,后汉公卿所撰,先集公府,乃上兰台,故史官载事为广。今史臣唯自询采,二史不注起居,百家弗通行状:二不可。史局深籍禁门,所以杜颜面,防请谒也。今作者如林,儇示褒贬,曾未绝口,而朝野咸知。孙盛取嫉权门,王劭见雠贵族,常人之情,不能无畏:三不可。古者史氏各有指归,故司马迁退处士,进奸雄;班固抑忠臣,饰主阙。今史官注记,类禀监修,或须直辞,或当隐恶,十羊九牧,其令难行:四不可。今监者不肯指授,修者又不遵奉,务相推避,以延岁月:五不可。"③

刘知幾修《武后实录》,有所改正,而武三思等不听。刘知幾因其志不遂,乃著《史通》内外49篇,讥评今古。徐坚赞叹曰:"为史氏者宜置此坐右也。"刘知幾在四个方面自比扬雄:"雄好雕虫小伎,老而为悔;吾幼喜诗赋而壮不为,期以述者自名。雄准《易》作经,当时笑之;吾作《史通》,俗以为愚。雄著书见尤于人,作《解嘲》;吾亦作《释蒙》。雄少为范逡、刘歆所器,及闻作经,以为必覆酱瓿;吾始以文章得誉,晚谈史传,由是减价。"

刘知幾另撰有《刘氏家史》及《谱考》。上推汉为陆终苗裔,非尧后;彭城丛亭里诸刘,出楚孝王嚣曾孙居巢侯刘般,而非承自楚元王。④

开元初,迁左散骑常侍。尝议《孝经》郑氏学并非郑康成注,举十二条资料以证其谬,认为当以古文为正;并认为子夏未传过《易》,《老子》书无河上公注,请存王弼学。宰相宋璟等不以为然,奏与诸儒质辩,并激怒了唐玄宗,被贬为安州别驾。

刘知幾领国史且30年,官虽徙,职常如旧。礼部尚书郑惟忠尝问:"自古文士多,史才少,何耶?"对曰:"史有三长:才、学、识。世罕兼之,故史者少。夫有学无才,犹愚贾操金,不能殖货;有才无学,犹巧匠无楩楠斧斤,弗能成室。善恶必书,使骄君贼臣知惧,此为无

---

① 欧阳修、宋祁撰:《新唐书》卷一百三十二,北京:中华书局,1975年,第4519页。
② 欧阳修、宋祁撰:《新唐书》卷一百三十二,北京:中华书局,1975年,第4519页。
③ 欧阳修、宋祁撰:《新唐书》卷一百三十二,北京:中华书局,1975年,第4520页。
④ 欧阳修、宋祁撰:《新唐书》卷一百三十二,北京:中华书局,1975年,第4521页。

可加者。"时人以为笃论。①

刘知幾的史学思想深受王充、刘勰等人的影响,但决不盲从前人的观点。他注意广泛汲取古今学者的思想精华,创造性地对中国史学理论进行了首次总结,开了史学批评的先河。②

刘知幾的《史通》是一部以史学批评为特色的史学理论著作,涉及史家和史著之多,在中国史学史上可谓空前绝后。他发扬王充的批判精神,"直书"前代史家之得失,即使是圣贤孔子和当朝皇家修史也在其批评之列,表现了无畏的求实精神;他具体评价史书的优劣,褒扬不讳其短,批评不抑其长,主张史学评论要探赜史家的著述旨意。他以理、势论述史学问题,增强了史学批评的理性色彩,在中国史学的发展上具有承前启后的意义。他的史学批评的核心是史义。实录直书和"激扬名教"在他的史义体系内实现了既相互制约又相辅相成的统一。③

刘知幾的史学批评不仅具有"实录""直书"等针对史学批评对象的具体标准,更重要的是刘知幾在史学批评活动中,贯彻了如下基本原则:实事求是,反对主观臆断;注重对古今正史的总结,反对空泛议论;辩证分析,力戒片面武断。④

刘知幾同样也非常重视对《周易》与易学的取鉴。他将唐代易学家推崇的"变易""不易""简易"之道应用于相关的史学批评,在其史学发展观、史学叙事理论以及对"史法""史义"的辨正里,都可见刘氏对易学理念与思维的融会贯通。这不仅体现着中国古代史家易、史互通的传统在唐代的延续,也从一个侧面反映出当时易学的发展状况。⑤

刘知幾《疑古》《惑经》对古代圣贤和儒家经典的怀疑、批驳只是以史学家的立场,发扬孔子"多闻阙疑"的精神,追究历史的真相,并以此来彰显自己"直书实录"的史学原则以及追求史事真相的史学理想。他无意动摇儒家经典的权威,但对经典的怀疑和批驳,揭开了唐代疑经辨伪的序幕,对宋代的疑古惑经思潮、清代考据学风及民国疑古学派的兴起都产生了深远影响。⑥

刘知幾的《史通》问世以后,在唐宋两代均未得到应有的重视。明代中期以后,学者们开始注意这部著作,在对刘知幾及《史通》发表毁誉兼存的评论的同时,对《史通》的整理与评注也逐渐展开,出现了陆深《史通会要》,李维桢、郭延年《史通评释》,王维俭《史通训诂》等著作,这使《史通》在明代中后期得以普遍传行,在其影响下,出现了与之相似的评史文章,对明代史学产生了深远的影响。⑦

---

① 欧阳修、宋祁撰:《新唐书》卷一百三十二,北京:中华书局,1975年,第4522页。
② 杨绪敏:《论刘知幾处世思想的成因与史学思想的渊源》,《史学月刊》2003年第7期,第72—76页。
③ 周文玖:《刘知幾史学批评的特点》,《史学史研究》2007年第2期,第24—33页。
④ 赵海旺:《略论刘知幾史学批评的基本原则》,《徐州师范大学学报(哲学社会科学版)》2011年第2期,第100—104页。
⑤ 孙世平:《刘知幾的易学与史学》,《安徽史学》2014年第3期,第76—81页。
⑥ 纪丹阳:《刘知幾"疑古惑经"思想探析》,《安徽史学》2015年第3期,第54—57页。
⑦ 杨艳秋:《刘知幾〈史通〉与明代史学》,《史学史研究》2002年第4期,第48—55页。

四、彭城刘禹锡的诗歌及思想

刘禹锡,字梦得,彭城人。其祖父、父亲做过州县级的低级官吏,但刘家数代人皆精通儒学。刘禹锡于贞元九年(793)擢进士第,又登宏辞科。精于古文,善五言诗,早年任监察御史。

贞元(785—805)末,王叔文于东宫用事,刘禹锡尤为王叔文知奖。唐顺宗即位,久病不任政事,禁中文诰皆由王叔文操办。王叔文召刘禹锡及柳宗元入禁中,与之图议,对刘禹锡言听计从。后刘禹锡转任屯田员外郎、判度支盐铁案,兼崇陵使判官。"颇怙威权,中伤端士。"侍御史窦群奏刘禹锡挟邪乱政,不宜在朝。窦群当日即被罢官。韩皋凭借贵门,不依附王叔文一党,出任湖南观察使,喜怒凌人,京师人士不敢指名,道路以目,时号"二王、刘、柳"。王叔文的永贞革新失败后,刘禹锡被贬为连州刺史,后又被贬为朗州司马。朗州地居西南夷,土风僻陋,与中原习俗迥异。刘禹锡在朗州10年,唯以文章吟咏,陶冶情性。朗州蛮俗好巫,每有节日,常有歌舞庆祝。刘禹锡按照韵律,创作新辞。"故武陵溪洞间夷歌,率多禹锡之辞也。"①

刘禹锡创作的"夷歌"主要是竹枝词。在学习民歌语言和表现手法上,刘禹锡的《竹枝词》也有着特殊成就。刘禹锡虽客居巴地,由于他热爱民歌,研究民歌,熟悉当地的简朴平易、流畅爽利的民众口语,同样能唱出精彩的"本乡歌"。在他的民歌体诗词中,具有浓郁生活气息的口头语,常常是信手拈来,运用自如。翻开《竹枝词》,更是恍如身临巴山蜀水之间,声声巴乡歌,句句巴人语。② 刘禹锡的竹枝词在形式上借鉴了土家族民歌,主要是土家族竹枝歌的拗体、土家族五句子山歌和山歌的四句七言里的押韵以及竹枝词反复的特点。刘禹锡的竹枝词在创作手法上则借鉴了土家族民歌的比兴、双关、夸张、对比、对偶、设问、想象等手法。③

元和十年(815),刘禹锡被从武陵召还,宰相原拟把他安置在郎署。刘禹锡作《游玄都观咏看花君子诗》,语涉讥刺,执政者不悦,再被贬为播州刺史。御史中丞裴度为之说情:"刘禹锡有母,年八十余。今播州西南极远,猿狖所居,人迹罕至。禹锡诚合得罪,然其老母必去不得,则与此子为死别,臣恐伤陛下孝理之风。伏请屈法,稍移近处。"乃改授连州刺史。④

太和二年(828),自和州刺史征还,拜主客郎中。刘禹锡再作《游玄都观诗序》⑤曰:"予贞元二十一年为尚书屯田员外郎,时此观中未有花木。是岁出牧连州,寻贬朗州司马。居十年,召还京师,人人皆言有道士手植红桃满观,如烁晨霞,遂有诗以志一时之事。旋又出牧,于今十有四年,得为主客郎中。重游兹观,荡然无复一树,唯兔葵燕麦动摇于春风,

---

① 刘昫等撰:《旧唐书》卷一百六十,北京:中华书局,1975年,第4210页。
② 陈思和:《试论刘禹锡的〈竹枝词〉》,《复旦学报(社会科学版)》1981年第2期,第39页。
③ 黄茗伊:《刘禹锡〈竹枝词〉对土家族民歌的借鉴》,《名作欣赏》2020年第6期,第63—66页。
④ 刘昫等撰:《旧唐书》卷一百六十,北京:中华书局,1975年,第4211页。
⑤ 刘昫等撰:《旧唐书》卷一百六十,北京:中华书局,1975年,第4211页。

因再题二十八字,以俟后游。"其前篇有"玄都观里桃千树,总是刘郎去后栽"之句,后篇有"种桃道士今何在,前度刘郎又到来"之句,"人嘉其才而薄其行"。太和(827—835)中,裴度想让刘禹锡知制诰。执政者又闻《诗序》,很是不快。累转礼部郎中、集贤院学士。裴度罢知政事,刘禹锡求分司东都。终以恃才褊心,不得久处朝列。后授苏州刺史,就赐金紫。秩满入朝,授汝州刺史,迁太子宾客,分司东都。

刘禹锡晚年与白居易友善,诗笔文章,当时无与伦比。白居易集其诗并写序称:"彭城刘梦得,诗豪者也。其锋森然,少敢当者。予不量力,往往犯之。夫合应者声同,交争者力敌。一往一复,欲罢不能。由是每制一篇,先于视草,视竟则兴作,兴作则文成。一二年来,日寻笔砚,同和赠答,不觉滋多。太和三年春以前,纸墨所存者,凡一百三十八首。其余乘兴仗醉,率然口号者,不在此数。因命小侄龟儿编录,勒成两轴。仍写二本,一付龟儿,一授梦得小男仑郎,各令收藏,附两家文集。予顷与元微之唱和颇多,或在人口。尝戏微之云:'仆与足下二十年来为文友诗敌,幸也!亦不幸也。吟咏情性,播扬名声,其适遗形,其乐忘老,幸也!然江南士女语才子者,多云元、白,以子之故,使仆不得独步于吴、越间,此亦不幸也!今垂老复遇梦得,非重不幸耶?'梦得梦得,文之神妙,莫先于诗。若妙与神,则吾岂敢?如梦得'雪里高山头白早,海中仙果子生迟','沉舟侧畔千帆过,病树前头万木春'之句之类,真谓神妙矣!在在处处,应有灵物护持,岂止两家子弟秘藏而已!"刘禹锡所作《西塞怀古》《金陵五题》等诗,被江南文士称为佳作,"虽名位不达,公卿大僚多与之交"。①

刘禹锡所处之世,在韩孟、元白两大诗派叱咤诗坛风云之际。刘禹锡始终保持着自己独立的艺术品格,没有在两大诗派潜移默化的影响下丧失本真、盲目趋同,最终凭借深厚的艺术修养和勤奋的艺术实践,成为足与两大诗派相颉颃的一支异军。刘禹锡对唐诗发展的贡献主要体现在对题材领域的拓展与发掘、对传统主题的深化与反拨、对诗歌体式的变革与完善等三方面,而这正是奠定其历史地位的三块基石。②

刘禹锡的哲学思想,是以《天论》为代表的"天人交相胜"的观念。但从刘禹锡哲学思想与文艺思想的关系角度考虑,更值得注意的,是他的中道观。通过具体考察可以发现:刘禹锡的中道观跟儒家、佛教思想有比较密切的关系,并深刻地影响着刘禹锡文艺思想特点的形成。首先,中道观念有助于刘禹锡以辩证的思维方式论述文艺理论问题,立论周备圆通;其次,讲求"时中"与"权变"相结合的中道思想,促成了刘禹锡崇尚通变的文艺思想的形成;最后,刘禹锡注重文艺社会功用的观念,跟强调"用中于民"的中道思想也有非常密切之关系。③

在生态哲学视阈下,刘禹锡的天人观体现在其对民俗成因、天命观根源和人类历史变因的探究中,从不同维度展现了对人与环境相互作用的认识。刘禹锡认识到外在环境的

---

① 刘昫等撰:《旧唐书》卷一百六十,北京:中华书局,1975年,第4212—4213页。
② 肖瑞峰:《论刘禹锡诗的历史地位》,《吉林大学社会科学学报》1995年第5期,第56—62页。
③ 陈允锋:《论刘禹锡的中道观及其对文艺思想的影响》,《宁夏社会科学》2005年第2期,第137—140页。

恶劣与人的认识、实践能力的有限性是民俗信仰巫术的原因,而天命观的产生及流行也是出于人对外在环境的依赖与无措。他承认天不干预人类社会,但同时也强调天与人之间存在互动关系。其所谓"天与人交相胜",既说明空间上人化与荒野的对立、人类文明与野蛮的不同,也包含历史维度上自然秩序与社会秩序的循环交替。刘禹锡的天人观尽管高扬了人的作用,但也认为人类所建的秩序不是以人类独大去欺凌弱小,而是要以人类的是非判断力改善原始野蛮的状态。[1]

小 结

隋唐时期,最高统治者采取了许多发展生产、稳定社会的政策和措施,社会生产得到了较大的发展。在这种环境下,江苏南北经济、文化均呈欣欣向荣之势。总的说来,江苏全境的发展均在全国前列。尤可称道者,江苏南北均有世代业儒、修史之家,诗歌、书法等均有全国一流名家;与经济发展同步,江苏的文化也处于全国领先地位。其中义兴蒋氏一门,三代撰修国史,对各类经史典籍极为谙熟。张旭的草书,更成为书法史上前无古人的高峰,成为大唐盛世艺术盛筵的重要内容、中华艺术宝库中璀璨的瑰宝。彭城刘知幾的史学评论历久而弥足珍贵,他提出的许多原则至今仍为史家的标准,或为治史的准绳。刘禹锡的诗歌同样历千年而不乏传唱者,他所创制的竹枝词,已成抒发中国乡土情感的重要文学方式。从文化层面来看,唐代江苏南北地区仍然是双峰并峙。

---

[1] 张圆圆:《生态哲学视阈下刘禹锡天人观的多维度诠释》,《广西社会科学》2016年第8期,第37—42页。

第六章　宋元明清江南苏北的经济与文化

江南、苏北都是水资源极为丰富、生态良好的地区。自唐以来，江南的水利工程绝大多数是民生工程，以服务于农业生产和百姓生活为主，对生态的破坏相对较小。而苏北的水利工程，尤其是巨型工程，基本上是政治工程，客观上以营造水害为主，对生态的破坏极为剧烈。

第一节　宋代江南农耕环境与文化环境

中国五千年文明史是在与洪水的搏斗中揭开序幕的。美国学者费礼门（John Ripley Freeman）指出："洪水在中国，危害人民生命为数之众，举世殆无其匹。"[1]刘易斯（Mark Edward Lewis）指出，中国远古时代关于洪水的神话，不但提供了对通过等级分化的强制实施所建立的社会秩序的一般思想的戏剧性描述，而且被用来作为政治秩序的起源神话。也正是在这样一个君权尚未形成和稳定的时代，刘易斯看到了治水事务中反叛者的反抗与最初统治者通过治水来强化君权的真实历史。[2] 在君权极端强化的时代，治水事务始终服从于政治需要、服从于维护君权的需要。

从水利工程的目标和影响来看，江南与苏北的水利工程有着截然相反的功用。

一、宋代江南水利建设

唐以后，由于自然淤积和管理松弛，围湖垦田与退田还湖的斗争越演越烈，灌田与济运的矛盾也日益突出。[3] 五代吴越国时置都水营田使，负责水利工作。[4] 到宋代，江南水利更加受到重视，水利专家辈出。宋代水利专家认为，江南地区地势向东南倾斜，苏州居于东南最低处，水患较频繁。传说大禹治水，因势利导，疏为三江，潴为五湖。[5]

宋天禧（1017—1021）、天圣（1023—1032）年间，吴中水灾，发运使张纶同郡守经度于

---

[1] 费礼门：《中国洪水问题》，载沈怡：《黄河问题讨论集》，台北：商务印书馆，1971年，第1页。
[2] Mark Edward Lewis, *The Flood Myths of Early China*. New York: State University of New York Press, 2006, p.76.
[3] 汪家伦、张芳编著：《中国农田水利史》，北京：农业出版社，1990年，第245—246页。
[4] 朱长文：《吴郡图经续记》卷下，中华书局编辑部编：《宋元方志丛刊》第1册，北京：中华书局，1990年，第667页上。
[5] 朱长文：《吴郡图经续记》卷下，中华书局编辑部编：《宋元方志丛刊》第1册，北京：中华书局，1990年，第667页上。

昆山、常熟,开凿众浦,疏导积水。景祐(1034—1038)中,范仲淹治苏,认为松江流量受限,而太湖等湖泊入海河渠,大多埋塞已久。范亲至海浦,开浚五河。①

华亭、昆山之间的盘龙汇,径长仅有10里,但迂回曲折,实际长达40余里。由于江流受到阻遏,每逢雨季,则泛滥成灾,"沦稼穑、坏室庐,殆无宁岁"。宝元元年(1038),太史叶清臣加以修治,消除了河患。"从沪渎入海,民赖其利。今嘉定、吴淞江(即松江,在上海市内称苏州河)南岸尚有盘龙浦之名。"②庆历八年(1048),吴江知县李问建垂虹桥,后元人易木为石,一名长桥。③ 其后,转运使沈立之开凿昆山顾浦,"颇为深浚"。至和(1054—1056)中,昆山主簿邱与权向郡守吕光禄建议修塘,吕接受了这个意见,调民兴役,修成至和塘。自苏州东抵昆山,"其塘直松江之北,阳城湖之南,下通刘家港。古之娄江,仿佛似之"。④ 嘉祐(1056—1063)年间,吴地发生灾荒,地方官员大修至和塘,极大地消除了水患。后又开凿松江白鹤汇,"皆为民利"。转运使王纯臣建议谕令苏、湖、常、秀修作田塍,位位相接,以抵御风涛。令县令教导养殖户,自作塍岸。这一建议也得到了推行。⑤

其后,傅肱提议决松江千墩、金城诸汇;开无锡五泻堰,以便减泄太湖涨水,导入北江;导海盐芦沥浦,以分泄吴松江水,入于浙水。在昆山、常熟二县深辟浦港,以便遇东南风时,使水向北流入长江;遇西北风时,则水可南下于吴、松,全面消弭水患。并令有田之家,按田地数量疏凿沟港。⑥

太湖水利的关键是洪水出路问题。吴越坚持撩清制度,严禁乱围河湖滩地,较好地保持着以吴淞江为纲,东北、东南通江出海河港为两翼的排水出路的通畅,从而在一定程度上使塘浦圩田系统得到维护,有效地减轻了水旱灾害,促进了农业生产的发展。吴越86年间"岁多丰稔",太湖地区有史记载的水灾只有4次,旱灾1次,成为历史上水旱灾害较少的一个时期。⑦

宋元时期,太湖流域塘浦圩田系统解体,形成了新的圩田体制。由于自然演变和围垦的无计划性,圩区的水利没有得到综合治理,洪涝现象仍有发生。977—1124年的140余年间,浙西地区水灾达24次,平均约6年一次。范仲淹、郏亶、单锷、郏侨等人均提出了自己的水利方案。范仲淹不仅提出了很好的方案,并且"尽心于水利",努力促其实现。他在苏州任职期间,曾浚治黄泗浦、奚浦、福山塘、许浦、白茹浦、七丫浦、茜泾等河港,疏排积潦,并取得"数年大稔"的效果。唯因为期短暂,且偏于东北一隅的治理,所以"亦止一时一

---

① 朱长文:《吴郡图经续记》卷下,中华书局编辑部编:《宋元方志丛刊》第1册,北京:中华书局,1990年,第667页下。
② 武同举:《江苏省水利全书》第5编第31卷,南京:南京水利实验处,1950年,第2页。
③ 武同举:《江苏省水利全书》第5编第31卷,南京:南京水利实验处,1950年,第2页。
④ 武同举:《江苏省水利全书》第5编第31卷,南京:南京水利实验处,1950年,第2页。
⑤ 朱长文:《吴郡图经续记》卷下,中华书局编辑部编:《宋元方志丛刊》第1册,北京:中华书局,1990年,第668页上。
⑥ 朱长文:《吴郡图经续记》卷下,中华书局编辑部编:《宋元方志丛刊》第1册,北京:中华书局,1990年,第668页下。
⑦ 汪家伦、张芳编著:《中国农田水利史》,北京:农业出版社,1990年,第255—256页。

方之利"。当时整个浙西圩区水利面貌变化不大,依然如苏轼所言,"淫雨过常,三州(苏、湖、常)之水遂合为一,太湖、松江与海渺然无辨者"。①

熙宁三年(1070),被学者称为治田派的太仓人郏亶(1038—1103)上书,对江南水利进行了系统性的研究和总结。他认为:"谓天下之利,莫大于水田。水田之美,无过于苏州。"而自唐末至宋,江南水利有六大缺陷:②

一是"水性就下",此前的水利建设没有利用好苏州地区的地形。主要水利工程系在东部开凿昆山张浦、茜泾、七丫三塘,导水入海。在北部开凿常熟许浦、白茆二浦,引水入江。但上述五处地形较高,水盛时,部分溢水尚可被引入江海。但水稍退,则原拟入海之水,反向西流;原拟向北入江之水反而南下。③

二是"苏之厌水,以其无堤防也"。昆山、常熟、吴江河堤均高出地面,并设官置兵巡治,水流只能在河堤两旁散流。这种情形有利于交通和抵御风涛,但失去了护卫民田、消除水害的本意。

三是昆山下驾、新洋、小虞、大虞、朱塘、新渎、平乐、戴墟等十余浦虽有决水河道,但因与江水持平,常常难以使水泄于江中。

四是错误设立望亭堰。苏州居常州河道的下游,曾设望亭堰以阻御常州来水,使水流入太湖不危害苏州。事实上,苏州来水极多,常州来水仅占一小部分。望亭堰之设,于苏州基本无益,却深为常州之害。而拆除此堰,则大益于常州,无损于苏州。

五是松江盘曲,决水较迟,苏州蓄水难以下泄。因苏州河水与江水齐平,漕务等官员开凿的盘龙汇、顾浦,与农田无益。江水可以畅流入海,但农田的溢水无法畅流入江。

六是苏州本系泽国,泛滥是其常态,不应尽辟为农田。宋初赋税仅十七八万石,后增至三十四五万石。这是民户增加,变湖为田的结果,"乃国之利,何过之有?"④

昆山的邗塘、大泗、黄渎、夷亭、高墟、巴城、雉城、武城、夔家、江家、栢家、鳗鲡等漊,及常熟市宅、碧宅、五衢、练塘等村,长洲之长荡、黄天荡之类,"皆积水而不耕之田"。一般水深不超过5尺,不少地方仅二三尺。这些湖塘常有古岸隐现水中,俗称"老岸"。这里经常发现过去居民的住宅等遗址。一些湖塘因此以城、家、宅等命名。"尝求其契券以验,云皆全税之田也,是皆古之良田,而今废之耳。"⑤

针对以上缺陷,郏亶提出了相应的对策,即在昆山以东、常熟以北的高田地带,设堰潴

---

① 转引自汪家伦、张芳编著:《中国农田水利史》,北京:农业出版社,1990年,第339—340页。
② 范成大:《吴郡志》卷十九,中华书局编辑部编:《宋元方志丛刊》第1册,北京:中华书局,1990年,第824页上。
③ 范成大:《吴郡志》卷十九,第824页上—下。
④ 范成大:《吴郡志》卷十九,中华书局编辑部编:《宋元方志丛刊》第1册,北京:中华书局,1990年,第824页下—825页上。
⑤ 范成大:《吴郡志》卷十九,中华书局编辑部编:《宋元方志丛刊》第1册,北京:中华书局,1990年,第825页上。

水,以利灌溉;并浚挖沟洫,使水周流其间,便于土地涵蓄水分;建立堰门防止壅塞。① 按照宋以前古人遗迹,每5至7里建设一纵浦,每7至10里凿一横塘。用开凿塘浦的泥土增修堤岸,使塘浦阔深,堤岸高厚,以确保水不为害,安流顺命地流入江河。② 详细方案如下:

一、"辨地形高下之殊"。苏州五县耕地虽号为水田,其实昆山东部接近海边堰陇,东西仅百里,南北约200里,地形东高西下。常熟北部接近北江涨沙,南北七八十里,东西则约200里,地形皆北高南下。这两个地区的田地属于高田。而昆山西部接近常州约150里,常熟毗邻湖州、嘉兴约200里地区,地势低下,属于水田。高田常患旱,水田常患水。水田接近城郭,为人所常见,赋税较重。高田离城郭较远,人所不见,赋税较轻。"故议者,唯知治水,而不知治旱也。"③

二、"求古人蓄泄之迹"。昆山以东的太仓,俗称"堰身",堰身之东有许多湖塘,较大的塘西彻松江,北过常熟。另有许多小塘,或二里、三里不等。南北方向的塘,被称为横沥。东西向的塘则称为堰门、堰门、斗门,如钱门、张堰门、沙堰门、吴堰、顾庙堰、丁堰、李堰门和斗门等。宋以前多于堰身之东蓄水,灌溉高田;另设堰门,以防水流壅塞,以便于决放。五代时,居民各为了行舟之便,破坏堰门,使之无法蓄水,这些耕地均成了旱田。宋时,堰身之东,尚有许多丘亩、经界、沟洫遗迹,"是皆古之良田"。而宋代昆山南部下驾、小虞等浦,皆过去向松江决水的河道。宽者20余丈,狭者10余丈。另有横塘以贯穿其中,如棋格状布局。说明古人既建立了纵浦,以会通长江,又设立横塘以分泄水势,使水在田外流动,是圩田的雏形。"是则堤防既完,则水无所潴容。"到宋代,堤防毁坏后,溢水侵入田间,潴容不下。百姓常与浦争田,又为行舟之便,掘开河堤,设以为泾。昆山各浦之间,常有某家泾、某家浜,均系毁坏古堤而设立的。"浦日以坏,故水道堙而流迟。泾日以多,故田堤坏而不固。日隳月坏,遂荡然而为陂湖矣。此古人之迹也。"④

三、"治田有先后之宜"。由于前述的地势高下差异及古代治水遗迹,应在高田地区设堰,潴水灌溉;并浚深经界、沟洫,使水周流其间,使土地保持水分。再设立堰门防止壅塞,则高田地区可消除旱患,而水田地区亦减少数百里流注之势。在水田地区,除四湖外,拆除泾、浜之类。按照古代的治水遗迹,每隔5至7里设一纵浦,7至10里建一横塘。用塘浦挖出的泥土建设堤岸,"塘浦阔深,则水通流,而不能为田之害也;堤岸高厚,则田自固,而水可拥而必趋于江也"。在江流弯曲之处,裁弯取直,使水直达大海,并在五堰遗址上恢

---

① 朱长文:《吴郡图经续记》卷下,中华书局编辑部编:《宋元方志丛刊》第1册,北京:中华书局,1990年,第668页下。

② 朱长文:《吴郡图经续记》卷下,中华书局编辑部编:《宋元方志丛刊》第1册,北京:中华书局,1990年,第669页下。

③ 范成大:《吴郡志》卷十九,中华书局编辑部编:《宋元方志丛刊》第1册,北京:中华书局,1990年,第825页上。

④ 范成大:《吴郡志》卷十九,中华书局编辑部编:《宋元方志丛刊》第1册,北京:中华书局,1990年,第825页上—下。

复这些水利工程,"如此则高低皆利,而无水旱之忧"。①

四、"兴役顺贫富之便"。苏州五县居民,自五等至一等不下 15 万户。可仿古制,每户服役 7 日,每年即有百万民夫。三等至一等约 5 000 户,量财征收,足可供万人食费。"夫借七日之力,故不劳;量取财于富者,故不虐。以不劳不虐之役,五年而治之,何田之不可兴也?"

五、"取浩博之大利"。苏州之地以开方之法估算,为田六同有余。其中约三分之一为沟池、城郭、陂湖、山林,尚余四同之地,即 36 万夫之田,至少有 18 万夫租税之田。宋代一夫之田为 40 亩,纳米 4 石,则 18 万夫之田可征米 72 万石。而苏州当时仅征三十四五万石。另因水旱每年蠲除米粮不下 10 余万石,多者蠲除 30 余万石。若建设水利工程,消除灾患,每年可增三四十万石税米。②

六、"舍姑息之小惠"。郏亶预见:"是议之兴,或者必曰向者苏州或治一浦,或调一县,而役一月,则民劳且怨矣。今欲尽一州之境,役五县之民,五年而治之,其工力盖百倍于向时。是役未兴,而数千百万之民已呶呶矣,非养民之道也。"他认为,此方案"可以除数百年未去之患,兴数百里无穷之利,使公私皆获其利,岂可区区计国家五岁之劳,惜百姓七日之力耶?"③

可惜,最终这个方案仍因工重役大,未能施行。④

郏亶后又上《治田利害大概》,"一论古人治低田高田之法,二论后世废低田高田之法,三论自来议者只知决水不知治田,四论今来以治田为先、决水为后,五论乞循古人遗迹治田,六论若先往两浙相度则议论难合,七论先诣司农寺陈白则利害易明"。⑤

王建革总结,整个太湖地区是一个以太湖为中心的碟形洼地,太湖西部、南部与北部,水流向太湖汇水,然后从低处向高处流。太湖东部与太湖其他地区不同,东部是一个出水之地,水从低地向高地仰流,进入冈身中的吴淞江故道低地区以后才由高处向低处流出海。除此以外,水流还受潮水的顶托,两种因素使水流总体上呈缓流状态。这种状态看似排水困难,实利于太湖东部的稻作农业。正是这种奇特的出水方式,使最早的江南鱼米之乡出现于太湖东部。浅水缓流的塘浦体系,为圩田开发提供了最佳水环境。聪明的治水者一定会发现这一原理,使工程技术充分利用缓流的益处。治水者盲目地加快排水,一味排水,往往会导致水利自然生态的破坏,水旱频繁。这就是太湖东部地区的自然水利生态。个体大圩也不足抬高水位,只有地区性统一管理圩田系统才能达到这个效果。这种

---

① 范成大:《吴郡志》卷十九,中华书局编辑部编:《宋元方志丛刊》第 1 册,北京:中华书局,1990 年,第 825 页下—826 页上。
② 范成大:《吴郡志》卷十九,中华书局编辑部编:《宋元方志丛刊》第 1 册,北京:中华书局,1990 年,第 826 页上—下。
③ 范成大:《吴郡志》卷十九,中华书局编辑部编:《宋元方志丛刊》第 1 册,北京:中华书局,1990 年,第 826 页下。
④ 朱长文:《吴郡图经续记》卷下,中华书局编辑部编:《宋元方志丛刊》第 1 册,北京:中华书局,1990 年,第 669 页下。
⑤ 范成大:《吴郡志》卷十九,中华书局编辑部编:《宋元方志丛刊》第 1 册,北京:中华书局,1990 年,第 826 页下。

技术非个人或村庄所能完成,必须依靠国家或地方治水组织的力量。① 王建革认为,明清时,林能训、吕光洵、林文沛、耿橘等继承了郏亶的理论体系。"到清代,孙峻在青浦的治水方法又落实在圩田修筑技术上,对具体圩的形态有一套治圩技术与设计。这都是郏亶所开创的治田一派水利理论的进一步发展。"②

后来,被学者视为治河派的宜兴人单锷(1031—1110)经过近 30 年的调查研究,于元祐三年(1088)写成《吴中水利书》,对太湖地区的水利问题提出了比较完整的治理规划。12 世纪初,郏亶之子郏侨总结郏亶、单锷之说,采其合理之论,弃其偏颇之见,参以己意,提出综合治理的方略。③ 王建革指出,单锷的观点在南宋和元代得到许多士大夫的继承。面对大量积水湖泊被豪强侵占,许多官员把水灾后果归咎于豪强侵占公共水域,这一派愈到后期愈微,因公共水域在人口压力下越来越少,治水者丧失了议论所据的资源空间。④

后宋廷设置农田水利使者,专门负责其事,主要工作是浚河渠、固防岸、通畎浍。熙宁以后,"累年颇稔"。⑤

二、"苏湖熟,天下足"

建安八年(203),孙权开始全面屯田,在太湖流域的主要屯区有毗陵、溧阳和海昌。其中毗陵屯区东起无锡,西到京口,北抵长江,南至太湖,出现了"国税再熟之稻,乡贡八蚕之绵"的盛况。⑥

自唐以后,太湖地区的优质稻米生产发达起来,这个地区的优质稻米,种类繁多。当时人称苏州地区:"天上天堂,地下苏杭。"而湖州被认为不及苏、杭。宋人引白居易诗云:"雪川殊冷僻,茂苑太繁雄。惟有钱塘郡,闲忙正适中。"因此,"在唐时,苏之繁雄固为浙右第一矣"。⑦ 明人认为,"若以钱粮论之,则苏十倍于杭"。⑧

宋代,太湖地区的优贡米生产则有了明显的发展。香稻米的品种有了明显的增加。除原来的"香粳"和"红莲"外,又出现了"十里香""香子"等香粳品种,在籼稻中出现了新品种"箭子"。⑨ "自钱镠窃据,南宋偏安,民聚而地辟,遂为财赋之薮。"⑩值得注意的是,民谚"江淮熟,天下足",自宋以后演变成了"苏湖熟,天下足",从中可以窥见中国经济核心地

---

① 王建革:《水乡生态与江南社会(9—20 世纪)》,北京:北京大学出版社,2013 年,第 3 页。
② 王建革:《水乡生态与江南社会(9—20 世纪)》,北京:北京大学出版社,2013 年,第 8 页。
③ 汪家伦、张芳编著:《中国农田水利史》,北京:农业出版社,1990 年,第 342—343 页。
④ 王建革:《水乡生态与江南社会(9—20 世纪)》,北京:北京大学出版社,2013 年,第 9 页。
⑤ 朱长文:《吴郡图经续记》卷下,中华书局编辑部编:《宋元方志丛刊》第 1 册,北京:中华书局,1990 年,第 669 页上。
⑥ 杜瑜著:《中国经济重心南移:唐宋间经济发展的地区差异》,台北:五南图书出版股份有限公司,2000 年,第 237 页。
⑦ 中华书局编辑部编:《宋元方志丛刊》第 1 册,北京:中华书局,1990 年,第 1027 页上。
⑧ 郎瑛:《七修类稿》,北京:中华书局,1959 年,第 331 页。
⑨ 闵宗殿:《太湖地区历史上的优质水稻品种资源》,《古今农业》1994 年第 1 期,第 50 页。
⑩ 靳辅:《生财裕饷第一疏(开水田)》,《文襄奏疏》卷七,钦定四库全书"史部",第 40 页下—41 页上。

区的变迁。

朱瑞熙指出，北宋浙西地区(相当于今江苏省南部的大部和浙江省的西北部，宋神宗时始设两浙西路)农业已经高度发达。到南宋时，北方劳动人民的大量南迁和耕作经验的传播，促使这一地区的农业获得进一步的发展。自南宋中期开始，出现了"苏湖熟，天下足"的谚语，这一谚语集中地反映了浙西地区特别是苏州和湖州粮食生产在国内的重要地位。南宋末年，平江府即苏州的上等田，每亩平均产量为米三石。与全国其他各个府、州相比，南宋还没有一个府州稻米亩产量能够达到这个水平。同时，平江府和湖州每年粮食产量也占据了南宋各路粮食总产量的相当一部分，显示了两个府、州在全国经济生活中的重要地位。平江府和湖州两地每年的粮食产量几乎可以分给全国每户一石米。实际情况还不只如此。①

三、范仲淹与苏南文教之兴

自宋以后，"文教渐摩之久，如五月斗力之戏亦不复有，惟所谓尚礼淳厐，澄清隆洽之说则自若，岂诗所谓美教化，移风俗者欤？抑观唐景有云：处家无不孝之子，立朝无不忠之臣。文为儒宗，武为将帅，非夸也。南渡以后，实为左翊右扶郡，道德仁义，沉浸浓郁，风流笃厚，迥异前闻。岁时游党，号称繁富，而乡敛燕髦，彝典间举，所谓和而节之以礼者哉"。②

江南文教的代表人物为范仲淹。范仲淹，字希文，唐宰相范履冰之后。范仲淹两岁时成为孤儿，少年时在应天府依靠亲戚读书。昼夜不息，寒冬以水沃面；经常以糜粥充饥。范仲淹泛通《六经》，长于《易》。③

史称，范仲淹"每感激论天下事，奋不顾身，一时士大夫矫厉尚风节，自仲淹倡之"④。

到庆历年间，范仲淹已成为北宋政治集团的核心人物、官场效仿的对象。范仲淹等士大夫的言行影响深远，改变了宋代知识分子的精神风貌。北宋士大夫砥砺名节，风气渐变，至宋仁宗朝，新的士风已经形成。这时候的士大夫往往正直敢言，不苟同时俗，遇事争先，积极有为。他们的言行明显受到范仲淹的影响。范仲淹能在当时士大夫中成为典范性的人物，原因有三。第一，性格刚毅，坚定执着。范仲淹一生都有着自己明确的政治理想，早年表达为追求"良相"的愿望，晚年归纳为向"古仁人"看齐的人生境界。为了贯彻和实施自己的政治理想，范仲淹敢做敢当，不怕触怒权贵与帝王。第二，政绩显赫，功在当代。范仲淹一直身体力行，把自己的政治理想和道德准则落实到现实行为中。无论在什么职位上，他都对国家、社会、朝廷、民众有着突出的贡献。第三，历任要职，出将入相。由于范仲淹个性独特与才干过人，也由于当时社会和政治环境相对清明，范仲淹得以脱颖而出，在地方或中央担任过一系列重要职位。甚至在他遭受贬谪的时候，朝廷依然对他青眼有加。⑤

---

① 朱瑞熙：《宋代"苏湖熟，天下足"谚语的形成》，《农业考古》1987年第2期，第48—49页。
② 卢熊纂修：《苏州府志》卷十六，洪武十二年刊本，第1页下。
③ 脱脱等撰：《宋史》卷三百一十四，北京：中华书局，1977年，第10267页。
④ 脱脱等撰：《宋史》卷三百一十四，北京：中华书局，1977年，第10268页。
⑤ 诸葛忆兵：《范仲淹与北宋士风演变》，《中国人民大学学报》2006年第5期，第150—156页。

第六章 宋元明清江南苏北的经济与文化

从中国学术流变史上看,唐末五代至宋是一大变时期。其中心为重兴儒学以代替佛教作为人生之指导,再建以儒学为核心的中国历史文化传统。宋初的众多学者,为此做出了种种努力,为北宋中期道学(新儒学)的产生奠定了基础,成为新儒学的先驱。在这众多的学者中,政治家兼学问家的范仲淹,对儒学之道身体力行,以政治推进学术,以学术指导政治,在振兴儒家传统方面,起了别人起不到的作用,是宋初儒学振兴中的关键人物之一。[①]

宋代新儒学,又称道学或理学。范仲淹这个开创者的地位一直没有被确认。在庆历新政时期,范仲淹和"宋初三先生"(孙复、胡瑗、石介)经过共同努力,确立了"明体达用之学",此为道学之先驱。从庆历新政到道学,其间经过了王安石的熙宁变法,道学是在庆历新政与熙宁变法的正、反两方面作用下形成的。范仲淹"泛通六经,长于《易》",并重视《中庸》和《春秋》,这对于道学的发展有重要影响;范仲淹与道学在思想上的联系,更主要者是他首先在宋儒中提出了"孔颜乐处"的问题;宋学精神之所寄在书院,范仲淹重视教育,大力兴办学校,对于宋代书院的兴起有开创奠基之功。[②]

范仲淹留存至今的词作只有5首,但在词史上却有着极其重要的地位。词为"艳科",在初始阶段受儒家文学创作观念的压制,创作十分萧条。入宋以后,道德评价体系重建,歌词创作尽量避开艳情,词坛萧条。宋真宗后期,适宜歌词创作的北宋享乐之风已经形成。范仲淹歌词创作就以这样的社会、文学风气转移为背景。范仲淹《渔家傲》咏边塞、《剔银灯》咏史、《定风波》咏景,题材宽泛,与艳情无关,与北宋前期词坛的创作风气合拍,表现了从晚唐五代至北宋前期词坛衰变的一个过程。然而,其《苏幕遮》借乡思写恋情,已经表现出向艳情题材的转移。《御街行》更是直接写男女恋情相思,题材上已经回到"花间"的传统上来,预示着宋词创作繁荣期的到来。范仲淹以道德领袖人物从事艳词创作,悄悄地改变着时人的文学创作观念,成为词史上一位具有承前启后作用的重要作家。[③]

范仲淹《苏幕遮·怀旧》:

> 碧云天,黄叶地,秋色连波,波上寒烟翠。山映斜阳天接水,芳草无情,更在斜阳外。
> 黯乡魂,追旅思,夜夜除非,好梦留人睡。明月楼高休独倚,酒入愁肠,化作相思泪。

邹祗谟评:"范希文《苏幕遮》一调,前段多入丽语,后段纯写柔情,遂成绝唱。"继昌云:"希文宋一代名臣,词笔婉丽乃尔,比之宋广平赋梅花,才人何所不可,不似世之头巾气重,无与风雅也。"[④]

《渔家傲·秋思》:

[①] 赵宗正、薛德贵:《范仲淹在宋代学术思想史上的地位》,《中州学刊》1992年第3期,第68页。
[②] 李存山:《范仲淹与宋代新儒学》,《湖南大学学报(社会科学版)》2008年第1期,第5—13页。
[③] 诸葛忆兵:《论范仲淹承前启后的词史地位》,《河北学刊》2010年第4期,第86—90页。
[④] 唐圭璋笺注:《宋词三百首笺注》,北京:人民文学出版社,2013年,第5—6页。

塞下秋来风景异,衡阳雁去无留意。四面边声连角起。千嶂里,长烟落日孤城闭。
　　浊酒一杯家万里,燕然未勒归无计。羌管悠悠霜满地。人不寐,将军白发征夫泪。

这首词是范仲淹守边愿望和复杂心态的真实袒露。词中反映了边塞生活的艰苦,以及词人巩固边防的决心和意愿,同时还表现出外患未除、功业未建、久戍边地、士兵思乡等复杂矛盾的心情。在有着浓郁思乡情绪的将士们的眼中,塞外之景色失去了宽广的气魄、欢愉的气氛,画面上笼罩着一种旷远雄浑、苍凉悲壮的气氛。在边塞熬白黑发,滴尽思乡泪,却又不能抛开国事不顾,将士们的心理是矛盾复杂的。虽然范仲淹守边颇见成效,然而,当时在北宋与西夏的军事力量对比上,北宋处于下风,只能保持守势,时而还有疲于奔命之感。这对有远大政治志向的范仲淹来说肯定是不能满足的,但又是十分无奈的。[①]

四、江南义庄的兴建

一般认为,中国最早的义庄是北宋范仲淹在苏州设立的范氏义庄。

《宋史·范仲淹传》:"仲淹内刚外和,性至孝,以母在时方贫,其后虽贵,非宾客不重肉。妻子衣食,仅能自充。而好施予,置义庄里中,以赡族人。泛爱乐善,士多出其门下,虽里巷之人,皆能道其名字。"[②]

钱公辅在《义田记》中对范仲淹及义庄救助办法作了介绍:"(范)置负郭常稔之田千亩,号曰义田,以养济群族之人,日有食,岁有衣,嫁娶凶葬皆有赡。择族之长而贤者,主其计,而时其出纳焉。日食人一升,岁衣人一缣,嫁女者五十千。若地方有溺女之风者,此条尤当加意。娶妇者三十千,再娶者十五千。葬者如再娶之数,葬幼者十千,族之聚者九十口,岁入给稻八百斛。以其所入给其所聚,沛然有余而无穷,屏而家居,俟代者与焉。仕而居官者罢,莫给。此其大较也。"[③]尽管与范义庄的规条有出入,但他注意到了范义庄对女性的重视,男妇均同样获取衣食,且嫁女比娶妇获得的救助更多。

《范氏义庄规条·家规记》规定:儿女在家15年,年50岁以上听给米,"逐房计口给米,每口一升,并支白米。如支糙米,即临时加折。支糙米每斗折白米八升。逐月实支每口白米三斗"。"冬衣每口一疋,十岁以下、五岁以上各半疋。""嫁女支钱三十贯(七十七陌,下并准此),再嫁二十贯。""娶妇支钱二十贯,再娶不支。""子弟出官人,每还家待阙、守选、丁忧或任川、广、福建官留家乡里者,并依诸房例给米绢并吉凶钱数。虽近官,实有故留者,亦依此例支给。""逐房丧葬,尊长有丧,先支一十贯,至葬事又支一十五贯。次长五贯,葬事支十贯。卑幼十九岁以下,丧葬通支七贯,十五岁以下支三贯。十岁以下支二贯,七岁以下及婢仆皆不支。"除对本族救助外,《家规记》特别规定:"乡里外姻、亲戚如贫窘

---

① 诸葛忆兵:《宋词说宋史》,北京:中华书局,2008年,第3页。
② 脱脱等撰:《宋史》卷三百一十四,北京:中华书局,1977年,第10276页。
③ 余治撰:《得一录》卷一,苏城得见斋同治八年刊本,第10页。

中,非次急难,或遇年饥不能度日,诸房同共相度诣实,即于义田米内量行济助。"①"诸位子弟得贡赴大比试者,每人支钱一十贯文(七十七陌,下并准此),再贡者减半,并须实赴大比试乃给。即已给而无故不试者追纳。"②

在宋代,范仲淹的做法即成为表率,一些具有宗族意识和乡土观念的官员和富人纷纷捐出田产,设立义庄、义学等各类慈善机构,或广泛地用于其他社会救助。在嘉泰,"今世俗置产,以给族人曰义庄;置学以教乡曲子弟曰义学;设浆于道,以饮行旅曰义浆;辟地为丛冢,以藏暴骨曰义冢"。③

婺源人詹廷坚徙苏州后,"仿范仲淹义庄规模,为义廪以惠族属"。④ 常熟陆绾"买田赡合族名曰义庄"。⑤ 常熟许浦人季逢昌,"立义庄赡族人"。⑥ 镇江汤克昭"约已积俸买田千亩为义庄,应同祖所出给予有差"。⑦ 金坛张宗湜"立义庄,以赡宗族"。⑧ 同县张恪"择良田数顷为义庄,宗族之贫者日用所须,与嫁娶丧葬,皆取具焉"。他建立了家塾,聘请名士,以教育族中子弟。他还不遗余力地从事其他慈善活动。在饥荒时,"出积谷平粜,价以惠乡里。流离者众,则作芰舍道旁,竭廪廥之藏,为粥以食,日不减数千人。赤子之遗弃者,鞠养之;孕妇之产子者,别室护视之"。⑨

淳熙(1174—1189)中,龙舒别乘沈晦焕向文惠王建议:"随时拯恤,其惠有限,吾乡以清白相厉,其能称物平施者,盖可数矣。盍用会稽近比为义田之举乎?"这个建议被文惠王接受,与汪大猷商量倡导兴办义庄,"率诸好义者,于是或捐己产,或输财以买,各书于籍。又得拨助之田,合为五顷有奇,岁得谷近六百斛米。三之二而附益未已也,买地作屋十五楹,于郡城西望京门内,扁曰义田"。⑩ 由楼璩创办的鄞县楼氏义庄,"一仿范文正公之成规"。⑪ 楼璩创办的义庄最早有良田 500 亩,"自同曾祖下至缌麻而贫,于无服而行业有闻者,人廪给有差,朝议四子,岁更任其出纳,定规约以示,夫后之人睦姻族,厚风教,意甚善也"。⑫ 四明直鄞"乡有义庄,以给仕族亲丧之不能举,孤女之不能嫁者"。这所义庄由汪

---

① 余治撰:《得一录》卷一,苏城得见斋同治八年刊本,第 2 页。
② 余治撰:《得一录》卷一,苏城得见斋同治八年刊本,第 3 页。
③ 沈作宾修、施宿等纂:《嘉泰会稽志》卷十九,中华书局编辑部编:《宋元方志丛刊》,北京:中华书局,1990 年,第 7072 页下。
④ 昌彼得等编:《宋人传记数据索引》十三画,台北:鼎文书局,2001 年,第 3278—3279 页。
⑤ 孙应时等纂修:《琴川志》卷八,中华书局编辑部编:《宋元方志丛刊》,北京:中华书局,1990 年,第 1227 页上。
⑥ 昌彼得等编:《宋人传记数据索引》八画,台北:鼎文书局,2001 年,第 1420 页。
⑦ 脱因修:《至顺镇江志》卷十九,道光二十二年丹徒包氏刻本,第 7 页下。
⑧ 昌彼得等编:《宋人传记数据索引》十一画,台北:鼎文书局,2001 年,第 2385 页。
⑨ 脱因修:《至顺镇江志》卷十九,道光二十二年丹徒包氏刻本,第 18 页下。
⑩ 楼钥:《义庄记》,马泽修、袁桷纂:《延祐四明志》卷五,中华书局编辑部编:《宋元方志丛刊》,北京:中华书局,1990 年,第 6344 页上。
⑪ 胡榘修、方万里、罗浚纂:《宝庆四明志》卷八,中华书局编辑部编:《宋元方志丛刊》,北京:中华书局,1990 年,第 5079 页上。
⑫ 王元恭修、王厚孙、徐亮纂:《至正四明续志》卷八,中华书局编辑部编:《宋元方志丛刊》,北京:中华书局,1990 年,第 6559 页下。

思温割田倡办,①汪思温之子汪大猷割田20亩。② 汪思温的外甥陈居仁,"斥田二顷为义庄,以赡宗姻"。③ 鄞县应本仁,"博学好礼,隐居城南,慕范仲淹建义庄以济困乏"。④ 应本仁"建义庄,创屋舍五百余间。割慈溪腴田五百余亩,以济乡亲贫乏。又即其中为义塾,延名师以训导乡亲子弟,供膳服用,悉有常制。时其出纳,定其条约,使后裔世守之。世传为应家馆"。⑤

元代,江南慈善活动不及宋代,但仍不乏其人,创办的义庄也常见诸史籍。据学者最近统计,元代创办的义庄有:华亭县夏浚创设的夏氏义庄,张元礼创办的奉化州张氏义廪,丹阳的蒋氏义庄,沈野先创立的湖州归安沈氏义庄,方镒设立的诸暨方氏义庄。⑥ 至治(1321—1323)中,华亭姚玉用"割田立义庄,以周宗族乡党,建义塾,以教乡之子弟。后郡守孙秉礼闻其义,委葺西湖书院,迁义塾其中,以便学者"。⑦ 华亭胥浦乡邵天骥,"志在泽物,开义塾以教乡之子弟,割田二百余亩给之"。⑧

元代江南人的其他慈善活动也不绝于书。大德(1297—1307)中,江南大饥,华亭人夏椿"辟庐舍,具粥药,视其羸壮而食饮之。生则赈之归,死者给棺以瘗。凡施镪若干缗,米若干石,全活甚众。有司以闻旌其门"⑨。嘉兴府治北有宣公书院,在至元间建,以祀唐宣公陆贽。⑩

明代的道教歌谣称:"宗人本是一根生,贫富诚难较重轻。禄廪倘来何足吝,亲朋至此若为情。死生并与周婚葬。俊秀仍须为作成。他族闻风喜相效。三吴渐有义庄名。"⑪可见,在明代,江南地区的义庄发展非常迅速。

弘治八年(1495)三月,大学士徐溥以禄赐所入,效仿范仲淹,在原籍宜兴县设置义田,每年所收租税用于资助族人婚葬,并作为家规,希望世代相传。"恐条约不关于部曹,数目不籍于郡邑,人心难合而易离,义事难成而易败,异时子孙,或视为度外,则不禁乡邻之侵,或认为分内,则或启族人之讼。乃言于朝,乞敕户部将所置义田文册,用印钤记,发本管府县存照,候造册之年,另以徐义庄为名立户,造入本里带管户内。如有侵占争讼者,以官法从事。庶几家法藉国法而永存,百世子孙皆蒙休赐。下户部议,宜从所请。"⑫这是较早由

---

① 胡榘修、方万里、罗浚纂:《宝庆四明志》卷八,中华书局编辑部编:《宋元方志丛刊》,北京:中华书局,1990年,第5089页下。
② 马泽修、袁桷纂:《延祐四明志》卷五,中华书局编辑部编:《宋元方志丛刊》,北京:中华书局,1990年,第6203页上。
③ 马泽修、袁桷纂:《延祐四明志》卷五,中华书局编辑部编:《宋元方志丛刊》,北京:中华书局,1990年,第6204页上。
④ 昌彼得等编:《宋人传记数据索引》十七画,台北:鼎文书局,2001年,第4094页。
⑤ 王圻撰:《明万历续文献通考》卷六十一,台北:文海出版社,1979年,第3746页。
⑥ 申万里:《元代江南民间义庄考述》,《中央民族大学学报》2009年第2期,第79页。
⑦ 王圻撰:《明万历续文献通考》卷六十一,台北:文海出版社,1979年,第3745页。
⑧ 王圻撰:《明万历续文献通考》卷六十一,台北:文海出版社,1979年,第3744页。
⑨ 王圻撰:《明万历续文献通考》卷八十,台北:文海出版社,1979年,第4824页。
⑩ 王圻撰:《明万历续文献通考》卷六十一,台北:文海出版社,1979年,第3688页。
⑪ 张宇初、邵以正、张国祥编纂:《正统道藏·洞真部》卷一,台北:新文丰出版社,1985年,第5册,第59页上。
⑫ 余继登撰:《典故纪闻》卷十六,北京:中华书局,1981年,第285页。

国家予以备案维持的义庄。

明后期,丹阳姜宝"致仕家居,置义田、立义学,申宗法,以统理族人"。① 武进县毛宪,"他日置义田、义学,教养乡族,施爱孤弱,若与人交,死生患难,不爽素心。故师子孙贫不能立,与置田宅,矜恤周至"。② 松江训大夫户部广东清吏司员外郎张昕"作义塾,延师教其家及乡人之子弟"。③ 溧阳南埭光禄寺少卿史后,"晚年置义田义塾为宗族计"。④ 上海华亭叶谢镇吏科都给事中杨秉义,"创世墓,建家庙,置祭田,修族谱,设义医、义塾,思以孝友礼让,化其家及其里人"。⑤ 吴淞千户庄重奏请修复义塾。⑥ 华亭卫谦"尝立义庄赡贫,义塾教学者"。⑦ 无锡,华希闵五世祖华海月"创田租千石为义庄、义塾,以赡族人"。⑧

明代的文学作品较多地反映了江南社会中的慈善和义庄。据《醒世恒言》第2回描述,阳羡县(今宜兴南)许武、许晏、许普三兄弟析产事,均相互谦让。长兄许武将所分得的半数田产,立为义庄,"以赡乡里"。许晏、许普知道后,均各出己产相助。人称:"弟不争,兄不取。作义庄,赡乡里。"⑨同书第26回载,吴县人薛伟,夫人顾氏,为吴县第一个大族。薛任青城县令,"设立义学,教育人材。又开义仓,赈济孤寡"。⑩

清代,中央政府对义庄慈善机构的举办持鼓励支持态度。康熙五十二年议准:"各省府州县,令多立义学,延请名师,聚集孤寒生童,励志读书。"⑪康熙五十四年上谕称:"朕时巡畿甸,见民生差胜于前。但诵读者少,风俗攸关。宜令穷僻乡壤广设义学,劝令读书。"⑫

乾隆九年,江苏巡抚陈大受奏:"苏城六门,旧有义学,皆系借设寺院,又无一定经费。现据绅士捐银四千余两,在郡城适中之王府基及六门地方,建设七处。又建市房一百二十间,岁得租银,发典生息。又绅士捐助圩荡九百余亩,统计岁入租息,酌给塾师膏火,及一切费用,已属充裕。听民间贫寒子弟,入学讲读。"⑬得旨嘉奖。

乾隆庚午(1750),吴县候选员外郎陶筱置常稔田千亩,营守舍30余楹为义庄。"是冬十二月,苏抚雅尔哈善疏闻。明年四月,奉旨依部议,照原衔即用,以示奖劝。"⑭苏州周氏

---

① 焦竑编:《国朝献征录》卷三十六,明代传记丛刊第110种,台北:明文书局,1991年,第666页上。
② 焦竑编:《国朝献征录》,明代传记丛刊第112种,台北:明文书局,1991年,第872页上。
③ 焦竑编:《国朝献征录》卷三十,明代传记丛刊第110种,第429页下。
④ 焦竑编:《国朝献征录》卷七十一,明代传记丛刊第112种,第557页上。
⑤ 焦竑编:《国朝献征录》卷八十,明代传记丛刊第112种,第856页上。
⑥ 《大明神宗皇帝实录》卷三,隆庆六年七月,第129页。
⑦ 王圻撰:《明万历续文献通考》卷一百七十三,台北县:文海出版社,1979年,第10512页。
⑧ 张伯行:《正谊堂全书·正谊堂续集》卷五,左宗棠同治年间增刊本,第14页上。
⑨ 冯梦龙编撰:《醒世恒言》第2回"三孝廉让产立高名",台北:三民书局,1988年,第28页。
⑩ 冯梦龙编撰:《醒世恒言》第26回"薛录事鱼服证仙",台北:三民书局,1988年,第505页。
⑪ 《大清会典事例》卷三百九十六,康熙五十二年,第5册,第418页上。
⑫ 赵尔巽等撰:《清史稿》卷八,北京:中华书局,2003年,第287页。
⑬ 《大清实录高宗纯皇帝实录》卷二百一十五,乾隆九年四月下,第765页下。
⑭ 陈康祺:《郎潜纪闻初笔》卷四,见《笔记小说大观》第41编第6册,台北:新兴书局有限公司,1986年,第87页。

义庄,自乾隆时设立,庄田达 2 000 亩,"均报明藩司,给有执帖在案。设庄正,由裔孙轮充,世守家法,无异言"。① 乾隆年间,无锡秦震钧"尝仿范文正义庄之例,置田千亩,以赡族人。秦氏自有明以来,科甲而富有者无算,未尝有此举也"。② 吴县范来宗,为范仲淹后人,乾隆乙未(1775)进士,范氏故有义庄,"积逋累累,不能资族中,咸推先生为主奉,清厘整顿,一秉至公,不三十年增置良田一千八百余亩,市廛百余所,每岁可息万金。……而子孙之穷困者,例给钱米,一切丧葬助恤、考试之费俱倍加。自此义庄又复振兴,皆先生力也"。③

道光十六年,以捐修江苏奉贤县文庙,并建立义学,予知县杨本初等议叙有差。④ 道光二十三年,清廷更制定了详细的捐输报效奖励规定,⑤对义庄等慈善事业具有一定的激励作用。范金民认为:清末苏州义庄当在 200 所左右。⑥

---

① 徐珂:《清稗类钞》第 6 册,北京:中华书局,1986 年,第 2679 页。
② 钱泳撰、张伟点校:《履园丛话》丛话六,北京:中华书局,1979 年,第 164 页。
③ 钱泳撰、张伟点校:《履园丛话》丛话六,北京:中华书局,1979 年,第 156 页。
④ 《大清宣宗成皇帝实录》卷二百八十七,道光十六年八月,第 425 页上—425 页下。
⑤ 绅士商民人等,有乐善好施,急公报效,捐修文庙、书院、义学考棚、义仓、桥梁、道路,及捐输谷石银两以备公用者,该督抚查明所捐谷石,每石以银一两计算,核其实捐银数在数十两以上,由地方官奖以花红匾额。一百两以上,该省督抚奖以匾额,俱由该督抚自行核办。其捐数较多者,逐一造具清册,核实具题。系捐赈及报效各款则报户部,工程则报工部,核实确查。如果相符,吏部分别议叙。士民二百两以上者,给予九品顶戴。三四百两以上者,给予八品顶戴。一千两以上,给予盐大使职衔。两千两以上,给予县丞职衔。三千两以上,给予州判职衔。四千两以上,给予按经历职衔。五千两以上,给予布经历职衔。六千两以上,给予通判职衔。八千两以上,给予盐提举职衔。一万两以上,给予同知职衔。一万五千两以上,给予运同职衔。三万两以上,给予道员职衔。此内如候补候选及现有职衔顶戴者,八品顶戴及九品以下人员,仍照士民一体议叙。八品以上职衔人员,应按士民捐数。本身职衔,照前项议叙银数减半抵算捐数,给予应得议叙。至候补候选京职及京衔人员,应以京衔议叙。未入流京职,比照八品顶戴人员捐数。九品京职,比照从八品职衔人员捐数,从八品以上各京职,均照外官捐数递加一等,给予加衔。其应加京衔,准以从九品国子监典籍。从八品国子监典簿、正八品司务、从七品中书科中书、正七品太常寺典簿、从六品光禄寺署正、正六品主事、从五品员外郎、正五品郎中,各按捐数、分别议叙。其郎中以上,仍加道衔,其有不及加衔银数者,均查照现任官给予加级纪录。至捐数较多,业已议叙道员职衔及原系道员职衔者,品秩无可增加,均按其所捐银数,议予加级纪录。捐输人员内,有未经就职之恩拔副贡生,照从八品人员,按其捐数,给予议叙。未拣选举人,及未赴考之孝廉方正,照正八品人员,按其捐数,给予议叙。其不及加衔银数者,均查照现任官员议叙,给予加级纪录。现任各官,无论何项议叙,概不准请加升班,俱按其所捐银数,给予加级纪录。三品以上大员,捐银至一千五百两者,议予加一级。三百五十两以上者,议以纪录一次。其四品等官,捐银一千二百两;五品等官,捐银一千两;六品等官并七品之知县,捐银九百两;其余七品等官,捐银八百两;八品等官,捐银七百两;九品未入等官,捐银六百两;均议予加一级。银数较多者,仍准以此核计,递予加级,但不得过五级,以示限制。其有不及加级银数者,四品等官三百两以上;五品等官,二百五十两以上;六品以下各项官员,二百两以上;均议予纪录一次。其不及二百两者,仍听该督抚自行办理。各项捐输奉旨从优议叙人员,应得顶戴职衔者,按其捐数应得议叙,酌加一等。应得加级纪录者,酌加纪录三次。劝捐董事出力人员,奉旨从优议叙者。绅士及地方官,均给予纪录三次。至生监商及民等,均概给予九品顶戴。曾经获罪人员,捐输银两,该省督抚将从前获罪缘由,详细声明,核其情节尚非贪污者,按照捐数应得议叙,酌减一等。(李鸿章等:《大清会典事例》卷七十七,光绪二十五年刻本,第 1 册,第 995 页上—996 页下)
⑥ 范金民:《清代苏州宗族义田的发展》,《中国史研究》1995 年第 3 期。

有清一代,因创设义庄等慈善活动受到朝廷嘉奖的人物非常多。咸丰六年议准:江苏长洲县封职陆宗澄捐田1 000亩,价银1万余两,作为义庄,以赡宗族。其故父陆铵,故母王氏,故本生父陆应铨,故本生母张氏,均予建坊旌表,给予"乐善好施"字样。① 1868年,陈其元在南汇县乡镇设立义学20所。"海滨之人靡然从风,即泥城左近亦自捐置义学二所,不禀于官。从此南邑四郊之内,弦诵之声相闻矣。"②

光绪年间,以捐田创建义学,旌表江苏常熟县孀妇黄钱氏。③ 两江总督左宗棠等奏:元和县绅沈宝恒捐置义庄。④ 以创设义庄,追予江苏金山县三品封职监生钱溥义旌奖。⑤ 光绪十九年,以捐建义庄,准予江苏华亭县绅浙江候补同知顾璜为其故父母建坊。⑥ 以捐置义庄,准予江苏常熟县五品封职徐朝荣建坊。⑦

光绪十八年(1892)秋,丹阳大祲,镇江知府王仁堪在恩赈之外,劝绅商捐赀,救活饥民甚众。又向百姓贷借官钱,使之不得卖牛,名曰"牛赈"。浚太平港、沙腰河、练湖、越渎、萧河、香草、简渎20余处,支沟别渠230多条。并凿塘4 600处,用于蓄水。这些工程皆用以工代赈的形式,促进了镇江水利事业的发展。次年,仿社仓办法创设社钱,按区分储,以用于兴修水利、兴办义塾。在西乡立榛思文社,并自己出资在府治前建南濡学舍。⑧

光绪二十八年,江苏川沙杨斯盛,出资建广明小学、师范传习所。三年后,建浦东中学、小学和青墩小学,用银18万余两。上海土木业者议立公所,设义学,其时杨斯盛已病,仍然竭力赞成,使得这些创议得以成功。并出资规筑洋泾、陆家渡、六里桥南等路,改建严家桥,创设上海南市医院。建宗祠,置义田。⑨

清代的小说同样不乏义庄的描写。《红楼复梦》写道:贾环叔侄请师肄业,由平儿承办。平儿与李纨商量,将荣府典掉的田庄全部赎回,买了义地,设立义学,聘请名师,将贾府本族以及亲戚朋友家子弟,均接到义学读书。"凡师徒的茶饭点心、修金月费以及笔墨纸张、学生奖赏,都在学地租子里开销。"⑩

平儿的处置,得到了王夫人和宝钗的赞同,她们仅是提了小小的修正意见:

> 王夫人看着平儿处分得当,喜欢之至。宝钗对平儿笑道:"件件都好,内中稍有一两件事务,我要混出主意,在祖宗条例之内稍为变通。"平儿笑道:"你的主意

---

① 李鸿章等:《大清会典事例·礼部》卷四百零三,第5册,第499页下。
② 陈其元著,杨璐点校:《庸闲斋笔记》,北京:中华书局,1989年,第304页。
③ 《大清德宗景皇帝实录》卷三百三十,光绪十九年十一月,第240页下。
④ 《大清德宗景皇帝实录》卷一百五十七,光绪八年十二月下,第210页上。
⑤ 《大清德宗景皇帝实录》卷二百五十八,光绪十四年八月,第469页上。
⑥ 《大清德宗景皇帝实录》卷三百二十六,光绪十九年四月,第177页上。
⑦ 《大清德宗景皇帝实录》卷三百二十六,光绪十九年七月,第198页下—199页上。
⑧ 赵尔巽等撰:《清史稿》卷四百七十九,北京:中华书局,2003年,第13094—13095页。
⑨ 赵尔巽等撰:《清史稿》卷四百九十九,北京:中华书局,2003年,第13812页。
⑩ 小和山樵:《红楼复梦》第60回"桑奶妈失身遇鬼,陶姨娘弄玉生儿",台北:建弘出版社,1995年,第650页。

想来不错,是件什么事儿要变通?"宝钗道:"条例内说:'子孙读书成名者,赏奖励银一百两。'这一款没有分得明白。因当日限于祭田租子,咱们这会儿较祖上又添了五百亩祭田,租息更广。太太又是重整基业之祖,应将这款分开注明:子孙中有进学者,给银一百两;举乡榜者,给银三百两;成进士者,给银五百两;得鼎甲者,给银一千两。又条款内说:'无嗣者,不得入家庙。'这条儿未免过狠。依我改作:异姓承继者,不得入家庙,方为妥当。这两条且过几天请斌老爷到家公议。倒是这祠堂要大为修理,这诚敬堂面前,还得多添几间屋子。还有主祭的胙肉,要多几斤才分别得出个首领。这两条儿,你可做主,不必公议。"王夫人点头道:"宝丫头说的都还有理。我既捐添祭产,修理宗祠,就稍为增改祖宗条例,也未为不可。"平儿道:"太太说的很是。当日凤姐姐在时,先前的蓉大奶奶曾托梦与他,叫他将祭田、义学及一切有益之事,务宜留心早办,休要后悔无及。彼时凤姐姐不以为意,他临终时说到这些,深以为恨。我今日得蒙太太不弃,委以当家重任,不能不了结凤姐姐临终未了的心事。"[1]

义庄还具有下层基层组织的某些社会功能。首先,义庄需要掌握族内人口变动情况,客观上承担起普查全族人口的职责。其次,义庄负担起教育族中年幼子弟的职责,帮助族中子弟求取科举功名。最后,义庄承担了处理族中成员间纠纷的职责,较好地解决基层的社会矛盾。[2]

学者指出,近代以来,苏南地区义庄林立。除承担祭祀、救助外,义庄另外一个重要职能就是设庄塾,兴义学,开展家族教育,通过普及教育以敦睦族谊,培养家族的代言人,以光门第庇宗族。义庄拥有较强的经济基础和文化资源,督管得法,奖惩有力,与其他私立教育机构相比更富生机和活力。在官办教育资源不敷社会需要的近代中国,苏南义庄在普及地方教育,尤其在资助贫穷族人的教育方面发挥了重要作用。可以说,义庄实质上承担了重要的教育功能,成为推广教育、宣扬教化的重要机构。[3]

除了上述因素外,我们更应看到中国传统社会的既得利益者对自身的约束。王日根指出:"富家大族兴办义田使家业得以保数世而不衰,一个社会方面的原因还在于他们可以给社会上的饥寒之士(甚至包括一些游手好闲者)以恤助,从而减缓了这些人对他们兴旺家业的仇视和嫉恨,这表明中国封建社会后期总是设置着种种阻滞贫富分化的高低栏,正是通过这些高低栏来不断缓和两个对立阶级之间时时加剧的矛盾,从而维持社会秩序的稳定。"[4]

利益集团对弱势群体不断地让步,维持了弱势集团基本的生存需要,而不是竭泽而渔

---

[1] 小和山樵:《红楼复梦》第 62 回"穷秀才强来认族,老倔妇接去逢亲",台北:建弘出版社,1995 年,第 671—672 页。
[2] 鲍正熙:《晚清民初苏州的宗族义庄》,《江苏地方志》2000 年第 4 期,第 30 页。
[3] 陈勇、李学如:《近代苏南义庄的家族教育》,《历史研究》2011 年第 5 期,第 111 页。
[4] 王日根:《义田及其在封建社会中后期之社会功能浅析》,《社会学研究》1992 年第 6 期,第 98 页。

地使弱势群体无生存之余地,从而成为利益集团的掘墓者。相反,利益集团通过义庄等对弱势群体进行救助,使自身处于可持续统治地位。

五、泗州佛教圣地

唐宋时代,泗州是中国佛教圣地。唐时有民谣:"只闻有泗州和尚,不见有五县天子。"

自禅宗在唐代兴盛以来,禅师们常常游方学道。到唐末时,信徒集中朝拜的地方有四处:一是五台山——文殊菩萨的圣地;二是泗州普光王寺——僧伽大圣的圣地;三是终南山——三阶教圣地;四是凤翔法门寺——佛骨圣地。①

史载,僧伽大师又名泗州大圣、泗州和尚,原为古印度人,俗姓何氏。唐龙朔(661—663)开始游历北方,隶名楚州龙兴寺。后在泗州临淮县信义坊乞地施标,准备建寺院于其标下,掘得古香积寺铭记及金像,上有"普照王佛"字样,遂建寺院。唐景龙二年(708),唐中宗遣使迎入都城,入内道场,尊为国师,不久出居荐福寺。② 一日,唐中宗于内殿语僧伽:"京畿无雨,已是数月,愿师慈悲,解朕忧迫。"僧伽乃将瓶水泛洒,俄顷阴云骤起,甘雨大降。唐中宗诏赐所修寺额,以"临淮寺"为名。僧伽请以"普照王寺"为名。唐中宗以"照"字犯武后庙讳,乃改为"普光王寺",御笔亲书其额以赐。至景龙四年三月二日(710年4月5日),于长安荐福寺端坐圆寂。唐中宗谕令于荐福寺起塔,漆身供养。唐中宗曾问万回:"僧伽大师何人耶?"万回曰:"是观音化身也。"③

僧伽有弟子三人——慧岸、慧俨、木叉。胡适指出:"在《西游记》里,惠岸和木叉已并作一人,成为观音菩萨的大弟子了。"④

僧伽于公元710年圆寂,李白时年9岁。但李白赋有《僧伽歌》,涉与僧伽论道事:"真僧法号号僧伽,有时与我论三车。问言诵咒几千遍,口道恒河沙复沙。此僧本住南天竺,为法头陀来此国。戒得长天秋月明,心如世上青莲色。意清净,貌棱棱,亦不减,亦不增。瓶里千年舍利骨,手中万岁胡孙藤。嗟予落魄江淮久,罕遇真僧说空有。一言散尽波罗夷,再礼浑除犯轻垢。"⑤此事或恐李白附会或误会,但于此可见李白对僧伽的景仰。

僧伽圆寂58年后出生的韩愈,在《送僧澄观》诗中专门论及僧伽:"浮屠西来何施为,扰扰四海争奔驰。构楼架阁切星汉,夸雄斗丽止者谁? 僧伽后出淮泗上,势到众佛尤恢奇。"⑥

据罗世平研究,唐代由于观世音菩萨信仰的流行,民间信众对具有超凡神迹的人物也加以神化,将他们比作观音化现,造经画像,虔心供养,为一时风尚。从流传下来的文献及经像来看,唐代僧伽和尚为其中最有代表性的人物,敦煌莫高窟有他的经像留存。经文开篇叙僧伽身世,僧伽原居东海净土,因奉教化众生使命与弥勒佛同时下凡,在西方为释迦

---

① 徐湘霖:《净域奇葩——佛教艺术》,成都:四川人民出版社,1995年,第67—68页。
② 李昉撰:《太平广记》卷九十六,嘉靖年间刻本,第1页上。
③ 李昉撰:《太平广记》卷九十六,嘉靖年间刻本,第1页下。
④ 胡适:《胡适文存》(二),合肥:黄山书社,1996年,第468页。
⑤ 王琦辑注:《李太白全集》卷七,乾隆二十四年刊本,第19页上。
⑥ 韩愈撰:《朱文公校昌黎先生集》卷七,朱熹考异,王伯大音释,上海涵芬楼复本,第1页下。

牟尼,至东土即号泗州僧伽,化度阎浮之中善缘众生。全篇经文都在神化僧伽和尚,俨然东方的救世主。①

至宋时,对僧伽的崇拜更加风行。苏轼著有《泗州大圣传》对僧伽籍贯进行考证:"和尚河国人也。又曰世莫知其所从来,不知何国人也? 近读《隋书·西域传》,乃有河国。"②濒临泗水的泗州大圣塔,"舟人往来与居人祈祷立应"。③朱熹恭维宰相刘挚,托市井语称:"过南京不见刘待制,如过泗州不见大圣。"④全国有泗州大圣神迹的地方不一而举。崇宁(1102—1106)中,扬州甘泉县法净寺,"塔有泗州大圣示现,始衣紫,转相轮上,少顷衣变青,复行数匝,隐身入相轮。远近士众见者瞻礼"。⑤赵州高邑县乾明院塔的兴建,缘于一富家妻路氏"夜梦泗州大圣菩萨",遂舍财募工,镂僧伽像安置于塔中,永为供养。⑥嘉兴东塔讲寺,"宋初为泗州大圣塔院"。⑦广东归善县泗州塔,"东坡有诗并自注引泗州大圣传,是大圣即僧伽也"。⑧浙江仙居二十都官岭泗州堂,由宋吴里仁建,"祀泗州大圣。春月士女祈梦者甚众"。⑨

明以前,通州狼山之巅一直有寺庙,祀泗州大圣。⑩《狼山大圣僧伽歌》:"临淮建塔复不牢,塔行江上飞如箭。从此展化到海东,泗州大圣狼山见。"⑪明代行巩,"梦泗州大圣衣覆顶而落发"。⑫

宋室南渡,泗州的地位急剧衰落。明以后,泗州尽管有祖陵的政治优势,但水患频频,已成经济和文化瘠土。

第二节　苏南的水利治理与环境维持

宋以后江南为财赋之薮,朝廷的命脉所系,是以从中央到地方各级政府对江南的水利事业都比较关注。总体而言,江南水利设施的建设能够满足民生需求,发挥了良好的作用。

---

① 罗世平:《敦煌泗州僧伽经像与泗州和尚信仰》,北京图书馆敦煌吐鲁番学资料中心,台北《南海》杂志社编:《敦煌吐鲁番学研究论集》,北京:书目文献出版社,1996年,第124页。
② 胡仔:《苕溪渔隐丛话后集》卷三十,乾隆年间刻本,第6页下。
③ 施元之:《施注苏诗》卷二十七,四库全书本,第9页下。
④ 朱熹撰:《三朝名臣言行录》卷十二,海盐张氏涉园复本,第31页上。
⑤ 阿史当阿修:《扬州府志》卷二十八,嘉庆十五年刊本,第14页下。
⑥ 李佩恩修:《高邑县志》卷九,民国二十二年铅印本,第3页上。
⑦ 嵇曾筠:《雍正浙江通志》卷二百二十八,四库全书本,第6页上—下。
⑧ 梁碧海修:《归善县志》卷五,乾隆四十八年刊本,第23页上。
⑨ 王荼:《光绪仙居志》卷二十三,光绪二十年木活字印本,第17页下。
⑩ 王鏊:《震泽集》卷十七,四库全书本,第2页下。
⑪ 冯云鹏:《扫红亭吟稿》卷二,道光十年刻本,第7页上—下。
⑫ 魏峣、裴琔:《康熙钱塘县志》卷三十,康熙五十七年刻本,第15页下。

一、元明清水利

崇宁二年(1103),提举徐确开吴松青龙江。政和六年(1116),议开常熟、昆山36浦。宣和七年(1125),开胥溪银林河。修银林堰,于其东18里作坝,即"东坝"。乾道二年(1166),秀州知府邱氏修筑华亭捍海18堰。淳熙(1174—1189)、绍熙(1190—1194)间,浚淀山湖。元至元二十四年(1287),宣慰使朱清主持修浚了娄江入海工程。左右司郎中都尔弥失浚治淀山湖。大德八年(1304),行都水少监任仁发大浚吴淞江,东自黄浦江口,西至千墩浦口新洋江,长22 150丈,宽25丈,深1.5丈。历次疏浚吴淞江工程,以此次为大。至大初(1308),江浙行省督治低田围岸。围岸分五等,高度从3尺到7.5尺不等。田围立制与浚江并重。至治三年(1323),官府疏浚吴淞江河道,常熟、昆山、嘉定三州共55处,华亭、上海两县共23处。泰定三年(1326),任仁发疏浚吴淞江、大盈浦和乌泥泾,置乌泥泾等6牐。至元六年(1340),在张泾盘车二堰处安置斗门,导水归海。至正初(1341),捞摝吴淞江,浚治各闸旧河直道,范围自松城至张泾堰,长63里。"其时松淀工程,史称极盛。"张士诚据苏州时,浚刘家港,始有开娄工程。并集民夫10万人,浚白茆塘,长90里。①

洪武年间(1368—1398),浚刘家港白茆塘,并大浚胥溪河,建闸通粮运。永乐年间(1403—1424),工部尚书夏原吉主持疏浚白茆塘、福山塘、耿泾,导昆承(东湖)、阳城湖诸湖水入长江。浚昆山下界浦,掣吴淞江水,北达娄江。疏浚嘉定西顾浦,南引吴淞江水,北贯吴塘,由娄江入海。浚上海范家浜,接黄浦,引湖水入海。"三江水道遂开新局。"②由于淞江南部诸浦入淞不畅,滞水没有其他排泄通道,遂汇入黄浦,造成黄浦水势变盛,夺淞入海,淞江水流不畅,屡浚屡淤。"此江南水道之奇变也。"正统六年(1441),太湖流域水灾冲毁广通坝,巡抚周忱主持复坝、浚修吴淞江工程,主要在上游疏浚涤淤,增修低圩岸塍,改芙蓉湖为田,疏浚刘家港、白茆塘,重修苏州宝带桥,修建53个过水涵洞。天顺二年(1458),巡抚崔恭大浚吴淞江,自昆山夏驾口向东达100余里,宽10.2丈,深1.1丈。成化(1465—1487)中,水利佥事吴某疏浚吴淞江,自夏驾口至徐公浦,长30余里。巡抚毕亨开吴淞江,自夏驾口至西庄家港,长60余里。弘治(1488—1505)中,水利佥事伍性浚吴淞江中段40余里。工部侍郎徐贯大浚白茆港,自芝塘抵海口,并疏浚七浦、吴江长桥、吴淞江竩赵屯、大石等浦。巡抚朱瑄、工部主事姚文灏等兴修了大量的水利工程。正德(1506—1521)中,巡抚俞谏疏浚白茆港、增筑文通坝。"自是太湖流域无复水灾。"③

到清代,中央政府在苏南境内举办了多项与民生相关的水利工程。顺治九年(1652)工科给事中胡之骏请浚浏河、吴淞江。④ 十一年(1654),诏曰:"东南财赋之地,素称沃壤。近年水旱为灾,民生重困,皆因水利失修,致误农工。该督抚责成地方官悉心讲求,疏通水

---

① 武同举:《江苏省水利全书》第5编第31卷,南京:南京水利实验处,1950年,第2页。
② 武同举:《江苏省水利全书》第5编第31卷,南京:南京水利实验处,1950年,第3页。
③ 武同举:《江苏省水利全书》第5编第31卷,南京:南京水利实验处,1950年,第4页。
④ 冯桂芬等纂:《苏州府志》卷十一,光绪九年刊本,第1页上。

道,修筑堤防,以时蓄泄,俾水旱无虞,民安乐利。"①这道诏令虽然没有得到很好的贯彻,但说明清初朝廷即开始重视江南的水利。

康熙三年(1664),修筑嘉定楠木堰。十九年(1680),浚常熟白茆港、武进孟渎河。②清初,练湖大量被垦为民田,仅乔日洪等即承佃9 000余亩湖地,严重影响了周边农田的排水灌溉。"原额民田环绕湖旁沾水利者,不啻数千万亩,旱无蓄,涝无泄。"③二十年(1681),江苏巡抚慕天颜开浚白茆港。④ 四十八年(1709),江苏巡抚于准奏请:"丹阳练湖,冬春泄水济运,夏秋分灌民田。自奸民图利,将下湖之地佃种升科,民田悉成荒瘠。请复令蓄水为湖,得资灌溉。"这个请求得到了朝廷的批准,大片湖区被恢复。⑤

乾隆十七年(1752),根据江苏巡抚庄有恭的奏疏,对苏州福山塘河、太仓浏河附河两岸及受水利泽被的常熟等8个州县,按亩捐款,兴工修建各水利设施。三十五年(1770),挑浚苏州入海河道,包括白茆河自支塘镇至滚水坝长6 530丈、徐六泾河自陈荡桥至田家坝长5 990余丈。四十一年(1776),两江总督高晋奏:"瓜洲城外查子港工接连回澜坝,江岸忽于六月裂缝,坍塌入江约百余丈,西南城墙塌四十余丈。现在水势已平,拟将瓜洲量为收进,让地于江,并沿岸筑土坝以通纤路。"谕令妥善修筑。四十三年(1778),浚镇县洋浏河,自西陈门泾上头起,至王家港止。五十七年(1792),两江总督书麟等言:"瓜洲均系柴坝,江流溜急,接筑石矶,不能巩固。请于回澜旧坝外,抛砌碎石,护住埽根,自裹头坍卸旧城处所靠岸,亦用碎石抛砌,上面镶埽。嗣后每年挑溜,可期溜势渐远。"得旨允行。⑥

乾隆末年,因水政不修,苏南的溇港、湖泊、浦溇大多堙塞。由于苏南、浙北水系为一体,嘉庆元年(1796),湖州府开浚大钱、小梅等湖并七十二溇港,苏州府官开浚长桥等处湖河,昆山、上海二县开浚赵屯、大盈、道褐等浦,杭、嘉、湖、苏、松等府并所属太仓州、归安等县开挑各该管地方东7条、西8条主干河道,并疏浚各支河、港浦、泾浜、河道,全长706 790丈;还修筑田圩、江湖塘岸共3 842段,通长2 764 493丈;闸座、坝堰50处,全长7 727丈。共用人夫326 555名,于1796年正月兴工,三月底完工。⑦ 二十一年(1816),朝廷批复地方官府疏浚吴淞江。⑧

道光四年(1824),给事中朱为弼请求疏浚浏河、吴淞及附近太湖各河。御史郎葆辰请修太湖七十二溇港,引苕、雪诸水入湖以达于海。御史程邦宪请择太湖泄水最关键处,如吴江堤之垂虹桥、遗爱亭、庞山湖,疏剔沙淤,铲除荡田,令东流的泄水不受阻碍。先后疏入,命两江总督孙玉庭、江苏巡抚韩文绮、浙江巡抚帅承瀛会勘。孙玉庭等奏:"江南之苏、松、常、太,浙江之杭、嘉、湖等属,河道淤垫,遇涨辄溢。现勘水道形势,疆域虽分两省,源

---

① 赵尔巽等撰:《清史稿》卷一百二十九"河渠四",北京:中华书局,2003年,第页。
② 赵尔巽等撰:《清史稿》卷一百二十九"河渠四",北京:中华书局,2003年,第3823—3824页。
③ 孙竹西等纂:《丹阳县志补遗》卷二,民国十六年刊本,第6页上。
④ 曹允源等纂:《吴县志》卷四十二,民国三十三年刊本,第27页下。
⑤ 赵尔巽等撰:《清史稿》卷一百二十九"河渠四",北京:中华书局,2003年,第3825页。
⑥ 赵尔巽等撰:《清史稿》卷一百二十九"河渠四",北京:中华书局,2003年,第3825—3835页。
⑦ 冯桂芬等纂:《苏州府志》卷十,光绪九年刊本,第14页上—下。
⑧ 赵尔巽等撰:《清史稿》卷一百二十九"河渠四",北京:中华书局,2003年,第3836页。

委实共一流。请专任大员统治全局。"朝廷命江苏按察使林则徐综办江苏、浙江水利。孙玉庭言："三江水利,如青浦、娄县、吴江、震泽、华亭承太湖水,下注黄浦,各支河浅滞淤阻,亟应修砌。吴淞江为太湖下注干河,由上海出闸,与黄浦合流入海。因去路阻塞,流行不畅,应于受淤最厚处大加挑浚。"得旨允行。道光九年(1829),修丹阳下练湖闸坝。同治五年(1866),御史王书瑞奏："苏、松诸郡与杭、嘉、湖异派同归,湖州处上游之最要,苏、松等郡处下游之最要。上游阻塞,则害在湖州,下游阻塞,则害在苏、松,并害及杭、嘉、湖。请饬江苏一并勘治。"得到了朝廷批准。① 这次工程持续一年多,共领开港经费 3 892 296 文,开浚港 27 条,挖土 20 467 多方。②

同治九年(1870),浚白茆河道,改建近海石闸。是年,内阁侍读学士钟佩贤亦以疏浚海港为请。浙抚杨昌浚奏："溇港年久淤塞,查明最要次要各工,分别估修,拟趁冬隙时,先将寺桥等九港及诸、沈二溇赶办,其余各工及碧浪湖工程,次第筹画,应与吴江长桥及太湖出水各口同时修浚。"得旨允行。③ 十年(1871),江苏巡抚张之万请设水利局,兴修三吴水利。于是重修元和、吴县、吴江、震泽桥窦各工。最大者为吴淞江下游至新闸 140 丈,分别用机器船疏浚。凡太仓七浦河,昭文徐六泾河,常熟福山港河、常州河,武进孟渎、超瓢港,江阴黄田港、河道塘闸、徒阳河、丹徒口支河,丹阳小城河,镇江京口河,均以次分年疏导,用时近 10 年,方才完工。光绪十六年(1890),江苏巡抚刚毅以宝山蕴藻浜河道失修,迤西大坝壅遏水脉,请兴工挑筑。给事中金寿松言利少害多,命总督曾国荃妥筹。覆疏言,拟拆去同治间所筑土坝,以通嘉定、宝山水道,仍规复咸丰间所建旧闸,以还嘉定水利。另开引河以通河流,俾得随时宣泄。十七年(1891),刚毅言："吴淞江为农田水利所资,自道光六年浚治后,又经六十余年,淤垫日甚。前年秋雨连旬,河湖泛滥,积涝竟无消路。去年十月,派员开办,并调营勇协同民夫,分段合作,约三月内可告竣。"报闻。十八年(1892),疏凿福山港、徐六泾二河,及高浦、耿泾、海洋塘、西洋港四河。二十四年(1898),浚太仓浏河,自殷港门至浦家港口 4 100 余丈。④

二、强势群体对水利的破坏

江南的水利工程以服务农业、保障民生、改善人民生产生活环境为主旨。统治者在这里招徕民夫、举办水利工程时,比较注重社会稳定,以防扰民。

即便是南明政权,在朝不保夕的情况下,对江南水利也尽心竭力。弘光即位不久,徐思诚叩阍请求疏浚松江蒲汇塘,因为此塘"介乎郡邑之间,为海邑入郡水道必由之路,通新泾、泗泾,灌溉蓄泄,亦要渠也。蒲汇淤,势必取道于大浦,风涛巨测,暴客纵横,几于畏途,而陆行劳费,不堪重载,人恒患之"。徐思诚的请求得到弘光帝的允准,但"其如工费浩繁,里役不堪其苦,中人之家,莫不破产从事,甚者逃亡相继,连累波及,思诚亦因而毁家,逾半

---

① 赵尔巽等撰:《清史稿》卷一百二十九"河渠四",北京:中华书局,2003 年,第 3838—3847 页。
② 赵定邦等修:《同治长兴县志》卷十一,光绪二十三年刊本,第 26 页下。
③ 赵尔巽等撰:《清史稿》卷一百二十九"河渠四",北京:中华书局,2003 年,第 3847—3848 页。
④ 赵尔巽等撰:《清史稿》卷一百二十九"河渠四",北京:中华书局,2003 年,第 3848—3856 页。

载始获告成"。从中可以看出,即使是偏安政权,也极为重视具有公益性质的工程。①

康熙十一年(1672),工部议覆江宁巡抚马祜疏言:吴江县长桥一带及太湖泄水入海要道,因年久未经疏浚,从吴家港起至新桥段、两旁涨出新的沙滩。"相应准其通县协力开浚,不得滥派扰民。"②

康熙四十六年十月至十一月乙亥,御乾清宫西暖阁召江南、浙江两省在京大学士以下、翰林科道以上官员会议。谕曰:"朕在宫中无刻不以民间疾苦为念。恐遇旱涝,必思豫防。至巡幸各省,于风俗民情,无不咨访。即物性土宜,皆亲加详考。每至一方,必取一方之土以试验之。"③康熙特别提及江南水利:"南巡江浙,见天气久晴,所经河渠港荡之水,比旧较浅,即虑夏间或有亢旸之患。是时麦秋虽见丰稔,然南方二麦,用以为曲蘖者多,不似北方专需面食。南方惟赖稻米,北方则兼种黍稷粱粟。有携北方黍稷及蔬菜之类至南方种植者,多不收获。此水土异宜,不可强也。且江浙地势卑下,不雨则蒸湿,人不能堪。有雨则凉快,人皆爽豁。虽地称水乡,然水溢易泄。涝岁为患尚浅,旱岁为患甚剧。若北方,则经月不雨亦无碍。南方夏秋间,经旬缺雨,则田皆坼裂,禾苗渐槁矣。"④他对江南地区的水利进行了非常具体的指导:"朕兹为民生再三筹划经久之计,无如兴水利、建闸座、蓄水灌田之为善也。江南省之苏、松、常、镇及浙江省之杭、嘉、湖诸郡所属州县,或近太湖,或通潮汐,所有河渠水口,宜酌建闸座,平时闭闸蓄水。遇旱则启闸放水,其支河港荡淤浅者,并加疏浚,引水四达。仍酌量建闸多蓄一二尺水,即可灌高一二尺之田,多蓄四五尺水,即可灌高四五尺之田。准此行之,可俾高下田亩,永远无旱涝矣。"⑤圣谕下达后,"诸臣无不感颂"。⑥他对将支出的钱粮进行了估算,并规划了一举多得的水利方案:"以朕度之,建闸之费不过四五十万两。且南方地亩见有定数,而户口渐增。偶遇岁歉,艰食可虞。若发帑建闸,使贫民得资佣工,度日糊口,亦善策也。"⑦

雍正帝同样非常关注江南水利。真正与民生和农业生产相关的水利事业,在江南则备受重视。雍正前期,孔毓珣奏称:"江南户口繁庶,水利最为紧要。"他亲自对福山、浏河潮水,以及昆山、松江、黄浦潮及其对嘉善河流的影响等进行了考察,提出了详细的水利方案。他发现,明代常熟县令耿橘有在任阳修筑的田圩,"今民享其利"。宋明时常州府芙蓉湖畔的堤堰,在清代仍发挥了极大的功效。对此,他要求"专司水利各官,实心劝谕,次低之田筑圩,高出于田四五尺;最低之田筑圩,高出于田六七尺。底宽一丈,顶宽四尺。遇有坍塌,随时修葺。……至于筑圩田亩,令同区田户按亩贴价。其钱粮,查明本县垦淤湖荡,升科抵补。倘有不敷,亦令通区均认,输将如佃户。出力者,田主量减其租,以偿工力,再每区立一圩长,轮流报充,得所统领,以便稽查"。他奏请将江宁、常州、苏州、松江、太仓各

---

① 叶梦珠:《阅世编》卷一,北京:中华书局,2007 年,第 13 页。
② 《大清圣祖仁皇帝实录》卷四十,康熙十一年十一月,第 538 页下。
③ 《大清圣祖仁皇帝实录》卷二百三十一,康熙四十六年十一月,第 313 页上。
④ 《大清圣祖仁皇帝实录》卷二百三十一,康熙四十六年十一月,第 313 页上—下。
⑤ 《大清圣祖仁皇帝实录》卷二百三十一,康熙四十六年十一月,第 313 页下。
⑥ 《大清圣祖仁皇帝实录》卷二百三十一,康熙四十六年十一月,第 313 页下。
⑦ 《大清圣祖仁皇帝实录》卷二百三十一,康熙四十六年十一月,第 314 页上。

道,均兼以水利营田之衔,"则官有专责,各顾考成;民有董劝,不致懈弛。将见三吴泽国,永歌乐利矣"。① 雍正五年(1727)谕河道总督齐苏勒、两江总督范时绎、江苏巡抚陈时夏、钦差督理江苏水利李淑德、陈世倌:"朕轸念民依,以苏松地势稍下,特遣大臣,会同督抚,开浚水道,为久远之计。太湖之水归海者,经刘河、白茆河居多,必径直深广,令水畅出,方能一劳永逸。"②

1785年,无锡等处的旱灾,让乾隆极为关注:"该处河道亦何至竟成干涸,自必另有致此之由。着阿桂务须查明实在情形,是否支干不通,及别有受病之处,一面查访具奏,一面赶紧设法妥办,俾无锡一带,运道日就深通。……又本年夏秋缺雨。江宁、常、镇等府属,田禾被旱,收成未免歉薄。并着传谕萨载、闵鹗元详晰查勘。其成灾处所,应如何分别抚恤之处,即行奏闻,照例办理,毋使灾黎失所。"③

江南兴修水利过程中,主要冲突是豪强的侵占及拥有巨大权势的获益者因私废公。

肥沃的练湖低地成了豪强巨室掠夺的对象。唐时,"其傍大族强家,泄流为田,专利上腴,亩收倍钟,富剧淫衍。自丹阳、延陵、金坛环地三百里数,合五万室,旱则悬秬,水则具舟。人罹其害,九十余祀。……呜呼,曲能掩直,强者以得之,老幼怨痛,沉声无告"。④ 宋时,浙西提举詹体仁曾在这里开漕渠,浚练湖,置斗门。镇江丹阳县练湖,"亦被豪强于湖面高处围裹成田,侵夺众利"。⑤ 许元任丹阳知县时,练湖被限制为运河水柜,"决水一寸,为漕渠一尺"。盗决湖水,罪比杀人。有一年大旱,许元请求开放湖水灌溉民田,不待上级允准,便自行决放。"由是溉民田万余顷,岁乃大丰。"⑥ 开茜泾等浦,皆有闸而无官司管辖,"而豪强耆保,利于所得,不时启闭,遂致废坏"。⑦

淳熙年间(1174—1189),昆山、华亭之间的淀山湖,"泄诸水道,咸里豪强之家,占以为田,水由是壅"。⑧

唐代,常熟塘"左右惟强家大族,畴接壤制,动涉千顷。年登万箱,岂伊沿溯之功,灌溉之利? 故县取'常熟',岁无眚焉。洎贞元以来,时属大旱,籨是填淤荐为涂泥,而沦胥怨咨,殖物痛矣"。⑨

明成化年间,苏州滨湖豪强,"尽将淤滩栽苘为利,治水官不悉利害,率于泄处置石梁,

---

① 台北故宫博物院清代宫中档与军机处折件:《两文总督孔毓珣奏折》(雍正五年四月二十四日),箱号75,文献编号402013573,统一编号"故宫"016722。
② 《大清世宗宪皇帝实录》卷五十六,雍正五年四月,第863页上。
③ 《大清高宗纯皇帝实录》卷一千二百三十九,乾隆五十年九月下,第664页上。
④ 脱因修:《至顺镇江志》卷七,道光二十二年丹徒包氏刻本,第13页下。
⑤ 冯桂芬纂:《苏州府志》卷九,光绪九年刊本,第41页下。
⑥ 杜大珪编:《名臣碑传琬琰之集》中卷十五《许待制元墓志铭(欧阳修)》,乾隆四十四年抄本,第1页下。
⑦ 冯桂芬纂:《苏州府志》卷九,光绪九年刊本,第19页上。
⑧ 卢熊辑:《苏州府志》卷二十六,洪武十二年刊本,第12页上。
⑨ 《大唐苏州新开常熟塘碑铭并序》,孙应时等修:《重修琴川志》卷十二,嘉庆十年抄本,第11页下。

壅土为道。或虑盗船往来,则钉木为栅,以致水道堙塞,公私交病"。① 周廷谔《吴江竹枝词》云:"东距吴淞北太湖,迅流如驶少停淤。而今寸寸豪强占,菱芡菰蒲要索租。"②清初,吴江之浪打穿地方,淤有草埂,豪强乘机欲升科开佃。康熙五十二年十二月所立的《吴江县太湖浪打穿等处地方淤涨草埂永禁不许豪强报升佃占阻遏水道碑记》中写道:"此太湖草埂淤涨有年,因不便于民,毋许升科,相沿至今也。兹复有势豪分踞,告升禁民,罱泥撩草,有碍水利,以致乡民纷纷具呈。……此湖中草埂,若一开佃,不特势豪假借告升为名,恣肆侵占,抑且遏绝往来水势,致滋泛溢,百万生灵庐舍,害将无已,大有可忧。"③

雍正帝谕令兴修苏松水利时指出:"闻有地方土民不愿开浚,投递公呈,或请别开支河,或请另开新道,其言纷纷不一。此皆背公怀私之徒也。傥至惑于听闻,依违迁避,使积水不能畅出,数年后,仍致壅塞,则罪不可逭矣。该督抚钦差等,当竭力秉公详勘,务为一劳永逸之策。"④包括苏松之太湖、吴淞、白茆、刘河归海要道在内的重要河道,"或为豪强侵占者,谕令严查清出,始得一一开通,建闸筑堤,按时启闭,使近水田亩均沾膏泽"⑤。乾隆元年上谕称,命定江南水利岁修,谕史书详志河渠,经术兼明水利。⑥"旱涝有备,而田庐无虞。其有裨于闾阎,诚非浅鲜。"⑦令江南督抚暨河道总督等,"各于所属境内,相视河流浅阻。每岁农隙,募夫挑挖,定为章程,逐年举行。必令功施可久,惠济生民"。⑧ 时吴淞江自庞山湖以下,娄江自娄门以下,被势豪侵占,造成水滞不畅。⑨ 这些问题均得到官方的高度重视。道光四年,孙玉庭主持太湖泄水要道,选择太湖泄水最重要处所,如吴江堤之垂虹桥、爱遗亭、庞山湖及堤西等处,疏剔沙淤,铲除荡田。"令太湖东注之水。源流无滞。苏松嘉湖诸郡,可免汛溢。"⑩道光帝指示孙玉庭:"严立科条,禁止栽种茭芦及绝流插箔、壅积泥淤等弊。如查有土棍勾串吏胥,及生监把持包庇,将应行铲除荡田。刁掯留难,串通朦混,即行严拏惩办。"⑪

综上所述,江南地区的水利工程目标相对单一,技术相对简单,这些水利工程以改善民生条件为主,对生态的破坏相对较小,加上江南土地较强的生态承载力,因而江南的生态变迁不若苏北剧烈。

---

① 冯桂芬纂:《苏州府志》卷十,光绪九年刊本,第5页下。
② 倪师孟纂:《吴江县志》卷五十一,乾隆年间修,民国年间石印本,第217页上。
③ 金玉相纂述:《太湖备考》卷一,乾隆十五年刊,第13页下。
④ 《大清世宗宪皇帝实录》卷五十六,雍正五年四月,第863页上。
⑤ 王昶纂修:《直隶太仓州志》卷一,嘉庆七年刻本,第10页上。
⑥ 《大清高宗纯皇帝实录》卷二十,乾隆元年六月上,第495页上。
⑦ 《大清高宗纯皇帝实录》卷二十,乾隆元年六月上,第495页下。
⑧ 《大清高宗纯皇帝实录》卷二十,乾隆元年六月上,第495页下。
⑨ 《大清高宗纯皇帝实录》卷六百八十七,乾隆二十八年五月下,第701页上。
⑩ 《大清宣宗成皇帝实录》卷六十六,道光四年三月,第52页下。
⑪ 《大清宣宗成皇帝实录》卷六十六,道光四年三月,第53页上。

三、区域水患的协调*

有"太湖水利甲天下"之誉的江南鱼米之乡是经人为水利建设构建而成的。明初,由中央政府主持的水利工程改善了太湖平原的水文环境,使该地成为政府倚重的农业经济区,但此举破坏了上游地区的生态环境,并使之与下游形成巨大的环境差异。

太湖上游来水原本有西、南两支。南路来水汇集浙西天目山界岭径流后注入太湖;西路来水由青弋江与水阳江汇流而成,经各港渎流入太湖。因上下游水位相差 3—5 米,雨季西水东注,加重了太湖以东地区的水患。① 明初,溧阳士绅郭嵩九以苏、松、常乃国家赋税重地为由,请求朝廷筑坝截流,"念苏松等处,乃朝廷股肱之郡,赋税所出甲江南,每遇春秋水溢,则泛滥无所,国税多亏,于上江要害之地筑隄壅水,以防民患"。② 因工程难以施行,遭到朝中诸臣反对。此后又以"建皇陵于钟山,欲引江水以朝宗"③为由上书朝廷,认为引水北上入秦淮可充盈皇陵风水,以政治问题为先导,筑坝理由获得朝臣肯定。

随着江南经济地位的提升,东坝作为防止太湖水患的屏障,受到朝廷重视,被不断加高加厚。为保证大坝安全,永乐元年(1403),政府增设护坝官吏,"岁佥溧阳,溧水人夫各四十看守"。④ 正统六年(1441)江水泛滥,"坝大决,苏常涝甚,国税无所出,周文襄召集夫匠重筑之,软降板榜,如有走泄水利,淹没苏松田禾者,坝官吏处斩"。⑤ 由此可见,明初中央政府巩固东坝的初衷在于维护太湖下游经济区的农业生产,保证苏、松地区赋税的供给。这项水利工程成为中央政府财政收入的有力保障,而筑坝截流的治水方略更被后来的统治者继承,此后历届政府对东坝时常修缮,力保大坝稳固。正德七年(1512),东坝被水冲毁,苏、松诸郡水患严重,朝廷遂将东坝修复并额外加高 3 尺,从此"滴水无泄"。⑥ 嘉靖三十五年(1556),中央政府在大坝以东十里处另建一坝,"两坝相隔,湖水绝不复东"。⑦ 道光二十九年(1849),固城湖水位高达 13.2 公尺,东坝被宣城农民掘溃,造成苏、松、常严重水灾。次年,下游四府奏请将土坝改筑石坝,坝长 12 丈,顶宽 1.2 丈,高 6 丈,增加坝基木桩千余根,坝身用花岗石、黄土和石灰加糯米汁嵌砌而成,修缮后的大坝更加坚固。这次修缮共用银 18 万两,并立碑严令侵占坝基。⑧

清代以来,溧阳都司担任保管东坝之责。民国伊始,都司裁撤,东坝无人看管,"两坝

---

* 本目由胡吉伟撰写。
① 郑肇经:《太湖水利技术史》,北京:农业出版社,1987 年,第 20 页。
② 江苏省档案馆藏档案:《高淳丹阳湖》,全宗号 1004,目录号乙,案卷号 2217。
③ 江苏省档案馆藏档案:《高淳丹阳湖》,全宗号 1004,目录号乙,案卷号 2217。
④ 韩邦宪:《广通坝考》,《吴中水利全书》卷十九,上海:上海古籍出版社,1987 年,第 698 页。
⑤ 中共高淳县委党史资料征集小组办公室,高淳县志编纂委员会办公室:《高淳史志资料》第 5 辑,1984 年,第 137 页。
⑥ 刘春堂修,吴寿宽纂:《改折浅漕粮缘由》,《民国高淳县志》卷八,南京:江苏古籍出版社,1987 年,第 102 页。
⑦ 韩邦宪:《广通坝考》,《吴中水利全书》卷十九,上海:上海古籍出版社,1987 年,第 698 页。
⑧ 中共高淳县委党史资料征集小组办公室,高淳县志编纂委员会办公室:《高淳史志资料》第 5 辑,1984 年,第 140 页。

四隅,被居民侵占"。① 溧阳、宜兴位于东坝与太湖之间,如东坝溃,两县首当其害,因此两地士绅对大坝的保护尤为积极。为免受洪水威胁,地方人士多次呈请省政府制止侵占坝基行为。在两县士绅的强烈要求下,地方政府遂令高淳县警察承担保卫东坝安全之责,并令高淳县民永远不准在大坝两旁盖房搭屋。②

民国后,中央政府依然坚守固坝政策,对大坝上游水患视而不见,不予治理。自江南水利局成立至南京国民党政权败退台湾,30余年里,水利机构曾多次制定太湖流域水系治理规划,但都将上游高淳地区排除在外,任其饱受灾患。1914年,在江南水利局制定的水利建设初步规划中,治理范围包括江宁、句容、溧水、高淳、丹徒、溧阳、丹阳、金坛、扬中、上海、松江、南汇、青浦、奉贤、金山、川沙、太仓、嘉定、宝山、崇明、吴县、常熟、昆山、吴江、武进、无锡、宜兴、江阴共计28个县。该计划尽管将高淳县包括在内,但在实际治理中仍将其排除在外。③ 1923年,太湖流域防灾会邀请吴县、常熟、吴江、昆山、松江、青浦等25个县的水利代表商议太湖治理事宜,高淳县代表被排除在外,东坝上游高淳水患也未列在治理计划之内。④ 政府不但不予治理,而且对拦水堤坝进行修复以保证大坝的坚固。1918年,江南水利局对东坝进行维修,改换大坝两边的侧石,将大坝两边的民棚全部拆除。⑤ 1927年,溧阳士绅马敬培呈请省政府修缮大坝,将大坝两侧阶石"换以麻石条,深四公寸、宽四公分、长五公寸,勒石永守以杜侵占"。⑥ 南京国民政府时期,大坝被重新修缮,"坝身石条,铺砌坚结,毫无断碎摇动之处"。⑦

明初至民国,中央政府坚守筑坝截流的治水策略,对大坝上游高淳地区的生态环境造成极为负面的影响,但苏松一带水势获得了稳定,促进了江南水利新格局的形成。东坝筑后,太湖下游的农业生态发生重大转变,"太湖所受唯荆溪、天目诸山水而已,是湖之水止大于潴蓄而不决于奔放,观吴江长桥迤南水洞填塞,而沿堤坝弥望,皆成膏腴之田"⑧。筑坝后太湖入水量减弱,下游水患减少。经此番治理,太湖平原的水利环境得到极大改善,"无论如何水旱,水位高下不逾六尺,冬夏无涸溢之虞,虽遇枯旱不加落也,虽遇淫雨不加涨也"⑨。此外,圩田得到大量开发,生产稳定,经济繁荣,太湖流域成为政府倚重的财赋重地。但青弋、水阳两江下泄受阻,大坝上游成为蓄水区,丹阳、固城与石臼三湖水位上升,淹没圩田,农业生态遭受严重破坏。

---

① 罗志勋:《东坝或问》,《江苏研究》1935年第1卷第1期,第4页。
② 《溧阳水利主任马敬培宜兴水利主任储南强呈江南水利局请保管东坝文》,见沈佺:《民国江南水利志》卷一,江南水利局民国十一年刻本。
③ 沈佺:《民国江南水利志》卷首,江南水利局民国十一年刻本,"序"。
④ 《县联会请各县推举水利会员》,《申报》1923年9月8日,第14版。
⑤ 《苏省府饬县防护东坝》,《申报》,1931年9月13日,第11版。
⑥ 罗志勋:《东坝或问》,《江苏研究》1935年第1卷第1期,第5页。
⑦ 武同举:《东坝考》,《江苏建设月刊》1936年第3卷第2期,第41页。
⑧ 皇甫汸:《万历长洲县志》,载刘兆祐主编:《中国史学丛书》第4辑,台北:学生书局,1987年,第73页。
⑨ 《摘抄民国十年水灾后调查报告两则》,《太平导报》1926年第1卷第16期,第12页。

太湖下游作为农业生产重地,为政府提供着充足的粮食与赋税。为减少水患,保障农业经济区的安全,中央政府以"苏、常、湖、松诸郡所不能挡之水,独以高淳为之壑",致高淳"一县代三吴受水害者五百年"。①

东坝未筑以前,上游湖水易于下泄,水患较少,湖泊滩地得到大量开发,至两宋时期围垦达到高峰,永丰圩、保胜圩等大圩即是这一时期所建。② 明初筑东坝后,经历代固坝政策,太湖与东坝上游水系基本隔绝,水阳江、青弋江被大坝阻拦,水流折返上溯至芜湖口入长江。两江汇流后,水量大增,洪水漫过圩岸,以致"牺牲熟田地以事蓄洪者不下数十万亩,而以面积狭小仍不能容纳"。③ 东坝上下游地势落差大,上游地势高,下游地势较低,筑坝后,上游来水受阻,河水潴蓄演变成"内湖外江"的地理格局。夏季,受山洪影响,湖水高涨联通丹阳湖、固城等湖淹没良田,仅固城、石臼两湖便使高淳、当涂两县"先后沉失圩田三、四十万余亩"。④ 固城湖淹没"庙塘圩、常丰圩、三保圩等大小圩60座;石臼湖淹没史村圩、芮庄圩等14座;丹阳湖淹废吴家港圩、平荡圩等6座"。⑤ 东坝筑后,高淳一带成了水患多发区,农业生产遭到重创。春夏之交的汛期,长江水位高涨,江水倒灌,加上山洪下泄,"境内之水遂无去路,汹涌驰突、溢防决堤,故淳邑水灾无岁无之"⑥。

从250—1491年长达1 200余年时间里,东坝上游共发生水灾49次,平均25年1次;1491—1985年,495年中发生水灾111次,平均4年1次。⑦ 1931年长江大水,江南遭受水灾,"高淳县灾情之重为江南各县之首,屋宇全数沉没水中,灾民多架树枝居之"⑧。这次大水,东坝上游共溃决大小圩田180余所,淹没圩田28万余亩。⑨ 1949年,长江流域再次发生水患,固城湖水位高达11.5米,全县除了永丰、相国、保胜、大丰等10个圩堤外,其余圩堤全部溃决。⑩ 1954年夏,连日降雨,丹阳、固城湖水位高涨,境内圩田除相国圩之外全部被淹。被淹农田18万亩,灾民达15万余人,毁坏房屋5 000余间,水灾损失约2.2亿元。⑪ 更可悲的是,其他各县受灾后洪水很快退去,高淳县因有大坝阻拦,洪水迟迟不

---

① 江苏省档案馆藏档案:《高淳县政府呈送江南水利改善计划书》,全宗号1004,目录号乙,案卷号5552。
② 姜加虎、窦鸿身、苏守德编著:《江淮中下游淡水湖群》,武汉:长江出版社,2009年,第358页。
③ 江苏省档案馆藏档案:《高淳县政府呈送江南水利改善计划书》,全宗号1004,目录号乙,案卷号5552。
④ 《江苏省议员施文熙筹修高淳水利提议案》,沈佺:《民国江南水利志》卷一,江南水利局民国十一年刻本。
⑤ 姜加虎、窦鸿身、苏守德编著:《江淮中下游淡水湖群》,武汉:长江出版社,2009年,第358页。
⑥ 《江苏省议员施文熙筹修高淳水利提议案》,沈佺:《民国江南水利志》卷一,江南水利局民国十一年刻本。
⑦ 中共高淳县委党史资料征集小组办公室、高淳县志编纂委员会办公室:《高淳史志资料》第7辑,1987年,第126页。
⑧ 《高淳县灾状报告》,《申报》1931年11月4日,第11版。
⑨ 江苏省档案馆藏档案:《请求废除东坝改建活动水闸以调节上下游水量案》,全宗号1004,目录号乙,案卷号5979。
⑩ 高淳县地方志编纂委员会:《高淳县志》,南京:江苏古籍出版社,1988年,第242页。
⑪ 江苏省地方志编纂委员会:《江苏名镇志》,南京:江苏古籍出版社,1993年,第51页。

退,给灾后救助带来很大阻力。

筑坝后,上游地区多数圩田沉入湖底,丹阳、石臼、固城三湖成为容纳苏皖边界山洪的蓄水区,借此缓冲上游来水。湖滩一经开垦,湖水容量缩减,水位上升,有溢坝危险。为防止水漫东坝,保证剩余圩田安全,明清政府严禁一切对湖区有害的围垦行为,"旧有石臼等湖,其外平圩浅滩,听民牧放孳畜,采掘菱藕,不得耕种"①。为增加泛区蓄水量,康熙年间相继挖废吴家港圩、和尚滩、老鹳嘴、尖刀圩、烧纸滩平荡等六圩。② 民国后,行政当局为了增加收入,设立沙地垦放局和湖田清理处,江湖滩地任人围垦报领,只要按时交纳赋税就可获得湖田所有权。③ 虽然政府收入增加,却引发围垦与蓄水的激烈冲突。

丹阳湖位于高淳与当涂两县交界,面积100多平方公里。夏季水涨时,汪洋浩瀚;冬春水涸时,湖滩裸露,杂草丛生。贪图私利者屡屡围垦以自肥。农民认为,"围湖成田,水位增高,威胁其他圩田,于是纠纷迭起甚至械斗"。④ 江苏高淳,安徽当涂、宣城三县毗邻,丹阳湖为三县共有,由于界线划分不清,行政隶属关系不明,因围湖造田引发的当涂与高淳间围垦与防洪纠纷以及安徽与江苏两省划界争论历来不断。⑤

1919年,皖民胡东璋、赵粹记勾结军阀欲围垦丹阳湖滩,后在高淳百姓的激烈反对下停止了围垦活动。1925年,黄志澄组建华兴公司领垦丹阳湖北段,刘邦兴组建宝丰公司开垦该湖南段,沿湖居民因反对围垦与垦务公司发生争斗。宣城金宝圩乡绅袁一清认为,开发滩地妨害丹阳湖区的农田水利,号召三县乡绅成立"三县水利联合会"抵制垦务公司的开垦活动。⑥

1936年,夏旭东组建利民垦务公司,将丹阳湖化名"花津湖"呈请安徽省政府批准围垦,因全面抗战爆发,暂告停顿。1942年,夏旭东召集垦民在丹阳湖滩兴工筑圩种麦千余亩。高淳百姓在抗议无效的前提下,暗地召集各色人等,携带刀、矛、枪支等武器,趁夜色突袭酣睡之中的垦民,将工棚300余所约2000家全部焚毁。抗战胜利后,夏旭东重新召集江北贫民,强占湖滩搭棚围筑,培修堤埂。在劝说无果的情况下,当涂县士绅唆使龙口县自卫队长王北辰带领2000余人,携带枪支涌入湖滩向垦民开枪射击,打死垦民50余人。杀死垦民周德方后,将其15岁女儿撕成两片,并把经理冯宏合等10余人捉走囚禁于高淳县。这次械斗中,垦民所有棚屋共128所全部被烧毁,农具粮食被掳掠一空。为报复高淳县民,夏旭东带人掘毁了高淳县麦田300余亩,合计小麦600多担,拘捕在湖边割草的高淳县农民,派人到高淳小花村放火并威吓乡民。双方因此发生冲突,高淳县农民多人

---

① 傅玉璋、王鑫义主编:《〈明实录〉安徽经济史料类编》,合肥:黄山书社,2003年,第25页。
② 江苏省档案馆藏档案:《丹阳湖水利纠纷检讨及解决之管见》,全宗号1004,目录号乙,案卷号2217。
③ 钟歆:《扬子江水利考》,北京:商务印书馆,1936年,第153页。
④ 萧开瀛:《东坝以上之水利问题》,《水利通讯》1946年第14卷第5期,第197页。
⑤ 鲁式谷等编:《民国当涂县志》,《中国地方志集成》(安徽府县志辑),南京:江苏古籍出版社,1998年,第10页。
⑥ 鲁式谷等编:《民国当涂县志》,《中国地方志集成》(安徽府县志辑),南京:江苏古籍出版社,1998年,第10页。

被击毙。随后,1 000多名垦民持枪涌入小花村,杀人放火,高淳县妇女老幼,哀怨哭嚎,东奔西走,酿成震惊苏、皖两省的"小花滩血案"。①

当涂、高淳分属安徽、江苏两省。血案发生后,各方高度重视,两省代表协同扬子江水利委员会成员同赴高淳调查,共谋解决方案。1924年安徽省曾允许民间承领荒滩。1932年行政院颁布"废田还湖"通令,规定"河、湖沙洲滩地经水利主管机关之研究,认为有妨害水流及停蓄者严禁围垦"。② 由于丹阳湖为江苏、安徽两省共有,为防止围垦以免影响两省水利,江苏省政府曾致电安徽省政府,希望两省共同遵守"废田还湖办法,禁止开垦湖滩以免侵削湖身"。③ 但是,垦民公司将丹阳湖化名"花津湖",勾结地方势力,以该湖滩开垦不妨碍水利为由强行围垦。小花滩血案发生后,高淳代表认为,围垦丹阳湖会减少蓄洪面积,危及已垦各圩安全,政府应严格制止。后长江水利委员会与农林部、安徽及江苏两省政府共同商定后指出,解决办法应按照行政院颁布的《修正整理江、湖沿岸农田水利办法大纲》第二条"垦殖之地应不妨害蓄洪"④的规定办理。因丹阳湖全湖均在寻常洪水位以下,确系潴蓄水库,应禁止围垦以免与水争地。

高淳县作为蓄水区,湖水泛滥,耕地面积缩减,农业资源匮乏,人口与资源紧张关系凸显。大量闲置荒滩作为泄洪区被禁止开垦,为争夺有限的生存资源,东坝上游地区的百姓围绕农业生产与水利灾害的两难选择展开了无休止的争斗。

大坝成功地将水患遏制在上游地区,保证了太湖下游苏、松、常等地的安全。这项人工兴建的水利工程,彻底改变了大坝上游的生态环境,上游高淳等地成为灾害多发地带,无论生态环境还是社会环境都受到不良影响,为保障太湖平原地区的社会发展作出了一定的牺牲。该县三面皆山,地势低洼,圩田与山地分布其间,农业生产以种植稻、麦等农作物为主。⑤ 筑坝后,高淳县成为潴水区,境内大部分圩田没于水中。

芜湖与太湖下游原本相通,经胥溪五堰至太湖平原,水路四通八达。但是,东坝不仅拦住了上游来水,也遏制了皖南与江南、浙西的交通往来。高淳地区因有东坝阻隔,东西水路不通,交通不便致使民风闭塞,经济落后。⑥ 直到20世纪30年代,铁路的修建才使当地的交通状况有所改变,但水路依然难行。⑦ 高淳县手工业大部分为农产品或生活用具的生产,手工作坊户数少,规模小,设备简陋,业务萧条,百姓生计难以维持。⑧

由于田地缺少,该地区粮食生产并不充裕,对于平常百姓而言,副业变得极为重要。

---

① 江苏省档案馆藏档案:《高淳丹阳湖》,全宗号1004,目录号乙,案卷号2217。
② 《呈省政府奉令准江苏省政府咨以丹阳湖应遵院令废田还湖办法禁止放垦一案》,《安徽建设公报》1931年第34期,第36页。
③ 《呈省政府奉令准江苏省政府咨以丹阳湖应遵院令废田还湖办法禁止放垦一案》,《安徽建设公报》1931年第34期,第38页。
④ 江苏省档案馆藏档案:《高淳丹阳湖》,全宗号1004,目录号乙,案卷号2217。
⑤ 夏琼生:《高淳县农村经济调查》,《苏农》1931年第2卷第5期,第12页。
⑥ 夏黻麟:《高淳农村经济调查》,《农业周报》1930年第1卷第4期,第4页。
⑦ 《高淳东坝之粮行》,《农行月刊》1936年第3卷第11期,第55页。
⑧ 高淳县地方志编纂委员会编:《高淳县志》,南京:江苏古籍出版社,1988年,第275页。

副业以捕鱼、鸭,采藕等水产品以及编制渔网、鱼篓等水产用品为主。但是,因与外界交流较少,生产劳作"皆墨守旧法,未加改良"。① 在连年水患的威胁下,一些农民只好举家迁移或外出另谋出路。山地农田因地势高亢,灌溉困难,秧苗发育迟缓,男工疲于戽水,生活艰辛异常。由于风气闭塞,务农的百姓中,男子"终年辛苦,女子则多油头缠足,不事嫁穑,生活愈艰"。② 由于灾害多发,百姓的经济风险承受能力低。钱庄担心无法收回放贷,多不愿放贷,"操金融者,力采紧缩政策,不收稍事扩大,对于农人之赊欠,亦力求减少"③。金融机构出于经济利益的考虑,亦不愿出资放贷,当地百姓希望通过典当赊贷的经济救助之路也被堵塞。1931年高淳大水后,典当业遭受打击,一蹶不振,"资本较小者,均难以维持,纷纷停业;资本雄厚,信用卓著者,亦不免亏折"。④ 成立最早的傅大昌粮行,大水之前生意兴隆,水灾过后,一度停业。东坝粮行,粮食多运往上海、杭州、无锡、宜兴和常州等地。一方面,由于水路受阻,粮船需绕至芜湖经长江抵达各地,风险增加。另一方面,由于高淳没有金融机构,无法直接办理汇款事务。粮食交易时,上海等地买家需先将汇款汇至溧阳地区的粮行,东坝粮行派员到溧阳领取后再转至东坝粮行。资金几经周转,一方面增加了金融风险;另一方面,延长了交易时间,拖延贸易往来,不利于经济发展。所以,高淳县"大商铺颇少,粮行均为代客买卖,资金薄弱"。⑤

南京国民政府时期,合作运动兴起,一批热衷于社会改良的人士积极宣扬合作思想,欲通过组织合作社的方式,发展生产,拯救中国。1928年,国民政府通过了《组织合作运动委员会建设案》,决定在农村通过推行合作运动来复兴农村。在农村建立合作社以集体信用向银行贷款,农民也可将余资储于合作社。⑥ 在国民政府的提倡下,高淳合作社曾有过短暂的发展。自1929年开始,高淳县派宣传员向百姓讲解放贷政策,帮助发展经济,两年间"先后成立合作社达一百五十余所,社员总数达三千人"。⑦ 然而,短短两年时间,合作社便逐渐消沉,所谓"昙花一现,不久即形萎靡"。⑧ 究其原因,虽有经营上的种种不完善致使合作社没能顺利发展下去,但是,高淳地区农业生产环境的破坏,水患灾害频发,是合作社难以顺利发展的重要原因。

连年水患使农民无法通过自己的努力来改变生存困境,往往前一年的欠债还未偿还,新一轮的水患又至,旧债新荒叠加,农民根本没有偿还能力。1931年大水,农民收获全

---

① 《高淳之农村副业》,《农业周报》1933年第2卷第49期,第774页。
② 严恒敬:《高淳南荡圩灌溉合作社调查记》,《苏农》1931年第2卷第7期,第5页。
③ 《高淳分行》,《农行月刊》1934年第1卷,第34页。
④ 《高淳县东坝镇之鸟瞰》,《苏农通讯》1946年第1期,第33页。
⑤ 《高淳县东坝镇之鸟瞰》,《苏农通讯》1946年第1期,第33页。
⑥ 张士杰:《国民政府推行农村合作运动的原因与理论阐释》,《民国档案》2000年第1期,第93页。
⑦ 沈宜荪:《高淳合作事业停顿之原因及其救济方案》,《农行月刊》1936年第3卷第9期,第98页。
⑧ 沈宜荪:《高淳合作事业停顿之原因及其救济方案》,《农行月刊》1936年第3卷第9期,第98页。

无。第二年水灾又至,由于错过了耕种时节,农田撂荒。水灾过后,灾民多靠借贷过活,但连续两年水灾,欠债无法偿还。总之,高淳县数年中凶荒迭侵,"农村破产已达极点"。[①]有人分析了高淳县农业合作社停顿的原因,认为"水灾引发灾害,破坏了当地经济发展的环境,以至社会停滞不前,实为高淳合作事业停顿之最大原因"。[②]

由于治水机构在水利治理事务上的政策偏向,以及为维护中央政府的经济利益对某一区域的刻意保护,该流域内部各水系间存在着明显的环境差异。东坝上游的青弋江水系原本是太湖流域重要的组成部分,在水利事务中被人为割裂,上游高淳等县不论社会风气还是经济环境与下游苏、松等地都有较大差别。政府以牺牲高淳地区的利益来确保太湖经济区的水利安全,被牺牲的高淳县生态环境恶化却未得到政府的任何补偿,这正是高淳地区贫困的主要原因。

筑坝截流治水策略筹议之初,曾遭到部分水利人士的反对,并对筑坝后上游生态恶化后果有过估测,却并未引起重视。归有光指出,太湖治理重在疏泄而非阻塞来水,应加大下游吴淞江的排水能力,"泽患其不潴,而川患其不流也"。[③] 清代陈悦旦认为,"天下之水皆东流也,两坝筑而淳水独折而西,乃实有损于淳邑,而究无益于四郡"。[④] 三江淤浅才是太湖泛滥的主因,应"开两坝以通水源,使来者有所泄,浚三江以通水委,使去者有所归"。[⑤] 尽管修建大坝这项水利工程遭到反对,却不能改变中央政府的治水政策,保障太湖下游田粮赋税被认为是国家的最高利益。为防止太湖水患,明初至民国,历届政府都坚守固坝政策,并给上游高淳地区带来了无穷灾难。上游百姓尽管拼命抗争,但终难摆脱水患频发的生存困境。

为提高太湖下游地区的粮食产量,保证赋税充足,中央政府把水患灾害推向了东坝上游区域。为维护这一既得利益,下游各县百姓在对待东坝问题上态度趋于一致,即务必保证东坝牢固,防止洪水下泄。东坝的安危关系到太湖下游地区的兴衰存亡,"东坝一倒,性命难保;宜兴、溧阳,终究不长"[⑥],这条民谚在百姓中广为流传。

水患之年,上游各地圩田淹没,洪水泛滥,宣城、南陵、芜湖、当涂、郎溪、高淳诸县灾民为求自保欲掘坝放水。如大坝被毁,洪水下泄,溧阳、宜兴、无锡、武进等下游诸县首当其冲,太湖平原区的吴县、吴江、太仓等县也会成为泽国。于是"上流诸邑集议掘坝,下流诸

[①] 沈宜苏:《高淳合作事业停顿之原因及其救济方案》,《农行月刊》1936年第3卷第9期,第98页。

[②] 沈宜苏:《高淳合作事业停顿之原因及其救济方案》,《农行月刊》1936年第3卷第9期,第97页。

[③] 归有光:《奉熊分司水利集并论今年水灾事宜书》,《三吴水利录》卷四,北京:中华书局,1985年,第59页。

[④] 陈悦旦:《东坝形势论》,刘春堂修,吴寿宽纂:《民国高淳县志》,南京:江苏古籍出版社,1991年,第330页。

[⑤] 陈悦旦:《东坝形势论》,刘春堂修,吴寿宽纂:《民国高淳县志》,南京:江苏古籍出版社,1991年,第330页。

[⑥] 江苏省地方志编纂委员会编:《江苏名镇志》,南京:江苏古籍出版社,1993年,第51页。

邑集议保坝"①，遂引起上、下游百姓间的激烈冲突。道光二十九年(1849)夏，大雨成灾，丹阳湖水高涨，"高淳圩民掘东坝，苏、松、常、镇诸府遂成巨浸"。② 1931年，江南各地连续多日降雨，东坝上游丹阳湖、固城湖水位不断上升。长江因受上游洪峰影响，下游水位猛涨，江水顺当涂口倒灌涌入高淳地区。因有大坝阻拦，洪水无法下泄，东坝上游沦为泽国。高淳、当涂两县百姓为求自保，决议开坝泄水，上万民众"集于东坝，强欲开放，形势紧急"。③ 为此，下游各县民众惶恐不安，纷纷致电省政府要求制止开放东坝，并"愿誓死力争，务使坝身完固"。④ 溧阳、宜兴、武进、太仓、无锡等县代表齐集镇江商会商讨护坝对策，共同认为东坝关系下游苏、常、松安危，一致要求省政府务必保护东坝安全。鉴于事态严重，为维护下游财产，江苏省政府特"派省保安队，至坝保护"。⑤ 1931年水灾，因有东坝阻拦，减轻了太湖下游地区的损失。上游因泄洪渠道受阻，洪水迟迟不退，百姓围困水中，"高淳灾情之重为江南各县之首"。⑥ 这次掘坝与护坝之争，以牺牲高淳保全下游安全而告终。

  1932年，太湖流域水利委员会电请江苏、安徽两省政府合力治理上游水患。原以为政府会救助上游百姓脱离水患，但实际情形却令人惊愕：政府不但不予拆除大坝，反倒督促各县保护水坝安全。太湖水利委员会给安徽省政府的电文开宗明义地指出，"下游之保障亦因此为根本之要图"。⑦ 由此看来，保障下游地区的安全是东坝上游水利治理的前提，水利委员会敦促上游各县整治水利的初衷仍然是巩固大坝安全。可见，保护下游安全，保障国家的财税来源是太湖上游水利治理的最高原则。

  江南虽属水乡，但水的分布因地形差异有所不同，高地患旱，低地怕涝。⑧ 介于东坝与太湖西部之间的丘陵地带，地势稍高，与太湖以东水量充足的平原地区不同，此地患旱而不患涝。太湖上游来水原本有两支，筑东坝减杀西南方向的来水，虽然有效地减少了太湖下游泛滥的可能，但下游溧阳等地河道因此水流减小，河水势微，河道淤塞严重，高田无法得到灌溉。"一遇水量稀少之年，东坝下游各县河道水量不能畅流，来源断竭亦复有旱魃之虞。"⑨据汪家伦分析：1513—1644年较1368—1512年太湖水灾略有减少，而旱灾增加了3倍；1377—1856年间出现大旱20次，而大水只有11次，旱灾比水灾多了一倍。⑩

---

① 罗志勋：《东坝刍问》，《江苏研究》1935年第1卷第1期，第4页。
② 《苏省府饬县防护东坝》，《申报》1931年9月13日，第12版。
③ 《盛传开放东坝之警讯》，《申报》1931年9月23日，第12版。
④ 《江苏各县纷电制止开放东坝》，《申报》1931年9月12日，第14版。
⑤ 《盛传开放东坝之警讯》，《申报》1931年9月23日，第12版。
⑥ 《高淳县灾状报告》，《申报》1931年11月4日，第11版。
⑦ 《呈拟保全东坝办法》，《安徽建设公报》1932年第37期，第3页。
⑧ 冯贤亮：《太湖平原的环境刻画与城乡变迁(1368—1912)》，上海：上海人民出版社，2008年，第261页。
⑨ 《高淳县政府呈送江南水利改善计划书》，江苏省档案馆藏档案，全宗号1004，目录号乙，案卷号5552。
⑩ 汪家伦：《历史时期太湖地区水旱情况初步分析(4世纪至19世纪)》，《农史研究》1983年第3辑，第90页。

1934年全国遭受大旱,"江南各省旱灾,尤以江苏省各县损失最重"。① 江苏省内又以"无锡以西、溧阳、金坛、宜兴、武进、丹阳等县为最严重"。② 面对此次旱灾,江北淮、泗等县提议开东坝。这项建议既能解决东坝问题又可疏通江北运河,可谓一举两得,但苏、松各县出于水利安全的考虑,坚决反对此项治水方案。③

民国初年,东坝上游的水利问题曾引起过各方关注。孙中山认为,整治江南水利应首先解决东坝问题。他在《实业计划》中指出:解决江南东坝问题,改良江南水路系统,应浚广浚深芜湖至宜兴间的水路,④即废去东坝,沟通长江与太湖间的水路。但是政府在权衡利弊后最终放弃治理,依然坚守固坝政策。1914年,江南水利局成立,主管江南28个县河湖海塘的疏浚事务。因"高淳水患十载之中常有七八,修浚自难稍缓",⑤所以,江南水利局一成立,即开展河道的测量工作,拟定治理计划。在其制定的三项方案中,"开东坝上策也,开洪漕坝中策也,疏浚撑龙港下策也"。⑥ 东坝废除,上游江水顺流而下,高淳等地即可摆脱洪水威胁,开东坝得到上游百姓的极力支持。但是,下游湖滩围垦严重,吴淞江水利失修,河道淤塞。在下游水利没有系统治理前,东坝一开湖水必定泛滥。鉴于此,苏、常、松各县一致反对废除东坝。开洪漕坝泄水,需先疏通天生桥,天生桥一开,"则水注金陵,又恐梗于省议,溧水亦未必同意"。⑦ 南京为国民政府首都,治水者决然不肯引水北上威胁自身安全。"决东坝则三吴之人力阻之,言修复天生桥故道,则隶省之上元、江宁等县阻之。"⑧三项方案中,只有疏浚撑龙港无异议,但工程耗费过大,资金难筹无法实施,高淳县水利治理再次陷入困境。

1931年水灾后,江南水利问题急待解决,东坝上游高淳、当涂、宣城等九县成立水利委员会,要求废坝建闸,因下游各县坚决抵制没有实现。⑨ 后因抗战,东坝问题一度搁置。抗战胜利后,百废待兴,高淳县再次呈请政府解决东坝问题,此时国民政府财力拮据,以"工程费时费力颇不易举,非短期间所能奏效"为由婉拒。⑩ "南京国民政府时期,河务与

---

① 《苏省旱灾损失之估计》,《民鸣》1934年第1卷第15期,第21页。
② 唐启宇:《我国最近旱灾之状况及其救济》,《时事月报》1934年第11卷,第231页。
③ 《亢旱无雨防灾紧张》,《申报》1934年7月12日,第9版。
④ 《抄省临参会第一次大会议决提案原文》,江苏省档案馆藏档案,全宗号1004,目录号乙,案卷号5979。
⑤ 沈佺:《民国江南水利志》卷首,江南水利局民国十一年刻本,"序"。
⑥ 江苏省档案馆藏档案:《抄省临参会第一次大会议决提案原文》,全宗号1004,目录号乙,案卷号5979。
⑦ 《高淳县知事刘春堂呈江南水利局筹修水利情形文》,沈佺:《民国江南水利志》卷1,江南水利局民国十一年刻本。
⑧ 江苏省档案馆藏档案:《高淳县政府呈送江南水利改善计划书》,全宗号1004,目录号乙,案卷号5552。
⑨ 江苏省档案馆藏档案:《呈请省府请皖省政府会咨水利内政两部请由中央拨款补助实施案》,全宗号1004,目录号乙,案卷号0579。
⑩ 《高淳县政府呈送江南水利改善计划书》,江苏省档案馆藏档案,全宗号1004,目录号乙,案卷号5552。

民生仍没有引起政府足够的重视,甚至不能像清朝中期那样对河务常常有统一的管理与规划。"①先有江南水利局的治理,后有太湖流域水利委员会的筹划,但地方政府财政拮据无力负担,国家对江南水利治理的重点投向了太湖下游及吴淞江的疏浚。高淳、当涂等县因无关痛痒的经济地位而受到忽视,对东坝的治理只是流于计划而鲜于实践。民国期间,东坝问题依然没有解决。

太湖上游东坝地区水文环境的恶化正是中央政府为了维护农业经济区的稳定造成的,是利益选择的直接后果。修筑水坝阻断太湖上游来水,不但导致上游水利环境突变、农业生产环境恶化,而且造成社会环境的动荡不安。人为斩断太湖西南方向来水,减少了湖泊水患,促进太湖以东地区圩田的开发利用,泥滩洼地尽成膏腴之田,江南遂成为财富之地。东坝上游因排水受阻,水位上升,高淳、当涂、宣城三县成为巨大的蓄水库,雨季湖水泛滥,圩田房舍沉没,成为重灾区。高淳县作为保障下游安全的蓄洪区,明清政府严禁湖田开垦,随着近代垦殖公司的出现,围湖垦田有利可图,遂引发了与水争地的社会冲突。

在500多年的时间里,东坝被不断地加高加厚。高淳一带百姓为摆脱洪水威胁进行了无数次的斗争,却不能改变中央政府的固坝政策。维护太湖下游地区的农业生产,保证赋税的充足供给被视为国家的最高利益。在东坝上、下游间的冲突对抗中,苏、松、常因为特殊的经济地位,在政府的支持下将洪水扼制在大坝上游,捍卫了自己的利益;上游百姓虽经无数次抗争却难以摆脱被牺牲的命运。

第三节 江南地区农家织布主业化

江南原来是手织业并不发达的地区,在《禹贡》中被描绘为"厥土惟涂泥,厥田惟下下","厥贡惟金三品、瑶琨、筱簜、齿、革、羽、毛,惟木"②。明清时期,江南地区的家庭纺织业获得了突飞猛进的发展,成为农家的主业,而农业则成了副业。

一、织布主业化

鸦片战争前,人们公认:"江南苏、松两郡最为繁庶,而贫乏之民得以俯仰有资者,不在丝而在布。"③18世纪以后,苏南家庭手织业已超越了自给自足的自然经济阶段,大部分产品为市场而生产。由于棉纺织手工业的发展,"松江成为早期近代中国的兰开厦"。④民间一向有"买不尽松江布"之说。

包世臣指出:"东南地窄,则弃农业工商。"⑤松江、太仓地区手织副业的收入比重逐步

---

① 郑肇经:《中国水利史》,上海:商务印书馆,1939年,第59页。
② 曾运乾著:《尚书正读》,北京:中华书局,1964年,第60页。
③ 尹会一:《请陈农桑四事疏》,张受长编:《尹少宰奏议》卷三,未署刊刻时间,第13页下。
④ Ping-ti Ho, *Studies on the Population of China*. Cambridge, Massachusetts: Harvard University Press 1959, p. 201.
⑤ 包世臣:《安吴四种》卷第二十六"齐民四术"卷二"农二",光绪十四年(1888)刊本,第2页上。

上升,作为主业的农业生产的空间不断被挤缩,最终导致手织副业成为农家生产的主业,①而农业生产则成了真正的"副业"。

据估计,1860年松江府的总人口数为300万,②年产土布30 420 560匹,共需182 523 360个劳动日。③ 以每家5口、每户2名主劳力计,这项工作需要松江所有家庭每年工作152.1天。④ 这是其他任何行业(包括农耕)无法与之比拟的。应该说,织布是这一时期松江农家名副其实的主业。

织业主业化还从以下三个方面明显地表现出来:

首先,在农家收入的构成中,许多地区手织业的收入比重远远超过了农业或其他收入。

明朝时,棉花"其种乃遍布于天下。地无南北皆宜之,人无贫富皆赖之。其利视丝枲盖百倍焉"⑤。在这些夸张性的描述背后,我们至少可以看出,棉布已成为家庭中超过其他产业的利源。一般说来,松、太地区,"女子七八岁以上,即能纺絮,十二三岁即能织布。一日之经营,尽足以供一人之用度而有余"⑥。一些学者认为,江南一个农妇的纺织收入,

---

① 黄宗智认为:"长江三角洲的农村手工业实际上从未成为一种耕作之外的替代性选择,而始终是作为耕作的补充的'副业'活动。"(黄宗智:《发展还是内卷?十八世纪英国与中国》,《历史研究》2002年4期,第162页)

其实,苏南地区早就出现了粮食生产"副业"化、织布生产主业化的现象。乾隆初年,嘉定县志的编者精辟地指出:"男耕得食,女织得衣,普天所同。而嘉邑之男以棉花为生,嘉邑之女以棉布为务。植花以始之,成布以终之。然后贸易钱米,以资食用。……昔时男女,冬夏罔闲,宵昼兼营。"[程国栋纂修:《嘉定县志》卷十二"风俗",乾隆七年(1742)刻本,第7页上]棉花棉布的兴盛,甚至完全替代了稻米的生产。时人写道:"国家下数十万艘以转漕江南,惟嘉定得免。盖其地无一粒之产。"[转引自张承先纂、程攸熙订正:《南翔镇志》卷十二"杂志/纪事","中国地方志集成·乡镇志专辑"(3),上海:上海书店1992年影印,第524页]据瞿仲仁等称,宝山县农家对织布业的依赖程度极深,该县"濒海亢瘠,版籍虽存米额,其实专种木棉。……小人之依全在花布织作"[梁蒲贵主修《宝山县志》卷三"考赋",学海书院光绪壬午年刊本,第3页下]。

这里需要特别说明的是,方行等学者已明确提出"副业主业化"的观点,他们指出:"苏松地区,原是我国人口密度最大的地区,也是赋税最重的地区,田亩有限,不足以供民食和征课,这也是该地区纺织业特别发达的原因之一。在这种情况下,有一部分农家纺织业由副业变为主业,那是很自然的。"见许涤新、吴承明主编:《中国资本主义发展史》第1卷,第401—402页。

最近,有人通过对太湖周边地区的研究后认为,19世纪中期,无锡与太湖南部地区农家收入的一半来自务工或织布。见James. C. Shih, *Chinese Rural Society in Transition: A Case Study of the Lake Tai Area, 1368—1800*. Berkeley: University of California, 1992, pp. 126 - 127。

② 徐新吾主编:《江南土布史》,上海:上海社会科学院出版社,1992年,第211页

③ 徐新吾主编:《江南土布史》,上海:上海社会科学院出版社,1992年,第215页

④ 徐新吾估计松江每户从事纺织的人数为1.5人,每户纺织的天数为265天。考虑到老人和孩子均可从事这项工作,本书把每个家庭参与织布的人口增加到2人。实际参与人口可能更高,如把这一因素包括进去,则从事织布的家庭的平均工作日会减少。但松江还有10%左右的不织布家庭以及城市人口,把这些因素考虑在内,则又会增加织布家庭的平均工作日数。

⑤ 徐光启:《农政全书》卷三十五,见永瑢、纪昀等:《文渊阁四库全书》"子部"三十七"农家类",台北:台湾商务印书馆1986年影印,第731册,第506页。

⑥ 尹会一:《请陈农桑四事疏》,张受长编:《尹少宰奏议》卷三,第13页下。

应该高于一个长工的收入,有的农妇既要养家,还要供子孙读书,有的还因此致富。① 织布在不少地区成了农家的主收入,家中各项开支均有赖于此。② 在有些地区,一人织布甚至可以养活一个八口之家。③

其次,为了满足纺织业的需求,松太地区的粮田比重普遍小于棉田的比重。

不难想见,为了满足土布生产的需要,农家极大地增加了棉花的种植比重。在太仓州,"统计州县地不下八千余顷,大率种木棉者十之七,种稻者十之二,豆菽杂粮十之一"④。嘉定县胶东地区,棉"为本区农产品之主要作物,旧占农田三分之二,即前所谓棉七稻三是也"⑤。"棉七稻三"的种植比重,在20世纪初以前,曾维持了数百年之久,⑥并且

---

① 详见 Li Bozhong, *Agricultural Development in Jiangnan, 1620—1850*. New York: St. Martin's Press 1998, pp. 150 - 151;李伯重:《多视角看江南经济史(1250—1850年)》,北京:三联书店,2003年,第304页。彭慕兰也持相同看法,详见 Kenneth Pomeranz, *The Great Divergence: Europe, China and the Making of the Modern World Economy*, pp. 101 - 103.

② 明朝时,嘉定县"邑之民业首藉棉布,纺织之勤,比户相属,家之租庸、服食、器用、交际、养生、送死之费,胥从此出"[韩浚等修:《嘉定县志》卷六"物产",明万历三十三年(1605)刊本,第36页上]。清浦县"民无生计,日织此一布,易斗米备晨炊,户以为常。布一日不售,子妇有枵腹"(屠隆:《由拳集》卷十六,《四库全书存目丛书》"集部"第180册,济南:齐鲁书社1997年影印,第595页)。到清朝时,许多地区"计口受田不及一亩,即竭终岁之耕不足供二三月费。故居常敝衣藿食,朝夕拮据,寒暑不辍,纱布为务,勉措夏税秋粮"[萧鱼会、赵稷思纂:《石冈广福合志》卷一"疆域考·风俗","中国地方志集成·乡镇志专辑"(3),上海:上海书店1992年影印,第544页]。

③ 据载:上海诸翟镇紫隄村,"乡民多恃布为生,往时各省布商先发银于庄而徐收其布,故布价贵,贫民竭一日之力赡八口而有余"[汪永安原纂、侯承庆续纂、沈葵增补:《紫隄村志》卷二"风俗","中国地方志集成·乡镇志专辑"(1),上海:上海书店1992年影印,第239页]。松江干山(今天马山)地区,"土人以纺织为业,竭一日之力,可赡八口"[周厚地纂《干山志》卷三"土产/风俗","中国地方志集成·乡镇志专辑"(1),上海:上海书店1992年影印,第587页]。彭慕兰认为,18世纪中叶,一个妇女每年从织布业中可挣12两银子(合7.2石稻米),足以养活1名成年妇女和5个孩子。见 Kenneth Pomeranz, *The Great Divergence: Europe, China and the Making of the Modern World Economy*, p. 102.

④ 王祖畲总纂:《太仓州镇洋县志》卷三"风土",民国八年(1919)刻本,第22页下。

⑤ 吕舜祥修、武皸纯纂:《嘉定胶东志》,1948年云庐油印本,第26页。

⑥ 据《崇祯太仓州志》卷十五云:"州地宜稻者亦十之六七,皆弃稻袭花。"转引自洪焕椿主编:《明清苏州农村经济资料》,南京:江苏古籍出版社,1988年,第196页。

是松江府等地区的常规比重。①

在南翔地区,棉花的种植更为盛行,"仅种木棉一色,以棉织布,以布易银,以银籴米,以米充兑"②。时人诗中有"东去吴淞路不赊,人家尽种木棉花"之句。③ 有的地区在棉花连年歉收后才增加稻田的比重,但即使这样,稻作在农家经济中的地位仍无法与棉花相比。如上海七宝镇,平常时节"种稻者十不得一"。④ "自道光以来,棉花连岁歉收,种稻者几有十之二焉。"⑤

实际上,"棉七稻三"的种植制度除了粮食自给需要外,一是为了棉田积蓄肥力,二是

---

① 对松太地区"棉七稻三"种植比重的记载较多,现扼要列举如下:宝山地区的情形与太仓非常相似,"棉为出产大宗,约占全邑面积十之六七"[钱淦总纂:《宝山县续志》卷六"农业",民国十年(1921)刻本,第1页下]。[梁蒲贵主修:《宝山县志》卷十四"风俗",学海书院光绪壬午年(1882)刊本,第1页下]。盛桥镇,"棉居其七,稻居其三"[赵同福修、杨逢时纂:《盛桥里志》第三卷"实业志","中国地方志集成·乡镇志专辑"(4),上海:上海书店1992年影印,第560页]。江湾一带,"禾居十之三,棉居十之七"[钱淦纂:《江湾里志》卷五"实业志",民国十三年(1924)刊本,第1页上]。在嘉定,"成熟之田,二年种棉,一年种稻,稻较棉少。故农家恃棉为生,以种植瓜菜及喂养猪鸡为副产"[黄世祚总纂:《嘉定县续志》卷五"风土志",民国十九年(1930)刊本,第1页下]。奉贤县在光绪初年时,"东乡地高仰,只宜花豆,种稻殊鲜。……两乡之间,尤赖纺织鱼盐以助生计"[张文虎总纂:《重修奉贤县志》卷十九"风土志",光绪四年(1878)刻本,第1页下]。上海杨思乡,"约计植棉地积占十之七"(原颂周:《一个最有希望的农村》,《申报·星期增刊》1921年4月3日第3版)。

乾隆四十年(1775)高晋的奏折中说得更为明白:"松江府、太仓州、海门厅、通州并所属之各县,逼近海滨,率以水涨之地宜种棉花,是以种花者多,而种稻者少。……以现在各厅州县农田计之,每村庄知务本种稻者不过十分之二三,图利种花者则有十分之七八。"见高晋:《奏清海疆禾棉兼种疏(乾隆四十年)》,琴川居士编:《皇清奏议》卷六十一,见《续修四库全书》第473册,上海:上海古籍出版社2002年影印,第514页。

据1950年的调查,一些地区的棉花种植比重有所下降,奉贤县第一、三、四区中,棉田占耕地总面积的60%,第五、六区占耕地总面积的75%;第二区占40%(华东军政委员会土地改革委员会编:《江苏省农村调查》,1952年内刊本,第78页)。

黄宗智先生的估计较低,他认为,18世纪时松江府植棉土地大约占半数。见黄宗智:《发展还是内卷?十八世纪英国与中国》,《历史研究》2002年4期,第155页。

② 徐新吾主编:《江南土布史》,上海:上海社会科学院出版社,1992年,第30页。
③ 王树荣修等纂:《罗店镇志》卷一"风俗",光绪十五年(1889)刊本,第6页上。
④ 顾传金纂:《七宝镇小志》卷一"风俗","中国地方志集成·乡镇志专辑"(1),上海:上海书店1992年影印,第350页。
⑤ 顾传金纂:《七宝镇小志》卷一"风俗","中国地方志集成·乡镇志专辑"(1),上海:上海书店1992年影印,第353页。

为了通过水灌的方式来帮棉田除草。① 这也说明,稻作真正成了棉作的附属物。

最后,许多地区形成了以纺织而非耕田为主题的社会生活。

松、太地区土隘人稠,到清乾隆时,"一夫所耕,不过十亩"②。自明朝以来,松、太农家租赋负担极重,③松江府的各项税费比宋朝时高10倍,④如依靠田地作为主要收入,任何农家均无法维持,只能依恃土布作为主要收入。

包世臣指出:"松、太钱漕不误,全仗棉布。"⑤此言十分精当。为了支付前述各项开支,土地上的收入远不敷所需,农家只能用手织业来弥补。

在松江府,"俗务纺织,他技不多"。⑥ 手织业成了城乡内外绝大多数家庭日常生活的主要内容。⑦ 女子理所当然地从事手织业,乡村中的织布能手总是许多家庭托媒求亲的目标。⑧

---

① 关于棉稻种植轮次及其相互关系的叙述较多。如在真如,"以植棉豆为大宗,间有植棉不施肥者。然每间二年必种稻一次,施灰粪豆饼等以培地力,为植棉之预计"[王德乾纂:《真如志》卷三"实业志","中国地方志集成·乡镇志专辑"(3),第232页]。在罗店,"久种棉花,又苦蔓草难图。故三年种花,必须一年种稻,所谓七分棉花,三分稻也"[王树棻修、潘履祥纂:《罗店镇志》卷一"风俗",第5下—6页上]。在月浦镇,"习惯植棉之地不施肥料,每间二年种稻一次"[陈应康纂:《月浦里志》卷五"实业志",民国二十三年(1934)刊本,第1页上]。川沙县高桥镇以北、黄浦江以东一带,"久种棉又苦蔓草难图,故三年种棉,必须一年种稻,所谓七分棉花三分稻也"[佚名纂:《江东志》卷一"风俗","中国地方志集成·乡镇志专辑"(1),上海:上海书店1992年影印,第660页]。

② 永瑢、纪昀等:《文渊阁四库全书》"史部"二百六十五"地理类",第509册,第9页。李伯重对"户耕十亩"作了系统的研究,认为1620年前后,大约户耕14.5亩,1850年约户耕8.5亩,就清代中期的情形来说,"户耕十亩"大致成立[李伯重:《多视角看江南经济史(1250—1850年)》,第249页]。另据统计,1850年全国人口数为414 493 899人,1887年全国各类田地面积共847 760 554亩[李文治编:《中国近代农业史资料》第1辑,北京:三联书店,1957年,第8、63页],在19世纪80年代,即使人口与1850年相同,全国人均地仅2.05亩,以每户5人计,则每户耕田10.25亩。

③ 关于15世纪前半期国家对太湖周边地区农民的榨取,详见森正夫:《十五世紀前半太湖周邊地帶にぉける國家と農民》,载森正夫:《明清社會經濟史舊稿選》(私家版),爱知县:未来舍1983年3月发行,第59—64页。

④ 这一数字据徐光启以下的叙述:"尝考宋绍兴中,松郡税粮十八万石耳,今平米九十七万石。会计加编征收耗、剩、起解、铺垫诸色役费,当复称是,是十倍宋也。壤地广袤,不过百里而遥。农亩之入,非能有加于他郡邑也。所繇供百万之赋,三百年而尚存视息者,全赖此一机一杼而已。"见徐光启:《农政全书》卷三十五,见永瑢、纪昀等:《文渊阁四库全书》"子部"三十七"农家类",第731册,第506页。

⑤ 包世臣:《致前大司马许太常书》,《安吴四种》卷第二十六"齐民四术"卷二"农二",第37页下。

⑥ 顾清等:《松江府志》卷四"风俗",正德年间刻本(上海:上海书店1990年影印),第11上—下。

⑦ 以下对松江手织业与家庭日常生活之间的关系的叙述,经常为学者所采用,应该说,这生动反映了当时的现实:"纺织不止乡落,虽城中亦然。里媪晨抱纱入市,易木棉以归,明旦复抱纱以出,无顷刻闲。织率日成一匹,有通宵不寐者。田家收获输官、偿息外,未卒岁,室庐已空,其衣食全赖此。"见顾清等:《松江府志》卷四"风俗",上海:上海书店1990年影印,第11页下。

⑧ 据织户高朱氏、徐陈氏等人在1962年5月的叙述:"由于纺织是家庭生活的重要来源,家长对晚辈学纺织都管教很严,社会舆论也非常重视,形成一种压力。在浦东三林塘,如某家姑娘工艺精巧,织出来的布品质较好可卖顶价(当地布庄愿出最高价收购),即被誉为'顶价姑娘'(已婚者称为'顶价娘子'),因此媒人盈门,身价十倍,家长亦引以为荣。其他不少地区均有类似情况。"见徐新吾主编:《江南土布史》,上海:上海社会科学院出版社,1992年,第241页。

为了把女儿留在家中,上海农村中不少父母要求女婿入赘,婚后所生子女一半随父姓,一半随母姓。①

尽管江南地区稻米的种植历史要远远长于棉布原料棉花的种植历史,且稻米又是"鱼米之乡"文明的主要构成部分,但明清以来,棉花在农家生活中的地位明显高于稻米。各地方志、文学作品中,对棉花的强调远远超过了对稻米的强调。在太仓、常熟、宝山等地,农家还把正月二十日定为棉花的生日,这一日"忌雨"。② 谚语中有"二十夜里满天星,积年宿债尽还清"之说。③

据《江苏省通志稿·列女传》,依靠纺织供养亲属及自己而被旌表为"贞孝"的女性中,太仓州最多,有20位④,其次为松江府,有10位⑤。这从另外一个角度说明手织业是这些地区许多家庭的唯一收入来源。

二、过密化的讨论

有的学者认为,农业副业化主要是由于农户的经营规模狭小,农业收入在家庭经济收入中所占的份额太低。而一旦出现这种现象,农户就不再把有限的人力、物力、财力等投到农业上来,农业资源将被极大地浪费掉。⑥ 这种分析极为精辟。但我们认为导致农业副业化、织业主业化的原因,主要是织布收入要远远超过农业的收入,农家把大量的农田改成棉田,劳动力与自然资源的配置更加优化,农业资源的利用率得到了极大的提高。

黄宗智认为,长江三角洲地区属于"过密化"经济,经济增长是以单位工作日的报酬递减为代价实现的。⑦

这似乎与松太地区劳动力报酬居高不下的现象相矛盾。同治(1862—1874)以后的短短数十年间,上海周边农村地区劳动力价格上涨了数倍,有些地区则上涨了8倍。⑧ 而黄宗智认为,江南雇工工资较高的现象主要是由于妇女和儿童在家庭中承担了低报酬的工

---

① H. D. Lamson, "The Effect of Industrialization upon Village Livelihood," *Chinese Economic Journal*, vol. ⅸ, no. 4, October 1931, pp. 1058 - 1059.
② 王祖畬总纂:《太仓州镇洋县志》卷三"风土",民国八年(1919)刻本,第6页下。
③ 王祖畬总纂:《太仓州镇洋县志》卷三"风土",第6页下;庞鸿文纂修:《常昭合志稿》卷六"风俗",光绪甲辰年(1904)刊本,第15页下;王树荣修、潘履祥纂:《罗店镇志》卷一"节序",第16页上等方志中均有棉花生日的记载。
④ 缪荃孙、冯煦、庄蕴宽、吴廷燮等纂修:《江苏省通志稿》第11册,南京:江苏古籍出版社,2002年,第590—602页。
⑤ 缪荃孙、冯煦、庄蕴宽、吴廷燮等纂修:《江苏省通志稿》第11册,南京:江苏古籍出版社,2002年,第544—552页。
⑥ 曹幸穗:《旧中国苏南农家经济研究》,北京:中央编译出版社,1996年,第172页。
⑦ 黄宗智:《长江三角洲小农家庭与乡村发展》,北京:中华书局,2000年,第77、88页。
⑧ 据载,上海法华乡"工值之昂,今非昔比。同治间(1862—1874)帮工者,吃工五十文,今则四百文;干工一百文,今则八百文"[王锺纂、胡人凤续纂:《法华乡志》卷二"风俗","中国地方志集成·乡镇志专辑"(1),上海:上海书店1992年影印,第28页]。在上海盘龙镇,"乾嘉间(1736—1820)佣工每日只需钱四五十文,寇扰(1863)后,耕佣稀少,至有给值百钱以上者"[金惟鳌:《盘龙镇志》"风俗","中国地方志集成·乡镇志专辑"(2),上海:上海书店1992年影印,第642页]。

作,"正是这样的家庭化生产,提高了男性雇佣劳动力的使用成本。由于低报酬的工作由妇女和儿童承担,男人才能从事较重的、报酬较优的农活"①。

这一看法具有启发性,但颇值得商榷。其一,织布并不是妇女儿童的专职,许多男子也参与到织布业中,上海农村地区有"男纺女织"之说。② 明朝时就有人指出:松江地区,"男耕女织,外内有事。田家妇女,亦助农作,镇市男子,亦晓女红"③。清人钱大昕关于松江织布业的一首诗中写道:"乡村男妇人人谙。"④在有些地区,男子的织布技艺甚至胜过女子。如昆山地区,"至于麻缕机织之事,则男子素习焉,妇人或不如也"⑤。20 世纪 60 年代对上海四乡手织户进行访问时,她们均强调了民国以前,男子普遍纺纱这一社会普遍现象。⑥ 作为农业社会主要劳动力的男子大量从事手织业,说明手织业已成为许多农家的主业,并不是仅由妇孺承担的低报酬工作。

其二,与黄宗智的观点相似,赵冈认为中国家庭手织业发达是因为农村劳动力无其他出路,只好从事聊胜于无的手工业,以维持贫困的生计。⑦ 实际上,江南不少地区农家农业、副业、手工业(副业与手工业内部又有多种子项目)甚至包括当雇工,多位一体,即使在某一行业发生波动之时,农家也可很快就转向其他行业,并从其他行业中得到补偿。如许多地区的农家在棉花、蚕茧价格坚挺时,往往放弃手工织布和缫丝,反之,则自己织缫;⑧上海城市工人在农忙时,会暂时到农村当雇工。⑨ 况且,织布并非贫民家庭的专业,即使那些殷实的农家也极为重视手织业。在清代嘉定县,"虽富家巨族咸习纺织,中下之户借

---

① 黄宗智:《长江三角洲小农家庭与乡村发展》,北京:中华书局,2000 年,第 64 页。
② 李伯重教授认为,"男纺女织"未见诸 1850 年以前的史籍。见李伯重《多视角看江南经济史(1250—1850 年)》,第 275 页。
③ 转引自徐新吾主编《江南土布史》,上海:上海社会科学院出版社,1992 年,第 28 页。
④ 田祚等督修、陆懋宗总裁:《嘉定县志》卷八"土产",光绪辛巳年刻本,第 8 页上。
⑤ 方鹏等:《昆山县志》卷一,明嘉靖年间刻本(上海:上海古籍书店 1963 年影印),第 6 页下。
⑥ 据对织户高朱氏、徐陈氏等在 1962 年 5 月的访问,她们指出:家庭纺织时,"即使男丁,农闲时往往也参与其事。有些男子不仅会纺纱,也会织布,所以上海四郊又有'男纺女织'之说"。见徐新吾主编《江南土布史》,上海:上海社会科学院出版社,1992 年,第 240 页。
有人对太湖周边地区研究以后,同样认为,这里的男子普遍参与纺织。见 James. C. Shih, *Chinese Rural Society in Transition: A Case Study of the Lake Tai Area, 1368—1800*, pp. 126 - 127。
⑦ 如赵冈写道:"为了在农闲季节安排过剩的劳动力,许多中国农户从事各种各样的辅助工业,有时称作副业生产。这是中国手工业的基础。农民和他们的家庭成员不得不在一年四季供养自己。所以,他们宁愿在农闲季节做工以获得任何一点报酬,因为这是他们所能得到的最好的工作。即使是一文钱也聊胜于无。这就是中国手工业维持的关键。"见 Kang Chao, *The Growth of a Modern Cotton Textile Industry and the Competition with Handicrafts*, in Dwight H. Perkins (ed.), *China's Modern Economy in Historical Perspective*, p. 180。
⑧ 详见马俊亚:《混合与发展:江南地区传统社会经济的近代演变(1900—1950)》,北京:社会科学文献出版社,2003 年,第 291—296 页。
⑨ Jean Chesneaux (trans. By H. M. Wright), *The Chinese Labor Movement, 1919—1927*. Stanford: Stanford University Press, pp. 50 - 51.

女红佐薪水"。① 上海县的市镇中,"土瘠则秋收必薄。故躬耕之家无论丰稔,必资纺织以供衣食。即我镇所称大户,亦不废焉。每夜静,机杼之声达于户外"。② 青浦县市镇,"无论贫富,妇女无不纺织"。③ 吴江县市镇中,"女工以木棉花织布者,十家有八九,虽殷实者亦习之。沿乡妇女,兼有耕种者"。④ 真如镇,"闺范严肃,虽富家勤纺织"。⑤ 劳动力既然是商品,其价格必然要与其价值相符合。富家女子普遍织布,说明这项产业并不是贫困农家在绝境之下无可奈何的选择。

其三,黄宗智认为,松江地区女工与童工没有外出打工的习惯是造成男工工价高涨的原因,而他关于20世纪三四十年代松江农村因此没有女性成为农业雇工的说法⑥则更大有可议之处。据南汇县志记载:"以余力代人耕者,男妇皆往,曰散工。……至黄梅雨多,草裹棉花,则四出招人,工价增至三百文,于是孩童稚女力能胜一锄者,无不往取值焉。"⑦ 丁宜福《挞花谣》中写道:"黄梅十日天不好,不见棉花只见草。中间难得三日晴,到处佣工如觅宝。……孩童稚女一齐来,草根未断花先死。"⑧ 而到了20世纪三四十年代,上海周边农村地区,具备一定劳动能力的青年人大多进城进厂,留在家中的老弱妇孺耕种自家的田地尚且不暇,哪有余力给别人做工呢?据20世纪30年代的调查,上海农村地区"年富力强之人,及十余岁童子,大多愿入都市工作。其佣于农家为长工者,绝未之见。质言之,年工但有老迈不堪力作之人而已。此种特殊情事,为他处所无"。⑨ 江南雇工工价较高,恰恰说明江南地区的农家经济不是那种边际效应趋于零的"内卷化",而是说明江南劳动力的价值处于不断的增长之中,其高昂的价格恰恰是其价值的真实表现。从劳动力自身的流动规律而言,势必要流向最能体现其价值的部门,而绝不会成为一成不变的"资本主义的"雇佣劳动者。

在工业化之前,松、太地区的棉织业被誉为"衣被天下"。此说并非全系夸张。松江棉布不但畅销国内市场,而且在国外市场也有巨大的销量。明朝时,就有中国土布输往日本。⑩ 令人惊讶的是,英国这个以棉纺织业兴国的"世界工厂",直到19世纪早期还大量

---

① 田祚等督修、陆懋宗总裁:《嘉定县志》卷八"风俗",光绪辛巳年刻本,第3页下。
② 钱肇然纂:《续外冈镇志》卷一"风俗","中国地方志集成·乡镇志专辑"(2),上海:上海书店1992年影印,第903页。
③ 周凤池纂、蔡自申续纂:《金泽小志》卷一"风俗","中国地方志集成·乡镇志专辑"(2),上海:上海书店1992年影印,第430页。
④ 储元升:《平望志》卷十二"生业",光绪十三年(1887)刻本,第5页上。
⑤ 王德乾纂:《真如志》卷三"实业志","中国地方志集成·乡镇志专辑"(3),上海:上海书店1992年影印,第233页。
⑥ 黄宗智:《长江三角洲小农家庭与乡村发展》,北京:中华书局,2000年,第66页。
⑦ 严伟等编修:《续修南汇县志》卷十八,"风俗志(一)",1929年刊本,第2页上。
⑧ 严伟等编修:《续修南汇县志》卷十八,"风俗志(一)",1929年刊本,第2页下。
⑨ 《上海市百四十户农家调查(三)》,上海市社会局编:《社会月刊》第2卷第4号,1930年10月出版,本文第13页。
⑩ 小葉田淳著:《中世日支通交貿易史の研究》,東京:刀江書院昭和17年(1942),第445页。

地购用中国土布(主要是松江土布)。① 美国商人到中国贩运货物,也以土布为首要的贩取对象,他们不仅把土布销到美国去,而且也运销到中、南美乃至西欧去。② 因此,工业化以前,江南地区的家庭手织业是市场经济的有机构成部分,而非自然经济的组成部分。

第四节 工业主业化

19世纪60年代开始,中国出现现代机器工业。1895年以后,清政府取消对民营企业的限制,并采取一系列措施,鼓励私人资本投资工商业,使中国开启了工业化时代。中国工业化的核心地带即是以上海为中心的江南地区。

一、工业对乡村劳动力的吸引

工业化兴起后,江南地区的土布业衰落了。学者们多认为,江南土布业的衰落是由于廉价的工业品竞争,工业品市场越来越大,土布市场越来越萎缩。

包世臣写道:"松、太利在棉花、梭布,较稻田倍蓰,虽横暴尚可支持。近日洋布大行,价才当梭布三之一。吾村专以纺织为业,近闻已无纱可纺,松、太布市,消减大半。"③此类记述在各类文献中俯拾即是。到20世纪30年代,这种看法更为盛行,有人写道:"我国亦

---

① 英国东印度公司在18世纪30年代贩运中国土布,指定要南京土布。到18世纪80年代,公司每年贩运土布2万匹到英国本土。到19世纪初,被贩卖到英国的土布达20多万匹。据严中平的研究:"真正的所谓南京土布,……大约即江南苏松一带所织的一种紫花布。这种土布在英国曾风行一时,如今人们还可以在伦敦博物院里看到十九世纪三十年代英国绅士的时髦服装,正是中国的杭绸衬衫和紫花布的裤子。"(严中平:《中国棉纺织史稿》,北京:科学出版社,1955年,第32页)当时,"南京布"在颜色与质地方面均优于英国棉布(*The Chinese Repository*, vol. II, no. 10, February 1883, p. 465. 转引自李仁溥:《中国古代纺织史稿》,长沙:岳麓书社,1983年,第269页)。

根据英国东印度公司档案所能查出的英、美、丹麦、荷兰、瑞典、法国和西班牙等国在19世纪前30多年间从广州运出的土布,最多的一年(1819)曾经达330多万匹,价值100多万元;长期来看,几乎每年平均都在100万元以上。见严中平:《中国棉纺织史稿》,北京:科学出版社,1955年,第32页。

② 严中平:《中国棉纺织史稿》,北京:科学出版社,1955年,第31页。
据统计,1792年,美国从广州出口的商品中,土布的数量达27 400匹,价值达13 700银两(姚贤镐编:《中国近代对外贸易史资料(1840—1895)》第1册,中华书局,1962年,第292页)。1804—1828年,从广州出口到美国的土布,共计31 612 714匹,年均出口土布1 317 196.4匹[据姚贤镐编:《中国近代对外贸易史资料(1840—1895)》第1册,北京:中华书局,1962年,第294—295页资料计算]。

③ 包世臣:《答族子孟开书》,《安吴四种》卷第二十六"齐民四术"卷二"农二",第34页下。
郑观应也有类似的说法:"迄今通商大埠及内地市镇城乡,衣大布者十之二三,衣洋布者十之七八。"费维恺给予了反驳,认为:"手织业是每位中国人使用兰开厦棉布的主要障碍。"(见Albert Feuerwerker, "Handicraft and Manufacture Cotton Textiles in China, 1871—1910," *The Journal of Economic History*, vol. 30, no. 2, June 1970, The Graduate School of Business Administration of New York University 1970, pp. 341-342)但他把土布业在近代确实衰落了的江南地区与土布业在近代获巨大发展的河北等地混为一谈。

同样为着商业资本的兴起,和帝国主义经济的压迫,农村副业是日渐衰弥了。譬如织布,现在是大大的衰落了,从前轧轧的机声,现在也很少听得到了,这个事实是凡是稍有乡村工作经验的人皆一致公认的。棉纱是大量的入口,纺锤是大量的购入,洋货布匹是充斥市面。……国外商品的侵入,已代替了农村副业的存在。"[1]

其实,上述看法极具表面性。江南许多地区手织业的衰落,并非洋布市场竞争的结果。即使就市场竞争而言,洋布对土布的竞争也远没有土布对土布的竞争激烈。在我们随机选择的4个年份中,1875年、1905年、1919年和1931年,土布(以平方码计)在国内棉布市场上的比重分别为78.1%、78.7%、65.5%和61.6%。[2] 也就是说,直到1931年,国内的棉布市场,大部分仍是土布的天下。[3] 况且,大量农村居民穿的自织土布,是不通过市场交易的。因此,中国人所穿的布中,机织布只占很小的份额。

据统计,1932—1935年,尽管中国境内所有纺织厂生产的棉布从876 441千码增加到了1 249 958千码(约达1.43倍),但同期洋布的进口却从420 042千码下降到100 931千码(下降了75.97%),1936年的进口量仅为48 019千码(下降了88.57%)。[4] 据1933年海关报告:"比岁以还,进口棉货,每况愈下。查四年以前,所有进口棉货总值(棉纱在内,棉花除外)尚居各项进口洋货之首席;迨及民国二十年,则退居第二;洎乎上年则降为第三;本年则一跌而为第六矣。"[5]

就江苏本省的布匹市场而言,甚至自清末起就是土、洋布在相互竞争,而非仅仅是洋布排挤土布。据镇江海关对光绪十八年(1892)布匹市场的观察:"洋布减销尤甚,……从前如江北内地各州县,均用洋布,近则用土布者渐多。"[6]"近数年间进口各布匹年少一年矣,……若绒布,递年亏绌,并无他项进口货为之酌盈剂虚。由来土布盛行,盖缘其质粗厚,堪与绒布相颉颃,便于服用。"[7]

尤为重要的是,洋布和土布在相当长的时间内,有着不同的消费人群。费维恺认为:

---

[1] 张奇英:《中国农村副业研究》,《中国实业杂志》第1卷第9期,1935年9月15日出版,第1671页。

[2] 据 Bruce Lloyd Reynolds, "The impact of Trade and Foreign Investment on Industrialization: Chinese Textiles, 1875—1931". A Dissertation Submitted in Partial Fulfillment of the Requirements for the Degree of Doctor of Philosophy (Economics) in the University of Michigan 1975,第57页资料统计。

[3] 苏南以外地区土布业的发展详见吴知《乡村织布工业的一个研究》,上海:商务印书馆,1936年;严中平:《中国棉纺织史稿》,北京:科学出版社,1955年,第254—304页;赵冈、陈锺毅:《中国棉业史》,台北:联经出版事业公司,1977年,第213—221页。

[4] 据严中平《中国棉纺织史稿》,北京:科学出版社,1955年,第378、382、383页的资料计算。

[5] 上海总税务司署统计科:《民国二十二年海关中外贸易统计年刊》卷一"贸易报告",1934年,"洋货进口情形"第71页。

[6] 镇江关税务司夏德呈报:《光绪十八年镇江口华洋贸易情形论略》,《光绪十八年通商各关华洋贸易总册》(英译汉第34册),中国海关总税务司光绪十九年(1893)二月印,第65页上。

[7] 镇江关税务司夏德呈报:《光绪十八年镇江口华洋贸易情形论略》,《光绪十八年通商各关华洋贸易总册》(英译汉第34册),第64页下。

"国内机织布和进口货并不是手织布完美的替代品。"①原来江南土布的消费者、包卖商、商帮,主要不是被洋布所夺,而恰恰是被其他地区的土布所夺。在江南土布衰落的同时,不仅其他地区的土布有的从无到有,有的在数量上以数倍甚至数百倍的速率增加,而且不少地区的土布通过不断改良,在质量上已远远超过江南的土布。苏南土布业急剧衰落之时,江北的通州、海门,华北高阳、宝坻、潍县等地区均崛起为中国新的土布中心。

实际上,江南土布衰落的主要原因是劳动力转移,而非洋布竞争。20世纪以后,江南迅速成为中国现代工业最发达的地区。随着工业化的发展,许多地区原来织土布的妇女大量进厂做工。时人指出:"商市展拓所及,建筑盛则农田少,耕夫织妇弃其本业而趋工场,必然之势也。"②

大工业提供了比织土布更高的收入,使原来织土布的主力军被吸纳到工业中来,江南许多地区逐步从"副业主业化"过渡到了"工业主业化"。这一变迁表现在以下三个方面:

首先,上海作为全国最发达的劳动力市场,吸引了苏南农村地区的大量劳动力。

上海附近的农村人口改变职业成为工业工人的现象非常突出。在上海纱厂中,工人主要来自:(1)当地乡民。农村青年妇女大多在纱厂细纱间和经纱间工作,年老的妇女则在粗纱间工作。许多不满16岁的少年也在厂中从事相对轻便的工作。③据对上海杨树浦附近村庄的调查,现代工业兴起后,受其影响,"拥有土地的家庭,喜欢把土地出租一部分给别人,以便腾出时间,到都市工作"④。(2)他县乡民。"因有亲戚邻里,在沪上做生意得其援引而来的"⑤,这部分工人以上海邻县的农民为主。20世纪30年代的无锡,"迩岁强壮农民,颇多抛离乡村,群趋城市或上海,舍农就工"⑥。据对无锡荣巷、开原两乡外出做工人口的调查,其中82.5%的人前往上海。⑦ 上海公共租界中,1900年,江苏人口为141 855人,1930年增加到500 576人。⑧ 以无锡人为例,在上海的人口中,做职工、店员的占75%以上。⑨

上海近郊也是其他地区农村人口向往和移居的地方。据1930年对黄浦江沿岸居民的调查,他们有相当一部分来自崇明地区,主要为了就近上海,以便寻找满意的工作。据调查,"工厂为年轻人,尤其为女孩子,提供了各种挣钱的机遇,这是回到乡村中所不可能

---

① Albert Feuerwerker, "Handicraft and Manufacture Cotton Textiles in China, 1871—1910," *The Journal of Economic History*, vol. 30, no. 2, June 1970, p. 374.

② 吴馨等修:《上海县续志》卷一"疆域",上海:南园戊午年(1918)夏五月刊本,第10页下。

③ 李次山:《上海劳动状况》,《新青年》第7卷第6号,1920年5月1日出版,本文第9页。

④ H. D. Lamson, "The Effect of Industrialization upon Village Livelihood," *Chinese Economic Journal*, vol. Ⅸ, no. 4, October 1931, p. 1066.

⑤ 李次山:《上海劳动状况》,《新青年》第7卷第6号,1920年5月1日,本文第8页。

⑥ 无锡县政府编:《无锡概览》,无锡:文新印刷所1935年印,"农业"第1页。

⑦ 南满洲鐵道株式會社調查部:《江蘇省無錫縣農村実態調查報告書》,上海:大陸新報社营业印刷局,昭和16年(1941)3月印行,第99页。

⑧ 徐雪筠等:《上海近代社会经济发展概况》,上海:上海社会科学院出版社,1985年,第311页。

⑨ 南满洲鐵道株式會社調查部:《江蘇省無錫縣農村実態調查報告書》,上海:大陸新報社营业印刷局,昭和16年(1941)3月印行,第100页。

有的事。所以各家都被吸引到城里来"。① 那些较富裕的家庭,更是离开乡村搬进城市居住,当时形成这样一种趋势:"工厂男工们,很少住在村中,因为他们搬出去居住,以靠近工作场所。他们留下父母在家看门种田。"②

现将1929年对上海附近农家工资收入者的调查情况列如下表:

表6-1 1929年上海农村工资收入者在农家的比重

收入组别/元	家庭数量	每家平均收入/元	每家平均人口	工资收入者总数	平均每家工资收入者人数
200—399	8	323.98	3.00	11	1.37
400—599	15	476.46	4.27	28	1.87
600—799	14	732.86	5.78	37	2.64
800—999	10	881.91	6.20	24	2.40
1 000—1 400	3	1 175.01	8.00	10	3.33
总计	50	646.86	5.1	110	2.2

资料来源:H. D. Lamson, "The Effect of Industrialization upon Village Livelihood," *Chinese Economic Journal*, vol. ⅸ, no. 4, October 1931, p. 1031.

据上表,每户农家的平均人口为5.1人,工资收入者的平均人数为2.2人。一般说来,一个五口之家的主劳力通常为2人,也就是说,这个地区农家的主劳力大部分变成了城市工资收入者。

其次,各地工商业相继得到发展,在当地吸纳了大量劳动力。

上海附近其他城市工业的发展,同样形成巨大的劳动力市场,吸引乡村人口向这些城市迁移。据对无锡荣巷、开原两乡外出做工人口的调查,其中10.0%前往无锡。③ 在无锡堰桥乡,农村人口在1949年以前一直大量向城市移动,农民在工厂做工的数量向来巨大。④ 由于纺织业发展较快、容纳的劳动力较多,加上许多工业劳动对体力的要求越来越小,妇女离村进厂越来越普遍。宜兴地区的妇女,"附城乡村,颇有入城进工厂作工者,甚有往苏、沪、锡等埠在纱厂纺织者。……统计全县由农妇变成工人者,可达六千之数"⑤。

1930年,川沙县华盛、庆记、陆友记等47家花边厂中,各厂从事花边业女工人数共计21 450人。⑥ 另据1935年户口统计表,该县"现住"女性人口为64 448人、"他往"女性为

---

① H. D. Lamson, "The Effect of Industrialization upon Village Livelihood," *Chinese Economic Journal*, vol. ⅸ, no. 4, October 1931, p. 1061.
② H. D. Lamson, "The Effect of Industrialization upon Village Livelihood," *Chinese Economic Journal*, vol. ⅸ, no. 4, October 1931, p. 1062.
③ 南满洲铁道株式会社调查部:《江苏省无锡县农村实态调查报告书》,第99页。
④ 华东军政委员会土地改革委员会编:《江苏省农村调查》,1952年内刊本,第131页。
⑤ 徐方干、汪茂遂:《宜兴之农民状况》,《东方杂志》第24卷第16号,1927年8月25日发行,第89页。
⑥ 据黄炎培总纂:《川沙县志》卷五"实业志",1936年刊本,第27页下—29页上统计。

5 954人。① 也就是说,仅花边一业就吸收了川沙所有"现住"女性总数的33.3%。除了花边业,该县还有毛巾厂数十家,据对永茂、振川等12家毛巾厂的统计,工人数达1 656人。② 在毛巾业中,进厂做工的人数仅占极小的部分,绝大多数毛巾制品是在家内完成的。③ 除了花边、毛巾业外,附近的纱厂也是大量吸纳川沙手织女工的场所。据载:"女工本事纺织,今则洋纱洋布盛行,土布因之减销。多有迁至沪地,入洋纱厂、洋布局为女工者。"④

最后,在家庭手织业中,男子也发挥着直接或间接的作用。事实上,川沙县的男子也被大量吸纳工业或其他职业中。川沙最为著名的建筑和缝纫两业方面,"水木两工,就业上海,在建筑界卓著信誉"。裁缝业中,西服业"散在上海及哈尔滨,海参威[崴]等埠亦不少"。"华服裁缝,上海尤盛。"⑤ 缺乏男子的有力支持,手织业同样会衰落。

在常熟,1919年以前,仅织布厂即有31家,需要女工4 320人。⑥ 宝山县的宝兴纱厂,一开工就招收男女工人六七百名。⑦ 上海杨思乡的恒源轧花厂和恒大纱厂两厂,招收工人900多人,而该乡共有女性人口8 399人。⑧

缫丝业在近代苏南地区勃兴,也吸纳了大量的织布女工。近代以前,蚕丝业主要集中在浙江湖州、嘉兴地区,苏南除吴江的震泽、盛泽,吴县太湖东山等地外,绝大部分地区的蚕丝业并不发达。乾隆年间编纂的《江南通志》云:"丝皆外省出。"⑨ 太平天国战争以后,蚕丝业在以无锡为中心的地区获得了突飞猛进的发展。⑩

无锡开化乡,丝茧业始于清初,"在清中叶不过十居一二,洎通商互市后,开化全区几无户不知育蚕矣"⑪。1932年,无锡有缫丝厂50家,共吸纳成年女工36 350人;现代纺织工厂共118家,吸纳工人64 785人,其中成年女工47 826人。⑫ 据统计,1933年无锡市的总人口仅为171 256人。⑬ 丝厂对无锡市女性职业的改变于此可见一斑。

另据调查,1931年,无锡相对闭塞的礼社地区,"他往"人口占人口总数的21%,"他往

---

① 黄炎培总纂:《川沙县志》卷五"实业志",1936年刊本,第4页上—下。
② 黄炎培总纂:《川沙县志》卷五"实业志",1936年刊本,第26上—下。
③ 黄炎培总纂:《川沙县志》卷五"实业志",1936年刊本,第25页下。
④ 黄炎培总纂:《川沙县志》卷五"实业志",1936年刊本,第7页上。
⑤ 黄炎培总纂:《川沙县志》卷五"实业志",1936年刊本,第25页上。
⑥ 江苏省长公署第四科:《江苏省实业视察报告书》,1919年,第126页。
⑦ 王锺琦主纂:《宝山县新志备稿》卷五"实业志",民国二十年(1931)刊本,第1页下。
⑧ 原颂周:《一个最有希望的农村》,《申报·星期增刊》1921年4月3日第3版。
⑨ 永瑢、纪昀等:《文渊阁四库全书》"史部"二百六十七"地理类",第509册,第420页。
⑩ 参见高景岳、严学熙编:《近代无锡蚕丝业资料选辑》,南京:江苏人民出版社、江苏古籍出版社,1987年,第2—4页。
⑪ 王抱承纂:《无锡开化乡志》卷下"土产",南京:江苏古籍出版社1992年影印,第92页。
⑫ 据高景岳、严学熙编:《近代无锡蚕丝业资料选辑》,南京:江苏人民出版社、江苏古籍出版社,1987年,第492页资料统计。
⑬ 1933年无锡男女比例为110.39:100。见谈汛人主编:《无锡县志》,上海:上海社会科学院出版社,1994年,第180页。

农民之职业以纺纱、缫丝及机织工人为最多"①。1949 年以前,仅无锡东部甘露、荡口等地迁入苏州等地做工经商的人数达 3 085 人,相当于在乡人口的 20.85%。② 据满铁的调查,无锡小丁巷 80 户农家,依赖工商业为生的有 44 户(不包括小贩在内)。无锡荣巷,从事工商业的人口为 225 人,而从事农业的人口仅为 191 人。③

在宝山县,"蚕商事业自前清季年始稍稍兴办,以广福大场为多,各市乡渐有继起者"④。20 世纪 20 年代,宝山县闸北一带即有裕和协、瑞昌等 10 家丝厂,雇佣工人 5 800 名,⑤其中大多数是女工。

据费孝通 20 世纪 30 年代在开弦弓村的调查,"最近 20 年附近城市缫丝业的发展非常迅速。城市的工业吸走了农村的劳动力"⑥。

1933 年,仅上海、南京、无锡三地就有现代工厂 4 487 家,吸纳的工人数为 319 565 人。⑦ 1932 年,江苏总人口中,全省从事工业的女性人口占女性总数的 12.76%,男子为 8.66%。⑧ 全省从事工业的女性人口达 200 余万人,考虑到务工的女子绝大部分集中在苏南地区,苏南女子从事工业的比重至少比全省平均数要高 1 倍。据满铁调查部对无锡荣巷、开原的调查,两乡 16—25 岁的在家青年为 4 人和 19 人,分别仅占人口总数的 3.5% 和 12.2%。⑨

二、织布主业的再进化

有的学者认为,手织业能够生存下来,是因为手工业与现代工业使用了两种非竞争性的资源。即企业生产依赖于工资制下的雇佣工人,家庭生产则依赖于家庭成员的劳动。⑩ 这种看法有一定的道理,但我们可以反过来推断,当手织业与现代工业所使用的劳动力资源具有竞争性,而现代工业又为劳动力提供了较高的价格之时,劳动力资源显然会从手织业流向现代工业,手织业的生存就会受到威胁。据上海农村一老年居民在 1929 年的回忆:

> 工厂开始在附近设立的时候,经营者派人到村里招工,有些人放弃农活进入工厂。……后来,工厂招收女工,在这里招了许多人,于是只剩下我们这些习惯

---

① 冯和法编:《中国农村经济资料》上册,上海:黎明书局,1935 年,第 412 页。
② 谈汗人主编:《无锡县志》,上海:上海社会科学院出版社,1994 年,第 178 页。
③ 南满洲鐵道株式會社調查部:《江蘇省無錫縣農村實態調查報告書》,第 19—20 页。
④ 钱淦总纂:《宝山县续志》卷六"农业",民国十年刻本,第 3 页下。
⑤ 据钱淦总纂:《宝山县续志》卷六"商业",民国十年刻本,第 15 页资料统计。
⑥ Hsiao-tung Fei, *Peasant Life in China: A Field Study of Country Life in the Yangtze Valley*, p. 232.
⑦ 据严中平等:《中国近代经济史统计资料选辑》(北京:科学出版社,1955 年)第 106 页统计。
⑧ 赵如珩编:《江苏省鉴》上册,镇江:新中国建设学会 1935 年刊印,第 1 章,第 37 页。
⑨ 南满洲鐵道株式會社調查部:《江蘇省無錫縣農村實態調查報告書》,第 88 页。
⑩ Kang Chao, "The Growth of a Modern Cotton Textile Industry and the Competition with Handicrafts", in Dwight H. Perkins (ed.), *China's Modern Economy in Historical Perspective*, p. 179.

于干农活的老年人在家种田。因为许多人移居城市,村庄日益缩小了。①

上海农村那些进厂工作的妇女,原来多是农村的手织者,"在工厂影响以前,……假如他们是粗壮的,就在田里干活;否则,便纺纱织布"②。真如地区,"女工殊为发达,盖地既产棉,多习纺织,机杼之声相闻而又勤苦殊甚,因非此,不足以补家用也。所织之布,……年产百余万匹,运销两广、南洋、牛庄等地。自沪上工厂勃兴,入厂工作所得较丰,故妇女辈均乐就焉"③。宝山县被招进厂中的女工均系该乡原来从事纺织的青壮年妇女。在宝山县江湾,"境内工业向恃织布,运往各口销售。近则男女多入工厂,……甚至有创设花边公司者"④。川沙县"向以女工纺织土布为大宗"⑤。在花边业兴起后,"地方妇女年在四十岁以下,十岁以上者,咸弃纺织业而习之"⑥。如此众多的手织女工被吸纳到工业中来,苏南的家庭手织业焉能不衰落?

顺理成章的是,来自工业的收入成了许多家庭的主要收入。据对上海杨树浦纱厂工人的调查,有一个家庭,有田 4 亩,全家每年从土地获得的收入仅有 12 元,家中稳定的经济来源主要靠"媳妇在厂中工作";⑦另一个家庭有田 18 亩,每年从土地获得收入 54 元,但家主"轻视农业",家中主要经济来源靠家主的妻、妹在厂工作;还有一个家庭有田 4 亩,每年从土地获得收入 12 元,该家庭仅家主一人在电力公司的月薪即为 36 元,"工业方面稳定的工作,与固定且可靠的工资,更具吸引力,而农业方面,气候难料,棉粮市场皆难捉摸"⑧。太仓县利泰乡,由于设立了利泰纱厂,有些家庭经济很快转向以工业为主。⑨

现将上海农村地区农家各项收入列如下表:

---

① H. D. Lamson, "The Effect of Industrialization upon Village Livelihood," *Chinese Economic Journal*, vol. ix, no. 4, October 1931, p. 1059.

② H. D. Lamson, "The Effect of Industrialization upon Village Livelihood," *Chinese Economic Journal*, vol. ix, no. 4, October 1931, p. 1060.

③ 王德乾纂《真如志》卷三"实业志","中国地方志集成·乡镇志专辑"(3),上海:上海书店 1992 年影印,第 233 页。

④ 钱淦纂:《江湾里志》卷五"实业志",民国十三年(1924)刊本,第 1 页下。

⑤ 黄炎培总纂:《川沙县志》卷五"实业志",1936 年刊本,第 25 页上。

⑥ 黄炎培总纂:《川沙县志》卷五"实业志",1936 年刊本,第 27 页上。

⑦ H. D. Lamson, "The Effect of Industrialization upon Village Livelihood," *Chinese Economic Journal*, vol. ix, no. 4, October 1931, pp. 1064 - 1065.

⑧ H. D. Lamson, "The Effect of Industrialization upon Village Livelihood," *Chinese Economic Journal*, vol. ix, no. 4, October 1931, p. 1065.

⑨ 如王奎元家户主夫妻及妹妹 3 人各务工 8 个月,田家劳动仅有 4 个月。奚锦山家有 4 人进厂,两个儿子各务工 10 个月,两个媳妇各务工半年。这些占地较少的家庭,由于进厂务工成了主业,其生活水平甚至高于村中耕地较多的富农。见曹幸穗:《旧中国苏南农家经济研究》,北京:中央编译出版社,1996 年,第 172 页。

表 6-2　上海农村地区 50 户农家各项收入总表

收入项目	总收入 收入实数/元	占总收入的百分比/%	从业户数
工厂工资、小账、红利	16 059.66	49.65	47
手工业、匠工等	6 288.30	19.44	20
礼品	162.00	0.50	7
地租	297.00	0.92	9
房租	639.80	1.97	10
自住房房租估价	434.00	1.34	35
燃料估价	802.80	2.48	26
消费或出售的粮食估价	5 670.00	17.53	24
小商小贩	1 192.40	3.69	4
家庭手工业品出售	213.00	0.66	3
放款利息	20.00	0.06	1
借入款	86.00	0.27	2
杂项	478.00	1.48	5
总计	32 342.96	100.00	

资料来源：H. D. Lamson, "The Effect of Industrialization upon Village Livelihood," *Chinese Economic Journal*, vol. ⅸ, October 1931, no. 4, p. 1071.

据表 6-2，工业收入相当于农业收入的 2.83 倍，相当于手工业等收入之和的 2.55 倍，相当于农业与手工业等收入总和的 1.34 倍。在家庭收入中，工业收入已居主导性地位。

家庭、婚姻关系和女性地位等随之发生了巨大的变化。在织布主业化的时代，织布能手总是一般家庭乐于求亲的对象。而在工业主业化的时代，能工作的妇女更显著地提高了在家庭中的地位。[1] 上海农村有位母亲说："现在女儿即使不比男孩更有用，也和男孩一样。我的两个女儿在厂里都有份好工作，而我读过书的儿子却在村里无所事事。"[2] 在厂里做工的女孩子们则说："现在男人们没有什么了不起，因为我们能自己谋生，不再像以前的妇女那样依附他们了。"[3] 有人领养孩子时，宁愿抚养女孩，而不愿抚

---

[1] 参见 Susan Mann, "Women's Work in the Ningbo Area, 1900—1936," in Thomas G. Rawski and Lillian M. Li (eds.), *Chinese History in Economic Perspective*. Berkeley/ Los Angeles/ Oxford: University of California Press, 1992, p. 245.

[2] H. D. Lamson, "The Effect of Industrialization upon Village Livelihood," *Chinese Economic Journal*, vol. ⅸ, no. 4, October 1931, p. 1071.

[3] H. D. Lamson, "The Effect of Industrialization upon Village Livelihood," *Chinese Economic Journal*, vol. ⅸ, no. 4, October 1931, p. 1074.

养男孩。① 晚婚、晚育的女子越来越多。有些女工选择独身,她们说:"如果我们能够自立,我们为什么结婚呢? 我们多自由自在呀!"②

另外,养殖等副业收入的增加,同样对手织人口构成了竞争,吸引了许多劳动力的转向。在宝山县,"菜圃之成熟岁可七八次,灌溉施肥,工力虽倍而潜滋易长,获利颇丰。凡垦熟之菜圃,地价视农田几倍之。邑城内外,业此者甚多,各市乡近镇之四周,亦属不少"③。据20世纪三四十年代对无锡荣巷、开原的调查,农蚕兼营的农户占67.5%,养蚕专业户占15.00%,农业专业户占11.25%。④ 据1950年对武进县茶山、政成两乡的调查,茶山乡1486户农民中,兼营副业的达688户,兼营手工业的798户;政成乡599户中,兼营副业的295户,兼营手工业的304户。⑤

同时,其他手工业也对手织业人口有竞争作用。在宝山县,固守织布业的妇女,"皆乡村之女工也"⑥。至于市镇家庭殷实的女工,"大抵年轻者习刺绣,年长者习缝纫"⑦。而那些被称为"普通小户"的家庭,"就最著者言之,如城厢高桥多织胶布、毛巾,罗店、盛桥兼轧棉花,江湾则结绒线,彭浦、闸北则缫丝"⑧。20世纪30年代,无锡农家全部商品化的手工业达31个,半自给、半商品化的手工行业达28个。⑨ 这些行业无疑需要大量的从业人员。

工业和其他行业对劳动力的需求,造成了苏南地区劳动力价格的猛涨。由于"各工人受雇于上海者日多",嘉定等地的劳动力"几供不应求,故工价逐渐增涨"。⑩ 而一些新兴的土布区农家的收入,无法与之相比。⑪ 这再次证明苏南地区不是"过密"型经济,农家经济没有处于"内卷化"。

---

① H. D. Lamson, "The Effect of Industrialization upon Village Livelihood," *Chinese Economic Journal*, vol. ⅸ, no. 4, October 1931, p. 1074.
② H. D. Lamson, "The Effect of Industrialization upon Village Livelihood," *Chinese Economic Journal*, vol. ⅸ, no. 4, October 1931, p. 1073.
③ 钱淦总纂:《宝山县续志》卷六"农业",民国十年刻本,第1页下—2页上。
④ 南满洲铁道株式会社调查部:《江苏省无锡县农村实态调查报告书》,第87页。
⑤ 华东军政委员会土地改革委员会编:《江苏省农村调查》,1952年内刊本,第48页。
⑥ 钱淦总纂:《宝山县续志》卷六"农业",民国十年刻本,第8页上。
⑦ 钱淦总纂:《宝山县续志》卷六"农业",民国十年刻本,第8页上。
⑧ 钱淦总纂:《宝山县续志》卷六"农业",民国十年刻本,第8页上。
⑨ 陈一:《发展农村经济提倡农村工艺概要》,《中国经济》第2卷第7期(1934年7月1日),本文第3—5页。
⑩ 黄世祚总纂:《嘉定县续志》卷五"风土志",民国十九年(1930)刊本,第3页上。
⑪ 在陕西三原某村,灾后所剩12人皆为纺工。凭借男子纺织,一个三口之家"过得很愉快",但他的每日收入仅为1角9分[彭泽益编:《中国近代手工业史资料》第2卷,北京三联书店,1957年,第411页],这笔收入仅相当于上海纱厂中童工的工资[李次山:《上海劳动状况》,《新青年》第7卷第6号,1920年5月1日出版,本文第4—5页]。上海农村在纱厂做工的妇女们收入是其3倍,她们仍抱怨说:"我们做夜工挣6角钱,做日工挣5角;你们命好生在富贵之家,你看我们,——唉!"[H. D. Lamson, "The Effect of Industrialization upon Village Livelihood," *Chinese Economic Journal*, vol. ⅸ, no. 4, October 1931, p. 1067]

在土布利润不变甚至减少的情况下,土布业在苏南的命运就可想而知了。据满铁对松江、嘉定的调查,松江华阳镇 800 户农家中,有各类职工 670 名,[①]织布的户数仅有 1 家(1 女)。[②] 嘉定 89 户农家中,仅前往上海一地的工厂、商店、公司等做工者达 29 人,兼营织布副业的仅有 6 家。[③]

苏南土布业的衰落,并不表明农家收入的减少,更不能证明农家经济的破产。恰恰相反,这是在工业化的推动下,农民从离土到离村的质的变化。

最后,尤为重要的是,在现代工业的推动下,尽管苏南地区的家庭手织业衰落了,但农村商品市场并没有普遍让位于工厂产品的迹象,反而使农业与手织业从商品性生产大量地转向自给性生产。

在上海农村,20 世纪 30 年代,原来以经济作物为主的"棉七稻三"制度,已明显地转向以自给性为主的粮食的种植,极大地降低了商品化程度。

据 1930 年对上海 140 户农家的调查,各阶层主要作物的种植面积及比重如下(见表 6-3):

表 6-3　1930 年上海 140 户农家各类作物种植亩数与比重

作物类别 农家类别	棉 亩数	百分比/%	稻 亩数	百分比/%	大豆 亩数	百分比/%	麦 亩数	百分比/%	蚕豆、蔬菜、西瓜、土豆、芋艿、荸荠 亩数	百分比/%
自耕农	463.8	36.7	272.0	21.6	122.2	8.9	259.2	20.5	84.5	7.1
半自耕农	329.6	38.2	179.8	20.8	61.5	7.1	157.0	18.4	81.8	9.55
佃耕	110.2	23.5	99.8	21.2	46.5	9.9	116.5	24.8	58.9	12.6
总计	902.6	34.8	551.6	21.3	230.2	8.6	533.0	20.6	225.2	8.92

资料来源:据《上海市百四十户农家调查(四)》(上海市社会局编《社会月刊》第 2 卷第 5 号,1930 年 11 月出版)第 2 页资料统计。

据表 6-3,棉花在农家的种植比重已降到了 34.8%,远小于稻、麦、豆等粮食作物比重之和(50.5%)。为什么现代工业没有促进上海农家种植经济向商品化的方向进一步发展,反而促使其向自给型方向"后退"呢?

上海农家种植经济向自给性方向转变,主要由下述因素造成:其一,城市工人基本生

[①] 南满洲铁道株式会社调查部:《江苏省松江县农村实态调查报告书》,上海满铁调查资料第 48 种,昭和 15 年(1940)12 月印行,第 20 页。
[②] 南满洲铁道株式会社调查部:《江苏省松江县农村实态调查报告书》,第 165 页。
[③] 满铁上海事务所调查室:《上海特别市嘉定区农村实态调查报告书》,估计印行时间为 1942 年前后,第 1 表。

存费用较高。仅食物、衣物、燃料等支出,一般占家庭总支出的70%以上。① 若那些有人在城市工作的农家进行自给性的食物(主要为粮食和蔬菜)生产与土布生产,理论上可以把城市亲属的食物、衣物、燃料的支出节省下来,降低恩格尔系数。其二,乡村农家的留守人员劳动能力不足。由于上海农村各家通常是"老年人种田,年轻人在厂工作"②,那些乡村留守人员只能种植田亩较小、劳动强度不大的稻、麦、豆和蔬菜等,而这些农产品也足以满足城市亲属的需要。上海杨树浦50户农家中,有18家仍从事耕作,田多的通常租出去一部分,而田地极少,或没有土地又有亲属在厂工作的农家,均要租入小块田地耕种。该村有6户无地但租地耕种的家庭;2家除自己的田地外,又租种了别人的田;两户把自己的田自种一部分,出租一部分。③ 这些产品均以自给为主、出售为次。如"有一户八口之家,有稻田10亩,出租给人耕种;自家种5亩,由家中69岁的祖母种植,生产蔬菜,供家用兼出售",而这户人家共有5名工厂工人。④ 上海自耕农的家庭中,通常都有人在城市做工人。杨树浦15户自耕农家庭中,有14户至少每家有1名工厂工人;那些租入小块田地种植的家庭中,则各家均有人在厂工作。⑤

衣物是上海工人家庭第二大消费项目。为了让城市亲属及自己减少或省去这笔开支,直到20世纪30年代甚至50年代,织布仍然是苏南地区老弱幼孺等家庭留守人员最

---

① 据统计,1920—1927年,上海一般工人家庭总支出的42.0%—64.4%用于食物开支,8.5%—15.7%用于房租,7.1%—11.0%用于衣物开支,7.0%—9.5%用于燃料和照明[Jean Chesneaux (trans. By H. M. Wright), *The Chinese Labor Movement*, 1919—1927, p. 99]。据1929年对上海农村地区121户农家的调查,食物、衣物、燃料支出分别占总支出的56.0%、16.0%和6.0%。据1930年对上海85户邮员家庭和100户印刷工人的调查,邮员家庭中,食物、衣物和燃料支出分别占总支出的61.3%、9.1%、2.3%;印刷工人家庭中,食物、衣物和燃料支出分别占总支出的64.6%、6.2%和3.2%。见H. D. Lamson, "The People's Livelihood as Revealed by Family Budget Studies," *Chinese Economic Journal*, vol. Ⅷ, no. 6, June 1931, pp. 451-452。

② H. D. Lamson, "The Effect of Industrialization upon Village Livelihood," *Chinese Economic Journal*, vol. Ⅸ, no. 4, October 1931, p. 1066.

③ H. D. Lamson, "The Effect of Industrialization upon Village Livelihood," *Chinese Economic Journal*, vol. Ⅸ, no. 4, October 1931, p. 1041.

④ H. D. Lamson, "The Effect of Industrialization upon Village Livelihood," *Chinese Economic Journal*, vol. Ⅸ, no. 4, October 1931, pp. 1065-1066.

⑤ H. D. Lamson, "The Effect of Industrialization upon Village Livelihood," *Chinese Economic Journal*, vol. Ⅸ, no. 4, October 1931, p. 1066.

常见的手工业。①

进入近代,"沪上衣服之诡异,以妇女为尤甚,一领之需,一缘之饰,费且至于十余金"②。但即使是"与上海相望"的宝山县,"中人之家妇女尚以荆布相安,绝鲜浮华绮靡之事"③。在嘉定,自光绪初年至 20 世纪 20 年代,"邑人服装朴素。大率多用土布及绵绸府绸"④。该县胶东乡 1948 年刊行的方志称,"旧时农隙之时,均纺纱织布,除供一家衣着外兼以出售,协助家用,近虽机器纱布盛行,家人衣着仍有自纺自织者"⑤。真如地区,"日用所需,乡人类能自制"⑥。南汇县在 20 世纪二三十年代仍以产经花布著称,"此种布匹,乡间妇女织以自用或馈亲友"⑦。一般家庭对土布的消费偏爱及出于家庭生计考虑是家庭

---

① 与种田者一样,织布者的素质有了很大的改变。据研究,"在资本主义进步,都市和大工业和大农业把农村精壮人口吸收而去以后,农村,特别小农的小土地上,只着着妇女老弱",只有她们还在织布〔汪疑今:《江苏的小农及其副业》,《中国经济》第 4 卷第 6 期,1936 年 6 月 15 日出版,第 78 页〕。在上海莘庄、七宝地区,1920 年前后,伏花边、结网袋、结绒线手套等副业生产不断发展,"年轻的姑娘多不学纺织而搞其他副业了。1930 年左右,除一些老婆婆还在纺织外,大多已转入做花边、结网袋等副业或搞农业生产"(彭兰珍等口述,1962 年 5 月 23 日,见徐新吾主编:《江南土布史》,上海:上海社会科学院出版社,1992 年,第 305 页)。在无锡地区,"在织布收入不断下降的情况下,农民被迫改营其他副业,当时做花边的收入超过织布收入一倍以上,农村年青目力好的妇女,都转做花边(这是 1918—1925 年间事)"(徐新吾主编:《江南土布史》,上海:上海社会科学院出版社,1992 年,第 574 页)。
② 钱淦总纂:《宝山县续志》卷五"风俗",民国十年刻本,第 13 页上。
③ 钱淦总纂:《宝山县续志》卷五"风俗",民国十年刻本,第 13 页上。
④ 黄世祚总纂:《嘉定县续志》卷五"风土志",民国十九年(1930)刊本,第 9 页下。
⑤ 吕舜祥修、武毂纯纂:《嘉定胶东志》,1948 年云庐油印本,第 30 页。
⑥ 王德乾纂:《真如志》卷三"实业志","中国地方志集成·乡镇志专辑"(3),上海:上海书店 1992 年影印,第 233 页。
⑦ 严伟等编修:《续修南汇县志》卷十八,"风俗志(一)",1929 年刊本,第 13 页上。

手织业继续存在的基础,也是苏南土布由商品型转向自给型生产的主因。①

工业化兴起前,中国绝大部分地区以农为本,苏南不少地区却率先过渡到了副业(织布)主业化的阶段。现代工业兴起后,许多地区又过渡到了工业主业化的时代,充分体现了这个地区社会发展的前导性。大工业的发展,把原来从事手织业的生力军大量吸引到工厂中,使乡村手织者的数量大为下降,劳动能力明显退步。因此,苏南手织业的衰落主要是劳动力转移的结果。农村主劳力向工业的转移,使农家经济从商品性生产大量地转向自给性生产。

第五节 苏南的学术与艺术

清时,江南成为全国文化最发达的地区。明人写道:"丰亨豫大,金瓯晏然。吴越为东

---

① 家庭土布业由商品型生产转向自给型生产在苏南极为普遍。据20世纪30年代对上海附近农村的调查,自耕农中,兼营纺织的户数占总户数的39.4%,半自耕农中兼营纺织的户数占总户数的35.5%(上海市社会局编:《上海之农业》,上海:中华书局,1933年,第101—102页)。在30年代末的常熟县,尽管棉布的产额远比不上米的价值(1 688万元),但每年仍产棉布120万匹,价值400万元[满铁上海事务所调查室:《江蘇省常熟縣農村実態調査報告書》,上海:木村印刷所昭和15年(1940)2月刊印,第28页]。直到20世纪50年代初,在青浦县青旸区悟空乡,该乡贫农中,有手拉布机200架,大致为每户1架;该乡中农中,有手拉织机323架,有的中农每户拥有2—3架织机(华东军政委员会土地改革委员会编:《江苏省农村调查》,1952年内刊本,第28页)。另据对江阴县的不完全统计,该县农家拥有铁木织机15 000台,手拉织机18 000台,小土布机7万台(华东军政委员会土地改革委员会编:《江苏省农村调查》,1952年内刊本,第35页)。

上述农家生产的手织布主要用于自给。在青浦县,除极少数地主外,"其他各阶层(包括富农在内)每户每人的土布衣裳,均自给自足,无须依赖城镇"(华东军政委员会土地改革委员会编:《江苏省农村调查》,1952年内刊本,第26页)。据对镇江的调查,这里农家所种植的棉花,"如做棉衣、翻棉被、纺纱做线和织土布等,纯粹为了出卖而种植的很少;大部分自己用不了而出卖一部分的"(华东军政委员会土地改革委员会编:《江苏省农村调查》,1952年内刊本,第402页)。到1998年,南汇县农民仍然对以前自织的土布印象极深(李学昌主编:《20世纪南汇农村社会变迁》,上海:华东师范大学出版社,2001年,第383页)。

据浦东杨思桥赵文新(赵出生于1898年——笔者注)的口述,在她懂事时,她家中,"衣服被褥大部分是用自己织的布做的"。在她20岁嫁到严家后,"仍织些布自用"。另据上海孙小桥孙绣娥的叙述,尽管其"母家是开洋布店的",但因为土布坚牢暖和,所以她家中的被里、被单、内衣等仍然是用自己织成的土布做的。

上海严家桥严有礼的叙述最具典型性:"1920年前后,土布生产虽然已濒没落阶段,但在上海郊区农村中,纺纱织布仍然没有中断。这时商品性生产已经大大减少,然而自给需用仍依靠自己生产,很少购买机制布。以我们浦东严家桥严家宅一个村来说,全村九户,家家都有纺织工具,他们利用农闲或早晚间隙时间从事纺织。织布的原料,大多是洋纱作经,土纱作纬。除织一部分本色土布外,还把棉纱加染各种颜色后,织造各种条、格布,供自己穿着。我的大姊、大嫂都是织布能手,能织各种花纹的土布,供家人服用。这种土布既坚牢耐磨,又不褪色,比洋布实惠多了。所以即使在洋布大量进口以后,农村中的土布生产还不少,只是商品性生产大为减少而已。"见徐新吾主编:《江南土布史》,上海:上海社会科学院出版社,1992年,第134—135页。

南财赋地,家给户殷,民生乐业,靡兵革供饷之扰。"①以书院为例,上海地区,明洪武八年(1375)三月,松江府令府州县每50家设社学一所,社学迅速发展。清承前制,遍设县学、社学、义学和书院等。顺治九年(1652),清廷诏每乡置社学一所。康熙二十五年(1686),以社学多滥为由整饬,社学衰败,广设义学,以便贫寒子弟就读。至光绪年间,先后设义学125所。② 明代苏州地区有文正书院2所,天池书院、碧山书院、富春书院等几十所。至清代,苏州先后就建有53所书院,其中吴县有13所,长洲4所,元和3所,常熟16所,昆山5所,太仓5所,吴江7所。明以来,在全国202名状元中,江苏约占1/3。而苏州地区的状元竟有35名,达到了华东以外各大区状元的总和,苏州状元占全国状元的比例达17%。③

清代,康熙帝《示江南大小诸吏》诗称:"东南财赋地,江左人文薮。时巡历此疆,民事日探剖。风俗贵淳厖,纷奢讵能久。澄清属大吏,表率群僚首。郡县布慈和,恺悌歌父母。民者国之本,生计在畎亩。六府既孔修,三事安可后? 教民默转移,各须尽官守。户使敦诗书,人知崇孝友。庶几远迩氓,皥皥登仁寿。"④江南地方官不少以兴文教为职,使江南文化设施得到了极大的发展。

一、吴中四杰

从诗歌的本质属性及表现情感的力度来看,元明之际的诗坛,以吴中文人成就最高。在元末汉人集团出现集体性理想丧失的时代环境与政治体制下,吴中地区出现了文人的诗艺团体及活动。经过了时代激荡的淬炼,在朱元璋建立大明王朝后,继续在人生理想、文学创作上保持活力,或者说还有能力实现自我突破的,当数被后世誉为"吴中四杰"(下文简称"四杰")的高启、杨基、徐贲、张羽最富代表性。⑤

明初,"蜀人杨基、徐贲,浔阳张羽,皆流寓于吴,与[高]启齐名,号吴中四杰"⑥。

高启,字季迪,长洲人。博学工诗。张士诚据吴,高启居吴淞江青丘。洪武初,被荐修《元史》,授翰林院国史编修官,复被命教授诸王。洪武三年(1370)秋,擢户部右侍郎。高启自陈年少不敢当重任,未赴任,赐白金放还。高启尝赋诗,有所讽刺,明太祖嗛之未发。归居青丘后,以授书自给。知府魏观改修府衙获谴,高启所作上梁文触怒明太祖,被腰斩于市,年三十九。

杨基,字孟载,祖籍四川嘉州,祖宦吴中。杨基九岁背诵六经,成年后著《论鉴》。张士诚据吴,杨基被辟为丞相府记室,未几辞去,客饶介所。明军攻下平江后,被谪迁到临濠,不久徙河南。洪武二年(1369)放归。出任荥阳知县,后谪居钟离。被荐为江西行省幕官,因省臣得罪,落职。洪武六年(1373)起官,奉使湖广,还都后任兵部员外郎,迁山西副使,

---

① 孙鑨:《松菊堂集》卷二十一,万历三十八年刻本,第12页下—13页上。
② 上海通志编纂委员会:《上海通志》第7册,上海:上海社会科学院出版社,2005年,第4820页。
③ 马亚中:《明清诗文别集整理漫谈》,王政、周有斌主编:《古典文献学术论丛》第2辑,合肥:黄山书社,2011年,第10页。
④ 黄之隽等纂修:《江南通志》卷二百零二之二,乾隆四十四年抄本,第16页上—下。
⑤ 周海涛:《明初吴中文人诗学思想的转变》,《文艺评论》2013年第10期,第36页。
⑥ 朱彝尊:《曝书亭全集》卷六十二,康熙五十三年刊本,第6页上。

进按察使,后被谪为输作,卒于工所。

张羽,字来仪,后以字行,本浔阳人。从父宦江浙,与友徐贲共同卜居吴兴,为安定书院山长,后迁居苏州。征授太常司丞。明太祖重其文,洪武十六年(1383)自述滁阳王事,命张羽撰庙碑。不久坐事贬岭南,半道被召还。张羽自知不免,投龙江以死。

徐贲,字幼文,其先亦为四川人,迁徙常州,再徙平江。徐贲工诗,善画山水。明军攻下平江后,因受张士诚征辟为属,徐贲被谪徙临濠。洪武七年(1374)被荐至南京。洪武九年(1376)春,奉使晋、冀。还京后,"检其橐,惟纪行诗数首"。授给事中,改御史,巡按广东。又改刑部主事,迁广西参议。以政绩卓异,擢河南左布政使。明军征洮、岷,路过河南,因犒劳不及时,下狱瘐死。①

高启在明初诗人中,成就最高。其诗雄健有力,富有才情,开始改变元末以来绮丽的诗风。学诗兼采众家之长,无偏执之病。反映人民生活的诗则质朴真切,富有生活气息。吊古或抒写怀抱之作寄托了较深的感慨,风格雄劲奔放。有《高青丘集》。《四库全书总目提要》谓高启:"天才高逸,实据明一代诗人之上。"他生活在元明交替之际,诗歌作品烙上了鲜明的时代印记,反映了当时社会生活的真实面目。杨基著有《眉庵集》。杨基以诗著称,亦兼工书画。其元末诗作,大多表现维护元代统治立场,入明后,仍眷怀元室。风格异于高启,多不能摆脱元诗纤细艳丽的风习,他的无题、香奁诸体尤甚。张羽有《静居集》。其诗在当时即负盛名。徐贲有《北郭集》。徐贲作诗,天性端谨,不逾规矩。所以其诗才气不及高、杨、张,但是其诗法律谨严,字句熨帖。②

元末明初的文坛走向,在相当长一段时间内,是吴中文人和婺中文人力量消长的过程。尽管他们有着泾渭分明的特点,但都为明初的"大雅"诗风打下了坚实的基础。尽管由于种种原因,都相继被打压,但是作为元明之际最优秀、最富魅力的两个文人集团,都有着承前启后之功,不容忽视。③

二、吴门四才子

明中后期,"徐博士昌谷,在前明成宏间,与唐解元伯虎、祝京兆希哲、文待诏徵明,称吴门四才子"④。此四子中,唐寅、祝允明、文徵明均未中过进士,但并不影响吴地士人对他们的尊敬。

徐祯卿(1479—1511),字昌谷,又字昌国,常熟梅李镇人,后迁居吴县。因"文章江左家家玉,烟月扬州树树花"之绝句而为人称誉。徐祯卿天性聪颖,少长文理。十六岁著《新倩集》,即知名于吴中。但早年屡试不第,读《离骚》有感,作《叹叹集》。弘治十四年(1501)作《江行记》。十六年与文徵明合纂《太湖新录》,十八年闻鞑靼入侵,官兵抗战不力而败,

---

① 张廷玉等撰:《明史》卷三百八十五,北京:中华书局1974年,第7328—7329页。
② 张德华:《吴中四杰诗歌研究——以其与吴中地域文化为中心》,《黑龙江史志》2009年第2期,第81页。
③ 周海涛:《明初吴中文人诗学思想的转变》,《文艺评论》2013年第10期,第41页。
④ 王应奎:《柳南随笔》卷四,嘉庆年间刻本,第22页下。

又作长诗《榆台行》。同年中进士,后被授予大理寺左寺副。正德五年(1510)被贬为国子监博士。后期信仰道教,研习养生。正德六年(1511)卒于京师,年仅33岁。①

文徵明(1470—1559),长洲人,初名璧,以字行,更字徵仲,别号衡山。父文林曾为温州知府。叔父文森为右佥都御史。文林卒,吏民集千金为丧礼礼金。16岁的文徵明却之未收,吏民修却金亭记其事。

文徵明学文于吴宽,学书于李应祯,学画于沈周,数人皆其父友人。宁王朱宸濠慕其名,贻书礼聘,文徵明辞病不赴。

正德(1506—1521)末,巡抚李充嗣举荐文徵明,文徵明当时恰以岁贡生参加吏部科试,奏授翰林院待诏。由于不得意,连岁乞归。致仕后,"四方乞诗文书画者,接踵于道,而富贵人不易得片楮,尤不肯与王府及中人"②。

《明史》称:"吴中自吴宽、王鏊以文章领袖馆阁,一时名士沈周、祝允明辈与并驰骋,文风极盛。徵明及蔡羽、黄省曾、袁袠、皇甫冲兄弟稍后出。而徵明主风雅数十年,与之游者王宠、陆师道、陈道复、王谷祥、彭年、周天球、钱谷之属,亦皆以词翰名于世。"③

文徵明在绘画方面是个多面手,山水、人物、花卉都很擅长,其中以山水画作品为最多,成就也以此为突出。他的山水画在学沈周的基础上,兼采董源、巨然、郭熙、李唐、赵孟𫖯等诸家,常用青绿设色,其青绿山水受赵孟𫖯的影响尤大。在笔墨风格上,分"粗文"和"细文"两种。早年作品多细谨,中年较奔放,晚年粗细兼备,富于变化。④

唐寅(1470—1523)生于明成化六年庚寅年寅月寅日,所以起名唐寅,字子畏,号伯虎,别号六如居士、桃花庵主、鲁国唐生、逃禅仙吏等,有"江南第一风流才子"之美称。唐寅的祖籍在晋昌(山西晋城一带)。唐寅家世显赫,为表明自己的原籍和显赫身世,唐寅常常在画上题"晋昌唐寅"。唐寅一家自曾祖到父亲,三代单传,没有兄弟。其父唐广德在皋桥开设酒肆,对唐寅抱有很高的期望。唐寅勤奋好学,5岁时就能书一尺见方的大字,9岁便能作诗文,被称为"神童"。他博览群书,文章瑰丽,才智非凡。16岁时参加秀才考试,获"童髫中科第一"。弘治十一年(1498)赴南京乡试,获得第一名(解元)。本豪放不拘小节的唐寅常奔走于豪门显贵家中,受到很多应试举人的嫉妒,在朝廷大臣中间引起了种种非议,特别是唐寅与这一年主考官程敏政、李东阳的私下交往引起了别人的猜测。弘治十二年(1499),程敏政被人诬告受贿舞弊。唐寅受牵连入狱,后经查明真相后,唐寅才得以释放。这突如其来的"科场行贿案"对唐寅的打击极大,美好的前程转瞬即逝,唐寅无法接受这个巨大的反差,最终只得选择绝意仕途。唐寅擅画山水、人物,他的仕女画造型严谨,笔法秀润缜密。由于其潇洒飘逸、傲世不羁,又刻"江南第一风流才子"章,故被后人误解,留传许多风流传说。其实唐寅共娶妻三次,虽也风流倜傥,但很多传说是与他无关的,至于"三

---

① 傅璇琮总主编:《中国古代诗文名著提要(明清卷)》,石家庄:河北教育出版社,2009年,第92—93页。
② 张廷玉等撰:《明史》卷三百八十七,北京:中华书局1974年,第7362页。
③ 张廷玉等撰:《明史》卷三百八十七,北京:中华书局1974年,第7363页。
④ 黄宗贤编著:《中国美术史纲》,北京:人民美术出版社,2014年,第249页。

笑"或"九美图"等,只是人们的想象和讹传而已。①

三、冯梦龙的文学成就

学者兼文学家冯梦龙,具有较高的学术和文学成就。史志称冯"才情跌荡,诗文丽藻,尤工经学。所著《春秋指月》《(春秋)衡库》二书,为举业家所宗。崇祯时贡选寿宁知县"②。

冯梦龙不仅是一位著名的小说家,还是一位有影响的剧作家,创作有传奇《双雄记》和《万事足》,改订、评点、刊刻传奇数十种,现存十六种,包括《风流梦》《邯郸梦》《精忠旗》等名剧。冯氏除短期外出坐馆、宦游之外,大部分时间生活在家乡苏州。在沈璟去世之后,冯梦龙无疑是苏州剧坛的领袖人物。苏州派是明末清初的一个戏曲流派,主要成员有李玉、朱素臣、朱佐朝、张大复、叶时章、丘园、毕魏、薛旦、盛际时等人。③

冯梦龙对家乡怀有深厚的情感,对苏州的历史和现实非常关注。冯梦龙曾搜集、整理、拟作过家乡民歌吴歌,就是现存的民歌集《山歌》。他的不少文学作品取材于苏州的历史、传说和时事。早年创作的传奇《双雄记》,写结拜兄弟、苏州吴县人丹信和刘双先后被诬下狱,后获释抗倭,立功称雄的故事。刘双和黄素娘的爱情故事是冯梦龙根据其友人东山刘某与名妓白小樊的实事加工而成。笔记小说《张润传》《爱生传》《丘长儒传》,均写苏州名妓的故事,张润、爱生都是被卖到苏州青楼从业。《丘长儒传》中的女主人公六生是土生土长的苏州人。冯梦龙编撰的话本小说,或主人公为苏州人,或故事发生在苏州。冯氏关注苏州普通人的生活与命运,他作品中的主人公要么是市井细民,如小商人宋小官、施润泽,青楼女子六生、张润、爱生;要么是下层文人,如钱秀才、张廷秀、唐伯虎。④

冯梦龙一生创作了两个剧本,即《双雄记》和《万事足》,均是在真人真事的基础上加工虚构而成。《双雄记》作于冯梦龙青年时期,对人性贪婪、官场腐败的揭露与鞭挞,源于作者对现实的清醒认识。《万事足》作于冯梦龙寿宁知县任上,目的在于道德教化,要男人立志,为闺人除妒。冯梦龙是一位主张严守曲律的剧作家,《双雄记》《万事足》都是合律依腔的样板。两部传奇均用双线结构,《双雄记》有借鉴《拜月亭记》的痕迹,《万事足》结构与人物关系的安排更加巧妙。《双雄记》内容有一定深度,但艺术上略显稚嫩,《万事足》在艺术上臻于成熟,但内容有些平庸。⑤

冯梦龙对程朱理学与阳明心学都不盲从。总体而言,受王学影响明显。在《四书指月》中,冯梦龙对理学的心性气情、理与欲、本体与工夫、经与权等问题作了较为详细的探

---

① 徐潜主编:《中国古代绘画大师》,长春:吉林文史出版社,2014年,第132—135页。
② 黄之隽等纂修:《江南通志》卷一百六十五,乾隆四十四年抄本,第65页下。
③ 李玫:《明清之际苏州作家群研究》第一章,北京:中国社会科学出版社,2000年,转引自傅承洲:《冯梦龙与苏州派剧作家》,《北京大学学报(哲学社会科学版)》2011年第4期,第88页。
④ 傅承洲:《冯梦龙与苏州派剧作家》,《北京大学学报(哲学社会科学版)》2011年第4期,第89—90页。
⑤ 傅承洲:《论冯梦龙的戏曲创作》,《中南民族大学学报(人文社会科学版)》2013年第4期,第152—155页。

究。其治四书与治春秋学一样,都是为经世致用之目的,这与晚明实学思想有一致之处。①

冯梦龙也是一位经学家,编有《麟经指月》《春秋衡库》《春秋定旨参新》《别本春秋大全》《四书指月》等。他治《春秋》,既为科举之用,也为治世之需。冯梦龙的小说编撰深受春秋学的影响:小说救世之精神是对《春秋》治世精神的继承,各种题材的故事是对《春秋》"微言大义"的具体阐释;征实的治经倾向不仅使他获得了很多小说创作的历史素材,而且也使小说编撰具有史实的眼光。②

四、常州经学与文学

清代经学有南派、北派之别。经学南派又分为以顾炎武为代表的昆山派、以惠周惕为代表的元和派和以庄存与等为代表的常州派。

顾炎武著有《亭林遗书》《音学五书》《日知录》。其甥徐乾学著有《读礼通考》。顾炎武弟子潘耒刻《亭林遗书》。"炎武之学,出于朱子,而实事求是,遂开东南汉学之先,论一代儒宗,当以炎武与元和惠周惕为不祧之祖。"③

元和派以惠周惕为鼻祖,著有《诗说》。其子惠士奇著有《易说》《礼说》《春秋说》。惠士奇子惠栋著有《易例》《周易述》《易汉学》《易大义》《易微言》《周易本义辨证》《古文尚书考》《明堂大道录》《禘说》《左传补注》《九经古义》。"惠氏三世治经,至栋而益盛,吴中汉学,实惠氏一家开之。故周惕与炎武,不独化被三吴,泽及桑梓,即天下后世,亦当推为两巨师焉。"惠栋弟子江藩著有《周易述》《补尔雅小笺》。另一弟子为余萧客,著有《古经解钩沉》,"皆于汉学一派有功后学者也"。④

经学常州学派,又称"阳湖派",代表人物有庄存与,所著有《周官记》《周官说》《周官说补》《春秋正辞》4种。其从子庄述祖所著《尚书校逸》《尚书说》《毛诗考证》《周颂口义》《夏小正考释》《五经小学述》《说文古籀疏证》。庄述祖弟子刘逢禄著有《尚书今古文集解》《公羊何氏释例》《公羊何氏解诂笺》《论语述何》《发墨守评》《箴膏肓评》《废疾申何》。刘逢禄弟子龚自珍著有《婺源三传书》。另一弟子魏源著有《书古微》《诗古微》。孙星衍著有《周堂集解》《尚书今古文马郑注》《尚书今古文注疏》《明堂考》《魏三体石经考》《孔子集语》。张惠言著有《茗柯全书》《仪礼图》。张惠言子张成孙著有《说文谐声谱》。"常州之学,本分二派,一为今文学派,庄氏一家开之,传至龚、魏,横流极矣。然其学通天人之故,接西京之传,盖得董、贾之精微,而非如龚、魏之流于狂易。江藩《汉学师承记》不列其名与书,殆有彼哉之意乎?一为古文学派,孙星衍卓然名师,为古学之劲旅,当时与洪亮吉齐名乡里。亮吉所著《左传诂》,远不如孙之精深。盖洪后以史学地理名家,精神别有专用也。惠言精

---

① 杨宗红:《冯梦龙四书学之理学意蕴解析》,《暨南学报(哲学社会科学版)》2014年第10期,第96—102页。
② 杨宗红:《冯梦龙之〈春秋〉学及对小说编辑之影响》,《明清小说研究》2015年第1期,第207—218页。
③ 徐珂:《清稗类钞》第8册,北京:中华书局,1986年,第3802页。
④ 徐珂:《清稗类钞》第8册,北京:中华书局,1986年,第3803页。

研《易》《礼》，实惠氏之旁支。昆山元和以外，其学派未有过于常州者也。"①

文学方面，在常州形成了较大影响的是阳湖文派。该派以恽敬、张惠言、李兆洛为代表，甚至与桐城派齐名。"桐城、阳湖，名为两派，其实一源。武进钱伯坰受业于刘大櫆，归而以其师说，诵于友人张惠言、恽敬。二子者，遂弃其声韵骈俪之学而学古文，号曰'阳湖派'。惠言精研经传，其学从流而溯源。敬泛滥百家，其学由博以返约。致力不同，而文之澄然而清，秩然有序，质之古人，如一辙也。继之者有无锡秦瀛、阳湖陆继辂、宜兴吴德旋，德旋又受业于姚鼐。惠言弟子有同邑董士锡，后起者有阳湖吴铤、谢咏芝。"②

五、娄东画派

元朝建立后，江南的太湖流域迅速恢复生产，成为文人向往的乐土。经济的发展为文人提供了生活上的保证与交通的便利，文化的兴盛、富绅的赞助及杰出士子的个人魅力吸引着大批文人前来，宽松的政治环境也令他们能够自由抒发情性。太湖流域由此成为全国绘画的中心，中国文人画也发展到一个高峰。这一发展趋势对明清画坛有肇始之功。从元代开始，苏州、松江、吴兴、杭州等文艺重镇崛起，市民文化滥觞。明中期以后，文艺勃兴，以太湖为中心，北起长江，南到钱塘江，西至皖南，东到东海，名家辈出，是当之无愧的文人画家"大本营"。由于画家的共同努力，太湖流域艺术上地域性的面貌相当突出，成为元以后区域性绘画派别的肇始。明代活跃在这一地区的有以沈周为代表的"吴门四家"、赵左为首的"苏松派"、沈士充为首的"云间派"、董其昌为代表的"松江派"。到了清代，以恽向为代表的"常州画派"，以王时敏、王原祁为首的"娄东画派"，在中国美术史上具有重要的历史地位。③

太仓书画的初兴期，以元末明初为主。元代朱叔重工诗善画，画风清闲古雅；王履笔法劲利，以画华山著称。至明代初年，夏昹擅画墨竹；周位堪称壁画名手，作《天下江山图》；仇英尤善人物写真，被列为"明四家"之一。此外，王世贞的书法及书画理论、张复的山水、凌必正的花鸟、尤求的人物画、赵宧光的篆书，均已相当出众。

明末清初，王时敏、王鉴继承了前代书画家的优秀艺术传统和美学思想，并以自己的书画艺术实践开启了娄东画风。虞山王翚亲得二王指授。王原祁秉承家学，承前启后，形成了独特的艺术风格，以他为首的画派被称为"娄东画派"。"四王"，是人们对王时敏、王鉴、王翚、王原祁四位山水画家的合称。其中王时敏、王鉴、王原祁为太仓人，王翚为常熟人，他们之间有着师友亲属关系。在绘画风格与艺术思想上，他们均受董其昌的影响，临摹过大量宋元明古人之画。④

王时敏与王鉴都生活在改朝换代之时。他俩都在明朝做过官，到了清代，又都过着隐

---

① 徐珂：《清稗类钞》第8册，北京：中华书局，1986年，第3804页。
② 徐珂：《清稗类钞》第8册，北京：中华书局，1986年，第3887页。
③ 袁平：《论元代太湖流域成为绘画中心的原因》，《郑州大学学报（哲学社会科学版）》2013年第4期，第174—176页。
④ 朱自元：《娄东"四王"画风三百年》，《档案与建设》2006年第9期，第44页。

居的生活。他们都亲受董其昌的教诲，在绘画上是董的忠实继承者。王时敏对晚明腐败的政治不满，在崇祯十三年(1640)正当壮岁以病归里。王时敏可能是东林党人，他与复社也有一段较为复杂的关系。明亡之际，王时敏为救全城百姓，开城迎接清兵，但他没有仕清。王时敏对"元四家"中的黄公望特别钟情。《历代流传书画作品编年表》著录了王时敏150件作品，其中有20件是仿黄公望的。他认为黄公望的《秋山图》为天下第一。[1]

王鉴，原字玄照，因避康熙皇帝玄烨之讳，而改为圆照，号湘碧，又号染香庵主，江苏太仓人。生于万历二十六年(1598)，卒于康熙十六年(1677)。王鉴从小受到良好的家庭教育，崇祯六年(1633)乡试中举人。崇祯八年(1635)，因皇帝朱由检追思其曾祖王世贞对朝廷的功绩，荫授给王鉴一个部曹小官，不久又被任命为廉州知府。40岁未到即谢职以归。从此，就在太仓弇园故地营造居室，萧然世外，以书画为乐。王鉴的前半生生活在明朝，他对明统治者的专制、腐败甚为憎恨。其后半生生活在清朝，由于满族贵族对汉族的征服是残酷的、血腥的镇压和屠杀，汉族的民族自尊受到极大的摧残。因此，当明亡之后，他采取了既不留恋旧王朝，也不与新王朝合作的消极遁世态度，常往来于南京、扬州、无锡、苏州、杭州一带，以卖画为生，生活较为清苦。王鉴妻子早逝，也未续弦，可能连子女也没有，孤身一人，晚景极为凄寂，他将后半生全部精力用于艺术。王鉴在画史上功绩是很大的，他不仅与王时敏共同培养了王原祁，使娄东画派最终形成，同时还培养了王翚和吴历，特别是对王翚的培养，使王翚最终成为虞山画派的领袖。这样，就形成了王原祁的娄东画派与王翚的虞山画派同分山水画天下的格局。[2]

王原祁[1642(一作1646)—1715]字茂京，号麓台、石师道人，江苏太仓人，王时敏孙。康熙九年(1670)进士，任知县，擢给事中，改翰林供奉内廷，人称"王司农"。在宫廷作画、鉴画，纂《佩文斋书画谱》，并任《万寿盛典图》总裁。山水以黄公望为宗，弟子众多，传世作品较多。工诗擅文，有"艺林三绝"之称。[3]

王翚是清初著名画家，字石谷，江苏常熟人，清代山水画家"四王"之一，虞山画派的开山之父，人称"清画山水第一"。他因家学渊源耳濡目染，年幼之时便学习绘画，后受到清初画坛领袖王鉴及王时敏的赏识，于名师麾下临摹古画，精研画艺，在绘画方面取得极高的艺术成就。作为"虞山派"的创始人，王翚继承了传统画的精髓，秉承复古画风，发展出独具一格的"虞山画派"，与"三王"组合的"娄东派"共同构成了清代画坛的艺术格局。王翚作画严谨精细，画风古朴秀丽、清雅自然。王翚在临摹古画的过程中，练就了娴熟而精湛的绘画技法，能够把握古意，并结合实景特点及自然造化，将精炼的笔墨挥洒自如。他博采众长，得名家之精髓，深刻理解自然景色的幽微之妙，因此做山水景色之画而得其奥妙旨趣。早年画风清丽和柔、古朴雅致，后期画风渐渐转向了苍劲老辣、浑厚有力。王翚在山水画创作方面取得了很高的造诣，其艺术成就得到同时期名画家及后世的赞誉及

---

[1] 萧平、万粲:《娄东画派》，长春:吉林美术出版社，2003年，第25—40页。
[2] 萧平、万粲:《娄东画派》，长春:吉林美术出版社，2003年，第40—53页。
[3] 邓乔彬:《王原祁绘画思想评介》，《东南文化》2001年第7期，第62页。

推崇。①

清人诗赞:"娄东画派论大痴,金刚杵现麻石狮。谁知一门透宗旨,祖印早已兼雄奇。国初四王噪艺苑,董华亭后继者谁?司农虽推吴墨井,但取骨格超等夷。南北宗到石谷合,官奴付受先参之。重峦迭翠大开合,万象吞吐圆牟尼。中峰提笔裴挈领,浓绿众皱川分支。仍用富春大岭意,北苑皴法何常师?暮年俊拔乃造极,元精耿耿神护持。却顾迦陵共命语,弹指笑却千熊黑。自有鲸鱼碧海掣,肯以翡翠兰苕歧。玉衡赋迟十载后,填词图未点笔时。故邀词家共品鉴,使我借画深论诗。杨风书亦嗣颜柳,玉台咏漫风流遗。金门寺壁客吊古,坡老且勿西昆嗤。"②

"四王"风行中国画坛约 300 年,在中国新文化运动中,被陈独秀及后来的徐悲鸿等人大加鞭挞。

小　结

元明清三代,苏南地区富甲全国,市场经济获得极大的发展,市民物质生活日益丰富。在此背景下,广大市民精神产品的需求应运而生,并逐渐扩大。文学、绘画、戏曲、音乐等均有较大的需求人群和商业价值。

苏南有着非常优越的教育基础,各种族学、义塾的开办,令即使贫困之家也能获得较好的教育。妇女普遍织布,使失去丈夫的家庭凭女织而供后代成就科举。因此,引车卖浆者家庭中培养出举人乃至进士者并不鲜见。这里的文化无疑居全国的最高峰。

经学和文学等学术性学者亦可在这里找到知音和共鸣者。明末,归有光、毛宗岗、金圣叹、沈德潜、吴梅村、钱谦益,或以才名,或以文显。一些女诗人也具有非常高的素养,如柳如是、董小宛皆名噪一时。苏南是名副其实的人文荟萃之地。

---

① 张雨婷:《"虞山派"创始人王翚画风探析》,《兰台世界》2014 第 15 期,第 109—110 页。
② 翁方纲:《复初斋诗集》卷六十九,清刻本,第 2 页上—下。

第七章　苏北的治水成害与环境影响

很长一段时间里,洪水对苏北生态的影响至关重大。一些较大的政治、军事工程的兴修,更对苏北生态造成毁灭性的影响。而这类工程是江南地区所不曾有的。

第一节　水利、地利与人害

南宋肇立,中国陷入南北对峙时代。此时,苏北既沦为宋的边缘地区,又为金的军事前沿地带。灾难性的生态事件,是建炎二年(1128)南宋东京留守杜充怵于金人的军事威胁,竟掘开黄河南岸大堤,再次使用以水代兵之策,使黄河水流长期夺淮,直接造成苏北地区生态的急剧衰落。

一、太行堤的生态之厄

尽管1128年黄河南决夺淮,但"自宋以前,河虽南,而北者自北,河分而势杀,故溃决犹少"[1]。明代前期,有人提出分黄河北流的倡议,[2]但朝廷没有采纳。明中期以后,为了维护漕运的安全,反而人为地造成黄河水全部南流夺淮的局面。而有的学者认为"明代的经济重心是在江淮流域"[3],这一说法很令人怀疑。

自杜充掘黄河南堤始,至弘治六年(1493)刘大夏筑太行堤断黄河北流,逼黄河全流入淮,黄河在此期间系南北分流。北流的黄水多于南流之水,淮河也维持着自己的入海河道。因而,苏北生态尚未被全面破坏。据明尚书吴桂芳所云,在黄河夺淮,历宋、元、明正德以来的近400年里,尽管黄河经淮河入海,但并未淤塞海口,这是因为黄河在河南即与淮河合流,"循颍、寿、凤、泗至清河,清以涤浊,泥滓得以不停,故数百载无患也"。当时沿着颍州、寿县运行的黄、淮河水量占其总水量的70%,而分流到徐州小浮桥的水量仅占30%。[4] 元至正十一年(1351),贾鲁筑塞黄陵冈,于汴渠之南开河。经砀山南、萧县北,出徐州小浮桥与泗水相合,此即"贾鲁河"。虽然黄河经常北决,侵入大清河,但"徐海之间不

---

[1] 任源祥:《漕运议》,载贺长龄:《皇朝经世文编》卷四十六"户政"二十一,上海:广百宋斋丁亥仲春校印,第1页上。
[2] 分河北流的建议,详见郭涛:《潘季驯治理黄河的思想与实践》,中国水利学会水利史研究会、黄河水利委员会黄河志编委会:《潘季驯治河理论与实践学术讨论会论文集》,南京:河海大学出版社,1996年,第7页。
[3] 吴缉华:《明代海运及运河的研究》,台北:"中研院"历史语言研究所,1961年,第199页。
[4] 顾炎武:《天下郡国利病书》(二),黄坤等校点,上海:上海古籍出版社,2012年,第1103页。

闻有水患"。①

明代中期的治河策略极为明确,当黄河水势高涨,河有溃决之虞时,朝廷总是首先在河的北岸筑堤固守,有意把洪水引向黄河南部地区。

弘治二年(1489),黄河在张秋段决口,夺汶水、泗水以东行,当时决口处荆隆口随塞随溃,最后只得开掘孙家渡口、赵皮寨口,又凿通贾鲁河,"皆导河使东南行也。如此,则河势分杀而安流矣"②。次年,秋水涨发,北堤又遇危险,都御史徐恪建议从荆隆口至黄陵冈之北筑堤二道,各长200里,以保护北岸河堤。五年(1492)又大决。次年,都御史刘大夏治河,筑黄河北岸太行堤。"起武陟沁河,止修武东之木栾店。"③

刘大夏称:"黄河大势日渐东注,究其下流,俱妨运道。"④而"筑塞东注河口,尽将河流疏导南去,使下徐、沛,由淮入海,……庶几漕河可保无虞"⑤。弘治七年(1494),堵张秋运河决口。次年,堵黄陵冈等黄河口,"筑长堤一道,荆隆口东西各二百余里,黄陵冈东西各三百余里,起武陟詹家店,抵砀、沛千余里,名太行堤。夫胙城西南距武陟百七十里,徐州西经沛距砀山百八十里,而堤益衍而长。此所以防大名、山东之患,迄至荆隆塞、黄陵奠,而张秋赐名安平镇者也"⑥。

弘治六年修筑的太行堤,实为黄河北堤,南流的黄河竟无南堤,基本是任其淹没。直到万历八年(1580),"又加筑南岸长堤,起虞城,止荥泽",南北太行两堤共长1 500余里。⑦此时修筑的南堤也仅限于河南境内一段,修筑南堤的根本目标仍是保护运道,因此,南堤筑成后,"而漕道遂安"。⑧

太行堤修成,黄河全流入淮,苏北生态雪上加霜。"水道之迁徙,此后益开其扁钥,实自禹以来未有之变局也。"⑨太行堤造灾的范围,比本书所定义的苏北的地域要大得多。张居正指出:"南自高邮,北至太行堤,延袤四千余里,两堤峍崒,屹为巨防,必不至引水病漕。且其所费,皆取诸赎锾,不索水衡少府金钱,此皆万世之计。"⑩在这里,张居正只考虑漕运和财政支出,丝毫没有考虑这个地区百姓所承受的无妄之灾和生命损失。

太行堤的修筑,"此又人力之强河以夺淮者也。……至明而堤其北,以全河赴淮,淮不

---

① 武同举:《江苏淮北水道变迁史》,《两轩賸语》,1927年印本,本文第5页。
② 顾炎武:《天下郡国利病书》(三),上海:上海古籍出版社,2012年,黄坤等校点,第1596页。
③ 储大文:《存砚楼文集》卷九,清代刊本,第29页上。
④ 刘大夏:《议疏黄河筑决口状》,刘乙燃辑:《刘忠宣公文集》卷一,光绪元年(1875)刻本,第8页上。
⑤ 刘大夏:《议疏黄河筑决口状》,刘乙燃辑:《刘忠宣公文集》卷一,光绪元年(1875)刻本,第8页上—下。
⑥ 储大文:《存砚楼文集》卷九,清代刊本,第26页下—27页上。
⑦ 储大文:《存砚楼文集》卷九,清代刊本,第29页上。
⑧ 徐宗干修:《济宁直隶州志》卷二之六,咸丰九年刻本,第15页上。
⑨ 武同举:《江苏淮北水道变迁史》,《两轩賸语》,1927年印本,本文第5页。
⑩ 张居正:《张太岳先生文集》卷四十七,万历四十年刻本,第41页上。

足以当全河之怒,则溃决益多"①。清代孙嘉淦论治河时指出:"自刘大夏筑太行堤二百余里,逼河南行,河遂全入于淮。逆水性而祸民生,亦可谓拙于谋矣。"②此论可谓一针见血。

太行堤对苏北的恶劣影响,尽管当事者刘大夏对其讳莫如深,但从后来潘季驯的奏疏中,明显可以寻踪觅迹。潘季驯在高家堰修成后,曾上《河患已除流民复业乞恩蠲租以广招徕疏》,此疏本意是夸耀高家堰的正面作用。疏中引用桃源县流民海其等、清河县流民郑效等人的诉求称:"隆庆年间崔镇等处口决,节遭淊没,寸草不生,民逃外方,趁食延命。"③又据山阳县被灾流民陈汉等告,陈在大义、安乐等乡田地数万顷田地,"尽沉水底,民庐飘荡,只得逃窜他方,佣身乞食"。④潘季驯显然夸大了隆庆年间(1567—1572)崔镇决口的危害,若不是黄河全流夺淮,远在淮河南岸山阳陈汉家的万顷土地绝不会全部被淹。

绵延千余里的河堤经常决堤,对所经过的地区亦造成一定的灾害。万历年间,河大决单县苏家庄及曹县缕堤,又决沛县四铺口太行堤,灌昭阳湖入夏镇,横冲运道。明谢肇淛诗称:"黄河南下势如雷,十万官夫塞复开。一夜太行堤口决,只今白骨满鱼台。"⑤雍正四年(1726),"山东曹县黄水冲决沿太行堤田地"⑥。

太行堤的维修工程极其巨大。崇祯六年,"北筑太行堤,西起虞城界,东抵沛县"⑦。乾隆十七年(1752),"修筑丰、沛境内太行堤"⑧。

长垣县的太行堤,"在长垣县南,黄河之北。自县西接河南仪封厅界,迤逦而东,历东明县南杜胜集,至纸坊集,仍属长垣,接河南仪封、山东曹州界,绵亘二百余里。自明以来相继修筑"⑨。清中后期,"长垣之太行堤,自乾隆五年(1740)以来并岁加增筑"⑩。新乡县太行堤,"亘七十里,连获嘉、延津、滑县境,旧名太行堤。本朝乾隆十六年动帑修筑,改称古堤"⑪。

鲁西南地区的太行隄,"在曹、单二县南。旧名南长堤,西自河南仪封县界入境,起芝麻庄东,至江苏徐州丰县界。在曹县境八十里,单县境七十七里。明弘治十年都御史刘大夏创筑,以防护河流,其后历年增修。每三里设一铺,夹堤植柳,远望如云山之势"。乾隆十七年重加修筑。⑫

---

① 任源祥:《漕运议》,载贺长龄:《皇朝经世文编》卷四十六"户政"二十一,上海:广百宋斋丁亥仲春校印,第1页上。
② 夏燮:《明通鉴》卷三十八,同治十二年刻本,第4页上。
③ 潘季驯:《两河经略》卷二,《钦定四库全书》史部六"诏令奏议类二",第23页下。
④ 潘季驯:《两河经略》卷二,《钦定四库全书》史部六"诏令奏议类二",第23页上。
⑤ 谢肇淛:《小草斋集》卷二十七,万历年间刻本,第17页下。
⑥ 允禄等监修:《雍正朝大清会典》卷三十八,光绪朝刻本,第24页下。
⑦ 《嘉庆重修一统志》卷一百九十三,清钞本,第9页上。
⑧ 《嘉庆重修一统志》卷一百一,清钞本,第14页上。
⑨ 《嘉庆重修一统志》卷三十六,清钞本,第3页下。
⑩ 《嘉庆重修一统志》卷三十五,清钞本,第10页上。
⑪ 《嘉庆重修一统志》卷二〇〇,清钞本,第13页下—14页上。
⑫ 《嘉庆重修一统志》卷一百八十一,清钞本,第25页上。

二、治河新思维与高家堰的修筑

明中期以后,朝廷每年均要在苏北投入数百万两白银的治水经费,进行大规模的治水活动。这些活动始终是为政治服务,而非造福民生。

对苏北生态产生重大影响的另一工程,即在长约 280 年的时间里,对高家堰(又名高加堰、高堰)的持续增筑。据李春芳《重筑高家堰记》,高家堰者在山阳西北 40 里,"创自汉陈登,所以障淮也。至我朝黄河由寿历颍,循淮而会于清河口,继由孙家渡、赵皮寨循涡而会于清河口,以故高家堰愈益重,陈恭襄瑄则增筑之。乃其后黄河由飞云桥出小浮桥,循徐邳而下,司水诸臣遂无复事高家偃,以是堰日颓。频年以来,黄河分流入涡,而故所行道,若桃源、清河口多壅阏,水不得尽归海,稍溢则灭堰,直入高宝,于是淮南北并蒙河患矣"①。

陈登与陈瑄筑高家堰之说,均为明万历以后人所言,于前史无征。高家堰下有"阜陵"等湖,三国、唐时在此亦有修堤工程,但这些工程主要是灌溉工程。② 即使明初平江伯陈瑄修筑过此堰,其规模也不会太大,尤为重要的是,陈瑄修筑高家堰的目的,仍在于"阻障淮水,使不得东入漕渠以灌下河田地"③。

高家堰最早见于嘉靖(1521—1566)年间的史料中。据《皇明五朝纪要》:"嘉靖中,河决崔镇、吕泗,往往夺淮流入海,淮势不敌,或决高家堰,或决黄浦,或决八浅。淮扬诸郡悉为巨浸。"④《明纪》载:"嘉靖三十一年(1552),河决徐州房村集至邳州新安,运道淤阻五十里。总河都御史曾钧请浚刘伶台至赤晏庙八十里,筑草湾老黄河口,增高家堰长堤,缮新庄等旧闸,以遏横流。从之。"⑤这一工程主要是为了捍护淮堤,不致漫流,而非蓄水冲淤。

隆庆年间(1567—1572),陈堂《请遣大臣治河疏》称:"为淮河计者,曰筑高家堰,则工费不赀,束手无策;曰筑高宝黄浦等堤,则随筑随决,漫不可支。"⑥从这里看出,高家堰并无大筑之迹象。后来丁士美所写的碑记则明确说明了此前的高家堰非大工程:"先是堰屡决屡筑,工皆不巨,迩者决益甚,工益巨,当事者始难之矣。"⑦

高家堰方较大的工程始于隆庆六年九月,讫于万历元年春,历时 5 个月。"堰随地高下,其高者约一丈许,面阔五丈,底阔十五丈,涧口水深一丈。实土与之等,阔三十七丈。堰筑于其上,外为偃月堤,长三百丈,高六尺。……又导堰内湖涧诸水由毕沟入西湖,数十里间皆为膏腴,可树可艺云。堰延袤五千四百丈,用帑金六千有奇。"⑧韩昭庆指出,此时的高家堰,最高不过 3—4 米(相对高度),长约 34 里,约合现代洪泽湖大堤总长的四分之

---

① 李春芳:《贻安堂集》卷三,万历十七年刻本,第 17 页下—18 页上。
② 武同举编纂:《江苏水利全书》第 2 编卷 5,南京:水利实验处,1950 年,第 1 页。
③ 朱铉:《泗州至清口淮河考》,见《河漕备考》卷二,雍正三年(1725)抄本,无页码。
④ 许重熙:《皇明五朝纪要》卷七,崇祯刻本,第 40 页下。
⑤ 陈鹤撰、陈克家补:《明纪》卷三十四,江苏书局刊本,第 6 页上。
⑥ 朱吾弼辑:《皇明留台奏议》卷十六,万历三十三年刻本,第 3 页上。
⑦ 郭大纶修:《淮安府志》卷三,万历年间刻本,第 7 页下。
⑧ 郭大纶修:《淮安府志》卷三,万历年间刻本,第 8 页上。

一。这是潘季驯大筑高家堰以前规模较大的一次修筑。①

万历七年(1579),潘季驯主持竣工的黄淮治水工程,是大筑高家堰为运道服务的开端。这次工程共筑土堤长 112 268 丈(620 多里),砌石堤 3 374 丈(约 18.7 里),堵塞大小决口 139 处,修建每座长达 30 丈(100 米)的减水石坝 4 座、新旧闸和车坝各 3 座、涵洞 2 座、减水闸 4 座,筑拦河顺水等坝 10 道,疏浚运河淤浅 11 563 丈(约 64.2 里),开河渠 2 道,栽植护堤低柳 832 200 株。② 为了加强清水对黄河泥沙的冲力,潘季驯设计逼迫全部淮水以趋清口,将大涧、小涧等原来出水口全部堵塞,这就是治黄史上著名的"蓄清刷黄""刷黄济运"之策。

潘季驯的成就获得了学者的赞扬。郑肇经认为:"季驯天才卓越,推究阃奥,发人所未发,成一代之殊勋,神禹以来,一人而已。"③沈怡则称其治黄为"中国河工史上最光辉的一页"。④ 张含英认为"束水攻沙"一说"是人民群众实践的结果。不过潘季驯又有所发展,并进而运用于下游河道的治理"⑤。还有的学者认为:"潘季驯束水攻沙、以水治水的思想不但在这次河道治理中了取得了显著的成效,使许多人梦寐以求的黄淮安流的愿望变成了现实。"⑥若真的像潘季驯所说的那样,这次大工从根本上消除了祸害苏北地区近 400 年的黄河、淮河、运河积患,并一劳永逸地解决了苏北地区贫瘠的根源,潘所得的所有赞誉均不为过。

诚然,这次大工后,短期内似乎具有一定的效果,泥沙的冲刷能力极大地得到提高:1194—1578 年,黄河下游三角洲陆地每年平均向海洋延伸 33 米,1579—1591 年猛增为 1 540 米/年。此后,延伸的速度变慢,在 1592—1855 年,仍维持 110—500 米/年的速度。⑦ 但黄、淮、运的灾祸从未见少。潘的同时代人就对潘的治河方略提出过怀疑。这次大工中,其长 60 余里(10 878 丈)、底宽 8—15 丈、顶宽 2—6 丈、高一丈二三尺的高家堰更是备受泗州人的诉议。⑧

潘季驯主持的大工完成的次年(1580),泗州进士、原湖广参议常三省愤然上书,驳斥潘季驯的治河理论,要求决放高家堰。常三省写道:"泗城内原有城中城,南门不守,而外水入,两水交攻,暑雨且甚,遂致毁城。内水深数尺,街巷舟筏通行,房舍倾颓。军民转徙,其艰难困苦,不可殚述。"⑨有着外堤和砖石城墙保护的城中水患尚且如此,农村中的情形

---

① 韩昭庆:《黄淮关系及其演变过程研究:黄河长期夺淮期间淮北平原湖泊、水系的变迁和背景》,上海:复旦大学出版社,1999 年,第 125 页。
② 潘季驯:《河防一览》卷八,南京:中国水利工程学会,1936 年,第 209 页。
③ 郑肇经:《中国水利史》,上海:商务印书馆,1939 年,第 59 页。
④ 沈怡:《潘季驯治河》,载沈怡:《黄河问题讨论集》,台北:商务印书馆,1971 年,第 383 页。
⑤ 张含英:《明清治河概论》,北京:水利电力出版社,1986 年,第 40 页。
⑥ 马雪芹:《大河安澜——潘季驯传》,杭州:浙江人民出版社,2005 年,第 237 页。
⑦ Jiongxin Xu, "A Study of Long Term Environmental Effects of River Regulation on the Yellow River of China in Historical Perspective," *Geografiska Annaler*. Series A, Physical Geography, vol. 75, no. 3 (1993), p. 68.
⑧ 潘季驯:《两河经略》卷三,《钦定四库全书》史部六"诏令奏议类二",第 22 页下。
⑨ 叶兰等纂修:《乾隆泗州志》,中国地方志集成(30),南京:江苏古籍出版社,1998 年,第 313 页。

则可想而知:"泗人有岗田,有湖田。岗田硗薄,不足为赖,惟湖田颇肥,豆麦两熟,百姓全借于此。近岗田低处既淯,若湖田则尽委之洪涛,庐舍荡然,一望如海。"① 由于百姓仅靠农业为生,田园葬于湖水,生计全失,只得"逃散四方,觅食道路。赢形菜色,无复生气"②。流落外地的难民成了被歧视、驱赶的对象:"近日流往他郡者,彼处不容,殴逐回里,饥寒无聊,间或为非。出无路,归无家,生死莫保。其鬻卖儿女者,率牵连衢路,累日不售,多为外乡人贱价买去,见之惨目,言诚痛心。"③

对于决放高家堰以减轻洪水对泗州的围困的要求,潘季驯认为,高家堰与运河漕道的关系极为密切,绝不能决放,一旦决堤,则淮水东汇,高邮、宝应一带运河必然横溃四决,阻梗运道。而黄河入海口则全赖淮、黄两股水流合力冲刷;若决高堰,仅剩黄水一股,难以冲刷黄河带来的泥沙,海口必然淤塞。若如此,则海口以上的黄河随时随地均可决堤,运河河道必然阻塞。④

常三省反对潘季驯的治河方略。他指出,过去在长时间里利用淮河、洪泽湖为运道,淮水从大涧、高良涧入湖,而高家堰则于万历七年才筑成,如果高堰决堤真的如潘氏所危言的后果,为何在万历七年以前却没有那么多的灾患呢?他一针见血地指出了潘氏的立论无可证实。他写道:"至谓堰之一决也,则淮水东而湖溃,海口塞而黄河决,因遂阻梗运道焉。此则前无可验,后无可推者也。"⑤ 他还用事实来驳斥潘的强词夺理,认为高堰大堤丝毫无助于黄河安全,"河决崔镇等口,正在万历年间高堰既筑之后,而去年高宝、邵伯一带堤埂之倾圮者,十有余处,较之往年特甚。适又在于堰工初成,一无所决之时,此又何说也?"⑥ 常三省上书后,很快遭到了潘季驯的弹劾,被罢去官职。常三省的呼吁大概在当时被不少人视为杞人之忧。

实际上,有的学者以世纪为单位,对近500年淮河中游凹地水灾所作的分析表明,修筑高家堰至黄河在1855年改道期间,水灾的频率明显地增加了。未修高家堰的15世纪,水灾仅有4次,修筑高家堰的16世纪、17世纪分别达22、23次,18世纪更达35次。⑦ 实际上,这些上报的水灾仅是苏北真正水灾的冰山之一角。如乾隆七年(1742),据安徽巡抚张楷奏,宿州、怀远、虹县、灵璧、凤台、阜阳、颍上、亳州、蒙城、太和、泗州、五河、天长等13州县,"虽勘不成灾,但未淹地亩无几,收获甚微"⑧。1757年,河南夏邑等4县"连岁未登",地方官匿不奏报,造成该地区"屡有叩阍之事"。乾隆派出密使核查,灾区男童仅标价

---

① 叶兰等纂修:《乾隆泗州志》,中国地方志集成(30),南京:江苏古籍出版社,1998年,第313页。
② 叶兰等纂修:《乾隆泗州志》,中国地方志集成(30),南京:江苏古籍出版社,1998年,第313页。
③ 叶兰等纂修:《乾隆泗州志》,中国地方志集成(30),南京:江苏古籍出版社,1998年,第313页。
④ 叶兰等纂修:《乾隆泗州志》,中国地方志集成(30),南京:江苏古籍出版社,1998年,第313页。
⑤ 叶兰等纂修:《乾隆泗州志》,中国地方志集成(30),南京:江苏古籍出版社,1998年,第313页。
⑥ 叶兰等纂修:《乾隆泗州志》,中国地方志集成(30),南京:江苏古籍出版社,1998年,第313页。
⑦ Jiongxin Xu, "A Study of Long Term Environmental Effects of River Regulation on the Yellow River of China in Historical Perspective," *Geografiska Annaler*. Series A, Physical Geography, vol. 75, no. 3 (1993), p.71.
⑧ 《大清高宗纯皇帝实录》卷一百七十九,乾隆七年十一月下,第316页上—下。

数百文,证实了叩阍者的控诉。①

从夏代至民国年间,黄河共迁徙46次,其中在明代迁徙15次,清代14次。②

高家堰修筑整整100年后,让泗州城永沉湖底的洪水,更为常、潘之争作出了最终裁决。

泗州始设于北周大象二年(580),州治初在宿预(今宿迁),唐开元二十三年(735)移临淮。③泗州是唐宋时的佛教圣地。唐诗中有"云湿淮南树,箱吹泗上楼"④之句。唐人李绅的《入泗门》写道:"淮河一派清淮接,堤草芦花万里秋。烟树苍茫分楚泽,海云明灭见扬州。"⑤说明泗州在唐代是通向淮扬的交通要道。陆畅《夜到泗州酬崔使君》云:"徐城洪尽到淮头,月里山河见泗州。闻道泗滨清庙磬,雅声今在谢家楼。"⑥

宋以前,泗地为泗水、沂水与淮河交会之地,各河流"安流顺轨数千年无变更"⑦。有人指出:"江南自淮而东,以楚泗、广陵为之表。"⑧泗州方志中称此地为"梁、宋、吴、楚之冲,齐、鲁、汴、洛之道"。《凤阳府志》载:"泗州南瞰淮水,北控汴流,地虽平旷,而冈垄盘结,山水朝拱,风气凝萃,形胜之区也。"⑨《泗州志》称泗州"扼淮徐之门户,通兖豫之舟车。虽原平野旷之区,而风水结聚,自然昌明。东南一大都会也"⑩。

高家堰修成后,被洪水淹浸成了泗州人民生活的重要内容。一般说来,供蓄水用的水库多建在山谷中;如三面临山,只要在谷口修一道坝堰即可,这样也不会造成大面积的土地被淹。由于淮河中游地区地势极为平坦,河流落差极小,筑堰蓄水所淹的面积极大,泗州等地随时都面临灭顶之灾。

至于潘季驯的治河方略,尽管从开始时就不断地受到人们的责疑,但长期以来被治河者奉为圭臬。康熙元年(1662)、四年(1665)、五年(1666)、九年(1670)、十一年(1672)、十五年(1676),泗州均遭大水淹没,受灾非常频繁。⑪尽管如此,治河专家靳辅仍然认为:"水势分而河流缓,流缓则沙停,沙停则底垫,以致河道日坏。"⑫基本上秉承了潘对黄河成

---

① 《大清高宗纯皇帝实录》卷五百三十七,第776页下—778页下。
② 沈怡、赵世暹、郑道隆编:《黄河年表》,军事委员会、资源委员会参考资料第15号,1935年11月,第7页。
③ 南京大学文化与自然遗产研究所、南京大学历史系考古教研室、江苏省盱眙县文化局:《江苏盱眙泗州城遗址考古调查勘探报告》,2004年11月22日,第2页。
④ 方瑞兰监修:《安徽泗虹合志》卷十八,光绪十三年刻本,第2页下。
⑤ 方瑞兰监修:《安徽泗虹合志》卷十八,光绪十三年刻本,第4页上。
⑥ 《全唐诗》第7册,卷四百七十八,北京:中华书局,1960年,第5444页。
⑦ 张相文总纂:《泗阳县志》卷七,民国十五年刻本,第1页下。
⑧ 叶兰等纂修:《乾隆泗州志》卷一"形胜",中国地方志集成(30),南京:江苏古籍出版社,1998年,第174页。
⑨ 叶兰等纂修:《乾隆泗州志》卷一"形胜",中国地方志集成(30),南京:江苏古籍出版社,1998年,第174页。
⑩ 叶兰等纂修:《乾隆泗州志》卷一"形胜",中国地方志集成(30),南京:江苏古籍出版社,1998年,第174页。
⑪ 陈琳:《明代泗州城考》,《历史地理》第17辑,上海:上海人民出版社,2001年6月,第189页。
⑫ 靳辅:《河道敝坏已极疏》,《治河方略》卷六,南京:中国工程学会,1937年,第216页。

灾原因的认识。他们治河的方法也基本一致,靳辅指出:"黄河之水从来裹沙而行,水合则流急而沙随水去,水分则流缓而水漫沙停。沙随水去则河身日深,而百川皆有所归。沙停水漫则河底日高,而旁溢无所底止。故黄河之水全赖各处清水并力助刷,始能奔趋归海而无滞也。"①1677年,靳辅治河,大修高家堰,南抵翟家坝,北迄烂泥浅,并大辟清口,挑引河四五道。② 康熙十九年(1680),泗州城终于永沉湖底。可以说,靳辅主持的这次河工是泗州沉没的直接原因。

据《清史稿》载:"自明末清口久淤,旧黄河堤决,黄流夺淮,水倒灌入泗,州境时有水患。至清康熙十九年,城遂圮陷于湖。"③泗州方志记载这次沉城的经过为:1680年夏,"淮大溢,城内水数丈"④。当时,淮河上游山水大发,下游由于高家堰的阻拦,水流高出外堤数尺,淮水最终冲垮城墙城门,将泗州城没入水底,"州城之文武衙门、仓库沉没水中"。⑤ 此后,泗州地方官员坚持在城门楼上理政达11年,但至康熙三十五年(1696)全城即彻底被泥沙埋没。⑥ 原来繁华的泗州城池从此成了洪泽湖底的一部分。离泗州城13里的明祖陵,在嘉靖中期经测量尚高于淮水2丈3尺1寸,⑦此时,同样沉入了水底。⑧ 泗州之沉,充分证明潘季驯所说的泗州"霖淫水涨,久当自消"的判断是错误的,⑨由此看出他的治河后果具有重大的负面影响。

由于泗州旧城离盱眙仅2里,因此,泗州被大水淹没后,"官若浮鸥,民尽奔盱"⑩。泗州州治被迫移到盱眙,"州牧或借民房,或驻试院",由于州治寄寓盱眙,"远隔河湖,声息难通",有的建议在双沟建城,有的建议在包家集设治。乾隆二十四年(1759),两江总督尹继善认为,"泗州寄居盱眙以来,官民相安已久,且泗城本在州之极南,相距盱眙二里,中隔一河,济渡甚便,请将泗州即于盱眙驻扎,毋庸迁徙建城。……将州同、外委把总分驻州境之双沟,其知州、吏目、都司、千总、儒学各衙署,即建于盱眙之麓"⑪。直到乾隆四十二年(1777),朝廷才批准裁虹为泗,虹县的版图民赋全部并于泗州,而把虹县县城作为新的泗

---

① 靳辅:《河道敝坏已极疏》,《治河方略》卷六,南京:中国工程学会,1937年,第216页。
② 武同举编纂:《江苏水利全书》第2编卷5,第1页。
③ 赵尔巽等撰:《清史稿》卷五十九,北京:中华书局,2003年,第2017页。
④ 叶兰等纂修:《乾隆泗州志》卷四,中国地方志集成(30),南京:江苏古籍出版社,1998年,第214页。
⑤ 叶兰等纂修:《乾隆泗州志》卷二,中国地方志集成(30),南京:江苏古籍出版社,1998年版,第177—178页。
⑥ 南京大学文化与自然遗产研究所、南京大学历史系考古教研室、江苏省盱眙县文化局:《江苏盱眙泗州城遗址考古调查勘探报告》,2004年11月22日,第2—3页。
⑦ 王在晋:《通漕类编》卷五,万历甲寅(1614)刻本,第38页上。
⑧ 方瑞兰监修:《安徽泗虹合志》卷二,光绪十三年刻本,第32页下。
⑨ 提出这一见解的是水利部治淮委员会淮河水利简史编写组《淮河水利简史》(北京:水利电力出版社,1990年,第210页)。
⑩ 叶兰等纂修:《乾隆泗州志》卷二,中国地方志集成(30),南京:江苏古籍出版社,1998年,第208页。
⑪ 叶兰等纂修:《乾隆泗州志》卷二,中国地方志集成(30),南京:江苏古籍出版社,1998年,第178页。

州州城。①

尽管更换了州治,但泗州仍处于洪水的围迫之中。到后来,连新州城虹泗也再次沉入洪泽湖底。

从潘季驯的本意来看,修筑高家堰,自然不是为了把水患引向泗州。就当时人们的认识能力而言,也不可能预想到其后一个世纪的事。但随着时间的推移,泗州水患逐渐加剧,一代接一代的河臣仍不思更改,基本上一成不变地继承了潘的治水方略。这种不以泗州为重的思维极为明显。可以说,泗州之沉,完全是官僚意志所致。

三、平地起巨泽的生态后果

明清洪泽湖所在地区,宋以前多为良田沃野,其中散布着乡村、镇市、河闸、馆驿。"汉陈登之筑堰以灌田,兴水利,即今茅家圩塘埂,皆陇亩之遗迹也。"②

魏正始四年(243),邓艾指出:"陈、蔡之间,土下田良,可省许昌左右诸稻田,并水东下。令淮北屯二万人,淮南三万人,十二分休,常有四万人,且耕且守。水丰,常收三倍于西,计除众费,岁得五百万斛,以为军资。六七年间,可积三千万斛于淮上,此则十万之众五年食也。以此乘吴,无往而不克矣。"此议得到司马懿的赞成。邓艾遂北临淮水,自钟离而南,横石以西,尽水400余里,每5里置一营,每营60人,且耕且守。并修建广淮阳、百尺二渠,上引河流,下通淮、颍,在颍水南北大量修建陂塘,溉田2万顷。"自寿春到京师,农官兵田,鸡犬之声,阡陌相属;每东南有事,大军兴众,泛舟而下,达于江淮,资食有储,而无水害,艾所建也。"③杜预曾言:"邓艾于此作白水塘,北接洪泽,屯田一万三千顷。"顾炎武指出:"白水即石鳖也。"④晋穆帝升平初年,荀羡为北部都尉镇下邳,"屯田于东阳之石鳖"。⑤北齐尚书左丞苏珍芝议修石鳖等屯,"自是淮南军防食足,少止转输之劳"。⑥

明人史书载有"洪泽浦","在盱眙县北三十里,旧名破釜涧。隋炀帝幸江都经此,时亢旱,至则遇雨下水泛,遂更今名"⑦。唐朝时,此地设有洪泽馆,"唐宋人由汴入淮,多取道洪泽馆"⑧。唐人皇甫冉《洪泽馆壁见故礼部尚书题诗》云:"底事洪泽壁,空留黄绢词。年年淮水上,行客不胜悲。"⑨唐上元(760—761)中,"于楚州古谢阳湖置洪泽屯,寿州置芍陂屯,厥田沃壤,大获其利"。⑩唐时,清河南岸有洪泽镇。方志称:"盖镇莫古于洪泽,初齐

---

① 张佩芳:《移泗州治记》,叶兰等纂修:《乾隆泗州志》,中国地方志集成(30),南京:江苏古籍出版社,1998年,第361页。
② 政协平坝县委员会编:《陈法诗文集》下册,贵阳:贵州人民出版社,2010年,第229页。
③ 郑樵:《通志》卷六十一,四库全书本,第17页上—下。
④ 顾炎武:《天下郡国利病书》(二),黄坤等校点,上海:上海古籍出版社,2012年,第1051页。
⑤ 郑樵:《通志》卷六十一,四库全书本,第19页上。
⑥ 郑樵:《通志》卷六十一,四库全书本,第19页上—下。
⑦ 李贤:《明一统志》卷七,四库全书本,第12页下。
⑧ 吴昆田纂:《淮安府志》卷七,光绪十年刊本,第13页上。
⑨ 《全唐诗》第4册,卷二百五十,北京:中华书局,1960年,第2833页。
⑩ 郑樵:《通志》卷六十一,四库全书本,第20页上。

有洪泽涧,在淮阴镇之西。"[1]有人谓:"洪泽镇在清河南,大河北岸,一曰洪泽驿。唐咸通九年(868),郭厚本率淮南军救泗州,至洪泽镇不敢进,即此。"[2]

宋代继续在此设置馆驿,乃士大夫停骖、商贾辐辏之所。[3] 熙宁四年(1071),"开洪泽河达于淮"[4]。顾炎武指出:"宋洪泽闸因此而名。"[5]宋儒晁说之《洪泽守闸和二十二弟韵》中有"小舟洪泽叹嗟余""日暮溪头坐羡鱼"等句。[6] 马仲甫凿龟山以通漕,主要规避淮水之险而不避湖险,表明宋代此处湖的规模并不大。[7] 南宋时,淮东宣抚使韩世忠言:"楚、泗、涟水军、招信县、洪泽镇五处,皆系沿淮边面,与齐地接界,水陆四冲,要害去处。"[8]高宗绍兴元年(1131)二月,"金人以舟载江浙所掠辎重,自洪泽入淮至清河口"[9]。

元初,江淮行省官员建议:"国家经费,粮储为急,今屯田之利,无过两淮,况(勺)[芍]陂、洪泽皆汉唐旧尝立屯之地,若令江淮新附汉军屯田,可岁得粮百五十余万石。"元世祖至元二十三年(1286)在淮安路白水塘、黄家疃等处,设立洪泽南北三屯,上设万户府以统领。三十一年(1294),废除三屯万户,止立洪泽屯田万户府,为户 15 994 名,为田 3 531 221 亩。[10]

隆庆间,王宗沐曾于此筑堤,规模尚小。万历七年,潘季驯筑高家堰,"其后水患日甚"。靳辅大筑翟家坝,"而泗州城郭,公私庐舍,俱湮没矣"。时人指出:"今堤日加高,湖水潴之日深,泗州浮图乃露其顶。黄河日高,黄强淮弱。……每至伏秋霪雨,河南全省之水奔注淮河,淮河之水涨入洪湖;而洪湖已不能容纳,又益以毛城铺天然闸、峰山四闸,减下之水,皆归于湖。其三坝减下之水,不过余波回溜,若遇黄淮交涨,风起浪涌,高堰在在危险,其地势高运河一丈有奇,一有溃裂,则害不可胜言。"[11]

康熙中期,有人访询清河老儒丁生,称其幼时,淮水和洪泽湖本不相连,并不像康熙中期那样汪洋一片。康熙五年(1666),黄河在宿迁归仁堤一带决口,黄水经桃源、清河南入泗州,灌淮溢湖,将淮河与洪泽湖合二为一,其时,洪泽湖周围已达 300 余里。[12] 1855 年黄

---

[1] 胡裕燕修:《清河县志》卷三,光绪二年刊本,第 23 页下。
[2] 马冠群著:《江苏地略》,王锡祺等辑:《小方壶斋舆地丛钞》第 17 册"小方壶斋舆地丛钞再补",杭州:杭州古籍书店,1985 年,"江苏地略"第 5 页下。
[3] 麟庆:《前明嘉靖年河口图说》,《黄运河口古今图说》,道光二十年抄本,不署页码。
[4] 脱脱等撰:《宋史》卷十五,北京:中华书局,1977 年,第 280 页。
[5] 顾炎武:《天下郡国利病书》(二),黄坤等校点,上海:上海古籍出版社,2012 年,第 1051 页。但顾炎武认为:"或者误以洪泽镇为洪泽闸。盖镇在清河南岸九十里,近盱眙界,非隋涧宋闸之所在也。"
[6] 晁说之:《嵩山文集》卷八,四部丛刊续编旧钞本,第 29 页上。
[7] 叶兰等纂修:《乾隆泗州志》,中国地方志集成(30),南京:江苏古籍出版社,1998 年,第 211 页。
[8] 李心传:《建炎以来系年要录》卷七十六,四库全书本,第 9 页上。
[9] 王锡元修:《盱眙县志稿》卷十六,光绪十七年刻本,第 25 页上。
[10] 宋濂撰:《元史》卷一百,北京:中华书局,1976 年,第 2566 页。
[11] 政协平坝县委员会编:《陈法诗文集》下册,贵阳:贵州人民出版社,2010 年,第 230 页。
[12] 叶兰等纂修:《乾隆泗州志》,中国地方志集成(30),南京:江苏古籍出版社,1998 年,第 211 页。

河北徙前,洪泽湖的面积已扩大到 3 000 平方公里。① 洪泽湖中既沉有泗州城,还有不计其数的被淹沉的其他镇、市、乡、村。"洪泽一湖,旧系民田,自黄河南徙,淮水停蓄,膏腴之产,俱付洪流。"②

韩昭庆指出:洪泽作为一个专名,在不同的历史时期代表不同的地理实体,若单以文献中出现了"洪泽"字样,就将之与洪泽湖联系,那么就可能会犯错误,也将会错误推断洪泽湖的最终形成时期。③

被淹沉的泗州城原筑于宋,有东西二城,皆土筑。明初合二为一,并改用砖石修筑,城周长 9 里 30 步,城墙高 3 丈 5 尺。④ 城内有城门五州署、城隍庙、文庙学宫、泗州营卫署、大圣寺、灵瑞塔、演武厅等。由于地当"江淮要冲,南北孔道",城内修有伏龙、廻龙、汴泗、永宁、天梯等桥,"至于衢闾整饬,栋宇毗连,百货之所集,人才之所钟,视今日(指晚清——引者注)当加倍"。⑤

由于统治者对真实信息的隐瞒和封锁,泗州真正的沉没原因竟长期不为大多数人所知。晚清一位泗州籍的知识分子写道:

> 吾乡泗州城,沦为洪泽湖久矣。土人云:"为大禹命庚辰所系水怪巫支祈,逸出为害。"此无稽也。州城之沉,乃明末事(原文如此——引者注)。其时画士恽南田,正寓僧伽禅寺。门前一水环绕,出入须楫。时已四十五日雨,淮流七十二道山谿之水,全归于此。童谣早有"石龟滴血泪,要命上东山"之语,恽甚忧之。夜静,偶闻神鬼满堂,私议曰:"时已至矣,乞施行。"神曰:"尚有一僧一道未归,一主一仆未出。姑须臾。"恽披衣起,殿黑无人,知水厄至。急呼仆起,携随身文具,仓皇拔关出走。过渡,见庙僧携祝打包归。曰:"先生何往?"曰:"吾有急,须登第一山耳。"所谓第一山者,盱山也。主仆踯躅,甫逾岭,天遽明,回头一眺,则白茫茫一片水国,成巨浸矣。⑥

沉入湖底的泗州城,在天旱少水时经常现于水中,并生出许多神话性质的传说。一部笔记小说记载:

> 由明季至昭代,沉沦已数百年,从未出现。惟阴雨中,时有雉堞排水上,台榭人物,如蜃气嘘成,盖幻象也。咸丰六年大旱,湖涸而城基出,好事者舣舟步入,

---

① 张义丰:《淮河流域两大湖群的兴衰与黄河夺淮的关系》,张义丰等主编《淮河地理研究》,北京:测绘出版社,1993 年,第 176 页。
② 武同举辑录:《再续行水金鉴(淮河卷)》,武汉:湖北人民出版社,2004 年,第 511 页。
③ 韩昭庆:《黄淮关系及其演变过程研究:黄河长期夺淮期间淮北平原湖泊、水系的变迁和背景》,上海:复旦大学出版社,1999 年,第 127 页。
④ 方瑞兰监修:《安徽泗虹合志》卷二,光绪十三年刻本,第 4 页上。
⑤ 方瑞兰监修:《安徽泗虹合志》卷二,光绪十三年刻本,第 4 页下。
⑥ 宣鼎:《夜雨秋灯录》(上),宋欣校点,长春:时代文艺出版社,1987 年,第 366 页。

则官廨庙宇旧址,尚觉依稀,街石女墙,犹存其半。又有半塔矗高处,齾缺非常,闻即僧伽禅师塔,南将军乞师贺兰时所射者。人取其砖琢砚,其古朴有致,惜砖质不能细腻耳。有陕客乘舟经此,天暮,见有大滩,即系而止宿,实不知其为古泗州也。夜静,月如昼,客舍舟登岸,独行破寂。忽见高处有城垣,门半掩,悄睨之,中有灯火,人物往来贸易,若夜市。客本贾人,见之心喜。掩入,随步所之,见各家门户,悬有灯彩,阛阓生涯,尤为纷攘。然已掩其旁,人若不之见,试攫其物,人亦如不见,大骇。视茧布贵重者,攫而怀之,急向西。又睹一家,门微启,孤檠若灭。潜入视之,则一家男妇皆支颐卧,唤不应。视妇貌,酷似其妇。男子貌,又酷似己。以为貌偶同,不之异。睹架楔藏银处,并无封志,启之,则朱提满焉。心艳之,急取二百金,置怀袖间,余仍闭诸楔,并代掩双扉。出见人家灯火渐阑,市渐散,恐闭城,不敢逗留,趋出登舟,倚枕骇异,旋入黑甜。比醒,则舟子已先起,晨,抵盱眙矣。视所攫茧布,已成泥淤,杂芹藻成饼。视所怀朱提,则翘边细纹,的真宝物,惟其色黯淡,水花苔绣几满。私以昨宵宿处询舟子,约略言之,云"其中绝无人烟"。心更警惕,不知所云。秋后回陕,偶与其妻言之,妻曰:"大奇,妾于某月日夜,梦至一城,与君一处卧,甫交睫,君忽起开楔,怀银出。妾惊异,尾之行,君忽不见,妾心急,堕泥窖中。惊醒,汗浡浡不已。"盖其妻入梦之夜,即此客入城之时,默忆旧游,丝毫不爽。①

20世纪30年代,洪泽镇遗址曾在淮阴露出水面。"滩周围号三十里,中央有城,以地上时露城基知之;城砖皆厚大,号四十八斤。据导者言,砖上或见尉迟敬德字。……街道之长,号称十里,有砖瓦砻碓诸器皿,借示畴昔之殷繁。西南近水处有大义冢,占地约三四顷,益想见唐宋以来生聚之盛。"②

由于洪泽湖水位不断提高,淮河中游形成了一系列新的湖泊群。淮河各支流来水无法顺利汇入淮河,这些来水就在支流与淮河交汇地带,或在附近的一些低洼地带潴水成湖。其中较大的有焦冈湖、黄湖、殷家湖、沱湖、天井湖、城西湖、城东湖、瓦埠湖、高唐湖、花园湖、女山湖、涧溪湖等。这些湖泊的形成年代大都在18世纪前中期。③

康熙年间,分布在运河西堤以西的湖泊有白马湖、氾社湖、邵伯湖等17个湖泊。④ 运西诸湖主要是运河大堤阻拦了淮水入海去路,洪泽湖难以容蓄,迫使湖水向南泛流而形成的。⑤ 尽管在宋以前,运西地区就分布着一些湖泊,但直到明代平江伯陈瑄治水后,运西地区才成了沫水一片。加筑高家堰后,淮水被阻而南下,直至高邮,导致诸湖不断增大,南

---

① 宣鼎:《夜雨秋灯录》(上),宋欣校点,长春:时代文艺出版社,1987年,第366—367页。
② 张煦侯:《淮阴风土记》上册,1936年,第174页。
③ 张义丰:《淮河流域两大湖群的兴衰与黄河夺淮的关系》,张义丰等主编:《淮河地理研究》,北京:测绘出版社,1993年,第176页。
④ 靳辅:《下河形势纪》,《治河奏续书》卷四,钦定四库全书"史部十一",第39页上。
⑤ 张义丰:《淮河流域两大湖群的兴衰与黄河夺淮的关系》,张义丰等主编:《淮河地理研究》,北京:测绘出版社,1993年,第175页。

北联属,面积广袤。16世纪末到17世纪初,运西湖群中以宝应湖面积最大。17世纪后,由于"借黄济运"的影响,黄淮内灌,运河成为行水之河,靠近淮河的北部淤积严重,把一直向北倾斜的地势变成向南倾斜。① 分布在运河以东的有射阳湖、广洋湖、喜雀湖、渌洋湖、淤溪等36个湖泊。②

这些湖泊在过去大都是田庐密布的乡村市镇。据靳辅所奏:宋元以前,下河地区原无水患,高邮、宝应诸湖多属田亩。至明朝初年,始被大水漫淹成湖。靳辅于康熙十七年、十八年(1678、1679)堵筑清水潭时,在两堤之中挑出洪武(1368—1398)、永乐(1403—1424)、洪熙(1425)以及宋元旧钱,并发现许多日用器皿、砖井、石砌街道等遗迹。③ 靳辅认为:"夫以清水潭为高邮最洼最险之处尚系民居,则高宝诸湖等处更可知矣。此被水漫淹之明验也。"④祸因则是明中期"[黄河]向北之流尽绝,始全徙而南"⑤。陶澍奏称:凤阳花源湖、寿州城西湖、凤台焦冈湖,"此三湖皆周围数十里,本系民田,久淹成浸"。⑥ 因洪泽湖"必借淮源旺盛,方资收蓄敌黄",上述三湖被用来作为洪泽湖水的补充水源。⑦

四、祖陵风水

冀朝鼎指出:"灌溉的运河、陂塘、排泄设施和水灾控制工程,以及人工开挖的河道,大多是作为与政治密切相关的公共工程来修筑的。它们被好几个朝代作为社会和政治斗争中重要的政治筹码和强大的武器来运用。这些公共工程的目的和发展基本不是出于人道的考虑,而是出于自然和历史的条件,以及出于统治阶级的政治目的。"⑧

据潘季驯疏称,万历七年的治水大工可谓圆满完成。这首先得益于万历皇帝的正确决策,"此盖仰仗我皇上圣德格天,神明协相,圣心独断,庙算坚持"⑨。其次,得益于潘本人的方案正确,皇帝能坚持原则,不为浮言所动,"向使少为异议所摇,则此时不知更作何状矣"⑩。最后,得益于各级官员奉公忘私。潘称,许多官员"经理有方,承委便能速办,操持无染。督夫每见争趋,出入泥淖之中,堕指裂肤而不顾,见者俱为酸心。栖迟草菱之内,餐风沐雨以为常,察之全无惰意,忠勤可取"⑪。

---

① 张义丰:《淮河流域两大湖群的兴衰与黄河夺淮的关系》,张义丰等主编:《淮河地理研究》,北京:测绘出版社,1993年,第177页。
② 靳辅:《下河形势纪》,《治河奏续书》卷四,钦定四库全书"史部十一",第39页上。
③ 靳辅:《治河题稿》,《文襄奏疏》卷六,钦定四库全书"史部六",第1页下—2页下。
④ 靳辅:《治河题稿》,《文襄奏疏》卷六,钦定四库全书"史部六",第2页上。
⑤ 靳辅:《治河题稿》,《文襄奏疏》卷六,钦定四库全书"史部六",第2页下。
⑥ 武同举等编校:《再续行水金鉴》"淮水一"卷三十五,南京:水利委员会,1942年,第933页。
⑦ 武同举等编校:《再续行水金鉴》"淮水一"卷三十五,南京:水利委员会,1942年,第933页。
⑧ Ch'ao-ting Chi, *Key Economic Areas in Chinese History: As Revealed in the Development of Public Works for Water-Control*. New York: Paragon Book Reprint Corp. 1963 (First Published by George Allen & Unwin Ltd., 1936, London), pp. 1-2.
⑨ 潘季驯:《河防一览》卷八,南京:中国水利工程学会,1936年,第211页。
⑩ 潘季驯:《河防一览》卷八,南京:中国水利工程学会,1936年,第211页。
⑪ 潘季驯:《两河经略》卷四,《钦定四库全书》史部六"诏令奏议类二",第14页上。

在潘看来,这次所兴大工,算得上开支节省、功绩显赫、成效持久,为苏北千百万百姓谋取了福祉和安宁,"亿万年命脉之路,一旦底于翕宁"①。潘季驯强调,由于修筑了遥堤②,自徐州至淮安府,两堤相望,工程质量过硬,即使洪水异常,也很难溃出。由于在宿迁、桃源南岸修建了归仁堤,黄河水已不可能南决泗州。至于桃源、清河北岸,设有减水坝座。"故在遥堤之内,则运渠可无浅阻。在遥堤之外,则民田可免渰没。"③

潘非常自豪地称,徐州、邳州地区,"两岸居民无复昔年荡析播迁之苦。此黄水复其故道之效也"④。高家堰异常坚固,使得淮水全部从清口流出,会黄河入海,清口则越来越深,"故不特堰内之地可耕,而堰外湖坡,渐成赤地,盖堰外原系民田,田之外为湖,湖之外为淮,向皆混为一壑,而今始复其本体矣"⑤。不但高邮、宝应地区原来被淹没的田地得以重新耕种,而且,上自虹县、泗州、盱眙,下及山阳、兴化、盐城等处,皆成沃壤,"此淮水复其故道之效也"⑥。

潘季驯在与常三省的争论中,可谓全胜而归,这并非因为常三省的立论缺乏依据,也不是因为潘在朝廷的职位要高于常,而是因为潘所持的理由是保运保漕,这就是公认的"大局",而常上书的目的则是保护泗州一地。史称:"蓄清以敌黄,乃转漕大政。"⑦常三省所列举的泗州城乡被淹惨状,对于泗州人而言,无疑是生死存亡之事,但与维持京师及北部边境的粮食供应,保障国家的正常秩序这一核心利益相比,是极不相称的,只能属"局部利益"。局部利益必须服从大局,这是中国传统政治所注定的。

据潘季驯疏称:在常三省与原江西副使李纪、朔州知州柳应聘和潍县知县高尚志联名所具的揭文中,"中间最所耸动人者,云祖陵松柏淹枯,护沙洗荡二句。臣读之不胜骇汗"⑧。泗州被淹也罢,淮扬被淹也罢,均没有让潘季驯受到惊吓,倒是明祖陵前的几棵树被淹,让他吓出一身大汗。这听起来似乎有点夸张,但如果我们看一下明代的治河政治,对他的话就毫不为怪了,更不觉得夸张了。

实际上,泗州在明代有着政治上的特别意义。治北13里的杨家墩,有朱元璋的祖父、曾祖及高祖的衣冠冢,也是朱元璋在其母陈氏腹中受孕之地,即明祖陵之所在,有明一代成为当时政治上的圣地。⑨ 工部的奏疏中写道:"泗州祖陵系我国家根本重地,王气所钟,命脉所系。实圣子神孙亿万世无疆之丕基也。"⑩治水者必须首先考虑的是泗州明祖陵的安全问题,保护明祖陵不受水淹是每位河臣所必须面对的头等政治大事。潘季驯对此非

---

① 潘季驯:《河防一览》卷八,南京:中国水利工程学会,1936年,第211页。
② 河两岸筑长堤以束水,称为"缕堤";为防缕堤复决,更于数里外筑重堤以备,称为"遥堤"。
③ 潘季驯:《河防一览》卷八,南京:中国水利工程学会,1936年,第210页。
④ 潘季驯:《河防一览》卷八,南京:中国水利工程学会,1936年,第210页。
⑤ 潘季驯:《河防一览》卷八,南京:中国水利工程学会,1936年,第210页。
⑥ 潘季驯:《河防一览》卷八,南京:中国水利工程学会,1936年,第211页。
⑦ 方瑞兰监修:《安徽泗虹合志》卷四,光绪十三年刻本,第7页上。
⑧ 潘季驯:《河防一览》卷九,南京:中国水利工程学会,1936年,第246页。
⑨ 方瑞兰监修:《安徽泗虹合志》卷二,光绪十三年刻本,第32页下。
⑩ 《部复分黄导淮告成疏》,朱国盛编:《南河志》卷四,天启乙丑年(1625)抄本,第17页下。

常明白,他曾写道:"三祖陵寝,万年根本之地,百祥肇始之区,委的事体重大。"①

纪昀等精辟地指出:"明代仰东南转漕以实京师,又泗州祖陵逼近淮泗,故治水者必合漕运与陵寝而兼筹之。"②丝毫没有农业与民生等方面的考虑。1592年5月8日,勘河给事中张贞观给万历皇帝的奏折,清楚地说明了明代治水者的治河原则:"祖陵为国家根本,即运道民生,莫与较重。"③据《明史》载,张本为沛人,"泗州淮水大溢,几啮祖陵。贞观往视,定分黄道淮之策"。明臣议事时,防治洪水所应考虑的各事项次序为"陵寝、国计、民生"④。工部在一份奏疏中特别强调:"祖陵水患为第一义,次之运道,又次之民生。"⑤万历二十年(1592)五月,陈邦科在《酌议治河疏》中以人体来作形象的说明:"惟黄河犹人身之肠胃,祖陵其腹心,运道其咽喉,而生灵赤子皆肌肤也。"⑥

万历二十五年(1597),詹事府录事曾长庆疏请霍丘六安之间开矿,万历二十七年(1599)陈煃上《乞禁开凿疏》阻止,硬把此事与远隔数百里的祖陵龙脉联系起来:"祖陵为根本至重也。乃今于皇陵过脉之所,听其穿凿,任其震撼,亏根本、损元气,截地维,伤国脉,震摇皇祖在天之灵,莫此为甚。就令开采其间,山陵尽矿,沙土皆金,可输而实诸内帑,诚恐陵脉损伤,事变叵测,即琼林大盈,土苴弃之矣。陛下又何利焉,而为此耶?"⑦

在治水实践中,明臣均奉行祖陵至上这一原则,战战兢兢、认真周到、不遗余力地营建维护明祖陵这一政治工程,而对与千百万百姓生命财产、生产生活相关的工程,却常常忽略不管。有人建议,把运道改从淮河上游入汴水,再由汴水过黄河进入沁水,以避清口之险。明臣应该知道这一方法的优点,却不敢施行。因为"濠泗为有明发祥之地,而祖陵复在其间。当时臣子既持地脉之说,又恐于此行漕,堤防万一不固,变生意外。所以极知其利而不敢言。淮黄虽迂险劳费,势有所不惜也"⑧。不论改道之说是否可行,⑨但其对明臣心理的分析,却是非常贴切的。

远在嘉靖初年,明臣在治理黄淮灾患时就非常谨慎地考虑祖陵的风水问题了。⑩1550年4月29日,总督漕运右副都御史龚辉、巡按直隶御史史载德上奏,认为泗州地势

---

① 王在晋:《通漕类编》卷五,万历甲寅刻本,第38页上。
② 纪昀等:《河防一览提要》,《钦定四库全书》史部十一"地理类四",第1页下。
③ 傅泽洪等录:《行水金鉴》卷六十四,上海:商务印书馆,1936年9月,第9册,第940页。
④ 傅泽洪等录:《行水金鉴》卷六十四,上海:商务印书馆,1936年9月,第9册,第954页。
⑤ 《部复分黄导淮告成疏》,朱国盛编:《南河志》卷四,天启乙丑年(1625)抄本,第14页下。
⑥ 朱吾弼、李云鹄等辑:《皇明留台奏议》卷十六,万历三十三年刻本,第23页上。
⑦ 朱吾弼、李云鹄等辑:《皇明留台奏议》卷十四,万历三十三年刻本,第23页下。
⑧ 周篆:《浚隋河故道通漕议》,载贺长龄:《皇朝经世文编》卷一〇四"工政"十,上海:广百宋斋丁亥(1887)仲春校印,第29页上。
⑨ 这个方案在唐代似乎有人实践过,效果并不好。据《旧唐书》卷一九九,列传第一四〇"文苑中":齐浣,"复为汴州刺史。淮、汴水运路,自虹县至临淮一百五十里,水流迅急,旧用牛曳竹索上下,流急难制。浣乃奏自虹县下开河三十余里,入于清河,百余里出清水,又开至淮阴县北岸入淮,免淮流湍险之害。久之,新河水复迅急,又多礓石,漕运难涩,行旅弊之"。
⑩ 详见郭涛:《潘季驯治理黄河的思想与实践》,中国水利学会水利史研究会、黄河水利委员会黄河志编委会:《潘季驯治河理论与实践学术讨论会论文集》,南京:河海大学出版社,1996年,第4—5页。

低下，又因黄河水冲入淮河，"为陵寝之忧"，请求开凿直河口，修筑二陈庄、刘家沟2口，并请求派钦天监官员一名，"相度祖陵地脉"。这项工程当即被工部批准。① 1575年，黄河崔镇等处北决，淮水又从高家堰东决。当时，"徐邳以下，至淮南北，漂没千里"②。明臣对如此巨大的民生灾难，熟视无睹，却生怕洪水浸渍祖陵的柏林，随即开始修建长226丈的石砌陵堤，直到1577年才完工。③

而洪水这样的灾患又绝非局部治理所能收效。因此，尽管河臣们不断牺牲其他许多地区的利益，对祖陵的关护无微不至，却无法从根本上消除祖陵所受的威胁。这种治理方法是典型的"一隅之利，全局之祸也；一时之利，百世之祸也"④。1595年6月3日，因泗州祖陵水患愈演愈烈，万历帝下旨将总河舒应龙革职为民，相关官员如陈洪烈、刘宏宝，"降极边方杂职"。⑤ 9月4日，以科臣勘河失护祖陵罪，勒令原浙江巡抚常居敬闲住。⑥

到万历后期，明朝君臣为了保护运道和陵寝，更是明目张胆地放弃对民生的关怀。1604年初，工科都给事中侯庆远疏称："泇河成而治河之工可以徐图，但不病漕与陵，则任其所之，稍防疏焉，而不必力与之斗。"⑦

崇祯年间（1628—1644），由于水患更加严重，明代君臣对祖陵的关护愈加急切，而对民生方面的关注则更少。1633年5月29日，大理寺左寺丞吴甡、翰林院编修夏曰湖等人反对开高家堰三闸的合疏中，首先担心的就是祖陵的风水，⑧其次，在议及"淮泗诸水，滔滔东注"时，关注的则是漕粮运输问题，高宝漕堤受损，"运船牵挽无路，则数百万粮，何由而达京师？"⑨再次，洪水淹没两淮地区，"各盐场尽被淹没，煮海无策，则百余万盐课，其问诸水滨乎？"最后，明臣们也意识到了洪水会吞没数百万百姓的生命财产，但这绝非对百姓本身的人道关怀，甚至没有统治者常见的重视黎庶之类的应有套话，而是关注"数百万粮税，谁为供输乎？"⑩

曹于汴《复冯慕冈》："然则高堰可拆乎？曰：拆则不利于淮扬，亦不利于盱泗；不拆则遗害于盱泗，亦遗害于淮扬。何也？巨浸茫茫，一旦决之，淮扬且为壑。淮水南行，失其故道，清口将为陵，运道中隔，入海、入江无途，则壅缓如故，岂有加于清口之宣泄哉！"⑪

由此可见，明代最高统治者从来就没有奉行过"民为邦本"的理念，而是时时刻刻警觉任何有损其"龙脉"的鸡毛蒜皮之事。至于长期牺牲像苏北、皖北这些地区百姓的生命财

---

① 傅泽洪等录：《行水金鉴》卷六十二，上海：商务印书馆，1936年9月，第9册，第914页。
② 傅泽洪等录：《行水金鉴》卷六十二，上海：商务印书馆，1936年9月，第9册，第917页。
③ 傅泽洪等录：《行水金鉴》卷六十二，上海：商务印书馆，1936年9月，第9册，第917页。
④ 武同举：《导淮入江入海刍议》，《两轩賸语》，1927年印本，本文第1页。
⑤ 傅泽洪等录：《行水金鉴》卷六十四，上海：商务印书馆，1936年9月，第9册，第942页。
⑥ 傅泽洪等录：《行水金鉴》卷六十四，上海：商务印书馆，1936年9月，第9册，第945页。
⑦ 傅泽洪等录：《行水金鉴》卷一二八，上海：商务印书馆，1936年9月，第17册，第1854页。
⑧ 傅泽洪等录：《行水金鉴》卷六十四，上海：商务印书馆，1936年9月，第9册，第953页。
⑨ 傅泽洪等录：《行水金鉴》卷六十四，上海：商务印书馆，1936年9月，第9册，第954页。
⑩ 傅泽洪等录：《行水金鉴》卷六十四，上海：商务印书馆，1936年9月，第9册，第954页。
⑪ 曹于汴：《仰节堂集》卷九，四库全书本，第1页下—2页上。

产来维持其统治,也就不足为怪了。

到清代,统治者与治河者不再关注明祖陵的安危,少了许多意识形态方面令人生畏的禁区和不可触及的原则,并注重解决危害民生的水患,①以获得政治上的稳定。这也是清代盛世比前代显得可贵的地方。但反对加筑高家堰的泗州士绅,也从此失去了护卫明祖陵这一政治制高点,泗州成了必然被牺牲的地区。

五、清代治水方略

1683 年 12 月 23 日,康熙给吏部尚书伊桑阿等的面谕中称:"朕车驾南巡,省民疾苦,路经高邮、宝应等处,见民庐舍田畴淹没,朕心深为轸念。访问其故,具悉梗概。高、宝等处湖水,下流原有海口,以年久沙淤,遂致壅塞。今将入海故道,浚治疏通,可免水患。自是往还每念及此,不忍于怀。此一方生灵,必图拯济安全,咸使得所,始称朕意。尔同工部尚书萨穆哈往被水灾州县,逐一详勘,期于旬日内复奏,务期济民除患,总合经费,在所不惜。"②17 世纪后期,由于康熙的开创精神,国家工程方面的潜力被有效地运用到改善影响黄河的各种因素中。像 1688 年开筑中河、1699 年加固高家堰这类庞大工程的完成,实实在在地显示了一个王朝在其青年时代的活力。必须说明的是,庞大的治水工程的完工,使得其后大约 60 年里没有发生严重的洪灾,这主要是由于地方官员的积极参与、河工的经济和有效征用,以及在早期阶段尚少官僚习气的清帝国所呈现的小康状态。③

1699 年 4 月 4 日,康熙皇帝巡视高家堰。11 月 4 日,谕大学士、学士、九卿等:"今岁朕南巡,看得黄河逼近清口,黄水每多倒灌,以致淤垫。洪泽湖水不出,自高堰各坝,流入高宝诸湖。自高宝诸湖流入运河,以至下河田地尽被淹没,淮扬所属钱粮,虽频年蠲免赈济,动帑修理堤岸,群黎尚在水中。"④从这里可以看出康熙皇帝对水患祸民确实较为关注。

尽管康熙处处宣称以民生为重,实际上,清廷仍把运道安全视为无与伦比的最高利益。

清代河臣对苏北灾患的成因同样非常清楚。1679 年,靳辅疏曰:"当淮流循禹故道之时,淮流安澜直下,此地未闻水患。迨黄流南徙夺淮,淮流不能畅注,于是壅遏四漫。山阳、宝应、高邮、江都四州县,河西低洼之区,尽成泽国者六百余年矣。"⑤但有清一代,漕运仍是国家必须顾全的大局。张伯行指出:"国家之大事在漕,而漕运之利惟赖河。"⑥

1679 年 11 月 30 日,康熙在乾清门与部院各衙门官员讨论靳辅治河问题时,工部尚书马喇同意靳辅动支款项的请求,理由是"黄河淤塞,有妨运道"。都察院左都御史魏象枢

---

① 张鹏翮:《治河全书》卷一"上谕",康熙四十二年抄本,不署年月、页码。
② 张鹏翮:《治河全书》卷一"上谕",康熙四十二年抄本,不署年月、页码。
③ Ch'ang-tu Hu, "The Yellow River Administration in the Ch'ing Dynasty," *The Far Eastern Quarterly*, vol. 14, no. 4, *Special Number on Chinese History and Society* (August, 1955), p. 508.
④ 傅泽洪等录:《行水金鉴》卷六十六,上海:商务印书馆,1936 年 9 月,第 9 册,第 970 页。
⑤ 《大清圣祖仁皇帝实录》卷八十二,第 2 页上。
⑥ 张伯行:《条陈黄淮河务十条》,见张伯行著:《正谊堂文集(附续集)》卷四,上海:商务印书馆,1936 年,第 41 页。

本不同意靳的请求,但"恐将来漕运有阻,则咎归会议诸臣",不敢明确表示反对。户部尚书伊桑阿也认为若不治理黄河,"运道恐致有阻"。康熙本人因这个请求关系到漕运,"自应从其所请"。① 因此,清代对黄河的治理,主要是为了维护漕运。张伯行指出:"河水若不能畅流,漕船亦不能远至。"②

乾隆十八年(1753),车逻坝及邵伯二闸同时漫决。不久,铜山县张家马路堤工溃决,黄河冲决内堤七八十丈、外堤四五十丈,全河南趋,由灵璧、孟山等湖汇归洪泽湖。③ 11月17日,乾隆与在廷诸臣讲求治河,吏部尚书孙嘉淦主张开减河引黄水入大清河入海。这一减免苏北水患的建议由于威胁到漕道,理所当然地遭到了乾隆帝的拒绝。并且,乾隆帝明确表示:"此后仍有以治河奏者,必将原折发还。"④

为了维持运河航道的畅通,每年农历五至九月,是漕粮北运时期。在漕运开始前和进行时,均要闭闸蓄水。这个时期大致相当于公历的6至10月,"淮河流域于每年夏季七八月之交,多倾盆大雨"⑤。

明臣的一份奏疏中写道:

> 窃见今年以来,四方无不告灾,而淮扬、庐、凤等府,滁、徐、和等州,其灾尤甚。臣等询访南来官吏,备说前项地方,自六月至于八月,数十日之间,淫雨连绵,河流泛涨。自扬州北至沙河,数千里之地,无处非水,茫如湖海。沿河居民悉皆淹没,房屋椽柱,漂流满河。丁壮者攀附树木,偶全性命。老弱者奔走不及,大半溺死。即今水尚未退,人多依山而居,田地悉在水中,二麦无从布种。或卖鬻儿女,易米数斗,偷活一时;或抛弃家乡,就食四境,终为饿殍,流离困苦之状,所不忍闻。臣等窃惟各府州处南北之冲,为要害之地,圣祖之创造帝业,实以此为根本。江南之输运钱粮,实以此为喉襟。况自古奸雄启衅召乱,多从此地。若不急议赈恤,深恐冬尽春初,米价愈贵,民食愈难,地方之变,殊不可测。⑥

漕运进行时,上游淮水支干各河来量极大,无法宣泄,使得整个淮河中游成为滞洪区,只能任其淹没洪泽湖以西的凤阳、泗州、颍州等地区。有时因为人为的因素(如沿河役吏的勒索、漕丁拍卖所带货物、运河河道障碍等),漕运往往拖延至开秋。

康熙年间,漕运总督林起龙奏称:"通漕计船,约有六千余只,少有稽阻,到通必迟。到通迟,则回空必迟。回空迟,则归卫必迟。归卫迟,则修舱必迟。修舱迟,则赴次必迟。赴

---

① 中国第一历史档案馆整理:《康熙起居注》第1册,北京:中华书局,1984年,第455页。
② 张伯行:《遵谕条奏黄河折(康熙六十年)》,见张伯行著:《正谊堂文集(附续集)》卷三,上海:商务印书馆,1936年,第39页。
③ 戴逸、李文海主编:《清通鉴》第9册,太原:山西人民出版社,2005年,第3688页。
④ 戴逸、李文海主编:《清通鉴》第9册,第3690—3691页。
⑤ 陆养浩:《江北水利辑要》,《江苏研究》第1卷第3期,1935年7月1日,本文第4页。
⑥ 《费文宪公集·两淮水灾乞赈济疏》,陈子龙等选辑:《明经世文编》卷九十七,北京:中华书局,1987年,第856页上。

次迟,则受兑必迟。受兑迟,则开帮必迟。即使昼夜不停,责以冬兑冬开之限,五月间尽数过淮,万万不能。"①而当时能使漕船延误的因素不胜枚举。最主要的是漕运水手夹带私货。漕船每到一个地方,常有"积年牙侩"为漕船引领客商,装运货物。而客商则因搭载漕船可以偷漏税课,"视朝廷粮船为藏奸罔利之薮"②。漕丁在运官的默许或支持下,"凡于城市镇店,货物辐辏之所,希图逗留,揽载买货"③。漕船不能按时过淮,运河闸坝只能蓄水相待,更加剧了淮河中游地区的水患。

清代再次有人提出,改漕舟由洪泽湖溯淮而上,入汴河以抵黄河边上的祥符,而祥符对岸的阳武距卫河仅60里。使运道移往淮河、黄河的上游,这样,"高堰之水,可以毋蓄,而淮、扬下河之水患可免矣。微山、蜀山诸湖可以毋蓄,而山东之涝旱可免矣"④。遗憾的是,尽管此时已没有明祖陵的顾虑,但在实践中仍无人理会。

在清初,君臣们除漕运外,非常看重两淮地区的盐课。在相当程度上,这个地区的治水是为了保证盐课和其他税收的征收。1658年12月2日,河南道监察御史何可化题:"险堤而外,为盐城等县,直达江都,每岁盐课百四十万,取给于此,若五险堤岸一决,则盐城尽被渰没,且非一岁兴工可便补塞。国家几百万金钱,不可不重为虑也。"顺治帝在谕旨中称"淮黄堤工,关系地方盐课"⑤。无独有偶,1679年,河道总督靳辅疏陈堵塞清水潭决口的重要性是"山阳、高邮等七州县田地被水淹没,十余年来,每岁损课数十万两"⑥,丝毫未提民生问题。

诚然,在意识形态方面强调"民为邦本"的思想,不论出于何种意图,在"盛世"时均体现了对民生的关注。对苏北这样的传统农业区而言,算得上福音。有的学者推重雍正时的水利工程,认为超过了顺治与康熙时代,极大地提高了民众的福利。⑦

总之,在治水方略方面,清朝的决策者体现了有别于明朝决策者的转向,即从对祖陵和运道的强调转为关注"运道民生",这类谕旨在"盛世"时代如恒河沙数。⑧ 即使到嘉庆前期,仍屡有河臣因请求增加河工料价归地粮摊征,而被斥为"病民",并遭革职之事。⑨

---

① 林起龙:《请宽粮船盘诘疏》,贺长龄:《皇朝经世文编》卷四十六"户政"二十一"漕运上",上海:广百宋斋丁亥(1887)仲春校印,第51页上。
② 林起龙:《请宽粮船盘诘疏》,贺长龄:《皇朝经世文编》卷四十六"户政"二十一"漕运上",上海:广百宋斋丁亥(1887)仲春校印,第53页上。
③ 林起龙:《请宽粮船盘诘疏》,贺长龄:《皇朝经世文编》卷四十六"户政"二十一"漕运上",上海:广百宋斋丁亥(1887)仲春校印,第53页上。
④ 魏源:《魏源集》上册,北京:中华书局,1976年,第401页。
⑤ 傅泽洪等录:《行水金鉴》卷一三四,上海:商务印书馆,1936年9月,第17册,第1939页。
⑥ 《大清圣祖仁皇帝实录》卷八十,第24页下。
⑦ Pei Huang, *Autocracy at Work*: *A Study of the Yung-cheng Period*, 1723—1735. Bloomington and London: Indiana University Press, 1974, pp. 236 - 240.
⑧ 关于清代统治者,特别是康熙帝对运道民生的关注,详见张鹏翮编:《治河全书》卷一和卷二"上谕",康熙四十二年抄本,不署年月、页码。
⑨ 汪胡桢、吴慰祖编次:《清代河臣传》卷三,南京:中国水利工程学会,1937年2月,第124、125页。

清中期以后,迫于内忧外患,政治日渐腐败,"治法治人,两俱无有,腹部黄河、淮河、长江三大流域,几无岁不灾,而其灾害程度,复与年俱增"①。清朝的治河又恢复到以保运为最高原则的传统政治思维上来,苏北的民生问题再次成为国家利益的牺牲品。

六、保运与淹民

清代常有大员义正词严地指责"地方官但知收割,不顾河工;即沿河居民,亦但保目前"②。其实,漕、河方面的官员又何尝不是只顾漕运,不顾地方百姓的利益呢?"是以每当启放四坝,互起纷争,俨如敌国,此皆不知大局者之所为也。"③在这些官员的眼中,千百万百姓的身家性命均是小事,只有漕运才属"大局"。

明清地方大员,每每不远千里,水陆兼行,不厌其烦地向皇帝报告一些诸如某段黄河变清、禾生双穗、凤鸟来仪、海市蜃楼之类的"祥瑞"吉兆,以证明当朝的皇帝就是圣君再世。而对被人为放水淹毙的成千上万名百姓,连数量统计都不愿做,当然,即使做了精确统计,也多不会予以上报;即使上报,也会被批为烦琐,更不会予以公布。毕竟,在朝廷看来,淹毙几万百姓,至多损失些税收和赈粮,而让社会知道百姓真实的死亡数字,或有损圣君和"盛世"的美誉,更可怕的是,可能影响稳定的局面,损害其统治基础。

所以,即使在政治最清明的专制时代,像"平日零收私盐济枭之小贩人等",均有精详的信息,督抚乃至皇帝均严予掌控。雍正十二年(1734),两江总督赵弘恩向雍正帝上奏的这类小贩数量为395名,而非用"数以百计"之类的含糊数据。可见君臣对此类小贩的重视程度。这些小贩均被"所属文武存记档案,留心踩缉"④。至于被淹毙的平民,数量再多,也是不会被详细存记档案的。

道光元年(1821),据姚祖同疏陈,"河工之敝坏显而易见,民生之凋瘵隐而难治"。仅河南一地,"河工加价,自常赋三百六十余万外,逾额摊征,衡工未已,睢工继之;睢工未已,马工、仪工又相继接征。此外复有各处堤工随时摊征之款,民力其何以堪?"⑤可见,到了道光年间,河工"病民"已经非常严重了。

漕船过淮后或洪泽湖蓄水过多,官府会随时泄放,运河东侧往往一片汪洋。《淮安府志》称:"方运河畅流时,东南稻田数千顷咸资其利,号称膏腴。自湖水下徙,运源艰涩,民始有乏水之忧。莳种植秧,多违常度。夏秋闲禾欲登场,而水潦横溢,以淹没告者踵相接也。民力既殚,疏浚堤防之功不至,浸淫日久,高田多龟坼,下田成污莱,向之膏腴化为瘠区。"⑥

乾隆七年,扬州府通判刘永钥等禀称:高邮、邵伯一带湖河,水势加涨。已将芒稻闸、

---

① 芳墅:《中国古代农田水利之研究》,《水利委员会汇刊》第7辑,1942年1月,第14页。
② 武同举辑纂:《再续行水金鉴(运河卷)》(2),武汉:湖北人民出版社,2004年,第556页。
③ 武同举辑纂:《再续行水金鉴(运河卷)》(2),武汉:湖北人民出版社,2004年,第556页。
④ 台北故宫博物院清代宫中档与军机处折件:《江南总督赵弘恩奏折》(雍正十二年十月初六日),箱号75,文献编号402010579,统一编号故宫013710。
⑤ 汪胡桢、吴慰祖编次:《清代河臣传》卷三,南京:中国水利工程学会,1937年2月,第157页。
⑥ 吴昆田纂:《淮安府志》卷六,光绪十年刊本,第18页下—19页上。

董家沟开放,以资利导。"乃有湖西乡民数十人,赴邵伯工次,求开奉旨永闭之昭关坝,以保田禾。永钥等谕令散去,讵刁民于次日五鼓持械聚众,擅敢将漕堤挖动。下河乡民抢护,两相争执,各有数人受伤。"①可见,昭关泄水之严重性。但在后来的官府看来,不论淹没多少百姓,只要能维持大局,昭关泄水也是在所不惜的。

乾隆四十一年九月,高宝等地湖河水势盛涨,署江督萨载决定启放南关、车逻等坝,"启坝减泄,而减下之水既多,下河亦不免稍淹。"萨载竟称:"此亦无可如何之事!"②嘉庆十三年六月,官府开启五里、昭关、车逻、南关等坝,平地水势二三尺,"近河村庄低洼田亩多被淹浸"。江苏巡抚汪日章称,由于"迁居高岸灾民俱经散给磨饼、席竹,食宿有资,民情安静"。③ 用几张竹席就能让家没财毁的百姓情绪稳定,中国官员真乃治民有术!

1826年夏,洪泽湖水大涨。7月30日,两江总督琦善奏:"可虑者,洪湖堤工本非坚实,水面又宽广四百余里。上冬今春存水不过一丈二尺有余,每遇西北大风,即已巨浪如山,直过堤顶。今水增数尺,容蓄愈难。"④经启三河闸坝、拦湖坝等,效果并不显著,琦善准备将扬河、扬粮两厅境内归江归海各坝,全部启放,即使这样,"此但以保运河之堤,而不足以泄洪湖之涨,第下游田亩实已因此受淹"⑤。有位亲身经历过此事的人写道:"扬郡七州县当下游者,田庐尽没,较嘉庆丙寅(1806)决荷花塘尤剧。"⑥这在清朝高官们的奏折中得到了印证。据8月2日江苏巡抚陶澍奏:各坝泄放之水,直达高、宝诸湖,后又将车逻、南关、中新等4坝启放,高宝地区"田亩房舍,均归巨浸。……田间水深五六尺至一丈不等,庐、墓尽在水中。……民间扶老携幼,纷纷迁避高阜,露处乏食"。⑦ 有人作《开坝行》纪其事:"稻未收,洪湖水长日夜流。治河使者计无奈,五坝不开堤要坏。车逻开尚可,昭关坝开淹杀我。昨日文书来,六月三十申时开。一尺二尺水头缩,千家万家夫老哭。"⑧

在这次泄洪事件中,高官大吏们最为关注的是保护运河和洪泽湖大堤。"当事惧堤工不保,遂启五坝过水。"⑨而最高统治者最为关心的则是保证漕粮的运输,对淹没民间田庐则并不顾及。8月3日,道光皇帝在上谕中称:"御黄坝业经两年不开,本年粮船,必须全数回空,来年重运,必当照常行走。既据该督[指琦善——引者注]等会筹定义,道将厅营皆以为减坝可行,此时即应坚持定见,及早办理,毋再游移观望。时届立秋,漕船回空瞬

---

① 《大清高宗纯皇帝实录》卷一七一,乾隆七年七月下,第167页下。
② 台北故宫博物院清代宫中档与军机处折件:《署理两江总督江南河道总督萨载奏折》(乾隆四十三年九月十三日),箱号2704,文献编号403036239,统一编号(故宫)06211。
③ 台北故宫博物院清代宫中档与军机处折件:《江苏巡抚汪日章奏折》(嘉庆十三年六月初二十九日),箱号2714,文献编号406012288,统一编号(故宫)131140。
④ 武同举辑纂:《再续行水金鉴(淮河卷)》,武汉:湖北人民出版社,2004年,第126页。
⑤ 武同举辑纂:《再续行水金鉴(淮河卷)》,武汉:湖北人民出版社,2004年,第127页。
⑥ 京杭运河江苏省交通厅苏北航务管理处史志编纂委员会编:《京杭运河志(苏北段)》,上海:上海社会科学院出版社,1998年,第645页。
⑦ 武同举辑纂:《再续行水金鉴(淮河卷)》,武汉:湖北人民出版社,2004年,第128页。
⑧ 曹楙坚:《昙云阁集》卷四,曼陀罗馆光绪三年刻本,第28页上。
⑨ 京杭运河江苏省交通厅苏北航务管理处史志编纂委员会编:《京杭运河志(苏北段)》,上海:上海社会科学院出版社,1998年,第645页。

至,倘启坝自缓,空船归次少迟,尚无大碍。若竟迁延贻误,将来漕船不能回空,并误明春重运,朕惟琦善、张井、潘锡恩三人是问,决不宽贷,懔之慎之,将此谕令知之。"①

可叹的是,这次决水所淹没的人口稠密村镇,百姓却多归罪于琦善,多年来一直坚信英明的皇帝视他们如己子,是皇帝事后查出了实情,严惩了琦善,替他们做了主。直到20世纪30年代,老人们还在叙述:"琦大人开减坝放水,事前饰词入告,谓此地百里无烟。后钦差查覆,乃知烟村甚密,百万灾黎,一时破产。琦大人遂至得罪。"②其实,这次放水,琦善根本没有受到惩办,并很快兼任了漕运总督,可谓实权与肥缺并握。而放水淹民的真正罪魁,正是百姓钦之仰之、趋之信之的道光皇帝。

仅过1年,1827年7月3日,据张井、潘锡恩奏:"奉上谕:洪湖存水较上年尤为旺盛,堰工吃重,自不得不预筹宣泄。惟下游各州县田庐上年全被淹浸,虽现在严守车逻等坝,不致淹及民田,而此后湖水日增,必须思患预防,俾堰工可保无虞,而下游亦不致被患。"③在以保住乌纱帽为主要目的的官员们的眼中,百姓的利益永远没有"大局"重要,是以河臣们有着充分合理的"借口"来做损害百姓的事:"臣等固当顾惜灾黎,不敢轻议启放,然亦未敢过于拘泥,贻误堤防,惟视湖河水势,权其轻重以为操纵。"④

黄河北徙之后,苏北治水问题已不再成为中央政府层级的核心问题,而是成了地方性事务。同治六年(1867),督臣曾国藩因江苏绅耆之请,以黄河迁徙已阅10年,旧堤当存,施工较易,倡为导淮之说,奏请分年试办。光绪六、七等年,署督臣吴元炳、督臣刘坤一,兴办抽挑扬苑一带河工,由黄河及张福河、碎石等河数次兴工,但仅能略资分泄,不久又淤塞。安徽学政徐郙请排泄泗、沂两河为导淮前期工程,建议疏治大通口作为出海之途,获左宗棠支持,议办多年,没有结果。⑤到了民国前期,中央政府无意负担苏北地区的治水费用,而是由地方政府筹集,治水事务每况愈下,只能作些小修小补的工程。如张謇曾倡上、中、下导淮三策,地方地府只能采行费用最少的下策,以至于水患始终无法根除。⑥

民国前期,苏北河务更成了军阀斗争的牺牲品。柏文蔚等提出"裁军导淮",希望把内斗的资源用于治淮事业,但真正的掌权者对此毫无兴趣。1924年,主持山东政务的官员们甚至不愿花费数万元来对本已危殆的黄河河堤进行简单的维护,结果造成1925年黄河南岸决堤,鲁西南大片地区被淹的大灾。⑦

南京国民政府时期,河务与民生仍没有引起政府足够的重视,政府甚至不能像清朝中

---

① 武同举辑纂:《再续行水金鉴(淮河卷)》,武汉:湖北人民出版社,2004年,第102页。
② 张煦侯:《淮阴风土记》下册,1936年,第151页。
③ 武同举辑纂:《再续行水金鉴(淮河卷)》,武汉:湖北人民出版社,2004年,第151页。
④ 武同举辑纂:《再续行水金鉴(淮河卷)》,武汉:湖北人民出版社,2004年,第152页。
⑤ 台北"中研院"近代史研究所档案馆藏档案:《江苏查勘淮河故道并办工赈》(光绪三十三年),馆藏号06-21-11-09,宗号2-(3),第7—8页。
⑥ 韩紫石:《苏北黄灾救济专刊序》,《水利委员会汇刊》第8辑,1942年4月,第15页。
⑦ Walter H. Mallory, *China: Land of Famine*. New York: American Geographical Society, 1926, p. 72.

期那样对河务常常有统一的管理与规划。① 1938年6月6日至9日,为了迟滞日军的进攻,苏北再次成为中央政府的牺牲品。在蒋介石的命令下,政府军新八师炸开河南郑县花园口大堤,口门迅即冲大。泛水一股沿贾鲁河经中牟、开封、尉氏、扶沟、西华、淮阳、周口入颍河,至安徽阜阳至正阳关入淮;另一股自中牟顺涡河经通许、太康至安徽亳县由怀远入淮。豫、皖、苏3省44县成为黄泛区。

据豫皖边区副总指挥部的电文称,1939年,豫皖边区水灾异常严重。黄流自太康西北,进入涡河后,流量暴涨,于鹿邑西北观武集、梁口、时口一带决口四五处,向东南分流到赵王河、清水河、泯河、米唐河后,有支流陆续添溢。由于黄泛区地势平坦,各河极易四处横流。仅淮阳、鹿邑、柘城、沈丘、亳县5县受灾面积达7 500多平方公里,受灾难民826 000余人,直接财产损失达4 183万余元。"灾民遍野,惨不忍睹。"②

受黄流影响,苏北沂、沭、运各河暴涨决口,东海、灌云、邳县、沭阳、宿迁、淮安各县惨罹灾患。东海、灌云灾情最重,两县灾民即达数十万人,"灾民始犹以草根树皮充饥。近则无可得食,饥寒交迫,非振莫活。且因无力购种,迄今尚有十余万亩农田未播春耕,影响来年生计,尤非浅鲜"。邳县、沭阳、宿迁、淮安各县灾民,"流亡载道,待哺嗷嗷"。③ 1938年8月29日,高邮马头湖水位达1丈8尺5寸,沿运各县,"或因湖水涨漾,或因淫雨为灾,七八千方里之地,庐舍漂没,生民离散,运堤各汛,更复迭呈险象,已至最危岌之阶段"。④

在花园口决堤后黄河8年多的泛滥中,死亡人口达89万。⑤ 在苏北地区形成巨浸,并迫使1 200万人流离失所。⑥ 花园口决堤,使黄河再次夺淮行水,"浸有图复明初南徙局势"。⑦ 在淮河下游的江苏省,"水祸将视咸丰河徙以前为尤烈"。这是因为河道已与前大不相同,"前此河行归、徐,上有分减,下有通路,犹可尽人力为之防范。今则取道颍、凤,将溢于洪泽、高、宝诸湖"⑧。

---

① 雍正时代对河务统一规划与管理的论述,见 Pei Huang, *Autocracy at Work: A Study of the Yung-cheng Period, 1723—1735*. Bloomington and London: Indiana University Press, 1974, p. 237.
② 中国第二历史档案馆藏重庆国民政府赈济委员会档案:《豫皖边区副总指挥部快邮代电》(1940年11月11日),全宗号116,卷号425,无页码,文件原始分类号5-2-2,卷号16。
③ 中国第二历史档案馆藏重庆国民政府赈济委员会档案:《江苏省赈济委员会呈文》,全宗号116,卷号423,无页码,文件原始分类号5-2-2-1,卷号19。
④ 中国第二历史档案馆藏重庆国民政府赈济委员会档案:《江苏省赈济委员会呈文》,全宗号116,卷号423,无页码,文件原始分类号5-2-4,卷号2。
⑤ 黄河水利委员会编:《民国黄河大事记》,郑州:黄河水利出版社,2004年,第131页。
⑥ Norman D. Hanwell, "New Floods Threaten More Losses for China," *Far Eastern Survey*, vol. 8, no. 15 (July, 1939), p. 177.
⑦ 景武:《再论治黄》,《水利委员会汇刊》第7辑,1942年1月,第9页。
⑧ 韩紫石:《苏北黄灾救济专刊序》,《水利委员会汇刊》第8辑,1942年4月,第16页。

第二节 漕运方略:被剥夺的江南与被牺牲的淮北

明、清乃至民国中央政府对待江南和淮北的态度有着较大的差别。对江南的榨取比较沉重,但通常会维持其社会生产;对淮北则采取杀鸡取卵或涸泽而渔的方法,不给淮北民众留有较大的生存余地,造成了淮北社会生态的急剧恶化。

一、海洋强国

中国远古时代的东夷部族,以善于航海著名。① 可惜他们不属于黄帝部落,他们的航海技术没有得到来自西部与西北农耕部落为主的统治者的重视。

20世纪60年代,对澳大利亚威兰德拉湖(Willandra Lake)早期人类头骨的研究发现,澳大利亚早期人类与中国新石器时代的长江下游地区的人类在各个方面都惊人地相像。最近的基因研究更证实美拉尼西亚、澳大利亚和新几内亚的土著居民系来自亚洲东南部地区。② 大约在公元前9000年,中国人凭木筏和独木舟渡过台湾海峡从大陆来到台湾居住。在公元前7000—前5500年,他们从台湾来到菲律宾。公元前4000年前后,他们来到马来半岛和摩鹿加群岛,并向东到达俾斯麦群岛。公元前1300年,他们到达斐济。③ 他们来到印度尼西亚时,已开始使用帆、舵等装置,那时苏拉威西岛中部是建造海船的中心。大洋洲地区称呼船的两个词汇"waka"或"vaka","paepae"或"pahi"就源于早期中国人词语中对"船"的称呼。④

中国古代海运粮石史不绝书。春秋时代,齐国即海运粮石。是时"轴舻转载斛石"。齐景公曾与晏子论及"犹轴转斛",孙星衍指出:"是时齐海运,故景公欲浮舟而南。"⑤

中国在战国时代即已发明司南,为海上航行提供了极大的便利。秦始皇时代,赣榆人徐福曾率领船队多次航海。汉武帝时,朱买臣献平定东越策:"东越王故居泉山,一夫守险,千夫不能上。今更徙南五百里,居大泽中,今发兵浮海,直至泉山,陈舟列(骑)[兵],席卷南行,必破灭也。"后朱果与横海将军韩说大破东越。⑥ 汉元始三年(3),逢萌"将家属浮

---

① Louise Levathes, *When China Ruled the Seas: The Treasure Fleet of the Dragon Throne, 1405—1433*. New York: Simon & Schuster, 1994, p. 23.
② Louise Levathes, *When China Ruled the Seas: The Treasure Fleet of the Dragon Throne, 1405—1433*. New York: Simon & Schuster, 1994, p. 24.
③ Louise Levathes, *When China Ruled the Seas: The Treasure Fleet of the Dragon Throne, 1405—1433*. New York: Simon & Schuster, 1994, p. 25.
④ Louise Levathes, *When China Ruled the Seas: The Treasure Fleet of the Dragon Throne, 1405—1433*. New York: Simon & Schuster, 1994, p. 25.
⑤ 孙星衍注:《晏子春秋音义》卷下"问下第四",上海:商务印书印,1937年,第47页。
⑥ 张烈点校:《两汉纪》上册《汉纪》卷十,北京:中华书局,2002年,第166—167页。

海,客于辽东"①。

东汉光武帝建武十七年(41),伏波将军马援督船楼将军段志等南征交趾,"缘海而进"②;十九年(43),"援将楼船大小二千余艘,战士二万余人,进击九真贼徵侧余党都羊等"③。

三国时海战不绝于书,吴国的航海技术已达很高的水平。晋成帝咸康六年(340),"赵王虎命司、冀、青、徐、幽、并、雍七州之民五丁取三,四丁取二,合邺城旧兵,满五十万,具船万艘,自河通海,运谷千一百万斛于乐安城"。④

唐初,"征辽之役,诏太常韦挺知海运,[崔]仁师为副,仁师又别知河南水运。仁师以水路险远,恐远州所输不时至海,遂便宜从事,递发近海租赋以充转输"⑤。唐高宗显庆五年(660)十二月,唐军分道击高丽,"青州刺史刘仁轨坐督海运覆船,以白衣从军自效"。⑥唐职官中,有不少官名涉及海运。万岁通天二年(697)有"清边军海运度支大使"⑦。天宝(742—756)末,因安禄山奏请,畅璀为河北海运判官。⑧安禄山手下有"海运使"一职。宝应年间(762—763),高丽人李正己被授为"海运押新罗渤海两蕃使"⑨,其孙李师古与李师道亦先后被授予类似的官衔。⑩

唐人诗歌常提及海运。如杜甫《后出塞》之四:"云帆转辽海,粳稻来东吴。"⑪《昔游》:"吴门持粟帛,泛海入蓬莱。"⑫戴叔伦《京口送皇甫司马副端曾舒州辞满归去东都》:"潮水忽复过,云帆俨欲飞。"⑬

宋代开始使用罗盘航海。在13世纪初,中国船只是印度洋上最好的海船,这些商船平均长30.48米、宽7.62米,载货120吨,船员达60人。最大的海船载货300吨并载人500—600名,附带救生船只,⑭可日行千里,水手们从不惧怕大风大浪。⑮

---

① 司马光编著:《资治通鉴》卷三十六,北京:中华书局,1976年,第1142页。
② 范晔撰:《后汉书》卷二十四,北京:中华书局,1973年,第838页。
③ 范晔撰:《后汉书》卷二十四,北京:中华书局,1973年,第839页。
④ 司马光编著:《资治通鉴》卷九十六,北京:中华书局,1976年,第3039页。
⑤ 刘昫等撰:《旧唐书》卷七十四,北京:中华书局,1975年,第2621页。
⑥ 司马光编著:《资治通鉴》卷二〇〇,北京:中华书局,1976年,第6322页。
⑦ 陈子昂撰:《陈伯玉文集》卷七,明弘治杨澄刊本,第6页上。
⑧ 刘昫等撰:《旧唐书》卷一一一,北京:中华书局,1975年,第3332页。
⑨ 刘昫等撰:《旧唐书》卷一二四,北京:中华书局,1975年,第3535页。
⑩ 刘昫等撰:《旧唐书》卷一二四,北京:中华书局,1975年,第3537页。
⑪ 《全唐诗》第十八卷,北京:中华书局,1960年,第186页。
⑫ 《全唐诗》第二二二卷,北京:中华书局,1960年,第2358页。
⑬ 《全唐诗》第二七三卷,北京:中华书局,1960年,第3088页。
⑭ Louise Levathes, *When China Ruled the Seas: The Treasure Fleet of the Dragon Throne, 1405—1433*. New York: Simon & Schuster, 1994, p. 43.
⑮ Louise Levathes, *When China Ruled the Seas: The Treasure Fleet of the Dragon Throne, 1405—1433*. New York: Simon & Schuster, 1994, p. 44.

二、元、明海运

向京师输送粮食,以保证其稳定,是各个国家都极为重视的事。作为拥有极为成熟统治经验的明清两代中央政府,对此事的重视是可以理解的,也是极为合理的。[①] 问题的关键不是要不要运送米粮,而是用什么方法来运送。

元世祖至元十二年(1275),开始北运江南漕粮。至元十九年(1282),采丞相伯颜的建议,开启海道。设立三名运粮万户府,由朱清、张瑄、罗璧充任。第一年运粮 4 万余石,后增至 300 余万石。元漕运抵直沽,再达京城。每年春、夏运 2 次,"内外官府,大小吏士,至于细民,无不仰给于此。……世祖之德,淮安王之功,逮今五十余年,惠民之泽,曷穷极焉"[②]。钱谦益评价道:"伯颜之意,以为元都燕,去东南转漕之地四五千里,万一中原有警,道路梗塞,非海道不足以备缓急,故于立国之初,既为漕海之计。其谋国深远营度,在百年之后,非凡所知也。"[③]从后来河运的危害性来看,明清柄政者在转漕问题上的失策与荒谬,与伯颜确有霄壤之判。

遗憾的是,明、清两代长期坚持的河运漕粮政策,从一开始就是一个极其严重的错误。元代采取海运漕粮的方略,终元一代,国家对黄、淮的重视程度根本无法与明清两代相比,但淮北水患也远没有明清严重。那时,粮船从太仓刘家港入海,经扬州路通州、海门县黄连沙头、万里长滩,沿山岙而行,抵淮安路盐城县,历海州、密州、胶州界放灵洋投东北路。计其水程自上海至扬村码头,凡 13 350 里。后来,朱清等开辟自刘家港经万里长滩、青水洋、黑水洋至成山,达界河口的海道,"其道差为径直"。次年,千户殷明略又开辟从刘家港入海至崇明州三沙向东行入黑水大洋的海道,取成山转至刘家岛入界河,"当舟行风信,有时至浙西至京师不过旬日而已",这条海路最为便捷。[④]

明初,明太祖在南京建都,当时各地的贡赋,通过长江可以非常便捷地运入京师。[⑤] 明成祖迁都北京后,"百官卫士仰需江南"。[⑥] 开始时,漕粮通过两条路线运入北京。一条由江入海,出直沽口,由白河运达通州,即海运路线,主要是为了供给辽东军需。另一条由江入淮,过黄河至阳武县陆运至卫辉府,由卫河运至蓟州,即河运路线。[⑦] 令人惊讶的是,

---

[①] 参见 Lillian M. Li and Alison Dray-Novey, "Guarding Beijing's Food Security in the Qing Dynasty: State, Market, and Police," *The Journal of Asian Studies*, Vol. 58, No. 4 (Nov., 1999), pp. 992 - 993, 1026 - 1027.

[②] 苏天爵:《国朝文类》卷四十,上海涵芬楼影印本,第 18 页下—19 页上。

[③] 钱谦益著:《牧斋初学集》卷二十四,上海涵芬楼影印本,第 21 页上。

[④] 永瑢、纪昀等:《文渊阁四库全书》"史部"二六七"地理类",台北:商务印书馆 1986 年影印本,第 509 册,第 236 页。

[⑤] 明初的海运,详见星斌夫:《明代漕運の研究》,东京:日本学术振兴会,1963 年,第 2—5 页。

[⑥] 王在晋:《通漕类编》卷二,万历甲寅刻本,第 1 页上。海运停废后的漕运情况,详见星斌夫:《明代漕運の研究》,東京:日本学术振兴会,1963 年,第 31—32 頁。

[⑦] 王在晋:《通漕类编》卷二,万历甲寅刻本,第 1 页上。

永乐十三年(1415),会通河疏浚后,海运乃停止。① "至于漕运之规,随时更变。"②

竭力推崇河运的明漕臣王在晋写道:"说者谓海运宜于胜国,今胡独不然。朱清、张瑄为海上亡命,故周知海门之险阻。胡元房使其民投之穷海,而忍视其死。至元二十八年,漂米二十四万石五千有奇,至大二年,漂米二十万九千有奇。其随船汩没者,盖不知其几千人矣。"③而明初之所以能行海运,是因为"胜国未远,沙民犹能习海"④。

在王在晋看来,行海运是极不人道的暴政,可与秦始皇修长城相提并论:"昔始皇驱民于边,犹掩骼长城之下,而胡元驱民于海,乃纳命沉潾之中。吾民何幸,而罹此劫?"⑤实际上,即使河运过程中,"弁丁数千,各司其事,沿途催趱,层层照料,尚不免风水沉失之虞"⑥。

隆庆年间(1567—1572),大学士丘浚驳斥了海运比河运危险这一谬说。他指出:自至元二十年(1283)始,至天历二年(1329)止,综计元代海运46年损失的漕粮数量,"窃恐今日河运之粮,每年所失,不止此数"。况海运没有剥浅之费,无须十天半月地排队等候,而其支兑加耗,每石更远少于河运。⑦

显然,海运远较河运节省时间,更为重要的是,这种方法更大量地节省了财力、民力。同样以每年运送漕粮400万石计,海运的全部支出仅有160万石米,⑧仅相当于河运的五分之一。总的说来,"漕河视陆运之费省十三四,海运视河运之费者省十七八。盖河漕虽免陆行,而人挽如故"⑨。若改海运,清代沙船大体上每年正月出海,至七月西北风起停航,往返可3至4次,而多数是三月以后出海,往返2至3次。从上海至天津,顺风需时7—10日。⑩河运所费时间高于海运至少10倍,所用人力更高于海运数十倍。

可以说,海运与其他任何运输办法(包括支运、长运、兑运等)相比,均利大于弊。最早取代海运是水陆并用的办法。永乐元年(1403),在淮安用300石以上的船只装漕粮,运入淮河、沙河,至陈州、颍歧,改用100石以上的浅船,运至跌坡上,再以大船载入黄河,至八柳树等处,由河南车夫运赴卫河,再转运北京。⑪遇到运河淤浅时,"运舟日行尺寸"⑫。

---

① 王在晋:《通漕类编》卷二,万历甲寅刻本,第1页下。
② 顾炎武:《天下郡国利病书》(二),黄坤等校点,上海:上海古籍出版社,2012年,第1198页。
③ 王在晋:《通漕类编》,万历甲寅刻本,"序"第8页下。
④ 王在晋:《通漕类编》,万历甲寅刻本,"序"第9页上。
⑤ 王在晋:《通漕类编》,万历甲寅刻本,"序"第9页下。
⑥ 陶澍:《恭报海运全竣折子》,《陶澍集》上册,长沙:岳麓书社,1998年,第112页。
⑦ 顾炎武:《天下郡国利病书》(三),黄坤等校点,上海:上海古籍出版社,2012年,第1769页。
⑧ 阮元:《海运考》(上),载贺长龄:《皇朝经世文编》卷四十八"户政"二十三,上海:广百宋斋丁亥(1887)仲春校印,第3页上。
⑨ 顾炎武:《天下郡国利病书》(三),黄坤等校点,上海:上海古籍出版社,2012年,第1767页。
⑩ 许涤新、吴承明主编:《中国资本主义发展史》第1卷《中国资本主义的萌芽》,北京:人民出版社,2003年,第665页。
⑪ 王在晋:《通漕类编》卷二,万历甲寅刻本,第2页下。
⑫ 顾炎武:《天下郡国利病书》(二),黄坤等校点,上海:上海古籍出版社,2012年,第1049页。

史家认为,通过海运,"民无挽输之劳,国有储蓄之富,岂非一代之良法欤?"①《元史·食货五·海运》有类似看法,认为海运"为国计者大矣"。明大学士丘浚认为,"作元史者,皆国初史臣,其人皆生长胜国时,习见海运之利,所言非无所征者"②。

为什么明政府会放弃如此廉价高效的海运,采行浪费到了极致的河运呢?其理由竟是海运风险较大。

元代大量用沙船海运漕粮,并使用牵星术以计算船只所在纬度。元代海运漕粮,其事故损失率为1‰至1.6‰。明代的沙船已使用了披水板、升降舵等,现存明代由太仓至日本的针路图(即沙船航线),包括时间、里程和水深,极为详尽。③

元代海运舟覆粮沉之事,并非因为海运技术不成熟或海洋上存在着不可控制的自然因素,这些事故恰恰是不良的体制造成的。

元代学者写道:"往年某尝适吴,见大吏发海运。问诸吴人,则有告者曰:富家大舟受粟多,得佣直甚厚,半实以私货,取利尤伙,器壮而人敏,常善达。有不愿者,若中产之家,辄贿吏求免。宛转期迫,辄执畸贫而使之。舟恶,吏人胠其佣直,工徒用器食卒,取具授粟,必在险远。又不得善粟,其舟出辄败,盖其罪有所在矣。"④可见,元代富裕人家置办的舟船,完全胜任海运的需要。而官府所给的运费也足够置办合格的海船。但经管官吏却大肆中饱私囊。那些被克扣佣值的贫穷人家,无力置办合乎标准的舟船,只能因陋就简,因而极易引发海运事故。时人指出:"运舟募诸濒海之家,民苦之。而贫者常以舟坏误事。"另有品性不端者,"海舟受雇者直甚厚,而无赖之人得钱即糜于饮博,及期宁受责于无可奈何"⑤。

明初向辽东运送漕粮,一仍海运。后来辽东海运停废,也非海上风险。唐顺之写道:"国初运道自登莱达于辽东,自直沽达于山海永平蓟州。一运至五六十万石,今永平西门之外,滨于滦河,实通漕舟,故迹犹在。而旧仓亦多,后因辽蓟本处米贱,而转漕一石之费,足籴本处三四石。是以本色往往为折色,变本色为折色,是以海运遂无所用而罢,不尽缘畏风波之故也。然海运虽罢,而民间之泛海输货于丰闰诸县者,则未尝绝。"⑥

明代的海运不存在任何技术上的问题。海运停废之日,正是郑和下西洋如火如荼之时,这支船队之组织、航程之漫长、航路之艰险,显然远胜于一年一度仅在近岸航行的漕船了。当时郑和最大的宝船长44.4丈,宽18丈。⑦ 宝船上的间隔舱和尾舵及平衡舵,直到

---

① 危素:《元海运志》,丛书集成初编:《元海运志及其他二种》,上海:商务印书馆,1936年12月,第4页。
② 顾炎武:《天下郡国利病书》(三),黄坤等校点,上海:上海古籍出版社,2012年,第1767页。
③ 许涤新、吴承明主编:《中国资本主义发展史》第1卷《中国资本主义的萌芽》,北京:人民出版社,2003年,第662—665页。
④ 虞集:《道园学古录》卷六,上海涵芬楼影印本,第14页上。
⑤ 虞集:《道园学古录》卷四十,上海涵芬楼影印本,第10页下。
⑥ 唐顺之:《荆川先生文集》外集卷二,上海涵芬楼影印本,第25页下。
⑦ Louise Levathes, *When China Ruled the Seas: The Treasure Fleet of the Dragon Throne, 1405—1433.* New York: Simon & Schuster, 1994, p. 80.

18世纪末或19世纪初才传到欧洲。①

有人把"敌方的海军"作为海运的不利因素之一。② 实际上,在明廷弃海运之时,中国的海上力量仍然无可匹敌。有人曾设想,假如达·伽玛的小船队遇上了郑和的船队,世界历史将会是另一种样子。③ 令人扼腕的是,实行河运之后,政府就放弃了海军建设。在明清两代,尽管中国的远洋技术一度领先于全世界,却没有建立起一支像样的海军。这可以说是弃海运、行河运的又一严重恶果。

明初行海运之时,在明水师的打击下,海盗根本不像后来那么嚣张。明永乐四年(1406),平江伯陈瑄督海运,曾追倭寇至朝鲜境内,焚其舟船,杀死无数倭寇。④ 不久,明政府设备倭指挥,致使倭寇不敢觊觎海上漕粮。⑤ 归有光指出:"自淮阳王建海运,则泛海之役皆自此始,万斛之舟云屯风飘,接于辽海。当时屹为巨镇,国家罢漕事,设两卫,百数十年间海外无事。"⑥陈建则云:"国初海运之行,不独便于漕纲,实令将士习于海道,以防倭寇。自会通河成而海运废,近日倭寇纵横,海兵脆怯,莫之敢撄,亦以运道不习之故耳。"⑦

刘应节提出实行海运,可以把裁省下来的漕军组建成强大的水师。他写道:"海舟一载千石,足载河舟所载之三,海舟率五十人,可减河舟用人之半。退军还伍,俾国有水战之备,可制海边之寇。"⑧大学士丘浚也提出:"量江、淮、荆、湖之漕,折半入海运,除减军卒以还队伍,则兵食两足;而国家亦有水战之备,可以制服朝鲜、安南边海之夷,诚万世之利也。章句末儒,偶有臆见,非敢以为决然可行,万世无弊也;念此乃国家万万年深远之虑。"⑨

可惜的是,朝廷弃海运,行河运,任由倭寇横行了相当长的时期。

显而易见,如果实行海运,国家不要花费任何额外的费用,就可以组建起一支颇具规模的海军。清人有着同样的设想:"若再行海运,设海督,联合山东、江浙为京东一大水师。内可以廓清洋盗,外可以镇压诸彝,上可以飞挽漕粮,下可以流通百货。"⑩这支海军在对付来自外国盗匪的同时,势必提高整个国家的国际认知度,减轻明清时登峰造极的自闭心态。可惜的是,明廷顽固地坚持河运,把海洋视为桀骜不驯的恐魔怪兽,致使包括淮北地

---

① Louise Levathes, *When China Ruled the Seas：The Treasure Fleet of the Dragon Throne, 1405—1433*. New York：Simon & Schuster, 1994, pp. 81—82.

② Harold C. Hinton, "The Grain Tribute System of the Ch'ing Dynasty," *The Far Eastern Quarterly*, vol. 11, no. 3 (May, 1952), p. 348.

③ Louise Levathes, *When China Ruled the Seas：The Treasure Fleet of the Dragon Throne, 1405—1433*. New York：Simon & Schuster, 1994, p. 20.

④ 星斌夫:《明代漕運の研究》,東京:日本学術振興会,1963年,第23頁。

⑤ 星斌夫:《明代漕運の研究》,東京:日本学術振興会,1963年,第24頁。

⑥ 归有光:《震川先生集》卷十一,康熙年间刊本,第5页上。

⑦ 严从:《殊域周咨录》卷二,万历年间刻本,第15页上。

⑧ 顾炎武:《天下郡国利病书》(三),黄坤等校点,上海:上海古籍出版社,2012年,第1758页。

⑨ 顾炎武:《天下郡国利病书》(三),黄坤等校点,上海:上海古籍出版社,2012年,第1769—1770页。

⑩ 蓝鼎元:《漕粮兼资海运疏》,载贺长龄:《皇朝经世文编》卷四十八"户政"二十三,上海:广百宋斋丁亥仲春校印,第21页下。

区在内的绝大多数沿海地区备受倭寇的扰害。嘉靖三十五年(1556),倭寇掠瓜洲,烧毁漕粮达 34 000 余石。[①]

清廷继续采行河运,不重视海军建设。到 18 世纪末 19 世纪初,东南沿海备受海盗祸乱,而此时广东水师根本无力与海盗抗衡。海盗的人员和船只均极为充足,而水师却两者均严重不足。海盗的人员装备至少多于广东水师 3 倍。[②] 1804 年,水师畏惧出海作战,甚至要求把他们的船只从服役的行列中剔出。[③] 最后,官员们不得不借助于葡、英等海军力量才将海盗镇压下去。[④] 可以说,清朝微不足道的海军力量此时已暴露无遗。数十年后,终于屡为"诸彝"的海军所败,为自己埋下了覆亡的祸根。

可见,由于抛弃海运,中国在世界开始海上争霸之时,由航海强国突变为畏惧海洋的没落帝国,最终为海洋国家所征服。

尽管明朝的禁海令极严,但民间同样有较发达的海上航运。明人崔旦在给河道总督的书中写道:"予家居滨海,僮仆贸易海上,颇知海舟之便。"[⑤]

明正统六年(1441),因运河水浅涩,运卒终年不得休息,山东昌邑人王坦建议开胶莱河,漕船由掖县抵直沽,可避东北海险数千里,较运河近便,工部驳覆不纳。[⑥] 此后,不断有明臣提出开胶莱河、河运与海运并举的建议,均未成。[⑦]

嘉靖十九年(1540),南京中军都督万表建议:海运虽然极险,但浙中海船,向来可以远航到海外贸易。松江、太仓、通州、泰州等地有沙船,淮安有海䱐船,通常由海路至山东蓬莱贸易,这里离天津并不远,可以把松江、太仓的近海漕粮,出资雇海船运输,以三四万石作试验,熟悉海道,以备不时之需。[⑧] 值得一提的是,这一建议在 1619 年 1 月 15 日竟由浙江道御史江日彩再次提出。[⑨] 1566 年 10 月 5 日,工科都给事中王元春,劾奏总理河道、工部尚书朱衡,并请求探访元人海运故道。[⑩]

1570 年,邳州河道淤平 180 里,隆庆帝下诏让群臣讨论海运问题。次年,王惟精运米

---

① 星斌夫:《明代漕運の研究》,東京:日本学術振興会,1963 年,第 383 頁。

② Dian H. Murray, *Pirates of the South China Coast, 1790—1810*. Stanford: Stanford University Press, 1987, p. 101.

③ Dian H. Murray, *Pirates of the South China Coast, 1790—1810*. Stanford: Stanford University Press, 1987, p. 105.

④ 详见 Dian H. Murray, *Pirates of the South China Coast, 1790—1810*. Stanford: Stanford University Press, 1987, pp. 131-136.

⑤ 崔旦:《海运议上勘理河道熙泉何侍御》,丛书集成初编:《元海运志及其他二种》"海运编"卷上,上海:商务印书馆,1936 年,第 8 页。

⑥ 姚汉源:《黄河水利史研究》,郑州:黄河水利出版社,2003 年,第 367 页。

⑦ 明代开胶莱河之议,详见星斌夫:《明清時代社会経済史の研究》,東京:国書刊行会,1989 年 4 月,第 99—115 頁。姚汉源:《黄河水利史研究》,郑州:黄河水利出版社,2003 年版,第 367—380 页,也有述及。

⑧ 傅泽洪辑:《行水金鉴》卷一一五,上海:商务印书馆,1936 年 9 月,第 15 册,第 1684 页。

⑨ 傅泽洪辑:《行水金鉴》卷一三〇,上海:商务印书馆,1936 年 9 月,第 17 册,第 1878 页。

⑩ 傅泽洪辑:《行水金鉴》卷一一七,上海:商务印书馆,1936 年 9 月,第 15 册,第 1708 页。

2 000 石,从淮安入海,对海道进行探索。① 户科宋良佐请复海运,得到了山东巡抚梁梦龙的大力支持。梁认为:"海道多潢,犹陆地多岐;海人行海,犹陆人行陆;傍潮而行,非横海而渡。今踏出海道,傍海居多,较元人殷明略踏出之道尤属稳捷。"②

1571年,朝廷已接受了疏通胶州河的建议。漕运总督王宗沐认为,疏通胶州河做法纯属多此一举,"即大海可航,何烦胶莱也"。随即请示从淮安到天津海运12万石漕粮作试验,获得了朝廷的批准。其试行海运,"时中外尚疑骇,谓不知何若"。③ 尽管这次海运粒米无失,但"人言啧啧",不少人传说有8艘海船、3 200石米遭风漂没。谣言之盛,连王宗沐本人都信以为真,连忙筹集3万两银子买米补齐。④ 两个月后,"十二万石悉安行抵岸,而天下臣民始信海道可通矣"⑤。王认为,明朝定都北京,本来具有非常有利的条件,就是东边拥有漫长的海岸线,"国家都燕,大海在左,肱此专利也"⑥。

此后,明廷把准备每年海运12万石漕粮作为定例进行试验。但在万历元年(1573),漕运海船在山东即墨县福岛等处遭暴风雨袭击,粮船、哨船各损坏7只,漂没粮米约5 000石,淹死水手15名。户科都给事中贾三近,巡仓御史鲍希颜,山东抚按傅希挚、俞一贯等据此奏停海运,得到朝廷的批准。⑦ 明王朝把海运漕粮的有利条件变成了基本依靠河运的极其不利的因素,⑧长期把国家治理得山穷水尽、民不聊生。此后,"有诏严杜异议,而海中之粟不可登矣"⑨。尽管如此,其后仍然有明臣不畏浮议,提出海运的主张。

万历三年(1575)八月,南京工部尚书刘应节等上疏,指出明朝"一切军国重需,悉皆仰

---

① 高培源:《海运论》,载贺长龄:《皇朝经世文编》卷四十八"户政"二十三,上海:广百宋斋丁亥(1887)仲春校印,第14页上。
② 顾炎武:《天下郡国利病书》(三),黄坤等校点,上海:上海古籍出版社,2012年,第1764页。
③ 顾炎武:《天下郡国利病书》(三),黄坤等校点,上海:上海古籍出版社,2012年,第1772页。
④ 傅泽洪辑:《行水金鉴》卷一一九,上海:商务印书馆,1936年9月,第15册,第1734页;星斌夫:《明代漕運の研究》,東京:日本学術振興会1963年,第387页。
⑤ 顾炎武:《天下郡国利病书》(三),黄坤等校点,上海:上海古籍出版社,2012年,第1772页。
⑥ 顾炎武:《天下郡国利病书》(三),黄坤等校点,上海:上海古籍出版社,2012年,第1772页。
⑦ 傅泽洪辑:《行水金鉴》卷一一九,上海:商务印书馆,1936年9月,第15册,第1738页;星斌夫:《明代漕運の研究》,東京:日本学術振興会,1963年,第387—388页。
⑧ 明代海运漕粮的详细叙述,见吴缉华:《明代海运及运河的研究》(台北:"中研院"历史语言研究所,1961年),第205—266页。渤海湾内海运的叙述,见星斌夫:《明代漕運の研究》(東京:日本学術振興会,1963年),第389—395页。但吴缉华认为,到万历元年(1573)明政府废止了海运漕粮(吴缉华:《明代海运及运河的研究》,第266页);星斌夫认为嘉靖年间,渤海湾的海运停废(星斌夫:《明代漕運の研究》,第389—395页)。这些说法值得商榷。其实,直到明末,在山东尚有小规模的海运。泰昌元年八月二十三日(1620年9月20日),发生飓风损坏海运船只的事件。登属运船损伤85只,存22只,漂没粮米25 864余石,莱属海船损伤16只,漂没粮米13 810石。"水手溺死者不算。"次年,海运粮船再次遭遇暴风袭击(见傅泽洪辑:《行水金鉴》卷一三〇,上海:商务印书馆,1936年9月,第17册,第1880—1881页)。天启七年十二月乙巳,抵达南海口的海运粮船因为没有实时起驳,损坏船只24艘,米11 000余石(傅泽洪辑:《行水金鉴》卷一三一,上海:商务印书馆,1936年9月,第17册,第1893页)。万历四十八年(1620),运粮沙船达45艘,运粮25 360石(松浦章:《清代上海沙船船運業史の研究》,吹田市:関西大学東西学術研究所,平成16年,第29—30页)。
⑨ 朱健:《古今治平略》卷五,崇祯年间刻本,第53页上。

给东南,在祖宗时,犹借海运之利,转输万里,以给边饷。自会通河开,海运始罢,致使国家万年之命脉,仅恃一线之咽喉"[1]。再次建议疏通山东胶州河,南自淮子口入海,由齐堂岛、鹰游口入淮以抵淮扬。这条河海并用之道,"贾客往来,殆无虚日,风顺不过五六日之程"[2]。此河在嘉靖中期,未用国帑即已完成工程的百分之六七十,遗憾的是,后来负责剩余工程的官员动辄申请经费百万两,且"各司道官多推艰避事,其中工程道里丈尺,大率虚估,未见详确,显是故设难词,欲以沮坏成事"[3]。

到万历中期,漕运派已经长期垄断着廷议中的话语霸权,对偶然出现的海运派采用严酷的打击手段。1601年,武英殿中书舍人管理山东矿务程守训上疏请求改易漕渠,由高邮州达淮安府庙湾入海,经过数百里的海路,到达山东胶州麻湾转入新河,至海仓再入海,经1000余里后到达天津。这样,可以节省河运的劳费,又可避免海运的风险。主张河运漕粮的工科给事中张问达不算经济账,而是对程大肆进行政治诬陷,上疏弹劾程"蠹国殃民","且假称明旨,吓骗赃数十万,乞亟为罢斥,并发诸臣谕劾诸疏,一一追究"。[4] 毕竟,海运的益处昭昭可鉴,直到明朝快灭亡时,还有人对海运念念不忘。崇祯十一年九月戊寅(1638年10月25日),户部李待问疏言:"海运一事所以济河漕之不及。……今漕臣先募大海船数只,自维扬至津门,各携工役,详录岛屿,往来审视,以图经始。"[5]

明清时代,海运技术已非常成熟,并有着丰富的航海实践经验。即使在政府组织的远洋航运停止后,民间商人的沙船业也非常发达。康熙二十三年(1684),清廷开放海禁后,上海的沙船业很快发展起来。清人魏源指出:"元、明海道官开之,本朝海道商开之。"[6]据研究,嘉庆初,上海千石以上的海运沙船,最高曾达到3 600只左右。道光初曾一度减少,降至1 400只左右。经过补充,道光间,千石以上的沙船仍维持在2 000只左右。加上载重在八九百石和四五百石的海船,约有3 000只。[7] 较大的沙船可载米3 000石,小的减半。每船价值银七八千两,船主多为崇明、通州、海门、南汇、宝山、上海的富民。[8] 而有的学者所说的海运的不利条件之一"船只不足"[9]的说法,是很不确切的。

除上海外,其他地区也有许多沙船,对江、海、河、湖的航路均非常熟悉。如苏北赣榆

---

[1] 顾炎武:《天下郡国利病书》(三),黄坤等校点,上海:上海古籍出版社,2012年,第1756页。
[2] 顾炎武:《天下郡国利病书》(三),黄坤等校点,上海:上海古籍出版社,2012年,第1756页。
[3] 顾炎武:《天下郡国利病书》(三),黄坤等校点,上海:上海古籍出版社,2012年,第1759页。
[4] 傅泽洪辑:《行水金鉴》卷一二七,上海:商务印书馆,1936年9月,第17册,第1844页。
[5] 傅泽洪辑:《行水金鉴》卷一三一,上海:商务印书馆,1936年9月,第17册,第1903页。
[6] 魏源:《魏源集》上册,北京:中华书局,1976年,第404页。
[7] 许涤新、吴承明主编:《中国资本主义发展史》第1卷《中国资本主义的萌芽》,北京:人民出版社,2003年,第669—670页;松浦章:《清代上海沙船船運業史の研究》,吹田市:関西大学東西学術研究所,平成16年(2004),第33頁。
[8] 齐彦槐:《海运南漕议》,载贺长龄:《皇朝经世文编》卷四十八"户政"二十三,上海:广百宋斋丁亥仲春校印,第33页上。
[9] Harold C. Hinton, "The Grain Tribute System of the Ch'ing Dynasty," *The Far Eastern Quarterly*, vol. 11, no. 3 (May, 1952), p.348.

沙船"运货吴淞,来往为恒,未尝失风"①。嘉庆中期,由于开放减水坝,盐河无法通航,"淮北之商,载盐海航,由福山(今常熟福山镇——引者注)入江,行千五百里之内洋,是江口可通河北也"②。道光初年,沙船"航东吴至辽海者,昼夜往反如内地"③。沙船运货,每年漂没的比重不到货物总量的1‰,而"南粮由运河,每年失风殆数倍于此"④。包世臣写道:"上海人往来关东、天津,一岁三四至,水线风信,熟如指掌。"⑤是以上海人"视江宁、清江为远路,而关东则每岁四五至,殊不介意"⑥。

三、清代河运利益集团

清初,统治者曾看到明廷政略方面的许多重大失误,如他们认为明朝所修的长城纯属无益。但这一马上得天下的游牧民族,却继承了明廷的大部分管理方式,包括继承了比修筑长城危害大百倍的漕运体制,且他们对河运的偏爱是如此之深,竟将这一祸国殃民的制度一下子就维持了200多年。如果说明朝南运漕粮尚属不得已为之的话,清朝则完全没有必要南运漕粮,毕竟,清人的龙兴之地东北地区就是天然的粮仓。但清廷长期禁止汉人越过柳条边进入东北垦田,任由东北荒空,最终被俄人大量侵占。清人不但继承了南运漕粮的体制,而且一成不变地采行浪费腐败的河运方法。康熙、嘉庆年间,均因河患严重,臣僚屡议改河运为海运,终因河运派势力较大,没有议出结果。⑦ 可以说,明清两代的国困财穷,与漕运政略有着极大的关联。

康熙三十九年(1700),清口淤塞,康熙把海运一事交部臣讨论,⑧并差人向总河张鹏翮询问:"明年漕船行走有无迟误,至其漕粮装载沙船可否从江下海入黄河海口,由中河行走。"⑨因循守旧的张鹏翮奏称:"此时运河各决口尽行堵塞,……来岁粮船自是通行不致有误。至于改载沙船,雇募水手人夫,恐致靡费钱粮。且由江入海,从黄河海口进中河之处,潮汐消长,水势不一,风涛不测,实属难行。"⑩张对海运的否决,得到了康熙的赞成。

---

① 魏源:《魏源集》上册,北京:中华书局,1976年,第399页。
② 魏源:《魏源集》上册,北京:中华书局,1976年,第399页。
③ 魏源:《魏源集》上册,北京:中华书局,1976年,第415页。
④ 齐彦槐:《海运南漕议》,载贺长龄:《皇朝经世文编》卷四十八"户政"二十三,上海:广百宋斋丁亥仲春校印,第33页上。
⑤ 包世臣:《包世臣全集》"中衢一勺·艺舟双楫",合肥:黄山书社,1994年,第12页。
⑥ 齐彦槐:《海运南漕议》,载贺长龄:《皇朝经世文编》卷四十八"户政"二十三,上海:广百宋斋丁亥仲春校印,第33页上。据松浦章研究,道光六年的海运,从上海航行到天津的沙船,最快需时16天,最长需时28天。见松浦章《清代上海沙船船運業史の研究》,吹田市:関西大学東西学術研究所,平成16年,第250页。
⑦ 魏源:《魏源集》上册,北京:中华书局,1976年,第414页。
⑧ 高培源:《海运沦》,载贺长龄:《皇朝经世文编》卷四十八"户政"二十三,上海:广百宋斋丁亥仲春校印,第11页下。
⑨ 张鹏翮:《不必海运》,见张鹏翮《治河全书》卷十九,康熙四十二年抄本,不署年月、页码。
⑩ 张鹏翮:《不必海运》,见张鹏翮《治河全书》卷十九,康熙四十二年抄本,不署年月、页码。

雍正年间,蓝鼎元提出海运方案,亦被否决。① 嘉庆九年(1804),洪泽湖水位较低,河口泥沙淤积,7省粮船无法通行。清政府只得准备海运漕粮,并招募镇海海船100余艘,加上松江、上海两地的海船,共400艘。每艘载米1 500石,每年可往返3次。运费较河运省三分之二。② 每年运送能力达180万石。但此事终没有成行。

但是,漕运的代价是惊人的。仅从经济角度而言,直接成本业已不菲。利玛窦写道:"维持这些运河,主要在于使它们能够通航的费用,如一位数学家所说,每年达到100万。所有这些对欧洲人来说似乎都是非常奇怪的,他们可以从地图上判断,人们可以采取一条既近花费又少的从海上到北京的路线。这可能确实是真的,但害怕海洋和侵扰海岸的海盗,在中国人的心里是如此之根深蒂固,以致他们认为从海路向朝廷运送供应品会更危险。"③其实,维持运道,每年所费何止百万,在清代经常需要千万两白银。

嘉庆十四年五月,御史李鸿宾奏,南漕运米一石合计漕项、河费,"每石不下数十金"。协办大学士刘权之奏,"南漕每石需费银十八两"④。清人指出:"夫南漕自催科、征调、督运、验收,经时五、六月,行路数千里,竭万姓无数之脂膏,聚胥吏无数之蟊贼,耗国家无数之开销,险阻艰难,仅而得达京仓,每石之值约需四十两,或二十两,或十八两不等,而及归宿,乃为每石易银一两之用,此实绝大漏卮,徒以冗官蠹吏所中饱,相沿不改,此真可为长太息者也。"⑤此说确有夸张之处,魏源指出:"国家岁赋四千余万,尚不足运南漕之半,有是理乎?"在魏源看来,"即并民间协贴帮费计之,然江苏粮艘受米六百石,每船帮费约计洋银千圆,不过一两有奇。故自昔相沿,有南漕帮费五百余万之说,加以漕项每石一两(连行月银米计之),河费每石一两(南河岁支四百余万,东河约九十万)及屯卫之田、通仓之费、粮艘改修之款,综计每石出于官者,总不过每石三两,加之出民者一两计,南漕每石四两而极矣"⑥。即使如此,每年运送400万石漕粮的直接费用也达到了1 600万两白银。而据保守估计,以每年运送漕粮400万石计,河运的直接运费达800万石米,⑦约合1 826万两白银。

另外,由于河运费时往往数月甚至半年以上,运到北京的米一概成了陈米,许多人根本不愿食用,以致获得漕米配给的王公贵族、各级官员、八旗子弟等大量以低价出售漕米。

---

① 张哲郎:《清代的漕运》,台北:台湾大学历史研究所,1969年,第55页。
② 阮元:《海运考跋》,载[清]贺长龄:《皇朝经世文编》卷四十八"户政"二十三,上海:广百宋斋丁亥仲春校印,第1页上。
③ [意]利玛窦、[比]金尼阁著:《利玛窦中国札记》,何高济等译,桂林:广西师范大学出版社,2001年,第229页。
④ 魏源:《圣武记》卷十一,古微堂刊本,第23页下。
⑤ 黄维梦:《停漕论》,《新辑时务汇通》卷六十七,转引自李文治、江太新:《清代漕运》,北京:中华书局,1995年,第437页。
⑥ 魏源:《圣武记》卷十一,古微堂刊本,第23页下—24页上。
⑦ 阮元:《海运考》(上),载贺长龄:《皇朝经世文编》卷四十八"户政"二十三,上海:广百宋斋丁亥(1887)仲春校印,第3页上。

而千辛万苦运到北京的漕米,其价格仅与北方小米的价格相当。①

道光五年(1825),因运河阻绝,清朝决定首次海运苏州、松江、常州、镇江、太仓4府1州的漕粮。当时4府1州额征漕白正耗米145万余石,连同所节省的归仓候拨耗米近6万石、船耗米12万余石,共有漕粮163万余石。截至当年六月初五日(7月20日),"扫数斛交完竣"。② 此次海运,即以向来办漕杂项充用,政府并未另拨经费。这笔经费包括4府1州每年拨给旗丁的运费近37万两,米41万余石(合银93万6 000余两),两项共计银129万5 000余两。③ "所有常年河运,例应给丁漕项银米,除迭次拨解天津应用及调剂旗丁案内全支月粮外,尚有节省银十余万两,米十余万石。……又有节省耗米五万余石,搭运赴津,除拨给经纪耗米外,尚剩米四万余石归仓。是苏省办理海运,不但丝毫未费帑项,且较常年河运所省之数甚多。"④以往运送漕粮"通计公私所费,几数两而致一石"⑤。这次海运,所有各种帮船杂费一概支除,⑥直接节省的费用至少达银150万两。且海运漕米由于在船中存放时间极短,"视河运之粟莹洁过倍"⑦。可惜,这次海运漕粮虽然非常成

---

① Lillian M. Li and Alison Dray-Novey, "Guarding Beijing's Food Security in the Qing Dynasty: State, Market, and Police," *The Journal of Asian Studies*, Vol. 58, No. 4 (Nov., 1999), pp. 1007 - 1008.
② 陶澍:《恭报海运全竣折子》,《陶澍集》上册,长沙:岳麓书社,1998年,第112页。
③ 魏源:《魏源集》上册,北京:中华书局,1976年,第413页。
④ 陶澍:《海运较河运所省甚多附片》,《陶澍集》上册,长沙:岳麓书社,1998年,第113页。
⑤ 魏源:《魏源集》上册,北京:中华书局,1976年,第413页。
⑥ 魏源:《魏源集》上册,北京:中华书局,1976年,第413页。
⑦ 魏源:《魏源集》上册,北京:中华书局,1976年,第416页。

功,但由于道光皇帝缺乏开拓精神而中止。①

魏源指出,海运之利有三条:"曰国计,曰民生,曰海商。"所不利者有三种人:"曰海关税侩,曰通州仓胥,曰屯丁水手。"②从河运有着那么多的支持者来看,受益于河运的利益集团当远不止上述三种人。至少,征漕时,有漕8省的地方官吏,由于加收所谓的浮耗,人人得以利益均沾。河运中,一向有剥浅费、过闸费、过淮费、屯官费、催攒费、仓胥费,这些收费者理所当然是河运的直接受益者。③ 而各项费用,"一皆取足夫头,夫头浮其数以责之伍长,伍长益浮其数以科之散丁"。即使看上去无足轻重的伍长,也是"鲜衣怒马,酒楼

---

① 此说见倪玉平《清代漕粮海运与社会变迁》,上海:上海书店出版社,2005年,第66—67页。
但据日本学者松浦章的研究,道光六年以后,仍断续维持小规模的沙船海运,除了道光六年以后,海运漕粮的沙船数量均不过千艘。详见下表:

清代后期海运实施情况表

年份	海运船舶	海运船舶数量	海运内容
1826年	沙船	1 562只	道光五年江苏漕粮
1848年	沙船	851只	
1852年	沙船	72只	咸丰元年漕粮
1854年	沙船	982只	漕粮
1857年	沙船、洋船	925只	漕白粮
1858年	沙船	822只	咸丰七年漕粮
1868年	沙船	485只	江浙两省漕粮
1869年	沙船	595只	同治七年江浙江北漕粮
1870年	沙船	670只	同治八年江浙江北漕粮
1873年	沙船	604只	同治十一年江浙漕粮
1874年	沙船	529只	同治十二年江浙漕粮
1887年	沙船	272只	光绪十二年苏浙二省漕粮
1888年	沙船	266只	光绪十三年苏浙二省漕粮
1889年	沙船	254只	光绪十四年漕粮
1890年	沙船	265只	光绪十五年漕粮
1892年	沙船	217只	光绪十七年漕粮
1893年	沙船	215只	光绪十八年漕粮
1894年	沙船	200只	光绪十九年漕粮
1896年	沙船、卫船	101只	光绪二十一年江浙漕粮、招商局轮船代运
1899年	沙船	208只	光绪二十四年漕粮

资料来源:松浦章:《清代上海沙船船運業史の研究》,吹田市:関西大学東西学術研究所,平成16年,第245页。本表删去了原表中的"河运"部分。
② 魏源:《魏源集》上册,北京:中华书局,1976年,第404页。
③ 魏源:《魏源集》上册,北京:中华书局,1976年,第416页。

歌馆,举百万金钱荡而化为灰烬"①,发足了漕运财。

漕运最大的间接受益群体是河务官员。对河员们而言,维持漕运的益处是可以不断地制造水灾,让中央政府每年投入百万计乃至千万计的资金来治河,以便大肆中饱私囊。

明代最早提罢海运且被朝廷采纳的是平江伯陈瑄。他曾"浚会通河南北饷道,疏清江浦以避淮险,设仪真、瓜洲坝,凿徐州、吕梁洪,筑刁阳南旺湖堤,开白塔河通江,筑高邮湖堤,自淮至临清建闸四十七,建徐淮临通仓以便转输"②。并且,仅在永乐十三年(1415),"增造浅船三千余"。③ 如此众多的巨型工程,经管的帑金何啻百万,个人牟利的空间亦可想而知。

因此,对海运的仇视,尽管表面是闭关锁国的保守意识形态所致,但更直接的原因,则是利益集团从河运、河工中所获得的巨大收益。当年7次下西洋的郑和资料,至今多湮没无闻,祸首就是修筑太行堤的刘大夏。明人顾起元记载:"成化中,中旨咨访下西洋故事。刘忠宣公大夏为郎中,取而焚之,意所载必多恢诡谲怪、辽绝耳目之表者,所征方物亦必不止于蒟酱、邛杖、蒲桃、涂林、大鸟卵之奇,而《星槎胜览》纪撰寂寥,莫可考验,使后世有爱奇如司马子长者,无复可纪,惜哉!"④从这里可以看出,刘大夏焚烧郑和下西洋资料的原因,竟是资料所载多为中国所稀见之事,这实在不是一个像样的理由。

其他明史资料出于美化这位"弘治三君子"之一的目的,把刘大夏焚烧资料写成藏匿,更把郑和下西洋说成淹死军民以万计的耸人听闻之事。一部明史载:成化帝"命一中贵至兵部查三保至西洋时水程。时项忠为兵部尚书,刘大夏为车驾司郎中,忠使一都吏于库中简旧案,大夏先入,简得之,藏匿他处。都吏简之不得,忠笞责都吏,令复入简,如是者三日,水程终莫能得,大夏亦秘不言,……会科道连章谏,其事遂寝。后忠呼都吏诘曰:库中案卷焉得失去?大夏在旁,微笑曰:三保太监下西洋时,所费钱粮数十万,军民死者亦有万计,纵得珍宝,与国家何益?此一时弊事,大臣所当切谏者,旧案虽在,亦当毁之,以拔其根,尚足追究其有无哉?忠耸然降位,对大夏再揖而谢之,指其位曰:公阴德不细,此位不久当属公矣。后大夏果至兵部尚书"⑤。真正损害军民性命以万计、动辄耗费国帑以百万计的劳民伤财之事,恰恰是刘大夏之流千方百计维护的河运及为此而进行的治水工程。

魏源认为:"河之患在国计,漕之患在民生。国家岁出数百万帑金以治河,官民岁出数百万帮费以办漕,河患即有时息,帮费终无时免。"⑥在魏源看来,海运于治河没有丝毫裨益,"而于治漕有丘山之益,较河运则有霄壤之殊"⑦。

综上所述,明清两代政府弃海运行河运,并非海运技术不成熟或是缺乏海运实践经验造成的。专行河运,不但使得国家和民众付出沉重的不必要的经济代价,更牺牲了许多无

---

① 刘锦藻撰:《清朝续文献通考》第1册,卷七十五,上海:商务印书馆,1936年,第8334页。
② 沈国元:《皇明从信录》卷十七,明末刻本,第32页上。
③ 郑晓:《澹泉笔述》卷五,抄本,第11页上。
④ 顾起元:《客座赘语》卷一,万历四十六年刻本,第38页下。
⑤ 陈建辑:《皇明通纪集要》卷二十二,崇祯年间刻本,第15页下—16页下。
⑥ 魏源:《魏源集》上册,北京:中华书局,1976年,第405页。
⑦ 魏源:《魏源集》上册,北京:中华书局,1976年,第406页。

辜百姓的性命。

从经济成本和运输安全方面来考虑,河运远较海运浪费和危险。到清代,河运成本加上维护运道的费用高达至少2 000万两白银。这些负担转嫁到百姓身上后,长期形成国穷民困的局面。

漕粮运输本来是可以通过市场手段,用较低的成本由商人来完成的。但政府缺乏市场意识,不尊重市场规律。漕运的话语权始终为利益集团所控制,给淮北造成了不可估量的灾难。专行河运事实上维持了漕、河等利益集团的私利,并造就了许多特权阶层,他们肆意违犯法制,加剧了社会冲突,破坏了社会的和谐。

四、被剥夺的江南

唐人李敬方《汴河直进船》诗中写道:"汴水通淮利最多,生人为害亦相和。东南四十三州地,取尽脂膏是此河。"① 而到了明清两代,淮北不仅财富被吸尽,而且整个经济发展的基础、人民生活的基本条件亦被破坏殆尽。运河已不是利害相和,而是绝对的弊大于利了。

唐以前的王朝所定都的黄河南部地区,大多数时间为国家最重要的粮食产地。与这些王朝不同的是,明朝所定都的北京附近地区,并不是当时国家重要的粮产地,所产根本不敷所需。明臣指出:"国家奠鼎幽燕,京都百亿万口抱空腹以待饱于江淮灌输之粟。一日不得则饥,三日不得则不知其所为命。是东南者,天下之厫仓。而东南之灌输,西北所寄命焉者。主人拥堂奥而居,而仓囷乃越江逾湖,以希口食于间关千里外,而国家之紧关命脉,全在转运。"②

因此,对明人而言,"今时最急者,惟漕"③。黄仁宇写道,从经济角度来说,大运河对明朝发挥着命脉的作用。虽然我们早已知道这条水道在国家财政经济中起着主要作用,但是,明朝宫廷对它的依赖程度是前所未有的,远远超过了历代王朝。大运河是京城和江南之间唯一的交通运输线,所有供应都要经过它。在供应名单中,除了粮食占据首要地位外,其他物品包括新鲜蔬菜和水果、家禽、纺织品、木料、文具、瓷器、漆——几乎中国所产的各种物品都通过大运河进行输送。诸如箭杆和制服之类的军需品,笤帚和竹耙之类的家用器具,也经过运河运送到北京去。整个明代,这种依赖性一直存在,从未中断。④ 据利玛窦在运河上观察:无数装有贡品的船只络绎不绝地驶往京城,许多船只没有满载,商人用很低的租金租借空舱,向京城提供当地不生产的物品。当时"北京什么也不出产,而北京什么也不缺乏"⑤。

为了维持运道,像治理黄河、淮河水灾等这样事关民瘼的大事,在国家政略上一概变

---

① 《全唐诗》第8册,卷五〇八,北京:中华书局,1960年,第5776页。
② 王在晋:《通漕类编》,万历甲寅(1614)刻本,"序"第1下—2页上。
③ 王在晋:《通漕类编》,万历甲寅刻本,"序"第6页下。
④ 黄仁宇:《明代的漕运》,张皓等译,北京:新星出版社,2005年,第15—16页。
⑤ 《〈利玛窦日记〉选录》,载中国社会科学院历史研究所明史研究室编《明史资料丛刊》第2辑,南京:江苏人民出版社,1982年,第170页。

成次要之事,也使得上述河流的治理在技术上困难重重。魏源写道:"人知黄河横亘南北,使吴、楚一线之漕莫能达,而不知运河横亘东西,使山东、河北之水无所归;人知帮费之累,极于本省,而不知运河之累,则及邻封。蓄柜淹田,则病潦;括泉济运,则病旱。"①由于运河的横截,在黄河北徙之后,"江北竟无一东出入海之干川,而仅有一南下入江之运道"②。而河道狭窄的江北运河除沭水外,"则受泗、受沂、受淮,受入泗之汶,受入淮之濉、浍、淝、涡、颍、汝诸支川。合四省之水,独以一运河为其转输之关键。万钧之重,非侏儒所能胜"③。直到南京国民政府时期,中外专家仍然一致认为,维持运道与向运河供水是治淮的首要障碍。④

即使从经济成本和人道方面来考虑,河运既不属于节省,也不属于安全的运输方式,而是远较海运浪费和危险。明清两代长期专行河运,给中央财政造成了极大的负担,这些负担转嫁到百姓身上后,形成国穷民困的局面,这不能不说是国家政略的重大失误。

学者认为,自明迁都北京,"直至鸦片战争前,明、清两朝中央政府对全国绝大部分地区的有效统治,则主要都是通过京杭大运河为主体的水运网络之漕运而实现的。所以,漕运对明、清两代政权都显得十分重要的"⑤。

漕粮及漕运各项支出,全部落在有漕八省,特别是江南民众的身上。

明时,江南赋税比他处独重,官田粮至260万石,民田粮仅15万石。不少学者认为江南赋重主要是因为官田粮征收过多。赵翼指出:"究其由来,大概明祖所籍伪吴勋戚之田,即元代所赐臣下之田。而元代之赐田,即南宋之入官田、内府庄田,及贾似道创议所买之公田也。"⑥华察在《首建三公生祠记》中指出:"锡之乡凡二十有二,其间中人以上之家有田者,多无粮;中人以下之家有粮者,反无田。立法之始,岂固然哉?盖法久弊生,区总里书,飞诡洒派,日剥月削,积而至于不可胜算。豪强兼并,又从而虎噬蚕食,坐享无粮之利。而推其害于人,有司催科,不求其原,惟事敲扑,流血刻骨,岁复一岁。间阎之下,富者贫,居者窜,生者死。"⑦范金民指出:"纵观江南重赋的逐步形成过程,确实是官田不断扩充的过程。"⑧尽管如此,"江南的赋税额在全国仍属最高,正常年景地方尚可勉力承受,一遇天灾人祸,人民仍然不堪重负。太平天国后清廷的镇压战争,前后十余年,江南在嘉庆道光以来五十余年的自然灾害后,又遭此从未有过的兵燹之苦,元气大伤"⑨。

李文治、江太新则认为:"漕赋和田赋是两个不同概念,具有不同的内涵。长期以来,

---

① 魏源:《魏源集》上册,北京:中华书局,1976年,第406页。
② 武同举:《江苏江北水道说》,《两轩賸语》,1927年印本,本文第4页。
③ 武同举:《江苏江北水道说》,《两轩賸语》,1927年印本,本文第4—5页。
④ Edward T. Lockwood, "Flood and flood Prevention in China," *Far Eastern Survey*, vol. 4, no. 21, October 23, 1935, p. 167.
⑤ 彭云鹤:《明清漕运史》,北京:首都师范大学出版社,1995年,第93页。
⑥ 赵翼:《廿二史札记》卷三十,北京:中国书店,1987年影印,第440页。
⑦ 裴大中修:《无锡金匮县志》卷三十七,光绪七年刊本,第6页上。
⑧ 范金民:《江南重赋原因的探讨》,《中国农史》1994年第3期,第50页。
⑨ 范金民:《江南重赋原因的探讨》,《中国农史》1994年第3期,第53页。

人们在谈论明清江浙赋重问题时,每把两者混同起来,乃至把江浙赋重单纯理解为田赋,其实这是误解。江浙赋重乃系漕粮而非田赋。江浙田赋,无论从科则或征收额讲,在长江各省中并不算过重。如再与该地区单位面积产量产值相比,可能比其他地区还轻。漕粮则不然,一是原额科则重,二是加征耗米重。二省漕赋重还表现于在全部漕粮中所占的比重。"以道光九年征运额计,全国额征正米耗米合计 4 522 283 石,其中江南苏松道 1 579 462 石,占漕运总额的 34.93%;浙江杭嘉湖三府为 860 652 石,占漕运总额的 19.03%。"此外有各种附加,有补贴运船的帮费,这种种用费都转加到完漕的粮户身上;加上州县征漕的浮收勒折,粮户完 1 石漕粮要支付 2—4 石米。"①

清代江苏巡抚,如韩世琦、马祐、慕天颜、汤斌等均曾上疏要求为江南减赋。科道如吴正治、施维翰、孟雄飞、严沆、任辰旦亦有相同的奏议。

清初,朝廷对加耗重收进行过裁减。顺治二年(1645)清廷宣布:"河南、江北、江南等处人丁地亩钱粮及关津税银、各运司盐课,自顺治二年六月初一日(1645 年 6 月 24 日)起,俱照前朝会计录原额征解,官吏加耗重收或分外科敛者,治以重罪。凡各派辽饷、剿饷、练饷、召买等项永行蠲免;即正项钱粮、以前拖欠在民者亦尽行蠲免。"②清廷清醒地认识到"官吏贪赃,最为民害。自本年六月初一日以后,各抚按司道及府州县镇协营路军卫等官,并书吏、班皂、通事、拨什库、粮长、十季、夜不收等役,但有枉法受赃及逼取民财者,俱计赃论罪,重者处死"③。同月,户部议覆山西巡按黄徽允疏言:"江南额赋较他省独重,百姓久称苦累漕白二粮与岁供绢布。其尤甚者也,漕运归官兑,则需索可省;白粮归官解,则民困可苏。"这些建议被全部接受。④

顺治四年(1647),清廷宣布:"今浙东八府并福建全省,俱自顺治四年正月初一日起,俱照前朝万历四十八年则例征收。天启、崇祯时加派,尽行蠲免。其唐、鲁二藩,僭号窃据,迭派横征,地方尤称苦累,一切悉行停止,以苏民困。有司借名私派,加耗虐民者,事发治以重罪。"⑤超过 70 岁的兵民,允许以一丁侍养,免其杂派差役。80 岁以上者,加给绢 1 匹、绵 1 斤、米 1 石、肉 10 斤。90 岁以上者加倍。浙江起解户、礼、兵、工四部金花、果品、菱笋、黄白蜡,富户派剩米、绵、绢、盐钞、草束,协济昌平黄蜡扣价、颜料余银、轻赍、药材、牲口折价、会试银两、料价、雕填漆匠、罗匠、斑竹、白猪鬃、绝炉铁课、槐花、栀子、乌梅、渔课、麻铁、鱼胶等料,课铁、马站,并新改折,盔、甲、腰刀、胖袄、箭、弦等项,各本色钱粮,均按照明万历年间赋役全书征收。自顺治四年正月初一日以前,已征收入官者,起解充饷。拖欠在民者,悉行蠲免。浙江起解江南各衙门折色、永福仓米、折绢、折绵、折历日、直部把门皂隶、狱卒、草折、漕折、山羊、折桐油、折余丝易银并本色漕白粮米、绢疋、合罗丝、荒丝、药材、金银箔、芽茶、甘蔗等项,也均按照万历年间赋役全书征收解送户部交纳。浙闽运司

---

① 李文治、江太新:《清代漕运》,北京:中华书局,1995 年,前言第 3 页。
② 《大清世祖章皇帝实录》卷十七,顺治二年六月,第 154 页上—下。
③ 《大清世祖章皇帝实录》卷十七,顺治二年六月,第 154 页下。
④ 《大清世祖章皇帝实录》卷十八,顺治二年闰六月,第 161 页上。
⑤ 《大清世祖章皇帝实录》卷三十,顺治四年正月至二月,第 249 页下—250 页上。

盐课,明代天启崇祯年间的加派名色,尽行蠲免,止照万历年间旧额,按引征课。① 丁银虽有定额,"凡年老残疾,并逃亡故绝者,悉与豁免。穷民鳏寡、孤独、笃废残疾,不能自存者,听该府州县申文抚按,动支预备仓粮给养。各地方势豪人等,受人投献产业人口及骗诈财物者,许自首免罪,各还原主。如被人告发,不在赦例,仍追还原主"②。

增设江南吴县、长洲、嘉定、昆山、常熟、吴江、华亭、上海、青浦、武进、宜兴、无锡、江阴、浙江、嘉兴、秀水、海盐、崇德、嘉善、桐乡、平湖、归安、乌程、德清、长兴管粮主簿各一员。③ 江南、浙江等处,题派绫纱又三色榜纸、龙沥纸价,"姑念地方初定,通免三分之一,仍分三运起解"④。

顺治八年,江南苏松巡按秦世祯,以江南赋重差烦,征解失宜,民不堪命,上兴除八事:"一、田地令业主自相丈量,明注印册,以清花诡。二、额定粮数,俱填易知由单,设有增减。另给小单一纸,则奸胥不得借口。三、由单详开钱粮总撒数目及花户姓名,先给后征,以便磨对。四、催科不许差人,设立滚单,以次追比,则法简而事易办。五、收粮听里户自纳,簿柜俱加司府封印,以防奸弊。六、解放先急后缓,勒限掣销完验,不得分毫存留衙役之手。七、民差,查田均派,排门册对,庶不至苦乐不均。八、备用银两,每事节省,额外不得透支。布政司将征解原册,按季提查,年终报部,扶同容隐者,按律议处,庶无那移侵欺。下所司议。"⑤

此后,雍正三年和乾隆二年,清帝皆曾下令苏松等裁减浮粮,然皆减银而不及米。道光年间,江浙粮户以漕赋过重,拖欠累累,地方大吏以格于成法,不敢明减额漕,多采用捏报灾法请求蠲缓。⑥

漕运水手一向有帮丁贴费,早期每船为银百余两,至多二三百两。嘉庆道光时代,运丁普遍贫穷,在路费之外,尚需偿还旧债,应付勒索。各州县浮收勒索的手段,自然逃不过运丁的眼睛。"运弁奸丁连成一气,州县惟恐误兑不能不受其刁勒。是以帮费竟有递增至五六百两、七八百两者,而苏松为尤甚。"⑦

据林则徐在道光十三年(1833)《江苏阴雨连绵田稻歉收情形片》中称:查苏、松、常、镇、太仓4府1州之地,广袤仅500余里,每年征地丁、漕项、正耗额银二百数十万两,漕白正耗米150余万石,另有漕赠行月南屯局恤等米30余万石。比浙江全省征粮多至1倍,比江西多3倍,比湖广地区多10余倍。在米价低贱之年,一百八九十万米即合银五百数

---

① 《大清世祖章皇帝实录》卷三十,顺治四年正月至二月,第250页上—下。
② 《大清世祖章皇帝实录》卷三十,顺治四年正月至二月,第251页上。
③ 《大清世祖章皇帝实录》卷六十一,顺治八年十二月,第482页下—483页上。
④ 《大清世祖章皇帝实录》卷五十九,顺治八年八月,第470页下。
⑤ 《大清世祖章皇帝实录》卷五十九,顺治八年八月,第471页下。
⑥ 李文治、江太新:《清代漕运》,北京:中华书局,1995年,前言第3页。
⑦ 蒋攸铦:《拟更定漕政章程疏》,贺长龄编:《皇朝经世文编》卷四十六,第9页下。

十万两;若米价较高,则又暗增一二百万两。① 林恩陈:"多宽一分追呼,即多培一分元气。"②

据李鸿章称:道光癸巳(1833)以后,苏、松、太地区,"无岁不荒,无县不缓,以国家蠲缓旷典,遂为年例"。1833年以前,地方官报灾,一二十年一欤;1833年以后,则每年均欤。"诚以赋重民穷,有不能支持之势。部臣职在守法,自宜一切不问,坚持不减之名;疆臣职在安民,实因万不得已,为此暗减之术。"③

仅道光十一年,就蠲缓上元、江宁、句容、溧水、高淳、江浦、六合、靖江、丹阳、山阳、盐城、高邮、泰县、东台、江都、甘泉、仪征、兴化、宝应、崇明、泰兴、丹徒、海门、无锡、江阴、海州、沭阳、长洲、元和、吴县、吴江、震泽、常熟、昭文、昆山、新阳、华亭、奉贤、娄县、上海、南汇、青浦、川沙、武进、阳湖、金匮、宜兴、荆溪、金坛、溧阳、清河、安东、铜山、沛县、萧县、砀山、邳县、宿迁、睢宁、太仓、镇洋、嘉定、如皋、阜宁、桃源、金山66厅州县及淮安、大河、扬州、苏州、镇海、徐州、太仓、金山8卫被水被风村庄新旧正杂额赋。④

清代额定江苏全省漕粮为160万石。在道光十一年至咸丰十年的30年中,道光辛卯(1831)后的十年,实收漕粮1 300多万石,占正额的七八成;辛丑(1841)以后十年,实收900余万石,占正额五六成;咸丰辛亥(1851)以后十年,实收700万石,约占正额的四成而已。⑤

同治二年,根据李鸿章的奏请,朝廷减苏、松、太浮粮三分之一,常、镇、杭、嘉、湖减十分之一。"江、浙百姓欢声雷动,五百年民困一旦以苏。"⑥

因此,中央政府对江南的盘剥是有一定底线的,与中央政府对淮北的竭泽而渔政策有天壤之别。

江南民众社会生活中感受到的最为普遍的痛苦是漕弊等。嘉庆四年(1799),谕内阁:

> 宜兴奏革除漕弊一折,据称向来民户完粮,原不免有升合之浮,以备折耗,后则日渐加增,竟有每石加至七八斗者。民户因浮加日甚,米色即不肯挑选纯洁。又恐官吏挑驳,开征之初躲避不纳,一俟兑运在迩,则蜂拥交仓。且有刁生劣监,广为包揽,官吏因有浮收,被其挟制,不能不通融收纳。追核计所收之米,已敷兑运,即以廒满为词,借收折色,分肥入己,而帮弁旗丁,因见米色不纯,遂尔借端需索。从前每船一只不过帮贴一二十两,后则加至一百数十两及二百余两。稍不

---

① 中山大学历史系中国近代现代史教研组、研究室编:《林则徐集(奏稿)》上册,北京:中华书局,1985年,第151页。
② 中山大学历史系中国近代现代史教研组、研究室编:《林则徐集(奏稿)》上册,北京:中华书局,1985年,第152页。
③ 陈其元著,杨璐点校:《庸闲斋笔记》,北京:中华书局,1989年,第143页。
④ 《大清宣宗成皇帝实录》卷一九九,道光十一年十月下,第1126页上。
⑤ 陈其元著,杨璐点校:《庸闲斋笔记》,北京:中华书局,1989年,第143—144页。
⑥ 陈其元著,杨璐点校:《庸闲斋笔记》,北京:中华书局,1989年,第141页。

满欲,即百计刁难,不肯开兑。及帮费既足,间有丑杂之米,亦一桶斛收。①

嘉庆皇帝专门对江浙漕务积弊进行整顿,加四、加五、加倍之弊被革除。但仅到嘉庆六年,江苏征收新漕时,苏州府知府任兆炯以弥补亏空为名,怂恿漕督等官仍复陋规,最后获得了办理苏、松等四府全漕的权力。任兆炯随即照旧加收浮粮。"刁生劣监"乘机要挟官府获利。旗丁等见地方官加收粮石,也多索兑费,任意勒掯。"两年以来剔除漕弊、恤丁惠民之事,竟废于一日。且该省借口弥补亏空,纵令州县恣意浮收,其实不过为肥己起见。陋规既复,则上司取之州县,而州县仍取之百姓。层层朘削,无非苦累吾民。"②

地方知识分子利用对国家政策的谙熟,经常以此要挟违法官员,从而分得漕规余润。嘉庆十年(1805),据两江总督铁保奏,仅吴江县分润漕规的生监就达314人。③嘉庆帝惊叹:"其余郡县,可想而知。"④

中央政府自上而下的消除漕弊措施,大多效果不著。漕弊成为清代的顽疾。道光二年(1822),据御史孙贯一奏,各省漕务积弊,虽屡经严行饬禁,但州县收漕时,教官、典史以及武弁与"刁生劣监",无不分食漕余。"甚有家居绅宦腼然行之,绝不为怪。"凡地1亩有零,无论1分1厘,皆并作2亩;米1升有零,无论1合1勺,皆并作2升。江南漕米,每一石加至四五斗。前数年勒折,不过两倍于市价,道光初年已达三倍市价。⑤

咸丰二年(1852)四月,浙江鄞县因征漕不公,民众聚集滋事,将知县碎尸。上司发兵会剿,又伤协镇佐贰等39员,兵勇无数。咸丰帝获知此事后,非常理性地作出决断:"不作叛论,为首正法,刊碑永禁浮勒。"在青浦县也发生了类似事件。县令余龙光开征道光三十年漕粮,严催勒限,民众"将知县抢出,倒拖里许,竟欲粉身,得救幸免。后亦提兵勇,捉拿首从要犯,农民知官军至,亦拒毙多人,再欲效法鄞县刊碑"⑥。

咸丰三年八月九日(1853年9月11日),常熟张家市郑光祖倚势催租,佃农鸣锣聚众达数百人,将郑家打砸焚烧,知县不予勘办。⑦

综上所述,清代各级政府对江南民众的抗租抗漕行为,基本采取理性克制的态度,而没有作为政治案大肆株连。由此可见政府对江南的重视程度,也可视为对江南民众的让步和顾忌。

五、被牺牲的淮北

冀朝鼎指出,在不同的历史阶段,不同的地区得到中央政府重视的程度是截然不同

---

① 《大清仁宗睿皇帝实录》卷四十九,嘉庆四年七月下,第604页下—605页上。
② 《大清仁宗睿皇帝实录》卷九十五,嘉庆七年三月上,第271页下—272页上。
③ 《大清仁宗睿皇帝实录》卷一四四,嘉庆十年五月下,第973页上。
④ 《大清仁宗睿皇帝实录》卷一四四,嘉庆十年五月下,第973页下。
⑤ 《大清宣宗成皇帝实录》卷四十一,道光二年九月,第744页上。
⑥ 柯悟迟:《漏网喁鱼集》(外一种),北京:中华书局,2008年,第14页。
⑦ 柯悟迟:《漏网喁鱼集》(外一种),北京:中华书局,2008年,第19—20页。

的。每一个因得到政府优惠而发展的地区,均是以牺牲其他地区为代价的。① 元、明、清三代统治者均担忧京师与江南核心经济区的距离,曾一而再地试图把海河流域发展成核心经济区,或是"江南第二"。②

考诸史籍,官府在海河流域地区植稻的努力不绝于书。

东汉时,渔阳太守张堪于狐奴(今昌平)开稻田8 000余顷,劝民耕种,"以致殷富"。百姓歌曰:"桑无附枝,麦穗两岐。张君为政,乐不可支。"③北魏范阳郡有旧督亢(即涿州)渠,长达50里,渔阳燕郡有故戾陵等堰,广袤30里,均废弃多年。裴延儁为幽州刺史时,决定对这些废弃的水利设施进行整修,他"躬自履行,相度水形,随力分督,未几而就,溉田百万余亩,为利十倍,百姓至今赖之"④。

宋代,河北一带有西塘泊,自保州西合鸡距泉、尚泉为稻田、方田,范围10里左右,深三尺至五尺。何承矩委任黄懋为判官,在此屯田,筑堤储水,其后范围越来越大。像滹沱、胡卢、永济等河,皆汇集塘中。⑤

明朝万历时期,汪应蛟任天津巡抚,见葛沽、白塘等处田多荒污,遂募民垦田5 000亩,水田占十之四,每亩产粮四五石。汪上疏称:"天津屯兵四千,费饷六万,俱敛诸民间。留兵则民告病,恤民则军不给,计惟屯田可以足食。今荒土连封,蒿莱弥望,若开渠置堰,规以为田,可七千顷,顷得谷三百石。近镇年例,可以兼资,非独天津之饷足取给也。"获得了批准。⑥

天津城南5里有水田200余顷,号曰"蓝田",为康熙年间总兵蓝理所开浚,河渠圩岸面积达数十里。蓝理曾聘请闽、浙农民传授技术,当地人称这里为"小江南"。⑦

清前期,李光地任直隶巡抚时,请求兴修河间水田,认为涿州水占之地,每亩售钱二百文,尚无人肯购。一旦开辟成水田,每亩值银10两。乾隆年间,直隶总督高斌请开永定河灌田,"查勘所至,众情欣悦"。⑧ 霸州知州朱一蜚,在乾隆九年二三月间劝民开井2 000余口,用于灌田。⑨

一些民间士绅也常自行在北京周边地区种植水稻。石景山有位修姓庄头,"家道殷实,能自引浑河灌田,比常农亩收数倍,旱潦不致为灾"。蠡县有位富民自行凿井灌田,"愈

---

① Ch'ao-ting Chi, *Key Economic Areas in Chinese History: As Revealed in the Development of Public Works for Water-Control*. New York: Paragon Book Reprint Corp. 1963 (First Published by George Allen & Unwin Ltd., 1936, London), p. 2.

② 详见 Ch'ao-ting Chi, *Key Economic Areas in Chinese History: As Revealed in the Development of Public Works for Water-Control*. New York: Paragon Book Reprint Corp. 1963 (First Published by George Allen & Unwin Ltd., 1936, London), pp. 10, 43-44, 143-146.

③ 范晔撰:《后汉书》卷三十一,北京:中华书局,1973年,第1100页。

④ 魏收撰:《魏书》卷六十九,北京:中华书局,1974年,第1529页。

⑤ 脱脱等撰:《宋史》卷九十五,北京:中华书局,1977年,第2359页。

⑥ 张廷玉等撰:《明史》卷二四一,北京:中华书局,1974年,第6266页。

⑦ 徐珂编:《清稗类钞》第1册,北京:中华书局,1986年,第74—75页。

⑧ 《大清高宗纯皇帝实录》卷二一六,乾隆九年五月上,第779页上。

⑨ 《大清高宗纯皇帝实录》卷二一六,乾隆九年五月上,第779页上。

逢旱岁,其利益饶"。①

乾隆九年(1744)山西道御史柴潮生奏:"查河间、天津二郡,经流之大河三:曰卫河、曰滹沱河、曰漳河,其余河间府分水之支河十有二,潴水之淀泊十有七,蓄水之渠三。天津府分水之支河十有三,潴水之淀泊十有四,受水之沽六。是水道之至多,莫如此二处,故河间号为瀛海,山东之水,于此而委输。天津名曰直沽,畿辅之水于是而奔汇。若蓄泄有方,即逢旱岁,灌溉之功,可救一半。即不然,而平日之蓄积,亦可撑支数月。"②"臣窃以为徒费之于赈恤,不若大发帑金,遣大臣将畿辅水利尽行经理,既可接济赈民,又可潜消旱潦,而且转贫乏之区为富饶,一举两得,转败为功。直隶为禹贡冀州之域,田称中中,今日土壤,乃至瘠薄。东南农民,家有五十亩,十口不饥。此间虽拥数顷之地,常虑不给,可怪之甚也。虽其土燥人怠,风气异宜,亦不应悬殊至此。"③

他建议请特遣大臣一员,由国家拨款数十万两,在河间、天津二府,督同道府牧令,除运河滹沱河外,其余河渠淀泊,凡有故迹可寻者,均重新疏浚。在河渠淀泊之旁,各开凿小河。小河之旁,各开设大沟。依次建立水门,递相灌注。旱则引水入沟以溉田,潦则放闸归河以泄水。离水较远之处,每一顷田,掘井一口。十顷田,则堀大塘一口,以供灌溉。并请另派大臣一员,到直隶其他府州,按河间、天津二府的方法办理。④他认为:"九土之种异宜,未闻稻非冀州之产。现今玉田、丰润秔稻油油,且今号为兴水利耳,固不必强之为水田也,或疏或浚,则用官资,可稻可禾,听从民便。"⑤他特别强调:"今日生齿日繁,民食渐绌,苟舍此不为经理,其余皆为末节。臣愚以为尽兴西北之水田,尽辟东南之禁地,则米价自然平减,阎右立致丰盈,但其事体至大,请先就直隶为端。俟行之有效,次第举行。"⑥

国家大力投入对海河流域的开发,势必愈加轻视苏北地区,而由于江南地区的国家粮仓地位,事实上,这一政策对江南影响不大。

苏北被牺牲成为势所必然之事,更在于这个地区系江南漕粮运往京师的必经之地。毕竟,黄河从南岸决口,有淮河阻挡,既不妨害漕运,更不会损害直隶地区的安全,至于百姓性命,在最高统治者的治国规划中,仅占很轻的分量。

1565年12月3日,嘉靖帝给总河潘季驯的敕中说:"今特命尔前去总理河道,……其黄河北岸长堤并各该堤岸应修筑者,亦要着实用工,修筑高厚,以为先事预防之计。"⑦5年之后,这段话一字不易地出现在隆庆帝给潘季驯的敕中。⑧ 这段话在潘季驯劾命时被写成:"其黄河北岸长堤并各该堤岸应修筑者,俱要着实用工,修筑高厚,以为先事预防之

---

① 《大清高宗纯皇帝实录》卷二一六,乾隆九年五月上,第779页上。
② 《大清高宗纯皇帝实录》卷二一六,乾隆九年五月上,第778页上。
③ 《大清高宗纯皇帝实录》卷二一六,乾隆九年五月上,第778页下。
④ 《大清高宗纯皇帝实录》卷二一六,乾隆九年五月上,第779页上—下。
⑤ 《大清高宗纯皇帝实录》卷二一六,乾隆九年五月上,第780页上。
⑥ 《大清高宗纯皇帝实录》卷二一六,乾隆九年五月上,第780页下。
⑦ 潘季驯:《河防一览》卷一,《钦定四库全书》史部十一"地理类四",第1页上。
⑧ 潘季驯:《河防一览》卷一,《钦定四库全书》史部十一"地理类四",第1页下—2页上。

计。"①一字之易,绝非笔误,"可知黄河两岸堤防,北边为尤重,故敕命者言之又端言之,先事预防,正防其决入运河为漕患也"②。嘉靖皇帝被视为拥有冷酷无情的个性,对臣民没有任何怜悯之心,他只注重炼丹术以达到长生不老以便尽情纵欲。③可以说,嘉靖帝的治河思路就是潘季驯的治河准则。

1578年,万历皇帝同样委任潘季驯为总河,他在敕中称:"徐邳以上地形,南昂北下,恐堤防一溃,势必奔流北徙,将为闸河之梗。"④他所担心的仍是北溃问题。1588年6月4日,万历帝给潘季驯的敕中称:"其南直隶淮扬、颍州、徐州,山东曹、濮、临清、沂州,河南睢、陈,北直隶大名、天津各该地方军务,亦听尔兼理,其各兵备道悉听节制,务要防护运道,永保无虞。"⑤万历帝的个性与乃祖极其相像。可以说,明代总的治河方略就是"逼河南行",以达"通漕保运"的目的,虽潘季驯也不例外。但有的著作中称:"潘季驯一心要治住黄河,解除老百姓的痛苦,使他们安居乐业。"⑥这未免把明代君臣太过理想化了。

自嘉靖中期以后,徐州小浮桥黄流经徐、吕二洪,经常淤涸,主持河务的朝廷大员由于规划了束水攻沙方案,竟把全部黄河水逼迫到徐、邳,至清河才与淮河合流。这样一来,形成了"河势强而淮流弱,涤荡功微,故海口渐高,而泛滥之患岁亟矣"⑦的局面。有的学者指出,到明朝中期,黄河所经过的徐州、沛县、丰县、砀山一带,由于南面淤高,北有太行堤屏障,这里成了黄河水患极为集中的地区。⑧"所以淮、邳上下毒遭全河之害"⑨,更使徐邳地区害上加害。

明臣指出:"我朝黄河之役,比之汉唐以后不同,逆河之性,挽之东南行,以济漕运。故河患时时有之。自海运既罢,中渌运又罢,专出邗沟,入淮沂河,以达会通河,故河水不得如《禹贡》故道入北海。而河之东南行者,又分数道。盖自经汴以来,支流益演,南出二道,皆径入淮。东南出一道,东南五道,皆入漕河,并入于淮,乘淮入海。今数道皆塞,止存沛县一道。河流大而所受狭不能容,势必横溢而决。"⑩清代河臣靳辅仍然坚持认为:"河决之害,北岸为大。"在他看来,仅开封北岸溃决,事态就非常严重,"近则注张秋,由盐河而入

---

① 朱铉:《历代治河考》,见《河漕备考》卷三,雍正三年抄本,无页码。
② 朱铉:《历代治河考》,见《河漕备考》卷三,雍正三年抄本,无页码。
③ Richard Shek, "Fictional and Real-Life Rulers: Journey to the West and Sixteenth-Century Chinese Monarchs". In OosephW. Esheric, Wen-hisn Yeh and Madeleine Zelin (eds.), *Empire, Nation, and Beyond: Chinese History in Late Imperial and Modern Times-a Feestschrift in Honor of Frederic Wakeman*. Berkeley: Institute of East Asian Studies, University of California 2006, pp. 41-43.
④ 潘季驯:《河防一览》卷一,《钦定四库全书》史部十一"地理类四",第3页上。
⑤ 潘季驯:《河防一览》卷一,《钦定四库全书》史部十一"地理类四",第4页下。
⑥ 岳麟编:《中国古代的水利和交通》,太原:山西教育出版社,1990年,第35页。
⑦ 顾炎武:《天下郡国利病书》(二),黄坤等校点,上海:上海古籍出版社,2012年,第1103页。
⑧ 参见郭涛:《潘季驯治理黄河的思想与实践》,中国水利学会水利史研究会、黄河水利委员会黄河志编委会:《潘季驯治河理论与实践学术讨论会论文集》,南京:河海大学出版社,1996年,第8页。
⑨ 顾炎武:《天下郡国利病书》(三),黄坤等校点,上海:上海古籍出版社,2012年,第1597页。
⑩ 傅泽洪:《行水金鉴》卷一五八,上海:商务印书馆,1936年,第2285页。

海,远则直趋东昌、德州,以赴溟渤。而济宁上下无运道矣"。①

对中央政府重北轻南的一贯政策,以保运为最高目标的河臣们是深明其意的。他们本来治河时就只能头痛医头,脚痛医脚,终于把治河客观上变成了害民之事。有人指出:"国事以民为本,今所治在运河,是不免以中原、徐、淮之地为壑,而诸臣之有事于漕运者,一堤之外皆邻国矣。……今即使运道通利,而徐、淮万姓之垫溺,中州千里之污莱,将听之耶?"②

因此,苏北的水患是人祸,而非天灾。刘尧诲写道:"淮扬多水患,而说者以为天数,岂非妄哉。愚尝周历于徐、淮、梁、宋之间,而以中原之地势测之,大抵河之南岸高于北岸,归德兰阳之间,又曹、单、徐、沛之上游也。"③谷应泰《河决论》中写道:"河之决必在河南,既决之后,不南浸全淮,即北冲齐鲁。冲全淮者,溃散于颖、亳、徐、宿,而在田庐民业;冲齐鲁者,横激于曹、濮、单、郓,而患在运道堤防。然淮近而身大,决入淮者,患小而治速。漕远而身小,决入漕者,患大而治难。"④这明确地说明了徐、淮、海、凤、颖、泗等地区水患的根由。

隆庆末、万历初任总河的万恭多次明确地反对加固黄河南岸河堤,认为河水淹没黄河南岸地区仅是牺牲局部利益,是理性的选择。他写道:"河南属河上源,地势南高北下,南岸多强,北岸多弱。夫水,趋其所下而攻其所弱。近有倡南堤之议者,是逼河使北也。北不能胜,必攻河南之铜瓦厢,则径决张秋;攻武家坝,则径决鱼台,此覆辙也!若南攻,不过溺民田一季耳。是逼之南决之祸小而北决之患深。"⑤在他看来,让黄河南徙是维护运道安全的保障,是国家之福:"方今贡赋全给于江南,而又都燕,据上游以临南服。黄河南徙,则万艘度长江,穿淮、扬,入黄河,而直达于闸河,浮卫,贯白河,抵于京。且王会万国,其便若是。苟北徙,则徐、邳五百里运道绝矣。故曰:黄河南徙,国家之福也。"⑥他进一步写道:"今则饷事大半仰给江南,而江南之舟,泛长江,历扬、淮而北,非河以济之,则五百四十里当陆运耳!京师若何?故治水者,必不可使北行由禹之故道,必约之使由徐、邳,以救五百四十里饷道之缺。是不徒去河之害,而又欲资河之利者也,不亦难乎!若不为饷道计,而徒欲去河之害,以复禹故道,则从河南铜瓦厢一决之,使东趋东海,而河南、徐、邳永绝河患,是居高建瓴水也,而可乎?故九河故道不可复者,为饷道也,而非难复也。"⑦值得注意的是,1855年黄河"自然"改道,就是从铜瓦厢决口的,这说明明代河臣非常清楚淮北水患的真正症结,但他们不得不竭力予以维持,可见,河南、徐、邳地区的水患是朝廷有意强加的。

---

① 《防河保运议》(录自《山东通志》),载贺长龄:《皇朝经世文编》卷一〇四"工政"十,上海:广百宋斋丁亥仲春校印,第36页下。
② 顾炎武:《天下郡国利病书》(三),黄珅等校,上海:上海古籍出版社,2012年,第1599页。
③ 顾炎武:《天下郡国利病书》(三),黄珅等校,上海:上海古籍出版社,2012年,第1596页。
④ 朱鋐:《历代治河考》,见《河漕备考》卷三,雍正三年抄本,无页码。
⑤ 万恭:《治水筌蹄》,北京:水利电力出版社,1985年,第15页。
⑥ 万恭:《治水筌蹄》,北京:水利电力出版社,1985年,第28页。
⑦ 万恭:《治水筌蹄》,北京:水利电力出版社,1985年,第37页。

也就是说,在黄河南北两岸的地区性利益权衡中,朝廷理所当然地牺牲了黄河南部地区;而在对黄河南部地区的利益权衡时,国家更多偏重淮南地区,牺牲淮北地区亦为司空见惯。因此,明以后的治河方略,使徐、淮、海、凤、颍、泗等地区面临无休止的水没之患。

有的学者从救济的角度得出结论,认为明代有非常广泛的救济措施,各级政府均有责成,救济为农民提供了必要的保障,并强化了政府在社会中的职能。明政府还不遗余力地提供一些社会福利。① 就淮北地区而言,这种救济提供的社会福利与被政府牺牲的百姓利益相比,实在微不足道。

常三省痛责潘季驯在制定治河方略时,对不同的地区厚此薄彼,"其立言命意则重淮扬而薄凤泗,无一视同仁之意耳"②。在常看来,只要对淮扬一带有害的事,潘均坚决不为,而把危害让泗州等地区独自承担。如泗民杨明恕请求在高家堰南周家桥、单沟一带凿渠通湖。潘认为,这里如开凿成河,使淮水长流,淮扬地区将因此被害,尤为重要的是,清口则可能复淤。③ 在常看来,为了使淮扬地区少受水患,潘让洪水尽归泗州等地,"如是则水发之时,当直出泗城雉堞之上,非独贻害泗盱,虽寿、亳、临淮、五河诸地,亦必不免矣"。④ 常的内心,可能有着天真的想法,爱民如子的天子,对各个地区的民瘼应无厚薄之分,因此,他理直气壮地写道:"夫淮与泗孰非朝廷田土,而其民亦孰非朝廷赤子?今潘公动以保护淮扬为名,而于泗则蔑视之,独何心哉?"⑤

常的指责,恰恰是在替潘开脱。淮扬地区向来是国家财赋之区,在清代中央政府每年数千万两的财政收入中,有十分之一至六分之一来自两淮盐业。清代的谕折中,常称淮扬地区为"江南重地",大概并非全因为这里曾与安徽一道被划归江南省的缘故,很大程度上,是因为此处的财经地位与江南地区一样重要。为了这一地区而牺牲其他地区的某些利益,这是中央各部门、各封疆大吏所心照不宣甚至认为理所当然之事。常三省上书北京各衙门并移高、宝诸生,"责以壑邻",自然不能得到高、宝诸生的同情和支持,"高宝诸人已反唇相诮"⑥。

后来由于"泗人积苦水患",不得已请开挖施家沟、疏浚周家桥,"顾高邮诸生犹争执不容此,意亦不过各为乡土耳"⑦。但常三省认为,如果连周家桥一带也堵塞,"则淮流一无出路,必大至腾涌溢滥,窃恐清口未见冲刷,吾泗已悉为鱼沼矣"⑧。事实上,常三省以较

---

① Zhou Linong, "State Relief and Population Growth in Late Imperial China". A thesis submitted in total fulfillment of the requirements for the degree of Doctor of Philosophy, Department of Economic History, School of Economics and Commerce, La Trobe University (Bundoora), June 1990, pp. 39-40.
② 叶兰等纂修:《乾隆泗州志》,中国地方志集成(30),南京:江苏古籍出版社,1998年,第313页。
③ 叶兰等纂修:《乾隆泗州志》,中国地方志集成(30),南京:江苏古籍出版社,1998年,第313页。
④ 叶兰等纂修:《乾隆泗州志》,中国地方志集成(30),南京:江苏古籍出版社,1998年,第314页。
⑤ 叶兰等纂修:《乾隆泗州志》,中国地方志集成(30),南京:江苏古籍出版社,1998年,第314页。
⑥ 叶兰等纂修:《乾隆泗州志》卷二,中国地方志集成(30),南京:江苏古籍出版社,1998年,第208页。
⑦ 方瑞兰监修:《安徽泗虹合志》卷十六,光绪十三年刻本,第25页上—下。
⑧ 方瑞兰监修:《安徽泗虹合志》卷十六,光绪十三年刻本,第26页上。

为空洞的封建道德来说服诸生,希望以此换取泗州的实际利益。他写道:"我泗与高宝比邻为最亲,亦何怨何仇,何功何利,而必欲障淮水以灌之也。同此溥天率土,顾忍自处于袵席,而置人于沦胥?诸生行且登仕,以长民乃不豫养,爱人利物之心,设有责以灾邻之义,规以一视之仁者,不知诸生将何以自解也?"这种咄咄逼人的语调,在策略上并不明智,很难为情绪愤激的高、宝诸生接受。他还进一步写道:"诸生顾直欲灌泗人不少恤,恕施之道安在哉?……高邮名邦,诸生吾同体也,愚窃为惜此举矣。"①这种在名分上仅仅以某一地区利益作为终极目标而进行的诉求,在把维护皇权政治作为最高原则的封建社会中,是很难得到最高权力者的认同的。

当代学者孔飞力(Philip A. Kuhn)通过对特定"事件"的研究,认为中国属于官僚君主政体(bureaucratic monarchy),在这种政体下,与君主相对立的官僚们往往塑造"事件",重新解释事件,甚至制造事件以帮助自己从这个制度中获得利益。② 彭慕兰对修建兖济铁路这一"事件"的解读,生动地再现了济宁地方精英重新解释事件的逻辑与动机,深化了对中国特定政治体制与社会背景的理解。③ 因此,尽管高、宝诸生反对疏浚周家桥的真正目的是担心洪水将进入高宝湖,该湖容积有限,最终淹没高宝地区,但他们把其诉求与国家核心利益漕运联系在一起,"水满堤溃,漕涸运阻"④,这无疑更具说服力。1633年,黄淮交涨,总河朱光祚准备开高家堰三闸,淮扬籍官员吴甡、夏曰湖等疏仍以惧妨运道等为由反对,"事遂寝"⑤。

相反,泗州士民诉求拆放高家堰的最无可辩驳的理由,并非生灵被淹,而是泄水保祖陵。万历二十三年九月,陈煃《请河流分泄疏》:"祖陵为国家万世命脉,关系甚巨,若运道盐场,虽干国计,桑田、庐室,纵切民生,尤其小者也。故泗民告急每以祖陵为言,持论甚大,因锐意于周桥之开,而有不可复止之势。"⑥可见,统治者亦知泗民是借保祖陵这一最高政治原则,来维护百姓性命这一"微不足道"的"局部利益"。

---

① 方瑞兰监修:《安徽泗虹合志》卷十六,光绪十三年刻本,第 26 页下。
② 详见 Philip A. Kuhn, *Soulstealers: The Chinese Sorcery Scare of 1768*. Cambridge, Massachusetts: Harvard University Press, 1994, p. 221.
③ 在对津浦(沪)线的最初规划中,德国人想把这条线路拐向鲁东地区并向曲阜修筑一条支线,但济宁一群有功名的士绅(有的担任着公职,有的经商)则希望主干线能经过济宁,至少能在济宁修筑一条支线,以维持这座城市的繁荣。他们在潘复的领导下,把线路问题提交给津浦线将要穿越的所有 4 省绅士,并把它与刚刚开始的"收回路权运动"联系在一起。他们把否定向鲁东修筑铁路这一问题提到收回利权的高度,强调最初的线路威胁到了中国主权及其现代化所必需的资源(特别是煤)控制,但却没有人强调修筑济宁铁路的真正意图,即这条铁路给济宁所带来的商业利益。这种诉求把江苏、安徽、山东和直隶的绅士甚至巡抚们集结到了一块。这些压力最终迫使有关方面做出让步,确定向济宁修筑一条支线——兖济铁路(详见 Kenneth Pomeranz, *The Making of a Hinterland: State, Society, and Economy in Inland North China, 1853—1937*. Berkeley, Los Angeles, Oxford: California University press, pp. 146 - 150)。
④ 方瑞兰监修:《安徽泗虹合志》卷十六,光绪十三年刻本,第 26 页上。
⑤ 武同举编纂:《江苏水利全书》第 2 编卷 5,南京:水利实验处,1950 年,第 14 页。
⑥ 朱吾弼、李云鹄等辑:《皇明留台奏议》卷十六,万历三十三年刻本,第 22 页下。

尤为重要的是,明清一直采用的"蓄清刷黄"一策,给苏北造成了灾难性的后果。"彼其时庙算非不周也,河臣非不明也,国帑非不足也,民力非不富也,疏源浚流非不毅且勤也,防微杜渐非不精且细也,而卒未能弭其患者。缘黄河日强,淤垫日高。"①

在明末,特别是清代,地方主义与国家利益形成了冲突。② 地方主义通常的表现,就是为本地区争取更多的利益,而把灾祸推给其他地区。地方主义的载体是具有领袖作用的绅士阶层,淮北地区几乎没有自为的绅士阶层,因此,在中央政府治水过程中,越是像淮北这样贫穷的地区,就越有可能成为行洪区,被国家所牺牲。

杨一魁曾提出把整个砀山县作为行洪区:"今若空砀山一邑之地,北导李吉口下浊河,南由徐溪口下符离,中在盂盆河下小浮桥,三河盖行南北,相去五十里,任水游荡,以不治治之,量蠲一邑千金之赋,可岁省修河万金之费,亦一时省事之策也。"③而1596年他主持的从桃源分流黄河水,至安东五港、灌口入海的工程,长达300余里,被专家们称为"淮北水利史一浩劫也"④。这次工程减轻了泗州明祖陵的水患,但不久黄河漫溢,安东县大水,涟河口阻塞,北岸居民被迫迁徙。⑤

万历年间,主持开挖泇河的河臣李化龙继承了这一设想,认为开通泇河后,只要北守太行堤,南守隋堤即可,至于中间萧县、砀山、丰县、沛县等官宇民田,则弃之不管,这样可以"任河游行,容与于其中,所省不赀也"⑥。

靳辅治河时,尽管经与两江总督会勘,否决了黄河由响水口入海的设想,⑦但他仍大分拦马河减坝的黄河水由沭阳、海州一带入海。⑧ 乾隆年间,黄河徐州以上,南岸设有毛城铺天然坝分泄水势,北岸则自华家楼至苏林山90里不设堤岸,以便让河身涨满之时听其平漫分泄。河员对这样的地段,视同放弃修治,甚至数年不予补筑。⑨

有的学者强调,清代的统治者没有牺牲中国其他地区来使京师富裕起来。⑩ 这一看法极不确切。清人设计的保运方案中,经常设想把洪水引向徐、沛以东的安东、海州、沭阳等地区。金安清振振有词地写道:"清淮南北地狭民稠,安[东]、阜[宁]以下壤荒户寡,引为患之水,于无用之地,为归海之壑,孰轻孰重,一言决之矣。"⑪而黄河北岸的清河、桃源、

---

① 丁显:《复淮故道图说》,南京:中国水利工程学会,1936年12月刊印,第2页。
② Frederic Wakeman, Jr., "Localism and Loyalism during the Ch'ing Conquest of Kiangnan: The Tragedy of Chiang-yin," in Frederic Wakeman, Jr. and Carolyn Grant (eds.), *Conflict and Control in Late Imperial China*. Berkeley, Los Angeles and London: University of California Press, 1975, p. 85.
③ 朱鋐:《历代治河考》,见《河漕备考》卷三,雍正三年抄本,无页码。
④ 武同举:《谈水笔尘》,《两轩謄语》,1927年印本,本文第31页。
⑤ 武同举编纂:《江苏水利全书》附编1卷10,南京:水利实验处印行,1950年12月,第13页。
⑥ 朱鋐:《历代治河考》,见《河漕备考》卷三,雍正三年抄本,无页码。
⑦ 唐仲冕总修:《海州直隶州志》卷十二,嘉庆十六年刻本,第3页上。
⑧ 唐仲冕总修:《海州直隶州志》卷十二,嘉庆十六年刻本,第2页下。
⑨ 戴逸、李文海主编:《清通鉴》第9册,太原:山西人民出版社,2005年,第3770页。
⑩ Lillian M. Li and Alison Dray-Novey, "Guarding Beijing's Food Security in the Qing Dynasty: State, Market, and Police," *The Journal of Asian Studies*, Vol. 58, No. 4 (Nov., 1999), p. 993.
⑪ 武同举辑纂:《再续行水金鉴(淮河卷)》,武汉:湖北人民出版社,2004年,第499页。

海州、沭阳等地,"本[清]朝二百年来,屡议改黄河于此"①。康熙中期,计划从马港口分黄,河臣董安国筑拦黄坝,为黄河改道做准备工作。② 计划把黄河改由马港口入大潮河(即灌河),但工程规划有误,"河不顺命","淮北人以为天幸"。③ 嘉庆年间,此事竟一再被提起,这一方案计划以马港口为黄河河身,灌河为黄河入海口,三年不举大工。④ 嘉庆十三年(1808)已着手实行。据淮安籍河务专家郭大昌言,这一计划如真的施行,"吾淮人类且当尽"⑤。包世臣直斥这一方案为祸民之"邪说"⑥。十六年(1811),刚修筑1年的马港口北岸新堤溃决,为了掩盖责任,南河总督陈凤翔与两江总督勒保竟上疏称,黄河入海口北岸地区荒无人烟,四面皆水,无须立即堵塞决口,应待秋后水落,再相机办理。陈后来又奏称,清江浦王营减坝决口,应只修筑南岸大堤,而不必堵筑北岸决口。⑦ 任由北部地区的百姓遭受灭顶之灾。

相反,如果淹没"朝中有人"的淮南地区,河员所承担的后果将会严重得多。1825年,高家堰溃决,道光帝派大学士汪廷珍、尚书文孚到淮安查办。南河总督张文浩被责"厥咎尤重",这自然与张的错误决断有关,但其中同样牵涉到由地缘因素引发的个人成见。因为汪廷珍本为山阳人,"其祖茔亦被水漫,故衔之尤甚,殆欲置之[张文浩]死地,赖文公从中缓颊,以其父年逾八旬请,始从宽戍伊犁,逾十二年终未获赦"⑧。

这就不难理解,在清代,海沭地区的水灾,经常要比淮北其他地区更为严重。如1746年9月6日,刘统勋奏:"海州所属之赣榆、沭阳,为下游尾闾,被浸失收,而沭阳为尤甚。"⑨13日,高斌也奏称:"海州之沭阳被淹最先,灾伤亦较他处为重。"⑩1756年12月16日,漕运总督张师载奏:"臣经过之地方,徐、海府州属暨淮安府属之桃源、清河二县,秋间被水成灾,其中惟海州及所属之沭阳县较重。"⑪

1855年黄河北流后,有人更多次提出使黄河南归,而把六塘南、北两河及已涸的硕项湖作为黄河新的入海通道。"推其命意,亦以北岸之枯瘠,远逊南岸之膏腴,国家财赋之权衡,当计其全,不能以小不忍而窒大局也。"⑫赞成这一方案的官员,竟不在少数,官员们认

---

① 武同举辑纂:《再续行水金鉴(淮河卷)》,武汉:湖北人民出版社,2004年,第499页。
② 武同举:《水鉴一斑》,《两轩賸语》,1927年印本,本文第2页。
③ 武同举:《导淮罪言》,《两轩賸语》,1927年印本,本文第15页。
④ 包世臣:《包世臣全集》"中衢一勺·艺舟双楫",合肥:黄山书社,1994年,第41页。
⑤ 包世臣:《包世臣全集》"中衢一勺·艺舟双楫",合肥:黄山书社,1994年,第37页。
⑥ 包世臣:《包世臣全集》"中衢一勺·艺舟双楫",合肥:黄山书社,1994年,第39页。
⑦ 汪胡桢、吴慰祖编次:《清代河臣传》卷三,南京:中国水利工程学会,1937年2月,第141页。
⑧ 欧阳兆熊、金安清:《水窗春呓》卷下,北京:中华书局,1984年,第50页。
⑨ 水利电力部水管司、水利水电科学研究院编:《清代淮河流域洪涝档案史料》,北京:中华书局,1988年,第179页。
⑩ 水利电力部水管司、水利水电科学研究院编:《清代淮河流域洪涝档案史料》,北京:中华书局,1988年,第180页。
⑪ 水利电力部水管司、水利水电科学研究院编:《清代淮河流域洪涝档案史料》,北京:中华书局,1988年,第238页。
⑫ 武同举辑纂:《再续行水金鉴(淮河卷)》,武汉:湖北人民出版社,2004年,第499页。

为:"海沭安东各邑,……而斥卤不毛,腴瘠霄壤。半湮未废之河道甚多,且有灌河,俞本套各海口。昔人多议改黄河于此。"①这一方案最值得注意的理由,就是海沭地区比淮南地区贫瘠:"盖以里下河膏腴之地,与淮海附近两堤之处比较,则南肥而北瘠,以安东等处与山阜比较,则又此熟彼荒。故必就北道为泄淮之先路,至湖水大涨,与其启高邮四坝,而淹及下河,则又不如就滨黄之地,以出射阳,尚可保全七邑矣。新辟归海二道即越过下河膏腴之地,又避出旧河身淤垫之区,且弃置清口于不用,并无碍于六塘、盐河之去路。"②

清末民初,导淮成了淮北水利的最重要内容。对淮河由何处入海,人们提出了种种看法,山阳教职殷自芳提出,导淮经盐河、莞渎河,下大潮河,出灌河口入海。这一设想在当时得到的支持最多。③民国初年,柏文蔚在《导淮意见书》中,也主张把灌河口作为淮河入海口。④柏文蔚指出:"导淮一事,不难乎工程,亦不难乎筹款,而惟归定下游入海之途为最难。"⑤下游入海口之争,实则就是地区性利益之争,极大地影响了治淮决策的科学性。

后来无锡籍的资政院议员周舜卿再次提出这一议案,数年后,皖北测量局主任宗受于著书也持此说。宗设想以海清铁路(即现在的陇海铁路)作淮河的北堤。⑥如真的施行,不但这条河流所淹没的地区将无以估量,以铁路路基所作的北堤随时都有溃决之患,且无法在路基上再行增高。因此,这一设想的本质仍然是牺牲江苏的淮北地区。因此,"果决定牺牲淮北者,则此道为优"。一位水利专家诘问:"淮北苦水久矣。沂沭之祸,十年九灾。苦水而更加之水,虽童孺亦知其不可。……淮北面积较下河为大,有所牺牲而不忍于淮南,何独忍于淮北?"⑦直到民国前期,江南的大部分河道已得到了较好的治理,尽管人口远比苏北稠密,但自然生态的维持是苏北地区所无法望其项背的。甚至经济发展总体水平远较江苏落后的鲁西南、皖北地区的河道已开始了整治,但苏北地区的治理却迟迟不能启动。由于苏北主要河流的中上游均在鲁、皖两省,鲁、皖这种自顾自的局部治理无疑使得苏北地区的主要河流中上游均较通畅,而下游却极为梗阻,更加重了苏北的灾情。⑧

张鸿烈在《请挑黄河两岸泄水支河疏》中写道:"台臣只知淮安以南七邑之害,而不知淮安以北八邑之害,其苦一也。只知七邑之民田昔受决口之水,今受滚坝之水,而不知八邑之民田在黄河两岸之内者,其苦尤甚也。"⑨张的叙述非常真切,因为张本人即是淮南人而非淮北人。他指出,由于潘季驯设有季、泰、徐、昇等4坝,后又添设13坝以减黄水涨

---

① 武同举辑纂:《再续行水金鉴(淮河卷)》,武汉:湖北人民出版社,2004年,第500页。原文标点错误甚多,已予改正。——笔者注
② 武同举辑纂:《再续行水金鉴(淮河卷)》,武汉:湖北人民出版社,2004年,第500页。
③ 宗受于:《淮河地理与导淮问题》,南京:钟山书局,1933年,第105页。
④ 台北"中研院"近代史研究所档案馆藏档案:《导淮案》(七),馆藏号08-21,宗号2-(1),第41页。
⑤ 宋希尚:《说淮》,南京:京华印书馆,1929年3月,第21页。
⑥ 宗受于:《淮河地理与导淮问题》,南京:钟山书局,1933年,第105页。
⑦ 武同举:《导淮入江入海刍议》,《两轩賸语》,1927年印本,本文第5页。
⑧ 武同举:《水鉴一斑》,《两轩賸语》,1927年印本,本文第19页。
⑨ 段朝端等:《山阳艺文志》卷三,民国十年刻本,第64页上。

势,"黄水冬涸时,民田似属无恙,……由宿迁县至清河县四顾,平沙若无水患,及至夏秋之间,黄水盛涨,倪水从坝上滚入,则势如建瓴,禾苗在地必尽付汪洋"①。

治理像黄河这种世界性的灾河,划定一定的行洪区是可以理解的。关键是在划定这些行洪区时,官员们所表现出的人道缺失,甚至欺上瞒下以隐瞒人道灾难,使我们有理由把中国传统的治河方略看作带有赤裸裸的损贫(但不一定利富)意识。有些方案虽没有具体地实行,但各个朝代的治河者无不存有根深蒂固的类似想法,结果造成贫瘠的地方更加贫瘠,富裕的地区却未必更加富裕。也可以说,这些贫困地区与自然条件无关,相当程度上是人为因素造成的。

第三节　治水与农业生态的破坏

恩格斯指出,人们学会预见其生产行动的较远的社会影响比估计其较远的自然影响更难。人们要支配和调节生产活动的社会影响,必须把现有的生产方式与社会制度的变革联系起来。② 解释淮北农业生态的演变,必须从社会制度的变革中寻找原因。

一、水文环境的改变

中国是个以农为本的国家,中国也是个治水大国,但明清以后,中央政府的治水却很少为淮北的农业生产服务,充其量,淮北农业是治水者顺带考虑的边缘性事务。有人写道:"我国自古以农立国,妇孺咸知讲求水利避免水患,为农业上根本要图,故与农业有关之防水工役,每能群策群力,不令而行。"③还有人认为,"由于中国经济是基于精耕细作的农业,治水不是为了积极的灌溉目的,就是为了消极的防止水患"④。如果说,这种说法在魏晋以前还说得通的话,在明清两代,则无论如何都令人不敢苟同了。

在大部分时间里,明清中央政府治水的首要目的是维持运河的畅通,保证漕运的安全(明末则以保祖陵、运道为主要目的)。由于漕运是把东南财赋输送到京师,可以说,国家治水的目的是更好地榨取,而不是发展生产。⑤

明人谢肇淛的《符离叹》把洪水破坏的淮北农业生产、农民生活、朝廷的错误决策等淋漓尽致地揭示了出来:"鸦啼颓垣燕依草,行人愁上符离道。千村万落无人声,惟见黄河之

---

① 段朝端等:《山阳艺文志》卷三,民国十年刻本,第64页上—下。
② 恩格斯:《自然辩证法》,《马克思恩格斯文集》第九卷,北京:人民出版社,2009年,第561页。
③ 卢仰清:《论水利与农工商业之关系》,《水利委员会汇刊》第8辑,1942年4月,第2页。
④ Ch'ang-tu Hu, "The Yellow River Administration in the Ch'ing Dynasty," *The Far Eastern Quarterly*, vol. 14, no. 4, *Special Number on Chinese History and Society* (August, 1955), p. 505.
⑤ 学者认为,在以开发水利为主要目的的湖北、湖南及江南太湖地区的治水事务中,国家就承担了很少的责任。见 Pierre-Etienne Will, "State Intervention in the Administration of a Hydraulic Infrastructure: The Example of Hubei Province in Late Imperial Times," in S. R. Schram (ed), *The Scope of State Power in China*. Hong Kong: The Chinese University Press, 1985, pp. 295-347.

水流浩浩。符离驿卒眉须白,向余吞声言不得。去夏河徙水灌田,直至穷冬方种麦。今已二月麦初生,更恐夏来水还溢。丁壮犹堪转四方,老羸已作沟中瘠。朝廷十道出中使,舟车传置疲供役。似此斗米百二钱,更堪豺狼与虺蜴。我闻此语涕泪涟,苍生财力真可怜。前年廷议忧陵寝,开河縻却百万钱。去年度支忧漕挽,筑堤畚锸亦徒然。岂知一旦忽东徙,徐邳之间成桑田。呜呼! 天时人事已如此,咫尺天阍千万里。安得壮士挽沃焦,为君灌尽黄河水。"①

时人游记中描述的徐淮海地区景观,实乃明清时的常见情形:"村落仅存高阜之十一,余皆巨浸波涛,舟航无岸可傍,停于水中。官民舍宇,尽皆没溺,一望渺然,惟数峰巅而已。"②

除了像康乾之世及少数时期以外,尽管中央政府在淮北进行过难以计数的治水活动,但对以农业生产为主要经济活动的淮北百姓而言,并不是福音。③

民国初年,华洋义赈会的专家们认为,从农作物的损失和饥荒灾害的程度来看,皖北与苏北淮河流域的水灾在中国最为严重。④

淮北生态变化的罪魁祸首是南北大运河的贯通。水利专家武同举指出:"会通既辟,运道完成。河之夺淮自此始。于是运与淮有两不并立之势。然河淮合并,畅出云梯,江北水道,尚不至大坏。运河整理,虽代有变迁,亦不过顾全交通,尚非借以行水。"⑤

在维持运道、保证漕运这一最高原则下,明、清两代的治河、治淮工作,永远是一种治标不治本的短期行为。而从长期来看,淮北水道越来越紊乱,水利系统处于崩溃的边缘。尤为严峻的是,这种治水方略注定要牺牲淮北地区的利益,以保证"全局利益"。

清朝顺治至雍正3代共92年中,仅在江苏的淮北地区,中运河的河道变迁达10次,沂水河道变迁6次,睢水河道变迁2次,沭水河道变迁1次。黄河主河道虽无大的改迁,但减水道变迁达6次。靳辅治河之后,"溢决变为分减,亦淮北人民一痛史也"⑥。到乾隆时代,黄河河道向北迁徙,向北岸溃溢8次,南岸溃溢12次。⑦ 嘉、道年间,"黄河迭为患,王营减坝尤易掣动大溜。又淮不刷黄,大河日垫"⑧。

---

① 谢肇淛:《小草斋集》卷九,万历年间刻本,第17页上—18页上。
② 张瀚:《松窗梦语》卷二"北游纪",北京:中华书局,1997年,第30页。
③ 明代嘉靖、隆庆、万历皇帝,均被认为抛弃了农耕,他们的荒淫无度,给中国政治体制带来了灾难性的损害。见 Richard Shek, "Fictional and Real-Life Rulers: Journey to the West and Sixteenth-Century Chinese Monarchs". In OosephW. Esheric, Wen-hsin Yeh and Madeleine Zelin (eds.), *Empire, Nation, and Beyond: Chinese History in Late Imperial and Modern Times-a Feestschrift in Honor of Frederic Wakeman*. Berkeley: Institute of East Asian Studies, University of California 2006, p. 48.
④ Walter H. Mallory, *China: Land of Famine*. New York: American Geographical Society, 1926, p. 48.
⑤ 武同举:《江苏江北运河为水道统系论》,《两轩謄语》,1927年印本,本文第1页。
⑥ 武同举:《江苏淮北水道变迁史》,《两轩謄语》,1927年印本,本文第9页。
⑦ 武同举:《江苏淮北水道变迁史》,《两轩謄语》,1927年印本,本文第13页。
⑧ 武同举:《江苏淮北水道变迁史》,《两轩謄语》,1927年印本,本文第15页。

由于黄河河床处于不断淤高之中,为了保持湖水水位始终高于黄河水位以冲刷黄河泥沙,势必要不断地加高洪泽湖大堤,使洪泽湖不断吞噬周边城乡镇市,扩大其面积。有人认为:"由于蓄清刷黄从根本上解决不了河口的淤积延伸,而河口的淤积抬高又直接影响到洪泽湖,所以蓄清刷黄的过程实质就是不断抬高湖堤,提高洪泽水位的过程。"① 道光十四年(1834)担任江南河道总督的麟庆,批评蓄清刷黄之危害,指出:"蓄清刷黄,治河通义。特今之黄河,底已淤高,故湖水昔存九尺而畅出,今则二丈而不敌,若必强蓄,凤、泗先受其灾,迨蓄极而放,运河难容,势必启高邮五坝,淮扬又罹其患。余主孟子排淮注江之说,只留湖水一丈四尺,以足济运行而止,余则早泄归江。"②

运河所经过的鲁西南地区,同样承受着深重的人为灾祸。永乐九年(1411),宋礼重开会通河时,昭阳湖周围不过10余里,做了80多年的水柜后,便扩大了7倍。到1604年泇河通航后,微山、昭阳、独山、南阳4湖都成了水柜。③ 而从地质结构上看,微山等湖并不适合做水柜。首先,运河进入山东后,河床突然升高,在济宁城附近达到最高点,从济宁向北后,又开始下降。④ 其次,雍正年间,经岳浚等人测量,微山湖地势要低于运河地势。这一致命缺陷形成了微山湖"进水易,而出水难"的特点,"非甚泛滥,不能放水入运。若湖水涨发,则运河亦已漰满,无需增益"⑤。相反,"当[运]河水浅涩之时,湖水先已耗竭,涓滴不能济运"⑥。但明清两代,朝廷竟坚不放弃已被证明为毫无用处的蓄水济运方略,致使微山湖蓄水越来越多,面积越来越大,被淹的农田、民舍也越来越多。

隆庆三年(1569),淮溢,沭水溢涌,"民附木栖止,多溺死"。黄鳌《河决谣呈朱明府治沭堤》:"山河水自山东来,鲸波鼎沸如山颓。汹涌莫辨涘与厓,年年泛滥卷蒿莱。水冲不管居人哀,守防小吏鼻齁雷。握土不塞成功墤,奔流如矢去不回。坐见官租泥沮埋,流亡之宅遍生苔。横索吏人夜喧豗,在昔有人位上台。"⑦

1721年夏,康熙帝谕九卿等:"山东运河,全赖众泉蓄泄微山湖,以济漕运。今山东多开稻田,截湖水上流之泉,以资灌溉。上流既截,湖水自然无所蓄潴,安能济运? ……地方官未知水之源流,一任民间截水灌田,以为爱恤百姓。不知漕运实由此而误也。若不许民

---

① 张义丰:《洪泽湖的演变与水利开发的影响》,张义丰等主编:《淮河地理研究》,北京:测绘出版社,1993年,第184页。

② 麟庆:《洪泽归帆》,麟庆著文、汪春泉等绘图:《鸿雪因缘图记》第2集下,扬州刻本,道光丁未秋。

③ 曹瑞民:《微山湖的形成》,见济宁市政协文史资料委员会、微山县政协文史资料委员会编《微山湖:微山湖资料专辑》,济宁:1990年12月刊印,第2—3页。

④ Harold C. Hinton, "The Grain Tribute System of the Ch'ing Dynasty," *The Far Eastern Quarterly*, vol. 11, no. 3 (May, 1952), p. 344.

⑤ 岳浚:《请停设安山湖水柜疏》,载贺长龄《皇朝经世文编》卷一〇四"工政"十,上海:广百宋斋丁亥(1887)仲春校印,第42页上。

⑥ 岳浚:《请停设安山湖水柜疏》,载贺长龄《皇朝经世文编》卷一〇四"工政"十,上海:广百宋斋丁亥(1887)仲春校印,第42页上—下。

⑦ 唐仲冕总修:《嘉庆海州直隶州志》卷三十一,嘉庆十六年刻本,第4页下。

间偷截泉水,则湖水易足;湖水既足,不难济运矣。"①康熙的这一最高指示,长期为地方官们不加条件地严格奉行。乾隆年间,微山湖的面积竟达2 055平方公里。②

乾隆二十九年(1764),两江总督尹继善等奏:"臣等查微山一湖,水势稍大,东省兖、曹等府及江南之沛县低洼地亩常虑淹浸。而水势过小,又恐八闸邳宿等处运道浅滞。是以湖口闸,向以金门水深一丈为度,水长则泄水以保民田,水落则蓄水以济漕运。并设滚坝引渠,原系斟酌得宜。前因水大拆开石堰。……改建闸座。得以启闭随时。但滚坝以北,河身略窄,河底高于湖底,于建闸不甚相宜。"③

像峄县县丞,滕县、沛县主簿,④均以在微山湖"蓄水之多少,为该职之称否"⑤。魏源指出:"山东微山诸湖为济运水柜,例蓄水丈有一尺,后加至丈有四尺,河员惟恐误运,复例外蓄至丈有六七尺,于是环湖诸州县尽为泽国。而遇旱需水之年,则又尽括七十二泉源,涓滴不容灌溉。是以山东之水,惟许害民,不许利民,旱则益旱,涝则益涝,人事实然,天则何咎?"⑥

嘉、道年间曾长期担任南河总督的黎世序抨击道:掌管微山湖蓄水事宜的迦河厅,总是不断抬高水位,"但求蓄水之多,而不顾地方被淹之苦"。这些掌管蓄水事宜的官员,实则操控周围百姓的性命,"名为惜水如金,实则有心操切。名为留有余以备不足,实则但顾运而不顾民。至湖水长至一丈七八尺,数州县田没水底,该河员故作咨嗟可悯之语,实则乃深喜之"。⑦

河员张伯行以其亲身经历记述道:"利运闸一开,而蜀山湖、南阳湖与运河一派汪洋,湖河莫辨。由是,济宁南乡及鱼台、沛县、徐州数百万顷良田,悉化为湖荡。"⑧利运闸虽然如此害农,却并不利运。据张伯行多次考察,利运闸开启,对南运河没有什么妨碍,但对北运河却妨害甚大。此闸一开,"南方多此一水,止多一淹民田之水,而北方少此一水,遂少一送粮船之水矣"⑨。而真正到了漕船经过此地,运河最需水之时,掌管水柜的官员却经常不愿放水。1839年农历三月,漕船已渡过黄河,江南河道总督麟庆特委副将秦攀荂亲赴迦河厅驻所,请求放水济运。"讵迦河厅惜水如金,放不符志。又值雨泽愆期,源枯流细,凡江境泉水从石罅泥穴中尺疏寸导,历半月余,河水终未增益。"⑩

---

① 朱偰:《中国运河史料选辑》,北京:中华书局,1962年,第118页。
② 曹瑞民:《微山湖的形成》,见济宁市政协文史资料委员会、微山县政协文史资料委员会编:《微山湖:微山湖资料专辑》,济宁:1990年12月刊印,第7页注2。
③ 《大清高宗纯皇帝实录》卷七一一,乾隆二十九年五月下,第942页下。
④ 张伯行:《居济一得》卷一,上海:商务印书馆,1936年,第2、5、6页。
⑤ 张伯行:《居济一得》卷一,上海:商务印书馆,1936年,第7页。
⑥ 魏源:《魏源集》上册,北京:中华书局,1976年,第408页。
⑦ 黎世序:《论微湖蓄水过多书》,载贺长龄:《皇朝经世文编》卷一○四"工政"十,上海:广百宋斋丁亥仲春校印,第44页下。
⑧ 张伯行:《居济一得》卷一,上海:商务印书馆,1936年,第11页。
⑨ 张伯行:《居济一得》卷二,上海:商务印书馆,1936年,第26页。
⑩ 麟庆:《皁河喜雨》,麟庆著文、汪春泉等绘图:《鸿雪因缘图记》第2集下,扬州刻本,道光丁未秋七月。

尽管在意识形态领域坚持以农为本,但各级政府对民众实行严格的信息封锁,使得屡遭淹没的4州之民,"并不知为人事所致,反归咎于天灾之流行"。① 可以说,微山湖形成祸害百姓的局面,完全是人为之过。尤令人扼腕的是,政府即使把灾祸推给毫无抵御能力的平民百姓,但自己却并未得到什么益处,实为害民而不利己。

微山湖每年均需挑浚维修,"劳民伤财,遂贻数百年无穷之害"②。在南旺湖以南,鱼台与沛县之间,"因泗水全注于南,一派汪洋,甚至济宁以南,尽被湮没";而南旺湖以北,东昌一带,"仍苦水小,每有胶舟之患"。③

在微山湖形成前,湖址地区有114个自然村,仅东岸地区就有留城、马家桥、大王庙、西柳庄、恩树庄、吕蒙、姚村、谢楼、白庙、华辛店、张家宅、陈家宅、伯冢桥、东仓、兰陵等许多村庄。至明末,留城已被微山湖淹没。微山湖内的其他村庄,除北部与昭阳湖交界处地面较高的刘楼村,其余的村庄如微山岛的沟北、沟南、墓前、谢楼、吕蒙、姚村、吕庄、万庄、小万庄,韩庄镇的前朱姬庄、后朱姬庄、石庄、华桥、前性义、后性义,塘湖乡的刘敖、张庄、西张阿、里张阿,彭口闸乡的蒋集、南坝、黄埠庄,夏镇的马楼、前村、西寨等村均是迁移而来。④ 据墓前村谱记载:"姚氏于明初自山西迁居留城附近之恩树庄,明后期因湖水上涨迁张良墓前定居。"吕蒙村谱记载:"殷氏于明后期因湖水涨由留城东北之吕孟集迁来建村。"沟北村子孙庙碑记载:"明朝后期湖水上涨,马家桥等地居民迁来定居。"万庄赵家林碑记载:"因失留城迁居微山。"微山岛上现有的15个自然村都有湖水上涨、村庄被迫迁徙的历史。⑤

道光三年(1823),山东滕县衍圣公启事官李印辅以微山湖蓄水过深,不能宣泄,致粮田长期被淹没为由,赴都察院具控。同时赴都察院呈控的还有江苏沛县捐职从九品郝彩,呈控的事由也是滨湖村庄被淹。此案被移交严烺、琦善查处。据严烺等奏,微山湖上承南阳、昭阳二湖的湖水,并蓄积了曹州、单县、金乡、鱼台等州县的河流和泉水,"为南路济运最大水柜"。山东韩庄以下8座水闸及江苏邳州、宿迁一带的运河,全靠微山湖水接济。乾隆前期,微山湖蓄水的标准为1丈深。乾隆五十二年(1787)增加到1丈2尺。后由于黄河水的两次侵灌,加上引黄入湖的影响,微山湖底淤高了3尺。嘉庆二十一年(1816)之后,经钦差大臣吴璥奏明,蓄水可高于原来的规定标准,常达1丈4尺以上。由于微山湖周围达180里,底窄面宽,"水面逾志数寸,民田即多淹数里"⑥。再有,由于下游伊家河淤

---

① 张伯行:《居济一得》卷一,上海:商务印书馆,1936年,第11页。
② 张伯行:《运河源委》,载贺长龄:《皇朝经世文编》卷一○五"工政"十一,上海:广百宋斋丁亥仲春校印,第6页下。
③ 张伯行:《运河源委》,载贺长龄:《皇朝经世文编》卷一○五"工政"十一,上海:广百宋斋丁亥仲春校印,第6页下。
④ 胡文骏:《渔湖民居住史》,见济宁市政协文史资料委员会、微山县政协文史资料委员会编:《微山湖:微山湖资料专辑》,济宁:1990年12月刊印,第27页。
⑤ 以上包括引文均见胡文骏:《渔湖民居住史》,见济宁市政协文史资料委员会、微山县政协文史资料委员会编《微山湖:微山湖资料专辑》,济宁:1990年12月刊印,第28页。
⑥ 武同举辑纂:《再续行水金鉴(运河卷)》(1),武汉:湖北人民出版社,2004年,第100页。

垫已久,十五孔桥多年未修,难以泄水,使得山东省滕、峄,江苏丰、沛等县,滨湖土地屡被水淹。

李印辅呈请将蓄水高度减低2尺,郝彩也呈请在伊家河、蔺家坝二处建立滚水坝1丈2尺,实际上与李印辅的请求相同。这种要求尽管合情合理,但在严烺等看来,鲁、苏两省的民田毕竟无法与漕运大业相比,牺牲这些民田无关宏旨,更无关自己的官运。是以他在奏折中称:"如果酌减水志,无误南漕,臣等自当量为变通,何敢稍事拘泥。惟天时之旱潦无定,湖水之盈绌靡常。在雨多水大之年,固属泛滥为患。设遇天气亢旱,亦复短绌堪虞。……其事虽非常见,其患不可不防。李印辅等呈请减水二尺,实属窒碍难行。"①

清廷不但不降低水位,反而不断增高水位。咸丰六年(1856),李钧、崇恩请求增高微山湖水位。咸丰意识到:"若竟照新淤尺寸加收,不独滨湖地亩,恐多被淹,且湖堤吃重,防守不易。着准其酌量加收湖水一尺,统计湖底新旧淤垫,以志桩水深一丈五尺为度,以备接济漕运。"②

到民国前期,湖水南行之路伊家河、不牢河、韩庄运河等相继淤塞,"洪水时期入湖支流每受顶托,沿岸泛滥,为害农田"③。又因为湖与湖之间丘陵埂阻,荷草丛生,水流不畅,临湖数千顷良田终年沉于水底。④

上述湖泊中,以洪泽湖与微山湖的治理最难,对淮北的危害也最大。有人写道:"微山湖,鲁苏之限也;洪泽湖,皖苏之限也。微山之水不得下,则鲁水无治法;洪泽之水不得下,则皖水无治法。"⑤

如果说洪泽湖是悬在淮扬地区上空的利剑,那么,微山湖则是悬在徐海地区上空的利剑。每逢上游水发,下游徐海地区许多地方尽为泽国。如1935年夏秋,微山湖黄水向苏北各河大肆倾泻,宿迁、邳县、铜山、丰县、沭阳、灌云、东海等地,"万顷茫茫,[运河]沿岸房屋,咸为水覆,柴草家具,随水漂浮,居民多在高处搭棚,暂避灾难,孺啼子哭,厥状极惨"⑥。这时,山东地区的居民为了减少本地区的灾患,竟凿开王胜大堤,邳县数十个村庄瞬间被冲没无影,⑦致使苏北2 000平方公里、90万人口受灾。直到9月16日,有人乘舟查看,"水尽黄色,蛙鳗之属,死骸漂浮,腐臭不可向迩"。"舟于柳梢间披拂入村,庐舍多草结,坍毁殆尽。败栋朽榱,破檐芦壁,零落不堪瞩目。间有砖构,未被摧拆者,亦仅余瓦脊

---

① 武同举辑纂:《再续行水金鉴(运河卷)》(1),武汉:湖北人民出版社,2004年,第100—101页。
② 《大清文宗显皇帝实录》卷二○六,咸丰六年八月下,第247页下。
③ 台北"中研院"近代史研究所档案馆藏档案:《山东运河工程局微山湖洪水排泄意见书》,馆藏号26-00-02,宗号4-1,第3页。
④ 台北"中研院"近代史研究所档案馆藏档案:《山东运河工程局微山湖洪水排泄意见书》,馆藏号26-00-02,宗号4-1,第3页。
⑤ 武同举:《江苏江北运河为水道统系论》,《两轩賸语》,1927年印本,本文第10页。
⑥ 《苏北最近水情视察记》,江苏省第六区党务指导员办事处编辑:《淮海》第5期,1935年10月1日出刊,第36页。
⑦ 《苏北最近水情视察记》,江苏省第六区党务指导员办事处编辑:《淮海》第5期,1935年10月1日出刊,第36页。

一痕,倚斜波际而已。水中尸体便溺,烂苔腐木,狼藉漂浮。蒸日散异臭,中人欲吐。灾民则麇集树梢屋脊,哀哀待援。"①

当时有位政府官员指出:"这次苏北水灾之由来,究竟谁应负其责任?我们要知道,这并不是江苏政府预防不努力,而是由山东黄河决口,水势太大,政府方面虽用尽力量,也不能完全免除黄水的灾害。……而这次苏北的人民,也能与政府打成一片。"②在中央统一威权丧失的情况下,这种跨地域的水利设施很难得到统筹管理,往往成为地区性的灾源。

"黄浸夺淮,乃先夺沂、泗,此为沂、泗祸淮北之主因。"③苏北宿迁、沭阳边境的骆马湖,原系民田。明朝时黄河屡决,河底垫高,常有漫溢之水流入较低的田地,形成湖泊。清朝前期,运船经常从湖中行走,后另开皂河,运船仅经过湖口,不再进入湖中行驶。④

海沭地区桑墟湖等湖的形成,是因地势低洼形成的溢洪区潴溢。沭阳东北原来还有面积巨大的硕项湖,这两湖原在黄河泥沙和沂沭河冲积物填积下,形成低洼平原。黄河夺淮、夺泗以后,淮、沂、沭、泗水系交错混乱,大量泥沙淤垫,失去潴水作用,洪水自行流动,形成新的溢洪区桑墟湖和青伊湖。

清朝中叶,由于涟水、蔷薇河的淤塞,每当雨季,众水汇集,青伊湖经常泛滥成灾。夏日水涨,一日间洪峰从郯城即可到达青伊湖,沭河两岸诸乡村,连年受灾。⑤ 如1949年,山东洪水下注,沂、沭、运诸水三次猛涨,决口数十处,苏北区先后被淹农田共1 770余万亩。虽经大力抢救,全部失收的仍达700余万亩,损失粮食10亿斤以上,灾民达400万人。⑥

二、水利的缺失

对水利在农业社会中的作用,卡尔·魏特夫有过生动的比喻。他通过"详细的"调查后认为,灌溉"在中国任何地方都是精耕细作农业不可或缺的条件,在此基础之上,中国农业社会得以构建,就像现代资本主义的工业社会构建于煤铁基础之上一样"⑦。

尽管水资源非常富足,令人惊讶的是,徐、淮、海地区竟无法享受灌溉之利。安东篱(Antonia Finnane)指出,苏北水道系统的淤积意味着大雨之年必有洪灾,而小雨之年则

---

① 朱玉吾:《铜灾巡礼记》,《江苏月报》第4卷第五、六期,1935年12月1日出版,"文艺"第2页。
② 周绍成:《如何救济苏北水灾》,江苏省第六区党务指导员办事处编辑:《淮海》第6期,1935年11月1日出刊,第3页。
③ 武同举:《水鉴一斑》,《两轩賸语》,1927年印本,本文第10页。
④ 朱铉:《淮北漕河考》,见《河漕备考》卷1,雍正三年抄本,无页码。
⑤ 刘子平:《浅谈沭阳三湖》,《沭阳文史资料》第1辑,1984年10月1日出版,第92—93页。
⑥ 江苏省档案馆藏中国共产党苏北区办公厅档案:《苏北一年来生产救灾工作的初步总结》,第1页,见中国共产党苏北区办公厅《中共苏北区第一次党代表会议的开幕词、报告、发言、总结、决议、闭幕词》(1950年3月),全宗号301,卷号:永久-9,第42页。
⑦ Karl August Wittfogel, *Wirtschaft und Gesellschaft Chinas*; *versuch der wissenschaftlichen analyse einer grossen asiatischen agrargescellschaftt*. Leipzig: C. L. Hirschfeld, 1931, p. 229. 转引自Ch'ao-ting Chi, *Key Economic Areas in Chinese History: As Revealed in the Development of Public Works for Water-Control*. New York: Paragon Book Reprint Corp. 1963 (First Published by George Allen & Unwin Ltd., 1936, London), p. 12.

乏水灌溉。①

其实,苏北许多地方根本就没有什么灌溉系统,仅有的一点水利工程也因种种原因被毁坏殆尽。如因三河终年泄洪,每年冬后,湖水枯浅。后来三河坝废弛不修,"而蒋坝刁徒又辄私毁坝,以通贾舶,资为利源。故旋筑旋开,已成惯例"②。河务官员更不以利农事为己任,"因仍苟且,第任高宝诸湖分济而忘为运源"。每年春夏之交,"里运苦涸,莳秧乏水,农望睽睽,皆由礼河(即三河)分泄不节之故"。③ 洪泽湖成了祸害皖苏的罪魁。据民国初年安徽巡按使倪嗣冲称:"长淮以洪泽为尾闾。自湖身淤垫,凡入淮支流,悉因之壅塞。滨淮平壤,又无分水之埂,通水之沟,潴水之塘,堵水之坝。故每逢水至,平地漫流。迨至平地之积潦既干,则芜浅之湖河亦涸。偶逢亢旱,灌溉难资。"④1935年9月,政府主持的大规模导淮工程已近1年,但苏北仍连遭水旱灾害。⑤

据1951年的调查,淮河下游蚌埠至蒋坝,水位均在1丈深左右,而洪泽湖老子山至蒋坝段约60里,冬春季水位降到1尺深左右。到了冬春季节,即使木船航行也感困难。⑥这种水位,灌溉同样难以进行。

明代中后期,治河专家即已指出,北人不熟悉水利,而且被水害所困扰,他们不知道不能消除水患正是由于不能发展水利。⑦ 历代河臣中,靳辅是较为关注百姓生计的人。他的治河被学者誉为促使"人民安居乐业","对清初的社会发展和进步具有重大的意义"。⑧即便如此,他在治河中,也多是尽量做些堵塞决口之类的减灾事务,而没有注重开发水资源极为丰富的淮北地区。他在奏疏中写道:"臣自受任总河以来,朝夕奔驰,往来相度,深知江南凤、徐、淮、扬四府州属,逼近黄淮,实有无穷之利,只因从前未经讲求,是以不但不能得水之益,而反受水之害。即臣奉命大修河道,亦止仅仅求于避害,而未议所以兴利。"⑨

据靳辅所著,淮安府境内黄河以北200里为沂河、沭河流域,沂、沭两河相夹之地,周围达千里之多,桃源、清河、沭阳、安东、海州、赣榆等县民田多在其中。这个地区一向遭受

---

① Antonia Finnane, "The Origins of Prejudice: The Malintegration of Subei in Late Imperial China," *Comparative Studies in Society and History*, Vol. 35, No. 2 (Apr., 1993), p. 219.
② 段朝端:《续纂山阳县志》卷三,辛酉年刻本,第14页上—下。
③ 段朝端:《续纂山阳县志》卷三,辛酉年刻本,第14页下。
④ 台北"中研院"近代史研究所档案馆藏档案:《安徽水利》(二),馆藏号08-21-12,宗号1-(2),第15页。
⑤ 《苏北最近水情视察记》,江苏省第六区党务指导员办事处编辑:《淮海》第5期,1935年10月1日出刊,第34页。
⑥ 安徽省档案馆藏皖北人民行政公署交通处档案:《皖北船运局关于淮河航道勘察资料》,全宗21,目录2,案卷号477,件号1—2,第36页。
⑦ Ch'ang-tu Hu, "The Yellow River Administration in the Ch'ing Dynasty," *The Far Eastern Quarterly*, vol. 14, no. 4, *Special Number on Chinese History and Society* (August, 1955), p. 506.
⑧ 刘兰霞:《水畅河清:治河专家靳辅、陈潢》,沈阳:辽宁人民出版社,1997年,第220页。
⑨ 靳辅:《生财裕饷第一疏(开水田)》,《文襄奏疏》卷七,钦定四库全书"史部六",第50页上—下。

第七章　苏北的治水成害与环境影响

黄河水患,"一望泱漭"。① 黄河归故道后,"尚苦东省诸山水及不时霪潦无归,而其中旧有之河湖渠荡,久淤于黄。故旱则又无通川潴水之灌溉,每年正赋犹苦无所出焉"②。靳辅计划于中河北堤每 25 里建涵洞 1 座,于洞口开通河 1 道,自南而北,与沭河贯通。只需开涵洞 15 座,开河 15 道,这样一来,上述地区"涝则大小相承,河洞互引,民田无淹漫之忧。旱则沟洫可蓄,车戽得施。不过数年,此周围千里沮洳之地,当一变而尽为水田秔稻之乡,其饶且与江浙之苏、松、嘉、湖等郡埒矣"③。可惜,这项与农业和百姓生计密切相关而与运道无关的工程却始终未能得以施行。

黄河北徙之后,淮水故道地势最低,这里成了淮北各大河流的尾部,众水归汇,但由于旧黄河河槽高仰,水无所归。④ 徐、邳地区,甚至安徽的淮北地区水患大为减轻,而沂、沭等流域的水患仍然如故。近人写道:"运河以西,虽无水利,尚无水患;运河以东,纵横数百里,完全为汶、泗、沂、沭浸淫糜烂之区域。"⑤沂水故道,曾从下邳经过,"古无沂祸"。到了清代,特别是民国前期,沂水由骆马湖直下六塘河,"移患于淮海"⑥。这里的河道互相侵袭,"淮涨犯运,运涨犯淮,沂涨犯沭,沭涨犯沂。时或沂沭并涨,势成中满。……数十年来,苏北苦水患者屡矣,民困昏垫,甚于倒悬"⑦。

1902 年漕运停废后,淮北的主要河流无一不是千疮百孔,当然最主要的问题仍在于淮河本身的出海问题,在黄河的侵占下,淮河被腰斩去了整个下游。灾害极易降临,且政府无力进行治水活动。清末,一位在淮北考察的外国人写道:"我所见到的温和的气候方面的一切,均无法胜过安徽较低部分地区的沃土。但却没有人拿钱来筑坝以保护这片低地,并引进好的灌溉制度。这两者均值得高度重视。"⑧

自清代至民国前期,江北与江南的生态环境已不可同日而语。同为水乡的江北,洪水有百害而无一利,"江南灌溉之利甲天下,虽有小患,不为大害。统名江苏,吾江北瘠苦甚矣"⑨。由于漕运的关系,江北内部有运道直接经过的地区,受到国家的关注较多,水利的治理又比没有运道经过的地区要好得多。说得更明确些,淮安府与徐州府的水利环境就比海州直隶州要优越。学者指出:"海不如徐,徐不如淮,淮不如扬。"⑩

明、清治河的绝妙之处,也是最令人太息之处是其治河的结果正像明尚书吴桂芳所说

---

① 靳辅:《北岸水利》,《治河奏续书》卷四,钦定四库全书"史部十一",第 14 页上。
② 靳辅:《北岸水利》,《治河奏续书》卷四,钦定四库全书"史部十一",第 14 页下。
③ 靳辅:《北岸水利》,《治河奏续书》卷四,钦定四库全书"史部十一",第 14 页下—15 页上。
④ 武同举:《江苏淮北水道变迁史》,《两轩賸语》,1927 年印本,本文第 16 页。
⑤ 武同举:《江苏淮北水道变迁史》,《两轩賸语》,1927 年印本,本文第 17 页。
⑥ 武同举:《江苏淮北水道变迁史》,《两轩賸语》,1927 年印本,本文第 17 页。
⑦ 台北"中研院"近代史研究所档案馆藏档案:《整理沂沭泗尾闾工程初步计划概要》,馆藏号 26-00-11,宗号 3-8,第 1 页。
⑧ Lieut.-Colonel A. W. S. Wingate, "Nine Year's Survey and Exploration in Northern and Central China," *The Geographical Journal*, Vol. 29, No. 3 (March, 1907), p. 279.
⑨ 武同举:《江苏江北水道说》,《两轩賸语》,1927 年印本,本文第 5—6 页。
⑩ 武同举:《江苏江北水道说》,《两轩賸语》,1927 年印本,本文第 5 页。

· 245 ·

的那样:"民患虽亟,而运道无虞。"①充分说明了明朝治水的目标与农业生产的目的相悖、与广大民众的利益相悖。清人则直接总结为"但知治漕,不顾淹民"②。

有人正确地指出:"河之为河,岁异而日不同。非但不可以历代之治治之,即明人之策亦断乎不能复效。或者不察,执其旧迹陈言,与当前万变之河争一旦之胜,是以岁费帑金巨万而崩溃四出,为患日深。今山、清、桃、宿、高、宝、兴、泰诸区,乐土化为巨浸,众水视为尾闾。室庐淹没,士庶漂流。其哀号伶俜于道路者,特死亡之余也。夫岂不欲拯其溺而登之衽席哉? 由治之不得其道耳。"③

同治六年(1867),两江总督曾国藩因绅耆之请,以黄河迁徙甫阅10年,旧堤仍存,施工较易,倡导淮之说,奏请分年试办。其后,两江总督吴元炳、刘坤一、左宗棠皆关注导淮问题,有的还曾小规模兴工,但几无成就可言。④

1909年恽毓鼎奏:"近来沿淮州县,无年不报水灾,浸灌城邑,漂没旧庐。自正阳关至高宝一带,尽为泽国,小民丧其生计,荡析流离,井里萧条,上下交困。岂长淮之利独甚于古,而今适当其害哉? 实缘近百年间,河身淤塞,下游不通,水无所归,浸成泛滥。水既不利,遂以害民。方今国家财赋仰给于东南,水患频仍,既不能征收赋税,而发帑赈济,更足以耗度支则。何能不熟筹补救之策哉? 臣尝博考图籍证以见闻,而知长淮致害之由,实因高堰坝头之障碍。"⑤

到了民国北京政府时期,中央政府更无力于治水活动。前代留下的坝堰残破不堪,徒增水灾和苦难。⑥ 苏北许多"肥美可耕之地","每值米麦刈获之时,一旦西水东注,颗粒无收。遂成制造土匪之场,媒介盗贼之主矣"⑦。

除了国家宏观治水方略的偏误和不作为外,河务中的各类役吏也是水害的成因之一。靳辅指出,对于黄河等河堤,夫役们"总在利于动而不利静,乐于有事而苦于无事,是以百计阴坏之耳"⑧。许多夫役在大埽刚下、龙门未合之时,暗藏刀斧,乘夜割断揪头绳索,使得所下之埽随即冲淌。靳认为:"欲保全河道不过一二人,而谋坏之者,遍地皆是。"⑨从表

---

① 顾炎武:《天下郡国利病书》(二),黄坤等校,上海:上海古籍出版社,2012年,第1103页。
② 周篆:《浚隋河故道通漕议》,载[清]贺长龄:《皇朝经世文编》卷一〇四"工政"十,上海:广百宋斋丁亥仲春校印,第29页下。
③ 周篆:《浚隋河故道通漕议》,载[清]贺长龄:《皇朝经世文编》卷一〇四"工政"十,上海:广百宋斋丁亥仲春校印,第24页上。
④ 台北"中研院"近代史研究所档案馆藏档案:《江苏查勘淮河故道并办工赈》(光绪三十三年),馆藏号06-21-11-09,宗号2-(3),第8页。
⑤ 武同举编著:《再续行水金鉴(淮河卷)》,武汉:湖北人民出版社,2004年,第478页。本处引文引者作了较多的样正。
⑥ Hon. M. T. Liang, "Combatting the Famine Dragon," *News Bulletin* (Institute of Pacific Relations), April 1928, p. 9.
⑦ 台北"中研院"近代史研究所档案馆藏档案:《导淮案》(八),馆藏号08-21,宗号2-(2),第38页。
⑧ 靳辅:《经理河工第八疏》,《治河方略》卷六,南京:中国工程学会,1937年,第242—243页。
⑨ 靳辅:《经理河工第八疏》,《治河方略》卷六,南京:中国工程学会,1937年,第243页。

面上看,这种结果的形成似乎显示了当地民众缺乏起码的公德意识,但究其实际,显示了广大民众对中央治水事业的极度冷漠和抵触。

安东篱指出,苏北承担疏浚运河向下河地区排水的清代官员们,很少得到当地民众的支持,因为向下河排水几乎每次都会引发水灾。① 那些与农业相悖甚至经常危害百姓生命财产的工程不能得到民众的普遍支持,应是顺理成章之事。

三、墟里沧桑

潘季驯时代,黄河在河南省境内的河道往往宽达二三十里(合 3 600—5 400 丈),但到徐州附近,为了束水攻沙,宽度被缩到仅有 80 余丈。② 这些地方的黄河两岸,并无钢骨砖石建成的大堤,而是土性较松的黄土。这就是这里的黄河特别容易溃决的原因。

清代漕臣杨锡绂《新安镇舟夜》一诗中,称海州新安镇"此邦岁苦涝,十室九敝洞"③。如顺治十五年(1658)、十六年(1659),沭阳大水,十七年(1660)、十八年(1661),淮、沭并涨。有人作《河决诗》云:"西北山崇水势陡,飞涛决向沧溟走。怪蛟鼓鬣啮平津,万顷桑麻成泽薮。溃流白昼尚可防,中宵突至难施手。稚啼老哭急逃生,如鸟集木蚁缘阜。风柱雾处雨无衣,仰天蹴地声齐吼。"④

从地名学上即可以窥见淮北所受水患的一斑。如泗州在沉没前即已屡屡被淹。泗州旧志中有徐城、下相、娄林等县名,至乾隆时,"皆不可考"。泗州的村落多以城名,如川城、城子湖之类,"意皆古县镇也"。⑤

此类情况俯拾即是,如梁城,"一曰南梁城,晋太元中侨置南梁郡于淮南。……今淮河中有梁城滩,东至洛河口二十五里"⑥。羊城,"相传古虹州城,陷为湖,在州西北四十里";香城,"相传徐偃王夫人祷祀处。旁有梳妆楼或曰田家集,有香城遗址,今为村落云";义城,"在陡湖,旧志云晋置县"⑦;淮平县,"金元置州附郭,未详所在"⑧;雁门关,"徐王建国,关口代设巡司,今没于水"⑨。由于洪水的蹂躏与毁坏,这些古代城池均湮没无闻,唯有泥墙草顶的乡间小村落还继承着古代城市的名称。

整个淮北地区的城市乡村,在宋以后,均经历着与泗州相同的命运。鲁西南的曹州,于 1368 年和 1369 年因河患迁徙州城两次;1371 年因河水湮没,户口减少,被降为县。金

---

① Antonia Finnane, "The Origins of Prejudice: The Malintegration of Subei in Late Imperial China," *Comparative Studies in Society and History*, Vol. 35, No. 2 (Apr., 1993), p.226.
② 岑仲勉:《黄河变迁史》,北京:中华书局,2004 年,第 528 页。
③ 唐仲冕总修:《海州直隶州志》卷十二,嘉庆十六年刻本,第 19 页上。
④ 唐仲冕总修:《海州直隶州志》卷三十一,嘉庆十六年刻本,第 7 页上—下。
⑤ 叶兰等纂修:《乾隆泗州志》卷二,中国地方志集成(30),南京:江苏古籍出版社,1998 年,第 192 页。
⑥ 马冠群:《安徽地略》,王锡祺等辑:《小方壶斋舆地丛钞》第 17 册"小方壶斋舆地丛钞再补",杭州:杭州古籍书店,1985 年,"安徽地略"第 4 页上。
⑦ 方瑞兰监修:《安徽泗虹合志》卷二,光绪十三年刻本,第 28 页下。
⑧ 方瑞兰监修:《安徽泗虹合志》卷二,光绪十三年刻本,第 29 页上。
⑨ 方瑞兰监修:《安徽泗虹合志》卷二,光绪十三年刻本,第 29 页下。

乡县在明初有 33 个里,嘉靖年间减为 12 个里。[1]

明人指出:"往者高家堰之役,大司空排众议成之,坚若宣房,则淮之决口,塞运道,倚以无虑。然寿、泗水患实自此堰成,而益浸淫。"[2] 经常遭遇水患的安徽灵璧县,史志竟称"市集不足志也"[3]。睢河北岸的三村集、陵子集、孟山集、潼郡集,"元明间号称繁华,今所存者,颓垣破屋,居民逃亡殆尽,即生聚亦复难言也"[4]。明人曾以诗纪被淹城池:"旧迹名犹在,城根尚蜿蜒。路碑残月日,屋瓦旧人烟。祷雨留神树,耕田得古船。"[5]

民国前期的朱店,"居民寥落,……附近多瓦砾"[6]。勘测人员向当地人调查询问,才知此处原来是临淮故城,过去曾有临淮寺,当时已湮没无迹。在扁担河入淮处有百间庙,"崩塌日甚",庙屋原有 100 间,1918 年仅剩 1 间,"余均倾圮矣"[7]。息县的长陵集,在唐时为长陵县,19 世纪中期距淮河达 1.5 里,60 年后已逼近河滨,"长此迁移,该集之沦陷为河实意中事"[8]。怀远县城,南面临淮,"沉灾迭见","故于旧城之西,复筑新城"[9]。

在两汉极一时之盛的徐州,直到唐中叶,"江淮漕运、商贾咸出于徐"[10]。唐人韩翃《送王诞渤海使赴李太守行营》诗称:"行人去指徐州近,饮马回看泗水深。"[11] 由于徐州当泗水、黄河等河流交汇之地,"金河夺泗,而泗湮。元河夺汴,而汴绝。浊流奔注,汩没千里。留圮于水,吕沦于沙,城郭径术,渺不可辨"。[12]

明末以后,几乎年年溃决的黄河徐州段地区被洪水淹没的城池堪与泗州相比。如铜山县城"明季城没于水,官署因之俱圮"[13]。在铜山县城西南的徐州道署,初建于洪武十一年(1378),"为巡按御史莅事之所,万历末避水患迁城东大察院,寻圮于水"[14]。徐州府署,"天启四年(1624)圮于水,迁州治于云龙山"[15]。铜沛同知署,正德(1506—1521)中为南公馆,万历元年(1573)知州刘顺之改为南察院,二十二年(1594)改为徐属河务同知署,"天启四年没于水"[16]。户部分司署,"正德间圮于水"[17]。皇华亭,"嘉靖中没于水"[18]。演武厅,

---

[1] 蔡泰彬:《晚明黄河水患与潘季驯之治河》,台北:乐学书局有限公司,1998 年,第 22—23 页。
[2] 陈懿典:《陈学士先生初集》卷二十八,万历四十八年刻本,第 7 页上。
[3] 《乾隆灵璧县志》卷一,中国地方志集成(30),南京:江苏古籍出版社,1998 年,第 23 页。
[4] 《乾隆灵璧县志》卷一,中国地方志集成(30),南京:江苏古籍出版社,1998 年,第 23 页。
[5] 方瑞兰监修:《安徽泗虹合志》卷十八,光绪十三年刻本,第 12 页下。
[6] 沈秉璜:《勘淮笔记》,1926 年春印,第 39 页。
[7] 沈秉璜:《勘淮笔记》,1926 年春印,第 40 页。
[8] 沈秉璜:《勘淮笔记》,1926 年春印,第 60 页。
[9] 沈秉璜:《勘淮笔记》,1926 年春印,第 107 页。
[10] 吴世熊等总修:《同治徐州府志》卷十,同治甲戌年刻本,第 9 页上。
[11] 《全唐诗》第 4 册,卷二四五,北京:中华书局,1960 年,第 2751 页。
[12] 吴世熊等总修:《同治徐州府志》卷十,同治甲戌年刻本,第 9 页下。
[13] 王家诜纂修:《铜山县志》卷十一,民国八年刻本,第 1 页上。
[14] 王家诜纂修:《铜山县志》卷十一,民国八年刻本,第 1 页下。
[15] 王家诜纂修:《铜山县志》卷十一,民国八年刻本,第 2 页下。
[16] 王家诜纂修:《铜山县志》卷十一,民国八年刻本,第 3 页下。
[17] 王家诜纂修:《铜山县志》卷十一,民国八年刻本,第 6 页上。
[18] 王家诜纂修:《铜山县志》卷十一,民国八年刻本,第 8 页下。

"旧在城北九里山,前明万历初,因水迁城南凤凰山南"①。永福仓,"旧在州左,明初知州文景宗建。隆庆中改为学,户部主事朱光宇、知州章世祯即旧学地建仓,后没于水"②。预备仓,"没于水"③。常平仓,"在城北三里,后移南关堤内,又没于水"④。天启四年(1624),黄河在徐州魁山堤决口,徐州城中水深达1丈3尺,"民苦淹溺,议集资迁城"。最后,迁州治于云龙山之东。同年,睢宁县城被水淹尽圮,总河李若星迁移县治。⑤ 刘向墓,在徐州城西北2里,由于距黄河仅十数步,道光二年(1822)"圮于河"。⑥

嘉靖五年(1526),黄河在沛县决口,灌入昭阳湖,"水没丰县城,徙治避之"。⑦ 万历四年(1576),黄河丰县、曹县段长堤决口,丰县、沛县、徐州、睢宁,"田庐漂没无算",河水吞没了宿迁城。万历帝批准了督漕侍郎吴桂芳的请求,同意迁移宿迁县治。⑧ 万历五年(1577),黄河水冲垮了萧县县城,知县伍维翰迁县治于三台山之南。⑨ 天启二年(1622),水淹睢宁,"庐舍漂没",被迫迁移县治。⑩ 因洪水,沛县则至少进行过三次迁城,先迁栖山,再迁夏镇,后迁到李寨。⑪

这类情形在苏北其他地区也极为常见,如桃源有名叫"陆城""吴城"等村庄,而这些村庄"为鱼鳖所占者过半"⑫。涟水县,经民国前期实测,旧黄河北堤堤顶,高于城墙2公尺多,高于城内地面7公尺多,"黄河若不北徙,该城迟早为泗州之续矣"⑬。

邳州地区南濒黄河,经常遭受河患,而西北金乡、鱼台十多县之水汇入微山湖,微山湖容纳不下,湖水南溢侵入邳州境内。靳辅指出,"盖自明迄今,称泽国者二百年矣"⑭。淮阴王家营,"康熙二十七年秋大水,市廛崩于河,知县管钜买山阳朱生地东迁于此"⑮。金城县,唐武德四年(621)置,属涟州。明太祖时,置金城驿。"道光中,桃源河溢,镇乃壅沙为高阜。然疮痍既久,生聚犹寥落。"⑯ 官亭在明初地通南北,谚云:"老官亭,赛南京。"仅

---

① 王家诜纂修:《铜山县志》卷十一,民国八年刻本,第8页上。
② 王家诜纂修:《铜山县志》卷十一,民国八年刻本,第9页下。
③ 王家诜纂修:《铜山县志》卷十一,民国八年刻本,第9页下。
④ 王家诜纂修:《铜山县志》卷十一,民国八年刻本,第10页上。
⑤ 吴世熊等总修:《同治徐州府志》卷十三上,同治甲戌年刻本,第16页上。
⑥ 王家诜纂修:《铜山县志》卷十九,民国八年刻本,第16页上。
⑦ 吴世熊等总修:《同治徐州府志》卷十三上,同治甲戌年刻本,第8页下。
⑧ 吴世熊等总修:《同治徐州府志》卷十三上,同治甲戌年刻本,第12页下。
⑨ 吴世熊等总修:《同治徐州府志》卷十三上,同治甲戌年刻本,第13页上。
⑩ 吴世熊等总修:《同治徐州府志》卷十三上,同治甲戌年刻本,第15页下。
⑪ 陈颜湘:《沛县农村见闻记》,《农行月刊》第1卷第2期,1934年6月20日出版,"调查"第31页。
⑫ 吴卓信:《书桃源县志后》,载贺长龄:《皇朝经世文编》卷二十三"吏政"九,上海:广百宋斋丁亥仲春校印,第35页下。
⑬ 沈秉璜:《勘淮笔记》,1926年春印,第145页。
⑭ 靳辅:《邳州水患》,《治河奏续书》卷四,钦定四库全书"史部十一",第41页上。
⑮ 张煦侯:《淮阴风土记》下册,1936年,第102页
⑯ 张煦侯:《淮阴风土记》下册,1936年,第176页。

鲜鱼行就有数十家。① 康熙七年(1668),桃源黄家嘴段黄河决堤,"官亭被冲"。②

20世纪30年代,有人探临清河旧城址时写道:

> 旧县虽介在黄运两河之间,而南距黄河为甚近。居民皆列处堤上,凡二百户一千三百余口,东西里许,即村即市,市中有磨坊,有馒头店,有杂粮行,而门前皆有打麦之场,积薪之圃,盖农家而兼小商者也。此堤上除二百余户以外,无城可登,无市可过,无碑可读。吾遍访旧时建筑,仅得一城隍庙于长街之东,野殿荒庭,可以栖丐。摩挲故物,犹见乾隆十九年之鼎。其他坊里寺舍,一切灰灭。问县署何在?则有白头老叟,指堤北小池塘,谓此塘之前,即当年衙斋所在,李信圭、管钜诸贤令尹,皆曾于此临民,今土俗犹呼为"县汪"。县汪之前,有张氏大小花园,废池乔木,无有存者。又有丁状元前街,丁状元后街,则邑里虚传,并方隅位置,亦不可求矣。……吾览旧县而深服造物破坏之力量大也。③

在海州地区,无休止的溃决给这里的生态造成的破坏可谓触目惊心,如地方官员对海州情景的描写:"别开行馆在伊山,地瘠民贫抚字艰";"哀鸿中夜悉无寐,蒿目经年恨未删"④;"菜色半怜形似鹄,草根已食地无毛"⑤;"满眼疮痍难补救,输将两岁畏开厫"⑥。

由于水患极其严重,田地被长期浸淹,百姓几忘了"田"与"湖"的区别。明人张瀚写道:"自淮入河,为害桃源、宿迁、邳州。嘉靖初年,黄河之水澎湃横流,尚畏深险。数年后,河道顿异,流沙涌塞,仅存支派,浮舟甚难,行人抠衣可涉。时方命疏浚,殊劳民伤财,竟不能挽黄河之故道也。惟五月以后,河流冲突,从旁决开,行民间田野中,荡为江湖,舟人亦称曰湖中。"⑦据民国前期地方官员称:"睢宁当明清之交,本属泽国,旧称五湖七港,至今农人赴田耕作,名为'下湖'。"⑧在苏北绝大多数地区的方言中,百姓没有"田"的字语,而把田称作"湖""荡"等。

民国前期,皖北百姓仅治理了濉河,就使700多万亩农田的产量增加了一倍。⑨ 美国红十字会工程团的导淮计划书中估计,通过导淮,可以涸出231多万亩农田,受益田亩1 230多万亩。⑩ 有人认为,导淮后,江北可以避免洪水为患之地不下5 000万亩,而其

---

① 张煦侯:《淮阴风土记》下册,1936年,第198页。
② 张煦侯:《淮阴风土记》下册,1936年,第199页。
③ 张煦侯:《淮阴风土记》上册,1936年,第211—212页。
④ 唐仲冕总修:《海州直隶州志》卷二十一,嘉庆十六年刻本,第39页上。
⑤ 唐仲冕总修:《海州直隶州志》卷二十一,嘉庆十六年刻本,第39页下。
⑥ 唐仲冕总修:《海州直隶州志》卷二十一,嘉庆十六年刻本,第39页下。
⑦ 张瀚:《松窗梦语》卷二"北游纪",北京:中华书局,1997年,第30页。
⑧ 江苏省档案馆藏南京国民政府江苏省社会处档案:《睢宁县长朱伯鸿、参议会议长姚云帆致江苏省水灾急赈委员会(1948年4月6日)》,全宗号1009,卷号:乙-1918,缩微胶卷第000292片。
⑨ 宋希尚:《说淮》,南京:京华书馆,1929年3月,第10页。
⑩ 宋希尚:《说淮》,南京:京华书馆,1929年3月,第14—15、145—146页。

900 公里航路,"亦为苏、皖、鲁三省民命所系,休戚相关"。①

1911 年淮河中下游地区水灾过后,在中国政府的安排下,美国红十字会派出了一个以西伯特上校(Colonel William L. Sibert)为首的工程师团对淮河进行调查。他们的报告估计,水灾造成了皖北 10 470 平方英里、苏北 2 300 平方英里的土地被淹没。在皖、苏两省中,类似 1911 年的水灾每隔 6—7 年发生一次;较小的水灾,每 3—4 年一次。这片远较比利时大的淮北地区拥有全中国最好的农田。② 按正常的每公顷产稻 2 000 磅计,一场大水灾损失的稻米为 160 亿磅;考虑到有时洪水较小,大约每年有 30 亿磅的稻米被洪水吞噬。这些损失的稻米足够养活 600 万个成年人,如果加上儿童,则可以养活 700 万人口。加上洪泽湖等低洼区由于高水位的淹没,大约有 60 万公顷的土地不能垦种,这意味着每年又损失了 12 亿磅的稻米,少养活了 300 万人口。③ 总的说来,淮河造成的灾害,每年大约夺走了 1 000 万人的口粮。④ 据华洋义赈会代表费吴生报告,以 1922 年为例,苏皖两省被灾面积共 6 292 万亩,每亩人工肥料等损失以 3 元计,共 18 876 万余元;米粮产额,每亩以 1 担半、每担以 6 元计,共 47 190 万余元;居民房屋等损失为 4 719 万余元。以上共为 61 347 万余元。⑤ 若在把明祖陵的安全视为至高无上事务的明朝、在仍视运道为生命线的清朝,每年的损失数字无疑要大得多,再加上鲁南与豫东南的损失,水灾给淮北农业造成的损失更为惊人。水利专家武同举曾言:"淮河灾区历年损失,积为铜山,可使与桐柏齐高。"⑥

据统计,在有史以来的水灾总数中,近 1550—1950 年这 400 年所发生的水灾次数在其 5 000 年水灾总数中的比重为:盐城 88.9%,淮安 71.5%,涟水 95.6%。⑦ 由此可见,明清的治水是以牺牲整个淮北地区的社会生态为代价的。

四、人为的瘠壤

人类所兴修的水利工程在为淮北地区提供便利的同时,往往也潜伏着许多害处。

汉魏时期所修的陂塘,无疑尽了一时之利。但淮北地区地势低平,以蓄水为主要功能的陂塘,既淹没大量的土地,也阻滞了河水的流通。在三国(220—280)时代,淮北由于战乱,"徐、泗、江、淮之地,不居者各数百里"⑧。有大片的荒地任水淹没,这些陂塘的负面功

---

① 《垦殖江北计划》,财政部盐务署盐务稽核总所:《盐务汇刊》第 11 册,1933 年 1 月 30 日出版,第 104 页。

② Walter H. Mallory, *China: Land of Famine*. New York: American Geographical Society, 1926, p. 49.

③ Walter H. Mallory, *China: Land of Famine*. New York: American Geographical Society, 1926, p. 50.

④ Walter H. Mallory, *China: Land of Famine*. New York: American Geographical Society, 1926, p. 51.

⑤ 宋希尚:《说淮》,南京:京华印书馆,1929 年 3 月,第 128 页。

⑥ 邢颂文:《淮域纪行》,《江苏月报》第 4 卷第 1 期,1935 年 7 月 1 日出版,"专文"第 54 页。

⑦ 吴必虎:《历史时期苏北平原地理系统研究》,上海:华东师范大学出版社,1996 年,第 161 页。

⑧ 陈寿:《三国志》卷五十一"吴书六·宗室传第六",北京:中华书局,1964 年,第 1216 页。

能尚不明显。到西晋（265—317）初，随着人口的增加，当陂塘蓄水变多，淹没周边田地时，人们必然会筑堰护田，陂塘的负面作用也越来越明显。西晋咸宁三年（277），由于霖雨成灾，颍川、兖州、豫州等地无法播种，"非但五稼不收，居业并损，下田所在停污，高地皆多硗塉"。① 杜预认为士大夫们往往偏重水之利，而忘了水之害："诸欲修水田者，皆以火耕水耨为便。非不尔也，然此事施于新田草莱，与百姓居相绝离者耳。往者东南草创人稀，故得火田之利。自顷户口日增，而陂堨岁决，良田变生蒲苇，人居沮泽之际，水陆失宜，放牧绝种，树木立枯，皆陂之害也。陂多则土薄水浅，潦不下润。故每有水雨，辄复横流，延及陆田。"② 杜豫认为解决兖、豫等地灾害的办法就是要让水流畅通，"今者宜大坏兖、豫州东界诸陂，随其所归而倡导之。……水去之后，填淤之田，亩收数钟。至春大种五谷，五谷必丰"③。对此，1 700 年后，有人对六塘河修治这样的小工程的利害，发出同样的感慨："可知一时工作，其利害每系后世甚巨，造因者能无慎欤！"④

以开发水利为目的、规模较小的陂塘都有如此负面作用，自宋以后，淮北的自然生态与农业条件发生了天翻地覆的变化，明清以来，为政治服务的大规模水利工程对淮北的危害实在触目惊心。原来的良田沃壤成了年年吞没成千上万百姓生命的恶土。有人写道："淮河流域居中国之腹，以黄淮时并时分，地形变迁，农业破坏，影响于中国最大。欲改善中国地政者，当首及之。"⑤ 黄、淮各河泛滥，对淮北的土壤影响极大。许多地区"利捕鱼而宜稻、麦，土性固。然洪水之后，变埴为沙卤，其所产者亦变"⑥。如颍上、阜阳"南境诸水，古饶农利。或且引纳淮流，潴为陂塘，以资灌溉，今则沃壤均变潦区矣"⑦。

1909 年，翰林侍读学士恽毓鼎奏："窃维淮水导源桐柏，历河南、安徽、江南以入海，长逾千里。自魏晋以来，类皆开渠以施灌溉。滨淮田亩悉成膏腴，历史著为美谈，案迹至今未泯。"⑧ 民国前期，以陂塘而闻名的淮北地区，"陂利久不可考矣"，像芍陂，"陂废而淠、肥之水亦与芍陂通，寿县之灾，恒较他处为甚"。白水陂则沉于洪泽湖中，大业陂的潓湖也变利为害，至此，"淮北平原数十万方里古代沟洫之制，荡然无存，河渠尽塞。水至则泛滥无涯，水去则赤地千里"⑨。这种惨状的形成，相当程度上是人为造成的。正如宗受于所指出的那样："论者惟归咎于黄河之破坏，而其实半由人事也。"⑩

由于水利设施的毁坏和不合时宜，农民只能靠天吃饭。冬春洪水较少，夏秋往往泛

---

① 房玄龄等:《晋书》卷二十六"志第十六·食货"，北京：中华书局，1974 年，第 787 页。
② 房玄龄等:《晋书》卷二十六"志第十六·食货"，北京：中华书局，1974 年，第 788 页。
③ 房玄龄等:《晋书》卷二十六"志第十六·食货"，北京：中华书局，1974 年，第 787 页。
④ 张煦侯:《淮阴风土记》下册，1936 年，第 195 页。
⑤ 宗受于:《淮河地理与导淮问题》，南京：钟山书局，1933 年，第 1 页。
⑥ 汪之藻等:《清河县志》卷二"物产"，康熙三十四年（1695）刻本，第 59 页。
⑦ 宗受于:《淮河地理与导淮问题》，南京：钟山书局，1933 年，第 9 页。
⑧ 武同举辑纂:《再续行水金鉴（淮河卷）》，武汉：湖北人民出版社，2004 年，第 478 页。引者对本引文作了多处校正。
⑨ 宗受于:《淮河地理与导淮问题》，南京：钟山书局，1933 年，第 48 页。
⑩ 宗受于:《淮河地理与导淮问题》，南京：钟山书局，1933 年，第 48 页。

滥。如,"邳境夏秋多水患,有多数地方,仅能种麦一次,麦甫收成,水即淹至,及冬始退尽"①。因此,农民只能种植一季越冬的旱作物。

一些官员曾在淮北大力推广南方的水田耕作制度。明副使王梴《劝农文》:"趁今冬尽春和之时,各将田土高阜去处,照常耕种麦豆等禾。其平下临河近泉处所,逐一度量地形水脉,询访江南秧田法则,觅请惯能种稻农夫,随宜开浚沟渠,照田挑培塘埂,设法导引相近河泉,周流环绕。及有等冷泉田地下土尺余,即发水泽,比引河泉,工力为易,可就掘塘池,积蓄水利,插种稻秧。旱则掣取浇灌,涝则开埂放泄,庶几旱涝有备,可期高下全收。"但这种做法未收到任何效果。②

这样一来,淮北的稻田越来越少。明、清乃至民国时代,中外学者公认淮河为水田和旱田的天然分界线。昔日鱼米之乡的淮北成了黍、麦的低产地。胡焕庸指出:"淮安以南为水田,淮安以北即为旱田,界限非常清晰。"③一部地理学著作开宗明义地指出:"淮北是杂粮分布地,江南北是米的分布地。"④美国地理学家葛德石(George Babcock Cressey)也认为:"水稻是突出的农产品,占中国南部地区人民食物的绝大部分。尽管水稻可以种植到极北的符拉迪沃斯托克(Vladivostok),但在秦岭和淮河以北地区仅有极少量种植。苏北的清江浦和淮安是大片水稻区的极限。"⑤

民食专家陆精治把中国稻米的产地划在北纬31°以南。⑥ 而淮北最南的凤阳南端也在北纬32°37′。民国早期的教科书中,列举江苏省稻米的产区有二:一为江南区,如宜兴、无锡、常熟、吴江、青浦、松江、武进、吴县、太仓等县;另一个为里下河区,自清江浦向南,中经高邮、宝应,至扬州、镇江。其中尤以江南吴县、常熟、吴江等县产米最多。全省稻田52 400多平方里,年产额为五六千万石。全省有四大米市,分布在江都的仙女庙、无锡的北塘、吴江的同里、上海的南市,无一在淮北。⑦ 而据日本有关机构在1943年的调查,凡在淮河以南的江苏江北各县均出产稻谷,而处于淮河以北的县份(如淮阴)则无稻米出产。⑧ 安徽的情况与江苏如出一辙。学者指出:"安徽南半属于水稻生产区。此区以北至淮河一带,为水稻小麦区,稻麦轮种,两者皆有生产;淮河以北,方以小麦生产为主。"⑨

考各地方志,明清以来,淮北地区要么根本无稻,要么仅有极少量种植。徐州府"谷宜麦、菽、麻,其黍稷八谷,繁殖如他郡,惟稻种最罕"⑩。直到民国前期,稻田因"铜山水利未

---

① 江苏省长公署第四科:《江苏省实业视察报告书》,上海:商务印书馆,1919年12月,第230页。
② 梅守德修:《徐州志》卷五,嘉靖年间刊本,第21页上。
③ 胡焕庸:《两淮水利盐垦实录》,南京:中央大学,1934年12月刊印,第7页。
④ 李长傅:《江苏》,上海:中华书局,1936年11月,"序"第1页。
⑤ George Babcock Cressey, *China's Geographic Foundations: A Survey of the Land and Its People*. New York and London: McGraw-Hill Book Company, Inc. 1934, p. 101.
⑥ 陆精治:《中国民食论》,上海:启智书局,1931年,第253页。
⑦ 詹念祖编:《江苏省一瞥》,上海:商务印书馆,1931年,第15页。
⑧ 大东亚省:《苏北地区综合调查报告》,昭和18年(1943)9月,第179—180页。
⑨ 谢国兴:《中国现代化的区域研究:安徽省(1860—1937)》,台北"中研院"近代史研究所,1991年,第33页。
⑩ 吴世熊等总修:《同治徐州府志》卷十,同治甲戌冬刻本,第13页上。

兴，不能播种"①。萧县"旧不种此"②。沛县等与山东接壤的微山湖沿岸，"土性宜稻，惟夏秋水潦，泛溢可虞"。因此，种稻之事只能流于纸面，"若仿江南办法，先筑圩堤，试办种稻，则足以护水而收成效"。③ 睢宁"壤土瘠薄，非有膏腴薮泽之饶。夏麦秋禾，亩无沟遂，不宜稻产。近虽物植繁多，而贱质凡材，莫疗贫困"④。睢宁仅有的稻，"旱产，百无一二"。⑤ 宿迁县，"土宜麦、宜秫、宜豆，下隰之稻，百不及一。黍稷胡麻，亦时树焉。农人以甘薯为旨蓄"⑥。

康熙十七年(1678)，河道总督靳辅疏言："江南淮北各州县漕粮，例征红米。今自黄流泛滥之后，原产红米之区，有田土被淹难耕者，有被沙淤而民改种白稻者，则应征漕粮，亦当各随土产之便。伏乞敕部将江南省漕粮例征红米之各州县，嗣后不必拘定米色，红白兼收，永为定例。"⑦下部议行。

次年，靳辅再奏："江南宿迁、沭阳、赣榆三县漕粮，旧征粳米。近年为黄河漫溢，田地皆成沙土，止产粟米。请嗣后漕粮改征粟米，以从民便。"⑧获得了批准。

乾隆二年，户部议准两江总督庆复疏称："江南海州、赣榆县二属，滨海之区，土性不宜米谷，情形实难办运。请将漕米改征折色。"⑨获得批准。

太和县，"无水田"，稻"昔曾多有种者"。⑩ 沛县"少稻"，注曰："旱田不宜于稻，洼区间有种者。……或古昔独盛欤？"⑪淮阴有"香稻庄"，"乃实无稻可言，盖邑之名产，昔有而今无者"⑫。

民国前期，《申报》的报道中指出："淮北出产，米最少，以麦、豆、高粱、玉蜀黍为多。"⑬沭阳县年产稻4万石，⑭而沭阳的平地面积达3 457 500亩。⑮ 在对淮海各县农产品的调查中，涟水、赣榆两县根本不产稻。⑯ 淮阴县的一部方志称该县产稻，但特别注明："秋季

---

① 江苏省长公署第四科：《江苏省实业视察报告书》，上海：商务印书馆，1919年12月，第220页。
② 潘镕纂修：《萧县志》卷五"物产"，嘉庆二十年刻本，第1页上。
③ 江苏省长公署第四科：《江苏省实业视察报告书》，上海：商务印书馆，1919年12月，第225页。
④ 丁显总采：《睢宁县志》卷三，光绪十二年刻本，第5页上。
⑤ 丁显总采：《睢宁县志》卷三，光绪十二年刻本，第8页上。
⑥ 严型总修：《宿迁县志》卷二，民国二十四年刻本，第9页下。
⑦ 《大清圣祖仁皇帝实录》卷七十七，康熙十七年十月，第990页上。
⑧ 《大清圣祖仁皇帝实录》卷八十五，康熙十八年十月，第1082页下。
⑨ 《大清高宗纯皇帝实录》卷五十九，乾隆二年十二月下，第951页下。
⑩ 丁炳烺主修：《太和县志》卷四，民国十三年刻本，第31页上。
⑪ 于书云纂修，《沛县志》卷三，民国九年铅印本，第7页上。
⑫ 张煦侯：《淮阴风土记》下册，1936年，第170页。
⑬ 君左：《徐州通讯：火车中之一瞥》，《申报》1927年7月9日，第9版。
⑭ 虞龙江：《沭阳农村鸟瞰》(上)，江苏省第六区党务指导员办事处编辑：《淮海》第4期，1935年9月1日出刊，第27页。
⑮ 虞龙江：《沭阳农村鸟瞰》(上)，江苏省第六区党务指导员办事处编辑：《淮海》第4期，1935年9月1日出刊，第25页。
⑯ 《淮海各县著名产品产销状况调查》(一)，江苏省第六区党务指导员办事处编辑：《淮海》第4期，1935年9月1日出刊，第37—45页。

老子山有籼稻,称南河米,他处无之。"这里更多的是种植小麦,"大河南北种者什七,为民食大宗,秸可葺屋"①。这里"因无蓄水之法,收成难必,往往稻种及豆种,同时播地,庶几将来得一为佳,此亦他处所罕闻者。盖此地名为稻田,其实希望旱年多收豆麦,以豆麦可靠,稻不可靠也"②。对该县物产进行的详细调查,发现"全县田亩均为旱谷之田,不产米稻"③。1921年,东亚同文会对江苏米产的调查报告,在产地中根本未列淮安、徐州二府和海州;产量中列有淮安、徐州,但其亩产量只相当于上海、常熟的五分之二,相当于苏州、无锡、松江、太仓的二分之一。④

鲁西南的沂州、滕县、嘉祥等地,据说在明代时尚产优质稻米。⑤ 但据1920年的调查,山东济宁、韩庄、临城、夏镇⑥、金乡、嘉祥、鱼台、单县、滕县,也无一出产稻米。⑦ 安徽灵璧,"市集贸易菽麦而外,惟布常有。农具与果蔬鱼肉之类,或有或无,其他悉无有也"⑧。宋以前,颍州府"清淑之气,蜿蜒磅礴千余里,土壤沃饶,风雨和会"⑨,但宋以后却一落千丈,有人不禁发出质问:"何昔之颍为乐郊,而今之颍为旷土耶?"⑩

明清以后,淮北仅有的稻米也多为旱稻。从社会学方面来看,旱稻与水稻最大的区别不是其产量或口味,而是其在农家经济中的角色。柯拔兰指出:"一切商用的米都是灌溉米,旱田米则几乎完全是为着农民自身的需用而生产的。"⑪在淮北农家经济中,旱米如果不是被富裕农家用于自己消费,即是被贫困家庭用于"粜精籴粗",纵使这样,其交换价值也极小。

1935年举行江苏区乡镇长训练时,乡镇长们在江南大多吃糯性极好的大米,在镇江只能吃到粗米,而到江北却没米吃了。⑫ 至于一般居民,条件显然无法与乡镇长们相比,"在江北能够吃米的人家,根本很少,而且就是有的,往往都备着请客时才用,平常的食粮就是玉蜀黍,山芋,干黑的面包(饼),有的穷苦人家,还吃粗糠同面拌食,为的是可以减少消费的关系"⑬。据同时代的人调查,"在江北,一般的生活水平比江南要低得多,就是繁

---

① 徐钟令采访:《淮阴志征访稿》卷二"物产",民国抄本,第23页上。
② 张煦侯:《淮阴风土记》上册,1936年,第152页。
③ 《淮海各县著名产品产销状况调查》(二),江苏省第六区党务指导员办事处编辑:《淮海》第5期,1935年10月1日出刊,第30页。
④ 谷光隆编:《东亚同文书院大运河调查报告书》,第628—629页。
⑤ 李令福:《明清山东农业地理》,台北:五南图书出版有限公司,2000年,第247页。
⑥ 谷光隆编:《东亚同文书院大运河调查报告书》,第276、332—333页。
⑦ 谷光隆编:《东亚同文书院大运河调查报告书》,第347—349页。
⑧ 《乾隆灵璧县志》卷四,中国地方志集成(30),南京:江苏古籍出版社,1998年,第75页。
⑨ 王敛福等编纂:《颍州府志》卷一,乾隆十七年刻本,第72页上。
⑩ 王敛福等编纂:《颍州府志》卷一,乾隆十七年刻本,第72页上。
⑪ Edwin Bingham Copland. *Rice*. London:Macmillan,1924,p. 17. 转引自马扎亚尔著《中国农村经济研究》,陈代青、彭桂秋合译,上海:神州国光社,1934年,第56页。
⑫ 《淮海面面观》,江苏省第六区党务指导员办事处编辑:《淮海》第5期,1935年10月1日出刊,第1页。
⑬ 《淮海面面观》,江苏省第六区党务指导员办事处编辑:《淮海》第5期,1935年10月1日出刊,第1页。

荣著称的靖江而论,要买一磅干饼,固然非常困难;甚至要买上白的饭米,都非奔到临江的江阴不可"①。一位外国学者写道:"中国北部地区有数以千万计的人每年吃不上一两顿米饭。在南部地区,情况则截然不同,因为米饭基本上每顿都能吃到。"②

有的学者把淮北泛泛地划入华北③旱地作物区,认为淮北不能种植水稻主要是因为这里水资源缺乏。④ 还有的人认为是雨量不足造成。如有人认为:"江苏稻的分布界线大约可以淮水为界,淮水以北虽有产米区(如东北灌云等县),但其播种的地域甚狭,产量也是极微,不值得我们注意的。西北部的铜、丰、沛、砀山、萧县等根本没有分布,因雨量不足之故。"⑤

我们前文所引资料也显示,淮域年降雨量达 788.9 毫米。也就是说,淮北不是资源性缺水,而是工程性缺水。近年来,学者通过对淮北地区光热、降雨等气象资料的分析,认为淮河流域水稻兴衰与历史上物候的波动没有什么关系,而是水患所造成的。⑥ 也就说,淮北地区无法种植水稻主要是因水资源无法利用,而非水资源不足。

农学家认为:"水的不足,对于米比较总合其他一切灾害,给与更大的损害。但是,和水的不足一起及在他之后,水的过多令米受到的损害也甚于一切。而且十分确凿的,在东方水灾和暴风雨所摧残的米是多过意大利和美国两国米的总收获。"⑦20 世纪 50 年代,农学家 K. Ramiah 指出,降雨量与水稻生产之间并无关联,像埃及、意大利、澳大利亚等,是比较典型的降雨较少的国家,但有着灌溉设施。而巴基斯坦东部地区、缅甸、泰国、柬埔寨、越南和其他许多国家,在种稻季节雨水太多,由于排水不畅,水稻种植被推迟,并在深水中使用已长过了头的秧苗。水稻在生长最旺盛阶段却承受着不利的生长条件及泛滥的洪水。⑧ 因此,学者认为,在许多地区,控水比供水更成问题。⑨ 在水利普遍失修的情况

---

① 罗琼:《江苏北部农村中的劳动妇女》,(上海)《东方杂志》第 32 卷第 14 号,1935 年 7 月 16 日发行,第 108 页。

② George Babcock Cressey, *China's Geographic Foundations*: *A Survey of the Land and Its People*. New York and London: McGraw-Hill Book Company, Inc. 1934, p. 102.

③ 到目前为止,大部分著述中没有把"淮北"作为一个单独地区列出。本书所述的"淮北",有时被这些著述归在"华北"地区中,有时则被包括在"华中"地区中。

④ Susan Naquin and Evelyn S. Rawski, *Chinese Society in the Eighteenth Century*. New Haven and London: Yale University Press, 1987, p. 98. 但早在 1934 年出版的地理学著作中,美国学者就认为:"北方缺乏水稻,部分原因是沙土和缺少灌溉用水,同时也由于气候的因素。"见 George Babcock Cressey, *China's Geographic Foundations*: *A Survey of the Land and Its People*. New York and London: McGraw-Hill Book Company, Inc. 1934, p. 101.

⑤ 蒋君章:《江苏省史地概要(三)》,《江苏研究》第 2 卷第 2 期,1936 年 2 月 25 日发行,本文第 4 页。

⑥ 冯超:《淮河流域农业气候资源与夏茬水稻早种的气候条件分析》,张义丰等主编:《淮河地理研究》,北京:测绘出版社,1993 年,第 90 页。

⑦ Edwin Bingham Copland, *Rice*. London: Macmillan, 1924, p. 17. 转引自马扎亚尔著《中国农村经济研究》,陈代青、彭桂秋合译,上海:神州国光社,1934 年 8 月,第 54 页。

⑧ K. Ramiah, *Factors Affecting Rice Production*. FAO Agricultural Development Paper No. 45. 转引自 D. H. Grist, *Rice*. London: Longmans, Green and Co. LTD, 1965, p. 32.

⑨ D. H. Grist, *Rice*. London: Longmans, Green and Co. LTD, 1965, p. 32.

下,对灌溉条件要求不高、产量较大的番薯类作物很容易替代水稻成为农家偏好的种植对象。①

过去有人认为这是因为"淤土带沙,风高寒早,不宜艺稻,如橘渡淮而枳,物性然也"②。土地沙化确实影响种稻,但沙化的最主要因素是黄河的影响。因此,坝堤决口常造成水稻无法种植。如淮阴南乡"夙为稻田,自嘉庆倒佘家坝后,沙停地淤,遂至改播旱谷"③。20世纪30年代,有人沿旧黄河考察,发现"废黄旧堤,路基不固,土质又劣。……且沿途淤沙堆积,寸草不生,犹如沙漠"④。

在淮北地区农家种植结构发生变化的同时,淮北农家的经济也出现了明显的衰落。仅就耕牛一项,无论是纵向还是横向比较,明清以来的淮北地区都显得非常贫困。每逢荒岁,耕牛无疑是百姓苟延自身生命的最后一道保障。正如这个地区的一首歌谣所说的那样,灾荒到来时,农民们"杀牛食其肉,牛尽人亦逃"⑤。乾隆七年(1742),江苏巡抚陈大受奏:"淮北各属,连年荒歉,十室九空,牛损七八。"⑥道光年间的一首歌谣中写道:"卖耕牛,耕牛鸣何哀。原头草尽不得食,牵牛踯躅屠门来。牛不能言但呜咽,屠人磨刀向牛说:有田可耕汝当活,农夫死尽汝命绝。旁观老子方幅巾,戒人食牛人怒嗔:不见前村人食人。"⑦

频繁的灾荒使得耕牛已成淮北农家的珍罕之物,如灵璧百姓"居皆茅屋,衣皆疏布,食则麦豆杂粮。虽丰年犹和以草木根叶,家有牛具什器者,十不得一"⑧。泗州地区,"当种稻之际,不惟无所得种,亦且无以为耕,其有耕牛一二犋者,辄称有力,而耕牛卖矣。或无耕牛则卖及田屋与妻儿矣"⑨。1876年冬,盐政衙门海州分司于宝之禀称:"以江北本年亢旱歉收,所蓄耕牛势将私卖屠宰,来年必误春耕。"于奉淮扬道台札,要求海州分司设法设局收养耕牛,但其最低费用需钱五六万串,而海分司仅能筹集1万串。⑩大部分耕牛的命运也就可想而知了。赛珍珠(Pearl S. Buck)的小说曾描述了王龙在荒年无奈地让妻子杀牛的情景。⑪

1936年前后,在沿京沪路一带,苏南各县每年购宰牛只不下20万头。在丹阳、镇江、江宁等处较大的集中市场,"此项牛只,来自河南、山东、安徽等省固多"。大量宰杀耕牛,

---

① Susan Naquin and Evelyn S. Rawski, *Chinese Society in the Eighteenth Century*. New Haven and London: Yale University Press, 1987, p. 23.
② 眭文焕纂辑:《重修桃源县志》卷四"物产",1917年刻本,第11页下。
③ 张煦侯:《淮阴风土记》上册,1936年,第91页。
④ 邢颂文:《淮域纪行》,《江苏月报》第4卷第1期,1935年7月1日,"专文"第57页。
⑤ 钱崇威总纂:《重修沭阳县志》卷十四,民国年间抄本,第6页上。
⑥ 《大清高宗纯皇帝实录》卷一六一,乾隆七年二月下,第31页上。
⑦ 钱崇威总纂:《重修沭阳县志》卷十四,民国年间抄本,第115页下。
⑧ 《乾隆灵璧县志》卷四,中国地方志集成(30),南京:江苏古籍出版社,1998年,第75页。
⑨ 方瑞兰监修:《安徽泗虹合志》卷十六,光绪十三年刻本,第45页下。
⑩ 曾国荃等督修、王安定等纂修:《两淮盐法志》卷一四六,光绪三十一年刻本,"捐输门·助赈上",第11页上—下。
⑪ 赛珍珠:《大地》,台北:远景出版事业公司,1981年,第56—57页。

"于农业上更受莫大影响"。① 而农民亦因灾荒频仍,"无由图存,故不得不忍痛一时,将其赖以种植之耕牛,于冬季农闲而钱紧之时贬售得值,以免于饥寒。复于来春农忙之时,高价购回,一转移[手]之间,在市场之价格比较,竟有超出百分之六十以上。诚不啻变像[相]之重利盘剥也"②。

据调查,1934年,江苏49个县共有水牛830 000头,1935年降为799 000头。③ 以总人口2 000万计,江苏平均约25人饲养一头水牛。民国前期的海沭地区,中等人家往往四五家共享1头牛,十数家合用1辆大车,三四家合用1柄犁。至于贫苦农户,连共享的车、牛都没有,"惟有以自己血汗先助人家工作以后借用"④。笔者在东海县房山乡(镇)寇荡调查时,曾听老人们绘声绘色地讲述民国前期一群土匪因抢劫1头耕牛而打死十多人的故事。在那时,无论是其价值还是其使用价值,耕牛都比人命宝贵。⑤ 1914年5月,土匪抢劫涡阳刘乾元庄。据参与者赵谷供:"共去三十余人同去抢的。"⑥所抢财物中,有一头骡子是最有价值的。⑦ 为此,土匪杀死事主家9人之多。⑧ 豫皖边境的孟昭贵匪股"有一回去抢郑家庄,有二十多个人,打死两个失主才进去,抢一匹马,几捆衣裳"⑨。泗县张玉喜、张保元等20多名股匪抢劫石姓人家时,得牛驴6头,杀死18人。⑩ 淮阴地区,"河北当匪炽之时,不掳人而掳牛,取其偿分较易,又无央人说项之烦"⑪。

---

① 台北"中研院"近代史研究所档案馆藏档案:《中央种畜场救济农村耕牛试办计划书》,馆藏号17-27,宗号226-(1),第4页。

② 台北"中研院"近代史研究所档案馆藏档案:《中央种畜场救济农村耕牛试办计划书》,馆藏号17-27,宗号226-(1),第5页。

③ 興亜院華中連絡部:《中支那畜産資源牲畜ニ関スル調査報告書》,華中調査資料第148号,1942年7月出版,第17頁。

④ 虞龙江:《沭阳农村鸟瞰》(上),江苏省第六区党务指导员办事处编辑:《淮海》第4期,1935年9月1日出刊,第26页。

⑤ 1996年11月,笔者在苏北地区的调查。

⑥ 中国第二历史档案馆藏中华民国北京政府陆军部军法司档案:《皖北镇守使倪毓棻呈报民国三年五月判决死刑案犯供折》,全宗号1011,卷号2573,无页码。

⑦ 中国第二历史档案馆藏中华民国北京政府陆军部军法司档案:《皖北镇守使倪毓棻呈报民国三年五月判决死刑案犯供折》,全宗号1011,卷号2573,无页码。

⑧ 中国第二历史档案馆藏中华民国北京政府陆军部军法司档案:《安武将军行署谨将民国二年八月起至三年六月止依军法办理各案罪犯姓名年龄籍贯职业案由罪名刑名判决地点行监禁日期造具清册》,全宗号1011,卷号2572,第11页。

⑨ 中国第二历史档案馆藏中华民国北京政府陆军部军法司档案:《皖北镇守使倪毓棻呈报民国三年五月判决死刑案犯供折》,全宗号1011,卷号2573,无页码。

⑩ 中国第二历史档案馆藏中华民国北京政府陆军部军法司档案:《安武将军行署谨将民国二年八月起至三年六月止依军法办理各案罪犯姓名年龄籍贯职业案由罪名刑名判决地点行监禁日期造具清册》,全宗号1011,卷号2572,第20页。

⑪ 张煦侯:《淮阴风土记》下册,1936年,第83页。

1950年，沭阳县桑墟区桑墟乡有春田2 200亩，仅有牛10头，若以牛力耕种，需时50天。① 1951年，安徽省金寨县燕河区叶铺乡45户拥有土地306亩，有耕畜15头。② 燕河区土岑乡108户拥有土地1 959亩，有38头耕畜。③

而在清末，中国南方大部分地区的牛耕较为普遍。④ 有位外国学者在20世纪20年代写道："稻田的耕种由灰色的水牛来承担，水牛遍及整个东南亚和印度南部地区。尽管从灌渠向田中提水通常由农民通过踏车来进行，但水牛也被用于从事这项劳动。"⑤没有耕牛的农家显然很难承担稻田的繁重劳动。

一水之隔的淮南，水稻种植情况亦与淮北大不一样，在淮北已很少见到水稻的情况下，水稻竟成了淮南地区的主要农作物。晚清时期，"淮扬下河为高、宝、江、甘、兴、泰、东台、山阳、盐、阜十州县之地，厥土涂泥，其谷宜稻，灌溉之源在于运河，运河又上承洪泽湖之水，递相轮灌，水腴而土沃，亩收数钟。秋稔所获，民食既饶，且可粜济邻省。其东为泰属各盐场，牢盆所产，济五省之淡食，运源所注，支分络系，商贩如纤，百货萃焉。丁漕盐课，商税之赢甲于江北"。⑥ 民国中期，据对淮安、宝应、高邮、江都4县10个典型区的调查，淮安县岔河区小麦、水稻两项占作物亩数的71.2%。宝应县渔沟区，小麦、水稻和大豆两项占98.6%，射阳区水稻占夏季作物的90.8%，仁和区的小麦、大豆、绿豆和水稻四项占作物亩数的87.2%。高邮县一沟区，冬作物中几全为小麦，夏季作物则几全为稻，两项占作物面积的98.9%，菱塘桥区，小麦、水稻两项占作物亩数的70.2%。江都县邵伯区、李典区，夏季作物基本上全部为稻。⑦

明清时，松太地区普遍出现了"棉七稻三"的耕作制度。

江南地区植棉如此之盛，商品经济空前发达，民食大量依赖市场，某些视农为本业的官员甚至开始担心江南的粮食问题。乾隆四十年（1775），两江总督高晋的奏折说得非常明白："窃照大江以南江宁、镇江、常州、苏州府属地方，土多沃壤，民习耕种，且能手艺营生，衣食足资利赖。惟松江府、太仓州、海门厅、通州并所属之各县，逼近海滨，率以水涨之地宜种棉花，是以种花者多，而种稻者少。每年口食全赖客商贩运，以致粮价常贵，无所底止。……究其种棉而不种稻之故，并非沙土不宜于稻，盖缘种棉费力少而获利多，种稻工

---

① 江苏省档案馆藏中国共产党苏北区委员会档案：中国共产党苏北区委员会农村工作委员会《本委关于农业生产、土改后农村土地关系变化情况的报告、意见及各种统计表》（1951年），全宗号301，卷号：永久-85，第9—10页。
② 安徽省档案馆藏皖北人民行政公署档案：《金寨县所属燕子河流波白大三区老根据地农村生产力衰退情况调查表》，全宗21，目录2，案卷号272，件号1—3，第1页。
③ 安徽省档案馆藏皖北人民行政公署档案：《金寨县所属燕子河流波白大三区老根据地农村生产力衰退情况调查表》，全宗21，目录2，案卷号272，件号1—3，第7页。
④ J. W. Robertson-Scott, *The People of China: Their Country, History, Life, Ideas, and Relations with the Foreigner*. London: Methuen & Co., 1900, p. 5.
⑤ J. B. Tayler, *Farm and Factory in China: Aspects of the Industrial Revolution*. London: Student Christian Movement, 1928, p. 24.
⑥ 段朝端等：《山阳艺文志》卷六，民国十年刻本，第47页上—下。
⑦ 导淮委员会编：《高宝湖区土地经济调查报告》，南京：1933年10月刊行，第24—25页。

本重而获利轻。小民惟利是图,积染成风,官吏视为常,亦皆习而不察。以现在各厅州县农田计之,每村庄知务本种稻者不过十分之二三,图利种花者则有十分之七八。"①

有人认为:"中国与欧洲的工业经济有几点明显的不同。存在于习惯性和文化框架内的中国经济显然不同于西方社会的前工业经济。例如,仅是基于广泛使用水的稻米经济的单一事实,就具有影响土地和劳动力、人口的稠密性以及村庄形式、家庭和亲属组织关系的深远意义。这些文化和习惯性的差异影响了中国经济来改变自己进行变革、增长和工业化的能力。"②明清以后,以区域言,江南地区的种植业结构得到了进一步优化,人力资源与自然资源的配置更为合理。淮北地区的种植业结构则普遍恶化,以至于无法维持农家极为喜好的高产的稻米种植。

五、不蚕之域

自宋以后,淮北的手织业开始凋落。③ 如果说自然经济的特征是男耕女织的话④,宋至19世纪以前的相当长的时间里,淮北的农家经济已退化到与自然经济的水平相距极远的地步。淮北徐州、淮安、海州地区与附近的皖北、河南、鲁西南,在宋代以后,农家经济从男耕女织型演变成了单一的男耕型。

检各地方志,明朝以后,淮北等地已基本上见不到手织业了。鲁西南、河南的经济变迁与之相似。清朝中期,河南省"家有机杼者百不得一"⑤。到了近代,正如包世臣所指出的那样:"且如古兖州,古称桑土,今至莫识蚕丝,青齐女红甲天下,今至莫能操针线。"⑥

徐州府睢宁县在清光绪以前,"农人畜牛耕耨,习以为常,农妇割草饲牛,无暇纺织,故篝灯之火,初未见于村庄,所穿布缕,向皆购自外来,倘他处棉花失收,价即昂贵。在地贫

---

① 高晋:《奏清海疆禾棉兼种疏(乾隆四十年)》,琴川居士编《皇清奏议》卷六十一,见《续修四库全书》第473册,上海:上海古籍出版社,2002年影印,第514页。

② John K. Fairbank, Alexander Eckstein, "Economic Change in Early Modern China", in Alexander Eckstein (ed.), *China's Economic Development: The Interplay of Scarcity and Ideology*. Ann Arbor: The University of Michigan Press 1975, p. 91.

③ 史念海早就注意到了历史上黄河流域家庭手织业的衰变,他认为,自北宋以后,黄河流域丝织品的质量和数量均在衰落(史念海:《黄河流域蚕桑事业盛衰的变迁》,载《河山集》,北京:三联书店,1978年,第267页)。而到了明代,山东、陕西省已不负担夏税绢,负担夏税绢的重心地区转到了长江流域及其以南地区(史念海:《黄河流域蚕桑事业盛衰的变迁》,载《河山集》,北京:三联书店,1978年,第271页)。汪汉忠注意到了苏北"自然经济"内部的纺织业"过早地"衰退甚至消失这一现象(汪汉忠:《灾害、社会与现代化:以苏北民国时期为中心的考察》,第51—54页)。但他把种现象视为自然经济的"苏北模式",则值得商榷。下文将要述及,这种演变形式是鲁南(特别是鲁西南)、河南省等地共同的变化模式。

④ 学术界一般认为:"小农业和农民家庭手工业的密切结合,是我国农村自然经济的一个突出的特点。农民家庭手工业……最重要的是棉、麻、丝等手纺织业,因而常把'男耕女织'或耕织结合作为自然经济的代称。"见许涤新、吴承明主编《中国资本主义发展史》第2卷,北京:人民出版社,2003年,第265页。

⑤ 尹会一:《请陈农桑四事疏》,张受长编《尹少宰奏议》卷三,第14页上。

⑥ 包世臣:《安吴四种》卷第二十六"齐民四术"卷二"农二",光绪十四年(1888)刻本,第2页上—下。

民,号寒如绿毛幺凤"①。淮安府盐城县,"物产无多,稼穑而外,捕鱼治蓰采薪织蒲,聊以谋生,往昔布帛未兴,专尚节俭"②。光绪年间,有人指出,盐城不是一个"耕织并重"的地区,"盐邑则田勤女窳,不任纺织,寸缣尺布皆购于市,即缝纫所资,亦必至临用时,始捻棉为线,以手而不器,准其所用而止"③。邻境的兴化县(属扬州府)直到1837年以前还没有手织业,时人写道:"兴邑妇女好闲游,喜入庙烧香,且乡间相率而涂闹者,所在皆然,求其故,则向无妇功也。"④淮安府清河县,"有桑而不蚕"⑤。海州府沭阳县县令袁枚在咏该县的诗中写道:"女子绝无当户织。"⑥清代沭阳县志载:"妇女不登山入庙,不事纺织。"⑦赣榆县,"妇女无蚕织之事"。⑧ 张謇《清河至赣榆道中十首》称这一地区:"不蚕不织不晨梳,村妇村娃日坐娱。谁复长官林大浦(前海州知州林达泉),木棉种绝女桑枯。"⑨

安徽凤阳府灵璧县,"男无工贾,女无纺织"⑩。处于涡河与淮河交界的怀远县,"妇女或茸麦秸为笠,岂尽游惰哉?顾不蚕织,与不稼穑等"⑪。雍正时两江总督赵弘恩,对皖北颍州、寿州、宿州等地"不事生业之辈,教以耕织,免其游惰"⑫。

手织业不仅供农家衣着之需,通常也是农家较有保障的现金收入之源泉。淮北手织业从发达到衰落以至消失,非常清楚地反映了这个地区整个经济的倒退与衰变。

清代淮安府山阳县令金秉祚对该县缺乏"女织"的情形印象尤深,他写道:"乾隆七年(1742)冬,奉调山邑。每因公放赈,遍历部屋,从未见一机具,听一织声,始知纺织一事竟未讲求。即补缝所资,亦必至临用时,妇女始知以手撚线,准其所用而止。女红尽废,骎骎成风,欲如他处之抱布粟,绝响无闻。夫民间财源所出,惟仗布粟,今淮民已缺其一,安得不贫且困邪?"⑬

近代以前,地方政府曾采取许多措施来推广织布,但无任何效果。在淮安府,乾隆年间,"山阳令金秉祚、知府赵酉皆尝劝谕土人以植桑、种棉、习纺织为务。并为之募师制具,

---

① 《河上纬萧》,《益闻录》第15册,第1294号,1893年8月16日出版,第369页上。
② 刘崇照修、龙继栋纂:《盐城县志》卷二"舆地",光绪廿一年(1895)刻本(台北:学生书局,1968年影印),第25页下。
③ 刘崇照修、龙继栋纂:《盐城县志》卷二"舆地",第29下—30页上。
④ 周石藩著:《一瞬录》"丁酉年",道光十九年(1839)家荫堂刻本,第63页下。
⑤ 鲁一同纂修:《江苏省清河县志》卷二,清咸丰四年(1854)刊、同治元年(1862)补刊、民国八年(1919)再补刊,第8页下。
⑥ 袁枚:《小仓山房诗集》卷三,见王英志主编《袁枚全集》第1册,南京:江苏古籍出版社,1993年,第40页。
⑦ 钱崇威总纂:《重修沭阳县志》卷一,民国年间抄本,第9页上。
⑧ 王豫熙等:《赣榆县志》卷二,光绪十四年(1888)刻本,第6页上。
⑨ 张謇:《张謇全集》第五卷"艺文下",南京:江苏古籍出版社,1994年,第80页。
⑩ 《乾隆灵璧志》卷四,中国地方志集成(30),南京:江苏古籍出版社,1998年,第95页。
⑪ 《附怀远县志蚕织说略》,载贺长龄:《皇朝经世文编》卷三十七"户政"十二,上海:广百宋斋丁亥(1887)仲春校印,第24页下。
⑫ 台北故宫博物院清代宫中档与军机处折件:《江南总督赵弘恩奏折》(雍正十二年四月十六日),箱号78,文献编号402018589,统一编号故宫021799。
⑬ 吴昆田等总纂:《淮安府志》卷二"疆域",光绪十年刊本,第6页上。

设立程度[原文如此——引者注]以诱之"①。这一举措得到了许多方面的支持,"淮关监督高恒闻即捐款,于板闸添设一局,各道厅于清河添设一局;绅衿耆庶亦皆鼓舞"②。时江苏巡抚还令徐、海各州县均推广淮安经验。③ 然而,对这场由政府发起的振兴"女织"的举措,淮安农家却无人响应。④"其后山阳令姚德彰、清河令万青选复设局募工以教之,迄未能行。斯亦淮人呰窳之一端也。"⑤值得注意的是,"呰窳"一词在汉以前是专指受寄生虫、血吸虫病困扰的江南人的。

直到19世纪六七十年代,"江北惟通海知纺织耳,然地斥卤,谷少,民艰食。淮扬之间,民耳不闻蚕桑之宜,目不睹纺织之勤,妇子终日遨嬉,仰一人而食"⑥。这种情形令当时人也深感费解:"以织获利者,苏松之殷富已有明征矣,何以此邦妇女竟计不及此?"⑦

近来有的学者强调16至19世纪中国发展的"奇迹",认为当时中国具有较高的生活水准和发达的市场体系。⑧ 这种说法基本符合苏南的实际,部分适合苏中的情形,但与苏北的实际情况却大相径庭。

以往人们曾把手织业不兴的因素归咎于气候。有的农书中写道:"近来北方多吉贝,而不便纺织者,以北土风气高燥,绵毳断续不得成缕,纵能作布,亦虚疏不堪用耳。……南方卑湿,故作缕紧细,布亦坚实。"⑨苏北向来被称为"洪水走廊",所谓"风气高燥"之说根本不存在。况且,商代至北宋,苏北长期是纺织发达的地区。近来彭慕兰对鲁西南的研究表明,仅仅是种植棉花这样的问题,就涉及当地精英的"开放性"和社会结构的"可渗透性"的问题。⑩ 前近代的苏北与鲁西南曾同属一个"大区"(macroregion)——河南道,社会结构看上去也极其相似,棉花既无法种植,织布也就无从发展。但这样的解释终究太空泛。尤为重要的是,前述淮安府在奖劝"女织"的过程中,始终得到了地方精英的响应,他们表现出来的恰恰是"开放性"的特点。

在松太地区普遍实行"棉七稻三"耕作制度的时候,徐、淮、海地区中,棉花的种植竟如

---

① 吴昆田等总纂:《淮安府志》卷二"疆域",光绪十年刊本,第5页下—6页上。
② 陈振汉等编:《清实录经济史资料》"农业编"第2分册,北京:北京大学出版社,1989年,第448页。
③ 陈振汉等编:《清实录经济史资料》"农业编"第2分册,第448页。
④ 吴昆田等总纂:《淮安府志》卷二"疆域",光绪十年刊本,第6页上。
⑤ 吴昆田等总纂:《淮安府志》卷二"疆域",光绪十年刊本,第6页上。
⑥ 薛福保:《江北本政论》,《青萍轩文录》卷一,光绪八年(1882)刊本,第7页下。
⑦ 周石藩:《劝纺织》,《海陵从政录》,道光十九年家荫堂刻本,第26页下—27页上。
⑧ 如 Sugihara Kaoru, "Agriculture and Industrialization: The Japanese Experience," in Peter Mathias and John Davis (eds.), *Agriculture and Economic Growth*. Oxford: Blackwell Publishers 1997, pp. 148-166.
⑨ 永瑢、纪昀等:《文渊阁四库全书》"子部"三十七"农家类",第507页。
⑩ 详见 Kenneth Pomeranz, *The Making of a Hinterland: State, Society, and Economy in Inland North China, 1853—1937*. Berkeley, Los Angeles, Oxford: University of California Press, 1993, pp. 114-119.

凤毛麟角。检乾隆年间成书的《江南通志》，徐、海两府的物产中根本未列棉花、棉布，①淮安府的物产中列有"木棉"，但特别注明"产于淮南"。② 另据《淮安府志》记载："棉则国[清]初多植之，其后浸微。"③甚至在20世纪20年代，海州个别地区的农民还未曾试种过棉花。④

衣物全靠购买，而平时又要"粜精籴粗"的农家⑤，家庭经济"商品化"的程度要远远高于自给率极高的苏南等地。卜凯组织的调查显示，许多边缘地区经济的商业化程度要高于核心地区。⑥ 因此，我们把苏北这种经济称为"残缺型的商品经济"。

在苏南地区的织布能手们成为"顶价姑娘"或"顶价娘子"的时候，因不能在家庭经济中撑起另外"半边天"⑦的苏北女性，地位极其低下。史称："蚕织之政未修，妇女无以自给，则其自视也轻。一失所依，求死不暇。"⑧盐城妇女，"弗勤则匮，冻馁随之，乃或不能自持，沦于污贱。较之康熙府志所谓女不蚕织，俯仰无资者，抑又甚焉"⑨。邳县，"未嫁不出户，窥嬉寡妇或诉詈攘袂"⑩。兴化，"妇女半属宽闲，或倚门观望，徒耗日时，或甘学清音，竟忘羞耻。……朝夕不给，甚至流为娼妓而不悔也"⑪。

连云建市不久，外来人口大增，"至于操神女生涯者，有六七十名之多"⑫。墟窑"妓女有六十余人"⑬。赛珍珠以皖北为背景的小说中所描写的王龙，幻想有了女人后，就可整天躺在床上等候女人的服侍。⑭ 作家戴厚英的小说描写故乡颍上县一位40来岁的俊俏

---

① 永瑢、纪昀等：《文渊阁四库全书》"史部"二六五"地理类"，第509册，第429—431页。
② 永瑢、纪昀等：《文渊阁四库全书》"史部"二六五"地理类"，第509册，第428页。
③ 吴昆田等总纂：《淮安府志》卷二"疆域"，光绪十年刊本，第5页下。
④ （未署撰者），"Tenancy and Farming at Kwanyun, Northern Kiangsu"，*Chinese Economic Journal*, vol. 1, no. 4, April 1927, p. 372.
⑤ "淮阴农家，以玉蜀黍、山芋为常食之品，豆麦则以易钱，故粮行买卖，二者为多。然豆类即时卖，麦类则多屯储以俟来春，亦有岁暮拮据，出粜以赴一时之急，谓之小开仓"（张煦侯：《淮阴风土记》下册，1936年，第78页）。据笔者1995年对东海、灌云等地的调查，20世纪70年代以前的长时期里，农家普遍卖出小麦、稻米，而购入玉米、山芋、山芋干等为主食。即使在小麦收获季节，农家也多食用不去麸皮的煎饼或糊饼。亦可参见刘兆元《海州民俗志》，南京：江苏文艺出版社，1991年，第231—232、243—244页；片冈芝子：《明末清初の華北における農家経営》，《社會經濟史學》第25卷第2、3號（1959年），第77—100页。
⑥ 1921—1925年，属于苏南"核心"地区的武进县，农家生活资料中自给部分占72.0%，购买部分仅为28.0%；而处于淮北"边缘"地区的安徽宿县农家生活资料中自给部分却仅为59.9%，购买部分占40.1%。据卜凯《中国农家经济》，张履鸾译，商务印书馆，1936年，第275、525页综合。
⑦ 苏南女性在家庭经济中的"半边天"角色，详见李伯重：《多视角看江南经济史（1250—1850年）》，第295—304页。
⑧ 刘崇照修、龙继栋纂：《盐城县志》卷二"舆地"，第25页下。
⑨ 刘崇照修、龙继栋纂：《盐城县志》卷二"舆地"，第30页上。
⑩ 庄思缄订、冯煦鉴定：《邳志补》卷二十四"物产"，民国癸亥年刻本，第19页下。
⑪ 周石藩：《劝民十约》，《海陵从政录》，第8页下—9页上。
⑫ 许绍蘧：《连云一瞥》，无锡：协成印务局，1936年，第9页。
⑬ 许绍蘧：《连云一瞥》，无锡：协成印务局，1936年，第19页。
⑭ 赛珍珠：《大地》，台北：远景出版事业公司，1981年，第2页。

寡妇,因与许多男人关系暧昧,被人称为"半开门"。①

前近代松江、苏州等地的妇女凭借纺织自立被收入"列女传"的故事司空见惯,同样的事迹在徐、淮、海地区却闻所未闻。据对《江苏省通志稿·列女传》的统计,徐、淮、海地区被旌表为"贞孝"的女性,占首位的事迹竟是"刮股"疗亲,其中淮安府 16 人(被旌者 45 人)②,海州为 13 人(被旌者 29 人)③,徐州府 8 人(被旌者 28 人),④无一靠纺织而自立者。

进入近代社会后,现代工业推动苏南地区从副业主业化过渡到了工业主业化,那么,现代工业又给苏北农家经济带来了怎样的变化呢?

六、织业的复兴

在近代,与苏北相邻的鲁西南地区,具有较大影响力的地方士绅认为棉花的种植可能会使农民与纱厂等"外来者"发生更多的联系,从而削弱其影响力。⑤ 但苏北的地方士绅却从南通工业化的模式中认识到开发地方利源会增加其影响力,尤为重要的是,现代工业和交通业的发展,为家庭手织业的重新兴起提供了物质保证。

清末,阜宁因工业资本家张謇等在这里创办了一批盐垦公司,"罗致通海佃农,经营棉田产额颇巨"⑥。民国初年,铜山县年产棉花 160 万斤,价值 16 万银圆;⑦萧县年产棉花 79 000 担,价值 96 万银圆。⑧ 淮阴渔沟,"讲求桑棉者甚伙";五市,"兼之种桑植棉"。⑨ 1920 年成立的淮北劝棉场,"鸠工购械,竭力经营,适年荒歉,不惜重资向通泰各埠购办美种,救弊补偏,不取分文,对于植棉新法,有选种、下种、施肥、中耕、防治、收花各宗手续,约采访金陵东南大学科[学]经验较深、学术素著之植棉家言,编为简章,期于改良普及"⑩,为淮北地区推广植棉事业作出了较大的贡献。1924 年,江苏省立麦作试验场在徐州地区推广美棉,经 3 年试验,培育出新棉品种"甲 99 号",可纺 42 支细纱。⑪ 1924—1933 年,该

---

① 戴厚英:《流泪的淮河》,合肥:安徽文艺出版社,1999 年,第 50 页。
② 缪荃孙、冯煦、庄蕴宽、吴廷燮等纂修:《江苏省通志稿》第 11 册,南京:江苏古籍出版社,2002 年,第 570—574 页。
③ 缪荃孙、冯煦、庄蕴宽、吴廷燮等纂修:《江苏省通志稿》第 11 册,南京:江苏古籍出版社,2002 年,第 602—605 页。
④ 缪荃孙、冯煦、庄蕴宽、吴廷燮等纂修:《江苏省通志稿》第 11 册,南京:江苏古籍出版社,2002 年,第 587—590 页。
⑤ 详见 Kenneth Pomeranz, *The Making of a Hinterland*: *State*, *Society*, *and Economy in Inland North China*, *1853—1937*, pp. 101 - 113.
⑥ 庞友兰总纂:《阜宁县新志》卷十二"农业志",民国二十三年(1934)刊本,第 1 页下。
⑦ 唐绍垚:《徐海道区铜山县实业视察报告书》,《江苏实业月刊》第 9 期,1919 年 12 月出版,"调查"第 3 页。
⑧ 唐绍垚:《徐海道区萧县实业视察报告书》,《江苏实业月刊》第 9 期,"调查"第 19 页。
⑨ 范冕:《民国江苏淮阴县近事录》,民国十一年(1922)抄本(台北市淮阴同乡会影印),第 149 页。
⑩ 范冕:《民国江苏淮阴县近事录》,第 155—156 页。
⑪ 尹聘三:《江苏省立麦作试验场三年来脱字棉推广概况》,《棉业月刊》第 1 卷第 4 期,1937 年 4 月出版,第 570 页。

场在铜山推广美棉 2 985.8 亩、砀山 1 417.8 亩、萧县 868.5 亩、丰县 1 467.5 亩、沛县 127 亩、宿迁 336.5 亩、睢宁 182 亩。1934—1936 年,植棉户从 1 346 家增至 23 184 家,美棉种植面积从 6 147 亩增加到 111 207 亩。① 与粮食作物相比,种植棉花的风险较大。② 为此,江苏省农民银行和上海商业储蓄银行在 1936 年为徐州地区的棉农贷款 222 412 元。③ 1937 年苏北棉田面积达 1 788 684 亩,年产额达 309 747 担。④ 1935—1937 年,整个苏北棉花种植面积与产量均处于快速的增长之中。⑤ 只是到了 1938 年,花园口黄河决口给苏北棉花种植和生产造成了沉重的打击。

据日本华北联络部的调查,到 20 世纪 30 年代,苏北地区以阜宁为中心的旧黄河⑥、射阳河一带、西部陇海铁路沿线一带及中南部旧黄河流域等地区均成了重要的棉花产地。这些区域包括苏北东南部的阜宁、淮阴、淮安、涟水,西部的丰县、铜山、萧县、沛县、砀山等地。⑦ 该报告指出:"若不是宿迁、泗阳、邳县的栽培面积较小,苏北将成为棉花的主产地。"⑧

从分县统计来看,苏北种棉各县的棉花面积与产量也处于不断增长之中。见表 7-1:

表 7-1 苏北棉花主要产地的种植面积及产额

产地	1935 年		1936 年		1937 年	
	面积/亩	产量/担	面积/亩	产量/担	面积/亩	产量/担
阜宁	750 000	207 500	756 000	181 395	1 142 819	173 856
丰县	58 870	15 807	49 950	15 761	74 496	22 003
萧县	66 480	15 874	76 591	30 198	215 142	46 966
睢宁			35 640	7 599	97 000	24 929
铜山	6 435	1 498	35 300	11 653	60 471	11 465

---

① 尹聘三:《江苏省立麦作试验场三年来脱字棉推广概况》,《棉业月刊》第 1 卷第 4 期,1937 年 4 月出版,第 571—572 页。
② 关于植棉的风险,详见 Ramon H. Myers, *The Chinese Peasant Economy*: *Agricultural Development in Hopei and Shantung*, *1890—1949*, p. 201; Philip C. C. Huang, *The Peasant Economy and Social Change in North China*. Stanford: Stanford University Press 1985, pp. 107-108.
③ 《徐州棉联社二十五年业务概况》,《棉运合作》第 1 卷第 8 期,1936 年 8 月 1 日出版,第 5 日。
④ 華北聯絡部:《江蘇省蘇北地方棉花調查》,大東亜省興亜院:《調查月報》第 11 卷,昭和 16 年(1941)1 月出版,第 300 頁。
⑤ 详见華北聯絡部《江蘇省蘇北地方棉花調查》,大東亜省興亜院:《調查月報》第 11 卷,第 300 頁。
⑥ 自 19 世纪 50 年代黄河改从山东入海后,徐州、淮阴等苏北县份属"旧黄河地区"。
⑦ 详见華北聯絡部:《江蘇省蘇北地方棉花調查》第二章第二節"棉花の生産地",大東亜省興亜院:《調查月報》第 11 卷,第 299 頁。
⑧ 華北聯絡部:《江蘇省蘇北地方棉花調查》第二章第二節"棉花の生産地",大東亜省興亜院:《調查月報》第 11 卷,第 299 頁。

(续表)

产地	1935年 面积/亩	1935年 产量/担	1936年 面积/亩	1936年 产量/担	1937年 面积/亩	1937年 产量/担
沛县	800	136	2 200	348	39 500	6 805
砀山					53 670	6 315
邳县			6 300	1 858	2 154	333
宿迁					12 298	2 401
泗阳			4 950	725	12 060	3 242
涟水					73 039	10 050
淮阴					1 263	92
淮安					3 422	925

资料来源:華北聯絡部:《江蘇省蘇北地方棉花調查》,大東亞省興亞院:《調查月報》第11卷,昭和16年(1941)1月出版,第301—302頁。

自机纱输入中国后,苏北农家开始以之织土布,此项洋货很快成为苏北地区进口的大宗商品。1891年,据苏北进出口商品的主要商埠镇江海关的观察,"洋货入内地之价值,比去年绌十九万二千余两。原洋布减销十五万五千余匹,而印度棉纱……均与进口同一畅旺"①。次年,棉纱进一步热销。海关税务司认为:"本口北方各处之人,俱购洋棉纱自织,其织成布匹较市中所售,价廉而坚。……独本口北方各境尤觉棉纱销场兴旺。去年此货进口仅二万七千担,今年进口有八万五千担,比去年计多三倍。窃恐通商各口未必有多至三倍者。第以棉纱由本口转运各处而论,计运至徐州五万二千担,……可见新旧黄河腹内各府州县,系购纱自织明矣。"②当时徐州有运河通往淮安府,运往徐州的棉纱可方便地转运到淮安各属县;后陇海铁路东段建成,徐州与海州的交通也极为便捷。1902年,镇江进口的印度棉纱价值450万海关两,占该口进口货物总值的30%。这些棉纱"大都运往江苏省之徐州府、山东省之济宁州、河南省之陈州府,当为此三处销行为最。内地民人以之织布,较之外国用此纱织成之洋布,尤为合用"③。次年,据镇江海关观察,在此前的10年中,印纱进口"历年递增","只就本年较之前十年之时,已增至四倍之多"。④ 1905

---

① 镇江关税务司劳俶呈报:《光绪十七年镇江口华洋贸易情形论略》,《光绪十七年通商各关华洋贸易总册》(英译汉第33册),中国海关总税务司光绪十八年(1892)二月印,第66页上。

② 镇江关税务司夏德呈报:《光绪十八年镇江口华洋贸易情形论略》,《光绪十八年通商各关华洋贸易总册》(英译汉第34册),第64页上。

③ 镇江关税务司雷乐石呈报:《光绪二十八年镇江口华洋贸易情形论略》,《光绪二十八年通商各关华洋贸易总册》下卷(英译汉第44册),中国海关总税务司光绪二十九年(1903)九月印,第47页下。

④ 镇江关税务司雷乐石呈报:《光绪二十九年镇江口华洋贸易情形论略》,《光绪二十九年通商各关华洋贸易总册》下卷(英译汉第45册),中国海关总税务司光绪三十年(1904)十月印,第48页上。

"中国自纺之纱,颇有销路,印度纱销场较滞"。① 此后,国产机纱大量取代洋纱,但棉纱市场仍在扩大。与棉纱的销路相反,从19世纪90年代至20世纪20年代,除极少数年份外,洋布在苏北的销路与年递减。镇江海关报告认为:"推原其故,系因外洋布价昂贵,内地乡民均皆自行织布。惟织布自盛,用纱必多,本口棉纱短缺,悉由汉口运来。"②20世纪20年代以后,镇江进口的洋布已寥寥无几。

应该说,镇江海关的报告极其准确。费维恺指出,在清末最后40年中,棉纱的成功进口对中国的手工棉纺织结构产生了决定性的影响,并间接地成为棉布进口的主要障碍。③

淮北各县的实际情形也证实了镇江海关的报告。阜宁县在有关人士的推动下,在清末开始纺纱织布,民国时期,私人方面除以土机织站纱外,还用织袜机织造纱线毛冷等物品。光绪年间,阜宁县城顾鼎之与丹徒人田登科创开原纺织局,"本少而费多,又布色暗淡,销路不广,数年收歇"。徐小尖、徐淦成也于光绪年间设织布厂,不到一年闭歇,"其受病同于本城顾局也"。1928年,戴鸣创设毛巾织造厂,"出品甚牢,而色白不及江南,故销路不旺,未几收歇"。④ 这些织布厂的倒闭,不是因为织布业的衰落,而是因为工厂培育了大量的织布工人,使之成为遍布乡村的手织者,从而对织布厂形成强大的竞争,打垮了织布厂。

在清中期以前,屡经倡导而始终无人问津的家庭手织业,到了清末在淮安府很快兴盛起来。光绪年间,淮扬道沈瑜庆在清江北圩外太平庄购民田180余亩,设立江北蚕桑试验场,后改成织布厂。⑤ 1913年成立的淮阴省立第四工场中,所织布匹有丝绵布、呢彩、丝花布、丝条布、蓝白格被面、线毯、桌毯。"自工场成立以来,毕业工徒,挟一艺之长,转相授受,实业之流传推广,效果为不细矣。"⑥淮扬公立贫民工厂,"议定规则,以纺纱织布为正业"⑦。1920年,淮阴马玉仁、王宝槐等人,"有见于舶来棉织品价额步涨,内地土产品窳败不良,……为挽回地方利权计,慨出巨资,凑合基本金银洋以万数。窃念振兴实业为江北之首图,提创棉品尤为农工商三界中之要着"⑧。

在淮阴王家营,"初,镇民拙于工技。……光绪二十四年(1898),候补知县邓贤辅,为南洋广机利公司于王营,始大募齐鲁流民,教之纺织。经画未久,所业衰歇,然艺事有成者,多克自树立。于是王营始有机房,其始犹三数家,光复以后,厂乃逾百"⑨。这些家庭

---

① 镇江关税务司义理迩呈报:《光绪三十一年镇江口华洋贸易情形论略》,《光绪三十一年通商各关华洋贸易论略》下卷(英译汉第47本),中国海关总税务司光绪三十二年(1906)八月印,第49页下。
② 镇江关税务司雷乐石呈报:《光绪三十年镇江口华洋贸易情形论略》,《光绪三十年通商各关洋贸易总册》下卷(英译汉第46册),中国海关总税务司光绪三十一年(1905)五月印,第44页上。
③ Albert Feuerwerker, "Handicraft and Manufacture Cotton Textiles in China, 1871—1910," The Journal of Economic History, vol. 30, no. 2, June 1970, p. 343.
④ 庞友兰总纂:《阜宁县新志》卷十三"工业志",第1页下。
⑤ 范冕:《民国江苏淮阴县近事录》,第150页。
⑥ 范冕:《民国江苏淮阴县近事录》,第158页。
⑦ 范冕:《民国江苏淮阴县近事录》,第160页。
⑧ 范冕:《民国江苏淮阴县近事录》,第155页。
⑨ 张震南纂:《王家营志》卷三"职业五",民国二十二年(1933)铅印本,第2页上。

织布"厂"实为真正的家庭手织户,据载:"王营产布最多,设厂者皆齐鲁人,有小布、长头、丝光格、条子诸种。"① 据 1928 年统计,该镇东街有机房 40 户,南街 41 户,西街 28 户,北街 2 户。② 毛巾业也在淮阴兴盛起来,据载,毛巾"清[江]各工厂皆产之。洋袜,以机织成,近年开厂者亦多"③。民国初期,淮阴徐家湖,"城厢内外,居民近数年多纺纱织布,置机器代缝纫,以头绳组织各物件"④。

南洋广机利公司"虽阅时不久而败","然今机房一百十余家,邓氏实充成之。故今之过王营者必闻机杼之声;言王营特产者,必推土布,而大德无名,玄功不载,竟鲜有能举邓氏之名者,可叹也!"⑤

安东县直到近代以来才"稍稍知兴棉利"。由于棉花的种植,"女工取以织作,精良逊南布,顾坚重可历久"⑥。在泗阳,"植棉饲蚕风气潮开,此农业之进步也。……民国以来,地方商人竭力提倡,凡油、酒、烟草、布匹诸业,次第振兴"⑦。

在徐州府睢宁县,洋纱的涌入使这个地区的织布业很快兴起,19 世纪 90 年代初,"揭来洋纱盛行,村人均有抱布之乐,户户织锦[棉],轧轧机声,谓每尺布可省钱十余文,诚无衣者之乐事也"⑧。民国初年,睢宁年产土布 38 000 匹,价值 95 000 元。⑨ 宿迁县,"布匹夙仰通州。今则遍树木棉,间习纺织矣"⑩。铜山县,"城乡各纺织木机,每家三四张,或一二张,所在多有"⑪。丰县,"土布为本地出,织户在昭勇、强毅二区"⑫。萧县,"城内织布者尚有四五家,其布机三四张至七八张不等。乡间则多用旧机,能织之家甚多,然原料来自他处。织成售诸本地"⑬。邳县年产白大布 14 万匹,价值 22 万元。⑭ 到了 20 世纪 30 年代,铜山居民大都以手工业为生,普遍织布匹、毛巾、线球、洋袜。⑮

清末,在海州灌云县,曾由盐商公捐资本数千元,办理利民织布工厂 1 所,招集艺徒数十人。⑯ 民国初年,沭阳县年产土布 5 000 匹,毛巾 2 000 条,"均系家自为造,未具工厂形

---

① 徐钟令采访:《民国淮阴志征访稿》卷二"制造第十二",1912 年抄本,第 27 页下。
② 张震南纂:《王家营志》卷三"职业五",第 2 页上。
③ 徐钟令采访:《民国淮阴志征访稿》卷二"制造第十二",第 27 页下。
④ 范冕:《民国江苏淮阴县近事录》,第 148 页。
⑤ 张煦侯:《淮阴风土记》下册,1936 年,第 106 页。
⑥ 吴昆田总纂:《安东县志》卷一"疆域",光绪元季(1875)十月刊本,第 5 页下。
⑦ 张相文总纂:《泗阳县志》卷七"地理",民国十五年刊本,第 7 页下。
⑧ 《河上纬萧》,《益闻录》第 15 册,第 1294 号,1893 年 8 月 16 日出版,第 369 页上。
⑨ 俞训渊:《徐海道区睢宁县实业视察报告书》,《江苏实业月刊》第 10 期,1920 年 1 月出版,"调查"第 10 页。
⑩ 严型总修:《宿迁县志》卷二,民国二十四年刻本,第 10 页上。
⑪ 唐绍垚:《徐海道区铜山县实业视察报告书》,《江苏实业月刊》第 9 期,"调查"第 5 页。
⑫ 唐绍垚:《徐海道区丰县实业视察报告书》,《江苏实业月刊》第 9 期,"调查"第 11 页。
⑬ 唐绍垚:《徐海道区萧县实业视察报告书》,《江苏实业月刊》第 9 期,"调查"第 20 页。
⑭ 唐绍垚:《徐海道区邳县实业视察报告书》,《江苏实业月刊》第 9 期,"调查"第 29 页。
⑮ 江苏省民政厅编:《江苏省各县概况一览》下册,镇江:新民印刷工业社,1931 年,第 420 页。
⑯ 彭泽益编:《中国近代手工业史资料》第 2 卷,第 367 页。

式,亦无牌号商标"①。据1937年出版的《中国工业调查报告》,东海县棉织厂达66家,资本总数达21 000元,工人总数为336人,年产布匹48 000匹,用纱18 200包,织机210台,产品总值为120 000元,100％满足当地需要。② 这些平均资本仅300来元,织工5人、织机3台的棉织厂,实际上均是家庭工场,工人进出几无限制,事实上成为乡村手织者的培训场所。

到20世纪30年代,淮阴、徐州地区已成为与苏南一些地区并列的土布产区。③ 据调查,"自纱厂在通商口岸设立后,农民纷纷采用洋纱,而农村织布业遂亦有变迁。……即淮阴、涟水、宿迁方面,亦以运河之交通得采办沪锡棉纱,机织土布;……其余泗阳、睢宁、萧县、邳县、砀山等处其有织布副业之存在,皆仰赖徐州为纱布进出之门户"④。

在现代工业的促动与有识之士的推动下,苏北地区的农家经济终于演变成了真正的男耕女织型经济。这种从残缺型商品经济向自给型经济的过渡,与现代工业的发展密切相关,却未必会进一步推动商品市场的扩大。尽管棉纱绝大部分靠市场供应,但织出的布匹以自用为主,农民从向市场购买布匹转变为向市场购买棉纱,同样无法看出"自然经济"瓦解、商品经济扩大的迹象。据对近代早期的棉纱、棉布购销情形分析,"徐州等处棉纱贸易之畅,洋布贸易之减焉"⑤。尽管苏北铜山等县也有土布输出,但这里农家所织的土布大部分是为自给,而非为市场生产。镇江海关报告中称:"惟未闻此等自织布匹运至本口求售。"⑥据1942年调查,苏北著名的盐运河附近地区尚无土布输出。⑦ 从事这种经济的许多农民既未能离土,也没有离村。

小　结

宋以后,人力对苏北的生态环境产生了恶劣的影响。"苏湖熟,天下足。"就传统社会的主要产业而言,苏北国家粮仓的地位已完全被江南取代。南宋朝廷有着充分的依恃而放弃苏北。

苏北江南均修建了许多大型水利工程。江南地区多是民生工程,由于士绅力量的强

---

① 俞训渊:《徐海道区沭阳县实业视察报告书》,《江苏实业月刊》第10期,"调查"第33页。
② 南京图书馆特藏部等:《江苏省工业调查统计资料(1927—1937)》,南京:南京工学院出版社,1987年,第557—558页。
③ 《沪市商会提倡土布》,《纺织时报》第95号,1933年1月12日出版,第2077页。
④ 实业部国际贸易局:《中国实业志(江苏省)》第2编,上海:民光印刷公司1933年2月印,第68—69页。
⑤ 镇江关税务司夏德呈报:《光绪十八年镇江口华洋贸易情形论略》,《光绪十八年通商各关华洋贸易总册》(英译汉第34册),第64页上。
⑥ 镇江关税务司夏德呈报:《光绪十八年镇江口华洋贸易情形论略》,《光绪十八年通商各关华洋贸易总册》(英译汉第34册),第64页上。
⑦ 華中連絡部調查:《塩運河調查書》,大東亞省興亞院:《調查月報》第26卷,昭和17年(1942)5—6月出版,第66—67页。

大,中央政府又视江南为财赋之地,没有像对待苏北那样采取竭泽而渔的方针,因此,在江南所举办的治水工程大多改善了农业生态,增加了社会福利。即使是东坝这种有害于一方的拦水工程,也是出于下游更大范围农业生产和百姓生活的考虑。在这里,社会冲突更多表现为拥有各种特权的势豪对公共资源的霸占。

明中期以后,中央政府在苏北的水利工程绝大多数是政治工程,从太行堤到高家堰,这类巨型工程与改善整个区域的农业基础设施无关。相反,它们不断给苏北带来毁灭性的生态灾难,最终使苏北处于急剧衰落之中。

专制统治者所标榜的"大局",多是与民生事业相对立的无意义事务,但在封建体制下,这些事务多被赋予了较多的政治光环。只有实实在在的民生工程,才是苏北社会的福音,可惜这样的工程实在太少。

无论是元代46年海运的历史记载,还是明代初期的海运实践,在时间、人力、钱财等方面,海运支出都比河运节约许多。明清两朝反对海运的官僚们喋喋不休地强调的航海技术和安全问题,更是伪命题。海运停废之日,正是郑和下西洋如火如荼之时。在近海使用沙船运送漕粮,技术上的难度系数远较郑和的宝船为低;至于海上盗寇,明初的漕运军丁即可追奔逐北,攻至外番,毁其巢穴,使其多年不敢骚扰。而在运河决堤,河运无法进行时,偶然一试的海运,同样被证明安全快捷、所省甚多。

尤其令人浩叹的是,放弃海运、专行河运,事实上把中国变为一个内陆国,在欧洲小国展开海上争霸并成为列强之时,中国逐渐变成了一个外强中干的虚弱帝国,并远离了人类文明的发展轨道。

坚持行河运、弃海运,根本原因在于专制政体下,官僚集团可以从国家重大决策的失误中获得更多的利益。在中央政府把南方8省漕粮视为命脉的情况下,维持运河的通畅,可以屡兴大工,包括黄河、淮河、洪泽湖、微山湖等重大工程,均已成为官僚利益集团牟取暴利的私属领地,甚至成为与中央政府对抗的筹码。

明清以来,官僚利益集团把持的中央政府,在"顾全大局"的政治思维下所兴修的重大工程,对淮北造成了致命的打击。由于自然生态和农业生产条件的破坏,淮北社会已进入系统性的衰变,因此,国家对淮北的政策,客观上是不计后果地予以牺牲,淮北地区无论是自然生态还是社会经济,均呈恶性衰败之势。与之相比,中央政府对江南尽管盘剥极苛,但总是留有一定的余地,而非竭泽而渔。因此,从自然生态角度,明清以后,江南地区同样存在过度开发而造成的环境退化问题,但经济上仍有巨大的发展。

明清以来,江南的发展,源于专制权力介入较少,使其他各种社会力量得到了一定程度的成长。在某种程度上,以士绅为代表的江南社会力量,既成了各级政府的合作者,担当起了社会管理的责任,又成为社会生态的改善者和社会秩序的维护者。

淮北的衰落,是专制政府重大战略失误的恶果。这里的社会冲突,主要源于专制权力对社会力量和自然生态的无情扼杀,在政府权力以外,很难出现不以个人谋利为目的的士绅群体。淮北的地方领袖,事实上是政府权力的变体(官员的亲属等)。当中央政府在淮北兴建各种构恶肇灾的工程时,这里的地方领袖几乎没有人会利用自身的影响力来推动民生工程的兴修,以弥补政府的失德和失策,而是利用从政府分享的权力,强化对普通民众的盘剥能力,败坏了社会生态环境。江南淮北家庭纺织业的发展,同样体现了乾坤颠倒式的演变。从史书记载来看,至少从周至唐代,淮北纺织业在全国处于领先地位。从《诗经》到唐诗,桑土、鲁缟、蚕织屡见于淮北。宋以后,江南逐渐成为纺织业中心。至明清,江南丝布甲天下,淮北纺织业几乎绝迹。

江南淮北农家经济的演变,实为全国农村经济的缩影。上海农村率先进入工业主业化时代,是全国各"核心"城市周边农村发展的典型。通海地区与华北高阳、宝坻、潍县等地具有相似性,织布业从自给型为主过渡到了商品型为主的生产,农家织布业与商品市场获得了共同发展。徐、淮、海地区则与鲁西南、河南、陕西等地相似,在现代工业的推动下,以自给为主的男耕女织型经济得到了发展和强化。①

彭慕兰指出,中国一个地区发展的结果,往往是另一个地区不发展的原因。② 而不同区域近代农村的发展历程表明,经济发达的地区可以成为带动其他地区发展的龙头,只是来自经济发达地区的影响力呈阶梯状递减。在所有受影响的地区,劳动力资源与自然资源均重新进行了调配。

从不同地区的经济类型来看,确实存在着施坚雅所说的"核心"与"边缘"的区别。但与施坚雅所说的不同,并不是核心地区的经济总是比边缘地区的经济更加商业化。这里的核心地区表现在更加优化的资源配置,较低比重的农业人口,更高的收入水平与生活水平。

在考察中国农村经济的"发展"和"突破"时,学者们多注重西欧的模式,把雇工经营作为一个重要的尺度。有人认为,1949年以前,江南农村经济由于过密化而无法实行雇工

---

① 鲁西南济宁、兖州、沂州购纱织土布的叙述,见镇江关税务司夏德呈报《光绪十八年镇江口华洋贸易情形论略》,《光绪十八年通商各关华洋贸易总册》(英译汉第34册),第64页上;镇江关税务司雷乐石呈报《光绪二十八年镇江口华洋贸易情形论略》,《光绪二十八年通商各关华洋贸易总册》下卷(英译汉第44册),第47页下。

清中期,尹会一的奏稿指出:"今棉花产自豫省,而商贾贩于江南,则以豫省之民旷废女工故也。"[尹会一:《请陈农桑四事疏》,张受长编《尹少宰奏议》卷三,第13页下]到20世纪20年代,土布业普遍复兴,河南全省"普遍皆大布之衣,妇女又多勤于织纺,中产之家,终岁衣服不待外求,取诸室中而自足,各县大抵皆然"[刘景向等编纂《河南新志》卷三,民国十八年(1929)修(河南省地方志编纂委员会1988年刊印),第162—163页]。

西周初年,陕西一带家庭手工纺织就比较发达(李仁溥:《中国古代纺织史稿》,第18页),但光绪三十一年(1905),陕西巡抚的奏折中写道:"棉花居土产之多数,而秦人不自纺织,专运川省"[刘锦藻撰《清朝续文献通考》(十通第十种)第4册卷三八三,"实业六",上海商务印书馆1935年9月版,第(考)11305页]。到1932年,据考察,陕西许多地区的农家织土布,如长安年产土布1万余匹;三原"有以土法纺线制布者,以山东客民居多";同官"乡村自制土布,约占十分之六七";中部"农村有半数以上,自制土布"[陕西实业考察团编《陕西实业考察》下册,台北文海出版有限公司1996年影印(近代中国史料丛刊三编第279册),第435—436页]。到1934年,陕西38县的土布年产量已达8 420 000匹(严中平:《中国棉纺织史稿》,北京:科学出版社,1955年,第260页)。这些土布均"墨守陈法"(陈赓雅:《西北视察记》,甘肃人民出版社,2002年,第306页),谈不上外销,主要供自家消费。

② 详见 Kenneth Pomeranz, The Making of a Hinterland: State, Society, and Economy in Inland North China, 1853—1937, Chapter Ⅲ.

经营,这里的经济增长也就无法"突破"。我们却看到,同时代的淮北农村地区形成了远较苏南普及的雇工市场,许多苏北农民"游行各地,以待出雇"①。汪疑今写道:

> 在江苏许多地方,特别是淮北一带,小农们在富农经营里找到了雇工的工作,取得工资,以购买自己必需的工业品。另一些农民,特别是江南一带小农则在资本主义的新家庭工业中,找得副业,以维持其小经营。②

由于大量地利用了妇女劳动,从残缺型商品经济过渡而来的淮北男耕女织型经济,是资源配置较前优化的表现。相反,与陈翰笙③、汪疑今等人的看法不同,淮北的雇工经济,尽管形式上有所"突破",但实质上比江南的家庭经济要落后得多。其一,这种经济形式无法对本地的自然资源进行有效利用。如淮安府,"每遇水旱,佃户贫民竞弃田庐,携妇孺过江乞食,络驿[绎]于途,……去者或留而不归,而本境之田益荒,其致贫之由,视昔虽殊,其为淮民之苦则均矣"④。其二,雇工经营实质上是对人力资源的浪费。如徐州萧县的雇工,因自家养不起牲口,只得用人力去换取雇主家的畜力。而在苏北地区,雇工"用牛工一日,需还人工二日,用磨一日,则还人工一日"⑤。民国前期,淮安府木匠、瓦匠的日工资为3角,但驴马的租金却为每日1元。⑥ 其三,尤为重要的是,这种经营方式从来就没有发展出真正意义的资本主义大农场,相反,在近代江苏,真正资本主义的农垦公司一般均采用租佃制,而非雇工制。⑦ 与其说租佃制取代雇工制是"小家庭农场对大规模(资本主义)耕作的排斥"⑧,不如说是资源更优化式的经营取代了资源较不优化式的制度。

农家经营的实践均证明资源配置较优的家庭制要好于雇工制经营。史称:"常吴[常州、苏州]客民散处四乡,租田力作,耐劳苦,戒奢华,赤手空囊,往往致富;崇海[崇明、海门]客民受佣于农家,口体之养过丰,积储之术未谙,日常所入徒供温饱;宿靖[宿迁、靖江]

---

① 汪疑今:《江苏的小农及其副业》,《中国经济》第4卷第6期,1936年6月15日,第75页。
② 汪疑今:《江苏的小农及其副业》,《中国经济》第4卷第6期,第77页。
③ 陈翰笙先生认为:"在江苏北部农村中,富农是一个主要的社会层。这些经营规模较大且雇有长工或短工的富农,即通常被认作资本主义在农村中的种子的富农,在盐城、启东及邳县都占有重要地位,……一到常熟,富农便少见了。"见行政院农村复兴委员会编《江苏省农村调查》,上海:商务印书馆,1934年,第7—8页。
④ 吴昆田等总纂:《淮安府志》卷二"疆域",光绪十年刊本,第4页下。
⑤ 详见汪疑今《江苏的小农及其副业》,《中国经济》第4卷第6期,第73—74页。这种情形与黄宗智所研究的华北情形相似。详见 Philip C. C. Huang, *The Peasant Economy and Social Change in North China*, pp. 148-149。
⑥ 東亞同文會:《支那省别全志》第15卷"江蘇省",大正九年(1920)版,第176页。
⑦ 详见严学熙:《张謇与中国农业近代化——论淮南盐垦》,载南京大学外国学者留学生研修部江南经济史研究室编:《论张謇》,南京:江苏人民出版社,1993年,第397—409页。
⑧ 黄宗智:《发展还是内卷?十八世纪英国与中国》,《历史研究》2002年4期,第159页。

客民业小贩、厂工、泛宅浮家,冬来春去,盈亏难于考察矣。"[1]

综上所述,江南淮北农家经济的变迁,更多地从实质上体现了资源配置的优化程度,而不是从形式上印证了西欧农业发展之路。

---

[1] 杨大璋纂:《续望仙桥乡志稿》"风俗","中国地方志集成·乡镇志专辑"(3),上海:上海书店,1992年影印,第1030页。

第八章 社会衰败与社会发展

明清的最高统治者均重视搜集地方民情资料,特别是清代,统治者具有多渠道的信息来源。当江南、淮北地区灾荒到来时,是否像底层百姓想象的那样,各种灾害信息能准确地传递到最高统治者那里,而统治者又能立即作出恩赐、减免钱粮或施行救济等决策呢?康乾盛世之时,江南、淮北人的生活状态是怎样的呢?灾害除了损害了淮北人的生命财产,给淮北人心理上带来什么样的影响呢?他们为什么不能"多难兴邦"呢?遍地蜂起的土匪都是穷困已极的贫民吗?流落到外地特别是江南的苦力工人,能成为中国先进生产力的代表吗?

第一节 社会变迁与社会冲突

明清时期,淮北的社会生态日趋恶化,民情民性也向暴力化转变,以争夺有限的生存资源。江南地区的民众则多体现在与官府的各种博弈,以抗粮抗税为常见。

一、民性的畸化

明清时代,伴随着生态的衰变,淮北地区的人文精神与民风习尚也在堕落。崩溃的生态培育出了畸形的人文素质。有人写道:"予于咸丰庚申九月抄客游淮平,至辛酉秋仲,阅一岁矣。所交皆名利场人。窃怪濠泗间,古多慷慨悲歌之士,何今不逮昔,而名流之不予观也?"[1]苏北某乡,著姓有左、孙、秦氏,"左氏之先,有代人完债事,孙氏之先,有让产其兄,而身率妻子悬壶自给事;秦氏有好善者,架桥修路,乐而忘倦,乡人敬服,称为善人"[2]。然而,到民国年间,"农家以淳厚称,然规地则尺寸自私,决水则听邻为壑,已不能无浇漓之失"[3]。

钱珏《长兴去思碑文》称萧县:"吾邑素号难理。负山而带河,土瘠而民贫,俗矜气而好斗,奸胥多朘削,豪强多武断,士风之凋敝,民习之浇漓。"[4]

苏北徐州"故其民躬稼食力,好勇而尚义,木僵而易使,庶几古椎朴之风焉。然地僻民豪,昔人所病,今嚚讼之习,独出它邑上。至其稽古礼文之事,多所疏阙,斯论者憾之。故

---

[1] 方瑞兰监修:《安徽泗虹合志》卷十八,光绪十三年刻本,第21页下。
[2] 张煦侯:《淮阴风土记》下册,1936年,第123页。
[3] 张煦侯:《淮阴风土记》下册,1936年,第124页。
[4] 潘镕纂修:《萧县志》卷十六,嘉庆二十年刻本,第26页下—第27页上。

志所称,邻于邹鲁,弦歌方盛,夫豪杰之兴,尚复有待乎哉?尚复有待乎哉?"①

丰县张能麟《重修儒学庙记》:"谓地气移人,天性之不皆好学也,岂其然哉。即邑学颓废已久,有志之士一旦奋起,匪勉克任,凡在衣冠输财各效,而市井无闻之徒,非有势劫分胁也。"②

1. 教育不兴

由于共同贫穷,读书家庭稀少。淮阴夏家码头,"地多宵小,好攻掠行旅。……学校不兴,子弟释耒耜而佩刀枪,投师拜盟,习为故常,强梁者以是自豪"③。淮阴富族程氏,"其俗重积财而轻读书"④。该县永兴集,"地方教育落后,温饱者习于浮华,不安弦诵。无赖子弟,更日以赌场为家。但见一掷千金,全忘家徒四壁"⑤。孙家圩孙氏,"有田数千亩,不甚讲求子弟读书,甚且谓读书足以害事。……里人孙丹丞办初小一所,乡人不与合作,故终归失败"⑥。10年后,"餐霞客始重创老张集小学于西来庵。庵主亦孙氏,不乐有学校。餐霞客惨淡经营,排百鸡而为之"⑦。在这里,"城隍像最为农村信仰中心"⑧。

民国初年,苏北流传的僧伽故事已把水怪、观音等混合在了一起,用之以解释泗州被淹的原因。《申报》载,有一水怪在虹桥得一异珠,遂掀动波浪,将灌泗州。事为观音大士所悉,乃化一老媪守于道旁,待水怪携水至诱取。其桶一吸而尽,水怪大怒,即号召水属以水灌城。⑨

在江苏研究社所编《江苏乡贤传略初稿》⑩中,宋以前的淮北人物萧何、曹参、刘知幾、陆秀夫,皆以文著,无一以军功显。明清以来,淮北成了文化极为落后的地区。上书收录宋以后的苏南人物,有范仲淹和范纯仁父子、陈东、唐顺之、顾宪成、高攀龙、周顺昌、徐光启、陈子龙、卢象昇、瞿式耜、沈廷扬、顾炎武、顾祖禹、陆世仪、惠栋、钱大昕、庄存与、刘逢禄、赵声诸人,绝大多数为著名学者。而淮北仅有关天培因军功入选。据统计,清代安徽的学者中,籍贯为安庆府的达 24 人,徽州府 40 人,而淮北泗州、颍州和凤阳三地竟均无一人。⑪

即使是这个地区那些被视为"先锋队"的革命者,其文化程度也惊人地低。1950 年 4 月,苏北区拥有中共党员 294 804 人(部队党员不在内),占全区总人口(20 567 908 人)的 1.43%。文盲和半文盲 212 267 人,占党员总数的 75.4%;小学程度 64 680 人,占

---

① 梅守德修:《徐州志》卷四,嘉靖年间刊本,第 49 页下。
② 姚鸿杰纂修:《丰县志》卷十二,光绪二十年刊本,第 29 页上。
③ 张煦侯:《淮阴风土记》下册,1936 年,第 138 页。
④ 张煦侯:《淮阴风土记》上册,1936 年,第 107 页。
⑤ 张煦侯:《淮阴风土记》下册,1936 年,第 218 页。
⑥ 张煦侯:《淮阴风土记》下册,1936 年,第 219 页。
⑦ 张煦侯:《淮阴风土记》下册,1936 年,第 219 页。
⑧ 张煦侯:《淮阴风土记》下册,1936 年,第 219 页。
⑨ 《泗州城一名虹桥赠珠》,《申报》中华民国元年五月二日(1912 年 5 月 2 日),第 11 版。
⑩ 江苏研究社编:《江苏乡贤传略初稿》,上海:正中书局,1936 年。
⑪ 转引自谢国兴:《中国现代化的区域研究:安徽省(1860—1937)》,台北"中研院"近代史研究所,1991 年,第 59 页。

21.94%;中学程度 7 703 人,占 2.61%;大学程度仅 154 人,占总数 0.05%,真乃凤毛麟角。①

因为教育的缺乏,淮北地区自然难以产生与江南地区类似的士绅阶层。缺乏自为的士绅阶层,"使其与民众的亲和力大失,传统士绅的功能便日愈减弱"。许多依靠士绅来动员的公共事业无法进行下去。② 更为重要的是,底层民众的思维和心理无法得到正确的引导。

与文事衰落相反,淮北尚武之风却愈演愈烈。尽管淮北强悍的民性由来有自,但皖北的尚武风习是明后期从部分州县发展到绝大多数地区的。具体地说,嘉靖、万历以来,皖北各地剽轻之风急剧蔓延,许多州县的尚武之习均始于此间;嘉道年间,尚武好斗之风在此获得了更进一步的发展。③ 这与淮北地区因全黄入淮、水利变迁而造成生态衰变的时间恰好吻合,也与苏北的情况极为相似。另外,与文举不同的是,武科考试极易被势豪把持,用于拉帮结派。在淮阴,"道咸间有瞎二太爷者,慷慨负侠气,专教冒籍武童,每府县考,以腕力翼蔽后进,人莫敢问。武场中无不知有瞎二太爷者"④。

2. 苟蔴偷生

许多方志认为淮北农民"宁忍饥寒,不勤力作"。据 20 世纪 20 年代调查,华北、华中⑤地区农民每年直接用于农作的时间很少超过 90 整天,许多人仅有 70—80 天。⑥ 与之相比,江南地区的沙地上则大量种植棉花,农民在农作方面所花费的劳动时间要高于北方农民 3—5 倍。而在农隙时,人们经常看到江南农民挑上担子,走街串巷地卖小吃,夜里宿在庙中,或露天而卧,每日赚取几个铜板。⑦ 淮北地区做这种生意的明显少于江南地区。

民国前期一位治水工程师也曾对淮海地区农民听天由命的心态颇有微辞,他说:"民国二十一年前后,兄弟从安徽到江苏海边,都跑过了,发现了一般农夫的通病,有句土话说:'三顿饭饱,眼睛佯佯',可以代表这种性格。同时有许多人告诉我同样的结论。"⑧这位工程师给出了以下的断语:"人类固然可以改变地形,但人类的性质也受地理的影

---

① 江苏省档案馆藏档案:《一年来建党工作报告》,第 1 页;见中国共产党苏北区办公厅《中共苏北区第一次党代表会议的开幕词、报告、发言、总结、决议、闭幕词》(1950 年 3 月),全宗号 301,卷号:永久-9,第 24 页。
② 详见黄丽生:《淮河流域的水利事业:从公共工程看民初社会变迁之个案研究(1912—1937)》,台北:台湾师范大学历史研究所,1986 年,第 349 页。
③ 陈业新:《此方文事落后,武功特盛——明清时期皖北尚武风习初探》,安徽省社会科学联合会等《第四届淮河文化研讨会论文汇编》,合肥:2007 年 10 月,第 101—102、105 页。
④ 张煦侯:《淮阴风土记》下册,1936 年,第 37 页。
⑤ 本目所述的"淮北",包括在此处的"华中"地区。
⑥ J. B. Tayler, *Farm and Factory in China: Aspects of the Industrial Revolution*. London: Student Christian Movement, 1928, p. 26.
⑦ J. B. Tayler, *Farm and Factory in China: Aspects of the Industrial Revolution*. London: Student Christian Movement, 1928, pp. 26 - 27.
⑧ 王伊曾讲述:《导淮工程与史地研究》,江苏省第六区党务指导员办事处编辑:《淮海》第 2 期,1935 年 7 月 1 日出刊,第 3 页。

响。……我细细的想,一定是因受了水灾的影响。无论造了多好的住宅,有了多大的贮蓄,大水一到,完全取消。所以一到丰年吃喝赌都来,用完大吉;有了灾,要求政府和慈善机关救济;大水去后,永久是灰心丧气,绝少积极建设,和贮蓄的心理,所以变得怠惰,和消极。"①

物质上的大肆掠夺使淮北地区的百姓不但贫穷,更被人视为愚笨。有人写道:"海属人民,向来都是以强悍著名的,但其实质,穷和愚实较强悍为甚。"②在淮北,人们经常挂在嘴上的话是"穷将就"。这也可以解释前文述及的原来指称江南人的"呰窳"一词,明清以来被用来刻画淮北人的原因。关于淮北农民的心态,裴宜理的论述尽管貌似有理,但毕竟是浅尝辄止。③

靳辅治河时,曾计划把沿河荒地募帮丁垦种,以固河防。但当他准备使用这些荒地时,随即就有田主出认,并有合法纳粮的凭证。经靳辅仔细调查得知,淮安、徐州、凤阳一带百姓,"全不用人力于农工,而惟望天地之代为长养。其禾麻菽麦,多杂艺于蒿芦之中,不事耕耨,罔知粪溉,甚有并禾麻菽麦亦不树艺,而惟刈草资生者,比比皆然也"④。据靳辅调查,这些土地每亩每年可产草400斤至千余斤,⑤每千斤草运到城市值银五六钱,除去运价外,实际可得银2钱余。即使刈草400斤,也可实得银1钱。靳辅竟认为这种现象是国家税课太轻造成的。⑥ 其实,农民弃粮种草与赋轻毫不相干,而是洪水逼迫的结果。乾隆七年(1742)两江总督那苏图奏:"遵查淮、徐地方,清明节后,种高粱者十居三四。春水涸处,不致荒废。低洼之区,……民以苇草鱼虾为利。"⑦

听天由命的心态造就了淮北不少地区弃粮养草的种植结构。显然,在洪水经常淹没的地区,养草确实比种粮更有保障。在沛县,"田地沙瘠过半,亩才收数升。……稍遇旱旸,民方得布种,间有收获"⑧。洪水淹没后,所有粮田将被冲毁,农民所投入的种子、肥料、人工将一无所剩。江西道监察御史赵青藜奏称:"西北佃田,广种薄收,人以顷计。所以然者,以水潦难齐,而工本恐弃于无用也。"⑨草田却相反,洪水越淹没,草却长得越好。这就无怪乎许多农民不愿种田,而任由草长了。

---

① 王伊曾讲述:《导淮工程与史地研究》,江苏省第六区党务指导员办事处编辑:《淮海》第2期,1935年7月1日出刊,第3页。
② 《连云市及市政处筹备》,江苏省第六区党务指导员办事处编辑:《淮海》第5期,1935年10月1日出刊,第42页。
③ 她认为:"我们所见到的淮北自然环境,是如此的难以确定。水旱灾持续不断地给生存构成威胁。一轮又一轮的兵燹加剧了这种不确定性,使得当地人很难采取长期的措施来改善他们的生态环境。"见 Elizabeth J. Perry, *Rebels and Revolutionaries in North China, 1845—1945*. Stanford: Stanford University Press, 1980, p. 44.
④ 靳辅:《生财裕饷第一疏(开水田)》,《文襄奏疏》卷七,钦定四库全书"史部",第41页下。
⑤ 靳辅:《生财裕饷第一疏(开水田)》,《文襄奏疏》卷七,钦定四库全书"史部",第41页下。
⑥ 靳辅:《生财裕饷第一疏(开水田)》,《文襄奏疏》卷七,钦定四库全书"史部",第42页上。
⑦ 《大清高宗纯皇帝实录》卷一六一,乾隆七年二月下,第31页上。
⑧ 于书云纂修:《沛县志》卷三,民国九年铅印本,第4页下。
⑨ 赵清藜:《请减谷价并兴水利疏》(乾隆十二年),琴川居士编《皇清奏议》卷四,第7页下。

赛珍珠曾描写淮北农民王龙"拼命地耕种田地",尽管他极为勤劳,但由于没有雨水,缺乏灌溉设施的麦苗,"到最后就黄萎,成为荒废的禾稼了"。[1] 这种情形在苏北、皖北极为普遍。

生态遭到普遍破坏,政府不愿承担应尽的责任,不能兴修为农业生产服务的灌溉设施,在此背景下,农民个人的力量是非常弱小的,这也是他们变得消极的客观因素。

由于淮北作为"局部"利益被国家所牺牲,在财政状况许可的前提下,中央政府常会对这一地区予以赈蠲。这种行为对百姓的短期生活无疑大有裨益,但对淮北的社会生产及百姓心态无丝毫益处。在清代,像灵璧等地的水旱凶荒极为频仍,在康乾年间,"未有蠲租赈贷,动辄数十万如近岁之优渥者"。这使得百姓反而不愿花费大力气于防灾减灾,发展生产,"皆待泽于下流而不知灾之可惧"。有人认为:"夫不知灾之可惧,此乃灾之所以数也。"[2] 1935年鲁西南10县水灾时,"各县收容所灾民,因在济南车站食用细面馍首,到县竟援以为例,借事要挟"[3]。

洪水对普通民众心理的打击极大。洪水到来时,那毁灭一切的浑然气势,让人类顿觉自身是如此渺小。少数拥有救生器材的人,是不敢对他人施以援手的。他们很担心被救者会成为分食者或劫食者甚至是恩将仇报的谋杀者。

据洪泽湖畔一位在20世纪30年代洪灾中幸存下来的老人叙述:

> 大水下来后,洪泽县[时为淮安县——引者注]全给泡了起来。……船在大水上漂,没个落脚的地方,没有火,没有柴,没有粮,人饿得趴在船上起不来。那时这里像大海一样,没边没际的。水面上漂了数不清的死人,还有活人。一天,我饿得发晕,迷迷糊糊时候,突然觉得船身猛然颠簸起来,睁眼一看,船两边扒着好几个人,苦苦哀求着要上船。我们一家人本来就够多了,吃没吃,喝没喝,上来不也是死吗,我就听见父亲大声叱骂他们,母亲就掰他们的手,但他们不听,把船猛烈地晃着,还要硬上船来,差点把船给弄翻。我这时就见父亲扬起船桨猛砸那些人的手,但他们死不松,我看船桨把那些人的手都砸得血肉模糊的,流得船上哪都是,但他们还是不放,一边把船摇得更厉害。最后,父亲火了,就朝他们头上砸,一个个砸得开了瓢,倒掉在水里,一大团一大团血污在水面上漂着。[4]

洪灾过后,即使幸存下来,百姓心理的创伤也是至痛至巨的。那些灵魂卑微、吃食过同类(甚至亲属)的人,其心灵的变态程度可想而知,更不用说"多难兴邦"了。刘易斯指出,各民族的洪水神话中,均有关于男性与女性关系、家庭的起源和再生产过程的叙述。

---

[1] 赛珍珠:《大地》,台北:远景出版事业公司,1981年,第53页。
[2] 《乾隆灵璧县志》卷四,中国地方志集成(30),南京:江苏古籍出版社,1998年,第76页。
[3] 山东黄河水灾救济委员会编:《山东黄河水灾救济报告书》第1期,1935年12月出版,第1编"文电",第22页。
[4] 1987年12月28日,邢军纪在江苏洪泽湖畔对苏兆强(时年65岁)的采访。邢军纪:《黄河大决口》,北京:解放军出版社,1996年,第199页。

在大灾过后人类自身的再生产中,总是涉及乱伦、人兽婚等传说。[①]

与洪水的破坏性一样,当土匪到来时,一般无所依恃的平民,从个体而言,同样是非常渺小的。事实上,淮北一些地方的方言中,"水"与"匪"是同一个字。[②] 洪水肆虐的村庄,往往会成为土匪窝。

据《徐报》,"在淮宿泗涟沭灌等县,随便你到那个乡村里走走,不是看见高耸入云的炮楼,就会看见被洗劫令人悽惨的残迹。假如你再能和老百姓接近接近,只要他不是土匪,他那种风声鹤唳、草木皆兵的状态,自然会使你肌肉紧张"。[③]

根本没有抵抗能力的平民只能汇入跑反的人流,以避匪祸。有人记述咸丰年间山阳民众的跑反情形:他们"仓卒不能携一物,父子夫妇出门不相顾,望野而奔,所过人家多空舍。饥疲极,姑冒居之,日将出,旁匿墟墓间。日入,人马声寂,乃敢出为饮食。去家近者,或夜归视,门户遇贼劫杀及类仆以死者甚众。贼复穷加搜刮,所在縶戮,少免者。时天大寒,雨雪风霾,道中泥深尺许,驰逐奔走,折肢庹足,妇女以粪蓰涂面,自掷泥水中。婴儿弃田野,饥冻踩躏,死者相望。壮夫十百持刀杖结队行,贼单骑大呼,皆失气投刃伏不敢起。或牵牛马、负担,累累然随之行,少迟则斫以白刃,驱至营。壮者从劫掠,老弱供炊爨。或数日逃,或去不反,或被戮,无虑数万人"。[④]

丰县恩贡张盛治的《妖寇有感而赋》中描写了因匪患而跑反的惨景:"吾邑坐弹丸,雉堞非孔固。吾家如栖乌,摧残虞旦暮。逃难纷如织,奔命争先赴。人禽俱骇散,百里断烟雾。仓卒绌人谋,欷忽感天祚。南北大兵合,天戈时雨布。一战戮鲸鲵,再战蒐狐兔。三战荡妖氛,轻重获无数。杀声震地来,原野肉交互。魁渠既已歼,胁从谁能顾?可怜愚夫妇,并命已成聚。母死不顾儿,儿仍哺母乳。语次一及此,四座泪如注。"[⑤]

作家戴厚英写道:"淮河教会我的第一种能耐就是逃。土匪来了,逃。大水来了,逃。日本的汽油划子来了,逃。……我从来不说'逃'字这样低下的字眼,只说'跑反'。"[⑥]

3. 价值观异化

匪患甚至改变了淮北社会的价值观。

在淮北不少地区,本该被人唾弃的盗贼,却成了"高贵"身份的象征和荣耀的本钱。蒲松龄曾运用小说的形式,记述了清代淮北地区这样一段史实:"滕峄之区,十人而七盗,官不敢捕。后受抚,邑宰别之为'盗户'。凡值与良民争,则曲意左袒之,盖恐其复叛也。后讼者辄冒称盗户,而怨家则力攻其伪;每两造具陈,曲直且置不辨,而先以盗之真伪,反复

[①] Mark Edward Lewis, *The Flood Myths of Early China*. New York: State University of New York Press, 2006, pp. 8 - 13.

[②] 戴厚英:《流泪的淮河》,合肥:安徽文艺出版社,1999年,第3页。

[③] 《揭出江北地方制造土匪的几个原因》,《徐报》1935年2月16日,转引自《江苏月报》第3卷第3期,1935年3月1日出版,"江苏论坛"第4页。

[④] 段朝端等:《山阳艺文志》卷六,民国十年刻本,第42页上。

[⑤] 姚鸿杰纂修:《丰县志》卷十三,光绪二十年刊本,第15页下。

[⑥] 戴厚英:《流泪的淮河》,合肥:安徽文艺出版社,1999年,第4页。

相苦,烦有司稽籍焉。"①"盗户"史实载诸滕、峄方志;小说家言,实为信史。

清末,袁甲三在淮北惊讶地发现那里的农民竟不惜花费巨资为盗跖修建了豪华的庙宇。显然,拥有土匪经历的人在当地享有较高的声望。②《博物志》云:盗跖冢在徐州大阳县西;③淮安山阳县有地名三郎庙,④三郎即盗跖。

淮阴等地还有与之类似的大王庙等。⑤ 且"从前香火最盛"⑥,大王"左握宝锭,右执钢鞭","旁立四将军,雷公电伯,云将雨师,各尽其态"。陪祠的神灵有太上老君、观世音、都天财神等。⑦ 充分说明,只会行善的观音等陪祠诸神的地位,在淮人的心目中,其地位要低于拥有暴力手段的"大王"。

一些拥有暴力手段、为非作歹的人物,却往往被乡民所神化。如同在淮阴,"抬天会及史守法等以十三人横行里曲,其著者曰孙纲、郁仁、魏之恒、董大本,皆一时斗士,擅点穴功,武壮不法。而郁仁为尤著。仁字宝泉,淮阴人。乾隆间,宝应金介甫聚好事者习拳于史庄,仁师事焉。尝晓起,举足击庭树,树杪露落如雨,不沾一滴,其捷如此。苏抚廉其勇,行县求之急。仁遂就逮,过扬州,扬州有周大刀者,使双刀,重十斤有半,称土豪。太守闻仁名,谓'子能锄此害马,吾愿为了官事'。仁于茶肆中批周颊,三日而死。太守喜,践所与约,仁遂免于刑。此乡导告吾侪者也"⑧。淮阴鲍家大汪乡人所流传的汤六括,"精拳技,能背跳大闸,抬天会之雄也。其妻称汤四奶奶,擅点穴功,合字营兵尝樵于厂侧,以指按之皆仆,人莫敢近"⑨。淮阴汤家集,乡民曾传言,张传善家藏有镔铁刀,"实为潭州总管故物","刀紫色,长六尺,岁久不锈,有警则鸣,截疟胜于杜诗"⑩。

在淮阴陈圩,民国年间流传着陈尔介的许多传说。陈"蓄打手甚多:如生揭树皮之夏步封,如神拳手薛文举,大刀王五,不可胜纪"⑪。淮阴杨庄,1931年前后,"青红帮友三三五五,公然过市,公然杀人。其帮首老巢,即在此镇左近,渔沟三棵树,焚掠成墟,皆其所为"⑫。1995年,笔者在苏北调查时,曾访问过一位1949年以前做过土匪的老人,虽然他当时仅是一名非常普通的土匪,但他对自己的这段经历竟颇为自豪,尤为令人不解的是,村民们在私下对他很敬畏,甚至故意进行神化。甭说在政府职能得到很好履行的地区,就

---

① 蒲松龄:《聊斋志异》卷八,长春:春风文艺出版社,1998年,下册,第545页。
② Elizabeth J. Perry, *Rebels and Revolutionaries in North China*, 1845—1945. Stanford: Stanford University Press, 1980, p.64.
③ 吴世熊等总修:《同治徐州府志》卷十八(中),同治甲戌年刻本,第14页下。
④ 段朝端纂:《续纂山阳县志》卷九,民国十年刻本,第9页上。
⑤ 张煦侯:《淮阴风土记》上册,1936年,第119、120、210页,下册,第9页。
⑥ 张煦侯:《淮阴风土记》上册,1936年,第119页。
⑦ 张煦侯:《淮阴风土记》上册,1936年,第120页。
⑧ 张煦侯:《淮阴风土记》下册,1936年,第66页。
⑨ 张煦侯:《淮阴风土记》下册,1936年,第111—112页。
⑩ 张煦侯:《淮阴风土记》下册,1936年,第207页。
⑪ 张煦侯:《淮阴风土记》上册,1936年,第200页。
⑫ 张煦侯:《淮阴风土记》上册,1936年,第120页。

是在厉行宗法族规的江南地区,这也是不可想象的事。①

这些边缘人物的声望和地位,就在于他们在一定程度上不受约束地欺压平民,从不公正的社会秩序中获得较多的利益。事实上,凡各地乡里所传之武林人物,基本上系捕风捉影、以一夸百。更常见的是,在淮北,造福乡里、增加利薮的人,往往会成为亲友抱怨、指责、诟詈甚至打劫的对象。这些亲友会找出各种关系和理由,以证明自己比其他人与造福者的关系更近、更亲,自己比其他人更应该从造福者那里获得更多的利益。他们理所当然地认为自己应该独占造福者的资财和其他经济利益,而他们永远都认为自己所得到的要少于应该得到的,造福者虽倾家荡产也无法满足其欲求。相反,那些为害乡里之人,因为可以从人们手中掠走财物,乡民真实地感受到其威力的强大,所以,对这些人总是充满敬畏,以至于神化。从中亦可见苏北社会伦理的衰变。

学者指出,某些土匪是作为英雄人物在那些很夸张的民间故事和戏曲中流传,这就使得他们那些掠夺行为被打上了理想化的、浪漫的和歪曲了的色彩。②霍布斯鲍姆则认为,像罗宾汉那种高尚的土匪,尽管是歌谣和歌曲中最常见的英雄,但在现实中却极为罕见。③淮北的土匪也是如此,这里从未听说过罗宾汉式的人物,所有的土匪均是杀富欺贫,而非劫富济贫;惟利是图,而非重义轻利;奸淫掳掠,而非坐怀不乱;无恶不作,而非替天行道,实无任何道德可言。

淮北民众对暴力人物的崇拜,是自然环境与社会环境长期发展的产物。

自黄河夺淮后,这里是中国水灾最频繁的地区。洪水到来时,那毁灭一切的浑然气势,让人类顿觉自身的渺小。洪灾过后,即使幸存下来,人们心里的创伤也至痛至巨。被洪水吞噬的家园、亲人的生离死别、个人的无助感等等,均对民众心理造成普遍的伤害。

对灾祸的无力抗拒,愈使普通百姓感觉自身的弱小。淮北百姓不但拜各种各样的"神",而且拜各种各样的"鬼",甚至连老树④、狐狸、屋蛇、黄鼠狼(许多地方称之为"黄大仙")、老牲畜等均在拜祀之列。滕县地方志载,天启二年(1622)春,"群狐昼见,作童女形,拍手笑歌"⑤。据野史,"板浦在东海之滨,鹾商攒聚,市肆回环,巨镇也。商垣每多魅,或狐祟,驱除不能去"⑥。"有沂湖农某携妻归,甫葺数椽屋,与东西邻仅隔一苇壁。偶从湖滨买一巨鳖归。人云:'此囷囷者恐修蛇为变,曷絷其一足,悬以觇之。'农亦疑,因如其说,系茅檐下。夜阑坚闭房闼,拥妇就寝。"⑦

---

① 详见马俊亚:《混合与发展:江南地区传统社会经济的现代演变(1900—1950)》,北京:社会科学文献出版社,2003年,第13页。
② R. G. Tiedemann, "The Persistence of Banditry: Incidents in Border Districts of the North China Plain," *Modern China*, Vol. 8, No. 4 (Oct., 1982), pp. 395-396.
③ Eric Hobsbawm, *Bandits*. The U.S.A: Delacorte Press, 1969, p.34.
④ 连云地区有崇善寺,"寺南有古银杏树,乡人呼为神树"(许绍蘧:《连云一瞥》,无锡:协成印务局,1936年,第26页)。
⑤ 王政等修:《滕县志》卷五,道光二十六年刻本,第3页上。
⑥ 宣鼎:《正续夜雨秋灯录》(下),宋欣校点,长春:时代文艺出版社,1987年,第27页。
⑦ 宣鼎:《正续夜雨秋灯录》(下),宋欣校点,长春:时代文艺出版社,1987年,第292页。

辛亥前后,淮阴有位本为读书人的警官,"一夕,某姓屋上,两猫相斗,家人疑贼。适某巡至,初闻尚不敢入,逡巡良久,始敲门入。猫见亮即遁,屋瓦犹响。某巡曰:'此狐仙也,宜礼敬之,想尔家得罪他了。'"①

沛县"民智不开,迷性[信]极深,一草一木,皆可称之为神,一鸟一虫,亦可呼之为仙"。沛民曾坚信一"太王","所谓'太王'者,即水蛇是也。乡民以为沛邑无水,此蛇从何而生,非神而何?群起呼之为水神,焚香祈祝,远近闻者,皆匍匐前往,募资唱戏更欲为之修庙。在每日人群环扰之下,而蛇竟因无食而死,乡人厚葬之,并为之树立牌位,期于最近为之立庙"②。

一些不法之徒往往利用村民的迷信心理,以逞奸邪之欲:

> 乾隆时,山东某县乡民某家尚温饱,有一子,娶妇貌颇佳,逾半年归宁。既匝月,子控卫往迎,距妇家可二十余里,半途经古墓下,树木重蔽,相传有妖。妇入榛莽溲焉,夫控卫以待。少顷妇出,所着裤本绿色,忽易为蓝,心疑一时目眩,未之诘,察其神情昏惘,亦异平时。抵家,乘间语父,父曰:"安得有此!"并置不问。翁姬故与子对房居,晚饭毕,以子妇初远归,促令早息。夜半,翁姬见子舍尚有灯光,窃意何事复起,旋闻有声似鸟鼓翼,继而嗷然如怪鸱怒号,破窗飞出。急起视,则窗开,子已破腹死于床,妇失所在矣,箱箧床帐,并皆完好,惟少一护褥布单。官往验之,绝无端绪,于是哄传某村妇为妖摄去矣。阅数年,有某令新莅任,细阅案卷,唶曰:"此奸杀也。妖摄人,能死其夫,即杀矣,岂能持刀割腹?且摄布单胡为?"遂拘两造重鞫之,问:"有村民无故外出久不归者否?"妇父言:"有某村某戚出已数年。"问:"在案前乎?"云:"约略同时。"令曰:"盗在此矣。"乃拘戚之父母,详问平日出游何处最熟,遣役随往踪迹之。至清江浦,见一妇当垆,酷似女,须臾夫至,果某戚也。拘解归讯,则妇素与戚奸,道出冢间,借作疑阵,为劫杀远窜之计。是夕,先启户出妇,而己作破窗飞逝状以示怪异,布单血污,不类妖噬,故卷之而去也。③

淮北地区普遍存在着"狐祟""鬼祟"的现象。《聊斋志异》中这类故事不胜枚举。戴厚英的小说中生动地描述了"姨奶奶"为镇长母亲驱除鬼祟的场景。④ 在沭阳县湖东镇,20世纪70年代,仅湖西街就有2名长期受"鬼祟"、1名受"狐祟"的妇女。这种癔症显然不是鬼、狐真的附了人体,而是对邪恶力量长期恐惧所导致的心理崩溃。

1934年,淮阴清江区有一古砖塔,"不知建自何年"。"里人相语因及斯塔。某甲忽发奇论,谓'本坊有此砖塔,无怪闾里之多贫也。'众争问故。某甲曰:'是名地锥,不去无望!'

---

① 邢耐寒:《辛亥淮阴见闻录》,《淮阴文史资料》第9辑,1991年12月,第3页。
② 陈颜湘:《沛县农村见闻记》,《农行月刊》第1卷第2期,1934年6月20日,"调查"第34页。
③ 徐珂撰:《清稗类钞》第3册,北京:中华书局,1986年,第1076—1077页。
④ 戴厚英:《流泪的淮河》,合肥:安徽文艺出版社,1999年,第30—32页。

于是相约,由各家妇孺,日就塔基盗抽一砖,不数月而塔仆地。"甚至一些学子听到这一消息,"因举杯相贺曰:而今而后,贵院左右皆富家矣!"①

拜神,反映了百姓对合法权力的崇拜;拜鬼,则体现了对非法暴力的恐惧。

前述淮北百姓拜祀盗跖就更容易理解了。一般民众崇拜盗跖这样的"恶神",更可能是出于恐惧。他们通过跪拜匪祖盗宗,希望得到其保护,以减少匪盗的伤害。这就如同崇拜龙王,是希望其不发洪水、不行恶事,而不是大家都希望成为龙王。

淮北人对恶势力长期以来多以隐忍应对。江南总督赵弘恩奏棍徒为害时称:"受害之家,又复畏首畏尾。或惧日后报复,或忧官事牵连,隐忍含糊,不行控告,以致此辈无所忌惮。"②而百姓隐忍,根本原因是官府缺乏公信力。

长期生活在压抑恐惧之中的百姓,其精神与肉体均承受着严重的摧残。

由于没有改变现状的能力,从而习惯于苟且偷生。从淮北民众喜欢赌博、吸食鸦片之类,可以推导出这种消极心态的根源。

拥有大量空余时间的淮北农民,尽管贫穷,却极嗜赌博。在淮北民谚中,与其他地区对赌博进行劝诫不同,这里居然流行"家有三场赌,实如做知府"③的说法,可见人们对赌博的向往。反映赌博的民谣在淮北俯拾即是,如"小板凳,夺夺推,招个女婿不成才。喜吃烟酒好打牌,又受外面女裙钗"④。沛县的风俗在明代时"俗尚赌博,无赖子三五成群,不事生业,借此以供衣食"⑤。清末徐州马某,"先世为富家,尝食廪饩,善音乐,狎妓嗜赌"⑥。

20世纪30年代,沭阳农民所谓的"娱乐"仅有吃酒与赌博两件事,"正当者可说无有"。⑦ 该县县立初中,曾有师生聚赌,"该县赌风可想而知"。⑧ 淮北某些地区更流行"单嫖双赌"之说。⑨ 司马中原小说《路客与刀客》中那位嗜赌的更夫邬矮子在淮北具有一定的典型性。⑩ 在海州青口,赌局与妓窟、烟馆极为常见。较大的赌场就有十数处。⑪ 在淮阴西坝,赌博同样盛行,并被视为"三害"之一。从当时上层人物到搬运工和普通居民,大

---

① 张煦侯:《淮阴风土记》上册,1936年,第12页。
② 台北故宫博物院清代宫中档与军机处折件:《江南总督赵弘恩奏折》(雍正十三年二月十五日),箱号75,文献编号402010593,统一编号故宫013724。
③ 《涟水的民间歌谣》,江苏省第六区党务指导员办事处编辑:《淮海》第5期,1935年10月1日出刊,第57页。
④ 《淮阴民间歌谣》,江苏省第六区党务指导员办事处编辑:《淮海》第6期,1935年11月1日出刊,第42页。
⑤ 罗士学修:《沛志》卷6,万历丁酉年刻本,第11页上。
⑥ 徐珂:《徐州丐不与凡丐伍》,见徐珂编撰:《清稗类钞》第11册,北京:中华书局,1986年,第5490页。
⑦ 虞龙江:《沭阳农村鸟瞰》(下),江苏省第六区党务指导员办事处编辑:《淮海》第5期,1935年10月1日出刊,第22页。
⑧ 许叔彪:《海沭杂谈》,江苏省第六区党务指导员办事处编辑:《淮海》第2期,1935年7月1日出刊,第41页。
⑨ 司马中原:《骤雨》,天津:百花文艺出版社,1988年,第3页。
⑩ 司马中原:《路客与刀客》,长沙:湖南文艺出版社,1989年,第66页。
⑪ 汪承恭:《古镇青口今昔》,《赣榆文史资料》第4辑,赣榆:1986年8月,第31页。

多参赌。有些地痞流氓还私设赌局,邀请赌客到自己家里赌博,从中索取"头钱"(抽头聚赌)。① 淮阴吴城区夏水圩,"俗好赌,押鹁之风特盛,往往以是倾其家焉"②。萧县成年男子、妇女赌博人口占总人口 483 383 的 4%。③

清末至民国前期,以徐州为中心的地区是著名的鸦片产地。1889 年镇江的海关报告称:"本口商人之获利者,全在土药[即国产鸦片,进口鸦片称'洋药'——引者注]。砀山之土药最盛,闻得该处遍种莺粟,收成丰足。本口商人在彼购办之土药,计值银一百五十万两,试以每担值一百九十两,核计约有八千担及一万担之谱。该土药全由本口商人出售,然运至镇江者,不过三分之一。"④1891 年的镇江海关报告称:"土药本年收成极丰,浆力甚足,大约有一万担之谱。……上等之土药多由丰县、沛县、萧县、砀山县所产,每担价值关平银二百二十一两。次等土药多由睢宁县、铜山县、桃源县、宿迁县所产,每担价值关平银一百八十三两。以上各县,除桃源外,均属徐州府属地。"⑤近水楼台,淮北人吸食鸦片之普遍也就可以想见了。

清末,一位在淮北考察的外国人写道:"看到独轮车夫(他们中的许多人是聪明的农民和失去现行职业的商人)荷着、推着,并随着沉重而笨拙的货物摇摇晃晃,对那些相信适者生存理论并对那些习惯于欧美运输方法的人,实在是一次教育。不过,这些人几乎全是鸦片吸食者。他们白天的路程走完,吃了饭、茶或是汤后,就急忙赶到鸦片室,并在那里过夜,他们谈笑着、抽着烟并进行赌博。"⑥

有的对中国一知半解的外国人竟然认为:"当中国人想自我逃避或摆脱烦恼时,他就会自然而然地去抽鸦片而不是去酗酒。"⑦估计此人连中国的通俗小说《水浒传》也没有读过。酒是水浒世界好汉们的通用语言。固然,江南民众多不酗酒;但在淮北,酗酒与抽鸦片同样普遍,而酗酒的历史显然更早。

盐城,"酿业昔时称盛,全县糟坊可五六百家"⑧。清末两江总督奏,徐州、海州等处,"间有糟坊造酒,多系小户,每户或设地缸四五只,至十余只不等"⑨。民国年间,泗县酿酒

---

① 张济忠:《西坝杂忆》,《淮阴文史资料》第 1 辑,淮阴:1982 年 8 月,第 57 页。
② 张煦侯:《淮阴风土记》下册,1936 年,第 38 页。
③ 侯绍龙:《萧县社会调查》,江苏省政府秘书处宣传股编:《江苏旬刊》1929 年 6 月 1 日,第 60 期,第 23、18 页。
④ 代理镇江关税务司头等帮办畬德:《光绪十五年镇江口华洋贸易情形论略》,《光绪十五年通商各关华洋贸易总册》(英译汉第 31 册),光绪十六年五月印,第 59 页上。
⑤ 镇江关税务司劳偲:《光绪十七年镇江口华洋贸易情形论略》,《光绪十七年通商各关华洋贸易总册》(英译汉第 33 册),光绪十八年二月印,第 67 页上。
⑥ Lieut.-Colonel A. W. S. Wingate, "Nine Year's Survey and Exploration in Northern and Central China," *The Geographical Journal*, Vol. 29, No. 3 (March, 1907), p. 282.
⑦ Rodney Gilbert, *What's Wrong with China*. New York: Frederick A. Stokes Company Publishers, 1927, p. 195.
⑧ 吴应庚纂:《续修盐城县志稿》卷 4,1936 年刻本,第 1 页上。
⑨ 《两江总督魏等奏为查明江苏省烟酒两项均非大宗出产奏派税数万难足额现拟设法加征尽征尽解折》,《申报》光绪三十年五月二十三日(1904 年 7 月 6 日),第 12 版。

业,城乡有大曲坊 12 家,小酒坊 70 余家,每年可酿酒约百万斤,售价 15 万余元。①

司马中原回忆淮阴的文章,认为那里人的秉性就是"嗜酒如命","乡野上的人,经常留连在酒铺里,喝得醉里马虎。妇人把酗酒的男人称为醉猫子,骂他们灌黄汤、喝猫溺,惹骚! 如今虽出门在外,淮阴老乡劝酒闹酒的本领仍独领风骚"②。

史载,淮阴"村人赶集,遇所旧识,必拉入酒家,挥杯相劝。若先至之客未散,后至者欲惠钱而不可,则自提壶行沽以奉之,口中连呼'我装二两,我装二两。'有时客主争喧,至于面热汗下,使观者嗢噱不已"③。

究其原因,正是普通百姓无法得到行政权力的有效保护,反而不断承受其盘剥和掠夺,并时时遭受水患、洪灾和土匪等的摧残,终日生活于恐惧不安之中。由于宗族观念的淡漠,他们甚至连家族的支持都难以得到,更感觉自己的孤寂。而淮北人与人之间的关系极为紧张。这样一来,心理疾病的泛滥也就不难理解了。赌博、酗酒、抽鸦片,既是自我麻醉,也是消除孤寂、紧张、恐惧的手段。

同时,这种交际也是免于被孤立的必需。同在淮阴地区,"农民亦有不常赶集者,众恶其吝啬,每加轻蔑,遇难尤不能得人之助,甚或闻而快心,加以陵籍"④。

由于缺乏某种程度上维持社会公正的士绅阶层,淮北充斥着攫取不当利益的社会边缘人物。

海州滨海地区的渔盐之利,本"足以补瘠土之穷"。但当地人很难分享这些利源,"乃为山东、河南桀黠之民所夺,连舻累毂,莫敢谁何。其尤强者名曰青皮,肆行横暴。东南诸镇数被其害。西镇与郯城兰山接壤,则有游手狡悍之徒,十百为群,持械剽掠,曰掖刀手。扰害集市,侵劫行旅,追胥畏缩,居民苦之"⑤。

反过来,也只有从不以法纪为是的社会边缘人物才能在这个社会获得较多的利益。如淮安府境内的天妃闸,北至清口不到二三里,口外就是黄、淮河交会之处。淮、黄二水合并南下,水势极为湍急。⑥ 每当水发之时,"飞瀑怒涛,惊魂夺魄,下水放闸之船,疾如飞鸟,若坠深渊,浮沉难定,一入回溜,人船两伤"。天妃闸的闸夫,就是一批熟知水性的陈年地棍,开闸闭闸,举手之间就能决定人船的生死存亡。因此,商船从此经过,每艘按例勒索若干银两,甚至官方的漕船从此经过,预先也要按石交银,一般每石索银 8 厘至 1 分。"稍不遂意,绞关左右,绳缆松紧,闸棍略显神通,磕撞立时粉碎。漕粮、白粮,每年每帮,定损数只。水手抢救,剥船捞运,尽是闸棍一党,获利更多。而军民之性命身家,遂断送于此矣。"⑦

---

① 鲁佩璋修:《泗县志略》"经济",1936 年刊本,第 212 页下。
② 司马中原:《乡情琐忆》,《江苏文史资料》第 83 辑(《淮阴文史资料》第 11 辑),南京:1995 年 12 月,第 83 页。
③ 张煦侯:《淮阴风土记》下册,1936 年,第 47 页。
④ 张煦侯:《淮阴风土记》下册,1936 年,第 47 页。
⑤ 唐仲冕总修:《海州直隶州志》卷十四,嘉庆十六年刻本,第 32 页上。
⑥ 傅泽洪辑:《行水金鉴》卷一三五,上海:商务印书馆,1936 年 9 月,第 18 册,第 1951 页。
⑦ 傅泽洪辑:《行水金鉴》卷一三五,上海:商务印书馆,1936 年 9 月,第 18 册,第 1952 页。

在正常情况下,闸夫每日可获1—8元。"闸夫如此,闸官可知,故当未统一前,人多以谋一闸缺为荣。当局穷于应付,则间用共管之法,民国十九年,四闸有官二十三人焉。"①

河务工程中,用于办料的钱粮数量非常大,自然成了被骗领的对象。河务工地上总有一班河棍,有时自称木商,来此处领银买木;有时自称草户、柳户、麻户,需要领银买草、柳、麻等。一旦钱财到手,肆意花费,至于河工所需的物料却不见踪影。②

为了对抗官府的苛剥,也为了在有限的生存资源中多占些份额以便生存下来,一些地区的民风变得"刁悍"起来。靳辅在奏疏中指出:"江南徐、泰、海、山四州县,地广民刁。"③像徐州地区,百姓"凡遇催征辄多逃避境外,相习成风,恬不知怪"。④洪水的洗刷,使百姓身无长物,而政府管理与服务的严重缺位,无疑是其变刁的客观需要和现实诱惑。多年来,这里的地丁仓粮,年年拖欠不完。知州等官员对此无可奈何,"只得听其顽梗"。他们唯盼在此待上二三年,便考成呈误,调到别处做官。"故凡为徐州者,虽有长才,无从处置,反视官轻一叶,绝无顾恋振刷之心矣。"⑤

长期以来,河湖堤岸的一些居民,有的仅是与沿堤之人有隙,便偷偷决堤放水来淹没仇家;有的因自家田中干旱而盗挖以便进行灌溉。周桥、翟坝则一向有"奸民"盗决堤坝以便于商贩逃避淮关关税的传统。⑥而淮阴等地,"凡有田之家,以官路为界者,多喜侵占路身,此耕彼让,能使大道变为弓形"⑦。道光二年五月,阜宁县监生高恒信、贡生张廷梓等,因田亩被水淹没,纠集30余人,携带铁鞭,包围巡兵及把总杨荣,强行将黄河陈家浦四坝堤工挖开放水。⑧同年八月十二日(1822年9月7日)曹考厅兰阳新旧埽段被堤北居民偷挖放水,原因是夏秋久雨,田中积水较深,为了减轻水患。⑨据掌贵州道御史韩椿奏,道光十二年(1832),奸匪陈端曾窃决河堤,贻害生民。⑩

最为严重的是,道光十二年八月二十一日(1832年9月15日)四更时分,洪泽湖桃南厅龙窝汛十三堡附近民众,架乘船只多艘,携带鸟枪等器械,到十三堡拦截行人,强行将洪泽湖大堤挖开。兵夫进行阻止,被其捆缚堤旁。⑪领导这次挖堤的赵步堂、陈堂、陈端、陈钦、张开泰、海东楼,均为桃源县的生监或大户。桃源县共分48图,分隶黄河南北两岸。南岸河堤内,共有20图,均系民田,虽距洪泽湖边较远,但因连年湖水涨漫,民田多被淹没。道光十二年湖水长至2丈1尺,各村图均被没入水中,其中包括赵步堂等户人家的大

---

① 张煦侯:《淮阴风土记》上册,1936年,第80页。
② 靳辅:《请循定例疏》,《文襄奏疏》卷6,钦定四库全书"史部",第27页上一下。
③ 靳辅:《分添县治疏》,《文襄奏疏》卷6,钦定四库全书"史部",第57页下。
④ 靳辅:《分添县治疏》,《文襄奏疏》卷6,钦定四库全书"史部",第58页上。
⑤ 靳辅:《分添县治疏》,《文襄奏疏》卷6,钦定四库全书"史部",第58页下。
⑥ 靳辅:《经理河工第八疏》,《治河方略》卷6,南京:中国工程学会,1937年,第242页。
⑦ 张煦侯:《淮阴风土记》下册,1936年,第163页。
⑧ 武同举辑撰:《再续行水金鉴(黄河卷)》(2),武汉:湖北人民出版社,2004年,第580页。
⑨ 武同举辑撰:《再续行水金鉴(黄河卷)》(1),武汉:湖北人民出版社,2004年,第118页。
⑩ 台北"中研院"近代史研究所档案馆藏档案:《淮扬清江等处向为盐枭出没之所》,馆藏号01-01-008,宗号04-004,第16页。
⑪ 武同举辑撰:《再续行水金鉴(黄河卷)》(2),第555页。

片土地。他们遂聚众起义,决定强行挖堤,放水淤地。这次人为的破坏造成全黄入湖,湖内被淤,下河各地非常危险。① 后来堵复决口的费用就高达100多万两白银。

1918年10月,"皖泗奸民尹元汉将决安河东岸顾家勒高冈,泄水入成子河洼,泗阳独受其害"②。据反对者称:"倘决通,则成子河沿岸滩田立成泽国,百余里沿岸民命尽葬洪涛,弥天之祸近在眉睫。在尹等恶霸营私,祇图决冈涸田,以谋子孙永远之利,等成子河滩民之财产性命于鸿毛绝不计。"③

光绪初年,往苏州等地的苏北人,"相沿成例","而流氓之至苏者,仍复纷纷不绝"。④徐海、沂州在苏常等地索食的流民,往往百十人为一伙,"其头目率戴五六品翎顶,恐吓乡愚。每到一村,按户派养,一宿两餐,饭必大米,量皆兼人。供给流民,数口一次辄费八口经旬之粮。而其改名换姓,十日半月,去而复来,鸡犬不宁,无所底止"⑤。

淮阴当年处驿递之时,"其马递有六百里加紧者,数里外即闻呜呜之声,渡夫即缆舟以待,无敢不谨。稍慢即被殴。厥后驿废,渡夫殴驿夫以泄愤"⑥。20世纪30年代,不论是本地人还是外地人均普遍感觉到当地人的刁诈。淮阴市井,"大约光棍游手,所不能无"⑦。淮阴缫丝业中,一向有"真行"与"假行"之别。真行仅一二家,假行竟达20余家。"乡人挑茧过市,二十余家此拖彼拉,状如风魔,皆自谓真行,公然诱骗。然皆无实本,故以低价买得后,立时卖入真行,坐取差额,一季至少可得二三十元。有时数家争客,往往动武,真怪现象也。真行虽有善价,然亦欺人。"⑧

淮安附城一带,"土性坚固,居民多筛取土中砂粒,售之驼贩。驼贩则散入米谷中,售之粮行,以增升斗"⑨。在码头,"有等光棍,上船揽客,皆邳宿彪形大汉,讹索高价,欺弄旅客,岸上虽有车夫,不敢近前。迨谈价既定,然后转售本地车夫"⑩。甚至"闻乡人赶集有秘诀曰:'但吃尔饭,饮尔茶,勿谈论光棍长短!'"⑪

南京中央大学的一班师生到淮安调查时,不到1里的路程,人力车夫却大肆婪索,且态度恶劣。胡焕庸写道:"江北人力车夫之诈欺难制,余等在扬州、高邮熟知之,而以淮阴为尤甚。"⑫

1933年底至次年初,浚修六塘河工程中,泗阳仰化集工伕,"性情刚暴,故意越轨,不

---

① 武同举辑撰:《再续行水金鉴(黄河卷)》(2),第580页。
② 张相文总纂:《泗阳县志》卷七,民国十五年刻本,第15页下。
③ 张相文总纂:《泗阳县志》卷七,民国十五年刻本,第16页上。
④ 《流氓复至》,《申报》光绪三年十一月初二日(1877年12月6日),第3页。
⑤ 何嗣焜:《致江苏刘景韩提刑书》,《存悔斋文稿》卷三,光绪十九年刻本,第1页,李文治编:《中国近代农业史资料》第1辑,北京:三联书店,1957年,第937页。
⑥ 张煦侯:《淮阴风土记》下册,1936年,第112页。
⑦ 张煦侯:《淮阴风土记》上册,1936年,第14页。
⑧ 张煦侯:《淮阴风土记》上册,1936年,第35页。
⑨ 张煦侯:《淮阴风土记》上册,1936年,第93页。
⑩ 张煦侯:《淮阴风土记》上册,1936年,第7页。
⑪ 张煦侯:《淮阴风土记》上册,1936年,第208页。
⑫ 胡焕庸:《两淮水利盐垦实录》,南京:中央大学1934年12月刊印,第7页。

听指挥,监工员迭以善言劝导,反延辱骂"①。后来,省建设厅工程处"派县队及骑兵前往驻工,以便严催完工,无如人民疲玩性成,而地方征工人员负责乏人,民夫懈怠情形日渐增加"②。第四区,"工夫到工均事敷衍,加高坡度,均不照做,民性狡猾,莫此为甚。监工员稍与言理,即怒目而视。单楼乡工程最少,仅百余公方,若以该民夫全力修做,半日即可完成。惟乡长懦弱,指挥不灵,因此该乡工程延至半月之久"。魏圩乡"每日到工民夫了了,且多老幼不堪,监工员到工指导,稍拂其意,即嘈杂齐喧,任意毁谤,甚至以土挥洒,倘稍理论,即借端停工"。③3月30日,涟水工程,监工员朱宗闵因制止工夫在堤脚取土,工夫不服。"该乡民夫,群来包围,朱监工员所带警士两名,衣服均被撕破。适佐理工程师张延祚正在测验堤高,见势不佳,与朱监工员退回沈集,各自避匿民家。该乡工夫竟追至沈集,寻得朱监工员所在地点,捣毁门窗,欲提出朱监工员加以惨害。"④5月12日,佐理工程师王酉亭要求工夫按规定挖沟槽,"第四、五区全体工夫,相率哗变,离工归去。并聚众包围段所,适汤沟洋锹运到,尚未卸车,尽被抢去,即用以捣穿门窗。附近乡民,亦参杂其间,入段搜索,以致职员公役衣物,微有损失"⑤。

要在恶劣的环境中生存下来,就必须把物质利益看得重于友情、重于性命、重于道德。因此,男人动辄拔刀相向,妇人则时常诟詈。宿迁黄勤娘,"邻某以其子片言之郤,詈其门三日"。⑥《聊斋志异》描述的沂州刘某,"有田数亩,与苗某连垄。苗勤,田畔多种桃。桃初实,子往攀摘;刘怒驱之,指为己有。子啼而告诸父。父方骇怪,刘已诟骂在门"⑦。1934年初,浚修六塘河工程,泗阳复隆镇民夫因监工员李崇孝按规定标准要求其完工,"均哗然现惊惶之貌,初则出言不逊,继则加以谩骂,百搬[般]劝导,详为解释,尚不能回彼辈之心。沿堤数百工人,不约而同,立时肩锹担畚呼啸而去,并赌咒发愿,誓不再来做工"⑧。第六区民夫,"稍不如意,即肆口谩骂,借口停工"⑨。朱圩乡"民夫作工,狡猾异

---

① 《江苏省建设厅六塘河工程处泗阳段工程报告书》,《江苏建设季刊》第1卷第3期,1934年9月出版,"报告",第59页。
② 《江苏省建设厅六塘河工程处泗阳段工程报告书》,《江苏建设季刊》第1卷第3期,1934年9月出版,"报告",第59—60页。
③ 《江苏省建设厅六塘河工程处泗阳段工程报告书》,《江苏建设季刊》第1卷第3期,1934年9月出版,"报告",第63页。
④ 《江苏省建设厅六塘河工程处涟水段工程报告书》,《江苏建设季刊》第1卷第3期,1934年9月出版,"报告",第72页。
⑤ 《江苏省建设厅六塘河工程处涟水段工程报告书》,《江苏建设季刊》第1卷第3期,1934年9月出版,"报告",第72页。
⑥ 严型总修:《宿迁县志》卷十六,民国二十四年刻本,第9页上。
⑦ 蒲松龄:《聊斋志异》卷七,长春:春风文艺出版社,1998年,下册,第442页。
⑧ 《江苏省建设厅六塘河工程处泗阳段工程报告书》,《江苏建设季刊》第1卷第3期,1934年9月出版,"报告",第60页。
⑨ 《江苏省建设厅六塘河工程处泗阳段工程报告书》,《江苏建设季刊》第1卷第3期,1934年9月出版,"报告",第61页。

常,每日到工只稍开挖,即返休息。乡长征夫又滑头,异常不力"①。

在淮北,经常遇到有些农家因孩子打架、物品遗失等琐细之事,或举家械斗,或坐门谩骂数日。戴厚英描写的颍上县,"女人们会骂人"。有位烂眼女人,想把自己的男人从赌桌上拉回去,男人不走,打了她,"她就坐在蓝二爷堂屋骂起来了。骂得凶啊!"②赛珍珠的《大地》中,王龙的叔叔和婶子在敲诈侄儿时,也无中生有地坐门大骂。

至于治水工作者被匪抢劫,更成了司空见惯之事。③

政府曾寄希望于"教化",试图把百姓的思想行为纳入符合其道德的轨道中。雍正年间,署理江南总督赵弘恩认为安徽民情"淳厚之中,又有粗悍诈伪之辈",认为官府"渐次化导,或易为力"。④乾隆八年(1743),淮北被灾,"民俗刁顽",乾隆帝专门于翰林、科道中,"拣选品行端谨、通晓民事者四员授为宣谕化导使"。邓时敏、倪国琏被派赴凤、颍、泗地区;涂逢震、徐以昇被派往淮、徐、扬、海地区。"道府以下,听其节制。"⑤可以想见,这种空口道白的教化是不会有任何绩效的,只能是自欺欺人。

一些武官甚至把思想宣传的政治工作作为头等大事来抓,以增强军队的战斗力。如道光十六年三月,徐州镇总兵惠普恩考核徐州镇属各营汛,"于沿途经遇乡村集镇,剀切劝导居民人等,务须各安本分,切勿干犯科条。谆其父老子弟递相劝勉,以敦风化",惠称:"臣每到各营汛,首即恭设香案,宣讲《圣谕广训》,并申明行军纪律。"⑥"刁民"的道德素质确实是相当低下的,但其成因正是专制统治者不择手段地维护其一己利益。长期以来,统治者以种种方法对平民进行思想钳制,专制者的"道德"事实上就是让百姓失德,即没有是非判断能力、没有大众共同推崇的价值观,一切以物质利益为重,成为统治者眼中真正的"愚民"。而当百姓为攫取利益损害了专制者的利益时,专制者又总是站在道德制高点来谴责他们,用专制者自己也不遵从的法律来惩罚他们。

4. 仇杀与灭门

太多的灾难造成了生存资源的短缺,为了生存下去,人们已习惯于相互残杀,甚至残杀至亲。

明初成书的《水浒传》所描写的武侠人物武松长期受到淮北民众的敬仰。武松广为人知的故事主要有三:一是打虎;二是杀死乃嫂潘金莲,斗杀西门庆;三是杀死张都监一家。

---

① 《江苏省建设厅六塘河工程处泗阳段工程报告书》,《江苏建设季刊》第1卷第3期,1934年9月出版,"报告",第61页。
② 戴厚英:《流泪的淮河》,合肥:安徽文艺出版社,1999年,第9页。
③ 台北"中研院"近代史研究所档案馆藏档案:《导淮委员会设计测量队被匪损失事项》,馆藏号26-45,宗号2-3。台北"中研院"近代史研究所档案馆藏档案:《导淮委员会杂卷》,馆藏号27-02,宗号020-01。
④ 台北故宫博物院清代宫中档与军机处折件:《江南总督赵弘恩奏折》(雍正十二年正月十二日),箱号78,文献编号402010574,统一编号故宫0121784。
⑤ 赵慎畛:《榆巢杂识》卷上,北京:中华书局,2001年,第70页。
⑥ 台北故宫博物院清代宫中档与军机处折件:《江南徐州镇总兵官惠普恩奏折》(道光十六年四月二十四日),箱号2768,文献编号070815,统一编号故机071317。

杀死张都监一家15人中,除张都监、蒋门神、张团练及亲随5名外,另有养马的后槽1人,厨房丫鬟2名,夫人、奶娘等3人,儿女3人。

不管是否存在着必然的联系,淮北地区类似武松式的灭门事件是非常普遍的。康熙初,郯城"有王可习父子,大盗也。逃居郯邳接界之五丈沟,仇杀李东振父子四人"①。康熙年间,"滨海灶户聚众仇杀"。②宿迁方志称:"民情好讼喜斗,小有忿争,动相仇杀。"③淮阴张圩地区乡民,"小有不合,挥拳取决;甚有清早纠众,各执武器,围攻敌人之门者,谓之打闪门仗"④。一份报纸称:"江北民性,比较强悍。只要受了委屈,往往不顾一切,以求泄愤。"⑤

另据史料所载,1893年,沛县陈家庄陈氏家族内部发生了一次灭门事件。被杀者陈网习练过武术,经常欺负乡邻,恶名昭著。为了清理门户,陈家习武男丁在武术好手陈凤阁带领下,包围陈网的住房,杀死陈网、陈妻、陈子及3个女儿。陈的子女均未成年,其子被族人从邻居家抱出,用切马蹄的长铲铲中腹部,再被扔进火中活活烧死。族人杀死陈网全家的逻辑是"斩草不除根,祸害殃全族"。⑥宣统年间,宿迁县丁咀集集董丁三花与钱立本争夺集市收益,丁收买了钱的看家练勇,聚众突袭,杀钱家老小30余人,并放火焚毁全部住房,仅钱子鸿轩远在沭阳,得以幸免。⑦被誉为"武术之乡"的沛县朱楼村,早期的武术人物王大个子、王二个子、党明珠、胡尚义等,均因在原籍杀人而来此村避居。⑧其中,"侠士"党明珠曾在家乡杀"土豪"7人。⑨

许多地方甚至防邻如防寇。淮阴吴二堡,"人家多有碉楼","而墙头多不覆草,望之童然"。这是因为"盖恐人纵火也"。⑩

1913年8月至1914年6月仅10个月里,由安武将军行署所判决死刑的匪案中,卷宗中明确写明由淮北籍土匪所干的灭门案件多起,实际上数量估计达数十起。详见下表:

表8-1　1913年8月至1914年6月淮北籍土匪造成的惨杀、灭门案件

姓名	年龄	案由	页码
刘成林	32	同王胜等抢乾元庄刘姓,杀死九人	11
王振麟	21	抢劫四次,分驴一头,钱三千文,打死事主三人	30

---

① 王植纂修:《郯城县志》卷七,1928年刻本,第26页上。
② 刘虎文:《阜阳县志》卷十一,道光九年刊本,第26页下。
③ 张相文总纂:《泗阳县志》卷二十二,民国十五年刻本,第17页上。
④ 张煦侯:《淮阴风土记》上册,1936年,第200页。
⑤ 《揭出江北地方制造土匪的几个原因》,《徐报》1935年2月16日,转引自《江苏月报》第3卷第3期,1935年3月1日出版,"江苏论坛"第5页。
⑥ 蕴实:《清末陈庄血案》,《沛县文史资料》第7辑,沛县:1991年12月,第47—49页。
⑦ 张荣轩:《宿迁匪祸四十年》,《宿迁文史资料》第6辑,1985年12月,第130页。
⑧ 亦鸟:《武术之乡的武术村》,《沛县文史资料》第8辑,第170页。
⑨ 秦伯鸾:《民初一位隐沛侠士》,《沛县文史资料》第7辑,第51页。
⑩ 张煦侯:《淮阴风土记》上册,1936年,第210页。

(续表)

姓名	年龄	案由	页码
曾福安	42	抢劫两次,杀死事主七人,分驴一头,钱八千文	30
杨四	37	抢石家圩,拒杀事主全家	119
张成俊	23	杀死事主全家	119
张廷才	38	杀死事主全家	119
刘庆三	34	拒杀事主全家	120
吴道清	37	拒毙事主三十余人	114
陈士扬	32	同张万扬等大帮匪徒抢竹园、王圩等处,拒杀百余人	119
杨礼魁	25	同王范起等大帮股匪,肆行抢劫,共拒杀百余人	120
张继盛	39	同伍元辅等抢界头集,纵火焚烧,拒毙事主数十口	122
严广德	40	同许克聪等抢劫多处,拒伤大小男女共百余人	106
祖三	36	同丁三花等抢劫多处,拒伤大小男女共百余人	109

说明:上述人员中,除刘成林为涡阳籍外,余皆泗县籍。

资料来源:中国第二历史档案馆藏中华民国北京政府陆军部军法司档案:"安武将军行署谨将民国二年八月起至三年六月止依军法办理各案罪犯姓名年龄籍贯职业案由罪名刑名判决地点行监禁日期造具清册",全宗号1011,卷号2572("页码"栏中的数字,系指本资料中的页码)。

1915年,沛县杨、苑两家因讼生怨。苑家以苑五为首,暗害了杨家1人,事泄后,苑家杀人者被庙道口民团局马心蔚抓捕。1918年,苑五勾结土匪,烧了马心蔚的家,杀死其弟马心京等人。[①] 1920年,土匪抢劫炮车镇(今属新沂)鲍玉清家,烧死鲍全家。[②] 1926年,戴正攻破沈丘,在城西南杀死无钱赎票的人质二三千人,在东关枪杀和刀砍的人质四五千人。[③] 1927年,土匪攻破睢宁十家墩圩寨,该圩内共有三四百户人家,土匪杀死827人,许多婴儿被活活扔进火中烧死或是掰死。其中,鲁俊廷1家8口、邱永彻1家9口、祁文起1家7口、朱老利1家12口,均仅剩1人。[④] 同年,土匪攻破金圩寨,杀死金姓300余人,有的儿童被活活掰死,幼儿则被直接摔死。与土匪有怨的蒋守义一家无一幸免。[⑤]

淮北人吵架时还经常使用这样的语言:"我要杀你全家!""拼我一个人,杀你一家。"这基本体现了淮北社会长期失序、暴行充斥的历史真实,也反映了淮北人鱼死网破、不惜与

---

① 刘世勋口述,马蕴实整理:《从"杨苑讼"看民初沛县匪患》,《沛县文史资料》第7辑,第204—205页。
② 曹心宜:《鲍玉清惨遭匪祸》,《新沂文史资料》第1辑,1985年3月,第125页。
③ 刘慎五:《老戴正大破沈丘调查》,《临泉史话》第1集,1984年11月,第138页。
④ [睢宁]文史资料委员会:《土匪血洗十家墩》,《睢宁文史资料》第3辑,1986年12月,第6—7页。
⑤ 乔继花口述,尹春来整理:《"烧包坠子"匪部血洗金圩》,《新沂文史资料》第3辑,1988年10月,第126—128页。

仇家同归于尽的极端心态,所谓"斗讼攘夺,毁家丧身而不顾"。①

江南人吵架最刻毒的语言是"杀千刀"(凌迟)。这多少反映了江南人的"法治"意识。当然,也反映了健讼之习。如松江,旧志称"包揽漕粮词讼"。民国年间,"较尤甚者,包揽词讼之风不可免"。② 在精于计算的江南人看来,与仇家同归于尽的选择,是极不合算的。他们更愿意不惜捏造事实、伪造证据,把仇家送上法庭,让仇家蒙受财富甚至生命损失,而又能最大程度地保护自己。

当然,也有的地区,如苏州,"风俗尚属淳厚,男耕女织,热心善事,酷爱和平,无私斗健讼之风"。③

需要指出的是,某些淮北人对待本为乡邻、同族甚至近亲的"仇家",在复仇时往往采用虐杀的方法,以最大程度地增加死者的痛苦。1919年,瓦窑(今属新沂)地主马启恒因一截断树与其厨师彭万柱之子彭三德发生怨隙。两年后,彭三德率土匪围攻马家,逼死马启恒。1922年,马启恒胞兄马启太借官军势力,打死彭三德,活捉了彭的同伙马四。马启太把本为同宗的仇家带到其弟坟前,在"人山人海"的围观者面前,开始了复仇:

> 一颗血淋淋的人头,被浇上煤油,放在烈火熊熊的柴堆上,霎时,面目全非,血腥熏人,这便是向郯城驻军索取来的彭三德首级。
>
> 坟前:架一口烧得翻滚的油锅,赤身裸体的马四,被反臂捆绑在靠近油锅的木桩上。一旁,曾连长手操利刃,从马四身上,一块一块往下割肉,一块一块放入油锅,又一块一块捞起,强逼马四自食。此时的马四,咬牙闭目,似无知觉,嘴脸被刀尖戳得血肉模糊,不堪辨识。

彭三德的两个兄弟被当场杀死在马启恒坟前,另一兄弟多年后仍被马家杀死。④

1931年1月,宿迁苗理之攻打其盟兄弟唐盛斯家,放火焚烧唐占据的炮楼,唐被迫从楼上跳下。苗理之"立命家丁对准唐盛斯头部开火,把一梭子弹全打光,打得脑浆迸裂,尸体倒地;接着,苗理之又命人将唐的尸体抬到草堆上,浇上煤油,点火焚尸"⑤。次日,回圩的百姓"看了一具具尸体,一片片血迹,看了唐盛斯一家三口都被烧成黑乎乎的火棍头,只有尺把长……"⑥

---

① 指淮阴民俗。见王培棠著:《江苏省乡土志》下册,长沙:商务印书馆,1938年,第470页。
② 王培棠:《江苏省乡土志》下册,长沙:商务印书馆,1938年,第463页。
③ 王培棠:《江苏省乡土志》下册,长沙:商务印书馆,1938年,第446页。
④ 马吟云等口述,吴本文整理:《彭三德逼死马启恒前后》,《新沂文史资料》第4辑,1990年4月,第145—146页。
⑤ 张延安:《一份"判决书"——记唐苗两家互相残杀的历史案件》,《宿迁文史资料》第9辑,1988年12月,第204页。
⑥ 张延安:《一份"判决书"——记唐苗两家互相残杀的历史案件》,《宿迁文史资料》第9辑,第205页。

裴宜理正确地指出了这种现象系由于淮北地区没有士绅,缺乏相应的解决冲突的办法。① 但这种说法显得太笼统。我们更可以说,与江南相比,淮北已有的士绅更多地与掠夺不当利益相关。这个地区缺乏自为的士绅阶层,缺乏那些相对公正、在底层社会具有较高威望、可以作为官府服务补充的民间头面人物,从而使得民间的普通纠纷无法得到及时、合理的化解,往往会演化成波及数代人的世仇和灭门仇杀。

早就有人观察到,在南方,一小群村落通常体现了家族生活的景象,但在北方,家庭却无足轻重。② 有人的地方,就面临着对各种资源的争夺。同宗聚居的地方,往往意味着对势力较弱的他姓的欺凌,并运用非法手段对抗政府以获得不当利益。

在江南地区,世家大族往往建立义庄、义田等社会救济设施,成为社会的稳定力量。而在淮北地区,这些设施却非常罕见。

近来学者注意到了淮北的宗族与华南宗族的公田规模和经营目的迥然不同。淮北宗族公田的规模极小,充其量用于支付年度祭祀的费用。③ 即使拥有强大的经济积累,富人也不愿构建为族人共享的救助设施,淮北地区的光宗耀族的观念非常淡漠。淮阴关门程,"村中拥田一两顷者凡十余家,曾组'富户会',专以拒绝贫民借贷,包办收买田地为旨,贫民无以自存,多有渡江为苦力者"④。一些暂时失势的大户同样会被其同类凌辱。淮阴汤家集汤氏在战乱时避于石圩。"汤母偶渴思茶,请于石氏,石氏不与,报以恶声。母怒谓其子曰:'吾家非不能筑圩者,宁能郁郁久居此乎?'即时挈家小,返于旧居,挥佃人并力打圩,不日成之。"是为汤家集之由来。⑤

萧县"对于救济事业,向无良好组织"⑥。

沭阳人所赋的《象齿焚(悯富室也)》诗称:"穷人苦饥富人否,家藏粟贯都红朽。有心欲作监河侯,自顾终难舍升斗。亦知思患预为防,延请拳师门户守。缮墙茸宇弥缝周,私谓安居可长久。一旦萑苻吼贼风,倒戈纷纷齐出走。主人恋栈取盗憎,挥刀直入如挥帚。齿折孺子牛,家丧东门狗。裸然一身竟何有?到此才为将伯呼。犒劳还欲吝羊酒,眼看铜山倾八九。声言此后劫某某,富室闻之心胆寒,应悔利阶成怨薮。"⑦

明末清初,曹州人刘泽清为户部尚书郭允厚家奴,充任曹州本州捕盗弓手。"素无赖,为乡里所恶,徙居曹县。"后刘泽清因军功升至总兵官,封东平伯,加宫保,开府淮阴。"泽

---

① Elizabeth J. Perry, *Rebels and Revolutionaries in North China*, 1845—1945. Stanford: Stanford University Press, 1980, pp. 74-75.

② J. B. Tayler, *Farm and Factory in China: Aspects of the Industrial Revolution*. London: Student Christian Movement, 1928, p. 18.

③ 韩敏:《回应革命与改革:皖北李村的社会变迁与延续》,陆益龙等译,南京:江苏人民出版社,2007年,第20页。

④ 张煦侯:《淮阴风土记》上册,1936年,第107页。

⑤ 张煦侯:《淮阴风土记》下册,1936年,第206页。

⑥ 侯绍龙:《萧县社会调查》,江苏省政府秘书处宣传股编:《江苏旬刊》1929年6月1日,第60期,第24页。

⑦ 钱崇威纂:《重修沭阳县志》卷十四,民国间钞本,第28页上—下。

清阴狠惨毒,睚眦必报,曹县士大夫罹其祸者甚众。泽清镇淮上,曹县故居增饰亭馆。一日,诸生十数辈僦饮其中,或拾锦鞋于小阁,共传玩之。座中偶有谑语,闻于泽清,泽清怒,使健儿各捕至淮,尽杀之。与中表某素不合,亦召至镇,中表祈哀于泽清之母,为婉转申救,泽清佯许诺,礼待颇厚。及辞归,密遣军校于途中拉杀之。在淮,大肆劫掠,淮人患苦,比于流贼。"①

山东"单县之富不如曹县,然同是郡州中殷实之县。惟富者阡连陌累,富者多有田至百顷,贫者则无立锥之地。富者惟修夏屋,务建石坊……不知义举……人道既失,惶论周恤贫之[乏]。此弊不独单县,曹州各县皆然"②。当年的诗书礼义之乡,竟一变至此! 而到清中期由于生态的衰变,许多旧族随之消亡。方志称:"孑孑大姓,不过视岁涨为盈涸,乌足恃也。二十年来,东南旧族兴衰转盼,宁非视县为消长耶?"③这与苏南、皖南那些拥有强大伦理和宗法势力的大族几无法相提并论。④

正如萨孟武指出的那样,水浒世界中,更看重朋友之间的义气,而轻视亲情。⑤ 在曹、单地区,"有力之家,视贫族、贫戚、贫邻为路人。平日,尺布斗粟借贷无有,待佃户雇工尤刻。此辈怀恨在心,势将走险。此为招盗之由。不旬日,怀利刃,挟洋枪,复入里门。再提借贷,无不响应,如是,安日贼益多。凡盗案,总有贼线,贼线皆为本庄邻人,如非同族亲戚,则为佃户佣工"⑥。

由于家族观念淡漠、轻视亲情,亲属之间的械斗也并不鲜见。《聊斋志异》中的"陈锡九"篇,生动地描写了邳州富室周某与其贫婿陈锡九之间的构诬与争斗,具有深刻的寓意。在现实世界,这类事件更是司空见惯。雍正年间,颍州府霍邱县裴荣"素行不正",其子裴肖生娶妻汪氏后,裴荣竟多次欲奸淫汪氏。汪不依,裴荣"时常打闹",并多次诬告其子,后竟将其亲友数十人诬以妖术谋反。⑦ 清末清河县葛泳磐与胞兄葛恒磐口角,前者被后者用剪刀剜瞎眼睛,并杀死。⑧

淮北土匪在打家劫舍中所表现出来的小利灭亲之非人性实乃骇人听闻。如,民国初年,睢宁陆庆元伙同陆宪明等,抢劫时放火烧死族兄。⑨ 桃源姜西恩勾引匪帮抢劫自己的

---

① 《乾隆曹州府志》卷二十二,菏泽地区地方史志编纂委员会办公室1988年重印,第763页。
② 转引自周锡瑞:《义和团运动的起源》,张俊义等译,南京:江苏人民出版社,2005年,第20页。
③ 王敛福纂辑:《颍州府志》卷九,乾隆十七年刻本,第107页下—108页上。
④ 如皖南休宁茗洲吴氏就是具有强大家族凝聚力的世家。见牧野巽:《近世中国宗族研究》,东京:日光书院,1950年,第135—151页。
⑤ 萨孟武著:《水浒传与中国社会》,北京:北京出版社,2005年,第12页。
⑥ 转引自周锡瑞:《义和团运动的起源》,张俊义等译,南京:江苏人民出版社,2005年,第20页。
⑦ 台北故宫博物院清代宫中档与军机处折件:《署理江南总督范时绎奏折》(雍正六年七月二十六日),箱号75,文献编号402018237,统一编号故宫021444。
⑧ 丁日昌:《抚吴公牍》卷14,南洋官书局宣统元年石印本,第2页上。
⑨ 中国第二历史档案馆藏中华民国北京政府陆军部军法司档案:《安武将军行署谨将民国二年八月起至三年六月止依军法办理各案罪犯姓名年龄籍贯职业案由罪名刑名判决地点行监禁日期造具清册》,南京:全宗号1011,卷号2572,第21页。

祖父家。① 泗县李登怡、李登伸等,绑架并杀死族兄李登全。② 定远匪首宋洪海在为匪前,曾在东乡岱山表兄郭志发家吃住1年多,宋离开郭家后,与人合伙偷走了郭的耕牛。当郭找他索取时,他竟乘机把郭拘押为肉票,索要的赎金远远超出郭家的负担。得知郭家的赎金不足时,宋亲自取刀,割了郭的双耳。后郭侥幸逃生。③

有人认为,土匪们一般不在家乡抢劫,"兔子不吃窝边草"。④ 究其实际,在淮北,没有土匪不吃的"草"。民国初年,安徽判处死刑的匪案中,不少劫匪抢杀的对象是自己所在的村子(见下表)。

表8-2　淮北抢劫本村匪案一览表(1913年8月至1914年6月判案)

姓名	年龄	籍贯	职业	案由	页码
陆庆元	25	睢宁	无	同陆宪明放火烧死族兄,常行抢劫	21
刘殿堂	29	泗县	无	抢本庄王姓、单姓又抢赵庄等处	24
刘从汉	23	泗县	无	抢本庄刘姓,又抢张谷庄三四十家	24
袁兴业	31	泗县	无	同周纯然抢过本庄及苏庄等处	29
刘要德	20	泗县	佣工	勾匪抢本庄,得钱三十千文,又架刘姓之孙	31
张允成	25	灵璧	务农	勾引匪徒张克珍等抢本庄衣服物品钱文	40
谢皆端	37	灵璧	无	同谢百端抢本庄谢姓分钱十千文	40
吴文胜	26	灵璧	无	同尤学萃等抢本庄长的钱及粮食	41
程道亮	33	灵璧	务农	勾匪抢本庄分衣服三件	41
程仲俊	20	灵璧	无	抢过本庄程姓粮食	42
张建寅	29	宿迁	无	窝匪分赃,并抢本庄粮食	122
岳邦举	35	灵璧	种地	勾匪抢本庄岳邦法家,得钱八千文	146
张庆宝	26	睢宁	种地	勾匪抢本庄张姓,分钱十三串文	146

资料来源:中国第二历史档案馆藏中华民国北京政府陆军部军法司档案:《安武将军行署谨将民国二年八月起至三年六月止依军法办理各案罪犯姓名年龄籍贯职业案由罪名刑名判决地点行监禁日期造具清册》,全宗号1011,卷号2572。

由于"朋友"往往是趣味相投的同类,水浒英雄们的行为更容易为激情、愤怒和冲动所左右,而少受家庭和家族关系之类更为理性的情感约束。不过,在现实世界,这些所谓的

---

① 中国第二历史档案馆藏中华民国北京政府陆军部军法司档案:《安武将军行署谨将民国二年八月起至三年六月止依军法办理各案罪犯姓名年龄籍贯职业案由罪名刑名判决地点行监禁日期造具清册》,南京:全宗号1011,卷号2572,第24页。
② 中国第二历史档案馆藏中华民国北京政府陆军部军法司档案:《安武将军行署谨将民国二年八月起至三年六月止依军法办理各案罪犯姓名年龄籍贯职业案由罪名刑名判决地点行监禁日期造具清册》,南京:全宗号1011,卷号2572,第115页。
③ 孟宪武:《匪首宋洪海落网记》,《定远春秋》第1辑,1987年10月,第171—173页。
④ 贝思飞:《民国时期的土匪》,上海:上海人民出版社,1996年,第58页。

"朋友"甚至盟兄弟,只要涉及利益纠纷,多是今日为友,明日为敌,或是表面为友,背后为敌。民国初年海州一带的悍匪仲八,竟因为一句非常平常的话,被其徒弟顾修佃误解,遭顾枪杀。① 阜阳县姜寨王庆三、韩聘三自幼同学,后结为盟兄弟、姻家。20世纪30年代,两人打官司时,同住一个旅社,吃饭时争相付款,表面胜似亲兄弟。然官司未完,韩即命百余人枪袭击王家,王逃脱后,韩收买杀手将王打死,后又杀害了控告韩的王氏之侄。②

萨孟武曾分析过水浒世界的流氓与罗马时代流氓的差异。前者全然不同于现代的劳动阶级,中国社会并不依靠这些人而存在,这些人却依赖社会而过着寄生生活,"纵令他们全部灭亡,也不妨害社会的存在,反而他们的灭亡却可使社会的秩序因之安定"③。笔者认为,即使这些人是寄生阶层,也是社会体制不完善所造就的。在专制社会中,如果动用国家机器的力量,是很容易让他们"灭亡"的,而其他权力阶层同样会破坏社会秩序,造成社会新一轮的不公平。只有通过完善社会机制、各级政府恪守职责并增加服务等手段来消灭这些寄生者,才能提高社会的和谐程度。

二、民变与士变

从明后期始,江南与全国其他地区类似,民变事件不断发生。学者指出:"万历、天启年间新兴市民阶层的斗争,在中国历史上写下了可歌可泣的一页。这些平日生活在城市下层,备受封建统治阶级政治和经济压迫的织工、瓷工、矿夫、脚夫、商贩等,在斗争中显示了巨大的战斗力、高度的组织性和自我牺牲精神。他们振臂一挥,少则数千,多则数万,万众汹汹,同仇敌忾,是明末城市民变的主要力量。由于明后期各种社会矛盾错综复杂,民变往往又有官员士大夫、宗室、大商人、生员的支持或参加。"④

与民变同时发生的是士变。申时行指出:"盖吴郡凡两变矣,民变而磔人于市,毁人室庐,几揭竿而起。士变而排闼攘臂,无礼于二千石,风化几于荡然。"⑤

明代一位地方官员称:"自万历三十一年,偶因苏州士变,奉旨移镇苏州,盖谓东吴多事故耳。"⑥正是江南士绅力量的不断增强,既可成为民变的诱因,又可成为民变得以较理性解决的社会基础。一方面,许多民变事件中,可以看出士绅背后操纵的证据。至于士变,士绅更是直接的参与者。另一方面,强大的士绅阶层既可成为官,也可成为民的对立面,又是官民之间的桥梁,官府处理民变事件时,不得不顾忌这股强大的力量。

万历二十九年(1601),苏杭等处提督、织造兼理税务司礼监太监孙隆与巡抚应天右佥都御史曹时聘两位官员以苏州民变事上奏。祸首孙隆危言耸听地把组织者葛贤诬为乱民,以隐瞒自己的罪恶,煞有其事地称:"乱民葛贤等造言聚众,焚掠劫杀,围逼织造衙门,要挟罢税,其词颇激。"而曹时聘的奏折则反映了相当多的社会实情:"吴民生齿最烦,恒产

---

① 李荣坤:《仲八其人其事》,《赣榆文史资料》第5辑,1987年10月,第78页。
② 王树九:《解放前临泉的宗派斗争记略》,《临泉史话》第2集,第92—94页。
③ 萨孟武:《水浒传与中国社会》,北京:北京出版社,2005年,第4页。
④ 王天有:《万历天启时期的市民斗争和东林党议》,《北京大学学报》1984年第2期,第68页。
⑤ 申时行撰:《赐闲堂集》卷十二,万历四十四年刻本,第7页下。
⑥ 周孔教撰:《周中丞疏稿·西台疏稿》卷一,万历年间刻本,第12页下。

绝少,家杼轴而户纂组,机户出资,织工出力,相依为命久矣。往者税务初兴,民咸罢市。孙隆在吴日久,习知民情,分别九则,设立五关,止榷行商,不征坐贾,一时民心始定。然榷纲之设,密如秋荼,原奏参随,本地光棍以榷征为奇货,吴中之转贩日稀,织户之机张日减,加以大水无麦,穷民之以织者,岌岌乎无生路矣。五月初旬,隆入苏,会计五关之税额,数不敷,暂借库银挪解。参随黄建节交通本地棍徒汤莘、徐成等十二家,乘委查税,擅自加征。又妄议每机一张税银三钱,人情汹汹,讹言四起,于是机户皆杜门罢织。"①

这场机户罢织仅是明末江南社会冲突的一次代表性事件,其他各类官民冲突层出不穷。

东林党人被认为是这些事件的积极参加者。学者指出:东林党中不少人的家世与工商业有联系。他们比较注意商人、手工业工人和手工业者的要求。当市民反对矿税监斗争兴起后,东林党人能够揭露"皇族地主集团"的贪欲,抨击矿税监的暴行,其中一部分人甚至投身于市民斗争之中。②葛贤领导的机户罢织得到较为平和的解决,学者认为主要原因在于苏州地方政府享有处理当地事务的自主性,使民变能够按地方科层的意志处理。民变发生后,苏州地方科层拥有基本的行政和军事资源从而有能力独立应对。苏州地方官员拒绝了税使孙隆派兵镇压的要求,避免了大规模的流血冲突,使得地方政府能够在民变过后有足够的权威去恢复社会秩序。在对待抗议民众方面,苏州政府官员的介入较为合理,从而控制了事态的发展。苏州知府逮捕了几位到官府寻求庇护的税官,并公开向士民进行宣传,提高了地方政府的威信,为重新恢复地方秩序打下了良好基础。③

崇祯六年(1633),宜兴县民变,起因为乡绅陈一教家奴周文爝等酷逼租债,致西乡等地民众乘机烧抢。武进、金坛等县皆受波及。崇祯帝采纳了苏松等处巡按、监察御史祁彪佳的意见,并没有对民变一味镇压。六年七月二十三日(1633年8月27日),崇祯帝给祁彪佳的上谕称:"乱民豪奴,俱着审明正罪,其凶党潜逃及怙恶不悛者,一体缉治,但不得株累无辜,致有惊扰。陈一教、徐廷锡贪横实迹,速查奏夺。江南赋重民穷,武备弛废,着该抚按严督道府有司,多方抚绥振饬,以安根本重地。"④

到了清代,专制政体得到了进一步强化,对民变或士变多采用镇压方法。如乾隆九年(1744),苏州尼僧东悟因募化兴修寒山寺,以致结讼控告到吴县县衙。因寺内有原翰林蒋恭棐租房,当地民众疑蒋向吴县县令说情袒护,遂毁其门壁,将寺内的酒肆茶棚尽行拆平,并动员铺户罢市。待东悟案开审时,一些当地民众聚众哄堂,大闹县衙。知县姜顺蛟仓皇逃走。⑤乾隆立即下令通缉东悟。

乾隆初年,江苏官员一向听任商人购米出洋,引发苏州等地米价上昂,严重影响了百姓的生活。要求遏粜的民变此起彼伏。市民顾尧年向官府建议平抑米价,"自缚衔刀,哭

---

① 《大明实录神宗皇帝实录》卷三六一,万历二十九年七月,第6741页。
② 王天有:《万历天启时期的市民斗争和东林党议》,《北京大学学报》1984年第2期,第64页。
③ 徐进、赵鼎新:《政府能力和万历年间的民变发展》,《社会学研究》2007年第1期,第19页。
④ 祁彪佳撰:《宜焚全稿》卷一,明末抄本,第16页上。
⑤ 《大清高宗纯皇帝实录》卷二一二,乾隆九年三月上,第723页下。

吁抚辕,从而和者,纷如聚蚁"。江苏巡抚安宁将此事交付长洲县令鞫治,县令束手不管,遂使事件进一步升级。由苏州知府姜顺蛟处理,姜不敢负责,只得向上请示。乾隆十三年四月二十四日(1748年5月20日),民众"随守至抚辕,呼号动天"。安宁震怒,拘捕39人置狱。翌日,安宁将此事上奏于朝。五月二十七日(6月22日)谕旨下达,命杖毙顾尧年、陆文谟、曹大混等人。①

这次事件的直接责任者是苏巡安宁。当时民间流传"继善,真能继善,谓尹制府。安宁,实不安宁"之谣。安宁家奴李忠,重罚漏税至四五万两之多。② 苏州街巷遍贴无名揭帖,有"吉甫如来天有眼,禄山不去地无皮"之语,痛斥安宁的贪婪。

民变的根本原因在于专制政体下,封建意识形态与行政实践之间的冲突与背离。长期以来,最高统治者总是把自己装扮成民众的忠实代表与公正的保护神。普通民众也对这种虚幻的宣传深信不疑。而当一些损民、害民的恶政造成灾难性的后果时,统治者层层推诿,总是把真正源于自身的恶政肇因推给最下层的官员,从而给民众造成了"朝廷是最好的,只有基层官员最坏"的错觉。

由于长期的虚假宣传,在中国传统社会中,底层民众确信君主是爱民如子的,君主是公平公正的象征,是百姓的救星。当遭遇不法贪官时,民众多认为是"歪嘴和尚念坏了好经"。民众多希望能上达天听,将真实的情况报告给最高统治者。即使他们采取了过激的手段,也绝不是想谋反,充其量是想打破地方官的舆论封锁,让朝廷尽快地获得底层社会的信息。然而,这种想法绝大多数是极为幼稚的。无数事实证明,底层社会的恶行,基本来自最高专制者的直接和间接操控。没有任何证据证明,那些道貌岸然的最高统治者会比恶贯满盈的基层官员善良。毕竟,基层官员要直接面对百姓,他清楚地知道自己所作所为的恶果,多少会引发受害者的反抗;而最高统治者与基层遥隔,他们既为所欲为地干着无数的伤天害理之事,而又要把自己打扮成民众的救世主。

在顾尧年案中,民众视为救星的乾隆皇帝,在背后一直杀气腾腾地视苏州民众为刁民。他给署江苏巡抚安宁的上谕中称:"近年各省,屡有聚众抗官之案,几至效尤成习。而吴中民情素属浇漓浮动,性喜编造歌谣,诪张为幻,谤讟繁兴。……而匪犯顾尧年仍复挺身而出借端挟制,岂非光棍之尤?若不严行惩创,何以示警?该督尹继善现赴常州办理秋审,着即赴苏会该署抚,将此案彻底究明,务将主谋首恶,逐一确审,分别情罪,应正法者,一面具题,一面即行正法,以警奸徒。"③

乾隆专门指示江南民众寄予莫大希望的两江总督尹继善:"即着尹继善前往苏州,一面弹压地方,务令宁帖,一面会同安宁,查办此案。必当同心协力,秉公执法,速行归结。毋得沽名邀誉,违国家之宪典,博刁徒之感诵。况尹继善前于陛辞之时,朕曾以此严切诫谕,令其痛改积习。伊身为大臣,若以此等有关国体之事,犹复依违观望,纵恶长奸,卸其责于安宁,以为与己无涉。朕耳目所及,自有照察,不特刁徒,不可幸免。即伊之首领,恐

---

① 冯桂芬纂:《苏州府志》卷一四九,光绪九年刊本,第6页上—下。
② 蔡显撰:《闲渔闲闲录》卷五,民国嘉业堂丛书,第2页下。
③ 《大清高宗纯皇帝实录》卷三一四,乾隆十三年五月上,第161页下。

亦难保也。且安宁于此事,原无不是之处。尹继善倘怀挟私心,邀取虚誉,则皆成伊一人之罪过矣。"①

可见,乾隆的目的就是把当时民众视为"善人"的尹继善与"恶人"安宁绑在一起,共同成为替罪羊。在专制政体下,只能大树特树君主一人的善行,所有的伟大光荣之举只能归君主一人所有。尽管顾尧年付出了生命的代价,但由于这场事件的参加者根本没有认识到封建体制之弊,民众对官员没有任何约束的权力,即使大善人尹继善继续执掌两江,但就是平抑米价这样的民生之事,依然未得到丝毫改善。"江苏一带米石往往私自出洋,虽从前办有顾尧年之案,而奸民渔利,关吏贿放,仍不免透漏。"②

乾隆十三年五月,乾隆帝下达对青浦县朱家角镇、吴江县盛泽镇遏粜和吴江县咆哮县堂案的指示,要求督抚们"凡事当绸缪于事先,豫为布置,勿令群情汹涌。倘有奸匪倡谋,即应早折其萌芽,勿令纵恣。设或事起仓猝,又当善为弹压。勿令蔓延,方足以靖刁风而戢众志"③。他对几起遏粜案的处理作出了极为具体的指示:"青浦朱家角镇一案,审明踏沉米船,拆毁行面,并勒令罢市抗官,系秦补、王圣金为首,应立即杖毙,为从者分别充徒枷责。吴江县盛泽镇一案,审明刁民万友臣等借口出洋,鸣锣诱众,踏沉米船。该县差役往拘,各犯反欲殴差,但尚无辱官闹署及罢市等事。应照抢夺律拟徒,将首犯万友臣先行枷责,为从者分别发落。"④乾隆甚至从某些人的名字中就想当然地把人定为匪棍,他在上谕中称,苏州顾尧年和青浦县朱家角二案从犯内中,"如陆高枣子、坏枣子等,私立此等名字,必系无赖匪棍,皆应永远枷号,以儆凶顽"⑤。

百姓集体遭受不公时,动用群体性冲突的方式,被认为是冤屈上达的快捷手段,以更快地唤起最高统治者的"爱民"之情。尽管绝大多数群体性事件是百姓为了在体制内获得公正对待,但最高统治者对此类事件却极为敏感,对百姓打压更甚。

当重大民变或群体性事件发生时,一方面,统治者会在事后查究造成这类事件的责任官员。如 1792 年,浙江定海署守备林凤鸣等收受贿赂,与民争夺网地时,开枪 30 次,造成百姓"聚众哄闹"。肇事者被正法示儆。⑥

另一方面,清帝对任何可能有损于稳定的事件,均将其作为政治大事。每位皇帝的朱批,对重大民变和群体性事件无一例是要求从宽的。1748 年,江苏盛泽民众遏籴,乾隆指示两江总督:"重处以示警,毋稍姑息也。"⑦同时斥责署江苏巡抚安宁:"恐如此之宽,民益

---

① 《大清高宗纯皇帝实录》卷三一四,乾隆十三年五月上,第 162 页上—下。
② 吴熊光撰:《伊江笔录》上编,广雅书局光绪年间刻本,第 33 页下。
③ 《大清高宗纯皇帝实录》卷三一四,乾隆十三年五月上,第 167 页上。
④ 《大清高宗纯皇帝实录》卷三一四,乾隆十三年五月上,第 167 页下。
⑤ 《大清高宗纯皇帝实录》卷三一六,乾隆十三年六月上,第 200 页上。
⑥ 《大清高宗纯皇帝实录》卷一四〇六,第 892 页下—893 页上。
⑦ 台北故宫博物院与"中研院"藏明清折件:《尹继善奏朱家角盛泽镇刁民聚众遏籴(乾隆十三年五月)》,箱号 2772,文献编号 002343。

恨也。"①学者指出："在繁荣的条件下强化恐怖统治是乾隆朝独有的政治特征。……面对政治系统内部日益严重的矛盾和内耗，乾隆除了强化控制外，别无选择。"②

由于清政治的许多方面以塑造的历史和美化的现实为元素，清帝对政治问题尤为敏感，再也没有哪个封建朝代像清统治者那样热衷于搞政治案了。③

作为充分领会上意的官员，在现实中往往注重查处捕风捉影的政治案，有些人甚至有意营造政治案。④即使在顺、康年间，统治者经常要求严处多拿，既与"爱民如子"的政治宣示错位，更造成地方官员大肆枉法的行为，最终引发政治与法制的冲突。1660年，内大臣伯索尼上言："凡犯罪……倘一经发觉奉有严旨，承问官不察其情，辄加重罪。则虽有冤枉，百喙难明。"⑤

这样做使许多人把一般案件诬为政治案。1667年，御史田六善疏言："近见奸民，捏成莫大之词，逞其诈害之术。在南方者，不曰通海，则曰逆书。在北方者，不曰于七贼党，则曰逃人。谓非此，则不足以上耸天听，下怖小民。"⑥从而使得更多的人蒙受冤枉。

清统治者对士绅中"异心"的防范极为严格，远胜于明代。雍、乾时期，清廷的专制政治意识更加强化，甚至对远逊于士变的士人上书案也防范甚严，只要发现有问题，绝大多数被定为政治案。而只要是政治案，连病人也不放过。⑦1752年，杨烟昭"疯癫丧心"。⑧乾隆下旨："岂可因其疯狂，姑容盛世，即立时杖毙。"⑨次年，浙江上虞人丁文彬在山东叩献"逆书"，"左右以系疯子对"。但据奏该犯"气体瘦弱"。乾隆谕令："酌看该犯现在光景，若尚可等待部文，则候部文正法。如恐不及待，即照所拟，先行凌迟示众。勿任瘐毙狱中，致奸慝罔知惩戒也。"⑩

必须说明的是，一些有良知的官员不愿为空洞的政治说教，动辄干株连甚众之事。与一般性案件不同，把涉及政治问题的上书者定为疯癫，可以减少株连。疯者被杖毙，是较

---

① 台北故宫博物院与"中研院"藏明清折件：《安宁奏报处理盛泽镇刁民聚众闹哄经过情形（乾隆十三年五月）》，箱号2772，文献编号002463。
② 高翔：《从"持盈保泰"到高压统治：论乾隆中期政治转变》，《清史研究》1991年第3期，第11页。
③ 对清帝热衷于政治案的研究，见高翔：《从"持盈保泰"到高压统治：论乾隆中期政治转变》，《清史研究》1991年第3期，第12页。
④ 1990年以前，日本主流学者均认为清代的判决主要体现了"皇帝之意志"而非法律条文（参见寺田浩明：《清代司法制度研究における"法"の位置付けについて》，《思想》第792号，1990年6月，第184頁）。
⑤ 《大清世祖章皇帝实录》卷一三七，第1061页下。
⑥ 《大清圣祖仁皇帝实录》卷二十一，第301页上。
⑦ 对清精神患者的不同法律责任，见中村茂夫：《清代における精神病者の刑事責任》，《法政理論》第4卷第1号，1971年10月，第1—33頁。
⑧ 《大清高宗纯皇帝实录》卷四〇七，第333页下。
⑨ 台北故宫博物院与"中研院"藏明清折件：《范时绥奏报疑犯杨烟昭供情（乾隆十七年正月）》，箱号2740，文献编号007917。
⑩ 《大清高宗纯皇帝实录》卷四四〇，第733页上—下。

轻的刑罚。① 1763年，湖北恩施刘三元称梦见神人，"传说应有好处"。② 乾隆令"严行定拟，其家属人等，亦律应缘坐"。其兄弟子侄多人被捕，准备处死。陈宏谋奏，刘实属疯癫，亲属均为老实巴交的农民，希望加恩宽免。③ 乾隆竟言："恐各省督抚等，因有此旨，将来遇此等案件，即捏造疯癫，希图开脱。"④下令各省官员不得仿效。他的担心正说明有良知的官员厌恶莫须有的政治案件。

1753年，丁文彬被凌迟后，因其5年前曾向时任江苏学政的庄有恭献过书，庄称因其俚俗而随手丢弃。但乾隆却认定他"必系闻信查出，私为销毁耳"，是"徇名利，而忘大义"。按庄有恭任学政时所得俸禄和养廉银的10倍罚银。⑤ 与此形成鲜明对比的是，1781年查处王亶望，苏抚闵鹗元明知在甘肃任职的乃弟闵鹓元等"与王亶望上下勾通，行私作弊"，但"恐臣弟必罹重罪，是以隐忍不举"。对闵鹗元的陈述，乾隆朱批"似系实情"，表示了理解。⑥ 充分表明清代统治者看重政治意识，而看轻其他违法问题。

乾隆十五年(1750)，奉贤县人李如岗等聚众结盟，名为"猛将会"。经缉获究审，供出有一百二三十人入会，均系奉贤、南汇、上海、松江、嘉定等处居民。乾隆批示："重处示警，毋姑息也。"⑦乾隆二十八年(1763)，据庄有恭等奏：访闻金山卫生员徐筠、南汇县生员徐周柄，跟从杨维中学习"邪教"，吃素诵经。并于各生员家中搜出《金刚弥陀经》及忏图册，经审讯得知系弥勒教支派。乾隆闻报后，谕军机大臣等："地方匪徒，传播邪教，惑人聚众，最为人心风俗之害。徐筠等身列青衿，亦私藏经忏。受其蛊惑，则愚民之转相煽诱，流入邪匪，更不待言。该抚等自当严行查究，将传经设教之首犯，按律定拟，以示惩儆。……再此等设教开堂之人，敢袭为诞妄悖谬，实属倡邪首恶，既经败露，自当杜绝根株。但邪匪支派流传，愚人易为诱惑。恐各处未经发觉者，尚复不少。嗣后如有续获邪教，其传播首犯，即讯无悖逆情节，罪不应死者，俱着酌量发往乌鲁木齐等处，安插当差，不可仍留内地，以致蔓延贻害。"⑧

至乾隆中后期，由于最高统治者对一般民事类案件的拒斥，诉讼者更加强化案件的政治色彩。一方面，只有把案情夸大，才能引起官方的足够重视，对事实的辨析才会相对客

---

① 铃木秀光：《恭請王命考——清代死刑裁判における"権宜"と"定例"》，《法制史研究》第53号，2004年3月，第47—80页。
② 台北故宫博物院与"中研院"藏明清折件：《宋邦绥奏报查获书写逆词之刘三元折(乾隆二十八年三月)》，箱号2759，文献编号403015994。
③ 台北故宫博物院与"中研院"藏明清折件：《吴达善奏拿获逆犯不得援刘三元折(乾隆二十八年六月)》，箱号2759，文献编号403015299。
④ 《大清高宗纯皇帝实录》卷六八五，第668页下。
⑤ 《大清高宗纯皇帝实录》卷四四二，第758页下—759页上。
⑥ 台北故宫博物院与"中研院"藏明清折件：《江苏巡抚闵鹗元奏折(乾隆四十六年十二月)》，箱号2715，文献编号403040321。
⑦ 《大清高宗纯皇帝实录》卷三七一，乾隆十五年八月下，第1103页下。
⑧ 《大清高宗纯皇帝实录》卷六九〇，乾隆二十八年七月上，第726页上。

观。这应是"王权政体下"民众的现实选择。①另一方面,由于封建司法体系长期处于政治仆从的地位,极度缺乏公信力,经常不查核真相,从而给了许多诬陷者以可乘之机。谋反等政治罪株连甚广,官员查处这类控告时,经常宁暴勿宽,宁滥勿缺,甚至宁冤勿实。政治构诬的大量涌现,与其说是人心不古,不如说是封建司法制度自身难以摆脱政治的操纵,经常成为冤假错案的制造者。

即便如此,江南的一些地方官仍在体制内对民变的成因作出了自己的思考。一位地方官认为:"居官者平日自宜通达民情。"②"民情未变,果达其情,变必不生;逮乎民情已变,不达其情,变更不止。"③道光三十年,浙江澉浦因灾缓漕,佃户不肯纳租,适道台来到海盐。有人传言道台来海盐是为了追租,乡民包围道台公馆,"但闻人声鼎沸,灯火络绎"。海盐知县段光清亲自向乡民澄清,反复解释:"开仓乃本县之事,与道台无干。道台为海塘而来,非为开仓也,尔等听何人妄言。"④最终消弭了一场势在必发的民变。

道光年间,在归安射村发生的陆名扬抗官事件,更典型地反映了官府、士绅和平民之间的冲突与博弈。傅衣凌认为道光元年(1821)陆名扬因官吏浮胺漕粮,倡众减漕,揭开了清末抗粮斗争的序幕。⑤彭雨新视为因官府压迫而激发的"反对浮收的抗粮事件"⑥。

基层政府所培养和依赖的边缘性人物,事实上成了社会秩序的破坏者。在常熟,"催征吏剥削佃农异常残忍!这制度在常熟流传有较长的历史。任这项差事的人,大都有世袭的性质,而且视为一种财产,可以买卖,即以土地的肥瘠为买卖贵贱的标准。有高至千元以上的,最少也可值二三百元不等。当县府向地主征粮的时候,地主则以无法征收佃农的欠租以对,如是乃形成催征的办法,因而有催征吏产生。他一方既得地主之许可,复有县政府之命令,有恃无恐!乃雇用助手,令其按户催缴,农民们除如数报命外,还须供给助手的膳食和路费。如果一时无法偿还,轻则夺其比较可值钱的实物或牲口,重则驱之入狱。听说今年到农忙的时候,县政府的监牢里还关了百多无力还租的农民。有些稍有田地的自耕农,老住在乡下,怕见官,又不知道还粮的手续,只得请这些助手代庖,助手以其愚昧可欺,故意提高银圆的折价,往往敲诈中饱超过应纳的一两倍。或者,不给粮串,逼其重缴,以致迫卖田产。闻此制不易废除,因为全县田册完全操在催征吏之手"⑦。

早在咸丰初年,青浦县因催征,百姓将署知县余龙光耳鼻咬伤。官府竟调动苏松两府兵勇1 000余名前往镇压,与乡民对垒,相持不下。当时上层并没有一味怪罪乡民,谋求武力镇压。御史吴若准认为,此事系"地方官不知爱民,惟利是图,催征钱粮,恣意掊克。

---

① 参见関本照夫:《東南アジアの王権の構造》,伊東亜人等編《国家と文明への過程》,東京:東京大学出版会,1987年,第10頁。
② 段光清:《镜湖自撰年谱》,北京:中华书局,1960年,第7页。
③ 段光清:《镜湖自撰年谱》,北京:中华书局,1960年,第8页。
④ 段光清:《镜湖自撰年谱》,北京:中华书局,1960年,第43页。
⑤ 傅衣凌:《明清封建土地所有制论纲》,北京:中华书局,2007年,第170页。
⑥ 彭雨新:《太平天国战争时期清王朝的财政措施》,王承仁主编:《太平天国研究论文集》,武汉:武汉大学出版社,1994年,第124页。
⑦ 行政院农村复兴委员会编:《江苏省农村调查》,上海:商务印书馆,1934年,第83页。

前任已加,后任复增,小民积不能忍,往往激成事端,甚或兴兵动众,残虐民命",并建议对官员"从重惩治,以儆贪虐"①。

三、毛人水怪

千百年来,淮北是"毛人水怪"之类谣诼的多发地,也是中国历史上开业帝王最密集的诞生地。这里的民众不但需要赐给他们阳光雨露的代表,更需要他们敬之仰之的偶像。从狐鸣篝火到独眼石人,反叛者多制造并利用民众的恐惧心理,打破旧的偶像崇拜,以动员民众推翻"旧"政权。而当"新"政权建立后,统治者又必须对恐惧加以控制,消除社会中潜在的动员能量,重塑新的威权,达到社会安定。因此,在淮北,一方面,确如马克思所说的那样,行政权力统治着社会;另一方面,基于中国特有的国情,又由政治权力塑造着社会。由于政治对社会的塑造往往没有探寻社会的基本实情,遵循社会发展规律,这种塑造短期内为政治带来了巨大的收益,却一以贯之地埋下了社会动荡的根源。

对"毛人水怪"问题,主要有李若建对20世纪50年代苏、皖、鲁三地相关事件的研究。他从谣言产生、传播和控制角度作了学理性的观察,认为:"在谣言的制造者和传播者中,社会变革的受冲击者起了关键的作用;在谣言传播过程中,民众呈现出集体行为的非理性,同时也存在理性的成分。"②"'毛人水怪'谣言的爆发并非凭空产生,当社会发生巨大的变革时,或者社会中蕴含着强大的不安定因素时,民间聚集的骚动能量没有得到疏通,就可能引发各种恐慌。"③

20世纪四五十年代,是苏北"毛人水怪"事件的多发时段。在中共建立政权的苏北,几乎所有地方均有"毛人""水怪"的传说,许多孩子、妇女甚至成年男子晚上不敢出门、不敢独住。"有些村庄集体睡觉,设岗自卫,一夕数惊,恐怖异常,有时自相惊扰,打斗致伤。"④

1947年,苏北堤东一带盛传"毛人水怪",传说怪物"来无影,去无踪,时大时小,时有时无。每到夜间便从河中爬上来,它有铜爪子、铁爪子,挖人眼睛,扒人心"⑤。郯城在1949年、1953年、1954年、1957年曾发生过影响极大的"毛人水怪"案,"这些谣言多由江苏省的东海、新沂、沭阳等县传入"。谣言包括"毛人红鼻子绿眼睛,夜里从门缝钻进来","从海里出了水鬼,扒人心、人眼"。⑥ 为了对付"毛人水怪","各地群众纷纷打铁钉,买电

---

① 台北故宫博物院藏清代宫中档与军机处折件:《御史吴若准折(咸丰二年十二月初七日)》,箱号2870,文献编号087936,统一编号故机088525。
② 李若建:《社会变迁的折射:20世纪50年代的"毛人水怪"谣言初探》,《社会学研究》2005年第5期,第182页。
③ 李若建:《社会变迁的折射:20世纪50年代的"毛人水怪"谣言初探》,《社会学研究》2005年第5期,第199页。
④ 泗阳县地方志编纂委员会:《泗阳县志》,南京:江苏人民出版社,1995年,第32页。
⑤ 仓显:《范堤沧桑》,北京:中国民族摄影艺术出版社,2000年,第225页。
⑥ 《公安专辑》第六节《打击反革命活动》,《郯城文史资料》第18辑,2007年,第94—95页。

灯,严重时群众高挂灯火,手持刀枪等武器昼夜巡逻,呐喊相应,此起彼伏"。① 1953年,滨海地区"从灌河北传来'毛人''水怪'谣言,很快在全县大部分乡、镇传播,谣言说'毛人''水怪'一步能跨7个山芋沟子,专门挖人眼、剜人心",百姓"白天不敢下田干活,夜间集中住宿,学生不敢上学"。② 7月,邳县"境内大部地区盛传'毛人水怪'谣言。白天人不敢下田,天不黑就闭门"③。50年代初,淮阴"全县到处闹'毛人水怪',闹得人人心惶惶,不但影响了大小水利工程的顺利进行,还影响到农民不敢下田,甚至连赶集、走亲戚、晚上在家睡觉,都提心吊胆"。④

据不完全统计,仅1949年8月至11月下旬发生的"毛人水怪"案,淮阴被吓死1人,沭阳、灌云误打致死4人,误伤60余人。1953年,新沂因惧"毛人水怪"而丢荒4 885亩农田。⑤ 1952年7月,"'毛人水怪'反动谣言从沭阳县刘集区传入宿迁县境内来龙区的朱岭、韩集、陆敦等乡,继而传播至全县"。传播面达14个区122个乡,误打致死2人,误伤82人,误打致死牛、驴、猪23头。⑥ 徐州一次"毛人水怪"事件,死伤达386人。⑦ 郯城"群众之间因误会互相殴打致伤者66人,秋田荒芜的损失更是无法计算"⑧。1953年"毛人水怪"事件,江苏15个县市误伤814人,致死35人。⑨

"毛人水怪"的出现,绝非20世纪四五十年代所仅有。从纵向的时间来看,淮北是"毛人水怪"事件的高发区。

早在春秋时代,"睢水受汴,东经陈留、梁、谯、沛、彭城县入泗。此水次有妖神,东夷皆社祠之,盖杀人而用祭"⑩。唐德宗建中三年(782)秋,"江淮讹言,有毛人食其心,人情大恐"。⑪ 元顺帝(1333—1368)时,宿迁顺德乡皂河,"水怪杀人,里人闻虹县朱山有神能除之"。后官府设立朱山大王庙以祀此神。⑫ 正统年间(1436—1449),宿迁有两只铁钟浮于河中,"声吼如雷,居民以为水怪,杀牲祀之"⑬。康熙二年(1663),沭阳"河四决,西北水兽出没,有火光起波上,平地水深丈余"⑭。光绪十四年(1888)秋,"淮水泛涨,浮山下水高于上游者尺许。或见有水兽拦阻,下游水不得下注。盐局许观察萨阿使祭之,水遂退"⑮。

---

① 《公安专辑》第六节《打击反革命活动》,《郯城文史资料》第18辑,2007年,第95页。
② 滨海县地方志编纂委员会编:《滨海县志》,北京:方志出版社,1998年,第816页。
③ 邳州市地方志编纂委员会编:《邳县志》,北京:中华书局,1995年,第29页。
④ 刘文主编:《淮阴文史资料》第10辑《功逾神禹》,北京:中国文史出版社,1993年,第291页。
⑤ 江苏省地方志编纂委员会编:《江苏省志》(66),北京:群众出版社,2000年,第267页。
⑥ 宿迁市地方志编纂委员会:《宿迁县志》,南京:江苏人民出版社,1996年,第676页。
⑦ 董献吉等:《徐州百年大事记》,上海:复旦大学出版社,第104页。
⑧ 《公安专辑》第六节《打击反革命活动》,《郯城文史资料》第18辑,2007年,第95页。
⑨ 江苏省地方志编纂委员会编:《江苏省志》(66),北京:群众出版社,2000年,第268页。
⑩ 杜预撰、陆德明音义:《春秋经传集解》卷六,宋刊本复本,第3页下。
⑪ 刘昫等撰:《旧唐书》卷十二"德宗本纪",北京:中华书局,1975年,第334页。
⑫ 李德溥修:《宿迁县志》卷十一,同治十三年刊本,第11页上。
⑬ 李德溥修:《宿迁县志》卷二十,同治十三年刊本,第19页上。
⑭ 唐仲冕总修:《海州直隶州志》卷三十一,嘉庆十六年刊本,第7页下。
⑮ 赖同晏等修:《重修五河县志》卷十九,光绪二十年刻本,第26页下。

清代亳州的水神庙,"俗呼为水兽庙"。① 1921年5月,《申报》载洪泽湖发现水怪,"连日淮阴西南境滨湖居民,皆见有形似巨蟒之水怪游行湖面。据接近湖滨农人云:该水怪身长数丈,腰围径一尺有余。初自泗阳曹家嘴湖面南来,现已出入顺河集湖面云"②。1931年,有人在洪泽湖边询问关于湖边铁牛的作用,"或云铁牛以驱怪,当日许真君追捕水怪时,曾骑一神牛。怪见真君即骇走,遥见有牛卧于堤上,仍疑真君在其处,即奔窜不敢稍停"③。同年发生在淮北的伏汛大水,"事前曾传洪[泽]湖发现牛首怪物,登载各报"。1935年,地方报纸"又载淮安二堡湖滨有谢姓,运柩过湖,复睹该物,目光似电,吼声如雷"④。

正史与方志对毛人多有记载。汉武帝时,宣城人秦精入山采茶,"逢一毛人,长丈余,引客指茗生处,赠怀中橘而去"⑤。据《南史·梁本纪》,梁武帝进攻东昏侯萧宝卷时,"郢城有数百毛人逾堞且泣,因投黄鹄矶,盖城之精也"⑥。唐时,"有人入黄山深处采茶迷路,遇一毛人,引至深洞,啖以果实,留连数日,复送至洞口,赠珠一颗而别"⑦。据黄庭坚诗注,舒州王翁主簿峰庵,"王道人参禅四方,归结屋于主簿峰上,尝有毛人至其间问道"⑧。安徽方志中有数处毛人洞,"相传夜有毛人曾听经"。⑨

就地区性横向比较,已查明的苏北中共区域或淮北1949年后"毛人水怪"的源起,与晚清和民国其他国统区并无二致,多源于内心恐惧的民众误会。

早在光绪初年,镇江大闸口夜晚有人鼓噪,一对船上夫妇闻声起视,不慎跌入河中。"邻舟闻声,皆喊:妖怪已落河矣!旁人更惊喜不迭,及听甲妻呼喊,众始知落河者实人也,非妖也,然已打捞不及矣。缘该处素有水怪迷人,死者已无算,其起先之惊骇者,盖谓妖将复出也。"⑩1947年9月,常州沿河一带,多次闹"水怪","人心惶惑,一夕数惊"。地方政府正确地分析了这些事件的起因:"大多因形设像,捕风捉影,甚至全属神经过敏,庸人自扰。……本邑在闹水怪案中,捕获数人,讯之均属误会,横遭鞭打,闹成笑话。"北塘乡民陈春发,晚上在码头上钓鱼,对岸一渔夫竟疑为水怪,大声呼喊,数十乡民持各种器具将陈围住殴打,经自卫队救出,始知误会。奔牛、吕城各地,亦有同样事情发生。⑪

国统区中即使是有人故意制造的"水怪"案,也没有任何政治企图。9月20日,常州自卫队附汪润海,因看戏争夺座位,击毙乡民张金大,竟"谎报区公所,伪称击毙水怪"。⑫

---

① 锺泰等修:《亳州志》卷二,光绪二十年活字本,第13页上。
② 《清江》,《申报》1921年5月20日,第8版。
③ 蛰存:《铁牛之真迹》,《申报》1931年9月7日,第14版。
④ 《伏汛声中传说多淮安发现水怪》,《申报》1935年7月25日,第8版。
⑤ 陈受培修:《宣城县志》卷三十二,嘉庆十三年刻本,第1页上。
⑥ 李延寿:《南史》卷六,北京:中华书局,1975年,第174页。
⑦ 曹梦鹤等修:《太平县志》卷八,光绪三十四年重印本,第2页下。
⑧ 黄庭坚:《山谷内集》卷一,仿宋刊本,第5页下。
⑨ 张楷纂修:《安庆府志》卷二,康熙六十年刻本,第34页下。
⑩ 《京口杂志》,《申报》光绪九年七月初九日(1883年8月11日),第2版。
⑪ 《常州闹水怪一夕数惊庸人自扰》,《申报》1947年9月12日,第5版。
⑫ 《常州自卫队附枪杀良民伪称击毙水怪》,《申报》1947年9月23日,第5版。

不久,镇江抓获数起伪装"水怪"者,他们也仅是逾垣劫舍的水贼。① 次月,镇常丹扬指挥部在孟河境内拘捕一名不说话的男子,"咸疑为水怪",经讯始知为广东潮州籍一名退役的聋耳军人。②

中共区域的"毛人水怪"事件,起源与上述案例极其相似。40年代苏北堤东南灶周家墩有一个孩子,夜间突然大哭起来,自称身体被抓,疑为"毛人水怪"。"这样使得周围许多群众秉灯待旦,诚惶诚恐。"③1949年8月至11月下旬苏北的"毛人水怪"案,肇因于7月21日清江浦一名船户听到水面有响声,即惊呼有水怪。流言随即扩展到淮阴、灌云、沭阳、涟水、泗阳等7县。④ 1954年的"毛人水怪"案,源于4月29日,"睢宁县姚集区戴庄村两个不规矩的人,听到西院戴尔奇有病呻吟,二人便持棍喊:'快打毛人!'以致轰动全庄50余人去打毛人"⑤。

不言而喻,"毛人水怪"事件的出现,是源于人们群体性的心理恐惧。运用科学或生活常识,消除大众心理恐惧是解决这类事件的最有效途径。1949年以前,镇江、常州等地发生的毛人水怪案,正是通过科普来化解民众的恐惧的。而淮北地区的"毛人水怪"案不是通过解构恐惧,而是通过重塑威权来加以解决的。

淮北是中国群体性恐惧最突出的地区。自周至唐,中央政府对淮夷的征战不绝于书。

一方面,中央政府的镇压带有较多的恐怖手段。王充指出:"[周]成王之时,四国篡畔,淮夷、徐戎并为患害。夫刑人用刀,伐人用兵,罪人用法,诛人用武。……德劣故用兵,犯法故施刑,刑与兵犹足与翼也。"⑥另一方面,正是因为民众的普遍恐惧,淮夷社会精英为了动员民众,又经常利用神秘力量相号召。如淮夷三十二世君徐偃,神迹卓著,被说成"威德日远"。⑦ 传说徐偃为弃卵所生:"徐君宫人娠而生卵,以为不祥,弃之水滨。独孤母有犬名鹄苍,猎于水滨得所弃卵,衔以东归,独孤母以为异,覆暖之,遂晡成儿。"后鹄苍临死生角,并长出九尾,由狗变成黄龙。徐偃"欲舟行上国,乃通沟陈蔡之间,得朱弓矢,以己得天瑞,遂因名为弓,自称徐偃王。江淮诸侯皆伏从,伏从者三十六国"⑧。

秦以后,从大泽乡的狐鸣篝火,到颖上县的独眼石人,淮北反叛者无不制造、利用民众的恐惧心理,以策动群体性的动乱,反抗和推翻"旧"政权。

淮北是开业帝王最集中的地区,开业帝王与反叛者是同源的,前者是后者中的成功者。他们与陈胜、吴广、项羽、黄巢、郭子兴、刘福通、张士诚、张乐行等一同构成反叛金字塔的顶端。而不成功的"匪类"则成了反叛金字塔的中下部,势如汪洋大海。

长期以来,淮北民众给统治者以亡命轻生的印象。史称,"淮土于周为荒服,去丰镐王

---

① 《水怪敛迹》,《申报》1947年9月23日,第5版。
② 《审水怪》,《申报》1947年10月10日,第6版。
③ 仓显:《范堤沧桑》,北京:中国民族摄影艺术出版社,2000年,第225页。
④ 江苏省地方志编纂委员会编:《江苏省志》(66),北京:群众出版社,2000年,第267页。
⑤ 董献吉等:《徐州百年大事记》,上海:复旦大学出版社,第104页。
⑥ 王充著,程荣次:《论衡》卷八,明刊本,第1页下。
⑦ 罗泌撰:《路史》"后纪七",续四部丛刊本,第6页下。
⑧ 吴世熊等总修:《同治徐州府志》卷二十四,同治甲戌年刻本,第1页下。

化浸远。故诗书皆称淮夷,意其民人好勇斗狠,亦犷悍而难治矣乎"。① 淮地的中心徐州府属,"周秦以来,民无百年之安,壮者恒佩匕首,摩厉以自卫。勇决敢死,豪杰之士,挺生其间,而专利逞忿之徒、蘖芽作慝。故太史公曰:西楚之俗,剽轻易发怒"②。对这样的民众,统治者总是不惜以恐怖杀戮来反制,是以这里"风俗之移变而愈下"。③

愈加严重的普遍性恐惧,更有利于别有用心者的社会动员。明以后,由宗教或其他社会领袖策动反叛、自立为帝的现象在淮北如雨后春笋。天启二年(1622),巨野徐鸿儒"以妖术煽众,为闻香教。设盆水照人头面,自见帝王将相衣冠",从者达数万人。④ 沛县赵古元自称真人,万历中,往来徐、颍一带,"徐人富室奉女为皇后,高梁人孟化鲸、王垣海等共拥戴之"。⑤ 沛人李英"与其党王道会、丁过安、支计果等多人,以妖言倡乱于江淮之间。金科、马永、陈用、沈贵、张科等口称天魔下降,真主出世,剪纸成兵,伪授侯伯等官"。⑥

20世纪四五十年代"毛人水怪"事件发生时,淮北既存在着民众普遍恐惧的土壤,也存在着大量具有社会动员能量的各色人等。因此,官方对"毛人水怪"事件的解决,体现了非常复杂的政治考量,即通过清除潜在的社会动员者来稳定社会局面。

1949年前后,淮北"毛人水怪"流言多被视为政治阴谋,中共地方政权或公安部门把几乎所有的"毛人水怪"事件定性为地主和其他"阶级敌人"的阴谋破坏。在一些地区,"凡发觉'毛人'谣言流传,县公安局一面上报地区,一面与县委研究。……对被管制的分子和地主分子进行监视"。仅1957年,因"毛人水怪"事件,郯城褚墩、黄山两公社清查出各类异己分子45名,其中赌博30名,投机倒把5名,外逃坏分子1名,其他9名。⑦ 据李若建不完全统计,盐城地区办理过209起"毛人水怪"案。苏北、皖北和山东郯城即逮捕1374人,处决75人。⑧

郯城对"毛人水怪"案的处理具有典型性。1953年12月,"郯四区小归昌村闹'毛人'谣言时,谣言大部是妇女传的,少数传播者是落后党团员、转业军人、投机商人、反革命家属等"⑨。显然,作为政治事件,上述说法颠倒了因果关系。比较合乎逻辑的是,平时不落后甚至"先进"的党团员、转业军人等,因被发现传播"毛人水怪"流言,而被组织定性为"落后者"。

即便如此,"毛人水怪"的罪魁祸首仍然被定为反革命分子:"公安局先后召开了妇女

---

① 段朝端纂:《续纂山阳县志》卷五,民国十年刻本,第36页下。
② 吴世熊等总修:《同治徐州府志》卷十,同治甲戌年刻本,第10页下。
③ 段朝端纂:《续纂山阳县志》卷五,民国十年刻本,第36页下。
④ 李登明等纂修:《曹州府志》卷二十二,菏泽地区地方史志编纂委员会办公室1988年重印,第762页。
⑤ 查继佐撰:《罪惟录》传三十一,四部丛刊三编影印稿本,第56页上。
⑥ 查继佐撰:《罪惟录》传三十一,四部丛刊三编影印稿本,第47页上。
⑦ 《公安专辑》第六节《打击反革命活动》,《郯城文史资料》第18辑,2007年,第94—96页。
⑧ 李若建:《社会变迁的折射:20世纪50年代的"毛人水怪"谣言初探》,《社会学研究》2005年第5期,第198页。
⑨ 《公安专辑》第六节《打击反革命活动》,《郯城文史资料》第18辑,2007年,第97页。

会议进行教育,接着召开了村民大会,指出'毛人'谣言是反革命分子的造谣破坏,使谣言很快平息。"借这次事件,"县公安局对郯城南部的 104 名反动会道门骨干进行了一次集训,逮捕法办了其中活动突出、罪恶重大的反动道首 6 名,同时清理了郯城南部外地迁入的政治面目不清的复杂分子,重点密捕其中活动突出的,在原籍又有重大恶迹的反革命分子 4 人,押回原籍法办,稳定了郯城南部的社会秩序"。1953 年全县逮捕"毛人"谣言犯 131 名,其中判 10 年以下徒刑的 21 名,管制 14 名。① 同年,江苏省公安部门"严厉打击蓄意制造谣言、煽动闹事的不法地主、反革命和治安危险分子的破坏活动",在 35 个县市逮捕 788 人。②

这种做法当然不可能消除民众普遍恐惧的社会性土壤,但却实实在在地清除了具有社会动员能量的异己分子。就维护政权的角度而言,实为终南捷径。而对那些被定性为"坏分子"的人来说,不论有无"毛人水怪"事件,其命运已被先天性地决定了,任何偶发的事件均会导致其必然被清除的结果。事实上,20 世纪四五十年代淮北因"毛人水怪"事件被清除者,是潜在的政权的危险。

淮北历史上,社会动员者在争夺天下时,往往制造并利用民众的普遍恐惧;而在夺取天下后,既要适时地解构一些恐惧,更要重塑新的威权,以强化社会控制。

作为典型的小农世界,淮北确如马克思所说的那样,由行政权力统治着社会。同时,淮北还体现了政治权力塑造着社会这一历史实际。淮北小农需要高高在上的代表,需要有人自上而下地赐给他们阳光雨露。同时,他们也需要趋之仰之的崇拜偶像。而最高统治者总是这类偶像当仁不让的自我塑造者。

刘邦称帝后,就塑造了大量的神话。包括其母梦与神遇,其父曾见乃母在大泽之陂与龙交;在丰县大泽中斩当道大蛇(白帝子),等。朱元璋称帝后,也被"发掘出"许多神迹:"高皇在[皇觉]寺,尝戏书九字于伽蓝背,云:发你去三千里外充军! 伽蓝夜来托梦于僧,致心乞赦。僧遂呼高皇话其实,皇言有之,乃洗去。伽蓝复来谢去。"③

淮北水怪的超现实形象,多少带有淮地治水中被妖化的淮涡水神巫支祁的影子。④ 但即使是水怪领袖巫支祁,也是天命君主大禹的囚禁物。《西游记》中以"妖猴"形象出现的孙悟空逃不出代表正面力量如来的手心,具有深刻的政治历史寓意。

中国传统政治家一向推崇孔子所说的"不语怪力乱神"。一部关于《易经》的著作写道:"苟达乎道,则牛鬼蛇神、蛟人龙伯非怪也;不明乎道,则指之屈伸,拇之运动,无非怪也。"⑤ 有人写道:"牛鬼蛇神,惑民诬世。"⑥ 长期以来,各级封建政权更以打击虚拟世界的牛鬼蛇神为己任,以体现其正统性。沈元炼《溧邑侯吴公(鹤山)遗爱碑记》:"正气足以除

---

① 《公安专辑》第六节《打击反革命活动》,《郯城文史资料》第 18 辑,2007 年,第 94—97 页。
② 江苏省地方志编纂委员会编:《江苏省志》(66),北京:群众出版社,2000 年,第 268 页。
③ 于万培纂修:《凤阳县志》卷二十,光绪十三年刻本,第 35 页下。
④ 李若建:《谣言的建构:"毛人水怪"谣言再分析》,《开放时代》2010 年第 3 期,第 108—109 页。
⑤ 吕岩:《易说》"系辞上传"卷一,道藏辑要刻本,第 92 页下。
⑥ 李西月编:《三丰全集》"汇记",道藏辑要刻本,第 89 页上。

鬼魅,如前马村之赛会,有禁一举,而焚其牛鬼蛇神、怪怪奇奇之傀儡也。"①

有清一代,杀戮与牛鬼蛇神并列的蛟鼍曾被列为官员的业绩。当然,伐蛟的表面意义是防止水患,官方认为蛟能带来水灾。《吕氏春秋·季夏纪》载:季夏之月,"令渔师伐蛟取鼍,升龟取鼋"。② 直至清代,统治者均对伐蛟之事仍念念不忘。

大肆伐蛟表面是出于迷信的劝农传统,实际上也出于塑造正统的政治考量。消灭具有神性的牛鬼蛇神之属的蛟龙,显然是历代政权天授神权的明证。

尽管中国传统统治者认识到民众的普遍恐惧是动乱的土壤,但更认识到水怪妖魔终究是虚拟世界的不驯者,本身并不会对统治者构成威胁。那些振臂一呼,应者云集,具有较大社会动员能量的人,任何时候都是政权的潜在威胁。

"毛人水怪"这类群体性恐惧臆想,根源于淮北地区特殊的历史、社会土壤,即人们长期生活的不安全感。

历史上,难以数计的社会动员者利用民众的普遍恐惧,不断打破旧的偶像崇拜,以达到改朝换代之目的。而新王朝建立后,统治者势必重塑民众对自己的崇拜。因此,淮北既由行政权力统治着社会,又由政治权力塑造着社会。但刘邦、朱元璋式的偶像重建,并没有消除民众的普遍恐惧,仅是重构了民众对新政权的恐惧,并渲染了迷信色彩。这又为新的动员者提供了进一步反叛的资源和沃土。

历史总有相似之处。20 世纪四五十年代,在群体性恐惧土壤与社会动员者并存的背景下,淮北主政者采取了从澄清虚拟世界的怪力乱神,到清除现实世界的"牛鬼蛇神"的方法——仅消灭具有社会动员能量的各色人等。应该说,在非常时期,这种做法作为新政权维稳的治标手段,不应苛责。

四、财富的原罪

远在明末,苏北就是盗匪多发地区。"在河南者,由颍亳,在山东者,由徐邳。而流劫之盗乘虚突入矣。惯水斗者,操舟;惯陆行者,利梃。而江淮之盗亦乘机窃发矣。"③据报告,民国前期,"徐淮海各属掳人勒索之案,仍日有所闻"。④

1. 苏北匪患

史志称:"苏鲁之交,地瘠民贫,文化落后,风气强悍,草莽最易滋生,历代均称难治。光绪末叶,频遭荒旱,强梁啸聚,应运出现。迨至民初已成燎原。凡鲁南、皖北、豫东及苏北徐海一带,莫不雈苻遍地,盗匪如毛。"⑤

有位传教士写道:"徐州府的土匪太多,实在太多。很少有没有土匪的村庄。……当土匪就像做其他生计一样。"而在一些家庭中,当土匪是父子相传的。"因此,有人一生下

---

① 高龙光修:《镇江府志》卷四十六,乾隆十五年增刻本,第 166 页下。
② 《重刊宋本十三经注疏(附校勘记)》,台北:艺文印书馆,1965 年,第 581 页上。
③ 段朝端等:《山阳艺文志》卷二,民国十年刻本,第 18 页下。
④ 《南京快信》,《申报》1921 年 8 月 13 日,第 11 版。
⑤ 张仲五编:《沭阳乡土志略》,台北(无出版社名),1974 年,第 76 页。

来就是一名土匪,全村的人都知道这事,但却没有人去谈论它。"①民国年间,江苏省政府主办的刊物称:"徐海一区,地瘠民贫,素为产匪最多的地方。加以连年战祸频仍,今岁复被蝗害旱灾,以致匪势日炽,民不安居。"②

睢宁"民风强悍好斗",历来被视为难治之区。俗称"四美",即士不逐末,女不出游,丧不作乐,婚不论财是也。③

咸丰年间,宿迁红花铺一带,"有一积年土匪,绰号'秃爪陇',其同伙匪徒现已有千人之多,劫掠之案不一"。④

太平军起事后,"凤颍一带,民多强悍,俗尚斗争。承平无事之时,佩剑带刀者十居六七。自粤匪鸱张,每多乘机肆扰"。而地方官畏匪如虎,"官多庇匪,实属骇人听闻"。⑤

1915年3月、8月及12月3个月中,据对被安武将军署判处死刑的191名匪犯籍贯统计,其中江苏宿迁5人、东海3人、桃源和睢宁各1人,山东青州2人、峄县1人,河南鹿邑3人、沈丘2人、商城4人、息县2人、固始10人,六安34人,合肥1人,余皆凤、颍、泗人。⑥

据1930年的统计,仅流落在江北的各种枪械就达20万支,其中约三分之一至一半掌握在土匪手中,"在江北每一县中,是没有一天没有盗案的,洗劫一个村庄,或是携了大批的人去勒索,都不算什么一回事"。⑦

民国年间,淮北无县不遭匪祸。淮阴地区,"一般贫民,更失所依,挺[铤]而走隋[险]。况游民散勇,麇集于此,良莠不齐,尤为盗匪媒介"。⑧一些村集,"当民国二十四年以前,时有强徒剪径之事,虽单身无幸免,故吴城堤下,白昼少人行"。⑨各县匪祸之烈,以至于抢劫案、杀人案,每日必有多起,"乡村民众,虽在隆冬盛暑,每须夜宿野外,以避匪祸,情形

---

① Lèpold Gain, "Les brigands du Siu-tcheou-fou." *Relations de Chine* 2 (October 1909), p. 413. 转引自 R. G. Tiedemann, "The Persistence of Banditry: Incidents in Border Districts of the North China Plain," *Modern China*, Vol. 8, No. 4 (Oct., 1982), p. 409.

② 李夏林:《肃清徐海土匪的根本办法》,江苏省政府秘书处宣传股编:《江苏旬刊》1928年10月21日,第6期,第7页。

③ 李子峰:《睢宁县政概况》,江苏省政府秘书处宣传股编:《江苏旬刊》1929年,第62期,第35—36页。

④ 台北故宫博物院藏清代宫中档与军机处折件:《江南提督和春等附奏》(咸丰五年九月),箱号2714,文献编号406016148,统一编号故宫135097。

⑤ 台北故宫博物院藏清代宫中档与军机处折件:《江南提督和春、安徽巡抚福济奏折》(咸丰五年九月二十四日),箱号2779,文献编号406006786,统一编号故宫125580。

⑥ 中国第二历史档案馆藏中华民国北京政府陆军部军法司折件:《安武将军督理安徽军务咨送盗匪案件执行死刑人犯一览表》(洪宪元年3月)、《安武将军督理安徽军务咨送盗匪案件执行死刑人犯一览表》(民国四年八月)、《安武将军督理安徽军务咨送盗匪案件执行死刑人犯一览表》(民国四年12月),全宗号1011,卷号2600,无页码。

⑦ 吴寿彭:《逗留于农村经济时代的徐海各属》(续),(上海)《东方杂志》第27卷第7号,1930年4月10日出版,第65页。

⑧ 江苏省民政厅编:《江苏省各县概况一览》下册,镇江:新民印刷工业社,1931年,第311页。

⑨ 张煦侯:《淮阴风土记》上册,1936年,第207页。

之惨,令人痛心"。① 1935年淮阴的一次剿匪,自首1 244人,枪毙262人,捕获1 962人。② 20世纪30年代前期,淮阴县政府审理的案件中,盗匪类占70%,伤害类占20%,烟赌及其他民事占10%。③

表8-3 1933—1935年铜山等县各乡镇遇匪次数统计

县份	乡镇数	遇匪次数
丰县	56	140
沛县	24	102
萧县	40	336
砀山	25	104
睢宁	44	528
邳县	25	560
铜山	25	130
总数	245	1 401

资料来源:陈斯龄:《铜山区农艺自卫概况》,《江苏月报》第4卷第五六期,1935年12月1日出版,"专文"第95页。

民国前期的报道写道:"年来徐州乡村土匪绑票之风甚炽,稍具资财者,多避居城内。而每出巨案,无一破获者。"④沛县,"盗匪多系流兵散匪,与鲁为邻,朝发夕至,为害滋深"。⑤ 砀山县,"本县毗连鲁豫,素为盗匪出没之区,民元以来,愈益猖獗,千百成群,蔚为大股;中经兵燹水旱之灾,地方自卫力量,既复单薄,客军又坐视不援,扰攘几二十年之久"。⑥ 民国前期,陇海线上的运河站驻有1个连的军队,由于土匪猖獗,他们竟"不敢出站外一步"。⑦ 淮阴王营"虽有公安局分驻所,匪视之若无人焉。其再至也,直取其枪械以去"⑧。宿迁县,"本县近年受水旱军事匪患等影响,以致农家失收,无业贫民日渐增多,其住近匪区者,不良分子即流为匪化"⑨。淮阴县包家集史家下庄一带,"土风暴悍,好相聚

---

① 王德溥:《江苏省淮阴区剿匪工作总报告》(续),江苏省第六区党务指导员办事处编辑:《淮海》第4期,1935年9月1日出刊,第24页。
② 《淮海面面观》,江苏省第六区党务指导员办事处编辑:《淮海》第5期,1935年10月1日出刊,第3页。
③ 张煦侯:《淮阴风土记》上册,1936年,第31页。
④ 严盦:《徐州现社会一瞥》,《申报》1927年7月5日,第9版。
⑤ 江苏省民政厅编:《江苏省各县概况一览》下册,镇江:新民印刷工业社,1931年,第436页。
⑥ 江苏省民政厅编:《江苏省各县概况一览》下册,镇江:新民印刷工业社,1931年,第452页。
⑦ 胡焕庸:《两淮水利盐垦实录》,南京:中央大学,1934年12月刊印,第13页。
⑧ 张煦侯:《淮阴风土记》下册,1936年,第117页。
⑨ 江苏省民政厅编:《江苏省各县概况一览》下册,镇江:新民印刷工业社,1931年,第467—468页。

为盗,悯不畏死,有十家九寡妇之目"①。该县刘皮古寨,"亡命作奸接迹里门,不可爬梳。刘皮古寨,谈者变容,过者损神"。有匪吴其密,"自少无赖,拥徒数百,据丁集为负隅之固,风高放火,月黑杀人,远近敢怒而不敢言"。②

阜宁县,"本县民情强悍,素称多匪之区,自连年歉收以来,残弱转乎沟壑,强壮者难免挺[铤]而走险,故贫民加入盗匪,系属难免之事"。③盐阜沿海一带向来为盗匪出没之所,海匪、盐枭等多如牛毛,新设立的盐垦公司虽备有军警,仍然无法自卫。1929年,大丰、大豫等公司被土匪焚劫,损失极重。至1930年,"垦区北部几皆沦为匪域",像华成、合德等,损失均达数十万元。④

安东县,道光二十二年(1842),先是夏季大旱,到了秋季,黄河又在杨工口决堤,六塘河漫溢,水灌硕项湖。禾苗尽被淹没,"土寇四起,路断行人"。⑤咸丰三年(1853)春,疫疾流行,饥荒严重,"盗匪横行,街市白昼闭门,行旅断绝"。⑥

沭阳县盗匪"多系客籍"。⑦顺治五、六、七年(1648、1649、1650),海州巨寇李二和尚入境焚劫,平民死伤甚众。⑧1651年5月8日,榆园山贼攻破沭阳城,"杀掳十之二三",知县段上彩与妻子被俘遇害。⑨雍正六年十一月六日(1728年12月6日),徐州等地贼众用刀斧砍伤济宁文武官员7名,冲入知州衙内,杀伤知州家眷多人,并打开监门,放出囚犯。⑩辛亥年(1851)九月,清江驻军第十三协发生兵变,"遍地土匪蜂起,占聚村庄,挟仇报复,大乱日亟"。1851年11月13日,监防营叛将杜金林率土匪郭宗昉攻高家沟,炮轰3昼夜。次年1月3日,土匪攻占沭阳吴集,杀死练勇及平民53人,全市抢掠一空。匪首孙秀中并据此作为巢穴,裹胁平民数千人,吴集东北20里"村落如洗"。⑪

民国建立后,匪患更加严重。正如民谣所说的那样:"清末到民初,官家不问事,越聚贼越多。"⑫1913年,《申报》报道:"淮北东海、沭阳各县乡镇,匪盗如毛,到处皆是,动辄连劫多家,近竟愈聚愈多,结帮亦愈大。且有遣散兵士混匿在内,故胆气甚壮,官军乡警皆非所惧,所持枪械亦极锐利。计沭阳县知事管辖各市乡,大半均被肆劫殆尽。前日周庄地方,忽又到大帮匪盗数十人,先将该庄两头派匪守住,旋即入庄挨家抄劫……时适驻防该

---

① 张煦侯:《淮阴风土记》下册,1936年,第66页。
② 张煦侯:《淮阴风土记》下册,1936年,第214页。
③ 江苏省民政厅编:《江苏省各县概况一览》下册,镇江:新民印刷工业社,1931年,第343页。
④ 胡焕庸:《两淮水利盐垦实录》,南京:中央大学,1934年12月刊印,第241页。
⑤ 吴昆田总纂:《安东县志》卷五,光绪元年刻本,第19页上。
⑥ 吴昆田总纂:《安东县志》卷五,光绪元年刻本,第19页上—下。
⑦ 江苏省民政厅编:《江苏省各县概况一览》下册,镇江:新民印刷工业社,1931年,第498页。
⑧ 钱崇威总纂:《重修沭阳县志》卷五,民国年间抄本,第10页下。
⑨ 钱崇威总纂:《重修沭阳县志》卷五,民国年间抄本,第11页上。
⑩ 台北故宫博物院藏清代宫中档与军机处折件:《署理江南总督范时绎奏折》(雍正六十一月十一日),箱号75,文献编号402018242,统一编号故宫021449。
⑪ 钱崇威总纂:《重修沭阳县志》卷十六,民国年间抄本,第50页上。
⑫ 老几:《沭阳土话乱弹·乱世》,《沭阳文史资料》第5辑,1989年8月出版,第72页。

处之缉私炮艇两艘,亦被将军械全数抢去,抢毕后复鸣枪一携,从容而去。"①在这一时期,"烧杀抬架,日有所闻。巨案叠出,糜有止极,茫茫浩劫,冤魂莫诉"。民国元年正月十八日(1912年2月18日),土匪吴二和尚(一名尚忠)侵袭沭阳西南乡郭家圩,杀死郭保部及兄弟子侄等10余口。六月二十七日(8月9日),仲八攻占丁庄圩,惨杀陈明堂等10人。八月初一日(1912年9月11日),土匪杨三等攻破周庙圩,圩主周治龙及侄永魁被杀死。②二年正月初五日(1913年2月10日),仲八复攻丁庄圩,杀死伍占魁、卢叙成等4人。四月仲八过华冲圩,练董司寿永及练丁12人被害。仲后来盘踞丁庄圩。浦军营长石家骅来围攻。五月十九日(1913年6月23日)夜,阵亡军士30余人。居民赵永昌、殷恒生、陈方刚等被害。六月十六日(7月19日),仲八合袁文标等500余人攻破高流镇塔山圩,打死圩主乔树荃等10人,伤数十人。盘踞20余日,烧杀淫掠,"数十里无完土"。③ 1923年,匪首杨和尚在青纱帐起时,率徒众百余人,携带盒子枪40余支,横行沭阳西北两乡,烧杀抢掠,迭酿巨案。8月20日,攻破沭阳塘沟孙姓庄圩,居民被杀及投河死者49人,圩主孙竹团失踪,妇女被抢走20余人。所有财物、牲畜,抢掠一空,房屋十之八九被焚。④

有人写道:"提起贼'站'劲,眼也不敢睁,大明大白过,遍地拦财神。明火执仗抢,来回笼子梳,衣囊对服饰,成趟牵牛驴。"⑤淮阴地区,土匪窝藏肉票之法骇人听闻。"最工者,就野冢穿圹为窟室,聚老幼于其中,上留气孔,仅支呼吸。匪日遣喽啰伪为担粪者过而行饁,兼以巡风,自外视之,绝无知其中有财神者。……被害者虽幸而不死,要与地狱中人无异矣。"⑥

有些土匪干脆连财神也不拉,而是使用"要场子"。在淮阴,"大户既尽,匪亦等而下之,不须纠众,更无庸操兵。但须豪壮少年,手白梃一支,日落到门,见主人拦腰便打,打至半死,示以期日,命出若干。及期前数日,上门催场子,毒打如前。期而出钱则已,期而不出钱,放火示威,先焚其门外草堆,次及屋舍。……甲匪既去,乙匪踵索,如往而复,纠缠不休。而邦人或谋妥协,或但咨嗟,竟未有连村相保之谋,真可怪也"。⑦

1925年,孙传芳陆军第五混成旅驻沭时,声言对土匪进行招抚,竟使得"沭城当时土匪满街,着军服,佩短枪,耀武扬威,招摇过市",不久,即招得土匪数百名。⑧民国初期,沭阳农民干活时,被迫背枪自卫。⑨

---

① 《海州土匪之猖獗》,《申报》1913年9月23日,第6版。
② 钱崇威总纂:《重修沭阳县志》卷十六,民国年间抄本,第50页下—51页上。
③ 钱崇威总纂:《重修沭阳县志》卷十六,民国年间抄本,第51页下—52页上。
④ 《地方通信·海州》,《申报》1923年8月26日,第11版。
⑤ 老几:《沭阳土话乱弹·乱世》,《沭阳文史资料》第5辑,1989年8月出版,第72页。
⑥ 张煦侯:《淮阴风土记》上册,1936年,第217页。
⑦ 张煦侯:《淮阴风土记》下册,1936年,第74页。
⑧ 陈培元:《杨赓和施毒计消灭匪祸》,《沭阳文史资料》第6辑,第85页。
⑨ Ch'en Yung-fa,"The Wartime Bandits and Their Local Rivals: Bandits and Secret Societies," Susan Mann Jones (ed.), Select Papers from the Center for Far Eastern Studies, No. 3, 1978—79, Proceedings of the NEH Modern China Project, 1978—79: Political Leadership and Social Change at the Local Level in China from 1850 to the Present. Chicago: The University of Chicago, 1979, p. 3.

据原籍沭阳的加拿大华侨潘同仁回忆:"三十年代末期,苏北平原上盗贼蜂起,到处打家劫舍,拦路抢劫,图财害命。"①潘的长兄有一年在赶集时被土匪劫持,搜去钱物后,就地杀害。次兄被土匪绑架后,因赎金数量太大,潘家未能如期交付,土匪即将其绑在板凳上,用钢针刺瞎其双眼。三兄在其六姊家被抢时前去救援,半路中弹身亡。大嫂徐氏被土匪枪杀,次嫂被土匪打残。潘家仅有潘同仁一人因在城里读书而幸存下来。②

两江总督史坤一称苏北邻区曹州和单州为"盗贼之薮"。③ 1913年英国领事史密斯(J. L. Smith)经过鲁西南时,有人告诉他,那里80％的男性人口曾在不同的时候做过土匪。④ 土匪攻城焚县的事屡见不鲜。⑤ 苏鲁边界的东部,特别是郯城、兰山、宿迁和邳州,同样充斥着贫穷和狂暴的人口,以暴力进行抢劫则司空见惯。⑥ 民国前期,东海县"人民强半困穷,衣食常苦不足,盗匪甚多,劫案时有所闻"⑦。戴厚英对民国前期颍上县的记忆是:"不知道哪里来的那么多的土匪,不是抢劫,就是绑票,差不多天天都有人被绑走"⑧,"晚上常被大人叫起来躲土匪,白天一有空就想睡觉"⑨。

被绑票的人质能被家人赎回的,家中大多倾家荡产。家中无钱的人质,境遇更惨:"有的被挖了眼,有的被割了耳,有的被打断了腿,有的被枪杀,有的被活埋。女的有的被轮奸,有的被脱光衣服土匪们拉着当猴玩。"⑩

1923年5月6日,孙美瑶匪部在津浦铁路山东峄县段的沙沟与临城两站间,拦截由浦口北上天津的特别快车,劫持数十名中外人质,策划了震惊中外的临城劫车案。事实上,拥有森严武装护卫的铁路向来是土匪打劫的目标。1918年5月3日,陇海路上的望谷村(音译)遭土匪掳掠,外籍铁路监工和华工各一名被掳走。5月31日,杨集被大队土匪3 000余人攻击,铁路员工的身家性命无丝毫保障。⑪ 陇海路站长职员晚上都须投宿到大寨子中去,以免遇到危险。东海县新浦站站长的两个儿子均曾被绑票,以3 000元赎出。⑫

---

① 潘同仁:《漂泊异乡,心系故国》,《沭阳文史资料》第4辑,1988年3月出版,第5页。
② 潘同仁:《漂泊异乡,心系故国》,《沭阳文史资料》第4辑,1988年3月出版,第6页。
③ R. G. Tiedemann, "The Persistence of Banditry: Incidents in Border Districts of the North China Plain," *Modern China*, Vol. 8, No. 4 (Oct., 1982), p. 398.
④ R. G. Tiedemann, "The Persistence of Banditry: Incidents in Border Districts of the North China Plain," *Modern China*, Vol. 8, No. 4 (Oct., 1982), pp. 398-399.
⑤ 如1927年4月27日,沂州巨匪刘黑七,率3000余人,火焚费县全城。见《本馆专电》,《申报》1927年4月28日,第6版。
⑥ R. G. Tiedemann, "The Persistence of Banditry: Incidents in Border Districts of the North China Plain," *Modern China*, Vol. 8, No. 4 (Oct., 1982), p. 399.
⑦ 江苏省民政厅编:《江苏省各县概况一览》下册,镇江:新民印刷工业社,1931年,第482页。
⑧ 戴厚英:《流泪的淮河》,合肥:安徽文艺出版社,1999年,第24页。
⑨ 戴厚英:《流泪的淮河》,合肥:安徽文艺出版社,1999年,第25页。
⑩ 刘承显:《我所经见的匪患》,《镇平文史资料》第8辑,1990年,第36页。
⑪ 台北"中研院"近代史研究所档案馆藏档案:《陇海铁路被兵滋扰损失索偿案》,馆藏号08-05-025,宗号03-001,第8页。
⑫ 吴寿彭:《逗留于农村经济时代的徐海各属》(续),《东方杂志》第27卷第7号,1930年4月10日,第65—66页。

水利工地同样经常被匪骚扰。1934年浚治六塘河,传言东海吴庄有工款50万元,土匪闻风而动,工程处不得不派1连保安队驻防。其后,土匪攻占大小兴庄、吴圩、朱家圩,均对工程造成极大影响。①

2. 匪患成因

裴宜理通过对淮北反叛者的研究,认为淮北传统的集体性暴力发展成了两种生存策略:弱肉强食型和自我保护型。弱肉强食的策略就是某些人以牺牲他人利益的方式来扩张自己的资源。这些人的分布很广,从盗贼、私贩、土匪直到有组织的宗族领袖。自我保护型策略就是出于对弱肉强食的反应,在面对掠夺威胁时以保护自己的所有物。其范围包括私人警卫、乡村民团和村庄圩寨的建立。弱肉强食的活动绝大多数在亲属关系的引导下进行,而自我保护的反应则典型地由整个社区来组织。②

霍布斯鲍姆认为,强盗是社会性土匪的首要来源;其次,战争和社会动荡时期,从农民中游离出来的游浪者,如退伍军人、逃亡者和抢劫者与社会性和反社会的土匪之间关系极为密切;再次,像中国,则是由于前工业化时期,帝国社会长期发展出的一种双重的黑社会:他们不但是逃亡者,而且具有非正式的相互防护和反抗的作用。③

表面上看,淮北地区的土匪起因有三:

第一,民风强悍的传统。如安东县,"愚民弓刀结束,什伯嬉游,小不适意,推白刃刺其腹中,或结讼累岁,时莫相下。黠者从而两导之,阳为居间排难,而阴坐观望以收其厚资。滨海颛僻之乡,其性俗然也"④。桃源县,"西濒徐邳濠泗,其民强武好斗,椎埋揭竿,常有跋扈之志"。⑤ 20世纪30年代出版的《江苏省鉴》对苏南、苏北(特别是徐海地区)的民情作了概括:"江北土硬,徐海一带,民性体壮而多膂力,易发怒重实行,而短于想象力,盖不脱燕赵感概[慷慨]悲歌之风。江南则因土地之融和,故多潇洒纤巧,富于理想,多感多恨;但萎靡之风甚显。"⑥

以上说法实际上是极其荒谬的,与原始部落或一些少数民族相比,淮北的民风根本谈不上剽悍,更不是出土匪的主要原因。淮北在汉代以前民风就是如此,那时的匪患并不存在,反而培育了许多定国安邦之才。故强悍的民风具有两面性,"善用之,则为国家干城,不善用之,则为地方奸暴。卖刀剑而买牛犊,是在贤宰官潜移默化之耳"⑦。

第二,淮北湖荡、港汊交错纵横。许多地方百姓不愿种田,而任其长草,这些生长在湖荡中的野草多为耐盐碱的芦苇、蒲类等高秆长茎植物。泗阳县,"本县河湖纷歧,地势低

---

① 《江苏省建设厅六塘河工程处东海段工程报告书》,《江苏建设季刊》第1卷第3期,1934年9月出版,"报告",第82—83页。

② Elizabeth J. Perry, "Collective Violence in China, 1880—1980," *Theory and Society*, Vol. 13, No. 3, *Special Issue on China* (May, 1984), p. 433.

③ Eric Hobsbawm, *Bandits*. The U. S. A: Delacorte Press, 1969, pp. 32 - 33.

④ 吴昆田总纂:《安东县志》卷一,光绪元年刻本,第4页上。

⑤ 张相文总纂:《泗阳县志》卷七,民国十五年刻本,第5页上。

⑥ 赵如珩编:《江苏省鉴》下册,镇江:新中国建设学会,1935年,第8章,第190页。

⑦ 张相文总纂:《泗阳县志》卷七,民国十五年刻本,第5页上。

洼,水利一项,关系至巨,惟西起宿迁,东达淮阴,南通皖泗,北入沭阳,如运河,六塘河,淤黄河,安河,砂礓河,各河皆面积修广,年久淤塞,疏凿不易,非与邻县通力合作,因势利导,难期开浚"①。沭阳县原有硕项湖、桑墟湖、青伊湖等巨泊,清中后期至民国年间,时涸时浸,基本上不适合农耕,而是生长着茂密的芦苇。甚至连沭阳县政府庭院中还曾发现丈余长的大蛇,②显然与海沭地区多为湖泊芦荡有关。清代为了治河的需要,更在河两岸置有许多苇荡。③芦苇在淮北平民的日常生活中占有重要地位,芦花对贫民而言是棉花的替代品,芦苇扎成的柴束被用来代替木材作为房顶上的建筑材料,芦苇还普遍被用来编织席子、斗篷、仓匣等;芦苇更是治水的重要材料。加之淮北多种植高粱、玉米等高秆作物(如,"南六塘北岸,高粱亦多"④)。《江苏人文地理》载:"徐海一带产高粱。"⑤《分省地志:江苏》云:"高粱、玉蜀黍,以淮北为主。"⑥"江南仅崇明与川沙二县稍有之。"⑦1932年,江苏全省共有高粱6 736 000亩,占全国第五。"以东海为最广",计63万亩,"次为铜山",最少为川沙。⑧ 共有玉蜀黍3 926 000亩,"各县以淮安为最多",达847 000亩。"其次涟水与灌云。"江南的句容仅有2 000亩。⑨

这种庄稼往往形成广袤的青纱帐。20世纪30年代初,南京中央研究院的调查者在邳县所见:"四野遍种高粱,间植西瓜、大豆、麻草之类,渺无边际。"他们有县长和20余名骑兵及1连步兵随行,但"过杨庄,四五里无人烟,青纱障眼,士兵促车夫加紧跑步。他们手托枪,口不语,左右顾盼,如临大敌!因为此地通河道,常有胡子出没,前几日,即有人丧命于此"⑩。

丰县,"境内无业而贫苦之民众颇多,铤而走险者,即流为匪徒,夏季青纱障起,尤为土匪猖獗之秋。邻省股匪,与当方歹民,勾结为一,其害尤烈"⑪。徐海一带,每年夏秋之交,高粱遍野,秆高达六七尺,土匪极易避入,给军队清剿带来极大的障碍。⑫ 微山湖周围80余里,每值秋际,各种野草茂盛,极易藏匪。⑬ 沭阳东海交境有大柴荡,"广数十里,内中窝

---

① 江苏省民政厅编:《江苏省各县概况一览》下册,镇江:新民印刷工业社,1931年,第322页。
② 张成桂:《张汉巧医邓县长》,《沭阳文史资料》第6辑,1990年11月出版,第155页。
③ 武同举辑纂:《再续行水金鉴(淮河卷)》,武汉:湖北人民出版社,2004年,第475页。
④ 张煦侯:《淮阴风土记》下册,1936年,第184页。
⑤ 柳肇嘉:《江苏人文地理》,上海:大东书局,1930年,第17页。
⑥ 李长傅:《分省地志:江苏》,上海:中华书局,1936年,第141页。
⑦ 王培棠著:《江苏省乡土志》上册,长沙:商务印书馆,1938年,第62页。
⑧ 王培棠著:《江苏省乡土志》上册,长沙:商务印书馆,1938年,第62页。
⑨ 王培棠著:《江苏省乡土志》上册,长沙:商务印书馆,1938年,第61页。
⑩ 行政院农村复兴委员会编:《江苏省农村调查》,上海:商务印书馆,1934年,第67页。
⑪ 江苏省民政厅编:《江苏省各县概况一览》下册,镇江:新民印刷工业社,1931年,第426页。
⑫ 李夏林:《肃清徐海土匪的根本办法》,江苏省政府秘书处宣传股编:《江苏旬刊》1928年10月21日,第6期,第9页。
⑬ 李夏林:《肃清徐海土匪的根本办法》,江苏省政府秘书处宣传股编:《江苏旬刊》1928年10月21日,第6期,第10页。

集匪众数百人,剿除不易得手。近该股匪势力更为蔓延"①。

霍布斯鲍姆认为,土匪通常出现在山区、沼泽、森林和河口等地区。②巨大的苇荡也是土匪最为理想的藏身之处。清代,"苇荡曰营,而实非营。兵丁但樵采,备弁但征收,岁入二万余千,以资工用而已。其地在海州、阜宁边海之区,其俗以亡命椎埋犯法为事。兵为佃,匪亦为佃。平时无可究诘,有所犯,则逃之海中,无从捕搜。玉石俱焚,既有所不可,泾渭相杂,殊难于区分"③。盐城县,"东滨大海,西多湖荡,且港汊纷歧,最便匪徒出没及藏匿。更当徐海南来之冲,为北匪必由之道,遂致受祸特甚。近因灾祲频仍,民生日蹙,加以邻匪之熏染勾诱,贫民渐流为匪,而马玉仁等旧部自解散后,布满全境,尤为巨患,今则荆棘遍地,无宁宇矣"④。沭阳许多悍匪以湖荡为巢穴,官军很难围剿。20世纪30年代初,青伊湖南部的司家荡,方圆数千亩,芦柴生长旺盛,形成天然绿障。以吴开甫、陆文彬等为首的匪帮200余人,啸聚其中,筑炮楼,盖草房,骚扰百姓,按时到各村催送钱粮,四处"拉财神"。⑤

淮北湖荡充斥,仅是一种自然因素,高山海岛均可成为土匪的隐身之处,甚至连平原阡陌的青纱帐同样可成为土匪的巢穴,因此,淮北的湖荡不是土匪产生的充要条件。

第三,灾荒、贫困。因这一原因而沦为匪的记载最为常见。以江苏全省而论,徐海一带可说是地瘠民贫的区域。在地理位置上,徐海虽离海不远,却属于大陆性气候,旱潦不匀,徐海的农作物均有天灾损害。这里的土壤远逊于江南稻田,加以缺乏灌溉之利、交通不便、运输困难,大部分农民难于维持生活。⑥

邳县"游民充斥,盗贼横行。贫民迫于生活艰难,往往与盗匪勾结"⑦。安东县,"本县地土硗瘠,出产不丰,往往不敷居民生活之所需,儒者困守无策流为游民,悍者挺[铤]而赴险,沦为盗匪,是以绑票勒索之案,时有所闻,至海滨之区,匪风尤炽,其往洋面掠劫者,亦属常事,因出没无常,剿捕颇为困难"。⑧淮安县,"民多以农为业,荒岁失收,贫无生计,良者往南佣工,黠者流为盗匪,早年匪风甚炽,盗案极多"。⑨灌云县,"本县产业未兴,农田多属大地主所有,自耕农了了无几,以是贫民特多,转徙四方者,为数颇众,而流为盗匪者,亦不在少"。⑩宿迁县,"连年盗匪猖獗,到处骚扰,其源即由于一般贫民失业而无生计,因

---

① 李夏林:《肃清徐海土匪的根本办法》,江苏省政府秘书处宣传股编:《江苏旬刊》1928年10月21日,第6期,第12页。
② Eric Hobsbawm, *Bandits*. The U. S. A: Delacorte Press, 1969, p. 16.
③ 武同举辑纂:《再续行水金鉴(淮河卷)》,武汉:湖北人民出版社,2004年,第475页。原文标点错误太多,已予更正。——引者注
④ 江苏省民政厅编:《江苏省各县概况一览》下册,镇江:新民印刷工业社,1931年,第353页。
⑤ 陈培元:《马县长剿匪司家荡》,《沭阳文史资料》第6辑,1990年11月出版,第83页。
⑥ 李夏林:《肃清徐海土匪的根本办法》,江苏省政府秘书处宣传股编:《江苏旬刊》1928年10月21日,第6期,第8页。
⑦ 江苏省民政厅编:《江苏省各县概况一览》下册,镇江:新民印刷工业社,1931年,第460页。
⑧ 江苏省民政厅编:《江苏省各县概况一览》下册,镇江:新民印刷工业社,1931年,第337页。
⑨ 江苏省民政厅编:《江苏省各县概况一览》下册,镇江:新民印刷工业社,1931年,第318页。
⑩ 江苏省民政厅编:《江苏省各县概况一览》下册,镇江:新民印刷工业社,1931年,第490页。

无生计而迫不得已,流为匪类"。①

　　工商业不发达,在中国许多地区均是这样。不过,就江苏一省而言,徐海一带的工商业非常落后。工业方面,工厂极少,主要有徐北贾汪煤炭厂、徐州蛋厂、面粉公司等,共有千余名工人。海州的新浦、板浦、青口各市镇,没有大工厂。至于商业方面,徐州只有几家洋货店,金融亦时呈滞塞状态。②

　　中国失业贫民更多的是想办法当雇工、做小手艺、下江南。只要有谋生之径,是不愿冒当土匪之险的。只是由于社会管理不善,当土匪显然可以更快、更直接、更省力地获得超乎想象的经济利益和其他物质利益,包括抢劫到美貌的妇女、虐待甚至杀死平时痛恨的仇家和上流社会之人。当这种行为不能受到法律的扼制时,起而效仿的人就会层出不穷,前赴后继。

　　铜山县,"贫民生活艰难,往往流入为匪,近来境内多盗,此为重要原因。又县民入伍颇多,一经遣散,懒于工作,号召为匪"。③

　　徐海一带,近代常沦为战争区域,如"孙奉之战""国奉之战"。"作战时民间所受的痛苦,已不堪言状,而战事一般失败的官兵又多与一般土匪联络,势焰益张。他们的枪炮精利,各县的警备军和各市乡的乡团,远非其敌。同时因为以往剿匪的官兵和土匪素相勾结的缘故,剿除土匪更非易事,以致有愈剿愈多的现象。"④

　　至于贫困者为匪,这可以说是淮北多匪最直接、最基本的原因。走投无路的贫穷者被迫为匪的事例在淮北比比皆是,官方案卷中所记载的"匪"也多是这种情形。

　　因贫为盗,人数虽多,却并无组织、无像样的武装,一旦收成转好,他们多弃刀为农。

　　综观淮北土匪的来源,除贫民外,还有社会边缘人物利用匪乱浑水摸鱼,乘机抢劫。咸丰年间,捻军占据清江浦,"每日出劲骑四驰,散入村落,所至焚掠百里"。淮安的社会闲杂人员,"皆扬扬有骄色,相与号于市曰:'我辈得志时至矣。'"他们乘民众逃亡之机,"揭竿纠众,率先焚掠,资货山积,日夕椎牛相娱乐"。自然,捻军并不认其为同类,而是"并其家人资物席卷去。或怒其所为,就加屠戮"。⑤

　　尤为重要的是,从苏北贫民大量流徙的历史来观察,许多真正的贫民通常外出卖苦力,而非必然做土匪。有人指出:"惟是贫民多以苦力谋生活,或则转徙异乡,以糊其口,未必即为盗匪;而为盗匪者,亦未必尽由于贫困;盖教化未行,而社会环境恶劣,有以使然也。"⑥基于此,我们对淮北的匪患应从深层次加以分析。

　　从淮北的具体情况来看,匪患的形成更由于下述因素。

----

　　① 江苏省民政厅编:《江苏省各县概况一览》下册,镇江:新民印刷工业社,1931年,第468页。
　　② 李夏林:《肃清徐海土匪的根本办法》,江苏省政府秘书处宣传股编:《江苏旬刊》1928年10月21日,第6期,第9页。
　　③ 江苏省民政厅编:《江苏省各县概况一览》下册,镇江:新民印刷工业社,1931年,第421页。
　　④ 李夏林:《肃清徐海土匪的根本办法》,江苏省政府秘书处宣传股编:《江苏旬刊》1928年10月21日,第6期,第9页。
　　⑤ 段朝端等:《山阳艺文志》卷六,民国十年刻本,第41页下—42页上。
　　⑥ 江苏省民政厅编:《江苏省各县概况一览》下册,镇江:新民印刷工业社,1931年,第482页。

第一,行政权力的独占与独大。

在传统政制下,中国的行政政权一般设在县一级。在江南地区,县以下的许多民事与政府事务被委托给了绅士阶层,绅士理所当然地分享了地方政府的某些行政权力。这些绅士可以动员各种社会力量(家族、乡谊、宗教等等)维护既有的社会规范,使之不致极大偏离政府的意愿。因此,分享了政府权力的绅士反而成了政府的合作者和得力帮手,成了社会紧张的减压阀。由于绅士在某种程度上可以作为社会基层力量的代表,因此,从整个底层社会的角度来看,就没有必要再动员其他力量来强行分享政府的行政权力。正是因为权力分配的相对合理,江南地区显得相对和谐而有序。

在淮北,政府的权力与控制事实上伸展到了乡村的最底层。而这个地区又缺乏自为的绅士阶层,也就是说,缺乏一种作为政府合作者和帮手的社会力量。因此,政府的权力处于一支独大的垄断地位,加上缺乏相应的约束机制,这些行政权力本身总要发生异化,不断地破坏既有的社会规范。但政府权力不可能每时每地都能把与之竞争的某些力量统统消灭,从而出现了许多分享政府权力的不法力量。这种力量同样以为自己谋利为原则,其结果只能成为政府的对立者和反叛者,从而不断地破坏既有的社会规范。

咸丰年间,淮安受到捻军的侵袭。湖广道监察御史署户科给事中尹耕云疏曰:"定远失守,全淮尽为贼有。上自怀远,下至五河,沿淮处处可渡。西北可达宿徐,而趋曹兖,东北可达灵泗睢桃,而趋兖沂。顺洪湖东下,可达清淮,而趋青沂。……淮河之间并无一旅所恃。"[①]地方要员对淮北的祸乱负有直接责任,但"抚臣幸其不戕官据城,于贼退后,捏报胜仗,则巧为弥缝,掩一人耳目外,则恣其朘削,竭万姓脂膏,民怨日深。无事之时,犹足驱民为盗"。[②] 特别是河督庚长,在任数年,没有真正养育一兵,训练一勇,但却仍然领地升科,抽厘助饷,实则"尽为劣员侵吞,居民商贾,敲骨吸髓,士庶寒心,军民解体"。[③] 黄河改道后,臭名昭著的淮运各厅文员本应裁撤,但仍每年拨河员银 20 万两,钞票数千万元,以治河之人为防贼之用。[④] "无如河臣等丧心已久,积习难除,无事则冒功邀赏,有事则闻警先逃。"[⑤]

作为武装力量远强于官府的许多匪类,很难轻易被官府捕获。许多捕役不但不敢与之争斗,反而与其沆瀣一气,听其号令。清末,桃源、宿迁两县在递接犯人时,经常中途脱逃数十人,差役"视疏脱为常事",并隐匿不报。[⑥]

对官员而言,剿灭真正的土匪具有极大的困难,并经常引发土匪的报复,[⑦]还具有一定的风险。据传教士描述,官方的捕役是不会冒着牺牲自己生命的危险去保卫别人的,他

---

① 张相文总纂:《泗阳县志》卷二十三,民国十五年刻本,第 18 页上。
② 张相文总纂:《泗阳县志》卷二十三,民国十五年刻本,第 18 页上。
③ 张相文总纂:《泗阳县志》卷二十三,民国十五年刻本,第 21 页下。
④ 张相文总纂:《泗阳县志》卷二十三,民国十五年刻本,第 21 页下。
⑤ 张相文总纂:《泗阳县志》卷二十三,民国十五年刻本,第 22 页上。
⑥ 丁日昌:《抚吴公牍》卷十一,南洋官书局石印,宣统元年,第 3 页上。
⑦ R. G. Tiedemann, "The Persistence of Banditry: Incidents in Border Districts of the North China Plain," *Modern China*, Vol. 8, No. 4 (Oct., 1982), p. 404.

们在夏季因害怕遇到土匪甚至不愿出门。① 这实际是捕役的一般心态。北洋时代，淮阴警备队长王振鹏"捕匪最力，以六十老将，乘所制铁板车，出入匪巢，只知忠于职守，未知惜死，更不解钱为何物。一朝解柄，竟遭狙害于镇江。自是任公安队或警察队大队长者，亦遂未见有若王振鹏其人。而其间良莠不齐，所生奸弊，胡可胜言？"②而衙役与土匪之间则有着密切的联系。为了免于斥降，官员们更是隐瞒匪案，而报称窃案，并阻止匪案的冤主报案。对偶尔敢于报称匪案的人，则以"捏报"之名进行处罚。③

相反，许多仅是小偷小摸甚至是无辜者，一旦被捕，往往被捏报为"巨盗""巨匪"，基层官吏既可向上邀功，又可乘机勒索。像民国年间白宝山在海州所捕获的土匪，多是"衣食无着、走投无路的浮动[普通]百姓"。④

进入民国时代，淮北地区的军阀你方唱罢我登场，多以扩充自己的力量为急务，不愿花费钱粮枪弹和兵力于剿匪方面，不时使用招抚的手法，名为灭匪，实为养匪。《沭阳土话乱弹》中写道："清江马玉仁，海州白宝山，逮贼没有种，只是忙招安。"招安后，"各'落'*招安队，贼同兵不分，打'巴'敲竹杠，照数抬财神"⑤。

更奇怪的是，"官军名曰剿匪，其实借售子弹。其对阵也，先鸣枪二响，然后冲锋，至其处，则取价而置弹焉。于是匪又冲锋，拾弹而去。而一进一退，而交易以成"⑥。一些富室则出租枪支给土匪，"匪有所得，亦每按枪支出租金焉"。⑦

袁世凯复辟帝制时，有位姓金的官僚在海州沭阳地区见到走黑路的人，就抓捕杀害；只要被人密告是盗贼或行为不轨的，抓住就杀；抓到可疑的人，凡是一两天内无人作保的，就予以杀害；对于可疑的人，则连保人一齐杀害。⑧ 民国初年，王佐良任赣榆知县，"王二坐赣榆，杀人如麻"。王公然在大堂自撰一副楹联："杀人诚多矣，片言折狱师仲子；成法何拘乎，惠民无术愧公孙。"⑨1935年，淮阴大剿匪后，被民间传为类似于救世主的王专员，随即开展了一场令人瞠目的打击讼师举动。其公布的《取缔讼师办法》称："此辈惟利是图，既酿匪祸于先，复助益匪张目于后，职为乱阶，实堪痛恨！"⑩如果这位"清官"本意不欲

---

① A Henninghaus, "Das Räberunwesen in Südschantung." Die Stadt Gottes vol. 18, no. 7, p. 133. 转引自 R. G. Tiedemann, "The Persistence of Banditry: Incidents in Border Districts of the North China Plain," *Modern China*, Vol. 8, No. 4 (Oct., 1982), p. 402.
② 张煦侯：《淮阴风土记》上册，1936年，第26页。
③ R. G. Tiedemann, "The Persistence of Banditry: Incidents in Border Districts of the North China Plain," *Modern China*, Vol. 8, No. 4 (Oct., 1982), p. 402.
④ 邵镜波口述、杨东野记录：《北洋军阀白宝山在海州》，《连云港市文史资料》第2辑，连云港：1984年，第110页。
⑤ 老几：《沭阳土话乱弹·乱世》，《沭阳文史资料》第5辑，1989年8月出版，第72页。*此处标点有误，"各'落'"，应为"各落"，沭阳方言，意为"各处"之意。——笔者注
⑥ 张煦侯：《淮阴风土记》下册，1936年，第74页。
⑦ 张煦侯：《淮阴风土记》下册，1936年，第74页。
⑧ 葛绍亮：《关于"一六"惨案之我的回忆》，《沭阳文史资料》第6辑，第13页。
⑨ 汪承恭：《古镇青口今昔》，《赣榆文史资料》第4辑，1986年8月，第30页。
⑩ 张煦侯：《淮阴风土记》上册，1936年，第38页。

只手遮天,肆意妄为,至少说明他对法制的无知。

民国前期,官方也公认:"一个县长到那边,很少能够好好做事,对于上级官厅的命令和地方事件大都在公文书面上敷衍搪塞,对于老百姓不是欺骗就是压榨,因之过去淮海政治的成绩,也就很少表现。"①有人回忆沭阳的土匪成因时写道:"从民国初年直到大革命北伐时期,沭阳地方土匪甚多,此伏彼起,大多数都是程肇淇这个大恶霸地主与反动政府和反对军队绞起来的三股绳索勒逼出来的。本来是些善良的哀哀无靠的小民,求生不得,被逼上梁山,铤而走险。"②应该说,撇开特定语境下的用语,这段话提供了不少历史的真实。这在当时的报纸上也有反映:"这种封建势力,在农村上,表现出的形态,上谀官厅,下压良民,欺骗敲诈,颠倒是非。明明是匪,只要有钱,也可卖放;明明非匪,只要无钱,也可妄加罪名,送县法办。官厅每一令下,即是他们的发财机会到临。"③在这里,土匪在许多地区公开树起大旗,官府多不予查究。④

在政府职能异化、成为社会规范破坏者时,任何对政府力量进行挑战的其他社会力量,即使它同样是社会规范的破坏者,也更容易被普通百姓所接受。

第二,源于对各种利源的争夺与控制,有权者和豪富之民经常可演化为土匪,且成为土匪中的领袖。

淮北的漕、盐均有厚利所在。漕丁曾长期隶属军籍,具有很强的组织性,而行漕过程通常是水手们大肆走私的过程,由此导致了水手们目无法纪、凶悍斗狠的性格。道光十五年九月二十二日(1835年11月12日)上谕:"朕闻粮船水手,类皆无籍匪徒,性成犷悍,均由习教之老管师父招雇上船,各分党与,恃众逞强,以致在途互斗杀伤,劫夺行旅之案,层见迭出。……屡经降旨,谕令有漕省份及沿途各督抚、漕运总督,严行查察,随时惩办,不啻至再三。乃凶悍之风,至今愈炽,推原其故,总由此等匪徒悯不畏法,即遇有重案,审明后,正法数人,该匪徒等亦只视为故常,毫无警畏,几成积重难返之势。"⑤道光十四年十一月二十五日(1834年12月25日)上谕:"粮船所过地方,时有折体断肢漂流水面,皆由水手戕害所致。"⑥1902年,漕运废停后,水手们绝大部分沦为黑社会成员或土匪。

宿境运河沿岸,除冬季结冰外,船只皆可通行,匪徒抢劫财货之事层见迭出。窑湾、皂河一带,仰化集附近,船户每年须纳过路钱给匪首,否则即遭劫掠,由于匪股较多,有人虽

---

① 《淮海面面观》,江苏省第六区党务指导员办事处编辑:《淮海》第5期,1935年10月1日出刊,第1页。
② 葛绍亮:《关于"一六"惨案之我的回忆》,《沭阳文史资料》第6辑,第14页。
③ 《揭出江北地方制造土匪的几个原因》,《徐报》1935年2月16日,转引自《江苏月报》第3卷第3期,1935年3月1日出版,"江苏论坛"第5页。
④ 张仲五编:《沭阳乡土志略》,台北(无出版社名):1974年,第76页。
⑤ 陶澍:《筹议约束水手章程折子》,《陶澍集》上册,长沙:岳麓书社,1998年,第93—94页。
⑥ 林则徐:《严防粮船水手聚众械斗片》,中山大学历史系中国近代现代史教研组、研究室编:《林则徐集(奏稿)》上册,北京:中华书局,1985年,第190页。

经纳钱仍被匪害。①

　　淮北巨大的私盐利润既是土匪产生的诱因,也是其经济支柱。裴宜理指出,捻军叛乱在许多方面与淮北的食盐走私联系密切。② 海州地区是淮北盐场的所在地,徐淮地区则是私盐的走私通道,因此,徐海地区盐枭充斥,"徐、邳盐徒,动连什伯,得利则行盐,失利则行劫,官府不能制"。③

　　盐匪全然不同于被逼上梁山的贫民,他们多是富甲一方的豪雄。史称:"江淮间虽衣冠士人,狃于厚利,或以贩盐为事。……顽民见利而不见法,于是荒弃农亩,专贩私盐,挟兵负弩,官司不敢喝问。近年恃众,往往为劫。"④海州盐区有权势的人,"招引山东、河南、徐、邳无籍之民,转相贩卖。继则客民势重,土著势轻,挟重资以通奸胥,州民怯懦,莫敢谁何。捕之,少人则抗拒,多人则遁逃。官吏务为优容,上司虑其激扰"。⑤ 两淮巨商中的"不肖之徒","纠合无赖,连樯运载,明插旗号,执持官引,以为影射。江河四达,莫敢伊何";更有"大胆豪商","贿通官长,捆载多斤,公然行掣,径同额盐,一体装往地头发卖,或别售他商,以取倍称之息"。⑥ 他们在南方动用大船,在北地使用骡马驮运,"弓刀炮火,白昼公行"。⑦ 这些盐枭组织严密、武器先进、与官场关系密切,远非一般乌合匪众所能比拟。

　　有的学者认为,匪首们尽管从劫获物中分得极大的份额,却一般无法积累起财富。⑧ 纵观这些盐匪,这样的结论显然不确切。

　　两江总督孙玉庭指出:"所由枭徒盛而拒捕多也,夫拒捕杀人,罪在必诛,因而亡命,何事不为? 陆路之巨匪,海洋之群盗,此类实多。是盐法不得其理,私枭为害之外,又有强盗之患。岂但民食之不充,国课之不裕已哉?"⑨

　　第三,淮北的社会结构使然。淮北大多数地区社会结构中只有上层与下层,缺乏相对独立的中产阶层。下层民众对上层人物存在极为严重的人身依附,上层人物极易动员下层民众反叛。

---

　　① 李夏林:《肃清徐海土匪的根本办法》,江苏省政府秘书处宣传股编:《江苏旬刊》1928 年 10 月 21 日,第 6 期,第 11 页。
　　② Elizabeth J. Perry, *Rebels and Revolutionaries in North China*, 1845—1945. Stanford: Stanford University Press, 1980, p. 61.
　　③ 唐仲冕总修:《海州直隶州志》卷十七,嘉庆十六年刻本,第 15 页上。
　　④ 唐仲冕总修:《海州直隶州志》卷十七,嘉庆十六年刻本,第 15 页上—16 页上。
　　⑤ 唐仲冕总修:《海州直隶州志》卷十七,嘉庆十六年刻本,第 17 页上。
　　⑥ 徐文弼:《缉私盐》,载贺长龄:《皇朝经世文编》卷五十"户政"二十五"盐课下",上海:广百宋斋丁亥仲春校印,第 15 页上。
　　⑦ 徐文弼:《缉私盐》,载贺长龄:《皇朝经世文编》卷五十"户政"二十五"盐课下",上海:广百宋斋丁亥仲春校印,第 15 页上。
　　⑧ R. G. Tiedemann, "The Persistence of Banditry: Incidents in Border Districts of the North China Plain," *Modern China*, Vol. 8, No. 4 (Oct., 1982), p. 406.
　　⑨ 孙玉庭:《盐法隅说》,载贺长龄:《皇朝经世文编》卷五十"户政"二十五"盐课下",上海:广百宋斋丁亥仲春校印,第 28 页下。

第八章　社会衰败与社会发展

　　土匪的真正领袖中不乏社会上层分子。有些上层分子因有所顾忌而被裹胁为匪。如，许多富人因有资产牵挂，无法一跑了之，因此，"有资产者因畏匪焰，反有庇通情事者，遂致盗劫绑架，层出不穷，甚有勾引外匪，啸聚成群，占圩攻寨，抗拒军警"①。这些人一般不会成为土匪的领袖。那些可能成为土匪领袖的多是豪绅之类，他们上通官府，下辖贼盗，非一般匪类所能比拟。他们为匪，是因为他们什么都有，什么都不怕。豪富之民成为土匪中的领袖，在《水浒传》中就有反映，像郓城县的保正晁盖，家境饶富，一呼众应，他们的影响力显然超过普通的农民。

　　在现实世界，这种领袖人物更是史不绝书。史载，唐末起义领袖黄巢，为曹州冤句（今山东菏泽）人，"世鬻盐，富于资。善击剑骑射，稍通书记，辩给，喜养亡命"。元末起义军领袖郭子兴乃安徽定远人，自其母来归后，"家日益饶"，"会元政乱，子兴散家资，椎牛酾酒，与壮士结纳"。元末另一义军领袖张士诚为盐城大丰县人，"以操舟运盐为业"，"颇轻财好施，得群辈心"。民国前期的沭阳县，有人关起门来做皇帝，"制龙袍，封官爵，官吏颠顶畏缩，任其滋蔓"。②

　　相反，由于贪利枉法，淮北吏役特别容易制造冤案、错案、假案。道光五年十月六日（1825年11月15日），因寻常口角，淮安府清河武生徐庭栋率领佃户、亲属多人，"各持刀械"，将安定帼活活砍死。徐的亲戚文生钟铎、徐万春、吴遵道等"上下打点，搁案不究"。安家上告到淮安，被徐家贿买的书役仅将凶手转发山阳县饭店看管，而不予收禁，却将安定帼之弟安云路关押。③道光十四年二月二十三日（1834年4月1日），萧县捐职纵冀鸥家佃户陶士义等百余人，各执刀枪，白昼抢劫，将铜山朱得时家牛只、钱财、衣物等抢走。朱得时控告，"纵冀鸥贿串捕役欧阳忠，令在押贼匪赵合诬扳伊兄朱得贝伙窃纵冀鸥家牛驴等物，旋将伊兄诱押致毙"。朱得时到府道二级控告，纵冀鸥又贿通捕役杨林，"反将伊锁押刑诈，勒去大钱二百余千文"。④上述案件均被上告至都察院，被左都御史、左副都御史们联名上奏至道光皇帝处。同治二年八月初四日（1863年9月16日），永城人翟德因喝酒与砀山东张里圩寨刘文波争吵，遂邀集邵银鼎、邵三、霍二、李三光棍等，围堵东张里，打死无关人员单理、董三，重伤单四、单同、单二麻、王贞。凶手邵银鼎叔父系势豪邵楷，通过贿赂衙役，遂把翟德、翟劳收押。单理的叔祖单世经对案件提出疑议，知县"不容分辩，恐吓呵斥"，将单世经掌责关押。此案同样被控告至咸丰帝处。⑤

　　应该说，道光以前的清代诸帝还是关注民情的。只要百姓的重大冤案能上达天听，基本能秉公议处。甚至风雨飘摇如清末、政声恶劣如慈禧者，也能不惜严处浙江巡抚杨昌

---

① 江苏省民政厅编：《江苏省各县概况一览》下册，镇江：新民印刷工业社，1931年，第329页。
② 张仲五编：《沭阳乡土志略》，台北（无出版社名）：1974年，第76页。
③ 台北故宫博物院藏清代宫中档与军机处折件：《署都察院左都御史宗室敬徵等奏折》（道光十四年六月八日案），箱号2743，文献编号068228，统一编号故机068714。
④ 台北故宫博物院藏清代宫中档与军机处折件：《署都察院左都御史宗室敬徵等奏折》（道光十六年八月三日），文献编号068228，统一编号故机068714，箱号2743。
⑤ 台北故宫博物院藏清代宫中档与军机处折件：《江南徐州府砀山单玺控件》（控同治二年八月四日案），箱号2742，文献编号097323，统一编号故机097984。

浚、学政胡瑞澜、杭州知府等百余位官员,平反昭雪杨乃武一案。他们与那些道貌岸然,只会讲假话、空话、废话,从不做实事,却一心要将其猥琐道德、思想和精神流传后世的专制统治者,显然判若云泥。尽管在专制社会里,这种做法对减少冤假错案实同杯水车薪,清代淮北吏治可说是暗无天日,但即便如此,清代淮北吏治仍好于后来。就淮北吏治而言,民国远恶于清代,淮北吏治一代更比一代差。

在淮阴,"第一等人窝藏好汉,坐地分赃;其次虽无所利,然亦至敷衍,资其福庇。若无关系者,匪称曰白脖子,其人即不能安居,非迁入城市不可"。1935年淮阴进行的一次大规模剿匪中,官方"尤重在检举巨室豪绅以绝其通庇"。① 此种方式固然有敛财之嫌,但与豪绅自身的问题不无关系。无独有偶,淮阴小刀会首领阮小六、王如学,在抗战初期势力发展起来,王如学竟筹划先打淮阴,再打徐州、天津、北京、南京、上海等大城市,得胜后在南京登基做皇帝,并定国号为"大华",刻了"大华银行"的票板。② 这类人物也绝非普通百姓。

有意思的是,民国初年的淮北曾抓获过数个"晁保正"式的土匪。如,与人抢劫乾元庄,杀死9人的刘成林,系涡阳地保。③ 因"在帮通匪,坐地分赃"被处死的倪德,系凤台地保。④ 同许乃普等抢劫多处,杀死30余人的张学典,系泗县地保。⑤ 屡次勾结著名股匪文希贤等,并助匪强抢分赃的姜炳,系阜阳地保。⑥ 因此,有"晁保正"式的土匪,就有"朱仝""宋江"式的警吏。凤台公役高贵、警察张金荣,均"在帮通匪";⑦涡阳公役人员常孝,与张有志等抢劫并杀死事主;⑧泗县捕役黄桂,"受贿纵放巨匪李小皮子"⑨。睢宁县政府原有

---

① 张煦侯:《淮阴风土记》上册,1936年,第36页。
② 文史办整理:《淮安小刀会概述》,《淮安文史资料》第4辑,第101页。
③ 中国第二历史档案馆藏中华民国北京政府陆军部军法司折件:《皖北镇守使倪毓棻呈报民国三年五月判决死刑案犯供折》,全宗号1011,卷号2573,无页码。
④ 中国第二历史档案馆藏中华民国北京政府陆军部军法司折件:《安武将军行署谨将民国二年八月起至三年六月止依军法办理各案罪犯姓名年龄籍贯职业案由罪名刑名判决地点行监禁日期造具清册》(民国四年三月八日),全宗号1011,卷号2572,第74页。
⑤ 中国第二历史档案馆藏中华民国北京政府陆军部军法司折件:《安武将军行署谨将民国二年八月起至三年六月止依军法办理各案罪犯姓名年龄籍贯职业案由罪名刑名判决地点行监禁日期造具清册》(民国四年三月八日),全宗号1011,卷号2572,第116页。
⑥ 中国第二历史档案馆藏中华民国北京政府陆军部军法司折件:《安武将军督理安徽军务咨送盗匪案件执行死刑人犯一览表》(洪宪元年3月23日到),全宗号1011,卷号2600,无页码。
⑦ 中国第二历史档案馆藏中华民国北京政府陆军部军法司折件:《安武将军行署谨将民国二年八月起至三年六月止依军法办理各案罪犯姓名年龄籍贯职业案由罪名刑名判决地点行监禁日期造具清册》(民国四年三月八日),全宗号1011,卷号2572,第2、73页。
⑧ 中国第二历史档案馆藏中华民国北京政府陆军部军法司折件:《安武将军行署谨将民国二年八月起至三年六月止依军法办理各案罪犯姓名年龄籍贯职业案由罪名刑名判决地点行监禁日期造具清册》(民国四年三月八日),全宗号1011,卷号2572,第11页。
⑨ 中国第二历史档案馆藏中华民国北京政府陆军部军法司折件:《安武将军行署谨将民国二年八月起至三年六月止依军法办理各案罪犯姓名年龄籍贯职业案由罪名刑名判决地点行监禁日期造具清册》(民国四年三月八日),全宗号1011,卷号2572,第80页。

法警七八十人,向不支给薪饷,专事敲诈为生活。①

本来,贼匪是官府的对头,在行政权力主导社会资源分配的淮北社会,土匪的出现就是为了打破官方所竭力维持的社会分配规范,以暴力挑战行政权力,从而主导社会资源的分配。但淮北的暴力与行政权力有相当一部分是同源的,两者在淮北社会上层精英身上叠合到了一起。也就是说,在土匪世界的规范中,拥有各种权力的群体仍然获益最多。②

事实上,这些社会精英之所以被称为"匪",是因为他们尚处于"窃钩"的层次,若能达到"窃国"的程度,那就是真命天子了。淮北向来不缺乏这类成功的"窃国者"。

不论是作为土匪的"反叛"者,还是作为能够成为天子的"替天行道"之士,他们总是打着一成不变的旗号:"杀富济贫"或是"均贫富""平分土地"之类。这实际上模糊了淮北社会的根本矛盾,掩盖了淮北社会生态衰败的实质。

淮北社会问题的根源,历来是权力积累的不平等,从而导致经济积累的不平等,并由此造成社会的不公。淮北的巨富从来都不是通过正当的生产发展来扩大自己的财富的,而是只要先积累其权力,就可获得相应的财富。

以"均贫富""杀富济贫""平分土地"相号召,这种解决淮北问题的逻辑,是把经济积累的不平等视为社会的万恶之源,而仅从均分财富来解决淮北社会的问题,只能是扬汤止沸。因此,即使把财富平分得非常彻底和公平,但只要权力的不平等没有改变,经济上的不平等将很快故态复萌。而把所有罪恶都推给聚财、敛财,使财富本身被强加了一种原罪。像"为富不仁"这种极为荒谬的逻辑,竟在中国成为共识!相反,"疏财仗义"总是被人称道的。其实绝大多数"疏财仗义"者是为其反叛作准备而已。当他们成功后,他们总希望权力能更加集中,从而进一步强化和固化集权政治。顺理成章的是,在解决经济积累的不平等的过程中,不论是"匪"还是"帝",往往会千方百计地加剧权力的集中,把集权说成解决社会矛盾的良药,其结果无助于解决淮北的任何社会矛盾,只能使淮北的社会生态更加恶化。究其实际,"为权不仁"更适合中国社会的实情。

有人认为,中央政府仍然控制着上层结构,因为它依靠士绅作为它的基础,并不直接进入乡村。③ 这种论述与淮北水利动员不符。从其河夫的招募来看,清代政府权力一直延伸到更基层的地区。在这样的地区,政府也不是依赖士绅进行动员,而是靠严酷的法令及与之相配套的惩处手段。也正是因为缺乏士绅阶层,地方政府进行动员时,可以随意违反中央政府某些看似仁道但在实践中显得效率低下的规章制度,而没有像江南地区普遍存在的"刁绅"对其掣肘。这样的地区,既有利于政府进行动员,也极有利于造反者和革命

---

① 李子峰:《睢宁县政概况》,《江苏旬刊》,第62期,第39页。
② 裴宜理认为,早期捻军在扩张过程中,曾得到了许多官吏的积极支持。一些捻军头目与官府的关系极为密切。见 Elizabeth J. Perry, *Rebels and Revolutionaries in North China*, 1845—1945. Stanford: Stanford University Press, 1980, pp. 115-117.
③ John K. Fairbank, *The United States and China*. New York: The Viking Press, 1958, p. 37. Tatsuo Yamada, "The Foundations and Limits of States Power in Guomindang Ideology—Government, Party and People," in S. R. Schram (ed), *Foundations and Limits of State Power in China*. Hong Kong: The Chinese University Press, 1987, p. 187.

者进行策动。

不论是地方政府还是反叛者,事实上都不喜欢与其竞争动员资源的士绅阶层。这就不难理解,这里的绅士,只要质疑地方政府的行为,就会经常被诬为有"谋反"之嫌。明朝时山阳人丁珏,在乡村组织正常的赛神时,竟蓄意诬蔑百姓"聚众谋不轨",打死数十人。丁珏的做法也得到了政治神经极为敏感的明廷的赏识,他由此晋升为刑部给事中,居官10年,"贪黩不顾廉耻"。① 1925年,淮阴老子山居民为抗匪,聘请会首韩效成仿效义和团办法教授、组织御匪之法。"驻防水巡队哨官刘瘸子者,怒其不先关白,责以惑乱听闻,猝出枪击之,洞其胫,遂以异端解淮扬镇守使署,置之法。"②

大量反映官逼民反内容的长篇小说《水浒传》不乏以淮北地区为背景的内容,绝非巧合。高俅、丁珏之流,在清至1949年的淮北官场并不鲜见。令人感慨的是,当反叛者在这里进行动员时,具有相对独立意识的士绅阶层同样是他们首先要加以打击的目标,这些士绅通常会被诬为旧王朝的拥护者、财富的积聚者、社会不平等的根源。只要是地方上有些"威望"的人,如果不能成为反叛者的合作者,多半会被其消灭。这也是淮北良善士绅越来越少,而恶绅土豪却越来越多的原因之一。

第二节 区域性生活差异

明清以来,江南地区基本无较严重的战祸和自然灾害,是以大多数家庭可以达到温饱水平。淮北地区战祸较多,水患极为频繁,使得这个地区的平民百姓大多处于饥饿状态。

一、饥饿的淮北

除匪患外,淮北还一向是水、旱、蝗等各种灾害经常发生的地区。黄河北徙后,国家治水重点随即从苏北移出,苏北等地的水灾未减,而山东则"几于无岁无之"。③

据对公元前206年至公元1911年之间中国水旱灾分布的统计,以每千平方公里所发生的平均灾害次数计,包括苏、皖两省在内的华中地区的水灾为9.961次、旱灾6.263次,而华南的水、旱灾仅分别为2.484次、1.510次,包括豫、鲁两省在内的华北地区的水、旱灾则分别为7.529次和4.799次。④ 若以每世纪每千平方公里发生的次数计,则华中水、旱灾分别为0.561次和0.462次,华南地区为0.222次和0.175次,华北地区为0.383次和0.299次。⑤

---

① 何绍基总纂:《山阳县志》卷二十一,同治十二年刻本,第5页下。
② 张煦侯:《淮阴风土记》上册,1936年,第135页。
③ 山东黄河水灾救济委员会编:《山东黄河水灾救济报告书》第1期,1935年12月出版,"序"二,第1页。
④ Yao Shan-yu, "The Geographical Distribution of Floods and Droughts in Chinese History, 206 B. C-A. D 1911," *The Far Eastern Quarterly*, Vol. 2, No. 4 (Aug. , 1943), p. 361.
⑤ Yao Shan-yu, "The Geographical Distribution of Floods and Droughts in Chinese History, 206 B. C-A. D 1911," *The Far Eastern Quarterly*, Vol. 2, No. 4 (Aug. , 1943), p. 363.

华中灾害次数远较华南地区频繁,并多于华北地区。学者正确地指出了苏、皖两省水灾较多与其北部的黄河易泛滥有关,也与失去了出海口的淮河有关。① 而从 1500—1900 年的蝗灾发生频率来看,全国共有 3 个"高峰区",其中 2 个位于鲁西山地。②

据研究,在 500—800 年的 300 年里,苏北平原共发生过 5 次饥馑;在 801—1100 年的 300 年中,共发生饥馑 18 次;在 1101—1400 年(即宋中期以后)的 300 年里,共发生过饥馑 27 次;在 1401—1700 年(明前期至清前期)的 300 年里,苏北平原共发生过饥馑 74 次;1701—1950 年的 250 年中,共发生过饥馑 53 次。③

嘉庆二年十一月二十五日(1798 年 1 月 11 日)两江总督李奉翰题报,据江安督粮道赵由坤详称,徐州仓项下铜山、萧县、沛县、砀山、丰县等县并徐州卫,在乾隆五十四至乾隆五十八年(1789—1793),因灾积欠并乾隆五十九年(1794)被灾缓征,共实欠未完正银 15 016 两多,耗羡银 2 161 两余。④ 嘉庆二年三月二十五日(1797 年 4 月 21 日)大学士管户部和珅题覆安徽宿州等处秋禾被灾应准蠲缓钱粮一折称:宿州、凤阳并临淮乡、灵璧、泗州并旧虹县、盱眙、五河等 6 州县,以及凤阳、长淮、泗州等 3 卫,通共成灾五、七、八分不等,受灾的民卫、丁屯、更名等项田地达 25 735 顷。⑤

在行政权力统治社会的淮北地区,生产环境的改善必须通过政府来进行。明代副使王梴曾在徐州大力推广种稻事务,他作过详细的规划:"其平下临河近泉处所,逐一度量地形水脉,询访江南秧田法则,觅请惯能种稻农夫,随宜开浚沟渠,照田挑培塘埂,设法导引相近河泉,周流环绕,及有等冷泉田地,下土尺余,即发水泽,比引河泉工力为易,可就掘塘池,积蓄水利,插种稻秧。"⑥

即使官方进行推动,百姓也非常冷漠。何况,官员更多是掠夺。淮阴老子山乡西北溧河洼一带,地接安徽泗县,湖中芡实之利,"每季总值十余万金"。民国时期,"有刘某曾总洪湖水巡,一时周回三百余里,山泽之利,悉归私用"。⑦ 这也应了那句"任是深山更深处,也应无计避征徭"。

民国前期的海沭地区,麦子亩产最高为一石四五斗,最低仅有三四斗;高粱、玉米最高产量为一石七八斗,最低仅有一二斗;稻黍稷等最高产量不过一石一二斗,最低仅有二三斗。⑧ 而这里土地肥瘠程度相差极大,好地每亩值六七十元,差地仅值二三元。全境上等

---

① Yao Shan-yu, "The Geographical Distribution of Floods and Droughts in Chinese History, 206 B.C.-A.D 1911," *The Far Eastern Quarterly*, Vol. 2, No. 4 (Aug., 1943), p. 366.

② Shin-yi Hsu, "The Cultural Ecology of the Locust Cult in Traditional China," *Annals of the Association of American Geographers*, Vol. 59, No. 4 (Dec. 1969), p. 735.

③ 据吴必虎:《历史时期苏北平原地理系统研究》,上海:华东师范大学出版社,1996 年,第 164 页资料统计。

④ 张伟仁主编:《明清档案》第 281 册,台北:联经出版事业公司,1994 年,第 B159091 页。

⑤ 张伟仁主编:《明清档案》第 276 册,台北:联经出版事业公司,1994 年,第 B156135 页。

⑥ 梅守德修:《徐州志》卷五,嘉靖间刊本,第 21 页上。

⑦ 张煦侯:《淮阴风土记》上册,1936 年,第 138 页。

⑧ 虞龙江:《沭阳农村鸟瞰》(上),江苏省第六区党务指导员办事处编辑:《淮海》第 4 期,1935 年 9 月 1 日出刊,第 26 页。

土地仅占十分之二,其余均为中下等土地。① 也就是说,除了上等田地外,海沭地区大部分土地已恶化到了只能长草而不能稼穑的地步。徐州地区农田的产量可能略高于海沭地区,但同样惊人的低下。

1. 粮食短缺

据1932年9月调查,淮阴、宿迁、铜山、砀山、沛县、泗阳、睢宁、萧县、邳县9个县的米产总量仅为7 100石,相当于江阴一县产量(4 668 000石)的0.15%。②

20世纪30年代中期,淮阴、淮安、涟水、阜宁四县的籼稻、大麦、小麦、豆类产量分别为:淮阴15 035.1万斤,即使不考虑公粮、籴粜等因素,仅敷205 960人消费,无粮可食者203 684人,占人口总数的49.72%;淮安46 054.9万斤,够630 889人食用,无粮者82 546人,占11.57%;涟水县19 972.9万斤,够273 601人食用,无粮者252 212人,占47.97%;阜宁县30 211.2万斤,敷413 852人食用,无粮者565 536人,占57.74%。③

明至民国,淮北的粮产主要为麦类、玉米、高粱、豆类等。1932年,苏北15县三麦产量13 291 219石、豆类4 802 172石、玉米3 654 000石、高粱5 238 200石。④ 皖北15县小麦1 621 665千斤、籼稻828 767千斤、大豆945 927千斤、大麦352 003千斤、高粱645 898千斤。⑤

淮北30县共产稻类897 251千斤、麦类3 568 614千斤、豆类1 522 188千斤、高粱1 274 482千斤、玉米438 480千斤,总重量770 102万斤。⑥ 相当于1 185 504 657.1万大卡热量。⑦

---

① 虞龙江:《沭阳农村鸟瞰》(上),江苏省第六区党务指导员办事处编辑:《淮海》第4期,1935年9月1日出刊,第25页。

② 实业部国际贸易局编:《中国实业志(江苏省)》第5编,上海:民光印刷公司,1933年,第14—15页。

③ 胡宗王:《两年来之导淮工佚食粮管理》,《江苏建设》第3卷第10期,1936年10月1日出版,"专载"第53页。按:胡宗王文章的粮食数据来自张心一的调查。但胡认为:"然张氏之估计,蒐列之粮食种类过少,如玉蜀黍、山薯等项,为沿淮一带居民之主食粮,均付缺如。而人口统计之是否精密,亦一问题。故对于实际之有余不足情形,尚难资为比较。就一般抽象之观察,则淮安每年米及杂粮均有输出,为有余之县。淮阴、阜宁,为差可自给之县。涟水虽若硗瘠,粮产不足。……概括言之,四县之粮食生产,或足供四县人民之本身消费。"(胡宗王:《两年来之导淮工佚食粮管理》,《江苏建设》第3卷第10期,1936年10月1日出版,"专载"第53页)胡的这一判断显然是荒谬的。淮安每年有米及杂粮输出,不是因为农家粮食有余,而正是粮食不足的明证。因为农家需"粜精籴粗",出卖米及精粮是因为自己舍不得吃而出卖,自己买食粗粮。

④ 分见实业部国际贸易局编:《中国实业志(江苏省)》第5编,第56—57、93、107—108、113页。

⑤ 《作物平常年之面积及产量分表·安徽》,《统计月报》第1—2期,1932年2月,第39页。

⑥ 皖北15县粮产据《作物平常年之面积及产量分表·安徽》,《统计月报》第1—2期,1932年2月,第39页计算;苏北15县粮产分见实业部国际贸易局编:《中国实业志(江苏省)》第5编,上海:民光印刷公司,1933年,第14—15、56—57、93、107—108、113页数据计算。

⑦ 每100克米的热量按346大卡,高粱351大卡,玉米106大卡,麦类按312大卡(小麦317大卡、大麦307大卡),豆类按黄豆359大卡计算(粮食热量资料据杨月欣:《中国食物成分表2002》,北京:北京大学医学出版社,2002年,第24—31页)。

同时代淮北30县男8 486 561人、女6 998 847人、总人口15 485 408人。① 据此,该年度淮北每人日均拥有粮食1.36斤,合2 097大卡的热量。

这些粮食或热量与以不同标准所计算的淮北所需的民食比较如下:

表8-4　1932年淮北30县粮食总量相当于民食所需的比重

每人每日消费粮食或热量	调查者	采样地	粮食总产与民食所需之比	资料来源
3 517大卡	卜凯	定远	60%	卜凯:《中国农家经济》下册,上海:商务印书馆,1936年,第488页
2斤	怀远商会	怀远	68%	吴德麟:《怀远县地方概况》,国民经济研究所编:《安徽省地方概况报告》,1936年打印本,本文第2页
2斤	吴德麟	涡阳	68%	吴德麟:《涡阳县地方概况》,《安徽省地方概况报告》,本文第4页
2 362大卡①	张心一	江苏	89%	张心一:《中国粮食问题》,南京:中国太平洋国际学会丛书,1932年,第22页
男3 200大卡,女2 600大卡,童1 600大卡②	李庆麐	中国	84%	李庆麐:《中国粮食与土地问题》,《土地月刊》1936年第4卷第4、5期合刊,第16页
2 600大卡③		日本	81%	田克勤:《食品营养与卫生》,大连:东北财经大学出版社,2007年,第11—111页

说明:① 据张心一详细调查,农村男、女人均每日需米分别为23.31两和20.38两(16两=1斤)。以此估计男女每日平均相当于消耗热量2 362大卡。② 以卜凯标准,每1单位总人口消费的粮食数,折算为0.78单位的成年男子消费的数量(卜凯:《中国农家经济》下册,上海:商务印书馆,1936年,第490页)。③ 此为现代日本人热量消耗标准,日本人消耗的食物热量是公认较低的。

据表8-4,淮北30县所产的全部粮食仅敷当地人食需求的60%—89%。不论以当时或现代的标准,不考虑任何种粮成本(包括缴纳公粮、商品性销售、各种损耗和酿造、动物消费,甚至必留的种子等),全部粮食均不够食用。

1935年,安徽省建设厅以远低于其他地区农民的食用标准来估计皖北的粮食需求,即使如此,皖北各县无不缺粮:临泉缺粮22 498石、泗县2 066石、寿县467 400石、亳县

---

① 皖北15县人口据毕士林:《安徽省人口统计及其分析》,《内政统计季刊》第2期,1937年1月,第34页计算;苏北15县人口见实业部国际贸易局编:《中国实业志(江苏省)》第1编,上海:民光印刷公司,1933年,第14—16页。

527 523石。① 这些数字显然远低于真实的缺粮数据。

卜凯正确地指出:"半自耕农和佃农的地主,对于田场的主要支出,为种子、地税和肥料。"② 实际上,在淮北农家,除了地税是所有家庭必须承担的强制支出外,其他所有支出均非每个家庭所共有,像怀远一般村庄用现金购买肥料的农家仅占农家总数的8.1%,而商业中心符离集购买肥料的农家也仅为20.6%。③

民国年间,中国曾进口不少外国小麦,这些小麦及其制成的面粉基本上不会销售到淮北乡村。相反,由于苏南粉厂集中,面粉大量出口。如1920年和1921年,上海出口的面粉分别占全国面粉出口量的83.71%和70.32%。④ 严重缺粮的淮北小麦大量被销售到上海等大都市。如铜山、淮阴、沛县销往上海的小麦占外销总数的50%—55%。⑤ 淮北地区成了常规性的粮食输出区。上海交易所自成立后至全面抗战前,几乎每日均有怀远、颍上等地的小麦、大豆牌价。1936年以前,阜阳每年输出小麦12万石、高粱17万石、黄豆1 000石。⑥ 亳县每年运往蚌埠的黄豆和芝麻分别为3万石和1万石。⑦ 每年经寿县正阳关输出的颍上黄豆、各地小麦、六安和霍邱的米达45万石,另输出颍上蚕豆3万石、六安和霍邱豌豆5万石。⑧ 霍邱县年输往蚌埠、南京的小麦10万石。⑨ 泗县"民船多数以运麦、豆、高粱、瓜子、芝麻至临淮、盱眙"。蒙城"仅以贩卖杂货、粮食及洋纱业者较多"。⑩ 泗县粮行计72家,县城内、青阳镇、双沟镇三处,为杂粮出口之要地,每年粮食售价约200万元,"堪为各业之冠"。⑪

在淮北,粮食是农家换取现金的主要物资,但小麦、黄豆、籼稻主要销往上海、南京、无锡等淮北以外的区域,而高粱、玉米、大麦、黍等则以在淮北区域内销售为主。因此,本书仅统计销出淮北以外的粮食。根据详尽的调查资料计算,1932年,苏北15县等销出淮北

---

① 安徽省建设厅估计(安徽省建设厅:《安徽一年来之农村救济及调查》,1936年2月印,第24—25页),1935年皖北临泉、泗县、寿县、亳县各需粮1 728 680、1 707 966、1 319 000、1 386 865石;据毕士林:《安徽省人口统计及其分析》(《内政统计季刊》第2期,1937年1月,第33—34页)和刘焕东编:《临泉县志》(民国二十五石印本)第4页上的人口数计算,前述各县年人均需粮分别为329、341、232、322斤,远低于同样资料计算的南陵(622斤)、太湖(641斤)、泾县(596斤)、歙县(557斤)的人均食用数量。
② 卜凯:《中国农家经济》上册,上海:商务印书馆,1936年,第95页。
③ 卜凯:《中国农家经济》上册,上海:商务印书馆,1936年,第108页。
④ 上海市粮食局等:《中国近代面粉工业史》,北京:中华书局,1987年,第119页。
⑤ 实业部国际贸易局编:《中国实业志(江苏省)》第1编,上海:民光印刷公司,1933年,第66—67页。
⑥ 吴德麟:《安徽省阜阳县地方概况》,国民经济研究所编:《安徽省地方概况报告》,1936年打印本,本文第5页。
⑦ 吴德麟:《安徽省亳县地方概况》,国民经济研究所编:《安徽省地方概况报告》,本文第2页。
⑧ 吴德麟:《安徽省寿县地方概况》,国民经济研究所编:《安徽省地方概况报告》,本文第2页。
⑨ 《安徽各县物产调查》,《工商半月刊》第6卷第15期,1934年8月1日,第90页。
⑩ 龚光朗、曹觉生:《安徽各县工商概况》,《安徽建设月刊》第3卷第27期,1931年3月,第23、26、28页。
⑪ 鲁佩璋修:《泗县志略》"经济",民国二十五年铅印本,第213页下。

以外的小麦为 6 589 386 石(约 790 726 千斤),①大豆 1 525 330 石(约 183 040 千斤)。②

表 8-5　1932 年苏北小麦、大豆外销比重

县别	销外区域小麦比例/%	外销量/石	销外区域大豆比例/%	外销量/石
铜山	45	808 920	15	136 740
灌云	30	9 000	30	60 000
涟水	90	1 156 590	30	127 200
东海	80	432 000	90	315 000
泗阳	30	120 000	50	50 000
邳县	65	286 000	60	41 760
宿迁	85	552 500	30	60 000
萧县	70	1 190 000	50	82 000
沭阳	50	350 000	55	247 500
淮阴	50	144 800	25	42 250
睢宁	60	258 000	65	182 000
赣榆	100	400 000	45	112 500
沛县	50	354 500	100	24 000
砀山	60	269 676	30	3 900
丰县	65	257 400	20	40 480
总计		6 589 386		1 525 330

资料来源:实业部国际贸易局编:《中国实业志(江苏省)》第 1 编,第 56—57,66—67,93—94,101 页。

另据对怀远 124 户、宿县 286 户农家统计,两县农家每年出售的粮食占收获量的比重分别为:小麦 22.9% 和 31.3%,稻 29.1% 和 53.8%,大豆 55.8% 和 30.4%。③ 取两县的中间数,推算皖北 15 县粮产中,农家出售到淮北以外的籼稻达 343 524 千斤、小麦 439 471 千斤、大豆 407 695 千斤。

同年,苏北 15 县麦田 20 424 千亩、稻田 616 千亩、豆田 8 345 千亩、高粱 5 490 千亩、玉米 2 189 千亩。④

---

① 实业部国际贸易局编:《中国实业志(江苏省)》第 1 编,上海:民光印刷公司,1933 年,第 56—57、66—67 页。
② 实业部国际贸易局编:《中国实业志(江苏省)》第 1 编,上海:民光印刷公司,1933 年,第 93—94、101 页。
③ 卜凯:《中国农家经济》上册,上海:商务印书馆,1936 年,第 276 页。
④ 实业部国际贸易局编:《中国实业志(江苏省)》第 5 编,上海:民光印刷公司,1933 年,第 49—50、12、90、113—114、107—108 页。

表 8-6　苏北各类主粮种植面积　　　　　　　　　　　　　　（单位：亩）

县别	麦类(1)	稻类(2)	豆类(3)	高粱(4)	玉米(5)
铜山	2 743 000	0	2 429 520	549 000	
灌云	1 502 000	56 000	1 391 000	556 000	695 000
涟水	1 514 100	0	1 065 141	448 000	673 000
东海	1 176 000	84 000	315 840	630 000	210 000
泗阳	1 609 000	50 000	668	99 000	297 000
邳县	1 099 000	0	113 223	324 000	
宿迁	568 000	9 000	249 204	172 000	
萧县	1 581 000	0	745	452 000	
沭阳	1 856 000	270 000	1 226 000	371 000	169 000
淮阴	1 088 103	0	493 000	44 000	145 000
睢宁	888 000	0	296	261 000	
赣榆	1 695 000	147 000	43 171	464 000	
沛县	863 200	0	486 000	219 000	
砀山	1 079 020	0	531 000	497 000	
丰县	1 163 000	0	678	404 000	
总计	20 424 423	616 000	8 345 486	5 490 000	2 189 000

资料来源：① 实业部国际贸易局编：《中国实业志(江苏省)》第 5 编，上海：民光印刷公司，1933 年，第 49—50 页。

② 实业部国际贸易局编：《中国实业志(江苏省)》第 5 编，第 12 页。

③ 实业部国际贸易局编：《中国实业志(江苏省)》第 5 编，第 90 页。

④ 实业部国际贸易局编：《中国实业志(江苏省)》第 5 编，第 113—114 页。

⑤ 实业部国际贸易局编：《中国实业志(江苏省)》第 5 编，第 107—108 页。

皖北 15 县小麦 21 264 千亩、籼稻 3 230 千亩、大豆 6 953 千亩、大麦 2 581 千亩、高粱 4 587 千亩。①

表 8-7　1932 年皖北主粮播种面积　　　　　　　　　　　　　（单位：千亩）

县份	小麦	籼稻	大豆	大麦	高粱
阜阳	181	15	812	113	590
颍上	803	375	625	89	357
涡阳	502	0	221	40	140
蒙城	492	0	247	239	214

① 《作物平常年之面积及产量分表(安徽)》，《统计月报》1932 年第 1—2 期，第 39 页。

(续表)

县份	小麦	籼稻	大豆	大麦	高粱
凤台	388	68	485	291	291
太和	10 140	0	633	56	486
亳县	589	0	421	84	168
寿县	1 782	1 322	316	632	230
霍邱	711	830	119	95	95
宿县	1 980	0	1 158	305	609
灵璧	1 863	0	958	240	532
凤阳	543	314	386	121	278
泗县	1 045	245	327	245	490
怀远	245	61	245	31	107
总计	21 264	3 230	6 953	2 581	4 587
种子/千斤	574 128	121 125	177 302	89 045	105 960

资料来源:《作物平常年之面积及产量分表(安徽)》,《统计月报》1932年第1—2期,第39页。

说明:小麦每亩9升,每升3斤;稻每亩用种子一斗一升至一斗四升,取12.5升;黄豆每亩用种子六升至一斗一升,取8.5升;大麦每亩用种子九升至一斗四升;蜀黍每亩用种子六升至九升(如芳:《植物种子》,《申报》1917年11月1日,第14版)。

按当时的播种需要,小麦每亩需种子9升(每升3斤),稻用种11—14升,黄豆6—11升,大麦9—14升,蜀黍(高粱)6—9升,玉蜀黍(玉米)1.5—6升。[①] 取每亩用种的中间数,则苏北15县每年需小麦种551 448千斤、稻种23 100千斤、豆种212 798千斤、高粱123 525千斤、玉米24 626千斤。皖北15县每年需小麦种574 128千斤、籼稻种121 125千斤、大豆种177 302千斤、大麦种89 045千斤、高粱105 960千斤。

淮北30县粮食总产中,仅除去销售到淮北以外的麦、稻、豆及每年所需的种子,尚余小麦1 212 841千斤、籼稻409 502千斤、豆类541 353千斤、高粱104 997千斤、玉米413 854千斤,计2 682 547千斤,合376 327 987.2万大卡热量。淮北人均每日0.47斤,合666大卡。仅及表8-4中张心一所估计的人均需粮标准的28%,合卜凯估计人均需粮标准的19%。

1935年,安徽省建设厅估计各县缺粮时,皖北各县的人均需粮明显要低于皖南地区。见下表:

---

① 如芳:《植物种子》,《申报》1917年11月1日,第14版。

表 8-8 安徽省建设厅估计 1935 年各县粮食消费数量

		一年所需粮食/石	人口	人均年需粮/斤
皖北	泗县	1 707 966	601 180	341
	寿县	1 319 000	682 116	232
	亳县	1 386 865	517 002	322
	临泉	1 296 182	—	—
皖南	南陵	1 317 389	253 974	622
	太湖	2 370 100	443 627	641
	郎溪	550 000	147 729	447
	歙县	1 594 000	343 583	557
	泾县	1 073 500	216 197	596

资料来源：粮食数据安徽省建设厅：《安徽一年来之农村救济及调查》,1936 年 2 月印,第 24—25 页。人口据毕士林：《安徽省人口统计及其分析》,《内政统计季刊》第 2 期,1937 年 1 月,第 33—34 页计算。

2. 饥寒的生活

即使在清代政治清明之时,挖食野菜也被官府作为 2 个月的口粮计入农民的食物预算中。雍正八年(1730),政府泄水,淮安、徐州、邳州、海州等地"因上游大水聚至,淮黄一时并涨,民间现种在田之禾稼被淹,而屋中囤集之旧粮搬运不及,亦多漂流。即稍能抢出者,亦被水浸腐损,难以充食"。朝廷认为,从正月至麦熟,尽管有 100 多天,但政府只要救济农民 40 天的口粮即可,因为农民有"三月、四月内之野菜",结果造成"倒毙者亦有"。[1] 乾隆七年(1742),江苏巡抚陈大受奏："查沛县饥民,采食野蒿草根,多致死亡,深堪悯恻。……其灾重未赈次贫之铜山、宿迁、清河、安东、桃源等处,有似此者。"[2]

淮北一般农家有"挖蓇子"[3]的习惯。《太平御览》引《尔雅》曰："蓇,蓇,大叶白华,根如指,正白可啖。"[4]每届灾荒年月,蓇子也是稀缺资源,常会引发械斗。乾隆五十一年(1786),书麟奏："安河太湖县民人刨挖黑米,泗州灾黎挖掘蓇根。经该县周兆兰及知州郑交泰在彼弹压,毫无争竞。"乾隆帝称："小民不致忿争生事。办理颇为妥协。"[5]

1948 年灌云水灾时,县农会电称："时届寒冬,人民无衣无食,无可度日。然十户以无粮已逃其七。所余者日着单衣,身无败絮,挖蓇子,刨草根充饥充食。"[6]

---

[1] 台北故宫博物院藏清代宫中档与军机处折件：《两江总督高其倬奏折(雍正九年二月初六日)》,箱号 79,文献编号 402006286,统一编号故宫 009411。
[2] 《大清高宗纯皇帝实录》卷一六一,乾隆七年二月下,第 31 页下。
[3] 淮北人采食的"蓇子",被称为"恶菜",是可作饲料的野草。冬天"挖蓇子",主要挖食这种野草的根部。有微毒,人食后常腹泻、头晕、呕吐等。
[4] 李昉等奉敕编：《太平御览》卷九九八,北京：中华书局,1995 年,第 4415 页上。
[5] 《大清高宗纯皇帝实录》卷一二五二,乾隆五十一年四月上,第 828 页下。
[6] 江苏省档案馆藏南京国民政府江苏省社会处折件：《灌云县农会致苏北水灾急赈委员会电(1948 年 3 月 25 日)》,全宗号 1009,卷号：乙-1918,缩微胶卷第 000285—000286 片。

第八章　社会衰败与社会发展

据卜凯调查,在宿县,番薯占作物面积2.5%,而所供给的能量占食物总数的五分之一。"高粱通常做成硬饼,既不好吃又难消化。冬日常只食山薯、高粱粉水搀合煮成之稀饭一碗,聊以充饥而已。"①在淮阴,一农人言:"吾侪小民,以玉蜀黍为重要食品之一,与大麦山芋,俱宝之如性命。小麦虽土产珍品,然其价值巨,恒储以待售。若乃和饴为餐,调盐作饼,此城中富人所常御,非野人之所得闻也。玉蜀黍虽食粮,然常苦不足,入春犹仰于邻邑。""吾辈藜藿之肠,不识此外更有何味,故此物与稻头,即为家珍。然皆不足充一年之粮。所以终岁勤勤,不致槁项而毙者,恃二者之外有山芋耳。大抵一年之中,自九月至明年三月,农家皆食山芋;三月至六月,则皆以芋干充之。"②像阜南县,只有官员之类的富裕家庭才能吃上麦面、大米。一般居民只有在麦收时吃上半个月左右的麦面,称"抢场饱"。民谣中有"擀杖响,鏊子热,扑登扑登一个月"的说法,意谓一般家庭一年只能吃上个把月的煎饼之类食物。③

在宿迁,农家"砚田所余,仅供饘粥"。每到秋末冬初,各户要储藏大量的番薯作为冬春间的主食。南方农家用于肥田喂猪的豆滓(俗名豆饼),苏北农民常用来煮野菜充饥,俗称菜渣饭。只有到了夏收以后,一般人家才能在早晨起来把麦秋等物拌以杂粮,用石磨磨成糊状,用圆鏊烙成煎饼。不论贫富,均不去麸皮。④ 完纳租税时,"无绅富包纳诸弊,惟差垫为累,贫者益贫。供亿疲烦,流离失业"。⑤

安东县的农民到了丰年才能吃上几顿饱饭。⑥ 遇有水旱灾荒,"率仰哺他县"。剜肉补疮式的借贷,使得有些家庭即使收获颇丰,也难偿债务,"至有新岁告成,不免饥疲者"。每年暑雨季节,东北地区一片汪洋,浩瀚无际,数十里不通舟马。村屋浸灌其中,百姓环筑土堰,勉力自保。"民贫窭无常业,恣取鱼虾为食。破屋晒网者相望也,犹不足自给。"⑦民国学者称:"淮北生活困苦,承平之世,亦仅足温饱而已。"⑧

淮北居民食用蛋白质含量极少的食物,造成了普遍的营养不良。⑨

灵璧县的手工业品做工粗糙,商品化程度显然不高,是以市集贸易多为菽、麦等农产品。农具与果蔬鱼肉之类,时有时无,其他则不多见。"此可以知民之俭,亦可以知民之贫。"由于粮食极为珍贵,虽在丰年,普通百姓之家也要以草木根叶相拌食。由于家中几乎没有什么值钱的家当,每当凶年,百姓"挈家远出,豪[毫]无顾恋"。⑩ 百姓的生活情形:

---

① 卜凯著,张履鸾译:《中国农家经济》下册,上海:商务印书馆,1936年,第503页。
② 张煦侯:《淮阴风土记》下册,1936年,第150页。
③ 阜南县地方志编纂委员会:《阜南县志》,合肥:黄山书社,1997年,第508页。
④ 参见严型总修:《宿迁县志》卷二,民国二十四年刻本,第9页上—下;1995年11月淮北实地调查资料。
⑤ 严型总修:《宿迁县志》卷二,民国二十四年刻本,第9页下。
⑥ 吴昆田总纂:《安东县志》卷一,光绪元年刻本,第3页上。
⑦ 吴昆田总纂:《安东县志》卷一,光绪元年刻本,第3页下。
⑧ 李长傅:《分省地志:江苏》,上海:中华书局,1936年,第110页。
⑨ Walter H. Mallory, "Famines in China," *Annals of the American Academy of Political and Social Science*, Vol. 152, China (Nov., 1930), p. 91.
⑩ 《乾隆灵璧县志》卷四,中国地方志集成(30),南京:江苏古籍出版社,1998年,第75页。

335

"盖邑介河淮之间,土瘠民贫,生理鲜少。加以频年被水,日就凋残,邑无城垣,野无道路,田无沟洫,钱粮无仓库,士无学舍,养济无院,育婴无堂,地亩无鳞册,赋役无全书,掌故无志乘,旧案无卷宗,街巷无栅关,救火无器具。吏兹土者,率一岁再更。查灾办赈,日不暇给,无复能为地方计及久远。……而尤有不忍言者,丧葬无衾棺。"①

李长傅认为,乡民之居宅,除城市外,"江北及淮北多茅屋,以土为墙,上覆以草,淮北为麦秆,淮南为稻草。其构造以淮北为坚固,殆因避寒及防风之故也。西南丘陵及江南皆瓦屋,砖墙瓦脊。茅屋仅贫苦之客民有之,因材料易取之故也"②。钱谦益《淮屋》诗:"淮人作芦屋,缚芦为桷椽。砖墼省涂塈,樀枑无刻镌。"③王培棠写道:"淮北地方,因出产不丰,又少林木,故多住泥墙草房,瓦房极少。瓦房惟城市中有之,做法亦依照版筑泥墙办法,减少直柱。此完全属于减省材料之意。"④

实际上,淮北百姓房屋因系泥墙茅顶,在水灾多发地区,极易垮塌。遇到水灾,田庐成了一片汪洋,青壮年多捡水草为食,从坍塌的屋顶上扯出茅草作为燃料,入城乞食的男女老幼,饥疲无人色。⑤

20世纪30年代,《苏报》记者乘车过涟水以达甸湖,路途80余里,"沿途经钱码头、下营、陈码头、周门、羊寨、广寨,均荒凉满目,不忍目睹。上列各处,所谓市集,亦不过茅屋十数家,聚居一起而已。闻自淮阴起至七套二百里内,住户悉为草房,仅七套之旁,有瓦屋一所,当地即名之曰瓦房庄"⑥。

1933年7月,南京中央研究院的学者在邳县谭墩调查时写道:"在破落不堪一间斗大的草棚里,我们会见了黄乡长,面黄肌瘦,懒洋洋地,目力好像没有光;零乱的头发,还配上几根枯草似的胡须,痴痴的望着我们。……谭墩原来很富庶,十六年(1927)为匪陷落,烧杀过半,断墙残屋,历历犹在! 农民多居草棚,冷清清的如入死境,衣着褴褛,哭丧着脸,这样,十足象征了他们生活在怎样悲惨的境遇里!"⑦不久,他们在常熟调查时看到:"村景很美丽,湾湾溪水,垂垂杨柳,一幢幢瓦屋,隐约于参天密树之中,小鸟唧唧,飞舞长空,充实了大自然的伟大!"⑧

春秋时颍上人鲍叔牙据传嗜茶,他认为人生两大快事之一就是饮玲珑茶。但到明以后,淮北人认为喝茶是不可思议的。像喝茶这种不能饱肚子的消费物品,纯属浪费,只有败家子才会沾染这类物品。卜凯描写的河北盐山县的情形实际上也适合于淮北:"那个地方的农民,不仅穷得吃不起茶,甚至于连点开水都不能煮开来吃,这是因为燃料太贵的原

---

① 《乾隆灵璧县志》卷四,中国地方志集成(30),南京:江苏古籍出版社,1998年,第93页。
② 李长傅:《分省地志·江苏》,上海:中华书局,1936年,第102页。
③ 钱谦益:《牧斋初学集》卷八,上海:上海古籍出版社,1995年,第258页。
④ 王培棠:《江苏省乡土志》下册,长沙:商务印书馆,1938年,第349页。
⑤ 《乾隆灵璧县志》卷四,中国地方志集成(30),第79页。
⑥ 邢颂文:《淮域纪行》,《江苏月报》第4卷第1期,1935年7月1日,"专文"第59页。
⑦ 行政院农村复兴委员会编:《江苏省农村调查》,上海:商务印书馆,1934年,第67页。
⑧ 行政院农村复兴委员会编:《江苏省农村调查》,第81页。

故。"①是以赛珍珠在《大地》中描写,连茶叶都是珍贵物品。一部方志中载:"穷民至有数月不食盐,终身不知茶味者。"②

20世纪20年代,来华的美国人曾对中国人最常见的节俭习俗深感惊讶:一个家庭通常只买一副鞋底,先供父亲穿,将要穿破时,再改小一点供大孩子穿,依次直到无法再改。③每个家庭平均拥有4个孩子,还可能有祖父母和其他亲属。拥有10多个孩子的家庭也并不鲜见。④赛珍珠以皖北为背景的作品中的主角王龙,仅有一件长衫,"全年统计不过十天光景的节日才上身的"⑤。

据1929年的调查,包括淮北在内的华北地区,年人均收入是5.2美元,这点钱是人们的食物、燃料、穿衣、住房及一切必需品的费用。⑥从彭慕兰、张信等人的研究中,我们知道,近代华北的北部地区(鲁北、豫北)一般要好于其南部(淮北)地区。⑦也就是说,淮北的年人均收入应该不到5.2美元。1933年,中国银行年度报告称:"调查显示,即使在年成最好的条件下,农民仅能糊口而已,根本没有余钱用于其他支出或储蓄,而在某些情况下,他们实际上陷入更深的债务。"⑧

缺乏棉花的农家习惯于用芦花来作替代品。唐诗中有"芦花千里雪漫漫""梦扫芦花絮客衣""芦花飞处秋风起"等语句。芦花在淮北极为常见。如淮阴永兴集,"西近大泓,故兼葭深处,亦产凫雁。"⑨山阳高士魁《南城芦苇歌》写道:"晨兴出门气骚屑,城中八月即飞雪。细看乃是芦苇花,白点蒙戎洒城阙。城阙荒凉野戍同,居人迁徙如飘蓬。"⑩当年孔门弟子闵子骞受继母虐待时才穿着芦花做成的冬衣。到了灾荒年月,芦花更是农家过冬的重要物品。据灌云县农会称,1948年灾荒时,灾民们"晚间归来,无衣可卧,多以芦花作被,以御天寒"⑪。

在1949年以前,淮北农家普遍用芦花做成茅窝(又名"毛窝子",一种草鞋)、芦花毯,

---

① 卜凯著,张履鸾译:《中国农家经济》上册,上海:商务印书馆,1936年,第195页。
② 《乾隆灵璧县志》卷四,中国地方志集成(30),南京:江苏古籍出版社,1998年,第95页。
③ Walter H. Mallory, *China: Land of Famine*, p. 92.
④ George Babcock Cressey, *China's Geographic Foundations: A Survey of the Land and Its People*. New York and London: McGraw-Hill Book Company, Inc. 1934, p. 172.
⑤ 赛珍珠:《大地》,台北:远景出版事业公司,1981年,第4页。
⑥ Walter H. Mallory, "Famines in China," *Annals of the American Academy of Political and Social Science*, vol. 152, China (Nov., 1930), p. 91.
⑦ 详见 Kenneth Pomeranz, *The Making of a Hinterland: State, Society, and Economy in Inland North China*, 1853—1937. California University Press, 1993; Xin Zhang, *Social Transformation in Modern China: The State and Local Elites in Henan*, 1900—1937. Cambridge: Cambridge University Press, 2000, passim.
⑧ Leonard T. K. Wu, "Rural Bankruptcy in China," *Far Eastern Survey*, vol. V, no 20, October 8, 1936, p. 211.
⑨ 张煦侯:《淮阴风土记》下册,1936年,第218页。
⑩ 段朝端等:《山阳艺文志》卷八,民国十年刻本,第16页下。
⑪ 江苏省档案馆藏南京国民政府江苏省社会处折件:《灌云县农会致苏北水灾急赈委员会电(1948年3月25日)》,全宗号1009,卷号:乙-1918,缩微胶卷第000287片。

并用来代替棉花作棉衣内胆。只要天气不是非常寒冷,孩子一般都赤着脚,只有在冬天才会拥有一双毛窝子。如淮阴一带,"乡御寒之具,门有芦帘,地有火盆,覆首有毡帽,温足有茅窝子,四事具备,可以御冬矣"①。但淮北土壤,黏土与沙土交混。若黏土遇湿,"路滑如油,失足常陷尺许,举足又若千钧"②。茅窝更易沾泥,一旦遇雨或冰开,穿茅窝实为极其痛苦之事,最常见的是足破底脱。

淮北除大都市外,虽素封之家,亦罕穿丝绸。其原因一方面是生活困苦,气候不良,风沙过大,以布衣为适宜,另一方面,盗匪遍地,"鲜衣车马,且有诲盗之危险也"③。

1935年涟水最大市镇甸湖,即江苏省政府主席、南京警卫军军长顾祝同的家乡,"记者乃留心观察甸湖镇之大概,该镇有旅馆及浴室,均甚简陋。商铺不多,居民装束简单。女子犹留发小脚。有截发御长袍之女郎,稍觉时髦,全体均为瞩目。闻此女郎,即系筑碉楼某富室之女,涟水县党部在此处设有驻甸湖办事处"④。

淮北大的家庭通常被一分为二,一部分人出去当难民,一部分人留在家中。他们不得不把4个月的口粮分在7个月中吃,他们尽可能吃极稀的粥以代替干饼。尽管如此,粥中的野菜和树叶越来越多,甚至还有草根,而粮食却越来越少。⑤

在山东,当粮食减产时,农民大量种植番薯以代替棉花等经济作物,以度过荒年。⑥20世纪30年代初,淮阴运河堤旁,"多逃荒所居,皆蓬舍,妇孺为多,昼出行乞,夜归止宿。其人多山东费县、临沂一带乡民。趁农隙南来,逢春即去,岁以为常"⑦。在淮阴老子乡菜洼也聚集了大量的山东贫民,"茅舍相望,殆成小市,因之户口遂远较土著为多,而破本山之纪录。今过其聚居之一角,觉其依山傍水,未尝不别具巧思。然而棚舍不足蔽风雨;境遇恶,知识蠢,尤不足以言卫生。故平时则便溺绝对自由,秽气熏人,不可向迩;一交夏令,疾疫流行,死亡率尤大。其家居饮食,亦与山民迥然有别。好吃馒头饘饼,而以生葱大蒜辛辣之品佐之。好饮酒,不醉不休,醉则多言,言多则起争端,乃至叫嚣,乃至殴打;好事者从而调解之,敲以竹杠,财去始安"⑧。这些人再下江南,往往称自己为苏北人,江南人亦视之为苏北人。

3. 拾荒与乞讨

在苏北,收获之后,拾荒成为人们生活中的重要内容。

在淮阴,"湖田阡陌绵长,地主恒树红旗为界,红旗不倒,拾麦者不得阑入。既倒之后,

---

① 张煦侯:《淮阴风土记》上册,1936年,第158页。
② 张煦侯:《淮阴风土记》下册,1936年,第175页。
③ 李长傅:《分省地志:江苏》,上海:中华书局,1936年,第112页。
④ 邢颂文:《淮域纪行》,《江苏月报》第4卷第1期,1935年7月1日,"专文"第59页。
⑤ Lieut. Charles F. Gammon, "China in Distress," *Bulletin of the American Geographical Society*, Vol. 44, No. 5 (1912), p. 349.
⑥ Norman D. Hanwell and Kurt Bloch, "Behind the Famine in North China," *Far Eastern Survey*, vol. IX, No. 6, March 13, 1940, p. 64.
⑦ 张煦侯:《淮阴风土记》上册,1936年,第18页。
⑧ 张煦侯:《淮阴风土记》上册,1936年,第137页。

谓之'放门',此处即可拾麦。然主家又旋树新界,渐收渐小,以至于无。斯时男女奔仆其中,如山如潮"。① 这一习俗一直流传到20世纪80年代初土地承包为止。不过那时已无私人土地,拾荒的场地变为以生产队和国有农场的田地为主。

游民和乞丐比比皆是。河南各州县一向有以乞丐充海捕的惯例。② 皖北则长期以出乞丐著称,据说此习俗始于明太祖的恩泽。徐珂写道:"江、浙接壤处所,每入冬,辄有凤阳流民行乞于市,岁以为常。揣其乞食之由,则以明太祖念濠州(即凤阳府)为发祥之地,乱后,人少地荒,徙江南富民十四万以实之,私归者重罪。富民欲回乡省墓,无策,男女扮作乞人,潜归祭扫,冬去春回。其后沿以为例,届期不得不出,遂以行乞江湖为业矣。"③

皖北地区甚至一向有男子不会讨饭就娶不上媳妇的传说。此说大致不谬。清人孔尚任的诗中写道:"留得凤阳旧乞婆,漫锣紧鼓拦游客。"④凤台县竟有家境饶富的诸生为丐,最后饿死宿迁的事例。⑤ 雍正十二年(1734),两江总督赵弘恩奏:"凤阳府属人民游惰成性,不勤耕织,每于交冬之际,多有携妇女离乡背井出外赶唱谋食。虽习俗使然,亦由人情好动,不特荒芜田亩,更且秽污身名,大关风化。"⑥乾隆十三年(1758),安徽巡抚纳敏奏:"安河凤、颍、泗一带,民俗好转徙。农佃每毕秋收,扶老携幼,四出觅食,名为逃荒,迨至次年二麦将熟始归。"⑦

皖北乞讨成风,自然不会仅仅是因为扫墓,也不是民性懒惰之故,而是这里社会生态总体衰落的结果,是饥饿的逼迫,是生存的需要。这里缺食的生灵,常让最高统治者忧心忡忡。乾隆皇帝写道:"曾闻古人语,民以食为天。宵衣望岁心,日久倍乾乾。惟愿万宇内,比户免饥寒。念彼淮徐地,水旱数岁连。啼饥彼老幼,孰哺粥与餐。号寒彼妇子,孰衣布与绵?每当大吏奏,或闻舆论传。玉食不能咽,仰吁泣涕涟。"⑧据1747年安徽巡抚潘思榘奏:"凤颍民风,乐于转徙。在丰稔之年,秋收事毕,二麦已种,即挈眷外出,至春熟方归。歉岁尤不能无。特是资送之典,原为恤灾而设,要必实在灾民,素系力穑之人,定例分晰详明。乃愚民无知,以异地之养赡资给为可利。遇有灾歉,一俟地方官勘过,与之赈票,即量留一二人在家领赈,余仍潜往邻境,希图资给口粮。"⑨

携有官府文凭的乞丐不绝于载。明末清初思想家王夫之写道:"江北、河南,旷莽千

---

① 张煦侯:《淮阴风土记》下册,1936年,第25页。
② 《丐充海捕》,徐珂编撰:《清稗类钞》第11册,北京:中华书局,1986年,第5475页。
③ 徐珂:《凤阳人乞食之由》,见徐珂编撰:《清稗类钞》第11册,北京:中华书局,1986年,第5475页。
④ 姜玉峰、孟庆国编:《凤阳歌》,合肥:安徽文艺出版社,1989年,第35页。
⑤ 徐珂:《马体孝隐于丐》,见徐珂:《清稗类钞》第11册,北京:中华书局,1986年,第5477—5478页。
⑥ 台北故宫博物院藏清代宫中档与军机处折件:《江南总督赵弘恩奏折(雍正十二年十月十二日)》,箱号75,文献编号402010580,统一编号故宫013711。
⑦ 《大清高宗纯皇帝实录》卷三二七,乾隆十三年十月下,第414页上。
⑧ 爱新觉罗·弘历:《江南淮徐等处连年被灾既蠲租赐复旋命大臣前往加赈今闻秋有收喜而有作》,故宫博物院编:《清高宗御制诗》第1册卷9,海口:海南出版社,2000年,第194页下。
⑨ 潘思榘:《请调剂灾地事宜疏》,琴川居士编:《皇清奏议》卷45,抄本,第3页下。

里,旱蝗一起,赤地无余,舟楫不通,籴买无从,劝农之法不讲,而税粮又多征本色。无三年之食,国已非国,及其弃土就熟,乃更授以公据、文凭,令横行天下以索食。"①直到清末,这种情形仍然见于苏北的行乞者。据载:"江苏之淮、徐、海等处,岁有以逃荒为业者,数百成群,行乞于各州县,且至邻近各省,光绪初为最多。其首领辄衣帛食粟,携有官印之护照,所至必照例求赈。"②

上述记载不乏调侃和猎奇的意味,但多遗忘了一个最基本的事实,就是淮北流民的形成是因为最本能的生存需要。

张謇指出,安徽的凤、寿、怀、宿、灵、五、泗,江苏的邳、桃、宿、沭、清、安、海14县,"横亘平原,民俗强悍,而又承河流垫溢,田亩荒芜之后,一遇灾侵,流离载道,就食而南者,辄数十万口"③。据晚清官员奏称,一遇灾荒,像涡、蒙、灵、宿等地,"往往数十里炊烟断绝"。④丰县一首描写水灾后的逃荒诗称:"徐州大陆秋霖沉,雷激雷殷海神怒。黄河倒立排空行,轰然地裂声如鼓。平地横流三丈泉,余命群争一张橹。桑田为海居为河,黄茆卷尽生白波。江鸥出没鱼虾聚,蓬门半穴鼋与鼍。千村万村各乞食,心酸脚重肩相摩。斗粟百钱鬻儿女,三日不食声呵呵。"⑤

在淮北人的语汇中,"逃荒"与"要饭"一词往往是连用的。20世纪20年代末,就有外国学者发现中国人的词语中,"乞丐"等于"讨饭的",讨饭者一家挨一家地从稍富裕些的家庭的饭桌上乞取残渣剩饭,他们的主要家当是一只小桶或一只饭碗。⑥这与乞要美元或金币的西方乞丐几乎不是同一概念。赛珍珠小说中所反映的淮北流民向"南方"逃荒的情景,就带有极大的历史真实。他们逃荒时,家中不断有人饿死,有些人家甚至开始人吃人。⑦许多地方的难民比小说反映的更惨。淮北有一首描写难民推着小车逃难的歌谣中写道:"小车辚辚,女吟男呻。竹头木屑载零星。呕呀啁哳行不停,破釜堕地灰痕青。路逢相识人,劝言不可行。南走五日道路断,县官驱人如驱蝇。同去十人九人死,黄河东流卷哭声。"⑧闻一多描写逃荒后的临淮关梁园镇:"他们都上哪里去了?怎么虾蟆蹲在甑上,水瓢里开白莲;桌椅板凳在田里堰里漂着;蜘蛛的绳桥从东屋往西屋牵?门框里嵌着棺

---

① 王夫之:《噩梦》,录自谢国桢选编:《明代社会经济史料选编》下册,福州:福建人民出版社,2004年,第438页。
② 徐珂:《淮徐人以逃荒行乞》,见徐珂编撰:《清稗类钞》第11册,北京:中华书局,1986年,第5486页。
③ 台北"中研院"近代史研究所档案馆藏档案:《张謇上书陈关于水利意见》(1914年2—3月),馆藏号09-21-00,宗号0008-05,第13页。
④ 冯煦:《蒿盦奏稿》卷四,光绪二十七年刻本,第59页,李文治编:《中国近代农业史资料》第1辑,北京:三联书店,1957年,第729页。
⑤ 姚鸿杰纂修:《丰县志》卷十三,光绪二十年刊本,第17页上—18页下。
⑥ Walter H. Mallory, "Famines in China," *Annals of the American Academy of Political and Social Science*, Vol. 152, China (Nov., 1930), p. 90.
⑦ 赛珍珠:《大地》,台北:远景出版事业公司,1981年,第60、65—71页。
⑧ 钱崇威总纂:《重修沭阳县志》卷十四,民国年间抄本,第116页下—117页上。

材,窗棂里镶石块!"①

逃荒者的日子实际上好不了多少,至多是苟延时日而已。在明代,"盐城之田,尽为龙蛇蛟鼍所窟宅。其民流徙星散,或作沟中之瘠,鬻子贩女,遂为人市。至有玃子而咬其骨者,几所为痛心酸鼻至矣"②。但在官员们的眼中,这些惨况并不值得大惊小怪,有人更干脆予以否认。清末御史王宝田奏:"兖、沂、徐、宿等属饥民情形、人市之说,及官绅挑买之事,均无影响等语。"③到1948年灾荒时,徐州地区"春荒严重,饥民载道,四乡贫农日不得一饱,多拙麦苗为食。各地流亡灾难民,衣食两缺,日有死亡"④。涟水"过境灾民,又沿门索食,其贫穷程度,无以复加,故出卖亲生儿女之事,到处可见可闻,其价值之廉,又使人骇异"⑤。泗阳"居民十室九空,到处饥馑。以县城众兴镇一地而论,集难民在两万以上,因无法继续忍受饥饿,纷纷准备向江南逃亡"⑥。

流民在任何时候都是不受欢迎的。乾隆初年,两江总督郝玉麟"欲以严刑重困流民"。⑦

王夫之曾发出责问:"河南、江北,唐宋以前皆文治之国,朴秀之俗。谁移之而使成为乞、为盗之俗?"⑧

1906年,两淮地区发生了"近四十年未有之奇灾"⑨,推原其故,"由于旧有之引河失修者已多历年所,一遭水患,致令此极广阔、极繁盛之区顿成泽国。西自萧县至清河,东自海州至安东等处,田庐淹没,悉在水乡"。当时铜山、邳州、宿迁、睢宁、萧县、海州、清河、桃源、安东、阜宁、山阳等州县,受灾极重。有一在灾区游历的人粗略计算,极贫苦的灾民即有150万人。截至当年年底,国家约需动用银200万至300万两赈济。⑩自然,早已因内外债而焦头烂额的清廷是不可能拿出这么庞大数量的资金来用于淮北救灾的。

各地官员不但不积极救灾,反而"狃于成例,先不报灾,仍索赋税"⑪。绅商运输赈粜杂粮,经过徐、海、淮、扬一带,"厘卡留难索捐,淮关有扣船月余始放者"。因为饥民食购豆

---

① 闻一多:《荒村》,蓝棣之编:《闻一多诗全编》,杭州:浙江文艺出版社,1995年,第248页。
② 杨瑞云修:《盐城县志》卷十,万历年间刻本,第17页上。
③ 《大清宣统政纪》卷五十四,第26页下。
④ 江苏省档案馆藏南京国民政府江苏省社会处折件:《徐州市长骆东藩致江苏省政府主席电报(1948年3月26日)》,全宗号1009,卷号:乙-1917,缩微胶卷第000166片。
⑤ 江苏省档案馆藏南京国民政府江苏省社会处折件:《报告淮、涟、泗三县灾情及监放春荒将救济款情形》(1948年4月26日),全宗号1009,卷号:乙-1918,缩微胶卷000300—000301片。
⑥ 江苏省档案馆藏南京国民政府江苏省社会处折件:《报告淮、涟、泗三县灾情及监放春荒将救济款情形》(1948年4月26日),全宗号1009,卷号:乙-1918,缩微胶卷000299片。
⑦ 《大清高宗纯皇帝实录》卷一二三,乾隆五年七月下,第805页下。
⑧ 王夫之:《噩梦》,录自谢国桢选编:《明代社会经济史料选编》下册,福州:福建人民出版社,2004年,第438页。
⑨ 镇江关税务司义理迓:《光绪三十二年镇江口华洋贸易情形论略》,《光绪三十二年通商各关华洋贸易论略》(英译汉第48本)下卷,光绪三十三年八月印,第41页上。
⑩ 镇江关税务司义理迓:《光绪三十二年镇江口华洋贸易情形论略》,《光绪三十二年通商各关华洋贸易论略》(英译汉第48本)下卷,光绪三十三年八月印,第41页下。
⑪ 武同举编著:《再续行水金鉴(淮河卷)》,武汉:湖北人民出版社,2004年,第469页。

饼极多,此项商品一向不抽捐,此时厘卡委员竟每斗加抽 2 文,"以致商贩裹足,饥民乏食"。① 仅聚集在清江浦一地的灾民就达 50 万人,"安徽凤、颖、亳、泗灾民之来宿者,亦有数万"。②

1910 年,江苏淮海及安徽凤颖等地"屡被水灾,闾阎困苦,惨不忍闻",每日饿死达五六千人。自 1910 年秋至次年 2 月,已饿死七八十万人,待毙者四五十万人。③ 民国北京政府时期,皖北的水灾并没有减轻,新闻报道中常描述这里的灾情为:"水深丈余,村舍尽冲,流尸盈野。"④南京国民政府时代,这里的灾情一如其前。1933 年 3 月 18 日灵璧县党部等呈中国华洋义赈会函:"麦收甫毕,蝗蝻遍生,淮北浍南,聚遮天地。禾稻被食,根茎俱尽。继之以旱魃逞凶,两月余未降甘霖七十日,异常炕旱,黍豆无播种之机,百里赤地,老弱多绝粮之厄,徒号苍天。而且虎疫盛行,死亡枕藉。"⑤1936 年 4 月 28 日,中国红十字会固始分会致函中国华洋义赈会:"刻值青黄不接,草根树皮搜括殆尽,饿殍载道,惨酷万状。瞬届下秧,耕农缺乏牛只稻种,危险尤甚。"⑥

仅 1919—1928 年的 10 年中,山东在 1919 年、1920—1921 年、1926 年、1927 年和 1928 年就发生 5 起严重的饥荒。其中 1927 年的饥荒涉及 56 个区县,有 2 086.1 万人受灾,受灾人口占全省总人口的 60%。⑦ 1935 年,郓城、菏泽地区的运河决堤,7 月 28 日就有 40 万难民露宿于堤坝上,8 月中旬,约有 22 万难民涌入济宁城。在这场水灾中,黄河南岸及有运河穿过的 10 个县 360 万总人口中,约有 232.7 万人遭灾。⑧

20 世纪 40 年代,苏皖豫战灾、水旱交攻。1943 年,潢川县政府呈报旱灾电报称:当年正月至三月,饿毙者 1 800 余人,逃亡者 12 000 余人。⑨ 同年秋冬,皖北水灾,仅据太和、阜阳、凤台、临泉、怀远、寿县、颍上、霍邱、蒙城、亳县、涡阳等 11 县呈报,计受灾范围 283

---

① 武同举编著:《再续行水金鉴(淮河卷)》,武汉:湖北人民出版社,2004 年,第 470 页。
② 武同举编著:《再续行水金鉴(淮河卷)》,中国水利水电科学研究院水利史研究室编校,武汉:湖北人民出版社,2004 年,第 470 页。
③ 张廷骧:《不远复斋见闻杂志》卷十,1915 年刻本,第 1 页下—第 2 页上。
④ 《专电·滁州电》,《申报》1921 年 9 月 2 日,第 10 版。
⑤ 中国第二历史档案馆藏中国华洋义赈会折件:《灵璧县党部等呈中国华洋义赈义快邮代电》(1933 年 3 月 18 日),全宗号 573,卷号 137,第 2 页。
⑥ 中国第二历史档案馆藏中国华洋义赈会折件:《中国红十字会固始分会快邮代电》,全宗号 573,卷号 78,第 1 页。
⑦ Kozawa Moichi: *Civil War and the Rural Districts in Shantung*, p. 64, 转引自 Franklin L. Ho, *Population Movement to the North Eastern Frontier in China*. Shanghai: China Institute of Pacific Relations 1931, p. 15.
⑧ Lillian M. Li, "Life and Death in a Chinese Famine: Infanticide as a Demographic Consequence of the 1935 Yellow River Flood", *Comparative Studies in Society and History*, Vol. 33, No. 3 (Jul., 1991), p. 470.
⑨ 中国第二历史档案馆藏重庆国民政府赈济委员会折件:《潢川县政府呈报灾情电报》(1943 年 9 月 23 日),全宗号 116,卷号 459,无页码,文件原始分类号 5-2-2-14,卷号 41。

乡镇,受灾田亩 7 466 394 亩,受灾人口 1 853 340 人,死伤人数 5 271 人,倒塌房屋 502 757 间。① 次年,豫南潢川地区继续枯旱,西北部分"草粒未收,二麦绝少播植"。东南部分虽有布种,"而青苗萎细,收成难望。四境之内,野无柴草,室无收藏,垂毙之民,荡家破产"。逃亡人口达 10 万,田荒 10 万亩。遗弃田地,有数可稽者,达 18 万亩。② 安徽省临时参议会也称:"查皖西北各县,在地理上属豫东大平原之一部。故其灾情与豫东无甚出入。迩来中小农家,卖妻鬻子,举室流亡之情形,早已触目皆是。"③ 1947 年 1 月,因战争的影响,淮北仅淮阴等 16 个区的离村人口即达 8 万余人;④ 同年夏的一场水灾,在淮北造成了 590 万灾民。⑤ 1948 年的灾荒,据宿迁县政府统计,淹死人口 113 名,倒塌房屋 14 191 间,淹没秋禾 2 073 810 亩,被灾难民 608 600 人。饿死的人数远远超过淹死的数字,"乡镇每日饿毙数达 60 人"⑥。

尤须指出的是,民国建立后,把传统社会长期实行的常平仓等救灾措施完全废弃,人为地扩大了灾荒的恶果。⑦ 而在灾荒时期,各地官员总是大肆哄抬粮价,以中饱私囊。⑧ 甚至有军队在淮北与民争食,造成千余人死亡却无人过问的事件。⑨

4. 人相食

灾荒到来之时,饿殍遍野、遗骸满地已是淮北的常态。有人在诗中写道:"遗骸满路旁犬号,乌啄皮肉血染草。"⑩ 1875 年,赣榆县歉收,百姓以芋秧、稻草、豆饼、麦麸为食,"逃亡饿死者不计其数"。该县居民车殿扬家,两子饿死,其母自缢。薛荣因饿极吃灰而死。陈妈妈饿极自焚。董继谦饿死,其妻女自揣不能存活,一起投井而死。张宝乞食外出,其母自缢。王成立饿死,其妻饿极食旧绵噎死。王李氏将二女毒死,自己服毒而死。⑪

在灾荒中,"人相食"竟成了史不绝书的事。如弘治十七年(1504),淮安、凤阳等地"荐饥,人相食,且发瘗骸以继之"⑫。嘉靖三年(1524),沭阳大饥,"人相食"。⑬ 万历二十二

---

① 中国第二历史档案馆藏重庆国民政府赈济委员会折件:《立煌办事处电报》(1943 年 12 月 20 日),全宗号 116,卷号 425,无页码,文件原始分类号 5-2-2-3,卷号 86。
② 中国第二历史档案馆藏重庆国民政府赈济委员会折件:《潢川县政府呈报灾情电报》(1945 年 6 月 6 日),全宗号 116,卷号 459,无页码,文件原始分类号 5-2-2-14,卷号 41。
③ 中国第二历史档案馆藏重庆国民政府赈济委员会折件:《安徽省临时参议会等代电报该省灾况》(1943 年),全宗号 116,卷号 448,无页码,文件原始分类号 5-2-2-3,卷号 77。
④ 《苏北收复区亟待救济》,农林部农业推广委员会:《农情通讯简报》第 11 期,1947 年 1 月号,第 10 页。
⑤ 《苏北大水灾》,农林部农业推广委员会:《农情通讯简报》第 17 期,1947 年 6 月号,第 11 页。
⑥ 江苏省档案馆藏南京国民政府江苏省社会处折件:《宿迁县政府电呈本县水灾严重电请列入徐属同等救济(1948 年 5 月)》,全宗号 1009,卷号:乙-1920,缩微胶卷第 000773—000774 片。
⑦ Walter H. Mallory, *China: Land of Famine*, pp. 67-70.
⑧ Walter H. Mallory, *China: Land of Famine*, pp. 79-80.
⑨ 《奉豫军在许昌附近相持》,《申报》1927 年 4 月 13 日,第 6 版。
⑩ 钱崇威总纂:《重修沭阳县志》卷十四,民国年间抄本,第 116 页上。
⑪ 《赣榆被灾情形照述》,《申报》光绪三年一月二十四日(1877 年 3 月 8 日),第 2 页。
⑫ 张廷玉等撰:《明史》卷三十,北京:中华书局,1974 年,第 509 页。
⑬ 张奇抱等纂:《沭阳县志》卷一,康熙十三年刻本,第 22 页上。

年(1594),河南大饥,巡抚陈登云进饥民所食雁粪,"帝览之动容"。① 万历四十三年(1615),赣榆、沭阳大旱,"人人相食,鬻男女,道殣相望"②。崇祯六年(1633),淮安等地洊饥,"有夫妻雉经于树及投河者"。盐城教官王明佐自缢于官署。崇祯十三年(1640),大饥,"自淮而北自畿南,树皮食尽,发瘗胔以食"。③ 海州等地"民多流离,人相食"。④ 同年,有一节妇,"至沛时大饥,随众至湖掘草根为食。夫饿仆于路,氏守之。时群丐掠人为食,或劝氏宜早去,勿与夫同死。氏不应,抱其夫首坐于路旁,会日暮,果胥为乞丐刲食"⑤。

1852年,因黄河决口的影响,徐州府境内饥荒,"人互相食,饿尸遍野"。⑥ 次年,徐州府的饥荒继续蔓延,"其倒毙之尸,半被饥民割肉而食"。⑦ 1857年春,沛县"大饥,人相食,死者无算"⑧。

1911年,江苏淮海与安徽凤颍数万饥民,"寻觅倒卧路旁将死未气绝之人,拉至土坑内,刮其臂肉,上架泥锅,窃棺板为柴,杂以砻糠,群聚大嚼,日以为常"⑨。此类记述在史书中不绝于载。

据江善夫回忆,1911年,他目睹了宿县饥民抢饼的情形:

> 有一个乡下农民,卖了一挑柴,买了几块饼,因被饥民夺走,便直追不舍,由于彼此均以饥寒无力原故,跑起来非常缓慢,最后夺饼的饥民竟跑到厕所里,用人粪涂抹在饼上,希望能终于获得这几块饼,可是这个追逐的农民,他并不因饼已涂上人粪而放弃不要。相反的是将夺回之饼用水冲洗一下放在怀里带走(这件事是我当时亲眼看到的)。⑩

淮北各地都有灾荒,以致各地都有乱坟冢、乱坟岗之类的场所。淮阴籍作家司马中原曾描绘过一个"鬼滩":"坐在石砌的矮墙上,一眼就能望得见三里坡上的乱冢了,远远看上去真像许多底儿朝天的黄窑碗;坡上也夹生些东倒西斜的野榆和野柳,终年都摆出起大风的架势。那座乱冢是远近最大的一座,没有人数过那里有多少坟头,冢间野老鼠成群结队走,到处都觅得着野獾的巢穴。白天常无缘无故的起旋风,陀螺似的绕着坟头转;夜晚鬼火打一地绿灯笼,啾啾尖叫着随风乱滚,偶尔也看得见红眼狗端坐在装着弃婴的破蒲包

---

① 张廷玉等撰:《明史》卷三十,北京:中华书局,1974年,第511页。
② 唐仲冕总修:《海州直隶州志》卷三十一,嘉庆十六年刻本,第5页下。
③ 张廷玉等撰:《明史》卷三十,北京:中华书局,1974年,第511页。
④ 张奇抱等纂:《沭阳县志》卷一,康熙十三年刻本,第23页上。
⑤ 吴世熊等总修:《同治徐州府志》卷二十三下,同治甲戌年刻本,第82页上。
⑥ 赵明奇主编:《徐州自然灾害史》,北京:气象出版社,1994年,第332页。
⑦ 赵明奇主编:《徐州自然灾害史》,北京:气象出版社,1994年,第334页。
⑧ 赵明奇主编:《徐州自然灾害史》,北京:气象出版社,1994年,第341页。
⑨ 张廷骧:《不远复斋见闻杂志》卷十,1915年刻本,第1页下—第2页上。
⑩ 江善夫:《我的回忆》,《宿县文史资料》第1辑,宿县:1985年8月,第12页。

上,津津有味地啃着死人骨头。乱冢就在那样荒凉神秘的气氛里,被人们称做鬼摊[滩]了。"①

上述惨剧的发生,直接原因在于基本生存资源的匮乏。由于像黄河大决口之类的灾患是人为造成,因此,这种惨剧完全是人祸。

作为被传统国家政府牺牲的地区,淮北的生态已破败不堪,土地的生产能力严重衰退,但行政权力和其他权力并没有停止对这里的盘剥。由于传统政府不能提供充分的社会救助,淮北地区的农民缺乏抵抗灾荒的物质准备,在危机到来时,只能听天由命,人类甚至退化到了低等动物弱肉强食的生存状态。

二、温饱的江南

人类生产的目的是提高物质及精神生活的质量。江南农村和城镇的消费水平,集中地反映了江南经济发展的水平,包括生产、分配、交换等方面,并从中折射出整个江南社会的公平程度。

一般说来,消费是由生产、分配、交换支配的。在近代江南地区,城乡民众的消费主要由收入决定。江南地区农民的收入取决于以下两方面的因素:

第一,土地仍然是传统意义上的财富的象征,占有或佃种土地的数量基本上与农民的收入成正比。

为了考察土地与农民收入的关系,我们将不同时期的调查数据详列如下:

据田中忠夫1922年调查,江苏农场大小与农家每年收入的关系为:无土地28元,3亩以下40元,3—5亩81元,6—10亩141元,11—25亩241元,25—50亩539元,50亩以上1535元。② 另据20世纪20年代中期调查,金山县农民"自有的田,每亩可得生产约十五元,有二十亩的岁有三百元的进款。租田每亩可得四元,有三十亩的,也有百二十元收入"③。

20世纪30年代,无锡农民全年的收入中,每亩可收获春小麦1石,计银洋4元,秋熟粳米2石,计银洋18元,所得柴草合银洋2元,以上所得共计24元。生产性支出方面,每年每亩支出稻麦种子计银洋7角、肥料3元、工资3.5元(许多劳动由农民自己完成,该项工资通常可省去)、农具修理费3角、戽水1.5元,合计9元。每亩征租数额,夏麦两斗,计8角,冬租8斗,计7.2元,合计9元。除去各项支出外,佃种一亩田每年所得为6元。若是自耕农,则不必缴租,但须完纳省税0.443元、筑路亩捐5分、县税9.44分、亩捐6分、普及亩捐8分、义教亩捐2.34分、警察亩捐1角2分、抵预2分6厘、积谷5厘、农业改良捐2分6厘、外加清丈费1角、串捐每张2分、统扯每亩1.5877分,以上每亩总计须纳洋1.81877元。④ 自耕农每亩每年约得13元。

---

① 司马中原:《野烟》,《司马中原自选集》,台北:黎明文化事业股份有限公司,1975年,第103页。
② 田中忠夫著,仇沛生译:《江苏省农村经济状况》,(镇江)《江苏月报》第3卷第2期,1935年2月1日。调查时间为1922年,下同。
③ 金炳荣:《金山县的农民生活》,(上海)生活周刊社:《生活》第1卷第13期,1926年1月3日出版,第82页。
④ 陈一:《无锡农村之现况》,《农行周刊》第2卷第4期,1935年4月15日,第32页。

20世纪30年代无锡北夏区自耕农每年每亩土地可收入10余元,若是自己耕种,可收入20余元。佃农若是雇人耕种,反而亏本约1元,若是自己耕种,可收入9.021元。① 表面上看,佃农租种土地不如去当雇工。实际上,这是把佃农投入土地上的劳动力按市场价格计算的结果。尽管农民给人当雇工耕种1亩土地,理论上每年可获得10元工资,而佃种1亩土地自己每年所投入的劳动力仅相当于9元工资,但当雇工受劳动力市场供求关系影响很大,随时有被解雇的风险,并且,给别人当雇工无法利用农闲时间从事其他辅助性的手工业、副业等。所以,佃种土地仍属较为公平的谋生手段。

第二,江南农家的收入相当程度上取决于副业和手工业。

前文已讨论了江南地区的副业主业化和工业主业化现象。即使是纯粹的农村家庭,由于许多农副产品与世界市场联系在一起,副业不再是农家收入中可有可无的部分,而是非常重要的组成部分。那些从事副业工作人手多的家庭顺理成章地成为高收入阶层。松江农家每年从土地获得的收入为27.7石米,家庭手工业收入为2.2石米,副业收入为15石米。② 副业和手工业收入相当于土地收入的62.1%。

手工业对农家的重要性从下表可见一斑(见表8-9)。

表8-9 江南手工艺人数工资统计

手工艺类别	人数	每人每日平均工资/元
纸牌	500	0.200
花绷	650	0.096
黄东腰	11	0.125
枕头	109	0.070
花边	1 010	0.045
织袜	40	0.200
竹器	170	0.150
纸锭	100	0.097
结头绳	40	0.165
草帽鞭	20	0.100
米栈条	50	0.300

资料来源:王天予:《无锡北夏的农村经济》,《农行月刊》第2卷第10期,1935年10月15日出版,第24页。

据上表,无锡农民从事上述11种手工业,平均每日可得0.123元的收入。若每家平均有2人从事手工业,每年从事手工业的总时间为100天,则全家全年可得24.6元的收入,每家全年总收入以200元计,手工业收入占总收入的12.3%。这个数字与国外学者

---

① 王天予:《无锡北夏的农村经济》,《农行月刊》第2卷第10期,1935年10月15日,第25页。
② 中共苏南区委农村工作委员会:《苏南土地改革文献》,1952年内刊本,第521页。

对江南农村调查的结果非常吻合。

据田中忠夫的调查,1922年江苏吴江、江阴两县的农家全年收入分别为242和197元。别项收入如下(表8-10):

表8-10 吴江、江阴两县农民别项收入比例　　　单位:%

	江阴	吴江
家内工业	—	12.2
赁银	3.6	9.0
农作物	76.1	76.0
其他	20.3	2.8

资料来源:田中忠夫著,仇沛生译:《江苏省农村经济状况》,《江苏月报》第3卷第2期,1935年2月1日。调查时间为1922年,下同。

从表8-10可知,江南农村中土地收入仅约占农家收入的76%,手工业收入占12.2%。

另据美国学者马歇尔·约翰逊(Marshall Johnson)等研究,中国某些农村居民无法单纯依靠土地生活,他们从事副业活动,其范围从家庭手工业到被雇用到别人的农场中劳动,或是农闲季节到镇上打工。这些副业收入占典型农家收入的14%。加上市场销售和副业收入,农民大约从中获得他们所消耗的热量的1/5。[1] 可以断定,即使那些土地较少但副业人手多的家庭,在农村中同样具有较高的经济地位。

田中忠夫认为:"(南方)农作物及家内工业收入率,比北方较大,其他概比北方为小。农家收入,南方概比北方为多,可以窥知南方农家经济状态之良好。"[2]

据统计,在18世纪,中国南方每个成人每年米的消费量为2.17石[3],20世纪30年代无锡地区人均消费大米为201斤。[4] 据费孝通统计,吴江县开弦弓村成年女子和50岁以上的男子每人每年平均消费9蒲式耳的大米,合317.142升;40岁以上的女性每年每人消费7.5蒲式耳的大米,合264.285升;成年男子每人每年消费12蒲式耳大米,合422.856

---

[1] Marshall Johnson, William L. Parish, and Elizabeth Lin, *Chinese Women, Rural Society, and External Markets*, *Economic Development and Cultural Change*, Vol. 35, No. 2, January 1987, Chicago: The University of Chicago Press 1987, p. 260-261.

[2] 田中忠夫著,仇沛生译:《江苏省农村经济状况》,《江苏月报》第3卷第2期,1935年2月1日。调查时间为1922年。

[3] R. B. Marks, *Rice Prices, Food Supply, and Marker Structure in Eighteenth-Century South China*, Late Imperial China, No. 2, 1991. in Gang Deng, *The Premodern Chinese Economy: Structural equilibrium and capitalist sterility*, p. 12.

[4] Lynda S. Bell, *Farming, Sericulture, and Peasant Rationality in Wuxi County in the Early Twentieth Century*, Thomas G. Rawski and Lillian M. Li (ed.), *Chinese History in Economic Perspective*, p. 223.

升;10岁以上的儿童每人每年消费4.5蒲式耳大米,合158.571升。①

较高的收入水平,必然伴随较高的消费水平。在江南乡村,饮食方面,据常熟一位家中曾有10亩田、一头牛的学徒回忆,每到秋收,他们一家4口人可以吃上新米饭、糍团子、南瓜饼。② 金山县农民则终年以米为食,面粉只是作点心之用,"豆的需用很大,通常的人家都作为饭菜。内如黄豆作为豆腐,更天天不可少",青菜、菠菜等各种时令蔬菜,家家都很充足,"鸡鸭蛋,也是家常便饭"。③ 吴江县开弦村,在农忙季节,饭食非常丰盛,鱼和肉是常见之物。④ 句容地区,饮食嗜好方面,"宴会多饮土产米酒,解渴多饮安徽之茶,食料则以米为主体,其间有面食或其他杂粮者甚多"⑤。

史载:"吴人好食而精,调酌烹饪,莫不善加讲究,故味多可口。其羹肴以少为贵,一碟之馔,举箸可尽,食且不饱,而察其味美,即能得人赞许,反之则虽杯盘满盛,亦无足取者。又好另食,糖果饼饵,家常不绝,盖食之环境既丰富,非有补助物品不足以厌其欲也。"⑥此说大致不谬。

出身一般小康家庭的钱穆回忆:"先父钦素清简,率常以鲫鱼汤、银鱼鸡蛋、面筋塞肉、熏鱼、瘦肉丸、虾仁等数味为止。先母精烹饪。先父在外得佳肴,归告先母,必能依所言调制,惬先父之意。"⑦

武进,"婚丧事件,贺客或吊客,只送少数礼仪,而婚丧之家,例须招待三日饮食。故糜资甚巨"。⑧

镇江,"乡间人民,生活虽不如城区中人之家,但比贫者为优。类皆自耕农自织自筑,虽薄衣粗食隘室,尚可温饱。每日三餐,农忙时节,则四五餐不等。更有饕餮成俗,如宝堰一镇,酒店、饭馆林立。老农常作醉翁,可见其生活之不恶也"。⑨ 苏州地区,"即中人之家,一粥一饭,无饥色者,服食已视为不可少矣。夫如是,始能表示其身份,而不为人所鄙夷"⑩。

---

① Hsiao-tung Fei, *Peasant Life in China：A Field Study of Country Life in the Yangtze Valley*, p. 125.
② 袁真:《不堪回首》,(上海)生活周刊社:《生活》第1卷第5期,1925年11月8日出,第28页。
③ 金炳荣:《金山县的农民生活》,(上海)生活周刊社:《生活》第1卷第13期,1926年1月3日出版,第82页。
④ Hsiao-tung Fei, *Peasant Life in China：A Field Study of Country Life in the Yangtze Valley*, p. 128.
⑤ 中国第二历史档案馆藏档案:《各省市风俗调查纲要——句容县》(调查时间民国二十一年),全宗号12,案卷号527,目录号2。
⑥ 龚寿鹤:《苏州之地理环境》,《地理杂志》第4卷第5号,转引自李长傅:《分省地志:江苏》,上海:中华书局,1936年,第111页。
⑦ 钱穆:《八十忆双亲·师友杂忆》,北京:三联书店,1998年,第23页。
⑧ 王培棠:《江苏省乡土志》下册,长沙:商务印书馆,1938年,第454页。
⑨ 王培棠:《江苏省乡土志》下册,长沙:商务印书馆,1938年,第442页。
⑩ 龚寿鹤:《苏州之地理环境》,《地理杂志》第4卷第5号,转引自李长傅:《分省地志:江苏》,上海:中华书局,1936年,第111页。

衣着方面,20 世纪 20 年代中期的金山农民仍以土布为大宗,家庭富裕的农民常穿绸缎。近镇的农家子弟,"衣服式样,是宽大短衣,女子的服装,结绿倒也不喜,洋货却很爱用"。① 吴江县开弦弓村,村民至少有 3 套衣服,村中有身份的人在正式场合要穿丝绸长袍,中学生则穿欧式服装。②

居室方面,常熟普通居民多系中式瓦房和草房,瓦房在西南乡最为普遍;东乡及沿江一带,则以草房居多;西北乡的沙洲市,房屋大半为可以拆卸移动的草房,既经济又实用。③ 金山县农民,"房屋以瓦房的多,茅屋很少,土屋是没有的。室内还宽敞,天井也颇不窄,不过窗都很小,造制的原料,是砖木石灰"。④

表面上看来,江南地区的农家居住面积要小于北方农家。据日本学者的调查:住宅方面,浙江鄞县每家仅 1 间,江苏安徽为 2 间,山东河北为 3 间。南方的鄞县每户有 4 间房屋的家庭,仅占农家总数的 7.9%,"如以一室住二人为过密之标准,则此类过密之住宅,鄞县、仪征占百分之九〇,江阴为百分之五〇,吴江百分之二〇"。⑤ 江南居住面积较小,并不说明江南农家降低了生存资料的消费,"此盖以北方之住宅较之南方专以炼瓦为建房之材料节省甚多耳"⑥。

江南地区享受资料的支出已占消费支出的很大部分。常熟民众平时交际多以酒楼、茶肆为会集处所,供膳饮酒,一般人已习惯于早茶、晚茶和夜酒。茶楼酒肆约占全县商店的 20%。⑦ 金山县农家每逢节日或雇人做工,或有亲友往来时,猪肉、鱼等则属必备食品,"酒的销路也很大,有烧酒陈酒两种,有事时,必须应用外,喝饮的颇多"⑧。吴江县开弦弓村,男人们通常每隔一周到 10 天,就要到茶馆中享受一下,有时候妇女也会随其丈夫出现在茶馆中。⑨ 苏州城外的角直镇,饮茶的男子约占总数的 70%,"拍曲子"的约占总数的 45%。⑩ 在江阴的某些地区,有些农民则不愿种地,"到街上来学一种时髦,就是坐在茶馆

---

① 金炳荣:《金山县的农民生活》,(上海)生活周刊社:《生活》第 1 卷第 13 期,1926 年 1 月 3 日出版,第 82 页。

② Hsiao-tung Fei, *Peasant Life in China: A Field Study of Country Life in the Yangtze Valley*, p. 124.

③ 中国第二历史档案馆藏档案:《常熟县风俗调查纲要》(调查时间民国二十一年九月),全宗号 12,案卷号 527,目录号 2。

④ 金炳荣:《金山县的农民生活》,(上海)生活周刊社:《生活》第 1 卷第 13 期,1926 年 1 月 3 日出版,第 82 页。

⑤ 田中忠夫:《江苏省农村经济状况》,《江苏月报》第 3 卷第 2 期,1935 年 2 月 1 日。

⑥ 田中忠夫:《江苏省农村经济状况》,《江苏月报》第 3 卷第 2 期,1935 年 2 月 1 日。

⑦ 中国第二历史档案馆藏档案:《常熟县风俗调查纲要》(调查时间民国二十一年九月),全宗号 12,案卷号 527,目录号 2。

⑧ 金炳荣:《金山县的农民生活》,(上海)生活周刊社:《生活》第 1 卷第 13 期,1926 年 1 月 3 日出版,第 82 页。

⑨ Hsiao-tung Fei, *Peasant Life in China: A Field Study of Country Life in the Yangtze Valley*, p. 129.

⑩ 严大椿:《角直富男子的日常生活》,(上海)生活周刊社:《生活》第 1 卷第 28 期,1926 年 5 月 2 日出版,第 171 页。

里,打麻雀〔牌〕,说闲话,吸鸦片,直到太阳西坠";还有的人,"天天邀了几个朋友,饮酒,行令,斗牌"。① 武进农家,"家中稍有资产者,多不能长期维持,浪子一出,每将其祖传产业,为把注赌博及吞云吐雾之用"。②

即使奉行"居家宜俭,待客须厚"③的大部分江南人,如有婚丧喜庆,主家也通常要借债举办各种酒宴。据对上海杨树浦附近4个村的调查,一家因婚事向他人借入款项66元,另一家则因葬费借入20元。金山县一农民女儿出嫁,一次性花费150元。与之有往来的客人要备足礼金亲临吊贺。"至节令时间,不论贫富,恒以礼物馈赠或备宴招待为赏节之举。"④在吴江县开弦弓村,举行仪式的场合是没有节俭的观念的。丧葬和结婚仪式上的开支不被看作个人的消费,而是被视为承担社会义务。一个好儿子必须为其父母提供尽可能好的棺材和坟墓。在结婚仪式上,双方父母要备上最好的结婚礼物和嫁妆,并要尽力提供最丰盛的宴席。⑤

就收支关系而言,无锡受调查的5 591户中,盈余311户,占5.6%;收支相抵1 560户,占27.9%;亏空2 386户,占42.7%;不明1 334户,占23.9%。另有人估计,无锡收支有余的农家占15%,收支不敷的农家占40%,收支相抵的农家占45%。以每户5口人计,无锡北夏农家每年最基本的支出在258元左右,如果是自耕农,需要拥有25亩土地才能维持生存和最基本的需要,佃农则至少需要31亩才能生存下去。⑥ 人均约需维持费51.6元,可购6—7石米。

江南城市地区不同的职业具有不同的收入。1950年,苏南土地改革部门将其划分为4个级别:第一级别为工商业家、资本家代理人、富户;第二级别为普通工商业家、自由职业者、普通住户;第三级别为一般公务员、小商人、家庭手工业者、一般自由职业者;第四级别为出卖劳动力者、工人、小手工业者、小贩、城市贫民。各个级别在不同城市所占人口比重如下(表8-11):

---

① 薛宝林:《青阳镇之贫民生活》,(上海)生活周刊社:《生活》第1卷第6期,1925年11月15日出版,第37页。
② 李范:《武进县乡村信用之状况及其与地权异动之关系》,萧铮主编:《民国二十年代中国大陆土地问题资料》第88种,第46872页。
③ 中国第二历史档案馆藏档案:《江苏镇江等六十一县风俗调查纲要》(调查时间民国二十一年),全宗号12,案卷号527,目录号2。
④ 金炳荣:《金山县的农民生活》,(上海)生活周刊社:《生活》第1卷第13期,1926年1月3日出版,第81—82页。
⑤ Hsiao-tung Fei, *Peasant Life in China: A Field Study of Country Life in the Yangtze Valley*, p. 120.
⑥ 王天予:《无锡北夏的农村经济》,《农行月刊》第2卷第10期,1935年10月15日出版,第21—26页。

表 8-11　1950 年苏南各区不同阶层所占的比重　　　　单位:%

区别	级别	占比	区别	级别	占比
镇江		100.00	苏州	3	25.48
	1	3.54		4	52.29
	2	17.31			100.00
	3	26.35		1	3.88
	4	52.80		2	15.49
常州		100.00		3	27.29
	1	3.54		4	53.34
	2	17.31	松江		100.00
	3	26.35		1	3.54
	4	52.80		2	17.31
无锡		100.00		3	26.35
	1	3.22		4	52.80
	2	19.01			

资料来源:江苏省档案馆藏档案:《苏南城市人民消费典型调查》(一),缩微胶卷号 3070(永)—1938。

表 8-11 中,第一阶层在无锡和苏州所占的比重分别为 3.22%和 3.88%,在镇江、常州、松江三地均为 3.54%;第二阶层在无锡和苏州所占的比重分别为 19.01%和 15.49%,在镇江、常州、松江三地均为 17.31%;第三阶层在无锡和苏州所占的比重分别为 25.48%和 27.29%,在镇江、常州、松江三地均为 26.35%;第四阶层在无锡和苏州所占的比重分别为 52.29%和 53.34%,在镇江、常州、松江三地均为 52.80%。镇江、常州、松江三地各阶层众多数据的巧合,恐与当时人为预先设定各阶层的比例有关。

实际上,即使同一身份中,收入也是悬殊的。如同为工人,不但不同行业工资相差很大,而且同一行业、同一部门也相差很大。1930 年,无锡丽新布厂的工人最高月薪达 130 元,最低只有 5 元,劝工、丽华、新华、竞华等厂的工人最低月薪仅有 3 元。[1] 上海申新九厂 1938 年 7 月份的工资中,同为精纺科的工人,有的每工值 1.100 元,有的仅值 0.238 元,[2]月薪不到 10 元;而在上海电力公司工作的工人,有的月薪达 160 元;上海甲等邮务员的月薪竟高达 500 元,即使试用人员月工资也达 40—100 元。[3]

不同阶层的消费总额有很大的差别,但据统计,即使是苏南最底层居民,其消费水平也达到相当的高度。详见表 8-12:

---

[1] 《无锡市染织业搜集厂史资料参考》,转引自徐新吾主编:《江南土布史》,上海:上海社会科学院出版社,1992 年,第 579 页。

[2] 朱邦兴等:《上海产业与上海职工》,上海:上海人民出版社,1984 年,第 50 页。

[3] 朱邦兴等:《上海产业与上海职工》,上海:上海人民出版社,1984 年,第 196、392—393 页。

表 8-12 苏南区城市各级人民每人每年消费数额

级别	阶层	每人每年消费总额/折米斤	各级平均数量/斤	指数
1	工商业家	1 889	2 017	100
	资本家代理人	2 098		
	富户	2 091		
2	普通工商业家	1 188	1 019	50
	自由职业者	1 336		
	普通住户	874		
3	一般公务员	950	1 088	54
	小商人	891		
	家庭手工业者	1 067		
	一般自由职业者	1 441		
4	出卖劳动力者	677	762	38
	工人	860		
	小手工业者	707		
	小贩	601		
	城市贫民	670		

资料来源：江苏省档案馆藏档案：《苏南城市人民消费典型调查》(五)，缩微胶卷号3070(永)—1938。

据表 8-12，苏南第一级别中，每人每年消费总额约合米 2 017 斤，第二级别约合 1 019 斤，第三级别约合 1 088 斤，第四级别约合 762 斤。

1929—1930 年，上海第四级别的居民，每家平均人口为 4.62 人，受雇用者为 2.06 人，年收入为 416.51 元，[1]相当于 45.3 担米，[2] 人均年收入相当于 980.5 斤米。

江南城市居民的消费中，在最基本的食物消费方面，结构比较合理、营养较为丰富，日常消费多为精细食物。具体数据详见下表(表 8-13)：

---

[1] Eleanor M. Hinder, *Life and Labour in Shanghai: A Decade of Labour and Social Administration in the International Settlement*, New York: Institute of Pacific Relations 1944, pp. 44-45.

[2] 米价以每担 9.20 元计。据 David Faure, *The Rural Economy of Pre-Liberation China: Trade Expansion and Peasant Livelihood in Jiangsu and Guangdong*, 1870—1937, p. 65.

表 8-13 苏南区城市各级居民每人每年消费日常食物数量表

区别	级别	米/担	面粉/斤	食油/斤	盐/斤	酱油/斤	糖/斤	蔬菜/斤
镇江		3.08	26.93	8.34	11.99	—	—	10.38
	1	3.74	21.29	15.38	9.11	—	—	28.43
	2	3.27	45.31	11.99	25.19	—	—	20.32
	3	3.21	15.61	8.16	8.46	—	—	9.85
	4	2.91	—	6.76	9.61	—	—	6.17
常州		2.67	23.34	7.40	9.23	11.58	2.53	12.64
	1	2.67	7.52	9.19	7.08	6.00	3.13	41.01
	2	2.99	20.10	12.57	10.30	12.32	7.74	23.63
	3	3.75	11.08	9.55	9.83	19.00	7.10	12.18
	4	2.02	31.58	4.52	8.73	8.00	1.00	7.36
无锡		3.22	29.97	10.19	7.10	8.45	3.35	13.52
	1	2.79	38.90	17.86	6.94	8.92	6.86	25.37
	2	3.34	26.35	10.72	7.54	7.91	3.80	14.51
	3	3.14	41.74	11.20	5.72	8.24	2.59	18.28
	4	3.25	25.00	9.03	7.63	8.72	3.33	10.12
苏州		2.50	21.98	11.06	7.73	6.52	—	18.35
	1	1.70	22.30	17.65	10.97	11.81	—	20.28
	2	1.69	14.90	11.10	6.72	8.11	—	10.10
	3	3.21	26.14	15.97	8.83	7.91	—	16.25
	4	2.42	22.00	8.05	7.23	4.96	—	20.81
松江		3.12	13.48	5.91	8.40	—	2	12.35
	1	3.51	9.43	2.81	7.00	—	—	11.67
	2	3.33	—	6.20	6.50	—	2	24.00
	3	3.47	16.00	5.33	8.00	—	—	8.50
	4	2.85	12.50	6.31	9.31	—	—	10.50

资料来源：江苏省档案馆藏档案：《苏南城市人民消费典型调查》(一)，缩微胶卷号3070(永)—1938。

据表 8-13，以各市平均而论，无锡消费的米、面粉和糖最多，分别为 322、29.97 和 3.35 斤；油和蔬菜的消耗量以苏州最高，每年每人平均消费油和蔬菜分别为 11.06 和 18.35 斤；镇江各级别用盐最多，每年人均用盐 11.99 斤。人均消费粮食最少的是苏州地区，每人每年平均仅消费米和面粉的总量为 271.98 斤，尤其是第一、二级别消费的米和面粉总量都不足 200 斤。以不同级别的消费而论，只有镇江地区级别越高的家庭，消费的米和面粉总量越多；常州地区第二级别消费的米和面粉要明显高于第一级别，第三级别消费的米和面粉,总量又明显高于第二级别;无锡地区以第一级别消费的米和面粉数量最低,仅为310斤左右,其他第二、第三和第四级别消费的米和面粉总量基本相同,均在350—360斤;松江地区前3个级别消费的米和面粉总量基本相同,只有第四级别消费米面的总量稍次。

有人指出:"淮河以至江南,完全吃米。吃米地方之蔬菜,较吃麦地方之蔬菜为丰富。乡人有时且啖鱼嚼肉。淮河以北即不如此。饭时有一二碗素菜即为已足。吃肉之次数极少。一年除新年、端午、中秋及收粮食时期以外,是无肉可吃。"①

江浙茶馆非常发达,每日自朝至夜,坐客常满。可以喝茶、吃点心、吃饭、打牌或下棋,还有理发设备,一般由澡堂兼代。②镇江,"人民多以茶寮生活为乐,……至乡区茶肆,昔有吃讲茶之风气,经政府举行茶馆登记,严加取缔,已不多见"③。1933年,学者在常熟发现:"茶馆业林立,农民三五一桌,几无虚席,光身赤脚,且饮且谈,闻茶资每壶只铜元六枚,可以尽冲开水,闲坐整日。全个常熟的农夫差不多都有这样趣味。"④

对江南城市居民而言,米和面粉已不属于美食之列,在苏州、常州、无锡、松江地区,都有收入较高的级别消费米、面较少的现象,尤其是苏州、无锡两地,由于收入高的居民消费的肉、鱼等副食品较多,米、面的消费大为下降,这不是生活水平下降的表现,而是生活水平提高的证明。

就平均数而言,苏州地区消费的肉、鱼数量最多,每人每年平均分别达到10.45和7.72斤;无锡消费肉的数量仅次于苏州,每人每年平均为8.77斤。以不同收入层次的消费量而论,松江第一级别消费的肉类最多,每人每年平均达到48.29斤。⑤

据调查者分析:"副食的每人每年消费量,以无锡为最大,食油、肉的数量,都居第一,苏州次之。但无锡、苏州每人消费盐的数量则较少,镇江与此相反,一般副食的消费量都较低,而盐的消费量则最多。这可以由经济情况来解释,苏、锡二区工农业生产较发达,人民生活比较优裕,副食消费较多,盐的消费则较少,因为可以用别的较贵的味料来代替,如糖、酱油等。……用酱油数量多的地区,用盐量即较少,常州区的副食消费情况也次于苏、锡。"⑥尽管这段话所说的消费情形与前表的数据略有出入,但这种解释仍然是比较合理的。

在江南丝绸业、电力、邮电等部门中,工人来自苏南本地的较多,所以,工人吃鱼吃肉的现象非常普遍。⑦

当然,在江南收入最低的居民中,尤其是来自苏北的移民,有许多类似欧洲工业化早期工人家庭的情形。近代早期的欧洲,不少工人收入较低,生活消费以维持基本的温饱为

---

① 王培棠:《江苏省乡土志》下册,长沙:商务印书馆,1938年,第349页。
② 王桐龄:《江浙旅行记》,转引自李长傅:《分省地志:江苏》,上海:中华书局,1936年,第112页。
③ 王培棠:《江苏省乡土志》下册,长沙:商务印书馆,1938年,第441页。
④ 行政院农村复兴委员会编:《江苏省农村调查》,上海:商务印书馆,1934年,第81页。
⑤ 江苏省档案馆藏档案:《苏南城市人民消费典型调查》(一),缩微胶卷号3070(永)—1938。
⑥ 江苏省档案馆藏档案:《苏南城市人民消费典型调查》(一),缩微胶卷号3070(永)—1938。
⑦ 朱邦兴等:《上海产业与上海职工》,上海:上海人民出版社,1984年,第129页。

主,大约有 80% 的收入被用在食物上,10% 花在住房及相关的费用上,另外 10% 花在衣物和其他物品上。[1] 20 世纪 20 年代中期,上海非技术工人的食物开支通常占总收入的 50% 至 60%。详见下表(表 8-14):

表 8-14　1920—1927 年上海工人家庭收入分配表

职业类别	人均月收入/元	各项支出占总收入的比重/%				
		食物	房租	衣物	燃料和照明	其他
1920 年的工人	15.5	63.1	15.7	10.6	—	10.6
1925 年的工人家庭	21.0	64.4	8.5	7.1	9.5	9.5
1925 年的技术工人	38.5	42.0	14.0	11.0	7.0	26.0
1925 年非技术工人	21.7	52.0	13.0	10.0	9.0	16.0
1927 年的工人	19.5	53.8	15.4	9.5	9.5	5.9

资料来源:Jean Chesneaux (trans. By H. M. Wright), *The Chinese Labor Movement 1919—1927*, Stanford: Stanford University Press 1968, p.99.

据表 8-14,1920—1927 年,上海一般工人家庭的食物开支占总收入的 42% 至 64.4%,用于交际、教育等其他方面的开支仅占收入的 5.9% 至 26%。1925 年上海技术工人的食物消费所占收入的比重最低,为 42%,用于其他方面的开支相对较高,为 26%。

在近代江南工业各部门中,棉纺织部门工人的消费相对较低,可能是这些部门中来自贫困地区的工人较多造成的。据 1938 年的调查,上海许多棉纺业的工人,"只好不吃鱼肉,少吃蔬菜,大多数只买点黄豆芽、干咸菜来混混饭"[2]。上海某厂有位工人每工只有 0.38 元,却要养活母亲和弟妹 4 人,"只能饱一顿饿一顿的苦捱",类似的情形"在十家纱厂工友中,要占六家"[3]。

在苏南城市居民消费的燃料、照明物品中,柴草仍然占有较大的比重,但电力、煤炭、火油等已进入居民家庭,并占有一定的份额。常州居民消费的柴草数量最少,人均年消费柴草为 5.09 担;松江居民消费柴草和火油最多,人均年消费量分别 22.04 担和 2.83 斤。镇江居民消费煤炭数量最多,人均年消费煤炭 55.98 斤。苏州居民消费水电最多,人均年消费水电 3.63 万元(1950 年币值,下同),常州次之,为 3.17 万元,再次为无锡,为 2.86 万元。从居民的燃料和照明物品消耗中,可以看出苏南居民的生活已离不开煤炭、电力这类工业化时代的产品。[4]

从衣着方面的消费来看,苏南城市居民的衣料、式样等都有很大的变化。苏南城市中,以松江消费的棉布数量最多,每人每年平均消费棉布达 1.96 丈;苏州、无锡两地消费

---

[1] Richard L. Rudolph, *The European Peasant Family and Society: Historical Studies*, Liverpool University Press 1995, p.160.
[2] 朱邦兴等:《上海产业与上海职工》,上海:上海人民出版社,1984 年,第 76 页。
[3] 朱邦兴等:《上海产业与上海职工》,上海:上海人民出版社,1984 年,第 76 页。
[4] 江苏省档案馆藏档案:《苏南城市人民消费典型调查》(一),缩微胶卷号 3070(永)—1938。

的棉布基本相当,每人每年平均消费的数量分别为1.79和1.77丈。袜子的消费以苏州最多,每人每年平均消费2.52双。鞋的消费只有常州有统计数据,大约每人每两年消费1双鞋。镇江、常州两地消费的棉布、棉花相对较少。①

调查者认为造成上述现象的原因为:"(1)镇江城市经济情况较差。(2)无锡工业发达,苏松二区产棉,来源较多,因此棉花的消费也多。"②笔者认为这仅是问题的一个方面。

另一方面,随着江南城市居民收入水平的提高,人们已不再把棉布作为主要衣料。松江市居民收入处于第三、四级别的居民消费的棉布数量均超过了第二级别的居民,无锡则以第四级别人均消费的棉布数量最多,常州市第二级别人均消费的棉布远多于第一级别人均消费数量。这就说明,许多收入高的居民对棉布的消费量开始下降。相反,丝绸衣料在江南城市居民中,很早就占据相当的比重。据20世纪30年代对常熟地区的调查:"本县人民之服饰凡稍有资产者均趋于奢侈,而上、中阶级民众均普遍服用丝绸。至化装品之调用,妇女界及一般自命为漂亮之青年均视为日常必需品,而工农贫苦群众,男子则均青衣小帽,女子则均短衣长裙。"③该地男子,绅商学界多穿长袍、马褂、西装、学生装。长袍、马褂原料一般用绸缎,西装、学生装原料用哔叽,间或用棉布。只有工农阶层常年穿青布短衣或工装。城镇女子多穿旗袍。④句容地区,服饰习尚,"城市妇女多时装"。⑤1937年前后的上海甲等邮员(相当苏南城市中的第三级别)"他们的生活豪富优裕,……穿的不是西装便是绸衣"。⑥

江南穿衣方面也非常讲究。如"吴人衣饰务时,翠袖革履,习为常服,花式翻新,相互竞效,姗姗街市,望若神仙中人,王孙闺秀,触目可见"⑦。苏州有谚语曰:"身穿鞣绸衣,归家无饭米。"⑧江南人夏季衣服,绸多于布,"故着绸者亦不以奇。不怕家穷,只怕身穷。即家饔飧不继,但衣不可缺绸与罗。故俗语有之:'不怕天火烧,只怕阳[阴]沟里跌一跤。'此即形容江南人宁可以肚里吃不饱,不可以身上穿不好"。此风都市更甚。江南冬季多穿毛织品、丝织品。富人则不惜重金,购买洋货,或者西口、北口狐皮、貂皮,式样务求时新。过时衣服,则送到"长生库"不取赎,常被悬于衣庄门口作市招。⑨

江南人敢于炫富,一可以推动消费;二说明社会治安比较好,百姓有安全感;三容易激

---

① 江苏省档案馆藏档案:《苏南城市人民消费典型调查》(一),缩微胶卷号3070(永)—1938。
② 江苏省档案馆藏档案:《苏南城市人民消费典型调查》(三),缩微胶卷号3070(永)—1938。
③ 中国第二历史档案馆藏档案:《常熟县风俗调查纲要》(1932年),全宗号12,案卷号527,目录号2。
④ 中国第二历史档案馆藏档案:《常熟县风俗调查纲要》,全宗号12,案卷号527,目录号2。
⑤ 中国第二历史档案馆藏档案:《各省市风俗调查纲要——句容县》(调查时间民国二十一年),全宗号12,案卷号527,目录号2。
⑥ 朱邦兴等:《上海产业与上海职工》,上海:上海人民出版社,1984年,第412页。
⑦ 龚寿鹤:《苏州之地理环境》,《地理杂志》第4卷第5号,转引自李长傅:《分省地志:江苏》,上海:中华书局,1936年,第111页。
⑧ 龚寿鹤:《苏州之地理环境》,《地理杂志》第4卷第5号,转引自李长傅:《分省地志:江苏》,上海:中华书局,1936年,第111页。
⑨ 王培棠:《江苏省乡土志》下册,长沙:商务印书馆,1938年,第348页。

发其他人的求富欲,有利于社会财富的积累;四有利于提高整体生活的文明程度;五也是最为重要的是,有助于养成自主的个性,不必像淮北人那样,处处考虑别人对自己的看法和觊觎。

医药费用开支最高的为常州,人均年消费医药 0.16 万元;苏州第一级别在各阶层中消费医药费最多,年消费量达 2.07 万元。①

对于收入居第一、二级别的阶层而言,他们的衣食住行等日常消费基本不受困扰。对第三、四级别的家庭而言,他们最担心的是生病,医药开支往往会成为他们难以承受的负担。20 世纪 30 年代月收入四五十元的邮务员,"以上海的生活程度来支配,一夫一妻的小家庭底生活尚能免[勉]强维持,……家里不能有人生病,否则生活就要发生障碍";像月收入三四十元的信差,"有病只好不看"②。

医药费用支出明显偏低,是中国城市居民中普遍存在的问题。1927 年,北京月收入平均为 17.58 美元的家庭开支中,所有健康项目包括医生治疗费、医药费、牙粉和舌苔刮刀,平均每月只有 25 美分③,仅占总收入的 1.42%。健康项目的支出偏低,表明中国城市社会的发展尚不充分。

马克思早就指出,个人受教育、发展智力、履行社会职能、进行社交等是每个人的基本需要。④ 苏州居民花费的交际费用最多,人均年交际费用为 6.91 万元,苏州第一级别所花费的交际费用也居苏南各阶层之首,人均年交际费用为 34.80 万元。无锡居民花费的交际费用最少,但他们的教育费用最高,人均年教育费用达 2.84 万元,尤其是无锡第一级别花费的教育费用,每人每年平均达 17.90 万元。⑤

江南人"善于谈话,长于修辞,资质聪明,作事颇能计算。其缺点为不肯牺牲目前利益以求将来幸福。其结果为怯弱无能为。且迷信甚深。城区居民又喜虚荣与奢侈,实为美中不足"⑥。

镇江"迷信神权,朝山进香,岁有定例。曩年都天会盛行,消费至数万金。经政府禁止后,此风稍戢。岁时令节之土风,昔有于清明节扮小寡妇上坟,中元节延僧道举行盂兰会之恶俗。近亦查禁殆尽。惟春间仍有谢花神之举"⑦。

无锡"以交通便利,教育普及,故风俗尚称驯良。惟以近年受沪上浮华习俗之影响,故所事流于奢侈。婚丧喜庆,崇尚虚荣,颇多无谓之靡费。生活方面,富户自不必论,乡间农民,自耕农差可温饱,半自耕农已难敷衍。佃农则饔飧不继矣。无论贫富,一律以米为粮,

---

① 江苏省档案馆藏档案:《苏南城市人民消费典型调查》(一),缩微胶卷号 3070(永)—1938。
② 朱邦兴等:《上海产业与上海职工》,上海:上海人民出版社,1984 年,第 412 页。
③ Sidney D. Gamble, "Peiping Family Budgets", *The Annals of the American Academy of Politica and Social Science*, Vol. 152, November 1930, p. 85.
④ 《马克思恩格斯文集》第五卷,北京:人民出版社,2009 年,第 306 页。
⑤ 江苏省档案馆藏档案:《苏南城市人民消费典型调查》(一),缩微胶卷号 3070(永)—1938。
⑥ 王培棠:《江苏省乡土志》下册,长沙:商务印书馆,1938 年,第 446 页。
⑦ 王培棠:《江苏省乡土志》下册,长沙:商务印书馆,1938 年,第 441 页。

菜味重甜,烹调之术,与苏州、常熟并驾。衣分绸布,住则一律瓦屋。间有茅庐,为客民所居"①。

综上所述,苏南城市居民的消费深受工业化的影响,食物结构以米为主食、面粉居次,面粉主要用来做点心;肉、鱼等高档食物的消费有了很大的增加,超过了中国其他地区的消费量,食物类型逐步向结构合理、营养全面的方向发展。许多在中国其他地区被视为享受性的食品,在江南地区往往成为日常消费食物。在衣着消费方面,除了棉布的消费外,丝绸、呢料等越来越被人们采用,西装、旗袍等也进入寻常居民家庭。

在燃料、照明物品的消费方面,电力、煤炭占有相当的比重。苏南城市居民对交际、教育的投入比重较大,而对医药的消费相对偏低。这也是江南城市居民消费有待提高之处。

近代江南农家收入取决于他们耕种土地的数量,劳动力的数量,以及从事副业、手工业的人数,江南农家经济已从"有土斯有财"的局面过渡到"有土斯有财"与"有力斯有财"相并立的局面,各个家庭只要有可供出卖的劳动力或从事副业的人手,家庭收入就会大大增长,这在一定程度上提高了社会分配的公平程度。江南农家的食物相对比较精致,享受性的开支占有一定的比重,中农的消费结构大约与苏联相当,但在底层农民家庭的开支中,教育等发展资料所占的比重相对较小。

三、苏北:非人的妇孺

在灾难频仍的社会里,儿童和妇女是没有正常的人权的,显然更易受到伤害。

战争年月,妇幼会直接沦为强势者的口中食。隋末横行淮北一带的朱粲,有众20万,"每破州县,食其积粟将去,悉焚其余。军中乏食,乃教士卒烹妇人、婴儿啖之。曰:肉之美者,无过于人,但使他国有人,何忧于馁?"②隋著作郎陆从典、通事舍人颜愍为楚州宾客,"合家皆为所啖",后"又税诸城堡细弱以供军食"。③

《水浒传》中的梁山"义士"李逵,为了逼朱仝入伙,毫无顾惜地摔死了幼儿小衙内。淮阴有位备受传统伦理赞扬的义妇,与后夫育有二子,得知后夫有杀前夫之仇时,当即向衙门控告,为前夫复仇后,"又自念以色累[前]夫,以身事仇。二子仇人之子也,义不可复生。即缚其子赴淮,投之于水,已而自投焉。盖以谓不义而生,不若义而死也,故谓之义妇"④。

某些地区,幼儿更是乡民们奉献给"神"的祭品。在东海县,曾经为了平息虎患,"里人岁输一童男,于赛社日,送社庙中"。⑤

一些殉夫而被旌表为节烈的妇女,往往怀有愚昧的"大义"而泯灭基本的人性,她们在自尽时,是从不考虑其幼子弱女的生命的。乾隆初年,山阳县烈女徐习曾妻陈氏,"夫亡三月,举遗腹子,寻自缢"。⑥清末,阜宁庠生宋凤仪妾李氏,因其夫溺水,李号曰:"夫君葬鱼

---

① 王培棠:《江苏省乡土志》下册,长沙:商务印书馆,1938年,第450页。
② 郭大纶修:《淮安府志》卷十五,万历年间刻本,第3页上。
③ 郭大纶修:《淮安府志》卷十五,万历年间刻本,第3页上—下。
④ 段朝端纂:《续纂山阳县志》卷七,民国十年刻本,第2页上。
⑤ 许绍蘧:《连云一瞥》,无锡:协成印务局,1936年,第116页。
⑥ 胡裕燕修:《清河县志》卷二十四,光绪二年刊本,第1页下。

腹，我何生为？幸以幼女见累，语毕复赴水死。"① 盐城刘乙堂妻孔氏，"夫殁欲自裁以殉，时方有娠，冀生男以延宗祀。居无何，果生男，毓之至四岁，慨然曰：儿已能自饮食，吾虽死，可以告无罪矣。以孤儿托之姑，仰药卒"。② 顾式金妻杨氏，夫殁抚嗣子，因遭逼嫁，"归嗣子于其父母，哭拜夫墓，仰药而死"。③ 徐长春妻周氏，挈两幼子乞食，因遭抢孀未遂，投水而死。④ 生员刘子奇妻徐氏，"甫生子，而子奇病卒，欲自经"。⑤ 沛县房理运妻，"生一女，甫七龄。理运死，家贫，氏尽所有以葬，至夜，氏携女出沉水死"。⑥ 姜凤来妻高氏，婚后六年，"夫故，乘隙自缢，遗子女各一"。⑦ 杜士成妻罗氏，"夫故，以有遗腹，不果殉。越四月生，抚育至四岁，见其离母能活，服毒死"。⑧ 董思孝妻姜氏，"于归后生子女各一，夫殁……仰药死，年二十七"。⑨ 程文来妻刘氏，"适文来生一子一女，夫卒，氏痛泣极哀，越七日，服毒殉，年三十"。⑩

灾荒中，牺牲儿童多为无可奈何之举。嘉靖年间（1522—1566），林希元疏云："大饥之年，民父子不相保，往往弃子而不顾。臣昔在泗州，见民有投子于淮河者，有弃子于道路者。"⑪同时代的大学士杨廷和疏曰："淮、扬、邳诸州府，见今水旱非常，高低远近一望皆水，军民房屋田土概被淹没，百里之内，寂无爨烟，死徙流亡，难以数计。所在白骨成堆，幼男稚女称斤而卖，十余岁者，止可得钱数十，母子相视痛哭，投水而死。"⑫

在灾荒时，常有些出生不久、尚不能行走的婴儿被父母弃于道旁；能自己行走的幼儿则被捆缚于道，以冀被路人捡走，保全一条生命。淮北歌谣中写道："缚孤儿，孤儿缚急啼声悲。主人出门呵阿母，阿母垂涕洟：已经三日不得食，安用以子殉母为？不如弃儿去，或有人怜取。主人闻言泪如雨，家中亦有三龄女，前日弃去无处所。"⑬

1875年，赣榆庄氏携幼子佣工，主人嫌其子累赘，庄氏遂闷死其子。张维金、王德之妻等均因家中乏食，处死其女。⑭ 1906年，沭阳水灾，有的妇女"怀抱弱息呱呱啼，无乳以

---

① 刘崇照修：《盐城县志》卷十四，光绪二十一年刻本，第2页下。
② 刘崇照修：《盐城县志》卷十四，光绪二十一年刻本，第4页上。
③ 刘崇照修：《盐城县志》卷十四，光绪二十一年刻本，第4页下。
④ 刘崇照修：《盐城县志》卷十四，光绪二十一年刻本，第5页上。
⑤ 潘镕纂修：《萧县志》卷十四，嘉庆二十年刻本，第11页下。
⑥ 于书云修：《沛县志》卷十四，民国九年铅印本，第49页下。
⑦ 于书云修：《沛县志》卷十四，民国九年铅印本，第49页下。
⑧ 于书云修：《沛县志》卷十四，民国九年铅印本，第49页下。
⑨ 于书云修：《沛县志》卷十四，民国九年铅印本，第49页下。
⑩ 于书云修：《沛县志》卷十四，民国九年铅印本，第50页上。
⑪ 杨景仁：《筹济编》，李文海、夏明方主编：《中国荒政全书》第2辑第4卷，北京：北京古籍出版社，2004年，第257页。
⑫ 《明实录》"明世宗实录"卷三十四，台北"中研院"历史语言研究所1962年校印本，傅玉璋等主编：《〈明实录〉安徽经济史料类编》，合肥：黄山书社，2003年，第101页。
⑬ 钱崇威总纂：《重修沭阳县志》卷十四，民国年间抄本，第116页上。
⑭ 《赣榆被灾情形照述》，《申报》光绪三年一月二十四日（1877年3月8日），第2页。

为食,曰:与其饿之缓死,不如死之使速且急也,则举而投之水中"。①

在救护过程中,舍弃儿童甚至被视为天经地义。据蒲松龄所记,1682年,山东大旱,自春至夏一直无雨,造成赤地千里的惨况。入夏后,竟暴雨如注,平地水深数尺,百姓房屋尽被淹没。"一农人弃其两儿,与妻扶老母奔避高阜。下视村中,汇为泽国,并不复念两儿。"②

灾荒时期,野狗、禽兽也对儿童构成极大的威胁。淮阴谚语:"年成荒,狼上庄。"在淮阴,狼又名"大嘴","孩提之童,言'大嘴'则莫不知惧"。它们"昼伏林谷或草莽间,傍晚则徜徉入肆,寻猪羊及小儿啼声,攫而食之"。③有一木工朱秃,"儿夜啼,妇拍而慰之,啼益急;抚其髀,床褥浸湿,以儿之溺也。张灯视之,见有喙自芭壁努入,掣儿股甚力,始知狼也。幸其姑未寝,共夺之,历时甚久,终不舍,卒裂其股肉一片,食之始去"。④

1931年之前的半个世纪里,鲁西南农民向有"闯关东"的谋生手段。据田中忠夫调查,这些外出农民筹措路费时,其中的一个方法就是"出卖小孩"。⑤莒县有一家庭,在离村时,将13岁长女以20银元的价格卖给人家做童养媳;同县的一个家庭,到青岛后,因路费不足,将一5岁孩子以5元价格出卖。⑥

乔启明早就注意到华北地区⑦的幼儿比例远较华南为低这一现象。据其统计,1929—1931年,在0—2岁阶段,华北与华南地区婴幼儿在总人口中的比重分别为:0岁(华北3.3%,华南3.2%),1岁(华北2.6%,华南2.2%),2岁(华北2.4%,华南2.2%)。⑧这说明华北地区婴幼儿的出生率要高于华南地区。

但在3—19岁阶段,华北地区幼儿和青少年在总人口中的比重却远低于华南地区:3岁(华北2.8%,华南3.3%),4岁(华北2.3%,华南2.6%),5—9岁(华北10.8%,华南12.7%),10—14岁(华北9.4%,华南10.2%),15—19岁(华北8.8%,华南9.5%)。⑨说明华北地区幼儿青少年的成活率要远低于华南地区。

清代无锡青城乡《保婴会规条》称:"天下最惨者,莫如杀生。物命且然,何况人命?近世溺女之风,各直省乡里小民,所在多有呱呱坠地,即付沉沦。蔑理伤和,莫此为甚!"⑩

据学者最近的研究,在1935年鲁西南的水灾中,0—4岁幼儿的死亡率占死亡人口比

---

① 《时报》光绪三十二年八月初八日,李文治编:《中国近代农业史资料》第1辑,北京:三联书店,1957年,第725页。
② 蒲松龄:《聊斋志异》卷四,长春:春风文艺出版社,1998年,上册,第279页。
③ 张煦侯:《淮阴风土记》上册,1936年,第146页。
④ 张煦侯:《淮阴风土记》上册,1936年,第146页。
⑤ 田中忠夫:《中国农业经济资料》,汪馥泉译,上海:大东书局,1934年,第59页。
⑥ 田中忠夫:《中国农业经济资料》,汪馥泉译,上海:大东书局,1934年,第60页。
⑦ 在这项调查中,本书所述的"淮北"包括在"华北"地区中。
⑧ Chi-ming Chiao, "A Study of the Chinese Population," *The Milbank Memorial Fund Quarterly*, Vol. 12, No. 1 (Jan., 1934), p. 87.
⑨ Chi-ming Chiao, "A Study of the Chinese Population," *The Milbank Memorial Fund Quarterly*, Vol. 12, No. 1 (Jan., 1934), p. 87.
⑩ 余治撰:《得一录》卷2之1,苏城得见斋同治八年刊本,第1页。

重的63.9%,而正常时期,这个比重是49.7%;水灾期间5—9岁儿童的死亡率占死亡人口比重的16.2%,是正常时期同龄段儿童死亡率的两倍以上。① 在水灾中,又以女童的受害更重。她们不但大量被卖给别人做小妾、妓女、女佣等,还经常被其父母直接杀死。②

即使在正常时期,农村不良的习惯往往造成幼儿生病甚至早亡。据20世纪20年代一位外国传教士叙述,他在农村看到,尚不能坐着的婴儿赤身裸体,躺在潮湿、肮脏的砖铺地面上。没有人注意他。他的脸上满是又黑又黏的伤口。他的嘴张着,苍蝇在他的口中飞进飞出。他的母亲则一口又一口咀嚼着食物,然后直接喂到他的口中。孩子特别容易生肺结核和发烧。而母亲对孩子的病则不以为意。③

据学者研究,在水灾中,直接被淹死的人数并不太多,死因主要是寒冷、饥饿和疾病。尤其是疾病的传染非常之快,对人的威胁远较正常时期为大。④ 当然,疾病对抵抗能力较差的儿童的威胁就更大了。淮阴张圩,"染病者以香头为良医,以纸钱为药饵"。⑤ 灌云"公共卫生,在昔多不讲求","臭板浦"之名,遐迩皆知。⑥ 东海城内商业萧条,"尤可怪者,满街奇臭,盖粪污遍地。据云城中居户,向无厕所设备,皆就通衢遗矢,即妇女亦然,诚恶俗也"。⑦ 沛县人民"勤苦有之,清洁则未也。乐岁终身苦,终年免于沐浴,无论老幼男女,一体皆然。王猛扪虱之风,遍行于沛境之内。智伯污身之行,甚藏于农村之中"。⑧

直到20世纪70年代,在苏北海沭地区,当孩子皮肤被划破时,父母常常会抓点锅灰或是墙土之类的东西敷在伤口上,他们相信这些灰土有助于伤口的痊愈,有时还会念一些类似咒语的歌词,如"东墙土,西墙土,哪里破皮哪里补"。

淮北自古为交兵之地,所谓"牧童拾得旧刀枪"。在近代,各种唾手可得的枪弹,对儿童是极大的隐患。1925年,直奉之战后,遗弃许多炮弹于淮阴,"蔡氏有少子,见而异之,

---

① Lillian M. Li, "Life and Death in a Chinese Famine: Infanticide as a Demographic Consequence of the 1935 Yellow River Flood", *Comparative Studies in Society and History*, Vol. 33, No. 3 (Jul., 1991), p. 484.

② Lillian M. Li, "Life and Death in a Chinese Famine: Infanticide as a Demographic Consequence of the 1935 Yellow River Flood", *Comparative Studies in Society and History*, Vol. 33, No. 3 (Jul., 1991), pp. 489-491.关于水灾中青年妇女被拐卖的情况,见山东黄河水灾救济委员会编:《山东黄河水灾救济报告书》第1期,1935年12月出版,第1编"文电",第13、18页。

③ Maude D. Warner, "Living Conditions in China," *Annals of the American Academy of Political and Social Science*, Vo. 122, *The Far East* (Nov., 1925), p. 172.

④ Lillian M. Li, "Life and Death in a Chinese Famine: Infanticide as a Demographic Consequence of the 1935 Yellow River Flood", *Comparative Studies in Society and History*, Vol. 33, No. 3 (Jul., 1991), pp. 495-497. 山东黄河水灾救济委员会编:《山东黄河水灾救济报告书》第1期,1935年12月出版,第1编"文电",第18、20、21页。

⑤ 张煦侯:《淮阴风土记》上册,1936年,第182页。

⑥ 窦瑞生:《灌云县政概况》,江苏省政府秘书处宣传股编:《江苏旬刊》1930年,第52期,第39页。

⑦ 顾济之:《旅行徐海随笔》,《旅行杂志》第8卷第11期,1934年11月出版,第22页。

⑧ 陈颜湘:《沛县农村见闻记》,《农行月刊》第1卷第2期,1934年6月20日出版,"调查"第34页。

一家聚观,拾石试敲,轰然同尽,惨矣!"①

有人正确地写道:"中国家庭里的儿童,是非常不幸的。一般父母们,承袭着传统的旧观念,重视成人,轻视婴儿,只知成人是尊贵而有价值的,婴儿是卑贱的。平日对待儿童,往往随随便便,把他们天真烂漫的婴儿,在不知不觉中摧残了,把他们活泼聪明的小宝宝,在无知的溺爱中埋没了。所以我们虽明知在人类社会中,有一个最快乐的儿童世界,但在我们的目前,一时竟看不见有快乐的儿童世界,这是一件十分不幸的事。"②

苏北女子刮股疗亲的比重要远远高于苏南地区。当时淮北社会精英的主流舆论均认为晚辈越是割下自己重要的器官,越是能治好长辈的重病、怪病,他们对刮股等行为倍加颂扬。

据淮安黄钧宰记述:"吾邑毛冯氏者,毛名继宗,每岁运粮北上。母老病肝痛,子幼尚在襁褓,甘旨汤药皆冯任之。他日母病焉,冯焚香吁天,求以已肝愈姑病。乃取刀刺肋,肝尖跃出,急割之,置盘中。夜半儿唬,冯虑惊姑醒,以帕裹创,血淋沥。入抚其儿,儿卧得出。虑肝少不足愈病,拜告已,复淘肝出,左握肝,右持刀力割一叶,而冯亦昏晕仆矣。挣起浣而煎之,以奉姑。姑问何物,曰:药肆宰鹿,吾买其肝。食毕,病良。"③

山阳诸生方能权为此赋《里中冯孝妇割肝》长诗,从中可见这种愚行的社会性土壤:"正气蟠霄不可摧,寒云裂碎天门开。扪腹拈刀寻膂理,血凝满地胭脂紫。吞声踯躅截冰齿,铁肠孤屿铦如矢。丁甲环呼惊又喜,露冷星芒风飒起。嗟呼男子肝似纸,冯妇之孝传青史。"④

三国时代,孕育过华佗(徐州人)这样的名医;而一千数百年后,这片土地只能活跃着方能权这样的"精英"了。

卜凯指出:"女子的死亡率,在十岁至三十岁的时候,普通较高于男子。或者系由于女子在生产的时候,易受一种破伤风的传染。此外,如自杀的现象,或者也是在这个时期为最高。中年以后的死亡率,男高于女,这是生理方面的自然现象。"⑤

各种疾病造成的死亡和痛苦遍布各地,其中以瘟疫、伤寒死者最多,原因多是不讲求卫生及饱受风寒。⑥ 淮阴某村据说有15人患黑热病,"皆赤贫无力就医,乃人出一元,积成十五元,抽签取决,其卒也一人得此为医药之资,他十四人皆牺牲不治"。⑦《苏报》曾议

---

① 张煦侯:《淮阴风土记》下册,1936年,第125页。
② 张怀清:《婴儿健康比赛的意义及其经过》,常熟县教育局编辑处:《常熟教育》创刊号,1933年6月1日出版,本文第1页。
③ 黄钧宰:《金壶七墨全集》之《金壶遁墨》卷三,上海:扫叶山房民国十八年石印本,第3页下。沈云龙主编:《近代中国史料丛刊》第36辑,台北:文海出版社,1969年,第215—216页。
④ 段朝端等:《山阳艺文志》卷七,民国十年刻本,第64页下—65页上。
⑤ 卜凯著,张履鸾译:《中国农家经济》下册,上海:商务印书馆,1936年,第438页。
⑥ 侯绍龙:《萧县社会调查》,江苏省政府秘书处宣传股编:《江苏旬刊》1929年6月1日,第60期,第25页。
⑦ 张煦侯:《淮阴风土记》下册,1936年,第168页。

论过此事。①

沛县"乡村农民不知科学,更不知医理,因教育程度关系,国医中亦鲜有精通者。以故亲子对于父母之疾病,往往不请医诊治,仅焚香对天祈祷。其词云:'如老天或神祇保佑某某之双亲安好如初,则某某愿对天唱戏若干本。'"②

与之形成鲜明对比的是,淮北的富室,如盐商,"好服药,不问药价,尤不问其有病无病也"③。

在无锡,"公共卫生,较为讲究。每年遵照内政部规定于五月、十二月各举行卫生运动一次。公安局除常年清道外,并设卫生专员,督饬办理。夏季设临时时疫医院,春秋设牛痘局。并于二十六年起,设立流动医院,用汽车巡回诊治"。④ 苏州,"公共卫生,仅夏令设防疫医院,及当局举行之灭蝇种痘、检查食物、清道浚河、改良厕所诸运动而已"。⑤

武进,"公共卫生,除举行清洁运动,改良厕所,疏浚沟渠,禁止弃污秽于河中及不洁物品之贩卖,春夏之间,设防疫所并施种牛痘"。⑥

常熟海虞民众教育馆设有民众医药处,分中西药两种,备有价值百余元的西药。聘中西医生各1名,每逢3、6、9日,举行施诊,西药完全免费,中药则由医药处与中药房特约,以优惠价供应。⑦

淮北保留了许多陋俗,而陋俗的最大受害者是妇女。

由于常遭水灾匪患,"跑反"的妇女极易被摧残。仅太平军和捻军时期,由于社会失序,被害妇女难以计数。丰县王作典女儿"逃难遇贼,不辱被害"。⑧ 凤台县,吴天寿女大姐,"粤匪犯境,女逃难遇贼,遂投水死"⑨;监生侯学海女,"逃难遇贼,遂投河死"⑩;文生张春元妻张柳氏"逃难遇贼,被害";朱在梁母、苏廷献母、李允祥母,均"逃难遇贼,遂投水死"⑪。赵克献妻张氏,"与媳翁氏逃难遇贼,同投河以殉";赵金方妻张氏,"同夫逃难遇贼,俱被害"⑫;魏双方妻高氏,"逃难被执,遂骂贼死";魏芝凤妻倪氏,"逃难遇贼,遂投井

---

① 《黑势病之毒害及其防治之计》,《苏报》1935年1月10日,转引自《江苏月报》第3卷第2期,1935年2月1日出版,"苏事论坛"第8页。
② 陈颜湘:《沛县农村见闻记》,《农行月刊》第1卷第2期,1934年6月20日出版,"调查"第34页。
③ 张煦侯:《淮阴风土记》下册,1936年,第90页
④ 王培棠:《江苏省乡土志》下册,长沙:商务印书馆,1938年,第450页。
⑤ 王培棠:《江苏省乡土志》下册,长沙:商务印书馆,1938年,第447页。
⑥ 王培棠:《江苏省乡土志》下册,长沙:商务印书馆,1938年,第454—455页。
⑦ 张怀清:《海虞民众教育屋馆半年来工作的鸟瞰》,常熟县教育局编辑处:《常熟教育》创刊号,1933年6月1日出版,本文第8—9页。
⑧ 姚鸿杰纂修:《丰县志》卷十下,光绪二十年刊本,第35页上。
⑨ 李师沆等修:《凤台县志》卷十三,光绪十八年刊本,第5页下。
⑩ 李师沆等修:《凤台县志》卷十三,光绪十八年刊本,第8页下。
⑪ 李师沆等修:《凤台县志》卷十三,光绪十八年刊本,第15页下。
⑫ 李师沆等修:《凤台县志》卷十三,光绪十八年刊本,第20页上。

死"①;唐凤祥妻叶氏,"逃难被执,遂骂贼死";魏际文妻金氏,"逃难遇贼,遂投河死";魏焕舟妻隗氏,"逃难遇贼,遂投河死"②;廖咸熙妻某氏,"逃难遇贼,遂投河死";张果妻刘氏,"同姑逃难遇贼,俱投井死"③;李长荣妻柴氏,"逃难遇贼,遂投井死"④。

20世纪40年代,一位因病不能跑反的涟水19岁姑娘,遭到6名士兵轮奸。70多岁的老人也不能幸免。⑤

在家庭面临经济困难时,妇女,尤其是有姿色的妇女,通常被视为家中储备的最后的有价物,甚至被视为赌台上的筹码。

万历癸巳(1593),徐州等地大饥,沛县夏镇裁缝李某仍嗜酒如命。李某竟准备把14岁女儿卖给娼家,遭到妻子徐氏反对后,"李恃酒而威其妻"。妻"乘其醉卧,携女跃潭水死,越三日,尸浮出,犹一手挽女,一手抱其两岁儿"。⑥ 在淮安府,常有"穷民鬻女豪家"⑦。

在宿迁,经常有男人视妻为商品,任意买卖,若妻不从,丈夫往往会置妻于死地。陈李氏,其夫陈某"贫无以活,窃鬻之为人妾。买妾者至,李乃挟幼子号恸急奔。买妾者为之感泣,袖金去。陈怒,取路旁块击李数十以死"。⑧ 刘烈妇,"幼娴闺训,长益妍淑。适某氏子,嗜博荡产。妇虽饘粥不给,而敬不少衰。有同博某,觊其貌,转资其婿博。久之责偿不得,乃以言挑焉。婿诺之。夜引至其家,语妇以故,且出为逻守,妇号拒。邻媪起视,皆遁去。迟明,妇已溺门外野塘中,衣衫皆缝纫无少隙"。⑨

《聊斋志异》中的"云翠仙"篇描写的贫汉梁有才,"熏熏作汗腥,肤垢欲倾塌,足手皲一寸厚"。⑩ 获美妻后,得妻家相助,"坐此温饱",却"惟日引里无赖朋饮竞赌,渐盗女郎簪珥佐博",最后在赌友的怂恿下,竟卖妻为妓。⑪ 这类故事反映了淮北的真实生活。

而即使面对的是品行恶劣的赌棍,女性也没有选择权,甚至要为之殉身。盐城被褒的节妇宋氏,乃母妊娠时,其姊适亦有娠,遂戏言指腹为婚,并无婚约。十余年后,其姨子邱某"以荡子故,家中落,无立锥地"。乃母竟鼓励女儿嫁与邱某。婚后,"饔飧恒不继,[女]无怨言。每归宁数日比言,旋而箧笥中物辄为良人所卖,为摴蒲费。虽以泪洗面,终不闻交谪声"。婚后4年,赌徒邱某殁,"宋哀毁柴瘠,历六年而亡"。⑫

各地的列女传大量收集了妇女们因丈夫或未婚夫病殁而为之殉身的事迹。如清代,清河烈女陆氏许字陈仁渥,未婚,陈病死,陆女遂绝饮食而死。王氏许字周某,周溺死,女

---

① 李师沆等修:《凤台县志》卷十三,光绪十八年刊本,第20页下。
② 李师沆等修:《凤台县志》卷十三,光绪十八年刊本,第21页下。
③ 李师沆等修:《凤台县志》卷十三,光绪十八年刊本,第22页上。
④ 李师沆等修:《凤台县志》卷十三,光绪十八年刊本,第22页下。
⑤ 涟水县县志办公室编:《涟水保卫战》,南京:南京大学出版,1986年,
⑥ 于书云修:《沛县志》卷十四,民国九年铅印本,第42页下。
⑦ 吴昆田纂:《淮安府志》卷二十九,光绪十年刊本,第55页上—下。
⑧ 严型总修:《宿迁县志》卷十七,民国二十四年刻本,第9页上—下。
⑨ 严型总修:《宿迁县志》卷十七,民国二十四年刻本,第19页上—下。
⑩ 蒲松龄:《聊斋志异》卷六,长春:春风文艺出版社,1998年,上册,第380页。
⑪ 蒲松龄:《聊斋志异》卷四,长春:春风文艺出版社,1998年,上册,第379页。
⑫ 刘崇照修:《盐城县志》卷十四,光绪二十一年刻本,第12页下。

闻自缢而死。陈氏女许字徐得贵，徐亡，陈即自缢。孙玉楼女许字朱琳，朱琳殇而孙女不知，时年仅17岁。"有议婚者而后知之，素服求奔丧，母不可，则抱母恸哭，誓以死殉。母守之甚严，一日女服毒，恐不死，复以针刺心，立亡。"①此类记载俯拾即是。

遗弃病夫，被视为苏北女人的重罪。但苏北的男性对女性却并无差堪比拟的忠贞，即使遗弃病妻也不会受到舆论和道德的谴责。晚清清河马瑞麟继妻郭氏，嫁马数月后患疯疾，但此时郭氏已有娠。马竟把郭赶出家门，郭只得回到母家，并产下一子。疯疾痊愈后，"抱子而归马氏，顿首于马氏之门，马氏不纳。……不得已复归于郭，日夜哭泣，伺防者少疏，吞钱七枚而死。郭故衰宗，不敢质诸官，惟命子从马姓"。②

近代上海开埠后，大量苏北妇女被出卖到上海的色情场所。盐城方志称："泰西互市，上海一隅为宇内纳污一大渊薮，江北妇女载而南者多矣。"③《申报》载："年来江北人将妇女卖入娼寮，得价后重复讹索，而蚁媒辈贪图重利，专以贩人为业，此风实堪痛恨。"④同治年间，江北人瞿老三拐卖女孩案中，有女孩三人被卖与上海乌龟阿福，身价洋六百元。⑤有一名老括的江北人，"不务正业，倚妻为活。其妻名阿四，颇饶风韵，曾托足于小东门外南新街之花烟馆"。⑥光绪年间，某甲，海州人也，携一美艳少妇侨寓上海新河街，"同乡某乙见而悦之，眉语目成，渐与有染。甲虽知其事，然碍于孔方兄情面，只得暗中戴上绿头巾"。⑦1913年4月，居住上海泥城外马德里的徐州人顾清山（即顾寿山），因家内藏匿女孩陈二宝、陈小宝、赵小宝、巧云、根弟、顾桂凤等六人，经捕房查悉，"均系价卖，希图为娼"⑧。上海人万连生，曾将海州人姚其昌之妻单秀英诱拐，而姚与万父毛毛及巡捕吕升云，俱有勾结嫌疑。⑨居住上海欧嘉路的小工宿迁人陈德光，"前日扭邻居阜宁妇人顾尤氏及七岁女孩顾龙女至五区三分所，控称民之五岁女招弟本月初一被拐，四寻无着"。⑩

妇女常被用来作为祭神之品。民国年间，淮阴张家河曾设有城隍庙，"城隍有镇水之权，故一方膜拜"。"传有某氏女，入庙焚香，城隍悦焉，夜踰其墙。偶不慎，一足踏翻酱缸，女亦遂病。有寻迹入庙者，窥其靴，酱汁宛然。俄而女卒，好事者踵冥配之俗焉。"⑪

孀妇被视为有价之物。苏北多处有抢孀之俗。如淮阴，"邑中惯例，凡娶孀必荷枪以往，强载以归，至中途而兑钱。孀之大伯小叔，皆得主婚，在途必先抱道旁之树，然后归于后夫而成婚"。⑫道光年间，铜山女子王某，其夫刘存文病故，王决定守节。在王回娘家省

---

① 胡裕燕修：《清河县志》卷二十四，光绪二年刊本，第7页上。
② 胡裕燕修：《清河县志》卷二十四，光绪二年刊本，第2页下。
③ 刘崇照修：《盐城县志》卷十四，光绪二十一年刻本，第5页下。
④ 《各有不是》，《申报》光绪戊寅四月二十三日（1878年5月24日），第3版。
⑤ 《瞿老三畏罪自殉事》，《申报》同治癸酉二月二十九日（1873年3月27日），第3版。
⑥ 《接应逸妓》，《申报》同治甲戌五月二十三日（1874年7月6日），第2版。
⑦ 《贞淫并志》，《申报》光绪二十二年三月十四日（1896年4月26）日，第2版。
⑧ 《藏匿女孩》，《申报》1913年4月24日，第7版。
⑨ 《诱拐犯判处徒刑六月》，《申报》1928年9月15日，第15版。
⑩ 《扭控拐匿女儿》，《申报》1924年12月3日，第11版。
⑪ 张煦侯：《淮阴风土记》下册，1936年，第230页。
⑫ 张煦侯：《淮阴风土记》下册，1936年，第51页。

亲时，文生马允恭率领马二、宁成仁、马允路、马潮典等 30 余人，强抢王氏为妾。此事告到县衙，知县仅判马家给王家身价钱 20 千钱。王家不允，马允恭竟将王女逼缢致死。由于马家亲属马信为县总役，"代为摆布，允恭反得逍遥事外"。①

有人指出："待遇寡妇，大多数以古人节妇之历史，使其保守清节，防止有外遇情事，否则甚有致之死地者。亦有家贫无资赡养者，须经母姑两家之许可，方准改嫁。"②

苏北妇女缠足的比重要高于江南地区，如 1929 年，萧县缠足妇女占妇女总数的 56%。③

有的学者认为："淮北一律缠足，江南北一律天足。故淮北妇女均在室内工作，淮河以南妇女并在田中工作，如挽车、车水为健男所不及者。一般外省人见上海之畸形社会，谓江南女子终日游惰不事事，实不尽然。乡村女子固与男子同事耕作，即以苏州最享乐之城市而论，妇女亦在家中作顾绣缫丝工作。"④这一说法甚有可议之处，苏北妇女比淮南、江南妇女承受更多的专制约束，并且，因没有纺织，即使她们缠足，苏北妇女仍要承担许许多多的田中劳动。

直到 20 世纪初，沭阳西乡胡象九妹胡仿兰因放足，"其翁姑乃禁锢绝食，予以毒药自尽，必欲其死而后已"，最后将该女逼死。⑤

留守家园的农村妇女更加艰辛。男人可以出去，却不把粮食留下。开春以后，妇女们便开始挖掘新萌芽的野草和有淀粉的根类，作为食物。到柳树发叶时候，就把柳叶采回去混合着粮食煮粥吃；如果有了榆钱，小脚妇人都能爬树摘取。⑥

更惨的是，有姿色的妇女还会成为灾祸的最大责任者。1927 年，洪泽湖龟山匪帮高八的部队洗劫淮阴老子山乡，起因是高八义子张小扣子"在山有私识之女，迫其父兄许婚，为里人所捉杀"，造成高八在该乡"比屋杀人焚庐，男女老幼惊号乞命之事，震撼天地"。当地修史的学者直称该女为"祸水"："匪众掳掠男女牲畜财物无数而行，祸水某氏女亦被劫去，至龟山，摘心生祭而死。"⑦

在这里，家庭暴力被视为极正常之事。乾隆年间，清河县郭丙妻王氏，"姑有所私，恐王泄之也。一日值王浴排户入，逼之，力拒不从。即日自缢"。⑧ 张桂生妻李氏，"姑有所

---

① 台北故宫博物院藏清代宫中档与军机处折件：《署都察院左都御史宗室敬征奏折附件》（道光十四年六月八日），箱号 2743，文献编号 068229，统一编号故机 068715。
② 侯绍龙：《萧县社会调查》，江苏省政府秘书处宣传股编：《江苏旬刊》1929 年 6 月 1 日，第 60 期，第 24 页。
③ 侯绍龙：《萧县社会调查》，江苏省政府秘书处宣传股编：《江苏旬刊》1929 年 6 月 1 日，第 60 期，第 24 页。
④ 李长傅：《分省地志·江苏》，上海：中华书局，1936 年，第 113 页。
⑤ 《江督饬究女士放足被逼毙命案（海州）》，《申报》光绪三十三年五月十五日（1907 年 6 月 25 日），第 3 版。
⑥ 徐盈：《徐海一带》，《国闻周报》第 13 卷第 34 期，1936 年 8 月 31 日出版，第 22 页。
⑦ 张煦侯：《淮阴风土记》上册，1936 年，第 144 页。
⑧ 胡裕燕修：《清河县志》卷二十四，光绪二年刊本，第 2 页上。

私,并欲污之,不可,迫之,仰药死"。① 嘉庆年间,山阳县裴广与妻周氏居住在伯父裴成家中,裴成妻戴氏与人通奸,并协助奸夫欲强奸周氏以灭口,遭到周氏反抗后,"戴与无赖子絷而挞之,七日死"。② 清末,盐城周长春妻王氏,家贫守节自持。"姑待之甚虐,王事姑愈孝。一日怒詈挞之,声闻于外,里妇奔救,见王长跪于地,流血及腕,咸不平。王笑谓里妇曰:姑未扑我,我手血乃痛溃所致也。……然遇姑甚怒,必流涕请责以解之,不以爱已稍弛孝谨。"③清河金本玉妹,许字明凤岐,明凤岐入继于叔明尚忠,金女为童养媳。"尚忠故无赖,调女,女泣不从,则逐凤岐,而逼女。尚忠与妻季氏榜掠焚灼,体无完肤,女誓死不移。最后季以镰刀斫其额,埋尸屋内。"④

张煦侯曾记淮阴一事:一次乘船时,"一中年妇人上船,蓬发垢衣,坐船头而哭。一男子追至,喝令下船随我归。妇人不肯,坚欲归宁,喧闹累十分钟。卒遭其摔曳以归"⑤。令人惊讶的是,包括张本人在内的名流精英,"评论籍籍:或谓女太泼辣,或谓婿实无赖,或谓其姑之虐,亦实非人所堪"。一位被视为识见极高的二林居士,未作任何调查便不分皂白地说:"一家都不是好东西!"⑥一些地区甚至有谚语:"娶来的老婆买来的马,任我骑来任我打。"这与江南人"怕老婆"形成鲜明对比。

综上所述,在行政权力的盘剥下,生态本已崩溃的苏北生存资源十分紧缺。即使在丰年,普通百姓也难以达到温饱程度,可惜,苏北丰年所占的比重实在太少。那些在社会性的资源分配中,不能公正地获得应有的份额,被别人所剥夺的弱势群体,有的只能在家庭内部争夺生存资源,以达到自活的最低目标。因此,灾荒到来时,家庭中的弱者会成为强者的食物。家庭内部弱肉强食的惨剧之源,在于行政权力主导下的社会资源分配的不公。由于各种生存资源的极度短缺,在社会中一般处于弱势的妇女和儿童受到的伤害极大。

四、江南:农村社会的全面发展

近代江南地区工业资本在它产生的数十年时间里创造的生产力,比该地区一切世代里创造的全部生产力还要多,还要大,对农村自然经济的解体、中小加工业的兴起以及整个农村社会的发展都有深远的影响。现对其影响分别予以阐述。

第一,工业的发展,促进江南农村生产力水平的提高。

江南地区的传统园艺农业十分发达。就这种农业生产方式而言,土地的生产率非常高,不但超过早期西方手工作业的农田生产率,甚至超过了后来西方机械化作业的农田生产率。但这种农田的劳动生产率却非常低,它把大量的劳动力以不计成本的方式投入小块田地的农业生产中,以获取相对的高产。在论及这种传统的园艺式农业时,马克思指出:"在小规模园艺式的农业中,例如在伦巴第,在中国南部,在日本,也有过这种巨大的节

---

① 胡裕燕修:《清河县志》卷二十四,光绪二年刊本,第2页下。
② 何绍基纂:《重修山阳县志》卷十七,同治十二年刻本,第13页下。
③ 刘崇照修:《盐城县志》卷十四,光绪二十一年刻本,第12页下。
④ 胡裕燕修:《清河县志》卷二十四,光绪二年刊本,第7页下。
⑤ 张煦侯:《淮阴风土记》下册,1936年,第193页。
⑥ 张煦侯:《淮阴风土记》下册,1936年,第194页。

约。不过总的说来,这种制度下的农业生产率以人类劳动力的巨大浪费为代价,而这种劳动力则是从其他生产部门剥夺来的。"① 有的学者指出,有些中国人对从已经可利用的自然资源中增加收益比更合理地利用劳动力和资本更感兴趣。"但这个途径至少被一个主要障碍所阻挠。这就是几乎一成不变的水力技术。"②

大工业的发展,既需要相应的农业方面的进步与之配合,也需要把原料送进制造厂以前的整个过程保持相应的发达状态,③更需要农业提供充足的劳动力资源。工业的发展势必促进农业生产力水平的提高。

无锡在 1920 年以前设立丝厂 15 家,缫丝业的发展自发地促进农村所有缫丝机械的更新,"欲再觅旧式缫丝者,不可复得矣。此固人工丝车不如机械之便利敏捷,实亦优胜劣败,受天然淘汰使然也"④。江南棉纺业的发展,使轧棉生产工具得以更新,宝山县一带,"商业以棉花为大宗,旧时轧花多用小车,每日花衣多者十余斤,少或七八斤;近年用外国轧车,每日可轧花衣六七十斤"。⑤

在工商业的促动下,整个江南农业生产力的水平相应地高于全国其他地区。中国近代水灌地多依赖人力和兽力车水,风力车水则很少见,但"在长江下游地区,以商业为基础的火油引擎水泵却被成功地引进"⑥。20 世纪 30 年代,江苏拥有新式抽水机具的县达 15 个。其中,2 个县有轧、碾米机,1 个县使用洋犁播种。1933 年,无锡 76% 的农田灌溉由新式机器完成。⑦ 据 1950 年的调查,"[苏南]农村中有轧稻机、轧花机,有技术性经营的鱼池、花房,有设备比较进步的农场,有戽水机,……全区共有三三〇八架戽水机,分布在二十四个县的范围之内,以无锡、武进、江阴、常熟和吴县等县为最多,占全区戽水机的百分之八十二以上。……电力灌溉分在无锡、武进、吴江、丹阳等县,一九五〇年灌溉面积已达二二六二六〇亩"⑧。

灌溉不仅是把水抽到田中,而且在水稻区域能使土地保持平整,以便让土地处于水没状况。同时,水灌还与人际关系密切相关,因为要想成功地修建灌溉工程,就需要经济组织加以协调,⑨通过这种组织来调适农村中的利益关系。尤为重要的是,使用电力灌溉等技术,提高了农业产量,节约了大量农村劳动力,使更多的农业人口转移到工商业中,又反

---

① 《马克思恩格斯全集》第 25 卷,北京:人民出版社,1975 年,第 117 页。
② Mark Elvin, "Skills and Resources in Late Traditional China," in Dwight H. Perkins (ed.), *China's Modern Economy in Historical Perspective*, p. 86.
③ 《马克思恩格斯全集》第 25 卷,北京:人民出版社,1975 年,第 119 页。
④ 卢冠英:《江苏无锡县二十年来之丝业观》,《农商公报》第 85 期,1921 年 8 月出版。
⑤ 赵同福修、杨逢时纂:《盛桥里志》卷三,"实业志·商业"。
⑥ John Lossing Buck, "Chinese Agriculture," In Albert Feuerwerker (ed.), *Modern China*, Englewood Cliffs: Prentice-Hall. Inc. 1964, p. 45.
⑦ 朱嗣德:《民国二十年代至三十年代中国农村经济问题》,台北:中国地政研究所,1980 年,第 29 页。
⑧ 中共苏南区委农村工作委员会:《苏南土地改革文献》,1952 年内刊本,第 477 页。
⑨ John Lossing Buck, "Chinese Agriculture," In Albert Feuerwerker (ed.), *Modern China*, p. 45.

过来促进了江南工商业的发展。

帕金斯(Dwight H. Perkins)写道,在农村技术突破方面最有意义的变化是柴油机和电动机动力农具的使用,但柴油机和电动机显然不可能由农民发展起来。[1] 江南地区引进电力灌溉等工具和技术,得益于工商业和市场体系的高度发展。

另据统计,早期上海的人造肥料,大部分销售于江、浙两省,仅浙江一省的销售额即占70%以上。[2]

第二,工业资本推动了江南农村人的发展。

马克思曾严厉地谴责西方早期的工厂和工场手工业忽视工人的身心发展,把工人当成"役畜"的行为。[3] 1995年联合国世界首脑发展会议通过的《哥本哈根宣言》和《行动纲领》明确宣布:"社会发展应以人为中心。"

江南近代工业资本家有别于马克思所谴责的西方早期资本家。

中国的教育向来存在与现实脱节的问题。《常熟教育》的一篇文章指出:"教育不能适应地方的需要,充其量不过制造一些消费者而已,还谈什么? 无怪有人说,现在一般乡村的子弟,一进了城市的中学校,便穿得漂亮,吃得讲究,住得舒适。回到乡间时,便说家里的房屋太脏,饮食太坏,乡间的一切,什么也不值得一顾了。等到自己毕了业,无疑的,便成了一个不折不扣上层地消费者了。咦! 读书愈读愈不能生产,教育愈办愈使消费者增多,这种莫大的病症,焉能不造成现在中国社会的纷扰?"[4]

江南社会人士创办的教育机构,大多讲求实学实用,有利于促进人的全面发展。荣德生在企业活动中,"对职员,主教以实习;对工人,主恩威并用,兼顾其自治及子女教养,有出路,待遇适合,平心和气,不加压力,又留心卫生,居住适宜"[5],把企业建设得"宛如一家庭"。刘国钧经营大成纱厂时,即以"工厂工厂,乃工人的工厂"相倡导。[6] 无锡玉祁制丝所在经营管理方面,"实行工厂学校化,谋多数工作人员之幸福,……故工人均有良好修养"。[7]

上述企业中的工人,"多数是从无锡、常州一带农村招来的"[8],这对提高农村人口的素质具有非常重要的意义。另外,工业化的发展极大提高了妇女的地位。传统中国的女

---

[1] Dwight H. Perkins, *Agricultural Development in China, 1368—1968*. Chicago: Aldine Publishing Company 1969, p. 58.

[2] 朱嗣德:《民国二十年代至三十年代中国农村经济问题》,台北:中国地政研究所,1980年,第31页。

[3] 《马克思恩格斯文集》第五卷,北京:人民出版社,2009年,第448页。

[4] 吴栋承:《今后乡村教育的两大使命》,常熟县教育局编辑处:《常熟教育》创刊号,1933年6月1日出版,本文第1页。

[5] 荣德生:《乐农自订行年纪事》,"民国十七年"条,见乐农史料选编:《荣德生文集》,上海:上海古籍出版社,2002年,第103页。

[6] 常州市民主建国会等:《刘国钧经营大成纺织公司的经验》,《工商经济史料丛刊》,第3辑。

[7] 转引自高景岳、严学熙:《近代无锡蚕丝业资料选辑》,南京:江苏人民出版社、江苏古籍出版社,1987年,第341页。

[8] 上海社会科学院经济研究所:《荣家企业史料》上册,上海:上海人民出版社,1962年,第119页。

性,"她可能会因下述三个观念:作为一名妇女、作为以合伙形式的家庭中的一名成员以及作为晚辈中的一员而受歧视"①。工业化的发展对这些观念产生了巨大的冲击。学者指出,国外市场的出现与工业化的到来,深深影响了中国农家传统的劳动力分配,事实上,妇女工作的重要性增加了。新的市场把某些国内家庭手工业产品吸引到对外贸易中,妇女可以在像席编和刺绣之类的工作中增加收入。织布厂和其他轻工业为新一代妇女提供了家庭外的职业。②

有些企业还特意设在农村,以推动农村的发展。如无锡玉祁制丝所,"实施救济农村,竭力设法减低成本,使工业成为农业之副业,所址设立于农村,即雇佣该地附近农民作为女工,借使农民经济宽裕,生活安定"。③一些研究显示,离开家庭到外面工作的新机遇,使年轻妇女可以挣钱来置办嫁妆,提高了她们在家庭中的经济地位,甚至使她们在某种程度上独立于家庭权威。④这些经过工业文明熏陶的农村妇女,再也不是过去那种不出三门四户、在夫权下苟活的旧式女性了。

据费孝通的调查,20世纪30年代在吴江县开弦弓村,进工厂工作的妇女,地位有了很大的提高,有个在村中工厂工作的女工因为下雨时丈夫忘记给她送伞,竟会在大庭广众之下责骂其夫,甚至令那些没有成年妇女的人家开始后悔。⑤该村有位已婚的妇女到无锡工厂工作,与同厂的一位男工有了婚外恋,后被工厂开除回家,其公婆原准备让其改嫁,以获得一笔补偿,但因该女可以在该村的丝厂赚钱,她的公婆便改变了主意,待她与从前一样。⑥在宁波,工业化早期阶段,妇女工作在家庭经济中重要性的增加,不仅体现在海外不断扩大的传统手工产品市场,而且也体现在新工厂中妇女的职业,甚至体现在获得工资的农业女工身上。"换言之,许多宁波妇女的挣钱能力直接或间接地由于商业化和工业化的结果而确确实实地获得提高。"⑦20世纪30年代,妇女在家中掌握经济权力的现象非常普遍。⑧并且,"中国妇女不再被限制在家庭范围中。她们以引人注目的形式出现在公

---

① G. William Skinner, *The Study of Chinese Society: Essays by Maurice Freedman*, Stanford: Stanford University Press 1979, p. 245.

② Susan Mann, "Women's Work in the Ningbo Area, 1900—1936," Thomas G. Rawski and Lillian M. Li (eds.), *Chinese History in Economic Perspective*, p. 244.

③ 转引自高景岳、严学熙:《近代无锡蚕丝业资料选辑》,南京:江苏人民出版社、江苏古籍出版社,1987年,第341页。

④ Susan Mann, "Women's Work in the Ningbo Area, 1900—1936," Thomas G. Rawski and Lillian M. Li (eds.), *Chinese History in Economic Perspective*, p. 245.

⑤ Hsiao-tung Fei, *Peasant Life in China: A Field Study of Country Life in the Yangtze Valley*, p. 233.

⑥ Hsiao-tung Fei, *Peasant Life in China: A Field Study of Country Life in the Yangtze Valley*, p. 235.

⑦ Susan Mann, "Women's Work in the Ningbo Area, 1900—1936," Thomas G. Rawski and Lillian M. Li (eds.), *Chinese History in Economic Perspective*, p. 246.

⑧ T. Z. Koo, "China in the Remaking," *The Annals of the American Academy of Politica and Social Science*. Vol. 152, November 1930, p. 12.

共生活中。在教育、商务、政府、医药等部门,中国妇女很快地确立了自己的地位"①。

第三,工业文明向农村扩散,还净化了农村的社会风气。

在武进县长沟村,由农村改良会创办的织布厂中,每名女工可获月工资七八元,但只有该会会员的家属方可进厂做工,"该村人某甲有鸦片癖,照章不得入会,其女见村人之为会员者,其妇女均得入厂工作,每人每月得七八元之工资,大为欣羡而已,则以父染烟癖,不得入会,因之不得入厂工作,株守家门,生计大难,未免有向隅之悲,故辄埋怨其父。某甲受其女之刺激,矢志戒烟入会,而其女竟遂入厂工作之志"。②

投资者在使农村获得发展的同时,本身的素质也得到了发展。钱穆曾谈荣德生投资工业的动机:"某一年,德生与其兄宗镜及同乡数友游杭州西湖,在楼外楼晚餐,席散下楼,群丐环侍争赏,一时不胜感喟。谓群丐皆壮年失业,即无锡城外诸酒家亦有此现象,遂群议回沪设厂,广招劳工,庶于消弭失业有补。无锡乡人之在沪设厂,其动机始于此。"③把无锡所有资本家投资工业的目的视为消弥失业,显然有悖事实,但无锡确实有许多资本家比较注重消除农村的贫困现象,尤其注重消除农村同族中的贫困现象。广置义庄即为一例。

据调查,"自清末以来,由于工商业逐步发展,义庄的创办人已不尽是封建官僚地主,部分地主转向工商业后,有将土地献出,单独或联合成立义庄(如太湖东山区的周、金、叶、翁等义庄),有的是工商业家获利买田成立义庄(如无锡县刘仓乡卫姓义庄即由卫姓三弟兄合股经商获利很多买田成立)。义庄土地的增加,一种是靠族内捐赠,一种是靠经营工商业赚利添购(如无锡荡口区的华襄义庄)"。④ 创办荡口华襄义庄的华氏后人,原是"本地的商人、制造业者和荡口以之出名的酒、豆油商人",⑤他们在举人华鸿模指导下,终于将义庄建立起来,华鸿模还将他在无锡城的粮栈并入义庄。⑥

在无锡创办第一家丝厂的周舜卿,"念本支老幼废疾亟待赡养,于是置义田千亩,建庄屋数椽,俾老有所终,幼有所养,鳏寡孤独,嫁娶凶葬,皆有赡"。⑦ 无锡庆丰纱厂唐保谦、丽新纱厂唐骧廷的祖父唐景溪,"因[春源布庄]营业兴盛,频频获利,先后置田地达6 000余亩,造仓廪、设义庄"⑧。无锡业勤纱厂杨宗濂、杨宗瀚母侯太夫人"三十年刻苦节缩,足成千亩庄屋一区"⑨。

除由工商业者直接出资创办的义庄外,其他许多义庄的管理通常也离不开工商业者,

---

① T. Z. Koo, "China in the Remaking," *The Annals of the American Academy of Politica and Social Science*. Vol. 152, November 1930, p. 13.
② 未署撰者:《江苏武进长沟村农村改良会》,刊印时间估计为1932年,第30页。
③ 钱穆:《八十忆双亲·师友杂忆》,北京:三联书店,1998年,第266页。
④ 中共苏南区委农村工作委员会:《苏南土地改革文献》,1952年内刊本,第574页。
⑤ Jerry Dennerline, *Qian Mu and the World of Seven Mansions*, p. 102.
⑥ Jerry Dennerline, *Qian Mu and the World of Seven Mansions*, p. 105.
⑦ 无锡政协文史资料委员会档案:周承恩等:《〈周舜卿〉行述》,手稿,无编号。
⑧ 无锡第二棉纺织厂编史组:《无锡第二棉纺织厂厂史》,打印本,第1页。
⑨ 汪敬虞编:《中国近代工业史资料》下册,北京:科学出版社,1957年,第1020页。

"如太湖东山区十个义庄的四十一个管理人中,有工商业家三十五人"。① 正因为大量的工商业者参与对义庄的管理,义庄的管理形式发生了许多变化,如有的义庄采用委员会组织形式,下设 6 名委员,族长不再是唯我独尊的人物,而是具有现代意义的主任委员。②

按惯例,义庄依靠出租土地,收取地租,用作救济族内贫苦、鳏、寡、孤、独等类家庭,举办义学及补助本族贫苦子弟的学费,修理庙宇祠堂,祭祀祖宗,等等。③ 像华老义庄为 130 位寡妇和婴儿每人每月提供 15.5 升的大米。④ 1891 年,苏州某义庄规定每个冬季为族内每位成年人提供 1 匹布,5—10 岁儿童供则减半。⑤ 实际上,义庄的救济范围多已扩展到非本族人口,荡口华襄义庄建立后,其救济功能很快就延伸到远支亲属,并最终推广到非华姓人口。⑥

无疑,义庄对于消除农村贫困现象、维护农村社会稳定具有一定的积极意义。恩格斯指出:"马克思发现了人类历史的发展规律,……人们首先必须吃、喝、住、穿。"⑦在今天我们仍把生存权作为社会发展方面的头等大事时,实在不应过分诟责义田的赡济功用。学者指出,义庄提高了较穷的宗族成员和义田佃户的保障水平,并顺理成章地促进家庭中的理财者投资合股企业。⑧ 当然,义庄族田无疑强化了宗族宗法的影响,强化了传统的家法族规对宗族成员的约束。但在近代社会,传统的家法族规并不是最坏的东西,连家法族规的约束都没有,社会完全失序状态下的"泼妇刁民"才是近代社会发展的更大障碍。

通过投资农村各项事业,投资者的身体、心理、思想等方面无疑越来越健全。无锡华襄义庄的经营者、有"养蜂大王"之誉的华绎之写道:"著者在昔未养蜂时,体力委顿,万事灰心,自研究养蜂后,始知人生乐趣,精神为之一快,体力因以渐强,不啻蜜蜂之螫针,为吾痛下针砭,受其无形感化,得有今日之乐观。"⑨

即使在农村中使用戽水机这样的事,也可以消除农村许多迷信习俗。据 1926 年中国国民党江苏省党部的调查,"近年江南方面,因为戽水机器之盛行,[农民]觉得天不下雨,

---

① 中共苏南区委农村工作委员会:《苏南土地改革文献》,1952 年内刊本,第 575 页。
② 中共苏南区委农村工作委员会:《苏南土地改革文献》,1952 年内刊本,第 575 页。
③ 中共苏南区委农村工作委员会:《苏南土地改革文献》,1952 年内刊本,第 575 页。
④ Jerry Dennerline, *Qian Mu and the World of seven Mansions*, p. 102.
⑤ Hu Hsin-fu, *The Common Descent Group in China and Its Function*. New York:Viking Fund 1948, p. 140.
⑥ Jerry Dennerline, "The New Hua Charitable Estate and Local Level Leadership in Wuxi County at the End of the Qing," Tang Tsou(ed.), *Select Papers from the Center for Far Eastern Studies*. No. 4, 1979—80, "Proceedings of the NEH Modern China Project, 1978—80:Political Leadership and Social Change at the Local Level in China from 1850 to the Present", pp. 38-39.
⑦ 《马克思恩格斯选集》第 3 卷,北京:人民出版社,1995 年,第 574 页。
⑧ Jerry Dennerline, "The New Hua Charitable Estate and Local Level Leadership in Wuxi County at the End of the Qing," Tang Tsou(ed.), *Select Papers from the Center for Far Eastern Studies*. No. 4, 1979—80, "Proceedings of the NEH Modern China Project, 1978—80:Political Leadership and Social Change at the Local Level in China from 1850 to the Present", p. 54.
⑨ 华绎之:《养蜂副业论》,1923 年 12 月 30 日《申报》"星期增刊",上海:上海书店影印本,第 198 册,第 635 页。

人可想法的,于是对于天命之错误观念,渐渐地可以打破"。①

江南工业资本家已注意到对农村进行城镇化建设。无锡的士绅早在 16 世纪就资助市镇的发展。② 手工棉纺织业的兴起,成为市镇发展的重要因素。③ 但在前近代时期,江南市镇的发展速度并不太快。1662 年太湖沿岸吴江、桐乡、归安和乌程 4 县的市镇总数分别为 17、6、5 和 4 个;到 1795 年,上述 4 县的市镇总数分别为 17、6、7 和 6 个。④ 4 县在 130 多年里仅增加了 4 个市镇,平均每县仅增加 1 个。江南市镇的飞速发展是在工业化时代,一些工商业资本家更直接参与了市镇的投资和建设。

在无锡最早创办机器缫丝厂的周舜卿,"虽身居沪渎繁华之地,而寸衷拳拳不忘故乡农桑之业,所居东一小村落,距镇三数里,居民咸苦不便,府君[指周舜卿——笔者注]拓地百亩为之辟街衢、立警察、建桥梁、筑廛舍,而又汲汲于地方教养;开学校、建工厂、设质肆、编乡团,崇埤栉比蔚为市场"⑤。就在这里,周舜卿建立了无锡第一家现代丝厂。⑥

上海陆行乡一带,"地势低洼,尽为芦荡,匪隐迹其间,最难捕治。光绪三十二年,邑绅朱日宣等,开办塘工局,筑塘辟路,渐臻繁盛。……今日浦东能为工商发达地者,当日塘工局与有力焉"⑦。

在武进长沟村,"今有一人焉,于五十家之小小穷乡耗其私财,尽其心力,孜孜于教育之普及,公园之建设,水利之改良,副业之提倡,农村经济之发展,农民道德之改进,孜孜矻矻六年于兹。入其乡,有学校、有公园、有布厂,无盗贼、无游民,无嗜烟赌博之人,男耕女织,各尽其能,各乐其业,苾斯乡也,几疑为人间乐土,世外之桃源"⑧。

20 世纪 20 年代被誉为"最有希望的农村"的上海杨思乡的发展,是工业资本家建设农村的典范。杨思乡共有村民 16 731 人,农业人口占 70%,"乡民类皆薄有积蓄。考杨思乡之所以有今日之状况者,固因地理优胜,亦人事有以致之。该乡乡董穆抒斋氏,为实业界巨擘,对于桑梓颇思尽力。陈子馨氏之协助,当仁不让,而杨思乡之进步,大有一日千里

---

① 江苏省党部:《江苏农民之经济政治文化状况》,中国国民党中央执行委员会农民部编:《中国农民》第 8 期,1926 年 10 月出版,第 69 页。

② Lynda S. Bell, "From Comprador to County Magnate: Bourgeois Practice in the Wuxi County Silk in Late Qin China," In Joseph W. Esherick and Mary Backus Rankin (eds.), *Chinese Local Elites and Patterns of Dominance*,. p. 119.

③ James C. Shih, *Chinese Rural Society in Transition: A Case Study of the Lake Tai Area*, 1368—1800, p. 77.

④ James C. Shih, *Chinese Rural Society in Transition: A Case Study of the Lake Tai Area*, 1368—1800. Berkeley: Institute of East Asian Studies, University of California 1992, p. 75.

⑤ 无锡政协文史资料委员会档案:周承恩等:《(周舜卿)行述》,手稿,无编号。

⑥ Lynda S. Bell, "From Comprador to County Magnate: Bourgeois Practice in the Wuxi County Silk in Late Qing China," In Joseph W. Esherick and Mary Backus Rankin (eds.), *Chinese Local Elites and Patterns of Dominance*,. p. 126.

⑦ 江苏省教育实业联合会:《江苏省农业调查录(沪海道属)》,江阴:华通印书馆,1924 年,第 2 页。

⑧ 未署撰者:《江苏武进长沟村农村改良会》,刊印时间估计为 1932 年,第 22 页。

之慨矣"①。穆抒斋、穆藕初等人在杨思乡设立恒大纱厂、恒源轧花厂、农事试验场、农工银行等各类企业,还"拟由周家渡筑一[条]七十公里之汽车路,横亘杨思乡而达南汇县"②,有力地促进了杨思乡的发展。

市镇的发展还有力地促进了地主等传统阶层向现代的转化。费孝通教授指出:"由于市镇也是土地所有者聚集的地方,当他们生活在一个经济中心时,他们有更多的机会来利用他们从土地中积累的资本从事商业用途。"③

江南工业资本家非常注重兴办农村教育。据钱穆所述:"凡属无锡人,在上海设厂,经营获利,必在其本乡设立一私立学校,以助地方教育之发展。"现仅将无锡工业资本家在无锡县乡镇以下地区设立的中学或中等技术学校列表于下(见表8-15),以证钱氏言之不虚。

表8-15 无锡工业资本家在无锡乡村设立的中级学校一览表(1937—1949年)

创办人	身份	时间	校名	地址
沈瑞洲	上海市桐油苎麻业公会主席	1937年	锡南初级中学	无锡南郊
华绎之	宏余、宏绪丝厂主	1938年	学海中学	荡口镇后仓浜村
郁秉坚	上海电信局长	1939年	青城初级中学	无锡前洲镇
冯晓钟	锡澄长途汽车公司董事长	1940年	洛社初级中学	洛社镇上塘村
陈梅芳	上海华新呢绒公司经理	1941年	扬名初级中学	无锡扬名乡
华荫芳	上海中亚电线厂经理	1945年	胶南初级中学	无锡胡家渡
陈子良	上海义兴昌铁工厂厂长	1946年	扬东初级中学	无锡芦村桥
薛明剑	允利企业系统创办人	1946年	自治中学	前洲区玉祁镇
孙德良	上海丰余油脂化工厂经理	1948年	万乐初级中学	无锡南西漳
许汝舟	无锡酒业公会理事长 勤新酱园第一支店经理	1949年	东华林业学校	开原区鼋头渚
薛宝润	豫康纱厂、厚生纱厂、豫丰纱厂创办人	—	工商技术学校	南门外通扬桥

资料来源:无锡市档案馆藏苏南行署档案:《本府关于本市公私中等学校概况调查》,全宗号B2,目录2,顺序号13。

据表8-15,仅工商业家在无锡乡镇创办的中等学校即达10余所,若加上小学,数量显然会更多。还有的学校是由当时的社会名流(多为工商业者)"你捐10担米,我捐10包花(指棉花——访者)"创办起来的,捐赠者"越有名望,捐得越多"。④

---

① 原颂周:《一个最有希望的农村》,《申报》,1921年4月3日"星期增刊"第3版。
② 原颂周:《一个最有希望的农村》,《申报》,1921年4月3日"星期增刊"第3版。
③ Hsiao-Tung Fei, *China's Gentry*. Chicago: The University of Chicago Press, 1953, p. 103.
④ 李学昌主编:《20世纪南汇农村社会变迁》,上海:华东师范大学出版社,2001年,第640页。

农场设立学校的也不鲜见。崇明县立地方农事试验场就附设小学,"校务由场员兼任"[①]。

民国初年对宝山县的调查显示:"近来学校林立人民均以向学为重,妇女习尚天足,此皆灌输之效力也。"[②]

表 8-16 沪海道属各县各市乡教育调查表

县	市乡	国民学校数/所	高小学校/所	学生数/人	教员数/人	经费数/元
上海	洋泾		1	1 300	21	8 160
	杨思		1	950	20	9 756
	陆行			650	17	
	闵行		2	800	30	2 124
	漕河泾		1	840	13	2 617
	法华			270	7	1 400
	浦淞		1	1 389		9 614
松江	莘庄	10	1	600		5 020
	新桥	7		278		2 700
	柘林	4		145		1 130
	亭林	17	1	872		5 040
	枫泾	9	2	750		8 400
	叶榭	8	2	400		3 200
	张泽	12	1	477		3 630
南汇	五团	7	1	654		44 440
	大团	12	1	1 000		5 150
	新场	27	2	2 120		7 272
	西联周浦	30	1	1 000	50	8 400
	远北	20		650	30	4 560
	横沔	7		350	10	2 184
青浦	七宝	7	1所乙种农校	330	12	2 400
	陈广辰	5		320	12	1 450 4 150 1 980 6 600 3 360
	章练塘	7	1	400	20	

---

① 江苏省教育实业联合会:《江苏省农业调查录(沪海道属)》,江阴:华通印书馆,1924年,第54页。
② 江苏省教育实业联合会:《江苏省农业调查录(沪海道属)》,江阴:华通印书馆,1924年,第47页。

(续表)

县	市乡	国民学校数/所	高小学校/所	学生数/人	教员数/人	经费数/元
	金泽	4		210	8	
	白鹤青村	11	1	600	32	
奉贤	县城	8	2	770	33	
	东二区	7		400	20	
	东三区	9	1	520	26	6 300
	西二区	6			12	1 776
金山	东二区	4	1		16	2 600
	金山卫	6	1所乙种农校			4 120
	西区	10				3 970
	张堰	13	2		60	10 700
	千巷	7	1		20	3 380
川沙	九团	5	1		11	960
	长人	9	1		15	2 160
太仓	刘河	5	1		24	2 300
	浮陆	8	1		24	1 300
	太仓	13	2(1所中学)		50	17 000
	沙溪	7	1	500	24	3 500
	璜泾	3	1	200		
	岳王	4		200	10	
嘉定	第一区	2		150	6	1 800
	第二区	2		300	8	1 500
	第四区	4	1乙农	285	14	2 860
	第七区	8		532	15	1 364
	第八区	11		750	18	2 840
	第九区	3		140	6	1 112
	第十四区	11	1	775	18	2 840
	第十八区	5		510	14	2 018
宝山	江湾	10	1		35	815
	真如	6			15	2 040
	罗店	14	1			
	刘行	4	1		8	900
	县城	7	1		13	3 684

(续表)

县	市乡	国民学校数/所	高小学校/所	学生数/人	教员数/人	经费数/元
崇明	县城	10	7	1 350	40	19 000
	新河	8	1	500	20	1 900
	箔沙	8	1	450	20	1 500
总计		60	521	52	34 295	1 209	260 976

资料来源:江苏省教育实业联合会:《江苏省农业调查录(沪海道属)》,江阴:华通印书馆,1924年,第65—69页。

据1950年统计,苏南发达地区"差不多每个行政村都有一所小学"①,其中显然有相当一部分为工业资本家所创办。

学者指出:"江苏教育称为发达,此不过江南诸县然耳。如吴县每年教育经费三十万,无锡二十三万,其苏常松太诸县常年经费每在十万以上。每县小学二三百校。"但淮北诸县常年教育经费不过一二万元。② 淮阴三柯树,"民风好讼,又无教育,识字者稀,知重公益者更稀"。③

直到民国年间,淮北绅士甚至根本不认同学校,"鄙夷新学,至以学校为学生、儿童之害"④。1949年前,淮北地区无一所专科以上学校。20世纪30年代,苏南地区专科以上学校有江苏省立教育学院、江苏省立医政学院、江苏省立制丝专科学校,私立高校有南通学院、东吴大学、苏州美术专科学校、无锡国学专修学校、苏州中山体育专科学校。1934年,在校生达5 493人。⑤ 省立和公立普通中学共11所,苏南有常州、镇江、苏州、上海、南菁、松江女中等6所,而淮北仅有淮安、徐州2所。县立中学,南汇、无锡各2所,其余江南地区除镇江、丹阳、溧阳外,均有设立。但淮北淮阴、铜山、丰县、萧县、砀山、宿迁、睢宁、赣榆等均无县中。全省私立中学66所,江南吴县有初中7所(女校2所)、高中5所(女校1所);无锡初中和完全中学各3所(女子完中1所);常熟初中2所(女校1所);宜兴初中2所;武进初中5所,高中1所;崇明初中4所(女中2所);江阴、松江初中各3所;溧阳、吴县各1所。淮北阜宁初中3所;盐城初中4所,东海、铜山各1所。⑥ 江南与淮北私立中学之比为40∶9。

这些创办在农村的学校,以传播文化知识和先进科学技术为己任,"在中国,一所技术学校就是一个传播现代工业技术的中心"⑦。据在南汇县农村创办过中学和小学的盛幼萱的后人叙述,盛办学不是为了营利,"因为办学堂不赚钞票,只有自己贴钞票,……通过

---

① 中共苏南区委农村工作委员会:《苏南土地改革文献》,1952年内刊本,第475页。
② 李长傅:《分省地志:江苏》,上海:中华书局,1936年,第121页。
③ 张煦侯:《淮阴风土记》下册,1936年,第42页。
④ 张相文总纂:《泗阳县志》卷二十三,民国十五年刊本,第34页上。
⑤ 王培棠:《江苏省乡土志》上册,长沙:商务印书馆,1938年,第202页。
⑥ 王培棠:《江苏省乡土志》上册,长沙:商务印书馆,1938年,第203页。
⑦ Hsiao-tung Fei, *Peasant Life in China: A Field Study of Country Life in the Yangtze Valley*, p. 204.

他们出钞票办学,来启蒙当地的老百姓"①。像创办于苏州浒墅关的蚕桑学校,同样并不以营利为目的,其负责人认为:"机器应该被用于增加人们的幸福。不幸的是,它们被用着了相反的目的。但我仍然相信,去寻找一条正确使用机器的途径,是这些把它们引进到中国的改革家的职责。就我个人而言,最重要的事情是人不应成为机器的奴隶。……我的目的是本着合作的原则,通过引进科学的生产方法和新的工业组织来复兴农村经济。"②

江南工业资本家还热心其他文化教育事业,如1916年荣德生在无锡开原乡荣巷创办了大公图书馆,藏书56 613册;1922年薛明剑在无锡惠山创办了蚕业图书馆,藏书5 400册。③ 江南工业资本家在农村创办学校等文化教育设施,推动了农村文化教育的发展,使江南文化教育水平远远高于同时代中国其他地区。如另一个经济中心华北地区,有些村子自身就不能负担一所学校的开支,常有好几个村子共同负担一所学校的情况,即使这样,有些村子还认为开支太大。④

清代江苏女诗人绝大多数出自江南。计有长洲县赵昭、申蕙、姚妫愈、吴绡、许定需、许心榛、张蘩、韩韫玉、薛琼;华亭县章有湘、盛蕴贞、夏淑吉、王凤娴、董如兰、吴胐、张聪昭、陈敬、何志璇、袁寒篁、徐贤、汤朝、董雪晖;吴江县周琼、沈宪英、沈友琴、沈树荣、庞蕙纕、顾道喜、吴贞闺、周兰秀、叶文、徐秀芳、姚栖霞、沈蕙玉;太仓县蔡婉罗、王慧、黄筌、王炜、毛秀惠;吴县徐灿、戴凌涛、蔡壒、郝秋吟、尹琼华、钱纫蕙、顾可贞、钱蕙、钱宛鸾、吴瑛、顾信芳、吴永和;常熟陈璘、孙淑、吴永汝、蒋季锡、马荃、潘淑清、苏瑛;无锡龚静照、浦映渌、吴瑗、顾贞立、褚霞、孙旭瑛;嘉定侯蓁宜、侯承恩;娄县张传、吴学素、王芬、张屯;昆山叶宏缃、张妙贞、徐映玉、孙凤台;武进谢瑛、恽冰、张琼娘、钱芬;金山姚墨仙、曹鉴冰、姚允迪;青浦张佛绣、倪小、顾英、陆凤池、孙淡霞、顾步、陈婉、俞瑛;金坛王朗;阳湖卓媛;丹阳汤莱、贺双卿;丹徒张采苤;南汇叶慧光;江阴杨文偕;上海曹锡珪、朱影莲、赵婉扬。以上江南女诗人共计99人。徐淮地区仅有宿迁倪瑞璿,清河符受徵、万姆光3人;整个海州直隶州竟不著一人。⑤ 这一现象是由来有自的。

在江南农村生产力水平的提高以及整个农村人的发展等方面,工商业资本发挥了巨大的作用,这与那些以牺牲农村为代价来发展工商业的道路显然不同。

---

① 李学昌主编:《20世纪南汇农村社会变迁》,上海:华东师范大学出版社,2001年,第640页。

② Hsiao-tung Fei, *Peasant Life in China: A Field Study of Country Life in the Yangtze Valley*, p. 209.

③ 《全县公私立图书馆一览表》,无锡教育局:《无锡教育》第215期,1932年12月12日。

④ Sidney D. Gamble, *North China villages: Social, Political, and Economic Activities before 1933*. Berkeley and Los Angeles: University of California Press 1963, pp. 147-148.

⑤ 沈因:《清代苏省女诗人述略(一)》,《江苏研究》第1卷第7期,1935年11月15日发行,本文第1—4页;沈因:《清代苏省女诗人述略(二)》,《江苏研究》第1卷第8期,1935年12月15日发行,本文第1—4页。说明:沈文共分三篇,系根据施淑仪《清代闺阁诗人征略》写成。由于《江苏研究》缺佚,这部分诗人仅是前两文所述。

第三节 工业生活中的劳动者

工业企业在江南大规模兴起后,江南农村劳动者大量转型为工业工人,享受了远高于他们在农村时的物质和精神待遇。淮北人进入江南地区,则成为城市的苦力工人和农业劳动者。江南与淮北劳动者身上均具有较深的传统烙印,但他们之间的"弱点"却有着本质的差别。

一、江南人的保护与依附

中国近代工业从业者在物质形态上与古代世界的联系,并不表明他们天然地带有封建性;相反,他们在精神意识方面与古代世界的联系,却是他们不成熟的真正体现,亦即真正的封建落后性。

在近代中国,作为货币所有者的资本家与作为劳动力所有者的工人在市场上相遇,尽管一个是买者,一个是卖者,他们却无法作为身份平等的商品所有者发生关系。

中国近代工厂的通例是工人一般由工头招收。如上海福新面粉系统,"各部门的工人都由工头分别统治,该部门工头是哪里人,工人也都是哪里人,形成帮派"。在福新一厂、七厂,面粉间大部分是宁波人,打包间是无锡、常州人,下麦、外场则为苏北人;福新二厂、八厂主要为湖北人。① 一个地区帮派站住脚后,其他籍贯的工人很难加入。在上海,即使同籍工人也要通过拜"老子"才能进去做工;②上海纱厂中,"男工十之七八都参加了青红帮,拜有老头子,信仰关公"③。在北京等地,"工人须把工资的一部分交给接主、工头或组长。其中若干作为工作取得权的贿赂费。……这项佣金从1900年到1925年在北京从全部工资的4%增到10%!……在无锡,建筑工人须把自己工资的10%付给接主"④。一些权势较大的工头,手下网有打手,往往控制十数家企业工人的使用权,⑤他们不但垄断劳动力卖方市场,就是作为劳动力买方市场的资本家阶级也受其操纵。荣德生在1948年写道:"茂一复业后,……复有一班无赖之辈,依借背景,要求入厂工作,不顾正理,一味胡搞,无法应付。"⑥

在这里,劳动根本不是一种自由,而是强制,更像马克思所说的那种"特权"⑦,这种劳

---

① 上海社会科学院经济研究所:《荣家企业史料》上册,上海:上海人民出版社,1962年,第135页。
② 上海社会科学院经济研究所:《荣家企业史料》上册,上海:上海人民出版社,1962年,第135—136页。
③ 朱邦兴等:《上海产业与上海职工》,上海:上海人民出版社,1984年,第112页。
④ 马扎亚尔:《中国经济大纲》,上海:新生命书局,1933年,第93页。
⑤ 上海社会科学院经济研究所:《荣家企业史料》上册,上海:上海人民出版社,1962年,第135页。
⑥ 荣德生:《乐农自订行年纪事续编》,"1948年"纪事,见乐农史料选编:《荣德生文集》,上海:上海古籍出版社,2002年,第209页。
⑦ 《马克思恩格斯全集》第46卷(上),北京:人民出版社,1979年,第197页。

动是古代共同体的基础,也是中世纪的基础。资本家对这种劳动的使用无法按价值规律行事,在很大程度上听命于工头的"需要"。20世纪20年代,不少企业在外资的竞争压力下进行管理改革,削减工头势力。在这场改革中,"被迫害的技术人员不知凡几,有被斧砍的,有被浇硝镪水的,有被身上涂上粪便的"①。直到40年代,无锡荣氏在安徽经营裕中纱厂时,"本来厂内有卡车,但不能运货,一定要搬运工人用小车子推运。厂里用汽车装运货物时,把头就叫搬运工人睡在厂门口地上,不让汽车经过。而给搬运工人搬运时,运费又由他们结算,三天二头涨价,有时在搬运时偷走棉纱,甚至把整件棉纱搬到把头家里去"②。

马克思指出:"劳动力的买和卖是在流通领域或商品交换领域的界限以内进行的,这个领域确实是天赋人权的真正乐园。那里占统治地位的只是自由、平等、所有权和边沁。"他特别强调:"自由!因为商品例如劳动力的买者和卖者,只取决于自己的自由意志。他们是作为自由的、在法律上平等的人缔结契约的。契约是他们的意志借以得到共同的法律表现的最后结果。"③中国近代企业中那种带有强制性或特权性的劳动,与真正资本主义的劳动完全违背。马克思指出:"[资本主义社会里的]劳动既不是强制劳动,也不是中世纪那种要听命于作为最高机构的共同组织(同业公会)的劳动。"④中国近代企业中的强制性或特权性劳动,带有明显的宗法封建社会人身依附的色彩,工人在"自由"地出卖自己劳动力的同时,又不得不接受封建强制,成为事实上不自由的劳动者。

既然近代雇佣关系中有人身依附,那么,雇主与雇员之间必然存在保护的一面;也就是说,资本家一方面无情地榨取工人的剩余劳动,另一方面却"温情"地保护着工人。

江南精英向来有对贫民保护的传统。在前近代社会,无锡、苏州等地区就是族田义庄比较集中的地区,仅无锡地区载诸史籍的义庄就有49所。义庄的功能主要是济贫。许多地方绅士更把救济贫民视为天职。即使是20世纪30年代的左翼人士也承认这一点。共产党员薛暮桥在1932年的一篇文章中写道:在无锡地区,"当薛姓盛时,视礼社为其彩[采]邑;对于异姓贫苦农民之保护救济,引为己任。而唐昌诸族亦依傍薛姓地主,俨若附庸。每遇灾荒,薛姓地主常开仓施赈,远及邻邑。当永善堂初创时,本为救济异姓贫民之用,发月钱,分年米,薛姓无受施者。民国初年地主与农民之间尚有残留之温情关系;地主每有婚丧大事,附近农民辄来服役,视同天职。事毕给酬,必辞必谢"⑤。

薛明剑回忆其祖父薛自修称:"遇公益事,辄引为己任,不辞劳瘁。凡三党六亲及邻里之贫乏无告者,先大父每极其急济其危,而不自伐其德。""咸丰六年,旱魃为灾,民困实甚。先大父奉先曾祖凤翔公命,设施粥局,以救贫民。日必亲往督察,栉风沐雨,不辞劳苦。昔年杨家圩、界溪圩等堤岸,为淫雨所浸,先大父随外舅华蓉谿公及余莲村先生、李秋亭先生

---

① 邹春座:《二三十年代无锡纺织厂改革封建工头制的斗争》,《无锡文史资料》第10辑,第76页。
② 安徽省委党校等:《芜湖纺织厂厂史》,合肥:安徽人民出版社,1960年,第56页。
③ 《马克思恩格斯全集》第23卷,北京:人民出版社,1972年,第199页。
④ 《马克思恩格斯全集》第46卷(上),北京:人民出版社,1979年,第197页。
⑤ 余霖[薛暮桥]:《江南农村衰落的一个索引》,原载《新创造》第2卷第1、2期合刊,1932年7月出版;引自冯和法编:《中国农村经济资料》上册,上海:黎明书局,1935年,第420页。

等,集资兴工,尝以救民饥溺为己任。他若施棺恤嫠、劝赈平粜诸善举,靡不竭力为之。"①太平天国战乱时,薛自修藏宝银59枚、首饰1箱于地下,事平返乡,知为老家人周英窃走,用去其半。薛不予深究,将所余银两除捐10枚作为地方经费外,仍以一半赠送周英,使作小本经营,其余均分给难民,丝毫不自留。②

这一传统为近代工业精英所继承。

综观近代江南的资本家,张謇、荣宗敬、荣德生、刘国钧、穆藕初……哪一位做到了"使人和人之间除了赤裸裸的利害关系外,除了冷酷无情的'现金交易',就再也没有任何别的联系了"呢?事实上,资本家阶级与工人阶级一样,并没有完全从传统的社会关系下解放出来。

据荣德生自述,他经营的企业,"宛如一家庭"。他写道:"故余以为创办工业,积德胜于善举。慈善机关周恤贫困,尚是消极救济,不如积极办厂兴业。一人进厂,则举家可无冻馁;一地有厂,则各业皆兴旺。"③他甚至觉得自己"温情"保护的一面远胜于无情榨取的一面,他自己倒不像个唯利是图的资本家。他说:"我是一个事业家,不是一个资本家,我所有的钱全在事业上面,经常要养活数十万人,如果事业一日停止,数十万人的生活就要发生影响。……本人是以事业作为救济。"④为了体现亲情、从"修身、齐家"做起,荣氏企业中大量使用同乡、同宗。据统计,1928年无锡籍职员占其企业职员总数的64.5%,荣姓职员占其职员总数的12.2%。抗战胜利后,荣氏企业复工时,一些无锡人真诚地说:"德生先生又回来了,他的大烟囱冒烟了,我们的小烟囱也可以冒烟了。"近代北方最著名的资本家周学熙的母亲"生平见贫苦人,施济如恐不及"。她经常教导周:"家乡山多田少,生计艰难,汝异日有力,必多办善举。"⑤周"自束发读书,……而惟究心于教人养人之事"。⑥其他如上海永安公司、阜丰面粉企业、南洋兄弟烟草公司、常州大成纺织公司、四川民生航运公司等等,无不与荣家企业相似。如刘国钧经营的大成纺织公司,以"公司大家庭"为宗旨,企业对工人的生、老、病、死、养、教等义务全面承担下来;安徽寿州孙多鑫兄弟在上海创办的阜丰粉厂招募的早期工人中,安徽人占90%左右。

过去,我们总是把资本家对工人的保护一概斥为"欺骗",这个观点与另一更为流行的观点居然并立,即中国工人阶级的资格要老于中国的资产阶级,也就是说,中国工人阶级要比中国资本家阶级更成熟。既然如此,为何工人阶级总又屡受资本家阶级的"欺骗"呢?

其实,资本家对工人的保护,与雇佣市场上的劳动强制一样,表现了中国近代资本家阶级与工人阶级同样不成熟,在这里,工业从业者"还未完全从农民蜕变出来"⑦。此处的

---

① 无锡市史志办公室编:《薛明剑文集》(上),北京:当代中国出版社,2005年,第32页。
② 无锡市史志办公室编:《薛明剑文集》(上),北京:当代中国出版社,2005年,第32页。
③ 荣德生:《乐农自订行年纪事续编》,"1944年"纪事,见乐农史料选编:《荣德生文集》,上海:上海古籍出版社,2002年,第167页。
④ 《荣德生谈被绑真相》,1946年6月13日无锡《人报》。
⑤ 周学熙叙:《周止庵先生自叙年谱》,[台北]近代中国史料丛刊三编第一辑,第12页。
⑥ 周学熙叙:《周止庵先生自叙年谱》,[台北]近代中国史料丛刊三编第一辑,第1页。
⑦ 《列宁全集》第3卷,北京:人民出版社,1984年,第501页。

"农民",主要指农民意识,与是否占有土地没有必然关系,即使某些中国近代工业从业者不占有土地,同样不能脱离农民意识;相反,带有"五月花精神"的北美小农,即使占有土地,也脱离了这种意识。①

由此可知,对工人的劳动强制,绝不仅仅是几个坏工头造成的。马克思称赞工头"在工厂是真正的机器工人"。②工头由真正的机器工人沦为真正资本主义雇佣制度的障碍,正是由于近代中国与俄国类似,资本主义社会在各方面都被资本主义以前的制度的残余和设施所缠绕着。③即如中国的工头制而言,如同俄国的学徒制一样,即使在大工业中,同样会产生"最有害的影响,使技术上落后的生产形式保留下去,这种生产形式必定使盘剥和人身依附极为盛行"④。

列宁指出,真正的机器工业"创造了一个与旧式农民完全不同的特殊的居民阶级,这个阶级具有不同于旧式农民的另外的生活制度、另外的家庭关系制度以及比较高的物质需要水平与精神需要水平"⑤。一句话,大机器工业创造出了成熟的工人阶级。"近代中国的经济,其本身仍附上了过去的残迹"⑥,显然不能一下子摆脱"最坏的人身依附和剥削",往往会使"劳动者的状况极端恶化,使他们受到屈辱,使他们颓废"⑦。这种制度创造的工人阶级不可能是成熟的,他们没有更高的物质需要水平和精神需要水平,他们不但无法脱离资本家阶级的保护,甚至还要主动请求资本家来保护。如在阜丰粉厂中,"当时农民到寿州帮工,每月收入约一吊钱,而招至阜丰……比在当地帮工已高出几倍了。因而农民[这里应为'工人'——引者注]对主子还得感恩戴德"⑧。笔者1996年在无锡荡口镇调查时,荡口华氏对近代有"无锡第一隐富"之称的华绎之颇有微词,他们抱怨华绎之只顾自己发财,而不像荣氏兄弟那样把同宗招进企业,带领大家发财。⑨此处主动寻求保护的心态昭然若揭。

资本家阶级无情地榨取工人阶级剩余劳动的一面,显然属于资本主义范畴;至于资本家阶级对工人阶级保护的一面,则属于"古代世界"范畴,亦即我们常常所说的"封建性"。

顺便说一下,古代世界的东西并非都比近代资本主义的事物卑俗,尽管它们肯定有局限性。即如资本家阶级对工人的保护而言,尽管它属于古代世界的观念,但却"显得崇高得多",在这里,"人,……毕竟始终表现为生产的目的",⑩而不像在近代资本主义世界,生

---

① 详见秦晖、苏文:《田园诗与狂想曲》,北京:中央编译出版社,1996,第十二章第二节。
② 《马克思恩格斯全集》第23卷,北京:人民出版社,1972年,第606页。
③ 《列宁全集》第3卷,北京:人民出版社,1984年,第538页。
④ 《列宁全集》第3卷,北京:人民出版社,1984年,第405页。
⑤ 《列宁全集》第3卷,北京:人民出版社,1984年,第502页。
⑥ 马扎亚尔:《中国经济大纲》,上海:新生命书局,1933年,第50页。
⑦ 《列宁全集》第3卷,北京:人民出版社,1984年,第502页。
⑧ 上海市粮食局等:《中国近代面粉工业史》,北京:中华书局,1987年,第194页。
⑨ 1996年11月28日,笔者与徐凤威(锡山市审计局经济师)在锡山市荡口镇对季鹤年(时年72岁)、华祖舜(原果育小学教师,时年75岁)等人的访问。
⑩ 《马克思恩格斯全集》第46卷(上),北京:人民出版社,1979年,第486页。

产表现为人的目的。马克思指出,由于资本主义造成人的异化,"一方面,稚气的古代世界显得较为崇高。另一方面,古代世界在人们力图寻求闭锁的形态、形式以及寻求既定的限制的一切方面,确实较为崇高"①。

二、明清以后淮北人"下江南"

明清以后,淮北人口大量向江南迁移。许多淮北农民"游行各地,以待出雇"②。这些靠出卖劳动力为生的人,与那些专以乞讨待赈的流民显然不同,他们希望寻找供其工作的地方,凭自己的劳动以自存。他们是淮北农民中的良善安分之辈。不过,这些到了江南的移民,大多不能融入江南主流社会,更鲜成为江南社会的精英,而多在江南地区出卖劳动力。

淮北外出的劳动力,不同于江南地区进入工厂工作的学徒和工人。江南的学徒和工人在家乡往往拥有一定的经济资源,而在其工作的城市又往往拥有强大的同乡资源可资利用。他们中间很容易产生企业精英、社会精英和政治精英,荣宗敬、荣德生、虞洽卿、朱葆三、刘国钧等就是这样的人。淮北的劳动力甚至无法与内地外出谋生的人口相比,在河南北部太行山区的林县姚村,外出做工的男性实际上多是手艺人,如木匠、铁匠和石匠。③而淮北的劳动力基本上没有可资利用的经济资源、同乡资源和可以谋生的手艺,他们只能出卖劳动力为生,以至于长期被学者们误解为"资本主义的种子"。

现代经济的发展,使江南农村居民已不是传统的农民,他们不再依附于土地。而淮北地区的移民,尽管身在江南地区,但不论其技能上还是身份认同上,都仍是传统的农民,再也没有其他哪个地区的移民像他们那样始终无法抹去地域的烙印了。

江南现代经济的发展,在城市地区提供了许多高收入的工作,使劳动力很容易摆脱土地的束缚,从而进一步促进经济的变革、增长和工业化。在无锡调查时,人们常说这样的话:"种田是阿末条路,只要有点办法,总勿会在家。"④这与同时代美国的情形极为相似。20世纪30年代美国南部阿拉巴契亚山区的农民(hillbillies)到北部城市定居,尤其是西南部俄克拉荷马、得克萨斯、阿肯色和密苏里的流动农业工人(okies)到加利福尼亚中部凹地(central valley)时,多从事加州本地人不愿做、以前由墨西哥人承担的农业劳动。⑤

工业发达的江南地区居民不愿种田,种田工作由淮北等地农民承担,这是淮北劳动力流动的诱因。据对江南租册的分析,有许多江北客民取代了以前的佃农,"说明这些客民

---

① 《马克思恩格斯全集》第46卷(上),北京:人民出版社,1979年,第486页。
② 汪疑今:《江苏的小农及其副业》,《中国经济》第4卷第6期,第75页。
③ Ralph Thaxton, "Land Rent, Peasant Migration, and Political Power in Yao Cun, 1911—1937," *Modern Asian Studies*, vol. 16, no. 1 (1982), p. 113.
④ 华东军政委员会土地改革委员会:《江苏省农村调查》,1952年内刊本,第96页。
⑤ Emily Honig, *Creating Chinese Ethnicity: Subei People in Shanghai, 1850—1980*, New Haven and London: Yale University Press 1992, P. 3.

很愿意满足相当贫困的状况,来做佃农以作为生活的起步"①。在吴江县二十四都六图南富圩新开垦的4块劣质土地中,有3块被江北客民所佃种。②

据中国国民党江苏省党部在1926年的调查,"江南各地的雇农,小部分是本地人,大部分是江北人"③。1927年对无锡的调查表明:"在昔农闲之候,农民之为堆栈搬运夫者甚多。近年来各种工厂日见增多,而乡间雇农,大都改入工厂矣。乡间即使有一二雇农,均来自常熟、江阴、江北。……而本地人之为雇农者,则不可多得矣。"④

拥有11 880亩土地的吴江庞山湖农场,开始在本地招工时,竟无人应招,该场最早雇用的农业工人是来自苏北的数十名难民,"至1935年,苏北农民来此渐多",到1949年,庞山湖农场的佃农达509户,共2 143人,"大都是由苏北先后移此或逃难来此的"。⑤ 1949年的武进县农村中,"有一部分外籍迁来的农民,其中大部来自苏北,也有部分是皖北的。他们大半系靠出卖劳力维持生活"。⑥

据1934年对南京城内66户从事农业劳动的家庭进行的调查,南京市内的农业工作主要由来自附近相对欠发达的安徽、淮北等地区的农民承担。来自安徽的农户占43.9%,来自苏北的农户占27.3%,来自河南、河北等地的农户占6.1%。⑦

20世纪20年代末对江宁县调查时,发现有大量河南籍农民迁到该地定居,调查者张心一写道:"至于[江宁]各区社会情形之最堪注意者,莫若客民繁多之现象。考此种客民大部移自河南,有居住五十年以上者,有居住二三十年者,甚至有与河南故土仍通声气者。其数之众,若一经统计,必表示全县居民百分数若干以上之记录。"⑧据何炳棣的研究,太平天国战后,仅河南光山一县就派出超过100万移民到苏南和浙北等地区。除了南京城有十分之七的人口是来自安徽和湖北外,整个江苏西南部实际上是河南的农业"殖民地"。河南移民在那里占据绝对优势,以至于那里的耕作方法、社会习俗和妇女衣着都发生了彻

---

① Yuji Muramatsu, *A Documentary Study of Chinese Landlordism in the Late Ch'ing and the Early Republican Kiangnan*, Bulletin of the School of Oriental and African Studies University of London Vol. 29, No. 3, March 1966, London: The School of Oriental and African Studies 1966, p. 581.

② Yuji Muramatsu, *A Documentary Study of Chinese Landlordism in the Late Ch'ing and the Early Republican Kiangnan*, Bulletin of the School of Oriental and African Studies University of London Vol. 29, No. 3, March 1966, p. 581.

③ 〔中国国民党〕江苏省党部:《江苏农民之经济政治文化状况》,《中国农民》第8期,1926年10月出版,第64页。

④ 容庵:《各地农民状况调查·无锡》,(上海)《东方杂志》第24卷第16号,1927年8月25日发行,第110页。

⑤ 华东军政委员会土地改革委员会:《江苏省农村调查》,1952年内刊本,第360—361页。

⑥ 华东军政委员会土地改革委员会:《江苏省农村调查》,1952年内刊本,第37页。

⑦ 姚传元:《南京城内农家之分析研究》(上),南京金陵大学农学院:《农林新报》第11年第29期,1934年10月11日出版,第581页。

⑧ 张心一:《江宁县农业的调查》,国民政府主计处统计局编:《统计月报》第1卷第4期,1929年6月出版,第72页。

底的变化。①

在当时的江苏省会镇江,"每年冬天总有大批苏北和山东省的穷人,前来寻求工作,但是到了春天,他们就回去耕作。这种人每年有四千至五千人"。②

在江宁、武进等地,"北方人迁移过来的很多,他们与本地人比邻而居,而双方面仍旧守着各人的旧有习惯。北方农人比较上更勤劳而朴素,因此本地人常被他们排挤得不堪。客民都是住的土墙茅屋,而本地人则住的砖墙瓦房。在社交上,双方面多不愿往来,而本地人每不屑与客民为伍。彼此常不相通婚,双方芥蒂之深,犹如两个民族间,不易融合的一般"。③

李长傅指出:"本省人口之移动,就著者之观察,有二倾向。一自长江以北移之长江以南。二,江南各地集中于上海。淮北生活困苦,淮南人口稠密,故多向江南谋生,其分布除大都市外,并及各乡镇,均为劳力小贩、小工匠等。职业既卑,又以语言差异,每为江南人所歧视。"④

在工业化进程中,英、美等国都出现过落后农业区的农民在现代化城市中从事低档工作的现象。19世纪早期,爱尔兰人来到新英格兰、伦敦、曼彻斯特和利物浦时,总是做些本地人不愿做的工作。⑤ 与伦敦等地的爱尔兰人一样,除了耕作外,江南地区其他技术程度不高、当地人不愿干的体力工作,多由苏北等地区的移民来承担。据调查:"江北地区后来成为上海、南京工业和城市各种企业非熟练劳动力的主要来源之一。"⑥

在省会镇江,"贫民则衣食不足,尤以蒙民(俗称旗人与汉人同化之人)、回民、江北客民与夫本籍无职业之居民,粗食陋室,间有搭盖芦蓬,以掩风雨者。食多杂粮山芋"。⑦

同样在上海等地工作,江南人很容易获得提升。如同是面粉厂女工,许多江南女性最终会成为工头、秘书和簿记员,"苏北女性的提升则是令人无法想象的事"。⑧ 男工的区别更明显,上海福新第一和第七面粉厂中,技术程度较高的粉间工作大都由宁波人承担,而下麦、外场等技术程度较低,对体力要求较高的工作则由淮北等地的工人来承担。⑨ 卷烟

---

① Ping-ti Ho, *Studies on the Population of China, 1368—1953*. Cambridge, Massachusetts: Harvard University Press, 1959, p. 155.
② 章有义:《中国近代农业史资料》第2辑,北京:三联书店,1957年,第639页。
③ 卜凯著,张履鸾译:《中国农家经济》,上海:商务印书馆,1936年,第518页。
④ 李长傅:《分省地志:江苏》,上海:中华书局,1936年,第96页。
⑤ Oscar Handlin, *Boston's Immigrants*, 转引自 Emily Honig, *Creating Chinese Ethnicity: Subei People in Shanghai, 1850—1980*. New Haven and London: Yale University Press, 1992, p. 3.
⑥ Yuji Muramatsu, *A Documentary Study of Chinese Landlordism in the Late Ch'ing and the Early Republican Kiangnan*, Bulletin of the School of Oriental and African Studies University of London, Vol. 29, No. 3, March 1966, p. 581.
⑦ 王培棠著:《江苏省乡土志》下册,长沙:商务印书馆,1938年,第441—442页。
⑧ Emily Honig, *Creating Chinese Ethnicity: Subei People in Shanghai, 1850—1980*. New Haven and London: Yale University Press, 1992, p. 64.
⑨ 上海社会科学院经济研究所:《荣家企业史料》上册,上海:上海人民出版社,1962年,第139页。

工业中,大部分工人来自浙江,少量的苏北人只能从事那些非技术性劳动。① 上海邮局中的苦力,"他们大半是江北人,能刻苦耐劳,节衣缩食的渡[度]过生活"。② 在上海的招商局码头和太古码头上,"江北人要占 80.0%,……新关码头的工人,江北人要占 50.0%,青口人占 30.0%,其余各地人均有,码头上通用的方言,以江北话为主,上海话为次"。③

20 世纪 20 年代,在芜湖码头从事搬运工作的"奋帮",主要来自淮北的徐州、宿州、山东等地。④ 在南京,江北、安徽等地外来工人约占全市工人总数的 35%,这些人主要从事技术程度不高的铁路、旅馆业、浴室业等工作。⑤ 1930 年有人写道:"生长在江南的儿女们,年年看见江北人来到江南各县的城市做小贩,做厂工,做黄包车夫,做一切下贱的事,在一只破烂的小船里边,住宿,吃饭,养小孩子。又年年看见许多江北人来到各县的乡村,开垦荒田或是佣工,盖起一两间草棚子与江南的清秀丰腴的田野以一可怜的点缀。尤其是上海一隅的纺织工人,制造工人,重工业工人,小车夫,黄包车夫,码头工人,苦力,江北人占了最大的成分。"⑥这是江北劳动力在江南所从事的职业的真实写照。

时人写道:"上海、武汉、南京、天津、广州各大城市之人口一天天的增多,其最重要的原因,便是农民离村他适之结果。然而在民族工业枯萎的境况下,原来的工人,已经一批一批的被抛弃于十字街头,离村的农民,自然不容易找到工作的,结局只有拉黄包车充当牛马。"⑦以至于有人说:"任何其他职业都没有拉黄包车与在上海劳动力市场中的苏北人联系密切,并被视为苏北人身份的标志。"⑧

在其他技能不高、常被人歧视的服务行业中,淮北人同样占绝对优势。如修鞋匠、粪便和垃圾清理工也主要来自淮北,"尤其是后两种工作,是真正的'臭职业',似乎只有苏北人才愿意做,这不但置他们于,而且更加剧了他们的低下的身份"⑨。对他们而言,工厂中的工作是非常令人羡慕的高等职业,盐城有位在上海当垃圾工的人回忆说:"我非常想到

---

① Emily Honig, *Native-Place Hierarchy and Labor Market Segmentation*：*The Case of Subei People in Shanghai*. Thomas G. Rawski and Lillian M. Li（ed.）, *Chinese History in Economic Perspective*, p. 281.

② 朱邦兴等：《上海产业与上海职工》,上海：上海人民出版社,1984 年,第 413 页。

③ 陈达：《我国抗日战争时期市镇工人生活》,北京：中国劳动出版社,1993 年,第 375 页。

④ 语罕：《芜湖劳动状况》,《新青年》第 7 卷第 6 期,1920 年 5 月 1 日出版,本文第 3 页。

⑤ 李政：《南京市工人生活的一斑》,南京特别市政府社会调查处编：《南京社会特刊》(未署期号),1931 年 1 月出版,第 100 页。

⑥ 吴寿彭：《逗留于农村经济时代的徐海各属》(续),(上海)《东方杂志》第 27 卷第 7 号,1930 年 4 月 10 日出版,第 69 页。

⑦ 许涤新：《农村破产中底农民生计问题》,(上海)《东方杂志》第 32 卷第 1 号,1935 年 1 月 1 日发行,第(农)52 页。

⑧ Emily Honig, *Native-Place Hierarchy and Labor Market Segmentation*：*The Case of Subei People in Shanghai*, Thomas G. Rawski and Lillian M. Li（ed.）, *Chinese History in Economic Perspective*, p. 275.

⑨ Emily Honig, *Native-Place Hierarchy and Labor Market Segmentation*：*The Case of Subei People in Shanghai*, Thomas G. Rawski and Lillian M. Li（ed.）, *Chinese History in Economic Perspective*, p. 276.

工厂中工作,我十分羡慕我那些在工厂工作的亲戚。但我们却不能在那里做工。"①

即使在娼妓中,江南与淮北女性之间的界限也十分明显。上海娼妓中,地位最高的是苏州女子,她们住在装饰豪华的妓院中,受过专门的训练,只接待那些富商和高官。淮北籍的女性多游荡在上海色情区的街道上拉客,有的摇着小船向泊在黄浦江边沙船上的水手招揽生意。② 由于越来越多的淮北妇女沦为娼妓,上海一市的妓女达 25 000 人,即每130 人中就有 1 人是妓女,这个比例比当时的芝加哥高 3 倍,相当于巴黎的 4 倍。③

淮北及其他地区的农民在江南地区从事粗活和农业劳动,主要由下列因素造成:

首先,淮北地区劳动力整体素质较低,对技术型和专业型的工作缺乏竞争能力。

淮北人是上海最大的移民人口之一。1935 年前后,"江北贫民,来沪谋食者,不下数十万人,大都充当最辛苦之劳动生涯"。④ 到 1949 年,苏北人约占上海 500 万总人口的五分之一。不论他们是自己迁移到上海,还是淮北移民的后代,也不论他们是逃荒来的穷人,还是逃避 20 世纪 40 年代土地改革的富裕地主,在上海的淮北人集中从事上海人不屑于做的工作。⑤ 有位学者写道,淮北人在上海似乎愿意做那些低下的、没有社会地位的工作。对他们而言,即使是上海最糟的工作也比在苏北生活要好。当他们到达上海时,他们没有受过任何训练,从而使他们很难获得技术性的工作。⑥

其次,由于社会生态的恶劣,淮北地区的劳动者缺乏同乡会的有力支持。

早期流入江南的淮北贫民,由于缺乏经济来源,很难给当地人留下良好印象。史载,道光辛卯(1831),苏州地区屡患水灾,"泗洲〔州〕流民,号'倒撑船户',其时乘灾为患,每于风雨之夕,偷割稻穗,乡人苦之。元和令何公(士祁)访捕一船,曰周裕者,将船中截为两,半发葑溪天宁寺,半发娄关接待寺,示众山门口。父老欢腾,共颂贤侯善政"。⑦ 一个在风雨之夜偷点稻穗的穷苦家庭,被抓获后,县官竟把他们一家赖以生活的船只从中间截断,根本不予其任何生存余地,尤为苛重的是,还把他们的断船放在两个地方示众,从精神上

---

① Emily Honig, *Native-Place Hierarchy and Labor Market Segmentation*:*The Case of Subei People in Shanghai*, Thomas G. Rawski and Lillian M. Li (ed.), *Chinese History in Economic Perspective*, p. 279.

② Bryna Goodman, *Native Place*,*City*,*and Nation*:*Regional Networks and Identities in Shanghai*,*1853—1937*, Berkeley /Los Angeles /London: University of California Press 1995, P24. Emily Honig, *Creating Chinese Ethnicity*:*Subei People in Shanghai*,*1850—1980*, p. 65.

③ Joseph Fewsmith, *Party*,*State*,*and Local Elites in Republican China*:*Merchant Organizations and Politics in Shanghai*,*1890—1930*, Honolulu: University of Hawaii Press 1985, p. 12.

④ 朱懋澄:《劳工新村运动》,(上海)《东方杂志》第 32 卷第 1 号,1935 年 1 月 1 日发行,第(社)10 页。

⑤ Emily Honig, *Native-Place Hierarchy and Labor Market Segmentation*:*The Case of Subei People in Shanghai*, Thomas G. Rawski and Lillian M. Li (ed.), *Chinese History in Economic Perspective*, Berkeley/los Angeles/Oxford: University of California Press 1992, p. 274.

⑥ Emily Honig, *Creating Chinese Ethnicity*:*Subei People in Shanghai*,*1850—1980*. New Haven and London: Yale University Press, 1992, p. 73.

⑦ 顾震涛撰:《吴门表隐》卷三,南京:江苏古籍出版社,1999 年,第 40 页。

再予以重重打击。对于这样的做法,由于受害者是淮北人,因此苏南人普遍叫好。

明清时,由于漕船极为笨重,"非膂力强盛熟于驾驶者不能得力",因此,"江、浙水手向系江北、山东等处外来之人揽雇承充"。① 在浙江的山东、河南籍水手就有1万人,客栈和饭店不敢容留他们。② 这些人到了江南地区,往往暗携器械,恃众行凶,遇到机会更是大肆抢劫。③ 道光十六年十月二十六日(1836年12月4日),被抓获的劫匪中,夏名辉籍隶山东泗水县,段添蟢、冯四籍隶山阳县,俱在兴武帮粮船充当水手。④

江南雇农方面多只身来自北方,"一旦失业,无所资生,飘泊异乡,囊无余蓄,不得已挺身为匪矣。此历获匪犯,诘讯其甘心为匪之原因,实多数缘于此也"。⑤

杭嘉湖各属的冒头船,多是自称淮北人所有。光绪十年冬,游勇及哥老会加入,分股行动,每股三四百人或二三百人,捏有海州、沭阳、安东行地就食护照,在江南沿乡勒索钱米。每村动辄以数十石、数十千钱相逼,江南居民畏其强悍,多出米五六石、七八石,钱十余千、二三千不等。光绪十一年(1885)冬,人数蹿升,在嘉兴境官弄西首,占据民居,抢掠财物。在海盐境石泉镇,拔夺妇人首饰,乡人鸣锣驱逐,反被他们捉去几人,赤身浇水,勒索钱财。官府驱不胜驱,竟至愈聚愈多,这些人手执棍棒,沿村挨户,强索米三四十石或上百银洋,"稍不遂欲,棍棒交下,以打死相吓。余匪抬石打门,抢掠杂物,遇有妇人,便掠衣饰。且每起有冒头船七八只随行,暗藏洋炮、凶器,装载米石"。这些人比较著名的以洪五、潘竹山为首,皆自称沭阳人。宋义昌、周文章、徐大来、吕天隆等股首领自称海州人。另有安东县匪首王协和、李子方等率三百数十人,由硖石至海盐境书带里桥边强抢财物,衣米什物抢掠一空,占宿大横山庙,日练军器,夜放洋枪,火光烛天,人声鼎沸。附近居民的棉纱、鱼肉尽被掠去。不法情形,日甚一日,稍不如愿,刀棍相加。甚至掳去居民施保庆、姚德顺、俞福庆等,剥衣吊打勒索,雀祥生被割左耳,蔡隆春、俞福生被刀砍伤,俞姓妇人被拔去金首饰,遭受毒打。"土民愤极,麋集鸣锣,希图驱散。讵料该匪纵火焚庙,持械迎打,土客互死百有余人。"这些人脱身后,遗留红布盟单,备列头目姓名,首领为王协和,以下为王朝永、宋开德、李子方等共36人,最长者39岁,最幼者19岁。其盟序云:"今逢订交之时,叙桃园结义之风,异姓同居,愿结仁义兄弟,有患相共,有禄同居。既盟之后,言归于好。如有自背盟训者,天厌之,天厌之。"⑥

---

① 林则徐:《筹议约束漕船水手章程折》,中山大学历史系中国近代现代史教研组、研究室编:《林则徐集(奏稿)》上册,北京:中华书局,1985年,第313页。

② David E. Kelley, "Temples and Tribute Fleets: The Luo Sect and Boatmen's Associations in the Eighteenth Century," *Modern China*, vol. 8, no. 3 (July 1982), p. 370.

③ 林则徐:《筹议约束漕船水手章程折》,中山大学历史系中国近代现代史教研组、研究室编:《林则徐集(奏稿)》上册,北京:中华书局,1985年,第313页。

④ 林则徐:《拿获纠伙行劫之漕船水手夏名辉等审明正法折》,中山大学历史系中国近代现代史教研组、研究室编:《林则徐集(奏稿)》上册,北京:中华书局,1985年,第366页。

⑤ 薛秉阳:《溧阳匪类之内容及其消灭方法》,江苏省政府秘书处宣传股编:《江苏旬刊》1929年,第64期,第35页。

⑥ 杞忧子:《流匪横行续述》,《申报》1887年3月7日,第3版。

农民大量涌入江南地区从事农业和其他体力工作,一方面是因为他们移入地区的工资要远远高于其移出地区的工资。通常情况下,农民在苏南做雇工可获得高于淮北2—3倍的工资,并可享受淮北等地难以得到的其他物质条件。① 在工业化过程中,人们从生活条件和生活设施较差的地方流入建筑、供水、交通等条件较好的地方实为共性。② 所以尽管淮北等地的农民在江南地区所从事的工作相对较差,但一旦有了稳定的工作,他们大部分不愿再回到自己的家乡,只有从事临时性农业工作的人会经常往返。这与东北移民有一定的差别。据调查,到东北的移民总是集中在3月和4月,他们回乡的时间多为11月、12月和翌年1月。③ 许多移民在东北工作几年,汇回的收入多到可以养家的时候,他们最终会回到他们在华北的故乡。④

另一方面则是江南地区的远较淮北优越的社会生态对他们形成了巨大的吸引力。泰勒(J. B. Tayler)写道:"拥有小块土地(比如半英亩左右)的村民,通常比一无所有的村民境遇更差,因为他被吸附在这小块土地上,而不能离开家门,到别处谋生。"⑤这种情形在

---

① 据调查,1949年以前,在吴县姑苏乡作雇工年工资一般为12担谷(华东军政委员会土地改革委员会:《江苏省农村调查》,1952年内刊本,第186页。以下引自该书仅注页码);武进政成乡雇工的年工资为7石米,牧童为2石米,该县南部工资较高,技术好的雇工每年可获15石米,忙季月做工100天的人,最高可获6石米(第49页);嘉定县农村,每工每日5升米(连饭可折为7.5升米,下同)(第80页);无锡县云林乡忙工工资每工为5升米,闲工为3升米(均供饭)(第114页);吴县保安乡,长工最高为每年10石米,一般为7—8石米,日工忙时为5升,闲时为3升(第169页)。如果做泥水匠和木匠,通常一年做工100天即可得6石米(第189页)。我们把苏南长工的年工资定为7—12担米,1927—1931年苏南米价为每石8.60元[David Faure, *The Rural Economy of Pre-Liberation China: Trade Expansion and Peasant Livelihood in Jiangsu and Guangdong, 1870—1937*. Oxford, New York: Oxford University Press (Printed in Hong Kong), 1989, p. 149],可知以20世纪30年代前期币值计算,苏南雇工的年工资为60—103元。在苏北等地,工资要低得多,如在涟水,1935—1936年,雇主一般划出农民所帮其耕种的田地亩数的十分之二给农民耕种,作为其伙食费,另外每年再给农民工资30元(章有义:《中国近代农业史资料》第3辑,第775页)。而在河南省,长工的年工资仅为10—20元,只有在靠近城区的少数地方,年工资最高可达40元[参见西超《河南农村的雇佣劳动》,(上海)《东方杂志》第31卷第18号,1934年9月16日发行,第69—70页]。徐州农民在冬天到富人家做工,"只吃饭不拿钱,因为这里的劳力太不值钱;在一般农民看过来,好像吃饭就是劳动的全部报酬"(江苏省立徐州民众教育馆:《八里屯农村经济调查报告》,《教育新路》第12期,1932年12月,转引自冯和法编《中国农村经济资料续编》上编,上海:黎明书局,1935年,第6页)。萧县也有这种情形(卢株守:《江苏萧县东南九个村庄的农业生产方式》,《中国农村》第1卷第5期,1935年2月1日出版,第65—66页)。

② W. A Lewis, *Economic Development with Unlimited Supplies of Labour*, The Manchester School of Economic and Social Studies, May 1954, p. 148.

③ Franklin L. Ho, *Population Movement to the North Eastern Frontier in China*, Shanghai: China Institute of Pacific Relations 1931, p. 2.

④ Thomas R. Gottschang, *Economic Change, Disasters, and Migration: The Historical Case of Manchuria*, Economic Development and Cultural Change Vol. 35, No. 3, April 1987, Chicago: The University of Chicago Press 1987, pp. 461-462.

⑤ J. B. Tayler, *Farm and Factory in China: Aspects of the Industrial Revolution*. London: Student Christian Movement, 1928, p. 23.

淮北地区是不存在的,不论是小块土地,还是大块土地,对农民均无太大的束缚力和吸引力。托尼(T. H. Tawney)认为:"不论中国的农村问题是什么,它们都不因无地无产阶级的存在而令人费解。中国农村生活中最典型的不是雇佣劳动者,而是有地的农民。"①事实确实更接近托尼的论述。从淮北流落到苏南的农民,在淮北多是有地者,他们不是无地可种,而是恶劣的社会生态使得他们有地无法耕种,不得不到南方租种远较其乡自有地小得多的土地来维持生计。据对南京51家外来户户主的调查,这些户主迁徙前在家种田的有39名,占总数的76.5%,迁徙后继续从事农业劳动的有25名,占农业户主总数的64.1%。②调查者指出:"近百年来,迁移到南京城内的农家,……占百分之五十左右。未迁徙前,在家种田,既迁徙后,还是大部分要种地。"③尽管如此,他们在苏南的生计却远好于在淮北的生计。这些人迁徙的原因多为灾荒,因各种天灾而迁徙的达54.9%。④

遍地盗匪,是淮北农民有田无法耕种、不得不外出打工的另一原因。时人指出:"凡是土匪盘踞之处,农田往往荒芜,是即农民被迫离村之象征。凡有土匪之区域,几莫不如是。江淮北部所谓江北各县,在三年前[系1934年——引者注]亦为各种盗匪猖獗之地。是时江南都市中各种工人与苦力之充斥,大部都是此种江北人。查江北占全省面积四分之三,人口只及全省总数三分之一,今反有源源自江北而来江南谋生者,其以不堪匪扰为主因,固不待言。"⑤据调查:"邳县是土匪区域在扩大,我们调查开始的那天,正就是县长率领军队与土匪大战的一日;盐城则地瘠民贫底程度,竟使大批的农民每当收获以后便成群结队的下江南。"⑥与淮北毗邻的山东同样饱受兵匪之苦,兵匪们经常抢走在饥荒打击下人民所剩无几的财物。⑦许多人只得离村出走,东北和江南是他们非常向往的地方。

20世纪40年代中后期,流落到上海的苏北难民,"观其外:食衣住无着,流离载道,为状至惨!叩其内:则众口咸称:不堪环境之恐怖也!不堪暴力之破产亡家无罪而危害也!遭此不幸事件,迫而流亡,实非得已"。⑧

有人认为:"在江淮北部农村中,富农是一个主要的社会层。这些经营规模较大且雇有长工或短工的富农,即通常被认作资本主义在农村中的种子的富农,在盐城、启东及邳县都占有重要地位,……一到常熟,富农便少见了。"⑨这一看法具有启发性,但颇值得商

---

① R. H. Tawney, *Land and Labour in China*, p. 34.
② 姚传元:《南京城内农家之分析研究》(上),南京金陵大学农学院:《农林新报》第11年第29期,1934年10月11日出版,第582页。
③ 姚传元:《南京城内农家之分析研究》(下),南京金陵大学农学院:《农林新报》第11年第32期,1934年11月11日出版,第653页。
④ 姚传元:《南京城内农家之分析研究》(上),南京金陵大学农学院:《农林新报》第11年第29期,1934年10月11日出版,第582页。
⑤ 吴至信:《中国农民离村问题》,(上海)《东方杂志》第34卷第15号,1937年8月1日发行,第18页。
⑥ 行政院农村复兴委员会编:《江苏省农村调查》,上海:商务印书馆,1934年,第7页。
⑦ Franklin L. Ho, *Population Movement to the North Eastern Frontier in China*, p. 15.
⑧ 苏北难民救济会议上海办事处编印:《上海苏北难民救济报告》,1947年2月出版,第7页。
⑨ 行政院农村复兴委员会编:《江苏省农村调查》,上海:商务印书馆,1934年,第7—8页。

权。我们前文已经指出,淮北富农的比重实际上很小。至于其是不是资本主义的种子,则更难说了。

即使同属灶丁,淮北地区与淮南地区也迥然不同。在淮南盐场,一切草本、口粮及灶丁生活问题,垣商均不过问。而在淮北盐场,场价、纳税全归池商,即其他一切池滩、器具、装置、修理诸项,亦均归池商自备。淮北的晒丁则具有雇佣劳动者的性质,"纯为出卖劳力以求生活,与淮南煎丁之须自负责任者,性质大异"。①

综上所述,淮北雇佣劳动者的形成不是该地区资本主义发展的结果,而是社会生态衰落到了极致所造成的。学者指出:"在上海的绝大多数苏北人不属于工业无产阶级的行列,而是属于苦力劳动者。"②由此可见,淮北地区绝不存在远较苏南发达的资本主义雇佣市场。尽管淮北地区的劳动力在江南地区多属于体力劳动者,但由于他们仍是淮北地区劳动力中的精华,他们大量向江南地区流动,使得淮北地区的许多土地抛荒。淮北劳动力素质严重下降,自然资源与劳动力资源均遭到极大的浪费。清人指出:"今江北之困,非独其地瘠也,人力亦未尽也。往时江南无尺寸隙地,民力田佃十五亩以上者称上农,家饶给矣,次仅五六亩或三数亩,佐以杂作,非凶岁亦可无饥。何者? 男子力耕于外,妇人蚕织于内,五口之家,人人自食其力,不仰给于一人也。"③

三、地缘矛盾与社会分层

陶行知写道:"'江南'! 这是一个多么甜美而令人神往的地方?! 有史以来,不少的诗人文士替她歌咏,不少的帝王才子向她流连,简直把她赞仰得成为上比天堂的胜地。至于只隔一水的江北,好像从来就很少有人向她垂过青,尤其是'一二八'的国难,把许多汉奸的帽子加在'江北人'的头上,于是这'江北'二字,更是讨得人嫌。"④

为什么江南人会视江北人为"汉奸"呢? 这在相当程度上不是江北人真的有卖国行为造成的,而是地缘因素引起的。由地缘关系造成的社会分层,在中国近代非常普遍。这种矛盾的激烈程度,有时甚至远远超过"阶级"矛盾和民族矛盾。就江南城市中的淮北人而言,不但像其他无产阶级一样深受帝国主义和资本主义的压迫,而且要受到来自经济发达地区的同事和其他阶层的压迫和歧视。而对他们来说,尤以后一种压迫更直接、更普遍。这就不难理解,为什么淮北人更多时候是仇视直接鄙视他们、欺辱他们的"江南人",而不是仇视离他们生活较远的"帝国主义"和资本家阶级。

淮北人所从事的低技术工作,使他们不可能有较高的经济收入,这又进一步影响了他们自身素质的提高。据对上海1 471个游民嗜好的调查,爱好赌博者91人、饮酒138人、

---

① 胡焕庸:《两淮水利盐垦实录》,南京:中央大学,1934年12月刊印,第180页。
② Emily Honig, "Native-Place Hierarchy and Labor Market Segmentation: The Case of Subei People in Shanghai". Thomas G. Rawski and Lillian M. Li (eds.), *Chinese History in Economic Perspective*, p. 275.
③ 薛福保:《江北本政论》,《青萍轩文录》卷一,光绪八年刻本,第7页上。
④ 孙铭勋:《古庙活菩萨》,上海:儿童书局,1934年8月,第1—2页。

鸦片191人、嫖娼408人、纸烟375人。① 在打工者聚居的客栈和寄宿所,"其中各种恶劣习惯,如赌博、饮酒、吸鸦片红丸等事,俱极盛行"。② 据《新青年》杂志的调查,苦力工人中,赌博、喝酒和嫖妓是最常见的娱乐。③

为了说明淮北打工者社会生活的状况,我们选择主要来自江南地区、工人阶级中层级较高的100名邮局工人的生活习惯与之对比。④

上海百名邮局工人社会生活调查(1933年)

读书阅报27人 研究音乐4人 看电影逛公园18人 打乒乓球2人 看戏4人 听书3人 打麻将1人 打球习武1人 下棋散步2人 研究京戏2人 研究园艺畜牧1人 访友寻亲1人 逛街2人 听无线电2人 休养2人 养花赏月1人 听福音1人 国难临头、不敢娱乐者1人 不详25人

由上可知,邮局工人的生活比较注重精神需要的满足,甚至有人存在着强烈的忧国意识。显然,淮北打工者的社会生活与之相比,还处于较为原始的本能需要阶段。他们之间极为悬殊的社会生活质量是他们所处社会层级的最好说明。

这就难怪社会上始终对淮北人存在着各种各样的偏见。江南稍具规模的企业宁愿高工资雇用本地人,而不愿录用劳动力价格极便宜的苏北人。有位上海棉纺厂的管理者承认:"在棉纺厂中,我们总是尽量多用本地人。个中缘由很难说清。说苏北人不是好工人并不妥。这是社会上流行的看法。……苏北人不易管理。我们非常讨厌苏北人。"⑤

有人认为,在近代中国,无论哪种人都不如中国工人阶级集中,集中导致他们具有较强的组织纪律性,使他们能够紧密地团结一起。事实果真如此吗?至少江南人与苏北人,由于地缘隔阂是很难团结在一起的。

在上海的工厂中,尽管江南人和苏北人同在一起工作,但苏北人与江南人并不平等。已有学者精辟地指出,中国近代工厂并不是一个可以把来自不同地方的人真正融会在一起的熔炉。在工作时,不同车间的人基本上没有往来,而这种分离不仅仅体现在厂内,并且已延伸到了厂外生活。来自苏北的女工通常居住在茅屋区。据调查,不论是上海小沙渡、曹家渡,还是杨树浦等地的棚户区,绝大部分住户皆来自苏北,很少有江南人入住到苏

---

① 未署撰者:《一千四百余游民问话的结果》,《社会月刊》第1卷第4号,1929年4月出版,本文第5页。

② 朱懋澄:《劳工新村运动》,《东方杂志》第32卷第1期,1935年1月1日,第(社)10页。

③ 李次山:《上海劳动状况》,《新青年》第7卷第6号,1920年5月1日出版,本文第9、14、39、73页。

④ 心英:《邮务员工的娱乐问题》,上海邮务工会宣传部编:《上海邮工》第5卷第5期,1933年6月出版,第7—8页。

⑤ Emily Honig. *Creating Chinese Ethnicity*:*Subei People in Shanghai*,*1850—1980*. New Haven and London:Yale University Press, 1992, p. 74.

北人居住的地区。①

工作和居住上的分离仅仅是江南和苏北工人关系的一个方面。歧视、蔑视和仇视则是他们关系中的另一个方面。江南人的日常用语就可以反映出他们对苏北人的态度。在上海,称一个人为"江北人"(不论他是否真的是江北人),被视为对一个人的侮辱。直到20世纪80年代,如果某人衣服的颜色不协调,常会有人说:"呀!怎么穿得像个江北人,要多丑有多丑!"②即使进入工厂从事体力劳动的苏北人,也经常受到江南人的欺辱。上海某纱厂的摇纱间,苏北等地的人经常被宁波人欺负,"甚救[至]挥拳踢脚打得不死不活的"。③

有人写道:"如果对苏北人的普遍态度和信念是一种象征,那么,他们极可能被看作一种讨厌的工人。就像前面说明的那样,从苏北来的人被普遍理解为贫穷、肮脏、落后、没有文化。"④苏北人占多数的街区被看作粗野而危险的地方,父母总是警告其子女不得进入这些地方;高校毕业生担心被分派到苏北人街区的学校,那里的学生以有贫穷动机而享有恶名;在婚姻方面,很少见到江南人愿与苏北人结婚。⑤ 1924年,上海缫丝业女工开始组织工会时,苏北女工被自己的江南同事作为罪犯驱赶出去。有位工厂主在处理工人骚动时,把苏北来的所有女工,不管是否涉及其事全部予以开除,而作为真正组织者的江南工人则未予辞退。⑥ 有位宁波女工在等待渡轮去上班时,竟把一位在工作中与她有过争议的苏北女同事推进纵横交叉的运河。⑦ 20世纪30年代一个剧本中,一位宁波人斥责苏北人的话很能说明当时的现实:"你们江北人统统是些低等的废物!"⑧有人在雇女佣和人力车夫时,公然拒绝雇用苏北人;有些难民中心甚至不接收苏北难民。⑨ 在南京,江北人竟

---

① 顾平波:《上海纱厂的女工》,《妇女杂志》第16卷第8期,1930年8月1日,第52页。
② Emily Honig. *Sisters and Strangers*: *Women in the Shanghai Cotton Mills*, 1919—1949. Stanford: Stanford University Press, 1986, p. 74.
③ 李次山:《上海劳动状况》,《新青年》第7卷第6号,1920年5月1日,本文第11页。
④ Emily Honig. *Creating Chinese Ethnicity*: *Subei People in Shanghai*, 1850—1980. New Haven and London: Yale University Press, 1992, p. 74.
⑤ Emily Honig. *Creating Chinese Ethnicity*: *Subei People in Shanghai*, 1850—1980. New Haven and London: Yale University Press, 1992, p. 2.
⑥ Emily Honig. "Migrant Culture in Shanghai: in Search of a Subei Identity". Frederic Wakeman, Jr., and Wen-hsin Yeh (eds.). *Shanghai Sojourners*. Berkeley: University of California, 1992, p. 245.
⑦ Emily Honig. *Sisters and Strangers*: *Women in the Shanghai Cotton Mills*, 1919—1949. Stanford: Stanford University Press, 1986, p. 75.
⑧ Emily Honig. "Migrant Culture in Shanghai: in Search of a Subei Identity". Frederic Wakeman, Jr., and Wen-hsin Yeh (eds.). *Shanghai Sojourners*. Berkeley: University of California, 1992, p. 244.
⑨ Emily Honig. "Migrant Culture in Shanghai: in Search of a Subei Identity". Frederic Wakeman, Jr., and Wen-hsin Yeh (eds.). *Shanghai Sojourners*. Berkeley: University of California, 1992, p. 247.

然经常被当地乞丐欺凌。①

至于江南人组成的帮派与江北人组成的帮派之间发生流血冲突的现象,在上海等地实为司空见惯。如1932年7月31日,江阴帮与山东帮在上海南市薛家浜猪行码头发生冲突。8月2日,双方冲突再起,当时江阴帮与山东帮在薛家浜茶馆内评理,但江阴帮却事先埋伏下二三百人,并带有好几支手枪,山东帮因人少被打败,其中1人被打死,3人受了重伤,轻伤者不计其数。②

这种情形当然不是如同韩起澜所说的那样,苏北人是一个被人为"创造了"的低等"种族"。也非韩所自诩的那样,她真的发现了马克思主义者所从未见过的人类学新大陆。③实际上,这种情形是各国工业化过程中常会出现的现象。恩格斯指出,英国工人中间有一种流行很广的观念:他们比爱尔兰人高一等,对爱尔兰人说来他们是贵族。④

> 像牲口一样挤在轮船甲板上迁移到英格兰来的爱尔兰工人,总是随遇而安的。最恶劣的住宅在他们看来也是很好的;他们不大讲究衣着,只要能勉勉强强地穿在身上就行;他们不知道什么叫鞋子;他们的食品是土豆;他们钱要是超过以上这些需要,就立刻都拿去喝了酒。这样的人要挣很高的工资干什么呢?一切大城市中最坏的地区住的都是爱尔兰人。无论什么地方,只要那里的某个地区特别显得肮脏和破烂,就可以预先猜到,在那里遇到的大部分将是一眼看去就和本地人的盎格鲁撒克逊面貌不同的赛尔特面孔,听到的将是音调和谐的带气韵的爱尔兰口音。有时候我甚至在曼彻斯特人口最稠密的地区听到爱尔兰人的话。几乎在任何地方,住地下室的那些家庭大部分都是来自爱尔兰的。⑤

与江南人对苏北人的歧视相反,许多外国人对苏北人则倾注了较多的同情。1923年6月传教士麦史生,因车夫生活困苦,在上海设立一个车夫福音会,专以救济人力车夫为目的。该会租有房屋两所,一所在狄克思威路197号,一所在阿尔巴史脱路553号。"车夫之无家可归者,可以前往住宿不取宿费,衣食不继,由会中接济,遇百疾病,会中为之延医诊治,此外并有定期讲演教以上海马路章程等,设有走读学校,为车夫子弟就学之所。"⑥仅1924年一年,该会供给车夫饭食达91 450餐、分发车夫圣诞礼物12 000包、衣服

---

① 《南京本地劳力及客籍劳力民之生活状况》,《中外经济周刊》1926年第156期。
② 吴泽霖:《罢工研究中被忽略的问题》,《东方杂志》第32卷第1期,1935年1月1日出版,第(社)23页。
③ Emily Honig: *Creating Chinese Ethnicity: Subei People in Shanghai, 1850—1980*, passim.
④ 恩格斯:《关于各爱尔兰支部和不列颠联合委员会的相互关系》,《马克思恩格斯选集》第2卷,北京:人民出版社,1972年,第456页。
⑤ 恩格斯:《英国工人阶级状况。根据亲身观察和可靠材料》,《马克思恩格斯全集》第2卷,北京:人民出版社,1972年,第375—376页。
⑥ 《上海北京人力车业情形》,《中外经济周刊》1925第120期,第28页。

1 880 件、草帽 2 240 顶、收留车夫住宿 15 750 夜、受教育车夫达 409 000 人次。①

至于平时乘坐黄包车、雇用扛夫运货等，外国人更是比江南人尊重那些为其服务的苦力工人。有人写道："美国海员的制服对车夫具有最大的吸引力，因为这些海员会大手大脚地付给他们高昂的车资，特别是初来乍到的海员。当一群海员从酒吧走出时，总会有十多位车夫等待着好运，而全然不顾任何其他可能的车费，直到海员挑好了车。在人力车夫们的社会符号中，他们把美国海员看得高于其他任何人。英国海员居于其次。"②这也就不难理解为什么苏北苦力工人更仇视江南人而较少仇视外国人；而在许多江南人的观念中，外国人就是"帝国主义"的代名词。

事实上，在上海等地，苏北人更愿意到日本人的工厂中工作，而不愿意到华商工厂中做工。究其原因，一方面是由于日商纱厂的福利设施要好于华商纱厂，③但另一方面也是更为主要的原因则是日商纱厂的管理者不会刻意歧视苏北人。有人写道："大多数人不是很了解情况，认为这些［苏北］人没有良知，是汉奸。但如果你追问他们为什么不愿意在自己同胞的厂中工作，或者，更甚一点，你有带着他们到中国人工厂中找工作的经历，你就绝不会再谴责他们。"④

一位苏北女工的话说出了为什么苏北人更愿意在日商工厂中工作："日本人对待我们就像对待上海人一样有礼貌。他们把我们当人看。每天当我们去上工时，他们都会向我们点头问候，并对我们微笑。但在中国人的工厂中，他们把我们当作垃圾一样。他们咒骂江北人是如何的糟糕。"⑤有的进步人士甚至认为："说实在的，我们对待苏北人的态度与帝国主义对待我们苦力的态度绝无二致，与美国人对待黑人奴隶的态度绝无二致。我们反对帝国主义剥削我们；我们反对美国人奴役黑人。但我们对待自己的同胞苏北人的态度又如何呢？然而，我们总是指责苏北人不爱国。但不正是爱国者们总是歧视苏北人，辱骂他们、鞭打他们吗？"⑥

由此可见，由于地缘差异在工人中造成的矛盾有时相当尖锐，这种矛盾尽管不同于阶级矛盾和种族矛盾，但在一定条件下，甚至比后两者更明显。对下层工人而言，他们受到的欺辱和歧视很少来自帝国主义和资本家阶级，更多的是来自地位比他们高的社会阶层。

打工者所处的社会层级，极大地影响了他们的政治态度。他们在反帝反封建斗争中，究竟曾是一种什么样的力量呢？他们真的如同产业工人那样，是斗争的领导力量吗？据

---

① 《上海北京人力车业情形》，《中外经济周刊》1925 第 120 期，第 28 页。
② Carl Crow. *My Friends, the Chinese*. London: Hamish Hamilton, 1938, p. 71.
③ 顾平波：《上海纱厂的女工》，《妇女杂志》第 16 卷第 8 期，1930 年 8 月 1 日，第 50 页。
④ Emily Honig. *Sisters and Strangers: Women in the Shanghai Cotton Mills, 1919—1949*. Stanford: Stanford University Press, 1986, p. 77.
⑤ Emily Honig. *Sisters and Strangers: Women in the Shanghai Cotton Mills, 1919—1949*. Stanford: Stanford University Press, 1986, p. 78.
⑥ Emily Honig. *Sisters and Strangers: Women in the Shanghai Cotton Mills, 1919—1949*. Stanford: Stanford University Press, 1986, p. 78.

对1918至1925年江南都市中打工者参加的罢工斗争的统计，①江南城市中苦力工人罢工事件共计39次。因同情五四学潮、五卅运动等政治原因造成的罢工事件4次，占总数的10.3%；因要求降低车租、增加工资等经济原因造成的罢工事件26次，占总数的66.7%；因反对开设汽车公司、反对同业竞争造成的罢工事件3次，占总数的7.7%；因其他原因造成的罢工事件为6次，占总数的15.4%。

可见，苦力工人罢工的最主要原因是要求降低车租、增加工资等经济利益，工运领袖邓中夏曾抨击这种"只问面包，不问政治"的现象，他认为这种行为"实在是有损害于劳动解放的"。② 打工者参加的带有政治色彩的罢工运动，相当程度上也是由于受到社会上层分子的推动。如1919年4月底5月初，江北旅沪维持会在闸北专门建立一座私人演讲厅，"用来组织江北的体力工人和商业工人在闲暇时听教育阶层的讲座"，启发和提高江北打工者的道德，并鼓励爱国主义、遵守法律和讲卫生。③ 打工者能加入后来的五四运动中，与这些讲座的鼓动有极大的关系。

一般认为，资产阶级与工人中的上层，由于自身的利益较多地与外国资本主义有联系，在与外国资本主义的斗争中常会表现得摇摆，而下层工人由于一无所有，因此态度最坚决。

实际上，由于上层工人和资本家阶级收入较高，即使在斗争中停工罢业，也只是造成暂时的收入减少，而不会威胁到生活和生存；而下层工人由于每日所得仅能维持当日的生活支出，一日不工作，自身的生存都会受到威胁，有时反而没有前者来得坚决、顽强。这就是为什么在反帝斗争中，上层工人反而表现得更为激烈、更有韧性。在上海，"九一八"事变后，正是社会地位极高的邮务工人等首先组织工界抗日救国会，这个组织后来改组为上海市总工会。与之相似，当时北京也是由邮务工会首先发起抗日救国会。④ 因此，我们经常看到，在工运期间，表现得较为暧昧的并不总是资本家阶级或工人中的上层，苦力工人也并不鲜见。

综观苦力工人在各种运动期间的表现，有的人不但摇摆不定，甚至为了自身的生存，不惜破坏运动。1922年11月1日至26日，上海浦东日华纱厂工人因该厂的浦东纺织工会及工会所办的义务学校先后被警厅查封而罢工，但在罢工期间，不断有工人成群结队地到厂中打听消息，"情愿入厂工作"。⑤ 更有甚者，有的苦力工人在工运期间还常常暗自上工。据1925年8月7日上海浦东码头工人联合会与新汇山码头、华栈码头、扬子栈码头、开平局码头、瑞记码头、上下亚细亚码头工人代表致济安会的函中称："自五卅发生惨案，

---

① 陈达：《近八年来我国罢工的分析》，《清华学报》第3卷第1期，1926年6月出版。
② 邓中夏：《论劳动运动》，《邓中夏文集》，北京：人民出版社，1983年，第68页。
③ Bryna Goodman. *New Culture, Old Habits: Native-Place Organization and the May Fourth Movement*. Frederic Wakeman, Jr., and Wen-hsin Yeh (ed.). *Shanghai Sojourners*. Berkeley: University of California, 1992, p.99.
④ 陆京士：《中国工人运动的过去与将来》（上），上海邮务工会宣传部编：《上海邮工》第7卷第3/4期，1934年10月20日出版，第21页。
⑤ 陈达：《近八年来我国罢工的分析》，《清华学报》第3卷第1期，1926年6月出版。

罢工罢市,相继而起,今各商家已无条件开市,罢工工人则供给补助费,以资维持,凡[竟]有不顾廉耻之工人,夜间偷做英日货,只思图利,不顾大局,致引外人之讥笑,现在停泊黄浦江中之货船数十艘,经调查夜间暗自上工者,实在不少,屡次警诫,置之度外。"①

1925年五卅运动爆发后第3天,上海码头小工3 000余人罢工。但罢工之后,工人即无法维持生计,只得向学生会及总商会要求接济。6月18日,码头工人从总商会处领取维持费的人数达5 700人,每人每日获得2角钱的补助。到6月下旬,罢工者达33 000人左右,其间因短暂复工,工人应得工资约120 000元,但济安会只收得出货费20 000元,无法发足工人工资。于是,工人便包围总商会索款。1925年8月中旬,"各码头工人领款不得,连日围扰该会,人数常在三千以上"。②

苦力工人在罢工运动中引发的社会问题,表明这个群体似乎不具备超越当时其他社会阶层的素质。据报道,五卅期间,上海招商局的金利源码头,因为主要为本国商人服务,本不必参加罢工。1925年8月12日,已罢工的各码头工人却结队赶来打闹,当金利源码头工人卸货时,"罢工工人,即上前阻止,……工人未允,即行发生冲突,当此之时,又有一部分工人仍拥至三北公司之宁兴、昇有轮中,乃将其船上之玻璃窗等击坏,然后再还至金利源码头"③。同日,上海码头工人到总商会要求补发款项,"将饭厅上食余菜碗,打毁殆尽,经工头劝解,故未伤人。……事后,该会办事员,饬开晚膳,据厨房云所有预备之夜饭菜,均被工人吃尽,碗亦打破不少,闻此事幸各工头深明大义,多方制止,否则除打毁碗盏,吃尽食物外,恐尚有他种举动"④。

12日中午,"各工人纷纷结队赴十六铺老马路小东门内方浜路协元馆、大胜馆等各饭店,任意吃食,致各饭店相率停业"。傍晚时分,"各工人结队至老北门内及大东门内肇浜路等,见有食物店,即取吃食,是以各该处食物店,纷纷闭门休业"。⑤ 当日还有数百人拥至上海三北公司的宁兴轮船上,"乘该轮开饭时,即大嚼一空。暨又至宁绍公司之甬兴轮船上,闯入厨房,自取饭菜饱食,复踞坐船上,做工之人均相约避开,致货色[包]无人搬运,船不能开行"。⑥ 由于工人的肆意吃喝与破坏,上海十六铺老街协元馆、德意楼,西门丹凤楼、第一春、春阳馆,方板桥新顺楼,新北门七星楼,福佑路聚源馆等,相继休业,"诚恐工人再行骚扰"。⑦

在苦力工人的罢工事件中,还有的是为了反对开设汽车公司或电车。人力车夫仇视汽车和电车,在近代都市极为普遍。乘客乘坐电车,自然使人力车客源减少,人力车夫因

---

① 《码头工人请查暗行上工》,《申报》1925年8月8日,第13版。
② 《码头工救济费有着》,《申报》1925年8月13日,第13版。
③ 《金利源码头货栈亦停工》,《申报》1925年8月13日,第13版。
④ 《工人在总会商之情形》,《申报》1925年8月13日,第13版。
⑤ 《昨日工人在城内及南市之情形》,《申报》1925年8月13日,第13版。
⑥ 《昨日工人在城内及南市之情形》,《申报》1925年8月13日,第13版。
⑦ 《饭馆闭门停业》,《申报》1925年8月14日,第13版。

反对开设汽车、电车公司而发生的罢工,甚至捣毁汽车、电车等事时有发生。① 1931年,杭州发生人力车夫捣毁全市的汽车行和公共汽车事件。1933年,杭州人力车夫要求政府限制公共汽车行驶区域。② 上海的苦力工人更是借运动之机,捣毁电车。五卅运动期间,上海一批运输工人与海员工会保卫团团员发生冲突,保卫团团员先行退走,工人迁怒于海员工会,先将工会捣毁,其时正好有电车驶过,被工人拦住,尽管司机对工人好言解释,"讵各工人不睬,一言不合,将电车上玻璃门窗击毁"。③ 这些人仇视电车、汽车,只能说明他们并不是先进生产力的代表。

综上所述,苦力工人所处的社会层级决定了他们只能获得极低的收入,而低收入又决定了他们无法像其他收入较高的工人们那样投入工人运动中。一日不做工,一日就要忍饥挨饿的现实,使他们在罢工中常表现得较为犹豫。他们在当时似乎不具备超越其他社会阶层的素质。

地缘差异相当程度上决定了淮北人的社会分层,作为都市中的苦力,他们被深深地打上了不发达地域的烙印。直接歧视、欺凌他们的是来自发达地区的较高的阶层。由于地缘关系的普遍存在,他们还没有脱离狭隘的同乡关系的苑囿,这种关系又直接影响到他们作为一个阶级的"合格"程度,也就是说,用阶级关系来衡量,淮北苦力还不是一个阶级。地缘差异在工人中造成的矛盾,有时相当尖锐,淮北人感受更深的反而不是"帝国主义"和本国资本家阶级的压榨。地缘矛盾尽管不同于阶级矛盾和种族矛盾,但在一定条件下,甚至比后两者更明显,影响更深远。由于经济利益的冲突,淮北人有时还充当了新式生产力的反对力量,使他们不可能具备超越其他社会阶层的素质。

小 结

淮北社会衰败的根本因素是行政权力的胡作非为,但民众却更擅于村里相斗甚至至亲残杀,平时对官府畏之如虎;或在走投无路之时,为盗为匪,戕官劫民。相比淮北,江南官府的作为要平和得多,充其量是经济方面的盘剥,但民众针对官府的反抗却层出不穷,而大规模为盗为匪者却非常鲜见。

淮北社会衰败的最大推力是拥有绝对统治力量的中央和地方政府。淮北各阶层进行社会资源再分配时,由于政府功能的严重缺失,根本无法制定并维持公正的分配规则,只能按照权势的大小,弱肉强食。那些拥有各种行政权力或与行政权力有关的社会和政治结构中的中间阶层,获得了远较正常份额为多的不当利益。没有行政权力的平民不得不

---

① 房富安著、莫若强译:《中国的人力车业》,《社会月刊》第2卷第7号,1931年1月出版,本文第9页。
② 吴平:《农工衰败与人力车夫》,《劳工月刊》第5卷第2/3期,1936年3月1日出版,第116页。
③ 《昨日码头工人之纷扰》,《申报》1925年8月14日,第13版。

运用各自的智力(刁诈)或体力优势(暴力和亚暴力),破坏合法而又极不公正的分配规则,维护自己本应得到的份额,从而造成淮北各种"刁民""奸棍"充斥的局面。

没有行政权力又无其他优势的平民,理所当然地构成社会和政治结构的底层,只能任人宰割,所获得的份额自然无法满足最低程度的生存需要。在社会生存资源因灾荒等原因而更加紧缺时,这些不能从社会性的分配中得到应有份额的群体,只能在家庭内部寻找最基本的生存途径。这样一来,人类又回归了低等动物的生存法则,家庭内部的幼弱者成了强壮者的口中食、腹中物。这应是病态社会中的常态,归根结底,因为这种现象不过是社会性的分配规则在家庭中的体现而已。

表面上看,淮北的暴力崇拜是对当时不公正分配规则的反抗。但暴力的滥用,没有建立起新的公平的分配规则,充其量是把按行政权力分配社会资源的规则改为按暴力来分配。诚然,那些拥有暴力的群体在一定时空内取得了与行政权力相并立的分配优势和不当得益,但对于最广大的平民来说,由于他们既无行政权力又无暴力,他们不得不既要承受行政权力的合法的过分盘剥,又要承受暴力的非法的大肆掠夺。

从社会经济角度而言,江南基本上处于向前发展的状态,是中国近代社会良性整合的典型。江南社会经济发展的最大推力是具有自主意识和人道精神的江南士绅。

江南地区形成了社会各阶层基本认可的一些价值观念。这些观念以中国传统伦理道德观念中的精华部分为核心,并吸收了近代西方价值体系中的合理部分,成为江南精英追求的目标。而精英们亦常以服务乡里为荣为乐,因而促成了江南社会的全面发展。

江南民众同样反对政府盘剥,他们发起的民变,与淮北的暴力行为有着较大的差异。江南民众的群体性事件,更多是民众通过把事情"闹大",把社会底层信息更快地传递给最高统治者,使不公得以解决。

到了近代,漕运停止后,中央政府无须再牺牲淮北,尽管政府不能提供应有的服务来恢复这里的生态,但毕竟使这里生态的压力得以减轻。只是近代中央政府的主旨已不再是以农立国,而是在列强强迫和推动下的以"商战""富强"等相号召的工商立国。这样,统治者对农民有了新的索求,包括要求农民提供越来越多的财政收入及在农村地区有着更加强硬的政府。[①] 为了超常规地发展工商业,加上不良制度造成的浪费,在中国这样低积累的国度里,只能依靠长期牺牲农业和农村这一剜肉补疮式的办法来进行,淮北再次被国家所牺牲,江南则得到了较多的重视。

明清以来,一代又一代的打工者离开淮北,到江南寻找谋生的机遇,从而提高了他们的绝对的生存条件,却极大地降低了他们的相对的身份地位,成了江南最下层的群体。一直到了后来,国家为了依旧维持超常积累的措施,采用更加系统的管制(这种管制更像是放弃应尽的职责而逃避不管)与剥夺手段,不论是淮北的农村还是江南的打工者,都远未能得到自己应该得到的份额。

---

① Elizabeth J. Perry, "Collective Violence in China, 1880—1980," *Theory and Society*, Vol. 13, No. 3, *Special Issue on China* (May, 1984), p. 430.

第九章　社会结构与社会分层

进入民国时代，淮北和江南地区已呈现出了结构性的差异。简言之，江南社会的温饱、小康、富裕家庭占据社会结构的极大部分，呈现出两头小（极富和极贫者均较少）、中间大（中产阶层较多）的梭形社会结构，社会形态混合而向前发展。淮北社会则是两头大、中间小（极富者比比皆是，中产者寥若晨星，极贫者占绝大多数）的哑铃形结构。不同的社会结构构成了社会流动的最大诱因，江南的下层民众极易向上一阶层流动，而淮北没有权势的贫民则很难进入更高的阶层，他们多通过向江南流动的方式来提高他们的绝对生活水平。尽管他们在江南仍处于社会的最底层，但生活境遇要远好于他们在淮北的水平或淮北的同阶层民众。

第一节　农村社会的滞力和推力

明清时代，虽然淮北生态环境极度衰败，但为了维持基层国家机器的运转，以及国家兴办的各类工程，地方政府不得不对这个地区进行最大程度的盘剥，造成了极其严重的社会冲突。江南地区的经济则相对发达，各类绅士勇于任事，以发展地方生产事业、提高民众生活水平为己任，促进了社会的良性发展。

一、淮北："官之害甚于水"

崇祯初年，桃源县生员韩应春、王用中等人赴北京上书，最终通过同乡的帮助，上了一封奏疏。

疏中首先说明他们之所以要向最高统治者反映实情，是因为当时官场万马齐喑，已经没有官员敢于说真话了："塞处穷乡以极冲、极疲之地方，当极灾、极困之时日。司牧者，目击民艰，苦于功令森严，不敢入告。"①他们对桃源的现状，"患切剥肤"，只得"冒死陈情"，桃源县属沙碛之地，"河决之患，无岁不然"，②旱潦、蝗蝻踵至迭见。百姓本已无以为生，不料朝廷不加抚恤，反而因十三湖荡干旱暂时涸出，遂于万历五年（1577）议加漕米，从3 000石加至9 600石。后十三湖荡地区再次没入水中，漕米却一成不减，"铢铢粒粒，莫非割肉敲髓而得之者"。加上桃源地处通衢要道，往来官长与承舍各役因黄河水势凶险，多改乘舟楫为乘轿马，其轿马差役则由桃源百姓负担。"应付之苦，叫号盈途，络绎不绝，

---

① 张相文总纂：《泗阳县志》卷二十三，民国十五年刻本，第9页下。
② 张相文总纂：《泗阳县志》卷二十三，民国十五年刻本，第9页下—10页上。

无不卖子鬻女,荡产倾家,不至于死而不止者。"①卖子女以纳课,殆非夸张,盱眙"民有鬻女纳官马者"②。

原来规定海州与盐城县在桃源各设夫厂,分担桃源的差役,后改为协济,由于上述两地与桃源同属极贫州县,自然无款可协。崇祯年间又加派辽饷,"民不堪命,催督益严,雪上加霜"。③

在韩应春上书前的40多年里,桃源有14名县官因未能完成搜刮任务而被累斥降,"代庖被累者不与焉"。至于吏胥里役,"血比淋漓,披枷带锁,毙于杖、毙于狱、投河自尽、削发披缁,百千万计"。④ 吏胥被责如此惨重,一般百姓被吏胥所责之惨显然更加严重了。从这里可以看出胥吏为什么对百姓那么凶狠了。直到清末新政时期,江苏巡抚丁日昌称江北吏治,"真属暗无天日"。⑤

据桃源县知县眭文焕称,该县居民"困苦已甚,灾祲之频降难堪,……朝廷需赋税,百计莫完。官吏事催输,千□无措。以致逃荒者累见,宁甘轻去其乡,抑且自缢者频闻"⑥。因此,即使像韩应春、王用中这类有功名的人,"皆出万死而得一生者也"。不少百姓纷纷投入反叛队伍中,"焚劫官舍,杀掠士民,愁惨满目,不忍见闻"。⑦ 由于这些上书者系来自乡村底层的士绅,他们"不敢有一字之虚,以蹈欺罔不赦之罪"。⑧

这封上书多少为我们提供了一点桃源百姓生活的实态。如果说,明末是乱世造就了桃源如此凄惨的局面的话,那么,清代"盛世"时整个淮北地区的凋败就更令人惊悚了。

在清代,尽管最高统治者的信息来源极广,但民间的某些民生实情仍很难真实地传递到最高层。清朝曾下旨革除明末加派的"三饷",但宿迁县却未能及时申报,"遂为永例"。康熙年间,失额丁银3 200余两,编入地内带征;另有河滨圩塌田地166 958亩未能得到豁免。⑨ 廪生张忤目睹宿迁民众的痛苦,准备去京师上书,为民请命。1684年康熙南巡经过宿迁,两江总督王新命传檄各地,严令禁止民众上书。淮安知府高成美张示警告诸生:"闯入仗内拦驾叫喊,妄有陈奏者,杖一百,流三千里。所告无论虚实不行。"⑩张忤"谋之里民,亦怵于官府之恐喝,无敢应"。⑪

在官府一再恐吓下,张忤仍与族弟张士弘冒险上书,在康熙一行经过时,把所上之书顶在头上,跪于道旁。康熙见到后,"马行甚疾,顾见士弘所载本,问是何物,言未竟而过"。

---

① 张相文总纂:《泗阳县志》卷二十三,民国十五年刻本,第10页上。
② 郭起元修:《盱眙县志》卷十八,乾隆十二年刻本,第2页下。
③ 张相文总纂:《泗阳县志》卷二十三,民国十五年刻本,第10页下。
④ 张相文总纂:《泗阳县志》卷二十三,民国十五年刻本,第10页下。
⑤ 丁日昌著:《抚吴公牍》,南洋官书局石印,宣统元年,卷十六第1页上—下,卷十七第1页上,卷十八第1页上。
⑥ 桂文焕:《再版桃源县志》卷九,民国六年刻本,第25页下。
⑦ 张相文总纂:《泗阳县志》卷二十三,民国十五年刻本,第10页下。
⑧ 张相文总纂:《泗阳县志》卷二十三,民国十五年刻本,第10页下—11页上。
⑨ 严型总修:《宿迁县志》卷二十,民国二十四年刻本,第10页下—11页上。
⑩ 严型总修:《宿迁县志》卷二十,民国二十四年刻本,第11页上。
⑪ 严型总修:《宿迁县志》卷二十,民国二十四年刻本,第11页上。

他们再次捧本上进,未到门口,"总河靳辅以他语乱之",又未能成功。直到十一月康熙回銮时,陆尔谧等人才上书成功。① 户部令江苏巡抚汤斌核查,汤令宿迁县令邹令埦造报登答清册,"府县以奏请蠲免非所利,惮于详覆"。只是见汤巡抚请蠲心切,不得已才上报此事。但淮安府经管此事的经承则公开索赂,邹派人与之约定,答应事成之后给予白银40两。经过司吏之手时,司吏又来索赂,张忭作为一名穷生,无法满足其要求。② 司吏回复抚院时称:"加饷缺丁二款,各郡皆然,不便宿邑独蠲,致开各属援免之端。"督抚专门委派淮徐道就近查勘,查勘结果移交司吏,司吏仍索贿,只得许以事成之后给予其白银2 400两。至此,户部方覆准蠲除宿迁缺丁、坍地、旷土三项课银9 129两余,米麦3 057石多,比原先的赋额减轻了三分之一。③

在专制政体下,那些上书、上访者多是忠良驯顺之士。他们即使目睹官贪吏暴,民不聊生,仍对最高统治者寄予无比的信任,对体制无丝毫怀疑,希望最高统治者能了解民间实情,给出相应的对策,解决百姓一些生死存亡的问题,从而使社会更加和谐和稳定。但地方官员却对他们进行无情的打击,像张忭,"旋以触忤邑豪,文致成狱,竟以民本使费为名,褫衿拟罪"④。地方官员不遗余力地打击上书者,无非是为了向最高统治者提供失真的信息,从而使自己获得更多的不当利益。从这里也可以看出,在专制政体下,不论最高统治者动用多少亲信来为其搜集信息,也很难保证其信息的真实性,并经常导致误己误国的决策。况且,最高统治者有时更需要这些失真的信息,以粉饰盛世的景象。

一个经常通过圣谕而不是法制才能解决基层问题的社会,注定要产生大量的上书者。这再次验证了马克思所说的:农民不能代表自己,一定要由高高在上的政治权力来代表他们。一个客观上不断制造上书者的社会,却又动用行政权力来打击上书者,权力拥有者们维持不公正社会秩序的本性昭然若揭。最高统治者不接受上书者,说明他们不是农民的代表。在少数当权者的垄断、操纵下,本应代表最广大人民利益的政府往往异化为代表少数精英的利益。在明清两代,凡是严厉打击上书者的朝代,均是乱世之兆,而非盛世之相。

康熙、乾隆均多次视察过淮北地区,他们所见到的无疑都是经过地方官精心装饰过的盛世景色,但他们的御制诗仍在一定程度上反映了淮北地区恶劣的生态环境。如《堤上四首》中有"淮北由来本瘠土"⑤之语。《过宿迁县》一诗中描写该地百姓的形象是"鸠形或伶仃,露肘多蓝缕"⑥。《过宿迁命借给民籽种》中云:"宿预地卑湿,十岁九逢灾。……矧此瘠郡民,艰状忆向来。"⑦《堤上偶成》有"宿迁迤逦接桃源,泽国观民鲜饱温"⑧之句。《命疏浚六塘下游诗以志事》云:"大河迤北洼,宿桃清沭海。……岁久或淤滞,暴涨屡致殆。

---

① 严型总修:《宿迁县志》卷二十,民国二十四年刻本,第11页下。
② 严型总修:《宿迁县志》卷二十,民国二十四年刻本,第12页上。
③ 严型总修:《宿迁县志》卷二十,民国二十四年刻本,第12页上。
④ 严型总修:《宿迁县志》卷二十,民国二十四年刻本,第12页下。
⑤ 严型总修:《宿迁县志》卷一,民国二十四年刻本,第12页下。
⑥ 严型总修:《宿迁县志》卷一,民国二十四年刻本,第5页下。
⑦ 严型总修:《宿迁县志》卷一,民国二十四年刻本,第9页上。
⑧ 严型总修:《宿迁县志》卷一,民国二十四年刻本,第9页下。

所以三度临,民瘼曾未改。"①《降旨免宿迁等四县本年正赋十分之五诗以志事》写道:"忆我三番曾过此,满目民艰恫瘝视。蠲租加赈不少靳,究亦无能疮痍起。"②

对于淮北百姓来说,仅治河的负担即已不堪忍受。冀朝鼎指出,大规模的公共工程需要大量的劳动力动员。在缺乏发达的货币经济和自由劳动力市场的情况下,这就意味着运用国家权力来强制劳动者进行集结并维持纪律。在这种情况下,不使用残暴手段是根本不行的,而残暴的程度与所做的工程大小成正比。③

隆庆六年十一月丙申(1572年12月18日),河道侍郎万恭奏称,二洪闸溜浅夫的工食,山东东平、兖州二府共12 700名,需银153 000余两;江北淮、扬、徐三府州额5 300余名,需银64 000余两。这些银两中尚不包括各椿草银等,它们全部由沿河州县负担。对此,连万恭都觉不公平,指出:"漕粮朝廷之命脉,漕河朝廷之咽喉,当以朝廷之力治漕,不当以濒河之民力治漕。今运道工役,十倍于前;民力凋敝,十倍于旧,竭疲民以事弊河,亟宜改辙。"④万历三十五年二月癸卯(1607年3月4日),为了漕河的安全,在萧县、砀山之间兴工,自杨村集以下,黄堌口以上,用夫20万人,金钱80万缗。⑤

潘季驯治河时,负担不公平的现象并没有改观。他写道:"淮扬河患频仍,民遭昏垫。称最苦者,如淮安所属山阳、清河、桃源、宿迁、睢宁、安东、盐城,凤阳所属泗州,扬州所属兴化、宝应,徐州所属萧县十一州县者,一望沮洳,寸草不长,凋敝极矣。"⑥越是这样贫瘠的地区,负担居然越重。如治河济运,事关河南、山东、南直隶三省直地方,但自黄河水流被逼全部入淮后,山东运河已没有什么危险,河南省有黄河但无运河,南直隶则自徐州至淮安500余里,以黄河为运河,自淮安至扬州400余里,以湖泊为运道。显然,南直隶地区的河务远非山东、河南可比。但"今山东、河南则供以全省之力,在直隶则仅取足于四郡积灾之民"。即使敲骨吸髓,也不可能筹足修治经费,"无怪其岁修岁圮,而于淤决之患终不免也"。⑦ 这些河道连年坍圮,再次修治时仍由当地百姓出资,从而形成恶性循环。

康熙年间,靳辅任总河时,修治黄河的负担分摊到整个江苏、安徽两省,但这些工程极其浩大,负担非常沉重。如他初次主持的河工,按规划,清河县至安东云梯关两岸之堤用土5 495 040方,用夫21 980 160工。云梯关至海堤长160里(28 800丈),每丈用土24方,计用土691 200方,用夫2 764 800工。以上二项共需银989 798两多,需用工夫2 470余万。⑧ 这次大工,拟于凤阳府属募夫15 000名,江宁府属募夫10 000名,苏、常二府属各

---

① 严型总修:《宿迁县志》卷一,民国二十四年刻本,第11页上。
② 严型总修:《宿迁县志》卷一,民国二十四年刻本,第13页上。
③ Ch'ao-ting Chi, *Key Economic Areas in Chinese History: As Revealed in the Development of Public Works for Water-Control*. New York: Paragon Book Reprint Corp. 1963 (First Published by George Allen & Unwin Ltd., 1936, London), p. 123.
④ 傅泽洪辑:《行水金鉴》卷一一九,上海:商务印书馆,1936年9月,第16册,第1735页。
⑤ 傅泽洪辑:《行水金鉴》卷一二九,上海:商务印书馆,1936年9月,第17册,第1867页。
⑥ 潘季驯:《两河经略》卷一,《钦定四库全书》史部六"诏令奏议类二",第22页下。
⑦ 潘季驯:《河防一览》卷九,南京:中国水利工程学会,1936年,第269页。
⑧ 靳辅:《经理河工第一疏》,《治河方略》卷六,南京:中国工程学会,1937年,第221—222页。

募夫 8 000 名,镇、太二府州属各募夫 4 000 名,徐州府属募夫 5 000 名,滁、和二州并属各募夫 2 000 名,山东兖州府属募夫 14 000 名,济南府属募夫 8 000 名。所缺的 11 700 余名夫役,于淮安府属的邳州、海州、睢宁、宿迁、赣榆、沭阳 6 州县地方招募。民夫要求是 20 岁以上、40 岁以下的"精壮强健之夫",不许以老弱塞责,也不许更换,并辅以细致的奖罚条例。①

1935 年 7 至 10 月,山东百姓掘开圣望格堤,六塘河等形势危急,仅沭阳县"综计四个月征工百数十万,挑土三百数十万公方"②。

由于河务大员缺乏专业素养,徒劳无益的工程比比皆是。万历二十一年(1593),黄河在汶上、鱼台、济宁、巨野、邳州决堤,泗州"几成鱼鳖之乡",为了祖陵的安全,河臣开桃源县黄家坝 30 里下五港口入海。"乃黄不之所分之路,而之黄堌,数十万金钱置为乌有矣。"③后挑三山台赵家圈,半途而废,"数十万金钱又置乌有矣"。河臣刘东星忧死。万历皇帝再派河臣李颐前往,李随即忧劳病死。④总河力主开王家口下达李吉口,经唐家口小浮桥入徐、邳、宿迁,其间应挑、筑、塞河堤达 400 多里,工夫埽料约银 140 万两,派夫 12 万余名。但王家口与黄河水面相比,有的地方高出 1 丈多,最低处也高于黄河河面五六尺。由于新河高、旧河低,黄河水根本引不进新河。且所开的新河,宽只有 20 来丈,深不过 1.5 丈,新口小而旧口大。"引之而流不来,刷之而冲不去。凿者不胜淤,筑者不胜溃,开河而实无河也。"⑤

1934 年修浚六塘河工程中,东海、灌云民夫的报酬迟迟不予发放。"盖以前官厅命令,其始非不雷厉风行。及事过境迁,往往置之不问。尤以金钱问题,不易得民众之信仰。或经手侵蚀,或转辗迁延,以是之故,对于官厅命令,视为具文者有之,疑信参半者亦有之。"⑥工夫完成每立方土的报酬通常为 5.9 分钱左右,每天每日可完成 1.83 方,应得不足 0.11 元,⑦扣除简单的伙食后,也甚少有剩余。宿迁修浚六塘河工作日期 58 天(实际工期 62 天),全勤工夫只能获得 6 元多。事实上,这次工程中,6 000 名工夫共挖运泥土 360 936 立方米,共获酬 18 046.80 元,不及工程造价(2 138 280 元)的 1‰。⑧工夫人均获酬约 3 元。是以工夫逃跑事件屡屡发生,良善之辈常常另出资觅人代工。如,"涟、沭工

---

① 靳辅:《经理河工第一疏》,《治河方略》卷六,南京:中国工程学会,1937 年,第 222 页。
② 《整理沂沭尾闾工程总报告》,《江苏建设月刊》第 4 卷第 7 期,1937 年 7 月 1 日出版,"报告"第 179 页。
③ 傅泽洪辑:《行水金鉴》卷一五六,上海:商务印书馆,1936 年 9 月,第 20 册,第 2357 页。
④ 傅泽洪辑:《行水金鉴》卷一五六,上海:商务印书馆,1936 年 9 月,第 20 册,第 2357—2258 页。
⑤ 傅泽洪辑:《行水金鉴》卷一五六,上海:商务印书馆,1936 年 9 月,第 20 册,第 2258—2259 页。
⑥ 《征工修浚六塘河工程实施概况》,《江苏建设季刊》第 1 卷第 3 期,1934 年 9 月出版,"报告",第 14 页。
⑦ 《江苏省建设厅六塘河工程处宿迁段工程报告书》,《江苏建设季刊》第 1 卷第 3 期,1934 年 9 月出版,"报告",第 53 页。
⑧ 《江苏省建设厅六塘河工程处宿迁段工程报告书》,《江苏建设季刊》第 1 卷第 3 期,1934 年 9 月出版,"报告",第 53 页。

夫,颇有携款到工,就地改雇东海人代做者"①。次年9月,沭阳防修六塘河工程,规定"每夫自备伙食五日,除应带挖土运土器具外,每保并须自备斧头十把,锯子五把,石榔头五个"。②

各种夫役之害,不亚于战争时的拉丁。清代山阳诗人胡介《派夫行》中写道:"楼船峨峨乘涨急,府帖传呼夜如织。派夫逾万备牵挽,长年胥吏逞胸臆。前驱丁壮已倾城,去住存亡无信息。闾左那更有余丁,吁嗟欲诉口如塞。吏呼转怒一何骄,晓事里人承颜色。比户竞输常例钱,殷勤犹恐生反侧。上户买脱中户随,寂寥穷巷悲何极。籍少差繁按册呼,拘系空房恐逃匿。母饷子兮妻饷夫,可怜十日不再食。大蠹高牙头站来,肆言夫少恣搭克。驱人无异犬与羊,欲生不生死不得。官长犹遭怒骂威,小民血肉岂堪惜?老胥见势且逡巡,慎莫近前逢怒嗔。归来宿逋未偿得,他日摊夫再向人。"③

役夫们的生活极为辛苦,"抛家弃业,远来河上,胼手胝足,蒙犯霜日"。④ 20世纪30年代,一位调查者写道:"吾侪之来,但见两岸席棚盈望如行军,新河槽已成十分之七,工夫活动其中,丁男奋锸,老弱运土,各事其事。河心有龙沟,清水渟泓,抽水机不得休息,荷花汪为之弥漫。作工者皆若干人为组,自有区划,又皆预留不动之土,大如桌面,以便收方时据以验勘,名曰方基,其上盖有灰印,保护甚至,惟恐磨灭。"⑤在修浚沭阳六塘河工程中,"各段远区民夫到工者,早作夜息,甚至夜间亦有工作者"。⑥ 直到20世纪末,"上河工"依然被淮北农村视为男性的成人礼。

1934年3月,修浚六塘河时,大雪积至二三寸厚,"气候甚寒","东[海]、灌[云]工人多数蜷宿席棚,际此春寒,殊可悯念"。⑦ 对于病故的民夫,通常是不予抚恤的。但有的逝者因"念其贫苦","准给恤三十元"。⑧

海州地区,由于沭水从西南而来,与安东、大富、硕项湖诸水合流,成为涟水,新坝镇地居沭涟二水之冲,百姓的田庐经常被河水淹没。对此,百姓不得已,只得"携畚捍御,以复其业"。官府不但不予支持,对河流加以整治,"而在位者遂指为官地,从而租税之,又久而贪廉异人,有因税而加税者,有加税而岁以为常者,有一岁而倍数岁税者。税随官加,民因

---

① 《江苏省建设厅六塘河工程处日记摘要》,《江苏建设季刊》第1卷第3期,1934年9月出版,"报告",第41页。
② 《整理沂沭尾闾工程总报告》,《江苏建设月刊》第4卷第7期,1937年7月1日出版,"报告"第183页。
③ 段朝端等:《山阳艺文志》卷七,民国十年刻本,第71页上—下。
④ 张煦侯:《淮阴风土记》下册,1936年,第110页。
⑤ 张煦侯:《淮阴风土记》下册,1936年,第110页。
⑥ 《征工修浚六塘河工程实施概况》,《江苏建设季刊》第1卷第3期,1934年9月出版,"报告",第13页。
⑦ 《江苏省建设厅六塘河工程处日记摘要》,《江苏建设季刊》第1卷第3期,1934年9月出版,"报告",第36页。
⑧ 《江苏省建设厅六塘河工程处日记摘要》,《江苏建设季刊》第1卷第3期,1934年9月出版,"报告",第40页。

地累,含痛无纪,为民首害"。① 连海州知州也不得不感慨:"水析民田有时,而官税民田无已,是官之害又甚于水也。"②

1928年河南田赋每两折银5元,1933年增加到15元,5年即增加至3倍,附加税更为正税的6倍。③

清末江苏巡抚丁日昌指出,桃源县衙役因催征勒索而殴毙民命,县令不惜串通作伪,替其弥缝。④

在盐阜地区,"有民田与灶田的区别。民田的田赋属县政府,灶田则属淮南新兴场公署,但前者还粮不能直接送去,须先从书役手中取得由单,由书役浮填税额,然后照单至县府完粮。此外,农民向书差还有'时丰'供奉,就是在秋收以后,十亩以内的农民,须给米一斗,十亩以上的,则须加倍,以次递增。灶地虽可直接缴粮,但也有'时丰'恶习,且分麦季棉季两次,农人损失更大"。⑤

江南地区,由于士绅阶层的强大,政府的盘剥能力受到一定的约束。就赋税而言,江南土地肥沃,灾害较少,因此正税要高于苏北地区,但江南的田赋附加税不超过正税的二三倍。苏北尽管正税要低于江南,但附加税普遍超过正税的8倍,有些地区甚至二十五六倍。⑥ 更为严重的是,苏北农民需要负担兵差,几乎村村皆有。高一涵指出:"江苏北部底兵差,其破坏农村经济的严重程度还在田赋附加税之上。"⑦据统计,兵差达100多种,除了"一、衣:军装、大氅、鞋袜、布匹。二、食:面粉、米麦、醃菜、蔬菜、盐、油、家畜、锅、盆、缸、碗筷……三、住:床草、棉花、麦秸、席子、被褥、桌椅、炭煤、灯、烛……四、行:火车、小车、船、马、牛、鞍鞯、绳索、皮套、草秣、豆、扁担、麻袋、筐、汽油。五、夫役、兵丁",农民还要提供"现金、妇女、鸦片"。⑧

并且,江南人比淮北人更会规避赋税。雍正七年(1729),闽浙总督马尔泰在苏清查积欠钱粮奏,搜追苏、松、常、镇等地历年胥役侵收私藏底簿,"看得江省民情,每贪小利于完纳积欠钱粮"。⑨ 雍正初,江苏积欠钱粮上千万两。嘉定等县,虽经分县,每县尚欠数十万两,"其中旧欠不但难于催追,且动辄罢市、闹堂,州县多有不敢开征者"。像松江等地,"一人名挂营伍,则举族钱粮可以不完"。⑩

---

① 唐仲冕总修:《海州直隶州志》卷十九,嘉庆十六年刻本,第17页下。
② 唐仲冕总修:《海州直隶州志》卷十九,嘉庆十六年刻本,第18页上。
③ 天野元之助:《中国農業の地域的展開》,東京:竜渓書舎,1979年,第277頁。
④ 丁日昌:《抚吴公牍》卷十六第1页上—下,卷十七第1页上,卷十八第1页上。
⑤ 行政院农村复兴委员会编:《江苏省农村调查》,上海:商务印书馆,1934年,第91页。
⑥ 行政院农村复兴委员会编:《江苏省农村调查》,上海:商务印书馆,1934年,第63页。
⑦ 行政院农村复兴委员会编:《江苏省农村调查》,上海:商务印书馆,1934年,第64页。
⑧ 陈锺凡讲:《中国农村目前的危机及其救济的方法》,常熟县教育局编辑处:《常熟教育》第3期,1934年1月出版,"演讲"第3页。
⑨ 台北故宫博物院藏清代宫中档与军机处折件:《江南总督赵弘恩奏折》(雍正七年十月初三日),箱号76,文献编号402001662,统一编号故宫004676。
⑩ 台北故宫博藏物院清代宫中档与军机处折件:《范时绎奏为密陈江南地方大致情形折》,箱号75,文献编号402018249,统一编号故宫021456。

1934年5月,全国财政会议议决废除杂税。当时江苏不合法的杂税为130种,安徽145种,山东87种。尽管颁行了法令,这些杂税仍然废而未止,甚至有加无减。如在各地声称杂税废除时期,江苏各县的不合法杂税竟达200种之多。[1] 1935年,沭阳的农田负担,除正税外,附带杂税有10余种之多,省县正税为91 000元,而附税竟有545 000元。[2]

天野元之助指出,民国前期,田赋的负担尚有一定的限度,而临时摊款几无限制。从省长、县长至区长,层层加派,如果省政府需款5 000元,人民至少要负担1万元。兵差更是没有任何限制。[3] 1913年8月,张勋部队经过苏北徐邳地区,"沿途州县供应稍不如意,即报告最上之长官,登时撤换或恫喝枪毙。徐郡各知事闻已更易过半。其中有逼迫自尽者,亦有受其凌辱者"。[4] 州县一级的地方官遭遇如此之惨,顺理成章的是,无权无势的平民更时时承受敲骨吸髓之痛苦。

无休止的夫役,加上官府繁重的苛捐杂税,使得农民根本无力负担,不得不抛弃家园。百姓大量逃亡,桃源县"一户之逃,累及一族,一族之逃,致累一甲,而累及一里"[5]。该县共48里,在明末逃得一户不剩的达20余里。即使素称最富饶的地区,也因赔累,逃亡户口达十分之二三。"通县计之,无一全里、全甲。此皆编审册籍可考,难逃抚按道府之查核。"[6]

清代,桃源县仍屡遭黄河冲溃,百姓自筑遥、缕二堤,人民生活稍稍得到了一些保障,但"沃者多濒河,有例,许植官柳,柳已无算。硗者悉沉沙泥中"。[7] 其余地区皆为湖荡,只能盛产茂草。每到夏秋季节,"波涛撼及床席,人皆拘巢而居"。由于地方过于贫瘠,"民不能自养,土不能养人,物不能为养"。最奇的是,这样的地方居然逼出了许多清官,"居官者,性虽好贪,亦无可贪。性即好廉,亦邑能成之也"。[8] 最为惨重的是,百姓以十分计,"水灾去其七,蝗灾去其二。仅得遗民一分"。[9] 而所剩的人口中,"岁修夫又去一分之三。

---

[1] Leonard T. K. Wu, "Rural Bankruptcy in China," *Far Eastern Survey*, vol. V, no 20, October 8, 1936, p. 215.

[2] 虞龙江:《沭阳农村鸟瞰》(下),江苏省第六区党务指导员办事处编辑:《淮海》第5期,1935年10月1日出刊,第20页。

[3] 天野元之助:《中国農業の地域的展開》,東京:竜溪書舍,1979年,第278—279頁。

[4] 中国第二历史档案馆藏中华民国北京政府陆军部军法司折件:《江北陆军骑兵团长张长林报告张勋所部武卫前军南下沿途奸淫抢掠情形及沂北军事状况》(1913年8月),全宗号1011,卷号552,第2页。

[5] 张相文总纂:《泗阳县志》卷二十三,民国十五年刻本,第10页上—下。

[6] 张相文总纂:《泗阳县志》卷二十三,民国十五年刻本,第10页下。

[7] 吴卓信:《书桃源县志后》,载贺长龄《皇朝经世文编》卷二十三"吏政"九,上海:广百宋斋丁亥(1887)仲春校印,第35页下。

[8] 吴卓信:《书桃源县志后》,载贺长龄《皇朝经世文编》卷二十三"吏政"九,上海:广百宋斋丁亥(1887)仲春校印,第35页下。

[9] 吴卓信:《书桃源县志后》,载贺长龄《皇朝经世文编》卷二十三"吏政"九,上海:广百宋斋丁亥(1887)仲春校印,第35页上。

衙门廿余,皆有役,又去一分之一二。送银鞘解逃人、曳拨兵船牵,又去一分之四五"。①

整个淮北地区与桃源地区差堪相似,桃源也绝非淮北逃亡最严重的地区。

沭阳县除田赋外,有漕粮、递马、解银3项差役。"是三者,所在州县皆然,而沭为最。"沭阳在淮河之北,本不产米,也没有运河经过,县里让里民充当廒头,需要到他县交粮。"交运一竣,民其为鱼矣。"该县与桃源一样,同属交通要冲,"使差日络绎至,应给繁多,民欲不疲于奔命,得乎?"由里民充当的收税"柜头","则倾销兑耗之费,同民之身家而归于尽"。② 张峰在《田赋论》中分析了地方的利病,指出:"夫淮北数州县,地广人稀,耕者不能尽其力,故田遍污莱;官府不能稽其弊,故多偏累。豪富之粮常少,而贫穷之粮独多;瘠土之粮独多,而沃土之粮常少。""夫淮北民多逃亡,固赋役繁重所致。"③

清代,"海州有以下田而输上则者"。④ 有人考察海州诸镇,发现各镇"蒹葭芦荻遍野,而可食之地不能三之一。荒村墟里往往如是。指以问父老,云:逃户产也。而上供之籍犹在,民倚耕种,无山泽工作以资生殖。土地平衍,无陂塘沟渠以资灌溉。雨旸弗时,则诸谷病矣。上供之数必取盈也,夫安得不逃?"⑤

即使在清盛世之时,海州原额人丁为46 398人,逃亡人丁竟达41 460人,逃亡者几占人丁总数的90%。⑥ 康熙年间,张奇抱《丁赋论》中描写沭阳县的情形为:"旧额邑共八十一里,……里甲科索,欺愚懦以肆侵肥。民半流亡,大率坐是。后虽归并为十七里,值灾诊频仍,哀鸿满野。有一里止存一二甲者,而全里之额派如故;有一甲存一二丁者,而全甲之额派如故。无惑乎赋重并繁,民日益少也。"⑦清末,江苏巡抚丁日昌指出:"江北州县,本多瘠苦。兼之差使络绎,一身皮骨仅存。"⑧

洪泽湖大堤截去了整个淮河下游,使得原来的中游地区变成了淮河三角洲,常年壅滞的河水使得上游地区年年成灾,但赋役和税课却令人瞠目。灵璧知县马骕写道:"查得灵邑,凋残之区,地瘠民贫。卑职自去秋履任,目击土田荒芜,居民寥落。"⑨尽管该县水灾频仍,正项税课与他县相埒,但"灵邑之大弊,莫甚于杂项也"。杂项名目甚多,有的沿自明代,有的系历年增设,而一旦增设,即成为历史遗留问题(成例),再也没有废除的可能。"日复一日,奸弊丛滋。"上级官员"以居官为传舍,未肯留心民瘼";猾吏奸胥"又利于多事,不曰成规不可废,则曰悬项无可偿,掣肘蒙蔽,以至莫可究诘"。征催里役,"科诈无休,前项未清,后项复起。百姓终岁烦苦,无有宁息之日"。百姓甚至情愿于鞭银1两外,贴杂项

---

① 吴卓信:《书桃源县志后》,载贺长龄《皇朝经世文编》卷二十三"吏政"九,上海:广百宋斋丁亥(1887)仲春校印,第35页上。
② 唐仲冕总修:《海州直隶州志》卷二十一,嘉庆十六年刻本,第34页上。
③ 唐仲冕总修:《海州直隶州志》卷十五,嘉庆十六年刻本,第8页上。
④ 唐仲冕总修:《海州直隶州志》卷十五,嘉庆十六年刻本,第3页上。
⑤ 唐仲冕总修:《海州直隶州志》卷十四,嘉庆十六年刻本,第31页下。
⑥ 唐仲冕总修:《海州直隶州志》卷十五,嘉庆十六年刻本,第1页下。
⑦ 唐仲冕总修:《海州直隶州志》卷十五,嘉庆十六年刻本,第6页上—下。
⑧ 丁日昌著:《抚吴公牍》卷六,南洋官书局宣统元年刊本,第2页上。
⑨ 马骕:《痛革杂项申文》,载《乾隆灵璧县志》卷三,中国地方志集成(30),第51页。

银三四钱。① 马骕任知县时,相继革除的杂项即有:"一、去认皂之害。一、去保歇之害。一、去岁修夫之害。一、去乡勇之害。一、去驿马之害。一、去县马及马夫之害。一、去轻赍外派之害。一、去颜料外派之害。一、去匠班滥派之害。一、去商税滥派之害。一、去奏销钱粮、倒比循环、刊刻由单、司批红簿一切杂派之害。"另外,每年征发河工夫役时,土棍包揽科索,每年从中诈取民财千余两。春秋祭祀,差役集派,骚扰勒索,不一而足。② 方志中写道:"衙门书役多蠢蠢不晓事,疲玩成风,猝难振作。其黠者,趋利如鹜。"③这实际上是淮北书役的共性。

清人袁象乾在《申请蠲豁荒沉田粮公移》中称,凤阳府泗州,"灾黎日就逃亡"。④ 该州户口旧额共34 211丁,⑤逃亡达12 067丁。⑥ 虹县原额有22 860丁,顺治五年与康熙七年编审,故绝逃亡达19 521丁,实存3 339丁。⑦

宿迁县,明景泰年间,有6 848户、人口58 099人;正德七年,增为7 663户,人口更增为154 363人。至万历间,"以河患频仍,民不安生故",⑧户口剧减。其后,河患更烈,"群盗如毛明社屋矣"。顺治七年,宿迁仅存8 160丁。经康乾之世,户口猛增。乾隆六十年,增为320 767丁,咸丰十年丁口数达1 268 017名,其中男丁760 810。⑨ 光绪以后,"灾祲迭告,户口日耗"。宣统二年,丁口数仅存589 233名,不及咸丰时的半数。⑩

淮北许多地方征收规定百姓交稻米,但官府无休止的破坏与自然生态的剧变,使大部分地区只能种植旱作物,而百姓还得交纳稻米。

而许多军队与土匪实无二致。1913年8月,张勋所部十五六个营的步马炮士兵,一支从铜山至邳州进入运河南下,士兵无一佩戴番号。"经过沿途城镇,硬入人家,非搜抢财帛,即讹诈银钱。甚至一见妇女,无分老幼,即聚众轮奸。"⑪宿迁一14岁女孩,被轮奸后,又被军刀戳伤肚腹。⑫ 1921年冬,驻军在淮阴徐家溜"放火殃民,一半成灰。二百余家不敢宁居,夜出昼返,几成互乡"。⑬ 直奉战争时,奉军邢士廉部驻扎淮阴,"其部曲则散入墟

---

① 《乾隆灵璧县志》卷三,中国地方志集成(30),南京:江苏古籍出版社,1998年,第51页。
② 《乾隆灵璧县志》卷三,中国地方志集成(30),南京:江苏古籍出版社,1998年,第51—52页。
③ 《乾隆灵璧县志》卷四,中国地方志集成(30),南京:江苏古籍出版社,1998年,第75页。
④ 方瑞兰监修:《安徽泗虹合志》卷十七,光绪十三年刻本,第1页下。
⑤ 方瑞兰监修:《安徽泗虹合志》卷十七,光绪十三年刻本,第2页下。
⑥ 方瑞兰监修:《安徽泗虹合志》卷十七,光绪十三年刻本,第4页上。
⑦ 方瑞兰监修:《安徽泗虹合志》卷五,光绪十三年刻本,第2页上。
⑧ 严型总修:《宿迁县志》卷六,民国二十四年刻本,第1页下。
⑨ 严型总修:《宿迁县志》卷六,民国二十四年刻本,第2页上。
⑩ 严型总修:《宿迁县志》卷六,民国二十四年刻本,第2页下。
⑪ 中国第二历史档案馆藏中华民国北京政府陆军部军法司折件:《江北陆军骑兵团长张长林报告张勋所部武卫前军南下沿途奸淫抢掠情形及沂北军事状况》(1913年8月),全宗号1011,卷号552,第1—2页。
⑫ 中国第二历史档案馆藏中华民国北京政府陆军部军法司折件:《江北陆军骑兵团长张长林报告张勋所部武卫前军南下沿途奸淫抢掠情形及沂北军事状况》(1913年8月),全宗号1011,卷号552,第2页。
⑬ 张煦侯:《淮阴风土记》下册,1936年,第178页。

里间求鸡鸭"。联军占领淮阴后,"囊括席卷,盖藏一室[空]"。①

由于战争,越来越多的青壮年被强征入伍,大牲口也被强征为军用。② 所有这些都严重地影响了百姓的生产和生活,加剧了他们的贫困程度。

唐以前,淮北是中国商业发达的地区。据《史记·货殖列传》,春秋著名的理财专家管仲乃皖北颍上人,"位在陪臣,富于列国之君"。子贡"废著鬻财于曹、鲁之间。……结驷连骑,束帛之币以聘享诸侯,所至,国君无不分庭与之抗礼"。鲁国的曹邴氏,"富至巨万","邹、鲁以其故多去文学而趋利者,以曹邴氏也"。

淮北是个传统的农业区,但农业生态已严重崩溃,而商业也同样处于衰微之中。明清以来,史书中多说这里无经商传统。泗州"城内之民不商,乡里之民鲜识字"。③ 淮安府,"民俗又乐安居,惮远出,中家以上,皆仰食于佃户,游手贫民皆资生于漕河盐策,行商坐贾,非所素习,暨时事迁移,重之以兵火。富者日益贫,贫者日益偷"。④ 民国年间的丰县,贫民尽管"一日两餐稀饭配吃树皮草根,是常有之事"⑤,但"绝大多数人之天性,最不善经商"⑥。沭阳县,"土瘠民贫,俗尚简朴,农务广,地耕多卤莽,无经商技艺,不肯轻去其乡"⑦。

相反,在商业相对兴盛的地区,普通民众似乎并未受益,而是视商业为致贫之本。清河县,"四乡无十里之田,中农无一岁之蓄"。⑧ 这个交通极为便利的地区,具有发展商业的优势和基础,但史称该地"地通南北,小农去而贩,大农去而贾。贪多取赢,则折阅随之,故城市贫于官,乡野贫于商"⑨。

据 1930 年调查,在丰、沛、萧、砀 4 县,"不能见到比无锡、苏、常一小市镇上那么多的店铺"。在东海、赣榆、灌云、沭阳、涟水、泗阳县城,"也相仿佛"。在邳县县城,"如同走入乡村一样,人民都在耕作"。⑩ 面积相当于无锡县 3 倍的邳县,全县商业资本的总额,只相当于"上海的一爿小商号而已"。⑪

---

① 张煦侯:《淮阴风土记》下册,1936 年,第 167 页。
② Chen Han-sheng, "The Burdens of the Chinese Peasantry," *Pacific Affairs*, vol. 2, no. 10 (Oct., 1929), p. 658.
③ 方瑞兰监修:《安徽泗虹合志》卷一,光绪十三年刻本,第 30 页下。
④ 吴昆田等总纂:《淮安府志》卷二,光绪十年刻本,"疆域"第 4 页上一下。
⑤ 蒋念明:《我丰刻苦坚忍守法务实之民性》,《丰县文献》,台北:新文丰出版股份有限公司,1978 年,第 162 页。
⑥ 蒋念明:《我丰刻苦坚忍守法务实之民性》,《丰县文献》,台北:新文丰出版股份有限公司,1978 年,第 163 页。
⑦ 张奇抱等纂:《沭阳县志》卷一,康熙十三年刻本,第 36 页下。
⑧ 吴昆田纂修:《清河县志》卷二,光绪丙子刻本,第 6 页下。
⑨ 吴昆田纂修:《清河县志》卷二,光绪丙子刻本,第 7 页下。
⑩ 吴寿彭:《逗留于农村经济时代的徐海各属》,《东方杂志》第 27 卷第 6 号,1930 年 3 月 25 日出版,第 75 页。
⑪ 吴寿彭:《逗留于农村经济时代的徐海各属》,《东方杂志》第 27 卷第 6 号,1930 年 3 月 25 日出版,第 75 页。

明清以来，江南地区的工商业远比淮北发达。就单纯的理财手段与理财理念而言，江南与淮北两地的农民存在着巨大的差异。首先，江南农民和工商业者均很善于利用社会资金。这些资金既包括像钱庄等金融机构的信用放款，①也包括社会上的闲散资金。江南地区的传统商号向来有吸纳存款的功能和业务，深为社会信赖。其次，农民们既可以把闲散资金存在商号、典当，利用这些机构为其理财，获得不菲的利息；也可以季节性地从商号、典当获得资金，以支持其从事蚕丝等副业活动。②

淮北农民在需要资金时，几乎不能利用利息相对较低的商号、典当等资金从事置产兴业和其他商业活动。淮北的借贷利息往往达到月息10分。吊诡的是，即使富人有了积蓄，也多像赛珍珠在《大地》所描写的王龙、司马中原在《路客与刀客》中所描写的安家寨富户那样，把钱埋在墙壁下面，而无法通过理财来获得更大的收益。毕竟，借贷的风险实在太大。

二、江南：“人各奋于自见”

明清时代，江南地区持续地获得进一步的发展，近代江南农村是如何发展的呢？

近代以来，许多学者认为工业化和城市化的发展，给中国农民造成了负面的影响。托尼（R. H. Tawney）认为："在一个将近四分之三人口由农民构成的国家，工业革命带来的新压迫无疑比自远古以来就已出现在乡村中的灾难的正常影响要小。但是，这些压迫仍然十分严重。随着制造业的发展，其严重性将会增加。"③漆琪生写道："工业化的结果，必将引起如下的影响：……中小农民，由自耕农、半自耕农以至佃农，皆积极的步武[入]没落的路程，农民的地位更加恶劣。"④费孝通认为："从近来的中国历史来考察，中国城市的发展似乎没有促进农村的繁荣。相反，近代中国城市的兴起正好伴随着中国农村经济的衰落。……中国城乡的关系似乎不利于后者。如果这个论点是正确的话，那么，为了中国农村人口的利益，城乡联系越松散，对农村越有利。"⑤黄宗智则认为："像早期的商业化一样，与国际资本主义相伴随的快速商业化没有给农民经济带来改造性的变化，而是进一步促进了它的退化。"⑥这些看法有一定的可议之处。

江南的基层政府对经济建设和社会事业的贡献可谓微不足道。在常熟，基层官员"大

---

① 19世纪中期至20世纪30年代，钱庄每年均把向经营农副产品贸易的商人放款作为主要业务。关于钱庄对江南经营农副产品贸易的商人的支持，详见 Ma Junya, "China's Traditional Monetary System and the Trade in Agricultural Products, 1920—1933", *Modern China*, vol. 34, no. 3 (July 2008), pp. 344-371.

② 详见马俊亚:《典当业与江南农村社会经济关系辨析》，《中国农史》2002年第4期。

③ R. H. Tawney, *Land and Labour in China*. London: George Allen & Ltd 1932, p. 144.

④ 漆琪生:《农业理论的诸问题》，冯和法编:《中国农村经济论》，上海:黎明书局，1934年，第29—30页。

⑤ Hsiao-Tung Fei, *China's Gentry*. Chicago: The University of Chicago Press, 1953, pp. 109-110.

⑥ Philip C. C. Huang, *The Peasant Family and Rural Development in the Yangzi Delta, 1350—1988*. Stanford: Stanford University Press 1990, p. 15.

都只要钱,不做事,居在城里,一个月之中,偶尔也去区公所走几转。有一回,某县长下乡考察各区公所的成绩,区长们有些老早得了消息,事先已预备周全。单只某区长在县老爷动驾以后才知道。幸喜天有眼,县长没有直接到他那儿,他特别费了几个洋钱,坐汽油船,从城里拼命赶到区公所,立时邀集各职员,整理公事案,布置房间,批阅文件,令团丁赶擦枪支。一经检查,又不足数,复命各乡从农家搜借大刀若干。一切勉强就绪。下午县长驾临,四处望望,含笑点头,连称办理完善不止"①。

江南社会发展得益于社会精英的合作和努力。张謇曾在教育方面把南通与无锡作过比较,他写道:"国人觇江苏教育者,必举无锡、南通;较其大别:则曰无锡能自动而乏统一,南通能统一而乏自动。谅矣哉!虽余亦云云。譬诸治室,通先画图计工度能而进;锡不必计工度能不待图而成。锡风气之开也较早,人各奋于自见,集财易而事较易举也。通僻左下邑,始一二人而至数十人,俗固塞不易通。力出于一固薄,薄而必欲为,故不得不加慎。慎于财则必寸而度其所用,慎于人则必节节而度其所胜。此其所以别也。"②实际上,这种差别不仅体现在南通无锡的教育方面,江南与其他地区新式产业的发展方面同样存在这种差别:江南新式产业的发展是整个企业家群体共同奋斗的结果,体现了"看不见的手"的巨大调节作用,像南通新式产业以至于社会的发展相当程度上归功于张謇一人奋斗的结果,是张謇这只"看得见的手"引导的结果,这只手就是"画图计工度能"之手。

在发达的资本主义社会,大工业在农业领域内起着革命的作用,它消灭旧生产方式的守护者——农民,并代之以雇佣工人,引发农村巨大的社会变革,使农业中陈旧的和不合理的经营被科学在工艺上的自觉运用所代替,由此导致农业和工业在对立发展形式的基础上的联合。③

直到进入20世纪,中国农业方面陈旧的和不合理的经营并未得到较大的改进,多采用传统的经营方式。农业生产技术的落后,严重地影响了以农产品为原料的工业企业的经营。中国是棉花、蚕茧、小麦、烟草等农作物生产大国,由于长期缺乏科学育种工作,这些农产品已无法满足工业的需要。在长江下游地区,其湿润的气候很适合韧性强的棉花的生长。④ 但据调查,"中国自输入棉作物以来,历年千余,不注意改良,听其退化,往昔美质,淘亡殆尽。……厂家所受之间接影响,正复无穷"。⑤

小麦与烟草品种也存在较大缺陷。小麦"皮色厚滞,身骨污湿,……(与洋麦相比)优劣显然"。⑥ 烟草原料方面,"在广东、福建、浙江、江西、安徽、湖北、湖南、四川、贵州、新疆、甘肃、河南、山东、河北、吉林和黑龙江各省种出来的烟草,……都没有达到制造卷烟所

---

① 行政院农村复兴委员会编:《江苏省农村调查》,上海:商务印书馆,1934年,第81页。
② 张謇:《南通教育状况序》,《张謇全集》第4卷,南京:江苏古籍出版社,1994年,第149页。
③ 参见《马克思恩格斯文集》第五卷,北京:人民出版社,2009年,第579页。
④ Albert Feuerwerker, *Handicraft and Manufacture Cotton Textiles in China*, 1871—1910. The Journal of Economic History Vol. 30, No. 2, June 1970. The Graduate School of Business Administration of New York University 1970, p. 339.
⑤ 叶元鼎:《各省植棉情形调查记》,《华商纱厂联合会季刊》第1卷第2期,1920年1月。
⑥ 陈光甫:《吾国经济改造的根本问题》,《经济学季刊》第4卷第4期,1933年12月出版。

要求的标准"。①

蚕茧方面,尽管大多数孵育蚕种的现代技术在无锡广为人知,但绝大多数小农家庭无法引进。这些技术包括蚕卵杂交以增强抗病能力,蚕卵冷冻以便把出茧时间选择在效率更高的夏季和秋季,在出茧过程中保持恒温,以及使用消毒剂以保护脆弱的幼蚕在早期阶段的成长。② 中国土种蚕被怀疑染上了蚕孢子虫病,这种病既使丝厂废丝大量增加,还使丝的质量大为下降。这种病用显微镜就可以检测出来。在日本,政府严禁向蚕农出售染有蚕孢子虫病的蚕种。但在中国,染病蚕种与无病蚕种一道被出售给蚕农,结果造成中国的蚕茧质量远远低于日本。③ 学者指出,蚕桑在浙江推广开来,但由于没有改革市场技术,早先那些生产水平高的地区已没有余地供其进一步地增长。更为糟糕的是,到20世纪初期,蚕病开始限制蚕茧的数量和质量。④ 20世纪20年代无锡丝茧业同业公会向北京政府提交的议案称:"吾国蚕茧近年来日就退化,种子不良,蚕病蔓延,茧质恶劣达于极点。此为产丝量锐减以及丝业衰败之主要原因。"⑤

费维恺写道:"当中国农民在很小的可能范围内熟练地利用传统农业技术时,19和20世纪的中国农村,在种子、农具、肥料、杀虫剂等方面几乎没有取得什么进步。……人力比兽力重要得多,农具——几个世纪几乎没有改进——适用于人力。每公顷土地上花费的人力劳动可能比世界上任何其他国家都要密集。"⑥中国每公顷土地上的出产,已接近于在没有使用像选种、化肥、杀虫剂、机器和内燃机及电力水泵、混凝土等先进工业—科学投入的条件下所能达到的极限。⑦

鉴于上述不利条件,国民政府曾进行过一些努力,1921—1927年,各省建立了251个农业实验所,但这些努力很少得到地方政府的支持,因而成效甚微。⑧ 在政府无力对农村改造的情况下,工业资本直接或间接地参与了对农村的投资和改造,其作用主要表现在下述3个方面:

---

① 陈翰笙:《帝国主义工业资本与中国农民》,上海:复旦大学出版社,1983年,第5—6页。
② Lynda S. Bell, *Farming, Sericulture, and Peasant Rationality in Wuxi County in the Early Twentieth Century*. In Thomas G. Rawski and Lillian M. Li (eds.), *Chinese History in Economic Perspective*. Berkeley/Los Angeles/Oxford: University of California Press 1992, p. 240.
③ David Faure, *The Rural Economy of Pre-Liberation China: Trade Expansion and Peasant Livelihood in Jiangsu and Guangdong, 1870—1937*. Oxford, New York: Oxford University Press (Printed in Hong Kong) 1989, p. 36.
④ Mary Backus Rankin, *Elite Activism and Political Transformation in China: Zhejiang Province, 1865—1911*. Stanford: Stanford University Press 1986, p. 64.
⑤ 转引自高景岳、严学熙:《近代无锡蚕丝业资料选辑》,南京:江苏人民出版社、江苏古籍出版社,1987年,第166页。
⑥ Albert Feuerwerker, *Economic Trends in the Republic of China, 1912—1949*. Ann Arbor: Center for Chinese Studies, The University of Michigan 1977, p. 53.
⑦ Mark Elvin, *The Pattern of the Chinese Past*. Stanford: Stanford University Press 1973, p. 306.
⑧ Albert Feuerwerker, *Economic Trends in the Republic of China, 1912—1949*. Ann Arbor: Center for Chinese Studies, The University of Michigan 1977, p. 44.

第一，以农产品为原料的工业大资本多致力于原料品种的改良工作。

就江南地区而言，对棉花品种改良着手较早、致力较多的有张謇、聂云台、穆藕初、荣宗敬、荣德生等棉纺业巨擘。在聂云台等人的呼吁下，江南地区所有较大的纱厂都参与其事。

早在清末，张謇就试图引进美国棉种，分给棉农种植。① 1914年，穆藕初创植棉试验场于上海；1917年，聂云台、穆藕初等组织中华植棉改良社，进行棉种改良试验。华商纱厂联合会成立后，在聂云台等人主持下，"年拨巨资，分向直、鲁、鄂等省设立植棉试验场"。② 仅1920年4月，该会及所属各纱厂即为棉种改良做了如下工作：9日，杭州鼎新、宁波和丰、太仓济泰等纱厂从上海恒丰纱厂购得美种棉籽2包，通州棉籽2袋，散给棉农种植；13日，该会从常州购买常阴棉籽120担，送苏州宝通纱厂3担；17日，该会送宁波和丰纱厂美国棉种20斤、常阴棉种30担，"托其代散宁、绍一带产棉乡农"；22日，该会委托南通农校代购通州棉种100担；28日，德大纱厂送华商纱厂联合会《植棉浅说》30部，托其分赠各厂。③ 像崇明县，"所出棉花，大部为大生纱厂设庄收买（近年南堡镇新设之大通纱厂，其原料亦取于本地），余均运往上海"。④

缫丝业资本对蚕茧的改良同样不遗余力。20世纪30年代初，"丝业大王"薛寿萱在无锡组织蚕桑模范区、合作社、蚕种场；在各乡镇广设指导所，仅无锡一县即设立指导员100名；薛家所属的永泰、华新等丝厂，以低于市价向农民发放改良茧种，农民"还可以在茧子卖了以后偿还（蚕种款），同时也一样有指导员来指导，……蚕户如果养得好蚕还会有额外的奖赏"⑤。

对烟草品种的改良，外国工业资本着手较早。时至1913年，在中国代理商和买办的积极协助下，英美烟草公司在中国建立了许多烟草生产区，引进美国烟种，指导农民种植。⑥ 华商烟草企业也纷纷仿效英美烟公司的做法，"例如发放种子、贷借肥料、预约买收以及其他种种，无不效而行之"。⑦

工业资本对农村原料作物的改良，推动了农业技术的发展，提高了农作物品质，为机器工业的发展提供了适宜的原料。

第二，在经营方式上，工商业资本促进了传统农业向现代农业转化。

为了改良农作物品种，工业资本在江南地区创办了许多农场，据1950年对江苏的调查，"苏南农场的兴建时期，正是第一次世界大战结束，中国民族资产阶级在战争期中已得

---

① David Faure, *The Rural Economy of Pre-Liberation China: Trade Expansion and Peasant Livelihood in Jiangsu and Guangdong*, 1870—1937. p.37.
② 《杂纂》，《银行周报》第7卷第48号，1923年12月11日出版。
③ 《会务日志》，《华商纱厂联合会季刊》第1卷第1期，1919年9月出版。
④ 江苏省教育实业联合会：《江苏省农业调查录（沪海道属）》，江阴：华通印书馆，1924年，第54页。
⑤ 苦农：《养蚕合作运动在无锡》，《中国农村》第3卷第6期，1937年6月出版。
⑥ 转引自陈翰笙：《帝国主义工业资本与中国农民》，上海：复旦大学出版社，1983年，第6页。
⑦ 晓钟：《中国烟草与制烟工厂》，《上海总商会月报》第2卷第8号，1922年8月出版。

到适当发展的时期,同时在这个时期,帝国主义经济又深入农村,……这样便推动了国内新的官僚与工商业家向农业方向的投资,影响了农村封建地主开始改变其使用土地的方法"[①]。穆藕初于上海郊区创办的穆氏棉种场、杭州鼎新纱厂经理高丞懿在浙江创办的善源公司植棉场等等,都在这一时期。现将无锡一个地区棉纺、制丝业资本创办的新式农场列表于下(包括养殖场):

表9-1 无锡纺织工业资本创办新式农场一览表(1930年前)

人名	主要工业企业	农场名称	资料来源
杨翰西	广勤纱厂、兴胜丝厂、广丰面粉厂、无锡电话公司	广勤植棉试验场(12.2亩) 竢实果林场(60余亩) 开原植物园	《华商纱厂联合会季刊》第1卷第2期,蒋枚文;江苏省长公署第四科:《江苏省实业视察报告书》,第141页 江苏省教育实业联合会:《江苏省农业调查录(苏常道属)》,常州:新群书社印刷所,1923年,第24页
荣宗敬 荣德生	茂新、福新面粉厂12家、申新纱厂9家	荣氏公益农事试验场 海南琼岛棉种场(70余亩) 福利垦植公司(1万亩,一说2万—3万亩) 鼋头渚植果试验场	《华商纱厂联合会季刊》第1卷第2期,蒋枚文;《中行月刊》第5卷第5期,第108页;《荣家企业史料》上册,第555页 江苏省教育实业联合会:《江苏省农业调查录(苏常道属)》,常州:新群书社印刷所,1923年,第24页
薛寿萱	永泰、华新等丝厂10余家	镇江蚕种场(1 000余亩) 无锡荣巷蚕种场(300余亩)、无锡钱桥蚕种场(100余亩)	《无锡文史资料》第2辑,第60页;《近代无锡蚕丝业资料选辑》,第176—177页;钱钟汉:《有关中日蚕丝事业在解放前国际市场上消长对比的资料》,第10页
程炳若等	乾甡丝厂	大有蚕种场(苏、浙、皖共计11个分场)	高景岳、严学熙:《近代无锡蚕丝业资料选辑》,第179页;钱耀兴:《无锡市丝绸工业志》上册,第52页
周肇甫	裕鼎、慎昌、鼎昌丝厂	裕昌制种场	《无锡年鉴》第一回,1930年版;《无锡市丝绸工业志》上册,第54页
倪子成	泰孚丝厂	永生蚕种场	《无锡丝绸工业志》上册,第54页
朱静庵	民丰丝厂	蚕种场(共2家,名不详)	《无锡丝绸工业志》上册,第52页
华绎之	宏绪、宏余、永盛、永吉丝厂	荡口养蜂场 惠康乳牛场 荡口养鸡场	《江苏省实业视察报告书》,第141页;《无锡县志》,1994年版,人物类;吕焕泰:《丝厂座谈会记录》,第1页(瑞)
费达生	无锡玉祁制丝所	吴县大有第一蚕种场	华东军政委员会土地改革委员会:《江苏省农村调查》,第388页

据表9-1,仅无锡棉纺、制丝业资本家创办的新式农场即达17家,其中15家分布在苏南地区,若加上各分场,则分布更为广泛。其他各地均类似农场。1924年,上海县农场

[①] 华东军政委员会土地改革委员会:《江苏省农村调查》,1952年内刊本,第341页。

第五处并入华商纱厂联合会,资助东南大学设立杨思乡棉作试验场,"专事改良美棉"。杨思乡的蔬菜种植场,由穆湘瑶、葛敬中创办,资本2万元,租地180余亩,并准备扩充至300余亩,职员3人,农工40余人,专种蔬菜、花卉,"合西人改良之法,将来产品当可全售沪上"。①

除工业资本直接创办的新式农场外,许多工厂的职员也经常利用工业资本的支持创办新式农场,如1926年创立的无锡三五馆蚕种场主持人陆子容,原为永泰丝厂技术员。他创办这家农场主要是受薛寿萱的鼓励和资助,薛曾借给他建场资金3 000元,并约定在3年内由永泰丝厂每年包销改良蚕种3 000张。到1930年,三五馆蚕种场年产蚕种10万张,在杭州建有300余亩的蚕种分场,在无锡旺庄设有养鸡分场,在南京建立了100余亩的农业分场。②

据1950年统计,苏南当时有制种场92家,其中82家为私营(连同分场共101家),计无锡27家、吴县20家、吴江4家、镇江8家、宜兴9家、武进8家、江阴县4家、昆山1家、常熟1家,③"一般的蚕种场都有必要的进步设备,如显微镜、解剖器、乳钵、喷雾器、消毒器、温湿计、接物镜、接目镜、冷镜、冷库、低温室等,另有蚕室、贮桑室及其他养蚕制种之普通设备",场中工作人员的素质也相对较高,"场长多半为商人及蚕桑专科职业学校学习过的知识分子,技术人员大部为蚕桑专科职业学校学生或蚕种业专修班之学生"。④

20世纪30年代上海私营的花圃达52家,大多为合资经营,有的以公司制形式经营,占地数亩至数十亩不等,产品除极少数供自己观赏外,大部分用于出售。⑤

同时代上海农村还出现了以资本主义方式经营的养殖业。1924年,宝山比较著名的养殖场有殷行陈森记畜牧场,主营牛奶,"营业极发达"。⑥后来上海社会局调查上海农村的牛奶棚数达51家,其中的大奶棚"大抵拥有雄厚资本,或系公司组织,销路极广"。⑦

其他养殖业方面,上海附近的养蜂场达20余家,规模最大的蜂场为无锡荣家和薛家企业的股东华绎之创办的养蜂公司,蜂种系从美国罗脱公司购进的意大利种;另一著名蜂场戚秀甫养蜂场的蜂种,最初系购自日本的意大利种,后又向美国购入更新品种,养蜂器具"初购于日本,改采之美国,继购于欧陆,所以本场全世界之蜂具式样均有"。⑧江湾附近的养鸡场为6家,其中民生养鸡场场主为协和公司的经理,品园养鸡场的场主为一外商锅炉公司的职员。其中以民生养鸡场的设备最先进,该场占地60亩,鸡舍"采取美国最新

---

① 江苏省教育实业联合会:《江苏省农业调查录(沪海道属)》,江阴:华通印书馆,1924年,第4页。
② 高景岳、严学熙:《近代无锡蚕丝业资料选辑》,南京:江苏人民出版社、江苏古籍出版社,1987年,第177页;参见陆子容:《无锡蚕桑发展概况》,无锡《文史资料选辑》,第2辑。
③ 中共苏南区委农村工作委员会:《苏南土地改革文献》,1952年内刊本,第617页。
④ 中共苏南区委农村工作委员会:《苏南土地改革文献》,1952年内刊本,第618页。
⑤ 据上海市社会局编:《上海之农业》,上海:中华书局,1933年,第197—207页"花圃一览表"。
⑥ 江苏省教育实业联合会:《江苏省农业调查录(沪海道属)》,江阴:华通印书馆,1924年,第50页。
⑦ 上海市社会局编:《上海之农业》,上海:中华书局,1933年,第221—220页。
⑧ 上海市社会局编:《上海之农业》,上海:中华书局,1933年,第269—270页。

式之建筑法",哺育方法"采取 James Dryden 及 Rice 教授之哺育方法",其他如参考书、图解、仪器等一应具备,所出产品全部用于市场销售。① 宝山彭浦江南养鸡场,资本 3 万元,"所养鸡类多外国种,一切设备均仿新法"。此外,杨行一区,每年出产蜂蜜 100 担以上;罗店勤益果园也兼营养蜂。②

江南农场的管理分为 3 种类型:第一类是大农场,如工商业家创办的四益农场,组织系统较为复杂,最高权力机构为董事会,负实际责任的是正副经理,下面又设分场主任及各部技术主任,并往往在较大的城市设立办事处,负责购售农场必需品与生产物,"从其组织系统中看出农场与城市与资本家的联系较密切"。③ 第二类是中型农场,如大有农场、镇江三育研究社附属的农场等,一般设有正副场长,下设技术职员与普通职员二三人,技工或普通工人三四名,场长多半是农场股东或农场创办人。第三类是一些小型农场,或以出租土地为主的名义上的农场,没有什么组织,往往只雇一两名工人看管农场。④ 这些农场经营的作物种类分以下 4 种类型:① 在城市(苏州、昆山、太仓、上海)附近的小型农场,往往以集约经营方式,生产园艺作物为主,供应城市的需要。② 较大的农场一般生产工业原料或供销国内外市场的经济作物,如四益农场的蚕桑、中华农场的薄荷等。③ 适应各种山地湖滩成立的农场,一般经营苗圃、林场、茶树,这种农场数量很大,为农场中的主要部分。④ 有的农场以经营花草、果园等消费性作物为主。⑤

上述以经营工业原料以及生活消费为主的新式农场,绝大部分使用雇佣劳动,资本主义商品生产的性质十分明显,已有别于传统的地主制经营和小农作业,有的农场还设立学校(如吴江庞山湖农场⑥)、医院(如句容中华三育研究社农场的医院,内有医护人员 5 人,"医药及设备较全,有 X 光、电疗及太阳灯等"⑦)等,从而把生活在农村土地上的农民阶级部分地纳入现代文明的门槛,使再生产及其物质条件和精神条件的多样化和发展成为可能。

第三,工商业资本的发展,提高了农村的商品化程度。

费孝通认为,从农村角度而言,提高农民收入的问题在于要么发展农村工业,要么发展特种农业经济作物。⑧ 江南有些农村地区很早就受到城市市场的影响,像 16 世纪的常州和苏州就是这样的地区,特别是苏州,"提供了一个城市市场可以刺激经济作物、乡村手工业及农民副业活动的典型"。⑨ 有的学者乐观地指出:"商业影响深入农业中,给农村经济带来了与城市经济相同的变化,我们看到,前近代的中国经济足以对变化的经济条件产

---

① 上海市社会局编:《上海之农业》,上海:中华书局,1933 年,第 263—267 页。
② 江苏省教育实业联合会:《江苏省农业调查录(沪海道属)》,江阴:华通印书馆,1924 年,第 50 页。
③ 华东军政委员会土地改革委员会:《江苏省农村调查》,1952 年内刊本,第 354 页。
④ 华东军政委员会土地改革委员会:《江苏省农村调查》,1952 年内刊本,第 354 页。
⑤ 华东军政委员会土地改革委员会:《江苏省农村调查》,1952 年内刊本,第 354—355 页。
⑥ 华东军政委员会土地改革委员会:《江苏省农村调查》,1952 年内刊本,第 359 页。
⑦ 华东军政委员会土地改革委员会:《江苏省农村调查》,1952 年内刊本,第 370—371 页。
⑧ Hsiao-Tung Fei, *China's Gentry*. Chicago: The University of Chicago Press, 1953, p. 125.
⑨ Evelyn Sakakida Rawski, *Agricultural Change and the Peasant Economy of South China*. Cambridge Massachusett: Harvard University Press 1972, p. 142.

生能动的反应。"①随着工业化的发展,江南农村的商品化进入了一个崭新的阶段。段本洛先生指出:"总的看来,江南在[20世纪]30年代无论是蚕茧、棉花、粮食,其商品化程度都达到了新的水平。"②

对无锡的研究表明,农民通过具有区域特色的农作物生产专业化来提高土地的生产率,他们把部分土地由生产粮食改为种植棉花、蚕桑等经济作物,这又刺激了丝、棉等农村手工业的发展。③ 据新中国成立初期的调查,由于工业的发展,苏南农村副业生产十分发达,全区棉田、豆田、桑田占耕地面积的20%,商品粮、商品蔬菜的生产十分普及,农民的手工业和副业收入约占农民总收入的30%。④ 由于南方全年都可种植蔬菜,像手工业那样不受淡季的影响,⑤蔬菜在上海附近地区的栽培非常普遍。

棉花方面,"江南农民把他们的生产资源集中在植棉和织布(当然也集中在织布所必需的纺纱)上,远比他们自己纺他们种植的所有棉花更加有利可图"。⑥ 江南主要产棉县在县外销售的棉花已占大部分比重,如松江、青浦、昆山、嘉定、川沙5县运销县外棉花分别占总产量的86%、90%、85%、85%、80%。这些商品棉显然是经过改良的棉花,而不是原来那些"纤维粗短、韧力脆薄、毛丝不厚、子粒夹杂"的土棉。在浙江,棉花生产使许多地区受益。19世纪90年代,日本和上海棉纺厂不断增长的需求,促进了萧山、余姚和慈溪(绍兴和宁波)棉花种植的进一步扩大。1887年,这些地区的棉花产量估计达96 000担,实际上,这些棉花并不全是在浙江消费。到1893年,有99 000担棉花经宁波海关运到上海(其中83 000担被运往日本);另外,还有5 000担棉花被船运到福建。⑦

有的学者认为,就纯收入而言,植棉未必高于种稻。但植棉具有4个优势:① 棉花可以和豆类、玉米和瓜类等作物交叉种植,以获取额外的收入;稻田则不能与其他植物间种。② 与桑田和蔗田相似,棉花可以用来纺织,以利用农村剩余劳动力,支撑其他经济活动。③ 棉花一般种植在不宜植稻的地方。④ 在某些地方,尤其农垦公司新开垦的土地上,佃

---

① Evelyn Sakakida Rawski, *Agricultural Changes and the Peasant Economy of South China*, p. 162.

② 段本洛等:《近代江南农村》,南京:江苏人民出版社,1995年,第378页。

③ Lynda S. Bell, *From Comprador to County Magnate: Bourgeois Practice in the Wuxi County Silk in Late Qing China*. In Joseph W. Esherick and Mary Backus Rankin (eds.), *Chinese Local Elites and Patterns of Dominance*. Berkeley/Los Angeles/Oxford: University of California Press 1990, p. 117.

④ 欧阳惠林:《苏南土地改革工作的报告》,江苏省档案馆,全宗号402,案卷号64,文件号7。

⑤ Evelyn Sakakida Rawski, *Agricultural Change and the Peasant Economy of South China*. p. 143.

⑥ Albert Feuerwerker, *Handicraft and Manufacture Cotton Textiles in China, 1871—1910*. The Journal of Economic History Vol. 30, No. 2, June 1970, p. 340.

⑦ Mary Backus Rankin, *Elite Activism and Political Transformation in China: Zhejiang Province, 1865—1911*. Stanford: Stanford University Press 1986, p. 66.

农可以用棉花交租,并比交纳现金有利。①

蚕桑业方面,"江南诸县,原为太湖南岸之古土丝出产地带,上海机器缫丝发达较早,对原料茧之发展,亦起促进作用"。② 至 20 世纪 20 年代,无锡丝厂陆续兴办后,"全境桑田,因应丝厂之需求,现占全县九百五十余方里,约占全面积十分之三有余。……城郭之外,桑麻毗连,几家家栽桑,户户养蚕矣"。③ 经过工业资本的改良,江南的茧质大为提高,使蚕茧的商品生产更加巩固。据统计,一般土种需 300 斤鲜茧烘成 100 斤干茧,500 斤干茧制成 1 担丝,改良种只需 250 斤鲜茧烘成 100 斤干茧,380 斤干茧制成 1 担丝,且丝质好,售价高。④

烟草原料方面,据陈翰笙调查,"不论外商还是华商烟草公司,收购烟叶时都经常付给现金。这对于农民是巨大的刺激。……甚至连那些从未种过烟草的人,为了从事烟草种植,也减少了他们种植谷物的田亩"。⑤ 要知道,中国农民是非常务实的,若没有相当的利润刺激,他们不可能主动弃粮植烟。

无锡堰桥乡的调查典型地显示出了工业的发展对农村的促动:"一、农产商品化的程度较高,如稻米、茧子、麦子等,多在收获后向城市去出售,许多手工业制造品靠城市工业加工。二、城市工商业经济势力伸展到农村,乡村一个很小的理发馆、粮行、茧行,均为城市同业公会所掌握。农村中的手工业、小型厂坊等对城市工商业的依附关系极密切。……城市市场的波动很容易影响到农村。"⑥

不论是地主还是农民,同样被卷入商品化的潮流中来。在无锡荡口镇,农民每年把他们所收获的粮食的一半卖给鸿声里、甘露和荡口的商人,再由这些商人把粮食用船运到苏州和上海。⑦ 据 1950 年对浙江杭县山桥乡的调查,该乡"城乡关系很密切,农民多种植商品性作物,如水果、茶叶、棉、麻、桑、蔬菜等,到城市去卖,与城市工商业的关系密切。地主多兼营工商业,农民兼为商贩者尚多"。⑧ 江南地区商品经济的发展还辐射到了周边地区,促进了其他地区农产品的商品化进程。在 20 世纪 30 年代的镇江米市上,大部分糙米来自安徽米行和砻坊,该项商品在镇江米市上"实占相当位置","皖省之营此业者,大概为拥有大量田地所有权之大地主,在市镇开设砻坊,每当秋收之后,向租户收取租谷,砻米贩

---

① David Faure, *The Rural Economy of Pre-Liberation China: Trade Expansion and Peasant Livelihood in Jiangsu and Guangdong*, 1870—1937, pp.159-161.
② 高景岳、严学熙:《近代无锡蚕丝业资料选辑》,南京:江苏人民出版社、江苏古籍出版社,1987年,第 107 页。
③ 卢冠英:《江苏无锡县二十年来之丝业观》,《农商公报》第 85 期,1921 年 8 月出版。
④ 无锡政协文史资料委员会:《无锡永泰丝厂史料片断》,《无锡文史资料》第 2 辑,1981 年 3 月 21 日出版。
⑤ 陈翰笙:《帝国主义工业资本与中国农民》,上海:复旦大学出版社,1983 年,第 7—8 页。
⑥ 华东军政委员会土地改革委员会:《江苏省农村调查》,1952 年内刊本,第 131 页。
⑦ Jerry Dennerline, *Qian Mu and the World of Seven Mansions*. New Haven and London: Yale University Press 1988, p.73.
⑧ 华东军政委员会土地改革委员会:《浙江省农村调查》,1952 年内刊本,第 188 页。

运,并向农家米行收买谷子,砻成糙米,雇船装运来镇,或委托有信用之船户代售"。①

马克思指出,资本主义以前的、民族的生产方式具有的内部的坚固性和结构,对商业的解体作用造成了巨大的障碍,在中国这种解体方式进行得十分缓慢。综观近代江南地区,工业资本对封建生产方式造成的解体作用远远大于商业资本所起的作用,从而使商品经济向更高层次发展,使社会财富的积累和扩大再生产得以顺利进行。

综上所述,江南地区工业资本对原料作物的改良和对农业的投资,提高了原料作物的品质,为农村注入了新的生产方式,加快了农村的商品化发展。

在谈到中国农村危机时,学者往往把农村商品化、与国际市场接轨视为农民被剥夺的原因。如有人写道:"因帝国主义购买中国农产物,使中国农产物的价格,受国际市场决定,而因种种特殊的原因,中国农产物,总以极低的价格,受国际资本所吸收。近年来更蒙世界经济恐慌的影响,大宗农产品价格狂跌,以致中国的农产品,不能插足市场。"②不论是国际资本还是国内民族资本,其本质均是追求利益最大化,而不是慈善。在国际市场竞争中保护中国农产品的地位,维护农民的利益,显然不是个体资本家阶级的义务,而是政府的职责。

第二节　社会结构与社会形态

在马克思、恩格斯看来,一个快速发展的社会,表现在各阶层不停地变动,社会结构复杂多样,社会形态混合不清。淮北的社会结构比较简单,贫富差距极为显著。江南地区的社会结构非常复杂,社会形态也绝非用某个概念可以解释清楚。

一、苏北:权力统治财产

有位江南人写道:"江北俗朴愿,往往胜江南。然偷惰不肯事工商事,无贫富,皆占田,田多者以万计,坐此,农益困。佃人田称贷,然后耕,既获,则贱粜偿息钱,至不得担石以卒岁。"③

苏北人未能加以利用的商业资源,多为外来者所利用,并因此成为巨富。佐伯富指出,苏北盐场中的豪灶,多系来自徽州、山西、陕西等地的外地人。④ 清初,盐务管理较严,不少徽籍富商来到安东,使得该县"著姓相望"。到光绪年间,官盐滞销,私贩猖獗,安东的商人多投资酿酒、榨油等业。⑤ 泗州地区,"嘉、道以前,止晋、豫人茂迁到泗。咸同后,五

---

① 孙晓村、羊冀成:《镇江米市调查》,社会经济调查所:《社会经济月报》第3卷第9期,1936年9月出版,第24页。
② 陈锺凡讲:《中国农村目前的危机及其救济的方法》,常熟县教育局编辑处:《常熟教育》第3期,1934年1月出版,"演讲"第3页。
③ 薛福保:《江北本政论》,《青萍轩文录》卷一,光绪八年刻本,第7页上。
④ 佐伯富:《清代盐政の研究》,京都大学:東洋史研究会刊,1962年,第59页。
⑤ 吴昆田总纂:《安东县志》卷一,光绪元年刻本,第5页上。

方杂处,市面风气为之大变"。① 淮阴王家营,清初客民达 2 000 余家,大多为西北、燕、辽、蓟、晋、陕、洛、齐、鲁之人。"故客民来者,大率峙积百产,为牙侩僧贩枭之事。三河关陇麦菽,楚粤文绮,河北旄裘马羸果瓜之属,不避重阻,四方来会。"② 客民中,经营布匹的蓟商最先来到这里,而晋贾尽管来得较晚,但实力最强。他们经营布肆、典当、酒肆,并发放高利贷。③ 后来经营盐业的徽商又取代了晋商的地位。砀山城乡尽人皆知的杂货店有"三隆"(永隆、晋隆、洪德隆),其中以洪德隆实力最为雄厚。④ 洪德隆杂货店属于徽州帮,在雍正年间来到砀山,到 20 世纪 20 年代,传了 10 代人。该店有瓦房 30 余间,从业主到学徒(包括做糕点、酱油、醋的师傅)盛时达 30 多人。⑤ 砀山的江恒大茶庄,由自幼生长于皖南茶乡的江浚源创办。⑥ 丰县的商业,70%由山西人经营,本县人经营的不到 10%,且多请外地人主持经理。⑦ 沭阳县,"在清季时,商业多为山东、山西、徽州、镇江等处人所经营"。⑧

不少手握权力的高级官员甚至直接参与盐业经营。食盐在明清向为国家垄断、专商专营,官员被禁止参与经营和分润。但盐业暴利具有极大的诱惑力,官员违法行盐,在清代已司空见惯。据两江总督陶澍奏,官员"或与商人联姻换贴,或与商人伙本行盐,最为劣习"。⑨ 由淮南总商樊振基经手,自乾隆三十七年起,甘肃布政使王亶望在两淮购买了 19 000 余盐引,价值 120 585 两。⑩ 乾隆四十六年,盐商归还王亶望本利银 104 483 两余。⑪ 乾隆四十一年,兰州知府蒋全迪在扬州行盐本银达 42 000 余两;乾隆四十六年行盐 3 028 引。⑫ 河东盐运使程国表拥有淮南盐根窝 900 引、淮北盐根窝 10 224 引。⑬ 西宁道

---

① 方瑞兰监修:《安徽泗虹合志》卷一,光绪十三年刻本,第 30 页下—31 页上。
② 张震南纂:《王家营志》卷三"职业五",第 1 页上,"中国地方志集成·乡镇志专辑"(17),南京:江苏古籍出版社 1992 年影印,第 70 页。
③ 张震南纂:《王家营志》卷三"职业五",第 1 页下,"中国地方志集成·乡镇志专辑"(17),南京:江苏古籍出版社 1992 年影印,第 70 页。
④ 商益书:《解放前砀城几家有名的店铺》,《砀山文史资料》总第 4 辑,1987 年 10 月印,第 131 页。
⑤ 商益书:《解放前砀城几家有名的店铺》,《砀山文史资料》总第 4 辑,1987 年 10 月印,第 132 页。
⑥ 商益书:《解放前砀城几家有名的店铺》,《砀山文史资料》总第 4 辑,1987 年 10 月印,第 137 页。
⑦ 蒋念明:《我丰刻苦坚忍守法务实之民性》,《丰县文献》,台北:新文丰出版股份有限公司,1978 年,第 162 页。
⑧ 张仲五:《沭阳县乡土志略》,台北(无出版社名),1974 年,第 11 页。
⑨ 陶澍:《会同钦差拟定盐务章程折子》,《陶澍集》上册,长沙:岳麓书社,1998 年,第 172 页。
⑩ 台北故宫博物院等藏清代档案:《图明阿奏折》(乾隆四十六年九月二十五日),箱号 2715,统一编号 403039362。台北故宫博物院等藏清代档案:《图明阿奏折》(乾隆四十六年九月九日),箱号 2715,统一编号 403039210。
⑪ 台北故宫博物院等藏清代档案:《图明阿奏折》(乾隆四十六年九月二十五日),箱号 2715,统一编号 403039361。
⑫ 中国第一历史档案馆编:《乾隆朝惩办贪污档案选编》第 2 册,北京:中华书局,1994 年,第 1287 页。
⑬ 台北故宫博物院等藏清代档案:《江苏巡抚闵鹗元奏为查抄程国表在籍资财家产折》(乾隆四十六年八月二十一日),箱号 2715,统一编号 403039089。

刘光昱有历城丰裕盐号,本银2万两;京城西安门外盐铺1座,值银12 000余两。① 闽浙总督陈辉祖与寄籍编修苏北盐商吴以镇为姻亲。② 杭嘉湖道王遂家人有灶地82引多(每引计地9.69亩)。③

两江总督陶澍认为:"两淮盐课之重,比如两江之地丁。"④ 在近代,"淮北盐产丰富,馈食遍六省,税课甲宇内,为吾国最重要之盐区"⑤。1932年,淮盐年产额约800万担,淮北4场占总产额的93%。⑥ 苛重的盐课使私盐利润极高,对淮北豪绅具有莫大的诱惑力。裴宜理指出,捻军叛乱在许多方面与淮北的私盐联系密切。⑦ 海州地区是淮北盐场的所在地,徐淮地区则是私盐的通道,因此,徐淮海地区盐枭充斥,"徐邳盐徒,动连什百,得利则行盐,失利则行劫,官府不能制"⑧。另有"大胆豪商","贿通官长,捆载多斤,公然行掣,径同额盐"⑨。

盐枭多是富甲一方的豪雄。史称:"江淮间虽衣冠士人,狃于厚利,或以贩盐为事。"⑩ 豪绅往往是贩私活动的组织者和最大获益者,"贫灶余盐必借富室乃得私卖,富室豪民挟海负险,多招贫民,广占卤地,煎盐私卖,富敌王侯"⑪。据日本学者调查:"每年经由安徽、河南等地移出的盐数量巨大,豪商多数是盐商。"⑫安徽、河南部分地区正是淮北食盐的销售地。据包世臣言,淮北凤、颍、泗一带,盐枭建立了守卫坚固的圩寨。巨枭"常聚集数百人,筑土开濠,四面设炮位、鸟枪、长矛、大刀、鞭锤之器毕具"⑬。

民国年间,"绅董贩私在淮南北交界之处为最多"。苏北废黄河两岸的六合庄、大淤

---

① 台北故宫博物院等藏清代档案:《直隶总督袁守侗奏查抄甘当西宁道刘光昱折(附片)》(乾隆四十六年九月二十日),箱号2715,统一编号403039620。

② 台北故宫博物院等藏清代档案:《伊龄阿伊星阿奏折》(乾隆四十七年十月二日),箱号2741,统一编号403042629。

③ 台北故宫博物院等藏清代档案:《萨载等奏查抄王遂原籍家产折》,箱号2705,统一编号029870。

④ 陶澍:《再请复设两淮盐政折子》,《陶澍集》上册,长沙:岳麓书社,1998年,第285页。

⑤ 朱家宝:《淮北盐务概略》,财政部盐务署盐务稽核总所:《盐务汇刊》第19册,1933年5月31日出版,第70页。

⑥ 盐务稽核总所总视察曾仰丰:《淮盐产销情形及酝酿改革报告书》(1931年10月1日),财政部盐务署盐务稽核总所:《盐务汇刊》第1册,1932年8月出版,第115—116页。淮北使用晒制的方法制盐,成本只相当于淮南煎盐成本的三分之一(见"Salt in China and Elsewhere," *Chinese Economic Journal*, vol. 4, no. 6, June 1929, p. 488)。

⑦ Elizabeth J. Perry, *Rebels and Revolutionaries in North China, 1845—1945*. Stanford: Stanford University Press, 1980, p. 61.

⑧ 唐仲冕总修:《海州直隶州志》卷十七,嘉庆十六年刻本,第11页上。

⑨ 徐文弼:《缉私盐》,载贺长龄:《皇朝经世文编》卷五十"户政"25"盐课下",上海:广百宋斋丁亥仲春校印,第15页上。

⑩ 唐仲冕总修:《海州直隶州志》卷十七,嘉庆十六年刻本,第15页上。

⑪ 黄之隽等纂修:《江南通志》卷一六五,乾隆四十四抄本,第19页上。

⑫ 東亜同文会:《支那省别全志》第15卷,"江蘇省",東亜同文会大正九年,第195页。

⑬ 包世臣:《淮盐三策》,载贺长龄:《皇朝经世文编》卷四十九"户政"24"行盐",上海:广百宋斋丁亥仲春校印,第4页下。

尖、正兴集、八滩、东坎、豫顺集、六套、北沙、羊寨等处极为盛行。由于各地均设有保卫团，寨主多为保卫团长，兵士既保护自己所贩的私盐，又向过境私盐强制征"税"。"有保卫团兵士抢[持]枪之举，即保护私盐之表示也。"所收之款，半入绅董私囊，半作维持其保卫团的费用。仅上述各处每年征收私盐税的总数在5万元以上。①

徐州一带是近代中国鸦片产销中心之一。1890年海关报告指出："洋药（进口鸦片——引者注）年逊一年"，"其减销之故由于土药（国产鸦片——引者注）日多"，而"砀山之土药最盛"，每年所产鸦片达24 000至30 000担。②次年的镇江海关称："本口之土药由萧县、丰县、沛县、砀山县等处运来者为大宗，本年约有六千三百余担。"③1930年9月安徽省政府致电皖北26县县长的电文称："查鸦片毒物，害国病民，莫此为甚，迭奉中央严令，悬为厉禁在案。乃查皖北各县，迄未禁绝。推厥原因，非各县长禁种不力，而无智愚民，贪图厚利。似此不但减少生产，反为盗匪滋扰渊薮，以致为害甚烈，遗毒无穷。"④宿县种植罂粟达180余集（每集数十顷），烟田占全县面积三分之一。涡阳、蒙城、灵璧等地，农民有田百亩，即半数用于种烟。1932年3月，安徽省共780万元的烟税额中，皖北各县负担的烟税如下：宿县和涡阳各80万元，蒙城40万元，灵璧、定远、怀远、颍上各30万元，凤阳、泗县、凤台各20万元，盱眙15万元，五河、天长10万元。1930年，涟水县第3区，丰县赵庄集，邳县第三、八区，灌云周家沟，沭阳第三、八、六区，东海城后、东营、西营，皆大量种植鸦片。泗阳、淮阴各地有大量烟苗发现。洪泽湖滩，私烟极多。⑤这些鸦片大量通过徐州转运。1933年担任铜山县长的王公玙指出："徐州为贩毒中心。"⑥

晚清至民国年间，在苏北贩卖鸦片属于半公开、半合法行为，豪绅更顺理成章地参与其事。在淮北圩寨中，鸦片被视为硬通货。1899年，邵大法农民军在涡阳时，张村铺圩长一次送鸦片膏130斤。⑦在东海、沭阳、灌云、响水等地占地数千亩的马联甲任安徽省督军时，"亲自出巡，督铲烟苗"。⑧陈独秀道破了其中奥妙："马联甲所有存在蚌埠的烟土还有六十万[两]，将来烟苗铲尽，土价必涨。"⑨白宝山在海州时，通过把兄弟郭海山等人，进

---

① 扬州稽核分所：《追述昔日两淮私盐偷漏情形》（续五），财政部盐务署盐务稽核总所：《盐务汇刊》第21册，1933年6月30日出版，第81页。
② 代理镇江关税务司头等帮办佘德：《光绪十五年镇江口华洋贸易情形论略》，《光绪十五年通商各关华洋贸易总册》（英译汉第31册），光绪十六年五月印，第59页上。
③ 镇江关税务司葛显礼：《光绪十六年镇江口华洋贸易情形论略》，《光绪十六年通商各关华洋贸易总册》（英译汉第32册），光绪十七年四月印，第65页下。
④ 名扬：《近五年来粮食与鸦片之消长》，《人文月刊》第5卷第8期，1934年10月15日出版，第4页。
⑤ 名扬：《近五年来粮食与鸦片之消长》，《人文月刊》第5卷第8期，1934年10月15日出版，第17—18页。
⑥ 王公玙：《我在铜山县长任止》，《铜山文史资料》第5辑，第102页。
⑦ 张珊：《捻军史研究》，北京：文化艺术出版社，1994年，第323页。
⑧ 云捃：《马联甲的发迹与倒台》，《东海文史资料》第2辑，1986年7月刊印，第76页。
⑨ 陈独秀：《马联甲为什么铲烟苗？》，《陈独秀文章选编》（中），北京：三联书店，1984年，第419页。

行大宗鸦片走私,每年以数百箱计。[①]

20世纪30年代,南京中央大学部分师生访问海州济南场及大源制盐公司时,午饭由当地人谢应恭提供。谢家为陈港唯一大户,有田数十万亩,陈港全镇及周围数十里土地,产权均属谢姓。谢家远祖为浙江省余姚人。[②]

为什么苏北地区的富商大户多为外籍人呢?人们常说的苏北本地贱商的传统,以及长期生态衰变造成的当地人普遍贫困是其中的表面因素。像山西、徽州等地均有经商的习俗,并且积累了一定的商业资本。但仅有经商的技能和资本,在苏北地区还不足以成为富商。这里的土匪多如牛毛,拉财神(绑票)事件司空见惯。如民国初年的徐邳地区,"土匪结幅成群,与昔日捻匪情形相同"。这些土匪"专架巨富绅董,逼胁相从为匪"。邳县瓦窑富绅马启泰,被匪绑架,土匪以他做人质,攻破马姓三个圩子。虽有一营官兵驻在当地,仍嫌"兵单权微"。[③]

20世纪30年代,在苏北许多新成立的盐垦公司中,由于种田者来自不同的地区,加上新式公司的包容性,这里的居民显然比偏僻的村庄更能接受外来人。公司中的海门人,更是一些"迫于困苦,挈妻携子,背离乡井,远道来此垦荒"的农民,他们工作极为艰苦,大抵茅屋数间、节衣缩食,而不是像富商那样唾手可致千金。从阶级分析的观点来看,他们与当地百姓均为"天下穷苦人",是自己的"阶级兄弟"。事实却是,当地人对这些拥有植棉技术并因此获益较多的外地人非常嫉妒,称之曰"蛮子"。海门人"战战兢兢,每受本地人之欺侮",若不是各公司竭力保护,他们实际上很难立足。[④] 而连云一带,"土著之人,多排外观念。每因小事,必与客商大起冲突"[⑤]。

人们对于稍微富裕的农民即已如此,对于那些挥金如土,"锦鞍缠辔,仆从如云"的巨室,[⑥]更存"彼可取而代也"之心了。据《北华捷报》报道,在河南归德、鲁南等地,穷人对富人被绑票或是"吃苦头"是不予同情的。[⑦] 这与淮北并无二致。以淮北为地域背景的小说《大地》中,即使是王龙凭自己的辛劳稍微改善了生活,他的叔父竟也对他百般勒索。[⑧] 后来遇到荒年时,因勒索不成,这位叔父便造谣让乡邻们到王龙家抢粮,而没有发现粮食的乡邻们竟然抢夺王家那些比他们好不了多少的家具。[⑨]

---

① 邵镜波口述、杨东野记录:《北洋军阀白宝山在海州》,《连云港市文史资料》第2辑,连云港:1984年,第116—117页。
② 胡焕庸:《两淮水利盐垦实录》,南京:中央大学,1934年12月刊印,第17页。
③ 中国第二历史档案馆藏中华民国北京政府陆军部军法司折件:《江北陆军骑兵团长张长林报告张勋所部武卫前军南下沿途奸淫抢掠情形及沂北军事状况》(1913年8月),全宗号1011,卷号552,第3页。
④ 胡焕庸:《两淮水利盐垦实录》,南京:中央大学,1934年12月刊印,第19—20页。
⑤ 许绍蘧:《连云一瞥》,无锡:协成印务局,1936年,第9页。
⑥ 吴昆田总纂:《安东县志》卷一,光绪元年刻本,第5页下。
⑦ R. G. Tiedemann, "The Persistence of Banditry: Incidents in Border Districts of the North China Plain," *Modern China*, Vol. 8, No. 4 (Oct., 1982), p. 410.
⑧ 赛珍珠:《大地》,台北:远景出版事业公司,1981年,第7章,第45—51页。
⑨ 赛珍珠:《大地》,台北:远景出版事业公司,1981年,第57—58页。

这就不难理解,1949年进行土地改革时,农民们对那些比自己富裕的乡邻,斗争之残酷,足以令人震惊。各地发生吊、打、跪、捆等肉刑与变相肉刑的现象不胜枚举。盱眙县永丰乡斗争地主时,发生罚跪、绑、关、脱衣服、封门、拉牛等现象。永丰乡一个妇女"还用竹竿子将地主张锦文老婆的下部捣破。……并又发生斗争富农、半地主式富农、小土地出租者及中农等不能容忍的混乱现象"。[①]

仇富心态对来自外地的商人具有极大的威胁。那么,商人在苏北成功并立足的最重要因素显然是经济以外的,这就是行政权力或其他权力的支持。学者指出,在产生绅士—官员阶层的科场中,扬州地区通过盐商应试者的捐献来增加学额。而苏北许多其他地区的生员实际上也就是扬州的居民和移民,使得扬州的教育和经济机遇要远远好于其他地区。在苏北,科举制度对中央和地方权力体系的联接,成了清统治体系的基石,这在两淮盐商应试的成功中得到了极好的体现,在苏北获得统治地位的是那些成为中心城市代理人的外来者。[②]

也就是说,在苏北等地,经商致富的最核心资本是权力!在沭阳,"手创巨资至百余万,遂为淮北冠"的"程震泰"家族,原籍徽州。嘉庆、道光年间,程家在程开聚时,占有土地16万余亩,从东到西达200余里。东到今涟水县高沟以东,西至沭阳颜集新圩庄一带;南到钱集、华邦一线,北至新沂县(今属徐州)高流等地。另外,在灌云板浦以东还拥有数千号盐池。[③] 程家长期被誉为"江苏第一家"。程家的成功,最先"半由于淮北票盐"[④],后来更与军政方面维持极为密切的关系。民国甫一成立,程濂泉不但花钱财买了国会议员(众议员)和沭阳县商会会长之职,并且与海州镇守使、第五师师长白宝山和沭阳县县长瞿鸿宾结拜为把兄弟,"从而借用白宝山驻沭武装势力来保护着程家的财产"。[⑤] 当时,沭阳的各任县长多是程家的傀儡。1921年知县吴鹏不听程家指使,很快就被程家赶走。[⑥]

沭阳县王圩豪绅王相和与钱集南周圩的豪绅周效实,俱是沭阳县东南乡的大地主,各有田地数千亩,均拥有自卫武装。桑墟大地主章琴川,与国民军第二十六军军长方策关系密切,并与县长单心田结成沭阳县的党政同盟,掌控着沭阳县的政局。[⑦]

这些富豪的发家史,无不是因为得到了行政、军事或其他权力的支持,利用超经济强制剥夺。像程家长期在沭阳拥有发行钞票的权力。程家印发的钞票有两种版本,它们之间只有极细微的差别,流通一段时期后,程家便突然宣布其中一种为别人假冒的伪钞。持

[①] 安徽省档案馆藏档案:《土改通报》,全宗2,目录2,案卷号82,第85页。
[②] Antonia Finnane, "The Origins of Prejudice: The Malintegration of Subei in Late Imperial China," *Comparative Studies in Society and History*, Vol. 35, No. 2 (Apr., 1993), p. 225.
[③] 杨鹤高:《大地主"程震泰"家业兴衰始末》,《沭阳文史资料》第2辑,1985年5月出版,第120页。
[④] 欧阳兆熊、金安清著:《水窗春呓》卷下,北京:中华书局,1984年,第74页。
[⑤] 杨鹤高:《大地主"程震泰"家业兴衰始末》,《沭阳文史资料》第2辑,1985年5月出版,第126页。
[⑥] 葛绍亮:《关于"一六"惨案之我的回忆》,《沭阳文史资料》第6辑,第14页。
[⑦] 吴强:《"一六"惨案回忆》,《沭阳文史资料》第2辑,1985年5月出版,第2页。

有这种钞票的人只得自认倒霉。此外,程家还种植鸦片,售卖烟土,这显然是一般平民所无法做到的。①

1925年,河北人张质轩准备在新浦创办茶庄时,深知"新浦有发展前途,但没有人支持是不行的",最后,与沈云沛家族的总账房赵理斋合伙,并利用沈家"甡"字头牌号,终将茶庄创办起来,并发展成为海州的老字号。②

东海县安峰乡马圩村马联甲的发迹,说明了权势在致富过程的压倒性优势。马联甲之父马汉勋在同治年间被表彰为"建威将军",担任过海州青伊镇的董事。马汉勋共有4子,依次为联甲、联芳、联芬、联馥。兄弟四人皆习武,不务农商,家境比较窘困,他们参加科举考试的费用皆靠东海县桃林镇南芹口马氏宗族的捐助。马联甲30岁左右赴京参加武举考试,获"大花翎"名衔。其余兄弟3人也先后中举。光绪年间,马联甲通过在京行贿,获得御前侍卫一职。民国建立后,马通过东海县平明乡京官朱路的关系,投入安徽省都督巡按使倪嗣冲部队。因马母姓倪,与倪嗣冲叙认为甥舅关系,变成倪的亲信,被任命为蚌埠铁路巡检使,后任江防营统领、皖南镇守使等职。1915年4月1日,被袁世凯封为"一等男"。曹锟任总统时,任命马联甲为安徽省督理兼省长。③ 马失势后,于1926年回到马圩居住。这位在安徽因发不出军饷而被人赶走的落魄官僚,在海沭地区却也算得上是地位较高的官员了,且他与海州镇守使白宝山同时受封于袁世凯,这些条件使得他具有无与伦比的经商优势。他在大方、阿湖等地开办了酒坊和油坊,在海上拥有顺兴号渔船。很快,他在老家盖了几百间瓦屋楼房,在东海、沭阳、灌云、响水等地置买土地数千亩,在南京、上海购有房产,在国内外银行有大量存款。④

担任海州镇守使的白宝山也属于"成功的商家"。其在任该职期间,通过其拜把兄弟郭海山,副官马小住、马小川进行大宗鸦片走私,每年以数百箱计。他很快就在吕段山附近置地约10顷,在灌云置田20顷,在新浦南马跳占地多顷,并占有上百亩果园;在新浦购置了大片房产,开设了中央大旅社、东亚旅社、第一饭庄、第一浴池等。⑤

被马克思称为"不自觉地说出和恩格斯所说的相同的话"⑥的海因岑曾有"权力也统治着财产""财产关系上的不公平全靠权力来维持"⑦的表述。马克思认为,在资产阶级在

---

① 葛绍亮:《关于"一六"惨案之我的回忆》,《沭阳文史资料》第6辑,第12页。
② 张采华:《我市的六十多年老店——生庆公茶庄》,《连云港市文史资料》第1辑,1983年,第91页。
③ 云捃:《马联甲的发迹与倒台》,《东海文史资料》第2辑,第74—75页。
④ 云捃:《马联甲的发迹与倒台》,《东海文史资料》第2辑,1986年7月刊印,第76页。
⑤ 邵镜波口述、杨东野记录:《北洋军阀白宝山在海州》,《连云港市文史资料》第2辑,1984年,第116—117页。
⑥ 马克思:《道德化的批判和批判化的道德》,《马克思恩格斯选集》第1卷,北京:人民出版社,1972年,第171页。
⑦ 马克思:《道德化的批判和批判化的道德》,《马克思恩格斯选集》第1卷,北京:人民出版社,1972年,第169页。

政治上还没有形成为一个阶级前,"权力也统治着财产"。①

通过贿赂、合伙、结亲等形式,商人获得了许多行政权力,培养出了自己的利益代言人,使名为"重农抑商"的意识形态,实质上更多地向商人倾斜,使商人大量获得国家政策上的优惠和各级官员的庇护。因此,在苏北经商必须具备权力保障。从本质上看,在这个地区,没有权力后盾的平民与其说是对经商不感兴趣,倒不如说是不具备经商的最重要条件——行政权力或其他权力的支持。相反,许多原来从无经商经历的人,一旦家庭中有成员出任政府官员,这些人就极易成为成功的"企业家"。

并且,苏北地区的商人资本很少像西方产业革命时期那样,向新式产业转化。这是因为对获得了权力保护的商人而言,重中之重是维持不公平的超经济强制,或是取得更多的不当利益。这种通过对权力的"投资"而获得的利益,显然比投资任何新式产业所获得的利益要丰厚,也更加容易。

因此,苏北远不是一个阶级社会。黑格尔曾专门论述中国传统政治制度的特点:"基于家长政治的原则,臣民都被看作还处于幼稚的状态里。不像印度那样,中国并没有独立的各阶层要维护它们自己的利益。一切都是由上面来指导和监督。"②这一论述很适合苏北。

在这个社会中,由于缺乏平民阶级的代言人和阶级之间的斗争,行政权力更具有无可抗衡的压倒性优势。这里的平民群体,虽没有其他阶级推给的义务和痛苦,却承担了行政权力所强加的、远比阶级社会里下层阶级所承担的多得多的义务和痛苦。即使富裕集团,也不是通过阶级的力量来维护自己的利益,而是利用和收买行政权力,以保护其超经济掠夺或减少对自身利益的侵害,并寻求其租金最大化。不论是贫民还是富民,他们只能改变对行政权力类型的依附,而无法改变对行政权力本身的依附。

苏北社会的权力非常单一和集中,不像江南地区那样除了行政权力外,士绅和平民还拥有经济、家族、民望等权力。

权力集中必然导致财富集中,苏北土地集中的现象极为明显。

雍正时担任过尚书、总督的"清官"李卫,在徐州"祖遗"田产 800 余顷。分产时,其子李星垣一人独得 400 顷。③ 江西巡抚、亳州人陈淮,原籍抄出田地 13 570 余亩;家仆路步青田 1 064 亩。④ 平凉知府汪皋鹤,在砀山有田 12 407 亩,宿迁 5 390 余亩。⑤ 杭嘉湖道王

---

① 马克思:《道德化的批判和批判化的道德》,《马克思恩格斯选集》第 1 卷,北京:人民出版社,1972 年,第 170 页。
② 黑格尔:《历史哲学》,王造时译,北京:商务印书馆,1963 年,第 171 页。
③ 《大清高宗纯皇帝实录》卷七三八,乾隆三十年六月上,第 130 页下。
④ 台北故宫博物院等藏清代档案:《河南巡抚李世杰奏折》(乾隆四十七年十一月七日),箱号 2741,统一编号 403043032。
⑤ 台北故宫博物院等藏清代档案:《署两江总督萨载奏为查抄汪皋鹤家产折》(乾隆四十六年九月十九日),箱号 2715,统一编号 403039299。

遂在苏北等地分受田2534亩,自置田8934亩,灶地430多亩。①

官员在非任职地买田产,为清律不禁。但在管辖地置地,则属于违法。清律规定,官员"于现任处所置买田宅,违者笞五十,解任,田宅入官"②。乾隆五十五年,查抄江苏巡抚闵鹗元家人房产时谕:官员"于所属置买田亩,则完粮纳税,该县岂敢实力催征?并有代为完缴之事,皆不可知"③。

但上述规定并不严谨。即使在原籍等非辖地置地,官员们依赖官场隐规范的手法也昭然若揭。一般说来,若仅用市场化手段零星购地,不但土地积累的时间十分漫长,在空间上也极其分散。④但官员的土地却动辄以数百亩甚至千亩的规模扩张。河东盐运使程国表在淮安置地3469亩。⑤可以想见,这些土地的集中应该是依靠了官僚集团的利益共谋与权力协作。不受监督的权力,加上没有道德的资本,是清朝官员敛财和理财的核心内容,大多数官员职务以外的收入总与违法犯法相伴。

清末,唐守中霸种铜山、沛县、滕县、鱼台等处民田达数百万亩。⑥苏北还有人占田达40万亩,而占田在4万—7万亩的地主竟有很多户。⑦沭阳程震泰家族,嘉庆、道光年间,占有土地16万余亩,从东到西达200余里。在灌云板浦以东还拥有数千号盐池。⑧程家长期被誉为"江苏第一家"。⑨海州殷克勤有田七八千亩。⑩咸丰年间招领滩地,淮阴郑氏领地达四五十顷,"垦熟田肥,富名遂甲于全县。其庄中群佃,可二百家"。⑪

民国年间,睢宁夏圩夏邦翰、夏宗翰、夏光翰兄弟三人,各有田5000亩左右;袁圩袁漱山,有田万亩以上;卓圩富户较多,田多的在万亩以上,少的也有三五千亩。"各家都有很多田庄,每个'田庄'各有数百亩土地。"⑫萧县刘云亭、邵世恩、刘子瑜、刘瑞岐、纵衍芬、刘献符、王孔法、朱禹九、王馨山等,"均有千亩或数千亩田产";"大官僚地主"段氏占地更是惊人,"在徐州一地,西起土城门,东到火车站,北起坝子街,南至鸡嘴坝,方圆几十里皆

---

① 中国第一历史档案馆编:《乾隆朝惩办贪污档案选编》第3册,北京:中华书局,1994年,第2123页。
② 中国第一历史档案馆编:《乾隆朝惩办贪污档案选编》第3册,北京:中华书局,1994年,第2114页。
③ 《大清高宗纯皇帝实录》卷一三五七,乾隆五十五年六月下,第186页上。
④ 如东平知县胡锦委托没有官职的亲友购地,仅购得十多亩而已(中国第一历史档案馆藏档案:《奏为查抄山东亏空案内各员家产事》,档号03—1314—004,缩微号092—1514)。
⑤ 台北故宫博物院等藏清代档案:《江苏巡抚闵鹗元奏为查抄程国表在籍资财家产折》(乾隆四十六年八月二十一日),箱号2715,统一编号403039089。
⑥ 《大清文宗显皇帝实录》卷二二二,第14页上。
⑦ Journal of the China Branch of the Royal Asiatic Society, vol. 23, 1889, pp. 79-117。转引自李文治编:《中国近代农业史资料》第1辑,北京:三联书店,1957年,第193页。
⑧ 杨鹤高:《大地主"程震泰"家业兴衰始末》,《沭阳文史资料》第2辑,1985年5月出版,第120页。
⑨ 欧阳兆熊、金安清:《水窗春呓》卷下,北京:中华书局,1984年,第74页。
⑩ 章有义编:《中国近代农业史资料》第2辑,北京:三联书店,1957年,第5页。
⑪ 张煦侯:《淮阴风土记》上册,1936年,第178页。
⑫ 贾铭:《辛亥革命后睢宁政局的演变》,《睢宁文史资料》第4辑,第4页。

为段家所有",仅在萧县,段家即有18个庄园和2 000多亩耕地。[1] 另外,萧县李厚基占田达2万多亩。[2] 沭阳的"八大家""八中家"和"八小家"20多个家庭占据了该县大半的土地。[3] 邳县的窦姓地主,有田5万余亩,[4]地亩遍及邳县窦老庄、寨墩和郯城县涝沟、大拐等地,有挂"千顷牌"的传说。[5] 其他如阜宁、灌云等县均有占田五六万亩以上的地主。[6] 同时代的宿迁极乐庵连同所属的5处下院,占有耕地20多万亩,[7]号称"千顷",[8]一点也不夸张。灌云陈港大户谢应恭家有田数十万亩,陈港全镇及周围数十里土地产权均属谢姓。[9]

1928年,中共徐州区委报告:"沭阳、宿迁、睢宁、邳县等地主的数量非常之多,而土地又十分的大,自百顷、四五百顷,甚至于有千顷的。"[10]次年10月,中共徐海区特委的巡视报告称:"东海、宿迁、邳县、泗州等处,则地主土地,有二十万亩以上、十万亩以上的,几千亩以上的非常之多。"[11]1933年,南京中央研究院的学者在邳县官湖贺庄调查时发现:"这是佃农区,全是耕种戴姓地主的田地。"[12]"继到土埠林调查,那里和贺庄的情形没有两样。"[13]

基于此,在近代苏北地区,田连阡陌的富者非常普遍。刘克祥认为:"就总体而言,20世纪30年代的地权分配,无疑呈现恶性集中的态势,但具体到各个地区尤其是村落,情况互有差异。有的地区,地权原已高度集中,30年代仍维持原状,或因经济状况恶化,农民所剩的少量土地被地主吸吮干净,地权集中程度达于顶点。"[14]

卜凯更早就指出:"佃农多少,各地的情形不同,最少的地方差不多一家没有,最多的

---

[1] 中共萧县县委党史研究室著:《中国共产党萧县地方史》第1卷,北京:中共党史出版社,2006年,第3—4页。
[2] 吴寿彭:《逗留于农村经济时代的徐海各属》,《东方杂志》第27卷第6号,1930年3月25日出版,第71页。
[3] 《徐州工作报告及工作计划(1928年)》,中共萧县党史办公室,萧县档案局(馆)编:《萧县党史资料》第1辑,萧县:1985年7月,第44页。
[4] 行政院农村复兴委员会编:《江苏省农村调查》,上海:商务印书馆,1934年,第3页。
[5] 李艺辉:《窦家的"千顷牌"传说》,《郯城文史资料》第6辑,1989年11月,第169—170页。
[6] 行政院农村复兴委员会编:《江苏省农村调查》,上海:商务印书馆,1934年,第3页。
[7] 吴寿彭:《逗留于农村经济时代的徐海各属》,《东方杂志》第27卷第6号,1930年3月25日出版,第79页。
[8] 彭鹤亭:《宿迁"敕赐极乐律院"庙史简介》,《宿迁文史资料》第9辑,第42页。
[9] 胡焕庸:《两淮水利盐垦实录》,南京:中央大学,1934年12月刊印,第17页。
[10] 《徐州工作报告及工作计划(1928年)》,中共萧县党史办公室,萧县档案局(馆)编:《萧县党史资料》第1辑,萧县:1985年7月,第44页。引文标点有改动——笔者注。
[11] 《巡视徐海区报告(1929年10月1日)》,中共萧县党史办公室,萧县档案局(馆)编:《萧县党史资料》第1辑,萧县:1985年7月,第117页。
[12] 行政院农村复兴委员会编:《江苏省农村调查》,上海:商务印书馆,1934年,第63页。
[13] 行政院农村复兴委员会编:《江苏省农村调查》,上海:商务印书馆,1934年,第71页。
[14] 刘克祥:《20世纪30年代土地阶级分配状况的整体考察和数量估计》,《中国经济史研究》2002年第1期,第19—20页。

地方,几乎家家皆是。"①"从地理方面观察,佃农的分布,甚为普遍。十七处的调查中,只有两处的农民差不多都是自耕农。论到佃农田场,倒有六处,已超过当地田场的百分之二〇。"②"在中国北部,确有四分之三以上的农民是自耕农,而中东部的农民,自耕农则不及半数。所调查的二八六六个田场中,自耕农平均要占百分之六三。在中国北部,半自耕农,占总数的九分之一;佃农占十分之一。在中东部,半自耕农占总数的五分之一,佃农则占三分之一。若就中国十七处全部而论,半自耕农占六分之一,佃农占五分之一。此种百分率,约略可以代表土地耕种权的一般分布。"③就苏北地区而言,这一看法很公允。

早在1951年何廉就指出,中国南方占总人口3%的地主,占有30%的耕地。④ 惜这一研究基本上为中国大陆学者所忽视。近年来,郭德宏⑤、黄道炫、杨奎松等人的研究与这一结论非常相近,认为中国地主占田一般为土地总数的百分之三四十。这一判断是合理的。⑥ 但与苏北相比,则明显偏低。长江以北的整个苏北地区,占农村人口4%—7%的地主,占有的土地在40%—60%。⑦ 在苏北不同的亚区,则很容易找到地主占田达70%以上的例证。20世纪40年代初,苏北"老区"占农村人口3%—5%的地主,最多的占农村土地的90%以上。⑧ "淮城八大家"的城居地主占有淮安石塘区90%以上的土地;⑨该县砖桥乡地主户口占总户口的比重为3.98%,土地数占总数的71.52%;鹅钱乡地主人口占总数的0.48%,土地占总数的74%。⑩

不少学者认为中国地主占田通常为数十亩。这与苏北的情形迥然不符。据对淮阴、

---

① 卜凯著,张履鸾译:《中国农家经济》,上海:商务印书馆,1936年,第562页。
② 卜凯著,张履鸾译:《中国农家经济》,上海:商务印书馆,1936年,第119页。
③ 卜凯著,张履鸾译:《中国农家经济》,上海:商务印书馆,1936年,第195页。
④ Franklin L. Ho, "The Land Problem of China", *Annals of the American Academy of Political and Social Science*, Vol. 276, *Lessons from Asia* (July, 1951), p. 9.
⑤ 郭德宏:《中国近现代农民土地问题研究》,青岛:青岛出版社,1993年,第7页。
⑥ 据华东军政委员会土地改革委员会统计,土地改革前,华东区地主占有26.17%土地,其中福建地主占有13.50%的土地,上海地主仅占有不足10%的土地(华东军政委员会土地改革委员会编:《华东区土地改革成果统计》,1952年内刊本,第2、4—5页)。另据刘少奇的论断:"根据我们最近在华东及中南一些乡村的调查材料来看,一般的情况大体是这样:地主占有土地及公地约占百分之三十至五十"(刘少奇:《关于土地改革问题的报告(1950年6月14日)》,人民出版社编辑部编:《土地改革重要文献汇集》,1951年3月印,第14页)。
⑦ 高峰:《苏北一年来土地改革运动的报告(1951年12月22日)》,中共江苏省委党史工作委员会、江苏省档案馆编:《苏北行政区,1949—1952》,打印本,第249页。这个数据尽管不精确,但相对可靠。我们没有采用华东军政委员会土地改革委员会编《华东区土地改革成果统计》第3页中苏北地主的"精确"数据,此处关于苏北地主的数据显然错得太离谱(如,这项统计中苏北的地主总数仅有490户,占地2万多亩,户均41亩多)。
⑧ 中共苏北区委员会农村工作委员会、苏北人民行政公署土地改革委员会编:《苏北土地改革文献》,1952年内刊本,第194页。
⑨ 杨健华:《苏北印象记(4):毁碑的故事》,《群众》第11卷第8期,1946年6月22日出版,第17页。
⑩ 中共苏北区委员会农村工作委员会、苏北人民行政公署土地改革委员会编:《苏北土地改革文献》,1952年内刊本,第195—196页。

涟水、泗阳、宿迁、邳县、新沂、沭阳、淮安等8个县的统计,土地改革时期,被没收土地的地主共28 481户,每户平均被没收土地169.1亩。即使被没收土地最少的涟水县,每户也在百亩以上;新沂、淮安两县每户地主被没收的土地近300亩。详见表9-2:

表9-2 苏北地区土地改革时期地主被没收土地统计

县别	户数	被没收土地总数/亩	每户平均/亩
淮阴	3 482	532 158	152.8
涟水	4 275	457 223	107.0
泗阳	3 565	749 924	210.4
宿迁	3 796	524 408	138.1
邳县	4 285	590 423	137.8
新沂	3 000	850 000	283.3
沭阳	4 563	661 314	144.9
淮安	1 515	450 389	297.3
合计	28 481	4 815 839	169.1

资料来源:据中国共产党苏北区委员会农村工作委员会:《苏北农委编制的土地改革各种统计》,1952年,江苏省档案馆藏档案,全宗301,案卷号91(永久),第13、15页资料改编统计。

考虑到表9-2中多数是被拉入凑数的中小土地占有者,少数大地主占地的数量是非常惊人的。

表面上看,苏北土地集中与人口密度较小不无关系。据20世纪40年代初统计,皖北为每平方公里188.9人,低于河北(195.1人)、山东(206.1人)和豫北(278.7人)的密度。江苏苏北人口密度略高,每平方公里为240.1人,但远低于江苏全省314人的平均水平。[1] 较低的人口密度在一定程度上有利于大地产的发展。

从深层次看,应该说,这里的大地产主要由苏北所处的前资本主义社会形态所决定。赵冈认为:"在私有制下,产权会有集中的倾向,但私有产权高度集中的情形是不会出现的。"[2] 有的学者甚至认为:"[地主]一夜暴富只是天方夜谭,大多数地主的家业都是靠几代人的勤奋劳作,一点一点积累起来的。"[3] 大地主更被"还原"为一粥一饭、"舍不得吃舍不得穿"、连现在贫困家庭都不如的穷苦者。[4] 这全然不符近代苏北的社会实情。

近代苏北社会非常符合马克思和恩格斯的相关论述。大多有权者一夜暴富是天经地义之事。

---

[1] 兴亚院华北连络部编:《华北劳动问题概说》,北京:新民印书馆,1941年,第8—9页。
[2] 赵冈:《历史上的土地制度与地权分配》北京:中国农业出版社,2003年,第4页。
[3] 林爱民:《好一个"大写"的地主——试析〈白鹿原〉中白嘉轩形象的创新意义》,《名作欣赏》2008年第1期,第79页。
[4] 详见纪录片《暴风骤雨》(蒋樾、段锦川执导),转引自杨奎松:《新中国土改背景下的地主问题》,《史林》2008年第6期,第17—18页。

在淮北,农业人口占绝对优势。1941年之前,苏北农业人口占总人口的79.7%,皖北占75.6%。① 资产阶级显然在政治上还没有成为一个阶级,行政、军事及其他权力支配一切。自明中期至1855年,苏北基本上是中央政府有意设置的滞洪区和行洪区,这里作为"局部利益"而被中央政府所牺牲。直到1949年以前,几无年不灾,行政权力在淮北社会起着极大的支配作用。

在土地的占有方面,由于百姓大量流亡,许多田地被水淹没,或是被抛荒,权势较大的军政人物很容易成为田连阡陌的大地主。学者早就注意到抗战结束后,中国一些地区的军政人员利用自身的职务或权力成为大地主的现象。② 这非常类似于秦晖所说的关中模式:"无权势者当不了地主。"③但江苏南北与秦晖所说的关中模式截然不同的是,在江南,"兼并之志"④庞大的富者反而不愿蓄地;⑤在苏北,"兼并之志"并不强烈的人,一旦掌握了权力,大多要从事土地兼并。因此,在苏北,权力基本上是大土地兼并的必要条件。

在徐海一带,拥有一两百顷土地的地主,"威权高出于一切"。⑥ 这些地主"大部分是军政官吏及绅士"。⑦ 据陈翰笙研究,"江苏北部,经济较为落后,大部地主,都以官吏为职业"。具有军政官吏身份的地主占江苏北部地主总数的57.28%。⑧ 20世纪30年代,铜山区农民自卫组织293个发起人中,担任或曾任政、军警职务者137人,士绅11人,"为地方人士信仰者"13人,身份不详96人。⑨ 此外,尽管某些地主本人没有军政官职的身份,但其直系亲属却是军政官吏。

占地数千亩以上的大地主"昔为军政贵显,今为地方豪阀"。⑩ 雍正时直隶总督李卫堂弟、报选州同李缙,在铜山县经常纠集佃户上百人,"素恃显宦,占夺民业,屠害乡里"。⑪ 其他地主也多有军政方面的背景。1929年,领导镇压泗洪大庄集农民暴动的大地主张明

---

① 兴亚院华北连络部编:《华北劳动问题概说》,北京:新民印书馆,1941年,第12页。
② Chee Kwon Chun, "Agrarian Unrest and the Civil War in China", *Land Economics*, Vol. 26, No. 1 (February 1950), pp. 17.
③ 秦晖、苏文:《田园诗与狂想曲》,北京:中央编译出版社,1996年,第73页。
④ 秦晖、苏文:《田园诗与狂想曲》,北京:中央编译出版社,1996年,第75页。
⑤ 谢肇淛指出:"江南大贾强半无田,盖利息薄而赋役重也。"(谢肇淛:《五杂组》卷四,北京:中华书局,1959年,第116页)
⑥ 吴寿彭:《逗留于农村经济时代的徐海各属》,《东方杂志》第27卷第6号,1930年3月25日出版,第78页。
⑦ 行政院农村复兴委员会编:《江苏省农村调查》,上海:商务印书馆,1934年,第6页。
⑧ 陈翰笙:《现代中国的土地问题》,汪熙等主编:《陈翰笙文集》,上海:复旦大学出版社,1985年,第61页。
⑨ 陈斯龄:《铜山区农民自卫概况》,《江苏月报》第4卷第五六期,1935年12月1日出版,"专文"第81页。
⑩ 郭汉鸣等:《安徽省之土地分配与租佃制度》(1937年),陈翰笙等合编:《解放前的中国农村》第3辑,北京:中国展望出版社,1989年,第392页。
⑪ 台北故宫博物院藏清代宫中档与军机处折件:《江南总督赵弘恩奏折》(雍正十二年九月初九日),箱号75,文献编号402010572,统一编号故宫013703。

甫,系清代举人,其子为国民党军队的营长。① 沭阳县塘沟区华邦乡在土地改革前有地主1户,户主做过伪保长、黑杀队队长。②

学者早就注意到了华南地区存在豪富之民侵夺湖底河岸新涸出的官地这一现象。③ 其实苏北不断被淹没、不断涸出的土地,同样是豪民侵占的对象。这里的情况甚至更严重。清代,苏北淮河、黄河一线,南北100余里,东西700余里,"淤垫膏腴,尽被隐占,无计清查"。海州、安东、清河、桃源、宿迁等州县,"沮洳湖荡尽为黄水淤垫,膏腴亦未清查,听其隐占"。④ 雍正初期,仅桃源、睢宁、宿迁三县"淤出"地亩就达13 000多顷,"新淤一带地方,多有侵占蒙隐之弊"。⑤ 像江南河库道康弘勋在所辖徐州萧县置办庄房田地,由其妻及长子康玉居住,"尤足以启河员奔竞钻营之弊"。⑥ 此类现象不胜枚举。咸丰七年(1857),河督庚长勘出苏鲁微山湖周边淤涨土地20多万亩,上等土地定价仅每亩300钱,或年租金每亩80文进行招垦。铜山刁团获地5 800余亩,睢团获7 500余亩,南赵团3 100余亩,于团近3万亩,王团61 800多亩,举人杨忠良获地2 000余亩;沛县北赵团获田12 500多亩,唐团82 300多亩;山东拔贡生王孚获地20 581亩,山东举人李凌霄获地4万余亩。⑦

清末淮阴候补知县袁静轩,广置田产,巧取豪夺河、湖两滩土地不下数十顷。⑧ 河南候补知府李会文在清河县境内占有湖滩地14顷,让与广西右江道兼袭云骑尉张汝梅耕种,张又陆续添购湖田熟地30余顷,草地70余顷,并建起了集市、庄房。⑨ 民国初年,苏北许多营地,"乡董把持,荡户刁玩。非其利源归其中饱,抑且盗贼恃以窝藏"。⑩ 借款导淮一案刚提出,对淮阴、淮安、泗阳、涟水、阜宁、东海、灌云、沭阳、宿迁、睢宁、泗县、五河、

---

① 泗洪县十年案革命史编写委员会办公室:《泗洪县大庄集农民起义的调查材料》(1959年3月8日),江苏省档案馆藏档案,馆藏号Ⅰ-33.4-31,第2页。
② 苏北区暑期农村调查委员会编:《苏北区农业生产调查报告》第9号《沭阳县塘沟区华邦乡(沙旱粮食区)》,1952年8月,江苏省档案馆藏档案,全宗3067,案卷号48(永久),第16页下。
③ Ch'ao-ting Chi, *Key Economic Areas in Chinese History: As Revealed in the Development of Public Works for Water-Control*. New York: Paragon Book Reprint Corp. 1963 (First Published by George Allen & Unwin Ltd., 1936, London), p. 20.
④ 靳辅:《分添县治疏》,《文襄奏疏》卷六,钦定四库全书"史部",第59页上—下。
⑤ 台北故宫博物院藏清代宫中档与军机处折件:《署理江南江西总督范时绎奏折》(雍正五年六月初五日),箱号75,文献编号402018214,统一编号故宫021421。
⑥ 台北故宫博物院藏清代宫中档与军机处折件:《苏州布政使高斌奏折》(雍正八年十一月二十八日),箱号79,文献编号402009954,统一编号故宫013085。
⑦ 吴世熊等总修:《同治徐州府志》卷十二,同治甲戌年刻本,第37页下—38页下。
⑧ 邢耐寒:《辛亥淮阴见闻录》,《淮阴文史资料》第9辑,淮阴:1991年12月,第3页。
⑨ 马丕瑶:《马中丞遗集》卷二,光绪二十四年刻本,第47页下—48页上。淮阴当地史志称,张汝梅在咸丰时招领滩地达170多顷(张煦侯:《淮阴风土记》上册,1936年,第180页)。
⑩ 台北"中研院"近代史研究所档案馆藏档案:《导淮案》,台北:馆藏号08-21(2),宗号1-(2),第8页。

盱眙、天长、凤阳、怀远地区的水淹地亩,"射利之徒,勾结豪绅大猾,希图强占者,时有所闻"。① 有人甚至把地亩指认到了洪泽湖中心,②以至于冯国璋感叹:"当此世风刁敝,民俗强悍之时,欲兴一利,非有兵力以佐之,不足观成也。"③

抗战期间,泗阳农民回忆大地主的土地来源时说:"咸丰年间黄河倒口淤新滩。咸丰十五年间开领湖地。有些人,祖传识字(注:意指官宦之家和书香子弟),坐厅房毛枪一伸,笔这么一歪,就掼了钱,洪草湖地二十吊一顷。"④二联乡陈培西家族的土地,系"老陈圩子陈苏三老爷到县衙门用的钱,水耗一节就领一按地;二十个号头的湖地开领,都是姓陈办的。先后领了四五十年"。大地主陈拴春家的土地,由陈骑马拖一把大刀,在地上划痕,马跑到哪里,哪里就成了他的土地。大地主高姓,被称为"好佬"(有钱有势之人),土地全系凭势力所得。王殿春的土地,有的是其凭借乡董的势力白得的,有的则是花了"三文两文买的"。⑤ 微山湖周边的情形也非常相似。大地主曾庞甫在与徐州仅一湖之隔的济宁县五区石头铺村占地,石碑栽于哪里,哪里土地就归其所有。他两次即占去周围十数村庄一千数百户家庭4 900多亩土地。济宁四区郑庄周围30余村庄的农民均是大官僚靳云树、靳云鹏的佃户。⑥

相比而言,上述占地手法还是平和的。唐守中为了占地,则使用了赤裸裸的暴力。据沛县贡生张其浦等呈控,唐在徐州设立湖田总局,派人贿赂各衙门,并为其子唐锡龄捐纳清浦县丞。同治三年六月初三日(1864年7月6日),唐纠合四五千人攻打刘庄圩寨。⑦ 另据沛县童生刘际昌控呈,唐攻破沛县刘庄圩寨,杀30余人,重伤50余人。唐还公然抢夺卓家洼、徐家楼民田,"占地南至铜邑,北至鱼台"。⑧ 仅沛县被掠占田地达6 000余顷。⑨

可以说,大地产在近代苏北是遍地开花,且这些大地主基本上都是"一夜暴富"的。与之对应的是,小土地所有者的生存却愈益艰难。秦晖认为,小农经济具有坚韧性,比地主

---

① 台北"中研院"近代史研究所档案馆藏档案:《导淮案》,台北:馆藏号08-21(2),宗号1-(2),第5页。
② 台北"中研院"近代史研究所档案馆藏档案:《导淮案》,台北:馆藏号08-21(2),宗号1-(2),第39页。
③ 台北"中研院"近代史研究所档案馆藏档案:《导淮案》,台北:馆藏号08-21(2),宗号1-(2),第9页。
④ 江风:《淮北农村调查》,豫皖苏鲁边区党史资料征集编研办公室编,北京:1984年2月,第20页。
⑤ 江风:《淮北农村调查》,豫皖苏鲁边区党史资料征集编研办公室编,北京:1984年2月,第21页。
⑥ 中共山东省委党史研究室、中共临沂市兰山区委编:《封建土地制的覆灭》,北京:中国大地出版社,1999年,第366页。
⑦ 台北故宫博物院藏清代宫中档与军机处折件:《江南徐州府沛县贡生张其浦等控件(同治年间全庆奏附)》,文献编号100686,统一编号故机101354,箱号2742。
⑧ 台北故宫博物院藏清代宫中档与军机处折件:《江南徐州府沛县童生刘际昌控件》(同治三年十一月全庆奏附),箱号2742,文献编号100343,统一编号故机101011。
⑨ 台北故宫博物院藏清代宫中档与军机处折件:《江南徐州府沛县贡生张其浦等控件(同治年间全庆奏附)》,箱号2742,文献编号100686,统一编号故机101354。

经济更易生存。① 这一论断不适合苏北社会。

在传统社会,几乎每个朝代的豪绅地主均比小农更容易规避各种税费的盘剥(如飞洒诡寄),这一点各种作品已多有述及②,苏北地区自然也不例外。经手各种税款的豪绅地主,中饱私囊实乃司空见惯。

裴宜理指出,在某些时期,清代国家政府在苏北具有轻易榨取资源的倾向和权力。③国民政府也好不了多少,尽管它以无力提供公共服务而臭名昭著,但它却继承了晚清政府向备受压榨的农民榨取更多资源的做法。④ 面对严苛的盘剥,拥有各种权力的豪绅大地主同样比普通小农更容易规避这些沉重的负担。⑤ 铜山县长期存在征不及额的现象,其原因就是"豪强隐匿,流亡莫归"。⑥ 1928 年,中共徐州特委报告,徐海地区的大地主一向不缴粮饷,官厅不敢向他们征收。⑦ 陈翰笙指出,繁重的赋税使得苏北无权的地主被那些有政治背景的地主所取代,"许多有势力的地主,从不纳税,把这种负担都加重在贫农的身上"。⑧ 响水口周集区徐家有田 20 余顷,"国民党的粮赋,敌伪的军粮。其实'徐家'都不缴,但要在佃户缴租时扣下来"。⑨

因此,在苏北,税费负担的多少与权势的大小甚至与占地数量成反比,普通小农不但要承受官府的合法榨取,而且要承担各种掌权者非法的层层盘剥。在这里,豪绅地主比小农更容易生存,由此造成这个社会进一步向两极分化。

除此之外,苏北社会的特殊性,即作为国家有意设定的长达数百年的行洪区和滞洪区,更使普通农民难以生存,豪绅地主愈益专横。苏北的灾荒极为频繁。在巨大的灾祸面前,豪绅地主可以运用权势转嫁损失,造成一般小农一无所有的局面。早有学者指出:"富裕的地主利用政府对他们的依靠作为支持其进一步剥削农民的支柱。每次社会性或自然

---

① 秦晖、苏文:《田园诗与狂想曲》,北京:中央编译出版社,1996 年,第 142—159 页。
② 如陆人龙在《型世言》中写得很清楚:"到十年造册时,花分诡寄,本是富户,怕产多役重,一户分作两三户,把产业派向乡官举监名下。那小户反没处挪移,他的徭役反重。小民怕见官府,毕竟要托他[里递]完纳,银加三,米加四,还有津贴使费,官迟他不迟,官饶他不饶。似此咀嚼小民,百姓也不能存立。"(陆人龙编著:《型世言》第 9 回,崔恩烈等校点,济南:齐鲁书社,1995 年,第 80 页)
③ Elizabeth J. Perry, "Collective Violence in China, 1880—1980," *Theory and Society*, Vol. 13, No. 3, *Special Issue on China* (May, 1984), p. 434.
④ Elizabeth J. Perry, "Collective Violence in China, 1880—1980," *Theory and Society*, Vol. 13, No. 3, *Special Issue on China* (May, 1984), p. 440.
⑤ Leonard T. K. Wu, "Rural Bankruptcy in China Rural Bankruptcy in China", *Far Eastern Survey*, Vol. 5, No. 20 (October 8, 1936), pp. 215 - 216.
⑥ 王家诜纂修:《铜山县志》卷十五,民国八年刻本,第 1 页下。
⑦ 《徐州工作报告及工作计划(1928 年)》,中共萧县党史办公室、萧县档案局(馆)编:《萧县党史资料》第 1 辑,萧县:1985 年 7 月,第 45 页。
⑧ 陈翰笙:《现代中国的土地问题》,汪熙等主编:《陈翰笙文集》,上海:复旦大学出版社,1985 年,第 60 页。
⑨ 中共苏北区委员会农村工作委员会、苏北人民行政公署土地改革委员会编:《苏北土地改革文献》,1952 年内刊本,第 232 页。

的灾难,都会增加地主的地亩。"[1]

周天爵写道:"饥年田必贱。民以田易命,安问贵贱,而有力殷富,往往以此大富。是小民之心头肉,为彼之饵鱼钩,事所必有。"[2]大地主卓廷懋在睢宁、泗县、灵璧占地 7.7 万多亩,佃户 7 000 多家。仅 1910 年大水灾,"一块豆饼一亩田",卓用 9 000 多块霉豆饼换了 9 000 多亩土地。[3]

一些学者,如朱玉湘[4]、汪汉忠[5],注意到了"自然"灾害中地主乘人之危低价置田的现象。在此,需要强调的是,至少在 1902 年漕运停废前,苏北的"自然"灾害相当部分是人为的。明代总河万恭多次主张淹没黄河南岸地区(主要是皖北和苏北),认为这仅是牺牲局部利益,是"国家之福也"。[6]若使"河南、徐、邳永绝河患",让黄河从铜瓦厢改道即可。[7] 最令人震惊的是,清代南河官员常黑夜掘堤,有意放水淹民。[8] 对已有的决口,则故意慢慢堵合,骗取国家拨款以中饱私囊。[9]

可见,拥有大地产的苏北豪绅,在某种程度上可与各级政府博弈,把损失转嫁给国家和平民。当这些人的利益与普通小农发生冲突时,后者必然成为牺牲品。

苏北官府对民众的鱼肉,到了肆意妄为的地步。丁日昌指出:"江北捕役往往讹诈不遂,辄将良民指为盗窃。或官押,或私狎。牧令日坐痴床,任听差役指挥。百姓有资者尚能生还,无资者必致瘐毙而后已。近日如桃源、阜宁等县,禀请就地正法之案,一经派府督审,皆系良民受刑诬服。计平反者不下十七八起。"[10]民国年间的皖北地区与之相似,"差役之害,甚于虎狼。小则借端需索,大则庇匪分赃。吸小民有限之脂膏,填若辈无穷之欲。恶习太深,恬不为怪"。[11]

由于豪绅地主掌握行政、军事等权力,一般基层官吏根本无法与之匹敌。1921 年,张宗昌占领徐州,委派其叔父张德焱任邳县县长。张德焱来邳后,没有拜访区董豪门,并逮捕了与豪门关系密切的几名罪犯。各方豪门串通谋划,将张及其家人全部烧死。[12] 此事竟不了了之。抗战期间,宿迁地主兼土匪头子、刀会首领高孝门经常纵使手下抢劫、绑架,

---

[1] Chee Kwon Chun, "Agrarian Unrest and the Civil War in China", *Land Economics*, Vol. 26, No. 1 (February, 1950), p. 17.
[2] 李文治编:《中国近代农业史资料》第 1 辑,北京:三联书店,1957 年,第 49 页。
[3] 参见灵璧县革委会政工组宣传小组编:《村史:怒火燃卓圩》,合肥:安徽人民出版社,1976 年,第 6—8 页。
[4] 朱玉湘:《试论近代中国的土地占有关系及其特点》,《文史哲》1997 年第 2 期,第 50—51 页。
[5] 汪汉忠:《灾害、社会与现代化——以苏北民国时期为中心的考察》,南京大学博士学位论文,2004 年 2 月,第 101—102 页。
[6] 万恭:《治水筌蹄》,北京:水利电力出版社,1985 年,第 28 页。
[7] 万恭:《治水筌蹄》,北京:水利电力出版社,1985 年,第 37 页。
[8] 黎世序等辑:《续行水金鉴》卷五,上海:商务印书馆,1936 年,第 1 册,第 128 页。
[9] 武同举辑纂:《再续行水金鉴(黄河卷)》(2),武汉:湖北人民出版社,2004 年,第 830 页。
[10] 丁日昌:《抚吴公牍》卷十,南洋官书局宣统元年刊本,第 3 页上。
[11] 汪篪编:《蒙城县政书》"乙编",1924 年冬印,第 8 页。
[12] 孟庆平:《县长张德焱被烧真相》,《邳县文史资料》第 4 辑,第 108 页。

其手下被解送县政府司法科,承审员不敢审理,把人放回。即使这样,高孝门仍然大怒,率领数十人围困承审办公室,用枪逼着承审员夫妻跪在他的面前。①

可见,即使面对当时的合法政府,小农的生存状况也比豪绅地主要恶劣得多。在面对非法暴力时,个体状态的小农与豪绅地主相比,更加处于劣势。

竭泽而渔式的杀劫,足以把小农斩草除根,小农哪有坚韧性可言?光绪前期,江南各州县农民的自耕地约占全部耕地的 90%,而苏北某些地区农民自耕地仅占全部耕地的 20%—30%。②

不可否认,经济实力较强的豪绅地主是土匪觊觎的目标,像淮安籍台湾作家司马中原塑造的"安大户"即如此。③ 但权势巨大的豪绅地主一方面可以运用军事力量来保卫自身的安全,这是普通小农所无法比拟的;另一方面,豪绅地主掌握的权力和经济资源,使其有着充分的力量与土匪相互制衡,从而达到相安无事。1928 年中共徐州区委工作报告中说:"土匪因为大地主有坚固的圩子、雄厚的武装,没有办法对付,往往同地主勾结,而反过来向些自耕农出火,土匪所至自耕农没有不破产的。"④一份报纸称:"农村既有土匪,应运而产生的农民自卫团体,如练勇、庄丁、保卫团等等,不一而足。然握其权者,率皆拥有很多土地,购有很多枪支,势力稍弱的土匪,不独对某无觊觎之心,掉转来反利用其怕匪心理,百般殷勤,以示其互相保护之意。于是某地土匪大爷与某地自卫团体的领袖或地主老爷等,成立各有心照、秘而不宣的协定了。"⑤

另据徐士善回忆,在沭阳、宿迁等地,土匪是不敢攻打大地主的,因为这些大地主都有坚固的圩寨(当地人叫"自关门"),土匪多抢那些有钱无势的"死肉头",有些地主还与土匪共同分赃。⑥ 在睢宁,"土匪架人,受害最深的是中农、富裕中农、富农、二三顷地的小地主。也就是无权无势最为老实的农户。……大地主有坚固的圩寨和自己的武装,土匪不但不敢想,有时紧急,还要到他们家避风呢"。⑦ 20 世纪 40 年代姚雪垠的长篇纪实小说《长夜》描写蹚将(土匪)攻破一个村庄时,一座豪宅外的水池中,"横七竖八的躺着许多小孩的尸体"⑧,而大地主"刘大爷"却"没有蹚将去动一根草,人也没伤害一根头发"⑨。至

---

① 孙克实:《鲁同轩计伏二虎》,《宿迁文史资料》第 7 辑,第 59—60 页。
② *Journal of the China Branch of the Royal Asiatic Society*, vol. 23, 1889, pp. 79 - 117。转引自李文治编:《中国近代农业史资料》第 1 辑,北京:三联书店,1957 年,第 195 页。
③ 司马中原:《路客与刀客》,长沙:湖南文艺出版社,1989 年。
④ 《徐州工作报告及工作计划(1928 年)》,中共萧县党史办公室、萧县档案局(馆)编:《萧县党史资料》第 1 辑,萧县:1985 年 7 月,第 44 页。
⑤ 《揭出江北地方制造土匪的几个原因》,《徐报》1935 年 2 月 16 日,转引自《江苏月报》第 3 卷第 3 期,1935 年 3 月 1 日出版,"江苏论坛"第 5 页。
⑥ 2009 年 6 月 17 日,笔者与包蕾在南京市江苏省军区第一干休所对徐士善(正军级离休干部,1922 年生)的访谈。
⑦ 贾铭:《辛亥革命后睢宁政局的演变》,《睢宁文史资料》第 4 辑,第 8 页。
⑧ 姚雪垠:《长夜》,北京:人民文学出版社,1996 年,第 95 页。
⑨ 姚雪垠:《长夜》,北京:人民文学出版社,1996 年,第 108 页。

于像"七少"之类的人物,连土匪都不敢惹他,甚至要巴结他。[1]

可以说,在近代恶劣的环境下,苏北独立的小农很难生存下去,只能依附豪绅地主。这种环境又成为土地集中的有利条件,使得大地主的地亩越来越多。

依恃行政权力的豪绅地主使苏北处于长期的停滞、退化,而非发展之中,强化了旧的保护关系或人身依附及徭役关系,与前资本主义社会发展的方向背道而驰。[2] 这里的农民构成了苏北社会的汪洋大海,正如马克思所说,他们"并不是国家公民"[3],而是"共同体的一个肢体"[4]。尤为重要的是,苏北农民所隶属的共同体,事实上是中国社会的病变细胞,从而使苏北社会衰变为一种畸形的前资本主义形态。

二、江南:混合型社会结构

社会性质与社会形态历来是马克思主义者非常关注的现实问题与学术问题。马克思、恩格斯的《资本论》《经济学手稿》《〈政治经济学批判〉导言》《德意志意识形态》《共产党宣言》《家庭、私有制和国家的起源》《反杜林论》等对社会发展的一般形态和规律作了科学的阐述。1912年和1916年,列宁发表《中国的民主主义和民粹主义》《帝国主义是资本主义的最高阶段》,分别把中国论述为"半封建的农业国家"和"半殖民地国家"。毛泽东《中国社会各阶级的分析》对中国近代社会阶层作了系统分析,《中国革命与中国共产党》一文认为近代中国是"半殖民地半封建社会"。

20世纪二三十年代,中国学界掀起了社会性质问题的大论战,专门和相关论著约700种,重要论点可见钟离蒙等编《中国现代哲学史资料汇编续集·社会史和社会性质论战》(第13—14册)[5]、陈翰笙等合编《解放前的中国农村》[6]、周子东等编著《三十年代中国社会性质论战》。[7] 蔡和森、瞿秋白、恽代英均等主张中国是半殖民地半封建社会,何干之、吴黎平等在论战中捍卫了这一史观。[8] 陶希圣、严灵峰等人主张近代中国是商业资本主

---

[1] 姚雪垠:《长夜》,北京:人民文学出版社,1996年,第154页。
[2] 马克思认为,近代社会的发展,首先是自由雇用劳动者的产生,他们是"摆脱旧的保护关系或农奴依附关系以及徭役关系而自由了"[马克思:《政治经济学批判》,《马克思恩格斯全集》第46卷(上),北京:人民出版社,1979年,第510页]。
[3] 马克思:《政治经济学批判》,《马克思恩格斯全集》第46卷(上),北京:人民出版社,1979年,第481页
[4] 马克思语。见马克思:《政治经济学批判》,《马克思恩格斯全集》第46卷(上),北京:人民出版社,1979年,第472页。
[5] 钟离蒙等编:《中国现代哲学史资料汇编续集·社会史和社会性质论战》(第13—14册),沈阳:辽宁大学哲学系中国哲学史研究室,1984年。
[6] 陈翰笙等合编:《解放前的中国农村》(三卷本),北京:中国展望出版社,1985年。
[7] 周子东等编著:《三十年代中国社会性质论战》,上海:知识出版社,1987年。
[8] 何干之:《何干之文集》,北京:中国人民大学出版社,1989年;吴黎平:《中国土地问题》,《新思潮》1930年第5期。

义或资本主义,反对马克思主义者的半殖民地半封建观点。[1]

江南地区在明清至1949年盛行永佃制。《吴县志》对此有详细的描述:"吴农佃人之田者,十八九皆所谓租田,然非若古之所谓租及他处之所谓租也。俗有田底、田面之称。田面者,佃农之所有,田主只有田底而已,盖与佃农各有其半。故田主虽易,而佃农不易。……有时购田建公署,架民屋,而田价必田主与佃农两议而瓜分之,至少亦十分作四六也。又田中事,田主一切不问,皆佃农任之。"[2]20世纪30年代初国民政府实业部调查证实,江南永佃制下,"地主仅为田底之所有者,佃户则拥有田面之所有权"[3]。1950年,中共华东军政委员会土地改革委员会对松江进行调查发现,大部分土地仍有"田面"权与"田底"权之分,田面权就是永佃权,"即农民对土地有长期的使用权";[4]地主将田面权卖给农民,须写绝卖契(名"春花永状",又称"杜绝契"),表明田主不能再从农民手中拿回使用权。[5]

永佃制下的主佃关系消除了人身依附,由较单纯的市场关系支配。据费孝通调查,田底占有者拥有土地所有权,负担土地税,但无权直接使用土地进行耕种。仅占有田面、不占有田底的人被称为佃户。佃户保留田面权,不受田底占有者的干涉,佃户的唯一责任是交租。由于土地(即田底)市场的交易自由,"地主及其土地之间的个人关系缩减到最小的程度"。大多数田底拥有者对于土地的位置、耕作甚至对于佃户都一无所知,他们的唯一兴趣就是租金本身。[6]

可见,江南农村尽管存在着佃户,但他们拥有较多的自由权利,不需要承担其他封建义务,这是资本主义产生的前提与最基本的特征。马克思指出:"土地所有权的历史表明了封建地主逐步转化为地租所得者,世袭的半交代役租的而且常常是不自由的终身租佃者逐步转化为现代租地农场主,以及依附于土地而没有迁徙自由的农奴和徭役农民逐步转化为农业短工的过程,这种历史事实上就是现代资本的形成史。"[7]显然,江南土地租佃属于资本主义市场关系,农村的封建性得以消解。

江南的田底拥有者并不仅仅是地主,资本家甚至工人阶级皆拥有田底,并用于出租。

过去,学界多把资本家占有土地等同于封建性。学者指出:"中国资本家大多是由封建地主、官僚、商人等转化而来的,……他们的软弱性因此可说是从娘肚子里带来的老毛病。……他们创办工业后,仍然继续大量兼并土地,从事封建地租剥削。"[8]这种看法并不符合社会发展规律和中国实情。

---

① 陶希圣:《中国社会之史的分析》,长沙:岳麓书社,2010年;严灵峰:《再论中国经济问题》,《动力》1930年第1卷第2期。
② 曹允源纂:《吴县志》卷四十四,民国二十二年铅印本,第37页上—下。
③ 实业部国际贸易局:《中国实业志(江苏省)》第2编,上海:民光印刷公司,1933年,第36页。
④ 华东军政委员会土地改革委员会编:《江苏省农村调查》,1952年内刊本,第144页。
⑤ 华东军政委员会土地改革委员会编:《江苏省农村调查》,1952年内刊本,第145页。
⑥ 费孝通:《江村经济》,南京:江苏人民出版社,1986年,第126、131—132页。
⑦ 《马克思恩格斯全集》第46卷(上),北京:人民出版社,1979年,第206页。
⑧ 全慰天:《中国民族资本主义的发展》,郑州:河南人民出版社,1982年,第310页。

即使在近代资本主义发展最充分的英国,资产阶级也被视为具有"软弱性"。与中国截然不同,英国资产阶级这种软弱性不是与封建地主阶级有联系,而是通过与地主阶级强硬政治立场相对立显现出来的。地主阶级固守以国家荣誉为骄傲的政治传统,为了战争,他们毫不吝惜地加重了人民的经济负担。他们比较富有,对民众的负担难以感同身受;而且,他们的财富不是来自贸易,与那些贸易受到威胁、财产就会受损的资产阶级不同,因而,"他们身上没有那种政治软弱性,即众所周知的资产阶级的软弱性"[①]。相反,害怕战争、害怕贸易受损的资产阶级则处处示弱。

在中国近代反帝运动中,民族资产阶级的表现并不软弱。如在五卅运动中,民族资产阶级和其他富裕阶层在罢工罢市后,有着充分的积蓄而保证生活不受影响,因而反帝立场强硬;恰恰是底层的码头工人,一日不做,则全家饥寒,从而不得不在夜间偷偷复工,向外商妥协。[②]

就经营策略而言,中国近代工业资本家投资土地,至少有以下三方面的作用:

第一,为工业发展提供了高质量的原料基地。即以时人及后来学者们批评最剧、认为其占地达数百万亩的张謇来说,[③]张謇经营的盐垦公司,首先改良了苏北沿海原来不适合农业耕种的大量盐碱地。据调查,中国自棉花传入后,"不注意改良,听其退化。……厂家所受之间接影响,正复无穷"[④]。民国初期,两淮有荒地1 400万亩。[⑤]张謇几乎凭一己之力,集资创办农业公司,使盐碱地成为中国近代最重要产业棉纺织业的原料生产基地。1930年,盐区棉田4 602 654亩,产棉447 820担(每担160市斤);1934年,棉田达5 196 000亩,棉产1 082 000担。[⑥]所产鸡脚棉为近代江苏最优良的棉花。[⑦]这些土地的产权皆归盐垦公司,每亩土地"顶首"1—3元,"佃户缴纳顶首以后,即可享受承租之永佃权,且佃户可以把耕种权自由出让买卖,不受公司之拘束"。[⑧]他们无任何人身依附关系。马克思指出:大工业在农业领域内起着革命的作用,包括"最陈旧的和最不合理的经营,被科学在工艺上的自觉应用代替了"。[⑨]张謇实际上承担了一件农业革命的工作。因此,学者高度评价这一使佃农"跨越一个历史时代"的资本主义公司制。[⑩]

工商资本家经营土地的现象,绝非近代江苏乃至中国仅有。近代资本主义发展最充

---

① 马汉:《海权对历史的影响(1660—1783年)》,北京:海洋出版社,2013年,第48页。
② 马俊亚:《近代江南都市中的苏北人:地缘矛盾与社会分层》,《史学月刊》2003年1期,第95—101页。
③ 全慰天:《中国民族资本主义的发展》,郑州:河南人民出版社,1982年,第311页。
④ 叶元鼎:《各省植棉情形调查记》,《华商纱厂联合会季刊》第1卷第2期,1920年1月出版,第233页。
⑤ 顾毓章编著:《江苏盐垦实况》,南通:张謇研究中心,2003年,第27页。
⑥ 胡焕庸:《两淮盐垦水利实录》,南京:中央大学,1934年,第259页。
⑦ 江苏实业厅第三科:《江苏省纺织业状况》外编,上海:商务印书馆,1920年,第3页。
⑧ 胡焕庸:《两淮盐垦水利实录》,南京:中央大学,1934年,第257页。
⑨ 《马克思恩格斯文集》第五卷,北京:人民出版社,2009年,第578页。
⑩ 陈争平:《张謇所创通海垦牧模式再认识》,第四届张謇国际学术研讨会组委会主编:《张謇与近代中国社会》,南京:南京大学出版社,2007年,第207—214页。

分的英国,直到19世纪后期,一些资本家同样不惜重金购买土地,成为典型的资本家兼地主。被封为欧文斯通男爵的大资本家塞缪尔·劳埃德,曾花费170万英镑购买土地,至1883年有土地54 000英亩。① 1924年,伦敦土地所有权调查表明,有地主成了资本家,"而一些资本家又变成了土地所有者"。②

把资本家占有土地的现象,无条件地视为封建性的表现,显得过于简单。

第二,工业资本家一般把土地创收与工业经营结合起来,在工业企业大获其利时,利用工业盈利进行土地投资;而在工业企业面临资金困境时,再将土地积累押注工业企业。

1905年,无锡振新纱厂创办时,荣氏宗族族长荣福龄"深感土地收取的租金已不敷义庄开支,因此,把用义庄名义募集的资金入股于振新纺织公司,靠股金红利收入来维护和发展新义庄"③。振新纱厂创办后,荣福龄出任董事长,"在振新纱厂发生危机时,荣福龄把新义庄基金转为振新股票,而在振新经营好转时,又把振新股票溢价交换为新义庄基金,用以建造校舍和养老院,并把新义庄基金投资于新兴实业"④。第一次世界大战后,工商业需款急切,那些与工商业有联系的土地占有者纷纷把土地积累投向工商业。研究无锡近代经济史的学者指出:"20年代以后,……有些地主(此处应为资本家兼地主——引者注)已经把地租积累转移到工商业的投资方面去。无锡城中的杨氏、薛氏和严家桥的唐氏固然早已是这样做法,就是荡口的华氏、北乡斗山的吴氏也都投资兴办近代工业。"⑤

可见,在一定条件下,工业资本家保留对土地的兼营,可以为企业提供稳定的资金供应,更有利于企业的发展。因为工业利润升降莫测,而土地收入则"丰年不增、荒年不减"⑥,即如亚当·斯密所云:"投在土地上的资本,……与商人资本比较,他的财产不易遭遇意外。"⑦经营工业企业对知识、精力要求颇高,从土地获取收入则无此要求,工业资本家将工业经营与土地创收相结合,实为精明之举,"因为投资要把或长或短的一定时期内的变动和平均化计算在内",⑧从而使工业企业更能抗拒风险。

第三,土地可为企业押进大量资金,使企业获得意外的经营效果。

随着现代银行制度的确立,把对人信用改为对物信用,企业通过物品抵押,可以获得凭个人信誉难以得到的巨额借贷资金,而田单地契是银钱业最为信赖的押品。一方面,银钱业收押田单既无须存贮,更无腐烂耗败等风险;另一方面,工业资本家把田单交银行作押时,不会影响其土地收入,更不会像抵押机器原料那样,影响企业经营。1934年,南京

---

① 阎照祥:《英国贵族史》,北京:人民出版社,2000年,第316页。
② 米列伊科夫斯基等:《第二次世界大战后的英国经济与政治》,叶林等译,北京:世界知识出版社,1960年,第298页。
③ 荣敬本等:《梁溪荣氏家族史》,北京:中央编译出版社,1995年,第72页。
④ 荣敬本等:《梁溪荣氏家族史》,北京:中央编译出版社,1995年,第54页。
⑤ 王赓唐、汤可可:《无锡近代经济史》,北京:学苑出版社,1993年,第211页。
⑥ 见欧阳惠林:《苏南土地改革工作的报告》,江苏省档案馆档案,全宗号402,案卷号64,文件号7。
⑦ 亚当·斯密:《国民财富的性质和原因的研究》上册,北京:商务印书馆,1979年,第346页。
⑧ 《马克思恩格斯全集》第25卷,北京:人民出版社,1972年,第212页。

国民政府在无锡、南通先行地价申报,组织者认为首要益处即是:"若举行地价申报,则业主凭合法手续取得政府之地价申报证明书,上载有业主姓名、亩数、地价等,有志经营工商业者,即可持此证,向人抵押借款,不啻一种有价证券,市面金融赖以流通。"①

用土地作抵为企业贷借资本,常能使企业走出困境,即使在普遍危机时期,也可使企业享有厚利。20 世纪 30 年代中国大部分丝厂因资金短缺而倒闭,"仅[薛南溟家族的]永泰和少数厂尚能维持。……1932 年春茧收茧时,开秤茧行很少,茧价惨跌至每担 20 余元,但丝市即有回升,永泰即以厂基和薛家田单等向银钱业押款,乘机在无锡、溧阳、湖州、嘉兴、常州、宜兴等地,低价收茧,继续开工,利润独好"。② 荣宗敬、荣德生兄弟在这次危机中也以大量地产向银钱业押款,逐渐摆脱困境,据申新总公司档案,仅 1933—1934 年,荣家即以 550 余亩地产向银钱业押款百万余元挹注申新系统。③

以土地作抵借入资金,与出卖土地投资工业企业具有相同的意义。马克思引用詹·威·吉尔巴特的话指出:"以商品作担保而贷给资本,和以汇票贴现形式贷给资本所起的作用相同。如果某人用他的商品作担保借进 100 镑,那和他把这宗商品出售而取得 100 镑汇票,并把这张汇票在银行家那里贴现是一样的。"④

工商业资本家经营土地的现象,绝非近代中国仅有。法国历史学家布罗代尔写道:"资本主义或城市的金钱(来自贵族和资产者)很早便开始进入乡村生活。欧洲没有一个城市的金钱不向邻近的土地漫溢。"⑤列宁指出,近代俄国,"富裕农民既把资本投入农业(购买土地、租地、雇佣工人、改良农具等),也投入工业企业、商业和高利贷:商业资本和企业资本有着密切的联系"⑥。列宁写道,农村的富裕户"把工商企业同较大规模的土地经营结合在一起。我们已经看到,正是这种'副业'对俄国'善于经营的'农夫来说是最典型的"。⑦ 他们不但不是什么封建性的表现,而且"只有这少数的殷实户才能稳定地参加'农民经济中的进步潮流'"。⑧

有人认为,中国资本家阶级天生具有保守性,因而多投资土地;西方资本家天生具有开拓性,因而很少投资土地。这种看法并不符合事实。近代欧洲商人中间就流行一句谚语:"土地不会使人上当。"佛罗伦萨的商人在一封信中写道:"买地至少不会冒海上的风险,不会像商业公司那样蒙受诈骗,更无破产之虞。"⑨由此可见,不论中国还是欧洲,资产

---

① 阮荫槐:《无锡土地整理》(二),中国地政所丛刊"民国二十年代中国大陆土地问题资料"第 36 种,台北:成文出版有限公司等,1977 年,第 17905 页。
② 无锡政治协商会议文史资料委员会:《永泰丝厂史料片断》,《无锡文史资料》第 2 辑,第 67 页。
③ 申新总公司档案,总公司流水第 1 号,见上海社会科学院中国企业史资料研究中心抄件:《〈申新〉总公司抵押借款及抵押品表》。
④ 《马克思恩格斯全集》第 25 卷,北京:人民出版社,1975 年,第 457 页。
⑤ 布罗代尔著,顾良译:《15 至 18 世纪的物质文明、经济和资本主义》第 2 卷,北京:三联书店,1996 年,第 256 页。
⑥ 《列宁全集》第 3 卷,北京:人民出版社,1984 年,第 114 页。
⑦ 《列宁全集》第 3 卷,北京:人民出版社,1984 年,第 119 页。
⑧ 《列宁全集》第 3 卷,北京:人民出版社,1984 年,第 120 页。
⑨ 布罗代尔著,顾良译:《15 至 18 世纪的物质文明、经济和资本主义》第 2 卷,第 257 页。

者避险趋稳的心态是一致的,并非中国资产者所独有。

有的学者则常把资本家的土地投资视为与高利贷剥削同等落后,这是不公正的。列宁就把富裕农民的土地投资视为与企业投资同样进步的生产性投资。他指出:"在俄国村社农村中,资本的作用不限于盘剥和高利贷,资本也投入生产,这可以从下列情况中看出来:富裕农民不仅把钱投入商业企业(……),而且还用来改善经营,购买土地和租佃土地,改良农具和牲畜,雇佣工人等等。……从小商业和高利贷中排挤出来的富裕农民的资本,将更大规模地投入它现在已经开始投入的生产。"①实际上,社会资金即使不流向土地,也未必会转向工业。20世纪30年代,中国货币拥有者不再热衷于购田置地,而是携资躲入沿海大中城市,导致都市金融畸形膨胀,不但没有促进工业大发展,反而使工业与农业同样处于衰落境地,且尤以对农村社会打击为大。可见,资本家对土地的兼营,确应属于生产性经营,资本家与土地的联系不是阻碍中国资本主义发展的真正障碍。仅凭这种联系就断言中国资本家阶级天生具有封建性,是非常皮相的。

与资本家阶级相似,中国近代相当一部分产业工人同样没有斩断与农村社会的联系,他们同样占有土地。与对资本家大加挞伐相反,学者们多对工人占有土地的现象有意掩盖,或置之不提。

上海社会科学院经济研究所60年代编辑的《荣家企业史料》提供了14名工人示例,其中5名工人家中自有田地2—6亩,占抽样总数的35.7%;8名工人家中自有或佃种田地数亩至十余亩,占抽样总数的57.1%。②据土改前的调查,中国资本主义最发达的苏南地区的出租土地:"虽大部分掌握在地主手中,但亦有为城市工人、小贩占有。"③作为苏南典型的无锡坊前乡,按全乡人均使用土地面积计算,工人为0.590亩,超过了雇农(0.380亩)、职员(0.518亩)、小商人(0.410亩)、工商业家(0.280亩)、手工业者(0.440亩),低于地主(0.844亩)、中农(1.630亩)、富农(2.364亩)、贫农(1.010亩)、自由职业者(0.650亩)。在该乡出租田地各阶层中,工人共出租土地34.58亩,超过了富农(18.12亩)、贫农(17.12亩)、手工业者(7.81亩)、小商人(27.04亩),低于地主(618.00亩)、中农(92.77亩)、工商业家(128.26亩)、职员(65.67亩)。④

苏南地区普遍存在中小土地出租户,出租土地数量占土地出租总量的10%左右⑤,在这些中小土地出租者中,数量最多的就是工人,如无锡县荣巷镇附近的小丁巷、郑巷、杨木桥等6村中小土地出租者中,8户家庭主劳力在外当煤炭工人、煤气工人、雇员等。⑥

近代中国另一工业中心南通地区,"其工人大多是尚未破产的贫苦农民,他们进厂以

---

① 《列宁全集》第3卷,北京:人民出版社,1984年,第157—158页。
② 上海社会科学院经济研究所:《荣家企业史料》上册,上海:上海人民出版社,1962年,第119—122页。
③ 华东军政委员会土地改革委员会:《山东省、华东各大中城市郊区农村调查》,1952年内刊本,第166页。
④ 中共苏南农村工作委员会:《苏南土地改革文献》,1952年内刊本,第324页。
⑤ 中共苏南农村工作委员会:《苏南土地改革文献》,1952年内刊本,第377页。
⑥ 曹幸穗:《旧中国苏南农家经济研究》,北京:中央编译出版社,1996年,第68页。

后,家里仍然种田"①。据对大生纱厂工人的访问,被访工人谈到曾参加农业或家庭手工纺织劳动的共92人,其中种1—2亩田者11人,种2.6—3.2亩田者6人,种4—5亩田者7人,种6—7亩田者3人,种8—10亩田者5人,有田者占总人数的34.8%。②

工人家庭用工资购置田地的现象极为普遍。1919年,《新青年》刊登学者对上海附近乡村的调查:

> 在近乡一个工人家里。……那少年和中年的男女,大概也有四五口,却都在厂里头做工,赚来的工钱,除去了家常费用外,很有些积蓄。他的母亲,指了指屋外的五六亩田地,和我说:"这都是我们几年做工省吃省用省下来的。"③

据1929年对上海农村50户工人家庭的调查,地租总收入为297元,④相当于出租土地74.25亩。

近代上海五金业中,厂主往往兼有资本家、工人甚至地主的多重身份。上海工厂中管理引擎的技工,都习称为老轨(即工头)。⑤ 按照马克思的论述,他们"在工厂是真正的机器工人"。⑥ 20世纪30年代,上海一个工头可兼任几家甚至十几家丝厂的老轨。钧昌机器厂的刘咸德、鸿昌机器厂的张鸿生、申昌机器厂的陆顺泉、裕昶生机器厂的吴根生,是著名的丝厂四大老轨。四大老轨设立的机器厂,"几乎垄断了整个缫丝业的机器制造和修配业务"。老轨在丝厂中参加投资的,更不胜枚举,有些丝厂中途搁浅,由老轨经营的亦不乏其例,"老轨的地位,已不是单纯的缫丝厂雇员,相反,它影响着缫丝厂的生产"⑦。

据其子叙述,吴根生担任通益、天昌、同丰永、云成新旧两厂等19丝厂的老轨,"有些丝厂的资本不够,即我父垫款;有时垫款收不回,即作为投资;甚至将整个厂盘进,重新出租,收取租金"。钧昌机器厂厂主刘咸德,为永昌机器厂工头,担任纶华丝厂老轨,并拥有同益丝厂1所,是典型的资本家兼工人。刘在"乡间有不少地产,都是从钧昌厂利润中积累起来的"⑧。松江县新农乡四个村17户工人和小商人占有田底103.452余亩。⑨

马克思指出:工人失去生产资料、脱离生产资料而自由,"这里所说的自由,具有双重意义:一方面,工人是自由人,能够把自己的劳动力当作自己的商品来支配,另一方面,他

---

① 穆烜、严学熙:《大生纱厂工人生活的调查》,南京:江苏人民出版社,1994年,第200页。
② 穆烜、严学熙:《大生纱厂工人生活的调查》,南京:江苏人民出版社,1994年,第201页。
③ 李次山:《上海劳动状况》,《新青年》第7卷第6号,1920年5月1日,本文第10页。
④ H. D. Lamson, "The Effect of Industrialization upon Village Livelihood," *Chinese Economic Journal*, vol. IX, October 1931, no. 4, p. 1071.
⑤ 上海市工商行政管理局等编:《上海民族机器工业》上册,北京:中华书局,1979年,第325页。
⑥ 《马克思恩格斯文集》第五卷,北京:人民出版社,2009年,第637页。
⑦ 上海市工商行政管理局等编:《上海民族机器工业》上册,北京:中华书局,1979年,第326—327页。
⑧ 上海市工商行政管理局等编:《上海民族机器工业》上册,北京:中华书局,1979年,第324—325页。
⑨ 华东军政委员会土地改革委员会编:《江苏省农村调查》,1952年内刊本,第142页。

没有别的商品可以出卖,自由得一无所有,没有任何实现自己的劳动力所必需的东西"。①出于对马克思这段话的机械理解,我们一向认为中国的工人来自一无所有的破产农民,"没有私人占有的生产资料"。实际上,不论是抽样调查,还是全面统计,都证明相当一部分中国近代产业工人拥有自己的土地和其他生产资料。

工人占有土地的现象,也并非近代中国特例。列宁指出:"一切资本主义国家都有这种有份地的农村工人。在各个不同的国家里,这种农村工人具有各种不同的形式:英国的茅舍农民(cottager)不是法国或莱茵各省的小块土地农民,而后者又不是普鲁士的贫农和雇农。每一种农村工人都带有特殊的土地制度痕迹,即特殊的土地关系历史的痕迹,然而这并不妨碍经济学家把他们概括为农业无产阶级这一类型。"②

马克思晚年同样注意到各个阶级之间的模糊性。他指出:"雇佣工人、资本家和土地所有者,形成建立在资本主义生产方式基础上的现代社会的三大阶级。在英国,现代社会的经济结构无疑已经有了最高度的、最典型的发展。但甚至在这里,这种阶级结构也还没有以纯粹的形式表现出来。在这里也还有若干中间的和过渡的阶段到处使界限规定模糊起来(……)。"③

基于对马克思理论的准确把握,列宁把"有份地的雇佣工人阶级"视为"新型的农村居民",指出俄国的无产阶级中固然有完全无地的农民,"然而,最典型的俄国农村无产阶级是有份地的雇农、日工、小工、建筑工人或其他工人"。④ 列宁批判对马克思理论的机械理解,指出:"人们常常过于死板地理解下面这个理论原理,即资本主义需要自由的、无地的工人。作为基本趋势这是完全正确的,但是资本主义渗入农业特别缓慢,其形式非常繁多。"⑤

从上面的分析中可以看出,占有土地的中国近代工人同样属于无产阶级行列。

我国向来有一极流行的观点,认为由于中国工人阶级来自破产的农民,因此中国工人阶级可以天然地与农民融合在一起。这个观点既经不起理论推敲,也经不起事实检验。

马克思指出:"在农业领域内,就消灭旧社会的堡垒——'农民',并代之以雇佣工人来说,大工业起了最革命的作用。"⑥可见,在大工业时代,雇佣工人和农民是新旧根本对立的阶级。在马克思看来,与小土地所有制相适应的农民属于"未开化的阶级,它半处于社会之外,并且兼有原始社会形态的一切粗野性以及文明国家的一切痛苦和穷困"⑦。工人则与大机器生产相联系,是先进生产力的代表,是最先进、最有前途的阶级。也就是说,工人与农民是两种新、旧完全不同的文明的产物和代表,它们如何能天然地融合在一起呢?

列宁说得更为明白:在资本主义初期,手工业者就瞧不起带有宗法式的村野习气的

---

① 《马克思恩格斯文集》第五卷,北京:人民出版社,2009年,第197页。
② 《列宁全集》第3卷,北京:人民出版社,1984年,第151页。
③ 《马克思恩格斯全集》第25卷,北京:人民出版社,1975年,第1000页。
④ 《列宁全集》第3卷,北京:人民出版社,1984年,第150页。
⑤ 《列宁全集》第3卷,北京:人民出版社,1984年,第151页。
⑥ 《马克思恩格斯文集》第五卷,北京:人民出版社,2009年,第578页。
⑦ 《马克思恩格斯全集》第25卷,北京:人民出版社,1975年,第917页。

"愚昧的"农民,"在资本主义最不发达的小手工业中,这种现象表现得还很微弱。……在资本主义工业的以后各个发展阶段,……这种现象会大量出现"①。列宁写道:"一切资本主义国家所特有的现象,在俄国已经成为普遍的事实:工业工人的境况比农业工人的境况要好些(……)。因此,人们从农业逃向工业,……甚至还流露出鄙视'愚昧的'农业工人的态度,把他们叫做'牧人'(雅罗斯拉夫里省),'哥萨克'(弗拉基米尔省),'种地人'(莫斯科省)。"②

列宁多次引用当时的调查报告描述各地工人与农民的距离。如卡通基村,"当地居民性格的某些特点,同俄罗斯已经形成的'工厂人'完全一样:……在庄稼人面前态度有些傲慢,——所有这些都是他们以及所有俄国工厂人的共同特点"③;博戈罗茨科耶,"居民一点也不象一般愚昧的农夫:他们……轻视农民"④;阿尔扎马斯,居民几乎都不从事农业,当地人"轻视从事农业的农民,把他们叫做'乡下佬'"⑤。

近代中国较列宁描述的情形有过之而无不及。据李景汉20世纪30年代对定县的调查,该县外出做铁路包工、差役、店主、煤厂工人等职业的人皆"不愿做农"。⑥同时代的无锡地区"迩岁强壮农民,颇多抛离乡村,群趋城市或上海,舍农就工"。⑦农民大量离乡,整个中国"为工作斗争是如此的剧烈"⑧,难怪受城市工业文明熏陶的工人会瞧不起"乡下人"。费孝通先生极为形象地写道:"乡下人在城里人眼睛里是'愚'的。……乡下人在马路上听见背后汽车连续按喇叭,慌了手脚,……汽车夫拉住闸车,在玻璃窗里,探出半个头,向着那土老头儿,啐了口:'笨蛋'。"⑨在中国最大工业城市上海,对"乡下人"的鄙视和嘲笑,已成近代一大社会问题。中国工人不但对纯粹的农民瞧不起,而且对那些由农民向工人转化较迟些的工人也瞧不起,甚至百般欺侮。据原南通大生纱厂工人陈金凤回忆:"11岁进厂做工。进厂前,一家四口人种的是租种田。……我在车弄子的中间做,两头的老手[老工人]不让我走,经常把尿弄在身上。……有些老手太欺人了,她们捉了虱子放在我头上。换纱换不到,就站在车档子上换。经常被老手推,一推就跌了下来。"⑩

优于乡村农业文明的城市工业文明,对于乡村移民的影响和诱惑至深至大。乡村移民接触城市文明后,普遍感到无法重新回到原来不太文明的生活环境中。费孝通所说的"生活方式,价值观念却必然会起重要的变化,足够使他自己觉得已异于乡下人,而无法再

---

① 《列宁全集》第3卷,北京:人民出版社,1984年,第335页。
② 《列宁全集》第3卷,北京:人民出版社,1984年,第239页。
③ 《列宁全集》第3卷,北京:人民出版社,1984年,第366页。
④ 《列宁全集》第3卷,北京:人民出版社,1984年,第365页。
⑤ 《列宁全集》第3卷,北京:人民出版社,1984年,第367页。
⑥ 李景汉:《定县社会调查》,北平:中华平民教育促进会,1933年,第42表(第162—165页)。
⑦ 无锡县政府编:《无锡概览》,无锡:文新印刷所,1935年,"农业"第1页。
⑧ 马扎亚尔著,徐公达译:《中国经济大纲》,上海:新生命书局,1933年,第93页。
⑨ 费孝通:《乡土中国》,上海:观察社,1949年,第8页。
⑩ 穆烜、严学熙:《大生纱厂工人生活的调查》,南京:江苏人民出版社,1994年,第14—15页。

和充满着土气的人为伍了"①的现象,具有普遍意义。这种现象与俄国农村居民"无意之中就模仿圣彼得堡人的外表与习惯"何其相似,正说明了人们对近代工业文明的向往和追求。

可见,认为中国工人阶级与农民阶级可天然融为一体的说法似难成立。我们认为中国工人的进步性恰恰应与俄国工人阶级相似,即表现在他们具有"较高的智力发展程度","较高的识字率,高得多的需求水平和生活水平,他们同'土里土气的''乡下佬'的迥然不同"②。也就是说,中国近代工人的进步性表现在与大工业文明相适应的各项素质上,而不是停留在与小农经济相适应的水平上。

小 结

江南地区是比较典型的混合型经济和混合型社会形态,民众既可享受近代工商业的工资利润,又可保持自给自足的节俭生活;相反,淮北地区的传统社会形态占主流,民众既无法在本地享受近代工商业带来的高收入,还要承受外地资本主义商品的盘剥。

即便江南民众承受了"内卷化"、资本主义等痛苦,也仍然好于淮北地区。淮北民众不是苦于"内卷化",而是苦于不能内卷化。发生内卷化的地区至少表明,人口在稳定增加,社会比较安宁,民众无须背井离乡,充其量是劳动力的边际效率下降而已。苦于不能内卷化的淮北地区,即使人口有所增加,也难以正常地生产和生活,只能打家劫舍而无法求田问舍,民众多抛离田园。即使经济学上的边际效率很高,其收成也无法保障:不是遭受水灾,就是遭受匪劫。在现实中,劳动力不能耕种属于自家的田地,只能到社会相对安定的江南等地租种别人的田地。

淮北民众没有苦于资本主义的发展,而是苦于资本主义的不发展。他们享受不到资本主义的工资收入,更享受不到资本主义的平等自由。在土地制度方面,江南土地分为田面和田底权两部分,拥有田面权的农民无须向拥有田底权的地主承担任何义务和劳役。淮北佃农不但承受繁重的地租剥削,而且要承担各种劳役和义务。

江南地区的精英多通过工商业等投资手段,以正当的方式致富,富人在社会上有着正面的示范效应,是可以让不太富裕的阶层"流三尺长的口水"的。淮北的精英大多通过权势对无权者的剥夺而致富。淮北的社会结构是哑铃形而非金字塔形,农民见到比自己富裕的阶层不会"流三尺长的口水",只会拔出三尺长的刀剑,因为他们没有向上层流动的机遇和希望。这里的社会是死水一潭,纵使改朝换代也无法真正地改变这里的社会结构。

哑铃形社会结构比金字塔形结构更恶劣、更不稳定,体现了极不公正的政体体制和社会生态,社会动乱多源于此。

---

① 费孝通:《乡土重建》,上海:观察社,1948年,第72页。
② 《列宁全集》第3卷,北京:人民出版社,1984年,第394页。

第十章　精英的动机人格与国家认同

按马斯洛的需要层次,淮北精英的追求常常沉湎于低等的物质需要层次,不少江南精英则追求高成就动机人格。淮北精英更多地获得了国家政权的优待,事实上是领主;江南精英比较通晓法度,极易成为民众的代言人,往往被官府妖魔化。但获得国家万千宠爱的淮北精英从来都不是国家的可依恃力量,而是政权的腐蚀剂;江南精英以服务社会为己任,多成为国家的基石。

第一节　精英的人格与动机

《汉书·王吉传》云:"百里不同风,千里不同俗。"尽管中国人大多看重乡土人情,但不同地区的精英人物对人生价值的认识具有很大的差别,在江苏南北地区甚至势同水火。

一、初夜权:淮北精英的作为

在苏北、鲁南地区,曾确凿地存在过地主对佃农的初夜权。

世界各地的初夜权叙述,绝大多数存在于文学作品或口头传说中[1],缺乏过硬的史料

---

[1] Jörg Wettlaufer, "The jus primae noctis as a male power display: A review of historic sources with evolutionary interpretation," *Evolution and Human Behavior*, 2000(21), pp. 111 - 123; S. MacPhilib, "Jus primae noctis and the sexual image of Irish landlords in folk tradition and in contemporary accounts. Bealoideas". *The Journal of the Folklore of Ireland Society*, 1988(56), pp. 97 - 140; Voltaire, *Le Droit du seigneur, ou l'écueil du sage, comédie*, 1762—1779. Vijan: Lampsaque, 2002;二阶堂招久:《初夜权》,上海:上海文艺出版社,1989年,第4—7页。

证据。① 苏鲁地区的初夜权资料则极为丰富可靠,充分反映了这一地区的社会状况。苏北涟水籍的严中平生前多次指出,由于中国地区之间差别极大,苏北就存在着初夜权的现象。② 应该说,这一现象源于苏北特殊的社会结构。

郭沫若认为,诗经时代,公子们对平民女子拥有初夜权。③ 有些学者则认为,周代乃至中国传统社会不可能存在初夜权。④

以上对中国初夜权的看法,均是臆测。近代苏鲁地区存在初夜权现象有着充分的依据。

道家典籍认为与处女发生关系有利于身体健康,甚至能成仙得道。⑤ 明人王野林在皖北太和县所作的歌谣称:"世人不识元中妙,御女房术兀作禅。"⑥

---

① 学界目前对初夜权通常有三种解释:(一)原始习俗。恩格斯指出:"在另一些民族中,新郎的朋友和亲属或请来参加婚礼的客人,在举行婚礼时,都可以提出古代遗传下来的对新娘的权利,新郎按次序是最后的一个。……在另一些民族中,则由一个有公职的人,——部落或氏族的头目、酋长、萨满、祭司、诸侯或其他不管是什么头衔的人,代表公社行使对新娘的初夜权。"(恩格斯:《家庭、私有制和国家的起源》,《马克思恩格斯全集》第4卷,北京:人民出版社,1995年,第49页)拉法格认为:"在父权社会的初期,这种公公与儿媳通奸的事是一种很自然的实践。……丈夫的兄长也僭妄地对于新媳妇保留初夜权。"(拉法格著:《拉法格文学论文选》,罗大冈译,北京:人民文学出版社,1962年,第45页)持类似看法的还有周作人(少侯:《周作人文选》,上海:启智书局,1936年,第199页)、二队堂招久(二阶堂招久:《初夜权》,上海:上海文艺出版社,1989年,第41—54页)等等。(二)宗教信仰。8世纪天竺、唐、吐蕃等王朝密教盛行的时候,阿利僧拥有信徒的初夜权(杜继文主编:《佛教史》,南京:江苏人民出版社,2005年,第394页)。对西藏的类似看法还有 Komroff (Manuel Komroff, *The Travels of Marco Polo, 1271—1295*, v. 2. New York: The Limited Editions Club. 1934, pp. 252-253)、对新疆有类似记载是谢彬(谢彬:《新疆游记》,上海:中华书局,1929年,第134页)。(三)封建领主特权说。倍倍尔指出:"地主对于他们的家臣和农奴差不多有无限的支配权。……臣下们的主人,自承有使用女农奴和家臣的性的权利——'初夜权'就是这种权力的表现。"(倍倍尔著:《妇人与社会》,沈端先译,上海:开明书店,1927年,第89页)持类似看法还有蔡和森(蔡和森:《社会进化史》,《蔡和森文集》,北京:人民出版社,1980年,第464页)。Pfannenschmid [H. Pfannenschmid, "Jus primae noctis". *Das Ausland*, 1883(56), pp. 141-150]、Hanauer [C. A. Hanauer, "Coutumes matrimonial du moyen-âge". *Mémoires de l'Aacdemie Stanislas*, 1893(2), 253-312]。另有男性权力展示说 [Jörg Wettlaufer, "The jus primae noctis as a male power display: A review of historic sources with evolutionary interpretation," *Evolution and Human Behavior*, 2000(21), p. 111]、强奸说 [Vern L. Bullough, "Jus primae noctis or droit du seigneur", *The Journal of Sex Research*, 1991, 28(1), pp. 163-166]等。

② 据刘克祥2011年7月9日在河南大学召开的"中国近代乡村研究的理论与实证研讨会"上发言。

③ 郭沫若:《郭沫若全集(历史编)》第1卷,北京:人民出版社,1982年,第114页。

④ 金性尧:《炉边诗话》,上海:上海人民出版社,1988年,第3页;何满子《何满子学术论文集》(下),福州:福建人民出版社,2002年,第38页。

⑤ 李道纯:《中和集》卷二,钱塘玄元真馆刊本,第10页下—11页下。

⑥ 丁炳烺修:《太和县志》卷十二,民国十三年刻本,第20页上。

在许多地区，民间流传着元代时蒙古人对汉人施行初夜权的传说。[1] 尽管是否有其历史事实尚存在较大争议，但无论如何，元代贵族对初夜权是很看重的。元初，"时北人酷爱江南技艺之人，呼曰巧儿，其价甚贵。至于妇人，贵重尤甚，每一人易银二三百两，尤爱童男童女，处处有人市，价分数等，皆南士女也"。[2]

以鲁地为背景的明末著名长篇小说《金瓶梅》，详细描写了男性获得妓女初夜时的郑重其事："紧着西门庆要梳笼这女子。……次日使小厮往家去，拿五十两银子，段铺内讨四件衣裳，要梳笼桂姐。那李娇儿听见要梳笼他的侄女儿，如何不喜？连忙拿了一锭大元宝，付与玳家，到院中打头面，做衣服，定桌席，吹弹歌舞，花攒锦簇，饮三日喜酒。应伯爵、谢希大又约会了孙寡嘴、祝实念、常峙节，每人出五分分子，都来贺他。铺的盖的，都是西门庆出。每日大酒大肉，在院中顽耍，不在话下。"[3]

鲁人蒲松龄的《聊斋志异》中，有郭沫若所说的许多"公子"形象。如韦公子"放纵好淫，婢妇有色，无不私者"。怀庆潞王，"时行民间，窥有好女子，辄夺之"。[4] 据《申报》载，凤阳府举人等联名投藩辕，具控凤阳县张教谕强奸陈姓处女及其仆人，"种种荒谬，有关风化"。[5]

一部清末作品中，鲁南侠盗雁高翔酬谢苏北世家子沈筠时，尽管沈非常中意一"尤妙丽"之姬，但雁认为："此皆非贞躯，不足以辱长者。昨得一全璧，臂上守宫砂未退，谨当奉献。"[6]后使沈获得了青州贾太守之女的初夜权。这部作品的作者为泗州人宣鼎，同光年间(1875—1908)在济宁、淮安等地游幕，熟悉苏鲁的风土人情与社会心理。从中可以看出苏鲁社会上层非常看重初夜权。

据《嘉庆海州志》载：

> 郁洲者，故苍梧山也。古老传言，此岛上人皆先是麇家之埭，今有牛栏一村，旧有麇家庄，牧犹枯祭之，呼曰麇郎。临祭之日，着犁靴，执鞭耕。又言初取妇者，必先见麇郎，否则为祟。[7]

此处的"麇郎"具有庄主的身份。形同庄奴的牧者娶妻，"必先见麇郎"，事实上是前者

---

[1] 各地流传最广的是元代蒙古人对汉人施行的初夜权[见张紫晨：《中国古代传说》，长春：吉林文史出版社，1986年，第317页；中国民间文艺研究会上海分会等编：《中国民间文学论文选》(1949—1979)上册，上海：上海文艺出版社，1980年，第174页；荀德麟等著：《运河之都——淮安》，北京：方志出版社，2006年，第174页，等等]。

[2] 徐乾学编：《资治通鉴后编》卷一五八，四库全书本，第28页上。

[3] 兰陵笑笑生：《金瓶梅》上册，济南：齐鲁书社，1991年，第177页。

[4] 蒲松龄：《聊斋志异》，长春：春风文艺出版社，1998年，第806、423页。

[5] 《札饬查办荒谬学官(安庆)》，《申报》光绪三十一年十月二十八日(1905年11月24日)，第2版。

[6] 宣鼎：《夜雨秋灯录》卷五，光绪铅印申报馆丛书本，第19页下—20页上。

[7] 唐仲冕总修：《海州直隶州志》卷三十一，嘉庆十六年刊本，第13页上。

向后者贡献初夜权。

苏北及邻近不少地区有夜间嫁娶的风俗,如淮安府,"[腊月]二十四夜,饧饼、茶果祭灶。民间多以是日嫁娶"①。沛县"夜多娶妇"。② 这些风习有的与平民为避强势人物的初夜权要求有关。

现实中更不乏这类人与事。唐仲冕《训俗示》称:"因思为地主者,既属自己村庄,自应严防匪类,只缘贪财猎色,遂至府祸招尤,盖寄情花柳业,自托为蜂蝶主人,逐利锥刀,且仰给于脂粉微息。"③从唐的禁示中可以看出,主佃之间常有涉及处女初夜的奸情,④因此,"朝廷崇尚贞操,此等殊堪发指,若遇此案,必以光棍之法治之,与强奸者同论重辟也"⑤。晚清仪征学者程守谦记载,淮安府盐城县的富室商人,多利用财势奸淫未婚女子。⑥《戴兰芬太史十戒诗》第一戒即"戒污处女":"多少女贞连树折,此中罪孽请君猜。"⑦

淮北和尚曾享有不少特权,其中不乏娶妻者。据载,"天下僧惟凤阳一郡饮酒,食肉,娶妻,无别于凡民,而无差役之累"⑧。凤阳大龙兴寺,即皇觉寺,一曰于皇寺,"太祖敕僧律。一曰有妻室僧人,除前辈老僧盖因元末兵乱流移他方,彼时皆有妻室。今已年老毋论外,其后进僧人有妻室者,虽在长上辈比肩及在下诸人,皆得凌辱,亦无罪责。今僧俱荤,娶人无差累"⑨。元征东儒学提举睢水朱德润著《外宅妇》诗:"外宅妇,十人见者九人慕。……人云本是小家儿,前年嫁作僧人妻。僧人田多差役少,十年积蓄多财资。寺旁买地作外宅,别有旁门通巷陌。"⑩宿迁极乐庵和尚往往有妻妾多人。⑪ 宿迁邵店圣寿寺的和尚"几乎个个寻花问柳"。当地俚语曰:"庙前庙后十八家,都是和尚丈人家。"⑫

即使是实行类似共妻制的僧人,也非常看重初夜权。同治年间(1862—1874),海州沭阳(现隶属宿迁市)一名施恩于贫者的寺僧,明确提出初夜权的要求,并得到了对方的认可。

> 甲者,……栖身庙中,为香火道人。甲父在日,为甲聘同邑某氏女。甲财产既竭,贫不能娶。僧故饶于资,性尤险僻,尝奢甲值而轻其事,甲颇惑之。一日置酒密室,召甲饮。半酣,谓甲曰:"闻子已论婚,胡久不娶?"甲以贫对。……僧曰:"今有一策,不知子能俯从否?若能与共之,当先为子谋百金,入门后衣食悉取给

---

① 郭大纶等修:《淮安府志》卷六,万历年间刻本,第39页下。
② 于书云修:《沛县志》卷三,民国九年铅印本,第7页上。
③ 唐仲冕撰:《陶山文录》卷十,道光二年刻本,第25页下。
④ 唐仲冕撰:《陶山文录》卷十,道光二年刻本,第26页下。
⑤ 唐仲冕撰:《陶山文录》卷十,道光二年刻本,第27页上。
⑥ 程守谦:《退谷文存》卷一,光绪二年(1876)刻本,第31页下。
⑦ 《戴兰芬太史十戒诗》,《申报》光绪九年五月十日(1883年6月14日),第4版。
⑧ 谢肇淛撰:《五杂组》卷八,北京:中华书局,1959年,第233页。
⑨ 谈迁撰:《枣林杂俎》"义集",清抄本,第26页上。
⑩ 朱德润撰:《存复斋文集》卷十,常熟瞿氏铁琴铜剑楼复本,第14页上。
⑪ 中島権:《江北農村社会の構造に就て》,《満鉄支那月志》1930年第9期,第61頁。
⑫ 唐文明:《宿北大战》,北京:解放军文艺出版社,1997年,第82页。

于我,并当增子值。"甲本非人类,欣然从之。合卺之夕,宾客既散,甲出,易僧入房,女不之知,听其所为。①

苏北的初夜权更多地发生在主佃之间。这些习惯类似于《红楼梦》中贾宝玉与仆人袭人的关系,当贾宝玉向袭人提出性要求时,深明传统礼仪的袭人认为并不越礼。② 唐仲冕指出:"且闻贫家少女,每为富室佣工,……岂知身居帷闼,无良者且有钻穴之私行。"③宣鼎作品中的"大家","多佣贫家女司女红,荡者恒与主人私"。④ 仪征学者刘师培指出:"禾麦初熟,则田主向农民索租,居佃民之舍,食佃民之粟。……或淫其妻女。"⑤据1928年的一份报告,徐海地主下乡,佃户们要献上妻女供其淫乐。⑥ 程四妻王氏家甚贫,佃某姓地。夫早起入城,某乘间入其室,欲行奸污。⑦ 苏北地主看中佃户的妻女,常以服役为名,召至家中随意奸淫。⑧ 沭水、临沭一带地主对佃户"打、骂、奸淫的事情也是层出不穷的"。⑨

《申报》载,号称"沭阳程震泰之半"的顾七斤,"垦良田七万有余亩,姬妾百。……此人好淫,远近妇人受其污者,莫点其数"。⑩ 曹单大地主朱凯臣拥有土地数千亩,任五方局团总,被他看中的佃户女性均被其奸淫。⑪

由于苏北鲁南是古代的鲁地,儒家传统影响较深,普通百姓往往羞于谈论涉性话题,加上初夜权本身存在着隐秘性,当事人多不愿对此加以张扬。⑫ 并且,"初夜权"一词20世纪以后才成为汉语词汇。因此,对初夜权的准确叙述,多为新式知识分子。

20世纪40年代中期,据苏北土地改革工作者调查,"地主对佃户的妻女,可以随意侮辱、霸占。……甚至有若干地区如宿迁北部,还保留'初夜权'制度,佃户娶妻,首先要让地主困过,然后可以同房"⑬。1942年4月,苏北新四军领导人邓子恢指出:贵族地主阶级的思想意识,包括"可以自由奸淫以至霸占人家的妻女,可以享受初晚的权利"⑭。香港报人

---

① 《沭阳奇案》,《申报》第649号,同治甲戌四月二十七日(1874年6月11日),第3版。
② 曹雪芹、高鹗:《红楼梦》第6回,长沙:岳麓书社,1987年,第41页。
③ 唐仲冕撰:《陶山文录》卷十,道光二年刻本,第27页上。
④ 宣鼎:《夜雨秋灯录》卷四,光绪铅印申报馆丛书本,第44页上。
⑤ 李妙根编:《国粹与西化——刘师培文选》,上海:上海远东出版社,1996年,第288页。
⑥ 萧县党史办、萧县档案局(馆)编:《萧县党史资料》第1辑,1985年,第44页。
⑦ 都宠锡等修:《颍上县志》卷十,光绪四年补刻本,第39页下。
⑧ 华东军政委员会土地改革委员会:《江苏省农村调查》,1952年内刊本,第438页。
⑨ 华东军政委员会土地改革委员会:《山东省农村调查/华东各大中城市郊区农村调查》,1952年内刊本,第63页。
⑩ 虞山棣花庵主人稿:《黑虫伤人致命》,《申报》第428号,清同治癸酉七月二十七日(1873年9月18日),第3页。
⑪ 章有义编:《中国近代农业史资料》第2辑,北京:三联书店,1957年,第125页。
⑫ 如栖霞县,"事情[初夜权]确实有",但"群众不肯谈自己事情"(栖霞县政协文史资料委员会等合编:《牟墨林地主庄园》,济南:山东人民出版社,1990年,第165页)。
⑬ 华东军政委员会土地改革委员会编:《江苏省农村调查》,1952年内刊本,第438页。
⑭ 北京新四军暨华中抗日根据地研究会淮北分会、江苏省泗洪县新四军历史研究会编:《邓子恢淮北文稿》,北京:人民出版社,2009年,第129页。

潘朗写道:"农奴的新婚妻子,第一夜必须先陪地主睡,让地主老爷'破瓜'。""这风俗,在中国,在号称文风甚盛的苏北,也是存在。"反之,佃农"如果讨老婆而在新婚第一夜不把妻子送到地主老爷的床上,倒是'大逆不道',是'不道德'了"。①

据20世纪40年代担任沭阳农会会长、钱集区委书记的徐士善叙述:"有次在沭阳张圩斗地主,晚上让他的佃户看管他。结果,夜里佃户用棍子把地主打死了。后来调查知道,原来佃户的媳妇,娶过来的头夜,被这位地主睡了。"②

沭阳有的佃户向地主借贷娶亲,地主则以得到初夜权作为条件。

> 沭阳胡集北老单圩地主单旭东佃户某某,儿子大了要带媳妇,因没有钱,向地主商量。地主说:"不要愁,我替你想办法。但你要允许我一件事。"佃户问他什么事,他说:"你新儿媳带来,头一晚上我去,这你也赚便宜。你不允许,我只要想你儿媳,还能不给我吗?"佃户经过思考,没办法,答应了。地主借了三石小麦。③

值得注意的是地主所说的"我只要想你儿媳,还能不给我吗?"表明地主对佃户妻女拥有常规的性权力。对这种权力略有不满的佃户自然会受到地主的严惩。沭阳宋山区河东乡小宋庄地主徐香太奸淫佃户田二的儿媳,被田二发觉,田仅责骂儿媳几句。次日,徐执牛鞭将田痛打。田问:"你为什么要打我?"徐答:"你自己知道。"④1936年,沭阳汤沟乡乡长、大地主汤宜逊的佃户王某娶妻,汤闯进王宅,奸淫王妻。王母劝阻,被其枪杀。⑤

类似于郭沫若所说的"尝新"⑥,在苏北广泛存在。沭阳程震泰家族的程廉泉,家中的女性雇工"差不多都受过他的蹂躏。老的也好,丑的也好,俊的也好,甚至于满脸是疤和麻的,他也要糟蹋他[她]。他说这是'尝新'"⑦。淮阴孙圩孙大琨,家有田地26顷多,"听到沟南佃户陈兆臻有个美貌的姑娘,他就马上叫几个自卫团[丁],挑了被子,拿着毡毯,提着尿壶,他自己捧着水烟袋跟在后面,一步三晃,三步九摇,到了陈兆臻的家里,是话未讲,只说:'把你姑娘带来睡睡看,好才要,不好两便。'"⑧

更有许多地主获得了初夜权后,长期霸占佃户的妻女不予归还。泗沭裴圩地主周继叔家的雇工朱尚队兄弟两人,积蓄多年替弟娶媳,入门头晚被周奸占,后被周长期霸作"小

---

① 潘朗:《新民主主义的道德》,香港:智源书局,1950年,第2—3页。
② 2009年6月17日,笔者与包蕾在南京市江苏省军区第一干休所对徐士善(正军级离休干部,1922年生)的访谈。
③ 《淮海报》民国三十六年十月十七日,第1版。
④ 《苏北报(淮海版)》民国三十五年三月二十二日,第1版。
⑤ 张新羽:《土地革命时期灌南地区的农民暴动概述》,《灌南革命史料》第1辑,1984年9月,第257页。
⑥ 郭沫若著作编辑出版委员会:《郭沫若全集(历史编)》第1卷,北京:人民出版社,第114页。
⑦ 文年:《〈大地主程震泰〉补遗》,《淮海报》民国三十五年七月十五日,第4版。
⑧ 洪崖:《孙二太爷的后代》,《淮海报》民国三十五年六月二十一日,第4版。

婆子"。① 宿迁北部窑湾区王楼乡地主马知非(又名马如元),有地60余顷、佃户200余家。他46岁时看中佃户孙广礼17岁女儿,在孙氏嫁果场张姓的当晚,用花轿把孙氏抬到自己家中,后长期予以霸占。"因他有钱有势,张姓也只好哑巴吃黄连,有苦无处说。"②另被他长期霸占的还有佃户王怀仁的女儿与佃户张九清的妻子。③

地主厌腻了佃户的妻女后,可随时抛弃,无须负任何责任。沭阳曙红区崔沟村崔家庄丁杰三,父辈有80顷地,本人在上海读过大学。他曾将佃户王春保女儿霸占1年多,王女怀孕后,丁即予抛弃。佃户黄德安一15岁妹妹,亦被丁霸占年余后抛弃,后丁又将佃户崔振露之妻霸占。④

与欧洲中世纪不同的是,苏北从外地迁入的佃户妻女同样要被当地地主行使性权力。沭阳县耀南区长安乡地主袁席山,有地9顷,有位佃户搬来的第一夜,他去佃户家奸淫其妻,"地主及门勇一夜去打几次门,小笆门都被打坏了"⑤。

在《费加罗的婚礼》(Le Nozze di Figaro)中,法国伯爵为了取得女仆苏珊娜的初夜权,采取的是"温情"引诱的方式。相比而言,苏北初夜权的实施极为野蛮。有的新婚妇女因不顺从,竟被逼死。晚清盐城倪复曾妻陈氏,"初嫁时,有恶少蜚语诬污,愤而经死,年二十"⑥。1945年春末(当地人称"麦头"),沭阳龙庙乡长兼大地主徐士流,在一乡民娶亲时,欲奸淫新妇,新妇不从,被迫跳井自杀。⑦ 宿迁顺河区日伪区长张少桐与义子曹寿才强奸祁某之妇不遂,竟枪杀了祁氏夫妇。⑧ 宿迁姚湖北高圩地主高永年,奸淫佃户陆某某17岁孙女,陆女两次喝盐卤水相拒,仍迭次被奸。⑨

1935年《申报》的一篇文章指出:"去年在山东某女学校检查女生的处女膜的消息,不管其是否属实,都是和男子对妇女的初夜权的要求有密接〔切〕的关联。……所以我们理解初夜权,不要单纯的把她看做封建时代的特殊的现象,在男权制度未被消灭以前,随时随地都实行变相的初夜权制度是无疑的!"⑩应该说,作者对山东女校中所发生事件的理解是非常正确的。山东与苏北一样,确实是初夜权意识和实践均盛行的地区。

与苏北类似,抗战和土改时期的调查均表明,山东不少地方,地主对其佃户享有初夜权,直到1945年山东省战时行动委员会制定了《婚姻法暂行条例》后才真正废除。⑪

抗战时任丰县、鱼台等地妇女部部长的张令仪写道:抗战初,在鲁南,"我第一次听说

---

① 《淮海报》民国三十六年十一月九日,第4版。
② 《淮海报》民国三十五年七月三日,第1版。
③ 《淮海报》民国三十五年七月三日,第1版。
④ 《淮海报》民国三十五年六月二十一日,第4版。
⑤ 《淮海报》民国三十三年八月十九日,第1版。
⑥ 刘崇照修:《盐城县志卷十四,光绪二十一年刻本,第16页上。
⑦ 《苏北报》民国三十四年十一月十九日,第2版。
⑧ 《苏北报(淮海版)》民国三十五年三月二十五日,第1版。
⑨ 《淮海报》民国三十六年九月二十八日,第1版。
⑩ 君慧:《初夜权》,《申报》1935年5月12日,第18版。
⑪ 王启云编著:《山东抗日根据地的减租减息》,北京:中共党史出版社,2005年,第147页。

有这样的事:佃贫家的人新婚之夜,新娘要被地主享有初夜权"①。据她叙述,1938 年她在单县任县委委员时,中共县委书记张子敬②亲口对她说,因佃种了单县辛羊区张寨地主的田地,张新婚时,妻子被张寨的地主施行了初夜权。她认为:"鲁西南的初夜权不是潜规则,而是一种比较普遍的不成文法规。农民根本无力抗拒。地主实施初夜权主要是为了满足其荒淫的肉欲。"③

抗战期间,山东救国团体为了发动民众,把取消鲁南地区的初夜权作为改善雇工待遇的一项内容。1940 年 8 月 11 日,山东省各界救国联合总会会长霍士廉在山东职工联合大会上报告:"鲁南许多落后的地区,仍存在着超经济的剥削和惨无人道的野蛮行为,如初夜权。"④由此可知,初夜权在鲁南是比较显著的社会问题。

1943 年 12 月,陈毅经过鲁西南,他的《曹南行》诗称:"亳邑汤都史所传,至今豪霸圈庄园。蜀客多情问遗事,居停首说初夜权。"⑤其时,地主尚是中共的统战对象,山东的中共高层反复强调"照顾地主利益"⑥,陈毅等人不会刻意丑化地主。

一位"老战士亲身经历"所写的作品同样记述了鲁南的初夜权:临沂张庄有 400 多户人家,庄主族长张大富拥有全庄土地,还享有初夜权,"谁家娶新娘子,先要被他睡三晚"⑦。

即使在普遍存在过初夜权的西方,"真正的性交权力是很难证实的,目前并无确凿的证据证明其真的发生过"⑧。但苏鲁地区的初夜权是确切无疑的。近代苏鲁地区的初夜权与少数民族地区的初夜权有着较大的区别。

中国少数民族地区也存在着形式不一的初夜权。据记述,在西藏,"这些地区的民众不愿与年轻的处女结婚,而是要求她们必须与其他许多人发生过性关系。他们相信这样才能为神所悦,并认为一个没有男伴的女人是极为低贱的。因此,当商队到来,搭好帐篷过夜时,那些有女儿待嫁的母亲们会领着她们来到这里,请求这些陌生人接受自己的女儿"⑨。改土归流前,鄂西土家族女子婚期的前三天,土王享有初夜权,凡与土王异姓成

---

① 张令仪:《在革命队伍里》,《似火青春:八路军(临汾)学兵队成立五十周年纪念文集》,北京:解放军出版社,1990 年,第 187 页。
② 张子敬,1913 年生,曾任中共单县县委组织委员、单县县委书记。1939 年 5 月,任苏鲁豫区党委巡视团主任。
③ 2011 年 1 月 11 日笔者与张广杰在复旦大学医学院老干部处对张令仪(1921 年生)的访谈。
④ 《山东职工运动的总结——一九四〇年八月十一日霍士廉在联合大会上的报告》,山东省总工会、山东省档案馆合编:《山东工人运动历史文献选编》第 2 集,1984 年打印本,第 20 页。
⑤ 陈昊苏编:《陈毅诗词全集》,北京:华夏出版社,1993 年,第 123 页。
⑥ 江苏省档案馆藏档案:《山东抗日民主政府三年工作总结及今后民主政治建设方案》,案卷号 6—14,资料 4000754,第 19 页。
⑦ 杨杰著:《人生曲》,北京:农村读物出版社,1991 年,第 205 页。
⑧ Jörg Wettlaufer, "The jus primae noctis as a male power display: A review of historic sources with evolutionary interpretation," *Evolution and Human Behavior*, 2000(21), pp. 111 - 123.
⑨ Manuel Komroff eds, *The Travels of Marco Polo, 1271—1295*, vol. two. New York: The Limited Editions Club, 1934, pp. 252 - 253.

亲,新娘在婚前必须和土王同住三宿后,方能与新郎结婚。① 四川酉阳土司所属的大江里、小江里一带,不仅居于特权地位的土司享有初夜权,就是封建氏族长,也在本(氏)家族内享有初夜权。② 湖南永顺、保靖、永绥的土司,除同宗外,对于任何人新婚都享有初夜权。③ 贵州毕节的土司享有初夜权。④ 该省安龙,农民妇女出嫁的当天晚上,即迁往兵目附近,为兵目服役3年,才可落夫家,这种习俗"可能是'初夜权'的残存形式"。⑤

这种权利是基于习俗或信仰的"神权"。某些汉人地区流传着类似的传说,不少与神权有关。

《投梭记》中描写的伊尼大王,"每岁春秋二祭,却是上元中元。上元正用灯火鼓乐乌猪白羊,中元没有灯火猪羊,之外要寻一个童身美女送进庙中祭享。但是齐整虔诚,又有美女,那年自然风调雨顺,五谷丰稔。若但有祭品,无童女时,霎时就起雷电,一岁疾疫歉收"⑥。郁达夫所述的浙江诸暨避水岭西山脚下的石和尚,"从前近村人家娶媳妇,这和尚总要先来享受初夜权"⑦。宋之的所说的山西翼城东山,"相传那山里有一个东山大王,是要享受初夜权的"⑧。在这些传说中,石和尚和东山大王都非现实中的人,而是具有神性,至少拥有某些神通的人。

苏鲁地区享受初夜权者均是活生生的人,一般是富者通过财产关系对贫者性权利的统治,多见于地主对佃农的妻子施行这一特权。由于地主身兼官僚、寨主等多种身份,处于极为强势的地位,作为弱势一方的佃农无力抗拒其要求。这一关系的本质是人身依附的表现。

近代苏鲁乡村普遍军事化,大地主全部拥有强大的武装,更强化了强势集团的权力,使他们成了名副其实的土皇帝。

从《水浒传》中的"祝家庄",到《施公案》中的"殷家堡"等,苏鲁地区早就出现了圩寨。捻军战乱发生后,苏鲁乡村全面圩寨化。圩寨的寨主通常是当地最大的地主。如沭阳地区,民国学者指出:"都像部落式的各个土圩子分成了村庄,等级森严[的]一个庄主,都是

---

① 田发刚、谭笑编著:《鄂西土家族传统文化概观》,武汉:长江文艺出版社,1998年,第130页。
② 伍湛:《土家族的形成及其发展轨迹述论》,《伍湛民族学术论集》,成都:四川民族出版社,1999年,第144—145页。
③ 沈从文:《白河流域几个码头》,《沈从文散文选》,长沙:湖南人民出版社,1981年,第263页。
④ 陈翰笙:《"大跃进"中所见所闻》,张静如、李松晨主编:《图文共和国史记》,北京:当代中国出版社,1999年,第899页。
⑤ 中国科学院民族研究所贵州少数民族社会历史调查组、中国科学院贵州分院民族研究所编:《贵州省望谟县桑朗亭目历史、安龙县龙山布依族解放前社会经济、镇宁县扁担山布依族解放前社会经济和阶级斗争调查资料》,中国科学院民族研究所贵州少数民族社会历史调查组、中国科学院贵州分院民族研究所,1964年,第18页。
⑥ 毛晋辑:《六十种曲》"投梭记"(下),明末毛氏汲古阁刻本,第4页上。
⑦ 郁达夫:《郁达夫文集》第3卷,广州:花城出版社;三联书店香港分店,1982年,第227页。
⑧ 宋之的著,宋时编选:《宋之的文集》,北京:华夏出版社,2000年,第412页。

这庄的首富地主。一般农民都是仰仗着他们的。"①新四军领导人同样意识到长江南北地主之间的区别。管文蔚写道:"苏北的地主与江南的地主有很大的不同。苏北的地主主要靠土地剥削生活,终日闲在家里享清福,不事劳动,婢女成群。出门收租时,保镖人员,前呼后拥,完全是封建社会的一种景象。"②黄克诚回忆:苏北盐阜地区"地主本身有武装。大地主住地周围住着他的佃户,有点像封建时代的庄园一样"。③

郑震宇认为:官僚地主较多的地区"自然要使佃耕制度盛行"。④ 光绪前期,江苏北部除沿江30英里内,自耕农很少,农民自耕地仅占全部耕地的20%—30%。⑤ 国民政府调查,20世纪30年代,峄县的自耕农仅占2.6%,佃农占24.1%,半自耕农占51.9%,雇农为21.4%⑥

苏鲁社会截然分裂为极富与极贫两个阶层。郑震宇指出,上下阶层之间地位悬殊,使得上层"对于农民,可以颐指气使,奴隶待之"。江苏江北各县"大都是地主与农民身份悬殊的地方,也都是业佃关系最恶劣的地方"。⑦

处于社会下层的佃农,从未获得过近代意义的公民权利。他们根本无力抵御作为强势集团的大地主的欺压。民国学者指出,苏北农民,"对于一般的地主、老爷们,总是顺从的。他们能忍受毫无理由的、强迫的、很明显的地主和劣绅的虐待,他们能甘心受地主和劣绅的敲诈"⑧。这与《费加罗的婚礼》中为了取消初夜权而与伯爵勇敢斗争的仆人费加罗的形象判若云泥。

国民党中央委员蓝渭滨主办的刊物称沭阳地区"一般无智识的农民,差不多一无所知,只有惟命是从的特殊现象"⑨。据山东民政厅长对峄县的视察:"地主对于佃农极其苛刻,每届农忙,不出男差即出女差。佃农只得放下犁锄去为地主佣工,无论时日,多不给工资。"⑩

中世纪欧洲的初夜权通常以法律形式加以规定。孟德斯鸠写道:罗马窝尔西年人地

---

① [作者不详]:《沭阳农业农村农民之概况》,《农村经济》第2卷第6期,1935年4月1日出版,第77页。
② 管文蔚:《管文蔚回忆录续编》,北京:人民出版社,1988年,第13页。
③ 黄克诚:《关于盐阜区抗日根据地的建设问题》,中共江苏省委党史工作委员会、江苏省档案馆编:《苏北抗日根据地》,打印本,1989年8月,第547—548页。
④ 郑震宇:《中国之佃耕制度与佃农保障》,《地政月刊》第1卷第3期,1933年3月出版,第294页。
⑤ Journal of the China Branch of the Royal Asiatic Society, vol. 23, 1889, pp. 79-117,转引自李文治编:《中国近代农业史资料》第1辑,第173、195页。
⑥ 实业部国际贸易局:《中国实业志(山东省)》第2编,上海:华丰印刷铸字所,1934年,第55页。
⑦ 郑震宇:《中国之佃耕制度与佃农保障》,《地政月刊》第1卷第3期,1933年3月出版,第300页。
⑧ 苏冷:《睢宁的农民生活》,《农村经济》第2卷第8期,1935年6月1日出版,第91页。
⑨ [作者不详]:《沭阳农业农村农民之概况》,《农村经济》第2卷第6期,1935年4月1日出版,第77页。
⑩ 李树春编:《山东政俗视察记》上卷,济南,1934年印,第269页。

区的法律,"使脱离奴籍的人取得对于同自由民结婚的少女的初夜权"。① 恩格斯写道:在卡斯蒂利亚,直到1486年天主教徒斐迪南作出裁决,才废除了初夜权。② 法国作品《夜深沉》中巴朗森对弗朗西斯说:"您是不是要向我承认,您常常去对我们的佃妇施行初夜权? 这可是已被1789年的革命连同其他特权废除了的。"③

苏鲁地区的初夜权不见于法律规定,事实上,近代苏鲁乡村社会中,法律的影响力极小,社会生活中最具影响力的是个人权势。

初夜权并非苏鲁乡村孤立的怪俗异习,而是社会经济结构畸变所造成的强势集团人格裂变的必然结果。权力巨大、缺乏程式化监督的田主,是不可能成为"仁义"地主的,他们利用国家的庇护纵容,肆意对平民进行惨无人道的欺压。因此,相对这一利益集团的其他暴行,初夜权竟成了相对"人道"的行为。

综上所述,掌握国家权力的军政人员极易成为乡村大地主,进而成为一个强势的利益集团。因此,本书所说的大地主,如其说是土地占有者,更不如说是乡村权力的占有者,且这种权力基本不受程序化的制约。这个集团享受了国家政策的种种优渥,成为国家在乡村的化身,但他们却不是国家利益的维护者。也正因为这个集团集国家万千宠爱于一身,造成了对平民最大限度的剥夺,苏鲁社会除了这个集团外,几乎所有的平民群体都成为依附于他们的贫困阶层,社会结构发展成两头大、中间小的哑铃形。

由于缺乏经济与人格相对独立的中间阶层,一方面,社会上层极易通过经济手段对下层进行控制;另一方面,社会上层可以轻易地控制社会的话语权,通过思想精神层面对社会进行操纵,成为具有巨大社会动员能量的集团。

表面上看,初夜权是强势集团剥夺贫民性权利,满足个人肉欲的陋俗。进言之,通过剥夺贫民的人格尊严,树立强者在社会中的独尊地位。从深层次看,由于其权力极少受到程式化的制约,强势集团可以按照自己的需要,以自己的利益为中心,肆意制定乡村规范,任意创造低俗"文化",恣意发展陋劣"传统",对平民从物质与精神两方面进行统治。由于性权利被剥夺者的长子与剥夺者之间可能存在的血缘关系,初夜权还有助于强化贫民对豪强的君父认同,更有利于对其加以控制。

在严重缺失法治的环境下,一方面,强势集团绝不会成为近代国家的建设力量和乡村社会的稳定因素,他们无所不用其极地把自由民变为农奴甚至奴隶,使依靠不合理、不公正原则建立的社会关系无以变革,固化为彻底的人身依附关系;另一方面,强势集团本身的人格升华受到了极大的束缚,使他们异变为仅能追求肉体享受的低层次人格,始终处于动物的本能状态。

因此,苏鲁地区的初夜权,是乡村法治毁坏、地主权力失控的结果,而不是源于法律规定或宗教习俗。豪绅大地主在社会生活中的优势地位以及掌握的较多资源,主要用于维

---

① 孟德斯鸠:《论法的精神》上册,张雁深译,北京:商务印书馆,1997年,第256页。
② 恩格斯:《家庭、私有制和国家的起源》,《马克思恩格斯全集》第4卷,北京:人民出版社,1995年,第49页。
③ 居尔蒂斯著,顾微微、李玉民译:《夜深沉》,合肥:安徽文艺出版社,1994年,第56页。

护其私利和满足其私欲,而不是把这些资源用于追求更高成就的动机,实现人格的进一步升华。他们没有脱离本能需要的追求,使其在近代社会中始终沦为负面的因素。

二、修身齐家:江南精英的精神境界

为了分析资产阶级社会的"细胞"——劳动产品的商品形式或价值形式,马克思撇去了资本家身上的玫瑰色,仅把他们视为经济范畴的人格化,作为一定阶级关系和利益的承担者来研究,这种"显微镜下的解剖"对于研究资产阶级的本质而言,是非常正确、非常必要的。但马克思从来都没有否认个人可以超脱一定的社会关系,因而,研究一定的阶级关系和阶级利益,必须撇开资本家身上玫瑰的颜色。但研究具体的资本家尤其是研究具体资本家的经营管理经验,必须看到资本家身上各种各样的颜色,只有这样,才能认识一个真正的、鲜活的资本家。否则,只能见到千人一面的"木乃伊"。

除了少数企业经营者来自买办外,江苏绝大多数的企业经营者来自官僚、商人、钱庄主等传统阶层。一方面,他们具有典型的中国传统伦理道德观念;另一方面,他们又在近代社会转型时期毫不犹豫地投入企业活动中,推动了江苏经济的发展。他们是近代江南精英的代表。

在张謇身上,可以明显地看出中国传统伦理的烙印。首先,张謇对孔子非常虔敬,对儒学哲理推崇备至。张謇曾在科举的道路上艰苦跋涉了几十年,一生都在研读儒家经典。其子张孝若说:"我父是读书人,对于儒家的立论,认为十分的伟大中正,经孔子的推演,筑定了很坚固的根基,成了有系统的学理。他的伟大,是万事万物的原理,无所不包,无所不及,所谓'日月经天,江河行地',总逃不出他的范围。他的中正,是凡人日常行事,都取中庸主义,不偏不倚,纯为人道着想。因为孔子能集大成,所以几千年来的读书人,都承认他为一家的家长。"①张謇对儒学六经之首的《易经》更是崇信有加。张孝若说:"我父生平对于《易经》的道理很信服的。……我父平常处世劝人,常常引用《易经》卦理。"②张謇认为:"著天道之盈虚,审人事之消息,赅物象之变化者,莫备于《易》。……故以知学《易》可以知命,不知命者无以学《易》,盖命即进退存亡得丧无定方故,虽圣人莫能外也。"③尽管张謇对孔子非常虔敬,但他并不赞成当时的尊孔复古运动,"他对于孔教的一种运动,认为根本不能成立,因为孔子设教,全为人的教化,是哲学的导源,本无宗教性质。孔子教化与人类的关系,十分的密切重大,假使拿宗教的范围来拘束他,拿教主的帽子戴在孔子头上,只是一种看低看小孔子和儒道的举动,纯然是由公变私,由大多数缩到一部分,因推崇的起点,反而得到亵渎的结果的举动"④。张謇也并不像宋明理学那样,用一些假道学来吓人,而是主张经世致用。张孝若说:"我父虽然是推崇孔子重儒理,但是对于宋儒道学的注释的论著,认为于儒学的本身,毫无进一步远的发明,和深一层真的探究;只造成一个很死的现

---

① 张孝若:《南通张季直(謇)先生传记》,上海:中华书局,1930年,第318页。
② 张孝若:《南通张季直(謇)先生传记》,上海:中华书局,1930年,第320页。
③ 张謇:《易经遵朱序》,《张謇全集》第5卷,南京:江苏古籍出版社,1994年,第267—268页。
④ 张孝若:《南通张季直(謇)先生传记》,上海:中华书局,1930年,第318—319页。

象,拿儒理的本真和实用,无形中都加上了假面具。……我父对于明末清初诸儒的朴学、理论和行事,都十分推重,认为'学问固不当求诸冥想,亦不当求诸书册,惟当于日常行事中求之'(颜习斋语)。适合了他的见解。认定读书人的责任,绝不是读几句书,做几篇文章就算了事。要抱定'天下事皆吾儒分内事,吾儒不任事,谁任事耶'(颜习斋语)的一种气概。所以认为朴学是真理实用,确能回复儒理的本真,扫除道学的虚顽。凡是读书人,都应该望求实用的这条路上走。但是我父觉得,真理真用在书本上去求,日常生事来用,就是顾亭林先生所说'载诸空言,不如见诸行事'的道理。……更进一步推实用的学派,去做实用的事业,使得实用的空言,变成实用的事实;将原料物质,一齐利用发达起来,于国家于民生,尽与利有益的责任。他更拿定了顾先生所说'必古人所未及就,后世之所不可无而后为之'的标准,立志要拿儒理从死的变活的,从空的变实的,这是我父一生读书重儒的抱负,和力行的法则。"[1]

其次,张謇受中国勤劳朴实的传统美德影响很大。张裕钊的《金孺人墓志铭》中谈到张謇童年时代受母亲教育时写道:"謇兄甫五龄,母日夜篝灯,敬识字,益拥絮,手衣履箴作,且作且问謇兄弟等。深宵寒风凛冽,室中萧然,顾视謇兄弟,辄泪下。盖其悲苦有不可道者。"张謇在这种环境中养成了勤奋俭朴的习惯。他后来走向事业之路,在室中专悬一联:"瞻望父兮,瞻望母兮,如闻戒辞。"[2]张謇以纱厂历年盈利创办了一系列教育机构,尽管以新式知识来教育学生,但他仍希望学生能在道德上保持中国传统美德。从他为各个学校所题的校训即可见一斑。张謇所书的校训如下表:

表 10-1 张謇所题部分校训一览

校训字	校名	创校时间
坚苦自立,忠实不欺	通州师范学校	1903 年
平实	常乐张徐女学	1904 年
忠信	第一实业小学	1905 年
勤俭	盲哑学校	1912 年
笃敬	第二实业小学	1913 年
学习家政,勤俭温和	女子师范学校	1913 年
合群自治,体农用学	垦枚乡初高小学校	1914 年
勤苦俭朴	南通大学农科	1914 年
忠实不欺,力求精进	南通大学纺织科	1914 年
祈通中西,以宏慈善	南通大学医科	1914 年
忠信持之以诚,勤俭行之以恕	商业中学	1917 年
爱国爱群爱亲爱己	师范附小新校	1919 年

资料来源:张孝若:《南通张季直(謇)先生传记》,第 345—346 页。

---

[1] 张孝若:《南通张季直(謇)先生传记》,上海:中华书局,1930 年,第 319—320 页。
[2] 张孝若:《南通张季直(謇)先生传记》,上海:中华书局,1930 年,第 347 页。

从张謇对一些学校的题词,我们可以看出他对中国传统伦理道德的态度。

再次,张謇深受明末清初黄宗羲、顾炎武、颜元等儒家学者的经世致用学风的影响。他曾说:"愿为小民尽稍有知见之心,不愿厕身贵人受不值计较之气;愿成一分一毫有用之事,不愿居八命九命可耻之官。此謇之素志也。此常读《日知录》《明夷待访录》,矢愿益坚,植气弥峻。"①

应该说,对中国传统伦理观念中精华部分的汲取,使张謇在中国近代社会巨大转型时期能把握时代的脉搏,并成为走在时代前头的开拓者。

有的学者认为,张謇的传统伦理观念与他的创新活动之间有着密不可分的内在联系。如果以熊彼特的创新概念来观察张謇的实业活动,那么,张謇排除一切艰难险阻在南通创办新型资本主义企业,并使当地经济结构发生重大变革,完全称得上一种"创新活动"。张謇的伦理观在3个方面影响以至决定了他的创新活动:强烈的爱国主义和以天下为己任的责任感,推动他向西方学习,并与传统的仕宦之途决裂,走上了创立新型事业之路;为了实现理想而勇往直前的大无畏精神和自我牺牲精神,使他逾越了单凭物质手段难以解决的重重障碍,完成了一系列创新事业;个人物质利益服从社会公益的义利观,又使他成为用个人盈利造福地方的新型企业家。②

在服务社会过程中,张謇同样吸收利用中国传统伦理道德观念。张謇创办的大生纱厂的厂名"大生"一词,即源于《易经·系辞下传》"天地之大德曰生"一语。"德"不仅是纱厂名称的含义,也概括了张謇从事实业的抱负和计划。按照《管子·五辅》篇的解释,具体说来,"德有六兴":"辟田畴、利廛宅、修树艺、劝士民、勉稼穑、修墙屋,此谓厚其生;发伏利、输墆积、修道途、便关市、慎将宿,此谓输之以财;导水潦、利陂沟、决潘渚、溃泥滞、通郁闭、慎津梁,此谓遗之以利;薄征敛、轻征赋、弛刑罚、赦罪戾、宥小过,此谓宽其政;养长老、慈幼孤、恤鳏寡、问疾病、吊祸丧,此谓匡其急;衣冷寒、食饥渴、匡贫窭、赈罢露、资乏绝,此谓赈其穷。"张謇自己对"天地之大德曰生"的解释是:"一切政治及学问最低的期望,要使得大多数百姓,都能得到最低水平线的生活,……换句话说,没有饭吃的人,要他有饭吃;生活困苦的人,使他能够逐渐提高,这就是号称儒者应尽的本分。"张謇经营的大生企业集团,正是按"德"的6条内容来做的。他创办通海垦牧公司,提倡植树造林、改良棉种,创办阜生蚕桑公司是"厚其生";他注重开发南通的优质棉与传统的土布市场、修建道路、引进电车运输,符合"输之以财";他主持疏浚港口河道,创办大达轮步公司和内河小轮公司,治理江、淮水利,是为地方"遗之以利";张謇主持纱厂时,注重厂规厂约,赏功罚过,极为分明,这些措施比单纯的"宽政"更为完善;他还创办聋哑学校、孤儿院、敬老院,平时大量赞助"善举"等事业,正为"匡其急""赈其穷"。③

张謇平生最信服《易经》,而《易经》的哲理也使张謇在企业经营中大受裨益。一部《易

---

① 李明勋、尤世玮主编:《张謇全集》(2)"函电(上)",上海:上海辞书出版社,2012年,第83页。
② 林刚:《岂因货殖损清名》,严学熙主编:《论张謇》,南京:江苏人民出版社,1993年,第272页。
③ 详见马俊亚:《张謇与荣氏兄弟经营管理比较》,《吴文化资源研究与开发》第1辑,南京:江苏人民出版社,1994年。

经》强调最多的就是"变",究天人之际,通古今之变,"以定天下之业,以断天下之疑"。《说文解字》认为:"易",即蜥蜴的象形,蜥蜴的保护色随环境变化而改变,以此命名为《易》,比喻宇宙的千变万化,告诉人们要依具体实际制定相应的方针策略。张謇向来主张《易》学应"参天道,明人事,而切于日用行习";他的企业家精神的核心就在于"因时而变通"的主观能动性。他说:"盖商情万变,顺时而动者天,因时而变通者人,未可以概一也。"他认为,人只有顺应自然的发展规律,"衡量时局,随机因应",才能在经营活动中"操纵得宜",取得实际成效。显而易见,张謇的经营策略源于《易经》的思想。张謇根据瞬息万变的市场行情制订的营业计划"尤在衡量时局,斟酌市情,以权操纵,准斯所的"。这个计划与《易经》的主题精神完全一致。①

在张謇看来,中国的传统伦理都符合《易经》的哲理。他解释南通农校的校训"勤苦俭朴"四字时说:"夫勤者乾德也;乾之德在健,健则自强不息。俭者坤道也;坤之德在啬,啬则俭之本。黄老之学得坤道。勤俭之广义,虽圣人之成德亦由之。"②

张謇主持大生纱厂"进花""出纱",把《易经》的哲理发挥得淋漓尽致。他认为"人事因天时为变动","天时不可知,人事则可推见"。他主持购花时,密切注意气候变化与市场行情,对各产棉区的气候、灾变都派人记录。遇上气候异常、棉花歉收时,大生纱厂就提前放价收花;而当风调雨顺、棉产丰稔时,大生纱厂就稳住不动,待别的纱厂抢购完毕再压低价格收购优质棉。大生纱厂历届说略中,常常可以看到有关天气变化与棉产丰歉、自然灾害以及对棉花收购策略的记录。张謇主持销纱时,则时刻注意政局变化与战灾兵衅,把这看成企业家的基本素质。他说:"商业必时变消息也,略识商业者皆知之。"③在动荡危局中能"长袖善舞"、游刃有余,确是张謇的过人之处。这种精神素质的形成,同样得之于他对《易经》的独到理解。他说:"世变未知所届,唯守正而处中者,可以不随不激,此中道理,《易经》最富。"④大生纱厂的档案中详细记载了每次战灾对纱市的影响及张謇灵活多变的售纱策略。如1904年"日俄战事方紧,关东布市瑟缩,纱亦随之而滞",大生纱厂的销纱策略为"价不大,价大恐益滞"。⑤ 结果这年进花出纱核余规银61万余两。1911年武汉"战事正紧","商业大受恐慌,百货因以停滞",大生纱厂为筹集资金,"将各购户前盘已定之纱,贬价使之缴现,即以收入纱款借为购花",最终使"营业亦有赢无绌,以例它厂,可云至幸"。⑥

在江南精英中,像张謇这样深受中国传统观念熏染的人非常普遍。荣德生就是这样的人。尽管荣德生不像张謇那样受过系统的儒学经典的训练,但在日常生活中,他一直受

---

① 详见马俊亚:《抗战前江、浙棉纺业的经营管理与中国传统文化》,《浙江师大学报》1992年第3期。
② 张謇:《农校开学演说》,《张謇全集》第4卷,南京:江苏古籍出版社,1994年,第138页。
③ 《通州大生纱厂第六届说略》,南通市档案馆等:《大生企业系统档案选编》,第23页。
④ 张孝若:《南通张季直(謇)先生传记》,上海:中华书局,1930年,第345页。
⑤ 《通州大生纱厂第六届说略》,南通市档案馆等:《大生企业系统档案选编》,第23页。
⑥ 《南通县大生纱厂第十三届说略》,南通市档案馆等:《大生企业系统档案选编》,南京:南京大学出版社,1987年,第71页。

着传统道德的教育。

首先,荣德生在少年时代学习过一些儒家典籍,这些典籍成为荣德生改造社会的指南。其父荣熙泰就曾"专心学《易》'奇门卦',颇灵验,注有书,为人所卜皆验"。[①] 荣德生9岁时,开始读《大学》《中庸》《学而》等,10岁时读《公冶长》《子罕》,11岁读《阳货》《梁惠王》《公孙丑》《滕文公》《离娄》等,12岁读完《孟子》,13岁读《幼学须知》,14岁读完《诗经》,15岁读《易经》。荣德生毕生从事实业活动,所使用的机器多为外国进口,所聘请的技术人员有不少是外籍技师,但他事业的成功,仍得益于中国古代典籍的影响。他在晚年为公益中学创立30周年题词中写道:"实学实用,不枉国家之栽培与家长之期望。"他认为"今各校毕业同学,均在觅出路,颇觉皇皇[惶惶]无所适从,实则出路只有一条,就是'从事生产,有裨实用'而已。至于学校课程,余反观以前教[育]部所定学课,似乎迹近八股,普遍注重英文,蔑视国文,置古代典籍于高阁,而奉外国之一鳞半爪为秘宝,无异墨子所云:'舍文轩而窃敝舆,舍粱肉而窃糟糠',可笑孰甚。吾国文艺,西人尚知宝重,不乏优美著作,为外人移译以去,而我国人反不知阅读。总之,无论科艺技术,一切皆须有国学为之根底。国文如能通畅,自然能说、能写、能著作,以教后人。否则,纵有大本领,尚是皮毛。本国人读外国译本,纵极精通,总有些隔靴搔痒。国文基础,不外'四书''五经'、诸子百家"。[②] 荣德生认为传统典籍对改造社会、发展经济都有一定的指导意义。他写道:"今欲繁荣经济,改造社会,重振人心,若照《大学》做起,必能成功;即照首章'序言'办去,亦能治国平天下。""所以吾国将来工业发达,生产大增以后,必须保持知足,提倡古训,人人勤俭,衣食自足;地上生产,地下启发,生活物资无虞匮乏。同时人人安守本分,知足乐业,笃于忠信,崇尚道义。"[③]

其次,荣德生除从书本上接受传统教育外,他所受的家训同样符合儒家宗旨。其父荣熙泰经常教育荣氏兄弟:"治家立身,有余顾族及乡,如有能力,即尽力社会。以一身之余,即顾一家;一家之余,顾一族一乡,推而一县一府,皆所应为。并常看曾文正政书,研求国文,俾得应用;每日写字,以求通体。"[④] 据钱基厚云,这个家训,"实合孔子'己立立人,己达达人'之旨"。

再次,中国传统商业哲理对荣德生影响很大。荣德生在总结自己企业经营活动的经验时说:"余历次受经济困难而解除之,推而社会至省、省至国、国至国际,均密察盈虚消长,记之于心,对市面升沉,颇有会通,凡吾所管,即得此旨。尝思陶朱公,忆则屡中,非偶然也。每以此语与同人及学生讲之,陶朱商学,贱进如草芥,贵出如粪土。我以勤俭为主,

---

① 荣德生:《乐农自订行年纪事》,"光绪廿二年"条,见乐农史料选编:《荣德生文集》,上海:上海古籍出版社,2002年,第22页。
② 荣德生:《乐农自订行年纪事续编》,"1949年"条,见乐农史料选编:《荣德生文集》,上海:上海古籍出版社,2002年,第220—221页。
③ 荣德生:《乐农自订行年纪事续编》,"1949年"条,见乐农史料选编:《荣德生文集》,上海:上海古籍出版社,2002年,第221—222页。
④ 荣德生:《乐农自订行年纪事》,"光绪廿二年"条,见乐农史料选编:《荣德生文集》,上海:上海古籍出版社,2002年,第22页。

附以平心守古语。所以经营之事业,利多害少,随意指挥。"他认为春秋时代三致千金的范蠡实为"生产之先尊"。①

荣德生在经营方面运用传统商业哲理的成功事例实为司空见惯。据李国伟回忆,1911年,雨量特别多,荣德生偶然出外巡视,见多数仓库外墙泛潮,墙脚水痕高达一二尺,他马上联想仓库中潮麦中一定很多,便立即通知各庄收麦人员特别注意不收潮麦、坏麦。结果那年无锡各粉厂都受到烂麦影响,产品减色,只有茂新兵船牌面粉品质优良,"从此做出牌子,和阜丰的老车牌并驾,售价也相等了"②。到1913年,茂新"照常,营业颇佳,牌子最好,已比老牌升至二分,处处乐用。……'兵船牌'经此两年,从此立住脚地。后来发展,皆用此牌,占利不少"③。按荣德生的说法,这是灵活运用了范蠡的"人取我弃"策略。1931年,荣家连续收购三新纱厂、东方纱厂和厚生纱厂,则是荣德生运用了范蠡的"人弃我取"策略。荣家收购三新纱厂,只用了5万元现金(欠35万元)。荣家收买厚生纱厂本身也没有钱,仍向原厚生厂的债权人做押款,所以收买厚生厂,"实际上荣并未付钱,只是在钱庄账上转一个账户而已。钱庄相信申新老板不相信厚生,因为申新规模大,有好几家厂,一个厂不好,还有别的厂"④。荣家收买这些纱厂,同样是灵活运用陶朱商学哲理的典范。荣宗敬的话非常明确地说明了他的经营方针与陶朱商学的关系。他说:"茂、福、申新各厂得力于:造厂力求其快,设备力求其新,开工力求其足。扩展力求其多,因之无月不添新机,无时不在运转;人弃我取,将旧变新,以一文钱做三文钱的事,薄利多做,竞胜于市场,庶几其能成功。"⑤

在管理方面,荣家首创的申新三厂"劳工自治区",以运用传统伦理成功地管理工人而闻名。创办劳工自治区的指导思想,荣德生在1928年已说得极为明白。据当时人记述,申新三厂的劳工自治区,"那完美的设备,秀丽的环境决不像是中国劳工同志的住宅,不,那简直是达官巨富的庭园,组织完善的学府!"⑥该区共分3部分:(1) 宿舍。宿舍分单身男工、单身女工宿舍2种。均为2层楼房,每间容纳8—10人,"管理如同学校,阖室整洁,纤尘不染,每室设室长一人,负一室自治及风纪事宜;小导师一人,负同室工友教育事宜,每五百人设指导员一人,负责一切指导事宜"⑦。据当时到此参观的人叙述,这些宿舍"整洁的程度不输于中央军校的营房,清洁的水准远胜于任何学府的宿舍"⑧。(2) 合作社。

---

① 荣德生:《乐农自订行年纪事》,"民国十九年"条,见乐农史料选编:《荣德生文集》,上海:上海古籍出版社,2002年,第106—107页。
② 李国伟:《荣家经营纺织和制粉企业六十年》,中国人民政治协商会议全国委员会文史资料研究委员会:《工商史料》(1),第6页。
③ 荣德生:《乐农自订行年纪事》,"民国二年"条,见乐农史料选编:《荣德生文集》,上海:上海古籍出版社,2002年,第66页。
④ 上海社会科学院经济研究所:《荣家企业史料》上册,上海:上海人民出版社,1962年,第253页。
⑤ 李国伟:《荣家经营纺织和制粉企业六十年》,中国人民政治协商会议全国委员会文史资料研究委员会:《工商史料》(1),第6页。
⑥ 丁宜生:《名不虚传之申新劳工自治区》,《无锡杂志》第22期,1937年2月,第15页。
⑦ 无锡第一棉纺织厂档案馆:《档案汇编》,油印本,第4页。
⑧ 丁宜生:《名不虚传之申新劳工自治区》,《无锡杂志》第22期,1937年2月,第18页。

主要业务为代办储蓄、经营百货、文具、布匹、理发、缝纫、食用品商店。厂外设有农场,饲养荷兰牛数头、中国种及外国种约克猪多头。园艺方面,按时种植瓜蔬,"以助厂用"。①(3)事业部。设有医院,内有主任医师1—2人,护士若干人,1933年由厂方建造新屋,内辟男、女病室、医药室、挂号室等,凡本厂职工及其家属,均可免费医治,1936年又建3层大楼作为院舍,"凡爱克斯光灯,解剖台等科学设备,应有尽有,不特为各厂之冠,抑且为无锡最完备医院之一,工人得益尤巨!"②邮政储金汇业局,由无锡邮政储金汇业分局在厂附设,办理储蓄、汇兑及邮件寄送;劳工补习学校,对劳工进行职业教育和文化教育;申新小学,主要便利本厂员工子弟上学,学校设立在厂区,教室"光洁明净",校长及教职员有7人,学生达200余人,"学生入学,完全免费";大礼堂,可容纳1 000多人,内设舞台,可演京戏,每逢节日,申新三厂都要在大礼堂放电影或演戏,职工可免费观看。③女工养成所,"专事培植良好工友,除技术之训练外,公余之暇,复重视于身心之修养,暨道德之灌输";④托儿所,"分中级低级二种,凡在六岁以下之工友子弟,于其本人工作时间,乏人照顾时,即可留放本所"⑤。

自治区内还设有较为完备的娱乐设施,其中包括民众茶园,内有茶水供应,并有象棋、围棋等;公园,"现有七所,在东部者五所,西部者二所,为工人工余游息之所";运动场,"共有三所,备有篮球、千秋架、滑桥等运动器具"。⑥

最能体现中国传统伦理特色的管理,是自治区内设立的自治法庭、尊贤堂、功德祠和长乐新村。自治法庭里面设有5名裁判员,皆由工人自己推选,工人之间有纠纷,可先向自治法庭起诉,不服则报告厂中总管理处。自治法庭与尊贤堂连在一起,里面供着关羽、岳飞、戚继光、薛仁贵、王其勤的塑像,"工人有时蛮横无理(?),便叫他到尊贤堂去宣誓。……这种向泥菩萨宣誓的办法,在工人群里实行,有时颇有功效"⑦。功德祠是为纪念厂中有贡献的职工而建,供奉的人为:"1,凡因公受伤殒命得入本祠奉祀。2,凡终身在本厂任职,不论职工,其任期在十年以上,而有功绩于厂方者,亦得入祠奉祀。"⑧功德祠内一切事宜由专门组成的管理委员会办理,管理委员定为11人,除经理为当然委员外,其余10人由职员、工人双方各推选5人;对祠内供奉人员,管理委员会每年在春秋两季组织全厂职工公祭。长乐新村由职工出资,厂方提供地基,每宅经费为300—3 000元,"四围应植花木及地下草皮,由厂方负之。每宅之命名,即以建筑者姓名名其宅"。"凡建筑者享用至极身为止,身故后得将建筑人神主入村内永安祠永享祭祀等典礼。"⑨

---

① 无锡第一棉纺织厂档案馆:《档案汇编》,油印本,第4页。
② 丁宜生:《名不虚传之申新劳工自治区》,《无锡杂志》第22期,1937年2月,第21页。
③ 无锡第一棉纺织厂档案馆:《档案汇编》,油印本,第5页。
④ 丁宜生:《名不虚传之申新劳工自治区》,《无锡杂志》第22期,1937年2月,第17页。
⑤ 丁宜生:《名不虚传之申新劳工自治区》,《无锡杂志》第22期,1937年2月,第20页。
⑥ 丁宜生:《名不虚传之申新劳工自治区》,《无锡杂志》第22期,1937年2月,第21页。
⑦ 上海社会科学院经济研究所:《荣家企业史料》上册,上海:上海人民出版社,1962年,第586页。
⑧ 丁宜生:《名不虚传之申新劳工自治区》,《无锡杂志》第22期,1937年2月,第23—24页。
⑨ 丁宜生:《名不虚传之申新劳工自治区》,《无锡杂志》第22期,1937年2月,第24页。

当时,这种运用中国传统伦理进行管理的方式,产生了一定的效果。申新三厂总管薛明剑将作用归纳为五点:(1)消灭劳资间的纠纷。"劳工事业办理完成以后,劳资间的隔膜,当然不会发生,因是一切纠纷,也就没有了,罢工停厂的事件,更不要说了。"(2)促进劳资合作。"劳工事业完成以后,工人知识进步,见解亦能清晰,对于双方的利害关系,自能观察清楚,于是基于自助互助的原则上,合作的事实,就逐渐的表现起来。"(3)减少暗损,增加出数。"劳资间如有龃龉,无论耳目如何周到,管理如何严格,但是工人人数众多,终可于暗中损坏你的物料,和机件,或者有意增加你的消耗,减低出品的成色。"(4)不受外界的影响和诱惑。"工厂纠纷或罢工等事件发生,不仅是属于本身问题而自动的,尚有受外界的影响和诱惑,假使劳资间没有隔膜,即使有受外界的诱惑,也决不会发生问题。"(5)促进社会风化的改良。自治区内注重清洁卫生,为"大中学校的学生所不及,懒惰的小姐见了也要惭愧"。尤为重要的是,"劳工工作以后,识字的识字,娱乐的娱乐,畜牧的畜牧,各有正当的消遣,和事情,恶浊的风气及不正当的习惯等,亦已渐渐改进"。[①] 薛明剑还以详备的统计数字令人信服地证明了自治区的成就,在自治区开办初期的1933年,申新三厂每锭每日产纱0.9994磅,每件纱的成本为21.1581元,每匹布的成本为1.01056元;到1936年,申新三厂每锭每日产纱增为1.1640磅,每件纱的成本降为13.8334元,每匹布的成本降为0.73903元。[②] "申新三厂在前两年艰难困苦的环境中,人家停办的停办,出售的出售,我们总算除了官利,年有若干万元的折旧和盈余。我们研究其原因,不得不归功于安定劳工生活和改进劳工技能的效果。"[③]

与张謇、荣氏兄弟相类似,江苏近代史上注重运用中国传统哲理与伦理经营管理的江南精英还可举出一些。无锡唐保谦出身于科举世家,少年时代受张謇影响非常大,在实业活动中特别注重实际调查。他的足迹"走遍大江南北,并曾几次到达过河南、山东、陕西、东北,深入农村、各地市场,不厌其详,不畏艰辛,和各类人物接触,遇到商人就讨教进货来源、销货去路,以及储藏的办法。对农民的种植过程和种植方法,以及各地土壤对种植农作物的适宜性能,各地气候和农作物的关系,河流的交通情况、旁及水质、肥料的优劣,都作了详细调查,一一笔之于书"。[④] 在日常生活中,他崇尚节俭,甚至节衣缩食。[⑤]

常州刘国钧也是这样的精英。据他自述:"日食三餐元麦糊,竹床夜卧一张铺。平生学费不盈贯,事业从来仗众扶。"[⑥]从这寥寥数语中,我们可以看出他具有俭朴、谦逊等传统美德。他认为要办好工厂,"必须以工人以主体,处理好与工人的关系",他重视工人的思想动态,经常深入车间找工人和管理人员谈话。他常说:"工厂工厂,乃工人的厂,只有大家努力,才能办好工厂。"为了树立"新厂风",刘国钧提出以"忠信笃敬"为厂训,告诫全厂职工恪守。每逢春节,公司都要宴请全体职员、机工、"宕管"等人,刘国钧即席讲话,挨

---

① 薛明剑:《工厂注重劳工事业与本身之关系》,《无锡杂志》第22期,1937年2月,第31—33页。
② 薛明剑:《工厂注重劳工事业与本身之关系》,《无锡杂志》第22期,1937年2月,第33—34页。
③ 薛明剑:《工厂注重劳工事业与本身之关系》,《无锡杂志》第22期,1937年2月,第34页。
④ 黄厚基:《民族资本家唐保谦父子工业发展简史》,无锡政协档案《经济》(六),第78—79页。
⑤ 黄厚基:《民族资本家唐保谦父子工业发展简史》,无锡政协档案《经济》(六),第81页。
⑥ 《刘国钧自传》,常州市纺织工业公司:《常州纺织史料》第10辑,第206页。

桌敬酒。他常对工人说:"我们厂就是个社会,进了厂就要安心工作,要食于斯,居于斯,生活于斯,老于斯,葬于斯。"为此大成专门花费巨资开办职工食堂、建职工宿舍、建立大成小学、保健站、小商店;并与荣家一样造了功德堂,有贡献的职工死了可立碑入堂,老年职工死了要开追悼会。另外,大成纱厂还置办大成公墓,等等。[①]

有人对来自中国传统社会阶层的精英颇不以为然,而比较推崇买办。严中平认为:"买办不独拥有创办现代工厂所必需的大量资金,并且拥有创办现代工厂所必须具备的某些'洋务'知识,而这却是一切官僚、地主、高利贷者等等土财主纵使花费巨额资金也是无从购买的。"[②]诚然,中国买办阶层中曾涌现出像唐廷枢、郑观应那样著名的企业家,但为什么这个阶层中没有涌现出扛鼎压轴的实业巨擘呢?为什么毛泽东在20世纪50年代与黄炎培谈话时所说的中国近代实业界4个不能忘记的人物张之洞、张謇、范旭东、卢作孚诸人,无一来自买办呢?而这些非买办的企业管理比那些买办出身的企业家的管理有过之而无不及?这就说明只有切合中国实际的管理理论,才能获得良好的效果。

实际上,即使来自买办的企业家,身上仍打上了很深的传统烙印。如买办出身的周舜卿,"每届春秋,祭扫躬拜先人庙墓,诏不孝等(指周承恩、周承基、周承锡3子——笔者注)而诫之曰:'……朱太夫人性极慈善,声闻里党。……犹忆吾初至上海,行李萧然,携囊钱一贯耳,备历艰苦,始有今日之发达。吾从事于阛阓角逐之场,而梦寐之间始终依依于乡梓者。以海上风俗奢靡,子孙不宜久居,吾乡土地沃,民俗厚,使儿辈常睹农夫耕作之劳,无忘祖宗稼穑艰难,吾之志也。'"[③]周舜卿平时也大有古士风范,他曾捐巨资筹建锡金会馆,为旅沪无锡铁工奔走诉讼。他还"念本支之老幼废疾亟待赡养,于是置义田千亩,建庄屋数楹,俾老有所终,幼有所养,鳏寡孤独,嫁娶凶葬,皆有赡。……先后两辑宗谱,周咨博访,经费悉由己任"[④]。在灾荒年月,他经常捐巨资,赈济灾民。张謇曾为周舜卿的遗像题诗:"名山五千铁独丰。货殖铁冶泰半雄。致富农不如商工。江南金锡县旧封。周君乃蹑郭邠踪。釜鬵鼎镬相磨砻。千金三致散厄穷。疏交近里逮学僮,好行其德义自躬。"[⑤]张謇的诗是对周的传统美德的充分肯定。

具有传统伦理的近代江南精英,在近代社会变革时期投入企业活动中,使传统与现代这一对看似矛盾的事物在这里得到了有机的结合。

在中国近代企业活动中,从盲目的投资经营者,到通晓经营管理的企业家,无疑存在着素质上的差别;而从寻常的企业家,到泰山北斗式的企业巨擘,则更有着精神与素质两方面的差异。

王国维在《人间词话》里把诗人分为两个境界,他认为崇高境界的诗人,"对于宇宙人生,须入乎其内,又须出乎其外。入乎其内,故能写之;出乎其外,故能观之"。在他看来,

---

[①] 常州市民建、工商联:《刘国钧经营大成纺织染公司的经验》,中国人民政治协商会议全国委员会文史资料研究委员会:《工商经济史料丛刊》第3辑,第160—161页。
[②] 严中平:《中国棉纺织史稿》,北京:科学出版社,1955年,第155页。
[③] 无锡政协文史资料委员会档案,周承恩等:《(周舜卿)行述》,手稿,无编号。
[④] 无锡政协文史资料委员会档案,周承恩等:《(周舜卿)行述》,手稿,无编号。
[⑤] 张謇:《题周舜卿遗像》,《张謇全集》第五卷(下),南京:江苏古籍出版社,1994年,第333页。

对宇宙人生"入乎其内",仅是第一层境界;第二层境界"出乎其外"才是更上一层楼,是更高的境界。

在企业活动中,我们也可以把精英的精神境界分为两个层次。第一层境界"入乎其内"就是在企业事务中登堂入室,包括具有向近代工业投资的目光,在日常的操作中精打细算、锱铢必得,掌握企业经营管理的专门知识;既有赚取工业利润的新观念,更有赚取工业利润的实际能力。这层境界就是马克斯·韦伯所说的"资本主义精神",其表现就是处处用金钱来衡量一切。韦伯引用本杰明·富兰克林的话写道:

"切记,时间就是金钱。假如一个人凭自己的劳动一天能挣十先令,那么,如果他这天外出或闲坐半天,即使这其间只花了六便士,也不能认为这就是他全部的耗费;他其实花掉了,或应说是白扔了另外五个先令。

切记,信用就是金钱。如果有人把钱借给我,到期之后又不取回,那么,他就是把利息给了我,或者说是把我在这段时间里可用这笔钱获得的利息给了我。假如一个人信用好,借贷得多并善于利用这些钱,那么他就会由此得来相当数目的钱。

切记,金钱具有孳生繁衍性。金钱可生金钱,孳生的金钱又可再生,如此生生不已。五先令经周转变成六先令,再周转成七先令三便士,如此周转下去变到一百镑。金钱越多,每次周转再生的钱也就越多,这样,收益也就增长得越来越快。谁若把一口下崽的母猪杀了,实际上就是毁了它一千代。谁若是糟蹋了一个五先令的硬币,实际上就是毁了所有它本可生出的钱,很可能是几十英镑。"

"要当心,不要把你现在拥有的一切都视为己有,生活中要量入为出。很多有借贷信用的人都犯了这个错误。要想避免这个错误,就要在一段时间里将你的支出与收入作详细记载。如果你在开始时花些工夫作细致的纪[记]录,便会有这样的好处:你会发现不起眼的小笔支出是怎样积成了一笔笔大数目,你因此也就能知道已经省下多少钱,以及将来可以省下多少钱,而又不会感到大的不便。"①这种资本主义精神的哲学可概括为两句话:"从牛身上刮油,从人身上刮钱。"

近代江南具备这一层境界的精英如同恒河沙数。他们不乏精明,不乏"从人身上赚钱"的观念和手段,而他们确实也能够积累起巨大的货币资金。但他们仅是为赚钱而赚钱,一味沉湎于金钱物欲中,无法看到更伟大的目标,因而他们没有更有意义的追求,他们只能"入乎'金钱'之内",而不能走出"金钱"的苑围。用美国心理学家马斯洛的需要层次来分析,他们还被低级需要所主宰,还没有进入"自我实现"这一高层次的需要阶段。

即使是他们中最优秀的人,即使能创造出惊人的企业成就,他们也仍然缺乏远大的社会理想,缺乏丰富的人生情感。英美烟公司的前身美国烟草公司的创办人詹姆斯·B. 杜克就是一个非常勤奋的企业家,他说:"我热爱企业胜过一切。我起早贪黑地工作,当深夜我停止工作时,总会有些遗憾;而早晨来临,我投入工作时,我就非常高兴。所以我能够实

---

① 马克斯·韦伯:《新教伦理与资本主义精神》,北京:三联书店,1996年,第33—34页。

现我的目标。"①对这种类型的精英,马克思主义者保尔·拉法格作过分析:"如果把积累了亿万财富而丝毫不愿也不可能利用这些财富的托拉斯体系的创始人,同那些过着腐化生活的资本家等量齐观,也是不公平的。施瓦伯这个精力充沛、工作到了狂热地步的劳动组织者,只是在最近才听从了医生的劝导而同意休息。洛克菲勒的消化系统坏得只能吃一种特殊的奶制品。他已许下诺言,谁要是能把他的病治好,就酬谢他五百万元。资本家一旦发了财,往往就离开工作贪图安逸,享用从工人那里掠夺来的财富。反之,托拉斯的活动家们却永远是一些献身于自己事业的人,并且为了不断扩大自己的事业而活着。这些人就是卡莱尔所说的'工业统帅'的化身。他们的心目中,既没有人类的同情心,也没有社会理想。他们在排挤自己的竞争者和剥削工人时丝毫不感到内疚。他们就象轧钢机中的轧辊一样。无动于衷地完成自己的使命。"②

  这就是马克思所描绘的那种"撕下了罩在家庭关系上的温情脉脉的面纱,把这种关系变成了纯粹的金钱关系"的资本家阶级,"它无情地斩断了把人们束缚于天然首长的形形色色的封建羁绊,它使人和人之间除了赤裸裸的利害关系,除了冷酷无情的'现金交易',就再也没有任何别的联系了。它把宗教的虔诚、骑士的热忱、小市民的伤感这些情感的神圣激发,淹没在利己主义打算的冰水之中。它把人的尊严变成了交换价值,用一种没有良心的贸易自由代替了无数特许的和自力挣得的自由。总而言之,它用公开的、无耻的、直接的、露骨的剥削代替了由宗教幻想和政治幻想掩盖着的剥削"。③ 但是这层境界的精英,"不管他们是否自觉,是否违背他们原来的意愿。他们终归是干着革命的事业"。④

  江南精英的第二层境界是"出乎其外",超脱企业的苑囿,不为眼前的利益所牵累,不以企业一时之盛而沾沾自喜,不以企业一时之衰而丧魂失魄;他们具有高瞻远瞩的战略眼光,能高屋建瓴地俯察世事沧桑,操企业于掌心之间。到了这层境界再来看待企业、金钱,如登泰山而小天下,如经沧海而难为水。

  第二层境界是对第一层境界的超越与升华,是精英所能达到的峰巅。第一层境界是对企业本身的研究思索,从而通晓企业内在的事务;第二层境界是把企业放在宇宙人生中研究思索的结果,既通晓企业事务,更通晓人类社会的种种情感,举凡政治、经济、军事、法律、教育、传统习俗、社会心理,甚至物产、气候、地理,无一不在研究思索之列,无一不为所用,无一不用有所成。

  江南精英从事企业活动是为了"自我实现",是为了满足高级需要。从心理学的角度来分析,高级需要的追求与满足具有有益于公众和社会的效果。在一定程度上,需要越高级,就越少自私。这种需要倾向于发展诸如忠诚、友爱以及公民意识等品质,并成为更好的父母、丈夫、教师、公仆等等;高级需要的追求与满足会导致更伟大、更坚强以及更真实

---

  ① Mansel G · Blackford, *The Rise of Modern Business in Great Britain, The United States and Japan*, London,1988, p.59.
  ② 《拉法格文选》下册,北京:人民出版社,1985 年,第 283—284 页。
  ③ 《马克思恩格斯选集》第 1 卷,北京:人民出版社,1975 年,第 253—254 页。
  ④ 《马克思恩格斯选集》第 1 卷,北京:人民出版社 1975 年,第 253—254 页。

的个性。①

第二层境界的企业家具有以下鲜明的特征：

第一，从知识结构上看，他们具有深厚的近代科学素养与高超的经营管理艺术。

张謇、荣德生、刘国钧等企业家尽管不像买办那样系统地学习过"洋务"知识，但他们经营管理企业的成就丝毫不比买办逊色。

这是什么缘故呢？美国学者邓伯格（Robert F. Dernberger）写道："在同西方隔绝的长时期中，中国发展了一种不同的价值观念体系和经营方法，因而当这种隔绝被打破后，中国人就不得不从零开始学习西方企业家的活动方式。然而中国人有着长期官僚统治的行政和组织经验，一旦接触到现代化的企业，他们就在适当和有利的地方显示出学生般的聪明。"②

江南这些来自传统社会阶层的精英，同样重视科学方法。张謇认为，欲使"经营事业之效率……较普通人为大"，"第一须用科学方法，研究社会心理；第二须用科学方法，度量社会经济。否则，所经营之事业，必难发展"。③ 在企业经营中，他把舆地万物、国政人伦、天人之际、古今之变都作为企业的相关因素加以通盘体察。荣德生在企业活动中也非常注重采用近代的科学技术，他强调："实行科学管理，发挥技术力量。"④他曾钻研西方经济学说，研究西方新式机器设备，"每至申，物色杂志样本，余暇时加涉览"。⑤ 他还潜研法律，为他的企业活动减少了许多阻碍。他自述："余数十年经营，未尝触犯刑章，二十余岁读刑、民法；三十岁后始有商会，遂习商法，凡事依法而行。"⑥他曾考察大半个中国，了解各地的投资条件，对于政局、人情、商务、交通、气候、物产、山川气势、风土民俗，做到了然于胸，常能见微知著、明察秋毫，在企业决策中出人意料、高人一筹，收到良好的效果。

充分利用社会各种条件，调动各方面的力量为企业所用，是企业巨擘必备的素质，这样的成功事例在每位巨擘的经营史上都屡见不鲜。连国外学者也承认："确实有一'群'中国模仿者仿效了熊彼特的创新者。"⑦

第二，从精神素养上看，他们通过自我实现，具有自我尊重的心理特点。

在中国传统的职业等级中，工商业者始终处于极低的层次，读书、做官被社会普遍推重。所谓"万般皆下品，唯有读书高"，"士而优则学、学而优则仕"，千百年来被奉为金科玉

---

① 马斯洛：《动机与人格》，北京：华夏出版社，1987年，第116页。
② 张仲礼主编：《中国近代经济史论著选译》，上海：上海社会科学院出版社，1987年，第32页。
③ 张謇：《中国科学社年会欢迎词》，《张謇全集》第4卷，南京：江苏古籍出版社，1994年，第302页。
④ 荣德生：《乐农自订行年纪事续编》，"1948年"条，见乐农史料选编：《荣德生文集》，上海：上海古籍出版社，2002年，第208页。
⑤ 荣德生：《乐农自订行年纪事》，"宣统元年"条，见乐农史料选编：《荣德生文集》，上海：上海古籍出版社，2002年，第55页。
⑥ 荣德生：《乐农自订行年纪事续编》，"1944年"条，见乐农史料选编：《荣德生文集》，上海：上海古籍出版社，2002年，第170页。
⑦ 张仲礼主编：《中国近代经济史论著选译》，第63页。

律。传统的工商业者也普遍缺乏自我尊重,鄙视自身的价值。郝延平指出:"中国传统商人总是教育他们的子孙通过科举考试来使他们的家庭脱离商人阶层。"[1]荣德生青年时代曾梦想成为风水先生,"看地理书《人子须知》《地理辨正一贯》《堪舆地理大成》等";见到有位医生"门庭若市,气概阔大,门生开方数人,望之极羡。与言欲入门学医"。[2] 通过企业活动,江南精英们实现了自身的价值,他们充分认识到工商业的重要性,鄙视最能体现身份地位的洋学历与官本位。1946年,荣德生之子荣鸿仁及孙子荣智明去美国留学,荣德生"临行再三训迪叮咛,在外不必以学位为目标,只要在事业上学会实用本领"。他认为"留学归来致力于事业者多有成就,走入政治者多学非所用,一入此途,与猾吏无异,不但无益社会国家,且亦自误,至为可惜,反不若做一农工有裨于生产也"。[3] 把洋学历、从政看得不如做一农工,表明了江南精英自我尊重的加强,新价值观念的形成。事实上,这些精英往往培养自己的子女企业管理与生产技术方面的才能,企业经营呈现出父子相继、后继有人且青胜于蓝的良好势头。无锡薛家第二代薛寿萱,第三代薛祖康、薛景乔都是学习制丝的,杨家第二代杨翰西、杨味云,第三代杨通谊,唐家第二代唐星海、唐君远皆从事企业经营管理,荣德生后代中,"纺织已有二、三、五诸儿;面粉则欲四、六、七诸儿继承"[4]。这种自我尊重的形成,是企业家们在企业活动中逐步实现的。马克思指出:"追求幸福的欲望只有极微小的一部分可以靠观念上的权利来满足,绝大部分却要靠物质的手段来实现。"[5]这说明江南精英的人格与境界存在着一个升华过程。

第三,第二层境界的江南精英更多地表现出了对人生情感、道德义务、社会使命的深刻领悟,从不是为了单纯的赚钱而赚钱,为了营利而不择手段。

这层境界是一般唯利是图者无法企及的,它是人生所有气量、道德、涵养、悟性、智慧、知识、经验、信念等量的积累,甚至还有常人不曾经历过的人生磨难的锤炼与催化,从而实现人格的超越,是企业家获得的不逊于物质成就的精神成就。

首先,江南精英具有强烈的使命感与社会责任感。张謇指出:"策中国者,首曰救贫。救贫之方,首在塞漏。凡天子之忧勤,大臣之所计划,天下士之所攘腕而争,大抵划一矣。……謇不自量,辄亦毅然自任以必成。"[6]他办企业获得利润也是服从于自己的经世目的。他说:"中国今日国势衰弱极矣,国望亏损极矣。……欲雪其耻而不讲求学问则无资,欲求学问而不求普及国民之教育则无与,欲教育普及国民而不求师则无导。故立学校

---

[1] Yenping Hao, *The Comprador in Nineteenth Century China: Bridge between East and West*, Harvard University Press, 1971, p.8.
[2] 荣德生:《乐农自订行年纪事》,"光绪廿三年""光绪廿二年"条,见乐农史料选编:《荣德生文集》,上海:上海古籍出版社,2002年,第23、21页。
[3] 荣德生:《乐农自订行年纪事续编》,"1946年"条,见乐农史料选编:《荣德生文集》,上海:上海古籍出版社,2002年,第187页。
[4] 荣德生:《乐农自订行年纪事续编》,"1945年"条,见乐农史料选编:《荣德生文集》,上海:上海古籍出版社,2002年,第175页。
[5] 《马克思恩格斯文集》第五卷,北京:人民出版社,2009年,第293页。
[6] 张謇:《大生纱厂章程书后》,《张謇全集》第3卷,南京:江苏古籍出版社,1994年,第42—43页。

须从小学始,尤须先从师范始。……各国师范学校皆国家建立。七八年来无可希冀,欲与二三同志图之而又无资。遂有从事实业之想。"①通过发展实业,张謇对南通进行全方位的建设,使南通成为近代中国的"模范城市"。与张謇相似,荣宗敬作为一名实业家,"热爱祖国,奋发图强,发展民族工业。他在青年时代,目睹帝国主义的侵略和政治腐败、民生凋敝的景状,认为要拯救国家民族危亡,必须创办新兴工业,发展经济,增强国力"。他常对子侄们说:"有力量要贡献社会",他与其弟荣德生先后在家乡创办公益小学、竞化女校、公益工商中学、大公图书馆以及职工养成所、江南大学等;他们还投资建设家乡梅园、小箕山、锦园等风景点,修桥铺路,造福社会。②

其次,第二层境界的精英对金钱物欲、个人利益具有超然精神。张謇创办大生纱厂,自议创至开车,历时44个月,其间为了筹集股金,往来于上海、南通、海门等地,常常"旅费乏,鬻字",前后5年的生活费仅靠书院薪俸维持,未挪用厂中一文钱。他说:"人或谓余弃官而营实业,必实业获利有大于居官之所得者;又或谓余已获利数十万金,乃仍集股不止。何耶? 当日似以余专为致富计者。余则若专图个人之私利,则固有所不可;若谋公众之利,奚不可者? 嗣因纱厂必需棉花,棉花必待农业;于是设垦牧公司。要知余之所以孳孳不已者,固为补助纱厂计,尤欲得当一白吾志耳。时局至此,若专谋个人之私利,虽坐拥巨万,又何益哉!"③还在1913年,张謇就以高瞻远瞩的目光对中国东北的存亡安危提出警告,并积极筹划保全东三省良策,他认为:"就中国历史而观之,北部存亡,常为全局安危所系。今日而求救国之策,顾可蹈前明之覆辙耶? 况今日欲保存东三省,有较之前明易为力者,即经营该地之实业,可以致富,可以实边,可以裕国便民。近年来议办东三省垦务者,实难枚举。鄙人在江南咨议局亦建是议,经众赞成。顾言之匪艰,阅数年矣,曾无一人焉实行其事。若曲为原谅,当或因资财不易酿集,或因东三省能否保存,尚难预卜,投资其地,异常危险。然自鄙人言之,所谓事未及作,即预存一不能成功之念者非耶? 鄙人曾创是议,耻于言之不能行也,故毅然攘臂而兴,膺期巨任。"④这种对国家民族强烈的责任感,绝不是一个为赚钱而赚钱的精英所能做到的。张謇半生经营实业,应得酬金何啻百万,他把这些钱全部用于办学等公益事业,自己的生活却十分俭朴,衣服都是补丁加补丁。无独有偶,荣德生常年也是布衣布鞋,不沾烟酒,一张白纸也舍不得浪费,甚至用香烟壳写便笺。⑤ 他写道:"国人大多无远大目光,以为余饱暖坐食,终生尽可足用,何必再需若许钱财,不知余别有远见,另图大规模之事业也。"⑥

最后,第二层境界的精英身上具有强烈的道德信念。张謇指出:"吾国人重利轻义,每

---

① 张謇:《师范学校开校演说》,《张謇全集》第4卷,南京:江苏古籍出版社,1994年,第24—25页。
② 洪锦炘:《纪念荣宗敬先生、弘扬爱国、创业精神》,《无锡文史资料》第28辑,第3—4页。
③ 张謇:《北京商业学校演说》,《张謇全集》第4卷,南京:江苏古籍出版社,1994年,第112页。
④ 张謇:《北京商业学校演说》,《张謇全集》第4卷,南京:江苏古籍出版社,1994年,第113页。
⑤ 毛小言:《关于荣氏兄弟若干史料和传说》,《江南大学学报》1991年第3期,"荣氏研究专辑"。
⑥ 荣德生:《乐农自订行年纪事续编》,"1946年"条,见乐农史料选编:《荣德生文集》,上海:上海古籍出版社,2002年,第188—189页。

多不法行为,不知苟得之财,纵能逃法律上惩罚,断不能免道德上之制裁。"①他的一些家书再三强调:"当悟人生信用,作事一而二,二而一,若人格无亏,则事即艰厄,不至失败;即失败而非堕落,反是则事败而人亦随之矣。"②荣德生在企业活动中不但讲求策略、方法,还"附以平心、守古语",他认为:"若一味唯利是图,小人在位,则虽有王阳明,亦复何补哉?"③

社会心理学认为,高成就动机人格的人,他们通常具有关于人类、民族的一些使命,随着他们人格的不断成熟,金钱在他们心目中的地位在逐步减弱,而对于成就的追求与实现,能给他们带来更深刻的幸福感、宁静感以及内心生活的丰富感。他们不是具有宗教伦理的禁欲主义者,也不是小市民气的手艺匠人式的省吃俭用。他们的使命与抱负,表明他们具有高成就的人格动机;他们对金钱物欲的超脱,表明他们脱离了低级需要层次,具有丰富而又高尚的情操,从而使他们在企业事务中超凡脱俗,"出乎其外",到达企业家的峰巅。

虽然并不是所有第一层境界的精英都缺乏对人生情感的领悟,但缺乏对人生情感领悟的精英,绝不可能到达第二层境界;尽管他们在经营管理上有一定的知识与建树,但单纯地为了赚钱而赚钱,就永远超越不了金钱物欲的限制和束缚。张謇说:"吾见夫世之企业家矣,股本甫集,规模粗具,而所谓实业家者,驷马高车,酒食游戏相征逐,或五六年,或三四年,所业既亏倒,而股东之本息,悉付无何有之乡。即局面阔绰之企业家,信用一失,亦长此已矣。"④这种不择手段地追求剩余价值用于挥霍消费的西门庆式的企业家,用心理学理论来分析,其动机类型还处于低级需要的阶段;而需要越低级,就越自私,越无益于公众和社会,就越束缚了他们自身精神境界的发展,进而影响他们企业活动的成就。

具有高尚人格动机的企业巨擘,在企业活动中,既带来了金钱利润等物质上的成就,又获得了人生修养、个性成熟、道德完善等精神方面的成就;人格动机处于低级层次的精英,不择手段地追求剩余价值,只能暂获单方面的物质成就。

那些西门庆式的精英,并不缺乏精明,他们带着锋芒毕露、咄咄逼人的气势,不择一切手段追求超额利润,用于穷奢极欲的生活,在很大程度上构成了对中国社会习尚、伦理道德、传统心理的亵渎和冒犯。这种只注重物质成就的积累,不注重精神成就积累带来的后果是:使他们为社会所贬忌,为世人所疏离,最终影响他们所从事的事业。

那些注重精神积累的江南精英,往往大智若愚,大巧若拙,"谦和虚躬,平心和气,待人以诚,实为忠厚长者",⑤予人以安全感与信任感。这种泱泱气度,很能迎合中国社会的普遍心态,赢得人们的普遍敬重。这种优良的形象、高尚的人格、完美的精神境界,仅就企业需要而言,比物资设备、经营知识更重要,因为物资设备可以购买,知识人才可聘请,而企

---

① 张謇:《商业本科毕业演说》,《张謇全集》第4卷,南京:江苏古籍出版社,1994年,第151页。
② 张孝若:《南通张季直(謇)先生传记》,上海:中华书局,1930年,第511页。
③ 荣德生:《乐农自订行年纪事续编》,"1940年"条,见乐农史料选编:《荣德生文集》,上海:上海古籍出版社,2002年,第150页。
④ 张謇:《北京商业学校演说》,《张謇全集》第4卷,南京:江苏古籍出版社,1994年,第112页。
⑤ 江苏省工业协会:《无锡工商大集》,上海:中国印书馆,1948年,第1页。

业家积累的精神成就则是花费巨资也无从购买的。

江南精英的境界主要是他们个人在企业活动中物质成就与精神成就积累的结果,而社会为企业家提供的舞台、企业本身发展所容纳的历史过程、整个社会形态的状况,都对江南精英的精神境界有一定的影响。江苏近代企业的发展是一个连续不断的过程,江南精英的精神境界也随着这个过程不断地深化。

第二节 精英的劣化与被劣化

美国社会心理学家马斯洛认为,具有高成就动机人格的人,通常具有关于人类、民族的一些使命,随着他们性格的不断成熟,金钱在他们心中的地位逐渐减弱,而对成就的追求与实现,能给他们带来深刻的幸福感、宁静感以及内心生活的丰富感;并且也只有对越来越高的成就的追求才更有益于公众社会,并能导致更伟大、更坚强以及更真实的个性。[1]

在江南,由于政府给个人才干的发挥留下了较大的空间,精英在实现了低级需要的满足后,往往能转向更高级的需要,追求高成就动机,形成高尚的人格,成为社会的建设力量。

淮北地区在国家权力的绝对垄断下,国家在合法途径给个人才干的发挥没有留下太多的余地,淮北精英要么通过非法途径运用暴力成为反叛者,要么始终沉沦于食欲、性欲等物质需要的追求中,成为社会的破坏力量。

一、苏北乡村精英的领主化

国内外学者比较注重对圩寨的研究。如日本学者并木赖寿对圩寨与捻军起义的关系作了探讨。[2] 周锡瑞(Joseph W. Esherick)对米脂马家沟土改的研究,间接刻画了陕北圩寨地主的生存情况。[3] 牛贯杰通过对19世纪中期圩寨的研究,考察了皖北农村基层统治格局的演变。[4] 裴宜理(Elizabeth J. Perry)更对淮北圩寨成因等作了多方面的研究。[5]

20世纪30年代初,托尼(R. H. Tawney)认为中国土地所有权问题并不重要,"中国

---

[1] 马斯洛:《动机与人格》,北京:华夏出版社,1987年,第115—116页。
[2] 并木赖寿:《捻军起义与圩寨》,《太平天国史译丛》第2辑,北京:中华书局,1983年,第350—380页。
[3] Joseph W. Esherick, "Revolution in a Feudal Fortress: Yangjiagou, Mizhi County, Shaanxi, 1937—1948", *Modern China*, Vol. 24, No. 4 (October 1998), pp. 339-377.
[4] 牛贯杰:《十九世纪中期皖北的圩寨》,《清史研究》2001年第4期,第24—32页。
[5] Elizabeth J. Perry, *Rebels and Revolutionaries in North China*, 1845—1945. Stanford: Stanford University Press, 1980.

没有土地贵族,没有容克式的统治阶级或大地主"①。近年来,不少学者对中国传统社会土地集中的观点和地主的性质提出了怀疑。赵冈认为,明清时期很少见到大地主,土地的集中程度很低。② 黄道炫认为,包括江苏、安徽的东南地区,集中占有大规模土地的大地主很少,占有数十亩土地的中小地主占绝大多数。③ 杨奎松支持黄道炫的观点,认为中国绝大多数地主,是小农因勤劳、经商等原因而辛苦成长起来的小地主。④ 有人甚至认为:"清中叶直至清末的中国乡村,并未发生大规模的土地兼并,相反,土地占有是高度分化的。大规模土地兼并导致阶级斗争激化的观点,是不能成立的。"⑤当代文学作品更是对地主形象进行了重塑,描写厚道、仁义地主形象的《芙蓉镇》《白鹿原》先后获茅盾文学奖。

上述主佃关系和地主形象不能代表整个中国,不要说东北、青海、西藏、蒙疆等地的地主与之不符,就是作为沿海典型农业区苏北的情况也与之相距甚远。

近代淮北农村中,对民众生活影响最大的设施无疑就是圩寨。这些圩寨在对抗捻军的军事斗争中,被认为极具效果。咸丰十年,捻军攻占清江浦,淮徐扬海道台朱善张率清军攻复,"筑圩寨为善后计"。⑥ 同治七年(1868)正月,西捻军北渡黄河,进入定州,京师震动。李鸿章疏言:"剿办流寇,以坚壁清野为上策。东捻流窜豫东、淮北,所至民筑圩寨,深沟高垒以御之。贼往往不得一饱,故其畏圩寨甚于畏兵。……自古办贼,必以彼此强弱饥饱为定衡。贼未必强于官军,但彼骑多而我骑少。今欲绝贼粮、断贼骑,惟有严谕绅民坚筑圩寨。一闻警信,即收粮草牲畜老弱壮丁于内。贼至无所掠食,兵至转可买食。贼虽流而其计渐穷,或可克期扑灭也。"⑦

同治元年(1862)三月,吴棠在淮安属县,"赶筑各乡圩砦,为坚壁清野之计"⑧。同治七年7月,谕苏、皖、豫、鲁各属修圩寨,饬乡团。⑨ 同治帝的上谕称:"捻寇荡平,勇丁亦各还乡里,诚恐江南、安徽、河南、山东从前被兵处所,不免伏莽潜匿,乘隙为害。江、皖等省督抚,于徐、海、颍、亳、归、汝、曹、沂等处,饬各地方官劝谕民间照旧修理圩寨,整顿乡团,互相保卫。此外各处民团,亦应一律整饬,慎选牧令,安良除暴,以靖地方。"⑩

此后,圩寨的修建得到官府的提倡和支持。同治十一年(1872),吴棠擢江宁布政使,

---

① R. H. Tawney, *Land and labor in China*. London: George Allen & Unwin Ltd. 1966 (Originally published 1932), p. 63.

② Kang Chao, "New Data on Land Ownership Patterns in Ming-Ch'ing China-A Research Note", *The Journal of Asian Studies*, Vol. 40, No. 4 (August, 1981), pp. 719-734.

③ 黄道炫:《一九二〇—一九四〇年代中国东南地区有土地占有——兼谈地主、农民与土地革命》,《历史研究》2005年第1期,第43页。

④ 杨奎松:《新中国土改背景下的地主问题》,《史林》2008年第6期,第1—19页。

⑤ 王志润:《对清代中后期地主大规模兼并土地的质疑——立足于类似普查的实证资料和乡村社会抽样调查资料的深入考察》,《新东方》2005年第1—2期,第34页。

⑥ 赵尔巽等撰:《清史稿》卷四三四,北京:中华书局,2003年,第12352页。

⑦ 赵尔巽等撰:《清史稿》卷四一一,北京:中华书局,2003年,第12015页。

⑧ 《大清实录穆宗毅皇帝实录》卷二十一,同治元年三月上,第583页上。

⑨ 赵尔巽等撰:《清史稿》卷二十二,北京:中华书局,2003年,第826页。

⑩ 赵尔巽等撰:《清史稿》卷一三五,北京:中华书局,2003年,第3960页。

署漕运总督,督办江北粮台,吴令总兵龚耀伦等在阜宁、山阳击败捻军。吴棠在清江浦修筑土城,并督属县筑圩寨,坚壁清野,收抚海州、赣榆土匪,先后遣将进攻捻军。①

清末,一位考察者写道:"关于淮北地区,几乎没有什么特别有意义的东西可言。……这里的条件与华北大平原的其他地区基本相似,所不一样的是,部分出于防匪的目的,部分出于防洪的需要,这里的村庄建在高于地面的小岛上,可以说,总是围着土墙和壕沟。"②

据不完全统计,1807—1920 年,铜山、沛县、睢宁、丰县、柘城、项城六县共兴修 604 个圩寨。③ 徐海地区,"人民的生活的单位是各个'土围子'或说是'寨',或叫做'集',或叫做'庄'",寨子外面围着土墙(或砖或石),边角建有炮楼。④

徐州王楼村(今属新沂县)的马恒庄园,四周有围沟、围堆,堆上高筑围墙,墙里设有掩体、射击孔,四角各建炮台 1 座,内有子圩,子圩由三四十间砖瓦房屋组成,子圩内还有明碉暗堡和一座中心炮楼,森严壁垒。整个庄园有房屋 114 间,楼台亭阁堂馆一应俱全,高宅深院,甚为壮观。⑤

在淮阴,离淮安东门 30 里的刘家圩,环绕着深沟高墙。墙上有城垛,深沟架有吊桥,"宛如《水浒传》里的祝家庄一样"。圩墙内外,豢养着十多条凶猛的洋狗。⑥ 泗阳县众兴镇,全镇就是一个土堡子。⑦ 郑厂,建有当时新式枪楼,"楼凡三重,最上为平台,有雉堞,第二重亦四面有窗,窗即枪眼。其高厚,其雄峻,直令人追想北欧中世纪之堡垒如林,与农村摧败零落之状"。⑧ 徐家溜,"其地富户,多树栅结铅条圩子以自防,有事则三百快枪,不难立集。虽不为市镇,足以自存也"。⑨

在海州地区,据康熙年间的方志记载,由于地广盗众,居民通常要聚数十家为镇,设立堡垒防御。散布在各村做农事的人家均得到镇的翼护。⑩ 为了防御捻军而筑的赣榆和安圩,长 4 900 米,平均高约 4 米,后加高至 8 米,内有 32 个炮楼,61 座炮台及火炮。圩有 4 门(后增开 3 门,共 7 门)。墙外有护城河,宽 8 米,深 5 米。太和寨土圩原建于咸丰年间,周长 6 里,有 4 个门。圩壕宽 5 丈、深 8 尺余。民国初年,改土圩为砖墙,新增了西南、西

---

① 赵尔巽等撰:《清史稿》卷四二五,北京:中华书局,2003 年,第 12223 页。

② Lieut.-Colonel A. W. S. Wingate, "Nine Year's Survey and Exploration in Northern and Central China," *The Geographical Journal*, Vol. 29, No. 3 (March, 1907), p. 281.

③ Elizabeth J. Perry, *Rebels and Revolutionaries in North China, 1845—1945*. Stanford: Stanford University Press, 1980, p. 91.

④ 吴寿彭:《逗留于农村经济时代的徐海各属》,《东方杂志》第 27 卷第 6 号,1930 年 3 月 25 日出版,第 71 页。

⑤ 李强:《马恒其人》,《新沂文史资料》第 4 辑,1990 年 4 月,第 60—61 页。

⑥ 侍问樵:《淮东乡恶霸地主刘鼎来》,《淮安文史资料》第 4 辑,第 71 页。

⑦ 胡焕庸:《两淮水利盐垦实录》,南京:中央大学,1934 年 12 月刊印,第 11 页。

⑧ 张煦侯:《淮阴风土记》上册,1936 年,第 177 页。

⑨ 张煦侯:《淮阴风土记》下册,1936 年,第 180 页。

⑩ 唐仲冕总修:《海州直隶州志》卷十四,嘉庆十六年刻本,第 31 页上—下。

北2门。沿城墙建15座炮楼,城壕加宽至7丈,深丈余。①

中共淮北行署1941年的一份报告称:"在苏豫边的村落多寨墙壕沟碉堡,特别是大集镇,因此成为使敌建立据点一个便利的条件。敌伪所占据点大都是利用这些条件,仅加了少许修改。"②如,离众兴镇西北25里的程道口圩寨,南依六塘河,土围子分内外两层,外围墙高、宽各6尺,东、西、北三面宽8尺,每3丈远设一个炮楼。内围子东、西、北三面高1丈5尺,宽2丈,外壕深、宽各1丈余。围墙外面有4道铁丝网,围子里的工事构筑在地下。内部物资雄厚,粮弹充足。这种地下工事被称为"地乌龟"。③

一般说来,围子内部"中心有一家高大的瓦房;另再有一个炮楼,该当是寨主的宫殿了。四围就有数十百家的农民,大都是种着寨主的土地。寨主是有一百顷二百顷或者更多的数目的田地"④。寨主的府邸,较大的可达数百亩。⑤据统计,丰县等8县在民国前期共有1 003个圩寨,大多始建于咸丰至光绪时代。见以下两表:

表10-2 近代淮北部分地区圩寨简表

县份	寨数	简况	资料来源
丰县	44	寨周长多为四五百丈,有2门、2壕。最大约2 000丈	《丰县志》卷2,1894年刻本,第7页上—11页上
睢宁	116	寨周长多为数百弓,千弓以上的约10个,最大1 400弓	《光绪睢宁县志稿》卷6,1886年刻本,第35页下—51页下
宿迁	115	最大的寨周长1 600余丈,哨门、吊桥、炮楼、涵洞毕具	《宿迁县志》卷4,1935年刻本,第5页上—7页下
铜山	163	湖山前圩始建于嘉庆年间	《铜山县志》卷10,1919年刻本,第8页上—30页下
沛县	44	夏镇砦始建于隆庆元年,砖墙周长900余丈,高2.5丈	《沛县志》卷5,1920年刻本,第15页下—23页下
邳县	115	黄河两岸另有明代故营50座	《邳志补》卷5,1923年刻本,第9页上—13页上
沭阳	135	少量建于道光前,多建于咸、同、光年间。高家沟圩周长874丈,4门	《重修沭阳县志》卷1,民国抄本,第40页上—47页下
太和	271	寨周长多为100至300丈,最大1 245丈	《太和县志》卷1,1924年刻本,第31页上—45页下

---

① 汪承恭:《古镇青口今昔》,孙子英:《漫话沙河镇》,分见《赣榆文史资料》第4辑,1986年8月,第44、92页。

② 豫皖苏鲁边区党史办公室、安徽省档案馆编:《淮北抗日根据地史料选辑》第1辑第1册,内部资料,1985年印,第242页。

③ 豫皖苏鲁边区党史办公室、安徽省档案馆编:《淮北抗日根据地史料选辑》第1辑第1册,内部资料,1985年印,第206页。

④ 吴寿彭:《逗留于农村经济时代的徐海各属》,《东方杂志》第27卷第6号,1930年3月25日出版,第71页。

⑤ 天野元之助:《支那農村雜記》,東京:生活社刊,昭和17年,第152页。

表 10-3　20 世纪 30 年代铜山区圩寨壕沟数

县份	乡镇数	圩寨数	壕沟数
丰县	56	199	112
萧县	40	190	141
砀山	25	83	54
铜山	25	87	21
邳县	35	73	25
沛县	24	91	25
睢宁	44	193	122
总数	255	836	420
每乡镇平均		3.6	1.9

资料来源：陈斯龄：《铜山区农艺自卫概况》，《江苏月报》第 4 卷第五六期，1935 年 12 月 1 日出版，"专文"第 98 页。

裴宜理认为，圩寨的构建在 19 世纪中期捻军与太平军时代极一时之盛。[1]

远在清初吏治较清平之时，桃园结义式的风气就很盛行，各式人等结伙拜盟，横行乡里。参观过徐海地区围寨的人报告："看过后的感想就是活现出《施公案》《彭公案》《水浒》等小说所描写的人物与氛围。"像"郭三闯王""李四霸王"的称呼，在徐海地区极为常见。[2] 淮阴杨庄曾有一位青帮首领，"效秦叔宝故事，为母称觞"，"一时江湖好汉，自单雄信以下，皆不远千里，登堂上寿，酒池肉林，不足为比"。[3]

仁井田陞认为，明清以前，理学成了地主与农奴（佃户）之间的伦理基础，地主在社会中的尊崇地位明载于法律。但自明末清初，地主和佃户之间已不再有主仆之分的尊卑关系。[4] 这一论述基本不符合徐淮海圩寨内的社会实情。1928 年，中共徐州区委指出：徐海地区"在那一个地方最大的豪绅就成了那一个地方的土皇帝，形成豪绅割据的局面"[5]。清末，响水口周集区徐家营寨门勇达 120 名，分穿 40 套红马褂，拿 40 杆红缨枪、40 面大红旗。民国年间，徐家营寨由徐端泰出任区长，"衙门开在家里"。[6] 因此，"'徐家'是地

---

[1] Elizabeth J. Perry, *Rebels and Revolutionaries in North China, 1845—1945*. Stanford: Stanford University Press, 1980, p. 88.

[2] 吴寿彭：《逗留于农村经济时代的徐海各属》，《东方杂志》第 27 卷第 6 号，1930 年 3 月 25 日出版，第 71 页。

[3] 张煦侯：《淮阴风土记》下册，1936 年，第 9 页。

[4] 仁井田陞：《中国の農奴・雇傭人の法的身分の形成と変質：主僕の分について》，見仁井田陞：《中国法制史研究——奴隷農奴法、家族村落法》，東京：東京大学出版会，1980 年，第 147—193 頁。

[5] 《徐州工作报告及工作计划（1928 年）》，中共萧县党史办公室，萧县档案局（馆）编：《萧县党史资料》第 1 辑，萧县：1985 年 7 月，第 43 页。

[6] 中共苏北区委员会农村工作委员会、苏北人民行政公署土地改革委员会编：《苏北土地改革文献》，1952 年内刊本，第 231 页。

主,是'政府',是'军队'。简单的说是独霸一方的土皇帝"。①

民国年间,担任区长的圩寨大地主极为常见。据一位国民党人士的报告,那时淮北的一个区长,"每次出来,总是有十多个带盒子炮的卫兵跟随着,前呼后拥,威风凛凛,不知道的以为是国府大员,或是某方面军的总指挥,谁相信是一个小小的区长呢!? 这个区长不但是耀武扬威,而且擅操生杀予夺之权,农民如果按月不送'好看钱'就饬团队把他拿来当作强盗办"②。

睢宁大地主夏氏进城,坐着带有布幔的骡车,车前有家奴骑马做前导,车后跟着十来名兵丁做护卫。③

一些围寨中的武装力量,远远超过县城。1930年,邳县城厢内外共有8条枪,县公安局仅有10条枪;徐塘乡围寨则有103支枪、官湖市有394条枪,并有与枪支等量的保卫团丁。④ 在宿迁,连极乐庵院内也有数十支快枪和匣子炮。⑤ 1928年,中共徐州区委报告:"江北地主的武装势力非常雄厚。"徐海12个县,地主有枪达20万支以上,这个数字还是被低估了的。宿迁的埠子市有3 000多支枪,沭阳有个大地主的一个圩寨有枪5 000多条。大地主常常雇用一些流氓土棍为庄兵。⑥ 1930年中共淮阴中心县委报告,涟水、淮阴、泗阳三县的乡村豪绅地主武装,拥有枪支4万支左右,涟水一带就有2万支左右。⑦ 1931年萧县政府登记枪支,全县有各种枪支16 582支,县警察队仅有枪支375支。⑧ 1941年出版的一本反共读物所述的沭阳"李家村",村内300多户人家,有1架手提机关枪、50多支木壳枪、100多条步枪。⑨ 阜宁马、贾、王3个村子有1 000多名壮丁,800多支步枪、400多支木壳枪、12架机关枪。⑩

现将王培棠收集的铜山等7县公枪与私枪数量列如下表:

---

① 中共苏北区委员会农村工作委员会、苏北人民行政公署土地改革委员会编:《苏北土地改革文献》,1952年内刊本,第232页。
② 宋之英:《寿县一瞥》,《自觉》第8期,1933年3月16日出版,第20页。
③ 贾铭:《辛亥革命后睢宁政局的演变》,《睢宁文史资料》第4辑,第5页。
④ 吴寿彭:《逗留于农村经济时代的徐海各属》,《东方杂志》第27卷第6号,1930年3月25日出版,第72页。
⑤ 吴寿彭:《逗留于农村经济时代的徐海各属》,《东方杂志》第27卷第6号,1930年3月25日出版,第79页。
⑥ 《徐州工作报告及工作计划(1928年)》,中共萧县党史办公室,萧县档案局(馆)编:《萧县党史资料》第1辑,1985年7月,第43页。
⑦ 《淮阴中心县委关于淮盐工作报告(1930年11月2日)》,江苏省档案馆编:《江苏省农民运动档案史料选编》,北京:档案出版社,1983年,第323页。
⑧ 萧县政协文史办:《王公的剿匪与清乡》,《萧县文史资料》第3辑,第132页。
⑨ 晴村:《苏北归鸿》,泰和:胜利出版社江西分社,1941年6月,第16页。
⑩ 晴村:《苏北归鸿》,泰和:胜利出版社江西分社,1941年6月,第25页。

表 10-4　铜山等 7 县公枪与私枪数量表

县份	乡镇数	公枪	私枪
丰县	56	5	283
萧县	40	166	409
邳县	35	79	1 985
砀山	25		642
铜山	25	39	1 126
沛县	24	5	924
睢宁	44	57	3 500
总数	255	351	9 230

资料来源：王培棠：《江苏省乡土志》下册，长沙：商务印书馆，1938 年，第 342 页。

而当时普遍认为私枪系以多报少，每乡镇至少有枪 200 枝。① 当时华北地区，"往往活埋士卒，硬劫枪支，概武器已成各家之'切菜刀'，可与户为比例矣"。有人对铜山调查后认为，铜山民众同样如此。②

治安力量却微不足道。陆上公安队，"各县遵章成立者有之，亦有因经费枪械缺乏未能全数设立者"③。政府设置的公安力量严重地偏向于江南地区。如水上公安队，其分布如下（表 10-5）：

表 10-5　江苏水上公安队分布情况表

区名	驻扎地	巡船数	队数	人数
1	松江、青浦、高昌庙、南汇、大团、嘉定等	125	5 大队，辖 15 分队	960
2	无锡、吴县、木渎、洞庭东山、宜兴、常州等	125	5 大队，辖 15 分队	960
3	苏州、昆山、常熟小东门、吴江、平望等地	125	5 大队，辖 15 分队	960
4	吴淞、崇明翘河、南通任家港等地	17	共 3 大队，辖 12 分队	623
5	瓜州、江阴、扬中镇海庵、三汊河等地	115	共 4 大队，辖 16 分队	1 153
6	高邮仙女庙、淮安、兴化南门等地	32	共 3 大队，辖 9 分队	258
7	盐城、灌云、东海各沿海口岸	3	共 3 大队	230

资料来源：柳肇嘉：《江苏人文地理》，上海：大东书局，1930 年，第 63 页。

此外，尚有游击队三队驻苏州，有巡船 16 只，人数达 261 名，舰务所设在苏州。④

---

① 王培棠：《江苏省乡土志》下册，长沙：商务印书馆，1938 年，第 342 页。
② 陈斯龄：《铜山区农民自卫概况》，《江苏月报》第 4 卷第五六期，1935 年 12 月 1 日出版，"专文"第 89 页。
③ 柳肇嘉：《江苏人文地理》，上海：大东书局，1930 年，第 65 页。
④ 柳肇嘉：《江苏人文地理》，上海：大东书局，1930 年，第 63 页。

表 10-6 江苏公安游击队分布表

舰名	驻地	人数
钧和	高昌庙	58
策电	吴淞	38
大雅	吴淞	16
洪平	苏州	17
振威	苏州	17
靖湖	苏州	17
陪戎	苏州	17
昭武	苏州	17
安靖	闵行	9
靖平	无锡	9
保苏	苏州	9
致中汽艇	苏州	3
快马汽艇	苏州	3

资料来源：柳肇嘉：《江苏人文地理》，上海：大东书局，1930 年，第 64—65 页。

有的学者指出，早在 16 至 18 世纪，随着中国农村商品化程度的提高，地主与佃农之间的社会道德关系逐渐被商业关系所取代，农民的角色从依附型发展到了自主型。地主作为督导者的作用下降了。① 这样的趋势适合江南地区，与苏北则大相径庭。

明清以来，江南的土地分为田底权（产权）和田面权（使用权），一般承租地主土地的佃户除向地主交纳田租外，不承担任何徭役和其他义务，他们是自由的农民。而苏北的地主并不是纯粹的田主，他们更像欧洲中世纪的领主。苏北的佃户也不像他们在江南的同行，他们更像米脂杨家沟的佃户，不得不战战兢兢依附于他们的领主（地主）。② 在领主制下，"物质生产的社会关系以及建立在这种生产的基础上的生活领域，都是以人身依附为特征的"。③

有的学者同样认识到这些地主像庄园领主："由于想种地的农民如此众多，而土地很难租到，地主与佃农之间的关系无法建立在平等的基础上。他们很像古代庄园领主之于

---

① Mi Chu Wiens, "Lord and Peasant: The Sixteenth to the Eighteenth Century", *Modern China*, Vol. 6, No. 1 (January 1980), p. 9.

② 关于杨家沟马氏地主与佃户依附关系的论述，见 Joseph W. Esherick, "Revolution in a Feudal Fortress: Yangjiagou, Mizhi County, Shaanxi, 1937—1948", *Modern China*, Vol. 24, No. 4 (October 1998), pp. 344-345.

③ 《马克思恩格斯全集》第 23 卷，北京：人民出版社，1972 年，第 94 页。

农奴之间的关系。"①

近年来,一些文学作品中"仁义"地主的形象,备受某些学者的赞赏。实际上,这些地主形象与淮北大地主的形象有霄壤之别。《儒林外史》中五河县地主下乡,"要庄户备香案迎接,欠了租子又要打板子"②的描写,才是历史的真实写照。

在苏北,大地主对佃农的权威堪比领主之于农奴。在欧洲领主化过程中,滥用暴力无处不在。一些官方文件曾悲叹"掌权者"对"穷人"的压榨。领主想做的就是要确立对其土地上的小农的权威。③ 佃农对地主,要以生命作为酬报,田中忠夫曾指出,在豫南某些地区,佃户必须参加地主组织的械斗等。④ 实际上,这一现象在包括徐淮海在内的华北地区非常普遍。⑤ 在泗阳,甚至中农阶层也要陪地主赌博,抽大烟,"一到赌钱着急,便卖地买枪,做土匪,跟地主走"⑥。在徐州地区,筑不起圩寨的一般农民多在晚上到地主圩寨"住寨",他们均有跟从寨主参与军事行动的义务。⑦

在领主制下,最普遍的人际关系是"一个人成为他者的人"。⑧ 在萧县,"大户聚族而居,掌握生产资料,土地和耕畜农具"。⑨ 萧场以萧姓为中心,萧庵子以范姓为中心,"杂姓农民,俨若附庸"。⑩ 在王楼乡马恒庄园,长年为马恒役使的长工达30人,丫头奶妈20人,马夫4人,管闲5人,挑水工4人,厨师14人,门勇66人,计143人。⑪ 沭阳程震泰家族在华帮的客庄,有农户300余家,90%以上是程家的佃户。⑫ 淮阴刘家圩的刘家,有土地8 000多亩,佃户500多家,庄头20多个。⑬ 宿迁极乐庵周围的村庄,农民均是其佃户,

---

① Shu-Ching Lee, "The Heart of China's Problem, the Land Tenure System", *Journal of Farm Economics*, Vol. 30, No. 2 (May, 1948), p. 261.

② 吴敬梓:《儒林外史》第47回,南京:江苏古籍出版社,1998年,第523页。

③ Marc Bloch, *Feudal Society*, vol. 1, *The Growth of Ties of Dependence*. Translated by L. A. Manyon. Chicago: The University of Chicago Press, 1961, p. 244.

④ 田中忠夫:《中国农业经济研究》,汪馥泉译,上海:大东书局,1934年,第188页。

⑤ Ralph Thaxton, "Tenants in Revolution: the Tenacity of Traditional Morality", *Modern China*, Vol. 1, No. 3, *The Rural Revolution*. Part II (July, 1975), p. 328.

⑥ 江风:《淮北农村调查》,豫皖苏鲁边区党史资料征集编研办公室编,北京:1984年2月,第22页。

⑦ 参见宋汉三:《往事的回忆》,《丰县文史资料》第6辑,1987年8月,第101页。

⑧ Marc Bloch, *Feudal Society*, vol. 1, *The Growth of Ties of Dependence*. Translated by L. A. Manyon. Chicago: The University of Chicago Press, 1961, p. 145.

⑨ 江苏省立徐州民众教育馆:《长安村经济调查报告》,冯和法编:《中国农村经济资料续编》上编,上海:黎明书局,1935年,第23页。

⑩ 江苏省立徐州民众教育馆:《长安村经济调查报告》,冯和法编:《中国农村经济资料续编》上编,上海:黎明书局,1935年,第15页。

⑪ 李强:《马恒其人》,《新沂文史资料》第4辑,1990年4月,第60—61页。

⑫ 毛系瀛:《一支坚持敌后的文艺宣传队》,《淮阴文史资料》第9辑,第142页。

⑬ 侍问樵:《淮东乡恶霸地主刘鼎来》,《淮安文史资料》第4辑,第71页。

每个庄子住着1个和尚,即是庄主。① 宿迁邵店的圣寿寺建有多处庙庄、庙圩、庄圩等,庄圩中安置庙里的工夫杂役户,由他们管理土地、农户、收租、粮仓等事宜,并修筑圩寨、炮楼,购置兵器。② 紧邻徐州地区的峄县,地主("东君")拥有许多庄子,庄上的农民即是佃户。③

1927年,《银行周报》的调查称,徐海地主视佃户如"农奴":"佃户至业主家,立而言,不敢抗礼高坐;饮食,则入厨下杂妈婢中食。业主家有事,则传呼服役。"④同年,《中外经济周刊》调查,东海、沭阳、灌云地区,佃户称田主为"主人",佃户与田主所订的契约,"须声明永远服从田主指挥,并于暇时为田主服役,对于田主之田,须永远勤慎耕耘"⑤。1928年徐海蚌特委报告,海州等地的农民、盐民,看见地主均要叩头,"地主对于农民任意侮辱,有生杀之权"。⑥ 可见,他们确实是天野元之助所说的"佃奴"。⑦ 1933年,南京中央研究院的学者在邳县发现,"东佃阶级非常悬殊:地主活像封建领主,居在另外一个世界的村庄,佃农要服从他的命令。租期长短,并无契约,可以随时退佃,不必征得佃农同意"。⑧ 他们在常熟调查时则发现,这里的土地分为田面和田底两部分,"地面权以现金购得,其价且较地底为高。因为整个农村不景气,地主往往无力赎回,佃农也常借此刁难地主,酿成纠纷,所以常熟律师业特别发达"。⑨

在英国领主制下,农奴需遵守庄园规矩(the custom of the Manor)。与之类似的是,苏北大地主对佃户也订有详细的庄规。沭阳大地主程震泰家族的庄规包括:偷一棵秫穗,罚秫3斗;偷山芋1个,罚山芋2担;缺少租钱,摘地刨屋;喊差讲嘴,打20个嘴巴;喊差不到,打20马棒;到主人家,不许坐板凳;等等。涟水县时码街集主兼大地主徐叔扬的庄规包括:扛场时不允许用笆斗卡,不许坐笆斗,如果看见就打;佃户、集丁不许盖好房子;等等。一日,徐叔扬见佃户石某乘凉时吸水烟,当即上前打骂,并带回家中进行刑罚。响水口周集区徐家规定佃户到主家不能坐;见到徐家人要立于道旁喊爹;不问火急,应差就到;甚至规定只有徐家人才有资格吃香烟。一年除夕,徐家派佃户王氏夫妇当差,因王妻生病,未能赶到,徐家当即上门暴打,拆其房子。而徐家声称这样做,就是要维护"规矩"。⑩ 阜宁大地主夏灿文,在城西区做过7年镇长,一次大雨天叫佃户陈二帮其挑水,陈哀求雨

---

① 吴寿彭:《逗留于农村经济时代的徐海各属》,《东方杂志》第27卷第6号,1930年3月25日出版,第79页。
② 唐文明:《宿北大战》,北京:解放军文艺出版社,1997年,第82页。
③ 黄鲁珍:《山东峄县的南乡》,《新中华》第2卷第9期,1934年5月10日,第77页。
④ 《江苏省田租调查报告》,《银行周报》第11卷第50号,1927年12月30日,第34页。
⑤ 《灌云县之农业》,《中外经济周刊》第198号,1927年1月29日出版,第20页。
⑥ 《徐海蚌特委报告(1928年11月)》,中共萧县党史办公室、萧县档案局(馆)编:《萧县党史资料》第1辑,萧县:1985年7月,第65页。
⑦ 天野元之助:《支那農村襍記》,東京:生活社刊,昭和17年,第153页。
⑧ 行政院农村复兴委员会编:《江苏省农村调查》,上海:商务印书馆,1934年,第70页。
⑨ 行政院农村复兴委员会编:《江苏省农村调查》,上海:商务印书馆,1934年,第82—83页。
⑩ 中共苏北区委员会农村工作委员会、苏北人民行政公署土地改革委员会编:《苏北土地改革文献》,1952年内刊本,第231—234页。

停再挑,夏当即拿起土枪对陈射击。① 宿迁极乐庵规定佃户不能随便读书,每一寄庄无论大小,只许有 1 名粗识文字的佃民。②

淮安地区的大地主家中,大都设有私牢(庄牢)、黑房和马桩,"以供吊人打人甚至杀人之用"。③ 涟水时码集徐家除设有私人武装"保家局"外,也设有"私牢"(又叫"公堂"),以维护其庄规。④ 道光七年(1827)在淮安县政府内竖立的"镇佃碑"铭文称:佃户"一经业主呈控,定即严拿,依照详定规条,从严惩办"。此碑一直立到 1946 年土地改革时期。⑤ 从这里可以看出,主佃之间的尊卑关系是受官府保护的。

为领主提供劳役和贡物是佃农的义务。⑥ 学者指出,早在 18 世纪以前,中国地主要求佃农提供额外的劳作时,必须按通行的佣资水准付酬。⑦ 在 20 世纪的徐淮海地区,这种事听起来像天方夜谭。王楼村郭氏 15 岁开始在马恒家当丫头,50 多年分文未得。⑧ 盐城、淮安地区的佃农,须为居住在城市的地主挑水、堆泥盖房、护送地主家的管事人员、洗衣缝补、挑面、送草送粮、推种子、晒仓、卖粮等。对居住在乡村的地主,男佃户须为其当长工,女佃户须当女仆,均为无偿劳动。⑨ 峄县东君有嫁娶丧祭等事,佃户须前往服役。就是东君的管家("老总"),"一不如意,皮鞭和耳光都要光临到佃户身上"⑩。一名叫李英堂的佃户,仅 1942 年为"半城官"王海搓无偿扒沟达 50 天。⑪

在领主制下,农奴为了获得一些权益,必须向领主缴纳许许多多的物品。⑫ 每当夏收和秋收时,苏北农民均要为地主供饭。每种 33 亩田供 1 天饭,每天供 4—5 顿。早餐须供挂面、烧饼、包子、油煎馒头,另外还要供 4 个菜,有肉丝、猪肝、鸡蛋、皮蛋、海蜇皮等。中饭供 7—8 个菜,须有鸡、鸭、鱼、肉、鸡蛋、肉丸、面筋、青菜、汤等。晚饭大致和早饭相同。晚饭后,佃户须为地主或管家准备瓜子、花生等。上供的鸭子规定在 3.5 斤以上,且是整

---

① 中共苏北区委员会农村工作委员会、苏北人民行政公署土地改革委员会编:《苏北土地改革文献》,1952 年内刊本,第 236 页。

② 彭鹤亭:《宿迁"敕赐极乐律院"庙史简介》,《宿迁文史资料》第 9 辑,第 43 页。

③ 杨健华:《苏北印象记(4):毁碑的故事》,《群众》第 11 卷第 8 期,1946 年 6 月 22 日出版,第 17 页;华东军政委员会土地改革委员会编:《江苏省农村调查》,1952 年内刊本,第 438 页。

④ 狄超白主编:《中国经济年鉴(1947)》中编,香港:太平洋经济研究社,1947 年 4 月,第 197 页。

⑤ 杨健华:《苏北印象记(4):毁碑的故事》,《群众》第 11 卷第 8 期,1946 年 6 月 22 日出版,第 17 页。

⑥ Marc Bloch, *Feudal Society*, vol. 1, *The Growth of Ties of Dependence*. Translated by L. A. Manyon. Chicago: The University of Chicago Press, 1961, p. 250.

⑦ Mi Chu Wiens, "Lord and Peasant: The Sixteenth to the Eighteenth Century", *Modern China*, Vol. 6, No. 1 (January 1980), p. 15.

⑧ 李强:《马恒其人》,《新沂文史资料》第 4 辑,1990 年 4 月,第 61 页。

⑨ 华东军政委员会土地改革委员会编:《江苏省农村调查》,1952 年内刊本,第 436—437 页。

⑩ 黄鲁珍:《山东峄县的南乡》,《新中华》第 2 卷第 9 期,1934 年 5 月 10 日,第 77 页。

⑪ 朱玉湘:《近代山东的租佃制度》,《山东史志资料》第 1 辑,济南:山东人民出版社,1984 年,第 139 页。

⑫ H. S. Bennett, *life on the English Manor: A Study of Peasant Conditions*, 1150—1400. Cambridge: Press Syndicate of Cambridge University, 1989 (first published 1937), p. 99.

只。地主"偶不如意,即翻桌打碗"。1944年地主常叔文收租时,"佃户供饭三四桌,还常嫌鸭子小,把鸭子掼到屋顶上,嫌鱼小,连盘子掼到阴沟里"①。过年时佃户须向地主送4—6样礼品(包括风鸡、火腿、花生、葵花子、芦秫屑子、芝麻秸等),芒种时送芽稻面饼和豌豆头,插秧时送豌豆、蚕豆荚子和麦仁条子,割麦时送团扇子、养纺织娘的麦秸笼子,养蚕时送两板蚕丝,立夏送鹅蛋、鸭蛋,端午送芦帘、菖蒲、艾和大钱花,六月六送炒面和鲜稻头,大暑送小瓜和萝卜,中秋节送菱角、癞葡萄、瓜纽子、汤鸭和小生鸡,冬至送拉瓜,大寒送门闼子、稻草、草帘子。② 淮海地区有的地主下乡自带厨师,开出菜单由佃户照办。③ 淮海民谣称:"供饭供饭,鸡鸭鱼蛋,带的厨子,开的菜单。"④ 有的学者认为,18世纪以前,中国地主必须按市场价支付其从佃农处所获得的家畜、家禽、蔬菜、水果之类的物品。⑤ 这种事例与徐淮海地区的情况相去实在太远。

历史小说《长夜》中,豫南佃户"招财"为了租地,不得不卖了女儿和家中值钱的两只山羊。⑥ 这样的事是极为可信的。直到土地改革以前,苏北地区还有相当多的农民被出卖给地主当"家生子",其身份是世袭的,"子子孙孙就永世不得翻身"。⑦ 据20世纪40年代在盐阜地区担任过中共区长的李棠回忆,尽管法律上没有规定,当时相对文明进步的盐阜一带仍常有人悄悄地把自己出卖给地主家当家生子。⑧ 这些人大致类似《型世言》中"家事充足"的富尔榖家的家生子,没有尊严,甚至没有生命权。⑨

吏治极严的雍正时代,江南河库道康弘勋违制在所辖萧县置办房屋田地,由其长子康玉居住。雍正四年十月,"康玉与做裁缝田四争奸,将田四登时殴毙。康玉浼人说合,行贿免验,该道康弘勋又差役势勒销案"。⑩ 有一次,铜山县胡家口直隶总督李卫堂弟李缙带领佃户百人,用鸟枪打死郭姓2人。⑪

托尼认为:"中国的地主和佃户是由商业合同维系的合伙人,而不是基于特权和依附

---

① 华东军政委员会土地改革委员会编:《江苏省农村调查》,1952年内刊本,第435页。
② 华东军政委员会土地改革委员会编:《江苏省农村调查》,1952年内刊本,第436页。
③ 狄超白主编:《中国经济年鉴(1947)》中编,香港:太平洋经济研究社,1947年4月,第196页。
④ 白得易编:《苏北民谣》,1953年3月印,第29页。
⑤ Mi Chu Wiens, "Lord and Peasant: The Sixteenth to the Eighteenth Century", *Modern China*, Vol. 6, No. 1 (January 1980), p. 15.
⑥ 姚雪垠:《长夜》,北京:人民文学出版社,1996年,第179页。
⑦ 华东军政委员会土地改革委员会编:《江苏省农村调查》,1952年内刊本,第438页。
⑧ 2009年6月17日,笔者与包蕾在南京市江苏省军区第一干休所对李棠(正师级离休干部,1925年生)的访谈。
⑨ 富尔榖为了诬陷姚家,与讼师无端打死家生子小厮。那位讼师对死者的父亲富财说:"家主打死义男,也没甚事。"富尔榖则对富财说:"他吃我的饭养大的,我打死也不碍。你若胡说,连你也打死了。"(陆人龙编著:《型世言》第9回,崔恩烈等校点,济南:齐鲁书社,1995年,第118页)
⑩ 台北故宫博物院藏清代宫中档与军机处折件:《江南总督赵弘恩奏折》(雍正十三年四月三日),箱号75,文献编号402010600,统一编号故宫013731。
⑪ 台北故宫博物院藏清代宫中档与军机处折件:《江南总督赵弘恩奏折》(雍正十二年九月初九日),箱号75,文献编号402010572,统一编号故宫013703。

关系的不同阶层的成员。"①这一看法不适合苏北的主佃关系。在徐淮海地区的围寨里，寨主可以任意拷打佃户。据1946年对淮安石塘区的调查，地主对佃户"高兴打就打，喜欢骂就骂"②。据李棠回忆："我们村庄里一个地主刘于田，儿子做保长，凭着权势，欺侮人，压迫人。整个庄上，他家是皇帝。一旦对群众不满意，他就打骂，什么坏话都可以骂出来，还用棍打。老百姓不敢回手。"③地主徐叔扬让佃户王志强替其孵小鸡时少了一只，徐把王按在地上用马鞭抽打，称："狗日的，你的命那有我的小鸡值钱！"④20世纪30年代，宿迁前庵寄庄佃农韩四给极乐庵送草，因无法完成庵里繁重的劳动，被庵僧用扁担活活打死。其子给住持磕头赔礼，庙方才"恩赐"一口棺材。⑤ 新沂王楼村，村民马玉新替马家站岗，有次稍微迟到，被马恒喝令下人用棍子打得死去活来。⑥ 1945年，淮安石塘区佃户黄干生欠地主3斗麦子，被常叔文活活吊死，最后由左邻右舍凑足麦子才算了结。⑦ 平桥区佃户沈炳馀和梁元生，因欠2升多大米和15斤柴草，被大地主、伪二十八师的营长管乐拖到乡公所活活打死。人虽死，但欠租仍不能少，管继续逼两家遗属出去讨饭。灵璧高楼区地主高志舫曾活活踢死欠其3斗麦子的孕妇刘某，而被高志舫逼死的佃户达34人。⑧

在苏北，地主的名字是平民必须避讳的。沭阳十字耿卓如，乃父拥有二三十顷地，佃户见了他要喊"我三太爷"，如不带"我"字，耿就会将人痛骂一顿。⑨ 灌云李集杜养禾，家有100多顷土地，1939年冬，鱼牢庄富农张鸿如无意说了"杜养禾"三个字，杜知道后派出一连兵丁到张家，将张逮捕，搜走全部衣物及枪5支，把张关入牢房，张多方行贿才予保释。⑩

在地主面前，佃户没有任何人格尊严。1940年，涟水葛沟区佃户王四在地主郑介仁田里割草，郑诬王割苜蓿，将王捆起跪在门前，用"毛厕刮屎棒"刮嘴。佃户马如祥因缺差一次，地主赵某见他正做饭，"用屎粪勺放里去搅"⑪。涟水塘西区地主井瑞五，佃户替他家挑水，不能换肩，前一桶水他会留下，后一桶拒收，因他认为"佃户会放屁，有臭味"。⑫ 涟水西乡奋官庄地主朱子龙，有3个客庄、2 000多亩地、50多家佃户、4个大炮楼，"他门

---

① R. H. Tawney, *Land and labor in China*. London: George Allen & Unwin Ltd. 1966 (Originally published 1932), p. 63.
② 华东军政委员会土地改革委员会编：《江苏省农村调查》，1952年内刊本，第438页。
③ 2009年6月17日，笔者与包蕾在南京市江苏省军区第一干休所对李棠（正师级离休干部，1925年生）的访谈。
④ 中共苏北区委员会农村工作委员会、苏北人民行政公署土地改革委员会编：《苏北土地改革文献》，1952年内刊本，第234页。
⑤ 彭鹤亭：《宿迁"敕赐极乐律院"庙史简介》，《宿迁文史资料》第9辑，第43页。
⑥ 李强：《马恒其人》，《新沂文史资料》第4辑，1990年4月，第61页。
⑦ 杨健华：《苏北印象记(5)：佃农翻身》，《群众》第11卷第9期，1946年6月30日，第29页。
⑧ 狄超白主编：《中国经济年鉴(1947)》中编，香港：太平洋经济研究社，1947年4月，第198页。
⑨ 《淮海报》民国三十五年六月十六日，第4版。
⑩ 冯树人：《地主杜养禾》，《淮海报》民国三十五年七月二十六日，第4版。
⑪ 《苏北报(淮海版)》民国三十五年三月八日，第1版。
⑫ 《淮海报》民国三十五年六月二十一日，第4版。

前的马桩上,经常吊着佃户打得皮开肉绽"。佃户徐兆标因拿他家一个馒头给乞丐,一家13口被罚跪半天,并被罚洋200元。最后把徐逐出庄,没收所有财物,从此连乞丐都不许上他家门。马树本替他当差,解手时间稍长,他令人打得马大小便失禁。胡广才因探亲,误了一天庄差,回来后朱子龙拿枪就打。经多人求情,最终打了40皮鞭。"他打人时,要叫人向他笑,否则认为你被打不愿意,打得更厉害。"①

在地主的威权下,平民没有生命权。涟水塘西区乡长井泉五,有12顷地,庄丁孙培伦妻替他做饭时糊锅,井令孙将妻打死,孙因妻怀孕,不忍下手。井喝道:"三爷命令,非打不可。"孙被逼杀妻。② 峄县王海搓之子王致平因一名16岁使女答话"犯上",先用烙铁烙,后用皮鞭抽,再活活打死。③

其实,就是保卫团的团丁,其权力同样不受约束。

海州地区,像商会甚至小小的"团练局",均对民众操生杀大权。清末民初,只要被认为是可疑的人,团练局就要抓起来。青口农民进城被抓,如果找不到保人,就会立即被绑到青口河下杀掉。④ 抗战期间,铜山县三区区长、地主耿继勋(耿聋子)杀人手段极为残酷,民谣称:"耿聋子,真万恶,杀人手段实在多,枪决活埋铡刀铡,火烧钉钉开水泼,割舌剜眼刀插肋,大卸八块零刀割。"⑤ 1942年底和1943年初,睢宁地主邱锡康在魏集杀害的无辜百姓达30余人。⑥ 该县王林乡地主王谋卿,曾杀害13条人命。⑦ 东海县李埝一带李、陈两家,各自控制好几个村庄,见到对方有人出村就开枪射杀,致使双方村庄中间地带多年荒芜,无人敢种。该县娄山地主张某,带领土匪黑夜抢劫,被一村妪无意发现,张等人用刀把这位村妪的嘴割到两耳根,并杀死其子。⑧

据20世纪30年代对铜山、丰县、沛县、萧县、砀山、邳县和睢宁的调查,"团丁既为团霸饲养的家奴,故其出身非为市井无赖,即为无业游民,前已言之。彼等既然没有地方观念,又没有国家的思想,平时奸淫劫掠,无所不为。战时是匪来则去,匪去则回,极力避免冲突。更甚一点的,暗地与匪勾通,时进时退。一方面予匪人以机会,一方面好借词勒派捐款,或乘机打劫"⑨。

潘正芳回忆:

---

① 向群:《畚官庄地主与佃户今昔》,《淮海报》民国三十五年七月四日,第4版。
② 《淮海报》民国三十五年六月二十一日,第4版。
③ 高瑛:《峄县王恒兴》,《峄城文史资料》第1辑,1989年10月,第139页。
④ 汪承恭:《古镇青口今昔》,《赣榆文史资料》第4辑,第30—31页。
⑤ 于一:《对〈耿继勋其人〉一文的补正》,《铜山县文史资料》第1辑,第127页。
⑥ 时垣卿:《邱锡康其人》,《睢宁文史资料》第3辑,1986年12月,第119页。
⑦ 中共苏北区委员会农村工作委员会、苏北人民行政公署土地改革委员会编:《苏北土地改革文献》,1952年内刊本,第79页。
⑧ 东海县编史修志委员会办公室:《东海县革命斗争史稿》,打印本,1983年6月,第88页。
⑨ 陈斯龄:《铜山区农艺自卫概况》,《江苏月报》第4卷第五六期,1935年12月1日出版,"专文"第97页。

记得有一次，我从古邳上县城，途经魏集北门，曾目睹一桩惨事：夏××的狗腿子，向农民魏树德要租粮没有要到手，竟然把魏的年轻妻子带走抵租，魏妻有两岁多的小男孩跟着哭喊，凶残的狗腿子一刺刀戳死小孩，把孩子扔多远。还说："去狗肚里喝汤吧！"[①]

　　连汪伪政府也认为，徐海地区，"七八年来除直接受到军队的灾害外，更有着地方上恶势力的压榨，他们唯一的借口是'通八路'，如果敲诈不遂，便联络官方实行那最惨酷的'活埋'，在七八年中也不知被活埋了多少人，有时更把被活埋人底家属叫他们在旁看着受刑"[②]。东海南岗区日伪区长（下同）刘海如等杀死人命29条。[③] 沭阳韩山乡杨士同等杀死人命19条。[④] 宿迁北部沂河区土楼乡王洪波杀死8人，维持会长王守巡杀死9人，最奇的连律师王维英也杀死4人。[⑤] 沭阳章集区葛子玉仅1941年8月27日在仲湾就打死仲兆奎、仲兆彬、仲兆喜、仲兆佑、石广仁及仲跻昌之妻、葛明俊之母、赵廉（后被勒死）等。[⑥] 沭阳小店区朱开富杀害人命28条，薛棣西杀害人命15条。[⑦] 沭城某区长张晋民杀害的百姓超过10人。[⑧] 宿迁北部蒋记临陵乡长陆永禹，仅于陆沟、西欧棋盘一带，即活埋33人，死者妻子大都被出卖、奸淫。[⑨]

　　20世纪20年代中国国民党中央委员会的一项决议案指出："地主又在批耕约中时常规定：如欠租的时候，地主得直接没收其家产。……甚者虽其妻儿，亦把来抵租。"[⑩] 一位无政府主义者指出：豪绅"在和平的民众们间，他可以任所欲为。人民的财产就是他的财产，人民的妻子，就是他的妻子"[⑪]。狄超白写道："地主恶霸强夺人妻，强奸农民闺女，也算不得希[稀]奇。"[⑫]

　　大地主是乡村权力的集中占有者，事实上是国家的宠儿和依恃的精英。如中国传统法规就明确禁止"奴讦其主"。[⑬] 由于国家政策的偏误，大地主势力膨胀，成为苏鲁社会甚少受到制衡的强势群体。

　　至元十九年（1282）十二月，杨少中陈奏："切见江南富户，止靠田土。因买田土，方有

[①] 潘正芳：《旧事杂忆》，《睢宁文史资料》第7辑，1992年3月，第139页。
[②] 卓印环：《淮海一角：卓圩与高圩》，《大公》1945年5月15日出版，第76页。
[③] 《苏北报（淮海版）》民国三十五年三月十二日，第1版。
[④] 《苏北报（淮海版）》民国三十五年三月十二日，第1版。
[⑤] 《苏北报（淮海版）》民国三十五年三月十二日，第1版。
[⑥] 《苏北报（淮海版）》民国三十五年三月十二日，第1版。
[⑦] 《苏北报（淮海版）》民国三十五年三月十二日，第2版。
[⑧] 《苏北报（淮海版）》民国三十五年三月二十三日，第1版。
[⑨] 《淮海报》民国三十六年九月二十八日，第1版。
[⑩] 《废除地主对于农民苛例决议案》，《中国农民》第六七期合刊，1926年，第12页。
[⑪] 一墨：《土豪劣绅之研究》，《革命周报合订本》第11册，上海：革命周报社，1929年9月版，第175页。
[⑫] 狄超白：《中国土地剥削关系底激化与农业生产力底衰退》，沈志远主编：《中国土地问题与土地改革》，香港：新中出版社，1948年，第38页。
[⑬] 《大元圣政国朝典章》典四十一，北京：中国广播电视出版社，1998年，第1955页。

地客。所谓地客,即系良民。主家科派其害,甚于官司差发。若地客生男,便供奴役;若有子女,便为婢使,或为妻妾。"①可见,苏北的地主早就对农民拥有领主式的奴役权,这种情形一直持续到20世纪40年代。与中世纪的欧洲相似,农民须向领主或保护者购赎初夜权②,无力承购者,连婚姻权都被剥夺。杨少中奏:"又有佃客,男女婚姻,主户常行拦当,需求钞贯布帛礼数,方许成亲。其贫寒之人,力所不及,以致男女怨旷失时,淫奔伤俗。"③

随着近代中央政府威权的下降,既无法像传统"盛世"那样,利用国家权力抑制豪强,更不能建立起真正意义的公民政府,使平民享有公民权,利用程序化的法律规范限制这一强势集团的违法越权行为。

近年来,学界对中国的大地主阶层有较多的质疑。④ 文学作品中"没有见利忘义、贪恋钱财;没有霸占民女、贪恋女色"的地主形象⑤,备受某些学者的赞赏。事实上,由于没有法治环境,大地主腐败的程度实乃骇人听闻。一些地主豪绅的势力远在县政府之上。有些县长必须听命寨主才能履职,⑥有的还被豪绅公然杀死。⑦

在没有法律规范的环境里,满足了物质需要的大地主们,没有任何动力和动机去追求更高层次的精神需要,只能沉湎于低层次的肉欲享受。在治世时,他们充其量是西门庆、韦公子式的人物,虽不断地腐化社会,但不会危及国家政权。

二、江南基层社会中的"刁生劣监"

历史叙事中的"刁生劣监"基本等同乡村恶棍,与他们在实际生活中的作为有着较大的差别。朝廷和官员们对刁生劣监的叙述和评判,主要出于政治考量和利益因素。清王朝进入中期后,各种社会矛盾频发,不择手段地维护政权稳定,消灭具有社会动员能量的群体,是专制政权的头等大事。在涉及维稳这一核心利益时,朝廷不得不默许地方官员违反法制,侵害民众的合法权益。朝廷无法解决社会弊病和制造社会弊端的体制及官员问题,只能打击这些弊病的揭露者和利用者。这种做法一方面进一步放任并激发了地方官员违法渔民的犯罪行为,更不利于清政权的稳定;另一方面,极大地削弱了朝廷的权威,败

---

① 《大元圣政国朝典章》典五十七,北京:中国广播电视出版社,1998年,第2051页。
② P. K., "The Jus Primae Noctis," *Folklore*, 1898, 9(4), pp. 366 – 368; M. Peacock, "Jus Primæ Noctis," *Folklore*, 1903, 14 (4), pp. 419 – 420; E. D. Jones, "Medieval merchets as demographic data: some evidence from the Spalding Priory estates, Lincolnshire," *Continuity and Change*, 1996, 11 (5), pp. 459 – 470.
③ 《大元圣政国朝典章》典五十七,北京:中国广播电视出版社,1998年,第2051—2052页。
④ 如杨奎松:《新中国土改背景下的地主问题》,《史林》2008年第6期,第1—19页;赵冈:《试论地主的主导力》,《中国社会经济史研究》2003年第2期,第1—6页;王志润:《对清代中后期地主大规模兼并土地的质疑》,《新东方》2005年第1/2期,第28—34页。
⑤ 林爱民:《好一个"大写"的地主——试析〈白鹿原〉中白嘉轩形象的创新意义》,《名作欣赏》2008年第1期,第81页。
⑥ 吴寿彭:《逗留于农村经济时代的徐海各属》,《东方杂志》第27卷第6号,1930年3月25日出版,第73页。
⑦ 孟庆平:《县长张德焱被烧真相》,《邳县文史资料》第4辑,1986年,第108页。

坏了法治,使道咸以后的最高统治者越来越被地方官员所藐视,为随时发生的政治动乱埋下了祸根。而当这些危机显露后,专制政府需要一个被妖魔化的群体,作为不良政体和执政无能的替罪羊,承担社会积弊的罪责,"刁生劣监"基本是由于这一目的而被塑造出来的。

张仲礼引陈岱霖的奏折:"至若地方之刁生劣监,平时出入衙门,包揽词讼。一遇收漕届期,州县官广张筵席,邀请至署。面议粮价,分送漕规,多者数百两,少者数十两,谓之'漕口'。又有不受漕规,但代各花户包揽完纳,一切帮费,任其入己。"①唐文权的解释比较客观,他指出:清代候补官员和贡生以下的低级功名者越来越多,积压在等级森严的功名阶梯上。他们中不能出仕和做幕僚的群体,则退居乡里,凭借自己优越的社会地位成为包揽词讼或捐税者。"这些常常使官方感到头痛因而被称之为'刁生劣监'的人,成为官与民之间在司法和赋税方面交涉的非合法中介,借以施展自己受挫的才能。"②《中国农民负担史》认为刁生劣监平日健讼者包揽分肥,造成惊人数量的漕规。③ 此看法与早年孟森的看法非常相似。④ 孔飞力认为晚清城市知识精英对乡村刁生劣监有着习惯性的歧视。⑤ 吴琦的看法比较典型,他认为,绅衿在地方社会的影响力加大了其不法的力度,他们所交纳的漕粮大大减少,小民身上的负担极大加重。在漕粮征派中,绅衿成为获利丰厚的主要群体之一。当利益获取超出了朝廷的限度或触动官吏的利益时,会招致各种形式的限制和压制。⑥

冯桂芬指出:"苏松重赋,沿官田租额为粮额,故常六七倍于同省,一二十倍于他省。"⑦道光九年(1829),全国额征正、耗米合计 4 522 283 石,其中江南仅苏松道就征收 1 579 462 石,占全国漕运总额的 34.93%。⑧

在政权建立之初,清廷曾有过清除漕弊的举措,对加耗重收进行裁减。顺治二年(1645),清廷宣布江南等处人丁地亩钱粮等,"俱照前朝会计,录原额征解,官吏加耗重收或分外科敛者,治以重罪"⑨。清廷清醒地认识到:"官吏贪赃,最为民害。……但有枉法受赃及逼取民财者,俱计赃论罪,重者处死。"⑩

但利之所在,缺乏自下而上监督的官员进行贪腐,实为专制社会的普遍规律。清代的

---

① 张仲礼:《中国绅士的收入》,上海:上海社会科学院出版社,2001年,第61页。
② 章开沅主编、唐文权著:《东方的觉醒——近代中印民族运动定位观照》,长沙:湖南出版社,1991年,第100页。
③ 中华人民共和国财政部《中国农民负担史》编辑委员会编著:《中国农民负担史》第2卷《半殖民地半封建社会中国的农民负担(1840—1949年)》,北京:中国财政经济出版社,1994年,第134页。
④ 孟森著,吴俊编校:《孟森学术论著·清史讲义》,杭州:浙江人民出版社,1998年,第352页。
⑤ Philip A. Kuhn, "Ideas Behind China's Modern State," Harvard Journal of Asiatic Studies, Vol. 55, No. 2 (December 1995), p. 331.
⑥ 吴琦主编:《明清地方力量与地方社会》,北京:中国社会科学出版社,2009年,第14页。
⑦ 冯桂芬撰:《与陆督部书(己酉)》,《显志堂稿》卷五,光绪二年校邠庐刻本,第31页下。
⑧ 李文治、江太新:《清代漕运》,北京:中华书局,1995年,前言第3页。
⑨ 《大清世祖章皇帝实录》卷十七,顺治二年六月,北京:中华书局,1986年,第154页上—下。
⑩ 《大清世祖章皇帝实录》卷十七,顺治二年六月,第154页下。

官员回避制度,被认为有利于中央政府和官员对地方的盘剥。① 因此,尽管百姓负担本已极重,且朝廷立有禁令,官员却仍视漕弊为利数,以种种名义进行浮收,中饱私囊。"最多者输钱直三四石当一石,稍少者输米二石有半当一石,更少者若元和之章练塘等二石当一石。"②

苏松地区征收漕粮,有淋尖、踢斛、捉猪等折扣,五花八门,"两次七折八折,即一石变为三四五斗"。水脚费定例每石52文,道咸年间增加了三四倍:花户费、验米费、灰印费、筛搁费、廒门费、廒差费。实际征收时,百姓名义上承担的1石漕米,需征至2石五六斗。③ 漕运水手的帮丁贴费,早期每船为银百余两,至多二三百两。嘉道时代,递增至五六百两甚至七八百两,以苏松为甚。④ 种种用费都转加到完漕的粮户身上;加上州县征漕的浮收勒折,粮户完1石漕粮要支付2—4石米。⑤

林则徐在道光十三年(1833)称:苏州、松江、常州、镇江和太仓4府1州之地,比浙江全省征粮多至1倍,比江西多3倍,比湖广地区多10余倍。在米价低贱之年,一百八九十万石米即合银五百数十万两;若米价较高,则又暗增一二百万银两。⑥ 林恳陈:"多宽一分追呼,即多培一分元气。"⑦

江南漕弊的主因在于国家的漕务体制及官员的监管制度。据两江总督蒋攸铦奏称:征漕时,民间常因浮勒控告州县官,但州县则以刁抗为患。"究之各执一词,皆非虚捏。盖缘丁力久疲,所领行赠钱粮,本有扣款,而长途挽运,必须多雇人夫以及提溜打闸,并间有遇浅盘剥,人工倍繁,物价昂贵,用度实属不敷,势不能不向州县索费。州县既须贴费,势不能不向粮户浮收。"⑧更有甚者,各种体制内的官吏,无不利用手中的权力进行贪腐,"州县朘削民膏,只以供运丁之悉索;运丁之勒掯,仅以饱仓中蠹役之私囊。种种积弊相沿,实情事之所必有。且近日仓中吏役经纪,竟多至数百人,朋比为奸,坐享厚利"⑨。此外,州县办公费用紧张,官员便可随意浮收勒折。⑩

不言而喻,许多浮收钱粮极易成为官员们的黑色或灰色收入。1799年,嘉庆帝正确地指出,各种浮收弊端"总由地方官得受漕规,以为贿赂权要,逢迎上司之用。……层层剥

---

① James H. Cole, "The Shaoxing Connection: A Vertical Administrative Clique in Late Qing China," *Modern China*, Vol. 6, No. 3 (July 1980), p. 324.
② 冯桂芬撰:《与陆督部书(己酉)》,《显志堂稿》卷五,光绪二年校邠庐刻本,第31页下。
③ 冯桂芬撰:《与许抚部书(癸丑)》,《显志堂稿》卷五,光绪二年校邠庐刻本,第36页上—下。
④ 蒋攸铦:《拟更定漕政章程疏》,魏源著:《魏源全集》第15册《皇朝经世文编》卷四十六,长沙:岳麓书社,2004,第488—489页。
⑤ 李文治、江太新:《清代漕运》,北京:中华书局,1995年,前言第3页。
⑥ 中山大学历史系中国近代现代史教研组、研究室编:《林则徐集(奏稿)》上册,北京:中华书局,1985年,第151页。
⑦ 中山大学历史系中国近代现代史教研组、研究室编:《林则徐集(奏稿)》上册,第152页。
⑧ 蒋攸铦:《拟更定漕政章程疏》,魏源:《魏源全集》第15册《皇朝经世文编》卷四十六,第488页。
⑨ 《大清宣宗成皇帝实录》卷一四八,道光八年十二月上,第271页上。
⑩ 《大清宣宗成皇帝实录》卷四十一,道光二年九月,北京:中华书局,1986年,第744页上。

削,锱铢皆取于民,最为漕务之害"①。

江南漕负极重的次因在于清代的漕粮征收实行双轨制,不同类型的人群负担极其不公。漕粮征收一向有大、小户之分,"不惟绅民不一律,即绅与绅亦不一律,民与民亦不一律"。同一百亩之家,有的不完一文,有的完纳至百数十银两。②

不同职业的人群纳粮时的待遇极不相同。"缙绅之米,谓之衿米,举、贡、生、监之米谓之科米,素好兴讼之米谓之讼米。"这三种米,均是官府万不敢浮收的。③ 可见,双轨制维护了有权者的既得利益,损害了最广大民众的利益。

一句话,清代的征漕体制是采用掠贫保富的方式,通过超负荷地剥夺平民的利益,在既保证朝廷核心利益的前提下,还要维护权贵集团的既得利益。

不难想见,征漕时受累最重的是无权无势的平民百姓。蒋攸铦承认:"最苦者,良善乡愚,零星小户,虽收至加五六而不敢抗违。畏暴欺良,此赢彼绌。是欲清漕政,转为奸民牟利之薮,而良民之受困益深矣。"④

在恶劣政体和无良官员的盘剥下,平民作为理性的经济人,势必在交纳漕粮时要谋求自身利益的最大化,他们发现通过给予与地方基层官吏交好的生监们一定的利益,由生监们代交,可以减少许多盘剥。蒋攸铦指出:"乡僻愚民,始则忍受剥削,继亦渐生机械,伊等贿托包户代交,较之自往交漕加五六之数,所省实多,愚民何所乐而不为?是以迩年包户日多,乡户日少,不特刁民群相效尤,即良民渐趋于莠。吏治、民风、士习由此日坏。此漕弊之相因而成积重无已之实在情形也。"⑤

可见,生监包揽漕粮,对平民和生监双方均属有利,而生监包揽,更是出于平民的"贿托"。冯桂芬指出:"且斗升小户,从来不知完米,不堪繁扰,势必假手包揽。"⑥

苏松地区,"向来刁生劣监,包完仓粮,此古之道也。今则不但包完,而且包欠"⑦。如果说生监包揽漕粮是莫大之弊的话,那么,其罪责完全在于清代的漕务政策和官员监察体制。

令人惊讶的是,在清代的政治话语及后来的学者阐述中,替平民交纳漕粮从而获取一定利益的生监被视为漕弊的万恶之源,他们成了各阶层予以声讨的"刁生劣监"。

有清一代,朝廷多次清厘漕弊。但每次中央政府除弊,均把自己的利益作为不可撼触的存量予以维持。自然,执行这些"除弊"政策的地方官吏,是不愿意剜肉般牺牲自己的不当收入的,甚至不敢增加权贵集团避逃的税负。因此,掌握政治话语权的官僚们总是把漕负流量的增加归结为生监们的介入。

嘉庆十年(1805),清廷查处吴江县勒休知县王廷瑄亏缺仓库银米及生监王元九等勒

---

① 《大清仁宗睿皇帝实录》卷四十九,嘉庆四年七月下,第605页下。
② 冯桂芬撰《均赋议(癸丑)》,《校邠庐抗议》,郑州:中州古籍出版社,1998年,第229页。
③ 蒋攸铦:《拟更定漕政章程疏》,魏源:《魏源全集》第15册《皇朝经世文编》卷四十六,第488页。
④ 蒋攸铦:《拟更定漕政章程疏》,魏源:《魏源全集》第15册《皇朝经世文编》卷四十六,第488页。
⑤ 蒋攸铦:《拟更定漕政章程疏》,魏源:《魏源全集》第15册《皇朝经世文编》卷四十六,第488页。
⑥ 冯桂芬:《均赋议(癸丑)》,《校邠庐抗议》,郑州:中州古籍出版社,1998年,第230页。
⑦ 冯桂芬撰:《与许抚部书(癸丑)》,《显志堂稿》卷五,光绪二年校邠庐刻本,第36页下。

索漕规一案。王廷瑄挪移库银达 2 万两以上,"皆因刁生劣监等,在仓吵闹,勒索陋规所致"。经审讯确定,从漕规中分享不当利益的生监有吴景修等 314 人。① 每当开征漕粮时,生监们"挢交丑米,借端滋事,动即以浮收漕粮列名上控,其实家无儋石,无非包揽交收,视为利薮"。嘉庆帝感叹:"今吴江一县,分得漕规生监已有三百余人,其余郡县,可想而知。"②

1820 年,嘉庆帝在批示山东巡抚钱臻所奏京控案件一折时,指出:"东省讼狱繁多,其弊源在于讼棍之把持。……其势与南省包漕之刁生劣监,同一伎俩,大意专为从中牟利。"③

道光初年,据御史孙贯一奏:各州县征收漕粮时,教官、典史以及武弁与刁生劣监,无不分食漕余。"甚有家居绅宦,腼然行之,绝不为怪。"④道光八年(1828)御史奇成额奏:"漕粮为天庾正供,州县办理不善,往往为刁生劣监挟制。始而包揽挢交,继而砌词控告。州县因刁健,给予漕规,借以调停消弭。该生监等视为故常,祇知索之于官,殊不知官仍取之于民,衿监多一人分肥,即闾阎多一分苦累。"其中以"苏州、太仓、松江、常州等处积弊尤甚,竟有勒索漕规至盈千累百之多,并有一人兼索数州县漕规者"⑤。

由此可以看出,漕弊的主要责任被推诿给了刁生劣监。

清除生监包揽浮收,显然是为了官府更好地浮收。从中可以看出,清代清除漕弊的核心目标是排挤或消除生监们分润漕利,而非根除由政体和官僚们所造成的弊根。

既然由生监们包揽的漕粮可以按照朝廷规定的数量交足,那么,生监包揽实际上对国家利益的损害并不大。

有位学者根据 18 世纪清代官员和外国传教士的记载,认为当时清朝官员腐败问题极其严重,且无处不在。⑥ 清廷最高统治者尽管不承认甚至看出各项漕弊的根源在于政治体制,但每位君主几乎无须费力就能看出刁生劣监背后的官员腐败问题。

乾隆四十八年(1783),江苏巡抚闵鹗元参奏:上年收漕时,青浦县知县杨卓与该县生监倪溶等,揽收花户漕米,勾结漕书梅锦章等,包纳上仓,瓜分余利,"请旨革职究审"。乾隆虽然认为"劣衿把持公事,串通蠹书,包漕渔利,最为地方之害",但对与梅锦章勾结的知县进行了惩处,"着革职拿问"。⑦

嘉庆年间,在宜兴等地,百姓交纳漕粮,每石加至七八斗。百姓被逼以次充好,在开征之初则拖延不纳,待兑运在即,遂蜂拥而入,让官吏不暇验收。"且有刁生劣监,广为包揽,

---

① 《大清仁宗睿皇帝实录》卷一四四,嘉庆十年五月下,第 973 页上。
② 《大清仁宗睿皇帝实录》卷一四四,嘉庆十年五月下,第 973 页下。
③ 《大清仁宗睿皇帝实录》卷三七〇,嘉庆二十五年五月上,第 896 页上。
④ 《大清宣宗成皇帝实录》卷四十一,道光二年九月,北京:中华书局,1986 年,第 744 页上。
⑤ 《大清宣宗成皇帝实录》卷一四八,道光八年十二月上,第 271 页下。
⑥ Nancy E. Park, "Corruption in Eighteenth-Century China," *The Journal of Asian Studies*, Vol. 56, No. 4 (November 1997), p. 968.
⑦ 《大清高宗纯皇帝实录》卷一一八四,乾隆四十八年七月上,北京:中华书局,1985 年,第 849 页上一下。

官吏因有浮收,被其挟制,不能不通融收纳。迨核计所收之米,已敷兑运,即以廒满为词,借收折色,分肥入己。"①经嘉庆四年(1799)、五年(1800)整顿,"从前加四、加五、加倍之弊,均已革除"。但嘉庆六年(1801)江苏征收漕米时,苏州知府任兆炯借弥补亏空之名,将苏松等四府漕粮,尽数包揽承办,照旧加收浮粮,"以致该州县等竟敢公然仍复陋规,毫无忌惮。而劣监刁生,借此挟制取利,故智复萌。旗丁等见地方官加收粮石,亦欲多索兑费,任意勒掯,百弊丛生。两年以来剔除漕弊、恤丁惠民之事,竟废于一日"。②

1809年,吴璥等上《会议漕务章程》一折,指出:"江南漕赋,较他省为最多;而历年告漕者,不一而足。是皆由地方官于收漕时,弊端丛生。以致刁生劣监挟制把持,告讦成风。"③嘉庆帝认为:"此固亏缺之一端,而其弊不止于此";自总漕、巡抚、藩司、粮道、仓场、各衙门以及沿途文武各员并书吏经纪等处,向来存在陋规。④

由于平民交纳漕米的总数减少,加之生监们参与分享浮收带来的额外利益,官吏们的黑色和灰色收入势必极大地下降,因此,生监包揽漕粮的潜在受损者是官吏。在专制体制下,政治话语权向来被官僚集团所操纵,作为与官僚集团不断冲突的知识群体,被官府妖魔化应是必然之事。由此可以理解为什么地方官吏(包括清官)最痛恨刁生劣监了。一位江南地方大吏称:"其刁生劣监、好讼包揽之辈,非但不能多收,即升合不足、米色潮杂,亦不敢驳斥。并有无能州县,虚收给串,坐吃漕规,以图买静就安,遂致狡黠之徒,视为利薮,成群包揽,讦讼不休。州县受制于刁衿讼棍。"⑤

更有地方官员发布告示称:"种种欺骗,般般诡诈,固由择术不慎,并非矢人之不仁,实则靠此为生,希冀渔人之得利,但知填己溪壑,不顾破人身家。此等忍心害理之为,多属劣监刁生之辈。……罪实不可胜诛,言之殊堪痛恨。"⑥

王廷瓒案发生时,江苏地方大吏甚至立碑直斥生员们"此直无赖棍徒之所谓,岂复尚成士类乎!"⑦

1802年,嘉庆帝严旨要求江苏整顿漕弊,地方官奉行上有政策、下有对策的官场潜规则,"不清其源,而专欲惩治生监土豪"。嘉庆帝敏锐地看穿了官员们的伎俩:"以为奉有谕旨,则地方官即不虑其挟制,生监等目睹浮收情弊,亦不敢与之计较。伊等之意,岂能逃朕洞鉴耶?"⑧

生监通晓国家法度,常常以法律为依据与地方官对簿公堂,甚至要挟地方官。而清代官员向来奉行政治至上原则,真正依法行事者乃凤毛麟角,要找出官员们的违法犯罪证据,实易如反掌。因此官员们往往看轻生监的真正违法行为,反而极其憎恨其对法律的较

---

① 《大清仁宗睿皇帝实录》卷四十九,嘉庆四年七月下,北京:中华书局,1986年,第604页下。
② 《大清仁宗睿皇帝实录》卷九十五,嘉庆七年三月上,第272页上。
③ 《大清仁宗睿皇帝实录》卷二二〇,嘉庆十四年十一月上,第965页下。
④ 《大清仁宗睿皇帝实录》卷二二〇,嘉庆十四年十一月上,第966页上。
⑤ 蒋攸铦:《拟更定漕政章程疏》,魏源:《魏源全集》第15册《皇朝经世文编》卷四十六,第488页。
⑥ 汤肇熙撰:《严禁讼师示》,《出山草谱》卷三,光绪十一年刻本,第11页上。
⑦ 上海博物馆图书资料室编:《上海碑刻资料选辑》,上海:上海人民出版社,1980年,第150页。
⑧ 《大清仁宗睿皇帝实录》卷九十八,嘉庆七年五月,第315页上。

真,即便清官也不例外。江苏巡抚林则徐称:"生监之弊在于包揽,平居无事,惯写灾呈,一遇晴雨欠调,即约多人赴官呈报。若经有司驳斥,辄架民瘼大题,联名上控。及闻查赈,则各捏写户口总数,勒索赈票,自称力能弹压。只要遂伊所欲,便可无事。否则挟制官吏,讦告不休,京控之案,往往若辈为之。"① 有清一代,地方官对"讼师""讼棍"远甚于对盗匪的憎恨,涉讼生监向来是地方官打击最有力的群体之一。

清专制统治者的终极目标是维持政权稳定,而不是增加民生福祉和民众尊严。充其量,清除漕弊、减轻平民些许负担不过是作为维稳的手段而已。而为了维稳这一大政方针,地方官员越出法度的残忍手段和暴力举措,多为最高统治者默许甚至支持。这种事例俯拾即是。如前文所述的顾尧年案。② 署江苏巡抚安宁实际上是这次事件的罪魁祸首,苏州当时有"禄山不去地无皮"之谣。③ 仅安宁家奴李忠,违法所得达四五万两白银,因而人称"安宁,实不安宁"。④ 安宁在苏州拘捕39人置狱。此案中,民众视为救星的乾隆帝在背后一直支持和鼓励安宁对苏州平民实施残酷暴行。⑤

作为清政权支柱的地方官员,又往往以维稳这一大政为托词,反向挟制朝廷,以掩饰自己的不法之事,使朝廷惮于惩处其犯罪行为。

当由恶劣体制和无良官员造成的社会危机爆发时,清廷既不可能改革其体制,也不可能对官员进行更严厉的监察,而是把基层社会中具有动员能量的生监们视为政权的大敌,予以严厉的打击。

因此,地方官员往往夸大生监们的号召力,把他们说成群体性事件的祸首,塑造成专制政权的潜在危险。⑥ 两江总督陶澍称生监们"人繁势众,一经整顿,群然触望,大则纠众闹漕,小则造谣兴谤"。⑦

江苏地方大员给道光帝的奏折称:"包漕衿棍,借此横索陋规,不可不亟行革除。据奏富豪之家与稍有势力者,皆为大户,亦有本非大户而诡寄户下者。其刁生劣监,平日健讼者,则为讼米,完纳各有成规,而讼米尤甚。稍不遂意,非逞凶闹仓,即连名捏告,借控为抗,包揽分肥,人数最多之处,生监或至三四百名,漕规竟至二三万两。"⑧ 可想而知,每县具有相当号召力的"刁生劣监"达三四百名,已经构成了对专制政体的莫大威胁,不能不引起清帝的警觉。

---

① 中山大学历史系中国近代现代史教研组、研究室编:《林则徐集(奏稿)》上册,第144页。
② 冯桂芬纂:《苏州府志》卷一四九,光绪九年刊本,第6页上。
③ 张守常:《中国近世谣谚》,北京:北京出版社,1998年,第103页。
④ 蔡显撰:《闲渔闲闲录》卷五,民国嘉丛堂丛书本,第2页下。
⑤ 冯桂芬纂:《苏州府志》卷一四九,光绪九年刊本,第6页下。
⑥ 有学者指出:"在基于亲属、地缘、职业或经济阶层各社会组织的大众之间的冲突司空见惯。由于民间当事人经常调解了这些冲突,官方常常忽视了他们。"[Peter C. Perdue, "Insiders and Outsiders: The Xiangtan Riot of 1819 and Collective Action in Hunan," *Modern China*, Vol. 12, No. 2 (April 1986), p. 198]应该说,这些调解者不少是为官们所憎恨的"刁生劣监",官员们忽略他们在社会稳定方面的积极作用,有时并非无心之过。
⑦ 陶澍:《陶澍全集·陶云汀先生奏疏》卷十七,长沙:岳麓书社2010年,第418页。
⑧ 《大清宣宗成皇帝实录》卷一一一,道光六年十二月上,第853页下。

江苏巡抚陆建瀛奏称:"江南办赈,每有刁生劣监,希图染指,煽惑愚民滋闹。"①冯桂芬写道:"于是刁生劣监,挟制更多,小户愚氓,怨恨更甚。"②

不论生监是否真的有如此大的社会动员能量,均是统治者极为忌惮的。1748年,乾隆帝下达对青浦县朱家角镇、吴江县盛泽镇遏籴和吴江县咆哮县堂案的指示,要求督抚们"凡事当绸缪于事先,豫为布置,勿令群情汹涌。倘有奸匪倡谋,即应早折其萌芽,勿令纵恣"③。

乾隆二十八年(1763),据庄有恭等奏:访闻金山卫生员徐筠、南汇县生员徐周柄,跟从杨维中学习"邪教",吃素诵经。并于各生员家中搜出《金刚弥陀经》及忏图册,经审讯得知系弥勒教支派。乾隆闻报后,谕军机大臣等:"徐筠等身列青衿,亦私藏经忏。受其蛊惑,则愚民之转相煽诱,流入邪匪,更不待言。该抚等自当严行查究,将传经设教之首犯,按律定拟,以示惩儆。"④

道光初年,御史孙贯一奏:"前数年之勒折,不过两倍市价,今则三倍市价。"对此,道光帝把打击重点转向了"刁生劣监"。如1822年下令:"着通谕有漕省份各督抚,饬属严密稽查。如有刁生劣监等把持渔利,即行访拏。"⑤1826年再次严令:"钱漕皆惟正之供,各州县如果实力征收,何至民欠累累?若刁生劣监任意抗延,动辄借词控告,尤应随时惩办。……毋稍宽纵,以儆刁风而清漕务。"⑥

可以看出,清廷对"刁生劣监"的打击,表面上是为了减少平民的负担,最根本的原因则是清除具有社会号召力的人。在发生较大的生监动员事件时,政府对生监往往采取肉体消灭的方式;而在一些没有构成违法的事件中,当生监们显示了其动员潜力时,官员们则使用其他手段(如羞辱、恐吓等)加以惩罚。⑦ 1825年,道光帝下令:"士为四民之首,欲正民风,先端士习。着各省学政严饬各学教官,随时稽查详报,毋使身列胶庠,恃符滋事。如有刁生劣监,即分别戒饬褫革。"⑧官员甚至为生员量身定做了"合法"的用刑步骤:"贡监生员每多包揽词讼,平空插入,扛帮讼事,如果到案,不可轻易责打,即或逞刁顶撞,亦不可认真发怒,即交号房看守,速将可恶之处及平日恶迹据实声叙,详请斥革功名,奉到批示,然后用刑惩办,始无后患。"⑨可想而知,在中国,官府欲寻生监"平日恶迹",实如探囊取物。而通过塑造生监劣行并加以惩处,可从精神方面削弱生监们的社会影响。

---

① 《大清文宗显皇帝实录》卷六十二,咸丰二年五月下,第830页上。
② 冯桂芬:《均赋议(癸丑)》,《校邠庐抗议》,郑州:中州古籍出版社,1998年,第230页。
③ 《大清高宗纯皇帝实录》卷三一四,乾隆十三年五月上,第167页上。
④ 《大清高宗纯皇帝实录》卷六九〇,乾隆二十八年七月上,第726页上。
⑤ 《大清宣宗成皇帝实录》卷四十一,道光二年九月,第744页上。
⑥ 《大清宣宗成皇帝实录》卷一一一,道光六年十二月上,第852页上。
⑦ 清人笔记中载有地方官员对生员任意手戒的故事(曾七如著:《小豆棚》,武汉:荆楚书社,1989年,第321页)。
⑧ 李鸿章等:《钦定大清会典事例》卷三八三,光绪二十五年刻本,第5册,第236页下。
⑨ 褚瑛:《州县初仕小补》卷下,郭成伟主编:《官箴书点评与官箴文化研究》,北京:中国法制出版社,2000年,第307页。

第十章 精英的动机人格与国家认同

清王朝进入中期,各种社会弊病丛生。这些弊病多肇端于掌握权力的利益集团对平民的掠夺,漕弊仅是冰山之一角。生监包揽的根源是恶劣的体制和官员的腐败,但当时是官员而非生监掌握社会的话语权,由"刁生劣监"来承担社会积弊的主要罪责,也就顺理成章了。

大多数对法律或官员寻疵觅缺的"刁生劣监",其动机是自利,他们不是平民的天然代言人,而是经常利用与官府的关系,欺压百姓。他们作为传统专制社会的产物,不可能超越时代的限制,本身就有着数不清的缺点。

如果说生监能对基层政府进行挟制的话,除了生监掌握地方官员的违法把柄外,背后通常是对更有权势的官僚的依附。冯桂芬曾言:生监们"今日发串若干,惟其所取。明日收银若干,惟其所与。今日比某差,明日拘某户,今日具某禀,明日出某示,惟其所使,州县俯首听命,虽上司有所不畏矣"。① 这基本颠倒了生监与官员之间的关系。真正动用国家机器对平民行使暴力,唯有政府或官员才能做到,绝非一般生监所能为。冯的观念与魏源很相似,他们均鄙视乡村中的生监:"尽管晚清的城市化程度比一千年前的中国还要低,但在当时中国的政治理论中,天经地义地认为城市精英应该统治乡村愚民。"②

文学作品《九尾龟》的描述,真实地展示了"刁生劣监"不过是官员的附从而已:

> 这位祁观察回到常熟,便干预起地方上的公事来。不但民间词讼争论的事情,他要插进去帮个忙儿,就是地方上的公款、常平仓里头的积谷,他也要千方百计的想着法儿,出来混闹。地方上有了这般一个无耻的绅士,就有许多卑鄙龌龊的刁生劣监,挺身出来做他的走狗,在外面招揽词讼,把持衙门,无事生风,招摇撞骗,把常熟一县的人,弄得一个个叫苦连天,恨入骨髓。③

自明以来,江南地区"豪强常有田无粮,而贫民日受其病矣"④。没有权势的生监对平民的操控,显然无法与权势阶层相比。康熙十三年(1674)江苏布政使慕天颜《请立均田均役定制》称:"乃民间贫富不等,所有田地多寡不齐。若田多至数十顷,而占籍止一图,或穷民仅有田几亩,而亦当差于一甲。是豪户避役,卸累小民,而隐占之弊生矣。又或贫民苦累不堪,将本名田地寄籍于豪强户下,以免差徭,而诡寄之弊生矣。又或蠹胥奸里,觇知小民不谙户役之事,包当里递,替纳钱粮,代应比较,而包揽之弊生矣。种种弊端,皆因赋役不能均平之故。"⑤因此,豪强避役等弊,显然大于生监包揽;而赋役负担不平等则又是豪强诡寄的原因。官员多把这些政治、社会弊病归结于权势较小的生监们,不能不令人深思。

---

① 冯桂芬撰:《与许抚部书(癸丑)》,《显志堂稿》卷五,光绪二年校邠庐刻本,第 36 页下。
② Philip A. Kuhn, "Ideas Behind China's Modern State," *Harvard Journal of Asiatic Studies*, Vol. 55, No. 2 (December 1995), p. 309.
③ 漱六山房:《九尾龟》第 84 回,南昌:百花洲文艺出版社,1991 年,第 603 页。
④ 许治修:《元和县志》卷十一,乾隆二十六年刻本,第 15 页上。
⑤ 李光祚修:《长洲县志》卷十四,乾隆十八年刻本,第 13 页上—下。

· 497 ·

百姓宁愿相信"刁劣"的生监,也不愿相信政府官员,本身恰恰说明政府官员公信力的缺失。冯桂芬称:"州县敛怨于民,深入骨髓,一旦有事,人人思逞。"[1]咸丰元年,嘉定等县发生"刁生劣监""把持挟制"事件,起因是当年豁免道光三十年以前民欠银米,此时正征收道光三十年漕粮,"民间自哗然,以为圣恩宽大,而官吏屯膏,不无觖望。盖因江苏省赋额繁重,浮收勒折之弊亦甚"。[2]

1840年以前,生监们不可能是近代政治体制的倡导者,而是专制政体的拥护者。学者指出:"生监中有些人目睹中央和地方弊窦丛出却无以消除,如疼痛在身,骨鲠在喉。"至少,他们本可以成为法治的推动者和地方官员的有力督察者。但"更多的生监虽怀抱为皇帝、为国家尽忠之志,却常在专制制度下碰壁"。[3]

林则徐奏称:"州县廉则人不敢唆以利,州县严则人不敢蹈于法,州县勤而且明,则人不得售其奸。"[4]他认为江苏地方官员不敢违法的原因就是担心生监们挟持:"刁生劣监虎视眈眈,如州县稍有营私,则讹诈分肥,人人得而挟制。……是今日之州县,无从舞弊。"[5]

官员无从舞弊之说,显然过于夸张;惮于生监们检举,应是实有之事。但在清代的政体下,生员们的监督效果取决于最高统治者的态度。

清专制统治者从来都不是法治真诚的追求者和建设者,无一不是生杀予夺的人治者。他们热衷于构建个人权威,而蔑视制度权威。

每当最高统治者更迭时,新统治者的个人权威和人格魅力多难与乃父乃祖相比,予人以一代不如一代之感。因此,在强势帝王之后的君主,多是现状的维持者,无法利用制度权威来消除社会弊病。道光帝曾言:"从前乾隆、嘉庆年间捏灾冒赈之案,无不尽法处治,今十数年来,各省督抚未有参劾及此者,岂今之州县胜于前人乎?"[6]

即便生监们企图以法律为依据、以要挟为手段来监督官员,由于一些统治者的"懦弱",也很难大面积奏效。

有学者指出:中国传统教育的任务就是极力宣扬忠于王权的正面美德,生员、官员要随时为朝廷献身,君主既是朝廷的符号,也是朝廷的实体。[7] 更为普遍的是,强势的专制统治者总是一方面极力矮化大众的智慧,另一方面自我膨胀地认为自己为千古一圣。百姓不但在其活着时要感戴其恩德,在其殁后也要学习其高尚情操、铭记其伟大思想。一部符合清代主流意识形态的作品写道:"却说我大清圣祖康熙佛爷在位,临御六十一年,厚泽

---

[1] 冯桂芬撰:《上林督部师书(己酉)》,《显志堂稿》卷五,光绪二年校邠庐刻本,第21页上。
[2] 中国第一历史档案馆编:《清政府镇压太平天国档案史料》第10册,北京:社会科学文献出版社,1993年,第452页。
[3] 王跃生:《清代生监的社会功能初探》,《社会科学辑刊》1988年第4期,第95—96页。
[4] 中山大学历史系中国近代现代史教研组、研究室编:《林则徐集(奏稿)》上册,第146页。
[5] 中山大学历史系中国近代现代史教研组、研究室编:《林则徐集(奏稿)》上册,第146页。
[6] 中山大学历史系中国近代现代史教研组、研究室编:《林则徐集(奏稿)》上册,第143页。
[7] C. T. Hu, "The Historical Background: Examinations and Control in Pre-Modern China," *Comparative Education*, Vol. 20, No. 1 [Special Anniversary Number (8): Education in China], 1984, p. 23.

深仁,普被寰宇。"①乾隆帝称:"我朝自定鼎以来,深仁厚泽,浃洽人心。……圣祖仁皇帝御宇六十一年,德政及民,恩周寰宇。曾免天下钱粮三次、漕粮二次。稽之史册,隆古未闻。我皇考爱养黎元,整肃纲纪,十三年中,惠民实政,不能殚述。朕诞膺景命,丕绍宏图,保赤诚求,无时不以爱民为念。"②乾隆的自我标榜应该是清帝们真实的自评:"朕自缵绪以来,益隆继述。凡泽民之事,敷锡愈多,恩施愈溥。此不特胜国所无,即上溯三代,下讫宋元,亦复罕有伦比。"③

生监们被认为是传播这些无量恩德和伟大思想的主力,清廷不惜耗费大量的教育资源来提高生监们的思想觉悟。雍正二年(1724),御制《圣谕广训》万言,颁发直省督抚学臣,转行各地文武各官暨教职衙门,令军民、生员、学童等,通行讲读。乾隆时更把《圣谕广训》作为童子应试、初入学者等必须掌握的政治科目,学童们须正确背诵默写《圣谕广训》,方为合格。

在最高统治者看来,生监们的职责应是引导民众歌颂君主及其政体。正如嘉庆帝所云:"朕培养士子至优且渥,原望其束身自爱,键户读书,并当劝化闾里愚民,知所观法,方不愧四民之首。"④无论如何,生监们挟制地方官员、对其攻击评告,事实上是对最高统治者的政策法令、行政实践进行挑剔,这是最高统治者所无法接受的,只能视其为"刁顽"。

因此,专制政体本质上是反智的机制。当生监们发现体制、法律、官员督察体系的漏洞和缺陷时,清廷及各级官员不是弥补其不足,让体制在不断改良中完善起来,反而是打击看到真相的"顽劣"生监。

作为清廷上下共知之事,如果真有刁生劣监违法之处,背后必然存在更加严重的官员犯罪问题。曾国荃写道:"大凡劣监刁生控官,虽在临时,而其心之所不满于官者,亦未尝不在平日。平日苟无以服其心,遇事又被之执其短,则若辈挟其桀黠奸猾之伎俩,寻瘢索垢,列状上闻,比比有之。"⑤可见,刁生劣监的控案,多因官员违法在先。

两江总督陶澍指出:"凡包揽与白规最多之处,其收数自浮。如江北各属,此风甚少,故收数亦轻。"⑥诚然,江北地区很少见到刁生劣监包揽之弊,但这并不表明江北地区的社会治理好于江南。恰恰相反,这是江北社会崩溃的结果。江北基本不存在引经据典、事事依法援律与官府构讼之人,这里更多的是认为最高统治者"彼可取而代也"的项羽式人物。⑦清中期以后,这里更是"盗贼渊薮",仅捻军一事,就让清廷耗费了无数行政、军事和财政资源。由此看来,不断兴讼、讲求法制的刁生劣监,未必不是清王朝之福,未必不可以成为法治社会的推动者和社会稳定力量。

---

① 文康:《儿女英雄传》第40回,台北:桂冠图书出版公司,1983年,第852页。
② 《大清高宗纯皇帝实录》卷一三六七,乾隆五十五年十一月下,第339页上。
③ 《大清高宗纯皇帝实录》卷一三六七,第339页下。
④ 陶澍:《陶澍集》上册,长沙:岳麓书社,1998年,第70页。
⑤ 曾国荃:《阳高县程令禀遵札禀复办理地方情形由》,《曾忠襄公批牍》卷三,光绪二十九年刻本,第4页上。
⑥ 陶澍:《陶澍全集·陶云汀先生奏疏》卷十九,长沙:岳麓书社2010年,第14页。
⑦ 顾祖禹:《读史方舆纪要》第1册,上海:中华书局,1957年,第960页。

颇具讽刺的是,清廷上下对惩处刁生劣监一向不遗余力,但对查处更本质、更严重、影响更大的官员犯罪则要消极得多。这是因为最高专制者看待官员优劣向来以政治作为评判标准。康熙时代,两江总督噶礼贪名素著,多次被劾,却并未受惩。① 甚至与"天下第一廉吏"江苏巡抚张伯行互劾,也能占据上风。但当噶母向康熙帝面陈"噶礼极奸诈无恩"时,康熙帝敏锐地从其"不孝"中推出其"不忠",而予诛杀。② 通过这起案例,康熙帝明确儆示:清廷可以容忍官员一定程度的贪腐犯罪,但绝不能容忍其政治上的不忠。乾隆年间的巨贪和珅、王亶望、陈辉祖等官员,无一不曾是政治可靠的典型。

生监控诉官员,则以法律为标准。在生监们靳靳以官员违法犯法为大题时,朝廷往往视之为细枝末叶。在统治者看来,经济方面的违法犯罪远轻于政治问题。生监与朝廷在官员评价这个问题上,经常鸡同鸭讲,南辕北辙。这就是江南地区清廉如陈鹏年、张伯行之类的官员往往被朝廷罢黜,而贪暴如阿山、安宁者却能平安无事的原因。

一个专制王朝进入中期,各利益集团已然定型,其中以官僚集团最为关键,是其他利益集团的本源。社会各种积弊或起或消,主要取决于统治者的执政能力;统治者执政能力的高下,主要取决于对官僚集团的约束和督察,而不是取决于对生监和其他民众的控制和打压。

作为乡村教育程度最高,国家培养最力,民众仰之、趋之的未来施政者,生监们在任何法治社会,都是国家的建设力量、政府的依恃对象,而非统治者竭力防范和打击的目标。有的学者从讼师的存在,推导出18—19世纪中国百姓已经明显地趋向于使用诉讼作为工具来解决冲突。③ 就犯罪率而言,生监无论如何也无法与官员相比。况且,任何一个群体、阶层和职业中的个体均会有违法犯罪行为,不论其比例多高,均不应否定整个人群,最应否定的是不良的政治体制。

清廷大力打击刁生劣监,是专制王朝进入中期后统治者的共性:宽于治吏,苛于罪民,枉法成习,欺诱成性;暴力和谎话成为政权的两大支柱。这不但丝毫不能展现统治者的仁德之心,反而暴露了统治者的颟顸、无能、短视和狭隘。

刁生劣监有时是贪官污吏的盟友,有时是其敌手。但不论为友为敌,刁生劣监均是贪墨官员的分利者,两者本质上处于利益冲突的地位。因此,刁生劣监受贪官憎恨是容易理解的。

而像陶澍、林则徐之类的清官,同样痛恨刁生劣监,这并不表明后者真的罪恶昭彰,而是显示了专制社会中的清官同样无法越出政体的苑围。其一,清官虽然比庸官有作为,但清官同样不能处处依照法度行事;其违法行为,同样忌恨生监们检举评讼。其二,清官大多对专制政体充满信心,不可能从体制上找原因,不可能让自己和体制处于受监督、受约

---

① 赵尔巽等撰:《清史稿》卷二七八,北京:中华书局,2003年,第10104—10105页。
② 中国第一历史档案馆藏:《清代起居注(康熙朝)》第28册,北京:中华书局,2009年,第b013891—b013892页。
③ Nancy E. Park, "Corruption in Eighteenth-Century China," *The Journal of Asian Studies*, Vol. 56, No. 4 (November 1997), p. 988.

束的状况。其三,清官更看重自己的名声和前程,有些人的升迁欲望和升迁机会也更大,他们更不愿生监们对其为政吹毛求疵,而视之为抹黑其政绩。因此,在专制政体下,清官无法成为法治目标的建设者。

禁止生监包揽漕粮,并不是为了减少浮收,而是为了使官府的浮收更有保障。而禁止生监评讼,也不是真的担心生监们捏词诬控,反而担心其控告大量被坐实,造成地方官员的施政事事受掣于民、听命于民,影响专制统治者的权威。

在专制政体下,政府既无法解决漕弊,也无法解决官员其他腐败问题,只能对生监进行妖魔化,让其承担许多积弊的罪责,削弱其社会动员能量。这种头痛医臀式的问题解决方法,自然无益于清政权的稳定。

另外,生监毕竟是潜在的科举成功者,亦即未来的施政者。通过打击刁生劣监,事实上对生监们进行了不可言传、只可意会的施政实践教育,即忠于体制、听命君主、维护官僚集团的利益是官场的硬道理;正义和法制从来都不是官场的信奉物,君临万姓的君主才是官场唯一图腾;依法行政、洁己奉公、爱民如子之类的政治话语不过是虚无缥缈的抚慰民众之宣传而已。就这一点而言,妖魔化并打击刁生劣监,是由清代专制政治所命定的,是对清未来施政者进行现实教育的课堂。

第三节 精英的国家认同差异

在传统社会,相当多的淮北精英是没有国家意识的,他们心中只有敬之或畏之的君主,许多人甚至不惜身家性命去争夺皇位,以期君临天下。江南人则多采取与官府合作的态度,耕读传家,甚至远离官场政治,过着相对安逸的生活。

一、苏北士绅的君王梦

淮北是开业帝王最集中的地区,项羽、刘邦、曹操、曹丕、刘裕、萧道成、萧衍、李昇、朱温、朱元璋等成功者对这个地区的精英具有深远的影响。在每一个成功的帝王背后,有着汪洋大海般的帝王争夺者土壤。

直到近代,苏北大地主很难说已经成为一个具有共同意识和觉悟的阶级,他们本质上是暴富的小农,充其量是一个利益集团。他们需要被人代表,却不能成为这个代表的基石;他们需要维护其利益的政权,但仅知道"利用"或腐蚀这个政权,不知道反过来维护这个政权;他们不是旧政权的依恃力量,也不会成为新政权的盟友。王先明认为,近代乡村权力建构"不只是单纯的制度依赖"[1],是很有道理的。

淮北大地主基本上不是通过省吃俭用和扩大再生产来积累自己的财富的,而是利用合法或非法手段,通过超经济强制侵占公有地亩和平民资产而暴富。这些当时体制的最

---

[1] 王先明:《变动时代的乡村政制与国家权力》,《南开学报》(社会科学版)2008年第3期,第47页。

大得益者,既不能从经济上带动苏北的发展,减少贫困,更不能从政治上成为当时合法政权的守护者。相反,他们是苏北最具破坏性的不稳定因素。

早就有人指出:"添设圩寨不过彼此敛钱,互争利权,互相雄长。"①对各种利源的争夺与控制,使苏北豪绅极易成为不法之徒,沦为合法政府的挑战者和社会秩序的破坏者。据20世纪30年代对铜山自卫组织的调查,"豪绅地主,以及少数商人来发起农民自卫组织,其动机虽为防御土匪,保卫地方,久之便想把持操纵,将自卫组织变为私人武力,作为私人作恶的工具"②。沭阳农村已规划成各乡镇,实行地方自治,并有乡农会、区农会等组织。但这些组织,"多是给少数活动分子所垄断,一般无智识的农民,差不多一无所知,只有惟命是从的特殊现象。农民都像部落式的各个土圩子分成了村庄,等级森严。一个庄主都是这庄的首富地主,一般农民都是仰仗着他们的。庄主为了保护他底生命财产,就要制备着枪械,建筑炮楼,好防备着土匪,雇用失业的农民作团丁(俗名叫做乡勇),受他们的驱使"③。

中国大陆学者多把南京国民政府称之为大地主大资产阶级政权。④ 由于大地主本身多是军政官员,并由于教育背景、经济资源、人际关系等因素,大地主本人、亲属及子嗣显然比贫民更容易跻身于官场。这样一来,不论国家政权的性质如何,国家的公权力势必被逐渐私有化。各级政权难免不被大地主所利用和把持。亚当·斯密指出:"有时候,所谓的国家的宪法代表政府的利益,有时是代表左右政府的某些特殊阶层的人们的利益。"⑤就这一角度而言,说这样的政权代表大地主利益,不无道理。

20世纪30年代,南京国民政府曾对基层干部进行培训,那些受过新式教育的各类官吏同样只顾一己之私。甚至有自治人员养成所毕业的区长被苏北农民称为"区长皇帝","年纪很轻,但是他的手段,却比旧的贪官污吏还辣"。⑥ 一些县府中,"财政教育两局局长则多系本县各派系中公推之巨绅,平时出入公门,把持财政已属飞扬拔[跋]扈,一旦政权在握,则朋比为奸,营私舞弊,更属尾大不掉,肆无忌惮。庸懦的县长固莫若之何,贪婪的县长或转而与之狼狈为奸"。⑦ 像倪嗣冲家族,除倪氏大量涌进官场外,倪嗣冲的妻家宁姓、女儿亲家王氏、姐家华氏、连襟程赵两氏、弟媳家戎氏等均获要职。据不完全统计,倪家亲属共有50多人获得了税、军、政等官职。倪家及亲属有30人先后任40个厘金局长、

---

① 吴汝纶:《桐城吴先生日记》上册,宋开玉整理,石家庄:河北教育出版社,1999年,第834页。
② 陈斯龄:《铜山区农民自卫概况》,《江苏月报》第4卷第五六期,1935年12月1日出版,"专文"第82页。
③ [作者不详]:《沭阳农业农村农民之概况》,《农村经济》第2卷第6期,1935年4月1日出版,第77页。
④ 如陈旭麓、姜义华主编:《中国革命史教程》,上海:上海人民出版社,1988年,第240—245页;李振亚主编,张静等编:《中国革命与建设史论》,天津:天津大学出版社,1995年,第92—96页;宋春编著:《中国新民主主义革命统一战线史》,长春:东北师范大学出版社,1987年,第95—96页。
⑤ 亚当·斯密:《道德情感论》,西安:陕西人民出版社,2004年,第415页。
⑥ 宋之英:《寿县一瞥》,《自觉》第8期,1933年3月16日出版,第20页。
⑦ 粟显运:《新县制的理论》,重庆:国民图书出版社,1940年11月,第6页。

关卡总办、监督等,有14人任军中要职,任县长职务的更多。①

早在南京国民政府初期,受国联委派的意大利德葛尼(C. T. Dragoni)教授在对中国农村考察后指出,"一切事态皆利于富人阶级掠夺穷人的土地"。②尽管如此,由于这一过程是通过公权私侵实现的,大地主无论如何都不会成为这个政权可依恃的稳定力量,反而成为农村动乱的根源。

对于中国乡村的动乱者,托尼的看法最具代表性:"中国的土匪通常是打散的士兵,类似于摩尔时代的英格兰,他们秉持'如其饿死,不如铤而做贼';有的是被压迫的受害者。"③其实,在苏北,除穷人不得不作乱外,豪富之民制造动乱,甚至成为土匪领袖的现象极为普遍。秦晖指出:"《水浒传》中晁盖那样的'庄主'率领'庄客'造反,并非小说家的虚构,而是史籍中不胜枚举的事实。"④这非常符合近代苏北的实情。

同治年间,庐州、凤阳、颍州地区,"大猾土豪,筑圩立练,武断乡曲,啸聚匪徒,互杀兼并,所在而有"。⑤民国初年,蒙城县傅家庄圩长傅荆山"素昔通匪。伊之同院胞弟傅云山并本庄傅得光、傅四水、傅狗屎等,均系积年盗匪,抢劫多次伙匪"。⑥

近代徐海地区豪绅带领佃农暴动的事件层出不穷。⑦据中共涟水县委报告,1927年涟水红会暴动,"领导者都是豪绅";⑧1929年再次暴动,"其领袖还是豪绅地主",其成员十分之六是农民,十分之四是土匪。⑨同年2月13日,宿迁五华顶极乐庵僧慧门、跻圣祥、齐蓬仙及"著名土劣"马启龙、马启豫、孙用标、臧荫梓、张梓琴、刘孟侯等发动暴动。首领张某,曾入前清邑庠,自称小刀会剿匪总司令,指挥的党徒不下五六万人。张公开警告宿迁县长童锡坤,称会徒势力,南达泗阳众兴镇,北达峄滕地区,有快枪30 000枝,长枪短刀不计其数。⑩

海州悍匪仲八(仲兆琚)在为王姓地主做长工时,发现王家就是当地的土匪头子。⑪

---

① 中共安徽省委党史工作委员会编:《安徽现代革命史资料长编》,合肥:安徽人民出版社,1986年,第146页。

② 转引自陈翰笙:《现代中国的土地问题》,汪熙等主编:《陈翰笙文集》,上海:复旦大学出版社,1985年,第47页。

③ R. H. Tawney, *Land and labor in China*. London: George Allen & Unwin Ltd. 1966 (Originally published 1932), pp. 73-74.

④ 秦晖、苏文:《田园诗与狂想曲》,北京:中央编译出版社,1996年,第195页。

⑤ 唐训方:《旌别道守牧令淑慝折(三月十三日)》,《唐中丞遗集》"奏稿"卷二,光绪十七年刻本,第13页上。

⑥ 汪篪编:《蒙城县政书》"乙编",1924年冬印,第18页。

⑦ 吴寿彭:《逗留于农村经济时代的徐海各属》(续),《东方杂志》第27卷第7号,1930年4月10日,第66页。

⑧ 《涟水县委报告(1929年10月5日)》,江苏省档案馆编:《江苏省农民运动档案史料选编》,北京:档案出版社,1983年,第236页。

⑨ 《涟水县委报告(1929年10月5日)》,江苏省档案馆编:《江苏省农民运动档案史料选编》,北京:档案出版社,1983年,第236—237页。

⑩ 《宿迁土劣僧众暴动续讯》,《申报》1929年2月21日,第11版。

⑪ 李荣坤:《仲八其人其事》,《赣榆文史资料》第5辑,赣榆:1987年10月,第71页。

这对仲八为匪具有相当的影响。清末民初苏北匪首丁三花,原系宿迁丁咀集大户。宣统年间,丁三花与钱立本有隙。钱有土匪背景,有地30顷。丁聚众突袭,将钱家老小30余口尽皆戮杀,事后率领远近亲邻,结成400余人的股匪,活动于宿、沭、泗三县边界。三县当局皆无可奈何。1915年9月22日,丁率土匪300余人在大槐树后张圩,杀村民50余人,绑架30多人,财物牲畜抢掠一空。未几,又抢劫文昌阁小学,绑走校长蔡凤翱及寄宿学生20余人。① 20世纪二三十年代的阜阳匪首赵洪善,出身官僚地主家庭,祖父系清末武进士,匪众达三四千人,横行豫皖苏边境各县。② 宿迁常备第八旅营长张再勋和高孝门,均是著名的土匪兼地主。③

豪绅地主加入土匪,其影响力绝非穷人所能比拟。泗阳地主经常有卖地买枪做土匪的事例。④ 而在匪群中,穷匪不得不租用富匪的枪支,仍受富匪剥削。因此,"穷命者"的特点是"种地要种别人的地,背枪要背别人的枪"。⑤ 姚雪垠的纪实小说写道,有的富匪走路都会发喘,打仗是"菜包子",但在土匪中却极具号召力,生活非常优裕。⑥

有学者指出,匪首们尽管从劫获物中分得极大的份额,却一般无法积累起财富。⑦ 纵观这些豪绅地主,这样的结论显然不确切。

有人认为:"参加动乱的农民不过是些为了直接报复地主和绅士的暴民。"⑧还有人认为,在华北地区(包括苏北在内),"由于雇主处于社会金字塔的顶端,他们让佃农跟从他们从事宗族仇杀、秘密社会的战争。但他们不可能把这些局部的、狭隘的、包含阶级鸿沟的动员转化为反对中央政府的区域性的运动"⑨。这基本不符合苏北的实情。

晚清名臣潘祖荫对苏北地主豪绅的军事化深感忧虑:"山东郯城至江南宿迁一带土匪蜂起,道路为梗。现闻红花埠一带,俱筑土城,挖壕沟,虽为防土匪起见,究莫知意之所在。团练乡勇愈聚愈多。原其初心,未必即怀叵测,而势由积渐,实恐浸成祸端。"⑩这种担忧是有相当的根据的。

1938年以后,侵华日军攻占了苏北部分地区,以大地主为首的利益集团纷纷叛国。

---

① 张荣轩:《宿迁匪祸四十年》,《宿迁文史资料》第6辑,第130页。
② 于丹忱等:《临泉设县前的匪祸实录》,《临泉史话》第1集,第130页。
③ 孙克实:《鲁同轩计伏二虎》,《宿迁文史资料》第7辑,宿迁:1986年12月,第59页。
④ 江风:《淮北农村调查》,豫皖苏鲁边区党史资料征集研办公室编,北京:1984年,第26页。
⑤ 姚雪垠:《长夜》,北京:人民文学出版社,1996年,第203页。
⑥ 姚雪垠:《长夜》,北京:人民文学出版社,1996年,第25页。
⑦ R. G. Tiedemann, "The Persistence of Banditry: Incidents in Border Districts of the North China Plain," *Modern China*, Vol. 8, No. 4 (Oct., 1982), p. 406.
⑧ Shu-Ching Lee, "Agrarianism and Social Upheaval in China", *The American Journal of Sociology*, Vol. 56, No. 6 (May, 1951), p. 512.
⑨ Ralph Thaxton, "Tenants in Revolution: the Tenacity of Traditional Morality", *Modern China*, Vol. 1, No. 3, *The Rural Revolution*. Part II (July, 1975), p. 328.
⑩ 潘祖荫:《请责成署淮海道办理江南山东交界土匪疏》,《潘文勤公(伯寅)奏疏》,沈云龙主编:《近代中国史料丛刊》第36辑,台北:文海出版社,1969年,第43页。

"当初徐州沦陷时的地方情景,真是所谓:'十八路反王,七十二路烟尘。'敌骑纵横,匪伪遍地。"① 宿迁某乡乡长王斗山投日后,摇身变成了伪军区团长。② 灌东大地主徐继泰,原任国民党常备第二旅长,1943年投日,历任71旅、11旅旅长。③ 峄县南古邵大荒村大地主孙茂墀,1940年投日,被任命为峄县警备第六大队队长。④ 徐士流、张少桐、顾豹成、朱子龙、井泉五、郭济川无不投降了日军,担任各种官职或军职。

苏北地区大地主阶层的频繁"叛君"与普遍叛国表明,在近代民族国家的构建中,这一利益集团不是正面的建设力量,更不可能成为积极的中坚因素。

在封建"盛世"之时,由于中央集权的不可挑战性,苏北民众正如《聊斋志异》所描写的那样,如说一普通人具备天子之相,闻者"未有不骇而走者",因为这足以引起灭族之祸。⑤ 到了近代,中央集权衰微,乡村豪绅地主势力日渐膨胀,成为苏北社会最强势的群体。他们生活在农村最基层,集经济、行政、军事、宗教、司法等权力于一身,这些权力基本不受监督和限制。这种多位一体的权力,在对抗传统的行政权力时,具有极大的优势。在此情形下,某些强势人物甚至已不再满足于当"土皇帝",而是要做名实相符的封建皇帝。

贝思飞(Phil Billingsley)认为,中国地方士绅与县级官员分别代表了政治和经济权力,地方士绅主要服从于经济和商业需要。⑥ 这与苏北豪绅的追求显然不合。

民国前期的沭阳县,有人公然称帝,"制龙袍,封官爵,官吏颟顸畏缩,任其滋蔓"。⑦ 1927—1928年涟水红会暴动,口号之一是"杀尽国民党",出身豪绅地主的首领朱温,目标是打下南京称帝。⑧ 1929年2月12日,山东版一道首领马士伟称帝,国号"黄天"。全国不少大城市广布其党羽,人数不下数万。据说马积累的财产达1亿银元。每次政局变动,马均向军政当局报效巨款。张宗昌据鲁,马解送金条80根、大洋数万元。⑨ 马士伟称帝,使徐淮海地区的强势人物闻风而动。同年4月,宿迁"著名土劣"黄秀生(其父黄乘武为刀会首领)、张鼎臣、胡幹清、薛幹臣等举行秘密会议,由黄乘武率领鲁南、皖北、苏北各县枪会等,联络山东马皇帝,定于4月12日举事,年号"大同元年",旗为五色黄龙八卦。11日晨,刀会徒众约2 000人,由司令胡幹清、副司令薛幹臣等指挥,经炮车沿陇海路到达窑湾,市公安队均被缴械,市政、盐务、公安各局及邳县二区国民党党部、宿迁四区国民党党

---

① 江苏省档案馆藏档案:《淮北苏皖边区三年来的政府工作》(1942年10月),案卷号6—1,资料4000739,第7页。
② 郭乾元:《汉奸王斗山的滔天罪行》,《宿迁文史资料》第7辑,1986年,第221—226页。
③ 《苏北报(淮海版)》民国三十四年九月二十六日,第4版。
④ 孙晋辉:《峄南土司令孙茂墀》,《峄城文史资料》第5辑,1992年,第122—131页。
⑤ 见蒲松龄:《聊斋志异》卷二,长春:春风文艺出版社,1998年,上册,第122页。另据《施公案》第50—51回,殷家堡圩寨寨总殷龙,被迫起兵反清后,一直担心朝廷大兵压境,举族被诛,遂以主动求和告终。详见尹明主编,龚由等节编:《施公案》,天津:天津古籍出版社,1994年,第604—633页。
⑥ Phil Billingsley, "Bandits, Bosses, and Bare Sticks: Beneath the Surface of Local Control in Early Republican China", *Modern China*, Vol. 7, No. 3 (July, 1981), p. 242.
⑦ 张仲五编:《沭阳乡土志略》,台北(无出版社名):1974年,第76页。
⑧ 参见周焰《中共涟水特支与红刀会暴动》,《档案与建设》2001年第4期,第28页。
⑨ 《山东自称皇帝之马匪已剿灭》,《申报》1929年8月12日,第9版。

部与学校等被捣毁,并捕去国民党学政要人许仲良、徐振业等人。① 淮阴小刀会首领阮小六、王如学,在抗战初期势力发展起来,王筹划先打淮阴,再打徐州、南京、上海等大城市,得胜后在南京登基做皇帝,定国号为"大华",并刻了"大华银行"的票版。②

可见,大地主并没有维护合法政府的阶级觉悟,原因在于这些大地主几乎不是合法地依靠当时的国家机器或法律法规而生存和发展的,而是通过不法行为才得以获取和维持各种利益。这样,大地主们对当时政府的合法性并无认同感。正如亚当·斯密所说的那样,这些人"认为国家是为他们而设立的,而不是他们是为国家而存在的"③。

赵冈根据"经济学原理",认为中国地主没有"主导力",是"逐渐被边缘化",农村大地主与小农、无地农户的区别,类似大商店和小商贩的区别。④ 这种观点只看到了地主与一般农民的经济类性,而忽略了其更深更广的社会差异。

为什么豪绅地主能够动员下层农民从事反叛呢?秦晖认为:这是因为"国家失去了'保护'职能,因而农民不得不投靠民间庇护者,并拥戴他重建宗法国家,恢复共同体职能"⑤。其实,苏北的富者甚少有"保护"之举,甚至连宗法观念都不甚了了,谈何重建宗法国家、恢复共同体职能? 对普通小农而言,这实在太过遥远。

按以往的思维惯性,似可把地主动员农民暴动,解释为由于农民阶级觉悟不高。如果苏北真的存在地主与农民的阶级对立,具有共同利益、共同立场、共同代表的农民阶级,再不成熟,也不会如蚁附膻般集聚于豪绅地主的旗下而效驱策之劳。可以说,农民愿意跟从地主暴动,不是由于农民阶级觉悟不高,而是苏北根本就不存在农民阶级,甚至不存在地主阶级!

近代苏北乡村无疑比马克思时代的欧洲农村更加封闭和割裂。直到 20 世纪 30 年代,徐海地区的围寨仍被比喻为"小小部落",这里的经济是"自足"型的,"在每个集子大概总有一个铁匠,制作而供给农民的器械,总有几个布机与纺纱机,供给农民的衣着"⑥。对宿州作过大量田野调查的卜凯的看法非常符合历史事实:从社会化角度而言,农村居民实在无所足道。许多地区连道路都没有,农民不能与外界进行经济往来。⑦ 泰勒的看法与之相似:"由文盲农民构成的村庄,是中国古代生活非常保守的堡垒。"⑧农村复兴委员会的调查者认为江苏常熟、启东等地区各阶层均有变化,唯独邳县维持不变,因为"邳县底土

---

① 《徐东刀匪又起骚动》,《申报》1929 年 4 月 18 日,第 7 版。
② 文史办整理:《淮安小刀会概述》,《淮安文史资料》第 4 辑,第 101 页。
③ 亚当·斯密:《道德情感论》,谢祖钧译,西安:陕西人民出版社,2004 年,第 284 页。
④ 赵冈:《试论地主的主导力》,《中国社会经济史研究》2003 年第 2 期,第 1—6 页。
⑤ 秦晖、苏文:《田园诗与狂想曲》,北京:中央编译出版社,1996 年,第 195 页。
⑥ 吴寿彭:《逗留于农村经济时代的徐海各属》,《东方杂志》第 27 卷第 6 号,1930 年 3 月 25 日出版,第 71 页。
⑦ John Lossing Buck, "Agriculture and the Future of China", *Annals of the American Academy of Political and Social Science*, Vol. 152, China (November 1930), p. 110.
⑧ J. B. Tayler, *Farm and Factory in China*. London: Student Christian Movement, 1928, p. 16.

地集中,乃是由于封建关系底持续,其土地关系很久以前便已在固定的型式中,……因为邳县一带至今还屹立于江苏底商业经济体系之外"①。1952年,江苏省暑期农村调查团对沭阳调查时认为:"当地农家自给经济占较大之比重。"②

如果说苏北小农是装在袋中的马铃薯,那么,大地主就是那些装马铃薯的袋子。20世纪30年代,中共政权也承认:像徐州萧县这样的地区,"农民对地主的纵的隶属非常直接,农民对农民的阶级关联却是若有若无的东西。一堆一堆的农民附属于地主,结成无数小的封建细胞"③。"农民是无组织的、无政权的、无武装的。他们直接生活在地主的指挥之下,在经济上和社会上,农民是隶属的,不是独立的。"④

苏北圩寨尽管能够抵挡小股土匪的祸害和一般水患,但使得普通民众更加依赖"天然首长"(马克思语)的保护,加剧了人身依附,减少了社会流动和社会联系,使农民的生活日益孤立,无法成为一个集体,更不可能成为一个阶级。萧县中共政权称:"统治阶级称农民为'乌合之众',确实有相当的道理。"⑤

以圩寨为生活范围的豪绅地主与小农一样,也不可能成为一个阶级。富裕群体不是通过阶级的力量来维护自己的利益,而是通过掌握、利用和收买各种权力,以保护其超经济掠夺或减少对自身利益的侵害。平民群体虽没有其他阶级加给的义务和痛苦,但却承担了各种权力所强加的、远比阶级社会里下层阶级所承担的多得多的义务和痛苦。

由于缺乏阶级的代言人和阶级之间的斗争,行政权力具有无可抗衡的压倒性优势。圩寨的出现,则用集军事、政治、经济、宗教、司法等于一体的权力联合体取代了单纯的行政权力。一些圩寨首领的势力远在县长、县政府之上。如官湖寨主与邳县政府的关系,"仿佛是齐国与周王的情形"。每任县长必须听命于官湖寨主才能得其帮助。而后者"看不起县知事或县长,正如齐国看不起周室一样"。⑥ 这类寨主若动员依附于他们的民众反叛,易如反掌。

综上所述,极端的贫富分化使各种社会资源畸形集中到豪绅大地主手中,使他们越来越成为强势群体,在农民尚未成为阶级的情况下,造成了更加严重的人身依附。豪绅大地主在社会生活中的优势地位以及掌握的较多资源,能非常容易地操纵和利用当时的各级政府为他们服务或维护其私益。尽管如此,这些利用当时暴富的阶层,却成了苏北社会最

---

① 行政院农村复兴委员会编:《江苏省农村调查》,上海:商务印书馆,1934年,第17页。
② 苏北区暑期农村调查委员会编:《苏北区农业生产调查报告》第7号《沭阳县刘集区刘集乡(岗旱粮食区)》,1952年8月,江苏省档案馆藏档案,全宗3067,案卷号48(永久),第6页下。
③ 豫皖苏鲁边区党史办公室、安徽省档案馆编:《淮北抗日根据地史料选辑》第3辑第1册,内部资料,1984年印,第11页。
④ 豫皖苏鲁边区党史办公室、安徽省档案馆编:《淮北抗日根据地史料选辑》第3辑第1册,内部资料,1984年印,第12页。
⑤ 豫皖苏鲁边区党史办公室、安徽省档案馆编:《淮北抗日根据地史料选辑》第3辑第1册,内部资料,1984年印,第27页。
⑥ 吴寿彭:《逗留于农村经济时代的徐海各属》,《东方杂志》第27卷第6号,1930年3月25日出版,第73页。

不稳定的因素,甚至是当时政权的掘墓者。

马克思所说的"行政权力统治社会"是解开苏北社会之谜的钥匙。长期以来,掌握行政权力的大小,甚至与行政权力的亲疏远近,决定了苏北各阶层所获得的社会资源和身份地位。分享或窃据了国家权力、在基层掌握最大权力的豪绅大地主,成为社会的强势群体。在相对封闭、壁垒森严的圩寨中,由于没有程式化的监督和制约,他们的权力极度膨胀,合法或非法地牟取了大量的私利,使这一阶层成为事实上的领主或准领主,并觊觎着君王的宝座。

由于社会资源过多地集中到强势群体的手中,弱势群体无法分享经济发展的成就,苏北的贫富分化极为严重,大多数亚区的社会结构中只有上层与下层,缺乏经济独立、人格相对自由的中产阶层。最广大的下层民众占有极少量的社会资源,对强势群体存在严重的人身依附。没有形成各自具有不同利益、不同代表、不同社会理念的相互对立的阶级和代言人,造成强势人物振臂一呼,弱势民众应者云集的局面。这也使得苏北社会的上层人物极易成为社会不稳定因素,成为当时合法政权的破坏者和挑战者。这些当时体制的最大受益者,不但没有成为代表其利益的政府的统治基石,反而经常成为动乱之源。

由强势群体策动的动乱,丝毫未改变原有的社会结构及行政权力或权力联合体的支配作用,全然不同于新生产力所造成的社会动荡。他们本身并不能建立起一个更加公正的社会,相反,不少反叛者的目标是当封建皇帝,他们必将使社会制度更恶劣,下层民众的处境更坏。从这个角度而言,具有社会革命意义的土地改革是非常必要的。

通过土地改革,苏北农民获得了解放。尽管他们是集体获得的,但用马克思的话来说,他们"不是作为一个阶级解放出来的"。[①] 他们的解放同样是通过行政权力的介入和推动才达成的。在这里,行政权力体现了积极的作用。由此可知,在阶级关系并不明朗的东方社会,希望通过下层阶级逐渐强大而最终自我解放的想法无疑是不现实的。通过行政权力,几乎"一夜之间"大多数农民就获得了解放。

但是,土改的局限在于把经济积累的不平等视为社会的万恶之源,而仅从均分财富来解决苏北社会的问题。像"佃户与地主平等对话"这一现代社会最起码的准则,仅被作为与地主斗争的手段,而不是作为推向社会各个层面的发展方向。农民可以被整合为一个集体,却没有类似于阶级的独立意识和对集体的认同感。也就是说,彻底解决马克思所说的"行政权力统治社会"这个问题,始终是苏北社会变革的目标。

二、苏南的耕读文化

苏南精英很少做着开业帝王的美梦,普通人家更倾向于耕读。"耕"代表了良好的社会环境;而没有温饱、安宁的生产生活,是没法"读"的。

苏南不少人把耕读视为修身养性的方法。南宋苏州邢居士,"遭韩侂胄禁伪学,埋名徙姑苏。其孙谷真当宋末,率妻子居乡耕读,足迹不入城市"[②]。元末常熟县人杨溍见黄

---

① 《马克思恩格斯全集》第3卷,北京:人民出版社,1960年,第87页。
② 冯桂芬纂:《苏州府志》卷一一一,光绪九年刊本,第24页下。

钺喜好读书,将家中藏书无偿借与,黄钺三年遂尽读其书。县令征黄钺与杨溁子杨福为贤良。杨溁曰:"吾不幸遭世乱,家破族散,今独携一子耕读远郊,以毕余生,以子好学,尽以藏书奉观览,奈何不自韬晦,卒为人知,贻累我家?"杨氏最终在乡村作一农夫。①

明建文末,朱棣军队攻下南京,"龚诩大哭投戈而归,隐迹躬耕,读书不辍。宣德中,巡抚周忱屡至其家咨访时政,两荐为松江太仓学官,不就。曰:诩仕无害于义,恐负往日城门一恸耳。居破庐中,种豆植桑,诛茇自适"。②明中期昆山人黄彦辉家训:"赌博倾家,嗜酒乱性,作吏坏心术。居近官司,则交辟官吏,纳贿谋利,或干没官钱谷得罪,贻后患子孙,切戒当务者,耕读而已。"③朱叔鸿《重建诸敬阳先生祠堂记》:"裔孙等多城乡散处,耕读为生。"④明代苏州人沈澄,"家素封,读书尚义,尝以人材征赴京师,试事大府,将授官,以疾乞归。周文襄巡抚吴中,访以时政,多所施行……子贞吉,号南斋;恒吉,号同斋。父子相戒不仕,以耕读自娱,能诗工画。兄弟自相倡和,下至僮仆,皆谙文墨"。⑤明代查应兆《查山隐居记》:"先生入山既久,课耕读书,优游自得。暇则赋诗寄兴,与二三同志啸傲峰巅。"⑥成化、弘治年间,吴郡东北夷亭镇有张小舍,"世为公家弭盗,以耕读老于家"。⑦明朝无锡人孟栻《惠麓小隐记》称:"府君即信州录事,年甫六十慨然叹曰:故山榛莽,田园日芜。遂引年谢事,而归闭门不出十余载,日与高人幽士吟啸自娱,教子耕读,优游泉石,将终身焉。"⑧江阴人李应昇,万历丙辰(1616)进士,官至御史,死于宦官迫害,后赠太仆寺卿,谥忠毅。其子李逊之,为诸生,"嘱子孙耕读传家,不必应试,自是遂无闻人"⑨。宜兴监生朱广寿妻何氏,夫殁后家赤贫,"氏日夕纺绩以为生,历数十年,生计充裕,督两儿耕读,兼营商业,率儿妇习勤不稍懈,老而益壮,寿登百有八岁"⑩。

清代归通甫妻沈氏,居夏驾浦,"年三十寡,以耕读教二子,长斋奉佛氏"。⑪陈士懋,"以耕读世其家,德冠乡间"⑫。郁溥,乾隆九年(1744)举人,"家贫,与弟淳躬耕读书,讽诵不辍,所学日进"⑬。贺承宗,苏州东洞庭人,学行为三吴先进,"承宗归从游江阴,薛伯润怜其才,妻以女,授以田庐。承宗耕读,无斯须自佚"⑭。杨乘云,补诸生,移归常熟。"尝由燕之豫、之晋,只轮匹马,往来恒岳岢岚间,观名山大川,交伟人杰士,胸次益广。退营宅

---

① 高士鸃修:《常熟县志》卷二十五,康熙二十六年刻本,第66页下。
② 周世昌撰:《重修昆山县志》卷七,万历四年刊本,第7页上。
③ 张鸿、来汝缘修:《昆新两县志》卷十三,道光六年刊本,第15页上。
④ 金吴澜等撰:《昆新两县续修合志》卷四十八,光绪七年刻本,第15页下。
⑤ 冯桂芬纂:《苏州府志》卷八十五,光绪九年刊本,第23页上。
⑥ 冯桂芬纂:《苏州府志》卷六,光绪九年刊本,第25页上。
⑦ 冯桂芬纂:《苏州府志》卷一四八,光绪九年刊本,第41页上。
⑧ 裴大中修:《无锡金匮县志》卷三十六,光绪七年刊本,第18页下—19页上。
⑨ 陈思修:《江阴县续志》卷十,民国九年刊本,第8页上。
⑩ 陈善谟、祖福广修:《宜荆续志》卷九下,民国十年刻本,第60页上。
⑪ 冯桂芬纂:《苏州府志》卷一二六,光绪九年刊本,第3页上。
⑫ 高士鸃修:《常熟县志》卷二十一,康熙二十六年刻本,第24页上。
⑬ 王昶纂修:《直隶太仓州志》卷三十八,嘉庆七年刻本,第17页下。
⑭ 牛若麟修:《吴县志》卷四十九,崇祯年间刻本,第9页上。

于桑岸,课子孙耕读,有隐士风。"①顾勋臣,顾泾人,"家素裕,慷慨好施。……教子孙以耕读节俭为务"②。

耕读之家多喜周济贫困,崇尚礼节。江阴李氏"世守耕读二百余载,借祖诒谷,……拨田赡族"③。宜兴许士荣"家世耕读,居家俭约,然好周人之急。道光癸未涝甚,族中往往不举火,士荣贷钱八万以赡之"④。

无锡地区流传的"一担两尚书""一榜九进士"等传说,反映了苏南地区人们重视耕读的结果。

> 明朝嘉靖年间的一天,无锡东乡的张泾街上来了一对年轻夫妻。两人都衣衫褴褛,满身泥污。那个男子肩上扛着一根扁担,两头的淘箩里各坐一个年幼的男孩。有好事者上前一问,原来他们来自长安乡的上舍村,家里很穷。这一年,长安乡又闹饥荒,夫妻俩走投无路,就逃荒到泾皋里来。两个儿子还都很小,就把他们装在淘箩里挑着带出来,因为天气热,还在两只淘箩上盖了两只笠帽。不少人向他们投以好奇同情的目光,有人问淘箩里装的是什么?那父亲便答道:"两个射尿坯。"(张泾一带的百姓把尚未读书的孩子叫射尿坯,"尿"无锡话读作"书")有位白胡须老头听了,连连说:"好好,一担两尚书。"这位老者善良幽默,把土话"射尿"变成谐音"尚书"。尚书是不小的官,不想一句玩笑话,后来竟成了事实。原来这两个男孩一个就是顾宪成,另一个是他的弟弟顾允成。⑤

"一榜九进士"也流传于无锡地区:

> 无锡孔庙大门东西侧各树有一座下马碑,石碑上刻有"文武官员军民人等至此下马"的字句,另一牌坊次间横梁上,东面一匾写着"六科三解元",西面一匾写着"一榜九进士"。说的是在封建时代科举制度下,无锡地区人才辈出,在六次府考中无锡有三个人考中解元(第一名),特别是在乾隆年间三年一次的京城会试中,竟一榜考上了九个进士。⑥

由此观之,苏南苏北民风形成了较大差距。苏南的耕读文化使一般民众安于求田问舍,过着平静的田园生活,远离了残忍的皇权争夺战,其幸福指数显然远高于苏北百姓。

---

① 郑种祥修:《重修常昭合志》卷三十,光绪三十三年刊本,第61页上。
② 郑种祥修:《重修常昭合志》卷三十一,光绪三十三年刊本,第31页上。
③ 陈思修:《江阴县续志》卷二十三,民国九年刊本,第71页下。
④ 顾名修:《重刊续纂宜荆县志》卷七十三,道光二十年刻本,第11页下。
⑤ 中国人民政治协商会议无锡市锡山区委员会编:《锡山名典》,南京:凤凰出版社,2009年,第29—30页。
⑥ 浦学坤主编:《古运河畔南长街》,北京:中国华侨出版社,1997年,第352页。

小　结

苏北与江南社会存在结构性的差异。

在江南,行政权力不像苏北那样总是居于绝对统治地位,肆意干着各种伤天害理之事。江南的社会精英,通过合法和不合法的斗争,对各级官府构成了相当的制约。这些精英多被诬为"刁生""劣监""讼棍"等,成为官府痛恨和打击对象。到了近代,江南自觉自为的士绅如雨后春笋般勃发起来,成为江南社会建设的主力。

在苏北,社会截然分裂为极富和极贫两个阶层。尽管从财富分配角度来看,这两个阶层存在着天然的不可调和的矛盾,极富者的财富总是通过零和博弈的方式,从极贫者手中攫取而来。极贫者不但承受物质上被盘剥的痛苦,更要承受精神上被愚弄的恶果。然而,由于极富者掌握着强大的国家机器及各种舆论工具,他们可以任意虚构有利于维护自身利益和权威的各种神话、习俗、礼仪、道德、"真理"和法则,他们不是代表他们的政权的可依靠力量,相反,他们不断地腐蚀这个政权,甚至心存"彼可取而代之"之念,不断反叛予其万千宠爱的政权。

江南主流精英一方面继承了中国传统伦理道德观念中的积极因素,另一方面吸收了近代的人道精神和西方人文主义意识,积极投入社会改良中,他们是修、齐、治、平的力行者,推动着中国社会向前发展,他们是国家的基石。

结　语

　　君主政治时代,在都城建立在黄河与淮河(西延至秦岭一线)的两河之间时,这个区域发展成了中国农业文明的核心地区。衡量农业文明高低的依据是农业生产力发展水平、手工业生产能力,以及文化教育等方面的程度。按照这些标准,在中国4 000年的历史长河中,苏北领先了约3 000年,落后了约1 000年;江南则落后了约3 000年,领先了约1 000年。江南苏北的历史,在最近一个千年纪中发生了根本性的逆转,完成了"乾坤大挪移"。

　　但必须指出,农业的快速发展,与自然环境所提供的人均生存资源的下降有极大关系,人类不得不通过对土地的开发,进一步获取食物、燃料、植物纤维等。中原农业的发展,正说明了其环境的衰退。在中国农业文明核心区域环境退化之时,由于土质、植被及水文的差异,苏北远较黄土高原的生态承载力为强。也就是说,这里既发展了先进的农耕技术,也培育了与农业生产相对应的灿烂的思想文化和非物质文明。

　　南方农业发展较慢,说明其居民无须花费太多的劳作、太复杂的技术,就可获得适用的生存资源,反过来证明了其环境的优越。如果撇开农业文明的话语霸权,在春秋时代,南方的音乐、冶炼、采矿、造船、航海等方面,应该高于北方。此时,苏北是丝织业中心,丝织业技术水平既领先于中原其他地区,也领先于江南地区。无论以哪一种话语,苏北都不是一个落后的地区。

　　唐以前,除了南北朝对峙时期,政府很少因政治因素而大规模地破坏苏北或江南的生态系统。

　　南宋时代,太湖流域成为国家的核心地区,各种水利工程的建设、农业技术的改良,使得这个地区有"苏湖熟,天下足"的美誉。明清以来,随着社会的相对安定、纺织技术的进步,江南已遥遥领先于中国其他地区,更领先于苏北地区,长期成为国家的财赋之地,使得中央政府有着充分的考量,不能对这里采行杀鸡取卵的政策,而要采取细水长流式的盘剥思路。因而,江南的政治工程相对较少,民生工程得以大量建设,非常有利于改善农业生产条件。民生工程的兴建,既是江南官员贤能的结果,更与国家宏观决策有关,也与江南士绅的自为能力紧密联系在一起。

　　在专制政治时代,国家重大战略决策失误屡见不鲜。

　　明代,江南为南直隶,明确属于国家的核心地区。清代,尽管江南远离首都,按中国传统地缘政治,江南从空间上不属于国家的核心地带,但一方面,江南长期形成的经济中心地位,使得统治者有着充分的考量来维护江南的可持续发展;另一方面,江南士绅群体极为强大,在朝廷担负着许许多多的重要职位,他们比其他地区的精英拥有更强大的话语权,这对维护江南地区的整体利益,具有极为重要的意义。因此,即使在清代,江南也不可能成为专制政治的牺牲品。而作为中国第一大河流的长江,从来都是福河而非灾河,对民众的福利而言,与黄河有着天壤之别。

废弃海运、采行河运即是危害明清两代的祸国殃民的选择。由于维持运道的需要,明朝对黄河的治理远超以前任何一个朝代,但当时治河的指导思想不是以民生为重。明中期以后,由于维持运道和保护祖陵的政治需要,代表中央政府的河臣们视民生如草芥,在维护国家"核心"利益的显意识和维护个人官位的潜意识下,习惯性地牺牲苏北地区,逼迫全部黄河水流向徐州、邳州、宿迁、淮安一带,人为地把黄河中下游地区的灾患转移到苏北地区。特别是明祖陵的政治地位,造成明代的治河方略经常前后不一。但总的说来是不得不牺牲民生来捍卫祖陵和运道,使得这一地区的生态遭到了无以复加的破坏。而为了节省治水经费,河员们经常任由黄河在徐淮海地区泛滥,"以不治治之"。

在专制政治体系中,能得以推行的重大方针,多是既非利国也非惠民的举措,而是对官僚利益集团有着重大私利,在被尊崇为圣君明主的正确思想指导下的各式各样错误国策。正确的国策于官僚们的益处显然不会太大,只有错误国策才蕴藏着无尽的物质利益,而其对国家和百姓的危害往往千百倍于官僚所获的益处。

错误政策的反对者与获益者之间的利害关系及力量对比,从来都不成比例。像保运、治黄、漕政等国计,大工屡兴不止,动辄耗费国帑以百万计,获益的官员数以千计。他们上下勾结,目标一致,团结合作,牵一发而动全身,视既得的物质利益为不容碰触的禁脔,损一毫如割肝脾。而察觉政策有谬的官员,往往形单影孤,且政策正误均对其没有太大的利益纠涉。因此,纠错的官员往往以一人面对千百万从错误政策中获取暴利的官员利益集团,发一声而受百詈,出一言而遭千辱,这就是中国"历史遗留问题"难以解决的真正原因。

在苏北的传统社会中,中央政府具有无可比拟的权力,处于社会和政治结构的最顶端,但它没有为苏北社会提供必要的管理与服务,并发展苏北的社会生产,不断增加苏北的社会财富,提高民生福利。在社会资源分配中,各级政府不但当权不让地攫取了最大的份额,而且使用种种敲骨吸髓般的手段,进行竭泽而渔式的榨取,仅留下了很小的份额供苏北社会各阶层进行再分配。苏北各阶层进行社会资源再分配时,由于政府服务与管理功能的严重缺失,根本无法制定并维持公正的分配规则,只能按照权势的大小,进行弱肉强食。那些拥有各种行政权力或与行政权力有关的社会各阶层,获得了远较正常份额为多的不当利益。没有行政权力的平民,不得不运用各自的智力(刁诈)或体力优势(暴力),破坏合法而又极不公正的分配规则,维护自己本应得到的份额,从而造成苏北各种"刁民""奸棍"充斥的局面。

在社会财富分配中,江南人的分配资格同样取决于行政权力的大小。但江南人更注重区域利益和家族利益。从范仲淹在苏州设立义庄始,能否解决一族人的生存困境,成为衡量江南精英成功与否的标志。因而,江南精英更注重把所得的财富用之于亲族,在专制政体下,即使社会财富的分配规则永远都是不公平的,但江南的弱势阶层通过培养本族的优秀人物,使之成为自己的利益代言人,从而在不公正的分配体制中,间接公正地分得了自己的份额,维持最低的生存需要,从而相对地维护了自己的利益。在苏北,没有行政权力又无其他优势的平民,他们理所当然地构成了社会和政治结构的底层,只能任人宰割,所获得的份额自然无法满足最低程度的生存需要。在社会资源因灾荒等原因而更加紧缺时，这些不能从社会性的分配中得到应有份额的群体，只能在家庭内部寻找最基本的生存资源。这样一来，苏北人类又回归了低等动物的生存法则，家庭内部的幼弱者成了强壮者的口中食、腹中物。归根结底，这种现象不过是社会性的分配规则在家庭中的体现而已。

在近代，开放的江南被纳入国际市场体系，一方面，这是江南享受世界近代文明的表现，是江南社会发展的伟大契机。另一方面，由于政府的颟顸不作为，分散的农民不得不直接面对国际和国内垄断寡头的操控，在危机时代，底层农民成为垄断资本家转嫁损失的最终接棒人，是危机最惨痛的损失者。因此，在没有国家政府保护的前提下，经济全球化也预设了江南农民经济破产的隐患。

无论如何，在江南，由于资本主义发展水平已经达到了较高的程度，即使农村地区还存在着依靠收取地租的土地所有者，但这些土地所有者多非纯粹的地主，他们是商人、资本家，数量最多的是工厂的产业工人。这些工商地主和工人地主，多运用市场规则购买土地，并运用契约关系出租土地。可以说，尽管江南有地主，但已无封建的人身依附关系。"江南无封建"，具有相当的理论和事实依据。

苏北一直属于封闭社会，基本没有被纳入国际经济体系中，一方面，苏北一直不能享受世界近代文明的成果；另一方面，由于政府变本加厉的盘剥，苏北的封闭造成了更严重的落后。长期以来，分享或窃据了国家权力、在基层掌握最大权力的豪绅大地主，成为社会的强势群体。在相对封闭、壁垒森严的圩寨中，由于没有程式化的监督和制约，他们的权力极度膨胀，合法或非法地牟取了大量的私利。

苏北和江南的社会问题，均是权力积累的不平等，从而导致经济积累方面的不平等，并由此造成社会的不公。苏北掌权者在极短时间获得数万乃至数十万亩地产的事例屡见不鲜。

大地产本身并非社会革命必然发生的原因，现代农业经营的方向无疑是具有规模经济效应的大农场，江南、通海地区就有许多这样的大地产，它们代表社会进步的方向。问题的关键是建筑在大地产基础之上的具有领主属性的地主所蕴含的社会意义。苏北地主并不是单纯的土地经营者或出租者，而是事实上的领主。这种土地制度使农民更加分散为没有社会联系的"马铃薯"，阻滞了阶级的形成，使贫民承担了甚至像征战、献身、初夜权等远过于封建社会下层阶级所应承担的义务和痛苦，越来越成为弱势群体。因此，苏北有地主，有封建。

另外，苏北的广大盐场，尽管没有地主，但政府的压迫更甚、束缚更严，灶民不但没有人身自由，而且没有生产自由，没有出售自己劳动产品的权利，他们长期被视同罪犯。他们所受的人身限制远过于苏北农民，事实上是劳动奴隶或生产奴隶。因此，苏北还存在着没有奴隶主的国家奴隶制。

苏北和江南地区先后进行了土改，土改的纯粹绩效因地区而不同。阿希（Robert Ash）认为土地改革后，由于人均所获得的土地数量很小，农民没有剩余用于农业发展。

土改的经济成效微不足道。[①] 诚然,土改初期,从经济绩效尤其是农产品生产总量来考察,确有许多可议之处。但在苏北,土改的影响,不仅仅在经济范畴。它摧毁了根深蒂固的领主制,使农民获得了一定程度的解放。土改前,地主对农民可以任意"杀头、坐牢、失踪、打骂",如果农民"起身来讲几句道理,就会被上述这些人看成翻天覆地,大逆不道"。土改后,"佃户要和地主平等说话,平等称呼,同样开会讲道理"[②]。这应该是苏北社会最大的进步。

土地改革对江南的影响显然要更大。直接地看,江南土改别说对经济地位较高的工商业者,即使对工人的影响是极其大的。绝大多数的江南产业工人并不是一无所有的贫困者,而是拥有稳定的工资收入的小康或温饱阶层,尤为重要的是,他们在乡村拥有相当规模的出租土地,获取地租收入。

间接地看,土地权利的变化截断了江南社会精英改革农村和农业的途径,极大地增加了行政权力的主导力量,改变了宋明以来江南农村社会官绅相对和谐的局面,使政府成为唯一具有改良社会资质的机构。

在江南,由于政府给个人才干的发挥留下了较大的空间,精英在实现了低级需要的满足后,往往能转向更高级的需要,追求高成就动机,形成高尚的人格,成为社会的建设力量。

苏北地区在传统国家权力的绝对垄断下,国家没有为个人才干的发挥留下太多的合法出路,苏北精英要么通过非法途径运用暴力成为反叛者,要么始终沉沦于食欲、情色等物质需要的追求中,成为社会的破坏力量。

政府对江南无利之事介入较少,从而忽略了许多与民生相关的事业。但由于政府对江南的社会力量打压而不消灭,许多民生事业,在"边沁"或利他的宗旨下,被乡绅主导的社会力量大量承担。

政府对苏北有利之事,掠取太多,但对民生事务,则无所介入。由于政府几乎消灭了苏北的良善士绅,苏北的社会力量完全边缘化,大量完全走向政府对立面或充当政府打手的流氓土匪式人物大行其道,造成民生事务的组织者极度匮乏。

在苏北,政府的行政建置设在县一级,但国家权力一直延伸到更基层的地区。政府不是依赖士绅进行动员,而是靠严酷的法令及与之相配套的惩处手段。也正是因为缺乏绅士阶层,地方政府进行动员时,可以随意违反中央政府某些看似仁道但在实践中显得效率低下的规章制度,而没有像江南地区普遍存在的"刁绅"对其掣肘。这样的地区,既有利于政府进行动员,也极有利于造反者和革命者进行策动。不论是地方政府,还是反叛者,事实上都不喜欢与其竞争动员资源的士绅阶层。这就不难理解,这里的绅士,只要对地方政府的行为进行怀疑,就会经常被诬为有"谋反"或"不轨"之嫌。而当反叛者在这里进行动员时,具有相对独立意识的士绅阶层同样是他们首先要加以打击的目标,这些士绅通常会

[①] Robert Ash, "Economic Aspects of Land Reform in Kiangsu, 1949—52", *The China Quarterly*, No. 67 (September 1976), pp. 541 - 542.

[②] 长江:《苏北问题答客问》(上),《群众》第12卷第1期,1946年7月28日,第13页。

被诬为旧王朝的拥护者、财富的积聚者、社会不平等的根源。只要是地方上有些威望的人,如果不能成为专制政府或反叛者的合作者,多半会被其消灭。这也是苏北良善士绅越来越少,而恶绅土豪却越来越多的原因之一。

按马克思的论述,苏北社会尚没有出现阶级对立,这里只有官民对立,或是极富与极贫阶层的对立。即使在20世纪40年代以后,苏北仍然没有出现独立的阶级力量,不论是贫民还是富民,他们只能改变对行政权力类型的依附,而无法改变对行政权力本质的依附。在这里,不论是知识分子,还是农民、工人、商人、盐民等等,他们都还是"毛",只有行政权力才是真正的"皮"。总之,在这里,"行政权力统治社会",在这里,社会的普遍价值是比官本位更恶劣的"权本位"。

由于极富者对极贫者缺乏悲悯慈善行为,极贫者往往对极富者怀着刻骨仇恨,这种非阶级冲突常常是你死我活的。苏北的匪事,多有贫者报复富人的背景。而这种冲突又会被专制政府及其追随者成功地夸大和塑造为社会的主要矛盾。

应该说,江南士绅已经有了广泛的社会联系、统一的利益目标,并形成了自己的利益代言人,江南社会更像一个分化明晰的阶层社会。但江南各阶层之间的社会流动十分频繁,各阶层之间的利益冲突向来是可以调和的。如明清以来,江南地方士绅势力的增长,通过提供救济和保护,既使贫穷的宗族成员,也使大批的佃仆依赖于经济势力较强的大土地所有者,结成良好的合作关系。[①] 这种通过财产关系形成的人身依附实际是一种权利交换。佃仆通过牺牲部分人身自由,获得了食、住、衣等基本生存需要的保障,得到了基本的经济利益,甚至比某些自由的自耕农更稳定可靠。可见,即使是当佃仆也是一种权利,佃仆与地主之间常能和谐共处。那些建立了义庄等慈善设施的家族中,贫者常能得到富者的资助。

同样面对冲突,江南社会各阶层变化较快,社会秩序比较稳定,人的发展程度较高,社会力量相对较大,政治势力介入相对较小,这些冲突往往处在地方政府和地方绅士可以调适和控制的范围,在某种程度上消解了各方利益纠纷,抑制了冲突向你死我活的极端方向演化。相反,苏北的社会结构比较僵硬,社会阶层之间流动余地较小,人的发展程度极低,行政力量一枝独大、政治势力腐败扭曲,各种冲突一旦爆发,常常为地方政府和其他主流社会精英所难以控制,最终演化为你死我活的争斗,造成社会更加不公,按权力分配资源的规则更加明显,社会冲突的暂时中止,往往沦为下一次冲突的根源。

苏北和江南地区的变迁,一是使我们看到了中央政府的宏观决策对某些局部地区社会演变的举足轻重作用;在中央政府不能提供有效的管理和服务时,即使是无为而治也比乱作为要好得多。在江南,政府减少了乱作为,为以乡绅为代表的社会力量积极参与社会管理和建设提供了舞台。二是给我们展示了巨大治水工程所造成的无可估量的灾难和负

[①] Jerry Dennerline, "The New Hua Charitable Estate and Local Level Leadership in Wuxi County at the End of the Qing", Tang Tsou (ed.), *Select Papers from the Center for Far Eastern Studies*, No. 4, 1979—80, "*Proceedings of the NEH Modern China Project*, 1978—80: *Political Leadership and Social Change at the Local Level in China from 1850 to the Present*". p. 54.

面影响;人类应该承认自身认知能力的有限性,在巨大的水利规划领域,总有人类所没有认识到甚至无法解决的难题。而承担航运、灌溉、冲沙等多重任务的工程,绝不可能按人类的设想发挥各种作用。在这里,目标单一的江南水利工程的效果就远好于目标多重的苏北水利工程。三是给我们提供了传统经济结构变化的多样性,如苏北从男耕女织的自然经济过渡到男耕女不织的"残缺型商品经济";江南则从男耕女织的自然经济过渡到了织布主业化的商品经济,再过渡到工业主业化的近代经济。四是体现了社会发展并不总是直线型前进的,在某些地区会出现较快的进步,在另外的地区则会出现严重的退步现象。五是揭示了身份制的限制对平民的束缚及不公平待遇。六是使我们看到了混合形社会的正常发展方面,也看到哑铃形的社会结构及其危害。七是推导出了掌握话语权的某些社会精英和利益集团对国家利益和大众利益的影响及其损害。

征引文献

一、中文部分：

(以著编者姓名或题名拼音字母为序)

(1) 著述

阿克顿著：《自由与权力：阿克顿勋爵论说文集》，侯健等译，北京：商务印书馆，2001年。

埃德加·斯诺：《西行漫记》，北京：三联书店，1979年。

安徽省委党校等：《芜湖纺织厂厂史》，合肥：安徽人民出版社，1960年。

安作璋主编：《中国运河文化史》，济南：山东教育出版社，2001年。

伯特兰·罗素著：《权力论：一个新的社会分析》，靳建国译，北京：东方出版社，1989年。

倍倍尔著：《妇人与社会》，沈端先译，上海：开明书店，1927年。

北京图书馆敦煌吐鲁番学资料中心，台北《南海》杂志社编：《敦煌吐鲁番学研究论集》，北京：书目文献出版社，1996年。

北京新四军暨华中抗日根据地研究会淮北分会、江苏省泗洪县新四军历史研究会编：《邓子恢淮北文稿》，北京：人民出版社，2009年。

贝思飞著：《民国时期的土匪》，徐有威等译，上海：上海人民出版社，1996年。

无锡第二棉纺厂编史组：《无锡第二棉纺厂厂史》，油印本。

《大生资本集团史》编写组：《大生资本集团史》(初稿)，南通：油印本，1969年。

《大生系统企业史》编写组：《大生系统企业史》，南京：江苏古籍出版社，1990年。

《中国自然地理》编委会：《中国自然地理·历史自然地理》，北京：科学出版社，1982年。

滨海县地方志编纂委员会编：《滨海县志》，北京：方志出版社，1998年。

卜凯：《中国农家经济》，张履鸾译，上海：商务印书馆，1936年。

布赖恩·马丁：《上海青帮》，北京：三联书店，2002年。

布罗代尔著，顾良译：《15至18世纪的物质文明、经济和资本主义》三卷本，北京：三联书店，1996年。

蔡和森著：《蔡和森文集》，北京：人民出版社，1980年。

蔡少卿主编：《民国时期的土匪》，北京：中国人民大学出版社，1993年。

蔡泰彬：《晚明黄河水患与潘季驯之治河》，台北：乐学书局有限公司，1998年。

仓显：《范堤沧桑》，北京：中国民族摄影艺术出版社，2000年。

曹从坡等主编:《张謇全集》,南京:江苏古籍出版社,1994年。
曹幸穗:《旧中国苏南农家经济研究》,北京:中央编译出版社,1996年。
岑仲勉:《黄河变迁史》,北京:中华书局,2004年。
昌彼得等编:《宋人传记数据索引》,台北:鼎文书局,2001年。
钞晓鸿:《生态环境与明清社会经济》,合肥:黄山书社,2004年。
陈达:《我国抗日战争时期市镇工人生活》,北京:中国劳动出版社,1993年。
陈锋:《清代盐政与盐税》,郑州:中州古籍出版社,1988年。
陈昊苏编:《陈毅诗词全集》,北京:华夏出版社,1993年。
陈奇猷校注:《韩非子集释》,上海:上海人民出版社,1974年。
陈然等编:《中国盐业史论丛》,北京:中国社会科学出版社,1987年。
戴厚英:《流泪的淮河》,合肥:安徽文艺出版社,1999年。
戴逸、李文海主编:《清通鉴》,太原:山西人民出版社,2005年。
丹尼斯·朗著:《权力论》,陆震纶、郑明哲译,北京:中国社会科学出版社,2001年。
导淮委员会编:《高宝湖区土地经济调查报告》,南京:1933年10月刊行。
丁日初主编:《上海近代经济史》第1卷,上海:上海人民出版社,1994年。
丁日初主编:《上海近代经济史》第2卷,上海:上海人民出版社,1997年。
杜继文主编:《佛教史》,南京:江苏人民出版社,2005年。
杜瑜著:《中国经济重心南移:唐宋间经济发展的地区差异》,台北:五南图书出版股份有限公司,2000年.
段本洛等:《近代江南农村》,南京:江苏人民出版社,1994年。
二阶堂招久:《初夜权》,上海:上海文艺出版社,1989年。
费孝通:《乡土重建》,上海:观察社,1948年。
费孝通:《乡土中国》,上海:观察社,1949年。
费正清、刘广京编:《剑桥中国晚清史》,中国社会科学院历史研究所编译室译,北京:中国社会科学出版社,1993年。
冯和法著:《今年的灾荒》,上海:生活书店,1933年。
冯贤亮:《太湖平原的环境刻画与城乡变迁(1368—1912)》,上海:上海人民出版社,2008年。
弗里德里希·尼采:《权力意志:重估一切价值的尝试》,张念东等译,北京:中央编译出版社,1991年。
阜南县地方志编纂委员会:《阜南县志》,合肥:黄山书社,1997年。
傅衣凌著:《明清封建土地所有制论纲》,北京:中华书局,2007年。
傅泽洪等录:《行水金鉴》,上海:商务印书馆,1936年9月。
高书林著:《淮北汉画像石》,天津:天津人民美术出版社,2002年。
高诱注:《淮南子》,北京:中华书局,1954年。
耿毓英:《安清史鉴》,1934年刊印。
郭沫若著:《郭沫若全集(历史编)》,北京:人民出版社,1982年。

郭正忠主编：《中国盐业史》（古代编），北京：人民出版社，1997年。

韩敏著：《回应革命与改革：皖北李村的社会变迁与延续》，陆益龙等译，南京：江苏人民出版社，2007年。

韩昭庆著：《黄淮关系及其演变过程研究：黄河长期夺淮期间淮北平原湖泊、水系的变迁和背景》，上海：复旦大学出版社，1999年。

汉语大字典编辑委员会：《汉语大字典》（缩印本），成都：四川辞书出版社、武汉：湖北辞书出版社，1993年。

赫伯特·斯宾塞著：《国家权力与个人自由》，谭小勤等译，北京：华夏出版社，2000年。

何满子：《何满子学术论文集》，福州：福建人民出版社，2002年。

河南省政府：《整理豫河方案》，1931年刻本。

何维凝：《中国盐政史》，台北：大中国图书有限公司经销，何龙澧芬1966年出版。

黑格尔：《历史哲学》，王造时译，北京：商务印书馆，1963年。

弘昼监理、唐绍祖等纂修：《大清律例》，乾隆五年（1740）刻本。

胡焕庸：《两淮水利盐垦实录》，南京：中央大学，1934年12月刊印。

胡适著：《胡适文存》，合肥：黄山书社，1996年。

黄河水利委员会编：《民国黄河大事记》，郑州：黄河水利出版社，2004年。

黄丽生：《淮河流域的水利事业：从公共工程看民初社会变迁之个案研究（1912—1937）》，台北：台湾师范大学历史研究所，1986年。

黄仁宇：《明代的漕运》，张皓等译，北京：新星出版社，2005年。

黄宗智：《长江三角洲小农家庭与乡村发展》，北京：中华书局，2000年。

姜加虎、窦鸿身、苏守德编著：《江淮中下游淡水湖群》，武汉：长江出版社，2009年。

江苏研究社编：《江苏乡贤传略初稿》，上海：正中书局，1936年。

江苏省地方志编纂委员会编：《江苏省志》，北京：群众出版社，2000年。

江苏省教育实业联合会：《江苏省农业调查录（沪海道属）》，江阴：华通印书馆，1924年。

江苏省民政厅编：《江苏省各县概况一览》，镇江：新民印刷工业社，1931年。

江苏省社会科学院《江苏史纲》课题组著：《江苏史纲》（古代卷），南京：江苏古籍出版社，1993年。

《江苏武进长沟村农村改良会》，未署撰者，刊印时间估计为1932年。

江苏省农民银行总行编印：《江苏无锡县农村经济调查第一集：第四区》，1931年。

姜玉峰、孟庆国编：《凤阳歌》，合肥：安徽文艺出版社，1989年。

焦国标：《中国林业史》，台北：编译馆，1999年。

金性尧：《炉边诗话》，上海：上海人民出版社，1988年。

金毓绂主编：《辽海丛书》，沈阳：辽沈书社，1985年。

京杭运河江苏省交通厅苏北航务管理处史志编纂委员会编：《京杭运河志（苏北段）》，上海：上海社会科学院出版社，1998年。

《经济社会体制比较》编辑部编:《腐败:货币与权力的交换》,北京:中国展望出版社,1989年。

[法]居尔蒂斯(Jean-Louis Curtis)著:《夜深沉》,顾微微,李玉民译,合肥:安徽文艺出版社,1994年。

拉法格著:《拉法格文学论文选》,罗大冈译,北京:人民文学出版社,1962年。

蓝棣之编:《闻一多诗全编》,杭州:浙江文艺出版社,1995年。

涟水县县志办公室编:《涟水保卫战》,南京:南京大学出版,1986年。

李伯重:《多视角看江南经济史(1250—1850年)》,北京:三联书店,2003年。

李长傅:《江苏》,上海:中华书局,1936年11月。

李范:《武进县乡村信用之状况及其与地权异动之关系》,萧铮主编:《民国二十年代中国大陆土地问题资料》第88种。

李景汉:《定县社会调查》,北平:中华平民教育促进会,1933年。

李令福:《明清山东农业地理》,台北:五南图书出版有限公司,2000年。

利玛窦、[比]金尼阁著:《利玛窦中国札记》,何高济等译,桂林:广西师范大学出版社,2001年。

李妙根编:《国粹与西化——刘师培文选》,上海:上海远东出版社,1996年。

李仁溥:《中国古代纺织史稿》,长沙:岳麓书社,1983年。

黎世序等辑:《续行水金鉴》,上海:商务印书馆,1936年。

李树春编:《山东政俗视察记》,济南,1934年印。

李文治、江太新:《清代漕运》,北京:中华书局,1995年。

李修松主编:《淮河流域历史文化研究》,合肥:黄山书社,2001年。

李学昌主编:《20世纪南汇农村社会变迁》,上海:华东师范大学出版社,2001年。

李治亭:《中国漕运史》,台北:文津出版社,1997年。

林刚:《长江三角洲近代大工业与小农经济》,合肥:安徽教育出版社,2000年。

麟庆:《黄运河口古今图说》,道光二十年抄本,不署页码。

麟庆著文、汪春泉等绘图:《鸿雪因缘图记》,扬州刻本,道光丁未秋七月。

刘常山:《清代后期至民国初年盐务的变革(1830—1918)》,台北:文史哲出版社,2007年。

刘兰霞:《水畅河清:治河专家靳辅、陈潢》,沈阳:辽宁人民出版社,1997年。

刘强民、吴炜主编:《沈璟与昆曲吴江派》,上海:上海文艺出版社,2005年。

柳肇嘉:《江苏人文地理》,上海:大东书局,1930年。

刘兆元:《海州民俗志》,南京:江苏文艺出版社,1991年。

刘泽华等著:《专制权力与中国社会》,长春:吉林文史出版社,1988年。

陆精治:《中国民食论》,上海:启智书局,1931年。

卢少华、徐万珉著:《权力社会学》,哈尔滨:黑龙江人民出版社,1989年。

马昌华著:《捻军调查与研究》,合肥:安徽人民出版社,1992年。

马俊亚:《混合与发展:江南地区传统社会经济的现代演变(1900—1950)》,北京:社会科学文献出版社,2003年。
马克思、恩格斯著:《马克思恩格斯全集》第3卷,北京:人民出版社,1960年。
马克思、恩格斯著:《马克思恩格斯全集》第8卷,北京:人民出版社,1961年
马克思、恩格斯著:《马克思恩格斯全集》第23卷,北京:人民出版社,1972年。
马克思、恩格斯著:《马克思恩格斯全集》第25卷,北京:人民出版社,1975年。
马克思、恩格斯著:《马克思恩格斯全集》第46卷(上),北京:人民出版社,1979年。
马克思、恩格斯著:《马克思恩格斯文集》第1—10卷,北京:人民出版社,2009年。
马克思、恩格斯著:《马克思恩格斯选集》第1—4卷,北京:人民出版社,1972年。
马克思、恩格斯著:《马克思恩格斯选集》第1—4卷,北京:人民出版社,2013年。
马雪芹:《大河安澜——潘季驯传》,杭州:浙江人民出版社,2005年。
马扎亚尔著:《中国农村经济研究》,陈代青、彭桂秋合译,上海:神州国光社,1934年8月。
迈克尔·曼:《社会权力的来源》第1卷,刘北成等译,上海:上海人民出版社,2002年。
毛德富等主编:《苏东坡全集》,北京:燕山出版社,1998年。
孟德斯鸠:《论法的精神》,张雁深译,北京:商务印书馆,1997年。
孟森著,吴俊编校:《孟森学术论著·清史讲义》,杭州:浙江人民出版社,1998年。
闵煜铭等:《安徽省地理》,合肥:安徽人民出版社,1990年。
明恩溥:《中国乡村生活》,北京:时事出版社,1998年。
穆烜、严学熙:《大生纱厂工人生活的调查》,南京:江苏人民出版社,1994年。
南京大学外国学者留学生研修部江南经济史研究室编:《论张謇》,南京:江苏人民出版社,1993年。
南京大学文化与自然遗产研究所、南京大学历史系考古教研室、江苏省盱眙县文化局:《江苏盱眙泗州城遗址考古调查勘探报告》,2004年11月22日。
倪玉平:《清代漕粮海运与社会变迁》,上海:上海书店出版社,2005年。
欧阳哲生编:《胡适文集》,北京:北京大学出版社,2013年。
潘朗:《新民主主义的道德》,香港:智源书局,1950年。
彭云鹤:《明清漕运史》,北京:首都师范大学出版社,1995年。
彭泽益等主编:《中国盐业史国际学术讨论会论文集》,成都:四川人民出版社,1991年。
邳州市地方志编纂委员会编:《邳县志》,北京:中华书局,1995年。
钱穆:《中国历代政治得失》,台北:东大图书股份有限公司,1990年。
钱穆:《八十忆双亲·师友杂忆》,北京:三联书店,1998年。
秦晖:《田园诗与狂想曲:关中模式与前近代社会的再认识》,北京:中央编译出版社,1996年。
全汉昇:《唐宋帝国与运河》,上海:商务印书馆,1946年。
荣敬本等:《梁溪荣氏家族史》,北京:中央编译出版社,1995年。

阮阴槐《无锡土地整理》，中国地政所丛刊"民国二十年代中国大陆土地问题资料"第36种，台北：成文出版有限公司等，1977年。

萨孟武著：《水浒传与中国社会》，北京：北京出版社，2005年。

赛珍珠：《大地》，台北：远景出版事业公司，1981年。

沙少海注：《庄子集注》，贵阳：贵州人民出版社，1987年。

山东大学《商君书》注释组：《商君书新注》，济南：山东人民出版社，1976年。

山东省总工会、山东省档案馆合编：《山东工人运动历史文献选编》第2集，1984年打印本。

闪修山等编：《南阳汉代画像石刻》，上海：上海人民出版社，1981年。

闪修山等编：《南阳汉画像石》，郑州：河南美术出版社，1989年。

上海大学、江南大学《乐农史料选编》整理研究小组：《荣德生文集》，上海古籍出版社，2002年。

上海市粮食局等：《中国近代面粉工业史》，北京：中华书局，1987年。

上海通志编纂委员会：《上海通志》，上海：上海社会科学院出版社，2005年。

少侯：《周作人文选》，上海：启智书局，1936年。

沈秉璜：《勘淮笔记》，1926年春印。

沈从文著：《沈从文散文选》，长沙：湖南人民出版社，1981年。

沈怡：《黄河问题讨论集》，台北：商务印书馆，1971年。

沈怡、赵世暹、郑道隆编：《黄河年表》，军事委员会、资源委员会参考资料第15号，1935年11月。

沈宗瀚、赵雅书等编：《中华农业史——论集》，台北：台湾商务印书馆，1979年。

史念海：《河山集》，北京：三联书店，1978年。

史念海：《河山集》第2集，北京：三联书店，1981年。

史念海：《中国历史人口地理和历史经济地理》，台北：台湾学生书局，1991年。

司马中原：《司马中原自选集》，台北：黎明文化事业股份有限公司，1975年。

司马中原：《荒原》，台北：皇冠丛书，1982年。

司马中原：《骤雨》，天津：百花文艺出版社，1988年。

司马中原：《路客与刀客》，长沙：湖南文艺出版社，1989年。

漱六山房著：《九尾龟》，南昌：百花洲文艺出版社，1991年。

水利部治淮委员会淮河水利简史编写组：《淮河水利简史》，北京：水利电力出版社，1990年。

泗阳县地方志编纂委员会：《泗阳县志》，南京：江苏人民出版社，1995年。

宋希尚：《说淮》，南京：京华印书馆，1929年3月。

宋之的著，宋时编选：《宋之的文集》，北京：华夏出版社，2000年。

孙家洲主编：《中华野史》，济南：泰山出版社，2000年。

孙建军等主编：《全唐诗选注》共16册，北京：线装书局，2002年。

孙铭勋：《古庙活菩萨》，上海：儿童书局，1934年8月。

谈汗人主编:《无锡县志》,上海:上海社会科学院出版社,1994年。
唐圭璋编纂:《全宋词》全5册,北京:中华书局,1999年。
陶孟和:《社会问题》,上海:商务印书馆,1924年。
田发刚、谭笑编著:《鄂西土家族传统文化概观》,武汉:长江文艺出版社,1998年。
田文镜著:《抚豫宣化录》,郑州:中州古籍出版社,1995年。
田忠恩等:《睢宁汉画像石》,济南:山东美术出版社,1998年。
田中忠夫著:《中国农业经济研究》,汪馥泉译,上海:大东书局,1934年。
田中忠夫著:《中国农业经济资料》,汪馥泉译,上海:大东书局,1934年。
土地委员会编:《全国土地调查报告纲要》,1937年1月印。
王承仁主编:《太平天国研究论文集》,武汉:武汉大学出版社,1994年。
王赓唐、汤可可:《无锡近代经济史》,北京:学苑出版社,1993年。
汪胡桢、吴慰祖编次:《清代河臣传》,南京:中国水利工程学会,1937年2月。
汪家伦、张芳编著:《中国农田水利史》,北京:农业出版社,1990年。
王建革著:《水乡生态与江南社会9—20世纪》,北京:北京大学出版社,2013年。
王培棠著:《江苏省乡土志》,长沙:商务印书馆,1938年。
王启云:《山东抗日根据地的减租减息》,北京:中共党史出版社,2005年。
王象坤、孙传清主编:《中国栽培稻起源与演化研究专集》,北京:中国农业大学出版社,1996年。
王英志主编:《袁枚全集》,南京:江苏古籍出版社,1993年。
王玉德、张全明等著:《中华五千年生态文化》(上、下),武昌:华中师范大学出版社,1999年。
文康:《儿女英雄传》,台北:桂冠图书出版公司,1983年。
翁俊雄:《唐代人口与区域经济》,台北:新文丰出版股份有限公司,1995年9月。
吴必虎:《历史时期苏北平原地理系统研究》,上海:华东师范大学出版社,1996年。
吴海涛:《淮北的盛衰——成因的历史考察》,北京:社会科学文献出版社,2005年。
吴缉华:《明代海运及运河的研究》,台北:"中央研究院"历史语言研究所,1961年。
吴琦主编:《明清地方力量与地方社会》,北京:中国社会科学出版社,2009年。
武同举:《淮系年表》,1926年春刊印。
武同举:《两轩賸语》,1927年印本。
武同举编纂:《江苏水利全书》,南京水利实验处印行,1950年12月。
武同举辑纂:《再续行水金鉴(淮河卷)》,武汉:湖北人民出版社,2004年。
武同举辑纂:《再续行水金鉴(运河卷)》(1),武汉:湖北人民出版社,2004年。
武同举辑纂:《再续行水金鉴(运河卷)》(2),武汉:湖北人民出版社,2004年。
武同举辑纂:《再续行水金鉴(黄河卷)》(1),武汉:湖北人民出版社,2004年。
武同举辑纂:《再续行水金鉴(黄河卷)》(2),武汉:湖北人民出版社,2004年。
吴知:《乡村织布工业的一个研究》,上海:商务印书馆,1936年。
无锡市史志办公室编:《薛明剑文集》(上、下),北京:当代中国出版社,2005年。

无锡县政府编:《无锡概览》,无锡:文新印刷所,1935年。
伍湛:《伍湛民族学术论集》,成都:四川民族出版社,1999年。
谢彬:《新疆游记》,上海:中华书局,1929年。
谢国兴:《中国现代化的区域研究:安徽省(1860—1937)》,台北:"中央研究院"近代史研究所,1991年。
邢军纪:《黄河大决口》,北京:解放军出版社,1996年。
行政院农村复兴委员会编:《河南省农村调查》,上海:商务印书馆,1934年。
行政院农村复兴委员会编:《江苏省农村调查》,上海:商务印书馆,1934年。
许涤新、吴承明主编:《中国资本主义发展史》,3卷本,北京:人民出版社,2003年。
徐泓:《清代两淮盐场的研究》,台北:台湾大学史学研究所,1972年。
徐新吾主编:《江南土布史》,上海:上海社会科学院出版社,1992年。
徐新吾:《中国经济史料考证与研究》,上海:上海社会科学院出版社,1999年。
徐州市博物馆编:《徐州汉画象石》,南京:江苏美术出版社,1985年。
徐州市两汉文化研究会编:《两汉文化研究——徐州首届两汉文化学术讨论会论文集》,北京:文化艺术出版社,1996年。
荀德麟等著:《运河之都——淮安》,北京:方志出版社,2006年。
亚当·斯密:《国民财富的性质和原因的研究》上、下册,北京:商务印书馆,1979年。
严中平:《中国棉纺织史稿》,北京:科学出版社,1955年。
杨杰著:《人生曲》,北京:农村读物出版社,1991年。
杨荫溥:《民国财政史》,北京:中国财政经济出版社,1985年。
姚奠中主编:《元好问全集》,太原:山西人民出版社,1990年。
姚汉源:《黄河水利史研究》,郑州:黄河水利出版社,2003年。
应岳林、巴兆祥:《江淮地区开发探源》,南昌:江西教育出版社,1997年。
郁达夫著:《郁达夫文集》,广州:花城出版社等,1982年。
岳麟编:《中国古代的水利和交通》,太原:山西教育出版社,1990年。
曾国藩著:《曾国藩全集》,长沙:岳麓书社,1994年。
曾仰丰:《中国盐政史》,上海:商务印书馆,1937年。
曾仰丰:《治盐浅说》,1942年刊印。
曾运乾:《尚书正读》,北京:中华书局,1964年。
詹念祖编:《江苏省一瞥》,上海:商务印书馆,1931年9月。
张含英:《明清治河概论》,北京:水利电力出版社,1986年。
章开沅主编、唐文权著:《东方的觉醒——近代中印民族运动定位观照》,长沙:湖南出版社,1991年。
张其昀:《本国地理》上册,南京:钟山书局,1935年。
张清常、王延栋著:《〈战国策〉笺注》,天津:南开大学出版社,1994年。
张守常:《中国近世谣谚》,北京:北京出版社,1998年。
张文范主编:《中国省制》,北京:中国大百科全书出版社,1995年。

张孝若:《南通张季直(謇)先生传记》,上海:中华书局,1930年。
张小也:《清代私盐问题研究》,北京:社会科学文献出版社,2001年。
张煦侯:《淮阴风土记》上、下册,1936年。
张义丰等主编:《淮河地理研究》,北京:测绘出版社,1993年。
张哲郎:《清代的漕运》,台北:台湾大学历史研究所,1969年。
张仲礼:《中国绅士的收入》,上海:上海社会科学院出版社,2001年。
张紫晨:《中国古代传说》,长春:吉林文史出版社,1986年。
赵冈、陈锺毅著:《中国棉业史》,台北:联经出版事业公司,1977年。
赵明奇主编:《徐州自然灾害史》,北京:气象出版社,1994年。
赵如珩编:《江苏省鉴》,南京:新中国建设学会,1935年。
赵义民著:《河南林业发展历程》,郑州:黄河水利出版社,2005年。
郑学檬:《中国古代经济重心南移和唐宋江南经济研究》,长沙:岳麓书社,2000年。
郑肇经:《中国水利史》,上海:商务印书馆,1939年。
郑肇经主编:《太湖水利技术史》,北京:农业出版社,1987年。
中共山东省委党史研究室等:《封建土地制的覆灭》,北京:中国大地出版社,1999年。
中国科学院民族研究所贵州少数民族社会历史调查组、中国科学院贵州分院民族研究所编:《贵州省望谟县桑朗亭目历史、安龙县龙山布依族解放前社会经济、镇宁县扁担山布依族解放前社会经济和阶级斗争调查资料》,中国科学院民族研究所贵州少数民族社会历史调查组、中国科学院贵州分院民族研究所,1964年。
中国民间文艺研究会上海分会等编:《中国民间文学论文选》(1949—1979),上海:上海文艺出版社,1980年。
中国水利学会水利史研究会、黄河水利委员会黄河志编委会:《潘季驯治河理论与实践学术讨论会论文集》,南京:河海大学出版社,1996年。
中华人民共和国财政部《中国农民负担史》编辑委员会编著:《中国农民负担史》第2卷《半殖民地半封建社会中国的农民负担(1840—1949年)》,北京:中国财政经济出版社,1994年。
钟歆:《扬子江水利考》,上海:商务印书馆,1936年。
中山大学历史系中国近代现代史教研组、研究室编:《林则徐集(奏稿)》,北京:中华书局,1985年。
周羲敢、程自信、周雷编注:《秦观集编年校注》,北京:人民文学出版社,2001年。
周学熙叙:《周止庵先生自叙年谱》,台北:近代中国史料丛刊三编第一辑。
宗受于:《淮河地理与导淮问题》,南京:钟山书局,1933年。
朱邦兴等:《上海产业与上海职工》,上海:上海人民出版社,1984年。
朱嗣德:《民国二十年代至三十年代中国农村经济问题》,台北:中国地政研究所,1980年。
邹逸麟主编:《黄淮海平原历史地理》,合肥:安徽教育出版社,1993年。

(2) 论文与文章

本白:《答某君改革盐政书》,(北京)《盐政杂志》第 49 期,1930 年 3 月 15 日出版。

本白:《验票与精盐》,(北京)《盐政杂志》第 57 期,1933 年 6 月 30 日出版。

冰涛:《清江、宿迁两地发生"抢面"事件的前前后后》,《淮阴文史资料》第 2 辑,淮阴:1984 年 12 月。

《藏匿女孩》,《申报》1913 年 4 月 24 日,第 7 版。

曹瑞民:《微山湖的形成》,见济宁市政协文史资料委员会、微山县政协文史资料委员会编《微山湖:微山湖资料专辑》,济宁:1990 年 12 月刊印。

曹志红等:《明清陕南移民开发状态下的人虎冲突》,《史林》2005 年第 5 期,第 50—57 页。

陈达:《近八年来我国罢工的分析》,《清华学报》第 3 卷第 1 期,1926 年 6 月出版。

陈琳:《明代泗州城考》,《历史地理》第 17 辑,上海:上海人民出版社,2001 年 6 月。

陈培元:《马县长剿匪司家荡》,《沭阳文史资料》第 6 辑,1990 年 11 月。

陈培元:《杨赓和施毒计消灭匪祸》,《沭阳文史资料》第 6 辑,1990 年 11 月出版。

陈桥驿:《历史上浙江省的山地垦殖与山林破坏》,《中国社会科学》1983 年第 4 期,第 213—214 页。

陈斯龄:《铜山区农艺自卫概况》,《江苏月报》第 4 卷第五六期,1935 年 12 月 1 日出版。

陈颜湘:《沛县农村见闻记》,《农行月刊》第 1 卷第 2 期,1934 年 6 月 20 日出版。

陈植:《改进江苏林业之商榷》,《江苏建设》第 2 卷第 4 期,1935 年 4 月 1 日出版。

陈锺凡讲:《中国农村目前的危机及其救济的方法》,常熟县教育局编辑处:《常熟教育》第 3 期,1934 年 1 月出版。

陈佐:《通州土布》,《东南文化》1994 年第 5 期,第 27—32 页。

池子华:《淮北村庄的"圩寨化":近代农村社会变迁的一个侧影》,安徽省社会科学联合会等《第四届淮河文化研讨会论文汇编》,合肥:2007 年 10 月,第 9—11 页。

《砀山县二十四年度劳动服务报告书》,《江苏建设》第 3 卷第 9 期,1936 年 9 月 1 日出版。

邓中夏:《论劳动运动》,《邓中夏文集》,北京:人民出版社,1983 年。

《东北国产纱布销路减少》,《工商半月刊》第 4 卷第 11 号,1932 年 6 月 1 日出版,"国内经济"第 4 页。

钝子:《日伪县长郭济川片断》,《盱眙文史资料》第 2 辑,1985 年 6 月。

范金民:《江南重赋原因的探讨》,《中国农史》1994 年第 3 期。

芳墅:《中国古代农田水利之研究》,《水利委员会汇刊》第 7 辑,1942 年 1 月。

冯树人:《地主杜养禾》,《淮海报》民国三十五年七月二十六日,第 4 版。

《丰县二十四年度劳动服务报告书》,《江苏建设》第 3 卷第 9 期,1936 年 9 月 1 日出版。

《奉豫军在许昌附近相持》,《申报》1927 年 4 月 13 日,第 6 版。

《阜宁县二十四年度劳动服务报告书》,《江苏建设》第 3 卷第 9 期,1936 年 9 月 1 日出版。

高翔:《从"持盈保泰"到高压统治:论乾隆中期政治转变》,《清史研究》1991年第3期。

高瑛:《峄县王恒兴》,《峄城文史资料》第1辑,1989年10月。

葛绍亮:《关于"一六"惨案之我的回忆》,《沭阳文史资料》第6辑,1990年11月出版。

《各有不是》,《申报》光绪戊寅四月二十三日(1878年5月24日),第3版。

龚志强等:《明清时期庐山虎患及其生态环境问题》,《农业考古》2008年第6期,第215—218页。

顾平波:《上海纱厂的女工》,《妇女杂志》第16卷第8期,1930年8月1日出版。

顾济之:《旅行徐海随笔》,《旅行杂志》第8卷第11期,1934年11月出版。

管文蔚:《管文蔚回忆录续编》,北京:人民出版社,1988年。

《黑势病之毒害及其防治之计》,《苏报》1935年1月10日,转引自《江苏月报》第3卷第2期,1935年2月1日出版。

《淮河流域保安林造林计划》,《江苏建设》第2卷第4期,1935年4月1日出版。

韩紫石遗:《苏北黄灾救济专刊序》,《水利委员会汇刊》第8辑,1942年4月。

洪崖:《孙二太爷的后代》,《淮海报》民国三十五年六月二十一日,第4版。

侯绍龙:《萧县社会调查》,江苏省政府秘书处宣传股编:《江苏旬刊》第60期,1929年6月1日。

《护持树艺》,《申报》光绪二十八年九月初八日(1902年10月9日),第3版。

《沪市商会提倡土布》,《纺织时报》第95号,1933年1月12日出版,第2077页。

胡文骏:《渔湖民居住史》,见济宁市政协文史资料委员会、微山县政协文史资料委员会编《微山湖:微山湖资料专辑》,济宁:1990年12月刊印。

胡宗王:《两年来之导淮工伕食粮管理》,《江苏建设》第3卷第10期,1936年10月1日出版。

华绎之:《养蜂副业论》,1923年12月30日《申报》"星期增刊",上海书店影印本,第198册,第635页。

《淮安县二十四年度劳动服务报告书》,《江苏建设》第3卷第9期,1936年9月1日出版。

《淮海各县著名产品产销状况调查》(一),江苏省第六区党务指导员办事处编辑:《淮海》第4期,1935年9月1日出刊。

《淮海各县著名产品产销状况调查》(二),江苏省第六区党务指导员办事处编辑:《淮海》第5期,1935年10月1日出刊。

《淮海面面观》,江苏省第六区党务指导员办事处编辑:《淮海》第5期,1935年10月1日出刊。

《淮阴民间歌谣》,江苏省第六区党务指导员办事处编辑:《淮海》第6期,1935年11月1日出刊,第42页。

黄宗智:《发展还是内卷?十八世纪英国与中国》,《历史研究》2002年4期。

济宁市工商业联合会玉堂酱园史料整理小组:《私营济宁玉堂酱园》,(山东)《文史资料选辑》第13辑,济南:山东人民出版社,1982年。

季庸:《土布业》,职业生活社:《职工生活》第1卷第23期,1939年9月23日出版。

《江北垦殖概况调查》,财政部盐务署盐务稽核总所:《盐务汇刊》第9册,1932年12月31日出版,第71—78页。

《江督饬究女士放足被逼毙命案(海州)》,《申报》光绪三十三年五月十五日(1907年6月25日),第3版。

蒋念明:《我丰刻苦坚忍守法务实之民性》,《丰县文献》,台北:新文丰出版股份有限公司,1978年。

江苏省党部:《江苏农民之经济政治文化状况》,中国国民党中央执行委员会农民部编:《中国农民》第8期,1926年10月出版。

蒋调生:《回忆先父蒋紫攀反对军阀张敬尧的斗争》,《霍邱文史资料》第2辑,霍邱:1986年8月。

《揭出江北地方制造土匪的几个原因》,《徐报》1935年2月16日,转引自《江苏月报》第3卷第3期,1935年3月1日出版。

《接应逸妓》,《申报》同治甲戌五月二十三日(1874年7月6日),第2版。

金炳荣:《金山县的农民生活》,(上海)生活周刊社:《生活》第1卷第13期,1926年1月3日出版。

金炳文等:《临淮关商业上的一块金字招牌——"金玉成"》,《凤阳文史资料》第2辑,1987年。

《金焦寒黛》,《申报》光绪二十一年十月二十七日(1895年12月13日),第2版。

景武:《再论治黄》,《水利委员会汇刊》第7辑,1942年1月。

《瞿老三畏罪自殉事》,《申报》同治癸酉二月二十九日(1873年3月27日),第3版。

君左:《徐州通讯:火车中之一瞥》,《申报》1927年7月9日,第9版。

《〈利玛窦日记〉选录》,载中国社会科学院历史研究所明史研究室编《明史资料丛刊》第2辑,江苏人民出版社,1982年。

《垦殖江北计划》,财政部盐务署盐务稽核总所:《盐务汇刊》第11册,1933年1月30日出版,第104页。

老几:《沭阳土话乱弹》,《沭阳文史资料》第5辑,1989年8月出版。

李伯贤:《青浦县章练塘乡一瞥》,《江苏》第7期,1928年11月1日刊行。

李次山:《上海劳动状况》,《新青年》第7卷第6号,1920年5月1日出版,第1—83页。

李洪甫:《连云港地区农业考古概述》,《农业考古》1985年第2期。

李江浙:《大费育稻考》,《农业考古》1986年第2期。

李若建:《社会变迁的折射:20世纪50年代的"毛人水怪"谣言初探》,《社会学研究》2005年第5期。

李夏林:《肃清徐海土匪的根本办法》,江苏省政府秘书处宣传股编:《江苏旬刊》第6

期,1928年10月21日。

李艺辉:《窦家的"千顷牌"传说》,《郯城文史资料》第6辑,郯城,1989年。

李政:《南京市工人生活的一斑》,南京特别市政府社会调查处编:《南京社会特刊》(未署期号),1931年1月出版。

李子峰:《睢宁县政概况》,江苏省政府秘书处宣传股编:《江苏旬刊》第62期,1929年6月1日。

《涟水的民间歌谣》,江苏省第六区党务指导员办事处编辑:《淮海》第5期,1935年10月1日出刊,第57页。

《连云市及市政处筹备》,江苏省第六区党务指导员办事处编辑:《淮海》第5期,1935年10月1日出刊。

《两江总督魏等奏为查明江苏省烟酒两项均非大宗出产奏派税数万难足额现拟设法加征尽征尽解折》,《申报》光绪三十年五月二十三日(1904年7月6日),第12版。

《令饬蚌埠商会调查经盐务查验局查出为数甚巨》,财政部盐务署盐务稽核总所:《盐务汇刊》第4册,1932年10月15日出版,第76页。

刘承显:《我所经见的匪患》,《镇平文史资料》第8辑,镇平:1990年。

刘正刚:《明末清初西部虎患考述》,《中国历史地理论丛》第16卷第4辑,2001年12月,第98—104页。

刘子平:《浅谈沭阳三湖》,《沭阳文史资料》第1辑,1984年10月1日出版。

卢冠英:《江苏无锡县二十年来之丝业观》,《农商公报》第85期,1921年8月出版。

陆京士:《中国工人运动的过去与将来》(上),《上海邮工》1934年第3/4期,第19—21页。

卢仰清:《论水利与农工商业之关系》,《水利委员会汇刊》第8辑,1942年4月。

罗琼:《江苏北部农村中的劳动妇女》,(上海)《东方杂志》第32卷第14号,1935年7月16日发行。

罗述金等:《中国及其他分面区域野生虎的系统地理学和遗传起源研究进展》,《动物学研究》第27卷第4期,2006年8月,第443页。

马俊亚:《典当业与江南农村社会经济关系辨析》,《中国农史》2002年4期。

马俊亚:《近代江南都市中的苏北人:地缘矛盾与社会分层》,《史学月刊》2003年1期。

马俊亚:《国家服务调配与地区性社会生态的演变》,《历史研究》2005年第3期。

马俊亚:《工业化与土布业:江苏近代农家经济结构的地区性演变》,《历史研究》2006年第3期。

闵宗殿:《江苏稻史》,《农业考古》1986年第1期。

闵宗殿:《太湖地区历史上的优质水稻品种资源》,《古今农业》1994年第1期。

牛贯杰:《十九世纪中期皖北的圩寨》,《清史研究》2001年第4期。

《扭控拐匪女儿》,《申报》1924年12月3日,第11版。

潘同仁:《漂泊异乡,心系故国》,《沭阳文史资料》第4辑,1988年3月出版。

潘正芳:《旧事杂忆》,《睢宁文史资料》第 7 辑,1992 年 3 月。
《南京本地劳力及客籍劳力民之生活状况》,《中外经济周刊》1926 年第 156 期。
杞忧子:《流匪横行续述》,《申报》1887 年 3 月 7 日,第 3 版。
容庵:《各地农民状况调查·无锡》,(上海)《东方杂志》第 24 卷第 16 号,1927 年 8 月 25 日发行。
《上海北京人力车业情形》,《中外经济周刊》1925 第 120 期。
上海市社会局:《上海市百四十户农家调查》(三),上海市社会局编《社会月刊》第 2 卷第 4 号,1930 年 10 月出版。
上海市社会局:《一千四百余游民问话的结果》,《社会月刊》第 1 第 4 号,1929 年 4 月出版。
《上海湘鄂西皖四岸运商总会公表盐法之商榷》,《大公报》1931 年 4 月 12 日,北京:人民出版社 1982 年影印本,第 1 版。
商益书:《解放前砀城几家有名的店铺》,《砀山文史资料》总第 4 辑,1987 年 10 月印。
邵镜波口述、杨东野记录:《北洋军阀白宝山在海州》,《连云港市文史资料》第 2 辑,连云港:1984 年。
沈启熙:《苏常道区如皋县实业视察报告书》,《江苏实业月刊》第 7 期,1919 年 10 月出版。
沈启熙:《苏常道区泰兴县实业视察报告书》,《江苏实业月刊》第 7 期,1919 年 10 月出版。
沈因:《清代苏省女诗人述略(一)》,《江苏研究》第 1 卷第 7 期,1935 年 11 月 15 日发行。
沈因:《清代苏省女诗人述略(二)》,《江苏研究》第 1 卷第 8 期,1935 年 12 月 15 日发行。
沈志远主编:《中国土地问题与土地改革》香港:新中出版社,1948 年。
省立林业试验场:《江苏淮系九县造林地带状况调查报告》,《江苏建设》第 2 卷第 4 期,1935 年 4 月 1 日出版。
《视察淮堤工程》,《水利委员会汇刊》第 5 辑,1941 年 7 月。
《视察西坝坝工盐务情形暨改革计划报告书》,财政部盐务署盐务稽核总所:《盐务汇刊》第 4 册,1932 年 10 月 15 日出版。
《沭阳奇案》,《申报》第 649 号,同治甲戌四月二十七日(1874 年 6 月 11 日),第 3 版。
《泗阳县二十四年度劳动服务报告书》,《江苏建设》第 3 卷第 9 期,1936 年 9 月 1 日出版。
《苏北大水灾》,农林部农业推广委员会:《农情通讯简报》第 17 期,1947 年 6 月号。
《苏北收复区亟待救济》,农林部农业推广委员会:《农情通讯简报》第 11 期,1947 年 1 月号。
《苏北最近水情视察记》,江苏省第六区党务指导员办事处编辑:《淮海》第 5 期,1935 年 10 月 1 日出刊。

苏冷:《睢宁的农民生活》,《农村经济》第 2 卷第 8 期,1935 年 6 月 1 日出版。

《宿迁乡民行劫面厂余记》,《东方杂志》第 7 年第 5 期,宣统二年五月二十五日出版,"中国大事记补遗"第 26—27 页。

孙晓村、羊冀成:《镇江米市调查》,社会经济调查所:《社会经济月报》第 3 卷第 9 期,1936 年 9 月出版。

唐绍垚:《徐海道区铜山县实业视察报告书》,《江苏实业月刊》第 9 期,1919 年 12 月出版。

唐绍垚:《徐海道区丰县实业视察报告书》,《江苏实业月刊》第 9 期,1919 年 12 月出版。

唐绍垚:《徐海道区萧县实业视察报告书》,《江苏实业月刊》第 9 期,1919 年 12 月出版。

唐绍垚:《徐海道区邳县实业视察报告书》,《江苏实业月刊》第 9 期,1919 年 12 月出版。

陶孟和:《北京人力车夫之生活情形》,《社会半月刊》创刊号,1934 年 9 月。

田中忠夫:《江苏省农村经济状况》,《江苏月报》第 3 卷第 2 期,1935 年 2 月 1 日。

童润夫:《南通土布产销调查》,《棉业月刊》第 1 卷第 2 期,1936 年印行。

《皖北淮河水灾乞振电》,《申报》1921 年 8 月 22 日,第 7 版。

王德溥:《江苏省淮阴区剿匪工作总报告》(续),江苏省第六区党务指导员办事处编辑:《淮海》第 4 期,1935 年 9 月 1 日出刊。

汪汉忠:《灾害、社会与现代化:以苏北民国时期为中心的考察》,南京大学 2003 年度博士论文。

王乃扬:《民国时期涟水导淮工地纪实》,《涟水文史资料》第 3 辑,1984 年 9 月出版。

王天有:《万历天启时期的市民斗争和东林党议》,《北京大学学报》1984 年第 2 期。

王天予:《无锡北夏的农村经济》,《农行月刊》第 2 卷第 10 期,1935 年 10 月 15 日出版。

汪熙等主编:《陈翰笙文集》,上海:复旦大学出版社,1985 年。

汪疑今:《江苏的小农及其副业》,《中国经济》第 4 卷第 6 期,1936 年 6 月 15 日出版。

王伊曾讲述:《导淮工程与史地研究》,江苏省第六区党务指导员办事处编辑:《淮海》第 2 期,1935 年 7 月 1 日出刊。

王跃生:《清代生监的社会功能初探》,《社会科学辑刊》1988 年第 4 期。

《卫生署化验证明食盐有毒质》,原载《救国日报》5 月 15 日,转引自(北京)《盐政杂志》第 58 期,1934 年 7 月 15 日出版。

文年:《〈大地主程震泰〉补遗》,《淮海报》民国三十五年七月十五日,第 4 版。

吴栋承:《今后乡村教育的两大使命》,常熟县教育局编辑处:《常熟教育》创刊号,1933 年 6 月 1 日出版。

吴强:《"一六"惨案回忆》,《沭阳文史资料》第 2 辑,1985 年 5 月出版。

吴平:《农工衰败与人力车夫》,《劳工月刊》第 5 卷第 2/3 期,1936 年 3 月 1 日出版。

吴寿彭:《逗留于农村经济时代的徐海各属》(续),《东方杂志》第 27 卷第 7 号,1930 年 4 月 10 日出版。

无锡教育局:《全县公私立图书馆一览表》,《无锡教育》第 215 期,1932 年 12 月 12 日出版。

吴泽霖:《罢工研究中被忽略的问题》,《东方杂志》第 32 卷第 1 期,1935 年 1 月 1 日出版。

吴至信:《中国农民离村问题》,《东方杂志》第 34 卷第 15 号,1937 年 8 月 1 日发行。

邵镜波口述、杨东野记录:《北洋军阀白宝山在海州》,《连云港市文史资料》第 2 辑,连云港:1984 年。

西超:《河南农村的雇佣劳动》,《东方杂志》第 31 卷第 18 号,1934 年 9 月 16 日发行。

向群:《奋官庄地主与佃户今昔》,《淮海报》民国三十五年七月四日,第 4 版。

《萧县二十四年度劳动服务报告书》,《江苏建设》第 3 卷第 9 期,1936 年 9 月 1 日出版。

心英:《邮务员工的娱乐问题》,上海邮务工会宣传部编:《上海邮工》第 5 卷第 5 期,1933 年 6 月出版。

邢颂文:《淮域纪行》,《江苏月报》第 4 卷第 1 期,1935 年 7 月 1 日出版。

许涤新:《农村破产中底农民生计问题》,《东方杂志》第 32 卷第 1 号,1935 年 1 月 1 日发行。

徐方干、汪茂遂:《宜兴之农民状况》,《东方杂志》第 24 卷第 16 号,1927 年 8 月 25 日发行。

徐进、赵鼎新:《政府能力和万历年间的民变发展》,《社会学研究》2007 年第 1 期。

许叔彪:《海沭杂谈》,江苏省第六区党务指导员办事处编辑:《淮海》第 2 期,1935 年 7 月 1 日出刊。

徐盈:《徐海一带》,《国闻周报》第 13 卷第 34 期,1936 年 8 月 31 日出版。

徐钟令采访:《淮阴志征访稿》,民国抄本。

徐中舒:《殷人服象及象之南迁》,《"中央研究院"历史语言研究所集刊》第 2 本第 1 分,1930 年 5 月。

《徐州棉联社二十五年业务概况》,《棉运合作》第 1 卷第 8 期,1936 年 8 月 1 日出版。

薛宝林:《青阳镇之贫民生活》,(上海)生活周刊社:《生活》第 1 卷第 6 期,1925 年 11 月 15 日出版。

薛秉阳:《溧阳匪类之内容及其消灭方法》,江苏省政府秘书处宣传股编:《江苏旬刊》第 64 期,1929 年。

严大椿:《甪直富男子的日常生活》,(上海)生活周刊社:《生活》第 1 卷第 28 期,1926 年 5 月 2 日出版。

严鑫:《徐州现社会一瞥》,《申报》1927 年 7 月 5 日,第 9 版。

杨鹤高:《大地主"程震泰"家业兴衰始末》,《沭阳文史资料》第 2 辑,1985 年 5 月出版。

杨奎松:《新中国土改背景下的地主问题》,《史林》2008年第6期。

姚恩荣、邹迎曦:《盐垦公司和废灶兴垦》,《大丰文史资料》第7辑(盐垦史专辑),大丰县政协1987年6月刊印。

姚传元:《南京城内农家之分析研究》(上),南京金陵大学农学院:《农林新报》第11年第29期,1934年10月11日出版。

姚传元:《南京城内农家之分析研究》(下),南京金陵大学农学院:《农林新报》第11年第32期,1934年11月11日出版。

一墨:《土豪劣绅之研究》,《革命周报合订本》第11册,上海:革命周报社,1929年9月版。

尹聘三:《江苏省立麦作试验场三年来脱字棉推广概况》,《棉业月刊》第1卷第4期,1937年4月出版。

《诱拐犯判处徒刑六月》,《申报》1928年9月15日,第15版。

愚夫:《中国社会之怪现象》,(北京)《盐政杂志》第63期,1936年2月15日出版。

语罕:《芜湖劳动状况》,《新青年》第7卷第6期,1920年5月1日出版,第1—7页。

余霖[即薛暮桥]:《江南农村衰落的一个索引》,原载《新创造》第2卷第1、2期合刊,1932年7月出版;引自冯和法编《中国农村经济资料》上册,上海:黎明书局,1935年。

虞龙江:《沭阳农村鸟瞰》(上),江苏省第六区党务指导员办事处编辑:《淮海》第4期,1935年9月1日出刊。

虞山棣花庵主人稿:《黑虫伤人致命》,《申报》第428号,清同治癸酉七月二十七日(1873年9月18日),第3页。

俞训渊:《徐海道区睢宁县实业视察报告书》,《江苏实业月刊》第10期,1920年1月出版。

俞训渊:《徐海道区沭阳县实业视察报告书》,《江苏实业月刊》第10期,1920年1月出版。

余仪孔:《解放前南通商业发展简史》,《南通文史选辑》第2辑,1984年出版。

原颂周:《一个最有希望的农村》,《申报·星期增刊》1921年4月3日,第3版。

袁轶峰:《明清时期贵州生态环境的变化与虎患》,《农业考古》2009年第6期。

云捃:《马联甲的发迹与倒台》,《东海文史资料》第2辑,1986年7月刊印。

《灶民的生活》,(北京)《盐政杂志》第59期,1934年12月30日出版。

张采华:《我市的六十多年老店——生庆公茶庄》,《连云港市文史资料》第1辑,连云港:1983年。

张成桂:《张汉巧医邓县长》,《沭阳文史资料》第6辑,1990年11月出版。

张怀清:《婴儿健康比赛的意义及其经过》,常熟县教育局编辑处:《常熟教育》创刊号,1933年6月1日出版。

张怀清:《海虞民众教育屋馆半年来工作的鸟瞰》,常熟县教育局编辑处:《常熟教育》创刊号,1933年6月1日出版。

张济忠:《西坝杂忆》,《淮阴文史资料》第1辑,淮阴:1982年8月。

张令仪:《在革命队伍里》,《似火青春:八路军(临汾)学兵队成立五十周年纪念文集》,北京:解放军出版社,1990年。

张卫东:《浮山堰》,《中国水利》1985年第11期。

张心一:《江宁县农业的调查》,国民政府主计处统计局编:《统计月报》第1卷第4期,1929年6月出版。

张新羽:《土地革命时期灌南地区的农民暴动概述》,《灌南革命史料》第1辑,1984年。

张亚平等:《虎年谈虎"色"犹变》,《大自然》2010年第1期,刊首页。

《镇江县二十四年度劳动服务报告书》,《江苏建设》第3卷第9期,1936年9月1日出版。

《贞淫并志》,《申报》光绪二十二年三月十四日(1896年4月26)日,第2版。

郑震宇:《中国之佃耕制度与佃农保障》,《地政月刊》第1卷第3期,1933年3月出版。

赵汉三:《1919年—1939年镇平土匪猖獗》,《镇平文史资料》第8辑,镇平:1990年。

周绍成讲:《如何救济苏北水灾》,江苏省第六区党务指导员办事处编辑:《淮海》第6期,1935年11月1日出刊。

朱懋澄:《劳工新村运动》,《东方杂志》第32卷第1号,1935年1月1日发行。

朱玉湘:《近代山东的租佃制度》,《山东史志资料》1984年第1辑,济南:山东人民出版社,1984年。

朱祖荣述:《通属种棉述略》,《农学报》第17册,光绪二十三年(1897)。

邹春座:《二三十年代无锡纺织厂改革封建工头制的斗争》,《无锡文史资料》第10辑,1985年。

(3) 古籍

阿史当阿修:《扬州府志》,嘉庆十五年刊本。

白居易著:《白居易集》,长沙:岳麓书社,1992年。

班固撰:《汉书》,北京:中华书局,1964年。

包世臣:《安吴四种》,光绪十四年(1888)刻本。

包世臣:《包世臣全集》"中衢一勺·艺舟双楫",合肥:黄山书社,1994年。

蔡显撰:《闲渔闲闲录》,嘉业堂民国四年刻本。

曹梦鹤等修:《太平县志》,光绪三十四年重印本。

曹垣总纂:《定陶县志》,瑞林堂民国五年刻本。

陈复亨纂修:《海州志》,隆庆刻本。

陈鹤撰、陈克家补:《明纪》,江苏书局刊本。

陈潢原论、张霭生编述:《河防述言》,钦定四库全书"史部",台北:商务印书馆,1986年影印本。

陈继儒:《虎荟》,明宝颜堂新刻本。

陈建辑:《皇明通纪集要》,崇祯年间刻本。

陈其元著,杨璐点校:《庸闲斋笔记》,北京:中华书局,1989年。
陈寿:《三国志》,北京:中华书局,1964年。
陈受培修:《宣城县志》,嘉庆十三年刻本。
陈懿典:《陈学士先生初集》,万历四十八年刻本。
陈延恩修:《江阴县志》,道光二十年刊本。
陈应康纂:《月浦里志》,民国二十三年(1934)刊本。
陈子昂著:《陈伯玉文集》,弘治杨澄刊本。
陈兆仑:《紫竹山房文集》,嘉庆刻本。
程守谦:《退谷文存》,光绪二年(1876)刻本。
储大文:《存砚楼文集》,清抄本。
储元昇:《平望志》,清光绪十三年(1887)刻本。
大藏经刊行会编:《大正新修大藏经》,台北:新文丰出版公司,1983年。
《大元圣政国朝典章》,北京:中国广播电视出版社,1998年。
丁炳烺主修:《太和县志》,民国乙丑年(1924)刻本。
丁显总采:《睢宁县志》,光绪十二年(1886)刻本。
丁日昌著:《抚吴公牍》,南洋官书局石印,宣统元年。
丁显:《复淮故道图说》,南京:中国水利工程学会1936年12月刊印。
董斯张:《崇祯吴兴备志》,南林刘氏嘉业堂刊本。
都宠锡等主修:《颖上县志》,光绪四年(1878)刻本。
杜大珪编:《名臣碑传琬琰之集》,乾隆四十四年抄本(四库全书本)。
杜甫著:《杜甫全集》,上海:上海古籍出版社,1997年。
杜预撰、陆德明音义:《春秋经传集解》,宋刊巾箱本复本。
段光清:《镜湖自撰年谱》,北京:中华书局,1960年。
段朝端:《续纂山阳县志》,辛酉年(1921)刻本。
范成大:《吴郡志》,收入中华书局编辑部编:《宋元方志丛刊》,北京:中华书局,1990年。
范冕:《民国江苏淮阴县近事录》,民国十一年(1922)抄本(台北:淮阴同乡会影印)。
范晔:《后汉书》,北京:中华书局,1973年。
方浚师:《蕉轩随录/续录》,北京:中华书局,1997年。
方鹏等:《昆山县志》,明嘉靖刻本(上海古籍书店1963年影印)。
方瑞兰监修:《安徽泗虹合志》,光绪十三年(1887)刻本。
房玄龄等:《晋书》,北京:中华书局,1974年。
冯桂芬撰:《显志堂稿》,光绪二年校邠庐刻本。
冯桂芬纂:《苏州府志》,光绪九年刊本。
冯云鹏:《扫红亭吟稿》,道光十年刻本。
高龙光修:《镇江府志》,乾隆十五年增刻本。
葛洪撰,周天游校注:《西京杂记》,西安:三秦出版社,2005年。

龚炜:《巢林笔谈》,北京:中华书局,1981年。

顾传金纂:《七宝镇小志》,"中国地方志集成·乡镇志专辑"(1),上海:上海书店,1992年影印。

故宫博物院编:《清高宗御制诗》,海口:海南出版社,2000年。

顾清等:《松江府志》,正德年间刻本(上海书店1990年影印)。

顾起元:《客座赘语》,万历四十六年刻本。

谷神子、薛用弱撰:《集异记》,北京:中华书局,1980年。

顾炎武:《天下郡国利病书》,全6册,黄坤等校点,上海:上海古籍出版社,2012年。

顾震涛撰:《吴门表隐》,南京:江苏古籍出版社,1999年。

顾祖禹:《读史方舆纪要》,上海:中华书局,1957年。

归有光:《震川先生集》,康熙年间刊本。

郭大纶修:《淮安府志》,万历年间刻本。

郭茂倩编:《乐府诗集》,上海:上海古籍出版社,1998年。

郭璞注:《尔雅》,宋刊本复本。

郭璞注、毕沅校:《山海经》,上海:上海古籍出版社,1990年。

郭起元修:《盱眙县志》,乾隆十二年刊本。

韩浚等修:《嘉定县志》,明万历三十三年(1605)刻本。

何庆钊修:《宿州志》,光绪十五年刊本。

何绍基总纂:《山阳县志》,同治十二年(1873)刻本。

桓宽:《盐铁论》,明复本。

洪迈撰:《夷坚志》,北京:中华书局,1981年。

胡榘修、方万里、罗浚纂:《宝庆四明志》,北京:中华书局编辑部编《宋元方志丛刊》,北京:中华书局,1990年。

胡渭:《禹贡锥指》,钦定四库全书"经部",台北:商务印书馆,1986年影印本。

胡裕燕修:《清河县志》,光绪二年刊本。

胡仔:《苕溪渔隐丛话后集》,乾隆年间刻本。

黄钧宰:《金壶七墨全集》,上海:扫叶山房,民国十八年石印本。

黄世祚总纂:《嘉定县续志》,民国十九年(1930)刊本。

黄庭坚:《山谷内集》,仿宋刊本。

黄之隽等纂修:《江南通志》,乾隆四十四年抄本(四库全书本)。

贺长龄编:《皇朝经世文编》,上海:广百宋斋丁亥(1887)仲春校印。

嵇曾筠:《雍正浙江通志》,四库全书本。

蒋廷锡等:《钦定古今图书集成》,上海:中华书局1934年10月影印。

焦竑编:《国朝献征录》,台北:明文书局,1991年。

靳辅:《治河方略》,南京:中国工程学会,1937年。

靳辅:《治河奏续书》,钦定四库全书"史部十一",台北:商务印书馆,1986年影印本。

靳辅:《文襄奏疏》,钦定四库全书"史部六",台北:商务印书馆,1986年影印本。

金吴澜等:《昆新两县续修合志》,光绪七年(1881)刻本。
金玉相纂述:《太湖备考》,乾隆十五年刊。
柯悟迟:《漏网喁鱼集》(外一种),北京:中华书局,2008。
孔颖达、阮元:《左传注疏》,道光年间刻本。
赖同晏等修:《重修五河县志》,光绪二十年刻本。
兰陵笑笑生:《金瓶梅》,香港:香港太平书局,1989年。
郎瑛:《七修类稿》,北京:中华书局,1959年。
李白著:《李太白集》,上海:上海书店影印本,1988年。
李春芳:《贻安堂集》,万历十七年刻本。
郦道元注:《水经注疏》,南京:江苏古籍出版社,1989年。
黎德芬等纂修:《夏邑县志》,民国九年石印本。
李德溥修:《宿迁县志》,同治十三年刊本。
李昉撰:《太平广记》,嘉靖刻本。
李昉等奉敕编:《太平御览》,北京:中华书局,1995年。
李光祚修:《长洲县志》,乾隆十八年刻本。
李亨特总裁:《乾隆绍兴府志》,乾隆五十七年刊本。
李鸿章等:《钦定大清会典事例》,光绪二十五年刻本。
李吉甫:《元和郡县志》,乾隆四十六抄本(四库全书本)。
李佩恩修:《高邑县志》,民国二十二年铅印本。
李师沆等修:《凤台县志》,光绪十八年刊本。
李西月编:《道藏辑要·三丰全集》,道藏辑要刻本。
梁碧海修:《归善县志》,乾隆四十八年刊本。
梁蒲贵主修:《宝山县志》,学海书院光绪壬午年(1882)刊本。
刘崇照修、龙继栋纂:《盐城县志》,光绪廿一年(1895)刻本。
刘广生修:《常州府志》,万历四十六年刻本。
刘虎文等:《阜阳县志》,道光九年刊本。
刘锦藻撰:《清朝续文献通考》,上海:商务印书馆,1936年。
刘王瑗纂修:《砀山县志》,乾隆三十二年(1767)刻本。
刘昫等撰:《旧唐书》,北京:中华书局,1975年。
刘义庆:《世说新语校注》,长沙:岳麓书社,2007年。
刘乙燃辑:《刘忠宣公文集》,光绪元年(1875)刻本。
鲁佩璋修:《泗县志略》,1936年刊本。
卢熊纂修:《苏州府志》,洪武十二年刊本。
鲁一同纂修:《江苏省清河县志》,清咸丰四年(1854)刊、同治元年(1862)补刊、民国八年(1919)再补刊。
罗泌撰:《路史》,续四部丛刊本。
马泽修、袁桷纂:《延佑四明志》,北京:中华书局编辑部编《宋元方志丛刊》,北京:中华

书局,1990 年

毛亨传:《毛诗》,常熟瞿氏铁琴铜剑楼藏宋刊巾箱本。

梅守德修:《徐州志》,嘉靖刊本。

缪荃孙、冯煦、庄蕴宽、吴廷燮等纂修:《江苏省通志稿》,南京:江苏古籍出版社,2002 年。

南岳峻修:《阜阳县志续编》,民国三十六年石印本。

倪师孟纂:《吴江县志》,乾隆年间修,民国年间石印本。

吕舜祥修、武甝纯纂:《嘉定胶东志》,1948 年云庐油印本。

吕岩著:《道藏辑要·易说》,道藏辑要刻本。

罗士学修:《沛志》,万历丁酉年(1597)刻本。

《明实录》,台北:"中研院"历史语言研究所,1962 年校印本。

欧阳修、宋祁等撰:《新唐书》,北京:中华书局,1975 年。

欧阳兆熊、金安清著:《水窗春呓》,北京:中华书局,1984 年。

潘季驯:《两河经略》,钦定四库全书"史部六",台北:商务印书馆,1986 年影印本。

潘季驯:《河防一览》,《钦定四库全书》史部十一"地理类四"。

潘季驯:《河防一览》,南京:中国水利工程学会,1936 年。

潘耒:《遂初堂集》,康熙年间刻本。

潘熔纂修:《萧县志》,嘉庆二十年(1815)刻本。

潘守廉等修:《济宁直隶州续志》,民国十六年铅印本。

庞鸿文纂修:《常昭合志稿》,光绪甲辰年(1904)刻本。

庞友兰总纂:《阜宁县新志》,民国二十三年(1934)刻本。

裴大中修:《无锡金匮县志》,光绪七年刊本。

蒲松龄:《聊斋志异》,长春:春风文艺出版社,1998 年。

祁彪佳撰:《宜焚全稿》,明末刻本。

钱崇威总纂:《重修沭阳县志》,民国早期抄本。

钱淦总纂:《宝山县续志》,民国十年(1921)刻本。

钱淦纂:《江湾里志》,民国十三年(1924)刻本。

《乾隆灵璧志》,中国地方志集成(30),南京:江苏古籍出版社,1998 年。

钱谦益:《牧斋初学集》,崇祯癸未刊本。

钱谦益:《牧斋初学集》,上海:上海古籍出版社,1995 年。

钱泳撰,张伟点校:《履园丛话》,北京:中华书局,1979 年。

琴川居士编:《皇清奏议》,见《续修四库全书》第 473 册,上海:上海古籍出版社 2002 年影印。

琴川居士编:《皇清奏议》,抄本,未署年月。

清高宗敕撰:《清朝文献通考》,上海:商务印书馆,1936 年。

《全唐诗》(精装 12 册),北京:中华书局,1960 年。

阮升基修:《宜兴县志》,嘉庆二年刊本。

商鞅等著:《商君书》,上海:上海人民出版社,1974年。

尚兆山撰:《赤山湖志》,见《丛书集成续编》第228册,台北:新文丰出版公司,1988年。

沈炳震:《唐书合钞》,嘉庆十八年海宁查世倓刻本。

沈国元:《皇明从信录》,明末刻本。

申时行撰:《赐闲堂集》,万历四十四年(1616)刻本。

沈约注:《竹书纪年》,上海涵芬楼藏明天一阁刊本。

沈约撰:《宋书》,北京:中华书局,1974年。

司马光:《资治通鉴》,北京:中华书局,1976年。

司马迁:《史记》,上海:中华书局,1963年。

史能之纂:《咸淳重修毗陵志》,明初刻本。

施宿撰:《嘉泰会稽志》,嘉庆十三年刊本。

施元之:《施注苏诗》,四库全书本。

宋濂等撰:《元史》,北京:中华书局,1976年。

苏天爵:《国朝文类》,元刊本复本。

眭文焕纂辑:《重修桃县源志》,民国六年刻本。

孙鑨:《松菊堂集》,万历三十八年刻本。

孙星衍注:《晏子春秋音义》,上海:商务印书馆,1937年。

孙星衍著:《尚书今古文注疏》,陈抗、盛冬铃点校,北京:中华书局,1986年。

孙应时等修:《重修琴川志》,嘉庆十年抄本。

唐顺之:《荆川先生文集》,明刊本。

唐煦春修:《光绪上虞县志》,光绪十七年刊本。

汤肇熙撰:《出山草谱》,光绪十一年刻本。

唐仲冕等编纂:《嘉庆海州直隶州志》,嘉庆十六年(1811)刻本。

唐仲冕等编纂:《嘉庆海州直隶州志》,南京:南京大学出版社,1993年。

陶澍:《陶澍集》,长沙:岳麓书社,1998年。

陶澍著:《陶澍全集》,长沙:岳麓书社2010年。

田祚等督修、陆懋宗总裁:《嘉定县志》,光绪辛巳年(1881)刻本。

屠隆:《由拳集》,四库全书存目丛书"集部"第180册,济南:齐鲁书社1997年影印。

退庵居士:《梦蕉亭杂记》,1925年刻本。

脱脱等撰:《宋史》,北京:中华书局,1977年。

脱因修:《至顺镇江志》,道光二十二年丹徒包氏刻本。

万恭:《治水筌蹄》,北京:水利电力出版社,1985年。

王鏊等:《姑苏志》,明正德刻本。

王鏊:《震泽集》,四库全书本。

王抱承纂:《无锡开化乡志》,南京:江苏古籍出版社,1992年影印。

王弼等注:《周易》,宋刊本复本。

王昶纂修:《直隶太仓州志》,嘉庆七年刻本。
汪篪修:《重修蒙城县志书》,民国四年铅印本。
王充著,程荣次:《论衡》,明刊本。
王德乾纂:《真如志》,"中国地方志集成·乡镇志专辑"(3),上海:上海书店,1992年影印。
王棻:《光绪仙居志》,光绪二十年刻本。
王家诜纂修:《铜山县志》,民国八年刻本。
王敛福等编纂:《颍州府志》,乾隆十七年(1752)刻本。
王清穆主修、曹炳麟总纂:《崇明县志》,民国己巳年(1929)刊本。
王庆云:《石渠余记》,清光绪十六年(1890)龙璋刻本。
王树棻修、潘履祥纂:《罗店镇志》,清光绪十五年(1889)刊本。
王世球等纂修:《两淮盐法志》,乾隆十三年(1748)刻本。
王锡祺等辑:《小方壶斋舆地丛钞》,杭州:杭州古籍书店,1985年。
王应奎:《柳南随笔》,嘉庆年间刻本。
汪永安原纂、侯承庆续纂、沈葵增补:《紫堤村志》,"中国地方志集成·乡镇志专辑"(1),上海:上海书店,1992年影印。
王豫熙等:《赣榆县志》,光绪十四年(1888)刻本。
王元恭修、王厚孙、徐亮纂:《至正四明续志》,北京:中华书局编辑部编《宋元方志丛刊》,北京:中华书局,1990年。
王在晋:《通漕类编》,万历甲寅(1614)刻本。
王政等修:《滕县志》,道光二十六年刻本。
汪之藻等:《清河县志》,康熙三十四年(1695)刻本。
王锺琦主纂:《宝山县新志备稿》,民国二十年(1931)刻本。
王祖畲总纂:《太仓州镇洋县志》,民国八年(1919)刻本。
危素:《元海运志》,丛书集成初编:《元海运志及其他二种》,上海:商务印书馆,1936年12月。
魏源:《圣武记》,古微堂刊本。
魏源著:《魏源集》,北京:中华书局,1976年。
魏源著:《魏源全集》,长沙:岳麓书社,2004。
魏嵊、裘琏:《康熙钱塘县志》,康熙五十七年刻本。
魏徵等撰:《隋书》,北京:中华书局,1982年。
翁方纲:《复初斋诗集》,清刻本。
吴昆田总纂:《安东县志》,光绪元季(1875)十月刻本。
吴昆田等总纂:《淮安府志》,光绪十年(1884)甲申刻本。
吴庆坻撰:《蕉廊脞录》,北京:中华书局,1990年。
吴汝纶著:《桐城吴先生日记》,宋开玉整理,石家庄:河北教育出版社,1999年。
吴世熊等总修:《同治徐州府志》,同治甲戌年(1874)刻本。

吴馨等修:《上海县续志》,上海:南园戊午年(1918)夏五月刻本。
吴熊光撰:《伊江笔录》,光绪刻本。
吴应庚纂:《续修盐城县志稿》,1936年刻本。
吴振棫撰:《养吉斋余录》,光绪刻本。
夏燮:《明通鉴》,同治十二年刻本。
萧良干修:《万历绍兴府志》,万历十五年刊本。
萧鱼会、赵稷思纂:《石冈广福合志》,"中国地方志集成·乡镇志专辑"(3),上海:上海书店,1992年影印。
萧子显撰:《南齐书》,北京:中华书局,1974年。
谢肇淛著:《小草斋集》,万历刻本。
薛福保著:《青萍轩文录》,光绪八年(1882)刻本。
徐秉义:《明末忠烈纪实》,杭州:浙江古籍出版社,1987年。
许重熙:《皇明五朝纪要》,崇祯年间刻本。
徐光启:《农政全书》,文渊阁四库全书"子部"37"农家类",台北:商务印书馆,1986年影印。
徐珂编撰:《清稗类钞》,北京:中华书局,1986年。
徐铉等奉敕校定:《说文解字》,北宋刊本复本。
许瑶光修:《光绪嘉兴府志》,光绪五年刊本。
许治修:《元和县志》,乾隆二十六年刻本。
徐钟令采访:《民国淮阴志征访稿》,民国元年(1912)抄本。
宣鼎著:《夜雨秋灯录》,宋欣校点,长春:时代文艺出版社,1987年。
严从:《殊域周咨录》,万历年间刻本。
严辰等编:《桐乡县志》,丁亥年(1887)刻本。
严伟等编修:《续修南汇县志》,民国十八年(1929)刻本。
严型总修:《宿迁县志》,民国二十四年(1935)刻本。
姚鸿杰纂修:《丰县志》,光绪二十年刊本。
杨伯峻编著:《春秋左传注》,全4册,北京:中华书局,2009年。
杨瑞云修:《盐城县志》,万历刻本。
杨泰亨:《光绪慈溪县志》,光绪五年刊本。
杨锡绂:《四知堂文集》,嘉庆十一年刻本。
杨西明辑:《灾赈全书》,道光三年(1823)也宜别墅刻本。
杨象济辑:《天一遗书》,咸丰甲寅(1854)抄本。
杨洵等修:《扬州府志》,万历年间刻本。
姚思廉撰:《梁书》,北京:中华书局,1973年。
叶兰等纂修:《乾隆泗州志》,中国地方志集成(30),南京:江苏古籍出版社,1998年。
叶梦珠:《阅世编》,北京:中华书局,2007年。
佚名纂:《江东志》,"中国地方志集成·乡镇志专辑"(1),上海:上海书店1992年影印。

允禄等监修:《雍正朝大清会典》,光绪朝刻本。

永瑢、纪昀等:《文渊阁四库全书》,台北:商务印书馆,1986年影印本。

虞集:《道园学古录》,明刊本。

余家谟修:《铜山县志》,民国十五年刊本。

余光祖等:《安东县志》,光绪元年(1875)刻本。

于琨修:《常州府志》,康熙三十四年刻本。

于万培纂修:《凤阳县续志》,光绪十三年(1887)刻本。

于书云纂修:《沛县志》,民国九年(1920)刻本。

余治撰:《得一录》,同治八年苏城得见斋刻本。

袁枢:《通鉴纪事本末》,宋刊本复本。

曾国荃著:《曾忠襄公批牍》,光绪二十九年刻本。

曾国荃等督修、王安定等纂修:《两淮盐法志》,光绪三十一年(1905)刻本。

曾七如著:《小豆棚》,武汉:荆楚书社,1989年。

查继佐撰:《罪惟录》,四部丛刊三编影印稿本。

张伯行:《居济一得》,上海:商务印书馆,1936年。

张伯行著:《正谊堂文集(附续集)》,上海:商务印书馆,1936年。

张承先纂、程攸熙订正:《南翔镇志》,"中国地方志集成·乡镇志专辑"(3),上海:上海书店,1992年影印。

张瀚:《松窗梦语》,北京:中华书局1997年。

张居正著:《张太岳先生文集》,万历四十年刻本。

张楷纂修:《安庆府志》,康熙六十年刻本。

张鹏翮著:《治河全书》,康熙四十二年(1703)抄本,不署出版信息。

张鹏翮著:《张(鹏翮)公奏议》,清刻本(无版本信息)。

张奇抱等纂:《沭阳县志》,康熙十三年(1674)刻本。

张受长编:《尹少宰奏议》,无刊刻时间。

张廷玉等撰:《明史》,北京:中华书局,1974年。

张文虎总纂:《重修奉贤县志》,光绪四年(1878)刻本。

张相文、王聿望总纂:《泗阳县志》,民国十五年(1926)刻本。

张元忭纂修:《绍兴府志》,万历丙戌年刊本。

张震南纂:《王家营志》,民国二十二年(1933)铅印本。

张宇初、邵以正、张国祥编纂:《正统道藏》,台北:新文丰出版公司,1985年。

赵尔巽等撰:《清史稿》,北京:中华书局,2003年。

赵弘恩等监修、黄之隽等编修:《江南通志》,见[清]永瑢、纪昀等《文渊阁四库全书》"史部"267"地理类",台北:商务印书馆1986年影印本。

赵慎畛:《榆巢杂识》,北京:中华书局,2001年。

赵同福修、杨逢时纂《盛桥里志》,"中国地方志集成·乡镇志专辑"(4),上海:上海书店,1992年影印。

赵翼:《廿二史札记》,北京:中国书店,1987年影印。

郑虎臣:《吴都文粹》,乾隆年间抄本。

郑樵撰:《通志》,台北:台湾商务印书馆,1987年。

郑轈修:《五河县志》,康熙二十五年刊本。

郑晓:《澹泉笔述》,清抄本。

郑玄注:《周礼》,明翻宋岳氏刊本复本。

郑澐修:《乾隆杭州府志》,乾隆四十九年刻本。

《重刊宋本十三经注疏(附校勘记)》,台北:艺文印书馆,1965年。

中山大学历史系中国近代现代史教研组、研究室编:《林则徐集(奏稿)》上册,北京:中华书局,1985年。

锺泰修:《亳州志》,光绪二十年刊本。

周馥:《治水述要》,秋浦周氏校刻本,1922年。

周厚地纂:《干山志》,"中国地方志集成·乡镇志专辑"(1),上海:上海书店,1992年影印。

周孔教撰:《周中丞疏稿》,万历年间刻本。

周尚质修:《曹州府志》,乾隆二十一年刻本。

周石藩著:《海陵从政录》,道光十九年(1839)家荫堂刻本。

周石藩著:《一瞬录》,道光十九年(1839)家荫堂刻本。

周希哲修:《嘉靖宁波府志》,嘉靖年间刻本。

朱长文:《吴郡图经续记》,收入中华书局编辑部编:《宋元方志丛刊》,北京:中华书局,1990年。

朱国盛编:《南河志》,天启乙丑年(1625)抄本。

朱吾弼等辑:《皇明留台奏议》,万历三十三年刻本。

朱熹撰:《三朝名臣言行录》,宋刊本复本。

朱彝尊:《曝书亭全集》,康熙五十三年刊本。

朱元璋著:《明太祖集》,合肥:黄山书社,1991年。

庄思缄订、冯煦鉴定:《邳志补》,民国癸亥年(1923)刻本。

(4) 资料汇编

陈嵘:《中国森林史料》,北京:中国林业出版社,1983年。

陈振汉等编:《〈清实录〉经济史资料》,北京:北京大学出版社,1989年。

杜洁祥主编:《中国佛寺史志汇刊》,台北:明文书局年,1980年。

高景岳、严学熙编:《近代无锡蚕丝业资料选辑》,南京:江苏人民出版社、江苏古籍出版社,1987年。

故宫博物院明清档案部编:《李煦奏折》,北京:中华书局,1976年。

国民政府主计处统计局编:《中华民国统计提要》,上海:商务印书馆,1936年。

河南省政府:《整理豫河方案》,1931年刻本。

洪焕椿主编：《明清苏州农村经济资料》，南京：江苏古籍出版社，1988年。
华东军政委员会土地改革委员会：《安徽省农村调查》，1952年刊印。
华东军政委员会土地改革委员会：《江苏省农村调查》，1952年刊印。
华东军政委员会土地改革委员会：《山东省、华东各大中城市郊区农村调查》，1952年刊印。
江苏省长公署第四科：《江苏省实业视察报告书》，上海：商务印书馆，1919年12月。
《历代诗人咏邳州》，《江苏文史资料》第83辑，南京：江苏文史资料编辑部，1998年。
李国祥等主编：《明实录类纂（山东史料卷）》，武汉：武汉出版社，1994年。
李文海主编：《民国时期社会调查丛编》，福州：福建教育出版社，2005年。
李文海、夏明方主编：《中国荒政全书》，北京：北京古籍出版社，2004年。
李文治编：《中国近代农业史资料》第1辑，北京：三联书店，1957年。
钱振民编纂：《古代短篇小说金库》，合肥：黄山书社，2000年。
南京图书馆特藏部等：《江苏省工业调查统计资料（1927—1937）》，南京：南京工学院出版社，1987年。
南开大学经济研究所经济史研究室编：《中国近代盐务史资料选辑》第1辑，天津：南开大学出版社，1985年。
南开大学经济研究所经济史研究室编：《中国近代盐务史资料选辑》第2—4辑，天津：南开大学出版社，1991年。
彭泽益编：《中国近代手工业史资料》1—4册，北京：中华书局，1962年。
山东黄河水灾救济委员会编：《山东黄河水灾救济报告书》第1期，1935年12月出版。
上海博物馆图书资料室编：《上海碑刻资料选辑》，上海：上海人民出版社，1980年。
上海社会科学院经济研究所：《荣家企业史料》上册，上海：上海人民出版社，1966年。
上海总税务司署统计科：《民国二十二年海关中外贸易统计年刊》，1934年。
沈国元撰：《两朝从信录》，崇祯刻本。
实业部国际贸易局编：《中国实业志（江苏省）》，上海：民光印刷公司，1933年。
实业部国际贸易局编：《中国实业志（山东省）》，上海：华丰印刷局，1934年。
苏北难民救济会议上海办事处编印：《上海苏北难民救济报告》，上海：1947年2月出版。
水利电力部水管司、水利水电科学研究院编：《清代淮河流域洪涝档案史料》，北京：中华书局，1988年。
汪敬虞编：《中国近代工业史资料》第二辑（上、下），北京：科学出版社，1957年。
无锡县政府编：《无锡概览》，无锡：文新印刷所1935年印。
谢国桢选编：《明代社会经济史料选编》，福州：福建人民出版社，2004年。
徐雪筠等译编：《上海近代社会经济发展概况》，上海：上海社会科学院出版社，1985年。
严中平等：《中国近代经济史统计资料选辑》，北京：科学出版社，1955年。

姚贤镐编:《中国近代对外贸易史资料(1840—1895)》,北京:中华书局,1962年。

艺文印书馆编:《岁时习俗资料汇编》,台北:艺文印书馆印行,1970年。

张伟仁主编:《明清档案》1—320册,台北:联经出版事业公司,1986—1995年。

中共江苏省委党史工作委员会、江苏省档案馆编:《苏北抗日根据地》,打印本,1989年8月印。

中共苏北区委农村工作委员会:《苏北土地改革文献》,1952年。

中共苏南区委农村工作委员会:《苏南土地改革文献》,1952年。

中国第二历史档案馆编:《中华民国史档案资料汇编》第3辑,南京:江苏古籍出版社,1991年。

中国第一历史档案馆、北京师范大学历史系编选:《辛亥革命前十年间民变档案史料》,北京:中华书局,1985年。

中国第一历史档案馆编:《清政府镇压太平天国档案史料》第10册,北京:社会科学文献出版社,1993年。

中国海关总税务司:《光绪十五年通商各关华洋贸易总册》(英译汉第31册),光绪十六年五月印。

中国海关总税务司:《光绪十七年通商各关华洋贸易总册》(英译汉第33册),上海:中国海关总税务司光绪十八年(1892)二月印。

中国海关总税务司:《光绪十八年通商各关华洋贸易总册》(英译汉第34册),上海:中国海关总税务司光绪十九年(1893)印。

中国海关总税务司:《光绪二十八年通商各关华洋贸易总册》下卷(英译汉第44册),上海:中国海关总税务司光绪二十九年(1903)九月印。

中国海关总税务司:《光绪二十九年通商各关华洋贸易总册》下卷(英译汉第45册),上海:中国海关总税务司光绪三十年(1904)十月印。

中国海关总税务司:《光绪三十年通商各关华洋贸易总册》下卷(英译汉第46册),上海:中国海关总税务司光绪三十一年(1905)五月印。

中国海关总税务司:《光绪三十一年通商各关华洋贸易论略》下卷(英译汉第47本),上海:中国海关总税务司光绪三十二年(1906)八月印。

中国海关总税务司:《光绪三十二年通商各关华洋贸易论略》下卷(英译汉第48本),光绪三十三年八月印。

朱偰:《中国运河史料选辑》,北京:中华书局,1962年。

(5) 档案

安徽省档案馆藏皖北人民行政公署档案:《皖北地区行政概况调查》,全宗号21,目录号1,案卷号168,件号1—4。

安徽省档案馆藏皖北人民行政公署档案:《金寨县所属燕子河流波白大三区老根据地农村生产力衰退情况调查表》,全宗21,目录2,案卷号272,件号1—3。

安徽省档案馆藏皖北人民行政公署交通处档案:《皖北船运局关于淮河航道勘察资料》,全宗21,目录2,案卷号477,件号1—2。

安徽省档案馆藏皖北区党委档案:《各地关于土改工作的情况报告》,全宗2,目录2,案卷号40。

安徽省档案馆藏皖北区党委农委会档案:《中国共产党皖北区委员会三、四两月份向中央及华东局关于土地改革工作的综合报告》,《土改通报》,全宗2,目录2,案卷号82,第17—20页。

安徽省档案馆藏中共皖北阜阳地委档案:见《土改通报》,全宗2,目录2,案卷号82,第60—82页。

安徽省档案馆藏皖北区党委档案:《各地关于土改工作的情况报告》,全宗2,目录2,案卷号40。

安徽省档案馆藏皖北人民行政公署农林处档案:《本处关于主要工业原料及主要粮食作物生产成本调查表》,全宗21,目录2,案卷号614。

江苏省档案馆藏档案:《抄省临参会第一次大会议决提案原文》,全宗号1004,目录号乙,案卷号5979。

江苏省档案馆藏档案:《呈请省府请皖省政府会咨水利内政两部请由中央拨款补助实施案》,全宗号1004,目录号乙,案卷号0579。

江苏省档案馆藏档案:《丹阳湖水利纠纷检讨及解决之管见》,全宗号1004,目录号乙,案卷号2217。

江苏省档案馆藏档案:《高淳丹阳湖》,全宗号1004,目录号乙,案卷号2217。

江苏省档案馆藏档案:《高淳县政府呈送江南水利改善计划书》,全宗号1004,目录号乙,案卷号5552。

江苏省档案馆藏档案:《淮北苏皖边区三年来的政府工作(1942年10月)》,案卷号6—1,资料4000739。

江苏省档案馆藏档案:《请求废除东坝改建活动水闸以调节上下游水量案》,全宗号1004,目录号乙,案卷号5979。

江苏省档案馆藏档案:《山东抗日民主政府三年工作总结及今后民主政治建设方案》,案卷号6—14,资料4000754。

江苏省档案馆藏档案:欧阳惠林:《苏南土地改革工作的报告》,全宗号402,案卷号64,文件号7。

江苏省档案馆藏档案:《苏南城市人民消费典型调查》(一),缩微胶卷号3070(永)—1938。

江苏省档案馆藏中国共产党苏北区办公厅档案:中国共产党苏北区办公厅:《一年来建党工作报告》,见中国共产党苏北区办公厅:《中共苏北区第一次党代表会议的开幕词、报告、发言、总结、决议、闭幕词》(1950年3月),全宗号301,卷号:永久-9。

江苏省档案馆藏中国共产党苏北区办公厅档案:《苏北一年来生产救灾工作的初步总结》,见中国共产党苏北区办公厅:《中共苏北区第一次党代表会议的开幕词、报告、发言、总结、决议、闭幕词》(1950年3月),全宗号301,卷号:永久-9。

江苏省档案馆藏中国共产党苏北区委员会档案:中国共产党苏北区委员会农村工作

委员会:《本委关于农业生产、土改后农村土地关系变化情况的报告、意见及各种统计表》(1951年),全宗号301,卷号:永久-85。

江苏省档案馆藏中国共产党苏北区委员会档案:中国共产党苏北区委员会农村工作委员会:《苏北区农业生产典型调查综合资料》(1952年),全宗号301,卷号:永久-92。

江苏省档案馆藏中国共产党苏北区办公厅档案:中国共产党苏北区办公厅:《中共中央华东局关于上海市遣送游民犯人至苏北开垦劳动改造给区党委的指示信》(1950年2—3月),全宗号301,卷号:永久-99。

江苏省档案馆藏南京国民政府江苏省社会处档案:《徐州市长骆东藩致江苏省政府主席电报》(1948年3月26日),全宗号1009,卷号:乙-1917,缩微胶卷第000166片。

江苏省档案馆藏南京国民政府江苏省社会处档案:《灌云县农会致苏北水灾急赈委员会电》(1948年3月25日),全宗号1009,卷号:乙-1918,缩微胶卷第000282—000288片。

江苏省档案馆藏南京国民政府江苏省社会处档案:《睢宁县长朱伯鸿、参议会议长姚云帆致江苏省水灾急赈委员会》(1948年4月6日),全宗号1009,卷号:乙-1918,缩微胶卷第000291—000292片。

江苏省档案馆藏南京国民政府江苏省社会处档案:《报告淮、涟、泗三县灾情及监放春荒将救济款情形》(1948年4月26日),全宗号1009,卷号:乙-1918,缩微胶卷第000297—000302片。

江苏省档案馆藏南京国民政府江苏省社会处档案:《宿迁县政府电呈本县水灾严重电请列入徐属同等救济》(1948年5月),全宗号1009,卷号:乙-1920,缩微胶卷第0000769—000774片。

中国第二历史档案馆藏档案:《常熟县风俗调查纲要》,调查时间民国二十一年九月,全宗号12,案卷号527,目录号2。

中国第二历史档案馆藏档案:《各省市风俗调查纲要——句容县》,调查时间民国二十一年,全宗号12,案卷号527,目录号2。

中国第二历史档案馆藏档案:《江苏镇江等六十一县风俗调查纲要》,调查时间民国二十一年,全宗号12,案卷号527,目录号2。

中国第二历史档案馆藏重庆国民政府赈济委员会档案:《江苏省赈济委员会呈文》,全宗号116,卷号423,无页码,文件原始分类号5-2-2-1,卷号19。

中国第二历史档案馆藏重庆国民政府赈济委员会档案:《江苏省赈济委员会呈文》,全宗号116,卷号423,无页码,文件原始分类号5-2-4,卷号2。

中国第二历史档案馆藏重庆国民政府赈济委员会档案:《豫皖边区副总指挥部快邮代电》(1940年11月11日),全宗号116,卷号425,无页码,文件原始分类号5-2-2,卷号16。

中国第二历史档案馆藏重庆国民政府赈济委员会档案:《立煌办事处电报》(1943年12月20日),全宗号116,卷号425,无页码,文件原始分类号5-2-2-3,卷号86。

中国第二历史档案馆藏重庆国民政府赈济委员会档案:《安徽省临时参议会等代电报该省灾况》(1943年),全宗号116,卷号448,无页码。文件原始分类号5-2-2-3,卷号77。

中国第二历史档案馆藏振济委员会档案:《安徽省各县受灾概况及配征军公粮数量表》(1943年),全宗号116,卷号448,无页码,文件原始分类号5-2-2-3,卷号77。

中国第二历史档案馆藏重庆国民政府赈济委员会档案:《安徽寿县农会致重庆中央赈济委员会函》(1944年),全宗号116,卷号448,无页码。文件原始分类号5-2-2-3,卷号93-1。

中国第二历史档案馆藏重庆国民政府赈济委员会档案:《潢川县政府呈报灾情电报》(1943年9月23日),全宗号116,卷号459,无页码。文件原始分类号5-2-2-14,卷号41。

中国第二历史档案馆藏南京国民政府财政部盐务署档案:《两淮盐区地方区乡镇保甲协助查禁私制食盐奖惩办法》(民国二十四年八月),全宗号266,卷号8937,无页码。

中国第二历史档案馆藏中国华洋义赈会档案:《中国红十字会固始分会快邮代电》,全宗号573,卷号78。

中国第二历史档案馆藏中国华洋义赈会档案:《灵璧县党部等呈中国华洋义赈义快邮代电》(1933年3月18日),全宗号573,卷号137。

中国第二历史档案馆藏中华民国北京政府陆军部军法司档案:《江北陆军骑兵团长张长林报告张勋所部武卫前军南下沿途奸淫抢掠情形及沂北军事状况》(1913年8月),全宗号1011,卷号552。

中国第二历史档案馆藏中华民国北京政府陆军部军法司档案:《安武将军行署谨将民国二年八月起至三年六月止依军法办理各案罪犯姓名年龄籍贯职业案由罪名刑名判决地点行监禁日期造具清册》,全宗号1011,卷号2572。

中国第二历史档案馆藏中华民国北京政府陆军部军法司档案:《安武将军督理安徽军务咨送盗匪案件执行死刑人犯一览表》(洪宪元年3月)、《安武将军督理安徽军务咨送盗匪案件执行死刑人犯一览表》(民国四年八月)、《安武将军督理安徽军务咨送盗匪案件执行死刑人犯一览表》(民国四年12月),全宗号1011,卷号2600,无页码。

上海社会科学院中国企业史资料研究中心抄件:《申新总公司档案》,总公司流水第1号,见《〈申新〉总公司抵押借款及抵押品表》。

台北故宫博物院清代宫中档与军机处折件:《安宁奏报处理盛泽镇刁民聚众闹哄经过情形》(乾隆十三年五月),箱号2772,文献编号002463。

台北故宫博物院清代宫中档与军机处折件:《范时绶奏报疑犯杨烟昭供情》(乾隆十七年正月),箱号2740,文献编号007917。

台北故宫博物院清代宫中档与军机处折件:《方观承奏会稽山阴二县刁民聚众情形》(乾隆十三年五月),箱号2772,文献编号002484。

台北故宫博物院清代宫中档与军机处折件:《革职山东巡抚陈世倌等奏折》(雍正六年四月十八日),箱号75,文献编号402014831,统一编号故宫017987。

台北故宫博物院清代宫中档与军机处折件:《江南江宁等处承宣布政使司布政史李兰奏折》(雍正十二年十二月),箱号75,文献编号402017047,统一编号故宫020234。

台北故宫博物院清代宫中档与军机处折件:《江南两淮盐运使高淳奏折》(雍正七年五月初二日),箱号 76,文献编号 402002967,统一编号故宫 005989。

台北故宫博物院清代宫中档与军机处折件:《江南提督和春、安徽巡抚福济奏折》(咸丰五年九月二十四日),箱号 2779,文献编号 406006786,统一编号故宫 125580。

台北故宫博物院清代宫中档与军机处折件:《江南提督和春等附奏》(咸丰五年九月),箱号 2714,文献编号 406016148,统一编号故宫 135097。

台北故宫博物院清代宫中档与军机处折件:《江南徐州镇总兵官惠普恩奏折》(道光十六年四月二十四日),箱号 2768,文献编号 070815,统一编号故机 071317。

台北故宫博物院清代宫中档与军机处折件:《江南徐州府砀山单玺控件》(控同治二年八月四日案),箱号 2742,文献编号 097323,统一编号故机 097984。

台北故宫博物院清代宫中档与军机处折件:《江南徐州府沛县贡生张其浦等控件》(同治年间全庆奏附),箱号 2742,文献编号 100686,统一编号故机 101354。

台北故宫博物院清代宫中档与军机处折件:《江南徐州府沛县童生刘际昌控件》(同治三年十一月全庆奏附),箱号 2742,文献编号 100343,统一编号故机 101011。

台北故宫博物院清代宫中档与军机处折件:《江南总督赵弘恩奏折》(雍正十二年正月十二日),箱号 78,文献编号 402010574,统一编号故宫 0121784。

台北故宫博物院清代宫中档与军机处折件:《江南总督赵弘恩奏折》(雍正十三年四月三日),箱号 75,文献编号 402010600,统一编号故宫 013731。

台北故宫博物院清代宫中档与军机处折件:《江南总督赵弘恩奏折》(雍正十二年四月十六日),箱号 78,文献编号 402018589,统一编号故宫 021799。

台北故宫博物院清代宫中档与军机处折件:《江南总督赵弘恩奏折》(雍正十二年九月初九日),箱号 75,文献编号 402010572,统一编号故宫 013703。

台北故宫博物院清代宫中档与军机处折件:《江南总督赵弘恩奏折》(雍正十二年十月十二日),箱号 75,文献编号 402010580,统一编号故宫 013711。

台北故宫博物院清代宫中档与军机处折件:《江南总督赵弘恩奏折》(雍正十三年二月十五日),箱号 75,文献编号 402010593,统一编号故宫 013724。

台北故宫博物院清代宫中档与军机处折件:《江苏巡抚闵鹗元奏折》(乾隆四十六年十二月),箱号 2715,文献编号 403040321。

台北故宫博物院清代宫中档与军机处折件:《两广总督孔毓珣奏折》(雍正五年四月二十四日),箱号 75,文献编号 402013573,统一编号故宫 016722。

台北故宫博物院清代宫中档与军机处折件:《署都察院左都御史宗室敬徵等奏折》(道光十四年六月八日案),箱号 2743,文献编号 068228,统一编号故机 068714。

台北故宫博物院清代宫中档与军机处折件:《署都察院左都御史宗室敬征奏折附件》(道光十四年六月八日),箱号 2743,文献编号 068229,统一编号故机 068715。

台北故宫博物院清代宫中档与军机处折件:《署理江南江西总督范时绎奏折》(雍正五年六月初五日),箱号 75,文献编号 402018214,统一编号故宫 021421。

台北故宫博物院清代宫中档与军机处折件:《署理江南总督范时绎奏折》(雍正六年七

月二十六日),箱号75,文献编号402018237,统一编号故宫021444。

台北故宫博物院清代宫中档与军机处折件:《署理江南总督范时绎奏折》(雍正六年十一月十一日),箱号75,文献编号402018242,统一编号故宫021449。

台北故宫博物院清代宫中档与军机处折件:《宋邦绥奏报查获书写逆词之刘三元折》(乾隆二十八年三月),箱号2759,文献编号403015994。

台北故宫博物院清代宫中档与军机处折件:《苏州布政使高斌奏折》(雍正八年十一月二十八日),箱号79,文献编号402009954,统一编号故宫013085。

台北故宫博物院清代宫中档与军机处折件:《吴达善奏拿获逆犯不得援刘三元折》(乾隆二十八年六月),箱号2759,文献编号403015299。

台北故宫博物院清代宫中档与军机处折件:《尹继善奏朱家角盛泽镇刁民聚众遏籴》(乾隆十三年五月),箱号2772,文献编号002343。

台北故宫博物院清代宫中档与军机处折件:《御史吴若准折》(咸丰二年十二月初七日),箱号2870,文献编号087936,统一编号故机088525。

台北"中研院"近代史研究所档案馆藏档案:《导淮案》,馆藏号08-21(2),宗号1-(2)。

台北"中研院"近代史研究所档案馆藏档案:《导淮案》(二),馆藏号08-21,宗号1-(3)。

台北"中研院"近代史研究所档案馆藏档案:《导淮案》(五),馆藏号08-21(2),宗号1-(6)。

台北"中研院"近代史研究所档案馆藏档案:《导淮案》(七),馆藏号08-21,宗号2-(1)。

台北"中研院"近代史研究所档案馆藏档案:《导淮案》(八),馆藏号:08-21,宗号2-(2)。

台北"中研院"近代史研究所档案馆藏档案:《江苏公民张镇南条陈治淮意见》(民国八年9月至10月),馆藏号09-21-00-011-09。

台北"中研院"近代史研究所档案馆藏档案:《江苏查勘淮河故道并办工赈》(光绪三十三年),馆藏号06-21-11-09,宗号2-(3)。

台北"中研院"近代史研究所档案馆藏档案:《安徽水利》(一),馆藏号08-21-12,宗号1-(1)。

台北"中研院"近代史研究所档案馆藏档案:《安徽水利》(二),馆藏号08-21-12,宗号1-(2)。

台北"中研院"近代史研究所档案馆藏档案:《陇海铁路被兵滋扰损失索偿案》,馆藏号08-05-025,宗号03-001。

台北"中研院"近代史研究所档案馆藏档案:《海军截留盐余拨充饷项事》(民国十一年1月),馆藏号03-04-002,宗号02-002。

台北"中研院"近代史研究所档案馆藏档案:《各国抗议海军舰队截留两淮盐税案》,馆藏号03-04-009,宗号01-002。

台北"中研院"近代史研究所档案馆藏档案:《南运河经费》,馆藏号06-21-11,宗号001-06。

台北"中研院"近代史研究所档案馆藏档案:《山东运河工程局微山湖洪水排泄意见书》,馆藏号26-00-02,宗号4-1。

台北"中研院"近代史研究所档案馆藏档案:《整理沂沭泗尾闾工程初步计划概要》,馆藏号26-00-11,宗号3-8。

台北"中研院"近代史研究所档案馆藏档案:《江苏公民张镇南条陈治淮意见》(民国八年9月至10月),馆藏号09-21-00,宗号011-09。

台北"中研院"近代史研究所档案馆藏档案:《江苏查勘淮河故道并办工赈》(光绪三十三年),馆藏号06-21-11-09,宗号2-(3)。

台北"中研院"近代史研究所档案馆藏档案:《淮扬清江等处向为盐枭出没之所》,馆藏号01-01-008,宗号04-004。

台北"中研院"近代史研究所档案馆藏档案:《中央种畜场救济农村耕牛试办计划书》,馆藏号17-27,宗号226-(1)。

台北"中研院"近代史研究所档案馆藏档案:《导淮委员会设计测量队被匪损失事项》,馆藏号26-45,宗号2-3。

台北"中研院"近代史研究所档案馆藏档案:《导淮委员会杂卷》,馆藏号27-02,宗号020-01。

台北"中研院"近代史研究所档案馆藏档案:《漕运总督请咨发通商各国条约案》,馆藏号01-01-008,全宗04-004。

台北"中研院"近代史研究所档案馆藏档案:《潘子光请扶助农村牧养》,馆藏号17-27,宗号212-(7)。

台北"中研院"近代史研究所档案馆藏档案:《张謇上书陈关于水利意见》(1914年2—3月),馆藏号09-21-00,宗号0008-05。

(6)调查资料

1995年2月,马俊亚在沭阳、东海等地的调查。

1996年11月,马俊亚在沭阳、东海、灌云的调查。

1996年11月28日,笔者与徐凤威(锡山市审计局经济师)在锡山市荡口镇的访问。

2005年11月,马俊亚在阜阳的调查。

2009年6月17日,马俊亚与包蕾在南京市江苏省军区第一干休所的访谈。

2011年1月11日,马俊亚与张广杰在复旦大学医学院对张令仪(1921年生)的访谈。

2012年7月—2013年11月,陈蕊对徐州、宿州等地的问卷调查。

二、西文

Barker, Randolph and Radha Sinhawith Beth Rose, *The Chinese Agricultural Economy*. Boulder: Westview Press and London: Croom Helm Ltd, 1982.

Bastid, Marianne. "The Structure of the Financial Institutions of the State in the

Late Qing," in S. R. Schram (ed), *The Scope of State Power in China*. Hong Kong: The Chinese University Press, 1985.

Bell, Lynda S., *From Comprador to County Magnate: Bourgeois Practice in the Wuxi County Silk in Late Qing China*. In Joseph W. Esherick and Mary Backus Rankin (eds.), *Chinese Local Elites and Patterns of Dominance*. Berkeley /Los Angeles/ Oxford: University of California Press, 1990.

Bell, Lynda S., *Farming, Sericulture, and Peasant Rationality in Wuxi County in the Early Twentieth Century*. Thomas G. Rawski and Lillian M. Li (eds.), *Chinese History in Economic Perspective*. Berkeley/Los Angeles/Oxford: University of California Press, 1992.

Brook, Timothy, *Family Continuity and Cultural Hegemony: The Gentry of Ningbo, 1368—1911*. In Joseph W. Esherick and Mary Backus Rankin (eds.), *Chinese Local Elites and Patterns of Dominance*. Berkeley /Los Angeles/Oxford: University of California Press, 1990.

Buck, John Lossing, *Chinese Agriculture*. In Albert Feuerwerker (eds.), *Modern China*. Englewood Cliffs: Prentice-Hall. Inc., 1964.

Bullough, Vern L. "Jus primae noctis or droit du seigneur", *The Journal of Sex Research*, 1991, 28(1), pp. 163-166.

Chao, Kang, *The Growth of a Modern Cotton Textile Industry and the Competition with Handicrafts*. In Dwight H. Perkins (eds.), *China's Modern Economy in Historical Perspective*. Stanford: Stanford University Press, 1975.

Kang Chao, "New Data on Land Ownership Patterns in Ming-Ch'ing China-A Research Note", *The Journal of Asian Studies*, Vol. 40, No. 4 (August, 1981), pp. 719-734.

Chen, Fu-mei Chang. "Local Control of Convicted Thieves in Eighteenth-Century China," in Frederic Wakeman, Jr. and Carolyn Grant (eds.), *Conflict and Control in Late Imperial China*. Berkeley, Los Angeles and London: University of California Press, 1975.

Chen, Han-sheng, "The Burdens of the Chinese Peasantry," *Pacific Affairs*, vol. 2, no. 10 (Oct., 1929), pp. 644-658.

Ch'en, Yung-fa, "The Wartime Bandits and Their Local Rivals: Bandits and Secret Societies," Susan Mann Jones (ed.), Select Papers from the Center for Far Eastern Studies, No. 3, 1978—79, *Proceedings of the NEH Modern China Project, 1978— 79: Political Leadership and Social Change at the Local Level in China from 1850 to the Present*. Chicago: The University of Chicago, 1979.

Chi, Ch'ao-ting. *Key Economic Areas in Chinese History: As Revealed in the Development of Public Works for Water-Control*. New York: Paragon Book Reprint

Corp. 1963 (First Published by George Allen & Unwin Ltd. , 1936, London).

Chiang, Tao-chang. "The Production of Salt in China, 1644—1911," *Annals of the Association of American Geographers*, vol. 66, no. 4 (December, 1976), pp. 516 – 530.

Chiang, Tao-chang. "The Salt Trade in Ch'ing China," *Modern Asian Studies*, vol. 12, no. 2 (1983), pp. 197 – 219.

Chiao, Chi-ming. "A Study of the Chinese Population," *The Milbank Memorial Fund Quarterly*, vol. 12, no. 1 (Jan. , 1934), pp. 85 – 96.

Chiu, A. Kaiming, "The Division of Rent between Landlord and Tenant in China", *Journal of Farm Economics*, Vol. 11, No. 4 (October 1929), pp. 651 – 653.

Cohen, Myron L. *Kinship, Contract, Community, and State: Anthropological Perspectives on China*. Stanford: Stanford University Press, 2005.

Cressey, George Babcock *China's Geographic Foundations: A Survey of the Land and Its People*. New York and London: McGraw-Hill Book Company, Inc. 1934.

Crow, Carl. *My Friends, the Chinese*. London: Hamish Hamilton, 1938.

Dennerline, Jerry, *The New Hua Charitable Estate and Local Level Leadership in Wuxi County at the End of the Qing*. Tang Tsou (ed.), *Select Papers from the Center for Far Eastern Studies*, No. 4, 1979—80, "*Proceedings of the NEH Modern China Project, 1978—80: Political Leadership and Social Change at the Local Level in China from 1850 to the Present*". Chicago: The University of Chicago, 1981.

Dennerline, Jerry, *Qian Mu and the World of seven Mansions*. New Haven and London: Yale University Press, 1988.

Dodgen, Randall A. . "Hydraulic Evolution and Dynastic Decline: The Yellow River Conservancy, 1796—1855," *Late Imperial China*, vol. 12, no. 2 (December 1991), pp. 36 – 63.

Dunstan, Helen. *State or Merchant? Political Economy and Political Process in 1740s China*. Cambridge (Massachusetts) and London: Harvard University Asia Center, 2006.

Elvin, Mark, *The Retreat of the Elephants: An Environmental History of China*. New Haven: Yale University Press, 2004.

Elliot, Mark. *The Manchu Way: The Eight Banners and Ethnic Identity in Late Imperial China*. Stanford: Stanford University Press, 2001.

Esherick, Joseph W. "Revolution in a Feudal Fortress: Yangjiagou, Mizhi County, Shaanxi, 1937—1948", *Modern China*, Vol. 24, No. 4 (October 1998), pp. 339 – 377.

Esherick, Joseph W. "Two Generations of a Chinese Family", in Joseph W. Esherickand Wen-hsin Yeh and Madeleine Zelin (eds.), *Empire, Nation, and Beyond: Chinese History in Late Imperial and Modern Times-A Festschrift in Honor of Frederic Wakeman*. Berkeley: Institute of East Asian Studies, University of California,

2006.

Fairbank, John K. *The United States and China*. New York: The Viking Press, 1958.

Fairbank, John K., Alexander Eckstein, *Economic Change in Early Modern China*, in Alexander Eckstein (ed.), *China's Economic Development: The Interplay of Scarcity and Ideology*. Ann Arbor: The University of Michigan Press, 1975.

Faure, David. *The Rural Economy of Pre-Liberation China: Trade Expansion and Peasant Livelihood in Jiangsu and Guangdong, 1870—1937*. Oxford, New York: Oxford University Press (Printed in Hong Kong), 1989.

Fei, Hsiao-tung. "Peasantry and Gentry: An Interpretation of Chinese Social Structure and its Changes," *The American Journal of Sociology*, vol. LII, no. 1, (July 1946), pp. 2-17.

Fei, Hsiao-tung. *Peasant Life in China: A Field Study of Country Life in the Yangtze Valley*. London: Routledge & Kegan Paul Ltd, 1962.

Feuerwerker, Albert. "Handicraft and Manufacture Cotton Textiles in China, 1871—1910," *The Journal of Economic History*, vol. 30, no. 2, June 1970, pp. 338-378.

Feuerwerker, Albert. *State and Society in Eighteenth-Century China: The Ch'ing Empire in Its Glory*. Ann Arbor: Center for Chinese Studies, The University of Michigan, 1976.

Fewsmith, Joseph. *Party, State, and Local Elites in Republican China: Merchant Organizations and Politics in Shanghai, 1890—1930*, Honolulu: University of Hawaii Press, 1985.

Finnane, Antonia. "The Origins of Prejudice: The Malintegration of Subei in Late Imperial China," *Comparative Studies in Society and History*, vol. 35, no. 2 (Apr., 1993), pp. 211-238.

Gamble, Sidney D. *North China villages: Social, Political, and Economic Activities before 1933*. Berkeley and Los Angeles: University of California Press, 1963.

Gammon, Lieut. Charles F.. "China in Distress," *Bulletin of the American Geographical Society*, vol. 44, no. 5 (1912), pp. 348-351.

Gilbert, Rodney. *What's Wrong with China*. New York: Frederick A. Stokes Company Publishers, 1927.

Goodman, Bryna. *Native Place, City, and Nation: Regional Networks and Identities in Shanghai, 1853—1937*, Berkeley/Los Angeles/London: University of California Press, 1995.

Gottschang, Thomas R. "Economic Change, Disasters, and Migration: The

Historical Case of Manchuria,"*Economic Development and Cultural Change*, vol. 35, no. 3, April 1987, Chicago: The University of Chicago Press, 1987.

Grist, D. H. *Rice*. London: Longmans, Green and Co. LTD, 1965.

Hanauer, C. A. "Coutumes matrimonial du moyen-âge". *Mémoires de l'Aac-demie Stanislas*, 1893 (2), 253 – 312.

Hanwell, Norman D.. "New Floods Threaten More Losses for China," *Far Eastern Survey*, vol. 8, no. 15 (July, 1939), pp. 176 – 177.

Hanwell, Norman D. and Kurt Bloch, "Behind the Famine in North China," *Far Eastern Survey*, vol. IX, No. 6, March 13, 1940, pp. 63 – 68.

Hechter, Michael. *Internal Colonialism: The Celtic Fringe in British National Development*, 1536—1966. London: Routledge & Kegan Paul, 1975.

Hinton, Harold C.. "The Grain Tribute System of the Ch'ing Dynasty," *The Far Eastern Quarterly*, vol. 11, no. 3 (May, 1952), pp. 339 – 354.

Ho, Franklin L. *Population Movement to the North Eastern Frontier in China*. Shanghai: China Institute of Pacific Relations, 1931.

Ho, Ping-ti. "The Sale Merchants of Yang-chou: A Study of Commercial Capitalism in Eighteenth-Century China," *Harvard Journal of Asiatic Studies*, vol. 17, no. 1 – 2 (June, 1954), pp. 130 – 168.

Ho, Ping-ti. *Studies on the Population of China*. Cambridge, Massachusetts: Harvard University Press, 1959.

Ho, Ping-ti. *The Ladder of Success in Imperial China: Aspects of Social Mobility*, 1368—1911. New York and London: Columbia University Press, 1962.

Hobsbawm, Eric. *Bandits*. The U. S. A: Delacorte Press, 1969.

Honig, Emily, "Migrant Culture in Shanghai: in Search of a Subei Identity". Frederic Wakeman, Jr., and Wen-hsin Yeh (eds.), *Shanghai Sojourners*. Berkeley: University of California, 1992.

Honig, Emily, "Native-Place Hierarchy and Labor Market Segmentation: The Case of Subei People in Shanghai". Thomas G. Rawski and Lillian M. Li (eds.), *Chinese History in Economic Perspective*, Berkeley/los Angeles/Oxford: University of California Press, 1992.

Honig, Emily. *Sisters and Strangers: Women in the Shanghai Cotton Mills*, 1919—1949. Stanford: Stanford University Press, 1986.

Honig, Emily. *Creating Chinese Ethnicity: Subei People in Shanghai*, 1850—1980. New Haven and London: Yale University Press, 1992.

Horowitz, Irving Louis (ed.). *Power, Politics and People: The Collected Essays of C. Wright Mills*. New York: Oxford University Press, 1963.

Hsu, Shin-yi. "The Cultural Ecology of the Locust Cult in Traditional China,"

Annals of the Association of American Geographers, vol. 59, no. 4 (Dec., 1969), pp. 731-752.

Hu, Ch'ang-tu "The Yellow River Administration in the Ch'ing Dynasty," *The Far Eastern Quarterly*, vol. 14, no. 4, *Special Number on Chinese History and Society* (August, 1955), pp. 505-513.

Hu Hsin-fu, *The Common Descent Group in China and Its Function*. New York: Viking Fund 1948.

Huang, Pei, *Autocracy at Work: A Study of the Yung-cheng Period, 1723—1735*. Bloomington and London: Indiana University Press, 1974.

Huang, Philip C. C. (ed.) *The Development of Underdevelopment in China: A Symposium*. New York: M. E. Sharpe, Inc. 1980.

Huang, Philip C. C. *The Peasant Economy and Social Change in North China*. Stanford: Stanford University Press 1985.

Jones, E. D. "Medieval merchets as demographic data: some evidence from the Spalding Priory estates, Lincolnshire," *Continuity and Change*, 1996, 11 (5), pp. 459-470.

Kelley, David E. "Temples and Tribute Fleets: The Luo Sect and Boatmen's Associations in the Eighteenth Century," *Modern China*, vol. 8, no. 3 (July 1982), pp. 361-391.

Khadduri, M. "The Role of the Military in the Middle East Politics," *American Political Science Review*, vol. 46(1953), pp. 511-524.

Komroff, Manuel, *The Travels of Marco Polo, 1271—1295*, v. 2. New York: The Limited Editions Club. 1934.

Koo, T. Z., "China in the Remaking", *The Annals of the American Academy of Politia and Social Science*, Vol. 152, November 1930.

K., P. "The Jus Primae Noctis," *Folklore*, 1898, 9(4), pp. 366-368.

Krausse, Alexis. *China in Decay: The Story of a Disappearing Empire*. London: George Bell & Sons, 1900.

Kuhn, Philip A. *Rebellion and its Enemies in Late Imperial China: Militarization and Social Structure, 1796—1864*. London: Oxford University Press, 1970.

Kuhn, Philip A. *Soulstealers: The Chinese Sorcery Scare of 1768*. Cambridge, Massachusetts: Harvard University Press, 1994.

Lamson, H. D.. "The People's Livelihood as Revealed by Family Budget Studies," *Chinese Economic Journal*, vol. VIII, no. 6, June 1931, pp. 449-485.

Lamson, H. D.. "The Effect of Industrialization upon Village Livelihood," *Chinese Economic Journal*, vol. IX, no. 4, October 1931, pp. 1025-1082.

Leonard, Jane Kate, "Controlling from Afar: Open Communications and the Tao-

Kuang Emperor's Control of Grand Canal-Grain Transport Management, 1824 - 26", *Modern Asian Studies*, vol. 22, no. 4 (1988), pp. 665 - 699.

Levathes, Louise. *When China Ruled the Seas: The Treasure Fleet of the Dragon Throne, 1405—1433*. New York: Simon & Schuster, 1994.

Lewis, Bernard. "Islamic Concepts of Revolution," in P. J. Vatikiotis (ed.), *Revolution in the Middle East and Other Case Studies*. London: George Allen & Unwin Ltd, 1972, pp. 30 - 40.

Lewis, Mark Edward. *The Flood Myths of Early China*. New York: State University of New York Press, 2006.

Li, Bozhong. *Agricultural Development in Jiangnan, 1620—1850*. New York: St. Martin's Press, 1998.

Li, Lillian M.. "Life and Death in a Chinese Famine: Infanticide as a Demographic Consequence of the 1935 Yellow River Flood", *Comparative Studies in Society and History*, vol. 33, no. 3 (Jul., 1991), pp. 466 - 510.

Li, Lillian M. and Alison Dray-Novey. "Guarding Beijing's Food Security in the Qing Dynasty: State, Market, and Police,"*The Journal of Asian Studies*, vol. 58, no. 4 (Nov., 1999), pp. 992 - 1032.

Liang, Hon. M. T. "Combating the Famine Dragon,"*News Bulletin* (Institute of Pacific Relations), April 1928.

Liew, Foon Ming. *Tuntian Farming of the Ming Dynasty, 1368—1644*. Hamburg: Gesamtherstellung, 1984.

Lockwood, Edward T. "Flood and flood Prevention in China," *Far Eastern Survey*, vol. 4, no. 21, October 23, 1935, pp. 164 - 168.

Lowdermilk, W. C. "Forestry in Denuded China," *Annals of the American Academy of Political and Social Science*, vol. 152, China (Nov., 1930), pp. 127 - 141.

Lui, Adam Yuen-Chung. *Ch'ing Institutions and Society, 1644—1795*. Hong Kong: Centre of Asian Studies, University of Hong Kong, 1990.

Ma, Junya. "China's Traditional Monetary System and the Trade in Agricultural Products, 1920—1933", *Modern China*, vol. 34, no. 3 (July 2008), pp. 344 - 371.

MacPhilib, S. "Jus primae noctis and the sexual image of Irish landlords in folk tradition and in contemporary accounts. Bealoideas". *The Journal of the Folklore of Ireland Society*, 1988(56), pp. 97 - 140.

Mallory, Walter H.. *China: Land of Famine*. New York: American Geographical Society, 1926.

Mallory, Walter H.. "Famines in China,"*Annals of the American Academy of Political and Social Science*, vol. 152, China (Nov., 1930), pp. 89 - 98.

Mann, Susan. "Women's Work in the Ningbo Area, 1900—1936," in Thomas G. Rawski and Lillian M. Li (eds.), *Chinese History in Economic Perspective*. Berkeley/ Los Angeles/ Oxford: University of California Press, 1992.

Marsh, Robert M.. "The Venality of Provincial Office in China and in Comparative Perspective," *Comparative Studies in Society and History*, vol. 4, no. 4 (July, 1962), pp. 454–466.

Metzger, Thomas A.. "The Organizational Capabilities of the Ch'ing State in the Field of Commerce: The Liang-huai Salt Monopoly, 1750—1880," in W. E. Wilimott (ed.), *Economic Organization in Chinese Society*. Stanford: Stanford University Press, 1972, pp. 9–45.

Muramatsu, Yuji, *A Documentary Study of Chinese Landlordism in the Late Ch'ing and the Early Republican Kiangnan*. Bulletin of the School of Oriental and African Studies University of London Vol. 29, No. 3, March 1966, London: The School of Oriental and African Studies, 1966.

Murray, Dian H.. *Pirates of the South China Coast, 1790—1810*. Stanford: Stanford University Press, 1987.

Myers, Ramon H. *The Chinese Peasant Economy: Agricultural Development in Hopei and Shantung, 1890—1949*. Cambridge, Massachusetts: Harvard University Press, 1970.

Naquin, Susan and Evelyn S. Rawski, *Chinese Society in the Eighteenth Century*. New Haven and London: Yale University Press, 1987.

Nishijima Sadao, "The Formation of the Early Chinese Cotton Industry," in Linda Grove and Christian Daniels (eds.), *State and Society in China: Japanese Perspectives on Ming-Qing Social and Economic History*. Tokyo: University of Tokyo Press, 1984.

Park, Nancy E.. "Corruption in Eighteenth-Century China," *The Journal of Asian Studies*, vol. 56, no. 4 (November 1997), pp. 967–1005.

Peacock, M. "Jus Primæ Noctis," *Folklore*, 1903, 14(4), pp. 419–420.

Perry, Elizabeth J.. *Rebels and Revolutionaries in North China, 1845—1945*. Stanford: Stanford University Press, 1980.

Perry, Elizabeth J.. "Collective Violence in China, 1880—1980," *Theory and Society*, vol. 13, no. 3, Special Issue on China (May, 1984), pp. 427–454.

Pfannenschmid, H. "Jus primae noctis". *Das Ausland*, 1883(56), pp. 141–150.

Pomeranz, Kenneth. *The Making of a Hinterland: State, Society, and Economy in Inland North China, 1853—1937*. Berkeley, Los Angeles, Oxford: California University press, 1993.

Pomeranz, Kenneth. *The Great Divergence: Europe, China and the Making of the Modern World Economy*. Princeton: Princeton University Press, 2000.

Porter, Jonathan. "The Culture of Patronage in Early Nineteenth-Century China: Ruan Yuan's Circle at Canton", in Joseph W. Esherick and Wen-hsin Yeh and Madeleine Zelin (eds.), *Empire, Nation, and Beyond: Chinese History in Late Imperial and Modern Times-A Festschrift in Honor of Frederic Wakeman*. Berkeley: Institute of East Asian Studies, University of California, 2006.

Rawski, Thomas G. and Lillian M. Li (ed.), *Chinese History in Economic Perspective*. Berkeley/Los Angeles/Oxford: University of California Press, 1992.

Reynolds, Bruce Lloyd. *The impact of Trade and Foreign Investment on Industrialization: Chinese Textiles, 1875—1931*. A Dissertation Submitted in Partial Fulfillment of the Requirements for the Degree of Doctor of Philosophy (Economics) in the University of Michigan, 1975.

Robertson-Scott, J. W.. *The People of China: Their Country, History, Life, Ideas, and Relations with the Foreigner*. London: Methuen & Co., 1900.

"Salt in China and Elsewhere," *Chinese Economic Journal*, vol. 4, no. 6, June 1929, pp. 476-497.

Shek, Richard. "Fictional and Real-Life Rulers: Journey to the West and Sixteenth-Century Chinese Monarchs". In Joseph. Esherick, Wen-hsin Yeh and Madeleine Zelin (eds.), *Empire, Nation, and Beyond: Chinese History in Late Imperial and Modern Times-a Festschrift in Honor of Frederic Wakeman*. Berkeley: Institute of East Asian Studies, University of California, 2006.

Shih, James. C. *Chinese Rural Society in Transition: A Case Study of the Lake Tai Area, 1368—1800*. Berkeley: University of California, 1992.

Skinner, G. William. "Cities and the Hierarchy of Local Systems," in G. William Skinner (ed.), *City in Late Imperial China*. Stanford: Stanford University Press 1977, pp. 275-351.

Skinner, G. William. *The Study of Chinese Society: Essays by Maurice Freedman*, Stanford: Stanford University Press 1979.

Smith, Arthur. *Village Life in China*. Boston: Little, Brown & Co., 1970.

Sugihara, Kaoru, "Agriculture and Industrialization: The Japanese Experience," in Peter Mathias and John Davis (eds.), *Agriculture and Economic Growth*. Oxford: Blackwell Publishers 1997, pp. 148-166.

Tanaka, Masatoshi, "Rural Handicraft in Jiangnan in the Sixteenth and Seventeenth Centuries," in Linda Grove and Christian Daniels (eds.), *State and Society in China: Japanese Perspectives on Ming-Qing Social and Economic History*. Tokyo: University of Tokyo Press, 1984.

Tatsuo, Yamada. "The Foundations and Limits of States Power in Guomingdang Ideology—Government, Party and People," in S. R. Schram (ed), *Foundations and*

Limits of State Power in China. Hong Kong: The Chinese University Press, 1987.

Tawney, R. H.. *Land and Labour in China*. London: George Allen & Ltd, 1932.

Tayler, J. B.. *Farm and Factory in China: Aspects of the Industrial Revolution*. London: Student Christian Movement, 1928.

"Tenancy and Farming at Kwanyun, Northern Kiangsu", *Chinese Economic Journal*, vol. 1, no. 4, April 1927, pp. 370 – 374.

Thaxton, Ralph. "Land Rent, Peasant Migration, and Political Power in Yao Cun, 1911—1937,"*Modern Asian Studies*, vol. 16, no. 1 (1982), pp. 101 – 122.

Tiedemann, R. G.. "The Persistence of Banditry: Incidents in Border Districts of the North China Plain,"*Modern China*, vol. 8, no. 4 (October, 1982), pp. 395 – 433.

Ting, V. K. "Prof. Granet's 'La Civilization Chinoise,' " *The Chinese Social and Political Science Review*, vol. xv, no. 2, July 1931.

Toffler, Alvin. *Powershift: Knowledge, Wealth, and Violence at the Edge of the 21 Century*. New York, etc. : Bantam books, 1990.

Turner, Bryan S.. *Marx and the End of Orientalism*. London: George Allen & Unwin Ltd, 1978.

Voltaire, *Le Droit du seigneur, ou l'écueil du sage, comédie, 1762—1779*. Vijan: Lampsaque, 2002.

Wakeman, Frederic Jr. "Localism and Loyalism during the Ch'ing Conquest of Kiangnan: The Tragedy of Chiang-yin," in Frederic Wakeman, Jr. and Carolyn Grant (eds.), *Conflict and Control in Late Imperial China*. Berkeley , Los Angeles and London: University of California Press, 1975.

Wakeman, Frederic Jr. and Wen-hsin Yeh (eds.). *Shanghai Sojourners*. Berkeley: University of California, 1992.

Walker, Kathy Le Mons. *Chinese Modernity and the Peasant path: Semicolonialism in the Northern Yangzi Delta*. Stanford: Stanford University Press, 1999.

Warner, Maude D.. "Living Conditions in China," *Annals of the American Academy of Political and Social Science*, vol. 122, *The Far East* (November, 1925), pp. 167 – 173.

Wettlaufer, Jörg, "The jus primae noctis as a male power display: A review of historic sources with evolutionary interpretation," *Evolution and Human Behavior*, 2000(21), pp. 111 – 123.

Will, Pierre-Etienne. "Official and Money in Late Imperial China: State Finances, Private Expectations, and the Problem of Corruption in a Changing Environment," in Emmanuel Kreike and William Chester Jordan (eds.), *Corrupt Histories*. New York:

University of Rochester Press, 2004, pp. 29 - 82.

Wingate, Lieut.-Colonel A. W. S. "Nine Year's Survey and Exploration in Northern and Central China," *The Geographical Journal*, vol. 29, no. 3 (March, 1907), pp. 273 - 302.

Wright, M. C. (ed). *China in Revolution: The First Phase, 1900—1913*. New Haven and London: Yale University Press, 1968.

Wrigley, E. A. "Why Poverty Was Inevitable in Traditional Societies," in John A. Hall and I. C. Jarvie (eds.), *Transition to Modernity: Essays on Power, Wealth and Belief*. New York, etc.: Cambridge University Press, 1992.

Wu, Leonard T. K. "Rural Bankruptcy in China," *Far Eastern Survey*, vol. V, no 20, October 8, 1936.

Wu, Silas H. L. *Communications and Imperial Control in China: Evolution of the Palace Memorial System, 1693—1735*. Cambridge: Harvard University Press, 1970.

Xu, Jiongxin. "A Study of Long Term Environmental Effects of River Regulation on the Yellow River of China in Historical Perspective," *Geografiska Annaler*. Series A, Physical Geography, vol. 75, no. 3 (1993), pp. 61 - 72.

Yang, C. K.. *Religion in Chinese Society*. Berkeley: University of California Press, 1961.

Yao, Shan-yu. "The Geographical Distribution of Floods and Droughts in Chinese History, 206 B. C-A. D 1911," *The Far Eastern Quarterly*, vol. 2, no. 4 (August, 1943), pp. 357 - 378.

Yuji, Muramatsu. "A Documentary Study of Chinese Landlordism in the Late Ch'ing and the Early Republican Kiangnan," *Bulletin of the School of Oriental and African Studies University of London* Vol. 29, No. 3, March 1966, London: The School of Oriental and African Studies, 1966.

Zhou, Linong, "State Relief and Population Growth in Late Imperial China". A thesis submitted in total fulfillment of the requirements for the degree of Doctor of Philosophy, Department of Economic History, School of Economics and Commerce, La Trobe University (Bundoora), June 1990.

三、日文(以姓氏笔划为序)

山本進:《清代の市場構造と経済政策》,名古屋:名古屋大学出版会,2002年。
山村治郎:《清代両淮の竃戸一斑》,《史学雑志》第53编第7号,1942年出版。
大東亜省:《蘇北地區総合調査報告》,昭和18年(1943)9月刊行。
大沢正昭:《唐宋変革期農業社会史研究》,東京:汲古书院,1996年。
小葉田淳:《中世日支通交貿易史の研究》,東京:刀江书院昭和17年(1942)1月版。

中村茂夫:《清代における精神病者の刑事責任》,《法政理論》第 4 卷第 1 号,1971 年 10 月,第 1—33 頁。

片岡芝子:"明末清初の華北にぉける農家経営",《社會経済史學》第 25 卷第 2、3 号(1959 年),第 77—100 頁。

中砂明德:《後期唐朝の江淮支配》,京都大学文学部:《東洋史研究》第 47 卷第 1 号,昭和 63 年(1988)6 月発行,第 30—53 頁。

天野元之助:《支那農業経済論》(上、下),東京:改造社,1940、1942 年。

天野元之助:《陳旉の〈農書〉と水稲作技術の展開》(上),京都《東方学報》第 19 冊,1950 年 12 月。

天野元之助:《陳旉の〈農書〉と水稲作技術の展開》(下),京都《東方学報》第 21 冊,1952 年 3 月。

天野元之助:《中国農業の地域的展開》,東京:竜渓書舎,1979 年。

天野元之助:《中国農業史研究》(増補版),東京:御茶の水書房,1989 年。

田中忠夫:《支那農業經濟の諸問題》,東京:學藝社,1935 年。

田尻利:《清代農業商業化の研究》,東京:汲古書院,1999 年。

K. A. Wittfogel 著,平野義太郎監譯:《解體過程にある:支那の経済と社會》(上卷),東京:中央公論社,1940 年。

伊東亜人等編:《国家と文明への過程》,東京:東京大学出版会,1987 年。

吉田浤一:《一九三〇年代中國農村經濟研究の一整理》,京都大学文学部:《東洋史研究》第 33 卷第 2 号,1974 年 9 月 30 日発行,第 110—120 頁。

寺田浩明:《清代司法制度研究における"法"の位置付けについて》,《思想》第 792 号,1990 年 6 月,第 179—196 頁。

安場保吉等編:《ブロト工業化期の経済と社會》,京都:日本経済新聞社,1983 年。

伊藤武夫:《黄河治水の経済的重要性》,東京:東亜研究所,1941 年。

杉本寿:《支那林業経済建設論》,京都:教育図書株式会社,1943 年。

佐佐木衛編:《近代中國の社会と民衆文化——日中共同研究・華北農村社會調査資料集》,東京:株式会社東方書店,1992 年 2 月。

佐伯富:《塩と支那社会》,《東亜人文学報》第 3 卷第 1 号,1943 年出版。

佐伯富:《清代道光朝における淮南塩政の改革》,《東方学論集》(3),1955 年出版。

佐伯富:《清代咸豊朝における淮南塩政》,《東洋史研究》第 13 卷第 6 号,1955 年出版。

佐伯富:《清代における塩業資本について》,《東洋史研究》第 11 卷第 1、2 号,1950—1951 年出版。

佐伯富:《清代塩政の研究》,京都大学:東洋史研究会刊,1962 年。

佐伯富:《清代における塩務の疑獄について》,《東方学》第 32 輯,1966 年出版。

島一郎:《中國民族工業の展開》,京都:ミネルウァ京書房,1978 年。

岩井茂樹編:《中国近世社会の秩序形成》,京都:京都大学人文科学研究所,2004 年。

波多野善大:《清代兩淮製塩における生産組織》,《東洋史研究》第 11 卷第 1 号,1950 年出版。

松浦章:《清代上海沙船航運業史の研究》,吹田市:関西大学東西学術研究所,平成 16 年(2004)。

牧野巽:《近世中国宗族研究》,東京:日光書院,1950 年。

鈴木秀光:《恭請王命考——清代死刑裁判における"権宜"と"定例"》,《法制史研究》第 53 号,2004 年 3 月,第 47—80 頁。

柏祐賢:《アジア農業の特質—特に中國における耕種方式をめぐって—》,京都《東方学報》第 25 冊,創立二十五周年紀念論文集《人文學報》第 5 号合並号,1954 年 11 月。

星斌夫:《明代漕運の研究》,東京:日本学術振興会,1963 年。

星斌夫:《大運河—中國の漕運》,東京:近藤出版社,1971 年。

星斌夫:《大運河発展史:長江から黄河へ》,東京:平凡社 1982 年。

星斌夫:《元代海運経営の実態》,《歴史の研究》1980 年第 7 期。

星斌夫:《明清時代社會経済史の研究》,東京:国書刊行会,1989 年 4 月。

南満洲鉄道株式会社調査部:《江蘇省無錫県農村実態調査報告書》,上海大陸新報社営業印刷局,昭和 16 年(1941)3 月印行。

南満洲鉄道株式会社調査部:《江蘇省松江県農村実態調査報告書》,上海満鉄調査資料第 48 種,昭和 15 年(1940)12 月印行。

南満洲鉄道株式会社調査部:《江蘇省南通県農村実態調査報告書》,上海大陸新報社営業印刷局昭和 16 年(1941)4 月印行。

南満洲鉄道株式会社調査部:《江蘇省松江県農村実態調査報告書》,上海,N. P.。

華中連絡部:《塩運河調査書》,大東亜省興亜院:《調査月報》,第 26 期,1942 年 5—6 月,第 57—93 頁。

華北聯絡部:《江蘇省蘇北地方棉花調査》,大東亜省興亜院:《調査月報》第 11 卷,昭和 16 年(1941)1 月出版。

清水盛光:《支那社會の研究——社會學的考察》,東京:岩波書店,1939 年。

清水盛光:《中国郷村の治水潅漑に現はれたる通力合作の形成》,京都《東方学報》総第 18 冊,1950 年 2 月。

森正夫:《十五世紀前半太湖周邊地帯にぉける國家と農民》,載森正夫《明清社會經濟史舊稿選》(私家版),愛知県:未来舎 1983 年 3 月発行,第 59—64 頁。

森田明:《清代水利史研究》,東京:亜紀書房,1974 年。

森田明:《清代の水利と地域社会》,福岡:中国書店,2002 年。

飯塚靖:《中國國民政府と農村社會》,東京:汲古書院,2005 年。

谷光隆編:《東亜同文書院大運河調査報告書》,愛知県:愛知大学刊 1992 年。

満鉄上海事務所調査室:《上海特別市嘉定区農村実態調査報告書》,估計印行時間為 1942 年。

影山剛:《中國古代の商工業と專殼制》,東京:東京大学出版会,1984 年 11 月。

興亜院技術部:《北支にぉける林産資源調査》,東京,1940年。
興亜院華中連絡部:《中支那畜産資源牲畜ニ関スル調査報告書》,華中調査資料第148号,1942年7月出版。

后　记

本教材系2011年度江苏省高等院校重点研究项目"江苏地域文化的历史演进与现代发展"的结项成果,作者感谢江苏省教育厅对本项研究的立项与资助。

南京大学出版社杨金荣先生、束悦女士为本书付出了大量的劳动,作者深表感谢。

本书所引考古报告涉及不同年代的地名和空间。随着年代的变化和城镇的变迁,许多考古发掘地点与原报告中所列的城镇的距离已时过境迁。因此,本书没有把原来的地名简单地更换为现代名称,如,尽管许多县已更名为区、市,公社早已改名为乡、镇,但本书保留了县、公社等名称,以体现原来的行政管辖空间,对应原考古报告中的挖掘地点与附近城镇的距离。

马俊亚

2020年9月29日于南大仙林图书馆